{ KOMPENDIUM } **Exchange Server 2003 und Outlook**

Das Kompendium

Die Reihe für umfassendes Computerwissen

Seit mehr als 20 Jahren begleiten die KOMPENDIEN aus dem Markt+Technik Verlag die Entwicklung des PCs. Mit ihren bis heute über 500 erschienenen Titeln deckt die Reihe jeden Aspekt der täglichen Arbeit am Computer ab. Die Kompetenz der Autoren sowie die Praxisnähe und die Qualität der Fachinformationen machen die Reihe zu einem verlässlichen Partner für alle, ob Einsteiger, Fortgeschrittene oder erfahrene Anwender.

Das KOMPENDIUM ist praktisches Nachschlagewerk, Lehr- und Handbuch zugleich. Auf bis zu 1.000 Seiten wird jedes Thema erschöpfend behandelt. Ein detailliertes Inhaltsverzeichnis und ein umfangreicher Index erschließen das Material. Durch den gezielten Zugriff auf die gesuchte Information hilft das KOMPENDIUM auch in scheinbar aussichtslosen Fällen unkompliziert und schnell weiter.

Praxisnahe Beispiele und eine klare Sprache sorgen dafür, dass bei allem technischen Anspruch und aller Präzision die Verständlichkeit nicht auf der Strecke bleibt.

Mehr als 5 Millionen Leser profitierten bisher von der Kompetenz der KOMPENDIEN.

**Unser Online-Tipp
für noch mehr Wissen ...**

... aktuelles Fachwissen rund um die Uhr — zum Probelesen, Downloaden oder auch auf Papier.

www.InformIT.de

Exchange Server 2003 und Outlook

Planen, administrieren, optimieren

THOMAS JOOS

KOMPENDIUM
Einführung | Arbeitsbuch | Nachschlagewerk

Bibliografische Information Der Deutschen Bibliothek

Die Deutsche Bibliothek verzeichnet diese Publikation in der Deutschen Nationalbibliografie; detaillierte bibliografische Daten sind im Internet über <http://dnb.ddb.de> abrufbar.

Die Informationen in diesem Buch werden ohne Rücksicht auf einen eventuellen Patentschutz veröffentlicht. Warennamen werden ohne Gewährleistung der freien Verwendbarkeit benutzt. Bei der Zusammenstellung von Texten und Abbildungen wurde mit größter Sorgfalt vorgegangen. Trotzdem können Fehler nicht vollständig ausgeschlossen werden. Verlag, Herausgeber und Autoren können für fehlerhafte Angaben und deren Folgen weder eine juristische Verantwortung noch irgendeine Haftung übernehmen. Für Verbesserungsvorschläge und Hinweise auf Fehler sind Verlag und Herausgeber dankbar.

Alle Rechte vorbehalten, auch die der fotomechanischen Wiedergabe und der Speicherung in elektronischen Medien. Die gewerbliche Nutzung der in diesem Produkt gezeigten Modelle und Arbeiten ist nicht zulässig.

Fast alle Hardware- und Softwarebezeichnungen, die in diesem Buch erwähnt werden, sind gleichzeitig auch eingetragene Warenzeichen oder sollten als solche betrachtet werden.

Umwelthinweis:
Dieses Buch wurde auf chlorfrei gebleichtem Papier gedruckt.
Die Einschrumpffolie – zum Schutz vor Verschmutzung – ist aus umweltverträglichem und recyclingfähigem PE-Material.

10 9 8 7 6 5 4 3 2
06 05 04

ISBN 3-8272-6592-4

© 2004 by Markt+Technik Verlag,
ein Imprint der Pearson Education Deutschland GmbH,
Martin-Kollar-Straße 10–12, D-81829 München/Germany
Alle Rechte vorbehalten
Coverkonzept: independent Medien-Design,
          Widenmayerstraße 16, 80538 München
Coverlayout: Heinz H. Rauner, Gmund
Titelfoto: IFA-Bilderteam, Eismeer, Grönland
Lektorat: Jürgen Bergmoser, jbergmoser@pearson.de
Korrektorat: Marita Böhm, mboehm@pearson.de
Herstellung: Elisabeth Prümm, epruemm@pearson.de
Satz: reemers publishing services gmbh, Krefeld (www.reemers.de)
Druck und Verarbeitung: Kösel, Kempten (www.KoeselBuch.de)
Printed in Germany

Im Überblick

Kapitel	Einleitung	21
Kapitel 1	Was ist neu in Exchange 2003	23
Kapitel 2	Koexistenz	31
Kapitel 3	Lizenzierung von Exchange Server 2003	37
Kapitel 4	Installation einer Testumgebung	41
Kapitel 5	Einstieg in Exchange Server 2003	63
Kapitel 6	Connectoren	83
Kapitel 7	Speicherarchitektur	115
Kapitel 8	Richtlinien	159
Kapitel 9	Öffentliche Ordner	193
Kapitel 10	Benutzerverwaltung	249
Kapitel 11	Diagnose und Überwachung	309
Kapitel 12	Queues und Message Tracking	389
Kapitel 13	Outlook Web Access	403
Kapitel 14	Wireless Services	487
Kapitel 15	Datensicherung	495
Kapitel 16	Berechtigungen und Sicherheit	551
Kapitel 17	Installation	563
Kapitel 18	Cluster	577
Kapitel 19	Migration und Koexistenz	603
Kapitel 20	Planung	665

Im Überblick

Kapitel 21	Nachrichten-Routing	675
Kapitel 22	E-Mail-Konten in Outlook 2003	685
Kapitel 23	Outlook 2003-Optionen	715
Kapitel 24	Arbeiten mit Outlook	733
Anhang A	Anhang	753
Anhang B	CD-Inhalt	769
	Stichwortverzeichnis	773

Inhaltsverzeichnis

Kapitel	Einleitung	21
	Die nächste Generation Groupware	21
	Schreiben Sie uns!	22
Kapitel 1	**Was ist neu in Exchange 2003**	23
1.1	Neues Outlook Web Access	23
1.2	Mobile Access/WAP	24
1.3	Optimierte Datenübertragung	25
1.4	Optimierte Sicherheit und Überwachung	25
1.5	Verbesserte Administration	26
	Empfänger	26
	Warteschlangen (Queues)	26
	Öffentliche Ordner	27
	Mailbox Recovery Center	27
1.6	Verbesserte Datensicherung	27
	Volume Shadow Copy Service	27
	Recovery Speichergruppe	28
1.7	Verbessertes Clustering	28
1.8	Koexistenz	29
1.9	Entfallene Features	29
	Echtzeit-Kommunikation	29
	M-Laufwerk	29
	Schlüsselverwaltungsdienst	30
Kapitel 2	**Koexistenz**	31
2.1	Windows 2000	31

Inhaltsverzeichnis

2.2	**Windows Server 2003**	32
	Windows Server 2003-Versionen	32
2.3	**Migration**	35
Kapitel 3	**Lizenzierung von Exchange Server 2003**	37
3.1	**Lizenzierung Betriebssystem**	37
3.2	**Exchange Server**	37
	Clients	38
	Betriebssystem	38
	Exchange Server-CAL	39
3.3	**Exchange Server 2003-Versionen**	39
	Exchange Server 2003 Standard Server	40
	Exchange Server 2003 Enterprise Server	40
Kapitel 4	**Installation einer Testumgebung**	41
4.1	**Vorbereitungen**	41
4.2	**Installation Betriebssystem**	42
4.3	**Vorbereitung für das Active Directory**	42
4.4	**Installation DNS-Server**	43
4.5	**Konfiguration DNS für Active Directory**	44
4.6	**Installation Active Directory**	47
4.7	**Überprüfung des Active Directory**	50
	Dcdiag	51
	Nslookup	53
	Überprüfung der Standard-Container	53
	Überprüfung der Standardeinstellungen	54
	SRV-Records im DNS	58
	Integration von DNS in das Active Directory	58
4.8	**Vorbereiten auf Exchange Server 2003**	59
4.9	**Installation Exchange Server 2003**	61

Kapitel 5	**Einstieg in Exchange Server 2003**	63
5.1	**Exchange System Manager**	63
	Einstellungen der Organisation.	63
	Globale Einstellungen	65
	Empfänger/Recipients.	67
	Administrative Gruppen.	68
	Extras	72
5.2	**Verwalten der Benutzer**	72
	Anlegen eines neuen Benutzers.	73
	Verwalten eines Benutzers	74
5.3	**Exchange-System-Verzeichnis**	75
	Das Verzeichnis address	75
	Das Verzeichnis bin	76
	Das Verzeichnis conndata	76
	Das Verzeichnis Servername.log	77
	Das Verzeichnis ExchangeServer_Servername.	77
	Das Verzeichnis exchweb	77
	Das Verzeichnis Mailroot.	77
	Das Verzeichnis MDBDATA	77
	Das Verzeichnis mtadata.	78
	Das Verzeichnis RES.	78
	Das Verzeichnis schema	78
	Das Verzeichnis srsdata	78
	Das Verzeichnis OMA	78
	Die Applikation ccdist.exe	79
5.4	**Exchange System-Dienste**	79
	Microsoft Exchange-Systemaufsicht	79
	Microsoft Exchange-Verwaltung.	80
	Microsoft Exchange-Informationsspeicher	80
	Microsoft Exchange MTA-Stacks	80
	Microsoft Exchange-Routingmodul	80
	Microsoft Search	81

Inhaltsverzeichnis

	Microsoft Exchange-Standortreplikationsdienst	81
	Microsoft Exchange-Ereignis	81
	Microsoft Exchange-Verbindungscontroller	81
	Microsoft Exchange Connector für Lotus Notes oder Novell Groupwise und Microsoft Exchange Router für Novell Groupwise	81
	Microsoft Exchange IMAP4/POP3	82
Kapitel 6	**Connectoren**	**83**
6.1	**Administrative Gruppen**	84
6.2	**Routinggruppen**	85
6.3	**Connector**	86
	Routinggruppen-Connector	86
	SMTP-Connector	90
	Internet Mail Assistent	91
	Erstellen eines neuen SMTP-Connectors	98
	X.400-Connector	106
	DirSync Requestor/DirSync Server	114
Kapitel 7	**Speicherarchitektur**	**115**
7.1	**Informationsspeicher**	115
	Ändern des Speicherortes	118
	Erstellen eines neuen Informationsspeichers	119
	Indizierung von Informationsspeichern	128
	Erstellen und Verwalten eines Indexes	130
	Arbeiten mit dem Index	136
	Fehler bei der Indizierung	137
	Exchange-Organisationen mit mehreren Sprachversionen	138
7.2	**Transaktionsprotokolle**	138
	Ändern des Speicherortes	139
	Checkpoint-Datei	140
	Umlaufprotokollierung	140
7.3	**Speichergruppen**	142
	Erstellen einer neuen Speichergruppe	142

7.4	Löschen von Datenbanken	143
7.5	Eseutil.exe	145
	Überprüfen der Datenbank	146
	Offline-Defragmentation	147
	Überprüfen der Transaktionsprotokolle	151
	Überprüfung der Checksumme der Datenbank	152
	Starten von eseutil auf einem anderen Server	153
7.6	Notfall-Lösungen der Datenbank	153
	Fehler 1018, 1019 und 1022	153
	Inkonsistente stm-Datei nach eseutil/p	157
Kapitel 8	**Richtlinien**	**159**
8.1	Empfängerrichtlinien	159
	Richtlinie für E-Mail-Adressen	159
	Richtlinie für Postfachmanager-Einstellungen	169
	Empfängeraktualisierungsdienst (RUS)	169
8.2	Systemrichtlinien	180
	Serverrichtlinie (Server Policy)	181
	Richtlinie für Postfachspeicher	187
	Richtlinie für öffentliche Informationsspeicher	190
Kapitel 9	**Öffentliche Ordner**	**193**
9.1	Möglichkeiten der öffentlichen Ordner	194
	Gemeinsame Informationsnutzung	195
	Gruppenkontakte	195
	Ablage für automatische E-Mails	195
	Ressourcenplanung	196
	Fax-Ablage	196
	Einheitlicher Support-Ordner	197
	Knowledge-Datenbank	197
9.2	Erstellen von öffentlichen Ordnern	197
	Berechtigung zum Erstellen von Root-Ordnern	198
	Erstellen eines öffentlichen Ordners mit dem Exchange System Manager	200

Inhaltsverzeichnis

9.3	**Öffentliche Ordner verwalten**	206
	E-Mail-Aktivierung und E-Mail-Deaktivierung	206
	Eigenschaften E-Mail-aktivierter Ordner	207
	Weitergeben von Einstellungen	218
9.4	**Konflikte in öffentlichen Ordnern**	219
	Nachrichtenbearbeitungskonflikte	219
	Ordnerbearbeitungskonflikte	219
9.5	**Neue Funktionen in Exchange 2003**	219
	Neues Interface	220
	Manuelles Starten der Replikation	223
	Exchange Public Folder Migration Tool	225
9.6	**Systemordner**	225
	EFORMS-Registry	226
	Events Root	227
	OFFLINE ADDRESS BOOK	227
	OWAScratchPad	227
	Schedule+ FREE BUSY	228
	schema-root	228
	StoreEvents	228
	System Configuration	228
	Zurücksetzen der Systemordner	229
	Wiederherstellen des frei/gebucht-Ordners	231
9.7	**Replikation zwischen Organisationen**	233
	Konfiguration	234
9.8	**Fehlerbehebung der Replikation**	245
Kapitel 10	**Benutzerverwaltung**	249
10.1	**Postfach-aktivierte Benutzer**	252
	Anlegen eines neuen Postfach-aktivierten Benutzers	252
10.2	**Exchange-Aufgaben bei Benutzern**	271
	Postfach erstellen (Create Mailbox)	271
	Postfach verschieben (Move Mailbox)	272

Inhaltsverzeichnis

	Postfach löschen (Delete mailbox)	273
	Exchange Features konfigurieren (Configure Exchange Features)	274
	E-Mail-Adressen einrichten (Establish e-mail addresses)	274
	E-Mail-Adressen entfernen (Delete e-mail addresses)	277
	Exchange Attribute entfernen (Remove Exchange Attributes)	277
	Anpassen des Anzeigenamens	278
10.3	**InetOrgPerson**	282
	Anlegen einer neuen InetOrgPerson	283
10.4	**Kontakte**	283
10.5	**Verteilerlisten und Gruppen**	285
	Erstellen einer neuen Gruppe	286
	Verwalten einer Gruppe	289
	Exchange-Aufgaben bei Gruppen	294
	Abfragebasierte Verteilergruppen	295
	Verwalten einer abfragebasierten Verteilergruppe	300
	Exchange Optimierung für abfragebasierte Verteilergruppen	301
10.6	**Adresslisten**	304
	Standardadresslisten	304
	Benutzerdefinierte Adresslisten	305
	Offline-Adresslisten	305
Kapitel 11	**Diagnose und Überwachung**	309
11.1	**Ereignisanzeigen und Fernwartung**	309
	Bedeutung der Ereignisanzeigen	310
	Vorbereitungen	312
	Optimale Fehlersuche	319
11.2	**Diagnose**	323
	Dienste der Diagnoseprotokollierung	325
	Protokolliergrad (Logging level)	349
11.3	**Überwachung eines Exchange Servers**	350
	Konfiguration der Überwachung	350
	Überprüfen des Server-Status	356

Inhaltsverzeichnis

	Konfiguration von Benachrichtigungen	357
11.4	**Systemmonitor**	**363**
	Echtzeitüberwachung	365
	Überwachung innerhalb eines Zeitraums	381
	Warnungen	386
Kapitel 12	**Queues und Message Tracking**	**389**
12.1	**Warteschlangen (Queues)**	**389**
	Neue Ansicht der Warteschlangen	389
	Deaktivierung des SMTP-Nachrichtenflusses	391
	Nachrichten finden	392
	Neue Warteschlangen in Exchange 2003	393
	Status von Warteschlangen	394
12.2	**Nachrichten-Tracking**	**397**
	Aktivierung des Nachrichten-Trackings	397
	Verwaltung des Nachrichten-Trackings	398
	Verwenden des Nachrichten-Trackings	399
Kapitel 13	**Outlook Web Access**	**403**
13.1	**Entwicklung von Outlook Web Access**	**404**
	Outlook Web Access-Geschichte	404
13.2	**Anmeldesicherheit**	**406**
	Anmeldung mit SSL und Zertifikaten	407
	Weitere Sicherheitsmechanismen	421
13.3	**Arbeiten mit Outlook Web Access**	**422**
	Neues Benutzer-Interface	422
	Sicherheit in Outlook Web Access	436
13.4	**Administration**	**443**
	Benutzerverwaltung	443
	Virtuelle HTTP-Server	446
	Vereinfachen der URL	454
13.5	**Frontend-/Backend-Architektur**	**455**
	Funktionsweise und Vorteile	455

	Server-Komponenten	458
	POP3 und IMAP	461
	Outlook Web Access	462
	Planung	464
	Konfiguration von Frontend-Servern	466
	Absichern des Frontend-Servers	469
	Konfiguration der Backend-Server	481
13.6	**Troubleshooting Outlook Web Access**	482
	Anmeldeprobleme	483
	HTTP-Fehler	484
Kapitel 14	**Wireless Services**	**487**
14.1	**Features**	487
	Always-Up-To-Date Benachrichtigungen	488
	Benutzerdefinierte Synchronisation	488
	Outlook Mobile Access	488
14.2	**Aktivierung der Wireless Services**	488
14.3	**Konfiguration von OMA**	490
14.4	**Benutzerverwaltung**	491
	Zugriffsteuerung für die Benutzer	491
	Einstellungen auf dem Pocket-PC	491
Kapitel 15	**Datensicherung**	**495**
15.1	**Transaktionsprotokolldateien**	496
	Checkpoint-Datei und Soft-Recovery	497
	Umlaufprotokollierung	499
15.2	**Sicherungsarten**	499
	Online-Sicherung	499
	Offline-Sicherung	512
	Volume Shadow Service (VSS)	516
	Sicherung von speziellen Diensten	517
15.3	**Wiederherstellung**	519
	Wiederherstellung einzelner Postfächer	520

Inhaltsverzeichnis

	Wiederherstellung einer Datenbank	532
	Recovery Storage Group	534
	Wiederherstellung einer Offline-Sicherung	538
	Wiederherstellen eines Exchange Servers	544
	Wiederherstellen des SRS und der Metabase	547
15.4	Exchdump	549
Kapitel 16	**Berechtigungen und Sicherheit**	551
16.1	Allgemeines	551
	Struktur der Exchange-Berechtigungen	552
16.2	Neue Berechtigungen in Exchange 2003	552
16.3	Forestprep und Domainprep	552
	Forestprep	553
	Domainprep	554
16.4	Verwalten von Berechtigungen	557
16.5	Delegation von Berechtigungen	558
16.6	Berechtigungen für bestimmte Aufgaben	561
	Erstellen und Löschen von Benutzerpostfächern	561
	Verschieben von Postfächern auf Exchange 5.5 zu Exchange 2003	561
Kapitel 17	**Installation**	563
17.1	Vorbereitungen	563
	Installation Betriebssystem	563
	Vorbereitungen für Exchange	563
17.2	Exchange 2003 Setup – Neuerungen	564
17.3	Installation von Exchange 2003	565
	Exchange-Komponentenauswahl	566
17.4	Schalter des Setup-Programms	567
	Schalter für die Vorbereitung der Installation	568
	Schalter für die Konfiguration der Installation	568
	Unbeaufsichtigte Installation	569

17.5	**Probleme während des Setups**	571
	Berechtigungsprobleme	571
	Probleme mit Replikation oder Namensauflösung	572
	Reste einer vorherigen Installation	572
	Fehlermeldungen beim Installieren	572
17.6	**Entfernen von Exchange 2003**	573
	Entfernen mit dem Setup-Programm	573
	Löschen des Servers ohne Deinstallation	574
Kapitel 18	**Cluster**	577
18.1	**Einführung und Vorteile**	578
	Cluster mit Windows 2003	579
	Neues Sicherheitsmodell für Cluster	581
18.2	**Update eines Exchange 2000 Clusters**	581
18.3	**Neuinstallation eines Clusters**	582
	Vorbereitungen	582
	Installation der Cluster-Knoten	584
	Konfiguration des Cluster-Dienstes	585
	Vorbereitungen für die Installation	592
	Installation von Exchange 2003	595
	Virtuelle Exchange Server	596
Kapitel 19	**Migration und Koexistenz**	603
19.1	**Exchange 2003 und Exchange 2000**	603
	Vorbereitung für ein Update zu Exchange 2003	604
	Vorbereitungen für ein InPlace-Update	605
	Durchführen eines InPlace-Updates	606
19.2	**Exchange 2003 und Exchange 5.5**	607
	Active Directory vorbereiten	608
	Namensauflösung	608
	Servicepacks	609
	Namensänderung der Organisation	609
	Vertrauensstellungen	611

Inhaltsverzeichnis

Berechtigungen unter Exchange 5.5 612
Exchange 2003 Server 613
Verbindungstests 614
Konsistenzprüfung 616
Ressourcen-Postfächer 618
Active Directory Connector 619
Verwalten von Verbindungsvereinbarungen 638
Installieren von Exchange 2003 in eine Exchange 5.5-Organisation 648
Standortreplikationsdienst (SRS) 652
Entfernen von Exchange 5.5 654
Betriebsmodus 657
Tools zur Migration 660

Kapitel 20 Planung **665**

20.1 Analyse der Anforderungen 665
Planungspunkte für Benutzer 666

20.2 Netzwerk-Infrastruktur 667

20.3 Active Directory 668

20.4 Namenskonventionen 668
Bezeichnung der Organisation 668
Namen der administrativen Gruppen und Routinggruppen 669
Server-Namen 669

20.5 Planen der administrativen Gruppen und der Routinggruppen . 670
Routinggruppen 670
Administrative Gruppen 670

20.6 Server-Planung 671

20.7 Sicherheitsplanung 671
Grundsicherung 672
Virenschutz und Spam-Abwehr 672

Kapitel 21 Nachrichten-Routing **675**

21.1 GWART versus Verbindungsinformationen 675
Routinggruppenmaster 675

	Replikation der Verbindungsinformationen	676
21.2	**SMTP, X.400 und MAPI**	676
	Empfang von Nachrichten	677
21.3	**Nachrichtenfluss**	677
	Zustellen von Nachrichten	677
21.4	**Virtueller SMTP-Server**	679
21.5	**Globale Einstellungen**	680
21.6	**Fehlerbehebung im Nachrichtenfluss**	682
	Empfängerrichtlinien	682
	Einstellungen der virtuellen SMTP-Server	682
	Überprüfen von DNS	683
	Überprüfen mit Telnet	683
Kapitel 22	**E-Mail-Konten in Outlook 2003**	685
22.1	**Neuerungen**	685
	Verbesserungen bei der Bandbreitennutzung	685
	Funktionsneuerungen	686
22.2	**Installation auf einem Terminal-Server**	688
22.3	**E-Mail-Konto**	689
	Einrichten eines neuen E-Mail-Kontos	689
	Verwalten des Postfachs in Outlook	697
22.4	**PST-Dateien und Profile**	701
	PST-Dateien	702
	Profile	709
22.5	**RPC über HTTP**	709
	Voraussetzungen	710
	Konfiguration von RPC über HTTP	711
Kapitel 23	**Outlook 2003-Optionen**	715
23.1	**Registerkarte Einstellungen**	715
	E-Mail-Optionen und Spam-E-Mails	715
	Kalenderoptionen	719

Inhaltsverzeichnis

	Aufgabenoptionen	721
	Kontaktoptionen	722
	Journaloptionen	722
	Notizoptionen	724
23.2	**Registerkarte E-Mail-Setup**	724
23.3	**Registerkarte E-Mail-Format**	724
23.4	**Registerkarte Rechtschreibung**	725
23.5	**Registerkarte Sicherheit**	726
23.6	**Registerkarte Weitere**	727
23.7	**Registerkarte Stellvertretungen**	730
Kapitel 24	**Arbeiten mit Outlook**	733
24.1	E-Mail-Optionen	733
	Vorlagen	733
	Autosignatur	736
	Kennzeichnung einzelner Nachrichten	737
	Optionen einzelner E-Mails	741
	Nachträgliche Aktionen gesendeter E-Mails	746
24.2	Öffentliche Ordner	747
	Verwalten öffentlicher Ordner aus Outlook	748
Anhang A	**Anhang**	753
A.1	Exchange-Geschichte	753
A.2	**SMTP und POP3 für Fortgeschrittene**	755
	SMTP für Fortgeschrittene	755
	Ansicht des Headers einer E-Mail	761
	POP3 für Fortgeschrittene	763
A.3	E-Mail-Verschlüsselung	766
Anhang B	**CD-Inhalt**	769
	Stichwortverzeichnis	773

Einleitung

Die nächste Generation Groupware

Im Herbst 2003 ist es soweit: Microsoft veröffentlicht den lang erwarteten Nachfolger des Exchange 2000 Servers sowie die neue Office Version mit neuem Outlook. Seit Monaten, wenn nicht Jahren, kursieren Gerüchte zu der neuen Generation des Exchange Servers 2003, Codename »Titanium«. Mal soll er auf Windows 2000 laufen, dann wieder nicht, dann nur unter Windows 2000 Servicepack 3. Die Sicherheit soll erhöht, die Geschwindigkeit gesteigert und die Administration erleichtert werden.

Es gibt noch viele weitere Gerüchte, die sich teilweise als richtig, oft aber als falsch herausgestellt haben. Mit diesem Werk mache ich jetzt Schluss mit den Gerüchten. Sie werden alle Änderungen und neuen Features von Exchange 2003 lernen und selbst produktiv umsetzen können. Sie werden erfahren, wie Sie Exchange 2003 für Ihr Unternehmen einsetzen können und was Sie zur Planung und Umsetzung brauchen. Auch die Tools, die dabei benötigt und zum großen Teil bereits von Microsoft kostenlos mitgeliefert werden, werden Sie nach der Lektüre beherrschen. Gemeinsam baue ich mit Ihnen eine Testumgebung auf, mit der Sie Kapitel für Kapitel in diesem Buch in die Praxis umsetzen können. Auch Outlook 2003 ist ein Bestandteil dieses Buches, da diese Version für Exchange 2003 optimiert wurde. Ich widme daher Outlook 2003 einen eigenen Teil des Werkes.

Zunächst werden Sie sich fragen, wer Ihnen das alles vollmundig verspricht. Kennt der Autor sich überhaupt auf diesem Gebiet aus oder ist er vielleicht nur ein Theoretiker, der einen Exchange Server lediglich aus Zeitungen und Whitepapers kennt? Nun, ich denke, ich kann Sie beruhigen. Wie auch Sie selbst beschäftige ich mich eher mit der Praxis des Servers. Ich gebe mit diesem Werk mein Wissen weiter, welches ich seit Jahren unter Exchange sammeln konnte und gehe dabei explizit auf Fragen und Probleme der Praxis ein, die in der Theorie und der heilen »Microsoft-Welt« sonst nie auftauchen.

Ich beschäftige mich seit über 20 Jahren mit der EDV und habe beruflich bisher noch nichts anderes gemacht. Der PC und alles was dazugehört, ist also ein großer Teil meines Lebens. Mit Exchange beschäftige ich mich seit der Veröffentlichung des ersten Exchange Servers, Version 4. Seit dieser Zeit habe ich bei dutzenden Firmen Exchange-Umgebungen geplant, migriert oder neu eingeführt, verwaltet und optimiert. Aus diesem Grund bin ich mir sicher, dass ich Ihnen Exchange 2003 kompetent und aus der Sicht eines Praktikers näher bringen werde.

Zunächst möchte ich mich bei Ihnen, dem Leser und den Kunden unserer Firma NT Solutions sowie meinen Partnern und Mitgesellschaftern Jürgen Schäfer und Jochen Sihler bedanken. Dank geht auch an Marion Sihler für das ständige Beseitigen meiner Rechtschreibfehler und nicht zuletzt an meine Familie und meine Lebensgefährtin Tamara Bergtold, die in der Zeit des Schreibens viel Geduld gezeigt und mich ständig unterstützt hat. Ohne Ihre Unterstützung hätte dieses Buch nie entstehen können.

Widmen möchte ich dieses Buch meinen Großeltern Elfriede und Ernst Joos, ohne die dies alles nie möglich gewesen wäre und deren Unterstützung und Fürsorge mich soweit gebracht haben.

Danke!

Ich wünsche Ihnen viel Freude bei der Lektüre und mit Exchange 2003

Thomas Joos

Hof Erbach, Bad Wimpfen im Oktober 2003

Schreiben Sie uns!

Autor und Verlag sind immer bemüht Ihnen, unseren Kunden und Lesern die optimale Information zum Thema zu bieten. Scheuen Sie sich deshalb nicht, uns über Fehler und andere Ärgernisse zu informieren. Nur so können wir laufend an der Verbesserung unserer Bücher arbeiten. Aber auch Lob, Erfolgsergebnisse und Ihre Ergebnisse interessieren uns. Schreiben Sie uns unter thomas.joos@mut.de, Ihre Mails werden sofort an den Autor weitergeleitet!

Ihr Markt+Technik-Buchlektorat

Jürgen Bergmoser

jbergmoser@pearson.de

1 Was ist neu in Exchange 2003

Exchange 2003 bringt, im Vergleich zu seinem direkten Vorgänger Exchange 2000, einige sehr interessante Neuerungen mit, die ein Update lohnen. In den nachfolgenden Kapiteln werden die wichtigsten Neuerungen aufgezeigt, wobei natürlich auch viele Verbesserungen im Detail und der direkten Bedienung liegen. Auch in Verbindung mit dem neuen Outlook 2003 werden einige Verbesserungen zum Vorgänger Outlook XP deutlich. So finden Sie zum Beispiel im Exchange System Manager die Ansicht der Warteschlangen direkt unter dem Server-Objekt und müssen nicht erst durch die gesamte Baumstruktur navigieren.

Grundsätzlich ist es aber so, dass der Versionssprung von Exchange 2000 zu Exchange 2003 keine so großen und grundlegenden Änderungen mit sich bringt, wie das Update von Exchange 5.5 zu Exchange 2000. Die Änderungen liegen oft mehr im Detail. Dies wird schon durch die interne Versionsnummer deutlich, die bei Exchange 2000 noch 6.0 und bei Exchange 2003 6.5 lautet.

Exchange 2003 baut dabei immer noch auf die Datenbanktechnologie von Exchange 2000 auf. Exchange 2003 basiert auf der Joint Engine-Technologie (JET). Auf deren Basis wurde die Extensible Storage Engine (ESE) von Exchange 2000 und Exchange 2003 entwickelt. Erst eine künftige Exchange Server-Version, mit dem Codenamen *Kodiak* wird ihre Datenbank in den neuen SQL-Server mit dem Codenamen *Yukon* integrieren können.

1.1 Neues Outlook Web Access

Outlook Web Access (OWA) wurde von Microsoft überarbeitet. OWA 2003 sieht Outlook wesentlich ähnlicher als noch in der Vorgängerversion. Das Aussehen wurde dabei wesentlich an Outlook 2003 angepasst. So steht Ihnen in Outlook Web Access ein Vorschaufenster zur Verfügung, welches den Inhalt einer E-Mail in einem Fenster rechts anzeigt. Bei den Vorgängerversionen OWA 5.5 und OWA 2000 wurde die Vorschau noch in einem Fenster unten angezeigt. Durch die neue Anordnung können Sie bei großen E-Mails den ganzen Text lesen und müssen nicht durch die E-Mail scrollen. Gerade Poweruser, die täglich viele E-Mails bearbeiten müssen, werden durch die neue Ansicht effizienter arbeiten können.

Bei Exchange 2003 werden in Outlook Web Access Regeln, Rechtschreibkorrektur und Verschlüsselung unterstützt. Das war bei den Vorgängern nicht möglich. Outlook Web Access 2003 arbeitet mit dem Verschlüsselungsstandard S/MIME. Für S/MIME wird allerdings der Internet Explorer 6 vorausgesetzt. Die Anmeldung an einen Outlook Web Access-Server läuft über die so genannte *Cookie-Authentifizierung*. Wenn sich ein Benutzer an Outlook Web Access anmeldet, wird das Anmeldeticket in einem Cookie gespeichert. Dieses Cookie verliert beim Abmelden oder spätestens nach 30 Minuten seine Gültigkeit. Dadurch ist sichergestellt, dass kein Einbruch in Ihr internes Netzwerk über Outlook Web Access stattfinden kann.

Zusätzlich unterscheidet Microsoft in Exchange 2003 zwischen zwei verschiedenen Versionen von Outlook Web Access. Die »Luxus«-Version, die alle Features unterstützt, die für Exchange 2003 entwickelt wurden, läuft lediglich unter dem Internet Explorer 5 und höher. Die abgespeckte Version hingegen unterstützt alle Internet Browser, verfügt jedoch über wesentlich weniger Features. Weiteres hierzu finden Sie im Kapitel 13 *Outlook Web Access*.

1.2 Mobile Access/WAP

Zu den wesentlichsten Neuerungen unter Exchange 2003 zählen die erweiterten Features für Benutzer von drahtlosen Geräten, wie Handys oder Pocket PCs. Diese Features wurden unter Exchange 2000 noch mit dem Mobile Information Server zur Verfügung gestellt. Dieses Serverprodukt wird unter Exchange 2003 nicht mehr benötigt. Alle Funktionen des Mobile Information Servers sind in Exchange 2003 Server integriert.

Mit dieser Funktionalität können Sie Ihren Pocket PC mit ActiveSync mit Ihrem Exchange Postfach synchronisieren und zwar von überall, nicht nur von Ihrer Dockingstation. Zusätzlich können Benutzer mit jedem WAP-tauglichen Handy auf ihr Postfach zugreifen. Exchange 2003 stellt dazu ein eigenes WAP-Portal zur Verfügung. Es werden Pocket PCs, PDAs und WAP 2.0-Handys unterstützt. Selbst Handys, die nur WAP 1.0 unterstützen werden rudimentär angebunden. Ein lustiger Begriff von Microsoft ist das Outlook Mobile Access wegen seiner Abkürzung (OMA). Mehr zu Wireless Access unter Exchange 2003 erfahren Sie im Kapitel 14 Wireless Services.

In Exchange 2003 wurde zudem eine Always-Up-To-Date-Funktion integriert. Diese sorgt dafür, dass Pocket-PCs oder Smartphones eines Benutzers automatisch synchronisiert werden, wenn in der Exchange-Mailbox eine neue Nachricht eintrifft.

1.3 Optimierte Datenübertragung

Mit der Einführung von Exchange 2000 hat Microsoft die erste so genannte »Welle der Serverkonsolidierung« eingeführt. Damit bezeichnet Microsoft die verbesserte Abfrage der Clients an den Server. Dies wurde mit einer effizienten Komprimierung und Optimierung des Datenverkehrs zwischen Exchange und Outlook erreicht. Dadurch war es zahlreichen Firmen möglich, Exchange Server in kleineren Filialen komplett abzulösen und die Benutzer an Exchange Server direkt in der Hauptniederlassung anzubinden. Der Vorteil hierbei besteht, außer in eingesparten Lizenzen, Hardwarekosten und Leitungskosten, auch in der Zentralisierung der Exchange-Administration und Bündelung des Know-hows der Firma.

Mit Exchange 2003 läutet Microsoft die »zweite Welle der Serverkonsolidierung« ein. Der Datenverkehr zwischen Client und Exchange Server wurde weiter optimiert, so dass Firmen noch mehr Exchange Server in Niederlassungen einsparen können. Microsoft selbst konnte durch die Serverkonsolidierung von 35 Exchange 5.5 Servern auf 8 Exchange 2000 Server reduzieren und erhofft sich unter Exchange 2003 weitere Einsparungen. Erreicht wurde diese Optimierung durch Überarbeitung des Protokolls zwischen Client und Server und verbessertem Cache unter Outlook 2003. So werden in der neuen Outlook-Version zum Beispiel zahlreiche Abfragen zum Postfach lokal zwischengespeichert und nur neue und aktualisierte Abfragen werden direkt zum Server übertragen und vom Server angefordert. Dadurch werden für mehr Benutzer weniger Server benötigt als noch in den Vorgängerversionen.

Durch ein neues Feature können RPC-Verbindungen über HTTP ermöglicht werden. Dadurch können Benutzer mit Outlook direkt über das Internet, also ohne VPN, auf Ihren Exchange Server zugreifen.

1.4 Optimierte Sicherheit und Überwachung

Weitere Verbesserungen sind eine optimierte Sicherheit und effizientere Überwachungsmöglichkeiten. So unterstützt Outlook Web Access 2003 Timeouts und Cookie-Authentifizierung, um mögliche Sicherheitslöcher zu vermeiden. Die Exchange-eigene Antiviren-Schnittstelle VSAPI wurde deutlich verbessert und überarbeitet. Auch der Spam-Schutz wurde durch die Einführung einer Black-List-Überprüfung verbessert.

Im Bereich Überwachung wird von Exchange 2003 der Microsoft Operation Manager unterstützt, der für die Überwachung eines größeren Windows 2000-Netzwerkes fast unerlässlich ist. Der Microsoft Operation Manager ist kein Bestandteil des Exchange 2003 Servers, wird aber durch das Exchange Management Pack unterstützt. Der Microsoft Operation

Kapitel 1   Was ist neu in Exchange 2003

Manager (MOM) ist ein eigenständiges Serverprodukt, welches bei der automatisierten Administration Ihres Netzwerkes eine wertvolle Hilfe sein kann. Der MOM baut dabei auf die NetIQ AppManager Suite auf und unterstützt zahlreiche Serverprodukte. Mit dem MOM können Sie so Dienste, Ereignisanzeigen und vieles mehr überwachen und definierte Aktionen ausführen lassen.

Weiterführende Informationen zu diesem Produkt und die Lizenzierung finden Sie unter

http://www.microsoft.com/germany/ms/net-server/mom/

1.5 Verbesserte Administration

Auch den Administratoren wird die Arbeit unter Exchange 2003 etwas erleichtert. Eine Neuerung ist der bereits zu Beginn des Kapitels erwähnte neue Standort der oft benötigten Warteschlangen. Dieser befindet sich direkt unter jedem Serverobjekt. Deshalb entfallen lästige Manövrieraktionen in der MMC.

Empfänger

Unter Exchange 2003 gibt es, außer den bereits bekannten E-Mail-aktivierten Objekten, Kontakten, Benutzern und öffentlichen Ordnern, zwei neue Objekte, die *InetOrgPerson* und *abfragebasierte Verteilerlisten*. Die genauen Funktionen und Möglichkeiten dieser beiden neuen Objekte werden weiter unten besprochen. Die neuen Verteilerlisten bieten zum Beispiel die Möglichkeit direkt über LDAP-Abfragen Gruppenmitgliedschaften dynamisch zu steuern. Es ist daher nicht länger notwendig, Benutzer statisch in bestimmte Verteilerlisten aufzunehmen, sondern diese Mitgliedschaft kann automatisch durch LDAP-Abfragen gesteuert werden.

Die neuen Features für Mobile Access können direkt über neue Registerkarten in den Benutzerobjekten gesteuert werden.

Benutzerpostfächer können direkt über den Exchange System Manager verschoben werden, nicht mehr nur über das MMC-SnapIn *Active Directory-Benutzer und –Computer*.

Warteschlangen (Queues)

In den Warteschlangen können zudem Nachrichten nachverfolgt werden. Dazu müssen nicht wie bisher verschiedene Menüs im Exchange System Manager verwendet werden. Ausgehende Nachrichten können deaktiviert werden, um Probleme ungestört zu beseitigen und ohne Benutzer zu beeinträchtigen. Die komplette Verwaltung der Warteschlangen wurde überarbeitet und verbessert. Alle ausgehenden E-Mails können auf allen SMTP-Warteschlangen über die Konsole gestoppt werden.

Öffentliche Ordner

Die Verwaltung der öffentlichen Ordner wurde ebenfalls optimiert. So wurde Exchange 2003 ein eigenes HTTP-Interface zur Verwaltung der öffentlichen Ordner spendiert. Die Verwaltung der Replikation und der Anzeige der öffentlichen Ordner auf verschiedenen Servern wurde ebenfalls überarbeitet. Sie können zum Beispiel festlegen, auf welchen Exchange Servern öffentliche Ordner angezeigt werden sollen und auf welchen nicht. Dies ist unabhängig davon, ob auf den Servern ein Replikat liegt. Der Status der Replikation kann besser eingesehen werden. Sie können im Exchange System Manager den Inhalt der öffentlichen Ordner einsehen, um überprüfen zu können, ob die Replikation fehlerfrei funktioniert.

Mailbox Recovery Center

Dieses neue Feature dient zur Wiederherstellung von Postfachobjekten und zur Verwaltung von gelöschten Objekten. Wenn Sie mehrere Postfachspeicher und Speichergruppen erstellt haben, können Sie mit dem Mailbox Recovery Center leichter Postfächer wiederherstellen oder versehentlich gelöschte Objekte schneller finden.

Wenn Sie unter Windows 2000 oder Windows 2003 einen Benutzer, der über ein Postfach verfügt, löschen, wird das Postfach für eine bestimmte Zeit (Standard 30 Tage) auf dem Server aufbewahrt und kann jederzeit wieder mit einem Benutzer verbunden werden. Mit dem Mailbox Recovery Center können auch Postfächer auf andere Exchange Server exportiert werden.

1.6 Verbesserte Datensicherung

Volume Shadow Copy Service

Auch der Umgang mit der Datensicherung und der Festplattennutzung wurde in Exchange 2003 verbessert. Exchange 2003 unterstützt das neue Datensicherungsprogramm von Windows 2003 mit dem *Windows Volume Shadow Copy Service (VSS)*. Dieser Dienst kann Snapshots, das heißt Momentaufnahmen der Exchange Umgebung sichern und wiederherstellen. Diese Funktionalität ist vor allem in größeren Unternehmen im Bereich SAN (Storage Area Network) und NAS (Network Attached Storage) bereits geläufig. Mit der Snapshot-Methode können Sie Datenbanken mit einer Größe von mehreren Gigabyte in wenigen Minuten sichern.

VSS unter Windows 2003 unterstützt allerdings ausschließlich Snapshots auf Dateiebene. Um die VSS-API von Exchange 2003 verwenden zu können, benötigen Sie ein Dritthersteller-Tool, zum Beispiel von Veritas. Durch die VSS haben Administratoren eine weitere Möglichkeit ihre Exchange Server zu sichern. Die Sicherung direkt über ESE bleibt aber immer noch das Hauptverfahren.

Recovery Speichergruppe

Bereits unter Exchange 2000 konnten Sie fünf Speichergruppen anlegen, von denen eine von Exchange bei der Wiederherstellung genutzt wird.

Durch zahlreiche Fehler in Büchern oder weniger kompetenten Exchange-Trainern wurde verbreitet, es wäre unter Exchange 2000 möglich, fünf Speichergruppen mit je fünf Postfachspeichern anzulegen, um Postfächer zu verteilen. Das ist zwar grundsätzlich richtig, wenn Sie dies jedoch so handhaben, können Sie auf Ihrem Exchange 2000 Server keinen Wiederherstellungsvorgang durchführen, da Exchange keine weitere Gruppe anlegen kann, was es aber bei einem Recovery-Vorgang automatisch tun will.

Um eine derartige fehlerhafte Konfiguration zu vermeiden, bietet der Exchange System Manager in Exchange 2003 lediglich die Möglichkeit vier Speichergruppen anzulegen, die fünfte ist für die Recovery Speichergruppe reserviert.

Mit dieser Recovery-Speichergruppe haben Sie die Möglichkeit jede Speichergruppe auf jedem Exchange Server einschließlich Exchange 2003 SP3 wiederherzustellen. Dies ist allerdings ausschließlich in derselben administrativen Gruppe möglich. Durch dieses Feature wird die sehr komplizierte Datensicherung von Exchange stark verbessert.

Mit der Recovery Speichergruppe können Sie allerdings nur Postfachspeicher, aber keine Informationsspeicher für öffentliche Ordner wiederherstellen.

1.7 Verbessertes Clustering

Auch das Clustering wurde erheblich verbessert. So unterstützt Exchange 2003 Cluster bis zu 8 Knoten in Verbindung mit dem Windows 2003 Enterprise Server, während Exchange 2000 nur Cluster mit 4 Knoten unterstützt.

1.8 Koexistenz

Exchange 2003 kann mit Exchange 5.5 Servern und Exchange 2000 Servern in einer Organisation im Mischmodus laufen. Exchange 2000 Server ab SP3 können mit der InPlace-Methode, das heißt mit dem direkten Update des Servers auf Exchange 2003 upgedated werden.

Exchange 5.5 Server können hingegen nicht direkt auf Exchange 2003 upgedated werden. Hier muss entweder der Weg über Exchange 2000 gewählt oder ein Exchange 2003 Server in der Exchange 5.5-Organisation installiert werden, um dann die Daten vom alten auf den neuen Server zu migrieren.

1.9 Entfallene Features

Microsoft hat aus Exchange 2003 einige Features entfernt, die in andere Produkte integriert wurden.

Echtzeit-Kommunikation

Weggefallen sind unter anderem die Echtzeit-Kommunikations-Möglichkeiten wie Chat oder Instant Messaging. Diese Produkte sind kein Bestandteil mehr von Exchange, sondern werden in ein eigenständiges Serverprodukt integriert. Dieses Produkt wird der *Microsoft Office Real Time Communications Server 2003 (RTC-Server 2003)* sein. Damit wird die Echtzeitkommunikation erstmals in das Office-System von Microsoft integriert.

Wenn Sie jedoch Instant Messaging bereits einsetzen und auf Exchange 2003 updaten, müssen Sie nicht erst auf den RTC-Server warten, da IM unter Exchange 2003 unterstützt wird, allerdings kein Bestandteil des Servers mehr ist. Neue Installationen, die Instant Messaging enthalten sollen, sind so erst ab Verfügbarkeit des RTC-Servers 2003 möglich.

Sie können allerdings nicht direkt den Exchange 2000 Server updaten auf dem Chat-Dienste oder Instant Messaging laufen, sondern müssen Exchange 2003 auf einer getrennten Maschine in derselben Organisation installieren. Ein Update dieses Exchange 2000-Servers ist erst möglich wenn die IM-, Chat-, oder Schlüsselverwaltungsdienste entfernt wurden.

M-Laufwerk

Das M-Laufwerk wird auf jedem Exchange 2000-Server angezeigt. Es bietet über das Dateisystem Zugriff auf den Informationsspeicher. Da dieses Feature nur sehr selten genutzt wurde, wird das M-Laufwerk bei Exchange 2003 standardmäßig nicht mehr installiert.

Sie können allerdings weiterhin auf Dateisystemebene auf den Informationsspeicher zugreifen, müssen dazu allerdings den UNC-Pfad verwenden.

Der Grund warum Microsoft das M-Laufwerk nicht mehr verwendet, ist schnell erklärt: Zahlreiche Firmen haben direkt mit Virenscannern oder Defragmentations-Tools auf das M-Laufwerk zugegriffen und so den Informationsspeicher von Exchange 2000 beschädigt.

Auch unter Exchange 2000 sollten Sie dieses Laufwerk ausblenden. Auf der beiliegenden CD ist ein Whitepaper von Microsoft hinterlegt, welches Ihnen bei der Deaktivierung helfen wird.

Schlüsselverwaltungsdienst

Der Schlüsselverwaltungsdienst diente unter Exchange 2000 zur Verwaltung der Schlüsselpaare der Benutzer und zur Sicherung dieser Schlüssel. Der Schlüsselverwaltungsdienst hat dabei eng mit den Zertifikatdiensten zusammengearbeitet.

Diese Funktionalität wurde in Windows 2003 Server integriert und ist nicht länger Bestandteil von Exchange.

2 Koexistenz

Vor der Einführung von Exchange Server 2003 sollten Sie sich einen Überblick verschaffen auf welchem Betriebssystem Sie Exchange Server 2003 installieren wollen. Bei Exchange 2000 war die Auswahl noch relativ einfach, da Exchange 2000 ohnehin nur Windows 2000 unterstützte und im freien Handel nur zwei Versionen von Windows 2000 erhältlich waren, der Windows 2000 Standard Server und der Windows 2000 Advanced Server. Der Windows 2000 Datacenter Server wird ausschließlich von ausgewählten OEMs mit dazu lizenzierten Servermaschinen vertrieben.

Exchange Server 2003 unterstützt dagegen Windows 2000 und Windows Server 2003. Im optimalen Fall sollten Sie Exchange Server 2003 auf einem Windows Server 2003 installieren, der in einem Windows Server 2003 Active Directory läuft. Der Grund liegt darin, dass Exchange Server 2003 einige neue Features des Windows Server 2003 Active Directorys besser unterstützt, zum Beispiel die verbesserte Abfrage des globalen Katalogs. Exchange Server 2003 kann in einer Organisation zusammen mit Exchange 2000 installiert sein, die Organisation kann sich dazu auch im *nativen Modus* befinden. Wenn in der Organisation noch Exchange 5.5 Server existieren, wird wie bei Exchange 2000, lediglich der *mixed Mode* unterstützt. Nach der Installation befindet sich eine Organisation immer im *mixed Mode*, Sie müssen den nativen Modus erst aktivieren, damit alle Exchange Server 2003 Features frei geschalten werden.

2.1 Windows 2000

Exchange Server 2003 läuft auf allen Windows 2000 Server-Versionen. Sie sollten bei der Planung und Installation allerdings die Einschränkungen der einzelnen Serverversionen beachten. Der Windows 2000 Standard Server unterstützt beispielsweise nur 4 GB RAM und 4 Prozessoren, aber kein Clustering. Windows 2000 Advanced Server unterstützt bis zu 8 Prozessoren und 8 GB RAM, sowie 2 Knoten-Clustering.

Unterstützt wird allerdings nur Windows 2000 mit Servicepack 3 oder besser Servicepack 4, ältere Servicepackstände werden nicht unterstützt.

2.2 Windows Server 2003

Exchange Server 2003 wurde für die Zusammenarbeit mit Windows Server 2003 entwickelt und optimiert. Sie sollten also möglichst Exchange Server 2003 in einer Windows Server 2003 Umgebung einsetzen, auch wenn Exchange Server 2003 generell Windows 2000 unterstützt. Alle Funktionen von Exchange Server 2003, zum Beispiel RPC über HTTP, werden nur durch die Installation auf Windows Server 2003 aktiviert.

Windows Server 2003-Versionen

Microsoft hat vier verschiedene Versionen von Windows Server 2003 entwickelt, die Web, Standard, Enterprise oder Datacenter Edition. Grundsätzlich läuft Exchange Server 2003 auf allen Varianten, Sie sollten jedoch mindestens die Standard Edition wählen, da die Web Edition abgespeckt ist. Die Web Edition unterstützt beispielsweise nur 2 GB RAM und 2 Prozessoren. Die Web Edition wurde mit Windows Server 2003 neu eingeführt.

Der Nachfolger des Windows 2000 Advanced Servers ist der Windows Server 2003 Enterprise Edition. Dieser unterstützt jetzt 8 Knoten-Clustering. Dies war bei Windows 2000 lediglich mit der Datacenter-Version möglich. Außer 8 Prozessoren unterstützt die Enterprise Edition jetzt auch bis zu 32 GB RAM und in der 64 Bit-Version sogar 64 GB RAM.

IIS

Mit Windows Server 2003 liefert Microsoft die neue Version 6 der Internet Information Services (IIS) aus. Der IIS 6 ist deutlich sicherer und performanter als die beiden Vorversionen IIS 4 (Windows NT 4) und IIS 5 (Windows 2000). Exchange 2000 und Exchange Server 2003 sind sehr eng mit dem IIS verbunden. Alle webbasierten Dienste von Exchange funktionieren ausschließlich über den IIS. Exchange verwendet den SMTP-Dienst des IIS und die WebDAV-Erweiterungen für Outlook Web Access und Outlook Mobile Access. In Exchange Server 2003 wird der Windows Server 2003-Dienst *RPC über HTTP* unterstützt. Dabei werden RPC-Befehle in das HTTP-Protokoll eingekapselt, so dass Benutzer über das Internet ohne Einwahl in das Firmennetzwerk oder VPN mit einem Windows Server 2003 Server arbeiten können. Mit RPC über HTTP können zum Beispiel Benutzer mit Outlook über das Internet auf ihr Postfach zugreifen.

Sicherheitsmaßnahmen des IIS

➜ Der IIS wird bei der Standard-Installation von Windows Server 2003 nicht mitinstalliert, sondern muss manuell ausgewählt werden. Dadurch wird vermieden, dass Server über den IIS angegriffen werden, die keine Weberweiterung benötigen.

- Die Installation des IIS kann mit Hilfe von Windows Server 2003-Gruppenrichtlinien unterbunden werden.

- Nach der Installation läuft der IIS nur minimal und absolut sicher. Einzelne Funktionen müssen erst aktiviert werden. Standardmäßig unterstützt der IIS 6 nach der Installation nur statische HTML-Seiten. ASP und XML müssen durch den Administrator erst aktiviert werden.

- Der IIS läuft mit einem Benutzerkonto mit eingeschränkten Rechten.

- Die Unterstützung von SSL wurde stark verbessert.

- Der IIS 5.0 von Windows 2000 war noch durch den Prozess *inetinfo.exe* abhängig. IIS 6 baut auf zwei neue Prozesse auf. Ein Prozess, der *HTTP.SYS*, steuert den Kernel, der Prozess *WWW Service Administration and Monitoring component* dient zur Verwaltung der Benutzerzugriffe. Durch diese Trennung wurde die Stabilität deutlich erhöht, da fehlerhafter Code den Kernel nicht beeinträchtigen kann.

- Webapplikationen laufen jetzt in so genannten *Application Pools*. Jede Anwendung läuft in einem logisch getrennten Pool, so dass eine Anwendung eine andere nicht beeinträchtigen kann. Selbst der Kernel und die HTTP.SYS können nicht beeinträchtigt werden, da der Code immer in den Application Pools ausgeführt wird, niemals im Kernel.

- IIS 6 führt keine Kommandozeilenprogramme im Webserver aus. Mit Kommandozeilenprogrammen wurden der IIS 5 und 4 oft attackiert.

- Anonyme Benutzer dürfen nur lesend auf Webseiten zugreifen. Viele Hacker verbinden sich mit einem Webserver und verändern die Seiten, dieser Angriff ist mit dem IIS 6 nicht mehr möglich.

- Administratoren können steuern wie viele Daten auf den Server hochgeladen werden.

- Buffer Overflows können nur in Ausnahmefällen auftreten.

- Die Authentifizierung wurde stark verbessert und weiter abgesichert.

Windows Volume Shadow Copy Service (VSS)

Windows Server 2003 unterstützt außerdem eine neue Backup-Variante, den Microsoft *Windows Volume Shadow Copy Service (VSS)*. Dieser Dienst kann so genannte Snapshots, das heißt Momentaufnahmen der Exchange Umgebung sichern und wiederherstellen. Diese Funktionalität ist bereits vor allem in größeren Unternehmen im Bereich SAN und NAS geläufig.

VSS unter Windows Server 2003 unterstützt allerdings lediglich Snapshots auf Dateiebene. Um die VSS-API von Exchange Server 2003 zu nutzen, benötigen Sie ein Dritthersteller-Tool, zum Beispiel von Veritas. Diese Funktionalität wird aber nur unterstützt, wenn Exchange Server 2003 auf einem Windows Server 2003 installiert wurde.

Sicherheit

Die Voreinstellungen bei Windows Server 2003 sind auf deutlich mehr Sicherheit ausgelegt, dass heißt nach der Installation ist das System vorerst sicher und benötigte Komponenten müssen vom Administrator zunächst installiert oder konfiguriert werden. Dadurch ist zwar das bisher oft erfolgreiche Herumprobieren nicht mehr möglich, dafür ist eine Windows-Umgebung aber deutlich sicherer. Ein Beispiel dafür ist, dass der IIS 6 jetzt nicht mehr standardmäßig mit installiert wird.

Zahlreiche Optimierungen gibt es bezüglich des Active Directorys unter Windows Server 2003, so ist jetzt zum Beispiel auch ein Rollback des Schemas bei einer fehlerhaften oder unerwünschten Erweiterung möglich.

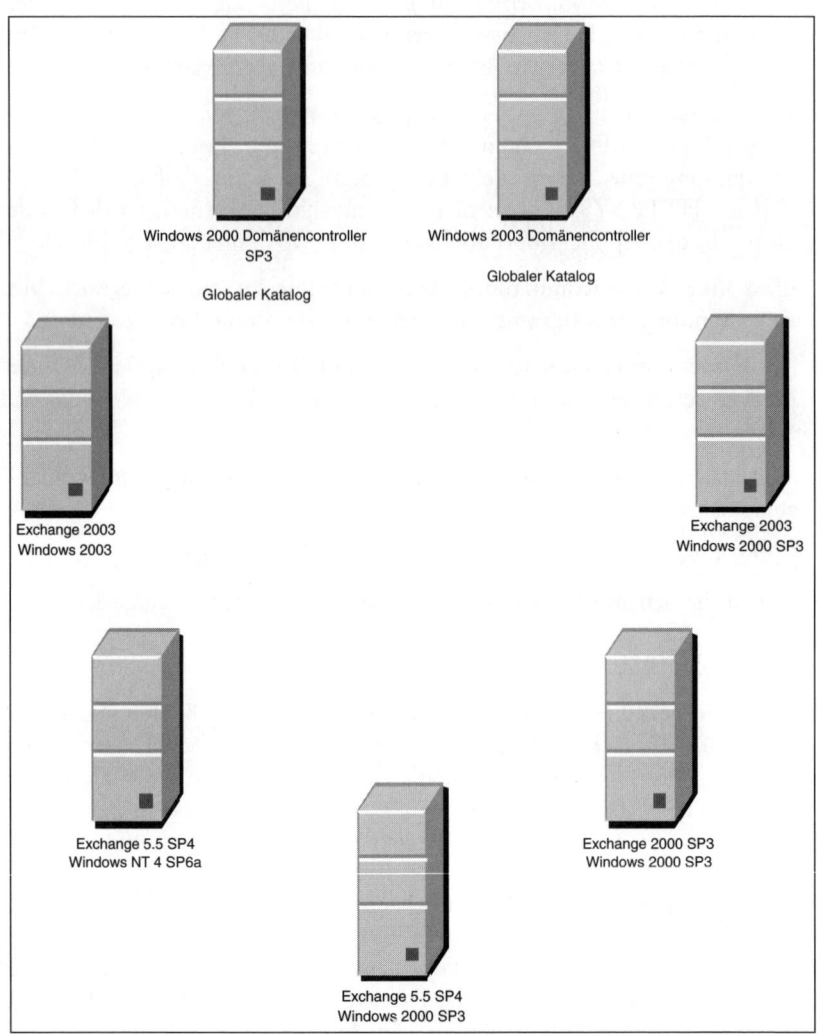

Abbildung 2.1:
Mögliche Varianten einer gemischten Exchange-Organisation

Exchange 2000 und Windows Server 2003

Durch die zahlreichen Erweiterungen des Windows Servers 2003 ist die Installation von Exchange 2000 auf einem Windows Server 2003 nicht möglich. Dies liegt vor allem an der kompletten Überarbeitung des SMTP-Dienstes und des IIS. Exchange 2000 wurde für den IIS 5 für Windows 2000 entwickelt, während Windows Server 2003 den IIS 6 mitbringt. Der erste Exchange Server der auf Windows Server 2003 läuft ist Exchange Server 2003.

Laut Microsoft wird kein Servicepack für Exchange 2000 erscheinen, das eine Installation auf Windows Server 2003 unterstützt. Der offizielle und unterstützte Exchange Server für Windows Server 2003 ist Exchange Server 2003.

Exchange 2000 kann zwar in einem Windows Server 2003 Active Directory installiert sein, muss aber selbst auf einem Windows 2000 Server installiert sein. Dadurch profitiert Exchange 2000 von den Verbesserungen des neuen Active Directorys und vor allem von der Verbesserung des globalen Katalogs. Auch Exchange 5.5 kann in einem Windows Server 2003 Active Directory installiert sein, profitiert allerdings nicht von den Vorteilen. Die Installation von Exchange 5.5 auf Windows Server 2003 wird nicht unterstützt. Sie können Exchange 5.5 nur auf einem Windows NT 4 Server oder auf einem Windows 2000 Server installieren.

2.3 Migration

Wenn Sie ein Update auf Exchange Server 2003 planen, können Sie alle Server auf denen Exchange 2000 installiert ist, mit der so genannten *InPlace-Upgrade-Methode* auf Exchange Server 2003 updaten. Mit dieser Methode führen Sie direkt ein Update auf dem Server aus, keine Migration. Dies ist aber ausschließlich mit Exchange 2000 möglich. Ein InPlace-Upgrade von Exchange 5.5 auf Exchange Server 2003 ist nicht möglich, hier müssen Sie den indirekten Weg wählen, indem Sie Exchange Server 2003 in die Exchange 5.5-Organisation installieren und mit dem Active Directory Connector arbeiten, doch dazu mehr im Kapitel 19 *Migration und Koexistenz*. Exchange 2000 wird dagegen weder auf Windows Server 2003 unterstützt noch kann es installiert werden. Sie müssen daher beim InPlace-Upgrade zunächst Exchange 2000 auf Exchange Server 2003 updaten und dann das Betriebssystem nachziehen. Exchange Server 2003 unterstützt Windows 2000 ohne bekannte Probleme, allerdings nicht mit allen Funktionen, wie zum Beispiel RPC über HTTP oder VSS.

In der folgenden Tabelle können Sie erkennen, welche Exchange-Version welche Windows-Version unterstützt oder nicht.

Kapitel 2   Koexistenz

Tabelle 2.1:
Kompativitäts-
matrix von
Exchange und Windows

Exchange Version	Installation möglich		Unterstütztes Active Directory	
	Windows 2000 SP3 (SP4)	Windows Server 2003	Windows 2000 Server SP3 (SP4)	Windows Server 2003
Exchange 5.5 mit SP3 (SP4)	Ja	Nein	unnötig	unnötig
Exchange 2000 mit SP2	Ja	Nein	Ja	Ja
Exchange 2000 mit SP3	Ja	Nein	Ja	Ja
Exchange Server 2003	Ja	Ja	Ja	Ja

3 Lizenzierung von Exchange Server 2003

Grundsätzlich bleibt die Lizenzierung von Exchange Server 2003 ähnlich zur Lizenzierung von Exchange 2000. Mit Windows Server 2003 hat Microsoft für alle Serverprodukte eine neue Lizenzierungsart eingeführt, die *Benutzer-Lizenzierung (User CAL)*.

Generell sollten Sie sich vor der Einführung von Exchange Gedanken über die Lizenzierung machen. Die Lizenzpolitik von Microsoft ist nicht gerade die einfachste und es kann sich lohnen, sich erstmal schlau zu machen, was wie lizenziert werden muss. Ich führe auf den folgenden Seiten genauer auf, was Sie überhaupt lizenzieren müssen. Die genauen Preise oder Varianten sollten Sie mit einem Softwarelieferant Ihres Vertrauens durchsprechen. Ob OSL, Select, Software Assurance oder OEM, die Politik ändert sich zu oft, aber bei entsprechendem Vergleich lassen sich schnell einige Euro sparen.

3.1 Lizenzierung Betriebssystem

Für jeden Server auf dem Sie Exchange Server 2003 installieren wollen, benötigen Sie eine Betriebssystemlizenz. Die meisten Firmen werden Exchange Server 2003 zusammen mit Windows Server 2003 einführen, was sinnvoll ist, da Exchange Server 2003 auf einige Erweiterungen des Active Directory von Windows Server 2003 aufbaut.

Wie bereits weiter oben erwähnt, gibt es vier Versionen des Windows Servers 2003, Web Edition, Standard Edition, Enterprise Edition und Datacenter Edition. Vom Einsatz der Web Edition sollten Sie wegen des eingeschränkten Leistungsumfangs absehen.

3.2 Exchange Server

Zusätzlich zu der Lizenz für das Betriebssystem benötigen Sie pro Exchange Server eine Exchange Server 2003 Standard Server- beziehungsweise Exchange Server 2003 Enterprise Server-Lizenz. Für den Exchange Server 2003 Enterprise Server benötigen Sie jedoch nicht zwingend eine Windows Server 2003 Enterprise Edition. Es genügt der Windows Server 2003 Standard Server, mit dem Sie an die Windows Server 2003 Server-Limitierungen gebunden sind – maximal 4 CPUs, 4 GB RAM und keine Cluster-Unterstützung.

Clients

Außer den Server-Lizenzen müssen Sie zudem den Zugriff der einzelnen Benutzer lizenzieren (CALs). Die Lizenzierung bei Exchange Server 2003 erfolgt dabei nicht wie bei anderen .Net-Produkten pro Prozessor, sondern pro Benutzer oder pro Gerät.

Betriebssystem

Für jeden Client, der auf Ihren Exchange Server 2003 Server zugreifen soll, benötigen Sie eine Windows Server 2003 Server CAL (Client Access License). Diese Lizenzierung können Sie entweder *pro Arbeitsplatz* oder *pro Server* vornehmen. Neu bei Windows Server 2003 ist, dass Sie außer Device-CAL (Geräte-Lizenzen) auch User-CAL (Benutzer-Lizenzen) erwerben können.

Wenn Sie Device-Lizenzen *pro Arbeitsplatz* erwerben, benötigen Sie für jeden Rechner im Netz, egal mit welchem Betriebssystem, eine Windows Server 2003 CAL. In keinem Betriebssystem, auch nicht Windows 2000 Professional oder Windows XP Professional, ist eine Windows Server 2003 CAL integriert. Diese muss immer erworben werden.

Bei der Lizenzierung *pro Server* müssen Sie für jeden zugreifenden Client oder Benutzer und für jeden Server eine Verbindungslizenz erwerben. Oft sind bei vielen Windows Server 2003 Server-Versionen bereits schon 5 Lizenzen integriert.

> **INFO**
>
> *Die Benutzerlizenzierung (User-CALs) ist eine neue Lizenzierung von Microsoft, die mit Windows Server 2003 eingeführt wurde.*

Eine Device-CAL erlaubt einer beliebigen Anzahl von Benutzern den Zugriff auf die lizenzierte Serversoftware eines bestimmten Geräts. Eine User-CAL erlaubt einem bestimmten Benutzer den Zugriff auf die lizenzierte Serversoftware einer beliebigen Anzahl von Geräten. Eine User-CAL sichert einem bestimmten Benutzer somit den Zugriff auf die Serversoftware über die PCs und Laptops im Büro, aber auch über PCs zu Hause, PDAs, in Internet-Cafes und mit anderen Geräten. Die Device-CAL wäre sinnvoll für mehrere Benutzer, die von einem gemeinsam genutzten Gerät auf die Serversoftware zugreifen.

Ein Device ist ein elektronisches Gerät, das auf die Serversoftware oder eine ihrer Komponenten zugreift oder diese nutzt. Dazu zählen beispielsweise PCs und Laptops im Büro, PCs zu Hause, PDAs und Mobiltelefone. Ein Benutzer ist eine einzelne Person, die auf die Serversoftware oder eine ihrer Komponenten zugreift oder diese nutzt. Dazu zählen beispielsweise Mitarbeiter, unabhängige Vertragsnehmer, Vertreter, Lieferanten, Service Provider und deren Endkunden. Die Anforderungen der User-CAL sind mit den Anforderungen der Device-CAL identisch. Eine CAL wird benötigt, wenn ein Gerät oder ein Benutzer auf die Serversoftware zugreift.

Für Windows Server wird keine Windows CAL benötigt, wenn ein nicht authentifiziertes Gerät oder ein nicht authentifizierter Benutzer über das Internet auf einen Server zugreift. Der Kunde benötigt beispielsweise keine Microsoft Windows Server CALs für Geräte oder Benutzer, die eine öffentliche Website besuchen. Bei jedem Produkt oder Serverdienst (z.B. Microsoft Windows Terminal Server) kann der Kunde zwischen der Device CAL oder der User CAL wählen (sofern beide angeboten werden). Anstelle von CALs können die Kunden auch die External Connector-Lizenz erwerben, um Geschäftspartnern oder Endkunden den Zugriff auf die lizenzierte Serversoftware zu ermöglichen.

Exchange Server-CAL

Um den Exchange Server-Zugriff zu lizenzieren, benötigen Sie für jeden Client, der auf den Exchange Server zugreift, eine Exchange Server 2003 CAL. Verwechseln Sie diese nicht mit der Windows Server 2003-CAL. Die Lizenzierung ist nicht concurrent, das heißt pro Zugriff geregelt, sondern pro Postfach. Es muss für jedes Postfach eine CAL erworben werden.

Auch wenn Sie genügend Exchange 5.5- oder Exchange 2000-CALs besitzen, brauchen Sie für den Einsatz von Exchange Server 2003 neue Exchange Server 2003-CALs, da die Zugriffslizenzen für Exchange 5.5 und Exchange 2000 nicht mehr unter Exchange Server 2003 gültig sind. Benutzer, die sich anonym und somit ohne Anmeldung auf öffentliche Ordner verbinden, benötigen keine CAL.

3.3 Exchange Server 2003-Versionen

Es gibt zwei verschiedene Versionen von Exchange Server 2003, den Exchange Server 2003 Enterprise Server und den Exchange 2000 Standard Server. Wenn Sie nach der Installation überprüfen wollen, welche Version bei Ihnen installiert ist, müssen Sie den Exchange System Manager starten, bis zur administrativen Gruppe navigieren und auf den Menüpunkt Servers klicken. Im rechten Fenster werden Ihnen dann detaillierte Informationen über die in der administrativen Gruppe installierten Server ausgegeben. Unter Exchange 2000 gab es noch eine dritte Variante, den Exchange 2000 Conferencing Server. Diesen Server gibt es nicht mehr. Die Funktionalitäten des Exchange 2000 Conferencing Servers werden in den Realtime Communications (RTC) Server integriert und sind kein Bestandteil mehr von Exchange. Das gilt ebenfalls für die Chat-Dienste und das Instant Messaging. Auch diese beiden Dienste sind jetzt Bestandteil des RTC-Servers.

Kapitel 3   Lizenzierung von Exchange Server 2003

Abbildung 3.1:
Informationen über
den installierten
Exchange Server
2003 Server

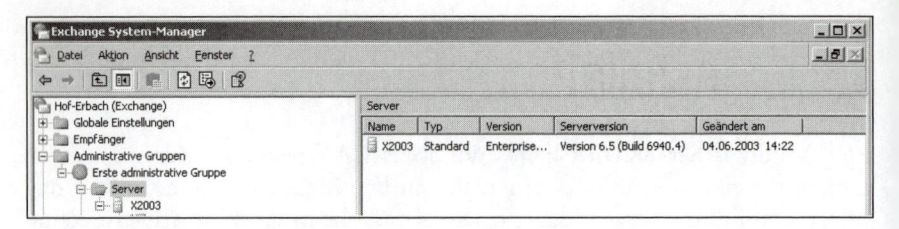

Exchange Server 2003 Standard Server

Der Exchange Server 2003 Standard Server ist in seinem Funktionsumfang etwas eingeschränkt.

- Es wird nur eine Speichergruppe mit einem Postfachspeicher und einem Informationsspeicher für öffentliche Ordner unterstützt.
- Die Größe des Postfachspeichers ist auf 16 GB begrenzt.
- Keine Cluster-Unterstützung
- Kein X.400-Connector

Exchange Server 2003 Enterprise Server

Der Exchange Server 2003 Enterprise Server ist in seinem Funktionsumfang nicht eingeschränkt, dafür allerdings etwas teurer. Folgende Features werden von Exchange Server 2003 Enterprise Server unterstützt:

- Anlegen von bis zu 4 Speichergruppen und einer Recovery Speichergruppe auf einem Server.
- Fast unbegrenzte Größe der Datenbank. Durch das Betriebssystem wird die Datenbank auf 16 Terrabyte begrenzt.
- Exchange Server 2003 unterstützt Clustering unter Windows Server 2003 Enterprise Server mit bis zu 8 Knoten.
- Der X.400-Connector wird mitgeliefert.

4 Installation einer Testumgebung

Bevor wir näher in die Theorien und die einzelnen Features von Exchange 2003 einsteigen, sollten Sie sich eine Testumgebung installieren. Mit dieser Testumgebung können die einzelnen Kapitel des Buches sofort in die Praxis umgesetzt werden. Auf diese Weise verbinden Sie Theorie und Praxis und erlernen direkt am Server die verschiedenen Konfigurationsmöglichkeiten. Optimal wäre hier natürlich ein eigener PC, allerdings können Sie auch mit VMWare oder Virtual PC arbeiten. Für beide Programme können Sie Testversionen im Internet herunterladen.

VMWare: www.vmware.com
Virtual PC: www.connectix.com

Um die Umgebung vorzubereiten, installieren Sie zunächst Windows Server 2003 auf ihrem Testsystem. Die Installation des Active Directory und Exchange Server 2003 führen Sie dann am besten nach den Anleitungen dieses Kapitels durch.

4.1 Vorbereitungen

Zunächst sollten Sie sich die notwendige Hardware beschaffen. Wenn Sie mit VMWare oder Virtual PC arbeiten wollen, müssen Sie sich zunächst die Software besorgen. Achten Sie bei Programmen, die einen PC virtuell emulieren, darauf, dass die Hardware, auf der Sie arbeiten, ausreichend dimensioniert ist. Der Arbeitsspeicher, den die virtuelle Maschine nutzt, wird direkt vom tatsächlichen Arbeitsspeicher des Hostsystems abgezogen, auch die Prozessorlast wird geteilt. Um mit einem virtuellen PC wirklich arbeiten zu können, sollten Sie einen PC mit mindestens 1 GHz und 512 MB RAM verwenden. 256 MB können dann der virtuellen Maschine zur Verfügung gestellt werden. Außerdem sollten Sie über ausreichend freien Festplattenplatz verfügen, mindestens 2 bis 3 GB.

Zusätzlich benötigen Sie noch die Datenträger für Windows Server 2003 und Exchange Server 2003. Ich beschreibe in diesem Kapitel den Aufbau der Testumgebung mit Windows Server 2003, da diese Version für Exchange Server 2003 optimiert wurde. Wenn Sie Exchange Server 2003 auf Windows 2000 installieren wollen, können Sie weitgehend analog vorgehen.

Für den Server benötigen Sie eine statische IP-Adresse. Sie sollten sich deshalb vor der Installation Gedanken machen, welche IP-Adresse Sie dem Rechner zur Verfügung stellen. Es ist zwar nicht zwingend notwendig, dass Sie die Testumgebung in Ihr Hausnetz integrieren, für verschiedene Tests, zum Beispiel Versenden über SMTP, ist die Integration allerdings nützlich.

4.2 Installation Betriebssystem

Als Erstes müssen Sie das Betriebssystem auf dem Rechner installieren. Sie können hier ohne besondere Einstellungen die Standardoptionen bei der Installation belassen. Sie müssen die Partition, in der Sie Exchange Server 2003 installieren, mit NTFS formatieren.

Wählen Sie für den Rechner eine statische IP-Adresse aus. Ob Sie den Server in das Hausnetz integrieren oder nicht, bleibt dabei Ihnen überlassen. Es wäre auf jeden Fall für die weiter hinten im Buch vorkommenden Tests sinnvoll. Sie können dabei eigentlich keinen Schaden anrichten, da die Umgebung nicht an Ihr Produktivsystem angebunden wird.

Die notwendigen Netzwerkdienste für das Active Directory installieren wir weiter hinten im Kapitel gemeinsam.

4.3 Vorbereitung für das Active Directory

Nach der Installation des Betriebssystems können Sie sich an die notwendigen Vorbereitungen zur Installation des Active Directory machen.

Geben Sie dem Rechner, falls während der Installation noch nicht geschehen, einen Netzwerknamen. Sie finden diese Einstellung in den Eigenschaften des Arbeitsplatzes unter Netzwerkidentifikation (Computer Name). Wenn Sie den Namen vergeben haben, können Sie an dieser Stelle auch gleich das DNS-Suffix eintragen. Später wird der DNS-Name Ihrer neuen Active Directory-Struktur genauso benannt, wie das DNS-Suffix, welches Sie hier definieren. Geben Sie hier den gewünschten Namen ein. Sie sind dabei nicht an eine bestimmten Definition gebunden, sollten aber einen Namen wählen, der leicht zu merken ist und mit dem Sie auch arbeiten können. Ich verwende für meine Umgebung die Bezeichnung *hoferbach.int*.

Nach der Konfiguration Ihres Rechnernamens müssen Sie den Rechner neu starten.

Installation DNS-Server Kapitel 4

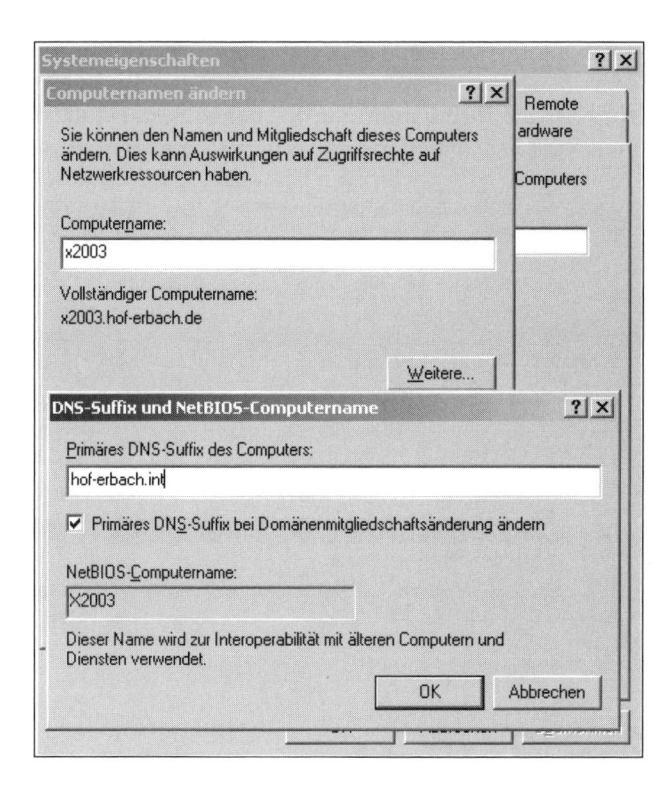

Abbildung 4.1: Anpassen des Computer-Namens

Nach dem Anpassen des Computer-Namens müssen Sie in den IP-Einstellungen des Rechners noch die IP-Adresse des DNS-Servers anpassen. Tragen Sie hier die lokale IP-Adresse ein, da der Test-Server später DNS-Server und Domänen-Controller werden soll. Nach dieser Anpassung müssen Sie den Rechner nicht neu starten. Der Rechner ist jetzt für die Installation des Active Directory vorbereitet, Sie müssen jetzt lediglich noch die DNS-Server-Erweiterung installieren.

4.4 Installation DNS-Server

Um die DNS-Erweiterungen zu installieren, gehen Sie in die Systemsteuerung und wählen dort den Punkt SOFTWARE. Wählen Sie dann das Hinzufügen von WINDOWS-KOMPONENTEN aus. Wählen Sie dann NETZWERKDIENSTE aus und klicken Sie auf DETAILS.

Im nachfolgenden Fenster können Sie jetzt die verschiedenen Netzwerkdienste auswählen. Sie benötigen aber nur den DNS-Server.

Nach der Auswahl der Komponente benötigt der Server Ihre Windows Server 2003-CD um die notwendigen Dateien zu kopieren. Nach dem Kopiervorgang ist der DNS-Server bereits aktiv, ein Neustart ist nicht notwendig.

Kapitel 4   Installation einer Testumgebung

Nach der Installation des DNS-Servers können Sie gleich mit der Konfiguration des Servers beginnen. Ich gehe in dieser Beschreibung Schritt für Schritt vor. Für die Installation von Exchange Server 2003 werden später weitere Netzwerkdienste benötigt. Diese installieren wir später nach.

Abbildung 4.2:
Installation DNS-Server

Abbildung 4.3:
Installation DNS-Erweiterung

4.5   Konfiguration DNS für Active Directory

Um Ihren DNS-Server zu konfigurieren, rufen Sie aus dem Menü VERWALTUNG den Punkt DNS auf. Nach dem Start des Verwaltungsprogramms können Sie mit der Konfiguration des DNS-Servers beginnen.

Ihnen stehen in dieser Verwaltung vier verschiedene Möglichkeiten zur Verfügung:

➡ Konfiguration des DNS-Servers, direkt über die Eigenschaften des Serversymbols (hier X2003)

➡ Überprüfung der DNS-Ereignisse (Symbol EREIGNISANZEIGE)

Konfiguration DNS für Active Directory — Kapitel 4

- Konfiguration einer FORWARD-LOOKUPZONE
- Konfiguration einer Reverse-Lookup-Zone

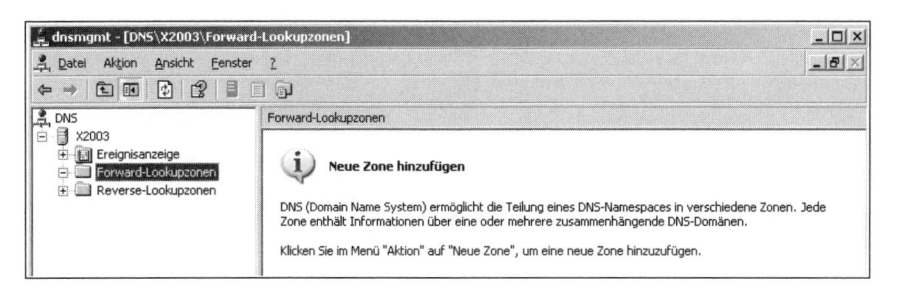

Abbildung 4.4: DNS-Verwaltungskonsole

Unter Windows 2000 sieht dieses SnapIn ähnlich aus, allerdings finden Sie die Ereignisanzeige für DNS nur in der Ereignisanzeige des Rechners, nicht im DNS-SnapIn.

Für die Installation eines Active Directory benötigen Sie zunächst nur eine Forward-Zone und eine Reverse-Zone. Zunächst erstellen Sie die Forward-Lookup-Zone. Klicken Sie dazu auf den Menüpunkt FORWARD-LOOKUP-ZONEN und wählen aus dem Menü AKTION den Befehl NEUE ZONE aus. Alternativ können Sie auch mit der rechten Maustaste auf den Eintrag FORWARD-LOOKUPZONEN klicken und dort den Befehl NEUE ZONE auswählen.

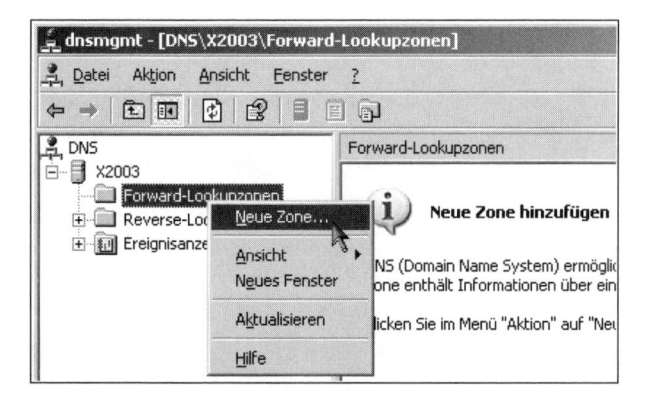

Abbildung 4.5: Einrichten einer neuen FORWARD-LOOKUPZONE

Nach dem Starten des Assistenten, müssen Sie die Bezeichnung der neuen Zone angeben und die Zonenart auswählen. Belassen Sie die Einstellung bei PRIMÄR. Verwenden Sie als Bezeichnung denselben Namen, den Sie bereits für das DNS-Suffix des Rechners verwendet haben. Dieser Name wird später auch als Name für Ihre Active Directory-Umgebung dienen.

Nach der Eingabe des Zonennamens können Sie die Erstellung des Dateinamens für die Zone bestätigen, hier sind keine Änderungen notwendig. Nach der Erstellung des Zonennamens fragt Sie der Assistent nach der dynamischen Aktualisierung der Zone.

Kapitel 4 — Installation einer Testumgebung

Abbildung 4.6:
Eingabe des Zonennamens

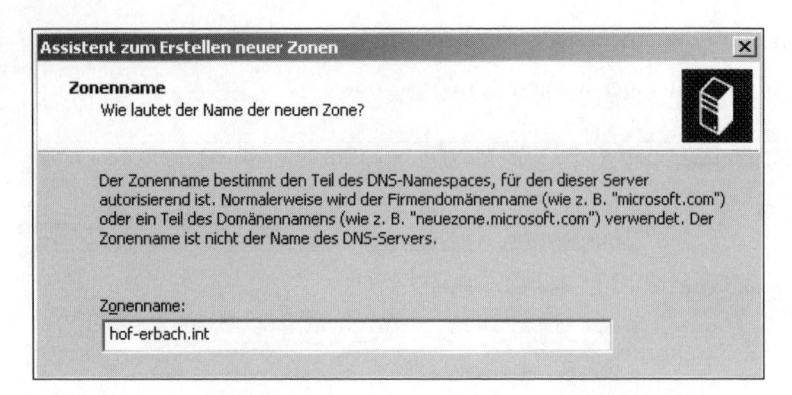

Sie müssen dynamische Aktualisierung zulassen, da sonst die Erstellung des Active Directory in dieser Zone fehlschlägt. Achten Sie bei der Eingabe des Zonennamens daher auf die korrekte Schreibweise. Sie müssen den Zonennamen identisch zu dem weiter oben gewählten DNS-Suffix wählen.

Bei Windows 2000 kommt dieser Punkt im Assistenten nicht vor. Hier müssen Sie nach der Erstellung der Zone die Eigenschaften dieser Zone aufrufen und die dynamische Aktualisierung nachträglich gestatten.

Abbildung 4.7:
Aktivierung der dynamischen Aktualisierung der erstellten DNS-Zone

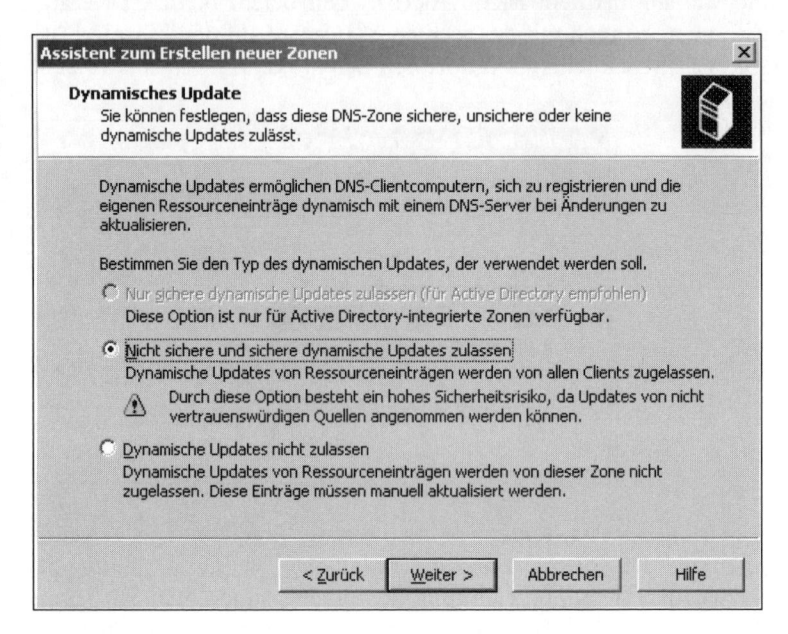

Die Warnmeldung der dynamischen Aktualisierung besagt lediglich, dass auch Benutzer dynamisch aktualisieren können, die nicht an der Domäne authentifiziert sind. Nach der Erstellung des Active Directory können Sie die Option dahingehend abändern, dass nur authentifizierte Rechner eine Aktualisierung im DNS vornehmen können, für die Testumgebung spielt dies jedoch keine Rolle.

Gehen Sie bei der Erstellung der Reverse-Lookup-Zone analog vor. Hier wählen Sie den IP-Bereich aus, der für diese Zone verwaltet werden soll. Selbst wenn der Rechner in Ihrem Hausnetz ist und Sie bereits einen DNS-Server haben, können Sie hier die gleiche Zone erstellen, die auch für Ihr Hausnetz Gültigkeit hat. Dies hat keinerlei Einfluss auf Ihr Produktivsystem, da der DNS-Server nur von der Testumgebung verwendet wird.

4.6 Installation Active Directory

Nach der Konfiguration des DNS-Servers können Sie ohne Neustart mit der Installation des Active Directory beginnen. Der Assistent zur Erstellung des Active Directory würde zwar auch die Erstellung einer DNS-Zone übernehmen, allerdings sollten Sie sich nicht immer nur blind auf die einzelnen Assistenten verlassen, sondern wichtige Bereiche, wie DNS, möglichst eigenhändig konfigurieren. Um die Installation des Active Directory zu beginnen, rufen Sie den Befehl *dcpromo* auf. Nach der Eingabe des Befehles erscheint der Assistent zur Erstellung des Active Directory.

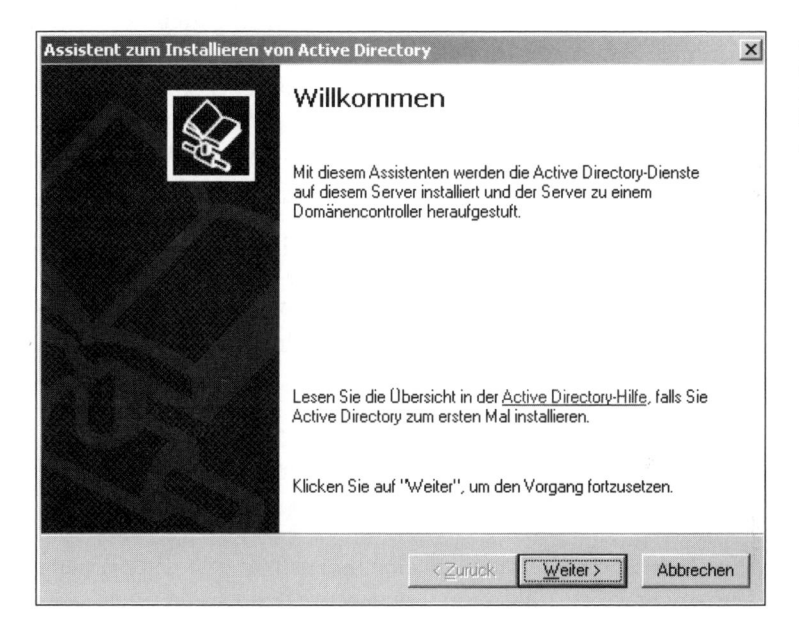

Abbildung 4.8:
Startfenster des Assistenten zur Erstellung eines Active Directory

In den nächsten Fenstern des Assistenten können Sie genau die einzelnen notwendigen Punkte Ihres Active Directory definieren. Im nächsten Fenster werden Sie darauf hingewiesen, dass das Active Directory unter Windows Server 2003 keine Windows 95 Clients und keine Windows NT4 Clients unter Servicepack 4 unterstützt. Diese Meldung ist zwar interessant, aber für die Testumgebung nicht wirklich wichtig.

Abbildung 4.9:
Kompatibilität mit dem Active Directory

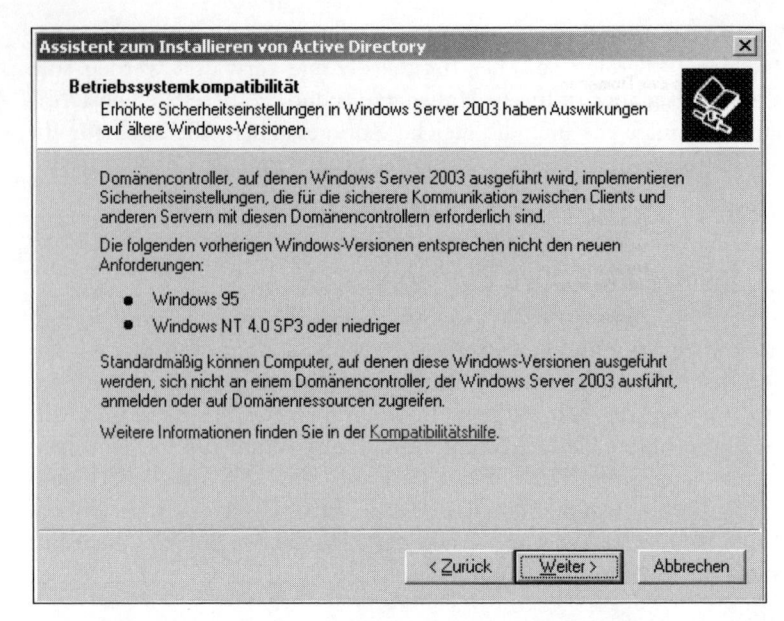

Nach der Bestätigung dieses Hinweises geht es mit der Installation des Active Directory los. Da wir in unserer Testumgebung keine riesige Gesamtstruktur aufbauen, können wir die nächsten Fenster einfach jeweils bestätigen. Wählen Sie deshalb in den nächsten beiden Fenstern jeweils die Option DOMÄNEN-CONTROLLER FÜR EINE NEUE DOMÄNE sowie einer neuen DOMÄNE INNERHALB EINER NEUEN GESAMTSTRUKTUR (im Englischen Forest genannt). Ein Forest beziehungsweise eine Gesamtstruktur ist unter Windows Server 2003 genauso wie unter Windows 2000 eine Sammlung von Domänen unterhalb eines Daches. Dies ist eine sehr kurze und nur unvollständige Erklärung, soll aber für die Lektüre dieses Buches ausreichen.

Tiefere Einblicke in die Struktur des AD geben weiterführende Bücher die speziell Windows Server 2003 behandeln, z.B. »Windows Server 2003 Kompendium« von Markt+Technik (ISBN 3-8272-6429-4).

Nach diesen Auswahlmöglichkeiten müssen Sie nun den Namen Ihrer neuen Active Directory-Umgebung eingeben. Wählen Sie hier zwingend den Namen, den Sie bereits für das DNS-Suffix und die Forward-Lookup-Zone verwendet haben. Wenn Sie sich hier verschreiben oder eine andere Bezeichnung wählen, erscheint vor Beginn der eigentlichen Installation des Active Directory eine Fehlermeldung, die Sie über diesen Sachverhalt aufklärt. Sie können dann jederzeit zu der Eingabe des Namens zurückkehren und Ihre Einstellungen überprüfen.

Installation Active Directory   Kapitel 4

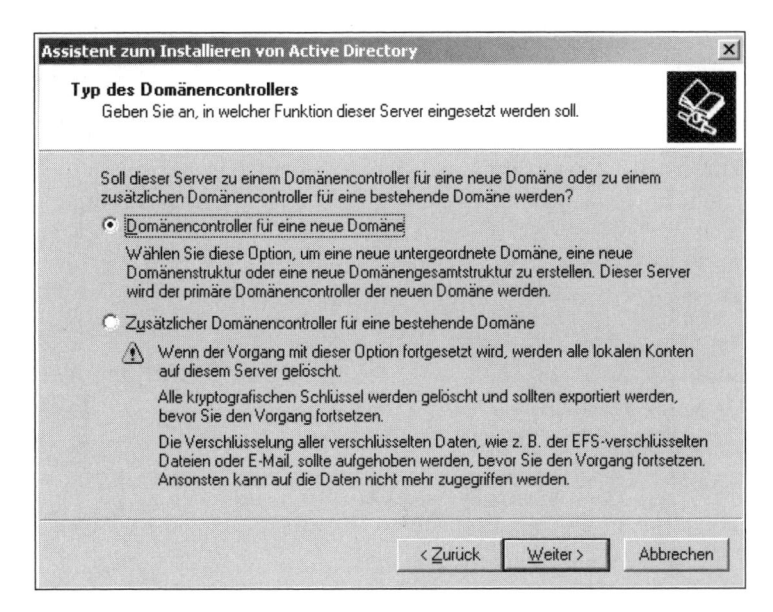

Abbildung 4.10: Erstellen eines neuen Domänen-Controllers für eine neue Domäne

Nach der Eingabe des DNS-Namens können Sie mit dem Assistenten fortfahren. Nach einiger Zeit werden Sie zur Eingabe des NetBIOS-Domänennamens aufgefordert. Verwenden Sie hierzu am besten denselben Domänennamen, allerdings ohne die DNS-Zonen-Endung.

NetBios-Namen dürfen jedoch nur maximal 15 Zeichen enthalten, beachten Sie das bei der Auswahl Ihres Namens.

INFO

Abbildung 4.11: Erstellen einer neuen Gesamtstruktur

Kapitel 4   Installation einer Testumgebung

Die restlichen Fenster sind selbsterklärend und bedürfen keiner besonderen Erwähnung. Sie können die Einstellungen jeweils auf der vom Assistenten vorgeschlagenen Standardeinstellung belassen. Nach den benötigten Eingaben und der Bestätigung beginnt der Assistent mit der Erstellung des Active Directory und fordert anschließend einen Neustart. Nach dem Neustart steht Ihnen die neue Active Directory-Umgebung zur Verfügung. Sie können jetzt noch einzelne Überprüfungen durchführen, zum Beispiel ob die Erstellung des Active Directory auf dem Domänen-Controller erfolgreich war. Diese einzelnen Punkte werden im nächsten Kapitel genauer besprochen.

Abbildung 4.12:
Eingabe des DNS-Namens Ihrer Active Directory-Umgebung

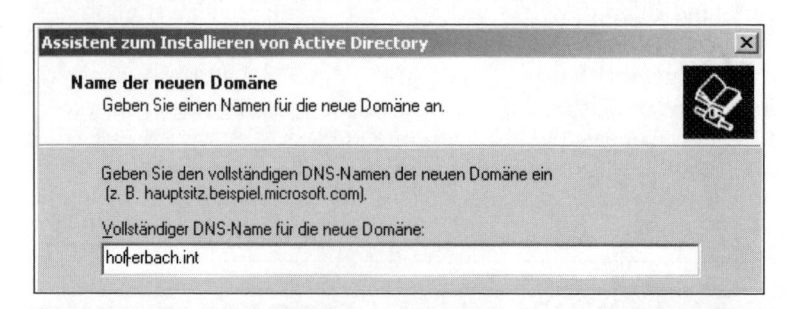

Abbildung 4.13:
Auswahl des Net-Bios-Namens der neuen Domäne

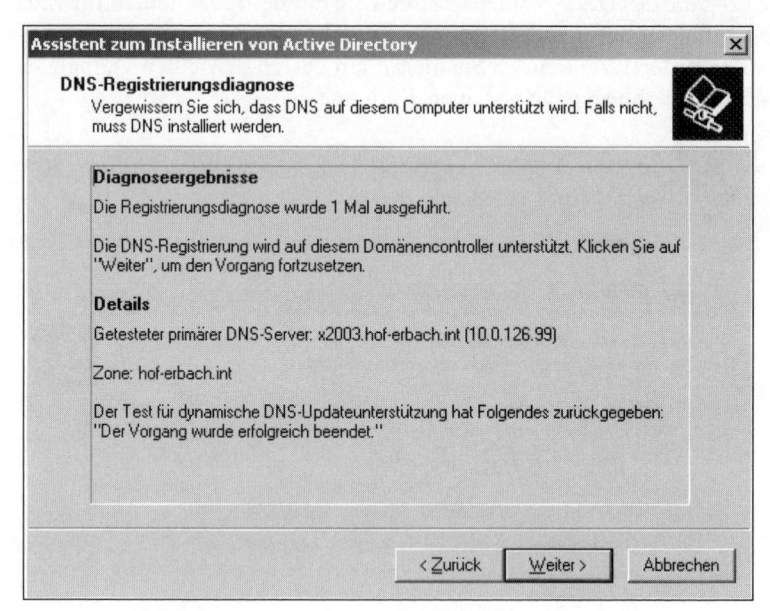

4.7 Überprüfung des Active Directory

Nach der Fertigstellung des Active Directory sollten Sie zunächst auf dem Server die Support-Tools installieren, die mit Windows Server 2003 mitgeliefert werden. Sie finden diese Tools auf der Produkt-CD im Verzeichnis \support\tools. Diese Tools sind später auch für Ihre Produktivumgebung

Überprüfung des Active Directory

interessant, da sie eventuelle Schwachpunkte und Probleme Ihrer Installation sofort aufdecken können.

Zunächst sollten Sie allerdings in der Ereignisanzeige des Servers überprüfen, ob die Installation des Active Directory systemseitig funktioniert hat.

Dcdiag

Nach der Installation und dem Neustart starten Sie zunächst eine Eingabeaufforderung und rufen das Tool *dcdiag* auf. Dieses Tool startet alle Tests, die zur Überprüfung eines Domänen-Controllers notwendig sind. Wenn Sie diesen Befehl ausgeführt haben, sollten bei Ihnen ähnliche Meldungen stehen wie im folgenden Beispiel. Warten Sie mit der Ausführung aber eventuell 5-10 Minuten, damit Sie sicher sein können, dass Windows Server 2003 alle notwendigen Einträge im Active Directory vorgenommen hat.

```
Domain Controller Diagnosis
Performing initial setup:
Done gathering initial info.
Doing initial required tests

   Testing server: Default-First-Site-Name\X2003
      Starting test: Connectivity
         ..................... X2003 passed test

Connectivity
Doing primary tests

   Testing server: Default-First-Site-Name\X2003
      Starting test: Replications
         ..................... X2003 passed test Replications
      Starting test: NCSecDesc
         ..................... X2003 passed test NCSecDesc
      Starting test: NetLogons
         ..................... X2003 passed test NetLogons
      Starting test: Advertising
         ..................... X2003 passed test Advertising
      Starting test: KnowsOfRoleHolders
         ..................... X2003 passed test KnowsOfRoleHolders
      Starting test: RidManager
         ..................... X2003 passed test RidManager
      Starting test: MachineAccount
         ..................... X2003 passed test MachineAccount
      Starting test: Services
         ..................... X2003 passed test Services
      Starting test: ObjectsReplicated
         ..................... X2003 passed test ObjectsReplicated
      Starting test: frssysvol
```

Kapitel 4   Installation einer Testumgebung

```
                    ......................... X2003 passed test
frssysvol
        Starting test: frsevent
                    ......................... X2003 passed test frsevent
        Starting test: kccevent
                    ......................... X2003 passed test kccevent
        Starting test: systemlog
                    ......................... X2003 passed test systemlog
        Starting test: VerifyReferences
                    ......................... X2003 passed test VerifyReferences

   Running partition tests on : ForestDnsZones
        Starting test: CrossRefValidation
                    ......................... ForestDnsZones passed test
CrossRefValidation
        Starting test: CheckSDRefDom
                    ......................... ForestDnsZones passed test CheckSDRefDom

   Running partition tests on : DomainDnsZones
        Starting test: CrossRefValidation
                    ......................... DomainDnsZones passed test
CrossRefValidation
        Starting test: CheckSDRefDom
                    ......................... DomainDnsZones passed test CheckSDRefDom

   Running partition tests on : Schema
        Starting test: CrossRefValidation
                    ......................... Schema passed test CrossRefValidation
        Starting test: CheckSDRefDom
                    ......................... Schema passed test CheckSDRefDom

   Running partition tests on : Configuration
        Starting test: CrossRefValidation
                    ......................... Configuration passed test
CrossRefValidation
        Starting test: CheckSDRefDom
                    ......................... Configuration passed test CheckSDRefDom

   Running partition tests on : hof-erbach
        Starting test: CrossRefValidation
                    ......................... hof-erbach passed test CrossRefValidation
        Starting test: CheckSDRefDom
                    ......................... hof-erbach passed test CheckSDRefDom

   Running enterprise tests on : hof-erbach.int
        Starting test: Intersite
                    ......................... hof-erbach.int passed test Intersite
        Starting test: FsmoCheck
                    ......................... hof-erbach.int passed test FsmoCheck
```

Nach dem erfolgreichen Durchlaufen von *dcdiag* können Sie schon halbwegs sicher sein, dass Ihr Active Directory sauber läuft, dennoch sollten Sie weitere Tests durchführen, um die Stabilität des Active Directory gewährleisten zu können.

Diese Überprüfungen können Sie später auch auf Ihrem Produktivsystem durchführen. Gerade bei einem produktiven System sollten Sie sorgfältig alle Überprüfungen durchführen.

Nslookup

Als Nächstes sollten Sie mit dem Tool *nslookup* überprüfen, ob die DNS-Einstellungen Ihres Domänen-Controllers in Ordnung sind. DNS ist für Windows Server 2003 lebensnotwendig, da Exchange wie kein zweiter Dienst unter Windows Server 2003 auf DNS aufbaut. Sollten Sie daher Schwierigkeiten mit DNS haben, können Sie sicher sein, dass über kurz oder lang auch Ihr Exchange Server 2003 Schwierigkeiten machen wird.

Wenn Sie *nslookup* aufrufen, sollten wie nachfolgend keine Fehlermeldungen erscheinen.

```
C:\DOCUMENTS AND SETTINGS\ADMINISTRATOR>NSLOOKUP
DEFAULT SERVER:   X2003.HOF-ERBACH.INT
ADDRESS:   10.0.122.1
>
```

Genauer werde ich auf dieses Tool hier nicht eingehen, diese einfache Ausführung sollte zunächst ausreichen. Beenden Sie das Tool durch die Eingabe von exit. Sollte bei Ihnen ein Fehler auftauchen, müssen Sie in der Reverse- und der Forward-Zone überprüfen, ob der Server sich dynamisch in DNS integriert hat. In Ausnahmefällen kann es vorkommen, dass die Aktualisierung der Reverse-Lookup-Zone nicht funktioniert hat. In diesem Fall können Sie einfach den Eintrag des Servers manuell ergänzen. Dazu müssen Sie lediglich einen neuen *Zeiger* (engl. *Pointer*) erstellen. Ein Zeiger oder Pointer ist ein Verweis von einer IP-Adresse zu einem Hostnamen.

Überprüfung der Standard-Container

Nach der Installation des AD, welches eine Promotion des Computers zum Domänen-Controller zur Folge hatte, können Sie unter der Verwaltung mittels des SnapIn *Active Directory-Benutzer und –Computer* überprüfen, ob alle Container im Active Directory angelegt wurden.

Kapitel 4   Installation einer Testumgebung

Wichtig sind hier 4 Container, die Sie überprüfen sollten:

- Computers
- Users
- ForeignSecurityPrincipals
- Domain Controllers

Im Container DOMAIN CONTROLLERS sollte der Server stehen, den Sie zum Domänen-Controller promotet haben. Bei den anderen Containern brauchen Sie den Inhalt nicht zu prüfen, hier reicht es aus, wenn Sie sich vergewissern, dass diese vorhanden sind. Im Container Users sehen Sie alle zurzeit vorhandenen Benutzer (ADMINISTRATOR als aktiv sowie GAST und SUPPORT als inaktiv mit einem roten Symbol) und eine größere Anzahl von vordefinierten Gruppen.

Abbildung 4.14:
Standard-Container im SnapIn *Active Directory-Benutzer und -Computer* nach der Installation

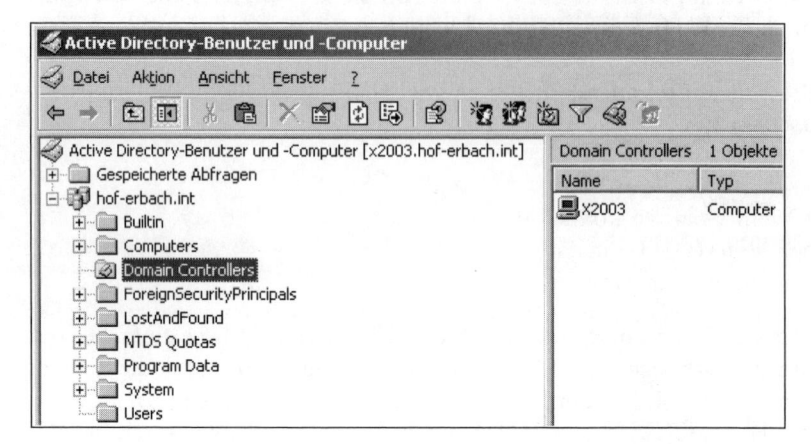

Überprüfung der Standardeinstellungen

Nach der Überprüfung der Standard-Container sollten Sie zudem Folgendes überprüfen, um zu sehen, ob die notwendigen Standardeinstellungen durch den Assistenten erstellt wurden.

Active Directory Standorte und Dienste

In diesem SnapIn sehen Sie alle definierten Sites (Standorte). Nach der Installation befindet sich hier mindestens ein Standort mit der Bezeichnung Standardname-des-ersten-Standortes *(Default-First-Site-Name)*. In diesem Standort sollte auch der Server stehen, den Sie zum Domänen-Controller promotet haben.

Abbildung 4.15:
SnapIn *Active Directory-Standorte und -Dienste*

Bei Ihnen sollte demnach sowohl der Standort-Name erstellt als auch der Server in den Standort integriert worden sein.

Zusätzlich sollten Sie noch eine Eingabeaufforderung öffnen. Wenn Sie die Support-Tools aus der Windows Server 2003-CD installiert haben, steht Ihnen ein weiteres wertvolles Tool zur Verfügung. Dieses Tool heißt *nltest*. Sie können das Tool mit den verschiedensten Schaltern aufrufen, welche Ihnen bei der Eingabe von *nltest /?* genauer erläutert werden. Wir benötigen zur Überprüfung nur den Schalter *dsgetsite*.

```
nltest /dsgetsite
```

Mit diesem Schalter können Sie überprüfen, ob der Server, auf dem Sie Exchange Server 2003 installieren, den Standort im Active Directory findet, der ihm durch sein Subnetz zugewiesen wurde. Die Syntax lautet *nltest /dsgetsite*. Nach der Eingabe dieses Befehls gibt der Server seinen Standort an, hier sollte keine Fehlermeldung erscheinen. Exchange überprüft während der Installation ebenfalls, ob der zugehörige Standort aufgelöst werden kann und bricht bei einem Fehler ab. Sollte hier bei Ihnen ein Fehler auftauchen, so ist wahrscheinlich das Subnetz im SnapIn *Active Directory-Benutzer und –Computer* gar nicht oder falsch konfiguriert. In der Testumgebung wird dieser Fehler wahrscheinlich nicht vorkommen, doch gerade bei großen Umgebungen mit vielen Standorten, kann dieser Fehler auftreten. Hier reicht oft schon ein Schreibfehler aus.

Ein weiterer Schalter des Tools *nltest* ist

```
nltest /dclist:<Name der Domäne>
```

Wenn Sie diesen Befehl eingeben, werden ihnen alle Domänen-Controller der abgefragten Domäne mit dem FQDN-Name angezeigt. Wenn sich einige Domänen-Controller noch nicht mit dem FQDN-Namen melden, sondern mit ihrem NetBIOS-Name, ist die DNS-Replikation zwischen den Domänen-Controllern noch nicht abgeschlossen oder fehlerhaft. In Ihrer Produktivumgebung sollten Sie diesen Befehl später auf allen Exchange Servern und Domänen-Controllern durchführen.

Kapitel 4 Installation einer Testumgebung

Globaler Katalog

Der erste Domänen-Controller wird automatisch als globaler Katalog definiert. Sie können diese Einstellung überprüfen, wenn Sie unter dem Server im SnapIn *Active Directory Standorte und Dienste* die Eigenschaften der NTDS SETTINGS aufrufen.

Wenn Ihr Server hier als globaler Katalog definiert ist und der Haken gesetzt ist, wurde vom Assistenten auch dieser Punkt erfolgreich erledigt.

Abbildung 4.16:
Haken für den Globalen Katalog

Daten-Dateien des Active Directory

Die Datenbank des Active Directory liegt auf jedem Domänen-Controller. Nach der Promotion sollte sich deshalb auf Ihrem Domänen-Controller im Verzeichnis Windows ein neuer Ordner mit der Bezeichnung NTDS befinden (sofern Sie bei der Installation im Assistenten kein anderes Verzeichnis ausgewählt haben). Dieser Ordner enthält die Active Directory-Datenbank. Die Datenbank befindet sich in der Datei ntds.dit.

Abbildung 4.17:
Dateien der Active Directory Datenbank

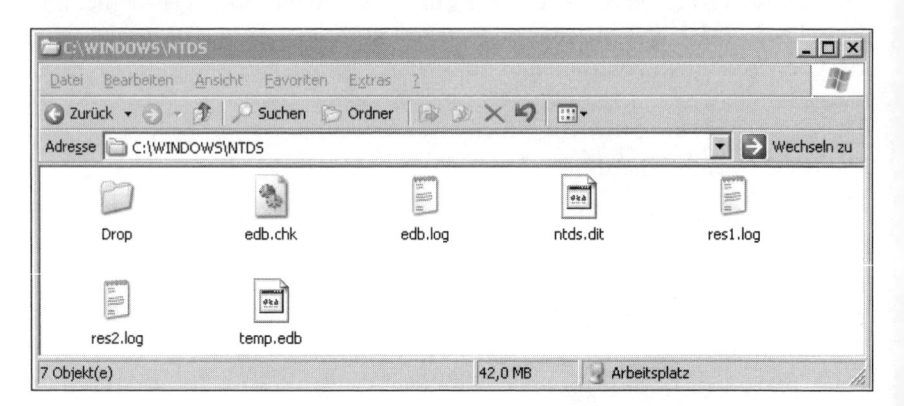

Computer-Konto

Das Computer-Konto sollte ebenfalls erkennen, dass es sich bei dem Rechner um einen Domänen-Controller handelt. Sie sollten zunächst überprüfen, ob das DNS-Suffix des Rechners so lautet wie der DNS-Name der Domäne. Dies sollte schon daher der Fall sein, da wir dieses DNS-Suffix vorher so definiert hatten. Gerade Benutzer, die sich bei der Erstellung des DNS auf den Assistenten verlassen haben, sollten diese Einstellung prüfen.

Nachdem Sie sicher sind, dass auch diese Einstellung in Ordnung ist, sollten Sie eine DOS-Box öffnen und den Befehl

```
net accounts
```

eingeben. Auch hier sollte kein Fehler erscheinen und die Computer-Rolle Ihres Domänen-Controllers als PRIMÄR erscheinen. Ist dies der Fall, ist diese Sache ebenfalls abgehakt.

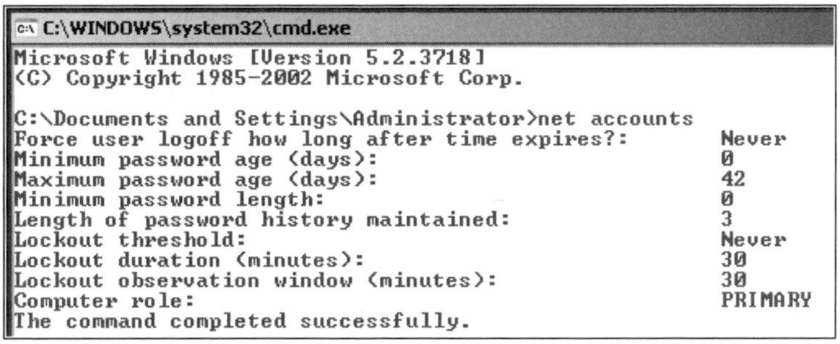

```
C:\WINDOWS\system32\cmd.exe
Microsoft Windows [Version 5.2.3718]
(C) Copyright 1985-2002 Microsoft Corp.

C:\Documents and Settings\Administrator>net accounts
Force user logoff how long after time expires?:       Never
Minimum password age (days):                          0
Maximum password age (days):                          42
Minimum password length:                              0
Length of password history maintained:                3
Lockout threshold:                                    Never
Lockout duration (minutes):                           30
Lockout observation window (minutes):                 30
Computer role:                                        PRIMARY
The command completed successfully.
```

Abbildung 4.18: DOS-Befehl net accounts

Freigaben und Gruppenrichtlinien

Sysvol

Als Nächstes können Sie überprüfen, ob die notwendigen Freigaben für Anmeldeskripte angelegt wurden. Dazu wird der Ordner *Windows\sysvol\sysvol* freigegeben. Sie können diese Freigabe in einer Eingabeaufforderung mit dem Befehl net share überprüfen.

Standard-Gruppenrichtlinien

Zusätzlich werden zwei Standard-Gruppenrichtlinien-Objekte angelegt, die *Default Domain Policy* und die Default *Domain Controllers Policy*. Sie finden diese beiden Richtlinien im Ordner \windows\sysvol\domain\Policies. Es sollten sich in diesem Ordner zwei Unterordner mit den unteren GUIDS befinden.

{31B2F340-016D-11D2-945F-00C04FB984F9}

(Sicherheitsrichtlinie für Domänen)

{6AC1786C-016F-11D2-945F-00C04fB984F9}

(Sicherheitsrichtlinie für Domänen-Controller)

Beide lassen sich mit den gleichnamigen Einträgen im Menü VERWALTUNG konfigurieren.

SRV-Records im DNS

Wie Sie bereits wissen, baut das Active Directory schon seit Windows 2000 auf DNS auf. Eine saubere und stabile DNS-Konfiguration ist daher für Windows 2000 sowie für Windows Server 2003 unerlässlich. Daher kann eine Überprüfung der SRV-Records auch für die Testumgebung durchaus sinnvoll sein.

Überprüfen Sie also, ob bei Ihnen diese Records sauber angelegt wurden.

Abbildung 4.19: SRV Records des Active Directory

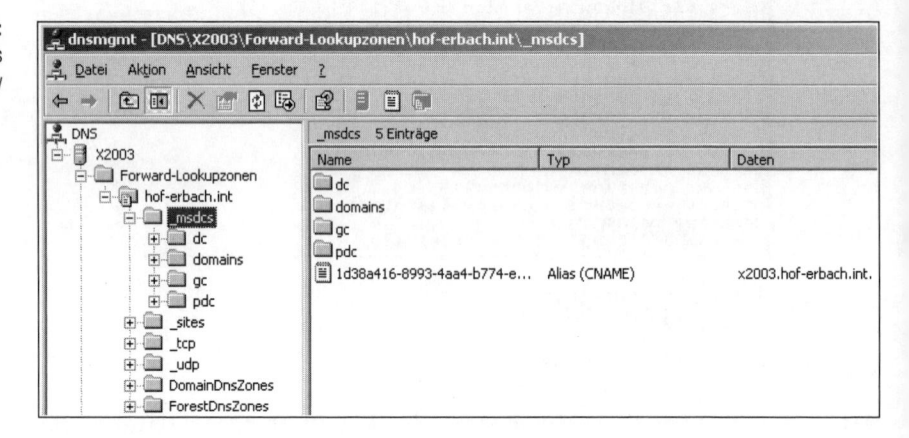

Integration von DNS in das Active Directory

Nach der Installation des Active Directory können Sie die Einstellung Ihrer beiden Zonen auf *Active Directory integriert* ändern. Dadurch werden die Daten des DNS-Servers mit der Active Directory Replikation weiterverteilt. Dieser Punkt hat zwar grundsätzlich nichts mit der Überprüfung des Active Directory zu tun, ist aber dennoch wichtig, gerade bei Ihrer Produktivumgebung. Aus diesen Gründen schadet die Einstellung auch bei der Testumgebung nicht.

Um die beiden Zonen in das Active Directory zu integrieren, müssen Sie die Eigenschaften der Zone jeweils aufrufen und dann auf die Schaltfläche

ÄNDERN im Register ALLGEMEIN klicken. Im folgenden Fenster können Sie die Zone in das Active Directory integrieren.

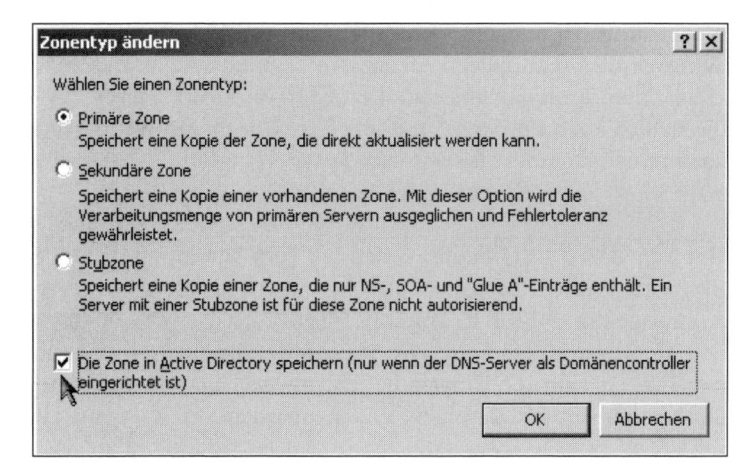

Abbildung 4.20: Active Directory-Integration von DNS

Nachdem Sie diese Überprüfungen durchgeführt haben, können Sie sicher sein, dass Ihr Domänen-Controller stabil läuft. Gerade für Exchange Server 2003 ist eine stabile Active Directory-Umgebung unerlässlich. Dies sollte auch für Ihre Testumgebung gelten, da Sie nicht bereits bei der Arbeit mit der Testumgebung auf Fehlersuche gehen und unnötig Frustration aufbauen wollen.

4.8 Vorbereiten auf Exchange Server 2003

Nachdem Ihr Active Directory steht, können Sie mit der Installation von Exchange Server 2003 beginnen. Grundsätzlich muss bei Exchange Server 2003 beachtet werden, dass die Installation zwar wie bei Microsoft üblich, einfach und unkompliziert ausschaut, aber dennoch viele Probleme und Fragen im Detail lauern. Es ist daher unerlässlich genau zu wissen, was Sie tun. Die genaueren Erläuterungen der einzelnen Installationsschritte werden in späteren Kapiteln dieses Buches noch genauer erläutert. Dieses Kapitel dient lediglich dem Aufbau einer Testumgebung.

Normalerweise müssen vor der Installation erst die beiden Schritte *forestprep* und *domainprep* ausgeführt werden. Diese beiden Installationsschritte nimmt uns hier der Installationsassistent von Exchange Server 2003 ab. Bei der späteren Installation in der Produktivumgebung sollten diese beiden Installationsschritte von Ihnen manuell durchgeführt werden, die Gründe hierfür erfahren Sie später.

Bevor Sie jedoch mit der Installation von Exchange Server 2003 beginnen können, müssen auf dem Server verschiedene Komponenten nachinstalliert

Kapitel 4   Installation einer Testumgebung

werden, ohne die eine Installation nicht möglich ist. Bei Windows 2000 handelt es sich eigentlich lediglich um den *NNTP-Dienst* des IIS, bei Windows Server 2003 müssen Sie weitere Dienste installieren, auf die ich im Nachfolgenden eingehe. Windows Server 2003 ist auf mehr Sicherheit als Windows 2000 ausgelegt. Aus diesem Grund wird zum Beispiel der IIS nicht mehr standardmäßig mitinstalliert. Bei Windows Server 2003 wird bereits die neue Version 6 des IIS mitgeliefert. Um die notwendigen Komponenten nachzuinstallieren, müssen Sie, wie bereits beim DNS-Server, in das Menü SOFTWARE in der Systemsteuerung.

Um den IIS zu installieren, gehen Sie zum Menüpunkt ANWENDUNGS-SERVER und wählen dann DETAILS. Im nachfolgenden Fenster wählen Sie die Komponenten ASP.NET und INTERNET-INFORMATIONSDIENSTE (IIS). Für den IIS werden dann nur die Standardkomponenten installiert. Wenn Sie den Haken beim IIS gesetzt haben, müssen Sie auch hier nochmals in die Details und sowohl den NNTP- als auch den SMTP-Dienst aktivieren.

Abbildung 4.21:
Nachinstallation des IIS für Exchange Server 2003 auf Windows Server 2003

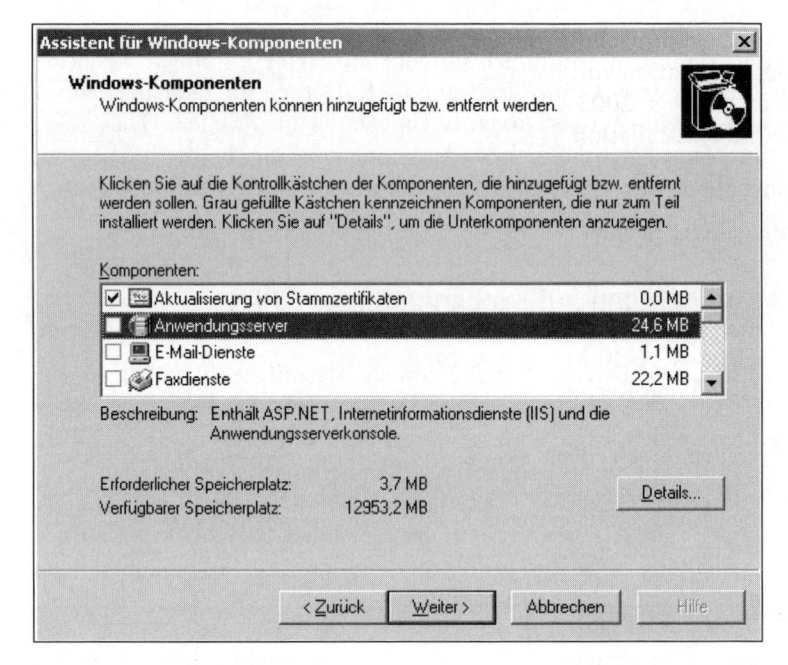

Wenn Sie diese Komponenten ausgewählt haben, können Sie mit OK die Auswahl der Komponenten beenden und installieren lassen. Jetzt ist Ihr Active Directory und Ihr Server bereit, um eine Exchange Server 2003-Installation durchführen zu können.

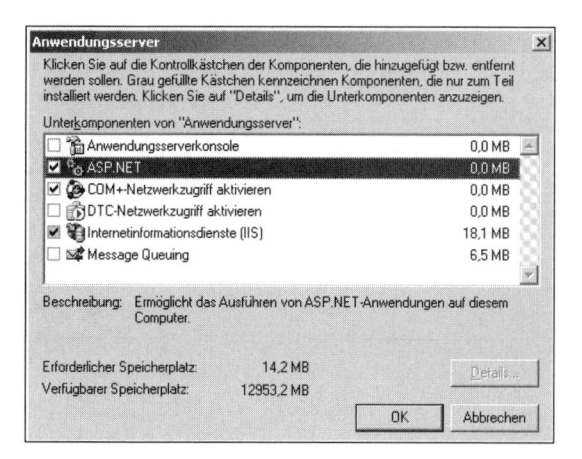

Abbildung 4.22:
Auswahl der Komponenten für Exchange Server 2003

4.9 Installation Exchange Server 2003

Nachdem Sie die notwendigen Einstellungen vorgenommen haben, können Sie mit der Installation von Exchange Server 2003 beginnen. Legen Sie dazu die Exchange Server 2003-CD ein und rufen Sie entweder aus dem Autostart-Menü die Installation auf oder aus dem Ordner \Setup\i386 die Datei *setup.exe*. Wählen Sie zur Installation die Standardkomponenten aus sowie einen Namen für Ihre neue Organisation, der Rest ist selbsterklärend. Für die Testumgebung reichen die Standardeinstellungen vollkommen aus.

Wenn während der Installation nachgefragt wird, ob Dateien überschrieben werden sollen, die neuer auf dem Server vorhanden ist, antworten Sie immer mit JA. Nach etwa 10-20 Minuten sollte die Installation durchgelaufen sein. Sie können dann den Rechner neu starten.

Eventuell erscheint noch eine Meldung, die Sie darauf hinweist, dass Exchange Server 2003 in einer unsicheren Umgebung installiert wird. Diese Meldung hat keine weiteren Auswirkungen und kann einfach bestätigt werden. Der Grund für diese Meldung wird im Kapitel 17 *Installation* genauer besprochen.

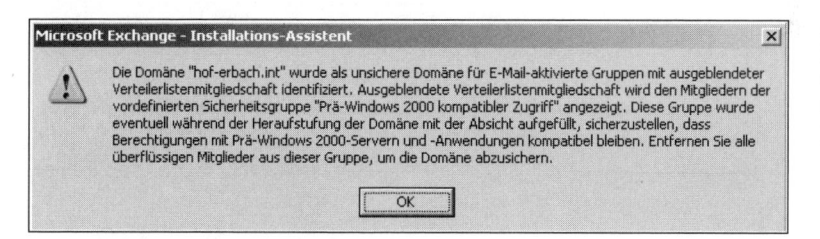

Abbildung 4.23:
Meldung während der Exchange Server 2003-Installation

Nach der Fertigstellung der Installation steht Ihnen jetzt Ihre Exchange Server 2003-Umgebung zur Verfügung und Sie können jetzt beginnen ein bisschen zu experimentieren.

5 Einstieg in Exchange Server 2003

Als ersten Einstieg in Exchange Server 2003 im Rahmen dieser Testumgebung finden Sie in diesem Kapitel eine kurze Exkursion durch die einzelnen Administrationsschritte, damit Sie sich einen Überblick über die Features und die Arbeitsweise von Exchange Server 2003 machen können. In den späteren Kapiteln dieses Buches wird dann näher auf die einzelnen Optionen und Konfigurationsmöglichkeiten eingegangen.

5.1 Exchange System Manager

Ab Exchange 2000 müssen Sie mit verschiedenen Tools arbeiten, um Einstellungen an Ihrem Exchange System durchführen zu können. Die Administration von Exchange Server 2003 unterteilt sich daher in zwei Teile, die Server-Administration und die Verwaltung der Benutzer.

Unter Exchange 5.5 wurden noch beide Bereiche mit dem *Exchange Administrator* durchgeführt, in dem beide Bereiche zugleich sichtbar waren. Exchange 2003 hat dagegen kein eigenes Benutzerverzeichnis mehr, sondern baut auf das Active Directory auf. Alle Benutzereinstellungen werden daher im SnapIn *Active Directory-Benutzer und –Computer* durchgeführt. Für die Administration der Server-Einstellungen wird unter Exchange 2003 der *Exchange System Manager* verwendet. Um sich einen ersten Überblick über Exchange 2003 zu verschaffen, gehe ich auf den nächsten Seiten auf die einzelnen Bereiche des Exchange System Managers und die Möglichkeit Benutzer anzulegen ein, damit Sie die Verbindung mit Outlook oder Outlook Web Access testen können. In den späteren Kapiteln des Buches werden diese Punkte dann weiter vertieft.

Einstellungen der Organisation

Rufen Sie zunächst auf Ihrem Server aus der Programm-Gruppe MICROSOFT EXCHANGE das Programm SYSTEM MANAGER auf. Nach dem Start des Programms können Sie mit der Administration des Servers beginnen. Sie sehen zunächst eine Management-Konsole, die hierarchisch untergliedert ist. Die oberste Hierarchie bildet den Namen Ihrer Organisation, gefolgt von Unterpunkten, in denen Sie unterschiedliche Administrationsaufgaben erledigen

Kapitel 5   Einstieg in Exchange Server 2003

können. Die Ansicht dieser Konsole ist standardmäßig allerdings noch eingeschränkt. Um alle Optionen sehen zu können, müssen Sie zunächst die Ansicht erweitern.

Abbildung 5.1:
Ansicht des Exchange System Managers

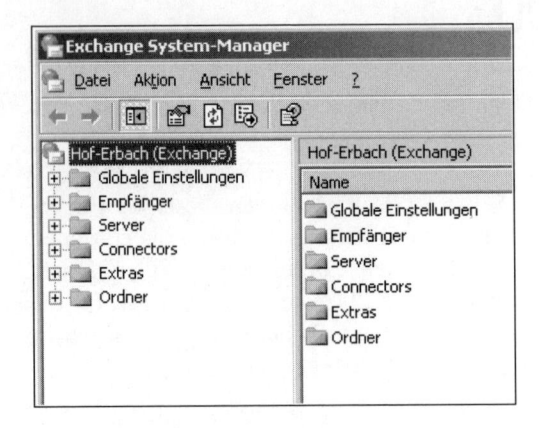

Um die Ansicht zu erweitern, klicken Sie mit der rechten Maustaste auf den Namen Ihrer Organisation und rufen die Eigenschaften auf.

Abbildung 5.2:
Eigenschaften der Exchange 2003-Organisation

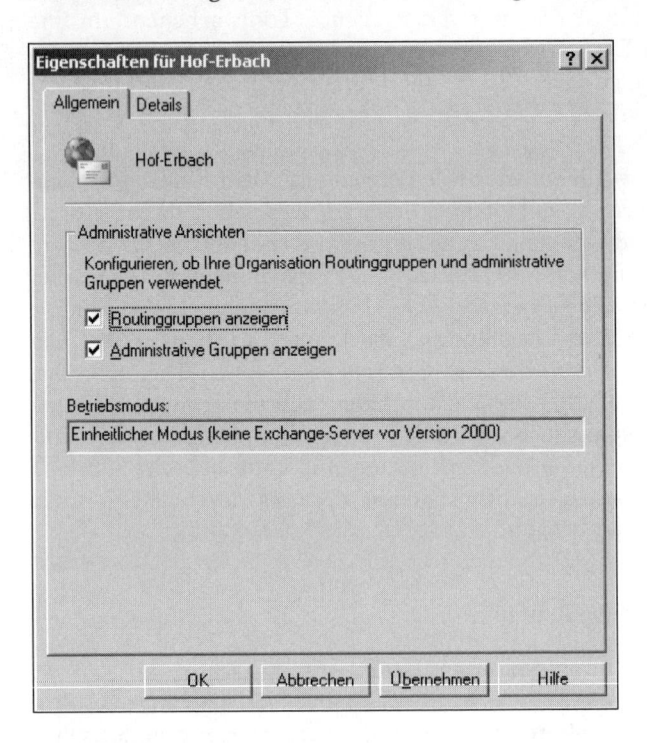

In den Eigenschaften sollten Sie die Ansicht der Routinggruppen und der Administrativen Gruppen aktivieren. An dieser Stelle sollten Sie auch gleich den Betriebsmodus der Exchange 2003-Organisation mit der Schaltfläche MODUS ÄNDERN auf EINHEITLICHER MODUS (engl. *native Mode*) stellen, damit alle Features von Exchange 2003 aktiviert werden. Die genauen Bedeutungen dieser Optionen werden im Verlauf des Buches in jeweils eigenen Kapiteln erläutert. Zur Arbeit mit der Testumgebung reicht zunächst die Aktivierung aus. Nach dem Sie diese Optionen aktiviert haben, müssen Sie den Exchange System Manager neu starten, damit Ihnen die neue Ansicht angezeigt wird. Nach dem Neustart des Exchange System Managers werden Ihnen alle Optionen angezeigt.

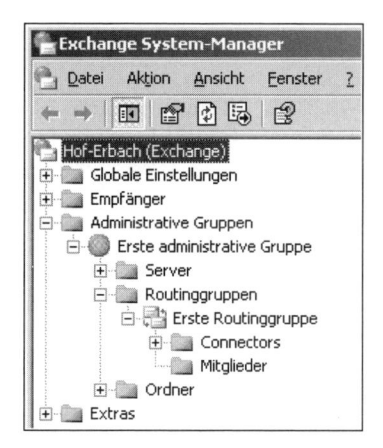

Abbildung 5.3:
Ansicht des Exchange System Managers nach aktivierter Ansicht der administrativen Gruppen und der Routinggruppen

Ich gehe in der Reihenfolge des Exchange System Managers die einzelnen Bereiche näher durch und erkläre Ihnen, in welchen Menüpunkten Sie welche administrativen Aufgaben erledigen können. Wie Sie gesehen haben, aktivieren Sie in den Eigenschaften der Organisation zunächst die verschiedenen Ansichten des Exchange System Managers und stellen den Betriebsmodus der Exchange Organisation ein. Die etwas »spannenderen« Einstellungen finden in den anderen Menüpunkten statt.

Globale Einstellungen

In den globalen Einstellungen nehmen Sie, wie der schon Name sagt, Einstellungen vor, die für die gesamte Organisation, das heißt alle Standorte und alle Exchange Server sowie alle Benutzer, Gültigkeit haben. In den globalen Einstellungen stehen Ihnen dazu drei weitere Menüpunkte zur Verfügung, die Sie zur Administration verwenden. Hauptsächlich werden hier Einstellungen für den E-Mail-Fluss und die Nachrichtenzustellung vorgenommen.

Neu sind hier die *Wireless Services*, die zur Konfiguration und Anbindung von Handheld-PCs und Handys verwendet werden. Diese Aufgaben wurden unter Exchange 2000 noch von einem eigenständigen Produkt, dem *Mobile Information Server*, durchgeführt. Bei Exchange 2003 ist diese Unterstützung integriert, deshalb muss zur Anbindung von drahtlosen Geräten kein Produkt mehr erworben oder lizenziert werden.

Abbildung 5.4:
Globale Einstellungen der Exchange-Organisation

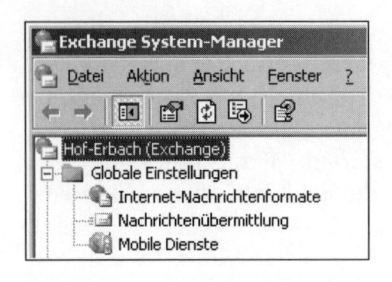

Internet-Nachrichtenformate

Mit dem Menüpunkt INTERNET-NACHRICHTENFORMATE können Sie Einstellungen bezüglich der unterstützen MIME-Typen und anderer globale Einstellungen des E-Mail-Verkehrs vornehmen. Sie können verschiedene E-Mail-Domänen für Ihre Exchange-Organisation definieren und das Verhalten des E-Mail-Flusses steuern.

> **TIPP**
> *Hier können Sie zum Beispiel die Option aktivieren, automatische Abwesenheitsnachrichten aus Outlook auch nach außerhalb der Organisation zu verschicken. Standardmäßig ist diese Option deaktiviert.*

Um diese Einstellungen vorzunehmen, müssen Sie die Eigenschaften der E-Mail-Domäne aufrufen. Im Kapitel 21 *Nachrichten-Routing* wird näher auf diese Thematik eingegangen.

Nachrichtenübermittlung

In den Eigenschaften der NACHRICHTENÜBERMITTLUNG können Sie Filter aktivieren, die externe Benutzer daran hindern E-Mails an Ihre Organisation zu senden. Hier stellen Sie auch ein, welche Nachrichtengröße E-Mails maximal haben dürfen, damit Ihre Exchange Server die E-Mails akzeptieren. Dieses Menü beeinflusst den E-Mail-Fluss und wird daher detailliert im Kapitel 21 *Nachrichten-Routing* besprochen.

Wireless Services

> **NEU**
> *Neu sind hier die* MOBILEN DIENSTE *(engl. Wireless Services), die zur Konfiguration und Anbindung von Handheld-PCs und Handys verwendet werden. Hier können Sie die Features steuern, die in Exchange 2000 noch durch den Mobile Information Server gesteuert wurden. Es können zum Beispiel globale Einstellungen vorgenommen werden, welche mobilen Geräte unterstützt werden und wie Nachrichten zugestellt werden können. Auf diese Thematik gehe ich ebenfalls weiter hinten im Buch im Kapitel 14 Wireless Services ein.*

Exchange System Manager

Empfänger/Recipients

In diesem Menü können Sie keine Einstellungen für den einzelnen Benutzer vornehmen, wie irrtümlich angenommen werden könnte. Hier werden Einstellungen vorgenommen, welche die Arbeit der Benutzer beeinflussen, zum Beispiel die Steuerung der E-Mail-Adressen und Adressbücher.

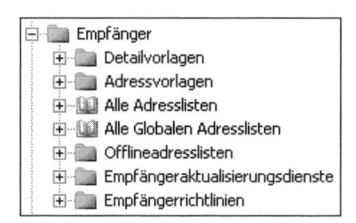

Abbildung 5.5:
Menüpunkt EMPFÄNGER/RECIPIENTS im Exchange System Manager

Detail- und Adressvorlagen

Die Detail- und Adressvorlagen dienen den Benutzern zur Ansicht der Adressbücher und E-Mail-Adressen in Organisationen, die über mehrere Länder verteilt Exchange Server beinhalten. Dadurch ist gewährleistet, dass auch Firmen, die international tätig sind, mit Exchange arbeiten können. In diesen Menüpunkten werden Sie nur in Ausnahmefällen Einstellungen vornehmen müssen. Mit diesen Einstellungen können zum Beispiel das Aussehen und die Beschriftung verschiedener Dialogboxen sprachspezifisch angepasst werden.

Adresslisten

In den drei Menüpunkten ALLE ADRESSLISTEN, ALLE GLOBALEN ADRESSLISTEN und OFFLINE-ADRESSLISTEN können Sie die Ansicht und die Filter für eigene oder vorhandene Adresslisten anzeigen lassen. Benutzer bekommen in Outlook diese Adresslisten angezeigt. Hier können Sie zudem neue Offline-Adresslisten erzeugen sowie eine Voransicht einer Adressliste generieren. Neue Adresslisten werden auf Basis von LDAP-Abfragen erstellt.

Recipient Update Service/Empfängeraktualisierungsdienst

Wie überall in der Computerwelt finden Sie im Internet hauptsächlich über die englischen Begriffe eine Antwort auf eventuelle Fragen oder Probleme. (Auch bei einem der wichtigsten Werkzeuge von Exchange 2003, dem Empfängeraktualisierungsdienst, sollten Sie besser nach dem englischen Begriff Recipient Update Service, RUS suchen.)

In der Microsoft Knowledgebase oder in diversen Newsgroups zum Thema Exchange wird statt Empfängeraktualisierungsdienst oft nur der Begriff RUS für Recipient Update Service verwendet. Suchen Sie daher im Internet bei Fragen zu diesem Thema am besten ebenfalls mit diesem Begriff.

TIPP

Kapitel 5 Einstieg in Exchange Server 2003

Der RUS dient mit Hilfe der von Ihnen definierten Empfängerrichtlinien (Recipient Policies) dazu, Benutzer an Exchange anzubinden und sie mit E-Mail-Adressen zu versorgen. Der RUS ist einer der häufigsten Fehlerquellen bei Exchange 2000-Installationen und bedarf äußerster Aufmerksamkeit. Auch zu diesem Thema und den dazugehörigen Richtlinien werde ich später mehr schreiben.

> **INFO**
>
> *Auf die Kürze erklärt: Der RUS verteilt die E-Mail-Adressen an ihre Benutzer, die Sie in den Empfängerrichtlinien definieren. Er schreibt dabei in das Benutzerobjekt im Active Directory. Ohne E-Mail-Adresse, die der RUS verteilt hat, kann ein Benutzer weder E-Mails empfangen noch versenden.*

Administrative Gruppen

Dieser Menüpunkt wird erst nach Aktivierung der weiter oben besprochenen Option angezeigt. Bei administrativen Gruppen handelt es sich um eines der wichtigsten Features in Exchange 2003. Unter Exchange 5.5 wurde die Exchange-Organisation mit Hilfe von Standorten logisch und physikalisch unterteilt. Das heißt, jeder Standort ist physikalisch von den anderen Standorten getrennt und durch eine schmalbandige Leitung verbunden. In jedem Standort gibt es außerdem einen eigenen Benutzerkreis, der den Standort und die darin enthaltenen Server administrieren darf. Diese Unterscheidung muss nicht immer sinnvoll sein. Es kann durchaus vorkommen, dass verschiedene Exchange Server an verschiedenen Standorten stehen, aber dennoch von denselben Administratoren, zum Beispiel in der Hauptverwaltung, administriert werden. Dies wird unter dem Begriff logische Trennung verstanden. Es kann aber durchaus auch sinnvoll sein, dass Exchange Server am selben Standort stehen, aber von verschiedenen Administratoren verwaltet werden.

Aus diesen Gründen hat Microsoft die administrativen Gruppen eingeführt. Administrative Gruppen sind logische Sammlungen von Exchange Servern, die von denselben Administratoren verwaltet werden, aber nicht zwingend an verschiedenen Standorten stehen. Administrative Gruppen können Richtlinien, öffentliche Ordner und selbstverständlich auch Exchange Server enthalten. Bei der Installation legt Exchange automatisch eine *Erste administrative Gruppe* an. Diese Gruppe wird angezeigt, wenn Sie die Ansicht in den Eigenschaften der Organisation aktivieren.

Abbildung 5.6:
Ansicht der administrativen Gruppen

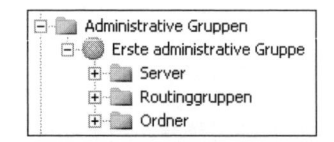

```
Administrative Gruppen
    Erste administrative Gruppe
        Server
        Routinggruppen
        Ordner
```

In den administrativen Gruppen befinden sich ebenfalls wieder mehrere Untermenüs. In diesen Menüs werden Sie während der Arbeit mit Exchange 2003 die meisten Aufgaben durchführen.

Server

Der Menüpunkt SERVER enthält das Herzstück Ihrer Exchange-Organisation, Ihre Exchange Server.

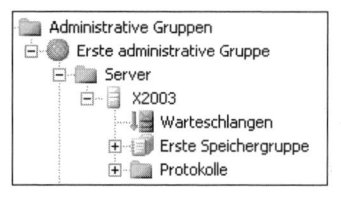

Abbildung 5.7: Servermenü unterhalb der administrativen Gruppen

Hier administrieren und steuern Sie die einzelnen Bereiche und Aufgaben Ihrer Exchange Server.

Warteschlangen (Queues)

In den Warteschlangen sehen Sie den E-Mail-Fluss Ihres Unternehmens. Hier können Sie ablesen, ob das Empfangen und Versenden Ihrer E-Mails funktioniert sowie in den E-Mail-Fluss eingreifen. Sie können zum Beispiel einzelne Queues zeitweilig einfrieren, damit E-Mails zwar in die Warteschlange gestellt werden können, diese aber nicht verlassen.

Abbildung 5.8: Ansicht der Warteschlangen im Exchange System Manager

Im Statusfenster erkennen Sie sofort, ob das Versenden oder Empfangen von E-Mails funktioniert oder Probleme bereitet.

Die Ansicht wurde in Exchange 2003 komplett überarbeitet und stark verbessert. So können Sie jetzt aus der Ansicht auch einzelne Nachrichten nachverfolgen.

NEU

Speichergruppen (Storage Groups)

In den Speichergruppen werden die eigentlichen Datenbestände von Exchange verwaltet. Exchange 2003 kann je nach Version mehrere Speichergruppen unterstützen, die wiederum mehrere Postfachspeicher und

Kapitel 5 Einstieg in Exchange Server 2003

Speicher für öffentliche Ordner enthalten können. Die Unterteilung in mehrere Speichergruppen ist neu – seit Exchange 2000. Postfachspeicher, die sich in derselben Speichergruppe befinden, verwenden dieselben Transaktionsprotokolldateien.

Abbildung 5.9:
Ansicht einer Speichergruppe

```
Erste Speichergruppe
  Informationsspeicher für Öffentliche Ordner (X2003)
  Postfachspeicher (X2003)
```

INFO

Mehrere Speichergruppen werden ausschließlich von Exchange 2003 Enterprise Server unterstützt. Exchange 2003 Standard Server unterstützt nur eine Speichergruppe mit einem Postfachspeicher, der eine Größe von maximal 16 GB erreichen darf. Nach Erreichen dieser Größe darf sich kein Benutzer mehr mit dem Exchange Server verbinden. Die Größe des öffentlichen Ordnerspeichers ist dagegen nicht begrenzt.

Beim Exchange 2003 Enterprise Server dürfen Sie 4 Speichergruppen anlegen, die wiederum jeweils 5 Postfachspeicher oder öffentliche Ordnerspeicher enthalten dürfen. Zusätzlich darf eine so genannte Speichergruppe für die Wiederherstellung (Recovery-Speichergruppe) angelegt werden, die zur Wiederherstellung einer Datenbank innerhalb derselben administrativen Gruppen verwendet wird.

Sie können ohne Probleme von Exchange 2003 Standard Server auf Exchange 2003 Enterprise Server updaten, ohne dabei Daten oder Einstellungen zu verlieren.

Protokolle

In den Protokollmenüs können Sie bezüglich der Arbeit mit den einzelnen Protokollen Einstellungen vornehmen, die Exchange 2003 verwendet. So wird zum Beispiel zum Versenden von E-Mails SMTP oder X.400 verwendet, zum Anbinden von Benutzern mit Outlook Web Access wird HTTP verwendet und Benutzer von Outlook Express nutzen POP3 oder IMAP. Öffentliche Ordner und Newsgroups arbeiten mit NNTP. Für jedes Protokoll verwendet Exchange einen oder mehrere virtuelle Server, deren Einstellungen Sie hier vornehmen können.

Abbildung 5.10:
Unterstützte Protokolle bei Exchange 2003

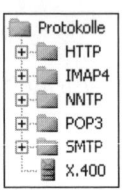

```
Protokolle
  HTTP
  IMAP4
  NNTP
  POP3
  SMTP
  X.400
```

Exchange 2003 arbeitet nach der Installation standardmäßig bereits mit allen Protokollen, deshalb müssen Sie zum Start mit Exchange 2003 an dieser Stelle keine Änderungen vornehmen, sondern erst während der Administration, wenn Sie wissen, was Sie tun.

Routinggruppen

Routinggruppen sind unterhalb der administrativen Gruppe angeordnet. Mit Routinggruppen werden Exchange Server in Ihrer physikalischen Struktur getrennt. Sie sehen so an der hierarchischen Anordnung der administrativen Gruppen mit den Routinggruppen, dass Exchange Server von denselben Administratoren verwaltet werden können, obwohl Sie physikalisch an verschiedenen Standorten stehen. Exchange legt bei der Installation bereits eine *Erste Routinggruppe* an. Sie können jederzeit weitere Gruppen anlegen.

Abbildung 5.11: Ansicht der Routinggruppen im System Manager

Connectors

Connectoren sind Verbindungen zwischen den einzelnen Routinggruppen beziehungsweise mit der Exchange Organisation und dem Internet oder einem anderen E-Mail-System. Es gibt verschiedene Connectoren die zur Verbindung verwendet werden. Der wichtigste ist der SMTP-Connector, mit dem Sie zudem Ihre Exchange Organisation mit dem Internet verbinden können. Um einen SMTP-Connector zu erstellen, der Ihre Organisation mit einem Mail-System außerhalb oder dem Internet verbindet, können Sie auch den neuen *Internet Mail Assistent* verwenden. Dieser Assistent unterstützt Sie bei der Erstellung eines SMTP-Connectors. Den *Internet Mail Assistent* können Sie mit Rechtsklick auf den Organisationsnamen starten.

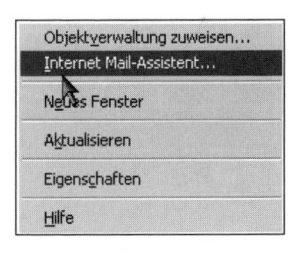

Abbildung 5.12: Starten des *Internet Mail Assistent*

Ordner

Hier finden Sie alle öffentlichen Ordner, die auf Servern der administrativen Gruppe verfügbar sind. Mit einem Rechtsklick auf die öffentlichen Ordner können Sie sich die Systemordner anzeigen lassen, doch dazu auch später mehr.

Extras

Unter dem Menüpunkt EXTRAS finden Sie drei Bereiche, die Sie bei der Verwaltung Ihrer Exchange-Organisation sowie der Fehlerbehebung unterstützen.

Abbildung 5.13:
Extras im Exchange System Manager

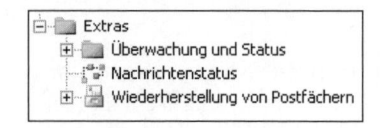

```
Extras
├── Überwachung und Status
├── Nachrichtenstatus
└── Wiederherstellung von Postfächern
```

Überwachung und Status

Unter dem Punkt *Überwachung und Status* können Sie zum einen den Status aller Connectoren und Exchange Server abfragen, was Ihnen gerade bei einer großen Organisation einen schnellen Überblick verschaffen kann, zum anderen können Sie hier automatische Benachrichtigungen aktivieren, die Sie bei auftauchenden Problemen per E-Mail informieren.

Nachrichtenstatus

Durch den *Nachrichtenstatus* erhalten Sie wie bei den Warteschlangen die Möglichkeit den Verlauf einzelner Nachrichten zur Fehlerbehebung nachverfolgen.

Wiederherstellung von Postfächern

NEU

Die Wiederherstellung von Postfächern ist eine neue Funktion in Exchange 2003. Wenn Sie einen Benutzer im Active Directory löschen, der ein Postfach auf Exchange 2003 hat, wird sein Postfach zur Löschung markiert, aber standardmäßig erst nach 30 Tagen vom Server gelöscht. Mit Wiederherstellung von Postfächern (engl. Mailbox Recovery Center) können Sie so jederzeit zur Löschung markierte Postfächer wieder mit einem neuen Benutzer verbinden.

5.2   Verwalten der Benutzer

Damit Sie mit Ihrer Testumgebung zudem den E-Mail-Verkehr nachvollziehen können, werden auf den nächsten Seiten kurz die Neuanlage und die Pflege eines Benutzers im Active Directory vorgestellt. Später wird im Kapitel 10 *Benutzerverwaltung* auf die Verwaltung Ihrer Benutzer und anderer Empfänger noch detaillierter eingegangen.

Um Benutzer zu pflegen, müssen Sie mit dem SnapIn *Active Directory-Benutzer und -Computer* arbeiten, denn eine Benutzerpflege mit dem Exchange System Managerist ist nicht möglich. Starten Sie deshalb zur Neuanlage oder zur Pflege von Benutzern das SnapIn *Active Directory-Benutzer und -Computer*.

Verwalten der Benutzer | Kapitel 5

Anlegen eines neuen Benutzers

Klicken Sie dann auf die Organisationseinheit Users mit der rechten Maustaste und wählen Sie aus dem Menü NEU den Befehl BENUTZER aus. Jetzt können Sie einen Benutzer anlegen. Im Assistenten geben Sie im ersten Dialog den Namen des Benutzers ein, im zweiten sein Kennwort. Im nächsten Fenster erfolgt dann die Abfrage, ob für den Benutzer ein Exchange-Postfach angelegt werden soll und in welchem Postfachspeicher Sie dieses Postfach erstellen wollen. Bei der Festlegung des Kennwortes müssen Sie darauf achten, dass das von ihnen gewählte Kennwort von Windows auf die eingestellten Komplexitätsrichtlinien überprüft wird, diese sind bei Windows 2003 wesentlich strenger als bei früheren Versionen.

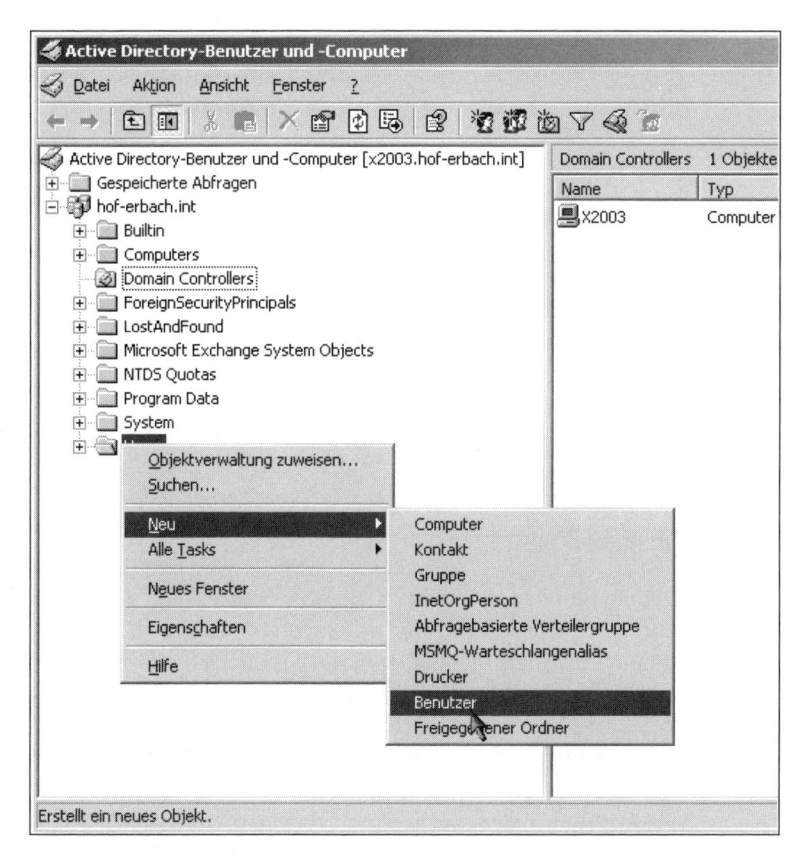

Abbildung 5.14:
Anlegen eines neuen Benutzers im Active Directory

Wenn Sie den Benutzer angelegt haben und dessen Eigenschaften aufrufen, werden Sie wahrscheinlich feststellen, dass der Benutzer noch keine E-Mail-Adresse erhalten hat. Diese Funktionalität wird durch den RUS durchgeführt, den wir weiter oben bereits besprochen haben. Je nach Geschwindigkeit Ihres Rechners sollte die E-Mail-Adresse aber nach 1 bis 2 Minuten erscheinen. Wenn Sie später in Ihrer produktiven Umgebung mehrere hundert oder sogar tausend Benutzer pflegen müssen, wird dieser Punkt unter

Umständen bis zu einer Stunde oder länger dauern. Hier hilft es auch nichts, wenn Sie die E-Mail-Adresse mit der Hand eintragen.

Wenn dem Benutzer durch den RUS eine E-Mail-Adresse zugeteilt worden ist, kann dieser E-Mails empfangen und versenden. Ihnen stehen mehrere Optionen zur Verfügung, um Benutzer zu verwalten auf die weiter unten eingegangen wird. Im Rahmen dieser Testumgebung sollen die Neuanlage und das Betrachten der einzelnen Möglichkeiten ausreichen.

Abbildung 5.15:
Anlegen eines Postfaches für einen neuen Benutzer

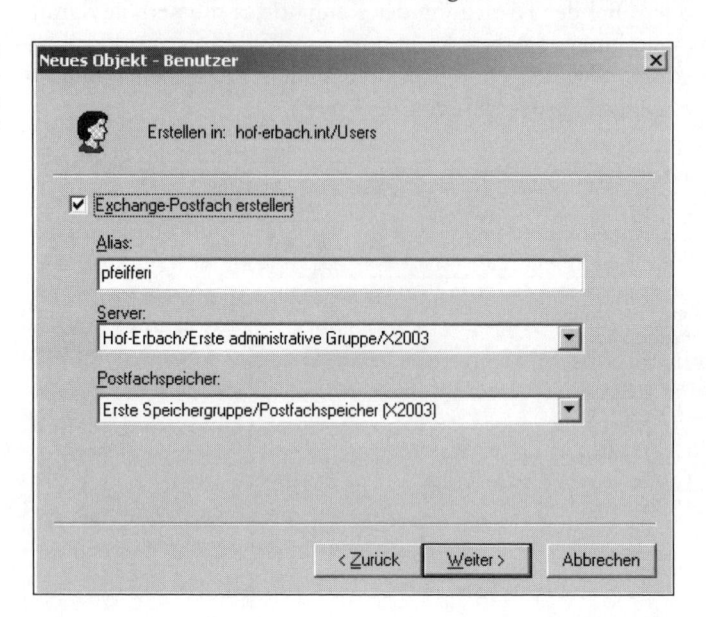

Verwalten eines Benutzers

Wenn Sie den Benutzer verwalten wollen, müssen Sie wieder das SnapIn *Active Directory-Benutzer und –Computer* aufrufen. Damit Sie alle Optionen eines Benutzers sehen, müssen Sie hier ebenfalls erst die Ansicht erweitern. Klicken Sie dazu im SnapIn auf den Menüpunkt ANSICHT und aktivieren Sie die ERWEITERTEN FUNKTIONEN. Wenn Sie jetzt einen Benutzer aufrufen, werden dessen komplette Exchange-Eigenschaften angezeigt.

Nach der Aktivierung der erweiterten Optionen werden alle Registerkarten der Benutzerobjekte angezeigt. Rufen Sie als Nächstes den von Ihnen erstellten Benutzer auf. Sie sehen jetzt alle Registerkarten, einschließlich der Exchange-Registerkarten. Diese Registerkarten werden wir später ausführlich besprechen. Sobald im Feld E-MAIL die E-Mail-Adresse des Benutzers erscheint, ist der Benutzer an Exchange angebunden und kann mit Outlook arbeiten.

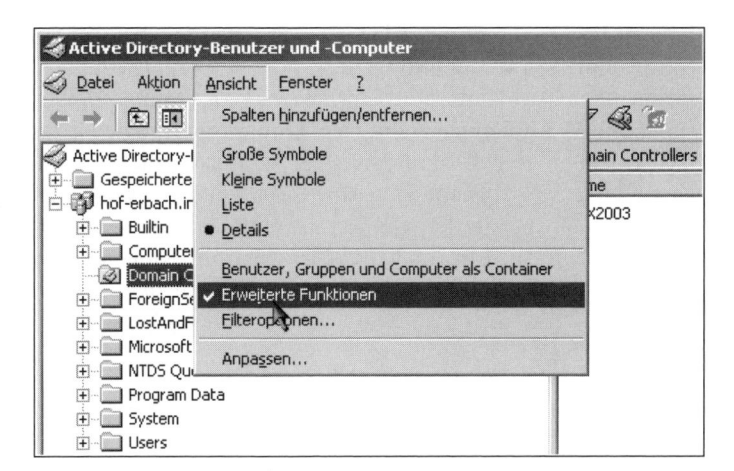

Abbildung 5.16:
Aktivieren der erweiterten Ansicht im SnapIn *Active Directory-Benutzer und -Computer*

Nachdem wir die einzelnen Bereiche des Exchange System Managers und der Benutzerpflege durchgegangen sind, werde ich jetzt auf die einzelnen Bereiche näher eingehen. Sie sind anhand des bisher erreichten Wissens in der Lage Exchange 2003 zu installieren, Benutzer anzulegen und kennen die einzelnen Administrations-Menüs des Exchange System Managers. Mit diesem Grundwissen können wir jetzt aufbauend eine komplette Exchange-Organisation administrieren, planen oder migrieren. Die einzelnen Punkte von Exchange 2003 werden in den nachfolgenden Kapiteln besprochen.

5.3 Exchange-System-Verzeichnis

Nach der Installation von Exchange 2003 finden Sie im Installationsverzeichnis (typischerweise c:\programme\exchsrvr) zahlreiche Ordner und damit verbundene Freigaben. Sie sollten sich mit diesen Verzeichnissen auskennen, damit Sie wissen, wo welche Daten und Dateien gespeichert sind.

Das Verzeichnis address

Der Ordner *address* enthält die notwenigen DLLs die zum Generieren der E-Mail-Adressen benötigt werden. In diesen Ordner sollten Sie auch DLLs kopieren, die zum Beispiel zum Erstellen von Fax-Adressen verwendet werden. Exchange verwendet diese DLLs auf den Servern, um E-Mail-Adressen zu generieren. Wenn in den Empfängerrichtlinien das Erstellen einer E-Mail-Adressen konfiguriert wurde, die dazu notwendige DLL aber nicht auf dem Server gefunden werden kann, wird die E-Mail-Adresse für alle Benutzer nicht generiert. Der Ordner *address* wird mit dem Namen *address* freigegeben. Dabei erhält auf der Freigabeebene die Gruppe *Jeder* das Recht *Lesen* und auf der Ebene der NTFS-Berechtigung die Gruppe *Authentifizierte Benutzer* das Recht *Lesen*.

Kapitel 5   Einstieg in Exchange Server 2003

Die DLLs für die Standardadresstypen werden bei der Installation in das Verzeichnis kopiert. Zusätzliche Produkte von Drittherstellern werden entweder über die Installationsroutine des Programms kopiert oder Sie müssen sie manuell kopieren. Wenn der Empfängeraktualisierungsdienst, der für das Erstellen der E-Mail-Adressen verantwortlich ist, die Eigenschaften eines Benutzers um eine Fax-Adresse erweitern will, dafür aber keine DLL in diesem Ordner findet, werden die entsprechenden Benutzer nicht mit der Adresse versorgt. Ein solcher Fehler wird im Anwendungsprotokoll mitgeloggt.

Abbildung 5.17:
Verzeichnisse des Exchange 2003-Installationsverzeichnisses

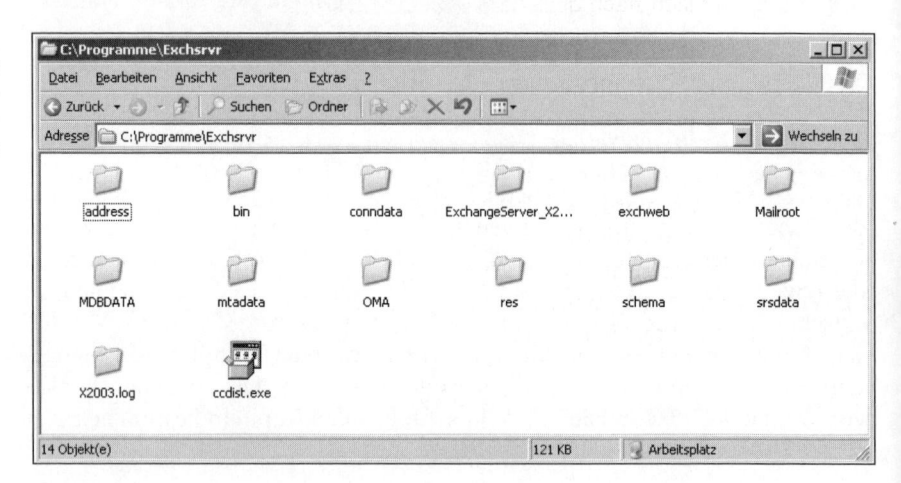

Das Verzeichnis bin

Der Ordner *bin* enthält die Exchange 2003-Systemdateien und Zusatztools, die nicht über die Windows-Oberfläche, sondern aus der Kommandozeile gestartet werden. In diesem Ordner sind die Komponenten von Exchange 2003 gespeichert. Hier finden Sie nicht nur alle System-Dateien von Exchange 2003, sondern alle maßgeblichen Tools, die später in diesem Buch behandelt werden. Dieser Pfad wird nicht als Systempfad eingetragen. Wenn Sie ein Kommandozeilen-Programm von Exchange 2003 aufrufen wollen, müssen Sie in dieses Verzeichnis wechseln.

Das Verzeichnis conndata

Der Ordner *conndata* wird vom *MS-Mail-Connector* verwendet. Sie benötigen diesen Ordner, wenn Sie Exchange 2003 mit einem älteren MS-Mail System verbinden. MS-Mail ist der Ururahn von Exchange, welcher bei einigen Firmen noch im Einsatz ist.

Das Verzeichnis Servername.log

Der Ordner *Servername.log* wird zur Ablage der Protokoll-Dateien für die Nachrichtenverfolgung genutzt. Mit der Nachrichtenverfolgung können Sie genau bestimmen, wer wann wohin eine E-Mail geschrieben hat und wie deren Weg durch Exchange verlaufen ist. Der Ordner wird von Exchange 2003 freigegeben und kann deshalb auch über das Netzwerk geöffnet werden. Viele Diagnose-Tools nutzen diese Dateien zum Erstellen von Übersichten und Statistiken über den E-Mail-Verkehr. Der genaue Name des Ordners richtet sich nach dem Maschinennamen ihres Systems.

Das Verzeichnis ExchangeServer_Servername

Der Ordner *ExchangeServer_Servername* wird zur Ablage für die Volltextindizierung genutzt. Hier werden zum Beispiel die Logfiles abgelegt, in denen festgehalten wird, welche Anhänge der Indexdienst nicht indizieren kann. Mit der Volltextindizierung können die Postfächer oder öffentlichen Ordner der Benutzer, auch mit Anhängen, sehr schnell durchsucht werden. Die Volltextindizierung wird von der *erweiterten Suche* in Outlook verwendet. Auch hier richtet sich der genaue Name nach dem Maschinenname

Das Verzeichnis exchweb

Der Ordner *exchweb* enthält die Komponenten, die Outlook Web Access verwendet. Hier liegen die Views und Systemdateien von Outlook Web Access. In diesem Verzeichnis können Sie zudem in begrenztem Umfang Anpassungen am Aussehen des OWA-Interfaces vornehmen.

Das Verzeichnis Mailroot

Über den Ordner *Mailroot* laufen E-Mails, die über SMTP eingegangen oder verschickt wurden. Die Nachrichten werden als Datei mit der Endung *.eml* gespeichert. Dieser Ordner dient der SMTP-Warteschlange als Ablage-Ordner. Hier landen auch E-Mails die Exchange nicht zustellen kann.

Das Verzeichnis MDBDATA

Der Ordner *MDBDATA* enthält die Datenbank-Dateien von Exchange 2003, wenn sie nicht an einen anderen Speicherort verschoben wurden. In diesem Ordner liegen zudem die Transaktionsprotokolldateien der einzelnen Speichergruppen. Dieser Ordner ist demnach standardmäßig das »Herz« Ihres Exchange Servers. Wenn Sie die Datenbankdateien auf einen anderen Server verschieben, verliert dieser Ordner natürlich an Bedeutung.

Das Verzeichnis mtadata

Der Ordner *mtadata* wird vom *Message Transfer Agent* verwendet. Hier werden Konfigurationen, Protokolldateien sowie Vorlagen gespeichert. Nachrichten die über den MTA verschickt werden, werden über das X.400-Protokoll verschickt. Innerhalb von Exchange 2003 und ins Internet werden Nachrichten mittels SMTP übermittelt. Wenn Sie Exchange 2003 in eine Exchange 5.5-Organisation installieren, werden E-Mails zwischen den Servern mit Hilfe des X.400-Protokolls und dem MTA zugestellt. Der MTA wird durch einen eigenen Exchange-Dienst gesteuert.

Das Verzeichnis RES

Der Ordner *RES* enthält die DLLs, die Exchange 2003 braucht, um Einträge in die Ereignisanzeige des Servers zu schreiben. Hier werden auch die Erweiterungen des Systemmonitors gespeichert, die Exchange 2003 durchführt. Auch dieser Ordner wird freigegeben.

Das Verzeichnis schema

Im Ordner *schema* wird das Exchange 2003 OLE Schema gespeichert. Sie benötigen diesen Ordner, wenn Sie Programmierarbeiten in Exchange ausführen wollen.

Das Verzeichnis srsdata

Der Ordner *srsdata* wird bei der Migration von Exchange 5.5 zu Exchange 2003 benötigt. Hier speichert Exchange 2003 die Daten des *Site-Replication-Service (Standortreplikations-Dienst)*. Der Ordner enthält die komplette Datenbank des SRS. Der SRS emuliert auf einem Exchange 2003 Server einen Exchange 5.5 Server, damit die verschiedenen Exchange-Versionen zusammen in einer Organisation laufen und Daten austauschen können.

Das Verzeichnis OMA

Der Ordner *OMA* wird von *Outlook Mobile Access* verwendet. OMA benötigen Sie für den Zugriff von Pocket-PCs oder Smartphones auf Exchange 2003. Mit OMA können auch WAP 1.0- oder WAP 2.0-fähige Geräte per WAP auf Postfächer zugreifen. In diesem Ordner werden die Systemdateien für OMA gespeichert. Zusätzlich werden hier temporär die Daten für die Active Server Sync-Komponente von Exchange 2003 gespeichert. Mit ActiveServerSync können Pocket-PCs ihr Postfach ohne Dockingstation über Netzwerk synchronisieren.

Die Applikation ccdist.exe

Mit der Datei *ccdist.exe* können Sie den Component Categories Manager installieren. Hier handelt es sich um eine VB-Erweiterung.

5.4 Exchange System-Dienste

Außer Verzeichnissen auf der Festplatte legt Exchange 2003 eine Reihe von System-Diensten an, die im Hinblick auf die Funktionalität benötigt werden. Mit diesen Diensten sollten Sie sich ebenfalls auskennen, damit Sie im Fall der Fälle wissen, welchen Dienst Sie neu starten können und was der Neustart bewirkt. Auch bei der Problemsuche von nicht startenden Diensten ist es wichtig zu wissen, welche Bedeutung die einzelnen Dienste von Exchange 2003 haben. Je nach Installationsvariante kommt es darauf an, welche Komponenten Sie installieren.

```
Microsoft Exchange IMAP4
Microsoft Exchange MTA-Stacks
Microsoft Exchange POP3
Microsoft Exchange-Ereignis
Microsoft Exchange-Informationsspeicher
Microsoft Exchange-Routingmodul
Microsoft Exchange-Standortreplikationsdienst
Microsoft Exchange-Systemaufsicht
Microsoft Exchange-Verwaltung
```

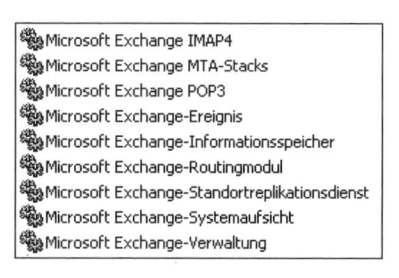

Abbildung 5.18: Standard-Exchange-Systemdienste nach der Installation

Microsoft Exchange-Systemaufsicht

Exchange 2003 Server kann lediglich bei gestarteter Systemaufsicht ausgeführt werden. Die Microsoft Exchange-Systemaufsicht ist die oberste Instanz aller Dienste. Sie steuert das Starten und Beenden der anderen Exchange-Dienste und den Zugriff auf den Informationsspeicher. Ohne den Start der Exchange-Systemaufsicht starten weder der Informationsspeicher-Dienst noch ein anderer Dienst. Die Systemaufsicht sammelt Informationen über den Status aller anderen Dienste. Der Dienst übernimmt ebenfalls die Hintergrundverarbeitung für die Ausführung von LDAP-Abfragen (Lightweight Directory Access Protocol), um Adresslisten zu erstellen und für eine Synchronisation mit der Microsoft IIS-Metabase zu sorgen.

Wenn der Dienst nicht startet, können Sie mit Hilfe des Tools Policytest, welches sich im Support-Verzeichnis auf der Exchange 2003-CD befindet, feststellen, ob domainprep korrekt durchgeführt wurde. Gibt das Tool eine Fehlermeldung aus, sollten Sie domainprep nochmals durchführen. Dies hat keinerlei negative Auswirkungen. domainprep kann so oft durchgeführt werden, wie Sie wollen, hier werden nur entsprechende Berechtigungen im Active Directory vergeben.

TIPP

Microsoft Exchange-Verwaltung

Dieser Dienst steuert die Verwaltung des Verzeichniszugriffes auf der Registerkarte VERZEICHNISZUGRIFF in den Eigenschaften eines Exchange Servers und ermöglicht die Nachrichtenverfolgung. Wenn dieser Dienst nicht gestartet ist, können keine Verzeichniszugriffe mehr geändert oder Nachrichten verfolgt werden. Exchange läuft allerdings ohne Probleme weiter.

Microsoft Exchange-Informationsspeicher

Der Informationsspeicher ist für die Verbindung zu den Exchange-Datenbanken zuständig. Er ermöglicht den Benutzern Zugriff auf den Postfachspeicher und den Speicher für die öffentlichen Ordner. Dieser Dienst ist von der Systemaufsicht und dem IIS-Admin-Dienst abhängig. Ohne diesen Dienst ist kein Zugriff auf die Postfächer der Benutzer möglich.

Microsoft Exchange MTA-Stacks

Dieser Dienst steuert den E-Mail-Verkehr über den Message Transfer Agent. Er ist abhängig von der Systemaufsicht und vom IIS-Admin-Dienst. E-Mails, die über den MTA zugestellt werden, verwenden das X.400-Protokoll. Exchange 2003 verschickt E-Mails mit Hilfe des SMTP-Protokolls, Exchange 5.5 hat noch X.400 verwendet. Wenn Sie Exchange 2003 in eine Exchange 5.5-Organisation installieren, werden E-Mails zu und von den Exchange 5.5-Servern mit dem MTA, das heißt mit dem X.400-Protokoll zugestellt. Wenn Sie eine reine Exchange 2003-Umgebung installiert haben, die vielleicht auch noch Exchange 2000-Server enthält, aber keine Server mit Exchange 5.5, werden E-Mails ausschließlich mit Hilfe von SMTP zugestellt. Sie können zwar noch X.400 für das Verbinden von Routinggruppen verwenden, aber im Normalfall hat der MTA-Dienst keine wichtige Funktion mehr, muss aber dennoch aktiv bleiben.

Microsoft Exchange-Routingmodul

Dieser Dienst dient zur Verarbeitung der Routinginformationen von Exchange 2003. Wenn das Routingmodul nicht ausgeführt wird, stehen keine Informationen zu Connectoren und Warteschlangen zur Verfügung. Fällt dieser Dienst aus, wird der Nachrichtenfluss durch den Server beendet. Aus diesem Grund ist dieser Dienst besonders wichtig, wenn in Ihrer Exchange-Organisation mehrere Server installiert sind und diese über verschiedene Standorte verteilt sind.

Microsoft Search

Dieser Dienst verwaltet die Indizierung der einzelnen Informationsspeicher. Wenn Sie keine Indizierung verwenden, benötigen Sie diesen Dienst nicht. Wenn Sie jedoch die Indizierung einzelner Informationsspeicher aktiviert haben, steht der Index lediglich dann zur Verfügung, wenn dieser Dienst gestartet ist.

Microsoft Exchange-Standortreplikationsdienst

Dieser Dienst dient zur Verbindung von Exchange 2003 Servern mit Exchange 5.5 Servern in einer Exchange 5.5-Organisation. Er stellt ein für Exchange 5.5 lesbares und kompatibles Verzeichnis zur Verfügung. Dieser Dienst emuliert auf einem Exchange 2003-Server einen Exchange 5.5 Server, damit andere Exchange 5.5 Server in der Organisation Verbindung zu Exchange 2003 aufnehmen können. Wenn Sie einen Exchange 2003 Server in eine Exchange 5.5-Organisation installieren, sehen Sie diesen Server im Exchange 5.5 Exchange Administrator wie einen Exchange 5.5 Server. Wenn dieser Dienst nicht gestartet ist, können Exchange 5.5 Server keine Verbindung mehr zu Exchange 2003 aufnehmen.

Microsoft Exchange-Ereignis

Dieser Dienst stellt die Kompatibilität von Exchange 5.5-Ereignissen zu Exchange 2003 sicher. Applikationen, die für Exchange 2000 oder Exchange 2003 entwickelt wurden, verwenden zum Erzeugen von Ereignisanzeigen diesen Dienst nicht mehr.

Microsoft Exchange-Verbindungscontroller

Dieser Dienst unterstützt die einzelnen Connectoren von Exchange 2003, um zum Beispiel die Migration von Novell Groupwise oder Lotus Notes zu ermöglichen.

Microsoft Exchange Connector für Lotus Notes oder Novell Groupwise und Microsoft Exchange Router für Novell Groupwise

Diese Dienste verbinden Exchange 2003 mit Lotus Notes oder Novell Groupwise zum Austausch von E-Mails zwischen diesen verschiedenen Systemen.

Microsoft Exchange IMAP4/POP3

Diese Dienste steuern den Zugriff von Benutzern über das POP3- oder IMAP-Protokoll auf den Servern. Outlook verwendet zum Zugriff MAPI und liest demnach direkt den Informationsspeicher.

6 Connectoren

Der Teil I *Grundlagen* bestand aus der Installation einer Testumgebung sowie aus einer Einführung in die neuen Features von Exchange Server 2003. Bevor ich mich mit den Theorien wie Speichergruppierung und Nachrichtenfluss befasse, möchte ich mit Ihnen zusammen direkt in die Praxis des Exchange Servers eintauchen. Im Rahmen der Testumgebung sind Sie grundsätzlich in der Lage Exchange Server 2003 in einem Windows 2003 Active Directory zu installieren, Benutzer anzulegen und zu verwalten. Wir steigen in diesem Teil des Buches in die Praxis ein. Sie sollten sich aber auf alle Fälle auch mit den theoretischen Teilen des Buches auseinandersetzen, da beim Verständnis der inneren Vorgänge und Abläufe eines Exchange Servers Fehler vermieden und Probleme behoben werden können, doch dazu später.

Im ersten Teil des Buches bin ich schon oberflächlich auf die neue Hierarchie von Exchange Server 2003 eingegangen. Das Verständnis dieser Hierarchie ist besonders bei der Verbindung von mehreren Exchange Servern untereinander oder mit dem Internet sehr wichtig.

Unter Exchange 5.5 und früheren Versionen wurde die Exchange-Organisation noch in verschiedene Standorte untergliedert. Jeder Standort in Exchange 5.5 war physikalisch von den anderen Standorten getrennt und wurde von jeweils unterschiedlichen Benutzern und Administratoren, oft auch in verschiedenen Domänen verwaltet. Dieses Konzept ist allerdings in der heutigen stark vernetzen Zeit nicht mehr tragbar. Aus diesem Grund hat Microsoft einiges an der Struktur und dem Aufbau einer Exchange-Organisation geändert. Es wurden administrative Gruppen und Routinggruppen eingeführt, um die Administration beziehungsweise die physikalische Trennung von Exchange Servern besser verwalten zu können. Unter Exchange Server 2003 gibt es keine *Standorte* mehr. Server werden in *Administrativen Gruppen* und *Routinggruppen* zusammengefasst. Der wichtigste Unterschied begründet sich in der Integration von Exchange Server 2003 in das Active Directory. Der *Verzeichnisconnector* von Exchange 5.5 entfällt daher.

Kapitel 6   Connectoren

> **INFO**
>
> *Durch die gemeinsame Nutzung des Active Directory von Windows 2003 und Exchange Server 2003 definiert die Grenze der Active Directory-Gesamtstruktur (Forest) die Exchange Server 2003-Organisation. Es ist nicht möglich, dass eine Active Directory-Gesamtstruktur (Forest) mehrere unterschiedliche Exchange Server 2003-Organisationen umfasst oder eine Exchange Server 2003-Organisation mehrere Gesamtstrukturen (Forests).*

6.1 Administrative Gruppen

Administrative Gruppen sind Gruppen von Exchange Servern und administrativen Objekten wie Richtlinien, Routinggruppen und öffentliche Ordner-Bäumen. Administrative Gruppen sollen die Verwaltung der Exchange-Organisation erleichtern. Es lassen sich zum Beispiel leicht Rechte delegieren, wenn Sie mehrere Exchange Server in Ihrer Organisation haben, die auf mehrere Niederlassungen verteilt sind, aber von den jeweiligen Administratoren vor Ort verwaltet werden sollen. Administrative Gruppen sind die logische Verteilung von Objekten Ihrer Exchange Server 2003-Organisation. Standardmäßig legt Exchange Server 2003 eine *Erste administrative Gruppe* an. Diese wird jedoch nicht angezeigt. Um diese anzuzeigen, müssen Sie den Exchange System Manager starten und mit der rechten Maustaste die Eigenschaften der Exchange-Organisation aufrufen. Im Fenster EIGENSCHAFTEN muss dann die Anzeige der *Routinggruppen* und der *administrativen Gruppen* aktiviert werden. Nach dieser Änderung müssen Sie den Exchange System Manager neu starten.

> **INFO**
>
> *Beachten Sie aber, dass Sie beim Anlegen mehrerer administrativer Gruppen bei der Installation von Exchange 2000 Server auswählen können, in welcher Gruppe der neue Server installiert werden soll.*

Später können Server nicht zwischen verschiedenen administrativen Gruppen verschoben werden. Wenn Sie die Exchange-Organisation in den nativen Modus setzen, können Exchange Server zwischen Routinggruppen verschoben werden, aber **nicht** zwischen administrativen Gruppen.

Um eine neue administrative Gruppe zu erstellen, klicken Sie mit der rechten Maustaste auf den Menüpunkt ADMINISTRATIVE GRUPPEN und wählen dann NEU und dann ADMINISTRATIVE GRUPPE.

Abbildung 6.1: Ansicht der administrativen Gruppen im Exchange System Manager

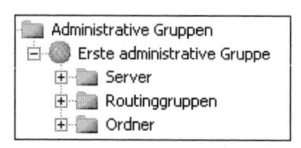

6.2 Routinggruppen

Routinggruppen sind administrativen Gruppen untergeordnet und dienen der physikalischen Trennung der Exchange Server. Exchange Server in derselben Routinggruppe sind Bestandteil desselben LANs und mit einer breitbandigen und permanenten Leitung verbunden.

Exchange Server in verschiedenen Routinggruppen liegen nicht im selben LAN und sind durch schmalbandige Leitungen verbunden. Es ist durchaus möglich, dass eine administrative Gruppe mehrere Routinggruppen enthält, da die jeweiligen Exchange Server zwar an unterschiedlichen Orten stehen, aber von denselben Administratoren verwaltet werden.

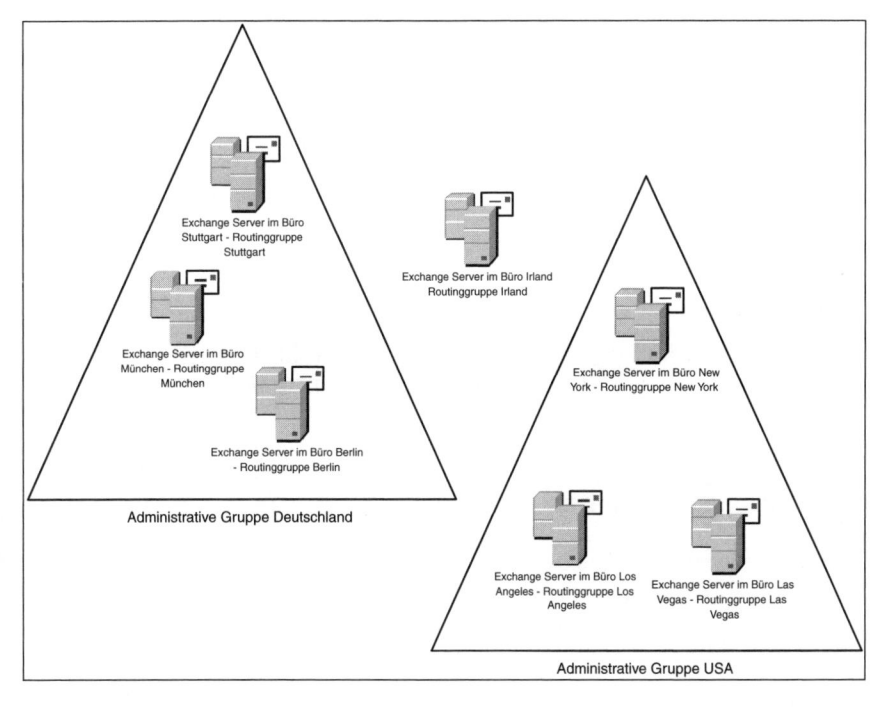

In der Abbildung 6.2 *Administrative Gruppen und Routinggruppen* sehen Sie die beiden administrativen Gruppen *Deutschland* und *USA*. Beide administrative Gruppen enthalten wiederum mehrere Routinggruppen, die Exchange Server in den jeweiligen Niederlassungen der Firma darstellen. Die Benutzer in den deutschen Niederlassungen werden von deutschen Administratoren, die Benutzer in den USA von den amerikanischen Administratoren verwaltet. Die Routinggruppe in Irland überspannt sich auf beide administrativen Gruppen, da in Irland keine Administratoren angestellt sind, sondern die Server jeweils von Deutschland oder der USA verwaltet werden.

Abbildung 6.2: Administrative Gruppen und Routinggruppen

6.3 Connector

Wie bereits unter Exchange 5.5 gibt es bei Exchange Server 2003 eine Reihe von Connectoren. Diese werden in erster Linie dazu verwendet, verschiedene Routinggruppen zu verbinden. Mit Connectoren wird auch Ihre Exchange-Organisation mit dem Internet oder einem anderen E-Mail-System verbunden. Exchange stellt dazu verschiedene Connectoren zur Verfügung. Im nachfolgenden Kapitel gehe ich auf die einzelnen Connectoren sowie deren Konfiguration ein. E-Mails zwischen Servern derselben Routinggruppe werden direkt von Server zu Server mit dem SMTP-Protokoll ohne einen Connector zugestellt, in einem so genannten »Hop«. Connectoren sind immer Routinggruppen untergeordnet. Sie finden alle Connectoren einer Routinggruppe im Menü CONNECTORS unterhalb der jeweiligen Routinggruppe. Hier können Sie mit Rechtsklick einen neuen Connector erstellen. Wie Sie sehen, gibt es verschiedene Connectoren, die Sie zum Verbinden von Routinggruppen oder anderen E-Mail-Systemen verwenden können. Oft liefern zudem Drittersteller-Firmen eigene Connectoren für ihre Fax-Software oder Dokumentenmanagement-Systemen mit. Diese werden jedoch ausschließlich für die Verbindung vom Drittersteller-Programm zu Exchange verwendet.

Abbildung 6.3:
Erstellen eines neuen Connectors

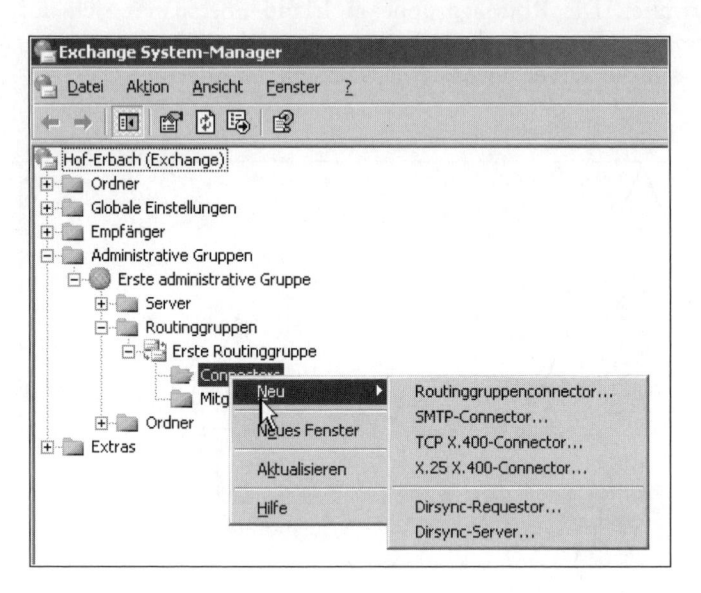

Routinggruppen-Connector

Der Routinggruppen-Connector dient, wie der Name schon vermuten lässt, zur Verbindung verschiedener Routinggruppen. Sie müssen aber nicht zwingend diesen Connector verwenden, sondern können auch den X.400- oder den SMTP-Connector verwenden, dazu mehr in den nächsten Kapiteln. Um einen neuen Routinggruppen-Connector zu erstellen, müssen Sie zunächst zwei Routinggruppen erstellen, die Sie miteinander verbinden wollen. Zur Erstellung eines neuen Routinggruppen-Connectors sollten zudem bereits Exchange Server in beiden Routinggruppen installiert worden sein.

Um einen neuen Routinggruppen-Connector zu erstellen, klicken Sie in der Routinggruppe im Ordner CONNECTORS auf NEU und wählen dann den Befehl ROUTINGGRUPPENCONNECTOR aus.

Registerkarte Allgemein

Es öffnet sich nun ein neues Fenster mit verschiedenen Registerkarten, auf denen Sie den Connector konfigurieren können. Auf der Registerkarte ALLGEMEIN müssen Sie zunächst einen Namen für den Connector festlegen. Wählen Sie am Besten einen Namen, der später auch darauf schließen lässt, welche Routinggruppen miteinander verbunden werden.

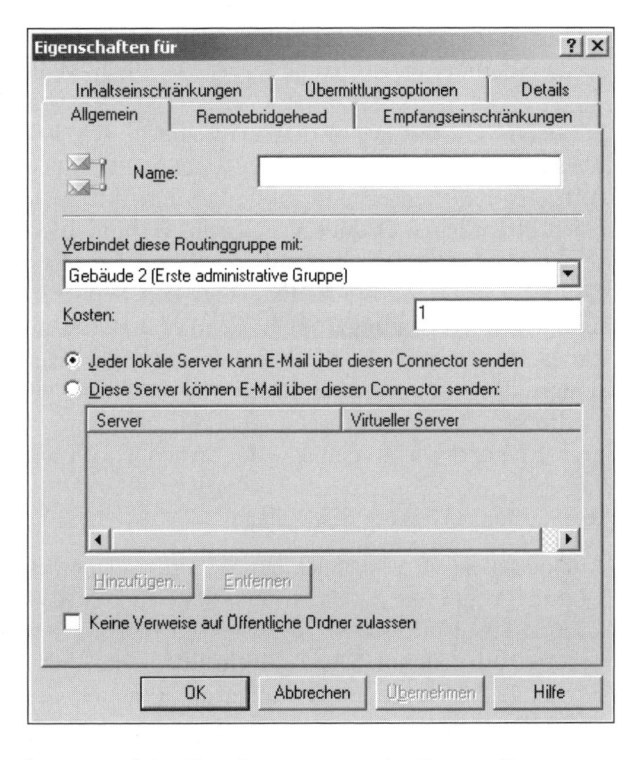

Abbildung 6.4:
Registerkarte ALLGEMEIN

Weiter können Sie festlegen, welche Routinggruppe mit diesem Connector verbunden werden soll. Ein weiterer wichtiger Punkt ist die Definition der Kosten des Connectors.

Exchange verschickt E-Mails immer über den Connector mit den niedrigsten Kosten. Sie können mehrere Connectoren erstellen und diese mit verschiedenen Kosten definieren. Exchange verwendet dann bei Ausfall des »günstigsten« Connectors den jeweils nächst teueren.

> **INFO**
>
> *Insgesamt rechnet Exchange Server 2003 immer die ganze Route einer E-Mail durch und verwendet dabei immer die günstigste Route. Es kann daher bei langen Routen durchaus möglich sein, dass der Connector mit höheren Kosten in einer Routinggruppe verwendet wird, die Route insgesamt aber billiger ist.*
>
> *Exchange 5.5 hat immer nur den nächsten Hop der Route berechnet, nicht die Zustellbarkeit und die Kosten der ganzen Route.*

Weiter unten können Sie definieren, welche Exchange Server in der lokalen Routinggruppe E-Mails über diesen Connector verschicken dürfen. Wenn Sie in einer Routinggruppe mehrere Exchange Server installiert haben und nur einen Exchange Server berechtigen E-Mails über diese Routinggruppe zu versenden, schicken alle anderen Exchange Server ihre E-Mails zunächst zu dem definierten Exchange Server, der die E-Mails dann weiterschickt.

Die letzte Option DO NOT ALLOW PUBLIC FOLDER REFERALS (KEINE VERWEISE AUF ÖFFENTLICHE ORDNER ZULASSEN) steuert das Weiterleiten von Anfragen an öffentliche Ordner über diesen Connector. Wenn ein Benutzer einen öffentlichen Ordner öffnen will, verbindet Exchange ihn zunächst auf seinen lokalen Server. Wenn dieser Server kein Replikat dieses öffentlichen Ordners besitzt, verbindet Exchange den Benutzer auf einen Server innerhalb derselben Routinggruppe. Wenn es in der Routinggruppe kein Replikat dieses öffentlichen Ordners gibt, wird der Benutzer mit der nächsten Routinggruppe verbunden. Exchange verwendet dabei den Connector mit den niedrigsten Kosten. Wenn Sie den Haken setzen, werden über diesen Connector keinerlei Anfragen an öffentliche Ordner geroutet.

Registerkarte Remote Bridgehead

Auf dieser Registerkarte stellen Sie ein, welche Server in der verbundenen Routinggruppe die E-Mails über diesen Connector empfangen sollen. Sie können einen oder mehrere Server eintragen. Diese Server werden Bridgehead-Server genannt. Der Bridgehead-Server leitet die E-Mail dann an den Exchange Server seiner Routinggruppe weiter, auf dem das Postfach des Empfängers liegt.

Wenn Sie diesen Routinggruppen-Connector dazu verwenden Verbindung mit einem Exchange 5.5-Standort aufzubauen, müssen Sie auf dieser Registerkarte die entsprechenden Anmeldeinformationen eintragen. Jeder Dienst in einem Exchange 5.5-Standort muss mit demselben Benutzer starten, unterschiedliche Standorte verwenden dabei oft auch verschiedene Benutzer. Dann müssen Sie die Authentifizierung des Benutzers im Remote-Standort eintragen. E-Mails zu Exchange 5.5 Servern werden mit Hilfe des

X.400-Protokolls versendet, dazu verwendet Exchange Server 2003 den MTA-Dienst. Dieser Dienst startet jedoch mit dem lokalen Systemkonto und nicht mehr mit einem Benutzer. Damit E-Mails zu einem anderen Exchange 5.5-Standort zugestellt werden können, muss sich der Connector zunächst authentifizieren.

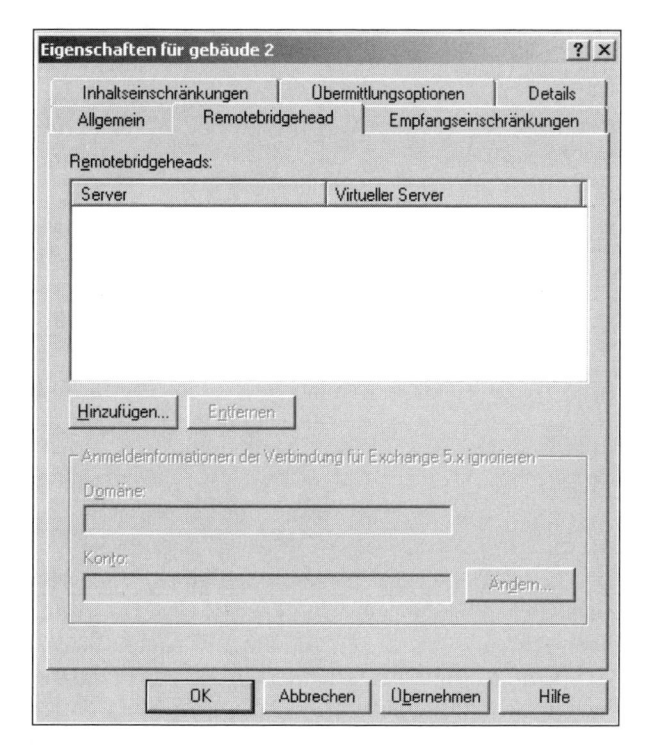

Abbildung 6.5:
Registerkarte REMOTEBRIDGEHEAD des Routing Group Connectors

Empfangseinschränkungen

Hier stellen Sie ein, von welchen Benutzern aus dem Active Directory E-Mails angenommen werden und von welchen nicht. Standardmäßig dürfen alle Benutzer E-Mails über einen neuen Routinggruppen-Connector verschicken. Im Englischen lautet die Bezeichnung für diese Option DELIVERY RESTRICTIONS.

Inhaltseinschränkungen

Auf dieser Registerkarte (engl. CONTENT RESTRICTIONS) stellen Sie ein, welche Nachrichtentypen durch diesen Connector zugestellt werden können. Standardmäßig werden alle Nachrichten zugestellt. Sie können über jeden Connector Nachrichten mit unterschiedlichen Prioritäten deaktivieren. Diese Nachrichten werden dann über diesen Connector nicht zugestellt. So können Sie beispielsweise nur dringende Nachrichten über einen teuren Connector schicken. Prioritäten werden in Outlook eingestellt. Im Kapitel 24 *Arbeiten mit Outlook* wird diese Thematik näher erläutert.

Abbildung 6.6:
Registerkarte CONTENT RESTRICTIONS/
INHALTSEINSCHRÄNKUNGEN

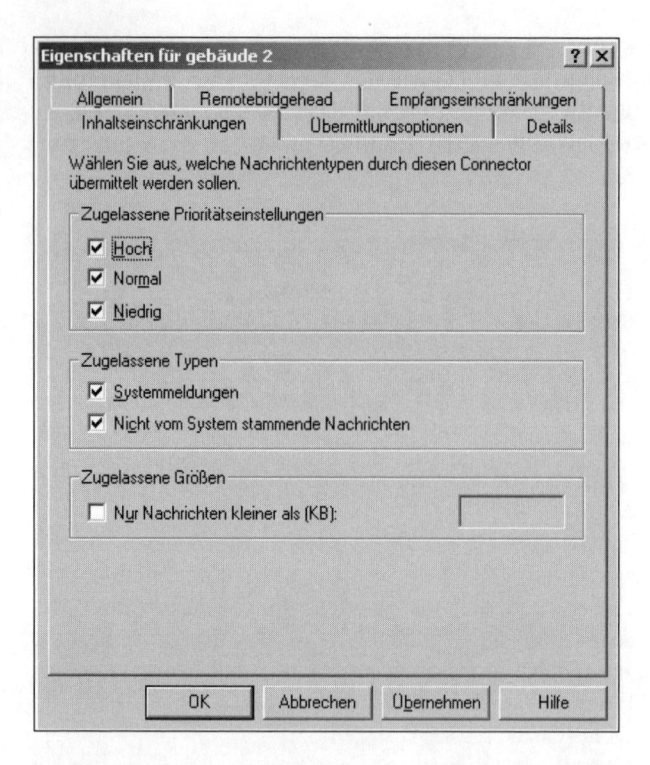

Die Prioritäten werden beim Schreiben von neuen E-Mails festgelegt. Zusätzlich können Sie auf dieser Registerkarte steuern, welche Art von Nachrichten über diesen Connector zugestellt werden können. SYSTEM MELDUNGEN sind Nachrichten direkt von Exchange oder Windows, zum Beispiel über Replikation, Warnungen etc., NICHT VOM SYSTEM STAMMENDE NACHRICHTEN sind die Nachrichten der Benutzer. Im Feld ZUGELASSENE GRÖßEN können Sie einstellen, wie groß die Nachrichten sein dürfen, die über diesen Connector verschickt werden.

Übermittlungsoptionen

Hier (engl. *Delivery Options*) können Sie einstellen, wann der Connector zur Verfügung steht und ob Nachrichten ab einer bestimmten Größe erst zu einer bestimmten Uhrzeit verschickt werden sollen. Bestimmte Standardzeitpläne sind bereits vorgegeben, Sie können aber auch eigene Zeitpläne definieren.

SMTP-Connector

Dieser Connector ist wohl der wichtigste Connector in Exchange Server 2003. Exchange Server 2003 verschickt E-Mails über das SMTP-Protokoll zwischen Servern innerhalb und außerhalb von Routinggruppen. E-Mails zu externen E-Mail-Systemen oder dem Internet werden ebenfalls meistens mit

SMTP verschickt. Sie können den SMTP-Connector auch zur Verbindung von verschiedenen Routinggruppen verwenden. Mit dem SMTP-Connector können Sie Verbindung auch für Authentifizierung und Verschlüsselung konfigurieren sowie den Nachrichtenfluss effizienter steuern.

Internet Mail Assistent

Der Internet Mail Assistent ist eine (nicht ganz) neue Funktion in Exchange Server 2003, der Sie bei der Erstellung eines SMTP-Connectors unterstützt. Der Assistent war bereits in einfacher Form in Exchange 5.5 enthalten, wurde in Exchange 2000 gestrichen und ist wieder neu in Exchange Server 2003 integriert.

Sie finden den Internet Mail Assistent, wenn Sie auf den Namen der Organisation mit der rechten Maustaste klicken und aus dem Menü den INTERNET MAIL ASSISTENT aufrufen. Dieser Assistent dient vor allem in kleinen Umgebungen zur Konfiguration eines SMTP-Connectors unter Exchange Server 2003. Größere Firmen, aber auch Administratoren, die mit der Konfiguration des SMTP-Connectors und des virtuellen SMTP-Servers vertraut sind, können die Einstellungen auch direkt an den beiden entsprechenden Stellen im Exchange System Manager vornehmen. Der Internet Mail Assistent konfiguriert einen neuen SMTP-Connector für ausgehende E-Mails und ändert die Einstellungen des virtuellen SMTP-Servers für eingehende Verbindungen.

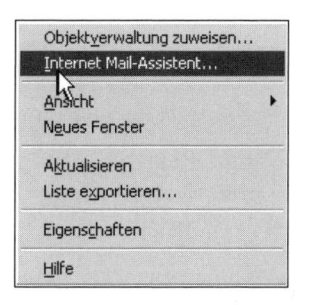

Abbildung 6.7:
Starten des *Internet Mail Assistent*

Auf die einzelnen Einstellungen des virtuellen SMTP-Servers gehe ich weiter hinten im Buch ein. Sie finden den virtuellen SMTP-Server unterhalb des SMTP-Protokolls des Exchange Servers.

Sie können auch in den Eigenschaften des virtuellen SMTP-Servers den Versand von E-Mails konfigurieren, ein SMTP-Connector eignet sich jedoch dazu wesentlich besser. Sie können für jede IP-Adresse, die an eine physikalische Netzwerkkarte gebunden ist, einen eigenen virtuellen SMTP-Server konfigurieren und auf diese Weise für unterschiedliche Domänen unterschiedliche E-Mail-Empfangseigenschaften definieren. Diese Einstellmöglichkeiten werden weiter hinten im Buch behandelt.

Kapitel 6   Connectoren

Abbildung 6.8:
Virtueller SMTP-Server eines Exchange Servers

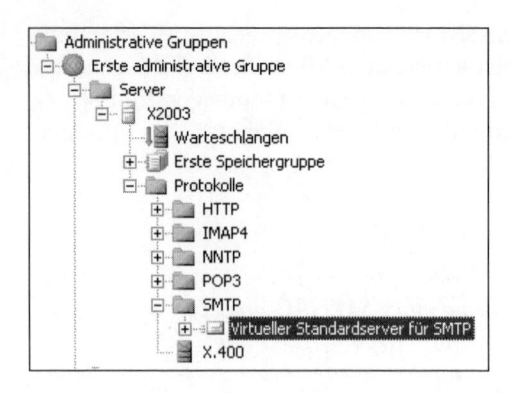

```
Administrative Gruppen
└─ Erste administrative Gruppe
   └─ Server
      └─ X2003
         ├─ Warteschlangen
         ├─ Erste Speichergruppe
         └─ Protokolle
            ├─ HTTP
            ├─ IMAP4
            ├─ NNTP
            ├─ POP3
            ├─ SMTP
            │  └─ Virtueller Standardserver für SMTP
            └─ X.400
```

Sie können den Internet Mail Assistent jedoch ausschließlich dann verwenden, wenn Sie keine Änderungen am virtuellen SMTP-Server vorgenommen haben. Wenn Sie die Eigenschaften des virtuellen SMTP-Servers bereits verändert haben, müssen Sie diese auf die Standardeinstellungen zurückstellen, bevor Sie den Assistent verwenden können.

Sie können mit diesem Assistenten Exchange 2000 und Exchange Server 2003 Server konfigurieren, die in derselben Organisation installiert wurden. Die Konfiguration von Exchange 5.5 Servern wird jedoch nicht unterstützt.

INFO

Der Assistent legt ein Log-File an, das Sie nach der Konfiguration überprüfen können. In diesem Log-File werden alle Änderungen protokolliert, die der Internet Mail Assistent durchführt. Sie finden dieses Log-File mit der Bezeichnung Internet Mail Wizard.log in dem Verzeichnis EIGENEN DATEIEN *des Benutzers, der den Assistenten gestartet hat.*

Konfiguration eines Exchange Servers für ausgehende Internet E-Mails

Wenn Sie einen Exchange Server Ihrer Organisation für ausgehende E-Mails konfigurieren wollen, rufen Sie, wie weiter oben beschrieben, den Internet Mail Assistent auf.

Nach dem Starten werden Sie durch einen Willkommens-Bildschirm begrüßt. Diese Meldung können Sie einfach bestätigen, da Sie ohnehin noch nichts einstellen können. Wenn Sie das nächste Fenster des Assistenten bestätigen, werden Sie über Dinge informiert, die Sie längst erledigt haben, zum Beispiel, dass Sie vor der Konfiguration eines Servers erst eine offizielle E-Mail-Domäne und einen Internetzugang benötigen.

Wenn Ihr Exchange Server E-Mails aus dem Internet empfangen soll, muss in den öffentlichen Root-DNS-Servern ein MX-Eintrag für Ihre Domäne erstellt worden sein, vorher können Sie mit Exchange keine E-Mails mittels SMTP empfangen, sondern können nur den Weg über POP3 gehen. Bei POP3 werden die E-Mails abgeholt, bei SMTP werden sie geschickt.

Connector   Kapitel 6

Den MX-Eintrag und die IP-Adresse im Internet sprechen Sie mit Ihrem Provider vor der Konfiguration des Exchange Servers durch.

Im nächsten Fenster können Sie auswählen, welchen Server Sie konfigurieren wollen. Dieser Server wird als Bridgehead-Server für die Organisation konfiguriert. Das heißt, dass jede E-Mail, die ins Internet geschickt wird, über diesen Server versendet wird. Sie können ausschließlich Exchange 2000 und Exchange Server 2003 Server auswählen, Exchange 5.5 Server werden jedoch nicht angezeigt. Sie können auch keine Server auswählen, die Teil eines Clusters sind oder mit Hilfe des Windows 2000 Advanced Servers oder Windows 2003 Enterprise Servers als Teil eines Loadbalancing-Verbundes konfiguriert wurden. Genauso wenig können Server mit mehreren Netzwerkkarten, die als Router zwischen verschiedenen Subnetzen konfiguriert sind, ausgewählt werden.

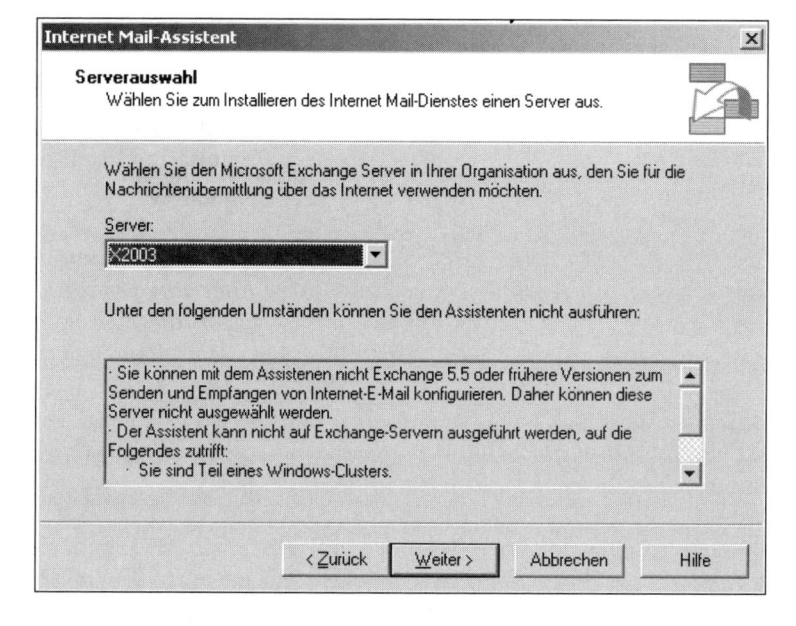

Abbildung 6.9:
Server-Auswahl des *Internet Mail Assistent*

Zusammenfassend darf der zu konfigurierende Exchange Server keine der folgenden Bedingungen erfüllen:

- Er darf kein Exchange 5.5 Server sein.
- Er darf nicht Bestandteil eines Clusters sein.
- Er darf nicht in einem Loadbalancing-Verbund laufen.
- Er darf nicht mehrere Netzwerkkarten in unterschiedlichen Subnetzen installiert haben und als Router dienen.

Kapitel 6 Connectoren

Wenn Sie dieses Fenster bestätigen, überprüft der Assistent, ob der ausgewählte Server die Bedingungen erfüllt.

Auf der nächsten Seite des Assistenten können Sie auswählen, wie Sie den Server konfigurieren wollen. Er kann E-Mails versenden, empfangen oder beides. Wählen Sie zunächst INTERNET E-MAIL SENDEN, das Empfangen von E-Mails wird später konfiguriert.

Abbildung 6.10:
Konfiguration des Servers zum Empfangen oder Versenden von Internet E-Mails

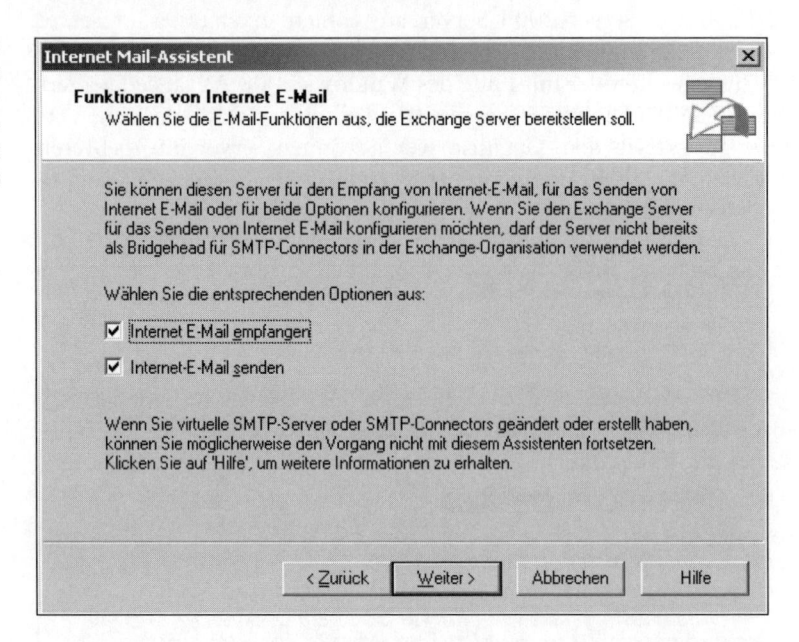

!! STOP

Beachten Sie, dass der Exchange Server von keinem anderen Connector dieser Organisation als Bridgehead-Server verwendet werden darf, wenn Sie ihn mit dem Internet Mail Assistent konfigurieren.

Bestätigen Sie INTERNET E-MAIL SENDEN und gehen Sie zum nächsten Fenster. Hier wird Ihnen angezeigt, welchen virtuellen SMTP-Server Exchange verwenden will und als Bridgehead-Server konfiguriert. Der Assistent trägt als Platzhalter »*« ein, das heißt, dass alle E-Mails, die nicht innerhalb der Organisation zugestellt werden können, zukünftig über den virtuellen SMTP-Server dieses Exchange Servers zugestellt werden. Sie können diese Einstellung später noch abändern.

!! STOP

Wenn Sie in das nächste Fenster gehen, erscheint unter Umständen eine Meldung, ob Ihr Exchange Server als Relay verwendet werden soll. Sie sollten dies auf jeden Fall untersagen. Wenn Sie Ihren Exchange Server als Relay konfigurieren, schickt der Server alle E-Mails weiter, die er bekommt und nicht zustellen kann. Dies wird oft von SPAM-Versendern ausgenutzt. Auf diese Weise stellt Ihr Exchange Server E-Mails zu, die er nicht zustellen soll und gelangt unter Umständen auf Black-Lists der Anti-SPAM-Gemein-

schaften. Es ist sehr schwierig, einen Server von einer solchen Liste wieder zu entfernen. Wenn Sie erstmal auf dieser Liste sind, blocken viele Exchange Server E-Mails, die von Ihrem Exchange Server eintreffen, generell ab. Auch Empfänger von Spams über Ihren Exchange Server werden alles andere als freundlich reagieren. Und nicht zuletzt wird durch eine solche Aktion Ihr Datenverkehr ins Internet unnötig belastet und das Übertragungsvolumen erhöht.

Im nächsten Fenster können Sie festlegen, wie die E-Mails zugestellt werden sollen. Wenn Sie die direkte Zustellung wählen, müssen Sie zuvor sicherstellen, dass Ihr Exchange Server Internet-Adressen mit DNS auflösen können. Sie müssen dazu Ihre interne DNS-Server so konfigurieren, dass Internet-Adressen aufgelöst werden können oder im nächsten Fenster des Assistenten die IP-Adresse eines DNS-Servers eintragen, der externe Adressen auflösen kann.

Im Normalfall bietet es sich an, dass Sie möglichst zunächst alle E-Mails zu Ihrem Provider schicken. Dadurch werden Ihre Server entlastet und E-Mails werden direkt vom Server des Providers zugestellt. Hinzu kommt, dass viele Firmen E-Mails nur von bestimmten Servern annehmen, damit Sie keine Opfer von SPAM-E-Mails werden. Im Feld SMARTHOST sollten Sie den SMTP-Server Ihres Providers eintragen, diese Daten werden Ihnen typischerweise bei der Anmeldung ihrer Domain mitgeteilt.

> **:-) TIPP**
>
> *Wenn Sie statt des Namens die IP-Adresse des Servers eintragen, müssen Sie diese in eckige Klammern schreiben, zum Beispiel [217.10.34.45].*
>
> *Alle Einträge ohne diese eckigen Klammern versteht der Exchange Server als Hostname und versucht diesen nach einer IP-Adresse aufzulösen.*

Auf der nächsten Seite des Assistenten können Sie festlegen, ob dieser SMTP-Server zu allen Internet-Domänen E-Mails schicken kann, oder ob E-Mails lediglich an bestimmte Domänen geschickt werden sollen.

Wenn Sie Domänen sperren wollen, müssen Sie diese nach der Syntax FIRMA.DE eingeben, Sie müssen kein @ voranstellen. Wenn Sie zum Beispiel alle E-Mails zu AOL sperren wollen, müssen Sie in der Ausnahmeliste AOL.COM eingeben.

Auf der nächsten Seite definieren Sie die primäre SMTP-Adressen Ihrer Benutzer. Diese Adresse wird bei den Empfängern als Absender angezeigt. Sie können diese Adressen direkt über die Eigenschaften des Benutzers im Active Directory oder über die *Empfängerrichtlinien* im Exchange System Manager steuern. Auf dieses Thema wird weiter hinten im Buch noch näher eingegangen. Wenn Sie mit der angezeigten Adresse nicht einverstanden sind, können Sie den Wizard abbrechen, die korrekte Adressen in den Empfängerrichtlinien definieren und dann erneut den Wizard starten.

Kapitel 6   Connectoren

Abbildung 6.11:
Konfiguration ausgehender E-Mails mit dem *Internet Mail Assistent*

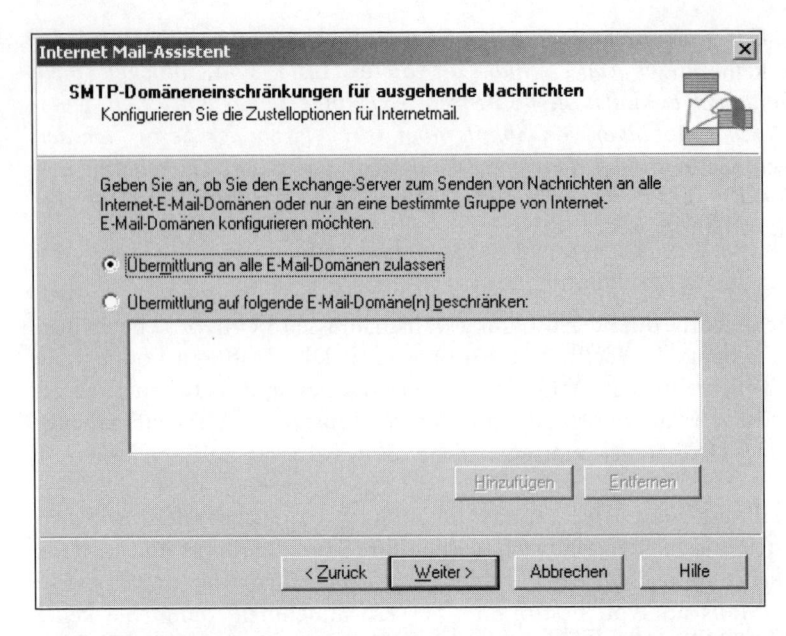

Im nächsten Fenster müssen Sie ein Postfach bestimmen, zu dem Exchange Zustellberichte schicken soll. Nach dieser Einstellung sind Sie fertig und der Assistent erstellt einen neuen SMTP-Connector mit Ihren Einstellungen und ändert notwendige Einstellungen im virtuellen SMTP-Server des ausgewählten Exchange Servers.

Abbildung 6.12:
Anzeige der primären SMTP-Adresse der Benutzer Ihrer Organisation

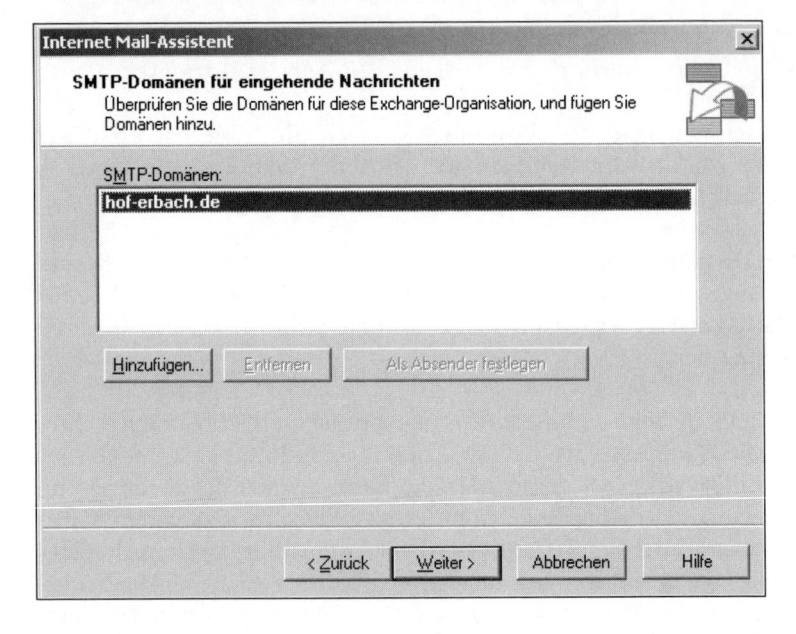

Sie können diese Einstellungen später noch abändern. Im nächsten Kapitel wird die Konfiguration des erstellten SMTP-Connectors detailliert besprochen.

Konfiguration eines Exchange Servers für eingehende E-Mails

Um Ihren Exchange Server mit Hilfe des Internet Mail Assistenten für eingehende Internet E-Mails zu konfigurieren, starten Sie einfach den Assistenten wie bereits für die Aktivierung von ausgehenden E-Mails und bestätigen im Fenster für die gewünschte Option die Konfiguration für eingehende E-Mails. Wenn der Assistent sich beschwert, weil Sie im vorigen Schritt bereits einen Connector für den ausgehenden Mailverkehr erstellt haben, müssen Sie diesen Connector zunächst löschen, bevor Sie den Assistenten erneut starten können.

Beachten Sie, dass der Server auf allen IP-Adressen des Rechners auf Port 25 hört. Dieser Port dient dem Zustellen von SMTP-Adressen. Achten Sie darauf, dass der gewählte virtuelle Server die Option ALL UNASSIGNED (ALLE NICHT ZUGEWIESENEN) aktiviert hat und er auf alle IP-Adressen hört. Wenn auf diesem Server mehr als ein virtueller SMTP-Server konfiguriert ist oder die IP-Einstellungen nicht eindeutig sind, bricht der Assistent ab.

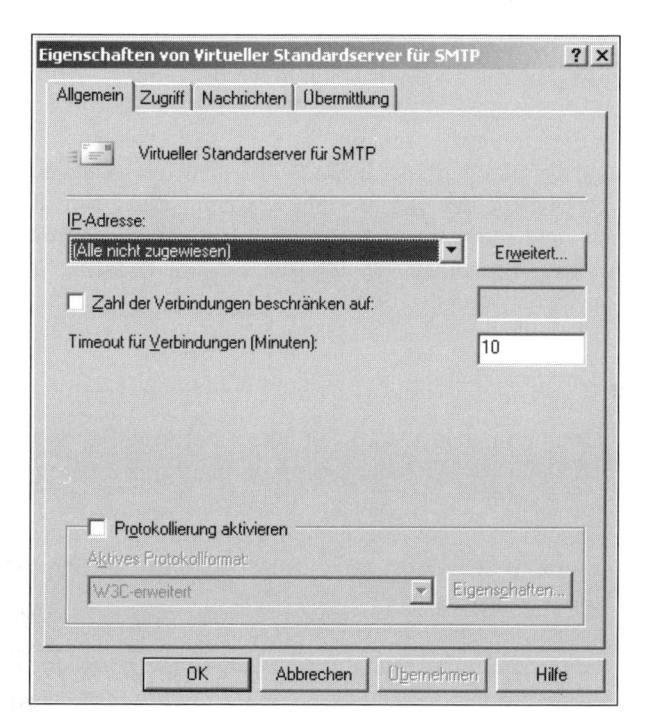

Abbildung 6.13:
Einstellungen des virtuellen SMTP-Servers

Damit der virtuelle Server E-Mails aus dem Internet empfangen kann, muss der Zugriff für anonyme Benutzer gestattet werden, da Server aus dem Internet sich nicht im Active Directory authentifizieren, bevor Sie eine E-Mail zustellen. Wenn Ihr Server nicht bereits für den anonymen Zugriff konfiguriert ist, erscheint ein weiteres Fenster, in dem Sie diese Option aktivieren können.

Im nächsten Fenster werden die E-Mail-Domänen angezeigt, für die dieser Exchange Server E-Mails annimmt. Sie steuern diese E-Mail-Domänen in den Empfängerrichtlinien. Auf diese werden wir später noch detaillierter eingehen.

Internet Mail Assistent auf Exchange Servern mit zwei Netzwerkkarten in verschiedenen Subnetzen

Auch für Exchange Server mit zwei Netzwerkkarten in verschiedenen Subnetzen können Sie den Internet Mail Assistent verwenden. Es darf allerdings zwischen diesen Karten kein IP-Routing aktiviert sein. Während der Durchführung des Assistenten darf kein zweiter virtueller Server aktiv sein, dieser wird erst mit Hilfe des Assistenten erstellt.

Die anderen Fenster sind weitgehend identisch mit den soeben erklärten. Bei Servern mit zwei Netzwerkkarten erscheint ein weiteres Fenster zur Konfiguration von zwei virtuellen Servern.

In diesem Fenster müssen Sie die IP-Adressen zuordnen, die zum Versenden und Empfangen von E-Mails aus dem Internet dienen sollen. Die erste IP-Adresse für den Internet SMTP-Server dient zum Empfangen von E-Mails aus dem Internet, die zweite IP-Adresse *Virtueller Standardserver für SMTP* ist zum Versenden von Internet E-Mails gedacht. Stellen Sie die IP-Adresse für jeden virtuellen Server ein.

Erstellen eines neuen SMTP-Connectors

Um einen neuen SMTP-Connector zu erstellen, gehen Sie genauso vor, wie bereits bei der Erstellung des Routinggruppen-Connectors:

Navigieren Sie im Exchange System Manager zu der gewünschten Routinggruppe in den Ordner CONNECTORS und erstellen Sie mit Rechtsklick und NEU den neuen SMTP-Connector.

> :-) TIPP
>
> *Wenn Sie im System Manager vergeblich nach einem zuvor eingerichteten Connector suchen, drücken Sie* F5 *, um einen Neuaufbau der Anzeige zu erzwingen.*
>
> *Nach dem Erstellen des Connectors, stehen Ihnen hier, genau wie beim Routinggruppen-Connector, mehrere Registerkarten zur Verfügung, die Sie*

bei der Konfiguration des Connectors unterstützen. Ich gehe im folgenden Beispiel die Konfiguration des SMTP-Connectors durch, den der Internet Mail Assistent erstellt hat, die Erstellung oder die Konfiguration eines neuen Connectors läuft dabei identisch ab. Auf diese Art können Sie erkennen, welche Einstellungen der Internet Mail Assistent durchgeführt hat und was diese im Einzelnen bedeuten. Dadurch ist es Ihnen später ohne einen Assistenten möglich, einen eigenen SMTP-Connector zu erstellen und zu konfigurieren.

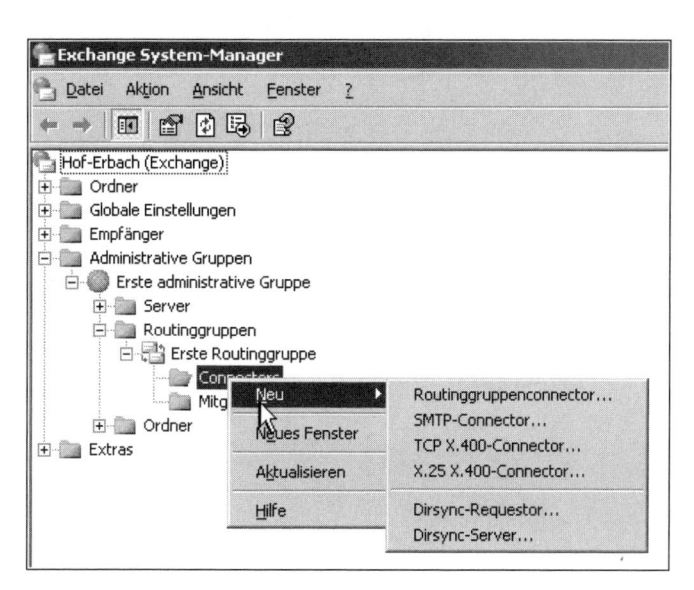

Abbildung 6.14:
Erstellen eines neuen SMTP-Connectors

Registerkarte Allgemein

Wenn Sie einen neuen SMTP-Connector erstellen, müssen Sie auf der Registerkarte ALLGEMEIN zunächst einen Namen für diesen Connector eintragen. Da der SMTP-Connector in unserem Beispiel bereits erstellt wurde, hat der Internet Mail Assistent den Namen festgelegt. Über das Kontextmenü des Connectors können Sie den Connector auch nachträglich umbenennen.

Auf dieser Registerkarte legen Sie auch fest, ob E-Mails über diesen Connector direkt zugestellt werden sollen oder ob ein Smarthost verwendet werden soll. Wenn Sie einen Smarthost eintragen, müssen Sie den FQDN (Full Qualified Domain Name) des Servers eintragen, das heißt den vollen Namen mit Domäne, zum Beispiel *smtp.web.de*. Wenn Sie den Namen nicht kennen, können Sie auch eine IP-Adresse eintragen, Sie müssen diese allerdings in eckige Klammer schreiben, zum Beispiel [217.213.10.65]. Sie sollten allerdings besser bei großen Providern den FQDN eintragen, da diese oft Cluster mit mehreren IP-Adressen verwenden, die sich durchaus auch mal ändern oder aus Wartungsgründen offline geschaltet werden.

Kapitel 6 Connectoren

Abbildung 6.15:
Konfiguration eines SMTP-Connectors

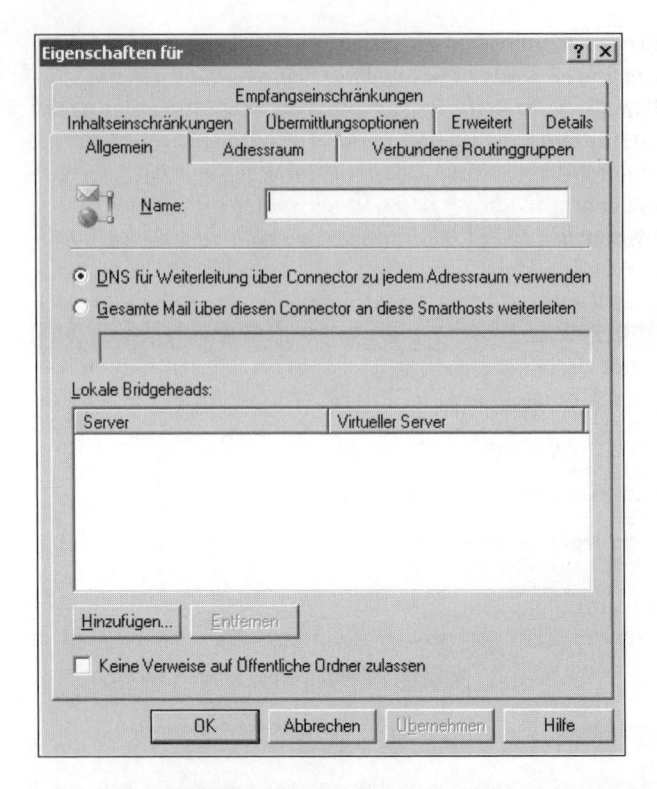

Wenn Sie die Option für direktes Zustellen mit DNS verwenden, müssen Sie sicherstellen, dass der Server auch externe Namen nach IP-Adressen und vor allem die MX-Einträge von anderen Internet-Domänen auflösen kann. Die direkte Zustellung bietet sich eigentlich nur für größere Firmen an. Das Problem ist, dass viele E-Mail-Server nicht von allen Servern E-Mails annehmen, sondern nur von großen und bekannten Providern. Wenn Sie keine statische IP-Adresse im Internet haben, sondern mit einer dynamischen arbeiten, werden Sie mit vielen E-Mail-Servern Schwierigkeiten haben. Wählen Sie zur Sicherheit die Zustellung zu Ihrem Provider aus. Dies hat aus meiner Sicht keinerlei Nachteile. Zudem werden die E-Mails sehr schnell zugestellt, aber Sie werden durch die direkte Zustellung keine große Zeiteinsparung erzielen.

Im Feld LOKALE BRIDGEHEADS können Sie die Server eintragen, die zum Versenden über diesen Connector verwendet werden sollen. Alle anderen Exchange Server schicken Ihre E-Mails dann zunächst zu diesem Bridgehead-Server, der Sie dann weiterschickt. Wenn allerdings der lokale Bridgehead Server nicht zur Verfügung steht, werden keine E-Mails mehr ins Internet übermittelt. Es bietet sich daher an, mehrere Bridgehead-Server zu definieren, die bei einem Ausfall dann den jeweils anderen ersetzen können.

Die letzte Option KEINE VERWEISE AUF ÖFFENTLICHE ORDNER ZULASSEN (DO NOT ALLOW PUBLIC FOLDER REFERALS) steuert das Weiterleiten von Anfragen an öffentliche Ordner über diesen Connector. Die Bedeutung dieser Option wurde bereits bei dem Routinggruppen-Connector ausführlich erläutert. Wenn ein Benutzer einen öffentlichen Ordner öffnen will, verbindet Exchange ihn zunächst auf seinem lokalen Server. Wenn dieser Server kein Replikat dieses öffentlichen Ordners besitzt, verbindet Exchange den Benutzer auf einen Server innerhalb derselben Routinggruppe. Wenn es in der Routinggruppe kein Replikat dieses öffentlichen Ordners gibt, wird der Benutzer mit der nächsten Routinggruppe verbunden. Exchange verwendet dabei den Connector mit den niedrigsten Kosten. Wenn Sie den Haken setzen, werden über diesen Connector keinerlei Anfragen an öffentliche Ordner geroutet.

Registerkarte Adressraum

Auf dieser Registerkarte legen Sie fest, für welche Internet-Domänen dieser Connector zuständig ist. Sie können für jede einzelne Internet-Domäne einen eigenen Connector mit eigenem Adressraum definieren. Wenn Sie wie den Platzhalter »*« verwenden, schickt der Connector zu allen Domänen E-Mails. Exchange verwendet immer den ersten Platzhalter der in der Domäne definiert ist. Wenn Sie zum Beispiel eine Domäne *.FIRMA.COM und eine Domäne USA.*.FIRMA.COM definieren, liest Exchange beide Domänen als *.FIRMA.COM.

Wenn Sie aber einen weiteren Connector konfigurieren, der zum Beispiel für die Domäne FIRMA.COM zuständig ist, werden alle E-Mails zu der Domäne FIRMA.COM über diesen Connector zugestellt, auch wenn Sie einen weiteren Connector mit dem Platzhalter »« definiert haben. Exchange prüft erst, ob es für eine Internet-Domäne einen eigenen Connector gibt, bevor der Connector mit dem Platzhalter »*« verwendet wird. Sie können beim SMTP-Connector mit verschiedenen Kosten und verschiedenen Domänen arbeiten, um sicherzustellen, dass E-Mails über verschiedene Wege oder Server immer zugestellt werden.*

TIPP

Bei Exchange 5.5 konnten Sie pro Exchange Server lediglich einen Internet Mail-Dienst installieren. Dieser war der Vorgänger des SMTP-Connectors. Jetzt können Sie so viele SMTP-Connectors erstellen, wie Sie als sinnvoll erachten und müssen nicht länger auf die Anzahl Ihrer Exchange Server Rücksicht nehmen.

Auf dieser Registerkarte legen Sie außerdem fest, wie weit der Zuständigkeitsbereich dieses Connectors geht. Sie können den SMTP-Connector für die gesamte Organisation definieren oder für einzelne Routinggruppen.

Kapitel 6 Connectoren

Die Option WEITERGABE VON NACHRICHTEN AN DIESE DOMÄNEN PER RELAY ERLAUBEN (ALLOW MESSAGES TO BE RELAYED TO THESE DOMAINS) aktiviert die Möglichkeit, dass dieser Connector E-Mails zu der im Adressraum definierten Domäne (bei »*« zu allen) weiterschickt. Auch wenn diese E-Mails nicht von Benutzern der Organisation verschickt werden, sondern von außerhalb zugestellt werden.

!! STOP

Sie sollten diese Option nur dann für einen Connector erlauben, wenn dieser für eine oder weniger spezielle Domänen konfiguriert wurde. Wenn Sie Relaying für alle Domänen erlauben, kann Ihr Exchange Server unter Umständen als SPAM-Relay-Server verwendet werden.

Abbildung 6.16: Registerkarte ADRESSRAUM des SMTP-Connectors

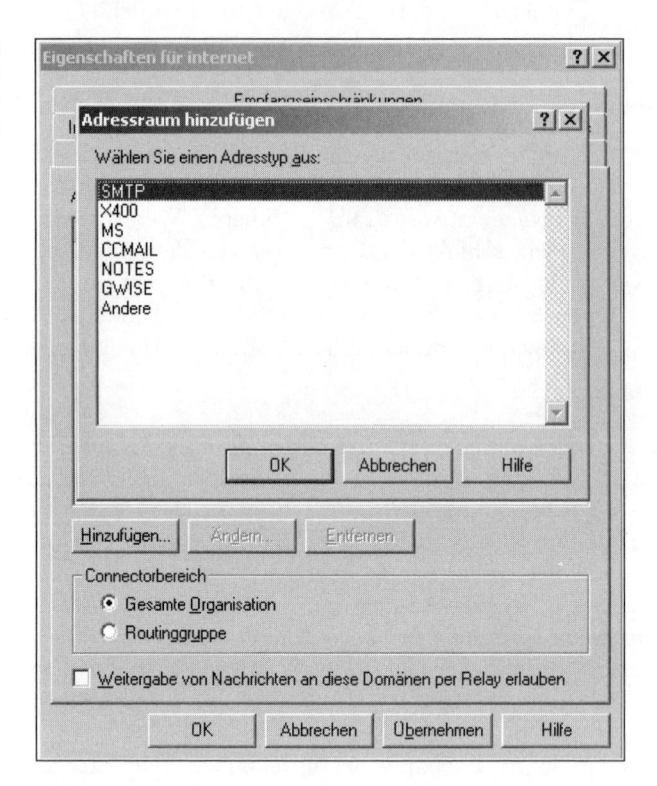

Registerkarte Verbundene Routinggruppen

Sie können mit dem SMTP-Connector auch Routinggruppen miteinander verbinden. Mit dem SMTP-Connector haben Sie dadurch mehr Möglichkeiten den Nachrichtenfluss zwischen verschiedenen Routinggruppen zu steuern. Beachten Sie aber, dass Sie nur Routinggruppen innerhalb derselben Organisation verbinden können. Alternativ können Sie auch eine Verbindung zu einem Exchange 5.5-Standort aufbauen.

Registerkarten Empfangseinschränkungen und Inhaltseinschränkungen

Auf diesen beiden Registerkarten (engl. DELIVERY RESTRICTIONS und CONTENT RESTRICTIONS) werden dieselben Einstellungen getroffen, die bereits beim Routinggruppen-Connector erläutert wurden.

Hier legen Sie fest, welche Benutzer aus Ihrem Active Directory über diesen Connector E-Mails versenden dürfen. Sie können sowohl mit Verweigerungen arbeiten als auch mit Berechtigungen. Standardmäßig darf jeder Benutzer über einen neuen Connector E-Mails versenden. Auf diese Weise können Sie zum Beispiel bestimmten Benutzern verbieten nach extern zu senden.

Registerkarte Inhaltseinschränkungen

Auf dieser Registerkarte (engl. CONTENT RESTRICTIONS) stellen Sie ein, welche Nachrichtentypen durch diesen Connector zugestellt werden können. Die genaue Funktion wurde bereits bei dem Routinggruppen-Connector erläutert.

Standardmäßig werden alle Nachrichten zugestellt. Sie können über jeden Connector Nachrichten mit unterschiedlichen Prioritäten deaktivieren. Diese Nachrichten werden dann über diesen Connector nicht zugestellt.

Die Prioritäten werden beim Schreiben von neuen E-Mails in Outlook festgelegt. Zusätzlich können Sie auf dieser Registerkarte steuern, welche Art von Nachrichten über diesen Connector zugestellt werden können. SYSTEM MESSAGES sind Nachrichten direkt vom Exchange oder Windows-System, Replikation, Warnungen etc., NON-SYSTEM MESSAGES sind die Nachrichten der Benutzer. Im Feld ALLOWED SIZES können Sie einstellen, welche Größe die Nachrichten haben dürfen, die über diesen Connector verschickt werden.

Registerkarte Delivery Options/Übermittlungsoptionen

Auf dieser Registerkarte legen Sie fest, wann der Connector zur Verfügung steht und E-Mails annimmt. Sie können auch definieren, dass E-Mails ab einer bestimmen Größe erst zu einem von Ihnen definierten Zeitpunkt verschickt werden. Durch diese Konfigurationsmöglichkeiten sind Sie in der Lage Ihre Internetverbindung tagsüber zu entlasten und dennoch das Versenden von großen E-Mails zu ermöglichen.

Die Option QUEUE MAIL FOR REMOTE TRIGGERED DELIVERY (MAIL FÜR REMOTE AUSGELÖSTE ÜBERMITTLUNG IN DER WARTESCHLANGE SPEICHERN) dient zum Versenden an Domänen, deren Server nur temporär zur Verfügung stehen oder dynamische IP-Adressen haben. E-Mails an diese Domäne werden in eine Warteschlange gestellt und dem empfangenden Server mit Hilfe des *TURN*- oder *ATRN*-Befehls zugestellt.

Abbildung 6.17:
Registerkarte ÜBER-
MITTLUNGSOPTIONEN

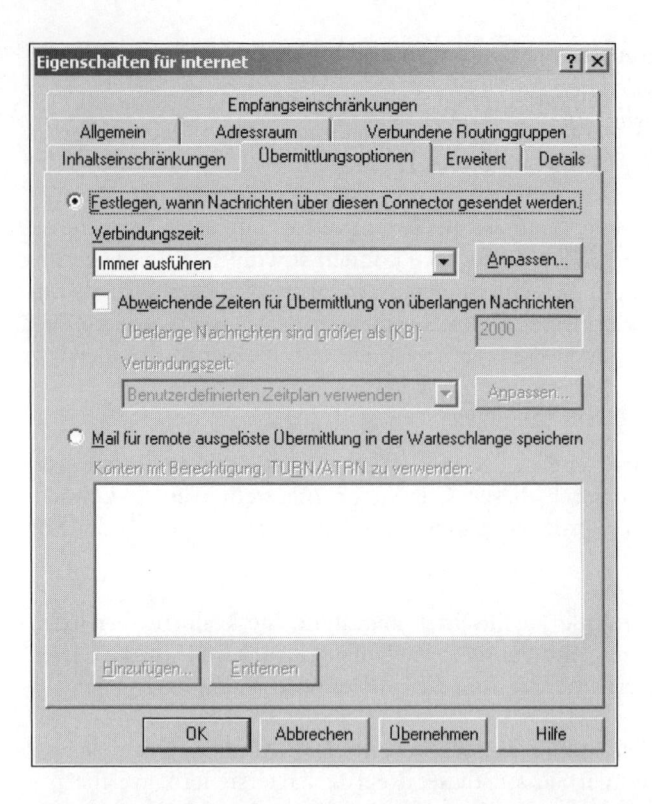

Wenn Sie TURN oder ATRN nutzen, werden die Einstellungen, die Sie auf der Registerkarte INHALTSEINSCHRÄNKUNGEN konfiguriert haben, nicht angewendet. Das liegt daran, dass diese Einstellungen ausschließlich beim Routing zwischen Exchange Servern angewendet werden. Um dieses Problem zu lösen, können Sie den Port 26 eines Exchange Servers für TURN verwenden und den Connector auf einen Server ohne Postfächer legen.

Registerkarte Erweitert

Mit dieser Registerkarte können Sie die ESMTP(Extended-SMTP)-Optionen des Connectors steuern. Sie können zum Beispiel festlegen, dass beim Aufbau einer SMTP-Session nicht der SMTP Befehl *EHLO*, sondern nur Standard *HELO* gesendet wird. Wenn Sie EHLO verwenden, wird dem anderen SMTP-Server mitgeteilt, dass der sendende Server die erweiterten Befehle des ESMTP-Standards beherrscht. Die meisten E-Mail-Server beherrschen mittlerweile ESMTP. Sie sollten nur Änderungen vornehmen, wenn ein empfangender E-Mail-Server dies nicht beherrscht und keine andere Möglichkeit zur Zustellung besteht. Insbesondere kann es vorkommen, dass eine Firewall nur die Standardbefehle durchlässt.

Mit der Schaltfläche AUSGEHENDE SICHERHEIT (OUTBOUND SECURITY) *können Sie Ihre Anmeldedaten beim Internetprovider eintragen, wenn dieser eine Authentifizierung zur Ansteuerung seines SMTP-Servers fordert. Immer mehr Internetprovider fordern eine Authentifizierung an, bevor Sie E-Mails annehmen.*

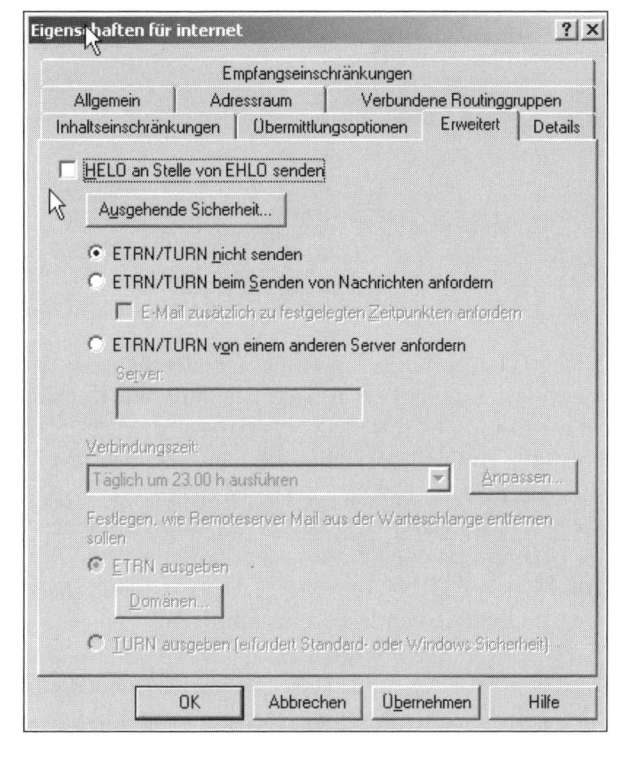

Abbildung 6.18:
Erweiterte Einstellungen des SMTP-Connectors

Über die Schaltfläche AUSGEHENDE SICHERHEIT können Sie die Authentifizierung für die Remote-Domäne eingeben. Standardmäßig ist der anonyme Zugriff aktiviert, das heißt, der Server kontaktiert andere SMTP-Server ohne Anmeldung. Die beiden anderen Authentifizierungsmethoden sind eher nicht zu empfehlen, da bei beiden das Passwort unverschlüsselt über das Netz geschickt wird. Unterstützt der Empfänger Kerberos, können Sie die *Integrierte Windows-Authentifizierung* verwenden.

Bei der TLS-Verschlüsselung handelt es sich um eine besondere Art der SSL-Verbindung. Diese ist die sicherste Form der Übertragung. Es muss allerdings gewährleistet sein, dass der Empfänger diese Option unterstützt. Beachten Sie auch, dass diese Verschlüsselung zusätzlich Performance kostet. Im Gegensatz zur normalen Übertragung ist es bei TLS nicht mehr möglich, den Datenverkehr zwischen zwei SMTP-Servern abzuhören.

Abbildung 6.19:
Ausgehende Sicherheit des SMTP-Connectors

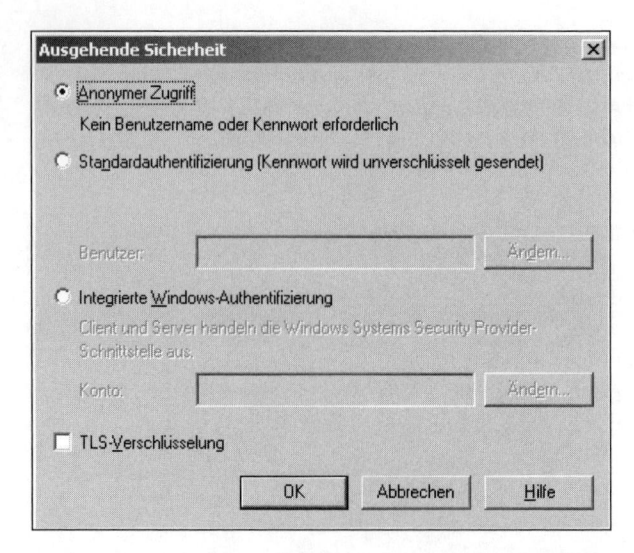

ETRN/TURN NICHT SENDEN bedeutet, dass Ihr Exchange Server die Gegenstelle nicht kontaktiert, um Ihre Warteschlangen abzubauen. Damit ist die Option ETRN/TURN BEIM SENDEN VON NACHRICHTEN ANFORDERN ebenfalls erklärt. Zusätzlich können Sie noch das Kontrollkästchen E-MAIL ZUSÄTZLICH ZU FESTGELEGTEN ZEITPUNKTEN ANFORDERN aktivieren und die Verbindungszeiten definieren. Dadurch können Sie einen Remote-Server fernsteuern, das heißt, zum Abarbeiten seiner Warteschlangen veranlassen. Die Option ETRN/TURN VON EINEM ANDEREN SERVER ANFORDERN ist das Gegenteil zu den anderen Einstellungen.

ETRN AUSGEBEN und TURN AUSGEBEN definiert die Ausgabe der beiden SMTP-Befehle ETRN und TURN. Turn können Sie nur bei eingestellter Sicherheit aktivieren. Mit ETRN/TURN können Sie somit Server untereinander verbinden, die nicht permanent verbunden sind oder nur zeitweise über einen Wählanschluss Verbindung halten.

X.400-Connector

Der X.400-Connector gehört nur beim Exchange Server 2003 Enterprise Server zum Lieferumfang. Sollten Sie Exchange Server 2003 Standard Server einsetzen, müssen Sie diesen Connector nachträglich erwerben.

Der X.400-Connector lässt sich bezüglich der Nachrichtengröße noch effizienter konfigurieren als der SMTP-Connector. Nachrichten, deren Versand während der Übertragung zu einem anderen Standort unterbrochen wurden, werden nicht komplett neu versendet, sondern an der Stelle weitergesendet, an der die Übertragung unterbrochen wurde. Dies ist wohl der größte Unterschied zum SMTP-Connector. Sie können einen *TCP X.400-Connector* oder einen *X.25 X.400-Connector* erstellen. Dabei ist nur der benutzte Transport-Layer unterschiedlich – einmal TCP, einmal X.25. Um einen X.400-Connector erstellen zu können, müssen Sie zuerst einen X.400-Transportstack definieren. Um eine Verbindung mit einem anderen X.400-System herstellen zu können, müssen beide Systeme konfiguriert werden. Ich gehe an dieser Stelle davon aus, dass das Fremdsystem bereits konfiguriert wurde beziehungsweise ein Exchange Server 2003 Server ist, der analog zu dieser Konfiguration installiert wird.

Der X.400 ist wohl der umfangreichste und effizienteste Connector, mit dem auch Routinggruppen verbunden werden können. Die Konfiguration und die Administration des Connectors ist allerdings um einiges komplexer, als die des Routinggruppen- oder SMTP-Connectors. Der Nachrichtenfluss unter X.400 wurde in Exchange Server 2003 im Vergleich zu Exchange 5.5 komplett überarbeitet. X.400-Nachrichten werden aber weiterhin mit Hilfe des *MTA (Message Transfer Agent)* zugestellt.

Erstellen eines X.400-Transportstacks

Der erste Schritt zur Installation ist das Erstellen eines *MTA-Transportstacks*. Der Transportstack hat nur für den Server Gültigkeit, auf dem er eingerichtet wurde. Er ist daher nicht für mehrere Server gleichzeitig gültig. Es gibt drei verschiedene Versionen von Transportstacks:

- *TCP/IP*. Hier werden die TCP/IP-Dienste von Windows 2000 oder Windows 2003 verwendet.
- *TP0/X.25*. Dieser Typ unterstützt DFÜ-Verbindungen.
- *RAS*. Zur Verwendung dieses Stacks muss der RAS-Dienst installiert sein.

Der verbreitetste Stack ist der TCP/IP-Transportstack. Um diesen zu konfigurieren, starten Sie den Exchange System Manager und navigieren Sie zu dem Server, auf dem Sie den Stack erstellen wollen. Öffnen Sie das Menü PROTOKOLLE und wählen Sie bei X.400 dann NEU.

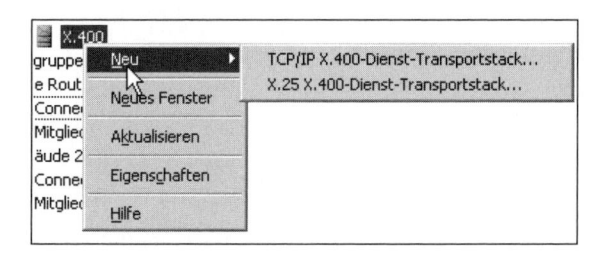

Abbildung 6.20: Erstellen eines neuen Transportstacks für X.400

Nach der Erstellung müssen Sie den Stack noch konfigurieren.

Kapitel 6   Connectoren

Ihnen stehen dazu zwei Registerkarten zur Verfügung, ALLGEMEIN und CONNECTORS. Auf der Registerkarte ALLGEMEIN können Sie den Namen und die OSI-Adressierung ändern. Wenn dieser Stack jedoch ausschließlich von Exchange verwendet wird, müssen Sie keine Änderungen vornehmen. Auf der Registerkarte CONNECTORS sehen Sie, welche Connectoren den Stack verwenden. Wenn Sie einen X.25-Transportstack erstellen wollen, können Sie analog vorgehen.

Sobald Sie einen Transportstack erstellt haben, können Sie einen neuen X.400-Connector erstellen. Beachten Sie aber, dass Sie auf allen Systemen, die Sie mit X.400 verbinden wollen, einen eigenen X.400-Connector und einen dazugehörigen Transportstack erstellen müssen.

Erstellen eines X.400-Connectors

Wenn Sie den Transportstack definiert haben, können Sie mit der Erstellung des X.400-Connectors beginnen. Gehen Sie dabei wie bereits bei der Erstellung des SMTP-Connectors vor. Navigieren Sie im Exchange System Manager zu der Routinggruppe, in der Sie den Connector erstellen wollen, wählen Sie NEU und dann den zum definierten Transportstack passenden X.400-CONNECTOR.

Abbildung 6.21:
Erstellen eines neuen X.400-Connectors

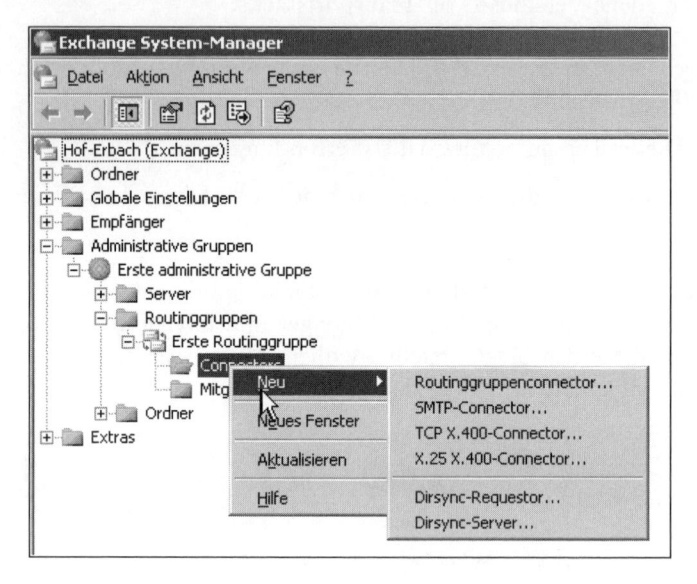

Registerkarte Allgemein

Auf der Registerkarte ALLGEMEIN definieren Sie den Namen des Connectors, sowie den verwendeten Transportstack. Hier müssen Sie den Transportstack auswählen, den Sie vorher erstellt haben. Auf dieser Registerkarte tragen Sie zudem das verbundene X.400-System sowie das eventuell definierte Kennwort ein.

Die Option ZEILENUMBRUCH IM NACHRICHTENTEXT dient zum automatischen Zeilenumbruch beim Verändern der Fenstergröße. Die Standardeinstellung ist NIE.

Die Option REMOTECLIENTS UNTERSTÜTZEN MAPI ist standardmäßig ebenfalls aktiviert. Diese Option steht für die Unterstützung der Clients für das *MAPI-Protokoll (Messaging Application Programming Interface)*. Outlook verwendet MAPI für den Zugriff auf den Informationsspeicher.

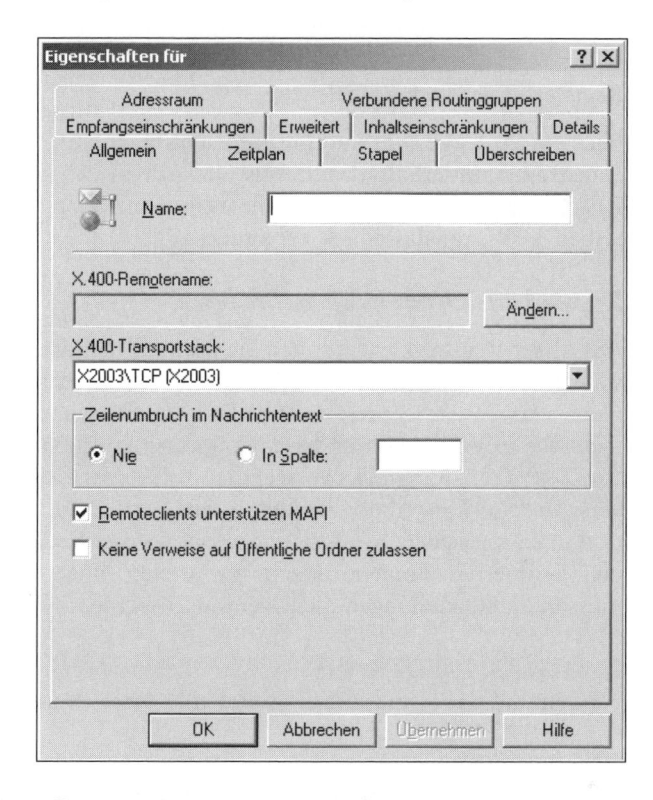

Abbildung 6.22:
Registerkarte ALLGEMEIN eines neuen X.400-Connectors

Die letzte Option KEINE BEZÜGE AUF ÖFFENTLICHE ORDNER ZULASSEN steuert das Weiterleiten von Anfragen an öffentliche Ordner über diesen Connector. Wenn ein Benutzer einen öffentlichen Ordner öffnen will, verbindet Exchange ihn zunächst auf seinem lokalen Server. Wenn dieser Server kein Replikat dieses öffentlichen Ordners besitzt, verbindet Exchange den Benutzer auf einen Server innerhalb derselben Routinggruppe. Wenn es in der Routinggruppe kein Replikat dieses öffentlichen Ordners gibt, wird der Benutzer mit der nächsten Routinggruppe verbunden. Exchange verwendet dabei den Connector mit den niedrigsten Kosten. Wenn Sie den Haken setzen, werden über diesen Connector keinerlei Anfragen an öffentliche Ordner geroutet.

Registerkarte Schedule/Zeitplan

Auf der Registerkarte ZEITPLAN legen Sie fest, wann der Connector zur Verfügung steht. Standardmäßig steht ein neu erstellter Connector, egal welchen Typs, immer zur Verfügung.

Mit dem Punkt REMOTE EINGELEITET auf dieser Karte können Sie verhindern, dass der Connector nicht selbstständig eine Verbindung aufbauen kann, sondern nur wenn ein Remote-Connector eine Verbindung anfordert. E-Mails können zwar ständig empfangen, jedoch nicht versendet werden.

Registerkarte Stack/Stapel

Hier werden die Verbindungsinformationen zum Remote-X.400-System eingetragen. Innerhalb des Menüs OSI-Adresse können Sie verbindungsspezifische Einstellungen vornehmen, wenn zum Beispiel mehrere Dienste denselben TCP-Transportstack verwenden.

Registerkarte Override/Überschreiben

Auf dieser Registerkarte können Sie bestimmte Einstellungen des Transportstacks überschreiben, wenn diese für den konfigurierten X.400-Connector nicht verwendet werden sollen. Die eingetragenen Werte überschreiben nicht die Einstellungen anderer Connectoren, die die Einstellungen desselben TCP-Transportstacks verwenden. Auf dieser Registerkarte stehen Ihnen verschiedene Einstellmöglichkeiten zur Verfügung, die Sie zur Konfiguration eines speziellen X.400-Connectors verwenden können. Wenn Sie über den definierten Transportstack nur diesen einen Connector verwenden, müssen die Einstellungen nicht verändert werden.

LOKALER X.400-DIENSTNAME. Mit diesem Menüpunkt können Sie den Namen und das Kennwort des lokalen X.400-Connectors abändern.

WERTE FÜR WIEDERHOLTE VERBINDUNGSVERSUCHE. Hier können Sie festlegen, wie der Connector sich bei wiederholten Verbindungen verhalten soll. Mit MAXIMUM OPEN RETRIES/HÖCHSTZAHL DER WIEDERHOLTEN ÖFFNUNGSVERSUCHE können Sie festlegen, wie oft der Connector versuchen soll eine Verbindung zu öffnen, bevor ein *NDR (Non delivery Report)* an den Benutzer geschickt wird. Standardmäßig ist der Wert auf 144 gesetzt. Die nächste Option MAXIMUM TRANSFER RETRIES/HÖCHSTZAHL DER WIEDERHOLTEN ÜBERTRAGUNGSVERSUCHE legt fest, wie oft der Connector versucht eine Nachricht über eine geöffnete Verbindung zu schicken. In den beiden letzten Optionen wird eingestellt, wie lange Exchange warten soll, bis ein erneuter Versuch zur Öffnung einer Verbindung oder Übertragung einer Nachricht gestartet wird.

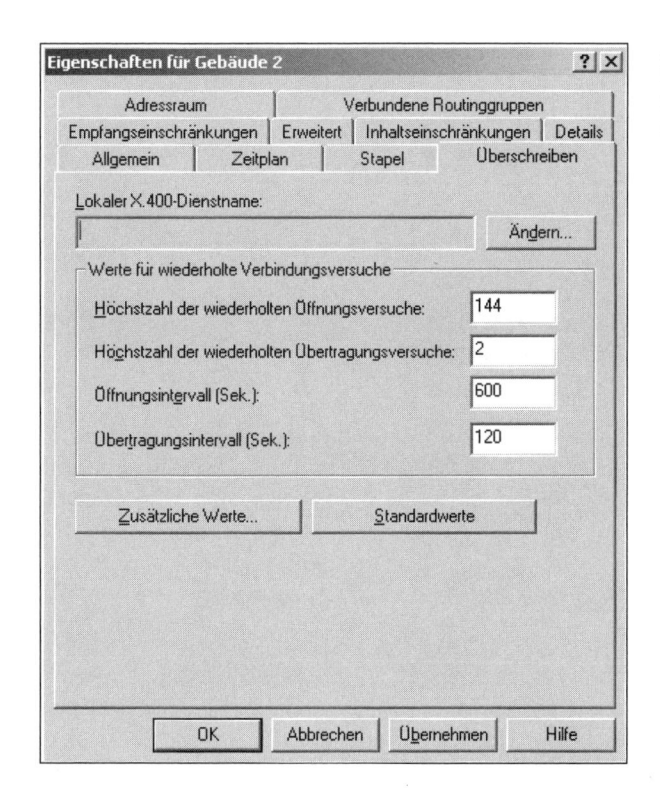

Abbildung 6.23:
Benutzerdefinierte X.400-Connector-Einstellungen

ZUSÄTZLICHE WERTE. Mit dieser Schaltfläche gelangen Sie zur Konfiguration der verschiedenen *Reliable Transfer Service (RTS)*-Werte des Connectors. Dadurch können Sie zum Beispiel festlegen, wie die Übertragungsqualität und die Überprüfung der einzelnen übertragenen Nachrichten sein sollen. Hier definieren Sie ebenfalls Timeouts der Übertragungen sowie die Verbindungszeiten.

Registerkarte Delivery Restrictions/Empfangseinschränkungen

Auf dieser Registerkarte legen Sie fest, welche Benutzer aus Ihrem Active Directory über diesen Connector E-Mails versenden dürfen. Sie können sowohl mit Verweigerungen arbeiten also auch mit Berechtigungen. Standardmäßig darf jeder Benutzer über einen Connector E-Mails versenden.

Registerkarte Address Space/Adressraum

Auf dieser Registerkarte legen Sie fest, welche E-Mail-Domänen über diesen Connector verschickt werden. Achten Sie darauf, dass Sie bei der Auswahl eines neuen Adressraumes ebenfalls X.400 auswählen, da dieser Adressraum spezielle Einstellungen für X.400-Connectoren bereitstellt. Sie können für einen X.400-Connector keinen SMTP-Adressraum definieren.

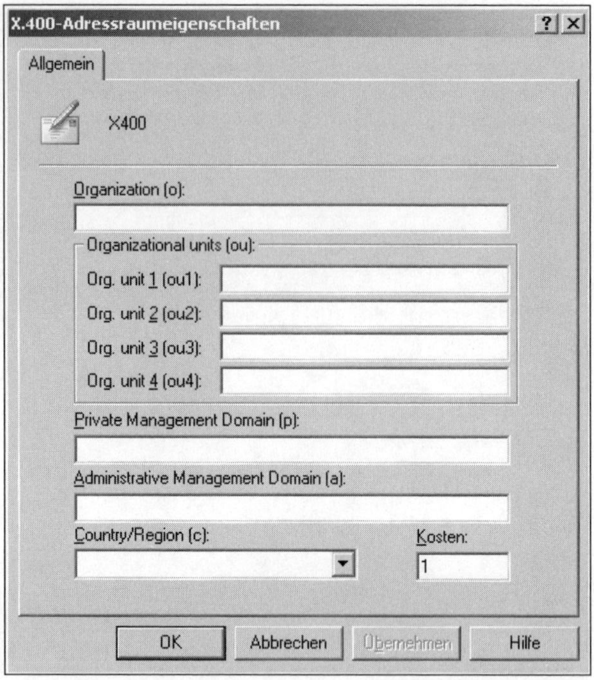

Abbildung 6.24:
Definition eines
X.400-Connector-
Adressraums

Nach der Erstellung des Adressraums können Sie diesen an Ihre Bedürfnisse anpassen. Beachten Sie aber, dass bei der X.400-Adressdefinition im Gegensatz zu SMTP auch Groß- und Kleinschreibung eine Rolle spielen. Eine X.400-Adresse sieht schon per Definition anders als eine SMTP-Adresse aus. Nach der Konfiguration werden Sie in etwa folgendes Ergebnis sehen:

P=NT-SOLUTIONS;O=BW;A=NAMEDESCARRIERS;C=DE

Registerkarte Advanced/Erweitert

Auf dieser Registerkarte können Sie weitere Einstellungen vornehmen, um den neuen X.400-Connector zu konfigurieren.

BP-15 (ZUSÄTZLICH ZU BP-14) ZULASSEN. BP-15 (Body Part 15) dient unter anderem zum Verschlüsseln von Anlagen, die in binärer Form vorliegen. BP-14 ist ein älterer Standard und unterstützt deutlich weniger Funktionen.

EXCHANGE-INHALTE ZULASSEN. Exchange Server 2003 unterstützt MAPI-kompatible Clients und RTF-Formate (Rich Text Format). Hier können Sie einstellen, ob das Remote-System ebenfalls diese Funktionen unterstützt.

BEIDSEITIG ABWECHSELN. Hier kann eingestellt werden, dass beide Systeme abwechselnd senden und empfangen können. Wenn das Remote-System diese Funktion unterstützt, lassen sich die einzelnen Übertragungen beschleunigen.

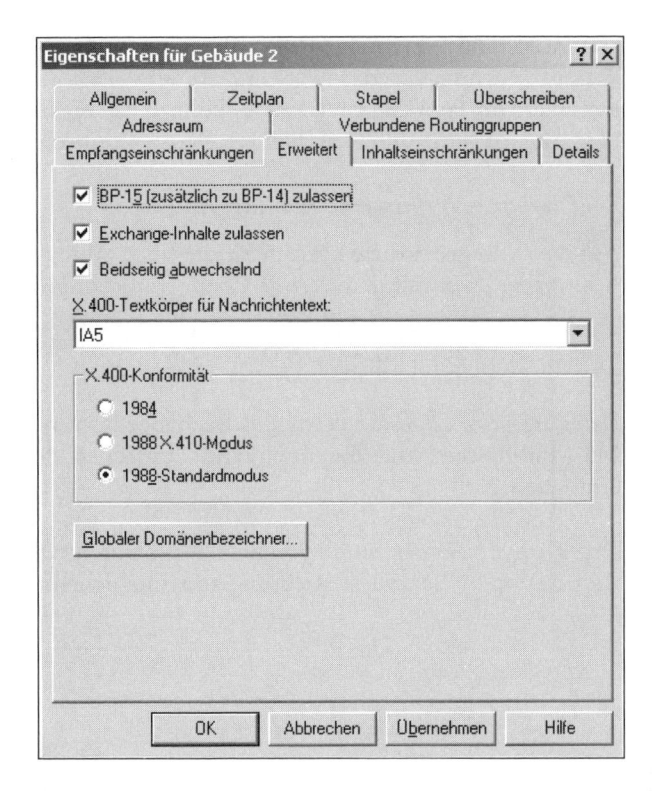

Abbildung 6.25:
Erweiterte Einstellungen eines X.400-Connectors

X.400-TEXTKÖRPER FÜR NACHRICHTENTEXT. Mit dieser Option können Sie die Formatierung des übertragenen Textes einstellen.

X.400-KONFORMITÄT. Hier kann eingestellt werden, welche Befehlsversion von X.400 unterstützt werden soll. Die beiden letzten veröffentlichten offiziellen Befehlssätze waren von 1984 und 1988, wobei es von der Variante aus 1988 zwei Versionen gibt.

GLOBALER DOMÄNENBEZEICHNER. Mit dieser Option können Sie verhindern, dass E-Mail-Schleifen bei fehlerhafter Adressierung zustande kommen.

Registerkarte Content Restrictions/Inhaltseinschränkungen

Auf dieser Registerkarte stellen Sie ein, welche Nachrichtentypen durch diesen Connector zugestellt werden können. Standardmäßig werden alle Nachrichten zugestellt. Sie können über jeden Connector Nachrichten mit unterschiedlichen Prioritäten deaktivieren. Diese Nachrichten werden dann über diesen Connector nicht zugestellt.

Die Prioritäten werden beim Schreiben von neuen E-Mails in Outlook festgelegt. Zusätzlich können Sie auf dieser Registerkarte steuern, welche Art von Nachrichten über diesen Connector zugestellt werden können. SYSTEM

MESSAGES sind Nachrichten vom Exchange- oder Windows-System, Replikation, Warnungen etc., NON-SYSTEM MESSAGES sind die Nachrichten der Benutzer. Im Feld ALLOWED SIZES können Sie einstellen, welche Größe die Nachrichten haben dürfen, die über diesen Connector verschickt werden.

Registerkarte Verbundene Routinggruppen

Auf dieser Registerkarte können Sie die Verbindung zwischen verschiedenen Routinggruppen mit dem X.400-Connector konfigurieren.

DirSync Requestor/DirSync Server

Der *DirSync Requestor* verbindet Exchange Server 2003 mit einem älteren MS-Mail-System, um die Replikation zwischen den beiden Systemen zu ermöglichen.

Der *DirSync Server* emuliert einen MS-Mail-Server-Dienst, um auch die Replikation in die andere Richtung zu ermöglichen.

7 Speicherarchitektur

Um Ihren Exchange Server 2003 effizient administrieren zu können, sollten Sie Verständnis für die Speicherarchitektur von Exchange haben. Die Speicherarchitektur unterscheidet sich nicht sehr von der unter Exchange 2000, aber deutlich von der unter Exchange 5.5. Das Wissen über die Speicherarchitektur von Exchange 2003 ist spätestens bei einem Wiederherstellungsvorgang oder der Verteilung von Benutzern auf den unterschiedlichen Exchange Servern Ihrer Organisation wichtig. Exchange 2003 baut immer noch auf die Datenbanktechnologie von Exchange 2000 auf. Exchange 2003 basiert wie Exchange 2000 auf der *Joint-Engine-Technologie (JET)*. Auf deren Basis wurde die *Extensible Storage Engine (ESE)* von Exchange 2000 und Exchange 2003 entwickelt.

7.1 Informationsspeicher

Es gibt zwei Arten von Informationsspeichern, den *Postfachspeicher (Mailbox Store)* und den *Informationsspeicher für öffentliche Ordner (Public Folder Store)*. Exchange 2003 Enterprise Edition kann bis 20 Informationsspeicher gleichzeitig auf einem Server verwalten. Die Daten der Informationsspeicher werden von Exchange auf dem jeweiligen Datenträger in jeweils zwei Dateien gespeichert. Eine Datei hat die Endung *edb*. Hier werden die Daten und Datenbanktabellen gespeichert. Die andere Datei mit der Endung »*stm*« wird Streaming-Datei genannt. Exchange speichert in den Streaming-Dateien den Inhalt des allgemeinen Internetformats, wie zum Beispiel den MIME-Inhalt (Multipurpose Internet Mail Extensions). Die EDB-Datei enthält die Nachrichten, die im MAPI-Format geschrieben wurden.

Wenn zum Beispiel eine Nachricht über das Internet beim Exchange Server ankommt, wird der Inhalt der E-Mail in der STM-Datei gespeichert, wenn die Datei Streamingmedia-Daten enthält, zum Beispiel Sprachnachrichten oder Videos, während der Header in der EDB-Datei gespeichert wird. Dadurch müssen solche Nachrichten nicht mehr in MAPI umgewandelt werden, was deutlich Rechenzeit einspart.

Kapitel 7   Speicherarchitektur

INFO

Der erste standardmäßig angelegte Postfachinformationsspeicher besteht aus den Dateien priv1.edb und priv1.stm. Der erste angelegte Informationsspeicher für öffentliche Ordner besteht aus den beiden Dateien pub1.edb und pub1.stm. Diese beiden Dateien zusammen bilden jeweils eine Datenbank, das heißt, wenn eine der beiden Dateien beschädigt wird, ist auch die Datenbank beschädigt. Die Datenbank besteht aus beiden Dateien. Die EDB-Datei kann nicht von der STM-Datei getrennt werden.

Durch das Anlegen mehrerer Informationsspeicher können Sie die Konsistenz Ihrer verschiedenen Daten erhöhen. Selbst wenn ein Informationsspeicher und dessen Dateien beschädigt werden, können Benutzer, deren Postfächer sich in einem anderen Informationsspeicher befinden, weiterhin problemlos arbeiten. Bei einem notwendigen Wiederherstellungsvorgang eines Informationsspeichers wird die Arbeit der Benutzer, deren Postfach auf anderen Informationsspeichern verteilt sind, nur minimal beeinträchtigt. Dadurch ist auch die Dauer eines Wiederherstellungsvorgangs bei kleineren Datenbanken um einiges kürzer als bei größeren.

INFO

Exchange 2003 Enterprise Server unterstützt pro Server bis zu 4 Speichergruppen, welche wiederum 5 Informationsspeicher enthalten können. Zusätzlich können Sie eine weitere Speichergruppe, die Recovery-Speichergruppe, anlegen. Diese Speichergruppe wird von Exchange 2003 während eines Wiederherstellungsvorganges benötigt.

Exchange 2003 Standard Server unterstützt lediglich eine Speichergruppe mit nur einem Postfachspeicher, dessen Größe auf 16 GB begrenzt ist, sowie einen Informationsspeicher für öffentliche Ordner. Die Größe des Informationsspeichers für öffentliche Ordner des Exchange 2003 Standard Servers ist jedoch nicht begrenzt.

Wie bereits erwähnt, speichert Exchange 2003 die Daten des Informationsspeichers in jeweils zwei Dateien auf dem lokalen Datenträger. Das kann eine Festplatte, ein RAID-System oder ein SAN sein. Sie können den Speicherort dieser Dateien, die für Exchange absolut lebensnotwendig sind, jederzeit überprüfen und gegebenenfalls auch ändern. Während Sie den Speicherplatz eines Informationsspeichers ändern, darf kein Benutzer an diesem Informationsspeicher angemeldet sein. Der Speicherplatz der Dateien kann jeweils in den Eigenschaften des Postfachspeichers oder des Informationsspeichers für öffentliche Ordner eingesehen und dort auch verändert werden.

Öffnen Sie dazu den Exchange System Manager und navigieren Sie zu dem Server dessen Informationsspeicher Sie bearbeiten wollen. Sie finden die beiden Informationsspeicher unterhalb des Menüpunktes SPEICHERGRUPPEN. Spei-

Informationsspeicher Kapitel 7

chergruppen sind Sammlungen von Informationsspeichern. Um die Eigenschaften eines Informationsspeichers aufzurufen, müssen Sie ihn mit der rechten Maustaste anklicken und aus dem Menü die EIGENSCHAFTEN auswählen.

> **TIPP** *Standardmäßig werden die Datendateien während der Installation im selben Verzeichnis gespeichert wie die System-Dateien von Exchange 2003. Die Dateien liegen zwar in verschiedenen Unterverzeichnissen, aber auf demselben Datenträger. Es ist sehr empfehlenswert, den Speicherort der Systemdateien und der Datenbank-Dateien zu trennen. Dies hat zum einen Performance-Gründe, zum anderen sind die Datenbank-Dateien eines Exchange Servers besonders geschützt. Die System-Dateien sollten mindestens durch ein RAID 1 abgesichert sein, während die Datenbankdateien auf einem RAID 5 oder einem SAN liegen sollten.*

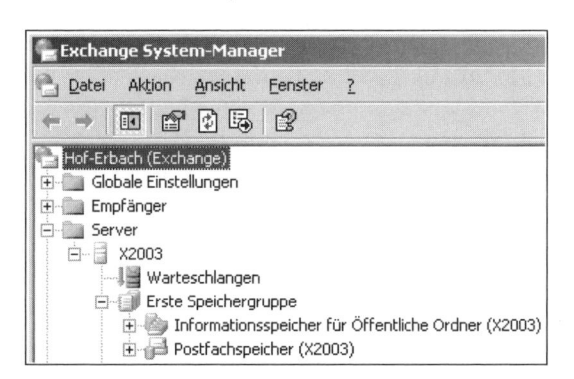

Abbildung 7.1:
Postfachspeicher und Informationsspeicher eines Exchange 2003 Servers

Wenn Sie die Eigenschaften des Postfachspeichers (engl. *Mailbox Store*) oder des Informationsspeichers für öffentliche Ordner (engl. *Public Folder Store*) aufgerufen haben, wechseln Sie zum Überprüfen oder Ändern des Speicherortes auf die Registerkarte DATENBANK. Hier sehen Sie jeweils den Pfad zur EDB- und zur STM-Datei. Sie können beide Dateien auf verschiedenen Datenträger speichern. Dies hat allerdings nur in den seltensten Fällen Sinn, da zur konsistenten Struktur der Datenbanken beide Dateien benötig werden. Die Schreibzugriffe heutiger Datenträger lassen keine Performance-Steigerung erwarten, wenn Sie die beiden Dateien trennen. Für die Datensicherung und die Organisation Ihrer Dateien bietet sich ein gemeinsamer Speicherort außerhalb des System-Verzeichnisses an. In den späteren Kapiteln des Buches wird deutlich, warum das Speichern der Exchange-Dateien auf verschiedenen Datenträger Sinn macht, kurz gesagt, erhalten Sie einfach mehr Datensicherheit und Performance, je nach Größe Ihrer Organisation.

Kapitel 7   Speicherarchitektur

Ändern des Speicherortes

Um den Speicherort der Dateien eines Informationsspeichers zu ändern, rufen Sie dessen Eigenschaften auf und wechseln Sie zur Registerkarte DATENBANK. Sie können mit der Schaltfläche DURCHSUCHEN den neuen Speicherort der Dateien auswählen. Legen Sie am besten schon vorher auf dem jeweiligen Datenträger einen Unterordner für die Dateien an, damit bei Exchange Servern mit mehreren Informationsspeichern die Ordnung erhalten bleibt. Sie können aber auch im Assistenten zum Verschieben der Dateien einen neuen Unterordner anlegen. Wie Sie vorgehen, bleibt Ihnen überlassen. Wenn Sie den neuen Speicherort der Dateien ausgewählt haben und diesen mit OK oder ÜBERNEHMEN bestätigen, wird die Bereitstellung des Informationsspeichers aufgehoben, dass heißt, alle noch verbundenen Benutzer werden zwangsweise getrennt.

Abbildung 7.2:
Speicherort der Datenbankdateien des Informationsspeichers

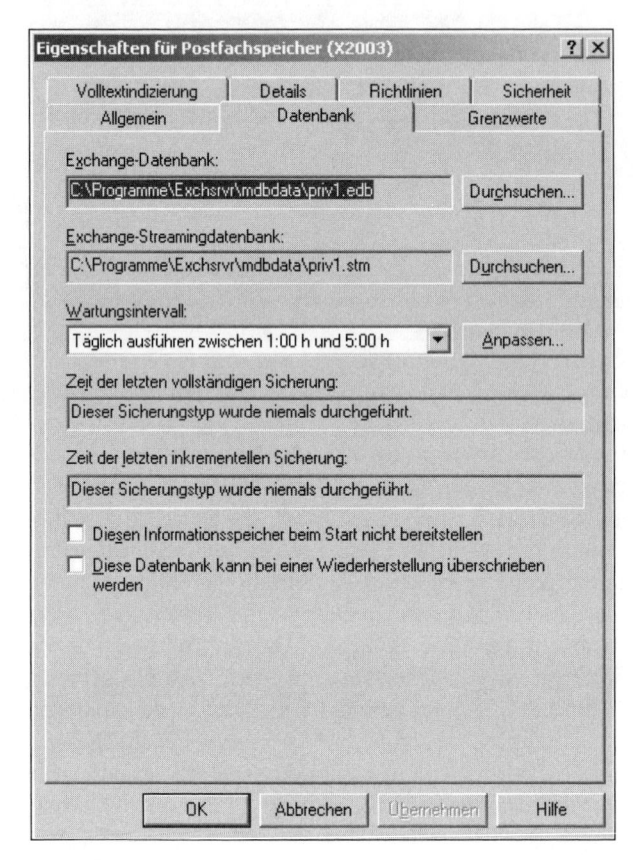

Bevor Exchange jedoch die Bereitstellung des Informationsspeichers aufhebt und die Benutzer getrennt werden, erscheint ein Informationsfenster, dass Sie darauf hinweist, dass die Benutzer getrennt und die Dateien verschoben werden. Wenn Sie diese Meldung mit OK bestätigen, werden schließlich die

Benutzer getrennt und der Verschiebevorgang durchgeführt. Die Dauer dieses Vorganges variiert natürlich mit der Größe der Datenbank. Das Aufheben der Bereitstellung und die anschließende Wiederbereitstellung dauern nur wenige Sekunden, das Kopieren ist dabei der am längsten dauernde Part. Wenn Ihre Informationsspeicher gleich nach der Installation von Ihnen verschoben werden, dauert der Vorgang lediglich einige Sekunden und die Benutzer können sich anschließend wieder anmelden. Wenn Sie bereits einige Zeit mit den Datenbanken arbeiten, sollten Sie vor dem Verschiebevorgang die Größe der Dateien überprüfen.

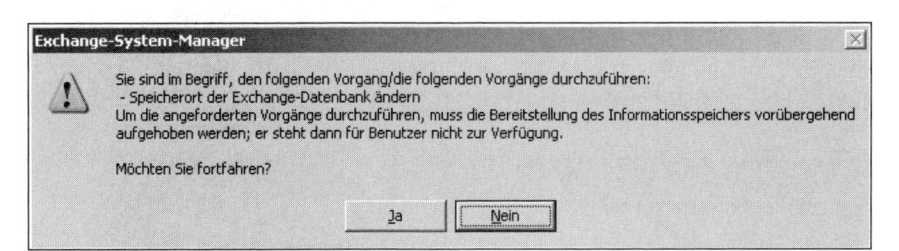

Abbildung 7.3:
Informationsfenster bei der Änderung des Speicherortes der Dateien eines Informationsspeichers

Erstellen eines neuen Informationsspeichers

Wie bereits erwähnt, gibt es zwei Arten von Informationsspeichern, den Postfachspeicher und den Informationsspeicher für öffentliche Ordner. Sie können auf einem Exchange Enterprise Server 2003 innerhalb jeder Speichergruppe 5 Informationsspeicher erstellen. Dabei können Sie Postfachspeicher und Informationsspeicher für öffentliche Ordner beliebig mischen.

Um einen neuen Informationsspeicher zu erstellen, klicken Sie mit der rechten Maustaste auf die Speichergruppe, in der Sie den Informationsspeicher erstellen wollen. Wählen Sie dann NEU und dann den Informationsspeicher aus, den Sie erstellen wollen.

Postfachspeicher (Mailbox Store)

Wählen Sie POSTFACHSPEICHER (MAILBOX STORE) aus, um einen Postfachspeicher zu erstellen. Wenn Sie den Postfachspeicher erstellt haben, stehen Ihnen verschiedene Registerkarten zur Konfiguration des Postfachspeichers zur Verfügung.

Registerkarte Allgemein (General)

Auf dieser Registerkarte sollten Sie zunächst einen Namen für den neuen Postfachspeicher festlegen. Hier stehen Ihnen noch weitere Optionen zur Verfügung:

Kapitel 7   Speicherarchitektur

ÖFFENTLICHER STANDARDINFORMATIONSSPEICHER. Hier können Sie festlegen, mit welchem Informationsspeicher für öffentliche Ordner Benutzer in diesem Postfachspeicher automatisch verbunden werden. Wenn ein Benutzer, dessen Postfach in diesem Postfachspeicher liegt, in Outlook oder Outlook Web Access auf öffentliche Ordner zugreifen will, versucht Exchange zunächst den Ordner in diesem Informationsspeicher für öffentliche Ordner zu finden. Wird der öffentliche Ordner dort nicht gefunden, verbindet Exchange den Benutzer mit einem anderen Informationsspeicher für öffentliche Ordner innerhalb derselben Routinggruppe. Wird der Ordner innerhalb der Routinggruppe nicht gefunden, verbindet Exchange den Benutzer über den Connector zu den niedrigsten Kosten mit der nächsten Routinggruppe und versucht den Order zu finden. Dies läuft für die Benutzer unbemerkt ab (bis auf die Sanduhr, wenn es lange dauert).

Abbildung 7.4:
Erstellen eines neuen Informationsspeichers

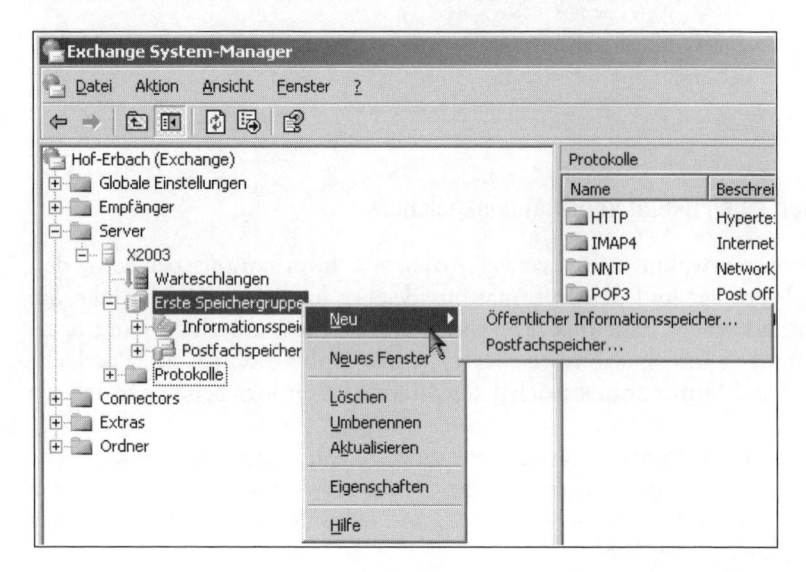

Hier legen Sie auch fest wie die Standard Offline-Adressliste des Benutzers lautet. Benutzer können sich jederzeit auch andere Offline-Adresslisten herunterladen, die konfigurierte ist lediglich die Offline-Adressliste, die dem Benutzer als Standard angeboten wird. Zusätzlich definieren Sie auf dieser Registerkarte, dass alle E-Mails, die an Postfächer in diesem Postfachspeicher zugestellt werden, in ein bestimmtes Postfach archiviert und kopiert werden. Diese Einstellung ist aus datenschutzrechtlichen Gründen sehr vorsichtig anzugehen. Sie sollten deshalb Rücksprache mit Ihrer Geschäftsleitung und dem Betriebsrat halten.

Zusätzlich können Sie die S/MIME-Unterstützung dieses Postfachspeichers aktivieren.

EINGEHENDE INTERNETNACHRICHTEN IN SCHRIFTART MIT FESTER GRÖSSE ANZEIGEN (DISPLAY PLAIN TEXT MESSAGES IN A FIX-SIZED FONT). Diese

Informationsspeicher

Kapitel 7

Option bewirkt, dass alle Nachrichten, die an Postfächer dieses Informationsspeichers geschickt werden, mit der Schriftart Courier, Größe 10 formatiert werden.

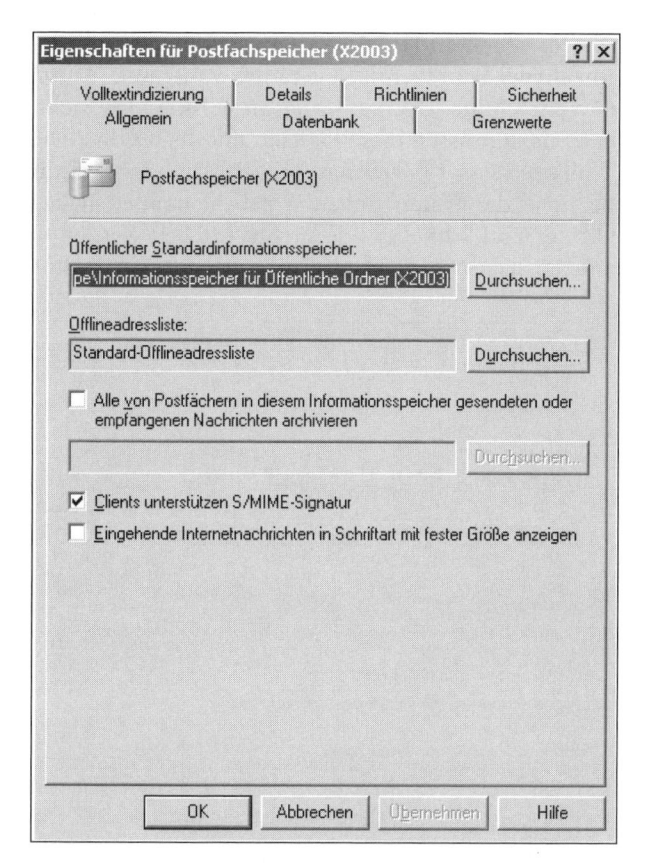

Abbildung 7.5:
Registerkarte ALLGEMEIN (GENERAL) eines Postfachspeichers

Registerkarte DATENBANK/AUTOMATISCHE WARTUNGSARBEITEN

Exchange führt automatisch zu definierten Zeitpunkten Wartungsarbeiten an den Postfachspeichern durch. Während dieser Wartungsarbeiten wird zum Beispiel die Datenbank defragmentiert, gelöschte Postfächer, die Ihren Aufbewahrungszeitraum (standardmäßig 30 Tage) überschritten haben, werden gelöscht. Außerdem wird während der Wartung überprüft, ob für alle Postfächer dieses Postfachspeichers noch ein Benutzer im Active Directory existiert, oder ob das zugeordnete Benutzerobjekt gelöscht wurde. Wenn der Benutzer zum zugehörigen Postfach gelöscht wurde, wird das Postfach ebenfalls als gelöscht markiert und nach 30 Tagen vom Server entfernt. Dies geschieht ebenfalls im Rahmen der Online-Wartung. Beachten Sie auch, dass die Online-Wartung während der Online-Datensicherung des Postfachspeichers unterbrochen wird.

Kapitel 7   Speicherarchitektur

Sie sollten daher darauf achten, dass Datensicherung und Online-Wartung nicht unbedingt zum selben Zeitpunkt stattfinden. Sie riskieren zwar keinen Datenverlust, allerdings werden die notwendigen Online-Wartungsarbeiten der Datenbank verzögert oder durchgeführt, wenn Benutzer bereits mit dem System arbeiten. Die Performance ist unter diesen Umständen und je nach Anzahl der Benutzer nicht gerade berauschend. Durch den Wartungsvorgang und der Online-Defragmentation wird jedoch nicht die Datenbank verkleinert, dazu müssen diese Dateien mit der Offline-Defragmentation und dem Tool *eseutil.exe* bearbeitet werden. Die Online-Defragmentation fasst freie Bereiche der Datenbank, die nebeneinander liegen, zusammen, damit Sie leichter und schneller wieder beschrieben werden können. Die Datenbankdateien insgesamt bleiben so groß, wie vor der Online-Defragmentation.

Abbildung 7.6:
Registerkarte
DATENBANK EINES
POSTFACHSPEICHERS

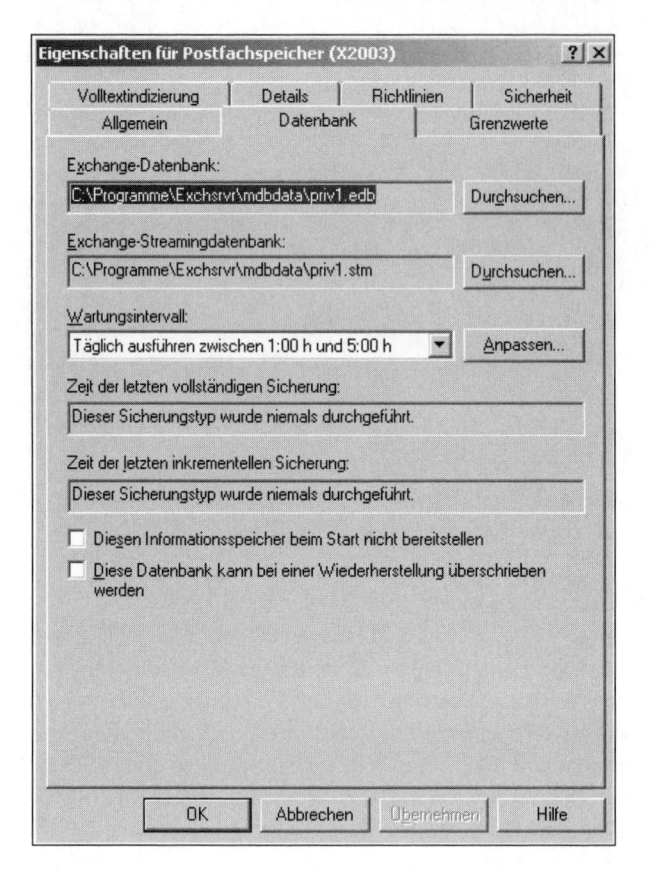

Hier wird Ihnen auch der Zeitpunkt der letzten Sicherung des Postfachspeichers angezeigt. Diese Funktion ist in Exchange 2003 neu. Während einer Vollsicherung werden die Datenbank und die Transaktionsprotokolle gesichert. Nach der Sicherung der Transaktionsprotokolle werden diese gelöscht. Der Löschvorgang wird nicht von Exchange, sondern durch das Datensicherungsprogramm durchgeführt.

Informationsspeicher

Während der inkrementellen Sicherung werden nur die Transaktionsprotokolle gesichert und gelöscht. Die Datenbank wird nicht gesichert.

Sie können auf dieser Registerkarte auch definieren, dass dieser Postfachspeicher beim Starten des Servers nicht automatisch bereitgestellt wird. Diese Option ist standardmäßig nicht aktiviert, jeder neuer Postfachspeicher wird mit dem Starten des Servers automatisch bereitgestellt. Sie können die Bereitstellung jederzeit widerrufen, indem Sie auf den Postfachspeicher mit der rechten Maustaste klicken und aus dem erscheinenden Menü die Option BEREITSTELLUNG DES INFORMATIONSSPEICHERS AUFHEBEN (DISMOUNT STORE) auswählen.

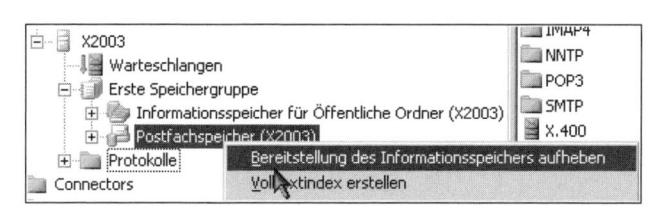

Abbildung 7.7:
Bereitstellung eines Postfachspeichers deaktivieren

Die Option DIESE DATENBANK KANN BEI EINER WIEDERHERSTELLUNG ÜBERSCHRIEBEN WERDEN (THIS DATABASE CAN BE OVERWRITTEN BY A RESTORE) wird nur bei einem Wiederherstellungsvorgang benötigt. Dieser Punkt wird im Kapitel 15 *Datensicherung* genauer erörtert.

Registerkarte Grenzwerte (Limits)

Auf dieser Registerkarte können Sie verschiedene Grenzwerte definieren, die für die Postfächer in diesem Postfachspeicher Gültigkeit haben. Sie können im Bereich SPEICHERGRENZWERTE (STORAGE LIMITS) festlegen, was mit Benutzern passieren soll, deren Postfächer eine bestimmte Größe überschreitet. Ihnen stehen drei gestaffelte Grenzwerte zur Verfügung:

WARNMELDUNG SENDEN AB (KB). Erreicht die Postfachgröße eines Benutzers diesen Wert, schickt der Exchange Server in regelmäßigen Abständen eine E-Mail an diesen Benutzer.

SENDEN VERBIETEN AB (KB). Ab dieser Postfachgröße darf der Benutzer keine E-Mails mehr senden.

SENDEN UND EMPFANGEN VERBIETEN AB (KB). Mit dieser Option sollten Sie sehr vorsichtig umgehen, da bei Überschreitung dieses Wertes der Benutzer keinerlei Eintragungen mehr in seinem Postfach vornehmen kann. Er darf nur noch Objekte löschen. Benutzer, die während der Sperrung des Postfaches dieses Benutzers E-Mails an diesen Benutzer senden, erhalten einen Unzustellbarkeitsbericht (NDR).

Kapitel 7   Speicherarchitektur

Abbildung 7.8:
Registerkarte
GRENZWERTE eines
Postfachspeichers

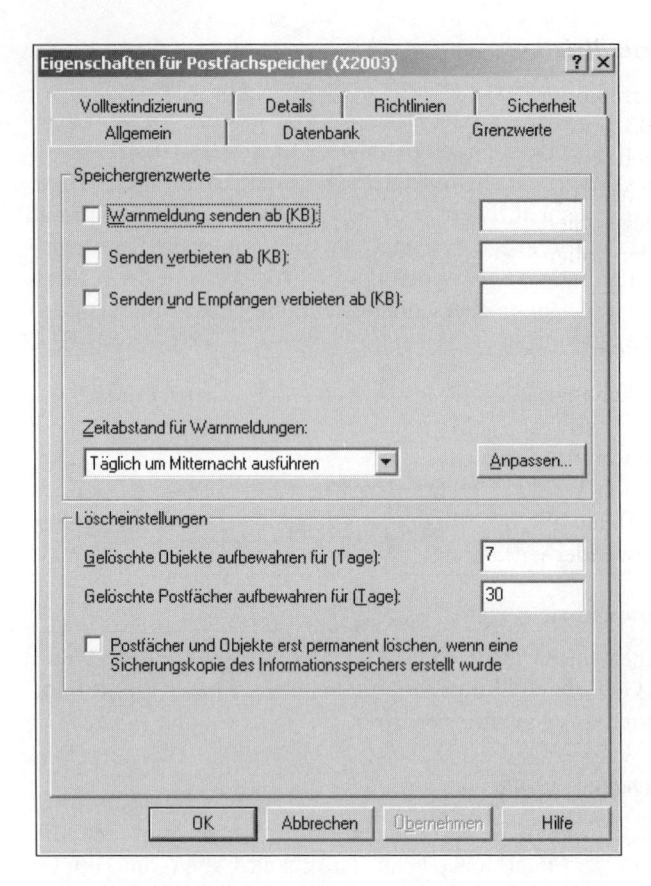

Mit der Option ZEITABSTAND FÜR WARNMELDUNGEN legen Sie fest, wann und wie oft der Exchange Server eine Warnmeldung an Benutzer versenden soll, wenn Grenzwerte überschritten wurden.

GELÖSCHTE OBJEKTE AUFBEWAHREN FÜR (TAGE). Wenn Benutzer Objekte löschen, werden diese in den gelöschten Objekten des Postfachs aufbewahrt. Exchange 2003 markiert diese Objekte nur als gelöscht. Sie können jedoch während des definierten Zeitraums wiederhergestellt werden.

POSTFÄCHER UND OBJEKTE ERST PERMANENT LÖSCHEN... Mit dieser Option legen Sie fest, dass unabhängig des eingestellten Zeitraums, ein Objekt erst dann unwiederbringlich gelöscht wird, wenn die Datenbank online mit einer entsprechenden Software gesichert wurde. Eine Online-Sicherung kann auch durch das Windows 2003-eigene Datensicherungsprogramm NTBACKUP.EXE durchgeführt werden. Vor einer Datensicherung wird das Objekt zwar als gelöscht markiert, kann jedoch jederzeit wiederhergestellt werden.

Informationsspeicher

Kapitel 7

Registerkarte Volltextindizierung

Auf dieser Registerkarte können Sie den Ablauf der Volltextindizierung festlegen. Exchange 2003 unterstützt das Erstellen von Indizes für Informationsspeicher. Dadurch können Benutzer in Outlook mit der *Erweiterten Suche* Objekte und E-Mails in Ihrem Postfach deutlich schneller finden. Auf dieser Registerkarte legen Sie fest, wann definierte Volltextindizes überprüft und neu erstellt werden sollen. Die Indizierung wird später in diesem Kapitel besprochen.

Registerkarte Richtlinien

Richtlinien sind seit Exchange 2000 integriert. Mit Richtlinien können Einstellungen für mehrere Postfachspeicher oder auch Exchange Server an einer zentralen Stelle vorgenommen werden. Auf die Erstellung und Verwaltung von Richtlinien gehe ich weiter hinten in diesem Kapitel ein. Auf dieser Registerkarte werden Ihnen alle Richtlinien angezeigt, die aktuell auf diesen Postfachspeicher angewendet werden.

Öffentlicher Informationsspeicher (Public Store)

Um einen öffentlichen Informationsspeicher zu erstellen, gehen Sie wie bei der Erstellung eines Postfachspeichers vor. Wählen Sie aus dem Menü NEU die Option ÖFFENTLICHER INFORMATIONSSPEICHER aus. Öffentliche Ordner sind in Exchange 2003 ein sehr wichtiger Bereich. Aus diesem Grund werden die öffentlichen Ordner separat weiter hinten behandelt. Sie sollten sich aber vor der Lektüre des Kapitels für öffentliche Ordner, die Erstellung eines Informationsspeichers für öffentliche Ordner durchlesen.

Ein wichtiger Punkt ist die Beziehung zwischen einem Informationsspeicher für öffentliche Ordner und der öffentlichen Ordner-Struktur. Jede Struktur kann nur einem Informationsspeicher für öffentliche Ordner innerhalb eines Servers zugewiesen werden. Öffentliche Ordner-Strukturen sind ein neues Feature seit Exchange 2000 und werden im Kapitel für öffentliche Ordner detaillierter behandelt. Sie benötigen für jeden Informationsspeicher für öffentliche Ordner eine eigene öffentliche Ordner-Struktur. Informationsspeicher für öffentliche Ordner auf verschiedenen Servern können hingegen einer gemeinsamen öffentlichen Ordner Struktur zugewiesen werden.

Mehrere öffentliche Ordner-Strukturen werden allerdings erst ab Outlook XP unterstützt.

Nach der Erstellung eines neuen Informationsspeichers für öffentliche Ordner stehen Ihnen ebenfalls einige Registerkarten zur Verfügung, um den neuen Speicher an Ihre Bedürfnisse anzupassen. Viele Einstellungen, wie Datenbank und Richtlinien, sind identisch mit den Einstellungen für einen neuen Postfachspeicher. Ich erläutere auf den nachfolgenden Seiten die Unterschiede zwischen den Einstellungen eines Postfachspeichers und eines Informationsspeichers für öffentliche Ordner.

Registerkarte Allgemein

Sie sollten zunächst einen Namen für Ihren neuen öffentlichen Informationsspeicher wählen. Wenn Sie dem neuen Informationsspeicher einen Namen gegeben haben, müssen Sie ihn noch mit einer öffentlichen Ordner-Struktur verknüpfen. Wie bereits erwähnt, kann pro Exchange Server nur ein Informationsspeicher für öffentliche Ordner für eine öffentliche Ordner-Struktur verwendet werden. Zusätzlich können Sie die S/MIME-Unterstützung für diesen Informationsspeicher aktivieren.

EINGEHENDE INTERNETNACHRICHTEN IN SCHRIFTART MIT FESTER GRÖSSE ANZEIGEN (DISPLAY PLAIN TEXT MESSAGES IN A FIX-SIZED FONT). Diese Option bewirkt, dass alle Nachrichten, die an öffentliche Ordner dieses Informationsspeichers geschickt werden, mit der Schriftart Courier, Größe 10 formatiert werden.

Registerkarte Replikation

Auf dieser Registerkarte legen Sie das Replikationsverhalten dieses Informationsspeichers fest. Durch Replikation werden die Inhalte der öffentlichen Ordner dieses Informationsspeichers auf andere Exchange Server verteilt. Dadurch wird ein Lastenausgleich erzielt, der bei geografisch getrennten Exchange Servern deutlich Performance für die Benutzer bringt.

REPLIKATIONSINTERVALL. Mit dem Replikationsintervall legen Sie einen Zeitplan fest, der die Replikation der öffentlichen Ordner steuert. Die Replikation von öffentlichen Ordnern innerhalb dieses Informationsspeichers wird ausschließlich zu diesem definierten Intervall durchgeführt.

REGULÄRES REPLIKATIONSINTERVALL (MINUTEN). Hiermit legen Sie fest, wann die Replikation stattfinden soll, wenn das Replikationsintervall auf IMMER AUSFÜHREN steht.

MAXIMALE GRÖSSE DER REPLIKATIONSNACHRICHTEN. Diese Option legt die maximale Größe für Replikationsnachrichten innerhalb dieses Informationsspeichers fest. Replikationsnachrichten sind E-Mails zwischen Ihren Exchange Servern mit denen die öffentlichen Ordner repliziert werden. Sie sollten bei der Einrichtung der Replikation genau die Bandbreite Ihres Netzwerkes beachten, da die Replikation der öffentlichen Ordner schnell eine Standleitung überlasten oder zumindest auslasten kann.

Registerkarte Grenzwerte (Limits)

Auf dieser Karte legen Sie, genau wie bei einem Postfachspeicher, die Grenzwerte fest, die öffentliche Ordner beschränken, deren Replikate auf diesem Informationsspeicher liegen.

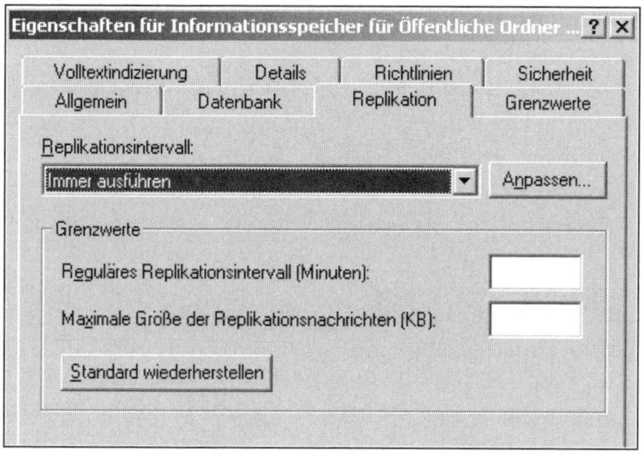

Abbildung 7.9:
Registerkarte REPLI-KATION eines Informationsspeichers für öffentliche Ordner

WARNMELDUNG SENDEN AB (KB). Hier legen Sie fest, ab welcher Größe des öffentlichen Ordners eine Warnmeldung verschickt werden soll. Sollten diese Werte überschritten werden, erhalten die Benutzer, die Sie in den Eigenschaften des öffentlichen Ordners als Kontaktperson festlegen, eine Benachrichtigung. Dies kann ein Benutzer sein oder auch mehrere.

BEREITSTELLEN VERBIETEN AB (KB). Ab dieser Größe wird Benutzern nicht mehr gestattet, neue Objekte in die öffentlichen Ordner zu verschieben, die durch diesen Informationsspeicher für öffentliche Ordner verwaltet werden.

MAXIMALE OBJEKTGRÖSSE (KB). Hier können Sie die maximale Größe von Objekten festlegen, die in die öffentlichen Ordner verschoben werden dürfen.

ZEITABSTAND FÜR WARNMELDUNGEN. Hier legen Sie fest, wann und wie oft der Exchange Server eine Warnmeldung an die Administratoren beziehungsweise Besitzer der öffentlichen Ordner versenden soll, wenn Grenzwerte überschritten wurden.

GELÖSCHTE OBJEKTE AUFBEWAHREN FÜR (TAGE). Wenn Benutzer Objekte löschen, werden diese in den gelöschten Objekten aufbewahrt. Werden Objekte vom Benutzer gelöscht, markiert Exchange 2003 diese Objekte als nur gelöscht. Sie können jedoch noch während des definierten Zeitraums wiederhergestellt werden.

OBJEKTE NICHT PERMANENT LÖSCHEN.... Mit dieser Option legen Sie fest, dass unabhängig vom Zeitraum ein Objekt erst unwiederbringlich gelöscht wird, wenn die Datenbank online gesichert wurde.

VERFALLSZEIT. Mit der Verfallszeit steuern Sie, wann Exchange die Inhalte der öffentlichen Ordner innerhalb dieses Informationsspeichers automatisch löscht. Dies kann zum Beispiel zum Verwalten eines Fax-Server-Eingangs genutzt werden. Behandeln Sie diese Option mit Sorgfalt, da Sie sonst auch versehentlich E-Mails löschen, die zwar alt sind, aber dennoch benötigt werden. Die eingestellte Option gilt standardmäßig für alle öffentlichen Ordner, die ein Replikat auf diesem Informationsspeicher haben. Sie können diese Option zwar für jeden öffentlichen Ordner überschreiben, die Standardeinstellung eines öffentlichen Ordners besagt jedoch, dass die Verfallszeit des Informationsspeichers verwendet werden soll.

Indizierung von Informationsspeichern

Mit Exchange 2000 hat Microsoft die Indizierung innerhalb der Informationsspeicher eingeführt. Mit der Indizierung können Benutzer mit der erweiterten Suche in Outlook in Ihren E-Mails und innerhalb der Anlagen nach Begriffen suchen und diese schnell finden. Sie müssen allerdings beachten, dass diese Indizierung den Prozessor und den Datenträger belastet. Dieser so genannte »Volltextindex« kann für jeden Informationsspeicher in Ihren Speichergruppen getrennt erstellt und wieder gelöscht werden. Durch einen Index wird vor allem der Plattenplatz eines Exchange Servers stark erhöht. Sie müssen damit rechnen, dass der Index in etwa 20 % der Größe des Informationsspeichers erreicht.

Durch die Indizierung wird vor allem das Suchen innerhalb der Anlagen deutlich beschleunigt. Der Volltextindex wird aber nur verwendet, wenn in Outlook die *Erweiterte Suche* angewählt wird. Die normale Suche verwendet den Index hingegen nicht.

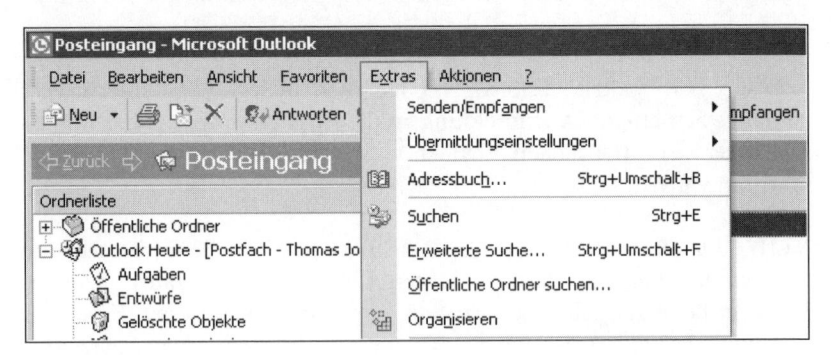

Abbildung 7.10:
Erweiterte Suche in Outlook XP

Systemdateien der Indizierung

Wenn Sie einen Index erstellen, baut sich dieser aus 4 verschiedenen Dateitypen zusammen:

➤ *Kataloge.* Die Kataloge sind die Hauptindizes eines Informationsspeichers. Jeder Informationsspeicher kann einen Katalog enthalten. Der Speicherort des Kataloges kann für jeden Informationsspeicher getrennt festgelegt werden. Der Speicherort der Dateien kann später noch mit dem Tool *CATUTIL.EXE* verändert werden.

➤ *Speicher für Eigenschaften.* Dieser Speicher ist für jeden Exchange Server nur einmal vorhanden. Er enthält die Eigenschaften der indizierten Objekte, die im Katalog enthalten sind. Microsoft liefert zum nachträglichen Verschieben des Eigenschaftsspeichers das Tool *PSTOREUTL.EXE* mit. Wie Sie mit diesem Tool den Eigenschaftsspeicher verschieben können, wird weiter hinten in diesem Kapitel besprochen.

➤ *Temporäre Dateien.* Zusätzlich benötigt der Microsoft Search-Dienst noch temporäre Dateien. Diese Dateien werden standardmäßig im Systemlaufwerk angelegt. Microsoft liefert auch ein Tool, mit dessen Hilfe Sie den Speicherort dieser temporären Dateien verschieben können. Dieses Tool hat die Bezeichnung *SETTMPPATH.VBS*. Alle Indizes eines Exchange Servers verwenden dieselben temporären Dateien. Diese müssen pro Server nur einmal verschoben werden, wenn Sie die Indizierung optimieren wollen. Wie Sie diese und die anderen Dateien verschieben, wird auf den nächsten Seiten behandelt.

➤ *Gatherer Protokolle.* Während der Indizierung werden von Exchange Dateien mit der Endung »*gthr*« angelegt. Diese Dateien enthalten alle Dateinamen, die nicht indiziert werden konnten. Dies liegt meistens daran, dass Exchange nicht alle Dateiinhalte lesen konnte, zum Beispiel von PDF-Dokumenten. Sie können anhand dieser Gather-Logs erkennen, wie erfolgreich die Indizierung durchgeführt wurde. Der Speicherort dieser Gather-Logs kann später über die Registry verändert werden. Tragen Sie dazu den gewünschten Pfad im Registry Key

```
HKLM\Software\Microsoft\Search\1.0\gather\ExchangeServer_<NAME>\<KATA-
LOGNAME>\StreamLogsDirectory
```

ein. Wenn Sie ein ungültiges Verzeichnis eintragen, wird keine Indexerstellung durchgeführt.

Vorbereitungen für die Indizierung

Recipient Update Service

Vor allem die Arbeit des *Recipient Update Service* sollten Sie überprüfen. Es ist wichtig, dass die automatische Verteilung Ihrer E-Mail-Adressen uneingeschränkt funktionieren, da die Indizierung URLs verwendet, nach denen die Indizierung durchgeführt wird.

Ländereinstellungen

Die Volltextindizierung arbeitet beim Erstellen des Indexes mit den lokalen Ländereinstellungen der jeweiligen Exchange Server. Die Indizierung ist dabei erst richtig effizient, wenn die Ländereinstellung mit der Sprache der

Kapitel 7   Speicherarchitektur

Dokumente und der Nachrichten übereinstimmt. Stellen Sie in den Ländereinstellungen der Systemsteuerung auf dem Exchange Server am besten die Nationalität ein, der die meisten Dokumente auf dem Server entsprechen.

Abbildung 7.11:
Lokale Spracheinstellungen eines Windows 2003 Servers

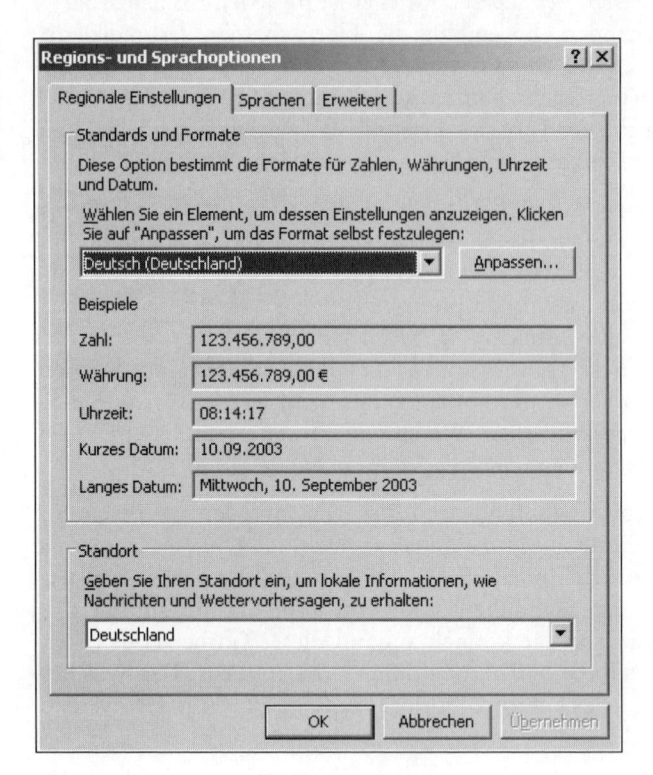

Erstellen und Verwalten eines Indexes

Bevor Sie einen Index verwenden können, müssen Sie diesen natürlich zuerst erstellen.

Erstellen eines Indexes

Starten Sie dazu den Exchange System Manager und navigieren Sie zu dem Postfachspeicher oder Informationsspeicher für öffentliche Ordner, den Sie indizieren wollen. Klicken Sie diesen dann mit der rechten Maustaste an und wählen Sie VOLLTEXTINDEX ERSTELLEN aus. Es erscheint ein Fenster, in dem Sie den Pfad eingeben müssen, in dem die Daten des Indexes, der Katalog, auf der Festplatte gespeichert werden sollen. Wählen Sie eine Partition aus, die noch über genügend Speicherplatz verfügt. Eine alte Exchange-Regel besagt, dass auf der Partition der Datenbank mindestens so viel Platz frei bleiben sollte, wie bereits belegt ist. Sie benötigen diesen Platz für eine eventuelle Defragmentation oder Wiederherstellung einer Datenbank. Wenn Sie den Pfad eingegeben haben, beginnt Exchange mit der Erstellung des

Informationsspeicher

Indexes. Beachten Sie, dass während der Erstellung des Indexes die Systemperformance stark beeinträchtigt werden kann, je nach Größe der indizierten Datenbank. Sie sollten diesen Vorgang daher nicht unbedingt zu Zeiten durchführen in denen Benutzer mit dem System arbeiten.

Optimierung des Indexes

Um die Indizierung eines Informationsspeichers und des Exchange Servers, auf dem der Informationsspeicher liegt, zu optimieren, können Sie die Systemdateien der Indizierung verschieben.

Verschieben des Eigenschaftsspeichers

Es kann sinnvoll sein die Systemdateien des Eigenschaftsspeichers auf einen anderen Datenträger zu verschieben. Microsoft liefert zum Verschieben dieser Dateien das Tool *PSTOREUTL.EXE*. Sie finden dieses Tool im Verzeichnis

```
Programme\Gemeinsame Dateien \ Microsoft Shared \MSSearch/bin
```

oder im Verzeichnis

```
Programme\Gemeinsame Dateien\System\MSSearch\bin
```

Um den Eigenschaftsspeicher zu verschieben, gehen Sie wie folgt vor. Sie müssen diese Schritte pro Exchange Server nur einmal durchführen, da alle Indizes eines Exchange Servers denselben Eigenschaftsspeicher verwenden.

1. Beenden Sie den Dienst *Microsoft Search*. Dieser Dienst steuert die Indizierung. Wenn der Dienst beenden ist, wird keine Indizierung eines Informationsspeichers auf dem entsprechenden Exchange Server durchgeführt.

2. Verschieben Sie mit dem Tool *PSTOREUTL.EXE* den Speicher auf den gewünschten Datenträger.

    Beispiel:

    ```
    pstoreutl ExchangeServer_x2003 -m c:\exchange\index.edb
    ```

    Durch diesen Befehl wird der Eigenschaftsspeicher des Exchange Servers *x2003* in das Verzeichnis *c:\exchange* in die Datei *index.edb* verschoben.

    ```
    Prop store info:
       Database:'C:\Program
    Files\Exchsrvr\ExchangeServer_X2003\ExchangeServer_X2003
    .edb'
       Log Dir:'C:\Program Files\Exchsrvr\ExchangeServer_X2003\'
    ```

Kapitel 7   Speicherarchitektur

```
Checking integrity of the existing database...
Moving database to specified file: 'c:\exchange\index.edb'
Checking integrity of the moved database...
```

3. Jetzt können Sie den Dienst *Microsoft Search* wieder starten.

Verschieben der temporären Dateien

Wenn Sie die Dateien des Eigenschaftsspeichers verschoben haben, können Sie als Nächstes die temporären Dateien verschieben, die die Indizierung für Ihre Arbeit benötigt. Diese Dateien müssen, wie die Dateien des Eigenschaftsspeichers, für jeden Server nur einmal verschoben werden, da alle Indizes eines Exchange Server dieselben temporären Dateien verwenden. Für das Verschieben dieser temporären Dateien benötigen Sie das VBS-Skript *SETTEMPPATH.VBS*. Dieses Skript befindet sich im selben Verzeichnis wie das Tool *PSTOREUTL.EXE* zum Verschieben des Eigenschaftsspeichers:

Beispiel:

```
cscript "c:\Programme\Gemeinsame Dateien\Microsoft Shared\MSSearch\Bin\settemppath.vbs" d:\temp
```

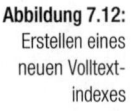

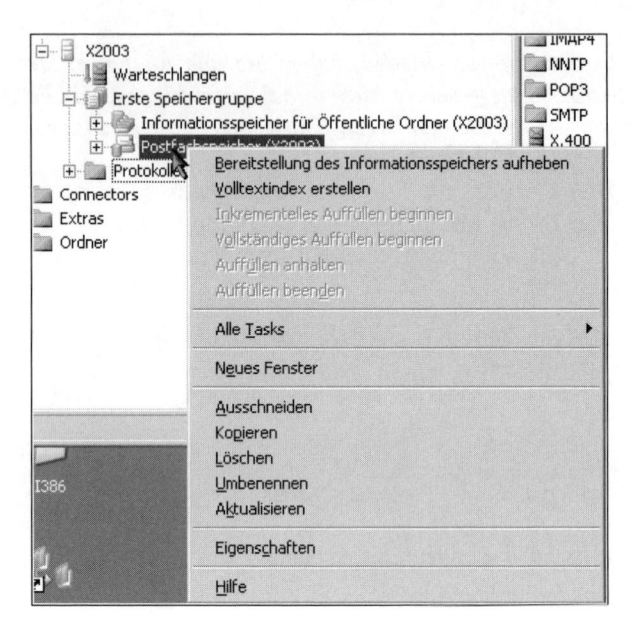

Abbildung 7.12:
Erstellen eines neuen Volltextindexes

Informationsspeicher

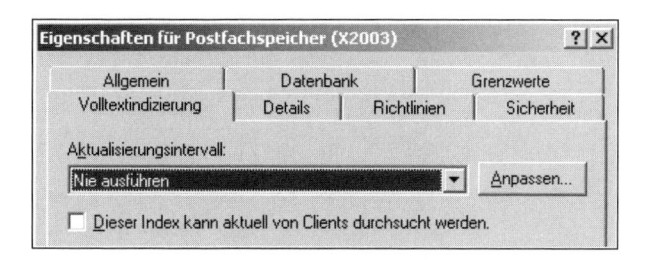

Abbildung 7.13:
Zeitintervall zum Aktualisieren eines Indexes

Auffüllen des Indexes

Nachdem Sie den Index erstellt und optimiert haben, müssen Sie diesen noch mit Daten füllen, das heißt, den Informationsspeicher indizieren lassen. Der Exchange Server führt dabei ständig eine Aktualisierung des Indexes durch. Sie können auf der Registerkarte VOLLTEXTINDIZIERUNG in den Eigenschaften des Exchange Servers die Ressourceneinteilung für die Indizierung einstellen. Standardmäßig steht diese Einstellung auf NIEDRIG.

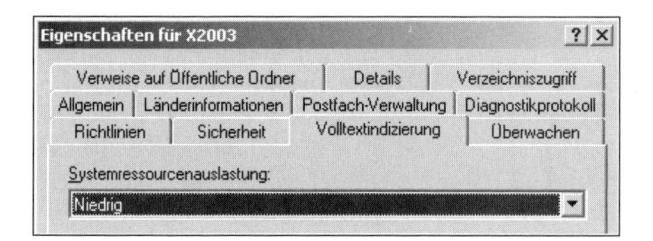

Abbildung 7.14:
Systemressourcen der VOLLTEXTINDIZIERUNG

Sie sollten diese Einstellung belassen. Wenn Sie der Indizierung mehr Ressourcen einräumen, wird die Performance des Servers stark beeinflusst und Benutzer haben eventuell Verbindungsprobleme mit dem Exchange Server.

Mit der Einstellung NIEDRIG *werden der Indizierung nur freie Ressourcen zugeteilt, die von keinem anderen Prozess verwendet werden. Die Indizierung läuft im Hintergrund ab. Alle anderen Prozesse haben mehr Priorität und die Benutzer werden nicht beeinträchtigt.*

Die Eigenschaften des Indexes können Sie wieder mit Rechtsklick auf den Informationsspeicher beeinflussen, für den Sie den Index erstellt haben. Wenn Sie den Index noch nicht erstellt haben, sind diese Optionen ausgegraut, nach der Erstellung stehen diese jedoch zur Verfügung.

INKREMENTELLES AUFFÜLLEN BEGINNEN. Bei diesem Vorgang werden nur neu hinzugekommene, noch nicht indizierte Objekte indiziert. Dies ist der gleiche Vorgang, der über die Registerkarte VOLLTEXTINDEX des Informationsspeichers gesteuert wird.

Kapitel 7   Speicherarchitektur

VOLLSTÄNDIGES AUFFÜLLEN BEGINNEN. Hierbei wird jedes Objekt neu indiziert, auch bereits indizierte Objekte. Der Index wird nach und nach erneuert. Es wird nicht der gesamte Index gelöscht, sondern neu aufgebaut.

AUFFÜLLEN ANHALTEN. Stoppt eine laufende Indizierung. Bereits indizierte Objekte werden in den Index aufgenommen.

AUFFÜLLEN BEENDEN. Stoppt die Indizierung und führt keine Änderungen am bereits vorhandenen Index durch.

VOLLTEXTINDEX LÖSCHEN. Löscht den Index.

> **INFO**
>
> *Während der Indizierung werden von Exchange im Pfad*
>
> `c:\programme\exchsrvr\ExchangeServer_Server\gatherlogs`
>
> *Dateien mit der Endung »gthr« angelegt. Diese Dateien enthalten alle Dateinamen, die nicht indiziert werden konnten. Dies liegt meistens daran, dass Exchange nicht alle Dateiinhalte lesen konnte, zum Beispiel von PDF-Dokumenten. Sie können anhand dieser Gather-Logs erkennen, wie erfolgreich die Indizierung durchgeführt wurde. Die Indizierung schreibt, wie alle Dienste des Exchange Servers, Status-Meldungen ins Applikations-Ereignisprotokoll. Überprüfen Sie daher ständig das Ereignisprotokoll, um Probleme oder Warnungen frühzeitig zu erkennen. Die Indizierung wird durch den Dienst Microsoft Search ausgeführt. Stellen Sie sicher, dass dieser Dienst auf automatisch steht und gestartet wurde, ansonsten findet keine Indizierung statt.*

> **:-) TIPP**
>
> *Mit der Zeit kann der Index sehr groß werden und den Plattenplatz Ihres Exchange Servers sprengen. Microsoft liefert zum Verschieben eines Indexes das Tool CATUTIL.EXE mit. Sie finden dieses Tool im Verzeichnis*
>
> `Programme\Gemeinsame Dateien\Microsoft Shared\MSSearch\bin`
>
> *oder im Verzeichnis*
>
> `Programme\Gemeinsame Dateien\System\MSSearch/bin.`
>
> *Der Speicherort eines Indexes kann nur mit diesem Tool verändert werden.*
>
> *Das Tool CATUTIL.EXE hat zahlreiche Schalter. Verwenden Sie am besten in der Eingabeaufforderung die Befehlszeile catutil movecat /?, damit Ihnen die Schalter zum Verschieben des Kataloges erläutert werden.*

Informationsspeicher

Es kann vorkommen, dass im Exchange System Manager, nach dem Verschieben des Kataloges, noch der alte Speicherort angezeigt wird. Dies ist allerdings nur ein Bug in der Anzeige und hat auf die Funktionsfähigkeit des Indexes keinerlei Auswirkungen.

Definieren eines Zeitplans zum regelmäßigen Aktualisieren eines Indexes

Exchange aktualisiert ständig den Index zu vorgegebenen Zeiten. Sie können diese Zeiten direkt in den Eigenschaften des Postfachspeichers oder des Informationsspeichers für öffentliche Ordner auf der Registerkarte VOLLTEXTINDEX beeinflussen. Sie sollten die Aktualisierung des Indexes nicht zu Zeiten durchführen lassen, in denen Benutzer arbeiten, die Online-Wartung durchgeführt wird oder die Datensicherung läuft. Sie können auf dieser Registerkarte den Index des Informationsspeichers deaktivieren und wieder aktivieren. Dies macht zum Beispiel Sinn, wenn Sie den Index aktualisieren wollen und Benutzer noch nicht mit dem Index arbeiten sollen.

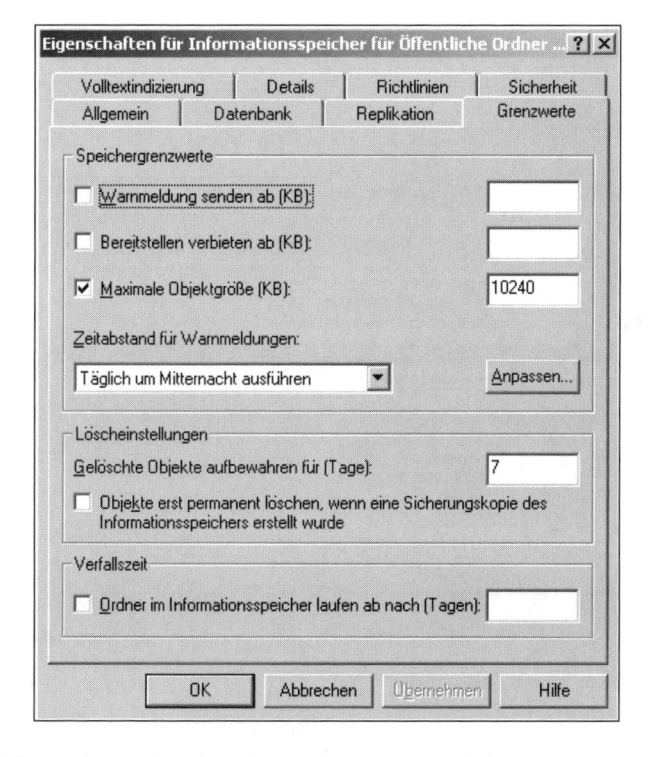

Abbildung 7.15: Registerkarte GRENZWERTE des Informationsspeichers für öffentliche Ordner

Standardmäßig wird der Index nicht aktualisiert. Legen Sie auf der Registerkarte VOLLTEXTINDIZIERUNG in den Eigenschaften des indizierten Postfachspeichers oder Informationsspeicher für öffentliche Ordner fest, wann der Index aktualisiert werden soll.

Kapitel 7   Speicherarchitektur

Abbildung 7.16:
Konfiguration des Aktualisierungsintervalls

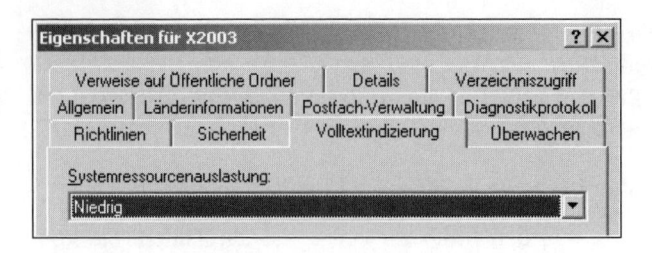

Aktivieren des Indexes

Nachdem Sie einen Index erstellt und konfiguriert haben, kann dieser erst von den Benutzern verwendet werden, nachdem Sie Ihn aktiviert haben. Dazu müssen Sie zunächst auf der Registerkarte VOLLTEXTINDIZIERUNG den Haken bei DIESER INDEX KANN AKTUELL VON CLIENTS DURCHSUCHT WERDEN (THIS INDEX IS CURRENTLY AVAILABLE FOR SEARCHING BY CLIENTS). Aktivieren Sie den Index aber erst, wenn die Indizierung abgeschlossen ist. Nach der Aktivierung ist die Konfiguration des Indexes abgeschlossen und die Benutzer können mit diesem Index arbeiten.

Arbeiten mit dem Index

TIPP

Die Indizierung eines Postfachspeichers oder eines Informationsspeichers für öffentliche Ordner wird nur verwendet, wenn die Benutzer in Outlook mit der Erweiterten Suche arbeiten. Die normale Outlook-Suche verwendet die Indizierung dagegen nicht.

Abbildung 7.17:
Erweiterte Suche in Outlook 2003

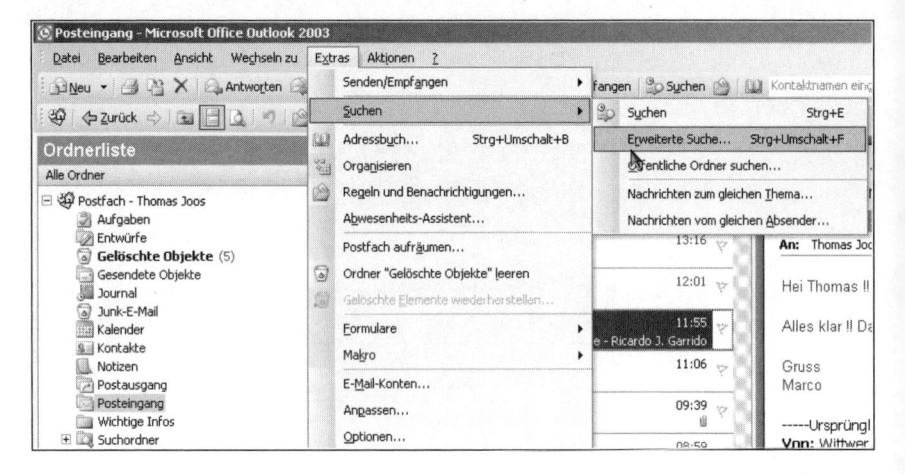

Zwischen dieser erweiterten Suche über den Index und der normalen Suche gibt es einige Unterschiede, die Ihre Benutzer beachten sollten:

➤ *Füllwörter* werden nicht indiziert. *Füllwörter* sind Artikel wie »*der, die, das*« usw. oder Bestandteile von Wörtern. Auch »*ist, oder, und*« werden nicht indiziert. Benutzer, die nach diesen Wörtern suchen, erhalten mit der erweiterten Suche keine Antwort. Wenn Sie mehrere Wörter eingeben, zum Beispiel »das Auto«, werden Füllwörter automatisch gelöscht. In diesem Beispiel wird nur das Wort »*Auto*« gesucht.

- In der erweiterten Suche werden nicht nur die Nachrichten durchsucht, sondern auch die Anhänge, die der Exchange Server lesen kann.

- Mit der erweiterten Suche werden auch Antworten für verwandte Wörter zurückgegeben. So werden zum Beispiel, wenn Sie nach dem Wort »*Reise*« suchen, auch die Wörter »*Reisen, verreisen, gereist*« zurückgegeben.

- Die Verwendung von Platzhaltern wird bei der erweiterten Suche nicht unterstützt. Sie müssen die Wörter, die Sie suchen, komplett eingeben. Sie können nicht mit »*frei**« nach »*Freizeit*« suchen.

- Wenn Sie die Suchwörter mit UND-Verknüpfungen suchen lassen wollen, müssen Sie die einzelnen Suchbegriffe mit Leerzeichen trennen, wenn Sie nach der ODER-Verknüpfung suchen lassen wollen, müssen Sie die Wörter mit Komma trennen. Diese Regeln gelten auch für die normale Suche.

- Der Inhalt von großen Postfächern oder öffentlichen Ordnern wird mit der Volltextsuche deutlich schneller durchsucht, als mit der normalen Suche.

- Neu eingetroffene E-Mails werden in der erweiterten Suche noch nicht berücksichtigt, da diese noch nicht indiziert wurden. Erst nach der Indizierung werden die neuen E-Mails und deren Anhänge angezeigt.

Fehler bei der Indizierung

Exchange kann leider nicht alle Anhänge indizieren, die Ihren Benutzern zugestellt werden. Wenn Exchange bei der Indizierung eines Anhanges feststellt, dass dieser nicht gelesen werden kann, wird ein Eintrag in einer Protokolldatei durchgeführt. Diese Protokolldateien haben die Bezeichnung *Gather-Logs*. Diese Gather-Logs enthalten alle Dateianhänge des Informationsspeichers, die nicht indiziert werden konnten. Diese Dateien werden im Exchange-System-Verzeichnis im Unterverzeichnis

\Exchsrvr\ExchangeServer_SERVERNAME\GatherLogs

mit der Endung »*gthr*« gespeichert. Sie können anhand dieser Protokolldateien leicht feststellen, welche Dateianhänge nicht indiziert werden können. In diesen Protokolldateien wird außerdem ein Fehlercode gespeichert, der Ihnen mitteilt, warum diese Datei nicht indiziert werden kann. Aus den einzelnen Fehlercodes werden Sie jedoch kaum Hinweise erhalten, was genau bei der Indizierung nicht funktioniert hat. Microsoft liefert daher das Tool

GTHRLOG.VBS mit Exchange aus, mit dessen Hilfe Sie diese Dateien und deren Fehlercodes auslesen können. Sie finden dieses Tool im Verzeichnis

```
Programme\Gemeinsame Dateien\Microsoft Shared\MSSearch\bin
```

oder im Verzeichnis

```
Programme\Gemeinsame Dateien\System\MSSearch\bin.
```

Rufen Sie das Tool mit folgender Syntax auf:

```
Cscript gthrlog.vbs <Dateiname>
```

Exchange-Organisationen mit mehreren Sprachversionen

In einer großen internationalen Exchange-Organisation, deren Exchange Server mit mehreren verschiedenen Sprachen installiert sind, müssen Sie einige Besonderheiten beachten.

Jede Nachricht, die mit Outlook innerhalb einer Exchange-Organisation zugestellt wird, erhält eine spezifische Länderkennung des Absenders. Anhand dieser Länderkennung ermittelt Exchange 2003 das notwendige Trennungszeichen für die Indizierung. Nachrichten, die aus dem Internet zugestellt werden, enthalten hingegen oft keine Länderkennung. Exchange verwendet in diesem Fall die Einstellungen des Exchange 2003 Servers. Diese Regel gilt auch für Anhänge, die mit Hilfe von Microsoft Office-Programmen erstellt wurden. Zudem wird die lokale Spracheinstellung des Dokumentenverfassers verwendet. Zunächst haben immer die Spracheinstellungen der einzelnen Client-Versionen Vorrang vor den Systemeinstellungen eines Exchange Servers.

7.2 Transaktionsprotokolle

Weiter hinten im Buch erfahren Sie mehr über die Speicherstruktur eines Exchange 2003-Systems bezüglich Datenbank-Theorien und Funktionsweise. Da sich dieser Teil des Buches ausschließlich mit den notwendigen praktischen Themen beschäftigt, wird an dieser Stelle auf theoretische Ausschweifungen verzichtet. Nur soviel: Exchange 2003 arbeitet mit so genannten *Transaktionsprotokolldateien*. Alle Aktionen, die die Benutzer durchführen und damit Änderungen in der Datenbank vornehmen, wie beispielsweise E-Mails schreiben, Termine planen, öffentliche Ordner erstellen und so weiter, müssen von Exchange gespeichert werden. Damit dieser Speichervorgang jederzeit konsistent und performant ist, arbeitet Exchange ähnlich wie ein SQL-Server. Jede Änderung und jede Aktion wird zunächst in eine Datei geschrieben. Von dieser Datei arbeitet Exchange dann Änderung für Änderung ab und speichert sie in seiner Datenbank. Diese Dateien sind für den Betrieb eines Exchange Servers, sowie der Datensicherung unerlässlich. Diese Dateien werden Transaktionsprotokolle genannt.

Jede Transaktionsprotokolldatei ist 5 MB (5120 KB) groß. Sobald eine Datei von Exchange voll geschrieben wurde, wird automatisch eine neue Transaktionsprotokolldatei angelegt. Informationsspeicher, die in derselben Speichergruppe angeordnet sind, verwenden jeweils dieselben Transaktionsprotokolle. Werden diese beschädigt, vor allem wenn die darin enthaltenen Änderungen noch nicht in der Datenbank gespeichert sind, werden alle Informationsspeicher dieser Speichergruppe beeinträchtigt beziehungsweise beschädigt. Auch den Speicherort der Transaktionsprotokolldateien können Sie ändern. Sie können diese Dateien entweder im selben Verzeichnis oder im selben Datenträger der Datenbank aufbewahren oder einen getrennten Datenträger wählen. Microsoft empfiehlt auch die Transaktionsprotokolldateien auf einem getrennten Festplattensystem zu speichern. Dies hat ebenfalls Stabilitäts- und Performancegründe. Durch die Arbeit mit Transaktionsprotokolldateien werden die Performance und die Stabilität von Exchange deutlich erhöht. Auch die Vorgänger von Exchange 2003 haben bereits mit diesen Protokollen gearbeitet.

Löschen Sie keinesfalls Transaktionsprotokolle mit der Hand. Wenn Sie eine Online-Sicherung Ihrer Datenbank mit einem Exchange-tauglichen Datensicherungsprogramm durchführen, werden diese Dateien gesichert und danach automatisch gelöscht, es ist kein manuelles Eingreifen notwendig. Selbst wenn Ihnen die Datenbankdateien (»edb« und »stm«) verloren gehen, können Ihre Exchange-Daten sehr einfach mit den Transaktionsprotokollen wiederhergestellt werden.

Sie sollten von Beginn an Ihren Exchange Server online sichern. Versäumen Sie das, besteht die Möglichkeit, dass die Partition, in der die Transaktionsprotokolldateien gespeichert sind, überläuft. Wenn Exchange keine neuen Transaktionsprotokolldateien anlegen kann, da kein Plattenplatz mehr vorhanden ist, stellt der Server seine Funktion ein und kein Benutzer kann sich mehr mit dem System verbinden. Exchange legt aus diesem Grund zwei Reserve-Transaktionsprotokolle, res1.log und res2.log, an. Wenn diese jedoch ebenfalls voll geschrieben sind, steht Ihr Exchange Server still.

Ändern des Speicherortes

Um den Speicherort der Transaktionsprotokolle zu ändern, müssen Sie die Eigenschaften der Speichergruppe aufrufen. Alle Informationsspeicher dieser Speichergruppe verwenden diese Transaktionsprotokolle. Für die Änderung des Speicherortes der Transaktionsprotokolle werden alle Informationsspeicher dieser Speichergruppe offline geschaltet. Sie sollten daher, wie bereits beim Ändern der Datenbank-Dateien, darauf achten, dass keine Benutzer verbunden sind, deren Postfächer auf einem Informationsspeicher dieser Speichergruppe liegen. Die Postfächer von anderen Informationsspeichern sind hiervon nicht betroffen.

Das Verschieben der Transaktionsprotokolle läuft ähnlich ab, wie bereits das Verschieben der Datenbank-Dateien. Sie sollten die Transaktionsprotokolle entweder im selben Verzeichnis speichern wie die Datenbank oder ein eigenes Festplattensystem auswählen. Was sinnvoll ist, kommt auf Ihre Umgebung an. Nach meiner Erfahrung ist es auf alle Fälle sinnvoll, die Datenbank von den Systemdateien zu trennen und die Transaktionsprotokolle im Verzeichnis der Datenbanken zu speichern. Bei großen Umgebungen mit hohem Mailverkehr ist ein eigenes Festplattensystem für die Transaktionsprotokolle auf alle Fälle sinnvoll.

Sie können auf der Registerkarte zum Ändern des Speicherortes der Transaktionsprotokolle zwei verschiedene Speicherorte wählen. Der erste Eintrag PFAD DES TRANSAKTIONSPROTOKOLLS dient zum Speichern der tatsächlichen Transaktionsprotokolle, der zweite, der SYSTEM PFAD, dient zum Speichern der temporären Dateien und der Arbeitsdateien, die eine Speichergruppe zur Arbeit mit den Transaktionsprotokollen benötigt. Hier werden temporäre Dateien, wiederhergestellte Dateien sowie die Checkpoint-Datei der Speichergruppe gespeichert. Sie sollten beide Pfade auf demselben Datenträger speichern. Nochmals eine Unterscheidung zu treffen, macht keinen Sinn.

Checkpoint-Datei

Die Checkpoint-Datei spielt für die Arbeit von Exchange mit den Transaktionsprotokollen und damit der Datenbank eine große Rolle. Jeder Satz Transaktionsprotokolle und jede Speichergruppe hat eine eigene Checkpoint-Datei. Diese Datei wird in dem Verzeichnis gespeichert, welches Sie bei der SYSTEMPFAD-ANGABE gewählt haben. Die Datei hat die Endung »chk«. In dieser Datei hält Exchange fest, welche Änderungen aus den Transaktionsprotokollen bereits in die Datenbank geschrieben wurden. Geht diese Datei verloren, schreibt Exchange beim Starten des Servers alle Informationen, die in den Transaktionsprotokolldateien vorhanden sind, noch einmal in die Datenbank. Je nach Anzahl Ihrer Transaktionsprotokolle kann dieser Vorgang einige Minuten bis Stunden dauern.

Umlaufprotokollierung

Der Begriff *Umlaufprotokollierung* ist in der Exchange-Welt ein wichtiger Begriff. Umlaufprotokollierung heißt nichts anderes, als dass Exchange nicht ständig neue Transaktionsprotokolle anlegt, sondern nur mit einigen wenigen arbeitet und diese ständig überschreibt. Exchange 5.5 hat standardmäßig noch mit der Umlaufprotokollierung gearbeitet. Exchange 2000 und Exchange 2003 arbeiten jedoch standardmäßig nicht mit der Umlaufprotokollierung. So wie Sie bei Exchange 5.5 die Umlaufprotokollierung deaktivieren konnten, können Sie diese bei Exchange 2003 aktivieren. Durch die Aktivierung der Umlaufprotokollierung sparen Sie zwar im Idealfall Festplattenplatz, bei Problemen mit der Datenbank oder einem notwendigen Restore kann Exchange jedoch nur noch auf einen begrenzten Datenstamm zurückgreifen. Sie können die Umlaufprotokollierung für jede Speichergruppe getrennt aktivieren oder deaktivieren. Sie sollten die Umlaufprotokollierung nur dann deaktivieren, wenn Sie genau wissen, was Sie tun und der Inhalt der Speichergruppe nicht sehr wichtig ist. Um die Umlaufprotokollierung einer Speichergruppe zu aktivieren, rufen Sie, wie beim Verschieben der Transaktionsprotokolle, die Eigenschaften der Speichergruppe auf und setzen den Haken bei UMLAUFPROTOKOLLIERUNG AKTIVIEREN (ENABLE CIRCUAL LOGGING).

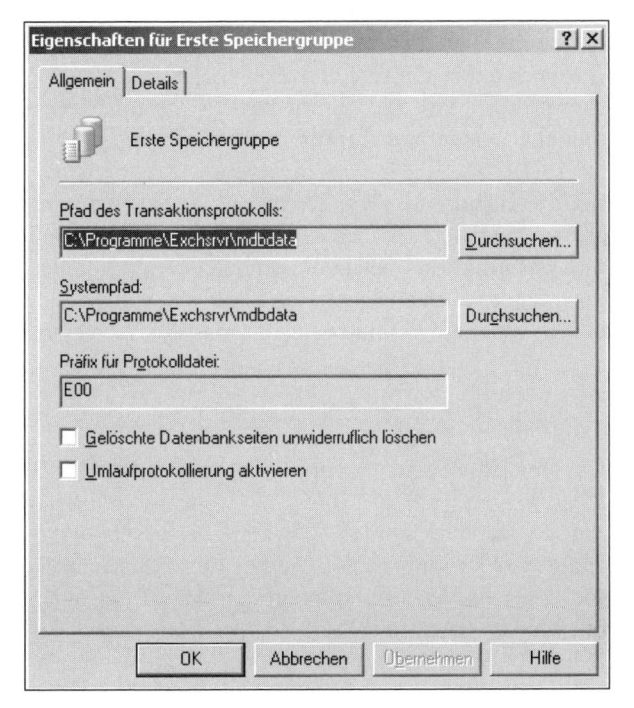

Abbildung 7.18:
Speicherort der Transaktionsprotokolldateien einer Speichergruppe

Der Windows-Explorer zeigt bei Transaktionsprotokolldateien immer eine Größe von 5.120 KB an. Sollte diese Größe für Ihre Dateien nicht angezeigt werden, sind sie wahrscheinlich defekt.

INFO

7.3 Speichergruppen

Wie bereits erwähnt, sind Speichergruppen Sammlungen von Informationsspeichern. Dabei ist es egal, ob eine Speichergruppe mehrere Informationsspeicher für öffentliche Ordner oder Postfachinformationsspeicher enthält. Alle Informationsspeicher einer Speichergruppe nutzen einen gemeinsamen Satz Transaktionsprotokolle.

Mit Hilfe der Speichergruppen können Sie die Benutzer in verschiedene Datenbanken (Speichergruppen) unterteilen. Wenn eine Speichergruppe ausfällt, ist sichergestellt, dass Benutzer mit Postfächern in anderen Speichergruppen weiterhin uneingeschränkt arbeiten können. Wenn die ausgefallene Speichergruppe wiederhergestellt wird, können trotzdem die anderen Benutzer weiterarbeiten. Der Recovery-Vorgang einer Speichergruppe beeinflusst andere Speichergruppen nicht. Durch die Aufteilung der Benutzer in verschiedene Postfachspeicher und Speichergruppen sind zudem die einzelnen Datenbanken deutlich kleiner, als nur bei einer Speichergruppe. Dadurch dauern auch Recovery-Vorgänge nicht so lange, wie bei einer Speichergruppe und die Benutzer der betroffenen Speichergruppe können schneller wieder auf ihr Postfach zugreifen.

Bei der Installation von Exchange 2003 wird automatisch eine erste Speichergruppe angelegt. Sie können jederzeit weitere Speichergruppen anlegen und Informationsspeicher erstellen. Beim Erstellen eines neuen Benutzerpostfaches können Sie später dann auswählen, in welcher Speichergruppe und in welchem Postfachspeicher das Postfach erstellt werden soll.

Erstellen einer neuen Speichergruppe

Um eine neue Speichergruppe zu erstellen, starten Sie den Exchange System-Manager und navigieren Sie zu dem Server, auf dem Sie diese Speichergruppe erstellen wollen. Klicken Sie diesen Server dann mit der rechten Maustaste an und wählen Sie aus dem Menü erst NEU und dann SPEICHERGRUPPE aus. Sie können in diesem Menü außer einer Speichergruppe auch die bereits erwähnte *Recovery Speichergruppe* erstellen. Mit Hilfe dieser Recovery Speichergruppe können Sie alle anderen Speichergruppen innerhalb derselben administrativen Gruppe wiederherstellen. Im Kapitel 15 *Datensicherung* werde ich auf diese Speichergruppe detaillierter eingehen.

Im darauf folgenden Fenster legen Sie den Namen der Speichergruppe und den Speicherort der Transaktionsprotokolle fest und ob Sie die Umlaufprotokollierung aktivieren oder deaktivieren wollen.

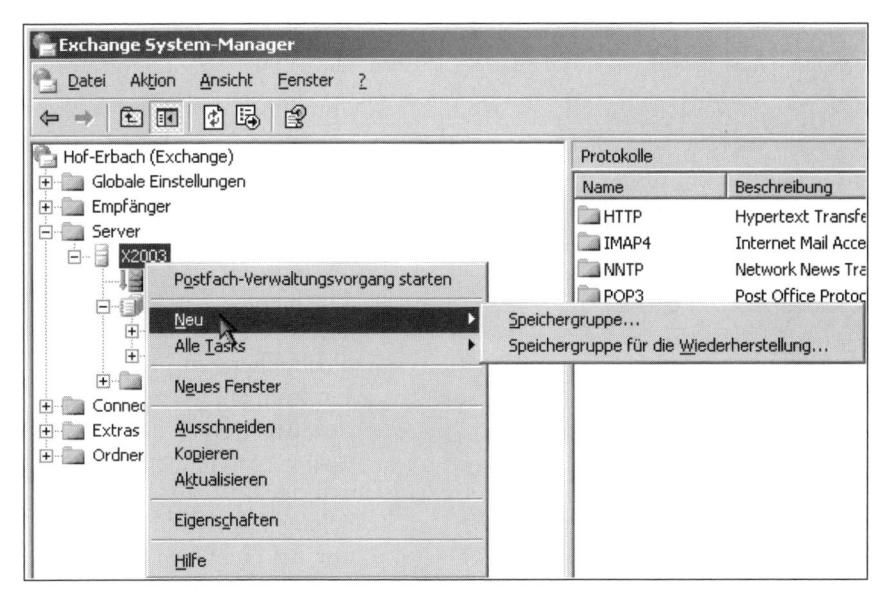

Abbildung 7.19:
Erstellen einer neuen Speichergruppe oder einer neuen Speichergruppe für die Wiederherstellung

In diesem Fenster legen Sie ebenfalls die Option GELÖSCHTE DATENBANKSEITEN UNWIDERRUFLICH LÖSCHEN (ZERO OUT DELETED DATABASE PAGES) aktivieren. Diese Option besagt, dass Exchange gelöschte Datenbankseiten neu benutzen darf. Gelöschte Objekte werden schneller und unwiederbringlich gelöscht. Durch diese Option erhöht sich sowohl die Sicherheit als auch die Serverlast.

Wollen Sie eine Speichergruppe zu löschen, müssen Sie zuvor alle Informationsspeicher dieser Speichergruppe löschen. Diese können Sie wiederum erst löschen, wenn alle Postfächer und öffentlichen Ordner dieser Informationsspeicher gelöscht oder in andere Speicher verschoben wurden.

INFO

7.4 Löschen von Datenbanken

Wenn Sie einen Postfachspeicher löschen wollen, müssen Sie sicherstellen, dass keine Postfächer mehr darin enthalten sind. Exchange verweigert sonst die Löschung. Wenn Sie einen Informationsspeicher für öffentliche Ordner löschen wollen, darf dieser keine Replikate von öffentlichen Ordnern enthalten und keinem Postfachspeicher als Standard öffentlicher Ordnerspeicher zugewiesen sein. Sie finden diese Einstellung in den Eigenschaften des jeweiligen Postfachspeichers. Eine Speichergruppe kann nur gelöscht werden, wenn Sie keinerlei Informationsspeicher mehr enthält.

Unter Umständen kann es vorkommen, dass Sie einen Informationsspeicher nicht löschen können, obwohl im Exchange System Manager keine Postfächer mehr angezeigt werden.

Kapitel 7 Speicherarchitektur

Abbildung 7.20:
Konfiguration einer neuen Speichergruppe

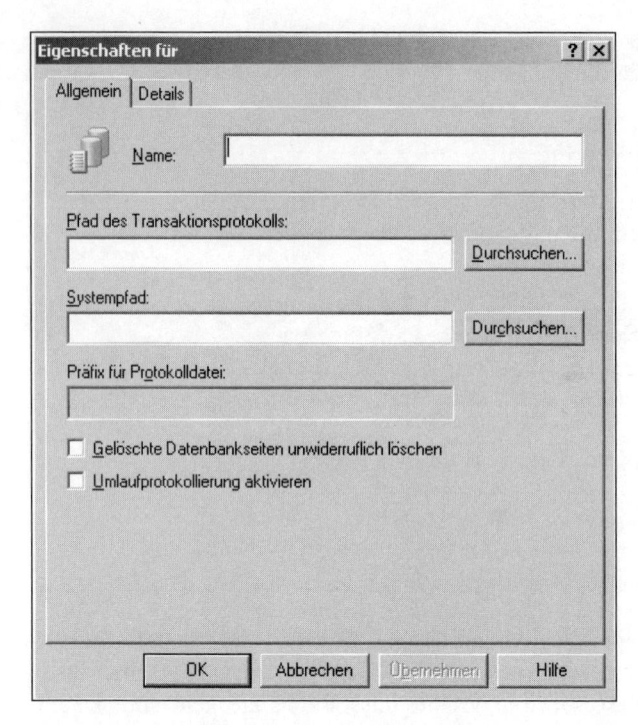

Sie können dann direkt im Active Directory überprüfen, welche Objekte noch mit dem Postfachspeicher verbunden sind und anhand der Benutzerobjekte das Postfach löschen oder verschieben. Zum Überprüfen des Active Directory verwenden Sie das Tool *ldp.exe*, welches mit Windows 2003 mitgeliefert wird.

Gehen Sie folgendermaßen vor:

1. Starten Sie das Tool *ldp.exe*.
2. Wählen Sie aus dem Menü CONNECTION den Befehl CONNECT.
3. Geben Sie den Namen eines Domänen-Controllers der Root-Domäne der Gesamtstruktur an und bestätigen Sie mit OK.
4. Wählen Sie aus dem Menü CONNECTION den Befehl BIND.
5. Authentifizieren Sie sich mit einem Benutzer mit Domänen-Admin-Rechten.
6. Wählen Sie aus dem Menü VIEW den Befehl TREE aus und lassen Sie im nächsten Fenster das Feld BASEDN leer.
7. Öffnen Sie im linken Feld den Baum und navigieren Sie zu <DOMÄNEN-NAME>/CONFIGURATION/SERVICES/MICROSOFT EXCHANGE/<ORGANISATIONSNAME>/ADMINISTRATIVE GRUPPEN/<NAMEDERADMINISTRATIVENGRUPPE>/SERVER/<SERVERNAME>/INFORMATIONSTORE/<NAME DER

SPEICHERGRUPPE>
Hierzu müssen Sie die einzelnen Zweige durch einen Doppelklick aufklappen.

8. Doppelklicken Sie auf Ihren Postfachspeicher.

9. Suchen Sie in der Ausgabe im rechten Feld die Attribute dieses Postfachspeichers, vor allem das Attribut HOMEMDBBL. Das sollte bei Ihnen in etwa auch so aussehen wie hier:

```
5> homeMDBBL: CN=exadmin,CN=Users,DC=hof-erbach,DC=de;
CN=SystemMailbox{60AE5933-6CA9-4DAF-B3E0-EE3C278040B0},CN=Microsoft
Exchange System Objects,DC=hof-erbach,DC=de; CN=SMTP (DCEX2003-
{60AE5933-6CA9-4DAF-B3E0-EE3C278040B0}),CN=Connections,CN=Hof-
Erbach,CN=Microsoft Exchange,CN=Services,CN=Configuration,DC=hof-
erbach,DC=de; CN=Microsoft System
Attendant,CN=DCEX2003,CN=Servers,CN=First Administrative
Group,CN=Administrative Groups,CN=Hof-Erbach,CN=Microsoft
Exchange,CN=Services,CN=Configuration,DC=hof-erbach,DC=de;
CN=Administrator,CN=Users,DC=hof-erbach,DC=de;
```

10. Die Bezeichnung 5> am Anfang der Zeile bedeutet, dass in diesem Postfachspeicher 5 Postfächer gespeichert sind. Die verschiedenen Postfächer sind mit Semikolon (»;«) voneinander getrennt. Kopieren Sie diese in eine Textdatei und suchen Sie sie im Active Directory im SnapIn *Active Directory-Benutzer und Computer*. Sie können jeden einzelnen überprüfen und dessen Postfach in einen anderen Postfachspeicher verschieben oder löschen, wenn es nicht mehr benötigt wird.

7.5 Eseutil.exe

Das Tool eseutil.exe ist wohl vielen Administratoren schon seit Exchange 5.5 bekannt. Mit Exchange 2003 wird die neue Version 6.5 mitgeliefert, die Version unter Exchange 2000 hieß noch 6.0. Mit diesem Kommandozeilenprogramm können Sie direkt die einzelnen Datenbankdateien Ihres Exchange Servers bearbeiten. Sie können Wiederherstellungsvorgänge durchführen, eine Offline-Defragmentation durchführen, um die Dateien zu verkleinern und vieles mehr. Für eine effiziente Administration von Exchange 2003 werden Sie das Tool öfter benötigen. Sie sollten allerdings mit größter Sorgfalt vorgehen, wenn Sie mit *eseutil* arbeiten. Sie können mit diesem Tool nicht nur Reparatur- und Wartungsarbeiten an Ihren Exchange-Datenbanken durchführen, sondern diese auch beschädigen.

Sie finden *eseutil* im Exchange-Installationsverzeichnis im Unterverzeichnis »\bin«. Um mit dem Tool zu arbeiten, stehen Ihnen verschiedene Schalter zur Verfügung, die im Folgenden besprochen werden.

Kapitel 7 Speicherarchitektur

Überprüfen der Datenbank

Sie können mit *eseutil* überprüfen, ob Ihre Exchange Datenbank noch konsistent ist. Ihnen Stehen dazu 2 Schalter zur Verfügung.

eseutil /mh

Mit dem Befehl *eseutil /mh* können Sie den Header der Datenbank auslesen. Sie müssen dem Befehl *eseutil /mh* zudem den Pfad zu Ihrer Datenbank mitgeben. Wenn sich im Pfad Leerzeichen befinden, müssen Sie den Pfad in Anführungszeichen schreiben.

```
"c:\program files\exchsrvr\bin\eseutil" /mh "c:\program files\exchsrvr\mdbdata\priv1.edb"
```

Bevor Sie jedoch mit dem Befehl *eseutil /mh* arbeiten können, müssen Sie die Bereitstellung für den Postfachspeicher aufheben oder den Dienst für den Informationsspeicher beenden. Je nach Größe Ihrer Datenbank kann der Test einige Sekunden bis Minuten dauern. Wenn mit Ihrer Datenbank alles in Ordnung ist, erhalten Sie eine entsprechende Ausgabe:

```
Microsoft(R) Exchange Server(TM) Database Utilities
Version 6.5
Copyright (C) Microsoft Corporation 1991-2000.  All Rights Reserved.

Initiating FILE DUMP mode...
         Database: c:\program files\exchsrvr\mdbdata\priv1.edb

        File Type: Database
  Format ulMagic: 0x89abcdef
  Engine ulMagic: 0x89abcdef
Format ulVersion: 0x620,9
Engine ulVersion: 0x620,9
Created ulVersion: 0x620,9
    DB Signature: Create time:03/25/2003 15:28:44 Rand:3075680 Computer:
       cbDbPage: 4096
         dbtime: 16139 (0-16139)
          State: Clean Shutdown <- Diese Ausgabe besagt, dass die DB
(wahrscheinlich) in Ordnung ist
    Log Required: 0-0 <- Alle Logs wurden in die DB geschrieben, die DB
ist konsistent
   Streaming File: Yes
        Shadowed: Yes
      Last Objid: 154
    Scrub Dbtime: 0 (0-0)
      Scrub Date: 00/00/1900 00:00:00
Operation completed successfully in 1.221 seconds.
```

eseutil /g

Ein weiterer Konsistenz-Test für Ihre Datenbank ist der Schalter *eseutil /g*. Auch mit diesem Test wird die Datenbank, die Sie in dem Befehl eingeben, auf Konsistenz getestet. Die Ausgabe ist allerdings weniger aussagekräftig und umfangreich, als der Schalter *eseutil /mh*:

```
"C:\PROGRAM FILES\EXCHSRVR\BIN\ESEUTIL" /G "C:\PROGRAM
    FILES\EXCHSRVR\MDBDATA\PRIV1.EDB"
Microsoft(R) Exchange Server(TM) Database Utilities
Version 6.5
Copyright (C) Microsoft Corporation 1991-2000.  All Rights Reserved.

Initiating INTEGRITY mode...
        Database: c:\program files\exchsrvr\mdbdata\priv1.edb
  Streaming File: c:\program files\exchsrvr\mdbdata\priv1.STM
  Temp. Database: TEMPINTEG432.EDB

Checking database integrity.

                Scanning Status (% complete)

         0    10   20   30   40   50   60   70   80   90  100
         |----|----|----|----|----|----|----|----|----|----|
         ...................................................


Integrity check successful.

Operation completed successfully in 5.438 seconds.
```

Offline-Defragmentation

Durch Verschieben von Benutzern zwischen Postfachspeichern oder auch der normalen Arbeit mit dem Exchange Server wachsen Ihre Datenbank-Dateien ständig an. Während der automatischen und täglichen Online-Defragmentation werden die Datenbanken allerdings nicht verkleinert. Die Online-Defragmentation stellt lediglich Festplattenplatz wieder zur Verfügung, der von Exchange nicht mehr verwendet wird. Es werden leere Bereiche innerhalb der Datenbank zusammengefasst, keine Dateien verkleinert. Um die Datenbank-Dateien (vom Typ »*edb*« und »*stm*«) zu verkleinern, müssen Sie eine *Offline-Defragmentation* durchführen. Für die Offline-Defragmentation müssen Sie entweder Ihre Datenbanken dismounten beziehungsweise die Bereitstellung aufheben oder den Informationsspeicher-Dienst beenden, daher auch der Name »Offline«. Eine Offline-Defragmentation kann je nach Größe der Datenbank mehrere Minuten bis Stunden dauern. Führen Sie solch einen Vorgang nur außerhalb der üblichen Nutzungszeiten durch. Unter Exchange 2003 ist selbst die Fragmentierung der

Datenbanken längst kein Problem mehr. Sie brauchen nicht ständig eine Defragmentation durchzuführen, eine wesentliche Geschwindigkeitssteigerung werden Sie kaum erzielen können. Eine Offline-Defragmentation macht eigentlich erst Sinn, wenn Sie zum Beispiel in kurzer Zeit viele Postfächer von einem Server auf einen anderen verschoben haben, ansonsten sollten Sie sehr vorsichtig vorgehen. Exchange 2003 hat genügend integrierte Funktionen, um leere Datenbank-Bereiche wieder zu füllen. Erwarten Sie von der Offline-Defragmentation keine riesigen Performance-Sprünge. Aktuelle Hardware wird auch mit einer stark fragmentierten Datenbank nicht überlastet. Wenn Ihr Server plötzlich sehr langsam ist, wird eine Defragmentation keine wesentlichen Steigerungen bringen.

Diese Offline-Defragmentation wird durch das Tool *eseutil* durchgeführt. Sie müssen zunächst die Bereitstellung des Postfachspeichers aufheben oder den Informationsspeicher-Dienst beenden. Überprüfen Sie am besten vor dem Start der Defragmentation die Größe der Datenbankdateien, damit Sie einen Überblick haben, ob die Defragmentation einen Effekt gehabt hat, oder ob Sie unnötig war. Vor und nach der Defragmentation sollten Sie auch eine Datensicherung durchführen. Viele Exchange Server sind durch eine solche Defragmentation schon außer Funktion gesetzt worden

Um eine Offline-Defragmentation durchzuführen, starten Sie *eseutil* mit dem Schalter »/d« und dem Pfad zur Datenbank, die Sie defragmentieren wollen. Sie müssen in der Befehlszeile nur den Dateinamen der EDB-Datei angeben, die STM-Datei findet *eseutil* dann automatisch.

:-) TIPP

Eseutil legt vor dem Defragmentationsvorgang eine temporäre Kopie der Datenbank-Dateien an, die dann defragmentiert und nach dem Vorgang über die Produktiv-Datenbank kopiert werden. Die Temporär-Dateien werden auf dem Laufwerk angelegt, auf dem Sie eseutil aufrufen. Es ist daher wichtig, dass Sie jederzeit darauf achten, auf Ihren Datenträger genug Platz zu lassen, das heißt mindestens doppelt so viel Platz, wie die Datenbank groß ist. Wenn Sie nicht genug Platz auf Ihren Datenträger haben, kann eseutil im Notfall keine Datenbank defragmentieren oder reparieren. Sie können aber auch mit dem Schalter »/t« arbeiten oder das eseutil auf einem anderen Server als dem Exchange Server starten. Diese beiden Optionen werden weiter hinten in diesem Kapitel behandelt.

```
"C:\ PROGRAM FILES\EXCHSRVR\BIN\ESEUTIL" /D "C:\PROGRAM
FILES\EXCHSRVR\MDBDATA\PRIV1.EDB"
```

Nachdem *eseutil* mit der Defragmentation begonnen hat, öffnet es die originale Datenbank und legt eine Kopie an. Während dieses Kopiervorgangs werden alle leere Seiten der Datenbank gelöscht. Diese temporäre Kopie wird dann defragmentiert und danach über die originale Datenbank kopiert. Nach einiger Zeit, die von der Größe Ihrer Datenbank abhängt,

Eseutil.exe

gibt *eseutil* das Ergebnis am Bildschirm aus und Sie können überprüfen, ob die Defragmentation erfolgreich war.

```
MICROSOFT(R) EXCHANGE SERVER(TM) DATABASE UTILITIES
VERSION 6.5
COPYRIGHT (C) MICROSOFT CORPORATION 1991-2000.  ALL RIGHTS RESERVED.

INITIATING DEFRAGMENTATION MODE...
         DATABASE: C:\PROGRAM FILES\EXCHSRVR\MDBDATA\PRIV1.EDB
    STREAMING FILE: C:\PROGRAM FILES\EXCHSRVR\MDBDATA\PRIV1.STM
    TEMP. DATABASE: TEMPDFRG2960.EDB
TEMP. STREAMING FILE: TEMPDFRG2960.STM

              DEFRAGMENTATION STATUS (% COMPLETE)

          0    10   20   30   40   50   60   70   80   90  100
          |----|----|----|----|----|----|----|----|----|----|
          ....................................................

MOVING 'TEMPDFRG2960.EDB' TO 'C:\PROGRAM FILES\EXCHSRVR\MDBDATA\PRIV1.EDB'...
DO
NE!
MOVING 'TEMPDFRG2960.STM' TO 'C:\PROGRAM FILES\EXCHSRVR\MDBDATA\PRIV1.STM'...
DO
NE!

NOTE:
  IT IS RECOMMENDED THAT YOU IMMEDIATELY PERFORM A FULL BACKUP
  OF THIS DATABASE. IF YOU RESTORE A BACKUP MADE BEFORE THE
  DEFRAGMENTATION, THE DATABASE WILL BE ROLLED BACK TO THE STATE
  IT WAS IN AT THE TIME OF THAT BACKUP.

OPERATION COMPLETED SUCCESSFULLY IN 9.593 SECONDS.
```

Zusätzlich können Sie hinter den Schalter »/d« für die Defragmentation weitere Optionen als Schalter anhängen. Sie müssen aber zwischen dem Schalter »/d« und weiteren Schaltern jeweils ein Leerzeichen eintragen.

> **TIPP** *Wenn die Defragmentation durch Herunterfahren des Servers unterbrochen wird, kann es sein, dass die temporär angelegten Datenbankdateien noch nicht über die Original-Datenbank-Dateien kopiert wurden. Lokalisieren Sie dann die Temporär-Datenbanken und kopieren Sie sie über die Original-Dateien. Die Dateien müssen nach dem Kopiervorgang genauso heißen wie vorher.*

Folgende Optionen sind zusätzlich möglich:

/b <Datenbank-Datei>

Mit diesem Schalter wird eine Sicherung der Datenbank unter dem genannten Namen angelegt.

/t <Datenbank-Datei>

Mit diesem Schalter wird der Name und der Pfad der temporären Datenbank festgelegt, die *eseutil* zum Defragmentieren anlegt. Wenn Sie diesen Schalter nicht setzen, verwendet *eseutil* den Standardnamen *tempdfrg.edb*. Die Temporär-Datei wird auf der Partition angelegt, von der Sie das *eseutil* mit dem Schalter »/d« starten.

/s <Dateiname>

Mit diesem Schalter setzen Sie den Namen für die verwendete Streaming (»*stm*«)-Datei. Dieser Schalter wird im Normalfall nicht benötigt. *Eseutil* findet den Namen automatisch.

/f <Dateiname>

Dieser Schalter bewirkt für die STM-Datei das Gleiche, wie der Schalter »/t« für die *edb*-Datei.

/p

Eseutil legt zum Defragmentieren eine temporäre Datenbank an, welche nach der erfolgreichen Defragmentation die Produktiv-Datenbank überschreibt. Wenn Sie den Schalter »/p« setzen, wird die Produktiv-Datenbank in die Temporär-Datenbank kopiert, defragmentiert, aber nicht mehr zurückgeschrieben. Sie haben durch diesen Schalter eine defragmentierte Kopie Ihrer Datenbank. Die Produktiv-Datenbank bleibt allerdings weiter defragmentiert. Unter Umständen kann es passieren, dass Ihre stm-Dateien nach einer Defragmentation mit dem Schalter »/p« inkonsistent werden. Sie können dazu ein weiteres Tool namens *Isinteg* verwenden.

/o

Wenn Sie diesen Schalter verwenden, gibt *eseutil* keine Meldungen über sich selbst aus. Es werden die Zeilen mit der Copyrightmeldung nicht ausgegeben.

Diesen Schalter können Sie zum Beispiel verwenden, wenn Sie mehrere Datenbanken mit einem Batch-File defragmentieren und das Ergebnis in eine Datei umleiten lassen:

```
"C:\PROGRAM FILES\EXCHSRVR\BIN\ESEUTIL" /D /O "C:\PROGRAM FILES\EXCHSRVR\MDBDATA\PRIV1.EDB" >C:\ESEUTIL.LOG
```

In einem Logfile würden die vielen Logo-Zeilen nur verwirren.

/i

Wenn Sie diesen Schalter eingeben, wird die STM-Datei der Datenbank nicht defragmentiert. Standardmäßig werden beide Dateien defragmentiert, »*edb*« und »*stm*«.

Überprüfen der Transaktionsprotokolle

Ein weiteres Feature von *eseutil* besteht darin genau zu überprüfen, welche Transaktionsprotokolle schon in die Datenbank geschrieben wurden und welche noch offen sind. Jede Speichergruppe hat einen Satz Transaktionsprotokolle und damit eine Checkpoint-Datei mit der Endung »*chk*«.

Um zu überprüfen, welche Transaktionsprotokolle bereits in die Datenbank geschrieben wurden, müssen Sie diese Checkpoint-Datei abfragen. Suchen Sie zunächst den Pfad dieser Checkpoint-Datei. Sie legen diesen Pfad in den Eigenschaften der Speichergruppen fest. Die Checkpoint-Datei wird in dem Pfad gespeichert, den Sie auf der Registerkarte ALLGEMEIN im Feld SYSTEMPFAD eingetragen haben. Nachdem Sie den Pfad überprüft haben, können Sie mit dem Schalter /mk <*Pfad zur Checkpoint-Datei*> das Tool *eseutil* aufrufen.

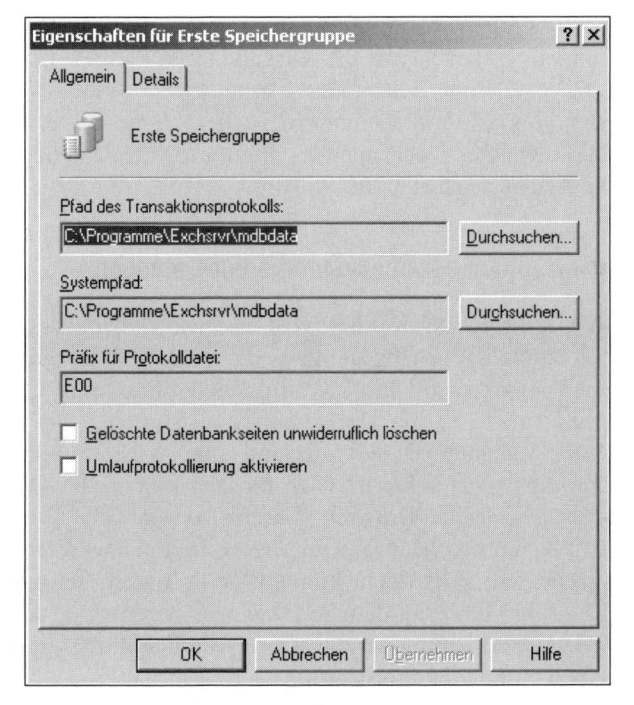

Abbildung 7.21:
Eigenschaften der Speichergruppe

```
ESEUTIL /MK "C:\PROGRAM FILES\EXCHSRVR\MDBDATA\E00.CHK"
```

Für das Überprüfen der Checkpoint-Datei müssen Sie ebenfalls die Bereitstellung der Datenbank deaktivieren. Wenn Sie den Befehl wie oben eingegeben haben, sollte *eseutil* bei Ihnen eine Erfolgsmeldung ausgeben, die ähnlich aussieht wie hier:

```
MICROSOFT(R) EXCHANGE SERVER(TM) DATABASE UTILITIES
VERSION 6.5
COPYRIGHT (C) MICROSOFT CORPORATION 1991-2000.  ALL RIGHTS RESERVED.

INITIATING FILE DUMP MODE...
     CHECKPOINT FILE: C:\PROGRAM FILES\EXCHSRVR\MDBDATA\E00.CHK

     LASTFULLBACKUPCHECKPOINT: (0X0,0,0)
     CHECKPOINT: (0X6A,B91,B1)
     FULLBACKUP: (0X0,0,0)
     FULLBACKUP TIME: 00/00/1900 00:00:00
     INCBACKUP: (0X0,0,0)
     INCBACKUP TIME: 00/00/1900 00:00:00
     SIGNATURE: CREATE TIME:03/25/2003 15:28:43 RAND:3013162 COMPUTER:
     ENV (CIRCLOG,SESSION,OPENTBL,VERPAGE,CURSORS,LOGBUFS,LOGFILE,BUFFERS)
         (    OFF,    202,   10100,   1365,   10100,    384,   10240,  65422)

OPERATION COMPLETED SUCCESSFULLY IN 1.101 SECONDS.
```

Die wichtigste Information steht dabei ganz oben in der Zeile Checkpoint. In meinem Beispiel ist die Ausgabe CHECKPOINT: (0x6A,B91,B1).

Der Hex-Wert in Klammern ist der Name des ersten Transaktionsprotokolls, welches noch nicht in die überprüfte Datenbank geschrieben wurde, in diesem Beispiel *E000006A.log*.

Überprüfung der Checksumme der Datenbank

Weiter hinten im Kapitel wird näher auf Probleme mit der Datenbank von Exchange 2003 eingegangen. Soviel vorab: Exchange speichert Daten in 4 KB-Blöcken ab und legt für jeden Block eine Checksumme an, um zu überprüfen, ob die Datenbank konsistent ist. Sie können mit *eseutil* die Konsistenz der Datenbank und Ihrer Checksummen überprüfen. Dieser Vorgang führt keinerlei Wartungsarbeiten an den Datenbanken durch, sondern vergleicht lediglich Datenbankseite für Datenbankseite mit Ihrer Checksumme. In der Ausgabe sollten keine fehlerhaften Checksummen erscheinen. Falls doch, können Sie eventuell eine Lösung weiter hinten im Kapitel finden. Mit dem Schalter »/e« wird bei der Checksummen-Kontrolle **keine** Überprüfung der edb-Datei durchgeführt. Mit dem Schalter »/i« **keine** Überprüfung der stm-Datei.

Starten von eseutil auf einem anderen Server

Sie müssen *eseutil* nicht unbedingt auf einem Exchange Server starten. Bei der Defragmentation der Datenbank kann es sinnvoll sein, *eseutil* auf einen anderen Server auszulagern und von dort zu starten. Sie sollten aber darauf achten, dass zwischen den beiden Servern eine stabile und schnelle Netzwerkverbindung besteht. Da für die Defragmentation zunächst eine temporäre Datenbank der Exchange-Produktiv-Datenbank angelegt wird, muss diese zunächst über das Netz auf den Server kopiert werden, von dem Sie *eseutil* starten. Sie können aber ersatzweise mit dem Schalter »/t« arbeiten und den Pfad der Temporär-Datei abändern. Dann wiederum macht es aber keinen Sinn *eseutil* auf einen anderen Computer zu kopieren.

Damit *eseutil* funktioniert, müssen Sie folgende Dateien aus dem Exchange\bin-Verzeichnis kopieren:

Eseutil.exe, ese.dll, jcb.dll, exosal.dll, exchmem.dll

Nach dem Kopiervorgang können Sie mit *eseutil* wie gewohnt arbeiten.

7.6 Notfall-Lösungen der Datenbank

Viele Umstände können dazu führen, dass Ihre Datenbank inkonsistent wird. Bevor Sie eine Datensicherung zurückspielen, sollten Sie genau recherchieren, was schief gegangen ist und wo die Probleme lagen. Sie können auch mit *eseutil* einige Probleme lösen. Außer diesem Tool gibt es auch noch das Tool *isinteg*, welches Sie bei Problemen mit der Datenbank unterstützt. Genauso wie *eseutil* ist *isinteg* ein Kommandozeilen-Programm.

Fehler 1018, 1019 und 1022

Diese Fehler sind wohl das schlimmste, was Ihrer Datenbank passieren kann. Vor allem die Fehlermeldung 1018 bedeutet, dass Ihre Datenbank inkonsistent ist. Die Fehlerbezeichnung stammt von der Event-ID im Ereignisprotokoll.

Wenn Exchange feststellt, dass die Prüfsumme eines Blocks nicht mehr stimmt, hat irgendetwas für Exchange unbemerkt die Datenbank verändert, so dass sie inkonsistent geworden ist. Wenn ein solcher Fehler in der Datenbank auftaucht, ist es wahrscheinlich, dass mehrere Inkonsistenzen in der Datenbank auftreten. Sie werden auf jeden Fall mit einem Datenverlust rechnen müssen, die Frage ist nur, wie hoch dieser sein wird. Wenn der Fehler 1018 auftritt, wird sich zeigen, wie gut Ihr Datensicherungskonzept ist.

Ursachen für Datenbank-Fehler

Der Fehler tritt häufig durch ein Hardware-Problem oder oft wegen fehlerhafter RAID-Controller auf, eigentlich nie wegen Viren, auch wenn oft alle Probleme solchen Viren zugeschrieben werden. Es kann sich aber auch um einen Treiberfehler oder einen Bluescreen handeln, der fehlerhafte Daten auf die Festplatte geschrieben hat. Solche Fehler treten meistens auf Bastel-Systemen auf, weniger auf Servern der großen Hersteller, da bei diesen die Zusammenarbeit von RAID-Controller und Treiber gewährleistet ist und getestet wurde. Meine Empfehlung lautet als Serverhardware immer nur Markenserver zu verwenden, die speziell für den Betrieb mit Windows 2000 beziehungsweise Windows 2003 vorgesehen sind. Verzichten Sie auf vermeintliche Schnäppchen, die nur selten ausreichend getestet wurden und nur in kleiner Stückzahl auf dem Markt sind.

Problembehebung mit vorhandener Online-Datensicherung

Zunächst sollten Sie sicherstellen, dass Ihr Server wirklich einwandfrei funktioniert und eventuell gleich auf Ausfall-Hardware ausweichen. Machen Sie auf jeden Fall keine unüberlegten Schnellschüsse mit der Wiederherstellung oder dem Tool *eseutil*, sondern gehen Sie geplant und überlegt vor.

Überprüfen Sie als Erstes Ihren Stand der Datensicherung. Sie brauchen ein Vollbackup der Datenbank und aller Transaktionsprotokolldateien seit der Sicherung. Beenden Sie alle Exchange-Dienste auf dem Server. Kopieren Sie das Exchange-Verzeichnis vor allem die Datenbanken auf einen anderen Server. Ich gehe in diesem Beispiel davon aus, dass wirklich eine Hardwarekomponente auf dem Server defekt ist. Führen Sie danach am besten ein Treiber- und BIOS-Update des RAID-Controllers sowie des Betriebssystems durch. Hier können Sie Ihre letzte Datensicherung zurückspielen. Da während der Datensicherung die Konsistenz der Datenbank überprüft wird, können Sie sicher sein, dass ein durchgeführtes Online-Backup ohne Fehler ist. Sichern Sie auch alle noch vorhandenen Transaktionsprotokolle auf den Server zurück und starten Sie die Exchange-Dienste. Exchange schreibt alle noch nicht in die Datenbank geschrieben Transaktionsprotokolle in die Datenbank. Dieser Vorgang kann eine Weile dauern, je nach Größe Ihrer Datenbank und Anzahl der Transaktionsprotokolle.

Nach der Wiederherstellung sollte Exchange wieder einwandfrei laufen. Überprüfen Sie aber auf alle Fälle ständig die Ereignisanzeige und die Protokolle Ihrer Datensicherung. Am besten wäre der Wechsel auf andere Hardware, da Sie nicht sicher sagen können, was den Fehler verursacht hat. Im seltensten Fall ist Exchange schuld, am häufigsten die Hardware.

Notfall-Lösungen der Datenbank

Problembehebung mit vorhandener Offline-Sicherung

Wenn Sie kein Online-Backup Ihres Servers zur Verfügung habe, stehen Sie vor einem größeren Problem. Ein reines Offline-Backup wird Ihnen nicht viel bringen, da beim reinen Kopieren der Exchange-Datenbanken keine Überprüfung der Konsistenz durchgeführt wurde. Es kann also sein, dass die gesicherten Datenbanken bereits unerkannt fehlerhaft waren. Sie können aber dieses Backup zurücksichern und über mehrere Stunden oder Tage beobachten. Tritt der Fehler 1018 nicht mehr auf, sollten Sie schleunigst dafür sorgen, dass Ihre Exchange-Datenbank zukünftig online gesichert wird.

Problembehebung ohne vorhandene Datensicherung

Wenn Ihnen keine Datensicherung zur Verfügung steht, sollten Sie als Erstes dafür sorgen, dass kein Mitarbeiter mehr E-Mails schreibt und keine Exchange-Dienste beenden. Exportieren Sie mit dem Tool *exmerge* alle Postfächer aus der Datenbank in pst-Dateien auf einem anderen Server mit genügend Festplattenplatz. Vergessen Sie auch die öffentlichen Ordner nicht. Öffnen Sie zum Sichern der öffentlichen Ordner Outlook und exportieren Sie die öffentlichen Ordner ebenfalls in pst-Dateien.

Jetzt können Sie alle Exchange-Dienste beenden und die Datenbank auf einen anderen Server kopieren. Sie können mit *eseutil* die defekten Seiten der Datenbank löschen.

Wenn Sie mit eseutil Datenbank-Seiten aus der Datenbank löschen, entsteht Datenverlust in unbekannter Höhe. Sie sollten daher diesen Weg nur dann wählen, wenn Ihnen wirklich nichts anderes mehr übrig bleibt. Sie sollten nach dem Motto »retten, was zu retten ist« vorgehen, und nicht erwarten, dass Ihre Datenbank später wieder alle Daten beinhaltet.

Mit eseutil die Datenbank bereinigen

Es gibt zwei Varianten, wie Sie mit *eseutil* eine inkonsistente Datenbank bereinigen können:

Die erste Variante wäre der Schalter »/d« für eine Offline-Defragmentation. Wenn der Fehler hauptsächlich oder bestenfalls nur in leeren Seiten auf der Datenbank auftritt, werden diese durch die Offline-Defragmentation gelöscht und die Datenbank ist soweit wieder repariert. Wenn *eseutil* mit dem Schalter »/d« ohne Fehler durchläuft können Sie sicher sein, dass die defekten Seiten leer waren und von der Offline-Defragmentation gelöscht wurden. Bricht *eseutil* mit einem Fehler ab, können Sie sicher sein, dass die korrupten Datenbankseiten beschrieben sind, das heißt, diese Daten werden Ihnen verloren gehen.

Die zweite Variante ist der Schalter »/p«. Die genaue Befehlszeile für *eseutil* /p erfahren Sie weiter oben in diesem Kapitel. Mit diesem Schalter defragmentiert *eseutil* die Datenbank in eine Temporär-Datenbank und löscht dabei die korrupten, aber beschriebenen Datenbankseiten. Die Daten in diesen Seiten sind unwiderruflich verloren. Hoffen Sie darauf, dass keine wichtigen Daten enthalten waren. Wie hoch der Datenverlust ist, hängt davon ab, wie viele Seiten korrupt sind und welche Informationen in den Seiten enthalten waren. Das Ausmaß kann von gering bis katastrophal ausfallen. Sie sollten daher diesen Weg wirklich nur dann wählen, wenn keine andere Option mehr offen bleibt. Kopieren Sie auf alle Fälle vorher die Datenbankdateien auf einen anderen Server, da inkonsistente Datenbanken immer noch besser sind als gar keine Daten mehr.

Überprüfen der Header-Informationen

Als Nächstes müssen Sie überprüfen, ob der Header der Datenbank noch so intakt ist, dass Sie die Datenbank nicht auf Informations-Store-Ebene reparieren müssen. Der Informationsspeicher-Dienst muss dazu beendet sein oder die Bereitstellung der Informationsspeicher dieser Datenbank deaktiviert werden. Die Befehlszeile könnte bei Ihnen in etwa so aussehen:

```
eseutil /mh "c:\program files\exchsrvr\mdbdata\priv1.edb"
```

Nach Eingabe des Befehls sollte die Bildschirmausgabe in etwa so aussehen:

```
Microsoft(R) Exchange Server(TM) Database Utilities
Version 6.5
Copyright (C) Microsoft Corporation 1991-2000. All Rights Reserved.

Initiating FILE DUMP mode...
        Database: c:\program files\exchsrvr\mdbdata\priv1.edb

           File Type: Database
     Format ulMagic: 0x89abcdef
     Engine ulMagic: 0x89abcdef
    Format ulVersion: 0x620,9
    Engine ulVersion: 0x620,9
   Created ulVersion: 0x620,9
        DB Signature: Create time:04/16/2003 08:42:26 Rand:79105480 Computer:
           cbDbPage: 4096
              dbtime: 12795 (0-12795)
               State: Clean Shutdown
         Log Required: 0-0
       Streaming File: Yes
           Shadowed: Yes
          Last Objid: 167
         Scrub Dbtime: 0 (0-0)
```

Notfall-Lösungen der Datenbank

```
Scrub Date: 00/00/1900 00:00:00
Repair Count: 0 <- muss der Wert 0 stehen. Steht ein anderer Wert,
müssen Sie mit Isinteg die Datenbank anpassen
```

Wenn bei *Repair Count* nicht der Wert »0« steht, müssen Sie mit *isinteg* die Datenbank anpassen. Dazu müssen Sie folgendermaßen vorgehen. Zunächst müssen Sie den Dienst für den Informationsspeicher starten, aber die Bereitstellung des Informationsspeichers, den Sie reparieren wollen, deaktivieren.

Führen Sie folgende Befehlszeile am Server aus:

```
Isinteg -s <Name des Servers> -fix -test alltests
```

An dieser Stelle beginnt der Server mit den Tests und repariert die Datenbank. Wenn *isinteg* fertig ist, können Sie die Exchange-Dienste wieder starten. Exchange sollte wieder einwandfrei funktionieren (zumindest das, was noch übrig ist :-).

Inkonsistente stm-Datei nach eseutil/p

Wenn Sie *eseutil* mit dem Schalter »/p« auf einer Exchange-Datenbank ausführen, wird die Quell-Datenbank in eine Temporär-Datenbank kopiert und die Temporär-Datenbank dann defragmentiert. Nach dem Defragmentieren wird die Temporär-Datenbank jedoch nicht zurückgeschrieben. Sie haben von Ihrer Exchange-Datenbank zwei konsistente Kopien: Die originale, noch fragmentierte Datenbank und eine defragmentierte Kopie.

In Ausnahmefällen kann es vorkommen, dass durch diesen Vorgang die stm-Datei der Datenbank inkonsistent wird. Um diesen Fehler zu beheben, sollten Sie folgendermaßen vorgehen:

1. Führen Sie eine Offline-Defragmentation für den Postfachspeicher und den öffentlichen Speicher durch. Verwenden Sie dazu mit *eseutil* den Schalter »/d«, wie weiter oben beschrieben.
2. Überprüfen Sie die Konsistenz beider Datenbankdateien. Verwenden Sie dazu mit *eseutil* den Schalter »/mh«.
3. Stellen Sie sicher, dass beide Dateien konsistent sind. Stellen Sie mit der Befehlszeile `Isinteg -s <Name des Servers> -fix -test alltests` sicher, dass der Informationsspeicher des Servers in Ordnung ist.

8 Richtlinien

Eine wesentliche Neuerung seit Exchange 2000 sind die neu eingeführten Richtlinien. Wenn Sie mehrere Server administrieren müssen, die vielleicht sogar noch über mehrere Standorte verteilt sind, mussten Sie vor der Einführung von Richtlinien Einstellungen an jedem Server Ihrer Organisation vornehmen. Inzwischen können Sie Richtlinien definieren und diese verschiedenen Objekten in Exchange zuweisen. In diesem Kapitel werde ich auf alle Richtlinien eingehen, die es in Exchange gibt und deren Bedeutung erläutern.

Empfängerrichtlinien dienen zur Verwaltung der E-Mail-Adressen Ihrer Empfänger in der Organisation, während die Systemrichtlinien zur Verwaltung Ihrer Server und Informationsspeicher innerhalb einer administrativen Gruppe dienen.

8.1 Empfängerrichtlinien

Empfängerrichtlinien unterscheiden sich deutlich von den Systemrichtlinien. Sie können mit einer oder mehreren Richtlinien die Struktur der E-Mail-Adressen aller Empfänger Ihrer Organisation steuern. Sie können an Ihre Benutzer eine oder mehrere E-Mail-Adressen definieren und verschiedene Varianten, zum Beispiel SMTP, X.400 oder Fax-Adressen festlegen.

Ein Exchange Server nimmt alle E-Mails an und behandelt diese als intern, die an Domänen geschickt werden, die in den Empfängerrichtlinien definiert sind. Domänen, die nicht Bestandteil der Empfängerrichtlinien sind, werden nicht angenommen.

Richtlinie für E-Mail-Adressen

Exchange 2003 legt während der Installation eine erste Richtlinie für E-Mail-Adressen an. Diese Richtlinie wird standardmäßig für alle Empfänger dieser Organisation angewendet. Aus diesem Grund hat diese Richtlinie auch die Bezeichnung *Default-Policy*. Sie können mehrere Richtlinien erstellen, dies wird Ihnen später noch genauer erläutert. Diese Richtlinien lassen sich anhand von Prioritäten ordnen, wobei immer die erste zutreffende Richtlinie und deren Regeln für einen Benutzer angewendet werden. Die

Kapitel 8 Richtlinien

Default-Policy hat immer die niedrigste Priorität und kann nicht gelöscht werden. Wenn Sie ein Dutzend Richtlinien definieren und für manche Benutzer keine dieser Richtlinien passt, wird immer die *Default-Policy* angewendet.

Die Empfängerrichtlinie finden Sie im Exchange System Manager unterhalb des Menüs *Empfänger (Recipients)*. Klicken Sie auf den Menüpunkt *Empfängerrichtlinie (Recipient Policies)*. Auf der rechten Seite sehen Sie die definierten Richtlinien. Nach der der Installation steht zunächst nur die *Default-Policy*.

Abbildung 8.1:
Default Policy einer Exchange-Organisation

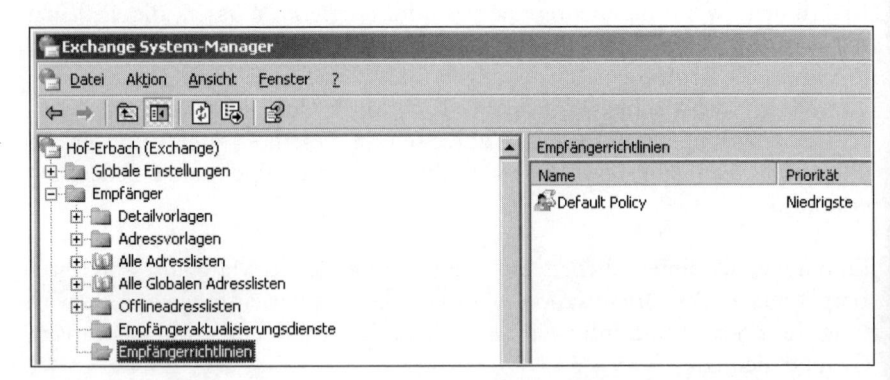

Wenn alle Mitarbeiter der Organisation dieselbe Internet-Domäne als E-Mail-Adresse erhalten sollen, brauchen Sie nicht mehrere Richtlinien zu definieren. Sie benötigen lediglich eine zweite oder mehrere Richtlinien, wenn manche Empfänger Ihrer Organisation eine andere Domäne in Ihrer E-Mail-Adresse erhalten sollen. Sie sollten zunächst die Default Policy auf Ihre Bedürfnisse anpassen. Um Einstellungen in der Richtlinie zu ändern, klicken Sie diese Richtlinie einfach doppelt an. Interessant für die Konfiguration der Richtlinie ist die Registerkarte E-MAIL-ADRESSEN (RICHTLINIE). Auf dieser Registerkarte legen Sie fest, wie die E-Mail-Adresse(n) Ihrer Empfänger generiert werden sollen. Hier können Sie definieren, für welche Domäne(n) Ihr Exchange Server E-Mails empfangen soll und welche er den Empfängern zustellen kann. Sie können die bereits generierte Domäne modifizieren oder neue E-Mail-Adressen generieren.

Sie können aber nicht nur festlegen, welche E-Mail-Domäne Ihre Empfänger als E-Mail-Adresse erhalten sollen, sondern auch wie diese Adresse aus den Namen der Benutzer generiert wird. Wenn Sie auf dieser Registerkarte keine Änderungen vornehmen, werden die E-Mail-Adressen nach dem DNS-Domänennamen Ihrer Windows 2000-Domäne gebildet.

Bearbeiten der Default-Policy

Vor den Domänennamen wird der Anmeldename des Benutzers gestellt. Da dies meistens nicht das gewünschte Ergebnis für die E-Mail-Adresse liefert, können Sie direkt eingreifen. Zunächst sollten Sie die Richtlinie bearbeiten, so dass als Domäne die Internetdomäne verwendet wird, die Ihre Benutzer erhalten sollen. Um auch den E-Mail-Namen automatisch generieren zu lassen, können Sie vor dem @-Zeichen mit Variablen arbeiten. Ihnen stehen hierzu einige Variablen zur Verfügung, mit denen Sie arbeiten können. Ich habe Ihnen unten die wichtigsten Variablen dargestellt:

➡ %gVorname (given name)

➡ %sNachname (surname)

➡ %iInitialen

➡ %dDisplay-Name

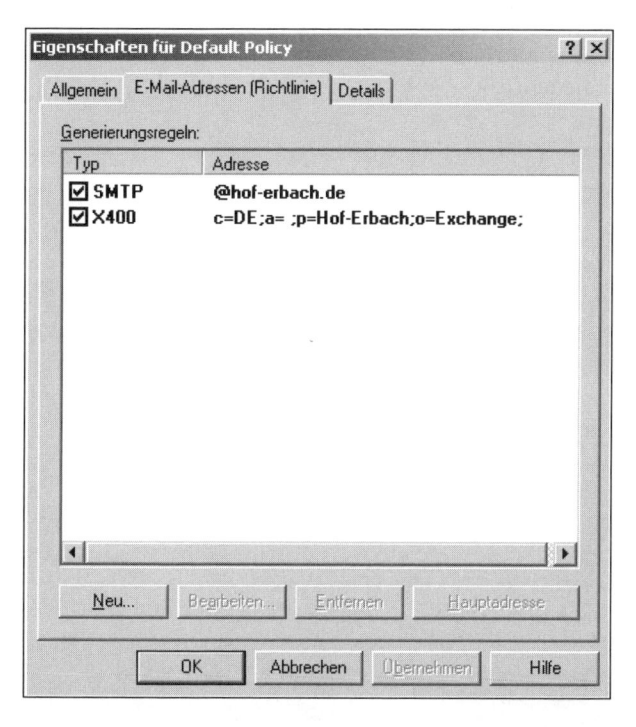

Abbildung 8.2:
Eigenschaften der Default Policy

Diese Variablen können Sie vor dem @-Zeichen anhängen, um das gewünschte Ergebnis zu erzielen. Dabei kommt es darauf an, dass Sie die Daten Ihrer Benutzer im Active Directory pflegen. Selbst wenn Benutzern bereits eine E-Mail-Adresse zugeteilt wurde, wird diese wieder modifiziert, wenn Sie in der Default Policy Änderungen vornehmen. Die oben genannten Variablen lesen dazu direkt die entsprechenden Felder im Active Directory aus und bilden aus diesen Feldern die E-Mail-Adresse.

Sie können zum Beispiel mit Hilfe der oben genannten Variablen Ihre E-Mail-Adressen nach dem Schema *Vorname.Nachname@firma.de* automa-

Kapitel 8   Richtlinien

tisch für alle Benutzer generieren oder abändern lassen. Dazu müssen Sie die Empfängerrichtlinie abändern, wie in der folgenden Abbildung gezeigt ist.

Abbildung 8.3:
Änderung der
Default Policy mit
Variablen

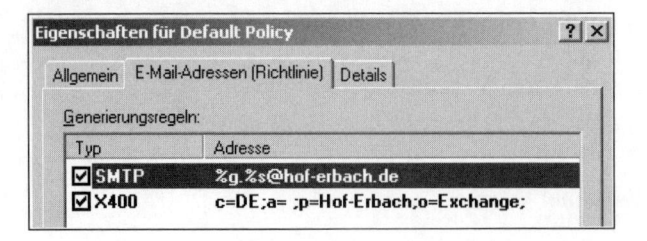

Wenn Sie die Default Policy nach dem oben gezeigten Schema ändern, werden zukünftig alle Benutzer eine E-Mail-Adresse nach dem Schema *Vorname.Nachname@hof-erbach.de* erhalten. Exchange greift dabei direkt auf die Benutzerfelder im Active Directory zurück, die für die Benutzer gepflegt wurden.

Abbildung 8.4:
Pflege eines Emp-
fängers im Active
Directory

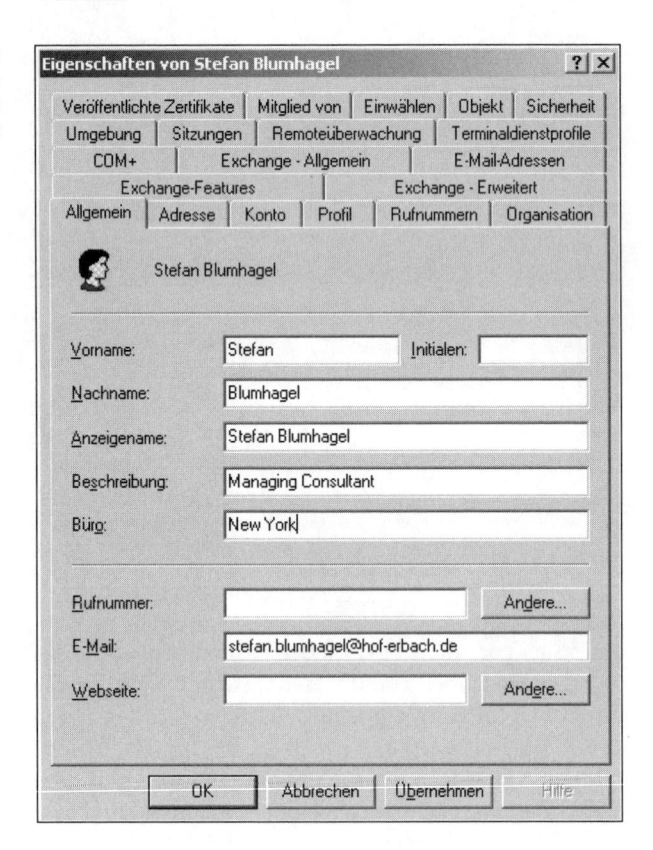

Sie können E-Mail-Adressen nicht nur nach dem Schema *Vorname.Nachname@firma.de* bilden lassen, sondern zudem weitere Modifikationen oder Änderungen vornehmen lassen. Die oben genannten Variablen greifen dabei auf die Felder zu, die Sie bei den Benutzern pflegen. Da die Richtlinien ständig angewendet werden, modifiziert Exchange auch die E-Mail-Adresse eines Benutzers, wenn Sie die entsprechenden Felder im SnapIn *Active Directory-Benutzer und -Computer* ändern. Dadurch können Sie zum Beispiel Schreibfehler oder Namensänderungen wegen Heirat oder aus anderen Gründen berücksichtigen. Wenn Sie die Felder im SnapIn ändern, dauert es eine Weile, bis die E-Mail-Adresse des Benutzers geändert wird. Sie können in den Eigenschaften des Benutzers im SnapIn *Active Directory-Benutzer und –Computer* auch die E-Mail-Adresse manuell abändern, dazu mehr im Kapitel 10 *Benutzerverwaltung*. Sie sollten solche manuellen Änderungen aber nur in Ausnahmefällen vornehmen und die Generierung der Richtlinie überlassen.

Sie können mit diesen Variablen ebenfalls weitere Änderungen vornehmen. Sie können zum Beispiel festlegen, wie viele Buchstaben die Variable zum Beispiel lesen soll, um die E-Mail-Adresse zu generieren:

Wenn Sie zum Beispiel die Richtlinie nach dem Schema *%3s%1g@firma.de* abändern, wird aus dem Namen *Charlotte Joos*, die E-Mail-Adresse *jooc@firma.de*. Dabei verwendet Exchange die ersten drei Buchstaben des Nachnamens und hängt den ersten Buchstaben des Vornamens an. Das genannte Beispiel erscheint allerdings nicht sinnvoll. Oft wird deshalb folgendes Prinzip verwendet:

%s%1g@firma.de. Dabei wird dann aus dem Namen *Mario Kropik* die Adresse *kropikm@firma.de*.

Sie sehen, Ihnen bleiben alle Optionen offen. Sie können aus dem Namen *Tamara Bergtold* zum Beispiel folgende E-Mail-Adressen generieren lassen:

➤ %g.%s@hof-erbach.deTamara.Bergtold@hof-erbach.de
➤ %s%1g@hof-erbach.deBergtoldT@hof-erbach.de
➤ %1g%s@hof-erbach.deTBergtold@hof-erbach.de
➤ %s@hof-erbach.deBergtold@hof-erbach.de
➤ %1g%1s@hof-erbach.deTB@hof-erbach.de
➤ %1g%5s@hof-erbach.deTbergt@hof-erbach.de
➤ %2g_%2s@hof-erbach.deTa_Be@erbach.de

Auf diese Weise kann jede Firma E-Mail-Adressen nach Ihren Vorstellungen generieren lassen. Wenn Sie eine Änderung an einer Richtlinie vorgenommen haben und diese bestätigen, werden Sie von Exchange gefragt, ob die Richtlinie sofort angewendet werden soll. Beachten Sie, dass Änderungen, die Sie vorgenommen haben, sofort aktiv werden und die E-Mail-Adressen

Ihrer Benutzer angepasst werden. Die alten E-Mail-Adressen der Benutzer sind dann nicht mehr gültig. Wird von außerhalb eine E-Mail an die alte E-Mail-Adresse geschickt, wird diese von Exchange nicht zugestellt, da nur noch die neue Adresse bekannt ist. Gehen Sie bei Änderungen an Richtlinien sehr sorgfältig vor. Sie können auch problemlos mehrere Generatorregeln gleichzeitig verwenden, so dass ihre Benutzer dann mehrere E-Mail-Adressen besitzen.

Abbildung 8.5: Meldung in Exchange bei Änderung einer Empfängerrichtlinie

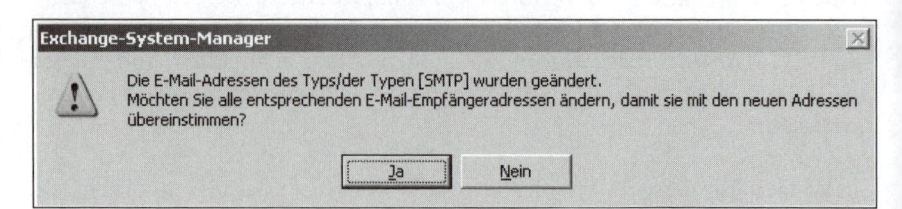

Löschen Sie die Default Policy niemals. Selbst wenn Sie eigene Empfängerrichtlinien erstellt haben, wird die Default Policy von Exchange benötigt, um Konfigurationsinformationen zu sammeln und zu publizieren.

Erstellen einer neuen Empfängerrichtlinie

Wenn Ihr Exchange Server nicht nur eine E-Mail-Domäne für alle Benutzer verwalten soll, sondern manche Benutzer auch noch eine weitere E-Mail-Adresse erhalten sollen, zum Beispiel bei Übernahmen oder Ausgliederungen von Firmenbereichen, kann es sinnvoll sein, weitere Richtlinien zu definieren. Wenn alle Empfänger Ihrer Organisation jedoch mehrere E-Mail-Adressen erhalten sollen, können Sie auch mit der Default Policy arbeiten und allen Benutzern einfach eine zweite E-Mail-Adresse zuweisen. Mehrere Richtlinien sind nur dann sinnvoll, wenn verschiedene Empfänger verschiedene Internet-Domänen erhalten sollen.

Um eine neue Richtlinie zu erstellen, klicken Sie mit der *rechten Maustaste* auf den Container EMPFÄNGERRICHTLINIE, dann wählen Sie NEU und danach EMPFÄNGERRICHTLINIE aus. Als Nächstes erscheint ein Fenster, in dem Sie festlegen können, welche Art von Empfängerrichtlinie Sie erstellen wollen. Sie können zwischen *E-Mail-Adressen* und *Postfach-Managereinstellungen* wählen. Zu den Postfach-Managereinstellungen erfahren Sie weiter hinten im Kapitel mehr.

Hauptsächlich werden Sie bei der Erstellung von neuen Richtlinien den Typ E-Mail-Adressen-Richtlinie auswählen. Wenn Sie den Typ bestätigt haben, erscheint das Konfigurationsfenster der Richtlinie in dem Sie konfigurieren können, für wen diese Richtlinie Gültigkeit hat und welche E-Mail-Adressen diese Empfänger erhalten werden. Zunächst sollten Sie festlegen, auf welche Empfänger Ihrer Organisation diese Richtlinie angewendet werden soll.

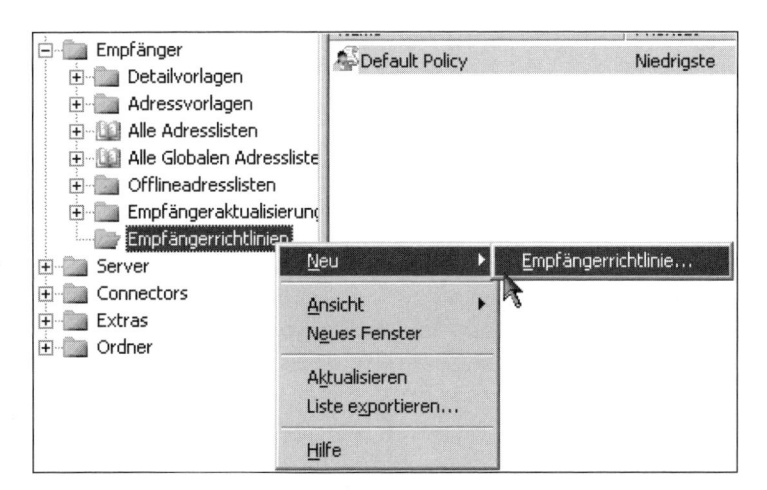

Abbildung 8.6:
Erstellen einer neuen Empfängerrichtlinie

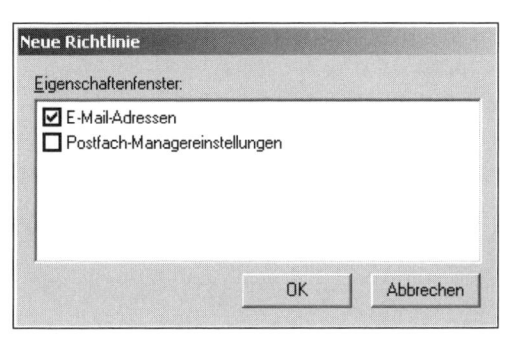

Abbildung 8.7:
Auswahl des Richtlinien-Typs

Die Auswahl, welche Empfänger mit Hilfe dieser Empfängerrichtlinie mit E-Mail-Adressen versorgt werden, nehmen Sie auf der Registerkarte ALLGEMEIN vor. Sie können mit Hilfe des Suchassistenten genau definieren, auf wen diese Richtlinie angewendet werden soll. Der Assistent erstellt aus dieser Suche eine LDAP-Abfrage, die auf diesem Fenster zu sehen ist. Exchange fragt dazu einen Domänen-Controller ab. Sie können konfigurieren, welchen Domänen-Controller ein Exchange Server für Abfragen ins Active Directory verwenden soll.

Abbildung 8.8:
Erstellen einer neuen Empfängerrichtlinie

Kapitel 8   Richtlinien

Auf der Registerkarte ALLGEMEIN müssen Sie zunächst einen Namen für diese Richtlinie festlegen. Wenn Sie den Namen festgelegt haben, würde die neue Regel zunächst für alle Empfänger gelten. Über eine LDAP-Abfrage dieser Richtlinie können Sie den Kreis der Empfänger einschränken. Die genaue Syntax dieser LDAP-Abfrage sehen Sie nach der Konfiguration im Feld FILTERREGELN. Drücken Sie zur Erstellung der Abfrage auf die Schaltfläche ÄNDERN. Es erscheint der Suchassistent. Mit diesem Assistenten können Sie genau festlegen, welche Benutzer im Active Directory von dieser Abfrage erfasst werden sollen. Sie können dazu auf den Postfachspeicher, den Exchange Server oder andere Eigenschaften der Benutzer zurückgreifen. Zusätzlich stehen Ihnen mit der Registerkarte ERWEITERT noch weitere Optionen zur Verfügung. Auf dieser Registerkarte wird auf Optionen zurückgegriffen, die Sie direkt im SnapIn *Active Directory-Benutzer und -Computer* konfigurieren können. Ihnen werden alle Felder angezeigt, die Sie für Benutzer im Active Directory konfigurieren können. Sie können zum Beispiel auf der Registerkarte EXCHANGE ERWEITERT eines Benutzers im SnapIn *Active Directory-Benutzer und -Computer* benutzerdefinierte Attribute definieren und diese abfragen lassen.

Abbildung 8.9:
Suchassistent einer neuen Empfängerrichtlinie zur Erstellung einer LDAP-Abfrage

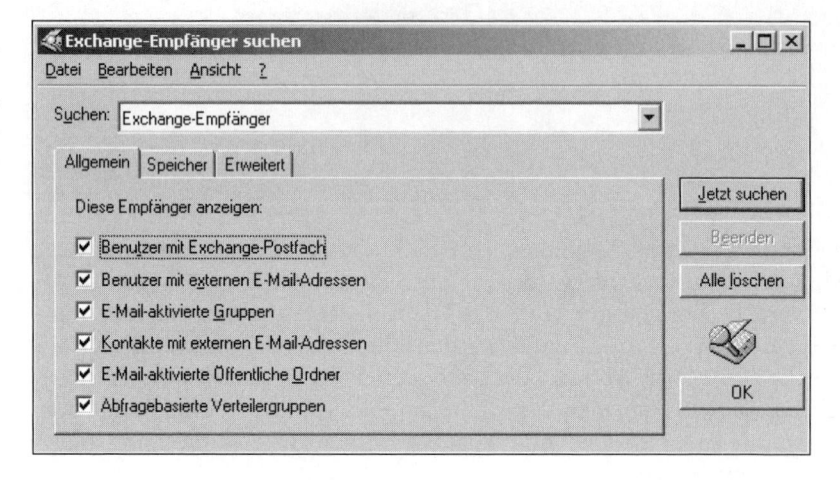

Damit diese Registerkarte allerdings im SnapIn *Active Directory-Benutzer und -Computer* überhaupt angezeigt wird, müssen Sie die erweiterten Optionen im SnapIn zunächst aktivieren. Wenn Sie die Ansicht aktiviert haben, wird die Registerkarte EXCHANGE ERWEITERT sowie weitere Registerkarten angezeigt. Sie können die Ansicht dieser Management-Konsole dann abspeichern, so dass Ihnen bei jedem Start die erweiterten Funktionen angezeigt werden. Sie können Werte in diese Attribute eintragen und mit dem Suchassistenten dann nur Benutzer auswählen lassen, die diese Werte haben. Sie können zum Beispiel beim *extensionAttribute1* einen Wert 45 eintragen und diesen zum Beispiel als Definition der Kostenstelle oder der Position im Unternehmen definieren. Wenn Sie im Suchassistenten der Empfängerrichtlinie nach dem *extensionAttribute* suchen lassen, können Sie genau definieren, auf wen diese Richtlinie angewendet werden soll. Sie können zum Beispiel festlegen, dass alle Benutzer verwendet werden sollen, die entweder genau diesen Wert haben oder nicht, oder ob der Wert größer oder kleiner sein soll.

Ihrer Fantasie sind keinerlei Grenzen gesetzt und Sie können die Abfrage genau nach Ihren Bedürfnissen definieren. Wenn Sie Ihre Auswahl getroffen haben, können Sie mit der Schaltfläche *Jetzt Suchen* eine Voransicht der Benutzer anzeigen lassen, auf die diese Richtlinie angewendet werden soll. Überprüfen Sie anhand dieser Voransicht, ob die Abfrage nach Ihren Vorstellungen durchgeführt wurde und die Benutzer gefunden wurden, auf die diese Richtlinie angewendet werden soll. Wenn Sie schließlich Ihre Auswahl getroffen haben, können Sie auf der Registerkarte E-MAIL-ADRESSEN definieren, welche E-Mail-Adressen an Empfänger dieser Richtlinie verteilt werden sollen. Wenn Sie mit der Konfiguration fertig sind, wird die Richtlinie erstellt. Nach der Bestätigung Ihrer Eingaben werden Sie zudem gefragt, ob die Richtlinie gleich angewendet werden soll. Sie können diese Meldung entweder bestätigen oder verneinen. Die Richtlinie wird ohnehin im nächsten Suchlauf automatisch angewendet.

Sie können die LDAP-Abfrage Ihrer Richtlinie nach Erstellung bearbeiten. Oft hilft Ihnen schon ein bisschen logisches Vorgehen weiter, besser ist natürlich fundiertes Wissen im Bereich LDAP.

Es ist nicht möglich, mit dem Suchassistenten zur Erstellung einer neuen Empfängerrichtlinie eine Richtlinie nur für eine administrative Gruppe zu erstellen. Sie können aber mit einer eigenen LDAP-Abfrage das Suchkriterium Ihrer Richtlinie manipulieren. Eine LDAP-Abfrage, die alle Benutzer einer bestimmten administrativen Gruppe mit E-Mail-Adressen versorgen soll, sieht folgendermaßen aus:

:-)
TIPP

```
(&(mailNickname=*)(legacyExchangeDN=/o=IhrOrganisationsname/
ou=Namederadministratibengruppe/*))
```

Es ist allerdings nicht möglich, eine Richtlinie zu definieren, die Benutzer einer bestimmten Organisationseinheit (OU) mit E-Mail-Adressen versorgt. Es gibt auch keine LDAP-Abfrage, mit der Sie diese Konfiguration durchführen können. Wenn Sie mehrere Benutzer zusammenfassen können, besteht zwar die Möglichkeit diese in einer OU zusammenzulegen, allerdings hat diese für eine Richtlinie keinerlei Bedeutung.

Priorität einer Empfängerrichtlinie

Wenn Sie in den Container Empfängerrichtlinien klicken, sehen Sie neben der *Default Policy* die von Ihnen erstellte Richtlinie. Diese Richtlinie hat die Priorität 1 und wird somit vor der Default Policy angewendet. Sie können mehrere Richtlinien erstellen und diese Richtlinien in der von Ihnen

Kapitel 8   Richtlinien

gewünschten Reigenfolge sortieren. Um eine Richtlinie in der Priorität zu verschieben, müssen Sie diese mit der rechten Maustaste anklicken und aus dem erscheinenden Menü die Option ALLE TASKS auswählen. Sie können in diesem Menü diese Richtlinie dann nach oben oder nach unten verschieben.

> !! STOP
>
> *Empfängerrichtlinien erstellen neue E-Mail-Adressen. Bereits vorhandene E-Mail-Adressen der Benutzer werden von Empfängerrichtlinien **nicht** mehr gelöscht. Wenn Sie die E-Mail-Adressen einer Richtlinie ganz entfernen wollen, müssen Sie direkt mit LDAP ins Active Directory eingreifen, ein Entfernen von E-Mail-Adressen mit einer Richtlinie ist nicht möglich!*

Abbildung 8.10: Ansicht einer zusätzlichen Richtlinie und deren Priorisierung

Abbildung 8.11: Aktivierung der Erweiterten Funktionen im SnapIn *Active Directory-Benutzer und -Computer*

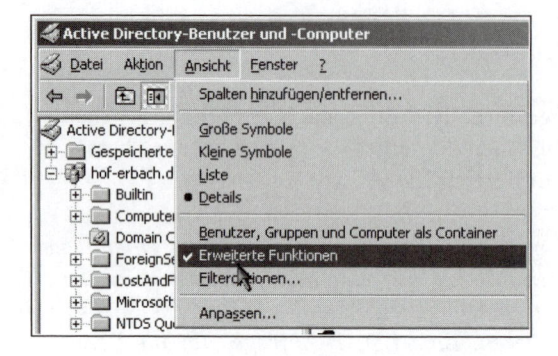

> [INFO]
>
> *Exchange wendet auf Empfänger immer die erste zutreffende Richtlinie aus. Wenn auf einen Benutzer die Bedingungen mehrerer Richtlinien zutreffen, wird die Richtlinie mit der höheren Priorität angewendet.*
>
> *Die Default Policy hat immer die niedrigste Priorität und wird angewendet, wenn keine der anderen Richtlinien zutreffende Bedingungen für einen Benutzer hat.*

Abbildung 8.12: Alle Tasks einer Richtlinie

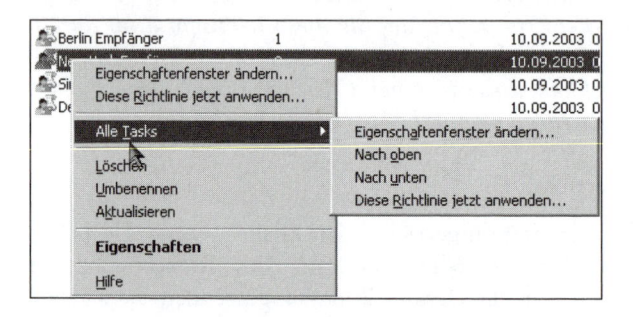

Richtlinie für Postfachmanager-Einstellungen

Die Richtlinie für die Postfachmanager-Einstellungen ist seit Exchange 2000 Servicepack 1 neu. Der Postfachmanager erstellt im Stammverzeichnis *System Cleanup* ein Replikat der Ordnerhierarchie des Benutzerpostfachs. Die betroffenen Nachrichten werden in den entsprechenden Unterordner des Ordners *System Cleanup* verschoben. Sie können den Postfachmanager konfigurieren, so dass er alle Ordner der Postfächer der Benutzer durchsucht. Wenn er Objekte oder Nachrichten in diesen Ordnern findet, die die Grenzwerte der Richtlinie überschreiten, können Sie festlegen, dass diese sofort gelöscht werden oder in den Ordner *Gelöschte Objekte* im Outlook des Benutzers oder in den Ordner *System Cleanup* verschoben werden. Dieses Feature ermöglicht Benutzern das Wiederherstellen kürzlich gelöschter Objekte, ohne dass dabei Informationen über den ursprünglichen Speicherort des Objekts verloren gehen. Da E-Mail-Clients normalerweise beim Abmelden über eine Option zum Leeren des Ordners *Gelöschte Objekte* verfügen, stellt das Verschieben gelöschter Objekte in die Ordner *System Cleanup* durch den Postfachmanager sicher, dass die vom Administrator konfigurierten Zeiträume für die Wiederherstellung gelöschter Objekte tatsächlich eingehalten werden. Die Grenzwerte, die eine Aktion der Postfachverwaltung auslösen, können auch einheitlich für alle Postfachordner oder jeweils für die einzelnen Ordner konfiguriert werden. Grenzwerte können für die Verfallszeit (Standard sind 30 Tage) und/oder die Größe (Standard sind 1.024 KB) festgelegt werden. Der Postfachmanager erzeugt außerdem Berichte, die an ein bestimmtes Postfach in der Exchange-Organisation gesendet werden können.

Zusätzlich können Sie festlegen, dass Benutzer bei jedem Löschen veralteter oder zu großer Objekte aus ihrem Postfach per E-Mail benachrichtigt werden.

Empfängeraktualisierungsdienst (RUS)

Der Empfängeraktualisierungsdienst oder *Recipient Update Service* (RUS) ist der Dienst, der die einzelnen Empfängerrichtlinien auf die Active Directory-Objekte anwendet. Dieser Dienst ist einer der wichtigsten und auch sensibelsten Dienste unter Exchange 2003, der besonderer Behandlung bedarf. Er wird direkt durch die Exchange-Systemaufsicht ausgeführt.

Der RUS führt dabei seine Arbeit in vier Kategorien der Reihe nach aus:

1. Zunächst setzt der RUS das Attribut *proxyAddresses* bei allen Benutzern für die Empfängerrichtlinie, die er abarbeitet. Dieses Attribut ist die E-Mail-Adresse des Empfängers. Wenn diese bereits manuell gesetzt wurde und das Update durch den RUS für diesen Benutzer deaktiviert wurde, führt er diesen Task nicht aus. Außerdem werden weitere Attribute der Empfängerrichtlinie gesetzt.

Kapitel 8   Richtlinien

Abbildung 8.13:
Konfiguration benutzerdefinierter Attribute

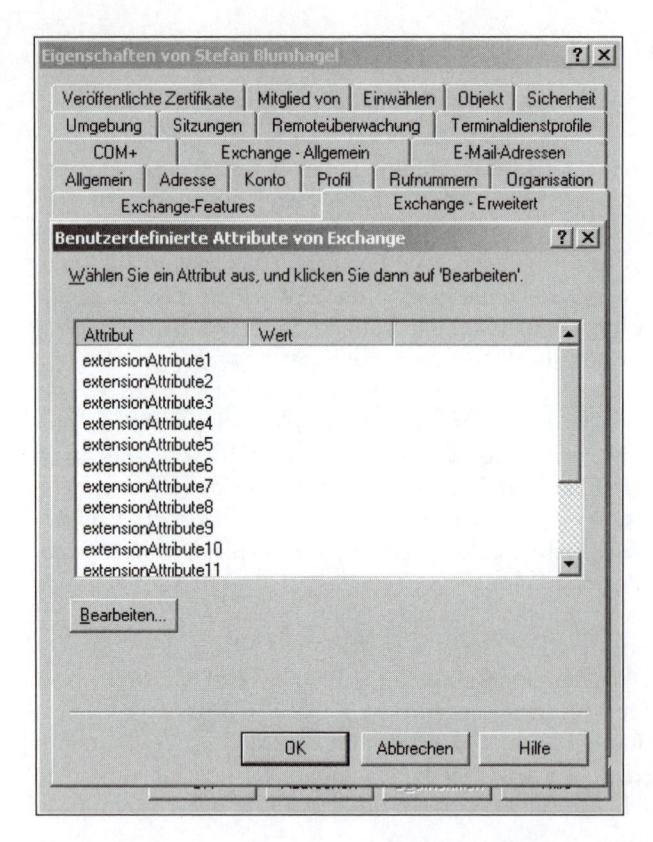

2. Als Nächstes wird der Empfänger in den jeweilig definierten Adresslisten auf dem Exchange Server aktualisiert und angezeigt. Erst dann kann er E-Mails über Outlook und die Adresslisten empfangen. Erst danach kann dieser Benutzer in Outlook mit der Namensauflösung aufgelöst und angezeigt werden.

3. Dann setzt der RUS die Attribute für die Speichergruppe, den Postfachspeicher und den Home Exchange Server des Benutzers im Active Directory. Wenn diese Attribute bereits gesetzt sind, werden Sie nicht mehr verändert.

4. Als Letztes propagiert er die delegierten Rechte von Exchange-Administratoren in der Organisation und verteilt die Sicherheitsgruppe Exchange Enterprise Servers in der gesamten Domäne. Außerdem fügt er alle Exchange Domain Servergruppen in alle Exchange Enterprise-Servergruppen ein. Dieser Vorgang schlägt bei großen Umgebungen mit vielen Child-Domänen oft fehl und kann ebenfalls manuell vorgenommen werden. Ein solcher Fehlschlag wird in der Ereignisanzeige meistens mit der GUID des Objekts festgehalten,. Sie können die GUID mit dem Resource-Kit-Tool *guid2obj.exe* nach dem Namen auflösen und die Gruppenmitgliedschaft manuell setzen.

Auf der beiliegenden CD befindet sich ein Whitepaper, in dem alle Attribute aufgezählt sind, die durch den Recipient Update Service in den einzelnen Benutzerobjekten gesetzt werden.

Wenn Sie Informationen oder Fehler des Empfängeraktualisierungsdienstes im Internet oder in Newsgroups suchen, verwenden Sie besser den Begriff Recipient Update Service oder RUS. Sie werden deutlich mehr Informationen finden. Ich verwende in diesem Kapitel weiterhin die Bezeichnung RUS.

Die korrekte Funktionsweise dieses Dienstes ist dafür verantwortlich, dass die Empfänger Ihrer Organisation E-Mails empfangen und versenden können. Arbeitet der RUS fehlerhaft oder aus irgendwelchen Gründen überhaupt nicht mehr, werden neue Benutzer nicht mehr mit E-Mail-Adressen versorgt und die vorhandenen Empfängerrichtlinien werden nicht mehr angewendet. Benutzer, die bereits mit E-Mail-Adressen versorgt sind, können allerdings weiterhin ohne Probleme arbeiten. Wenn ein neuer Benutzer durch den RUS nicht mit einer E-Mail-Adresse versorgt wird, kann er zwar sein Postfach öffnen, kann aber keinerlei E-Mails empfangen oder versenden.

Exchange 2003 erstellt während der Installation einen RUS für die Gesamtstruktur und einen RUS für die Domäne, in der Sie den Exchange 2003 Server installieren. Sie können jederzeit weitere RUS installieren. Der RUS für den Forest beziehungsweise die Enterprise-Variante ist nicht für die Verteilung der E-Mail-Adressen verantwortlich, sondern dient lediglich als Konfigurations-Container. Sie sollten den Enterprise-RUS nie bearbeiten oder löschen, da er pro Organisation nur einmal vorhanden ist. Der Domänen-RUS ist für die Verteilung der E-Mail-Adressen verantwortlich. Wenn Sie in einer Domäne keinen Exchange 2003 Server installieren, in dieser Domäne aber Exchange-Empfänger sitzen, müssen Sie für diese Domäne manuell einen RUS erstellen, doch dazu mehr im Kapitel 17 *Installation*. Sie finden die beiden Standard-RUS im Container Empfänger und dann unter Empfängeraktualisierungsdienste (Recipient Update Services).

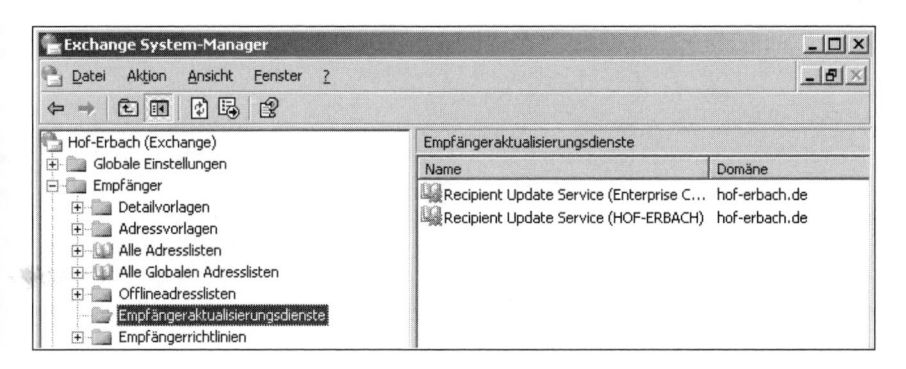

Abbildung 8.14:
Ansicht der Empfängeraktualisierungsdienste

Kapitel 8   Richtlinien

Normalerweise müssen Sie nichts ändern, da der RUS automatisch alle Empfänger mit den entsprechenden Empfängerrichtlinien versorgt. Sie müssen lediglich einen neuen RUS erstellen, wenn Sie eine Child-Domäne haben, in der zwar Benutzer von Exchange liegen, aber kein Exchange Server installiert wurde.

Hier können Sie jederzeit weitere RUS erstellen. Es kann durchaus sinnvoll sein, für eine Domäne mehrere RUS zu erstellen, wenn zum Beispiel viele Benutzer in dieser Domäne liegen. Durch einen weiteren RUS werden neue Benutzer schneller an Exchange angebunden und bei Ausfall eines RUS werden weiterhin neue Benutzer mit E-Mail-Adressen versorgt und die Empfängerrichtlinien angewendet.

Wenn Sie die Eigenschaften eines RUS bearbeiten wollen, klicken Sie einfach doppelt auf den Recipient Update Service, den Sie konfigurieren wollen. Ein RUS schreibt immer nur in einen Exchange Server und einen Domänen-Controller der Domäne.

Abbildung 8.15:
Eigenschaften eines Empfängeraktualisierungsdienstes

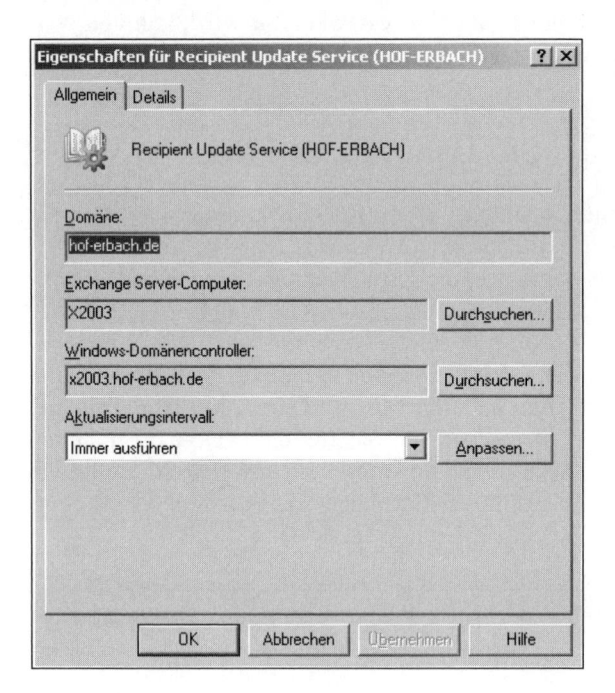

Sie können jederzeit den Exchange Server oder den Domänen-Controller abändern. Beachten Sie, dass der Exchange Server, aber auch der Domänen-Controller der Domäne, bei vielen Benutzern stark belastet wird, wenn der RUS die Empfängerrichtlinien anwendet. Es bietet sich an, als Server die Maschinen auszuwählen, die am wenigsten Last oder die beste Ausstattung haben. Wählen Sie als Domänen-Controller am besten einen globalen Katalog aus, da der RUS schneller arbeitet.

Zeitplan des RUS

Sie können auch einen Zeitplan definieren, wann der RUS die Empfängerrichtlinien anwenden soll. Beachten Sie, dass bei größeren Organisationen auch die WAN-Leitungen durch den RUS deutlich belastet werden können. Bei großen Organisationen mit 1.000 oder mehr Empfänger-Postfächern, sollten Sie den Zeitplan des RUS hochsetzen. Sonst kann es sein, dass der RUS noch nicht alle Benutzer durchgegangen ist, wenn bereits ein neuer Vorgang beginnt. Setzen Sie bei einer großen Umgebung den RUS am besten auf viertel- oder halbstündlich.

> **TIPP** *Wenn der Recipient Update Service nicht fehlerfrei funktioniert, können Sie in der Ereignisanzeige im Anwendungsprotokoll nach Fehlern der Quelle MSExchangeAL suchen. Dieser Dienst ist der Adresslisten-Dienst von Exchange, der auch den RUS ausführt. Es kann daher auch hilfreich sein, wenn Sie bei Problemen die Diagnose des MSExchangeAL hochsetzen, doch dazu mehr im Kapitel 11 Diagnose und Überwachung.*

Der RUS muss direkt in die Objekte im Active Directory schreiben können, damit er eine E-Mail-Adresse an einen Benutzer verteilen kann. In vielen Umgebungen wird mit stark eingeschränkten Sicherheitsberechtigungen gearbeitet. So kann es passieren, dass der RUS nicht mehr ins Active Directory schreiben kann oder auf diverse Benutzerobjekte oder Organisationseinheiten keinen Zugriff mehr hat. Solche Fehler werden in der Ereignisanzeige mitgeloggt.

> **TIPP** *Nicht nur zum Debugging des RUS, auch für zahlreiche andere Fehler in Exchange und für die Diagnose sollten Sie die Größe der Ereignisanzeigen eines Exchange Servers und der Domänen-Controller auf mindestens 4 MB hochsetzen und die Option ÜBERSCHREIBEN BEI BEDARF aktivieren. Dadurch ist sichergestellt, dass ihnen wertvolle Informationen bei einer eventuellen Fehlersuche nicht verloren gehen.*

Wenn Sie einen RUS mit der rechten Maustaste anklicken, stehen Ihnen zwei Optionen zur Verfügung, um einen Update-Vorgang durchzuführen. Sie können entweder die Option JETZT AKTUALISIEREN wählen, dann werden alle Benutzer, die noch keine E-Mail-Adresse vom RUS erhalten haben, »gestempelt« (so heißt der Vorgang bei Microsoft). Benutzer die bereits eine E-Mail-Adresse erhalten haben, werden allerdings nicht neu »gestempelt«.

Wenn Sie die Option NEU ERSTELLEN wählen, werden alle Objekte neu mit den E-Mail-Adressen der jeweiligen Empfängerrichtlinie versorgt. Auch die Benutzer, die bereits eine E-Mail-Adresse erhalten haben, werden neu »gestempelt«. Vorhandene Adressen werden allerdings nicht gelöscht. Löschungen kann der RUS nicht vornehmen.

Abbildung 8.16: Manuelles Starten des Empfängeraktualisierungsdienstes (RUS)

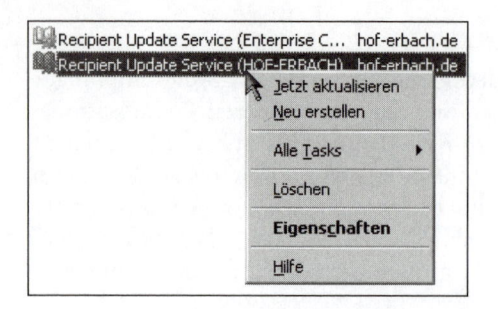

Fehlerbehebung des Empfängeraktualisierungsdienstes

Wenn neue Benutzer nicht mehr mit E-Mail-Adressen versorgt werden, liegt meistens ein Problem des RUS vor. Ihr erster Blick sollte dann der Ereignisanzeige gelten. Suchen Sie Fehlermeldungen der Quelle *MSExchangeAL*. Überprüfen Sie als Nächstes die Konfiguration des RUS für die Domäne und die Konnektivität zu dem konfigurierten Exchange Server oder Domänen-Controller. Oft hilf schon das Auswählen eines anderen Exchange Servers oder Domänen-Controllers, weil der bisherige vielleicht überlastet ist. Erstellen Sie testweise einfach einen zweiten RUS, der auf einen anderen Exchange Server oder Domänen-Controller schreibt. Wenn Sie eine administrative Gruppe umbenennen, sollten Sie alle Exchange Server dieser administrativen Gruppe neu starten. Während des Neustarts schreiben viele Dienste, darunter auch der RUS, Informationen weg. Der RUS führt seine Arbeit mit Hilfe des Namens der administrativen Gruppe aus. Wenn Sie die Gruppe umbenennen, kann der RUS Benutzer in der umbenannten administrativen Gruppe nicht mehr finden, bis Sie den Server auf dem der RUS läuft, neu starten.

Hilft dies immer noch nicht, möchte ich Ihnen bereits an dieser Stelle Wissenswertes aus dem Kapitel 11 *Diagnose und Überwachung* vermitteln. Exchange schreibt viele Informationen in die Ereignisanzeige. Sie können Exchange aber konfigurieren, so dass noch mehr Informationen in die Ereignisanzeige geschrieben werden. Aus diesem Grund ist es auch durchaus sinnvoll bei einem Exchange Server zumindest das Anwendungsprotokoll auf 4 MB zu konfigurieren und die Option ÜBERSCHREIBEN BEI BEDARF zu aktivieren.

Diagnose-Logging zur Fehlersuche

Um die Diagnoseprotokollierung des RUS zu erhöhen, rufen Sie die Eigenschaften des Exchange Servers im System Manager auf, der im fehlerhaften RUS konfiguriert ist. Wechseln Sie dann zur Registerkarte DIAGNOSTIKPROTOKOLL.

Empfängerrichtlinien   Kapitel 8

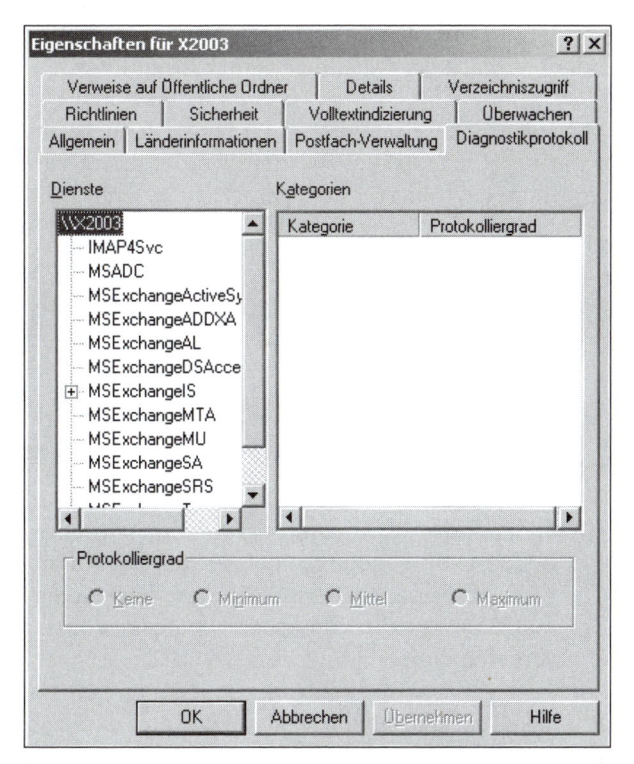

Abbildung 8.17:
Registerkarte DIAGNOSTIKPROTOKOLL eines Exchange Servers

Erhöhen Sie für den Service *MSExchangeAL* den Protokollierungsgrad von *Keine* auf die gewünschte Stufe. Beachten Sie, dass die Anzahl der Ereignisse im Anwendungsprotokoll stark mit der Erhöhung der Diagnose ansteigt. Auch die Serverlast steigt etwas an.

- *LDAP Operationen.* Hier werden alle LDAP-Abfragen ins Active Directory protokolliert. Diese Kategorie kann besonders hilfreich in Bezug auf fehlerhafte Abfragen des Active Directory für den RUS sein.

- *Dienststeuerung.* Mit dieser Kategorie werden alle Ereignisse der Exchange-Diensteverwaltung protokolliert.

- *Attributzuordnung.* Damit werden alle Ereignisse protokolliert, die die Änderung von Attributen der Benutzer betreffen, dies schließt auch die Arbeit des RUS ein.

- *Kontoverwaltung.* Damit werden Konfigurationen an den einzelnen Benutzerobjekten im Active Directory mitgeloggt.

- *Adresslistensynchronisierung.* Diese Ereignisse betreffen die Synchronisation von Adresslisten.

Für jede Kategorie können Sie einen bestimmten Protokollierungsgrad wählen. Mit Hilfe des Protokollierungsgrades können Sie bestimmen, welche

Meldungen von der Kategorie erfasst werden sollen. Dadurch wird natürlich die Menge der Meldungen stark beeinflusst.

- *Keine.* Dies ist die Standardeinstellung. Wenn Sie beim Protokollierungsgrad *Keine* auswählen, werden nur gravierende Fehlermeldungen mitprotokolliert. Nach erfolgreicher Fehlerbeseitigung sollten Sie den Protokollierungsgrad einer Kategorie wieder auf *Keine* zurückstellen, um den Exchange Server nicht unnötig zu belasten.
- *Minimum.* Mit dieser Einstellung werden alle Fehlermeldungen und zusätzlich alle Warnmeldungen mitprotokolliert. Diese Einstellung reicht für eine Fehlersuche zunächst aus.
- *Mittel.* Bei dieser Einstellung werden zusätzlich zu den Warn- und Fehlermeldungen auch alle Informationsmeldungen mitgeschrieben.
- *Maximum.* Bei dieser Einstellung werden alle Meldungen der drei anderen Protokollierungsgrade mitgeschrieben. Zusätzlich werden die Informationsmeldungen um weitere Informationen ergänzt, die bei der Problemlösung helfen sollen. Diese Einstellung bewirkt das Generieren von derartig vielen Ereignismeldungen, so dass Sie leicht den Überblick verlieren können.

Vor allem die Einstellung *Maximum* sollte nur in Ausnahmefällen und sehr begrenzt vorgenommen werden. Wenn Sie einen Fehler suchen, bieten sich oft die beiden Optionen *Keine* oder *Minimum* an, da Informationsmeldungen sehr umfangreich sein können und für eine Fehlersuche oft nicht gebraucht werden.

Wenn Sie nicht fündig werden, können Sie noch das Diagnose-Logging für den Service *MSExchangeSA* erhöhen. Wählen Sie jede Kategorie aus.

Erkennen und Beheben von Berechtigungsproblemen

Ein häufig auftretendes Problem des RUS sind fehlerhafte Berechtigungen für die Domäne oder die Organisationseinheit, deren Objekte nicht mit E-Mail-Adressen versorgt werden. Häufig treten dann in der Ereignisanzeige des Exchange Servers, der für den RUS konfiguriert ist, eindeutige Fehlermeldungen auf, die im Folgenden abgebildet sind. Wenn Ihre Benutzer nicht mit E-Mail-Adressen versorgt werden und Ihnen die folgenden Ereignismeldungen im Anwendungsprotokoll angezeigt werden, ist ein Berechtigungsproblem wahrscheinlich. Es ist wichtig, das Problem immer zuerst einzugrenzen.

```
Event Type: Warning
Event Source: MSExchangeAL
Event Category: Replication
Event ID: 8317
```

```
Description:
The service could not update the entry 'CN=userc,CN=Users,DC=domain,DC=com'
because inheritable permissions may not have propagated completely down to
this object yet. The inheritance time may vary depending on the number of
Active Directory objects within the domain and the load of your domain
controllers. To correct this problem, verify that the Exchange permissions
have been propagated to this object and then force a rebuild for the
Recipient Update Service on this domain. DC=domain,DC=com
Event Type: Error
Event Source: MSExchangeAL
Event Category: LDAP Operations
Event ID: 8270
Description:
LDAP returned the error [10000001] Local Error when importing the transaction
dn: <GUID=1631A14EC051DF4C87260F7AE8212AE6> changetype: Modify
showInAddressBook:add:CN=All Users,CN=All Address Lists,CN=Address Lists
Container,CN=HQ,CN=Microsoft ...
: CN=Default Global Address List,CN=All Global Address Lists,CN=Address Lists
mail:user@domain.com
textEncodedORAddress:c=us;a= ;p=HQ;o=Exchange;s=userf;
msExchPoliciesIncluded:add:{D1D8C0C6-D450-4CD7-8F35-1F5A42C49C1C},{26491CFC-
9E50-4857-861B-0CB8DF22B5D7}
msExchUserAccountControl:0
msExchALObjectVersion:52
objectGUID:1631A14EC051DF4C87260F7AE8212AE6
-
DC=domain,DC=com
```

Erscheinen in Ihrer Ereignisanzeige diese Meldungen, sollten Sie folgendermaßen vorgehen: Überprüfen Sie zunächst, ob wirklich keine Berechtigungen mehr für die Domäne oder die Organisationseinheit vorhanden sind: Starten Sie dazu das SnapIn *Active Directory-Benutzer und -Computer*. Aktivieren Sie die *Erweiterten Funktionen*. Rufen Sie die Eigenschaften der Domäne oder der Organisationseinheit auf.

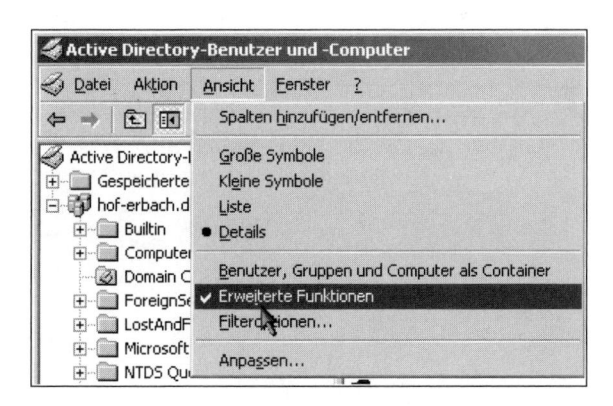

Abbildung 8.18:
Aktivierung der Erweiterten Funktionen im SnapIn *Active Directory-Benutzer und -Computer*

Kapitel 8   Richtlinien

STEP

Wechseln Sie auf die Registerkarte SICHERHEIT und klicken Sie dann auf die Schaltfläche ERWEITERT. Dort sollten mehrere Berechtigungen für die Gruppe Exchange Enterprise Server eingetragen sein, davon 4 Berechtigungen zum Schreiben. Wenn einige Berechtigungen fehlen, werden Ereignisse in die Ereignisanzeigen geschrieben, wenn alle fehlen, arbeitet der RUS nicht mehr, es werden aber keinerlei Ereignisse mitprotokolliert. Sollte dies bei Ihnen zutreffen, führen Sie folgende Schritte durch:

1. Führen Sie nochmals des Exchange 2003 Setup mit dem Schalter /domainprep aus, damit die entsprechenden Gruppen und Berechtigungen neu erstellt werden.
2. Klicken Sie dann auf den entsprechenden RUS, der nicht mehr funktioniert und wählen Sie die Option *Rebuild*. Die Benutzer sollten mit der richtigen E-Mail-Adresse versorgt werden.

Sollte es sich lediglich um ein Problem einer Organisationseinheit handeln, wenn nur Benutzer einer oder mancher OUs nicht mehr versorgt werden, sollten Sie zusätzlich noch überprüfen, ob in den erweiterten Berechtigungen dieser Organisationseinheit folgender Haken gesetzt ist:

Abbildung 8.19:
Notwendige Berechtigungen für den Recipient Update Service

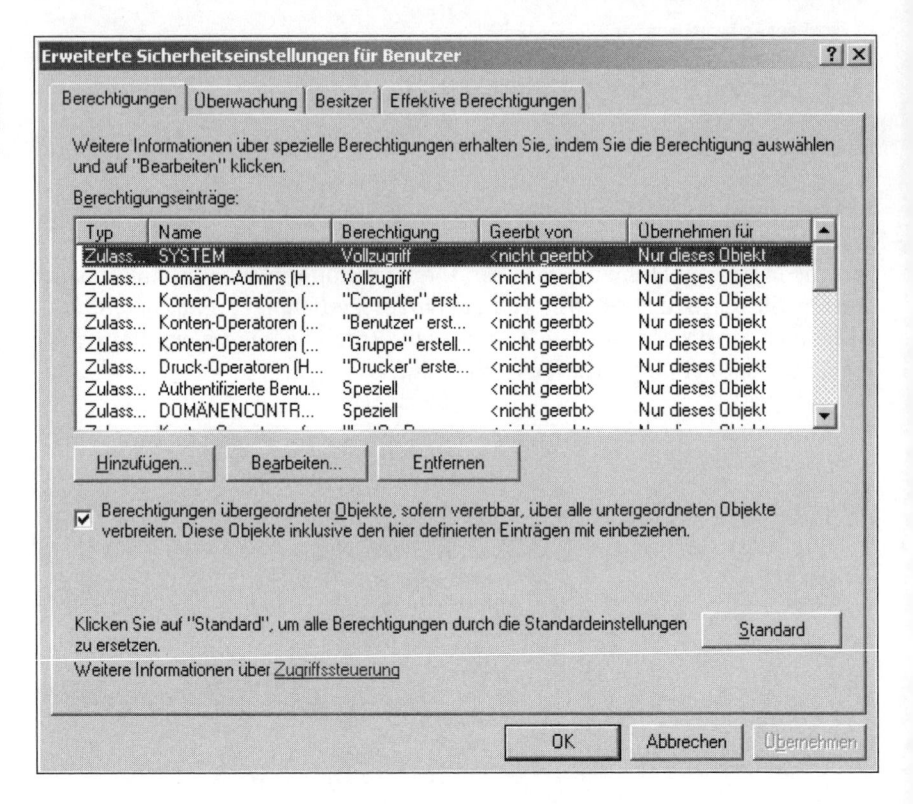

Probleme bei der Replikation von öffentlichen Ordnern

Jeder Informationsspeicher für öffentliche Ordner erhält eine E-Mail-Adresse, mit deren Hilfe die Replikationsnachrichten zugestellt werden. Diese E-Mail-Adresse wird durch den Recipient Update Service festgelegt. Hierzu verwendet Exchange 2003 den Enterprise-RUS, nicht den RUS der Domäne. In manchen Fällen kann es vorkommen, dass der Recipient Update Service für einzelne Informationsspeicher für öffentliche Ordner keine E-Mail-Adresse generiert. In einem solchen Fall kann dieser Informationsspeicher keine Replikate öffentlicher Ordner empfangen. Dies ergibt sich oft, wenn dem RUS eine »dll« für die Erstellung der E-Mail-Adresse fehlt, weil beispielsweise noch eine Fax-Komponente eines Drittherstellers installiert wurde. Sie können diesen Umstand überprüfen, wenn Sie die Systemaufsicht neu starten. Wenn eine »dll« zur Erstellung einer E-Mail-Adresse fehlt, erhalten neue Benutzer keine E-Mail-Adresse und eine entsprechende Meldung wird in der Ereignisanzeige festgehalten. Auch wenn diese »dll« nachträglich installiert wird, wird den bereits angelegten Benutzern ohne E-Mail-Adresse keine E-Mail-Adresse durch den RUS zugeteilt.

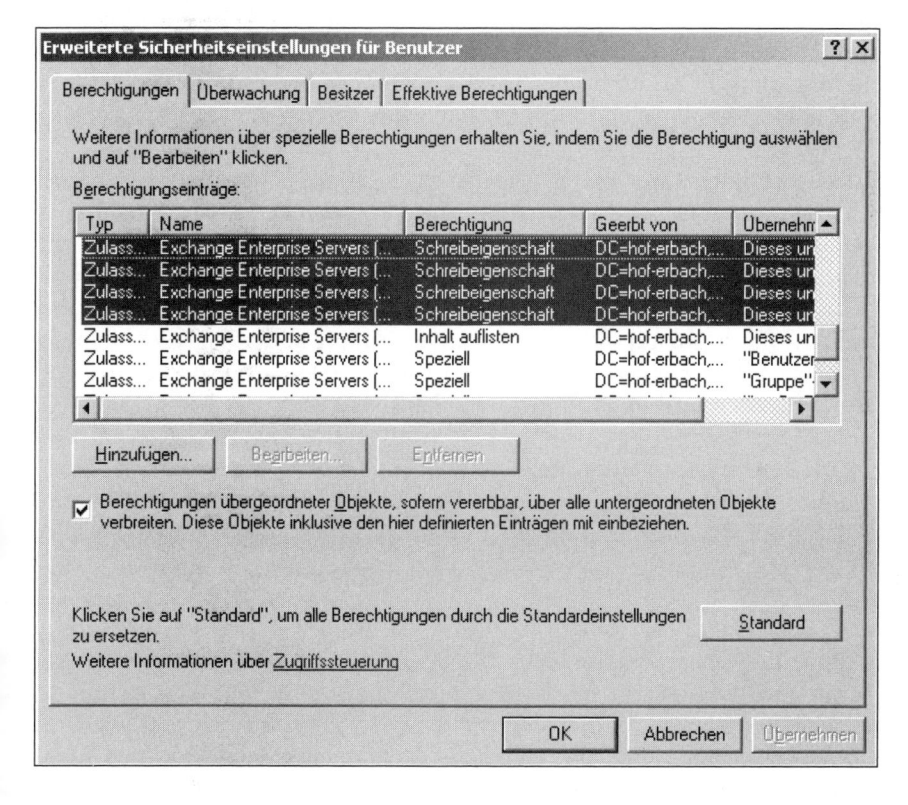

Abbildung 8.20: Berechtigungen der Gruppe Exchange Enterprise Servers in den Sicherheitseinstellungen der Domäne

8.2 Systemrichtlinien

Systemrichtlinien unterscheiden sich deutlich von Empfängerrichtlinien. Systemrichtlinien dienen ausschließlich zur Verteilung von Server-Einstellungen. Systemrichtlinien werden auch nicht durch den RUS an die Exchange Server verteilt, sondern verwenden einen eigenen Prozess. Mit Systemrichtlinien müssen Sie Einstellungen an den Servern oder den Informationsspeichern nur einmal vornehmen, egal wie viele Exchange Server oder Informationsspeicher in Ihrer Organisation vorhanden sind.

Systemrichtlinien können nur innerhalb einer administrativen Gruppe verwendet werden. Wenn Sie mehrere administrative Gruppen haben, müssen Sie für jede Gruppe einen eigenen Satz Systemrichtlinien erstellen.

Systemrichtlinien können aber auf Server angewendet werden, die über mehrere Routinggruppen verteilt sind. Systemrichtlinien sind administrative Objekte und werden nur durch unterschiedliche administrative Gruppen getrennt. Routinggruppen sind die physikalische Trennung von Exchange Servern und haben daher keinen Einfluss auf die Konfiguration Ihrer Systemrichtlinien. Sie können mit einer Richtlinie dutzende Server verwalten, die überall auf der Welt über verschiedene Routinggruppen verteilt sind, sich aber in derselben administrativen Gruppe befinden.

Systemrichtlinien werden in einem eigenen Container innerhalb einer administrativen Gruppe gespeichert. Wenn Sie noch keine Systemrichtlinien definiert haben, hat Exchange auch noch keinen Container für diese Systemrichtlinien angelegt. Bevor Sie Richtlinien definieren können, müssen Sie den Container für die Systemrichtlinien erstellen. Klicken Sie dazu mit der rechten Maustaste auf die administrative Gruppe, in der Sie den Container erstellen wollen, wählen Sie NEU und dann SYSTEMRICHTLINIENCONTAINER. Der Container wird daraufhin von Exchange erstellt.

Sie müssen keine weiteren Eingaben vornehmen oder Konfiguration durchführen. Mit diesem Schritt erstellen Sie lediglich einen Container für diese Richtlinien. In diesem Container werden später die Systemrichtlinien erstellt.

In diesem Container werden alle Systemrichtlinien dieser administrativen Gruppe gespeichert. Es ist nicht möglich mehrere Systemrichtliniencontainer in einer administrativen Gruppe anzulegen. Um neue Systemrichtlinien zu erstellen, klicken Sie mit der rechten Maustaste auf den neu erstellten Container, wählen NEU und dann die gewünschte Systemrichtlinie. Ihnen stehen 3 verschiedene Varianten von Systemrichtlinien zur Auswahl. Wir behandeln auf den nachfolgenden Seiten jede dieser Richtlinien ausführlich.

Systemrichtlinien

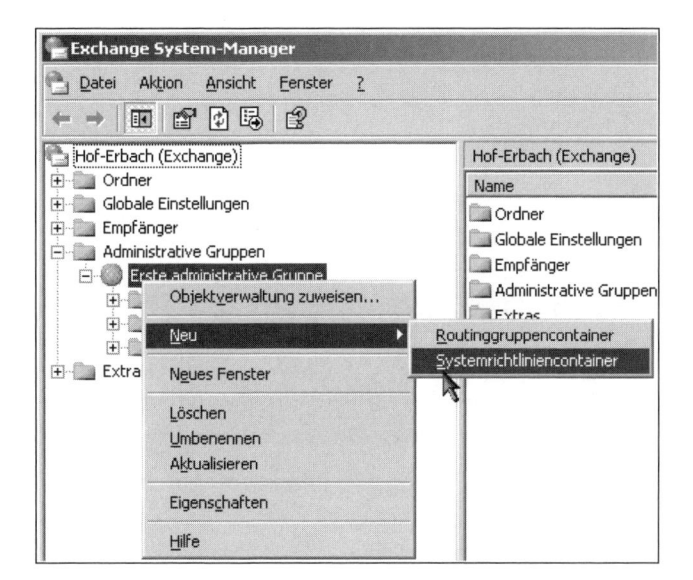

Abbildung 8.21:
Erstellen eines Systemrichtlinien-containers für eine administrative Gruppe

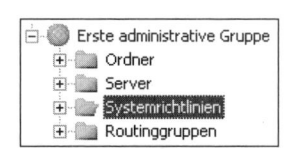

Abbildung 8.22:
Erstellter System-richtliniencontainer im Exchange System Manager

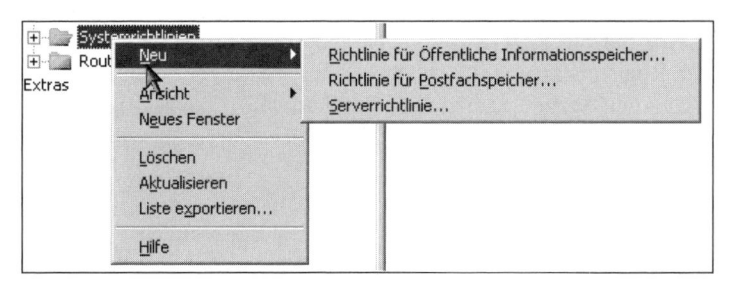

Abbildung 8.23:
Auswahl der möglichen Systemricht-inien

Serverrichtlinie (Server Policy)

Die Serverrichtlinie ist für die allgemeinen Einstellungen Ihrer Exchange Server verantwortlich. Sie können Einstellungen vornehmen und auf alle Exchange Server innerhalb dieser administrativen Gruppe verteilen. Wenn Sie die Erstellung der Serverrichtlinie auswählen, werden Sie zunächst gefragt, welche Einstellungen Sie mit dieser Richtlinie vornehmen wollen. Da für diese Richtlinie nur allgemeine Einstellungen zur Verfügung stehen, wird auch nur diese Option zur Verfügung gestellt. Wählen Sie diese Option aus und Bestätigen mit OK. In dieser Richtlinie ist eigentlich nur eine Regis-terkarte maßgeblich, die Registerkarte ALLGEMEIN. Nach der Erstellung der Serverrichtlinie müssen Sie zunächst einen Namen für diese Richtlinie wäh-len.

Kapitel 8 — Richtlinien

Abbildung 8.24:
Auswahl der Richtlinien-Optionen

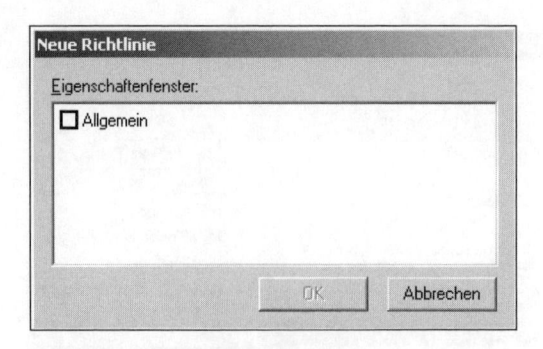

Abbildung 8.25:
Bezeichnung der erstellten Serverrichtlinie

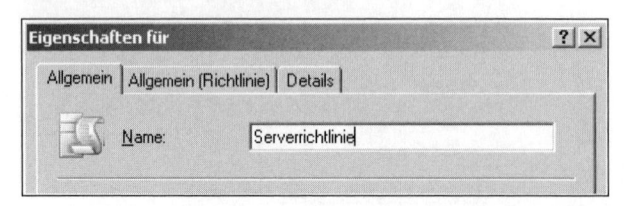

Sie können innerhalb des Containers SYSTEMRICHTLINIEN mehrere Serverrichtlinien erstellen. Dadurch können Sie verschiedene Einstellmöglichkeiten für Untergruppen von Exchange Servern innerhalb dieser administrativen Gruppe auswählen. Die Serverrichtlinien müssen sich allerdings vom Namen unterscheiden.

Wenn Sie die Bezeichnung der Richtlinie festgelegt haben, können Sie auf der Registerkarte ALLGEMEIN die Einstellungen vornehmen, die Sie für Ihre Exchange Server vornehmen wollen. Die Einstellungen werden allerdings noch nicht sofort an die Exchange Server verteilt, sondern Sie müssen nach der Erstellung der Richtlinie definieren, für welche Exchange Server diese Gültigkeit hat. Die Richtlinie wird dann ausschließlich auf die definierten Exchange Server angewendet. Auf der Registerkarte ALLGEMEIN können Sie verschiedene Einstellungen vornehmen.

Die Felder, die Sie nicht mit einer Richtlinie definieren können, sind ausgegraut. Sie können diese nur direkt am Exchange Server konfigurieren. Die Registerkarte ALLGEMEIN ist fast identisch mit der Registerkarte ALLGEMEIN (RICHTLINIE), wenn Sie die Eigenschaften eines Exchange Servers aufrufen, einige Optionen sind allerdings nicht durch eine Richtlinie konfigurierbar, zum Beispiel die Konfiguration des Servers als Frontendserver. Folgende Optionen sind über die Richtlinie steuerbar:

NACHRICHTENBETREFF PROTOKOLLIEREN UND ANZEIGEN. Wenn Sie diese Option aktivieren, werden auf allen Exchange Servern, denen Sie später diese Richtlinie zuweisen, die Betreffs und Versendedaten aller E-Mails in Protokolldateien gespeichert.

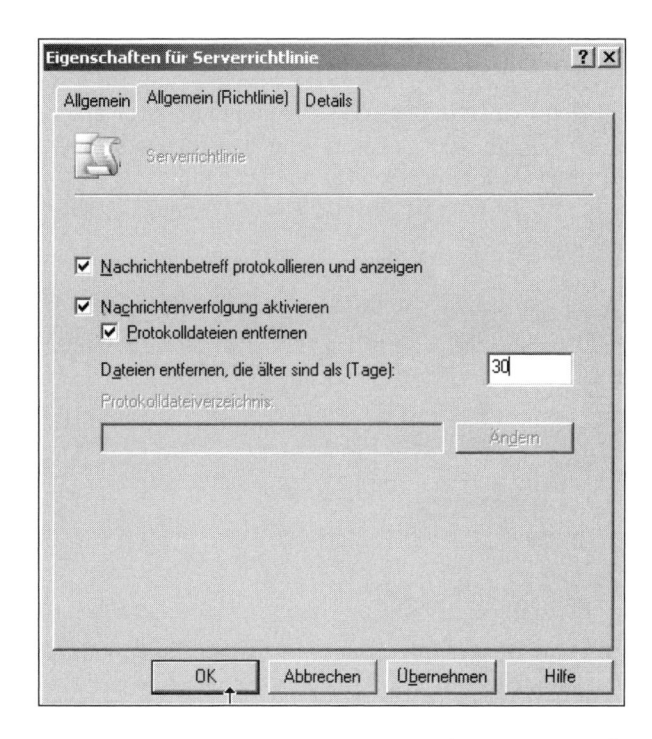

Abbildung 8.26:
Konfigurationsmöglichkeiten der Serverrichtlinie

Der Inhalt der E-Mail wird allerdings nicht gespeichert, sondern nur Betreff, Absender, Empfänger und Zeitpunkt des Versendens. Das Aktivieren dieser Option ist auf alle Fälle sinnvoll, auch wenn der Server dadurch ein wenig belastet wird.

Durch diese Einstellmöglichkeit können Sie im Bedarfsfall den Weg einer E-Mail genau bestimmen und nachforschen, warum manche E-Mails vielleicht nicht zugestellt wurden, und ob der Fehler bei Ihnen oder am Remote-System liegt.

NACHRICHTENTRACKING AKTIVIEREN. Wenn Sie diese Option aktivieren, wird die Nachrichtenverfolgung mit den Informationen von NACHRICHTENBETREFF PROTOKOLLIEREN UND ANZEIGEN aktiviert. Ohne NACHRICHTENTRACKING AKTIVIEREN werden zwar die Informationen mitprotokolliert, der Server verfolgt das Versenden aber nicht nach. Sie sollten für eine vernünftige Nachrichtenverfolgung beide Optionen aktivieren, da der Betreff, der Absender, der Empfänger und das Versendedatum mitprotokolliert werden. Wenn Sie diese Option aktivieren, legt Exchange 2003 für jeden Tag ein neues Protokoll im Ordner *Servername.log* in Ihrem Exchange-Verzeichnis an.

Protokolldateien entfernen. Hier können Sie festlegen, ob Exchange diese Protokolldateien in einem bestimmen Rhythmus löschen soll. Beachten Sie, dass jede dieser Protokolldateien je nach E-Mail-Verkehr einigen Plattenplatzverbrauch bedeuten kann. Wenn Sie diese Protokolldateien nicht löschen lassen, steigt der Platzbedarf ständig an. Auf der anderen Seite sollten Sie den Zeitraum des Löschens nicht zu kurz wählen, da Sie nur Nachrichten innerhalb dieses Zeitraums nachverfolgen können. Welche Einstellungen optimal sind, hängt von Ihrem Plattenplatz ab, aus meiner Erfahrung können 7 bis 30 Tage sinnvoll sein. Darüber hinaus ist eine E-Mail-Verfolgung nur selten sinnvoll.

Wenn Sie Ihre Einstellungen vorgenommen haben, können Sie die Richtlinien-Konfiguration mit OK schließen. Die neue Richtlinie wird erstellt, aber noch nicht auf Ihre Exchange Server angewendet.

Abbildung 8.27:
Erstellte Systemrichtlinie

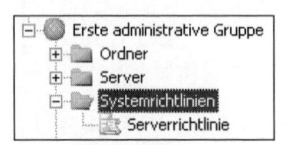

Zuweisen der Richtlinie

Als Nächstes müssen Sie diese Richtlinie den Exchange Servern zuweisen, auf die sie angewendet werden soll. Klicken Sie dazu mit der rechten Maustaste auf die Richtlinie und wählen Sie aus dem Menü SERVER HINZUFÜGEN aus. Sie können dieser Richtlinie beliebige Exchange Server innerhalb der administrativen Gruppe zuordnen. Wenn Sie die gewünschten Server ausgewählt haben, werden die Einstellungen der Richtlinie sofort an diese weiterverteilt. Dieser Vorgang kann je nach Anzahl der Server und der Leitungen einige Sekunden bis Minuten dauern.

Nachdem die Richtlinie auf den Server angewendet wurde, werden Einstellungen, die Sie in dieser Richtlinie vornehmen, sofort auf alle verbundenen Exchange Server weiterverteilt. Wenn Sie die Richtlinie selbst in der Baumansicht links anklicken, sehen Sie im rechten Fenster alle verbundenen Exchange Server. Sie können jederzeit überprüfen, welche Exchange Server durch diese Richtlinie verwaltet werden und welche nicht.

Bei einer hohen Anzahl an Servern und Richtlinien haben Sie immer einen guten Überblick, welche Server und andere Objekte durch welche Systemrichtlinie verwaltet werden. Sie können aber auch umgekehrt, in den Eigenschaften des Servers prüfen, ob die Serverrichtlinie korrekt angewendet wurde. Sie können auf diese Weise zudem Server wieder aus einer Richtlinie entfernen und einer anderen Richtlinie zuordnen. Um zu überprüfen, ob die definierte Richtlinie auch auf den Server angewendet wurde, rufen Sie die Eigenschaften des Exchange Servers auf und wechseln Sie zur Registerkarte ALLGEMEIN.

Systemrichtlinien Kapitel 8

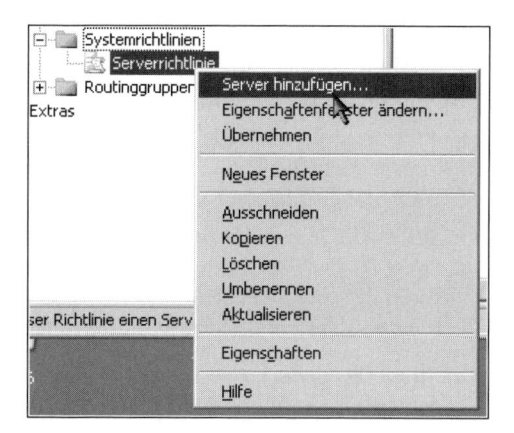

Abbildung 8.28:
Zuweisen von Exchange Servern an eine Serverrichtlinie

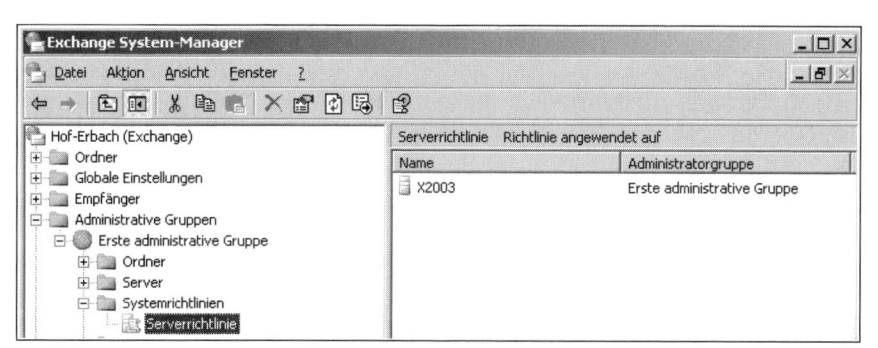

Abbildung 8.29:
Alle Exchange Server, die der Systemrichtlinie zugewiesen wurden, werden im Exchange System Manager angezeigt.

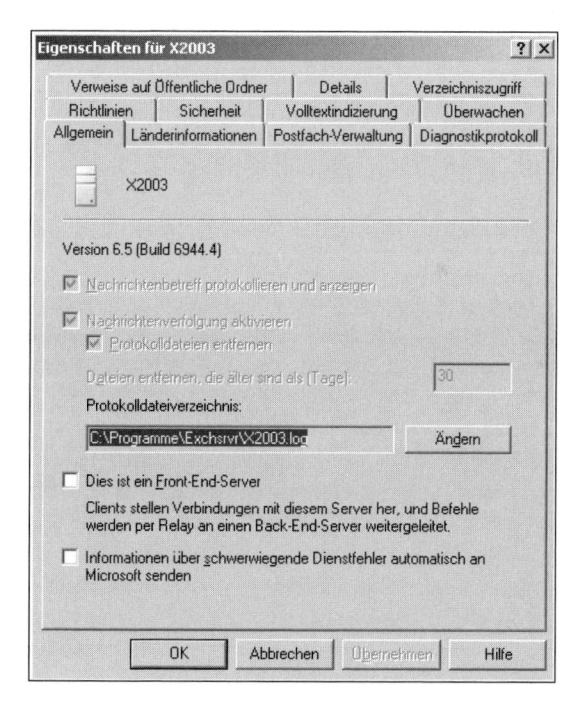

Abbildung 8.30:
Registerkarte ALLGEMEIN (GENERAL) eines Exchange Servers mit zugewiesener Serverrichtlinie

Kapitel 8   Richtlinien

Wie Sie sehen, sind die Optionen, die Sie mittels der Serverrichtlinie definiert haben, ausgegraut. Dadurch ist sichergestellt, dass keine Einstellungen vorgenommen werden, die sich gegenseitig widersprechen.

NEU

Auf dieser Registerkarte können Sie zudem festlegen, in welchem Verzeichnis die Protokolldateien der Nachrichtenverfolgung gespeichert werden sollen. Sie können das Standardverzeichnis jederzeit ändern und zum Beispiel auf ein Verzeichnis in einer Partition mit mehr Plattenplatz verlegen. Diese Funktion ist neu in Exchange 2003. In Exchange 2000 wurde immer das Verzeichnis servername.log innerhalb des Systemverzeichnisses genutzt.

Auf dieser Registerkarte sehen Sie ebenfalls die neue interne Versionsnummer von Exchange 2003. Die interne Nummer von Exchange 2000 betrug noch 6.0. Exchange 2003 trägt die interne Versionsnummer 6.5.

Auf dieser Registerkarte definieren Sie den Server ebenfalls als Frontend-Server. Diese Einstellung kann nicht mit Hilfe einer Richtlinie vorgenommen werden. Wir befassen uns später im Buch im Kapitel 13 *Outlook Web Access* näher mit Frontend-Servern.

Auch die Option DIREKT AN MICROSOFT VERSENDEN, mit der Informationen über schwerwiegende Dienstfehler weitergeleitet werden, muss direkt am Server vorgenommen werden. Mit dieser Option werden Fehler innerhalb Exchange 2003 über das Internet an Microsoft weitervermittelt. Dies soll dazu beitragen, zukünftige Versionen noch stabiler und sicherer zu machen. Ob Sie diese Funktion aktivieren oder nicht, bleibt Ihnen überlassen.

Auf der Registerkarte RICHTLINIEN werden alle Richtlinien aufgeführt, die auf diesen Server angewendet werden.

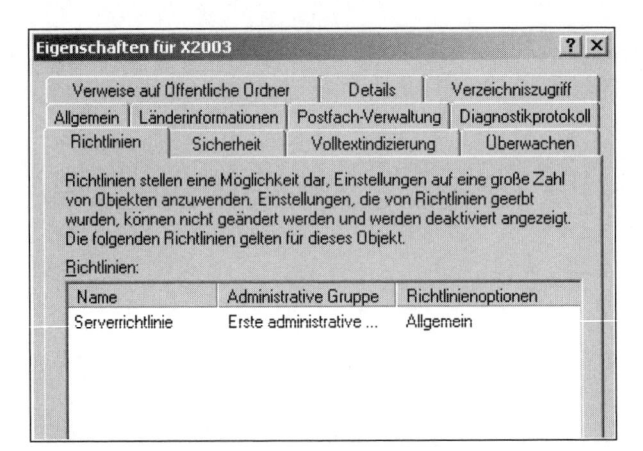

Abbildung 8.31:
Alle auf diesen Server angewendeten Richtlinien

Sie sehen, dass die Konfiguration von Richtlinien nicht schwierig ist, die Arbeit mit Richtlinien jedoch bei vielen Server äußerst hilfreich sein kann.

Richtlinie für Postfachspeicher

Die zweite Systemrichtlinie ist die Richtlinie für den Postfachspeicher. Diese Richtlinie wird nicht auf verschieden Server angewendet, sondern auf Postfachspeicher die auf mehreren Exchange Servern verteilt sein können.

Gehen Sie bei der Erstellung einer Richtlinie für Postfachspeicher genauso vor wie bei der Serverrichtlinie. Wählen Sie als Richtlinienobjekt RICHTLINIE FÜR POSTFACHSPEICHER aus. Als nächstes erscheint das Fenster, indem Sie die Optionen aktivieren können, die in dieser Richtlinie verwaltet werden sollen. Sie können, wie bei der Serverrichtlinie auch, innerhalb eines Systemrichtlinien-Containers mehrere Richtlinien für Postfachspeicher erstellen. Diese Richtlinien müssen unterschiedliche Bezeichnungen haben und sollten entweder verschiedenen Postfachspeichern zugeordnet sein, oder in den Optionen verschiedene Arten der Verwaltung durchführen. Beispielsweise können Sie eine Richtlinie definieren, die nur Grenzwerte von bestimmten Postfachspeichern definiert und eine Richtlinie die die Verwaltung der Online-Datenbankwartung für alle Postfachspeicher innerhalb der administrativen Gruppe verwaltet. Sie können beliebige Optionen und Varianten wählen. Auch wenn Sie nur einen Exchange Server haben, ist es sinnvoll mehrere Postfachspeicher einzusetzen und diese über Richtlinien zu konfigurieren. Wenn Sie einen Exchange 2003 Enterprise Server installiert haben, können Sie bis zu 20 Informationsspeicher erstellen, die alle mit einer Richtlinie für Postfachspeicher und einer Richtlinie für den öffentlichen Speicher verwaltet werden können. Dadurch ist immer sichergestellt, dass von Ihnen definierte und gewünschte Einstellungen auf alle Informationsspeicher propagiert werden.

Wenn Sie die Erstellung einer Richtlinie für Postfachspeicher gewählt haben, müssen Sie zunächst definieren, welche Registerkarten in dieser Richtlinie verwaltet werden sollen.

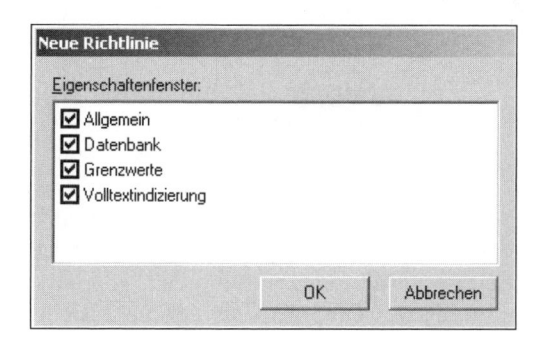

Abbildung 8.32:
Mögliche Optionen der Richtlinie für Postfachspeicher

Kapitel 8   Richtlinien

Nachdem Sie festgelegt haben, welche Optionen der Postfachspeicher mit dieser Richtlinie verwaltet werden sollen, können Sie mit der Konfiguration der Richtlinie beginnen. Innerhalb der Richtlinie für Postfachspeicher können Sie eine höhere Anzahl an Optionen definieren, als bei der Serverrichtlinie. Geben Sie zunächst eine Bezeichnung für diese Richtlinie ein. Wählen Sie am Besten eine Bezeichnung, die verdeutlicht welche Optionen mit dieser Richtlinie konfiguriert werden.

Abbildung 8.33: Bezeichnung der Richtlinie für Postfachspeicher

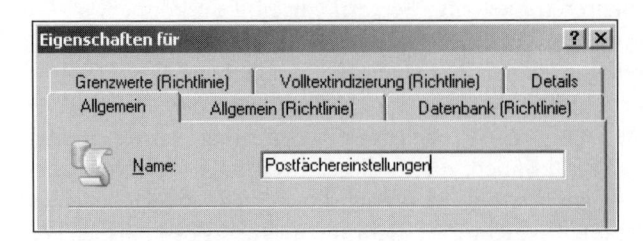

Nachdem Sie die Bezeichnung dieser Richtlinie festgelegt haben, können Sie die weiteren Registerkarten konfigurieren. Alle in Grau angezeigten Optionen können nur direkt für einen bestimmten Speicher festgelegt werden, beispielsweise die Lage der Datenbanken. Alle anderen Optionen können Sie über die Richtlinie bestimmen. Welchen Sinn die einzelnen Optionen haben, entnehmen Sie bitte dem Kapitel 7 *Speicherarchitektur*.

Zuweisen der Richtlinie für Postfachspeicher

Wenn Sie die Konfiguration der Richtlinie abgeschlossen haben und den Assistenten mit OK beenden, wird die Richtlinie erstellt. Sie finden sowohl die Richtlinie als auch die Serverrichtlinie im Container SYSTEMRICHTLINIEN. Sie müssen dieser Richtlinie noch die Postfachspeicher zuordnen, auf die sie angewendet werden soll. Im Gegensatz zur Serverrichtlinie weisen Sie der Richtlinie für Postfachspeicher nicht komplette Exchange Server zu, sondern Postfachspeicher, die auf verschiedenen Exchange Servern verteilt sein können.

Abbildung 8.34: Neu erstellte Richtlinie für Postfachspeicher im Container SYSTEMRICHTLINIEN

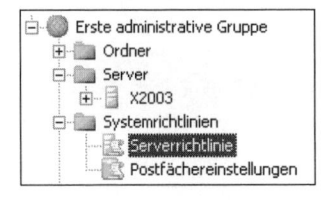

Es ist nicht zwingend notwendig, dass alle Postfachspeicher eines Exchange Servers einer Richtlinie zugeordnet werden, eine Auswahl an Postfachspeichern genügt. Sie sind nicht an die Grenzen zwischen den Exchange Servern oder Routinggruppen gebunden, sondern nur wieder an die Grenzen der administrativen Gruppe, in der diese Richtlinie erstellt wurde.

Systemrichtlinien

Um die Richtlinie Postfachspeicher zuzuweisen, müssen Sie die Richtlinie mit der rechten Maustaste anklicken und aus dem Menü POSTFACHSPEICHER HINZUFÜGEN wählen.

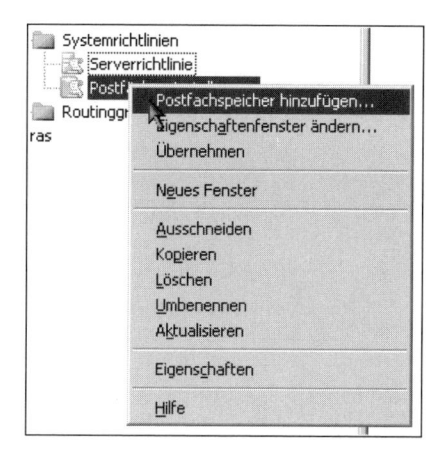

Abbildung 8.35: Postfachspeicher dieser Richtlinie zuordnen

Nach der Auswahl der Postfachspeicher wird die Richtlinie auf die erstellten Postfachspeicher angewendet. Dieser Vorgang kann je nach Anzahl Ihrer Postfachspeicher eine gewisse Zeit in Anspruch nehmen. Nach der Zuweisung können Sie die Richtlinie anklicken und sehen dann im rechten Fenster des Exchange System Managers, welche Postfachspeicher in der administrativen Gruppe von dieser Richtlinie verwaltet werden. Sie können zudem die Eigenschaften der Postfachspeicher aufrufen. Optionen, die durch eine Richtlinie verwaltet werden, sind ausgegraut.

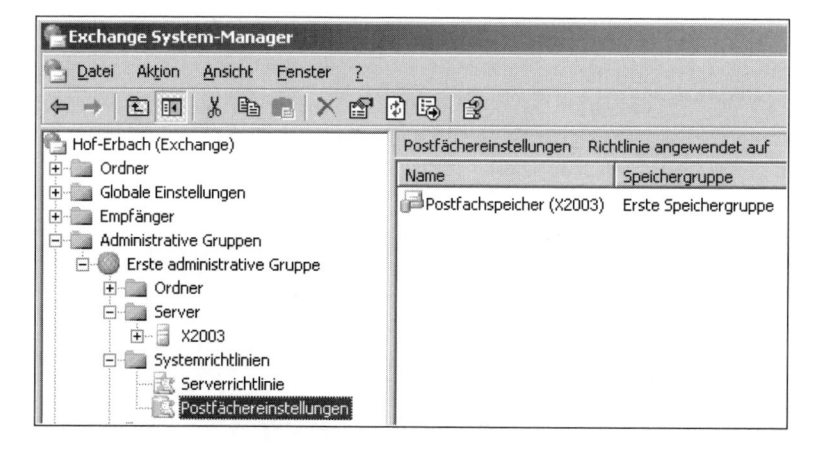

Abbildung 8.36: Postfachspeicher, die dieser Richtlinie zugeordnet sind

Auf der Registerkarte RICHTLINIEN in den Eigenschaften eines Postfachspeichers werden alle Richtlinien aufgeführt, die auf diesen Postfachspeicher angewendet werden. Sie können jederzeit überprüfen, welche Richtlinien angewendet werden.

Kapitel 8   Richtlinien

Abbildung 8.37:
Ausgegraute Optionen in den Eigenschaften des Postfachspeichers, der durch eine Richtlinie verwaltet wird

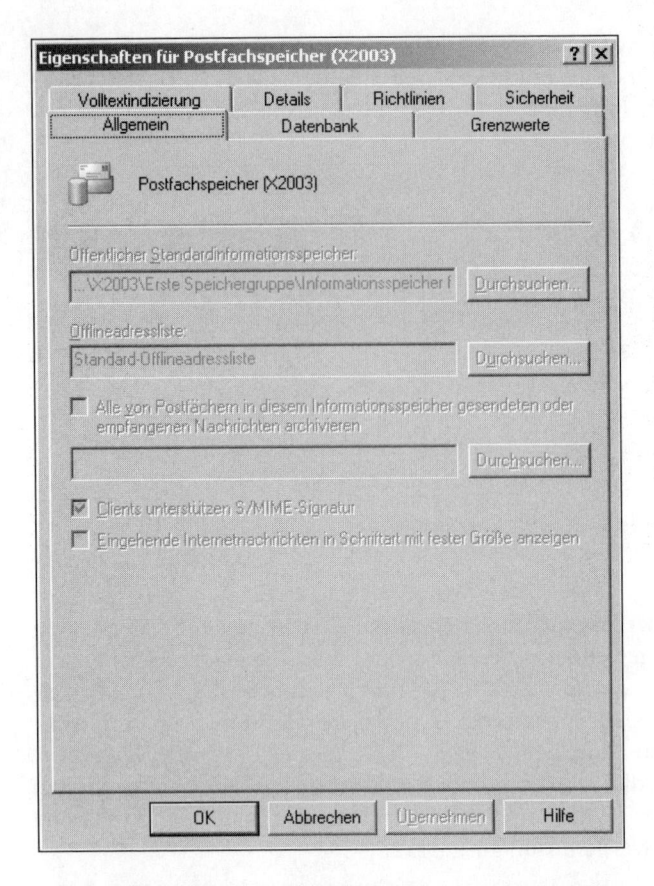

Abbildung 8.38:
Zugewiesene Richtlinien eines Postfachspeichers

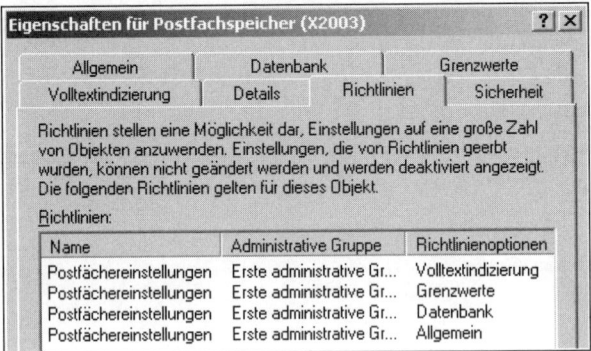

Richtlinie für öffentliche Informationsspeicher

Mit der dritten und letzten Systemrichtlinie können Sie direkt Einstellungen für die Informationsspeicher für öffentliche Ordner vornehmen. Gehen Sie bei der Erstellung genauso vor, wie bei der Richtlinie für den Postfachspeicher und bei der Serverrichtlinie. Legen Sie nach der Erstellung fest, welche

Systemrichtlinien

Registerkarten wieder in dieser Richtlinie verwaltet werden sollen und geben Sie den Namen der Richtlinie ein.

Es stehen wieder einige Optionen zur Auswahl sowie Registerkarten, mit deren Hilfe Sie diese Richtlinie konfigurieren können. Die einzelnen Einstellungen können Sie im Kapitel 7 *Speicherarchitektur* nachlesen.

Zuweisen der Richtlinie

Dieser Richtlinie müssen Sie ebenfalls Informationsspeicher zuweisen. Die Zuweisung erfolgt analog zur Zuweisung einer Richtlinie für Postfachspeicher.

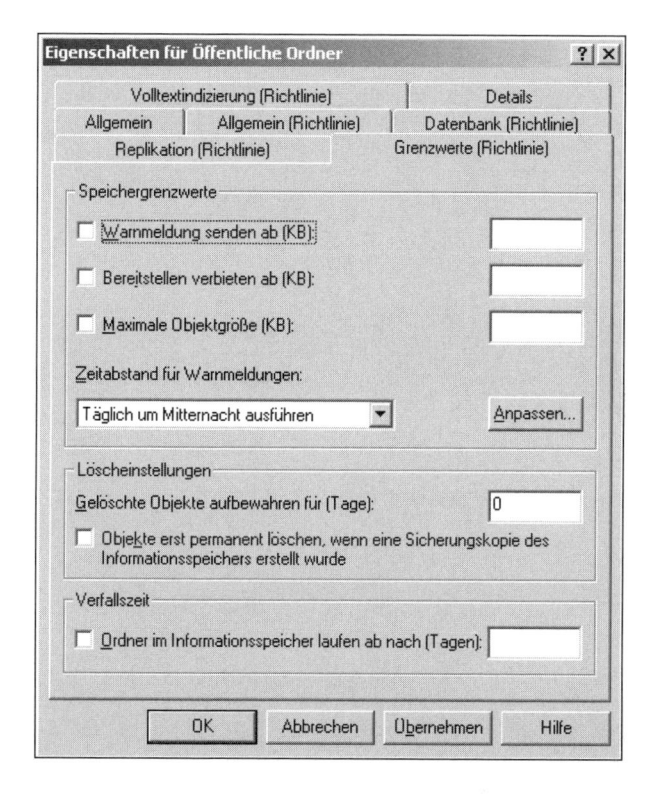

Abbildung 8.39:
Registerkarte GRENZWERTE (LIMITS) einer Richtlinie für öffentlichen Informationsspeicher

9 Öffentliche Ordner

Öffentliche Ordner sind für Groupware-Systeme einer der wichtigsten Bereiche. In öffentlichen Ordnern ist die Arbeit, wie in keinem anderen Bereich nicht auf einzelne Personen und Benutzer begrenzt, sondern richtet sich an Gruppen und Abteilungen, die zusammenarbeiten und Informationen austauschen wollen. Für öffentliche Ordner gibt es eine Vielzahl von Verwendungsmöglichkeiten, die von fast allen Unternehmen ausgenutzt werden, die mit Exchange arbeiten. Öffentliche Ordner werden immer wichtiger, da die Zusammenarbeit von Gruppen innerhalb eines Unternehmens immer gewinnbringender wird und zahlreiche Tätigkeiten ohne einen Informationsfluss zwischen Mitarbeitern überhaupt nicht mehr ausgeführt werden können.

Microsoft hat daher im Bereich der öffentlichen Ordner in Exchange 2003 zahlreiche neue Features eingebaut und alte verbessert. Die Arbeit mit öffentlichen Ordnern ist in Exchange 2003 im Vergleich zu seinen Vorgängern deutlich verbessert worden und Administratoren werden die Verbesserungen und Veränderungen nicht mehr missen wollen, wenn Sie erstmal damit arbeiten. In diesem Kapitel wird auf alle Bereiche der Verwaltung von öffentlichen Ordnern eingegangen, dabei werden die Neuerungen in Exchange 2003 nochmals besonders hervorgehoben, damit Sie überschauen können, was sich seit Exchange 2000 getan hat.

Öffentliche Ordner können mit einer E-Mail-Adresse versehen werden und dadurch direkt E-Mails erhalten oder auch Versenden. Diese Option ist bereits länger integriert und wird immer mehr genutzt. Öffentliche Ordner werden in Outlook hierarchisch angezeigt. Die oberste Hierarchie der öffentlichen Ordner ist die öffentliche-Ordner-Struktur. Jede Struktur ist eine eigene Datenbank, die getrennt zu den anderen gesichert und wiederhergestellt werden kann. Jede Struktur hat dabei Ihre eigene Hierarchie. Sie können für jede administrative Gruppen in Ihrer Organisation einen Container für die öffentlichen Ordner mit einer dazugehörigen öffentlichen-Ordner-Struktur erstellen.

Kapitel 9   Öffentliche Ordner

> **INFO**
>
> *Die Ansicht von mehreren öffentlichen-Ordner-Strukturen wird erst ab Outlook XP und Outlook 2003 unterstützt. Ältere Outlook-Versionen können nur die erste Hierarchie anzeigen. Auch Outlook 2000 bildet keine Ausnahme. Outlook 2000 wurde noch für Exchange 5.5 optimiert. Mit dieser Version war es nicht möglich, mehrere öffentliche Ordner-Strukturen zu generieren. Der offizielle Client für Exchange 2000 war Outlook XP, für Exchange 2003 ist der offizielle Client Outlook 2003.*

Wie die Postfächer können auch öffentliche Ordner indiziert werden. Dadurch haben Benutzer die Möglichkeit in Outlook über die *Erweiterte Suche* in Nachrichten innerhalb der öffentlichen Ordner und den darin enthaltenen Anlagen zu suchen. Der Index wird allerdings nur verwendet, wenn in Outlook die Option *Erweiterte Suche* verwendet wird, die »normale« Suche verwendet keine Indizierung.

Abbildung 9.1:
Erweiterte Suche in Outlook

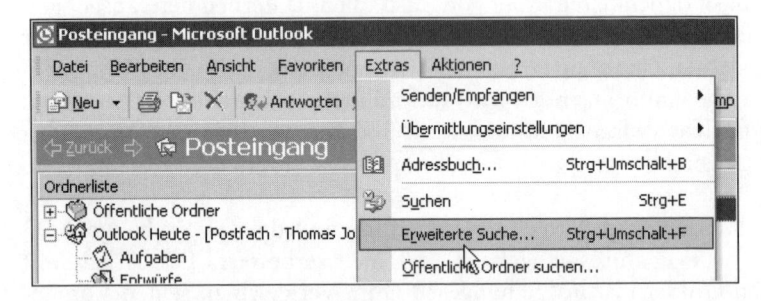

Sie können für öffentliche Ordner genau festlegen, wer auf welche Ordner Zugriff hat, neue Objekte in den Ordnern erstellen oder Objekte löschen darf. Sie können öffentliche Ordner sogar »moderieren«, das heißt, E-Mails von Benutzern in moderierten öffentlichen Ordnern werden erst sichtbar gemacht, wenn der Moderator zustimmt. Sie können genau festlegen, wie Ihre Berechtigungsstruktur in den öffentlichen Ordnern aussehen soll.

9.1   Möglichkeiten der öffentlichen Ordner

Wenn Sie öffentliche Ordner bereits einsetzen, werden Sie die Vorteile teilweise schon kennen. Vielleicht kann ich Ihnen im nachfolgenden Kapitel noch die eine oder andere Anregung geben, welche Einsatzgebiete öffentliche Ordner abdecken können. Ein weiterer Vorteil der öffentlichen Ordner ist die Replikation. Damit können Informationen in kürzester Zeit auf verschiedene Exchange Server repliziert werden und stehen sofort allen Anwendern zur Verfügung. Selbst wenn auf einem Exchange Server kein Replikat eines öffentlichen Ordners liegt, werden Benutzern, deren Postfächer auf diesem Exchange Server liegen, dennoch die öffentlichen Ordner angezeigt und sie können diese nutzen. Der Zugriff kann allerdings etwas langsamer sein, weil der öffentliche Ordner zum Beispiel in einer anderen Routinggruppe beziehungsweise einem anderen Standort liegt.

Gemeinsame Informationsnutzung

Der wohl am häufigsten genutzte Vorzug der öffentlichen Ordner ist die gemeinschaftliche Ablage von Informationen und Dokumente, die mehrere oder alle Benutzer angehen. Sie können zum Beispiel Preislisten, Handbücher oder andere Informationen allen Benutzern zugänglich machen. Benutzer können selbst entscheiden, welche Informationen in die öffentlichen Ordner gestellt werden sollen. Dadurch werden Informationen, wenn Sie erst in einen öffentlichen Ordner kopiert wurden, sofort allen definierten Benutzern zugänglich. Sie sparen sogar noch Speicherplatz, da Informationen nicht mehr doppelt gespeichert werden müssen, sondern nur noch einmal im öffentlichen Ordner.

Gruppenkontakte

Kontakte können ebenfalls als öffentlicher Ordner angelegt werden. Die Bedienung ist dabei vollkommen identisch mit der lokalen Pflege der Kontakte. Wenn die Kontakte jedoch in einem öffentlichen Ordner liegen, ist ein eingepflegter Kontakt sofort allen Mitarbeitern, die Zugriff auf diesen Ordner haben, zugänglich. Dadurch können Sie zum Beispiel die Adressen Ihrer Lieferanten oder Kunden für jeden zugänglich speichern und pflegen.

Ablage für automatische E-Mails

Administratoren kennen das Problem der E-Mail-Flut vieler Programme. Die Datensicherung, der Virenscanner, die Server-Überwachung – viele Programme unterstützen das automatische Senden von E-Mails über Informationsmeldungen oder Fehlermeldungen. Selbst Exchange kann so konfiguriert werden, dass E-Mails automatisch an bestimmte Personen verschickt werden, falls ein Connector oder ein Server ein Problem hat. Zum Versenden wird dazu entweder eine Verteilerliste verwendet oder mehrere Empfänger eingetragen. Durch diese Variante wird zum einen der Server unnötig belastet, da er mehrere identische E-Mails verschicken muss, zum anderen werden die Informationen in die Postfächer der Benutzer gestellt, die dort entweder untergehen, nicht gelesen werden, oder der Benutzer davon nichts mitbekommt, weil er nicht im Haus ist. Wenn Sie solche E-Mails direkt an einen öffentlichen Ordner schicken, werden alle E-Mails zentral in einem Ordner aufbewahrt, auf den alle Empfänger zugreifen können, die über entsprechende Berechtigungen verfügen.

Zusätzlich können Sie für diesen öffentlichen Ordner noch eine Verfallszeit definieren nach der E-Mails automatisch gelöscht werden. Somit verschwenden Sie keinen unnötigen Serverplatz und der Ordner pflegt sich quasi automatisch selbst. Ein E-Mail-aktivierter öffentlicher Ordner erhält durch den Recipient Update Service eine E-Mail-Adresse und ist zukünftig

Kapitel 9   Öffentliche Ordner

per E-Mail erreichbar. Wie für jeden Benutzer können Sie auch für öffentliche Ordner definieren, dass diese im Adressbuch angezeigt werden oder nicht. Öffentliche Ordner werden bei der Ansicht im Adressbuch besonders gekennzeichnet, damit Benutzer erkennen, dass es sich um einen öffentlichen Ordner handelt.

Abbildung 9.2: Ansicht der öffentlichen Ordner im Adressbuch

Ressourcenplanung

Eine weitere Möglichkeit besteht im Anlegen von Kalendern in einem öffentlichen Ordner. Damit können Sie eine Ressourcenplanung oder Terminplanung für gemeinschaftliche Bereiche wie Besprechungsräume, technisches Equipment oder sonstige Aufgaben durchführen, so dass jeder Benutzer sofort sehen kann, ob eine Ressource belegt oder frei ist.

Fax-Ablage

Ähnlich wie die Ablage von automatischen System-Emails, können Sie öffentliche Ordner auch als Ablage für Ihren Fax-Eingang verwenden. Faxe sind allen Benutzern zugänglich und können auch mit einer Verfallszeit definiert werden, damit sie nach einigen Tagen automatisch gelöscht werden. Um diese Funktionalität zu verwenden, benötigen Sie ein Produkt eines Drittherstellers. Es gibt hierzu vielerlei Anbieter, die das Empfangen von Faxen unterstützen.

Einheitlicher Support-Ordner

Viele Firmen nutzen öffentliche Ordner zudem als einheitlichen Posteingang für Support-Ordner. Sie können zum Beispiel die Adresse *info@firma.de* direkt in einen öffentlichen Ordner schicken lassen, der genau diese E-Mail-Adresse hat. Auch interne Support-Ordner können leicht angelegt werden. Sie können zum Beispiel einen öffentlichen Ordner User-Support anlegen, der eine eigene E-Mail-Adresse erhält, an die Benutzer Ihre Anfragen schicken. Support-Mitarbeiter können dann im Auftrag dieses öffentlichen Ordners senden und die Mitarbeiter erhalten die Antwort wieder von diesem öffentlichen Ordner. Wenn auf solche E-Mails geantwortet wird, ist sichergestellt, dass Sie wieder in dem öffentlichen Ordner landen und nicht bei einem einzelnen Mitarbeiter, bei dem sie vielleicht untergehen oder nicht bearbeitet werden, weil der Mitarbeiter schon zu Haus ist.

Knowledge-Datenbank

Sie können öffentliche Ordner auch als Datenbank für das Wissen innerhalb eines Unternehmens verwenden. Findet zum Beispiel ein Mitarbeiter der EDV-Abteilung ein kniffeliges Problem heraus, kann er die Lösung in einen öffentlichen Ordner schicken. Zukünftig profitieren Mitarbeiter von dieser erarbeiteten Lösung und die Firma spart viel Zeit und Geld. Wissen steht zentral und gebündelt zur Verfügung und geht nicht mehr verloren. Sie können solche Ordner sogar moderieren lassen, das heißt, ein definierter Mitarbeiter erhält die Benachrichtigung, dass eine Nachricht in den öffentlichen Ordner gestellt werden soll und muss diese Nachricht erst freigeben, bevor Sie im Ordner erscheint.

Sie sehen, es gibt zahlreiche Möglichkeiten, öffentliche Ordner zu verwenden. Die aufgezählten Möglichkeiten haben sicherlich keinen Anspruch auf Vollständigkeit. Ich würde mich freuen, wenn Sie mir eine E-Mail zuschicken (**thomas.joos@nt-solutions.de**), wenn Sie in Ihrem Unternehmen öffentliche Ordner für einen interessanten Zweck einsetzen.

9.2 Erstellen von öffentlichen Ordnern

Öffentliche Ordner können sowohl von Administratoren im Exchange System Manager als auch von den Benutzern direkt in Outlook erstellt werden. Sie können dabei genau definieren, welche Benutzer überhaupt öffentliche Ordner anlegen dürfen. Sie können zudem definieren, ob Benutzer auch öffentliche Ordner der obersten Ebene anlegen dürfen oder nur untergeordnete Ordner. Das Verwalten und Erstellen von öffentlichen Ordnern im Exchange System Manager wurde von Microsoft komplett überarbeitet und stark verbessert.

Berechtigung zum Erstellen von Root-Ordnern

Eine der ersten Aufgaben eines Exchange-Administrators nach der Installation besteht darin, festzulegen, welche Benutzer überhaupt öffentliche Ordner der höchsten Ebene anlegen dürfen. Standardmäßig dürfen nur Administratoren öffentliche Ordner direkt im Root der öffentlichen Ordner-Struktur anlegen. Dies ist eine Neuerung in Exchange 2003 gegenüber Exchange 2000 und Exchange 5.5, hier durften noch alle Benutzer standardmäßig direkt im Root öffentliche Ordner anlegen. Zudem mussten Sie erst konfigurieren, dass nur noch von Ihnen gewünschte Benutzer Ordner anlegen dürfen. In Exchange 2003 ist das umgekehrt. Grundsätzlich darf niemand außer den Administratoren öffentliche Ordner anlegen. Sie müssen zunächst einen Personenkreis definieren, der das zukünftig tun soll, wenn Sie sich nicht selbst darum kümmern wollen. Legen Sie dazu am besten eine eigene Sicherheitsgruppe in Windows an, der Sie dann diese Berechtigung erteilen. Sie müssen dazu lediglich Benutzer in diese Gruppe aufnehmen oder wieder entfernen.

Zunächst müssen Sie wissen, dass die Eigenschaften Ihrer Organisation im Exchange System Manager nicht den obersten Punkt der Sicherheitshierarchie Ihrer Exchange-Organisation darstellt.

> **TIPP**
>
> *Im Exchange System Manager wird bei fast allen Containern die Registerkarte* SICHERHEIT *ausgeblendet. Um diese Registerkarte für einen Benutzer einzublenden, müssen Sie einen Registry Key setzen. Dieser Registry Key hat allerdings ausschließlich für diesen Benutzer und ausschließlich auf diesem Server Bedeutung. Wenn sich der definierte Benutzer an einem anderen Server anmeldet, müssen dort diese Einstellungen erneut vorgenommen werden.*
>
> *Zum Anzeigen der Registerkarte* SICHERHEIT *müssen Sie folgenden Registry Key setzen:*
>
> HKEY_CURRENT_USER\Software\Microsoft\Exchange\EXAdmin\ShowSecurityPage=dword: 00000001
>
> *Nach dem Setzen des Keys wird die Registerkarte sofort angezeigt, es ist kein Neustart notwendig.*

Wenn Sie nach dem Setzen des Registry Keys die Eigenschaften Ihrer Exchange-Organisation öffnen, steht Ihnen die Registerkarte SICHERHEIT zur Verfügung. Wenn Sie diese öffnen, sehen Sie, dass sie nicht die oberste Hierarchie der Exchange-Organisation sein kann, da diese Berechtigungen ebenfalls vererbt werden. Sie müssen zum Verändern von Berechtigungen noch eine Stufe höher gehen.

Erstellen von öffentlichen Ordnern

Kapitel 9

Starten Sie dazu das SnapIn *Active Directory-Standorte und Dienste*. Ihnen werden zunächst lediglich die Standorte angezeigt. Um auch die Dienste anzeigen zu lassen, müssen Sie die Ansicht verändern. Klicken Sie mit der rechten Maustaste auf den Knoten ACTIVE DIRECTORY-STANDORTE UND DIENSTE ganz oben in der Hierarchie und wählen Sie aus dem erscheinenden Menü den Punkt ANSICHT und dann DIENSTKNOTEN ANZEIGEN (SHOW SERVICE NODE) aus. Hier werden auch die Dienste angezeigt, die in Ihrem Active Directory installiert sind. Zudem finden Sie hier die oberste Ebene Ihrer Exchange-Organisation.

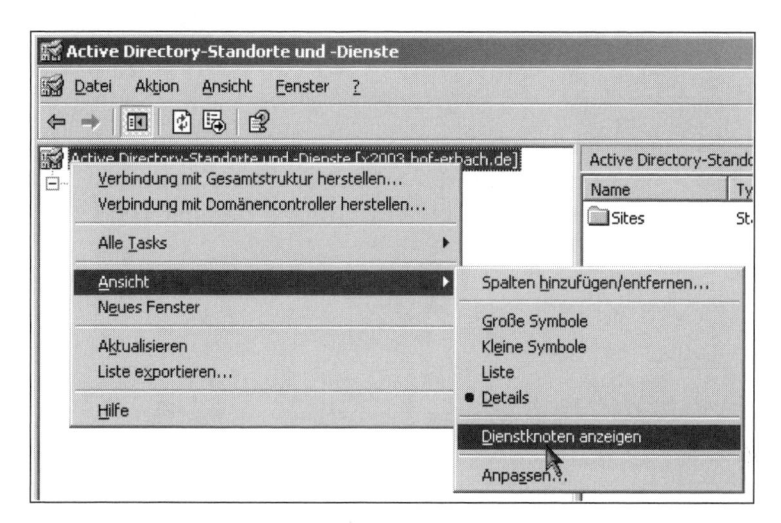

Abbildung 9.3:
Aktivierung des Dienstknotens im *SnapIn Active Directory-Standorte und Dienste*

Sie können in diesem Menü navigieren. Rufen Sie die Eigenschaften des Containers MICROSOFT EXCHANGE auf. Wie Sie sehen, werden die Berechtigungen nicht vererbt, sondern direkt gesetzt. Sie können sicher sein, dass es sich um die oberste Ebene der Berechtigungsstruktur Ihrer Exchange-Organisation handelt.

Abbildung 9.4:
Aktivierter Dienstknoten im SnapIn *Active Directory-Standorte und Dienste*

Um die Berechtigung zum Anlegen von öffentlichen Root-Ordnern zu verändern, fügen Sie entweder eine neue Gruppe hinzu oder Sie verändern die Eigenschaften einer bereits vorhandenen Gruppe. Klicken Sie dazu auf die Schaltfläche ERWEITERT. Sie befinden sich im Konfigurationsfenster für spezielle Berechtigungen. Wählen Sie die gewünschte Gruppe aus und klicken Sie auf die Schaltfläche BEARBEITEN. Sie können für diese Gruppe Berechtigungen erteilen oder verweigern.

Kapitel 9   Öffentliche Ordner

Abbildung 9.5:
Oberste Ebene der Exchange-Organisation im SnapIn *Active Directory-Standorte und -Dienste*

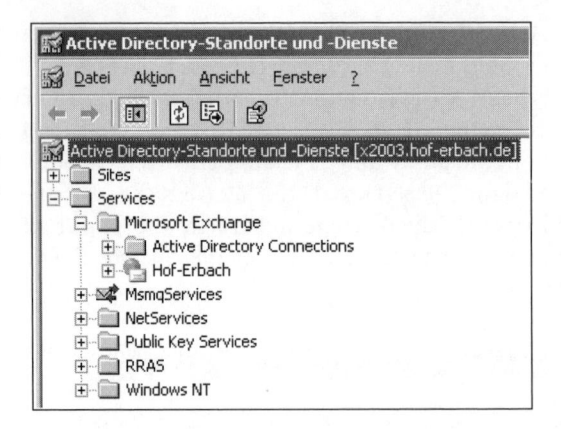

Verweigern hat immer Vorrang vor Berechtigungserteilung. Sie benötigen für die öffentlichen Ordner zunächst zwei Berechtigungen dieser Liste. Sie können das Erstellen von öffentlichen Ordnern und Top-Level öffentlichen Ordnern definieren.

Abbildung 9.6:
Erteilen von Berechtigungen zum Erstellen von öffentlichen Ordnern

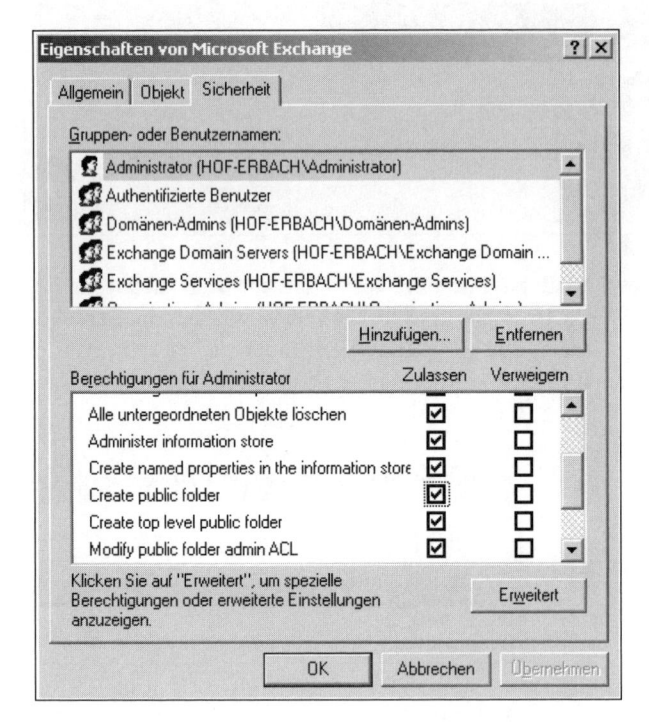

Erstellen eines öffentlichen Ordners mit dem Exchange System Manager

Bevor Sie den öffentlichen Ordner erstellen, können Sie sich zuvor im Kontextmenü der öffentlichen Ordner mit dem Befehl VERBINDEN MIT... mit dem Exchange Server verbinden, auf dem der öffentliche Ordner erstellt werden

Erstellen von öffentlichen Ordnern — Kapitel 9

soll. Falls Sie nur einen Exchange Server betreiben, sind Sie bereits automatisch mit dem Server verbunden. Um einen öffentlichen Ordner mit dem Exchange System Manager zu erstellen, navigieren Sie zu der administrativen Gruppe, in der Sie den Ordner erstellen wollen, öffnen den Container ORDNER und klicken dann mit der rechten Maustaste auf die öffentliche-Ordner-Struktur, in der Sie den öffentlichen Ordner erstellen wollen. Wählen Sie dann NEU und dann ÖFFENTLICHER ORDNER. Es erscheint ein Fenster mit mehreren Registerkarten. Zunächst sollten Sie einen Namen für den öffentlichen Ordner eingeben.

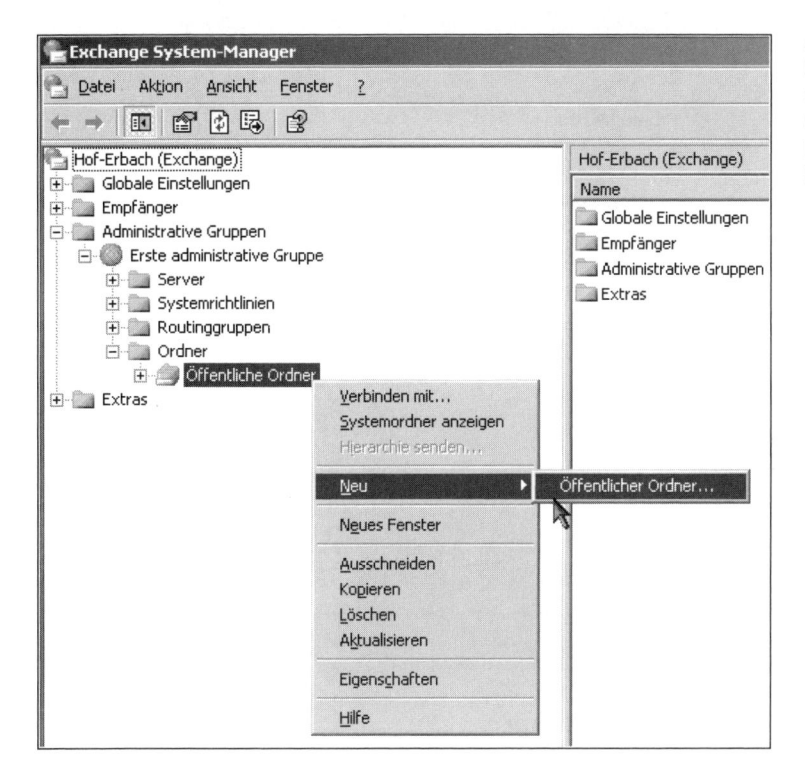

Abbildung 9.7:
Erstellen eines neuen öffentlichen Ordners mit dem Exchange System Manager

Registerkarte Allgemein

Auf der ersten Registerkarte ALLGEMEIN geben Sie den Namen des öffentlichen Ordners sowie eine Beschreibung ein, die den Benutzern helfen soll, Informationen über den Inhalt des öffentlichen Ordners zu bekommen.

Zusätzlich können Sie auf der Registerkarte die Option GELESEN/UNGELESEN-INFORMATIONEN PRO BENUTZER FÜR DIESEN ÖFFENTLICHEN ORDNER ERHALTEN (MAINTAIN PER-USER READ AND UNREAD INFORMATION FOR HIS FOLDER). Wenn Sie den Haken setzen, werden Nachrichten für alle Benutzer als ungelesen markiert. Sie kennen diese Darstellung von Outlook, es ist ein geschlossener Briefumschlag mit dicker Schrift. Liest ein Benutzer nun eine Nachricht in dem öffentlichen Ordner, wird diese Nachricht für Ihn als gelesen markiert, dies wird durch einen geöffneten Briefumschlag mit normaler Schrift angezeigt. Für alle anderen Benutzer erscheint diese Nachricht allerdings weiterhin als *ungelesen*, bis die Nachricht ebenfalls *gelesen* wurde. Durch diese Einstellung verhält sich der öffentliche Ordner wie ein Postfach mit dem Unterschied, dass die Informationen allen Berechtigten des öffentlichen Ordners zugänglich sind. Auf diese Weise können Sie ersehen, ob zum Beispiel in einem Supportordner Nachrichten liegen, die bislang kein anderer Mitarbeiter der Supportabteilung gelesen hat.

Abbildung 9.8:
Registerkarte ALLGEMEIN (GENERAL) bei der Erstellung eines öffentlichen Ordners mit dem Exchange System Manager

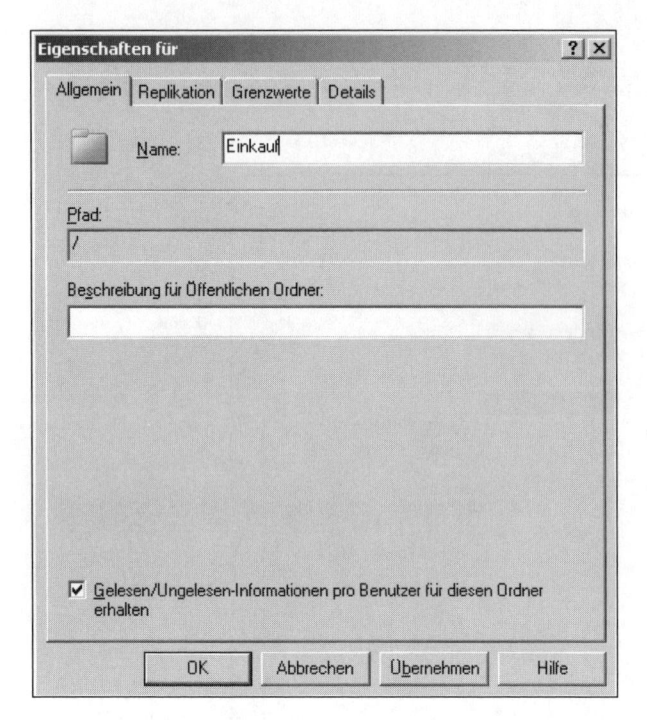

Registerkarte Replikation

Auf der Registerkarte REPLIKATION können Sie das Replikationsverhalten des öffentlichen Ordners festlegen. Sie können öffentliche Ordner so konfigurieren, dass automatisch Replikate, das heißt Kopien des ganzen Ordners mit Inhalt, auf anderen Exchange Servern angelegt werden. Während der Replikation werden Ordner, Inhalt, aber auch die Berechtigungen auf die ausgewählten Exchange Server verteilt. Der Inhalt des Ordners kann dabei auf jedem beliebigen replizierten Exchange Server geändert werden. Ändern mehrere Benutzer gleichzeitig dieselbe Nachricht in einem öffentlichen Ordner, löst Exchange automatisch einen Replikationskonflikt aus, doch dazu später mehr.

Erstellen von öffentlichen Ordnern   Kapitel 9

Es ist allerdings nicht zwingend notwendig, dass Sie alle öffentlichen Ordner auf alle Exchange Server replizieren lassen. Dies ist schon alleine aufgrund Ihren WAN-Leitungen zwischen den Routinggruppen nicht empfehlenswert.

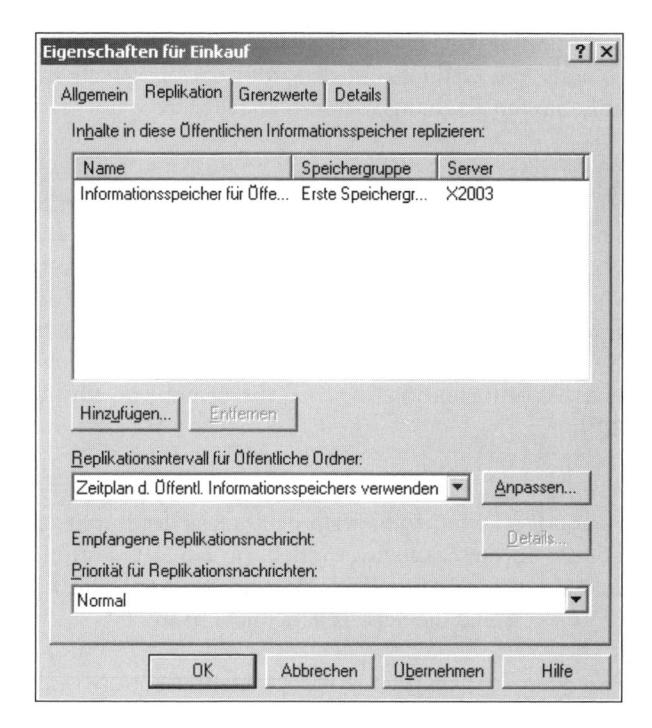

Abbildung 9.9:
Registerkarte REPLIKATION eines öffentlichen Ordners

Replikate sind nichts anderes als Kopien der einzelnen öffentlichen Ordner. Wenn Sie viele öffentliche Ordner konfigurieren und sich diese ständig replizieren, werden die Server und die Leitungen zwischen den Servern mehr oder weniger belastet. Benutzer innerhalb einer Exchange-Organisation werden immer alle öffentlichen Ordner angezeigt, für die Sie eine Berechtigung haben, egal ob ein Replikat auf Ihrem Postfachserver liegt oder nicht. Natürlich dauert der Zugriff auf öffentliche Ordner, die sich außerhalb des Postfachservers eines Benutzers befinden, länger, als der lokale Zugriff. Es stellt sich jedoch die Frage, ob es notwendig ist, nur wegen einiger Zugriffe alle öffentlichen Ordner replizieren zu lassen. Sie sollten überlegt vorgehen und nur Replikation, vor allem über WAN-Leitungen aktivieren, wenn ständiger Zugriff auf öffentliche Ordner notwendig ist und der Zugriff auf einen Ordner in einer anderen Routinggruppe die Leitung belastet. Auf der anderen Seite ist es sicherlich sinnvoll, Replikate innerhalb derselben Routinggruppe anzulegen, da öffentliche Ordner ständig und performant zur Verfügung stehen. Durch die Replikation stellen Sie zudem sicher, dass öffentliche Ordner auch bei Ausfall eines Exchange Servers für andere Benutzer weiter zur Verfügung stehen.

Auf der Registerkarte REPLIKATION können Sie alle Informationsspeicher für öffentliche Ordner hinzufügen, in denen für diesen öffentlichen Ordner ein Replikat angelegt werden soll.

Sie können auf der Schaltfläche HINZUFÜGEN weitere Replikate dieses öffentlichen Ordners auf den Informationsspeichern für öffentliche Ordner auf anderen Exchange Servern erstellen.

Im Menüpunkt REPLIKATIONSINTERVALL FÜR ÖFFENTLICHE ORDNER legen Sie fest, zu welchen Zeiten die Replikation dieses öffentlichen Ordners stattfinden soll. Sie können entweder die Zeitplanung des Informationsspeichers verwenden oder einen eigenen Zeitplan erstellen. Bei einer hohen Anzahl von öffentlichen Ordnern sollten Sie den Zeitplan des öffentlichen Informationsspeichers verwenden, da Sie sonst den Überblick verlieren, welche öffentlichen Ordner wann repliziert werden. Standardmäßig steht der Zeitplan im Informationsspeicher für öffentliche Ordner auf IMMER AUSFÜHREN.

Mit der Schaltfläche DETAILS im Menüpunkt EMPFANGENE REPLIKATIONSNACHRICHT können Sie sich den Status der Replikation anzeigen lassen. Sie können in diesem Fenster sehen, ob die Replikation funktioniert, wie lange sie dauert, oder ob sie fehlerhaft arbeitet. Falls Sie keine Replikationen definiert haben, ist die Schaltfläche nicht aktiv.

PRIORITÄT VON REPLIKATIONSNACHRICHTEN. Mit dieser Option können Sie festlegen, in welcher Reihenfolge die Replikation eines öffentlichen Ordners vor anderen Ordnern stattfinden soll. Die Replikation von öffentlichen Ordnern und der Austausch von Informationen zwischen den einzelnen Exchange Servern läuft zum größten Teil über E-Mail-Nachrichten. Exchange verwendet auch das SMTP-Protokoll. Sie können in dieser Liste die Priorität festlegen, mit der die Replikationsnachrichten dieses öffentlichen Ordners verschickt werden.

DRINGEND. Nachrichten mit dieser Priorität werden vor allen anderen Nachrichten mit den Prioritäten NORMAL und NICHT DRINGEND verschickt.

NORMAL. Nachrichten mit dieser Priorität werden vor den Nachrichten mit der Priorität NICHT DRINGEND verschickt.

NICHT DRINGEND. Replikationsnachrichten mit dieser Priorität werden erst verschickt, wenn alle anderen Replikationsnachrichten verschickt worden sind.

Routing von Zugriffen auf öffentliche Ordner

Wenn ein Benutzer einen öffentlichen Ordner öffnen will, verbindet Exchange ihn zunächst auf den Informationsspeicher für öffentliche Ordner, den Sie in den Eigenschaften seines Postfachspeichers im Menü ÖFFENTLICHER STANDARDINFORMATIONSSPEICHER (DEFAULT PUBLIC STORE) festgelegt haben. Dabei findet folgender Vorgang statt:

1. Zuerst wird von Outlook vom Postfachserver des Benutzers eine Liste mit allen Exchange Servern abgefragt, die ein Replikat dieses öffentlichen Ordners haben.

2. Dann rechnet Exchange die Kosten aller Connectoren, die für die Verwendung mit öffentlichen Ordnern zugelassen sind, aus, um den Benutzer zu einem der Replikate zu verbinden. Da dieser Vorgang je nach Anzahl der Replikate einen erheblichen Aufwand bedeuten kann, speichert Exchange diese Informationen in seinem Cache eine Stunde ab, damit weitere Zugriffe auf diesen Ordner keine Neuberechnung der Route erfordern.

3. Dann entfernt Exchange alle Server aus der Liste deren aktueller Zustand nicht festgestellt werden kann oder die heruntergefahren sind.

4. Wenn ein Replikat dieses Ordners auf dem Postfachserver des Benutzers liegt, wird der Benutzer mit diesem Server verbunden. Liegt auf diesem Server kein Replikat sucht Exchange einen Server in derselben Routinggruppe. Findet er auch innerhalb derselben Routinggruppe kein Replikat, wird der Benutzer auf den Server mit den billigsten Leitungskosten verbunden.

In Exchange 2003 sind die Bezüge auf öffentliche Ordner transitiv. Das heißt, wenn die Bezüge auf öffentliche Ordner von der Routinggruppe Bad Wimpfen zur Routinggruppe Hamburg erlaubt sind und von der Routinggruppe Hamburg zur Routinggruppe London, sind auch Zugriffe von Bad Wimpfen nach London erlaubt und umgekehrt.

Registerkarte Grenzwerte (Limits)

Auf der Registerkarte GRENZWERTE legen Sie Grenzwerte für den öffentlichen Ordner fest. Grenzwerte sind nichts anderes als Größenbeschränkungen für die einzelnen öffentlichen Ordner. Sie können diese Einstellungen zentral für alle öffentlichen Ordner innerhalb eines Informationsspeichers für öffentliche Ordner festlegen. Es bietet sich aber an, Einstellungen speziell für öffentliche Ordner abzuändern, da sich die Nutzung der einzelnen öffentlichen Ordner stark unterscheidet. Wenn Sie den Haken bei der Option STANDARDWERTE DES ÖFFENTLICHEN INFORMATIONSSPEICHERS VERWENDEN entfernen, können Sie für den öffentlichen Ordner eigene Einstellungen vornehmen. Die einzelnen Einstellungen sind im Kapitel 7 *Speicherarchitektur* erläutert.

Wenn Sie alle Einstellungen am Ordner vorgenommen haben, können Sie diesen mit OK erstellen lassen. Der Ordner erscheint sofort in Outlook bei den Benutzern, die direkt mit dem öffentlichen Informationsspeicher verbunden sind, auf dem Sie diesen Ordner erstellt haben. Anderen Benutzern wird der Ordner erst nach einiger Zeit angezeigt. Nachdem Sie den Ordner erstellt haben, können Sie diesen verwalten. Sie können ihn für E-Mails aktivieren, Berechtigungen verändern und die Exchange-Eigenschaften abändern.

9.3 Öffentliche Ordner verwalten

Nachdem Sie den öffentlichen Ordner mit dem Exchange System Manager erstellt haben, können Sie weitere Einstellungen an diesem Ordner vornehmen. Der Ordner wird im Exchange System Manager an der von Ihnen gewählten Stelle in der Hierarchie der öffentlichen Ordner angezeigt.

Abbildung 9.10:
Neu erstellter
öffentlicher Ordner

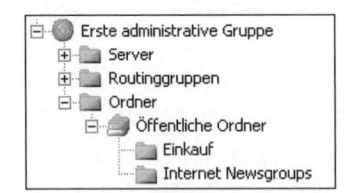

E-Mail-Aktivierung und E-Mail-Deaktivierung

Standardmäßig können Benutzer in öffentlichen Ordnern Nachrichten in Ihrem Outlook bereitstellen. Es ist allerdings nicht möglich, dass Benutzer von intern oder extern Ihrer Organisation E-Mails an diesen öffentlichen Ordner direkt versenden. Diese Option müssen Sie immer nach der Erstellung eines öffentlichen Ordners aktivieren. Während der Erstellung ist die E-Mail-Aktivierung eines öffentlichen Ordners nicht möglich.

Um für einen öffentlichen Ordner E-Mails zu aktivieren, klicken Sie ihn mit der rechten Maustaste an, wählen aus dem Menü ALLE TASKS und dann E-MAIL AKTIVIEREN (MAIL ENABLE) aus. Dem öffentlichen Ordner wird dann nach einiger Zeit, genauso wie Ihre Benutzer, eine E-Mail-Adresse durch den *Recipient Update Service* entsprechend den von Ihnen konfigurierten Empfängerrichtlinien zugeteilt. Die Erstellung dieser E-Mail-Adresse dauert je nach Größe Ihrer Organisation einige Minuten. Es erscheint keine weitere Meldung.

Sie können auf dieselbe Weise die E-Mail-Aktivierung eines öffentlichen Ordners widerrufen. Die E-Mail-Adresse des öffentlichen Ordners wird gelöscht und dessen Eintrag aus den Adresslisten entfernt. Benutzer können weiterhin Nachrichten im öffentlichen Ordner mit Outlook oder einem

Öffentliche Ordner verwalten

anderen Client bereitstellen, der öffentliche Ordner ist aber nicht mehr per E-Mail erreichbar. Daten gehen bei der E-Mail-Deaktivierung nicht verloren.

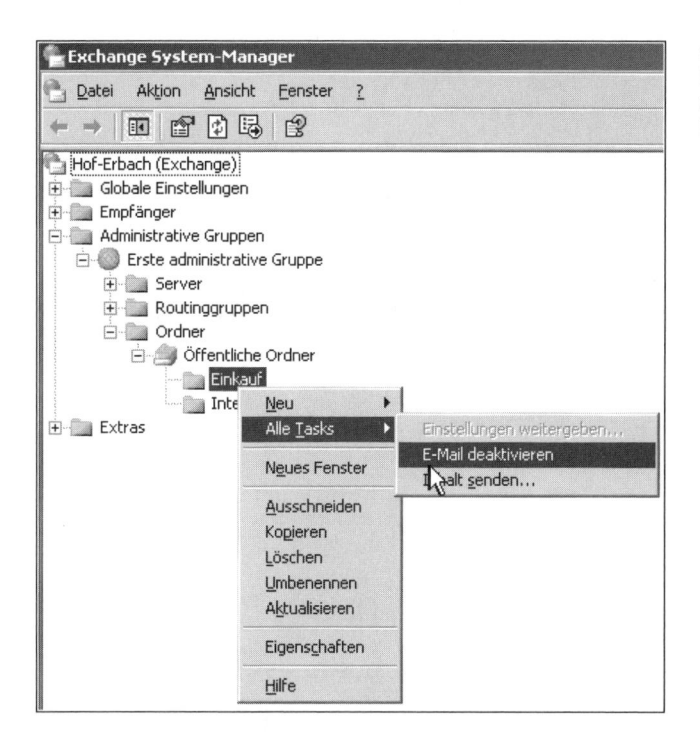

Abbildung 9.11:
E-Mail-Deaktivierung eines öffentlichen Ordners

Wenn Sie für einen öffentlichen Ordner E-Mails aktiviert haben, stehen Ihnen zur Verwaltung weitere Exchange-spezifische Registerkarten zur Verfügung. Im Folgenden werden die einzelnen Registerkarten und deren Optionen genauer durchleuchtet.

Eigenschaften E-Mail-aktivierter Ordner

Rufen Sie zur Verwaltung des öffentlichen Ordners dessen Eigenschaften mit der rechten Maustaste auf. Wie Sie sehen, stehen Ihnen jetzt mehr Registerkarten und Optionen als während der Erstellung zur Verfügung.

Registerkarte Allgemein

Diese Registerkarte hat nach der E-Mail-Aktivierung eine weitere Option erhalten. Die anderen Einstellungen sind identisch geblieben.

Im Feld Adresslistenname können Sie für die Anzeige im Adressbuch einen anderen Namen wählen. Dies kann zum Beispiel sinnvoll sein, wenn aus dem Namen nicht eindeutig hervorgeht, um welchen öffentlichen Ordner es sich handelt und in welcher Routinggruppe er liegt.

Kapitel 9   Öffentliche Ordner

Abbildung 9.12:
E-Mail-Aktivierung eines öffentlichen Ordners

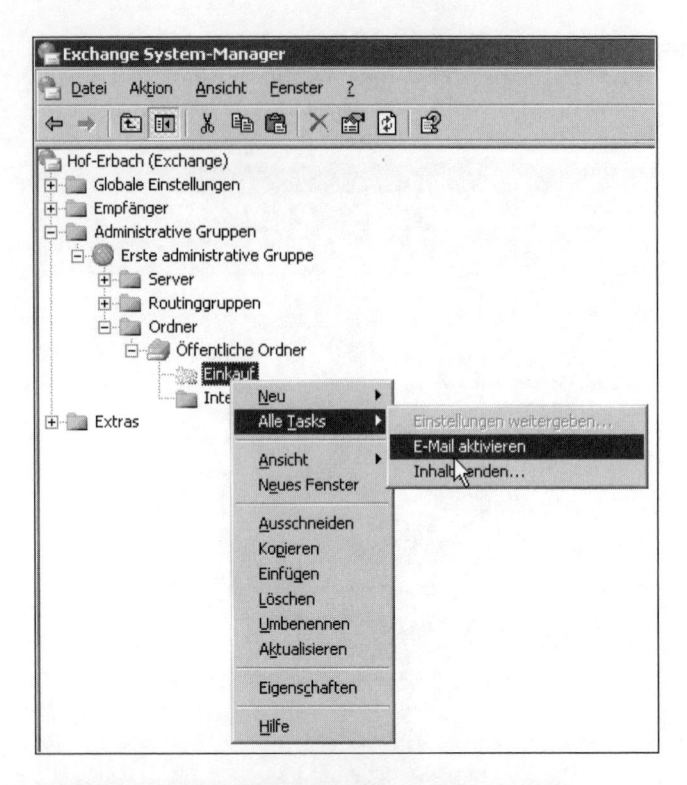

Abbildung 9.13:
Registerkarte ALLGEMEIN (GENERAL) nach der Erstellung des öffentlichen Ordners

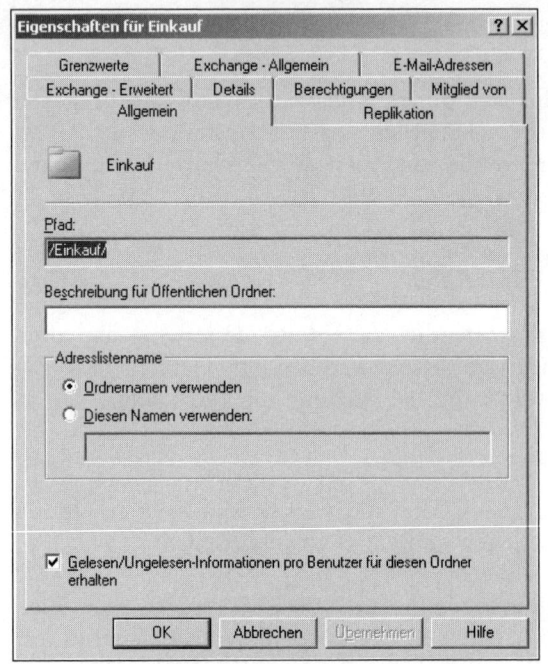

Auch wenn der eigentliche Name zu lang wäre und die Übersichtlichkeit im Adressbuch beeinträchtigt ist, wäre eine geänderte Namensgebung sinnvoll. In Outlook in der Baumübersicht der Ordner erscheint allerdings weiterhin der tatsächliche Name des öffentlichen Ordners. Wenn Sie für den Ordner die E-Mails nicht aktivieren, erscheint diese Option nicht, da dann dieser öffentliche Ordner auch nicht im Adressbuch steht.

Registerkarte Replikation

Die Registerkarte REPLIKATION bleibt absolut identisch. Sie können alle Einstellungen auch während der Erstellung des öffentlichen Ordners durchführen. Die einzelnen Optionen wurden bereits im Kapitel 7 *Speicherarchitektur* besprochen.

Replikate von öffentlichen Ordnern sind vollständig unabhängig voneinander. Es können daher an allen Replikaten Änderungen vorgenommen werden, die an die jeweils anderen Replikate weitergegeben werden.

Registerkarte Grenzwerte

An der Registerkarte GRENZWERTE hat sich ebenfalls nichts verändert. Die Einstellungen sind identisch mit den weiter vorne besprochenen.

Registerkarte Exchange Allgemein (Exchange General)

Auf der Registerkarte EXCHANGE ALLGEMEIN legen Sie Exchange-spezifische Zustelloptionen fest.

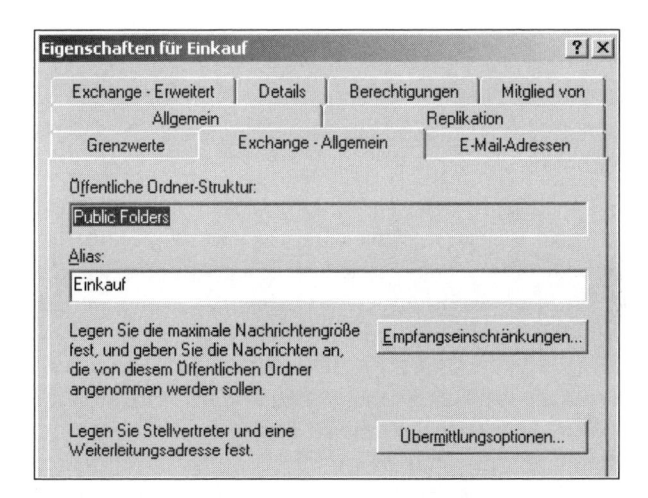

Abbildung 9.14:
Registerkarte EXCHANGE ALLGEMEIN (EXCHANGE GENERAL) eines E-Mail-Aktivierten öffentlichen Ordners

Im Feld ALIAS können Sie, wie bei Benutzern, den Alias-Namen, der maßgeblich für die Erstellung der E-Mail-Adresse ist, festlegen. Standardmäßig trägt Exchange den Namen des öffentlichen Ordners ein. Sie können diesen Eintrag jedoch jederzeit abändern. Dies kann sinnvoll sein, wenn es Vertei-

Kapitel 9   Öffentliche Ordner

lerlisten mit derselben Bezeichnung gibt. Diese Konfiguration kommt oft vor. Es gibt zum Beispiel in vielen Unternehmen eine Verteilerliste *Vertrieb* und einen öffentlichen Ordner *Vertrieb*. Da auch Verteilerlisten eine E-Mail-Adresse zugeteilt wird, ist es in diesem Fall sinnvoll, den Alias des öffentlichen Ordners zum Beispiel auf *Ablage-Vertrieb* oder *PF-Vertrieb* abzuändern.

Bei EMPFANGSEINSCHRÄNKUNGEN (DELIVERY RESTRICTIONS) legen Sie verschiedene Optionen fest, die den Nachrichtenfluss von und an diesen öffentlichen Ordner betreffen.

Abbildung 9.15:
Schaltfläche EMPFANGSEINSCHRÄNKUNGEN (DELIVERY RESTRICTIONS) eines öffentlichen Ordners

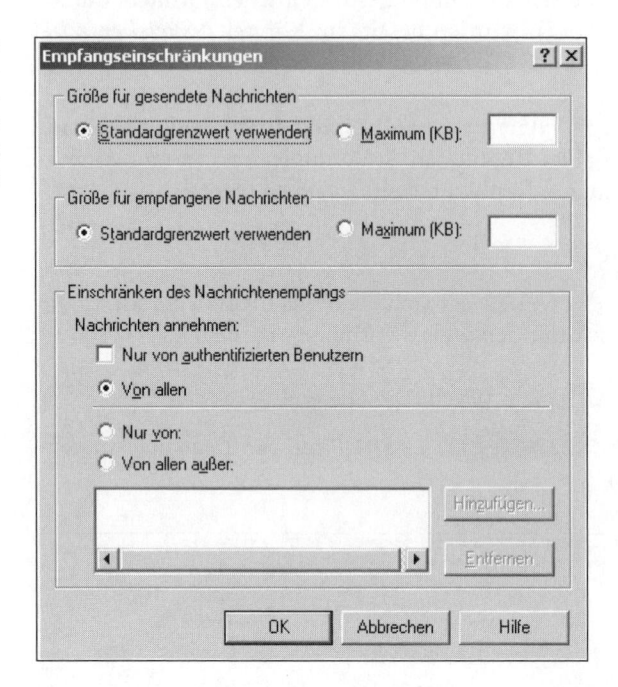

Sie können in den Optionen GRÖSSE FÜR GESENDETE NACHRICHTEN beziehungsweise GRÖSSE FÜR EMPFANGENE NACHRICHTEN die Größe der Nachrichten einschränken, die an diesen öffentlichen Ordner geschickt oder im Auftrag dieses öffentlichen Ordners gesendet werden dürfen. Wenn Sie keinen Wert eingeben, gelten die Größenangaben des Informationsspeichers. Im Feld EINSCHRÄNKEN DES NACHRICHTENEMPFANGS legen Sie fest, welche Benutzer E-Mails an diesen öffentlichen Ordner schicken dürfen. Standardmäßig darf jeder E-Mails an diesen öffentlichen Ordner senden. Sie können definieren, dass nur bestimmte Benutzer Nachrichten an diesen Ordner senden dürfen beziehungsweise bestimmte Benutzer eben nicht. Diese Einstellungen haben nichts mit den Berechtigungen auf den öffentlichen Ordnern zu tun, die festlegen, welche Benutzer Nachrichten bereitstellen dürfen und welche nicht. Diese Option dient der Steuerung, wer E-Mails an diesen Ordner schicken darf und wer nicht und wie groß diese E-Mails sein dürfen.

Öffentliche Ordner verwalten

Wenn Sie einem öffentlichen Ordner die Berechtigung entziehen von anonymen Benutzern E-Mails zu empfangen, ist dieser Ordner nicht per E-Mail über das Internet erreichbar. E-Mail-Versender, die über das Internet E-Mails an Ihre Exchange-Organisation schicken, sind immer anonym.

:-) TIPP

Wenn Sie wollen, dass ein öffentlicher Ordner E-Mails aus dem Internet erhalt soll, müssen Sie ihn zunächst E-Mail aktivieren und Benutzern anonymen Zugriff gestatten. Achten Sie auch darauf, dass die E-Mail-Adresse auf der Registerkarte E-MAIL-ADRESSEN *eine Internet-konforme E-Mail-Adresse ist.*

ÜBERMITTLUNGSOPTIONEN. Hier können Sie definieren, welche Benutzer im Auftrag dieses öffentlichen Ordners E-Mails versenden dürfen. Alle Benutzer, die Sie eintragen, dürfen eine Nachricht im Auftrag dieses öffentlichen Ordners schreiben.

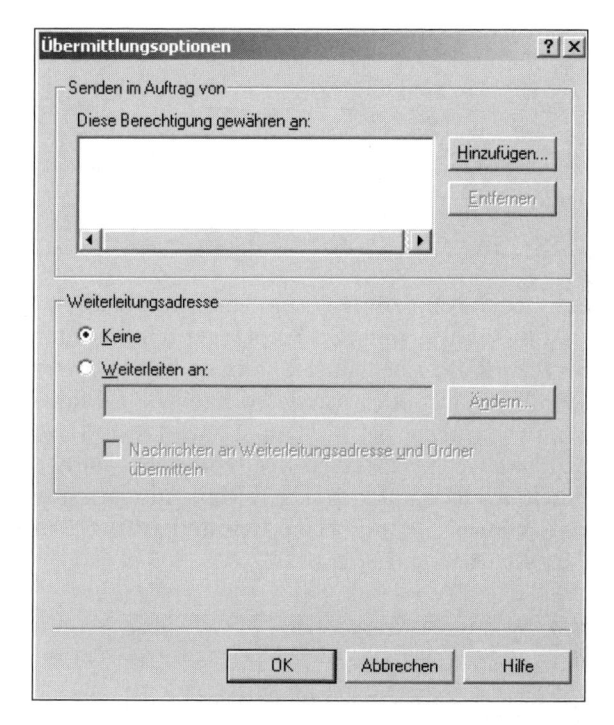

Abbildung 9.16:
Übermittlungsoptionen (Delivery Options)

Im Feld WEITERLEITUNGSADRESSE (FORWARD ADDRESS) legen Sie fest, ob Nachrichten, die an diesen öffentlichen Ordner geschickt werden sollen, an einen oder mehrere andere Benutzer parallel oder alternativ weitergeleitet werden sollen.

Registerkarte E-Mail-Addressen

Auf dieser Registerkarte können Sie die E-Mail-Adressen des öffentlichen Ordners bearbeiten.

Kapitel 9   Öffentliche Ordner

Abbildung 9.17:
Registerkarte
E-MAIL-ADRESSEN
eines öffentlichen
Ordners

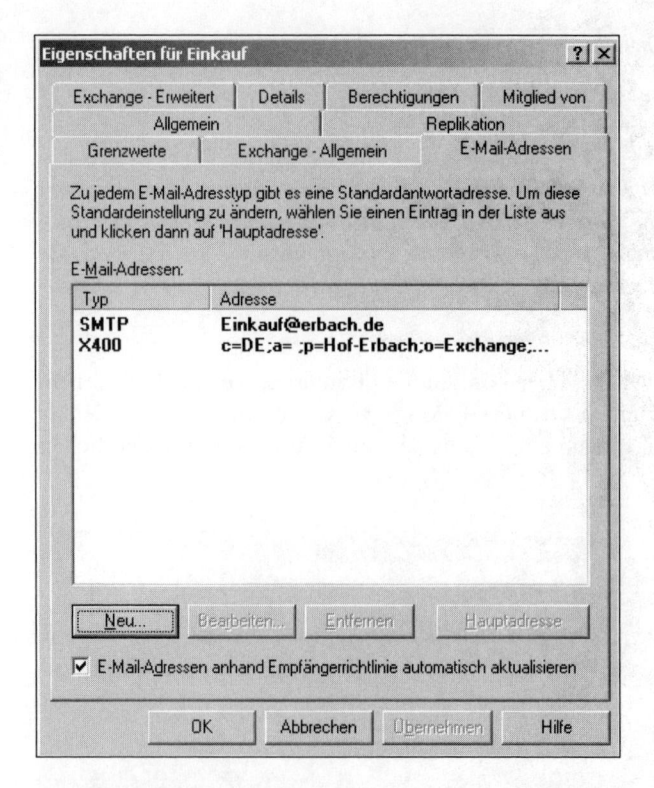

Bei der E-Mail-Aktivierung wird automatisch für alle Empfänger eine E-Mail-Adresse mit der Empfängerrichtlinie durch den Recipient Update Service (RUS) zugeteilt. Sie können jedoch jederzeit weitere E-Mail-Adressen hinzufügen oder bereits vorhandene E-Mail-Adressen abändern. Wenn Sie den Haken bei E-MAIL-ADRESSEN ANHAND EMPFÄNGERRICHTLINIE AUTOMATISCH AKTUALISIEREN entfernen, wird dieser Ordner nicht mehr durch den RUS auf korrekte E-Mail-Adressen überprüft. Wie bei den Benutzern können Sie auf dieser Registerkarte verschiedene Arten von E-Mail-Adressen konfigurieren.

Abbildung 9.18:
Verschiedene Arten
von E-Mail-
Adressen für einen
öffentlichen Ordner

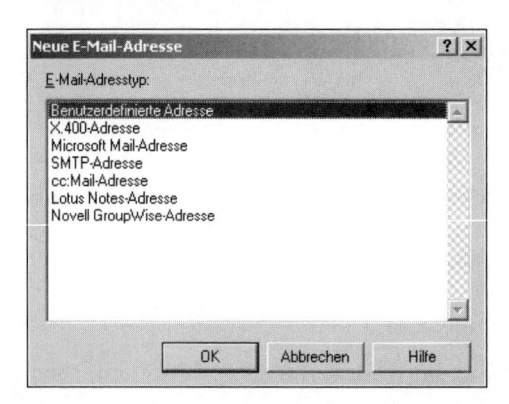

Registerkarte Exchange Erweitert (Exchange Advanced)

Auf dieser Registerkarte können Sie weitere Exchange-spezifische Einstellungen vornehmen.

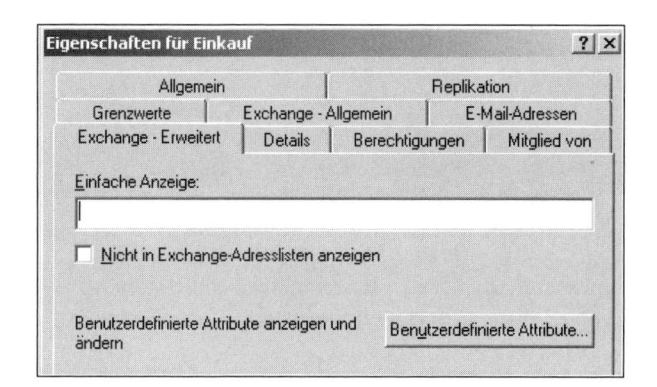

Abbildung 9.19: Registerkarte EXCHANGE ERWEITERT (EXCHANGE ADVANCED)

Sie können zum Beispiel die Ansicht des öffentlichen Ordners im Adressbuch aktivieren oder deaktivieren. Standardmäßig wird ein E-Mail-aktivierter öffentlicher Ordner immer im Adressbuch angezeigt. Wenn Sie einen öffentlichen Ordner aus dem Adressbuch entfernen, ist dieser zwar weiterhin per E-Mail erreichbar, Benutzer müssen allerdings die E-Mail-Adresse des öffentlichen Ordners direkt eingeben, um eine E-Mail an diesen Ordner zu senden. Auch diese Option ist ausschließlich für den E-Mail-Empfang gedacht. Der öffentliche Ordner wird weiterhin in Outlook in den öffentlichen Ordnern angezeigt, und Benutzer können Nachrichten in den Ordner aus Outlook verschieben, kopieren oder bereitstellen. Lediglich der Zugriff aus dem Adressbuch ist nicht mehr möglich.

Im Feld EINFACHE ANZEIGE (SIMPLE DISPLAY NAME) definieren Sie eine Bezeichnung, die Benutzern angezeigt wird, wenn der vollständige Name nicht angezeigt werden kann, zum Beispiel bei mehreren Sprachversionen innerhalb Ihrer Organisation oder bei der Verbindung mit älteren E-Mail-Systemen, die nicht alle Zeichen unterstützen. Dieses Feld hat allerdings nichts mit der Anzeige im Adressbuch zu tun.

In den BENUTZERDEFINIERTEN ATTRIBUTEN können Sie eigene Attribute für den öffentlichen Ordner festlegen, anhand derer Sie zum Beispiel auch eigene Empfängerrichtlinien bauen können. Sie können beliebige Attribute definieren. Dieser Bereich wird allerdings nicht sehr häufig genutzt, da die Standardeinstellungen und –möglichkeiten der öffentlichen Ordner oft schon ausreichen.

Registerkarte Berechtigungen

Auf dieser Registerkarte können Sie alle Arten von Berechtigungen steuern, die den öffentlichen Ordner betreffen.

Kapitel 9   Öffentliche Ordner

Abbildung 9.20:
Registerkarte
BERECHTIGUNGEN
(PERMISSIONS)

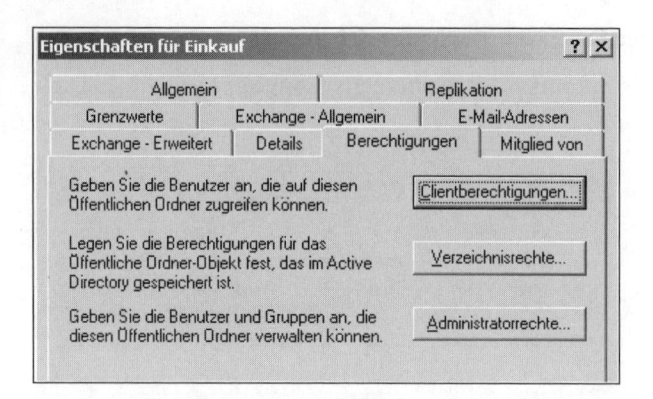

Ihnen stehen hierzu verschiedene Schaltflächen zur Verfügung, die weitere Fenster öffnen, in denen Sie spezifischere Einstellmöglichkeiten haben.

Schaltfläche Clientberechtigungen

Hier legen Sie fest, welche Berechtigungen Benutzer auf diesen öffentlichen Ordnern haben. Hier werden die Einstellungen vorgenommen, die es Benutzern gestatten, Nachrichten in diesem öffentlichen Ordner bereitzustellen, zu löschen oder Unterordner zu erstellen.

Abbildung 9.21:
Schaltfläche Clientberechtigungen auf der Registerkarte BERECHTIGUNGEN eines öffentlichen Ordners

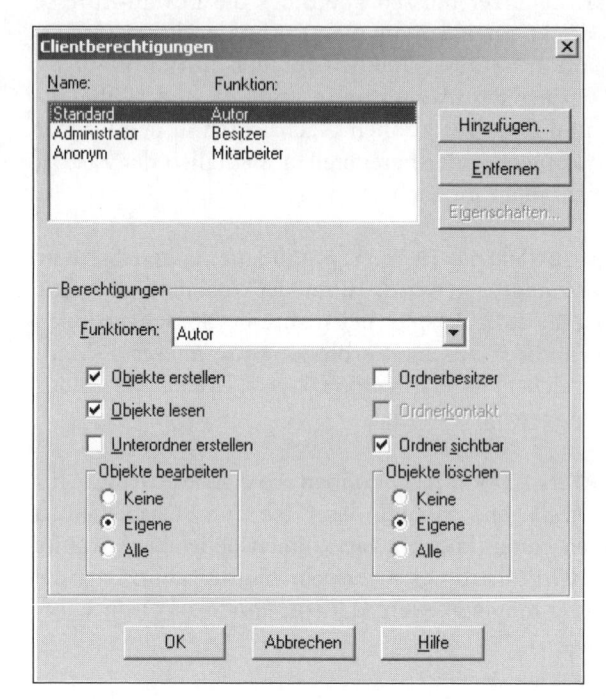

Auf dieser Registerkarte können Sie alle Berechtigungen konfigurieren, die für den Zugriff auf den öffentlichen Ordner benötigen werden. Um Ihnen die Arbeit zu vereinfachen, stellt Exchange bereits einige vorgefertigte Rollen zur Verfügung, die Sie Benutzern zuweisen können. Sie können auf dieser Registerkarte Benutzern den Zugriff auf den öffentlichen Ordner auch wieder entziehen.

Im obersten Bereich sehen Sie, welche Benutzer bereits Berechtigung auf den öffentlichen Ordner haben und welche Rolle ihnen zugewiesen wurde. Sie können neue Benutzer mit aufnehmen und vorhandene entfernen. Sie können auf die neun vorgefertigten Rollen zurückgreifen.

Keine (None). Benutzer mit dieser Rolle haben keinerlei Berechtigung für den öffentlichen Ordner. In Abhängigkeit von der Checkbox ORDNER SICHTBAR können Sie den Ordner eventuell noch nicht einmal sehen.

Mitarbeiter (Contributor). Mit dieser Berechtigung dürfen Benutzer neue Objekte im öffentlichen Ordner erstellen, haben aber nicht die Berechtigung Objekte zu lesen, auch nicht die Objekte, die sie selbst erstellt haben.

Lektor (Reviewer). Mit dieser Berechtigung dürfen keinerlei Objekte erstellt oder bearbeitet werden. Benutzer mit diesem Recht dürfen aber den Inhalt des öffentlichen Ordners lesen.

Nicht herausgebender Autor (Non editing Author). Mit dieser Stufe dürfen Benutzer den Inhalt des öffentlichen Ordners lesen, eigene Objekte erstellen, keine erstellten Objekte bearbeiten, aber eigene erstellte Objekte wieder löschen.

Autor. Benutzer mit diesem Recht haben dieselbe Berechtigungsstufe wie nicht herausgebende Autoren, dürfen aber zusätzlich noch selbst erstellte Objekte bearbeiten.

Veröffentlichender Autor (Publishing Author). Diese Rolle berechtigt zum Lesen des Inhalts des Ordners, zum Erstellen, Bearbeiten und Löschen eigener Objekte und zum Erstellen von öffentlichen Ordnern als Unterordner des aktuellen Ordners.

Herausgeber (Editor) darf alle Objekte lesen, neue Objekte erstellen und alle Objekte, auch die, die nicht von ihm selbst erstellt wurden, bearbeiten und löschen. Er darf allerdings keine Unterordner erstellen.

Veröffentlichender Herausgeber (Publishing Editor). Er hat die gleichen Rechte wie der Herausgeber, darf aber zusätzlich untergeordnete Ordner erstellen.

Besitzer (Owner). Dies ist die höchste Rolle die einem Benutzer für öffentliche Ordner zugeteilt werden kann. Dieser Benutzer hat alle Rechte eines veröffentlichenden Herausgebers und darf zusätzlich Berechtigungen an weitere Benutzer erteilen oder sie entziehen.

Sie können Benutzern ebenfalls manuell gewisse Rechte vergeben, ohne die vorgefertigten Berechtigungsstufen zu verwenden. Nehmen Sie dazu den Benutzer in die Liste auf und geben Sie ihm die Berechtigungsstufe, welche am nächsten an die Rechte herankommt, die Sie dem Benutzer erteilen wollen. Sie können dann manuell dessen Rechte bearbeiten. Sie können Benutzer auch zusätzlich noch zu Ordnerkontaktpersonen bestimmen. Diese erhalten automatisch Benachrichtigen von öffentlichen Ordnern, wenn Replikationsprobleme oder sonstige Anfragen anliegen.

Ordner sichtbar (Folder visible). Benutzern mit dieser Berechtigung werden die öffentlichen Ordner in Ihren Clients, zum Beispiel Outlook, angezeigt. Das heißt jedoch nicht, dass sie Rechte auf den Ordner haben.

Schaltfläche Verzeichnisrechte (Directory Rights)

Mit dieser Schaltfläche kommen Sie zu einem Menü, indem Sie Benutzern Rechte auf Verzeichnisebene im Active Directory erteilen oder entziehen können.

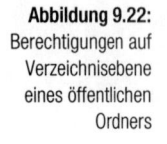

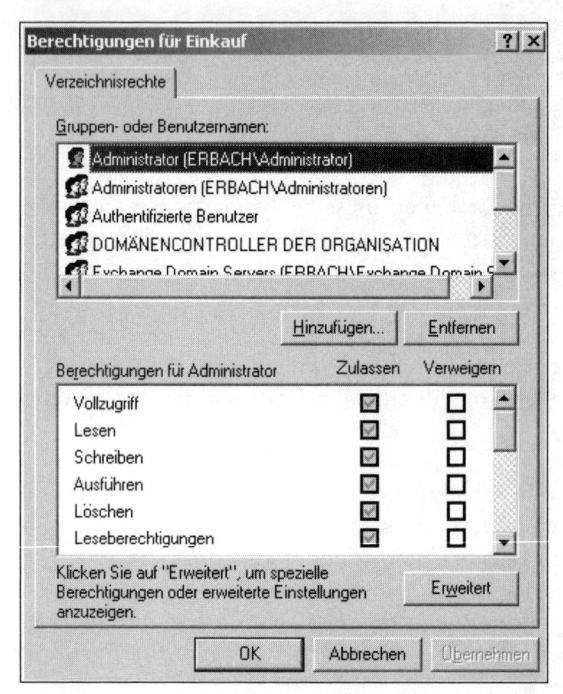

Abbildung 9.22:
Berechtigungen auf Verzeichnisebene eines öffentlichen Ordners

Sie können Benutzern verschiedene Berechtigungen erteilen. Die Berechtigungen sind analog zu den NTFS-Berechtigungen in Windows 2000 oder Windows 2003. An dieser Stelle können Sie ebenfalls die Berechtigung *send as* einstellen, die Sie zum Versenden im Namen eines öffentlichen Ordners benötigen.

Wenn Benutzer E-Mails im Auftrag dieses öffentlichen Ordners senden, erscheint beim Empfänger die Bezeichnung des öffentlichen Ordners und in Klammern, welcher Benutzer diese E-Mail geschrieben hat. Diese Option ist oft nicht gewünscht. In E-Mails, die von einem öffentlichen Ordner verschickt werden, soll oft nur der Name des öffentlichen Ordners genannt werden, nicht der Benutzer, der die E-Mail geschrieben hat. Dies liegt daran, dass Exchange zwischen *Im Auftrag senden* und *senden als* unterscheidet. *Im Auftrag senden* heißt, dass die Absender-Adresse zwar der öffentliche Ordner ist, der tatsächliche Absender wird aber als Absender mit in die E-Mail aufgenommen. *Senden als* bedeutet, dass als Absender wirklich nur der öffentliche Ordner erscheint. Sie können das Recht *senden als* für spezielle Benutzer erteilen.

Schaltfläche Administratorrechte (Administrative Rights)

Mit dieser Schaltfläche kommen Sie in ein Menü, indem Sie den administrativen Zugriff auf den öffentlichen Ordner steuern können. Benutzer, die Sie hier eintragen, erhalten bestimmte administrative Rechte und können direkt in die Verwaltung des öffentlichen Ordners eingreifen. Ihnen stehen einige Rechte zur Verfügung, die Sie erteilen oder entziehen können.

Modify public folder deleted item retention. Dieses Recht ermöglicht Administratoren im Exchange System Manager einzustellen, wie lange gelöschte Objekte von Exchange aufbewahrt werden sollen, bevor sie während der Online-Wartung automatisch gelöscht werden.

Modify public folder expiry. Mit diesem Recht können Administratoren die Verfallszeit von Objekten innerhalb des öffentlichen Ordners festlegen. Wenn die Verfallszeit abgelaufen ist, wird ein Objekt während der Online-Wartung gelöscht.

Modify public folder quotas. Benutzer mit diesem Recht dürfen die Grenzwerte der öffentlichen Ordner bearbeiten.

Modify public folder replica list. Mit diesem Recht dürfen Benutzer die Replikation des öffentlichen Ordners steuern und festlegen, auf welche Exchange Server dieser öffentliche Ordner repliziert wird oder nicht.

Modify public folder ACL. Mit diesem Recht dürfen Benutzer die Berechtigung des öffentlichen Ordners bearbeiten. Sie dürfen Benutzern den Zugriff gestatten oder verweigern, ohne selbst Zugriff auf den Inhalt haben zu müssen. Natürlich bleibt es Ihnen unbenommen, sich in dem Arbeitsschritt auch gleich selbst die gewünschten Rechte zu erteilen.

Modify public folder admin ACL. Dieses Recht wird zur Bearbeitung der Exchange-Administrator-Rechte benötigt. Nur Administratoren mit diesem Recht dürfen auf der beschriebenen Schaltfläche Rechte erteilen oder entziehen.

Administer information store. Diese Benutzer dürfen den Informationsspeicher für öffentliche Ordner bearbeiten und im Exchange System Manager Einstellungen bezüglich der Administration ändern.

Create named properties in the information store. Diese Benutzer erhalten das Recht, benannte Eigenschaften im Informationsspeicher für öffentliche Ordner zu erstellen. Ohne dieses Recht dürfen keine neuen Eigenschaften hinzugefügt werden.

View information store status. Diese Benutzer dürfen den aktuellen Status des Informationsspeichers anzeigen. Sie können allerdings keine Eigenschaften ändern, da sie nur Leserechte haben.

Registerkarte Mitglied von (Member Of)

Auf dieser Registerkarte können Sie festlegen, in welchen Verteilerlisten dieser öffentliche Ordner Mitglied sein soll. Sie können den Ordner in Verteilerlisten aufnehmen oder wieder entfernen.

Weitergeben von Einstellungen

Wenn unterhalb eines öffentlichen Ordners neue öffentliche Ordner erstellt werden, erhalten diese dieselben Einstellungen wie der übergeordnete Ordner. Diese automatische Konfiguration findet aber nur bei der Erstellung statt. Wenn Sie die Berechtigungen eines untergeordneten Ordners ändern, werden diese nicht zurückgesetzt. Wenn Sie die Berechtigungen eines übergeordneten Ordners ändern, werden auch diese Änderung nicht an bereits erstellte Unterordner automatisch weitergegeben, sondern nur an neu erstellte. Wenn Sie jedoch Änderungen vorgenommen haben und diese an alle Unterordner dieses öffentlichen Ordners weitergeben wollen, können Sie das im Exchange System Manager veranlassen.

Klicken Sie dazu nach den gewünschten Änderungen in den Eigenschaften des öffentlichen Ordners diesen mit der rechten Maustaste an und wählen aus dem Menü ALLE TASKS. Wählen Sie dann aus dem nächsten Menü den Punkt EINSTELLUNGEN WEITERGEBEN (PROPAGATE SETTINGS). Wählen Sie dann im nächsten Fenster die Optionen aus, die an alle Unterordner weitergegeben werden. Wenn Sie dieses Fenster mit OK bestätigen, werden alle Änderungen, die Sie angekreuzt haben, an alle Unterordner weitergegeben.

9.4 Konflikte in öffentlichen Ordnern

Konflikte in öffentlichen Ordnern treten auf, wenn mehrere Benutzer gleichzeitig dieselben Objekte in verschiedenen Replikaten eines öffentlichen Ordners bearbeiten. Exchange muss beim Speichern entscheiden, welche Änderung beibehalten werden soll und welche Änderung verworfen wird. Exchange unterscheidet dabei zwei Arten von Konflikten, die Nachrichtenbearbeitungskonflikte und die Ordnerbearbeitungskonflikte.

Nachrichtenbearbeitungskonflikte

Nachrichtenbearbeitungskonflikte treten auf, wenn mehrere Benutzer dasselbe Objekt innerhalb desselben öffentlichen Ordners, aber in verschiedenen Replikaten bearbeiten und speichern. Wenn Exchange nicht entscheiden kann, welche Änderung beibehalten und welche verworfen werden soll, wird eine Konfliktnachricht an die Ordnerkontaktpersonen geschickt. Diese Konfliktnachricht enthält auch die beiden Nachrichten die bearbeitet wurden.

Die Ordnerkontaktperson muss nun entscheiden, welche der beiden Änderungen beibehalten werden soll. Die andere Änderung wird verworfen.

Ordnerbearbeitungskonflikte

Wenn mehrere Benutzer die Eigenschaften eines öffentlichen Ordners verändern, zum Beispiel Berechtigungen hinzufügen oder entfernen, kann es ebenfalls zu Konflikten kommen, wenn die Änderungen an verschiedenen Replikaten zur selben Zeit durchgeführt werden. Exchange übernimmt bei Ordnerbearbeitungskonflikten immer die Änderung, die als letzte gespeichert wurde. Tritt solch ein Ordnerbarbeitungskonflikt ein, wird der Besitzer des Ordners von Exchange darüber informiert.

9.5 Neue Funktionen in Exchange 2003

Microsoft hat in Exchange 2003 für die Administration der öffentlichen Ordner weitere, sehr wertvolle Administrations-Tools mitgeliefert. Mit diesen Tools ist die Verwaltung Ihrer öffentlichen Ordner in Exchange 2003 sehr viel besser und einfacher geworden als in Exchange 2000.

Kapitel 9   Öffentliche Ordner

Abbildung 9.23:
Definition einer Ordnerkontaktperson (Folder Contact)

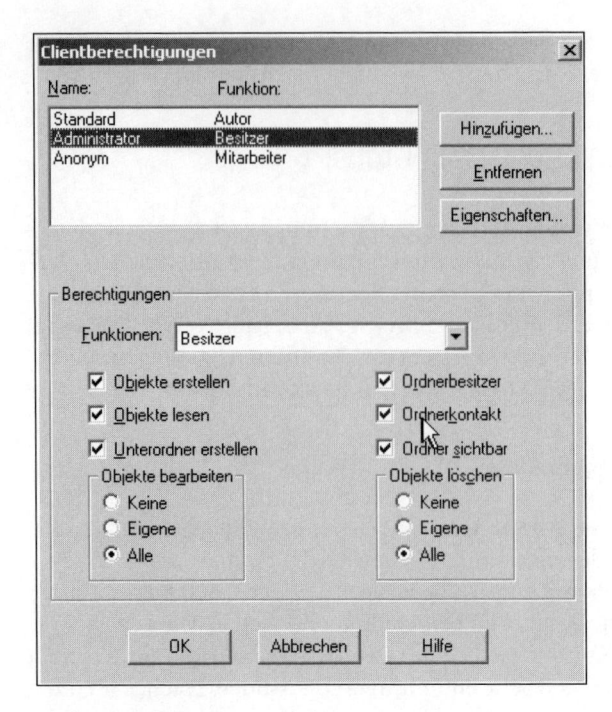

Neues Interface

Die wohl bedeutendste Änderung ist das neue Interface zur Verwaltung und Überwachung der öffentlichen Ordner. Wenn Sie im Exchange System Manager einen Ordner anklicken, können Sie im rechten Fenster des System Managers einige Informationen abrufen und Aufgaben durchführen.

Abbildung 9.24:
Änderungen eines öffentlichen Ordners an untergeordnete Ordner weitergeben

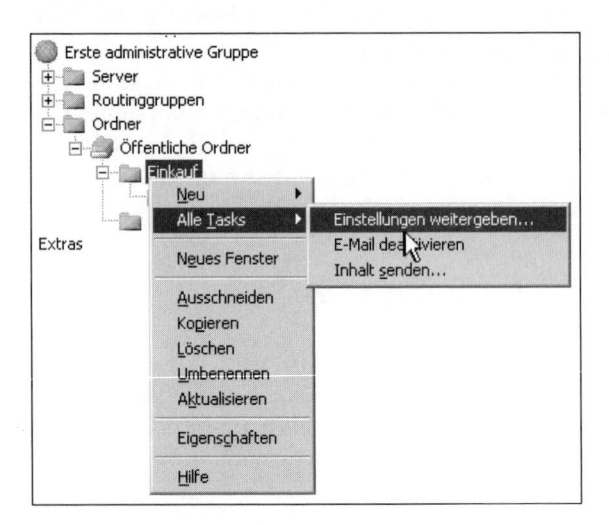

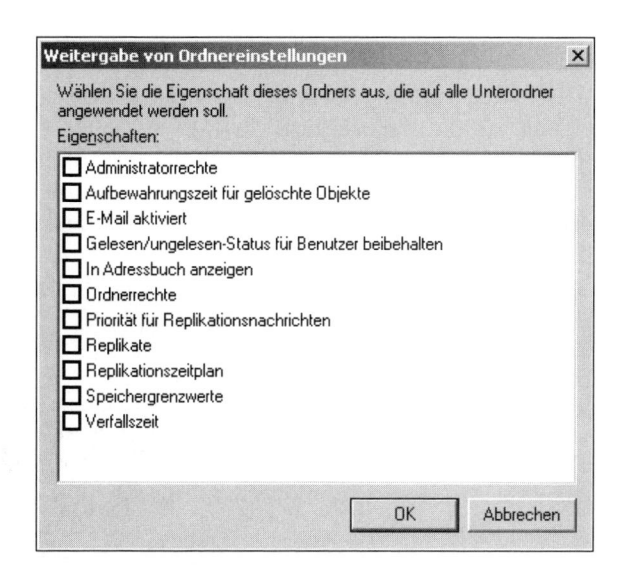

Abbildung 9.25:
Weitergabe von Ordnereinstellungen

Ihnen stehen dazu mehrere neue Registerkarten zur Verfügung:

Registerkarte Details

Auf dieser Registerkarte werden alle Unterordner des öffentlichen Ordners angezeigt, einschließlich des Datums ihrer Erstellung. Egal in welcher Ebene der öffentlichen Ordner Sie sich befinden, haben Sie im Exchange System Manager immer sofort einen Überblick, welche Ordner sich unterhalb eines öffentlichen Ordners enthalten sind. Das Erstellungsdatum kann für die Administration im einen oder anderen Fall sehr wertvoll sein. Diese Registerkarte DETAILS ist nicht mit den Details aus dem Eigenschaften-Dialog des Ordners zu verwechseln, beide zeigen unterschiedliche Inhalte an.

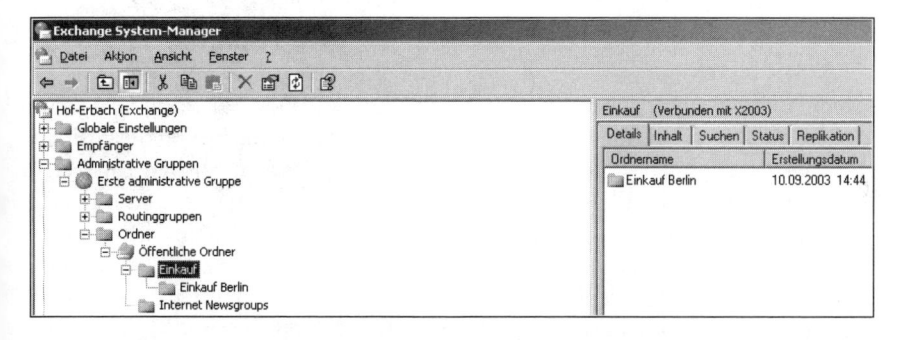

Abbildung 9.26:
Neues Interface zur Verwaltung der öffentlichen Ordner in Exchange 2003

Diese Registerkarte gehört allerdings nicht zu den wichtigsten Features, da die Ansicht der Unterordner bereits in Exchange 2000 angezeigt wurde, nicht jedoch das Erstellungsdatum.

Registerkarte Inhalt (Content)

Diese Registerkarte ist von größerer Bedeutung für die Administration. Wenn Sie die Registerkarte INHALT (CONTENT) aufrufen, wird Ihnen im Exchange System Manager der Inhalt dieses öffentlichen Ordners angezeigt. Da hierbei ein Zugriff über den Internet Explorer stattfindet, müssen Sie sich gegebenenfalls mit einem Usernamen anmelden.

Abbildung 9.27:
Inhalt eines öffentlichen Ordners im Exchange System Manager

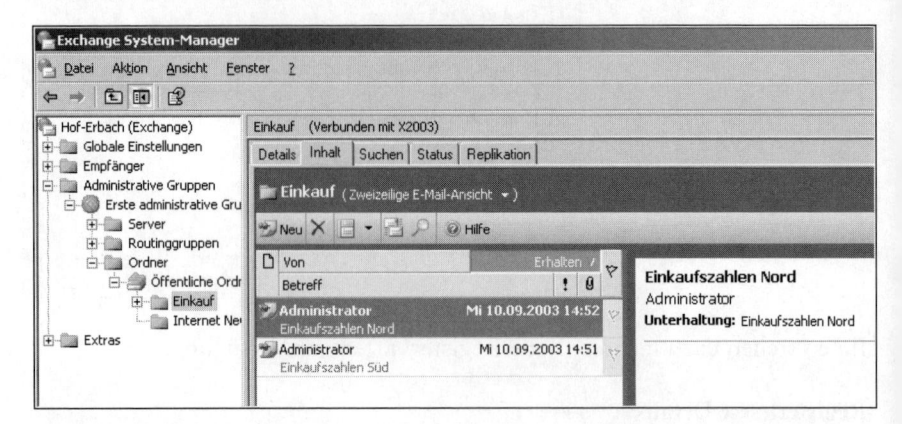

Exchange 2003 verwendet dazu die neue verbesserte Version von Outlook Web Access. Sie können auf dieser Registerkarte auf den kompletten Inhalt dieses öffentlichen Ordners zurückgreifen. Sie können neue Nachrichten bereitstellen, vorhandene bearbeiten oder Nachrichten löschen. Sie können während der Administration den Inhalt eines öffentlichen Ordners überprüfen, ohne parallel an einem Client zu arbeiten. Änderungen werden dadurch sofort übernommen. Durch die Anzeige des Inhalts eines öffentlichen Ordners im Exchange System Manager stochern Sie bei der Fehlersuche oder anderen Themen der Administration nicht im Dunkeln.

Registerkarte Suchen (Find)

Auch diese Registerkarte ist neu in Exchange 2003. Sie können anhand zahlreicher Suchoptionen nach bestimmten Nachrichten oder öffentlichen Ordnern suchen. Diese Suchfunktion steht Ihnen in allen Ebenen zur Verfügung. Sie können in allen öffentlichen Ordnern Ihrer Organisation mit zahlreichen Filtern suchen. Sie können nach dem Namen eines öffentlichen Ordnern suchen, nach bestimmten erteilten Berechtigungen, nach Replikaten und wohin diese repliziert wurden, nach dem Erstellungsdatum, nach der Verfallszeit und natürlich nach Kombinationen dieser Möglichkeiten. Durch diese neue Suchfunktion können Sie wirklich alle erdenklichen Suchfunktionen ausführen.

Registerkarte Status

Mit Hilfe dieser Registerkarte können Sie den Status jedes beliebigen öffentlichen Ordners überprüfen. Sie können in der Statusanzeige ersehen, auf welchem Server und in welchem Informationsspeicher sich Replikate dieses öffentlichen Ordners befinden. Außerdem können Sie sehen, wie viele Objekte jedes dieser Replikate beinhaltet und somit erkennen, ob die Replikation sauber läuft. Sie können auch genau ersehen, wie viel Festplattenplatz jedes Replikat auf jedem Exchange Server verbraucht.

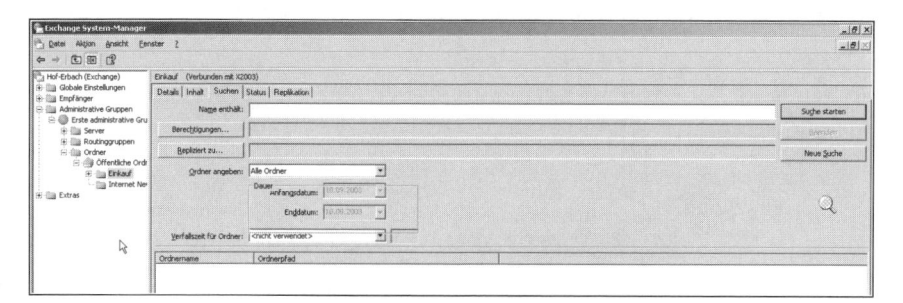

Abbildung 9.28: Nach öffentlichen Ordnern oder Nachrichten in öffentlichen Ordnern im Exchange System Manager suchen

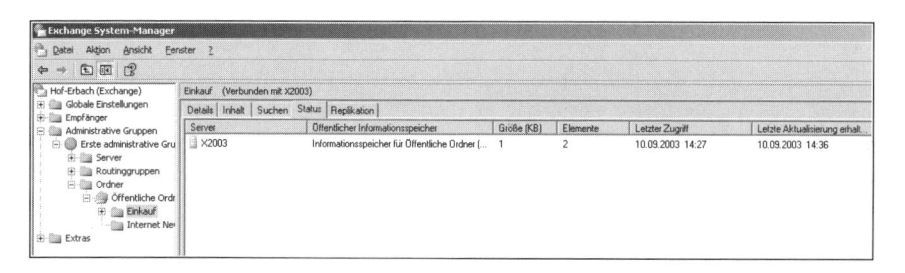

Abbildung 9.29: Statusanzeige eines öffentlichen Ordners im Exchange System Manager

Auch die Anzahl der Nachrichten, sowie der letzte Zugriff und die letzte Änderung werden in diesem Fenster angezeigt.

Registerkarte Replikation

Auf der letzten Registerkarte können Sie den Replikationsstatus dieses öffentlichen Ordners überwachen. Sie sehen, welche Exchange Server Replikate dieses Ordners vorliegen, wie der Status dieser Replikation ist und wann zuletzt ein Replikationsvorgang durchgeführt wurde.

Manuelles Starten der Replikation

Eine weitere Neuerung in Exchange 2003 besteht darin, dass die Replikation eines öffentlichen Ordners manuell angestoßen werden kann, um Änderungen schneller an die Replikate zu senden.

Um einen manuellen Replikationsvorgang zu starten, klicken Sie den öffentlichen Ordner mit der rechten Maustaste an, wählen aus dem Menü ALLE

Kapitel 9 Öffentliche Ordner

TASKS und dann INHALT SENDEN (SEND CONTENTS). Im nachfolgenden Fenster können Sie noch festlegen, welche Inhalte weitergegeben werden sollen. Nach der Bestätigung dieser Meldung wird der Inhalt dieses öffentlichen Ordners repliziert.

Mit dieser Option können Sie Replikationsfehler schneller finden und in Kombination mit dem Diagnoseprotokoll schneller beheben. Wenn Sie im Exchange System Manager zum Beispiel wichtige neue Nachrichten in einem öffentlichen Ordner erstellt haben, können Sie diese neuen Nachrichten mit der manuellen Replikation schneller propagieren.

Abbildung 9.30: Manuelle Replikation der öffentlichen Ordner in Exchange 2003

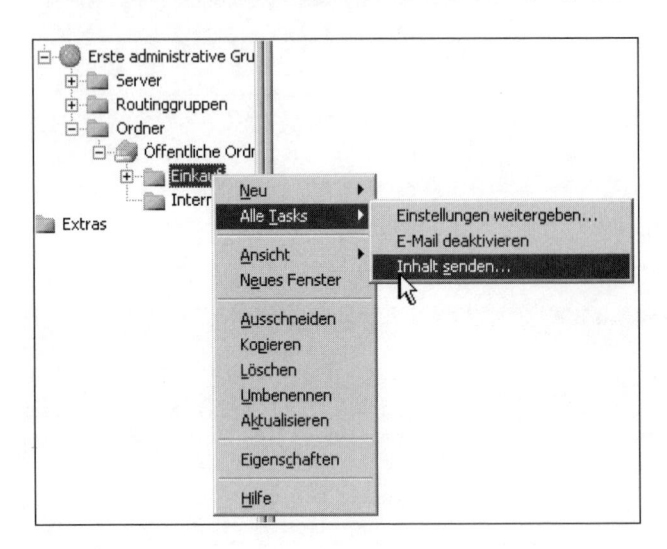

Replizieren der öffentlichen Ordner-Hierarchie

Außer den Inhalt der öffentlichen Ordner können Sie auch eine komplette öffentliche Ordner-Hierarchie replizieren. Bei diesem Vorgang werden jedoch keine Inhalte der öffentlichen Ordner repliziert, sondern lediglich die Hierarchie der öffentlichen Ordner. Diese Hierarchie beinhaltet alle öffentlichen Ordner, die auf dem zu replizierenden Exchange Server angezeigt werden. Mit dieser Replikation stellen Sie sicher, dass alle Exchange Server Ihrer Organisation alle öffentlichen Ordner anzeigen, selbst die Ordner von denen Sie kein Replikat in ihrem Postfachspeicher haben.

Um diese Hierarchie zu replizieren, klicken Sie mit der rechten Maustaste auf die öffentliche Ordner-Struktur, deren Hierarchie Sie replizieren wollen. Wählen Sie dann aus dem Menü die Option HIERARCHIE SENDEN (SEND HIERARCHY) aus. Im nachfolgenden Fenster können Sie wählen, zu welchen Exchange Servern in Ihrer Organisation diese Hierarchie repliziert werden soll.

Systemordner Kapitel 9

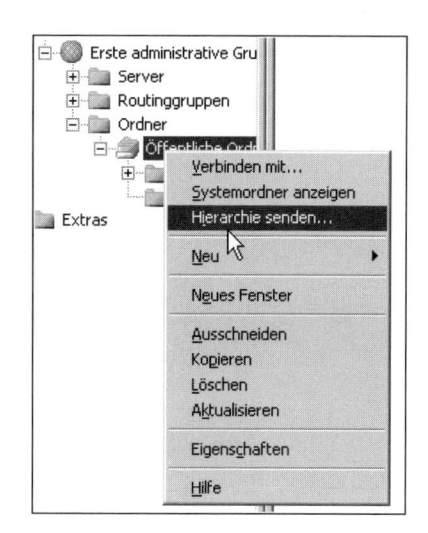

Abbildung 9.31:
Hierarchie der öffentlichen Ordner senden

Exchange Public Folder Migration Tool

Eine weitere Neuerung ist das neue Tool zum Verschieben von Replikaten. Das Tool mit der Bezeichnung PFMigrate.wsf finden Sie im Support-Verzeichnis Ihrer Exchange Server 2003-CD im Unterordner Exdeploy. Sie können mit diesem Tool eine skriptbasierte Replikation zwischen Exchange 2003 Servern und Servern mit Exchange 5.5 oder Exchange 2003 durchführen. Wenn Sie PFMigrate aufrufen, werden alle Schalter des Tools kurz erklärt.

9.6 Systemordner

Systemordner unter Exchange 2003 sind öffentliche Ordner, die von Exchange als Konfigurationscontainer verwendet werden. Um die Systemordner auf einem Exchange Server anzuzeigen, müssen Sie sich zunächst mit dem Exchange Server verbinden. Navigieren Sie dazu im Exchange System Manager zur administrativen Gruppe, in der Sie die Systemordner bearbeiten wollen. Gehen Sie dann zum Container Ordner und dann zu der öffentlichen Ordner-Struktur. Klicken Sie diese mit der rechten Maustaste an und wählen Sie aus dem Menü VERBINDEN MIT... aus. Sie können sich mit dem Exchange Server verbinden, dessen Systemordner Sie betrachten wollen.

Wenn Sie sich mit dem gewünschten Exchange Server verbunden haben, können Sie sich die Systemordner dieses Servers anzeigen lassen. Dazu müssen Sie im selben Menü den Punkt SYSTEMORDNER ANZEIGEN (VIEW SYSTEM FOLDERS) auswählen.

Kapitel 9 Öffentliche Ordner

Abbildung 9.32:
Verbindung mit den öffentlichen Ordnern auf einem Exchange Server herstellen

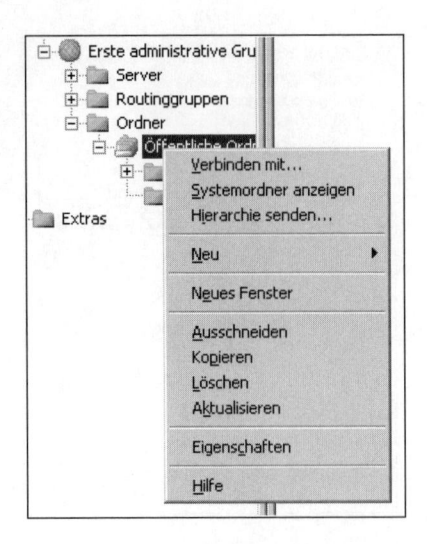

Nach der Auswahl zeigt der Exchange System Manager die Systemordner an. Die Systemordner haben für Exchange eine wichtige Bedeutung, da viele Konfigurationen und Features von den Systemordnern abhängen.

Da die Systemordner ebenfalls öffentliche Ordner sind, können Sie sie auch für diese Replikation einrichten. Aus Gründen der Ausfallsicherheit kann das eine erste Absicherung Ihrer Exchange-Organisation vor einem Ausfall sein. In den folgenden Kapiteln gehe ich näher auf die einzelnen Systemordner und deren Bedeutung ein.

Wenn Sie danach wieder die öffentlichen Ordner im Exchange System Manager sehen wollen, müssen Sie im Eigenschaften-Menü der öffentlichen Ordner den Befehl ÖFFENTLICHER ORDNER ANZEIGEN auswählen.

Je nach Konfiguration Ihrer Exchange-Organisation befinden sich verschiedene Systemordner in Ihrem Verzeichnis. Jeder dieser Ordner hat für Exchange eine andere Bedeutung, im Folgenden werden Sie Ihnen einzeln vorgestellt.

EFORMS-Registry

Dieser Systemordner dient zur Ablage der globalen Formulare, die Sie mit Outlook erstellen können. Durch die Speicherung der Formulare in diesem Ordner können Sie durch Replikation sicherstellen, dass alle Formulare ständig zur Verfügung stehen. Formularen werden weiter hinten im Buch bei der Besprechung von *Outlook* genauer erläutert.

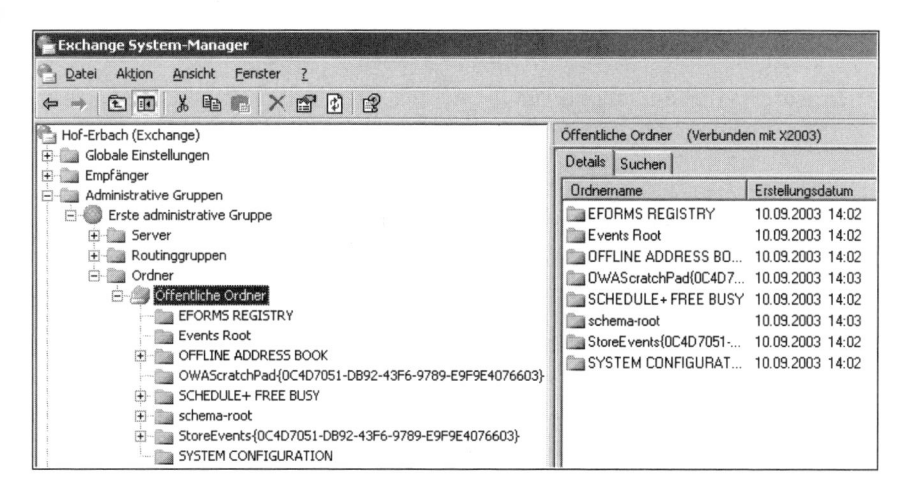

Abbildung 9.33:
Anzeige der Systemordner eines Exchange Servers

Events Root

Dieser Ordner wird zur Kompatibilität mit Exchange 5.5 benötigt. Hier können Skripte gespeichert werden, die bei bestimmten Eventsinks ausgelöst werden können. Dieser Systemordner wird durch den Dienst MS Exchange-Ereignis verwendet.

OFFLINE ADDRESS BOOK

Dieser Ordner erhält alle definierten Offline-Adressbücher. Auf diesen Ordner kann nicht direkt zugegriffen werden. Wenn Benutzer mit Outlook ihr Adressbuch offline synchronisieren, verwendet der Outlook-Client diesen Systemordner.

OWAScratchPad

Dieser Ordner wird von Exchange angelegt, wenn Nachrichten mit Anhängen in den öffentlichen Ordnern abgelegt werden. Der Ordner ist beim Verschieben, Kopieren oder Löschen von Anlagen maßgeblich beteiligt. Für jeden öffentlichen Ordner gibt es einen Systemordner *OWAScratchPad*.

> :-) **TIPP**
>
> *In einigen Fällen kann es vorkommen, dass keine Anlagen in die öffentlichen Ordner verschoben werden können, die größer als 1 MB sind. Meistens liegt das daran, dass der öffentliche Ordner OWAScratchPad auf der Registerkarte* GRENZWERT *eine Größenbeschränkung für 1 MB gesetzt hat. Sie können diesen Grenzwert jedoch jederzeit erhöhen.*

Schedule+ FREE BUSY

Hier werden die freien und die gebuchten Zeiten aller Empfänger gespeichert. Auf diesen Ordner wird von Outlook zugegriffen, wenn Benutzer freie Termine mit anderen Benutzern suchen. Vor allem bei der Planung von Besprechungsanfragen oder Terminen wird dieser Ordner häufig verwendet. Wenn dieser Ordner ausfällt oder Outlook nicht auf diesen Ordner zugreifen kann, erhalten die Benutzer eine Fehlermeldung, in der darauf hingewiesen wird, dass die frei/gebucht-Zeiten nicht abgerufen werden können. Wenn Benutzer ohne Zugriff auf diesen Ordner die frei/gebucht-Zeiten von anderen Benutzern abrufen wollen, sehen Sie lediglich eine schraffierte Fläche.

> :-) TIPP
>
> *Oft wird der Systemordner SCHEDULE+ FREE BUSY bei einer Neuinstallation des Servers vergessen, vor allem wenn die Installation auf einem neuen Rechner stattfindet. Achten Sie rechtzeitig darauf, diesen Ordner replizieren zu lassen, damit er wirklich auch auf dem neuen Server ist, bevor Sie den alten Server abschalten. Die Replikation dieses Ordners ist vor allem sinnvoll, wenn Benutzer in anderen Routinggruppen auf frei/gebucht-Zeiten zugreifen wollen. Wenn in jeder Routinggruppe ein Replikat liegt, läuft der Zugriff viel schneller ab.*

schema-root

Beide Ordner werden für Outlook Web Access und als Konfigurationscontainer für Exchange 2003 verwendet. Hier werden auch die Eigenschaften der einzelnen Objekte im Informationsspeicher aufbewahrt. Dieser Ordner enthält zum Beispiel die Hierarchie der öffentlichen Ordner.

StoreEvents

Dieser Ordner enthält ähnliche Informationen wie der Ordner Events Roots. Der Ordner enthält jedoch nicht die Eventsinks für Exchange 5.5, sondern die für Exchange 2000 und 2003. Eventsinks sind Ereignisse, die Exchange auslöst, wenn eine vordefinierte Aktion in Exchange auftritt, zum Beispiel das Ankommen einer E-Mail. Wenn eine E-Mail in Exchange eintrifft, löst Exchange einen Eventsink aus, mit dessen Hilfe zum Beispiel der Virenscanner informiert wird, dass ein neues Objekt im Informationsspeicher gescannt werden muss.

System Configuration

Dieser Ordner enthält die einzelnen Verfallszeiten der Inhalte der öffentlichen Ordner.

Systemordner   Kapitel 9

Zurücksetzen der Systemordner

Unter Umständen, zum Beispiel beim Ausfall eines Servers, kann es passieren, dass Ihnen die Systemordner verloren gehen. Es kommt auf den einzelnen Ordner an, welche Auswirkungen das für Ihre Exchange-Organisation hat. Sie müssen allerdings nicht Ihre Server neu aufsetzen, sondern können die Systemordner einfach wieder neu generieren. Die enthaltenen Daten sind dagegen verloren und können nur aus der Datensicherung wiederhergestellt werden. Auf diese Weise bringen Sie Ihre Exchange-Organisation wieder zum Laufen.

Zum Wiederherstellen Ihrer Systemordner liefert Microsoft auf der Exchange Server 2003-CD ein eigenes Tool mit. Dieses Tool mit der Bezeichnung guidgen.exe finden Sie im Verzeichnis \support\utils\i386. Gehen Sie folgendermaßen vor, um Ihre Ordner wiederherzustellen:

1. Kopieren Sie zunächst das komplette Support-Verzeichnis auf die Festplatte. Das Verzeichnis hat die ungefähre Größe von 70 MB und enthält alle Tools, die Sie eventuell später zur Administration benötigen werden. Wenn Sie das Verzeichnis komplett kopieren, müssen Sie nicht jedes Mal Ihre Exchange-CD raussuchen, um ein Tool auf die Platte zu kopieren.

2. Starten Sie *guidgen.exe* mit einem Doppelklick.

3. Wählen Sie in den Optionen von Guidgen das GUID Format *Registry Format* aus. Das Tool generiert eine neue gültige GUID, die Sie zur Wiederherstellung der Ordner benötigen. Mit der Schaltfläche *Copy* kopieren Sie die generierte GUID in die Zwischenablage.

4. Erstellen Sie eine neue Textdatei und kopieren Sie die generierte GUID in dieses Dokument. Entfernen Sie am Anfang und am Ende der GUID die beiden geschweiften Klammern.

5. Fügen Sie nach je zwei Ziffern dieser GUID ein Leerzeichen ein. Lautet die erzeugte GUID zum Beispiel 4BE9D2CC8B8649c991BF0838CA7D8AD9, so erzeugen Sie 4B E9 D2 CC 8B 86 49 c9 91 BF 08 38 CA 7D 8A D9.

6. Speichern Sie das Text-Dokument mit dieser neuen GUID ab.

7. Starten Sie als Nächstes das Programm ADSI-EDIT aus den Support-Tools oder mittels START/AUSFÜHREN *adsiedit.msc*. ADSI-Edit ist ein weiteres Tool zur direkten Bearbeitung des Active Directory. Sie sollten bei der Arbeit in einer produktiven Umgebung sehr sorgfältig mit diesem Tool umgehen.

8. Navigieren Sie nach dem Start zu folgendem Container: *Configuration/ Configuration/Services/Microsoft Exchange/Name Ihrer Organisation/ Administrative Groups/Bezeichnung Ihrer administrativen Gruppe*

[KOMPENDIUM] Exchange Server 2003 und Outlook   229

Kapitel 9   Öffentliche Ordner

Abbildung 9.34:
Startfenster von
Guidgen.exe

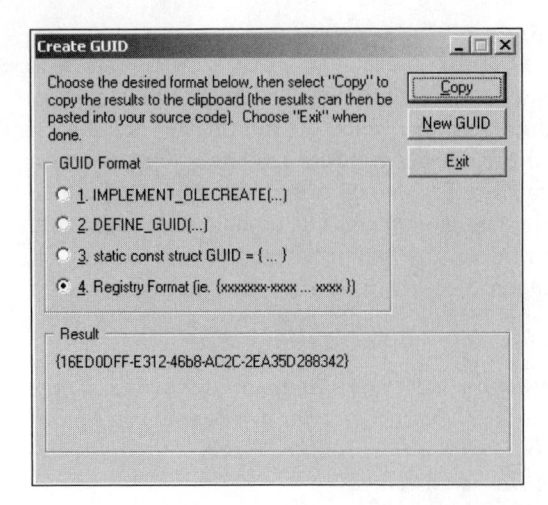

9. Rufen Sie die Eigenschaften Ihrer administrativen Gruppe auf und wählen Sie auf der Registerkarte ATTRIBUTE EDITOR die Option site-FolderGUID aus.

10. Rufen Sie mit EDIT den hexadezimalen Wert auf und überschreiben Sie ihn mit der neuen GUID aus der Textdatei. Achten Sie darauf, dass Sie am Anfang und am Ende der GUID keine Zeilenumbrüche verwenden, Sie erhalten sonst eine Fehlermeldung. Wenn Sie die GUID mit OK bestätigt haben, ist diese aktiv.

Abbildung 9.35:
Wiederherstellen
der Systemordner
mit ADSI-Edit

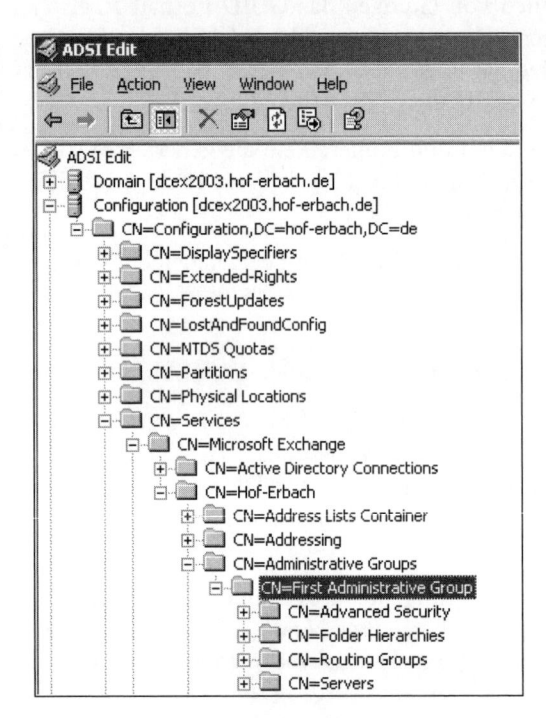

Systemordner

Kapitel 9

11. Starten Sie alle Exchange-Dienste neu oder am besten den kompletten Server.

12. Schicken Sie zum Test eine Besprechungsanfrage an alle Benutzer mit der Bitte, diese zuzusagen. Dadurch wird der Systemordner *SCHEDULE+ FREE BUSY* neu generiert.

Exchange sollte auf diese Weise seine Systemordner neu anlegen. Die Daten der Systemordner sind zwar verloren, werden aber neu generiert.

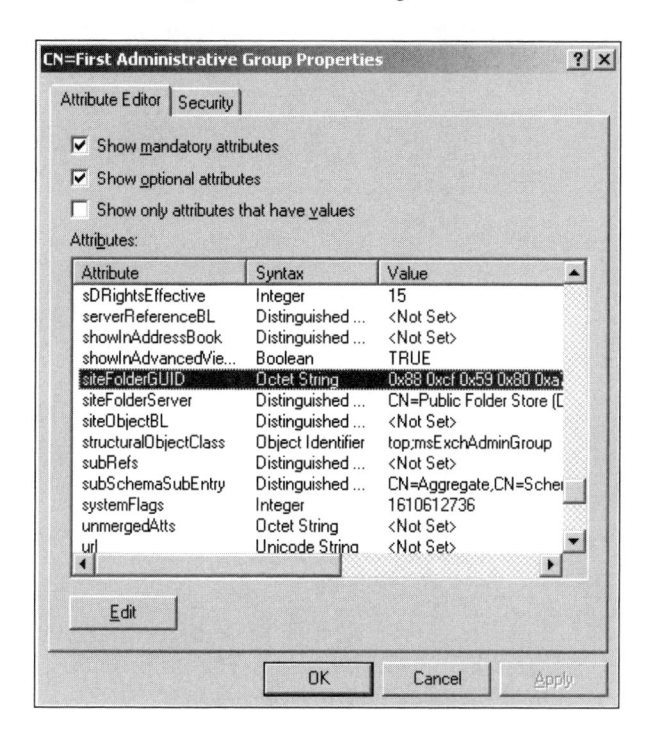

Abbildung 9.36:
Abändern der GUID Ihrer Exchange-Systemordner

Wiederherstellen des frei/gebucht-Ordners

In vielen Exchange-Organisationen gehen ab und zu die frei/gebucht-Zeiten verloren. In einem solchen Fall wird den Benutzern beim Starten von Outlook eine entsprechende Fehlermeldung angezeigt. Wenn frei/gebucht-Zeiten nicht mehr zur Verfügung stehen, können Benutzer bei Besprechungsanfragen und Terminen nicht mehr auf die Zeiten der anderen Benutzer zugreifen, sondern erhalten nur eine schraffierte Fläche als Anzeige. Bei Organisationen, die viel mit Besprechungsanfragen arbeiten, kann dieser Umstand äußerst ärgerlich sein.

Um die frei/gebucht-Zeiten wiederherzustellen, benötigen Sie auch wieder das Tool *ADSI-Edit*. In Windows 2003 sieht dieses Tool etwas anders aus, als noch in Windows 2000. Allerdings haben sich keine wesentlichen Ände-

Kapitel 9   Öffentliche Ordner

rungen ergeben, sondern nur einige Abänderungen in der Anzeige und der Bedienung. *ADSI-Edit* ist nach wie vor zur Bearbeitung Ihres Active Directory gedacht.

➤ Öffnen Sie ADSI-Edit und navigieren zum Container *Configuration/ Configuration/Services/Microsoft Exchange/Name Ihrer Organisation/ Administrative Groups/Bezeichnung Ihrer administrativen Gruppe/Servers/Name Ihres Servers/Informationstore/Erste Speichergruppe*.

Abbildung 9.37:
ADSI-Edit zum Wiederherstellen des frei/gebucht-Ordners

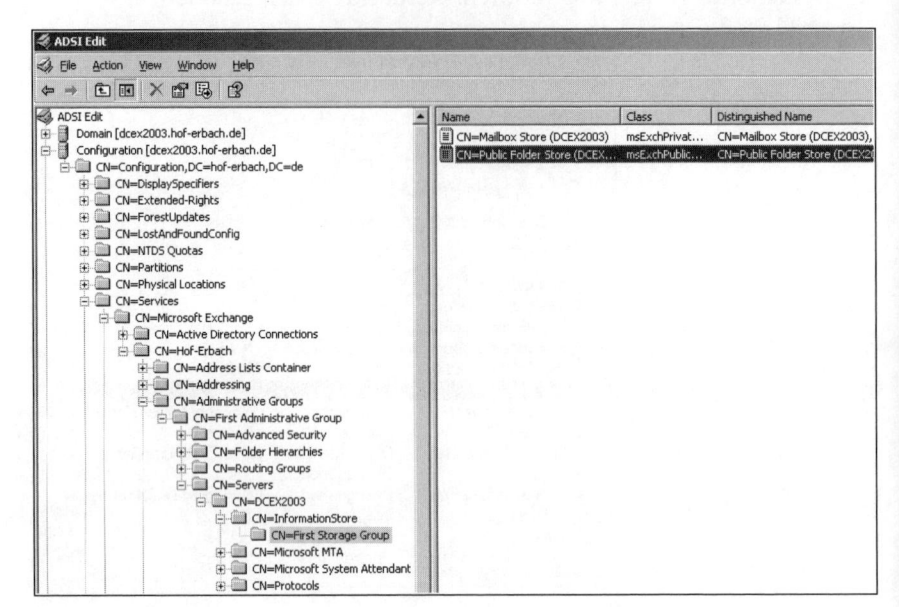

➤ Rufen Sie auf der rechten Seite des Fensters mit einem Doppelklick die Eigenschaften des Objektes *CN=Informationsspeicher für öffentliche Ordner (Public Folder Store)* auf.

➤ Wählen Sie auf der Registerkarte ATTRIBUTE EDITOR den Wert *distinguishedName* aus.

➤ Öffnen Sie den Wert und kopieren Sie den Inhalt in die Zwischenablage.

➤ Navigieren Sie dann zum Container *Configuration/Configuration/Services/Microsoft Exchange/Name Ihrer Organisation/Administrative Groups/Bezeichnung Ihrer administrativen Gruppe*.

➤ Rufen Sie die Eigenschaften Ihrer administrativen Gruppe auf und gehen Sie auf der Registerkarte ATTRIBUTE EDITOR zum Wert *siteFolderServer*. Überprüfen Sie, ob der Eintrag in diesem Wert auf einen Server Ihrer Organisation zeigt, der nicht mehr vorhanden ist.

➤ Ist der Eintrag tatsächlich falsch, kopieren Sie den Wert aus Ihrer Zwischenablage in dieses Feld und bestätigen Sie die Änderung mit *OK*.

- Starten Sie alle Exchange-Dienste oder den kompletten Server durch.

- Schicken Sie an alle Empfänger der administrativen Gruppe eine Besprechungsanfrage. Diese Besprechungsanfrage sollte von allen bestätigt werden. Die frei/gebucht-Zeiten sollten wiederhergestellt sein.

- Sollten die Benutzer immer noch Schwierigkeiten haben, starten Sie bei allen Benutzern Outlook mit dem Schalter /cleanfreebusy. Outlook stellt seine frei/gebucht-Zeiten wieder her. Sie sollten allerdings vor diesem Schritt erst den Trick mit der Besprechungsanfrage versuchen, da dies viel schneller geht.

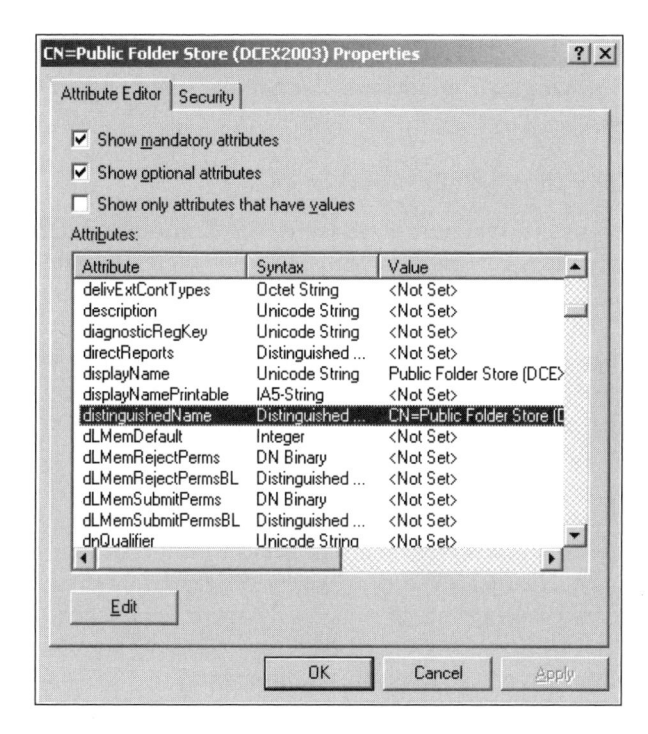

Abbildung 9.38:
ADSI-Edit zur Wiederherstellung des frei/gebucht-Ordners

9.7 Replikation zwischen Organisationen

Exchange 2003 unterstützt die Replikation von öffentlichen Ordnern innerhalb derselben Organisation. Sie können keine Replikation von öffentlichen Ordnern zwischen verschiedenen Organisationen durchführen.

Damit Sie im Bedarfsfall dennoch eine Replikation von öffentlichen Ordnern und Systemordnern durchführen können, liefert Microsoft auf der Exchange Server 2003-CD ein Tool mit, mit dessen Hilfe Sie diesen Replikationsvorgang konfigurieren können. Dieses Tool hat die Bezeichnung *Interorg Replication Utility*. Sie finden dieses Tool im Verzeichnis \support\exchsync.

Mit dem *Interorg Replication Utility* können Sie die Replikation zwischen verschiedenen Organisationen und verschiedenen Exchange-Versionen durchführen. Unterstützt werden Exchange 5.5, Exchange 2000 und Exchange 2003. Sie können mit diesem Tool ausschließlich öffentliche Ordner und Systemordner replizieren, aber keine Postfächer verschieben.

Konfiguration

Sie benötigen das Tool auf allen beteiligten Exchange Servern. Kopieren Sie am besten die beiden Dateien exscfg.exe und exssrv.exe in das bin-Verzeichnis auf Ihrem Exchange Server. Wenn Sie eine Replikation zwischen Exchange 2003 und Exchange 5.5 durchführen wollen, muss auf Ihrem Exchange 5.5 mindestens das Servicepack 3, besser Servicepack 4 installiert sein.

Einrichten von Benutzerkonten

In beiden Organisationen muss ein Konto mit zugehörigem Exchange-Postfach definiert sein. Sie müssen keine Vertrauensstellung zwischen den beiden Domänen konfigurieren. Die Replikation läuft dabei jeweils über das Quellkonto in der Quelldomäne und das Zielkonto in der Zieldomäne. Die beiden Konten sowie die Domänen müssen nicht zusammenarbeiten. Beide Konten müssen über genügend Rechte innerhalb der Organisation verfügen. Jedes dieser Konten muss für alle öffentlichen Ordner das Recht *Besitzer* haben.

Verwenden Sie am Besten ein Konto, welches Sie als *Admin des Dienstkontos* definieren. Wenn Sie ein neues Konto erstellen, können Sie dieses Konto ausschließlich für diese Zwecke verwendet. In diesem Fall sollten Sie zudem ein komplexeres und sicheres Passwort verwenden.

Erstellen eines Synchronisationsordners

Erstellen Sie nach der Definition der Benutzerkonten in beiden Organisationen einen neuen Toplevel-öffentlichen Ordner mit der Bezeichnung *ExchsyncSecurityFolder*. Erteilen Sie lediglich dem Service Account die Berechtigung auf diesen Ordner. Bei allen anderen Benutzern können Sie den Ordner per Schalter ausblenden lassen.

Erstellen von Toplevel-Ordnern

Erstellen Sie danach auf den beiden Exchange Servern, die für die Replikation der Organisationen konfiguriert werden, für jeden Toplevel-öffentlichen Ordner einen Replikationsordner. Wenn Sie in der Quellorganisation einen öffentlichen Ordner *Einkauf* haben, müssen Sie diesen Ordner in der Zielorganisation neu erstellen.

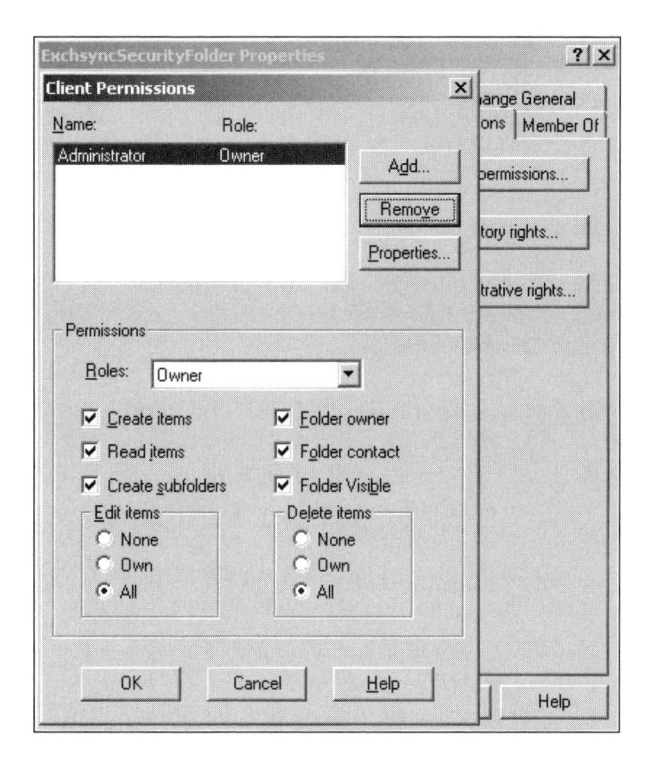

Abbildung 9.39:
Neuer öffentlicher Ordner *Exchsync-SecurityFolder*

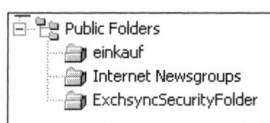

Abbildung 9.40:
Neuer Ordner *ExchsyncSecurityFolder* als Toplevel-Ordner

Unterordner werden durch *Interorg Replication Utility* automatisch erstellt, Sie müssen nicht jeden öffentlichen Ordner jeweils in der Zielorganisation neu anlegen, sondern nur die gewünschten Toplevel-Ordner.

Erstellen der Konfigurationsdatei

Als nächsten Schritt müssen Sie auf dem Exchange Server der Quell-Organisation, auch Verleger genannt, eine Konfigurationsdatei erstellen, mit deren Hilfe später die Replikation durchgeführt wird. Für die Erstellung einer Konfigurationsdatei verwenden Sie das Tool *exscfg.exe* aus dem exchsync-Verzeichnis. Starten Sie zur Erstellung das Tool mit einem Doppelklick. Das Tool öffnet sich mit einem leeren Fenster, in dem Sie die notwendigen Konfigurationen zur Replikation durchführen können.

Wählen Sie aus dem Menü SITZUNG (SESSION) und dann HINZUFÜGEN (ADD). Im nachfolgenden Fenster können Sie konfigurieren, ob Sie die Replikation der öffentlichen Ordner oder der frei/gebucht-Zeiten konfigurieren wollen. Wählen Sie zunächst die Replikation der öffentlichen Ordner aus.

Kapitel 9   Öffentliche Ordner

Abbildung 9.41: exscfg.exe nach dem Start

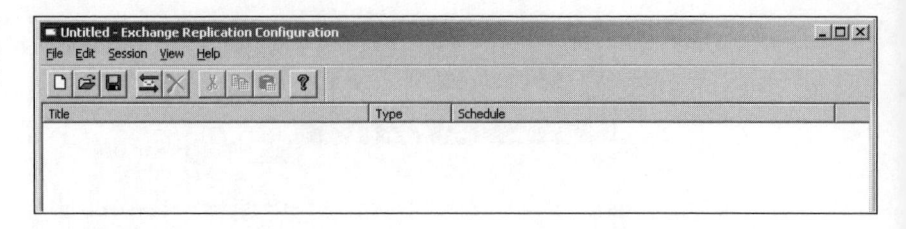

Im nachfolgenden Fenster können Sie diese Replikation einstellen und es werden alle Informationen eingetragen, die Sie zur Replikation der öffentlichen Ordner benötigen.

Ihnen stehen dazu folgende Felder zur Verfügung:

- *Titel*. Tragen Sie die Bezeichnung dieses Replikationsvorgangs ein. Diese Bezeichnung wird ausschließlich zur Anzeige verwendet. Sie sind an keine Namenskonventionen gebunden. Da Sie mehrere solcher Vorgänge in einer Datei konfigurieren können, sollten Sie einen Namen wählen, aus dem Sie schnell schließen können, was eigentlich repliziert wird.

- *Maximale Tasks*. Hier können Sie festlegen, wie viele Sitzungen das Tool gleichzeitig öffnet, um die öffentlichen Ordner zu replizieren. Je mehr Sitzungen Sie öffnen lassen, umso stärker steigt auch die Belastung des Servers und der dazwischenliegenden Leitungen an. Sie können diese Einstellung fast immer auf Standard 1 belassen und sollten nur Änderungen durchführen, wenn Sie in kurzer Zeit möglichst viele öffentliche Ordner synchronisieren wollen.

- *Zeitplan*. Hier können Sie festlegen, zu welchem Zeitpunkt die Replikation stattfinden soll. Standardmäßig läuft die Replikation dauerhaft, die Daten der beiden Organisationen sind ständig synchron. Bei einer hohen Anzahl öffentlicher Ordner, an denen zudem dauerhaft viele Änderungen durchgeführt werden, sollten Sie die Synchronisation nicht unbedingt zu den Hauptgeschäftszeiten durchführen lassen.

- *Protokollierung*. Hier stellen Sie den Grad der Protokollierung ein.

- *Verlegerorganisation (Publisher Organization)*. Hier müssen Sie den Exchange Server der Quellorganisation sowie den Alias (nicht das Benutzerkonto) des Benutzers eintragen, mit dem Sie die Replikation durchführen wollen. Klicken Sie auf die Schaltfläche ERWEITERT (ADVANCED), um die Authentifizierungsinformationen für diesen Benutzer einzugeben. Hier müssen Sie allerdings nicht den Alias, sondern das Benutzerkonto eingeben, welches die Rechte auf das Postfach mit dem angegebenen Alias besitzt.

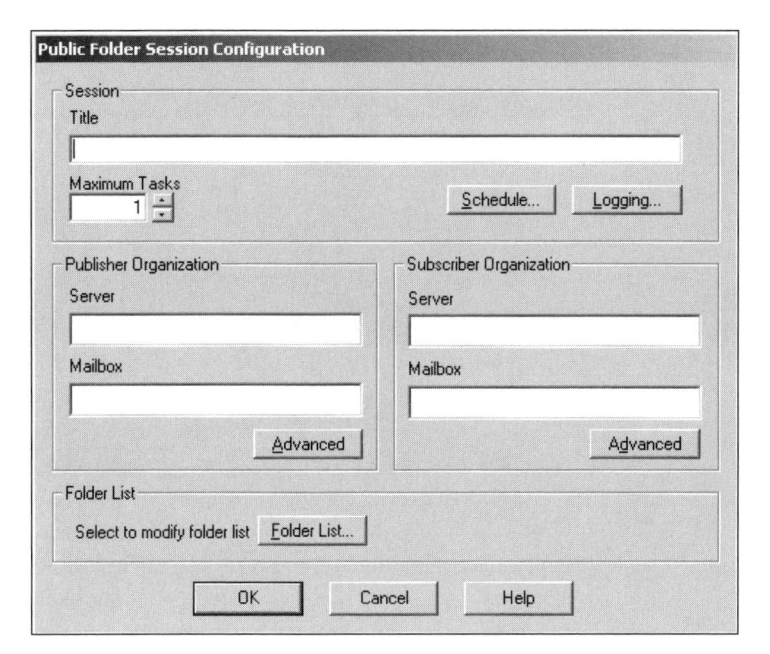

Abbildung 9.42:
Replikation der öffentlichen Ordner

- *Abonnentenorganisation (Subscriber Organization).* In diesem Bereich müssen Sie die entsprechenden Informationen für die Zieldomäne angeben, in die öffentliche Ordner der Quelldomäne repliziert werden sollen.

- *Ordnerliste (Folderlist).* Wenn Sie die Authentifizierungsdaten für die beiden Organisationen eingetragen haben, können Sie mit der Schaltfläche Ordnerliste (Folderlist) Verbindung zu den Organisationen aufnehmen.

- Wenn Sie auf die Schaltfläche ANMELDUNG (LOGON) klicken, werden Sie mit der jeweiligen Organisation verbunden und die öffentliche-Ordner-Struktur wird angezeigt. Wenn Sie beim Eintragen der Authentifizierungsinformationen falsche Daten eingetragen haben, erscheint beim Anmelden an der jeweiligen Organisation eine Fehlermeldung, die Sie darauf hinweist, dass Sie nicht verbunden werden können.

Konfiguration der zu replizierenden öffentlichen Ordner

Nach der erfolgreichen Anmeldung, können Sie mit der Konfiguration der öffentlichen Ordner beginnen. Sie können sich alle öffentlichen Ordner der Quell- und Zielorganisation anzeigen lassen. In diesem Fenster wird die komplette Replikation aller öffentlichen Ordner eingestellt und später als Datei abgespeichert. Wenn Sie bei diesem Schritt angelangt sind, haben Sie schon einen großen Teil der Schwierigkeiten überwunden. Sie können mit den verschiedenen Schaltflächen die Replikation zwischen den beiden Organisationen detailliert steuern.

Kapitel 9 Öffentliche Ordner

Abbildung 9.43:
Auswahl der zu replizierenden Ordnerliste

Abbildung 9.44:
Anzeige der öffentlichen Ordner zur Replikation nach erfolgreicher Verbindung

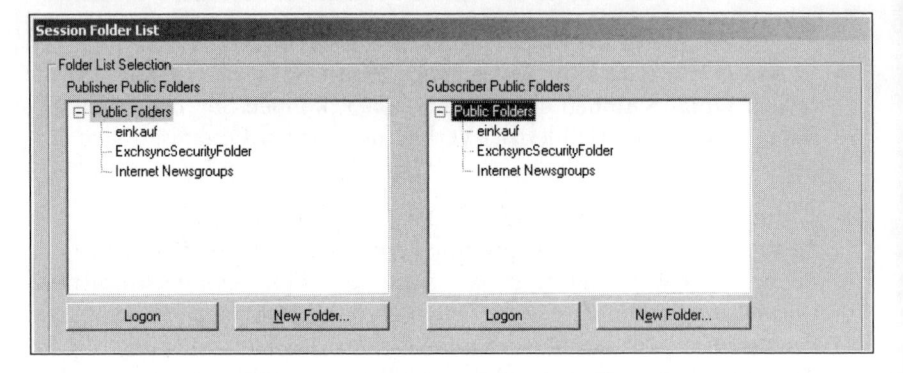

Zunächst wählen Sie in der Quellorganisation (Verleger oder Publisher) den öffentlichen Ordner aus, der repliziert werden soll. Wählen Sie dann in der Zielorganisation (Abonnent oder Subscriber) den Zielordner aus. Nun können Sie noch verschiedene Optionen auswählen. Diese Optionen werden auf den folgenden Seiten genauer beschrieben. Klicken Sie dann auf die Schaltfläche HINZUFÜGEN (ADD). Der Replikationsvorgang wird dann der Liste hinzugefügt und Sie können weitere öffentliche Ordner auswählen.

Replikation zwischen Organisationen — Kapitel 9

Sie müssen für jeden Toplevel-Ordner, der angezeigt wird, einen eigenen Vorgang definieren und in der Quellorganisation einen dazugehörigen Replikationspartner erstellen. Es ist nicht möglich, mehrere öffentliche Ordner der Quellorganisation in einen öffentlichen Ordner der Zielorganisation zu replizieren. Auch das Replizieren der kompletten öffentlichen-Ordner-Struktur auf einmal kann nicht durchgeführt werden. Sie müssen wirklich jeden einzelnen Toplevel-Ordner replizieren lassen. Unterordner werden hingegen automatisch erstellt.

:-) TIPP

Wenn Sie die Optionen für einen Vorgang definiert und mit HINZUFÜGEN (ADD) die Konfiguration abgeschlossen haben, sollten Sie keine Optionen mehr abändern. Wenn Sie Optionen abändern wollen oder müssen, sollten Sie auch diesen Vorgang komplett wiederholen. Nur so können Sie sicher sein, dass Exchange auch alle Optionen wie von Ihnen gewünscht behandelt. Ihnen stehen zur Konfiguration eines Replikationsvorgangs folgende Optionen und die dazugehörigen Schaltflächen zur Verfügung:

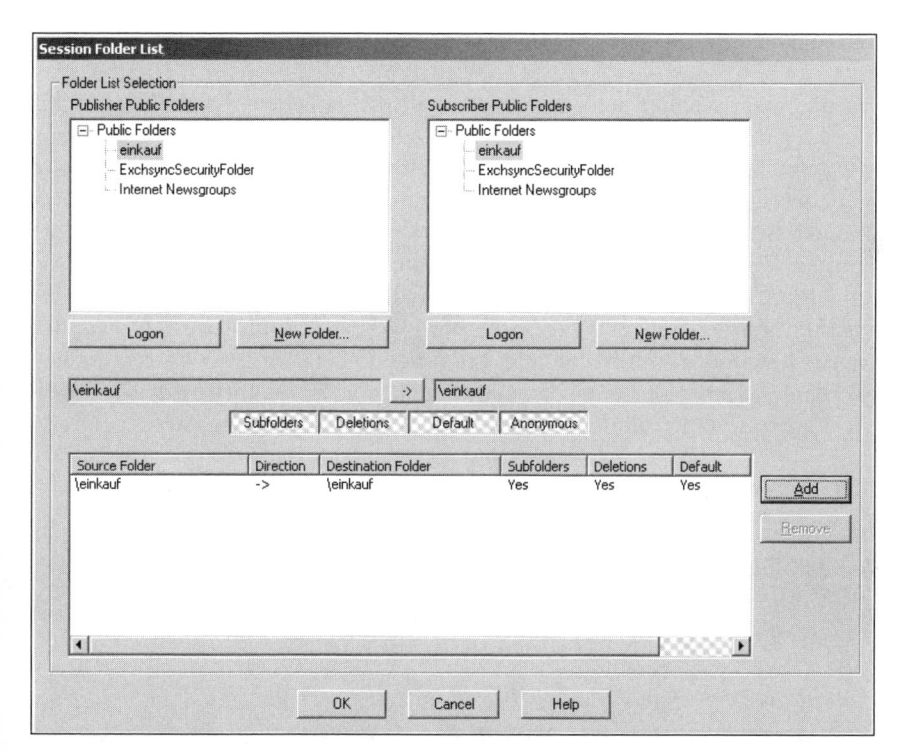

Abbildung 9.45: Konfiguration der öffentlichen Ordner-Replikation einzelner öffentlicher Ordner

➡ `[->]` Mit dieser Schaltfläche können Sie festlegen, ob der öffentliche Ordner und darin enthaltene Änderungen nur von der Quellorganisation in die Zielorganisation repliziert werden sollen oder ob die Änderungen dieses Replikationsvorgangs in beide Richtungen durchgeführt werden sollen. Hierzu geben Sie `[<->]` ein.

➤ *Untergeordnete Ordner (Subfolders).* Wenn Sie diese Schaltfläche aktivieren, werden die Unterordner eines Toplevel-Ordners ebenfalls repliziert. Diese Unterordner müssen Sie nicht vorher anlegen, denn sie werden durch das Interorg Replication Utility automatisch angelegt.

➤ *Löschungen (Deletions).* Bei Aktivierung dieser Schaltfläche werden Löschungen ebenfalls repliziert. Dadurch werden Objekte sowie komplette öffentliche Ordner, die in der einen Organisation gelöscht werden, durch das Tool in der anderen Organisation ebenfalls gelöscht.

➤ *Standard (Default) und Anonymous.* Wenn Sie diese beiden Schaltflächen betätigen, werden die Berechtigungen für die Standardbenutzer und die anonymen Benutzer mit repliziert. Diese Berechtigungen finden Sie in den Eigenschaften des öffentlichen Ordners im Exchange System Manager.

Diese Rechte werden Benutzern zugeordnet, die nicht separat in den Berechtigungen aufgeführt sind. Dabei werden authentifizierten Benutzern die Standardrechte zugeteilt und nicht authentifizierten die anonymen Rechte.

Wenn Sie die Replikationsvorgänge für alle öffentlichen Ordner abgeschlossen haben, können Sie dieses Fenster sowie das Fenster zur Konfiguration der Sitzung mit OK beenden. Sie befinden sich nun wieder im Hauptfenster von *exscfg.exe*. Hier wird die von Ihnen definierte Sitzung angezeigt. Sie können beliebig viele Sitzungen konfigurieren sowie die öffentlichen Ordner in umgekehrter Reihenfolge von der bisherigen Quell- in die Zielorganisation replizieren lassen. Einer dieser Vorgänge kann zum Beispiel auch die Replikation der frei/gebucht-Zeiten sein, welche ich auf den nachfolgenden Seiten beschreibe. Wenn Sie alle Vorgänge und Sitzungen definiert haben, werden alle konfigurierten Replikationen, die im Hauptfenster des Tools *exscfg.exe* zu sehen sind, in einer Konfigurationsdatei gespeichert.

Replikation der frei/gebucht-Zeiten

Für Benutzer, die sich in verschiedenen Organisationen befinden, können Sie das Interorg Replication Utility verwenden, um eine organisationsübergreifende Terminplanung durchzuführen. Gehen Sie dabei wie bei der Sitzungserstellung für die Replikation der öffentlichen Ordner vor.

Damit die frei/gebucht-Zeiten Ihrer Benutzer von einer in die andere Organisation repliziert werden, muss in der Zielorganisation ein Benutzer mit demselben Alias vorhanden sein. Das Interorg Replication Utility repliziert nur die frei/gebucht-Zeiten für Benutzer, deren Alias in der Quell- und der Zieldomäne gleich ist. Es wird weder die SID noch der Benutzername mit überprüft. Die Benutzer können unterschiedliche Bezeichnungen und SIDs haben, solange der Alias übereinstimmt.

Wählen Sie aus dem Menü SITZUNG (SESSION) und dann HINZUFÜGEN (ADD). Im nachfolgenden Fenster können Sie konfigurieren, ob Sie die Replikation der öffentlichen Ordner oder der frei/gebucht-Zeiten konfigurieren wollen. Wählen Sie die Replikation der frei/gebucht-Zeiten aus.

Abbildung 9.46:
Replikation der frei/gebucht-Zeiten

Nach dieser Auswahl erscheint ein Fenster, in dem Sie die Replikation der frei/gebucht-Zeiten synchronisieren können. Wie bei der Replikation der öffentlichen Ordner stehen Ihnen verschiedene Schaltflächen und Optionen zur Verfügung, um die Replikation an Ihre Bedürfnisse anzupassen. Zunächst geben Sie auch für diese Sitzung eine Bezeichnung ein, aus der hervorgeht, was repliziert wird. Für die Replikation der frei/gebucht-Zeiten können Sie ebenfalls einen Zeitplan und die Protokollierung einstellen.

Zudem müssen Sie wieder den Server und den Benutzer definieren, mit dem Sie sich verbinden. Im Feld MAILBOX müssen Sie erneut den Alias des Postfaches definieren, mit dem Sie die Replikation durchführen wollen. Auch müssen Sie sich wieder zunächst über die Schaltfläche ERWEITERT (ADVANCED) authentifizieren. Wenn Sie die Benutzerdaten eingegeben haben, können Sie im Bereich VERLEGER STANDORT FILTER (PUBLISHER SITE FILTER) die Replikation genauer einstellen. Über die Schaltfläche Standortliste können Sie den frei/gebucht-Ordner auswählen, den Sie replizieren wollen. Sie können im nachfolgenden Fenster alle frei/gebucht-Zeiten replizieren, die in Ihrer Quellorganisation vorhanden sind und zu denen der Quell-Exchange Server Verbindung aufbauen kann oder einzelne Standorte auswählen. Sie sollten zunächst diese Option wählen, da Sie mit der Anmeldung (Logon) überprüfen können, ob die Verbindung aufgebaut werden kann. Wenn Sie Ihre Auswahl getroffen haben, können Sie das Fenster mit OK schließen. Schließen Sie auch das Fenster zur Konfiguration der Sitzung mit OK. Im Hauptfenster zur Konfiguration der Replikation werden alle definierten Sitzungen aufgeführt.

Speichern Sie die Konfigurationsdatei ab, so dass Sie später darauf zurückgreifen können, da diese für das Starten der Replikation verwendet wird. Mit diesem Schritt ist die Konfiguration der Replikation abgeschlossen. Als Nächstes wird ein Dienst installiert, der mit Hilfe der gespeicherten Konfigurationsdatei die Replikation durchführt, wie Sie sie konfiguriert haben.

Abbildung 9.47:
Konfiguration der
frei/gebucht-Zeiten

Abbildung 9.48:
Alle definierten
Replikationssitzungen des Interorg
Replication Utility

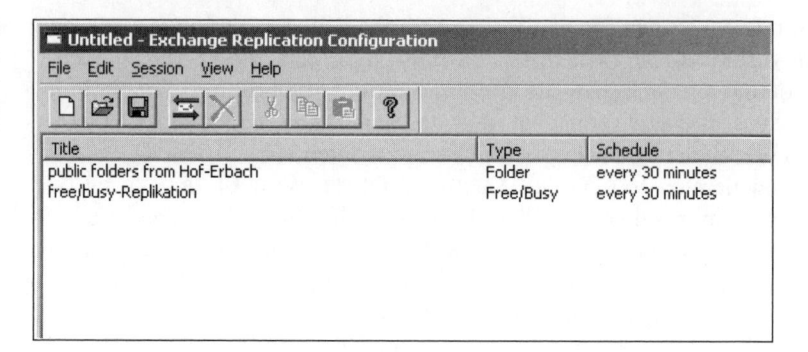

Aktivierung der Replikation

Nach der Konfiguration der Replikation und dem Abspeichern in einer Konfigurationsdatei wird ein Windows-System-Dienst erstellt, der mit Hilfe der Konfigurationsdatei die Replikation steuert. Dieser Windows-Dienst wird, wie andere Dienste, in die Dienstesteuerung integriert. Wenn Sie den Exchange Server durchstarten, der die Replikation durchführt, müssen Sie nach dem Neustart nichts mehr beachten, der Server führt nach dem Neustart seine Replikation weiter fort.

Zum Erstellen dieses Dienstes verwenden Sie den zweiten Part des Interorg Replication Utilities, *exssrv.exe*. Rufen Sie dieses Tool mit einem Doppelklick auf. Zunächst sehen Sie ein leeres Fenster.

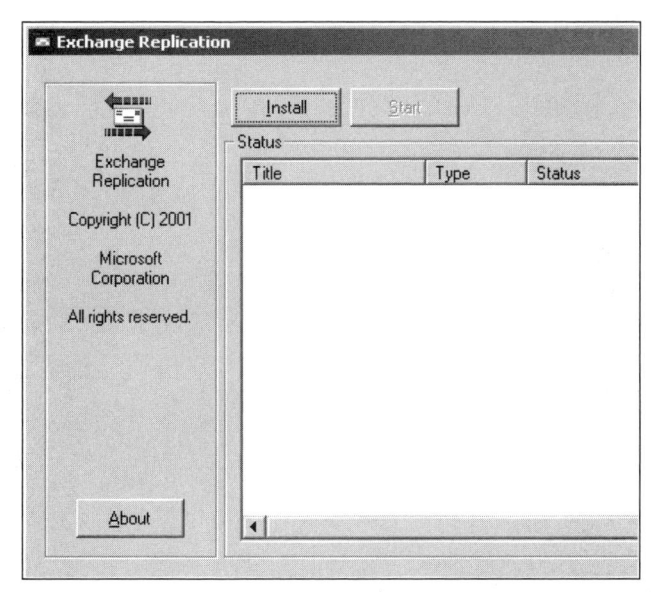

Replikation zwischen Organisationen | Kapitel 9

Abbildung 9.49:
Startfenster des *exssrv.exe*

Über die Schaltfläche INSTALLIEREN gelangen Sie in das Konfigurationsfenster des Dienstes. Hier finden Sie alle Einstellungen, die Sie benötigen. Kopieren Sie zunächst die vorher erstellte Konfigurationsdatei in ein Verzeichnis auf dem Exchange Server, der den Replikationsdienst ausführen soll. Verwenden Sie am besten das Exchange-Verzeichnis, damit die Datei nicht versehentlich gelöscht wird. Diese Datei wird nicht nur für die Erstellung des Dienstes, sondern auch für jeden Start und den Ablauf der Replikation verwendet. In diesem Fenster müssen Sie den Benutzernamen und das Kennwort des Benutzers eintragen, mit dem dieser Dienst gestartet werden soll.

Tragen Sie bei den Benutzerdaten immer den Benutzer mit vorangestelltem Domänennamen ein, zum Beispiel

:-)
TIPP

`meineDomäne\exadmin`

Die Erstellung des Dienstes bricht mit einer Fehlermeldung ab, wenn Sie keinen Domänennamen vor den Benutzernamen stellen.

Hier können Sie auch bestimmen, ob der Dienst automatisch gestartet werden soll oder ob Sie die Replikation manuell starten wollen. Weiter wählen Sie den Pfad zur Konfigurationsdatei aus und bestätigen die Konfiguration mit OK.

Nach der erfolgreichen Erstellung des Dienstes können Sie diesen gleich starten. Im Fenster von *exssrv.exe* erscheinen die geplanten Replikationsvorgänge und die Zeitdauer bis zur nächsten Replikation.

{ KOMPENDIUM } Exchange Server 2003 und Outlook   243

Kapitel 9   Öffentliche Ordner

Abbildung 9.50:
Erstellen eines Replikationsdienstes mit *exssrv.exe*

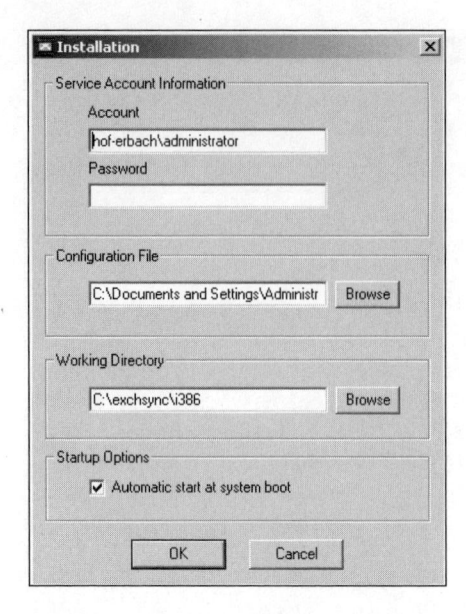

Sie können die erfolgreiche Erstellung des Replikationsdienstes auch in der Dienstesteuerung des Servers überprüfen. Dort sollte der Replikationsdienst installiert und gestartet sein.

Abbildung 9.51:
Replikationsdienst in der Dienstesteuerung

Dieser Dienst muss immer gestartet sein, damit die Replikation durchgeführt werden kann.

Abbildung 9.52:
Erfolgreich erstellter Dienst für die Replikation der öffentlichen Ordner mit dem Interorg Replication Utility

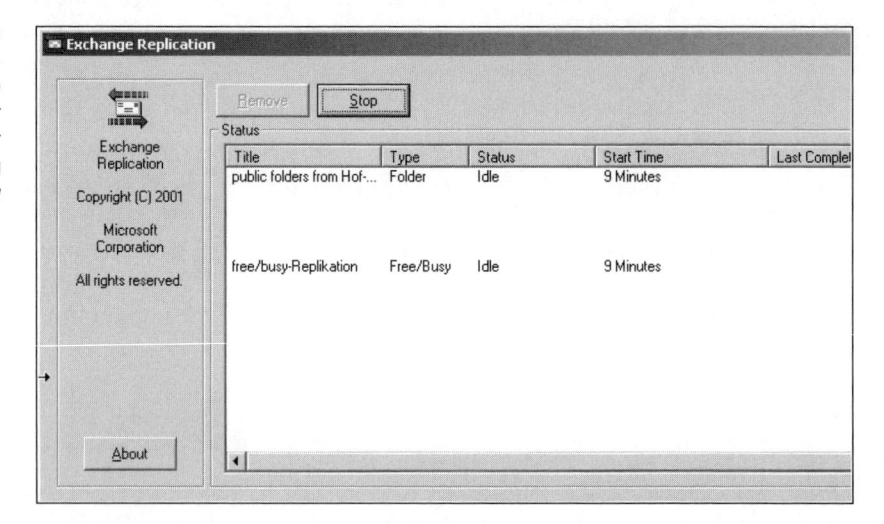

9.8 Fehlerbehebung der Replikation

In manchen Fällen kommt es vor, dass die Replikation der öffentlichen Ordner nicht durchgeführt wird, obwohl keine Fehlermeldungen in den Ereignisanzeigen erscheinen. Dieser Umstand tritt auch oft bei der Migration von Exchange 5.5 zu Exchange 2003 auf, wenn zum Beispiel ein Exchange 2003 Server in eine Exchange 5.5-Organisation installiert wird. Die Replikation der öffentlichen Ordner findet mit Hilfe von E-Mails statt, die zwischen den einzelnen Informationsspeichern für öffentliche Ordner verschickt werden. Wenn die Replikation nicht erfolgreich ist, können diese E-Mails Ihrem Zielordner nicht zugestellt werden. Wenn Sie in der Diagnoseprotokollierung die Replikation der öffentlichen Ordner detaillierter überwachen, werden Sie feststellen, dass einige Non-Delivery-Reports (NDRs) erstellt werden.

Jeder Informationsspeicher für öffentliche Ordner erhält eine E-Mail-Adresse, mit deren Hilfe die Replikationsnachrichten zugestellt werden. Diese E-Mail-Adresse wird durch den Recipient Update Service festgelegt. Hierzu verwendet Exchange 2003 den Enterprise-RUS, nicht den RUS der Domäne. In manchen Fällen kann es vorkommen, dass der Recipient Update Service für einzelne Informationsspeicher der öffentlichen Ordner keine E-Mail-Adresse generiert. In einem solchen Fall kann dieser Informationsspeicher keine Replikate öffentlicher Ordner empfangen. Dies kommt oft vor, wenn dem RUS eine DLL für die Erstellung der E-Mail-Adresse fehlt, da zum Beispiel noch eine Fax-Komponente eines Drittherstellers installiert wurde. Sie können diesen Umstand überprüfen, wenn Sie die Systemaufsicht neu starten. Wenn eine DLL zur Erstellung einer E-Mail-Adresse fehlt, erhalten neue Benutzer keine E-Mail-Adresse und eine entsprechende Meldung wird in der Ereignisanzeige festgehalten. Auch wenn diese DLL nachträglich installiert wird, erhalten die bereits angelegten Benutzer ohne E-Mail-Adresse, keine E-Mail-Adresse durch den RUS zugeteilt.

INFO

Sie können leicht überprüfen, ob einem Informationsspeicher für öffentliche Ordner eine E-Mail-Adresse zugeteilt wurde. Verwenden Sie dazu das Tool ADSI-Edit aus den Support-Tools der Windows 2000- oder Windows 2003-CD. Gehen Sie zur Überprüfung der E-Mail-Adresse eines Informationsspeichers für öffentliche Ordner folgendermaßen vor:

STEP

1. Starten Sie das Tool über *Start/Ausführen adsiedit.msc*.

2. Navigieren Sie zum Container

   ```
   Configuration\Configuration\Services\Microsoft Exchange\NAME IHRER
   ORGANISATION\Administrative Groups \NAME IHRER ADMINISTRATIVEN
   GRUPPE\Servers\NAME IHRES EXCHANGE SERVERS\InformationStore\NAME IHRER
   SPEICHERGRUPPE.
   ```

Kapitel 9   Öffentliche Ordner

3. Rufen Sie im rechten Fenster von ADSI-Edit die Eigenschaften des Informationsspeichers für öffentliche Ordner auf.

4. Navigieren Sie dann zum Attribut *ProxyAddresses*. Sie sollten die E-Mail-Adresse dieses Informationsspeichers sehen. Wenn kein Wert eingetragen ist und das Attribut als <not set> deklariert ist, können Sie davon ausgehen, dass die Replikation zu öffentlichen Ordnern innerhalb dieses Informationsspeichers nicht funktioniert. Wenn der Informationsspeicher leer ist, können Sie ihn löschen und neu erstellen. Nach der Neuerstellung sollte der Ordner durch den RUS eine E-Mail-Adresse erhalten. Lösen Sie aber auf jeden Fall zunächst das Problem, warum der Informationsspeicher keine E-Mail-Adresse erhalten hat, bevor Sie den Speicher löschen. Wenn der Ordner bereits öffentliche Ordner enthält, müssen Sie abwägen, welcher Arbeitsschritt aufwändiger ist, die Fehlersuche, warum der Speicher keine E-Mail-Adresse erhält oder das Exportieren und spätere Importieren der erstellten öffentlichen Ordner.

Wenn Sie einen Informationsspeicher für öffentliche Ordner löschen wollen, darf dieser keinem Postfachspeicher als Standardspeicher für öffentliche Ordner zugewiesen sein. Sie können diese Konfiguration in den Eigenschaften der Postfachspeicher überprüfen.

Abbildung 9.53:
Container des Informationsspeichers für öffentliche Ordner im Active Directory

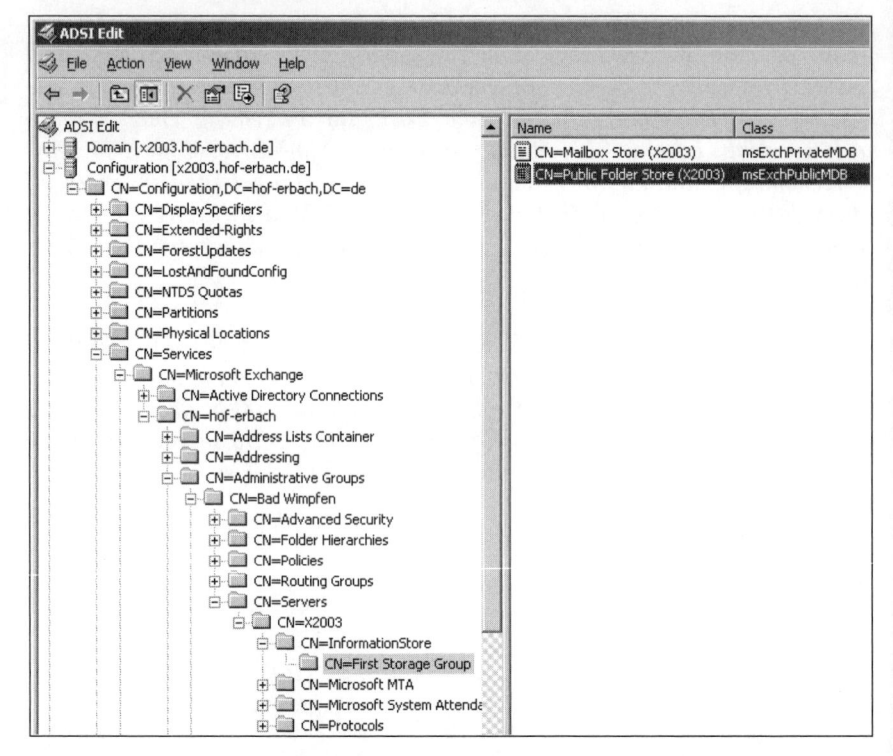

Fehlerbehebung der Replikation

Sie müssen zudem beachten, dass Sie nicht einfach einen Informationsspeicher für öffentliche Ordner auf demselben Exchange Server neu erstellen können. Jeder Informationsspeicher für öffentliche Ordner auf einem Exchange Server darf nur einer öffentlichen Ordner-Struktur zugeteilt sein. Auch darf jede öffentliche Ordner-Struktur nur einem Informationsspeicher für öffentliche Ordner auf einem Exchange Server zugeteilt sein. Die Informationsspeicher auf anderen Exchange Servern innerhalb derselben Organisation sind davon nicht betroffen. Es dürfen mehrere Informationsspeicher für öffentliche Ordner auf verschiedenen Servern derselben öffentlichen Ordner-Struktur zugeteilt sein. Gehen Sie beim Löschen von Informationsspeichern immer sehr überlegt und vorsichtig vor.

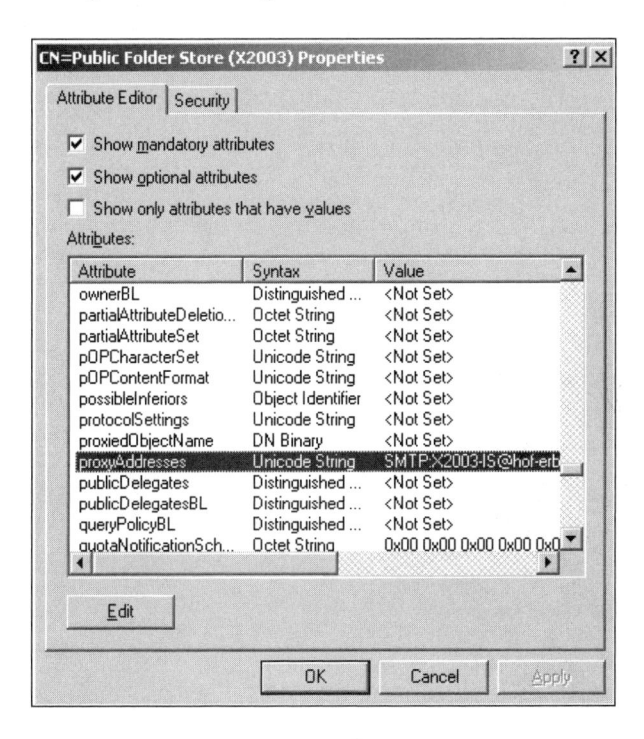

Abbildung 9.54:
E-Mail-Adresse eines Informationsspeichers für öffentliche Ordner

10 Benutzerverwaltung

Neben anderen administrativen Tätigkeiten ist die Verwaltung Ihrer Benutzer unter Exchange 2003 eine der wichtigsten Tätigkeiten. Schließlich dient die gesamte Administration dazu, dass Ihre Benutzer ständig uneingeschränkt und ohne Datenverlust arbeiten können. Zu Zeiten in denen Exchange-Organisationen immer größeren und aufwändigeren Umstrukturierungen unterworfen sind, ist es wichtig, einen genauen Überblick über die Möglichkeiten und notwendigen Maßnahmen bei der Pflege Ihrer Benutzer zu behalten. *Benutzer* werden unter Exchange 2003 *Empfänger* genannt. Unter Exchange 5.5 wurden Empfänger noch getrennt von den Benutzern in einem eigenen Verzeichnis verwaltet.

Da Exchange-Empfänger und Windows-Benutzer allerdings zwangsläufig dasselbe sind, hat Microsoft die Pflege beider Benutzerklassen in das Active Directory integriert. Exchange-Postfächer sind nun Erweiterungen der Benutzereigenschaften und keine eigenständigen Objekte in einem eigenen Verzeichnis mehr. Das heißt, dass alle Benutzerobjekte des Active Directory, die Exchange 2003-Erweiterungen benutzen, Empfänger sind. Exchange unterscheidet dabei zwischen verschiedenen Empfängerklassen. Dies sind nicht nur Benutzer mit Exchange-Postfach Empfänger, sondern auch Gruppen, Kontakte und natürlich auch öffentliche Ordner. Alle diese Empfängerobjekte haben verschiedene Eigenschaften und erfordern verschiedenen Administrationsaufwand.

Microsoft hat in Exchange 2003 in der Benutzerpflege einige Neuerungen und Verbesserungen eingebaut. Neue Objekte sind zum Beispiel die *InetOrgPerson* und die *Abfragebasierte Verteilergruppe (Query-based-Distribution-Group)*. Auch die Verwaltung der Exchange-Aufgaben im Active Directory wurde teilweise komplett umgeändert. Bei der Pflege der Benutzer fließen natürlich auch die neuen Möglichkeiten von Exchange 2003 ein, wie zum Beispiel das Anbindung von Smartphones, WAP-Handys und Pocket-PCs. Im diesem Kapitel werden alle Aspekte der Benutzerpflege angesprochen, die Sie bei der täglichen Verwaltung der Benutzer benötigen. Die öffentlichen Ordner, die auch als Empfängerobjekte bezeichnet werden, wurden bereits im Kapitel 9 *Öffentliche Ordner* besprochen. Sie sollten sich mit diesen beiden Kapiteln intensiv auseinandersetzen, da die Benutzerpflege eine sehr heikle Aufgabe eines Exchange-Administrators ist. Die Benutzer sind die Schnittstelle zwischen Ihnen und dem System. Ihre tägli-

Kapitel 10   Benutzerverwaltung

che Arbeit mit Exchange 2003 widmet sich der Schaffung einer stabilen Arbeitsgrundlage für Ihre Benutzer. Ein E-Mail-System ohne Empfänger hat keine Bedeutung. Bei der Administration der Benutzer vermischen sich daher auch die Aufgaben in der Pflege des Active Directory und der Pflege Ihrer Exchange 2003-Umgebung.

Die Benutzerpostfächer sind sicherlich das bedeutendste Empfängerobjekt in Exchange. Mit Hilfe dieser Postfächer kommunizieren Ihre Benutzer untereinander und mit Partnern, Lieferanten und Kunden außerhalb Ihrer Organisation. Postfächer bilden zudem die größte Anzahl aller Empfängerobjekte in Exchange 2003 und besitzen daher eine zentrale Funktion. Die anderen Objekte, wie Gruppen oder Kontakte, werden von den Benutzern dazu verwendet, Ihre Aufgaben zu erfüllen, während in den Postfächern alle Ihre Daten verwaltet werden. Die systemseitige Verwaltung der Postfächer wurde in den vorangegangenen Kapiteln bereits ausführlich durchleuchtet. Dieses Kapitel befasst sich daher ausführlich mit der Pflege der Benutzer im Active Directory.

Viele Erweiterungen in Exchange 2003 basieren auf Windows 2003. In diesem Kapitel wird daher auch ausführlich auf die Pflege der Benutzer im Active Directory unter Windows 2003 eingegangen. Viele Bereiche lassen sich ebenfalls analog auf Windows 2000 übertragen, wobei einige Objekte, wie zum Beispiel die *InetOrgPerson*, ausschließlich nur unter Windows 2003 unterstützt werden. Die Pflege der Benutzer findet mit dem SnapIn *Active Directory-Benutzer und –Computer* statt, im *Exchange System Manager* werden systemseitige Aufgaben durchgeführt.

> **:-) TIPP**
>
> *Sie können die Exchange-Aufgaben für Benutzer ausschließlich auf Servern oder Workstations im SnapIn Active Directory-Benutzer und -Computer durchführen, nachdem auf diesem Rechner die Exchange-System-Verwaltungstools installiert wurden. Wenn diese Tools nicht installiert sind, können Sie keine Exchange-spezifischen Aufgaben auf diesem Rechner durchführen. Die Exchange-System-Verwaltungstools lassen sich mit Hilfe des normalen Exchange 2003 Setups durchführen.*

Sie können diese Tools auf jedem Server oder Rechner der Domäne oder des Forests installieren, auf dem Sie Exchange-Administrationsaufgaben durchführen. Es ist dabei nicht notwendig, dass auf diesem Rechner weitere Installationen vorgenommen werden, die Installation der System-Verwaltungstools reicht vollkommen aus. Sinnvoll kann es dagegen sein, das Adminpak von Windows 2003 zu installieren, welches alle SnapIns beinhaltet, die zur Verwaltung eines Windows Servers verwendet werden. Nach der Installation dieser Tools können Sie auf diesem Rechner ebenfalls mit dem SnapIn *Active Directory-Benutzer und –Computer* alle notwendigen Administrationsaufgaben durchführen. Allerdings sollten Sie in allen MMC-SnapIns zunächst die Ansicht der *Erweiterten Funktionen* aktivieren. Erst dann werden alle Erweiterungen und alle Registerkarten in den Benutzerobjekten angezeigt.

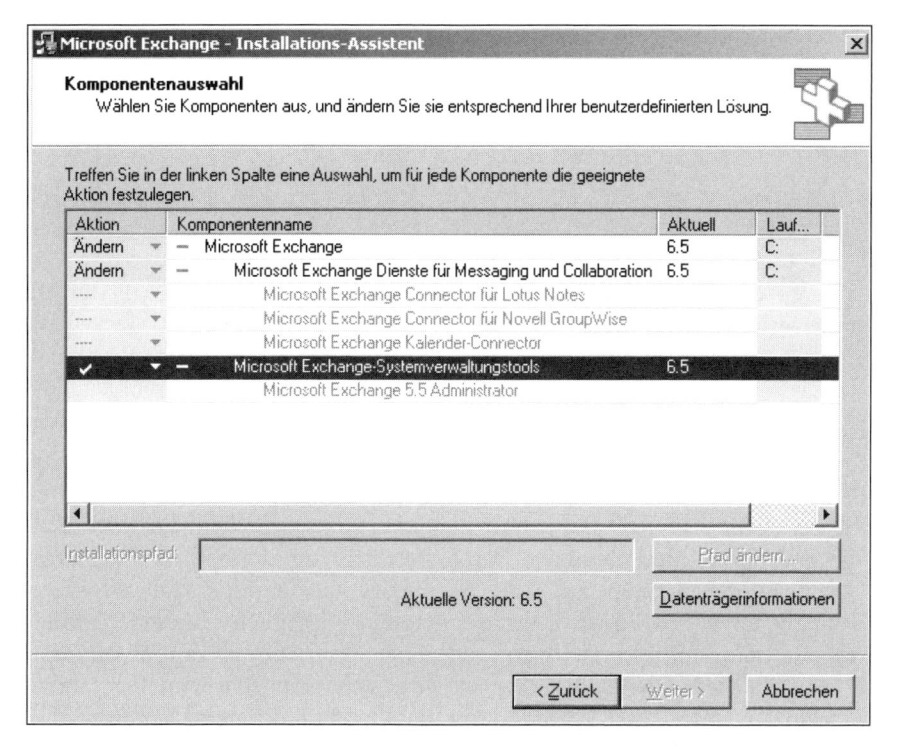

Abbildung 10.1:
Installation der Exchange-System-Verwaltungstools

Wenn Sie die *Erweiterte Ansicht* nicht aktivieren, werden Ihnen daher nicht alle zur Administration notwendigen Registerkarten angezeigt. Nach der Installation der Systemverwaltungstools und der Aktivierung der *Erweiterten Ansicht* können Sie auf alle notwendigen Funktionen und Registerkarten zurückgreifen.

Um einen Benutzer zu verwalten, rufen Sie dessen Eigenschaften im SnapIn *Active Directory-Benutzer und -Computer* auf und können dann auf zahlreichen Registerkarten notwendige Einstellungen vornehmen. Auf den nachfolgenden Seiten wird auf alle Registerkarten und deren Bedeutung eingegangen. Sie sollten sich mit diesen Aufgaben vertraut machen, damit Sie jederzeit bei Problemen oder Fragen der Benutzer oder bei der Neuanlage oder Löschung eines Benutzers sofort Bescheid wissen, was zu tun ist und welche Auswirkungen Ihr Handeln für Ihre Exchange-Organisation hat. Sie nehmen bei jeder Konfiguration an einem Benutzer direkt Änderungen im Active Directory vor und beeinflussen daher die Arbeit des Benutzers nicht nur im Bereich Exchange, sondern auch die Arbeit mit anderen Systemen Ihrer Infrastruktur, wie Drucker, Dateien, SQL-Server und vieles mehr. Um die Eigenschaften eines Benutzerobjektes im Active Directory aufzuru-

Kapitel 10 Benutzerverwaltung

fen, klicken Sie doppelt auf das jeweilige Objekt im SnapIn *Active Directory-Benutzer und -Computer*.

Abbildung 10.2:
Aktivierung der Erweiterten Funktionen im SnapIn *Active Directory-Benutzer und -Computer*

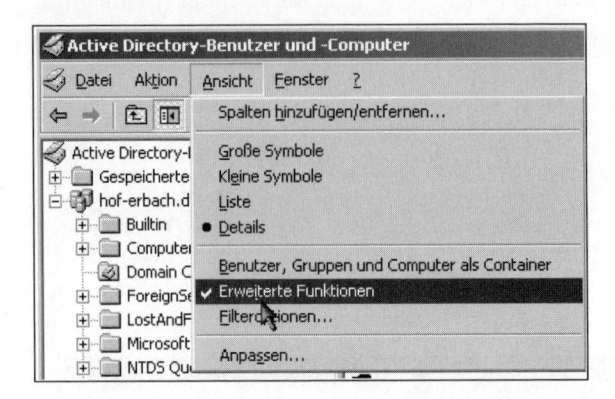

Exchange unterscheidet allerdings nicht nur zwischen Benutzerpostfächern, Kontakten, Verteilerlisten und öffentlichen Ordnern, sondern auch bei den Benutzerpostfächer selbst wird noch einmal zwischen Postfach-aktivierten Benutzern und E-Mail-aktivierten Benutzern unterschieden. Postfach-aktivierte Benutzer sind Benutzer, deren Postfach innerhalb Ihrer Exchange-Organisation auf einem Exchange Server liegt, während E-Mail-aktivierte-Benutzer über kein Postfach verfügen, sondern lediglich über eine E-Mail-Adresse, die auf ein Postfach außerhalb Ihrer Organisation verweist. E-Mail-aktivierte Benutzer unterscheiden sich nicht sehr von Kontakten. Der einzige Unterschied besteht darin, dass E-Mail-aktivierte Benutzer über ein Benutzerkonto innerhalb der Gesamtstruktur (Forest) verfügen und Kontakte nicht zu der Gesamtstruktur gehören, doch dazu mehr auf den nachfolgenden Seiten.

10.1 Postfach-aktivierte Benutzer

Wenn ein Benutzer Ressourcen innerhalb Ihrer Exchange-Organisation nutzen soll, wie Terminplanung oder Zugriff auf andere Kalender, oder wenn er auf die Groupware-Funktionalitäten von Exchange zurückgreifen will, muss er Postfach-aktiviert werden.

Anlegen eines neuen Postfach-aktivierten Benutzers

Zur Pflege Ihre Benutzer verwenden Sie das SnapIn *Active Directory-Benutzer und -Computer*. Sie können dabei jederzeit, nicht nur während der Erstellung, die Exchange-Eigenschaften eines neuen Benutzers verändern, löschen oder neu erstellen. Ihnen stehen dazu die Exchange-Aufgaben zur Verfügung, die im Folgenden noch genauer behandelt werden. Selbstverständlich bietet es sich an, bereits bei der Erstellung eines Benutzers ein

Postfach festzulegen, wenn bereits klar ist, dass er ein Postfach erhalten soll. Um einen neuen Benutzer anzulegen, starten Sie das SnapIn *Active Directory-Benutzer und -Computer* und navigieren zur Organisationseinheit, in der dieser Benutzer erstellt werden soll. Klicken Sie mit der rechten Maustaste auf diese Organisationseinheit, wählen Sie NEU und dann BENUTZER.

Es erscheint der Assistent zum Anlegen eines neuen Benutzers. Sie können auf den ersten beiden Seiten die notwendigen Daten eintragen, die bei der Erstellung eines neuen Benutzers benötigt werden. Interessant wird es erst auf der dritten Seite des Assistenten. Dort legen Sie fest, ob für den Benutzer gleich ein Postfach erstellt werden soll oder nicht. Sie tragen ein, welchen Alias er erhalten soll und auf welchem Exchange Server und in welchem Postfachspeicher sein Postfach erstellt werden soll. Der *Alias* ist die Bezeichnung der E-Mail-Adresse vor der Domäne, *alias@hof-erbach.de* in unserem Beispiel. Wenn Sie eine Empfängerrichtlinie definiert haben (siehe Kapitel 8 *Richtlinien*), wird der Alias durch den Recipient Update Service definiert, egal welche Einstellungen Sie vornehmen. Standardmäßig definiert Exchange jedoch nur die E-Mail-Adresse nach dem @-Zeichen, nicht den Alias.

Erstellen Sie möglichst früh Ihre Richtlinie. Richtlinien werden allerdings immer angewendet. Es spielt dabei keine Rolle, ob Sie bereits viele Benutzer angelegt haben. Wenn in der Richtlinie die Änderung oder Ergänzung einer E-Mail-Adresse konfiguriert wird, wird diese Änderung auf alle neuen und vorhandenen Benutzer angewendet. Wenn Sie mit der Eingabe der Daten des Benutzers einverstanden sind, können Sie den Assistenten beenden. Die Anbindung an Exchange kann dabei einige Sekunden bis Minuten dauern, da der Benutzer erst beim nächsten Durchlauf des Recipient Update Services an die Exchange-Organisation angebunden wird. Der Benutzer kann erst mit anderen Benutzern kommunizieren, wenn eine E-Mail-Adresse zugeteilt worden ist.

In einer Testumgebung wird diese Anbindung relativ schnell ablaufen. In einer Produktivumgebung kann dieser Schritt bis zu einer halben Stunde oder sogar länger dauern, je nach Anzahl der Domänen, Exchange Server, administrativen Gruppen und Routinggruppen. Nach der Erstellung des Benutzers können Sie auf verschiedenen Registerkarten detaillierte Einstellungen bezüglich der Exchange-Eigenschaften oder anderen Bereichen des Active Directory vornehmen. Rufen Sie dazu die Eigenschaften des neu erstellen Benutzers mit einem Doppelklick auf. Ich werde auf den nachfolgenden Seiten alle Registerkarten durchgehen, die für Exchange eine Rolle spielen. Die Bedeutung der anderen Registerkarten hingegen ist kein Bestandteil dieses Buches. Sie sollten dazu ein entsprechendes Windows 2003-Buch verwenden, die Erklärung dieser Registerkarten würden hier unnötig verwirren und den Rahmen dieses Buches sprengen.

Kapitel 10   Benutzerverwaltung

Abbildung 10.3:
Erstellen eines neuen Benutzers im SnapIn *Active Directory-Benutzer und -Computer*

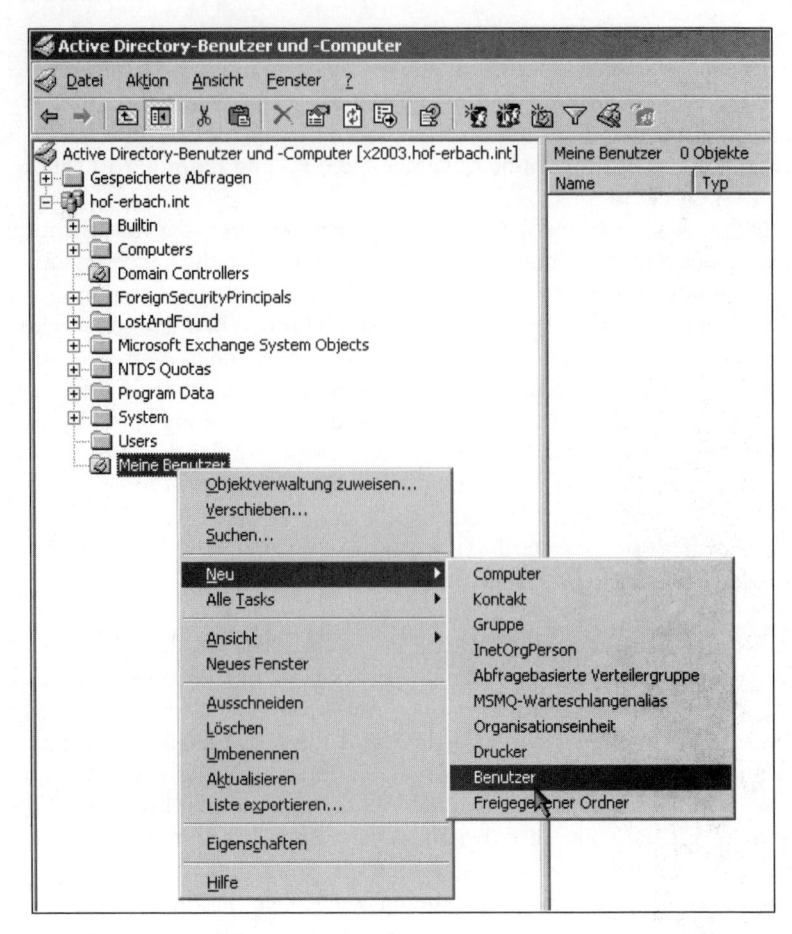

Registerkarte Allgemein

Auf dieser Registerkarte finden Sie verschiedene Felder, die mit den Eingaben gefüllt wurden, die Sie während des Erstellens eingegeben haben. Zusätzlich können Sie auf dieser Registerkarte weitere Eingaben vornehmen, die Benutzer über die Netzwerkumgebung im Active Directory aufrufen können, oder die Administratoren verwenden können, um Benutzer zu identifizieren.

Im Feld E-Mail-Adresse steht in unserem Beispiel bereits die E-Mail-Adresse, die dem Benutzer anhand der Variablen durch den Recipient Update Service zugewiesen wurde. Sie können, wie Sie bereits im Kapitel 8 *Richtlinien* gelernt haben, die E-Mail-Adresse eines Benutzers mit Hilfe von Variablen definieren und festlegen. Dadurch ist es möglich, einen einheitlichen Stand der E-Mail-Adressen zu erreichen. Sie können dabei in den Empfängerrichtlinien einige Variablen verwenden. Wie Sie genau vorgehen, erfahren Sie bei der Lektüre des Kapitels 8 *Richtlinien*.

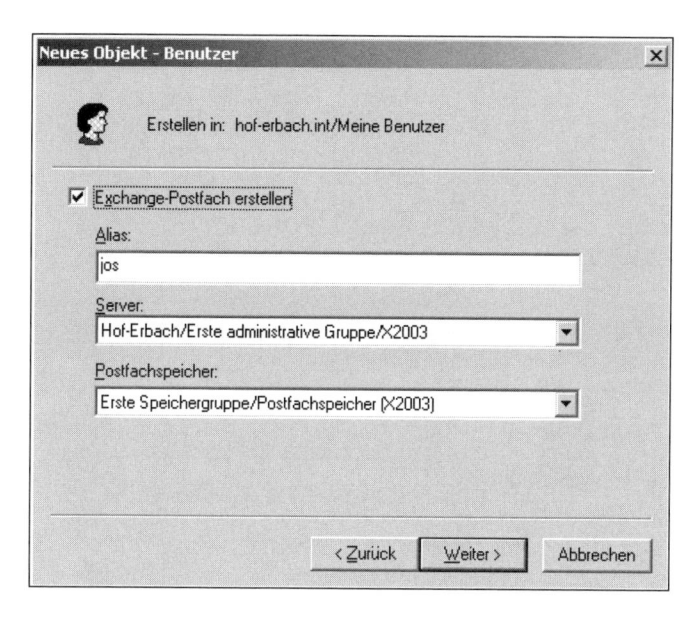

Abbildung 10.4:
Postfach-Aktivierung eines Benutzers während der Erstellung

Wichtig ist in diesem Kapitel, dass die Variablen, die in der Empfängerrichtlinie definiert wurden, auf die Felder dieser Registerkarte zurückgreifen. Sie sollten bei der Pflege des Active Directory sorgfältig vorgehen.

Wenn Sie Eingaben in diesen Feldern nach der Zuweisung einer E-Mail-Adresse durch den Recipient Update Service ändern, wird auch die E-Mail-Adresse des Benutzers angepasst. Dies geschieht durch den Recipient Update Service automatisch. Dadurch können zum Beispiel Namensänderungen leicht durchgeführt werden.

Sie sollten jedoch jederzeit sowohl menschliche Bequemlichkeit als auch Fehler in Betracht ziehen. Für den ersten Fall sollten Sie zusätzlich die alte E-Mail-Adresse weiterhin bestehen lassen, da ihre Kunden in den seltensten Fällen ihre Adressbücher korrigieren werden. Für den zweiten Fall sollten Sie bei komplizierten Namen mehrere Schreibweisen manuell hinzufügen: Meier mit »e« und »a« oder »i« und »y«.

INFO

Exchange greift in den Empfängerrichtlinien auf verschiedene Variablen zurück, die mit den Daten in verschiedenen Feldern auf dieser Registerkarte korrespondieren, um die E-Mail-Adresse zu erzeugen und zuzuweisen. Sie können direkt mit der Pflege dieser Felder die E-Mail-Adressen Ihrer Benutzer beeinflussen.

Das Feld E-MAIL-ADRESSE wird durch den Recipient Update Service gepflegt. Sie sollten deshalb hier nichts eintragen, dies geschieht automatisch. Sie können dadurch erkennen, ob der Benutzer bereits an Exchange angebunden wurde. Wenn dieses Feld auch nach längerer Zeit leer bleibt, liegt ein Problem des Recipient Update Service vor. Sie müssen keinerlei

TIPP

Abbildung 10.5:
Registerkarte
ALLGEMEIN eines
Benutzerobjekts im
Active Directory

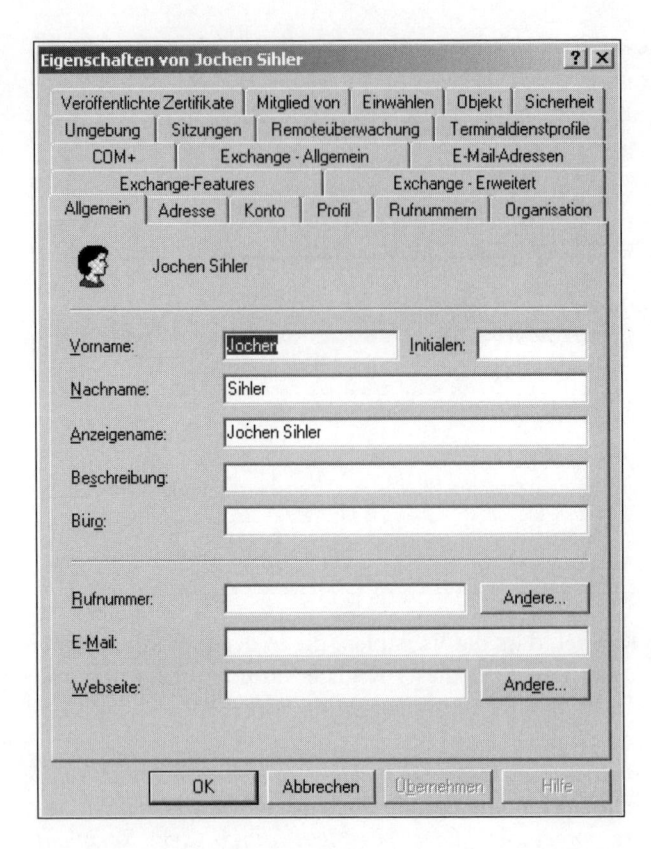

Eintragungen vornehmen. Wenn Sie eine E-Mail-Adresse eintragen, kann es sogar vorkommen, dass der Recipient Update Service dem Benutzer keine E-Mail-Adresse zuteilt. Lassen Sie dieses Feld in jedem Fall leer.

Registerkarte Organisation

Auf dieser Registerkarte werden zwar keine wichtigen Konfigurationen für einen Benutzer vorgenommen, allerdings finden Sie Informationen auf dieser Registerkarte im globalen Adressbuch. Wenn Benutzer Informationen aus den Adressbüchern abrufen, werden Informationen dieser Registerkarte verwendet. Auf dieser Registerkarte können Sie auch definieren, wer diesem Benutzer als Vorgesetzter übergeordnet ist. Sofern an dieser Stelle ein Eintrag erfolgt ist, kann aus den Eigenschaften des Vorgesetzten ersehen werden, welche Mitarbeiter ihm untergeordnet sind. Die Eingabedaten werden allerdings ungeprüft im Active Directory gespeichert, deshalb kann es vorkommen, dass sich zwei Mitarbeiter gegenseitig als Vorgesetze auswählen.

Registerkarte Exchange Allgemein

Hier werden allgemeine Exchange-Einstellungen des Benutzers konfiguriert, die dessen Postfach in Ihrer Exchange-Organisation betreffen. Sie erkennen auf dieser Registerkarte zum Beispiel, auf welchem Server und in welchem Postfachspeicher das Postfach des Benutzers liegt. Auch den definierten Alias des Benutzers finden Sie auf dieser Registerkarte. Der Alias, den Sie auf dieser Registerkarte finden, ist die Bezeichnung die Sie bei der Erstellung des Benutzers angegeben haben. Während die E-Mail-Adresse des Benutzers durch den Recipient Update Service gesteuert wird, ändert der Recipient Update Service den vordefinierten Alias nicht ab. Es kann durchaus sein, wie in diesem Beispiel deutlich wird, dass der Alias und die E-Mail-Adresse unterschiedlich sind. Dies hat keinerlei negative Auswirkungen für den Benutzer. Es bietet sich allerdings an, den Alias mit der E-Mail-Adresse gleichzusetzen, in unserem Beispiel *Stefanie.Bartl*. Der Alias wird zum Beispiel für die Authentifizierung an einem Frontend-Server für POP3 verwendet.

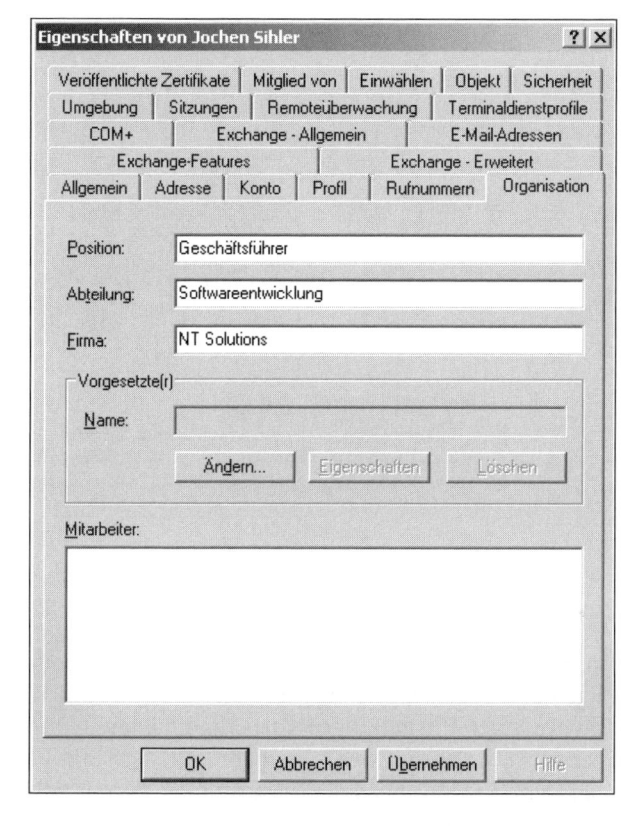

Abbildung 10.6:
Registerkarte ORGANISATION eines Benutzers

Sie sind nicht gezwungen den Alias abzuändern. Wenn Sie keine Regeln oder Variablen in den Empfängerrichtlinien definiert haben, wird die E-Mail-Adresse direkt aus dem Alias des Benutzers und dem DNS-Namen Ihrer Windows-Gesamtstruktur gebildet. Diese Konfiguration ist natürlich nur selten sinnvoll und sollte daher durch die Erstellung einer entsprechenden Richtlinie vermieden werden. Auf der Registerkarte EXCHANGE ALLGE-

Kapitel 10   Benutzerverwaltung

MEIN finden Sie darüber hinaus drei Schaltflächen, mit deren Hilfe Sie den E-Mail-Fluss einzelner Benutzer detailliert steuern können. Die Einstellungen, die Sie im jeweiligen Benutzerobjekt vornehmen, überschreiben dabei alle Einstellungen, die für den Postfachspeicher oder in den Richtlinien definiert wurden.

Abbildung 10.7:
Registerkarte
EXCHANGE ALLGEMEIN
(GENERAL) eines
Benutzers

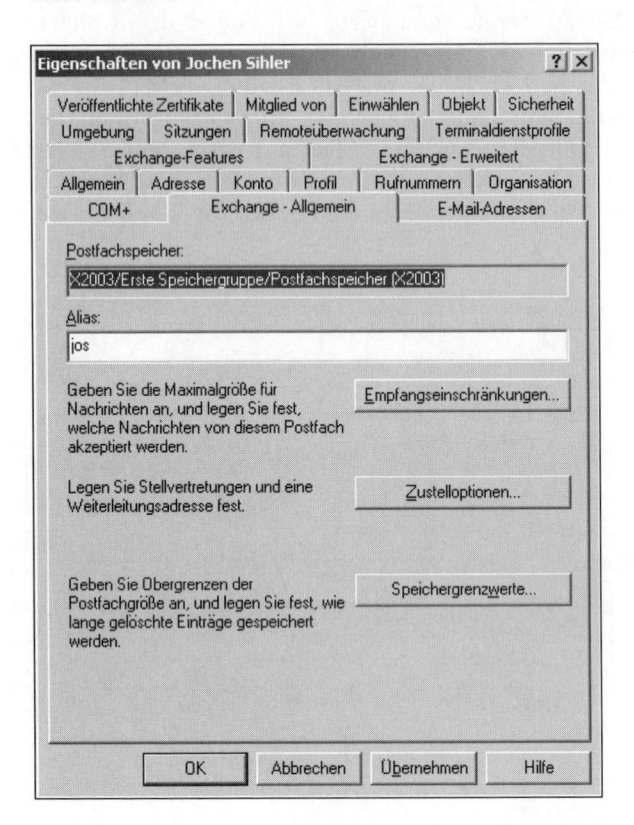

Sie können Einstellungen vornehmen, um für einzelne Benutzer Ausnahmen zu definieren, die nicht für den Rest des Postfachspeichers oder die gesamte Organisation gelten sollen. Wenn Sie für mehrere Benutzer dieselben Einstellungen vornehmen wollen, sollten Sie besser für diese Benutzer einen eigenen Postfachspeicher anlegen und auf diesem Speicher dann die gewünschten Einstellungen vornehmen. Diese Option steht Ihnen allerdings nur zur Verfügung, wenn Sie den Exchange 2003 Enterprise Server einsetzen. Sinn macht eine solche Zusammenfassung von mehreren Benutzern in einem eigenen Postfachspeicher dagegen nur, wenn es sich wirklich um mehrere Benutzer handelt. Bei weniger als 10 Benutzern können Sie die Einstellungen auch direkt am Benutzerobjekt vornehmen. Dann müssen Sie jedoch jeden weiteren Benutzer, für den solche Ausnahmen gelten sollen, separat konfigurieren. Bei einem gemeinsamen Postfachspeicher können Sie solche Benutzer einfach in den jeweiligen Postfachspeicher verschieben und alle Einstellungen werden sofort propagiert.

Empfangseinschränkungen (Delivery Restrictions)

Mit dieser Schaltfläche gelangen Sie in ein Fenster, in dem Sie für den Benutzer festlegen können, welche Nachrichten über sein Postfach verschickt oder empfangen werden können. Die Erläuterung der Größenparameter entnehmen Sie bitte dem Kapitel 6 *Connectoren*. Ohne eine spezielle Angabe werden die Einstellungen der Organisation verwendet.

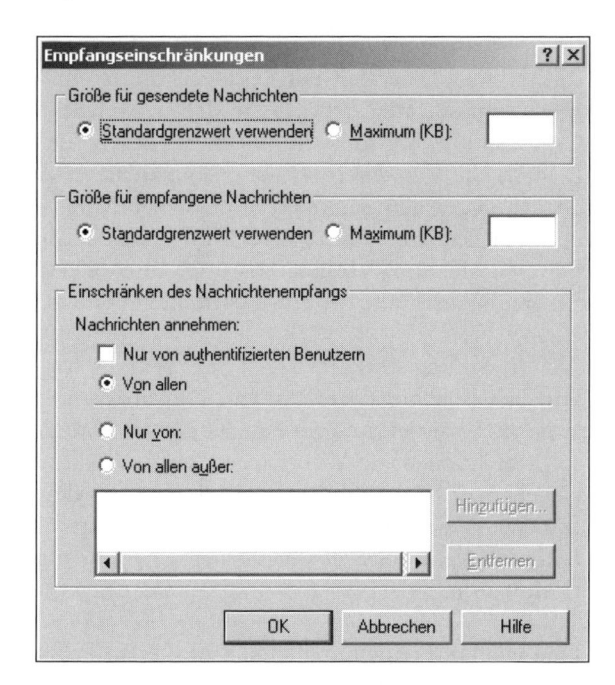

Abbildung 10.8:
Schaltfläche Delivery Restrictions (Empfangseinschränkungen) auf der Registerkarte EXCHANGE ALLGEMEIN eines Benutzers

Sie können definieren, wie groß die Nachrichten sein dürfen, die dieser Benutzer verschickt oder empfängt. Überschreitet eine empfangene E-Mail diese Größe, erhält der Absender einen entsprechenden Nichtzustellbarkeitsbericht (NDR). Sie sollten mit dieser Einstellung sehr sorgfältig umgehen, da durch diese Konfiguration manche E-Mails nicht an diesen Benutzern verschickt werden können, oder der Benutzer bestimmte E-Mails nicht absenden kann. Standardmäßig werden die Einstellungen der Organisation verwendet E-Mails jeder Größe zugestellt. Wie Sie diese Einstellungen für alle Benutzer definieren können, erfahren Sie weiter hinten in diesem Buch.

Im unteren Bereich dieses Dialogs können Sie konfigurieren, von wem ein Empfänger E-Mails empfangen darf und von wem nicht. Sie können sowohl mit Positivlisten arbeiten, in denen Sie detailliert festlegen, wer diesem Benutzer E-Mails schicken darf, als auch mit Negativ-Listen, in denen festgelegt wird, wer diesem Benutzer keine E-Mails schicken darf. Sie können allerdings keine E-Mail-Adressen oder Domänen angeben, sondern können nur Objekte aus dem Active Directory auswählen.

Kapitel 10   Benutzerverwaltung

NEU

Sie können zudem auswählen, dass nur authentifizierte Benutzer, das heißt Benutzer innerhalb der Exchange-Organisation, E-Mails an diesen Benutzer versenden dürfen. Das heißt, bei Aktivierung dieser Schaltfläche werden diesem Benutzer keine E-Mails aus dem Internet zugestellt. Diese Funktionalität ist neu in Exchange 2003.

Zustelloptionen (Delivery Options)

In diesem Menü können Sie einstellen, wie mit E-Mails verfahren werden soll, die dem Postfach des Benutzers zugestellt werden. Außerdem können Sie auf dieser Registerkarte festlegen, welche Benutzer in der Exchange-Organisation E-Mails im Auftrag dieses Benutzers versenden dürfen. E-Mails die »im Auftrag von« jemandem verschickt werden, enthalten in der Absender den Benutzer, in dessen Auftrag die E-Mail verschickt wurde und den Benutzer, der diese E-Mail verschickt hat. Diese Option wird zum Beispiel oft von Vorgesetzten für Ihre Sekretärin verwendet, oder für Besprechungsräume die von bestimmten Benutzern verwaltet werden.

Auf dieser Registerkarte legen Sie ebenfalls fest, ob E-Mails, die an dieses Postfach verschickt werden, von Exchange an eine bestimmte Adresse weitergeleitet werden und ob eine Kopie der Nachricht im Postfach verbleiben soll. Sie können als Weiterleitungsadresse allerdings keine E-Mail-Adresse eingeben, sondern können nur Objekte aus dem Active Directory verwenden. Wenn Sie eine Weiterleitung zu einer externen E-Mail-Adresse konfigurieren wollen, müssen Sie vorher einen Kontakt anlegen, der auf diese E-Mail-Adresse verweist.

Eine weitere Einstellmöglichkeit in diesem Fenster besteht darin, die maximale Anzahl der Empfänger festzulegen, die ein Benutzer mit einer E-Mail erreichen darf. Bei einer sehr großen Organisation mit mehreren tausend Benutzern kann eine solche Einschränkung hilfreich sein.

Sie können diese Einschränkung jedoch auch für die gesamte Organisation einstellen.

Speichergrenzwerte (Storage Limits)

Auf dieser Registerkarte legen Sie fest, wie mit der Größe des Postfachspeichers verfahren werden soll. Sie können entweder wieder die Standardeinstellungen des Postfachspeichers verwenden oder für einzelne Benutzer getrennte Einstellungen vornehmen. Sie können verschiedene Verhaltensweisen von Exchange festlegen, die beim Überschreiten der einzelnen Grenzwerte ausgelöst werden sollen. Das gilt auch für die Einstellung, wie sich Exchange beim Löschen von Objekten im Postfach dieses Benutzers verhalten soll.

Postfach-aktivierte Benutzer

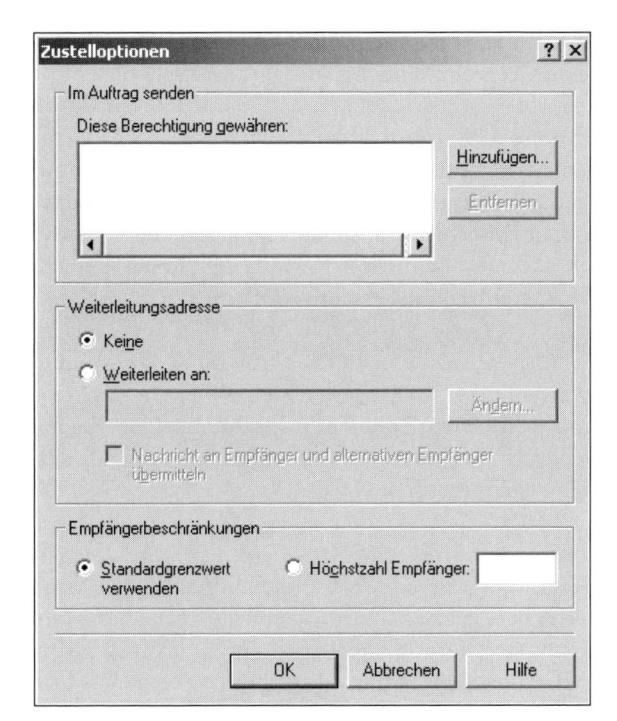

Abbildung 10.9:
Schaltfläche Delivery Options (Zustelloptionen) der Registerkarte EXCHANGE ALLGEMEIN eines Benutzers

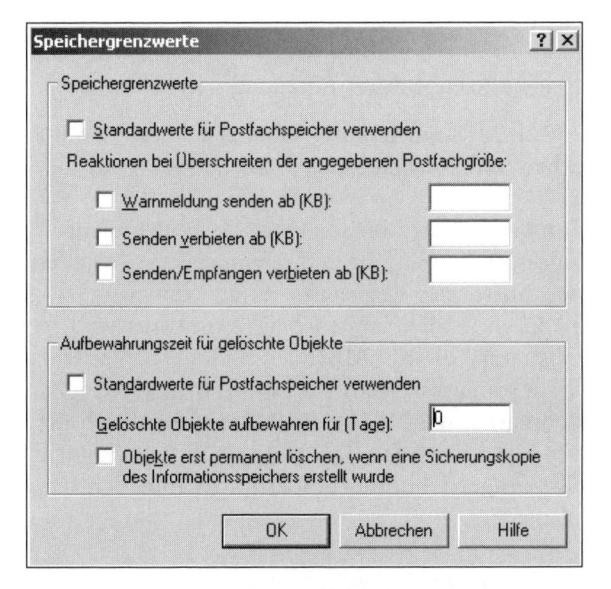

Abbildung 10.10:
Schaltfläche Speichergrenzwerte (Storage Limits) auf der Registerkarte EXCHANGE ALLGEMEIN eines Benutzers

Warnmeldung senden ab (KB). Erreicht die Postfachgröße des Benutzers diesen Wert, schickt der Exchange Server in regelmäßigen Abständen eine E-Mail an den Benutzer.

Senden verbieten ab (KB). Ab dieser Postfachgröße darf der Benutzer keine E-Mails mehr senden.

Senden und Empfangen verbieten ab (KB). Mit dieser Option sollten Sie sehr vorsichtig umgehen, da bei Überschreitung dieses Wertes der Benutzer keinerlei Eintragungen mehr in seinem Postfach vornehmen kann. Er darf nur noch Objekte löschen. Benutzer, die während der Sperrung des Postfaches dieses Benutzers E-Mails an diesen Benutzer senden, erhalten einen Unzustellbarkeitsbericht (NDR).

Gelöschte Objekte aufbewahren für (Tage). Wenn Benutzer Objekte löschen, werden diese in den gelöschten Objekten des Postfachs aufbewahrt. Werden diese durch den Benutzer gelöscht, markiert Exchange 2003 diese Objekte als gelöscht. Sie können jedoch noch während des definierten Zeitraums wiederhergestellt werden.

Postfächer und Objekte nicht permanent löschen.... Mit dieser Option legen Sie fest, dass ein Objekt unabhängig vom Zeitraum erst unwiederbringlich gelöscht wird, wenn die Datenbank online gesichert wurde. Eine Online-Sicherung kann auch durch das in Windows 2003 enthaltene Datensicherungsprogramm durchgeführt werden. Vor einer Datensicherung wird das Objekt zwar als gelöscht markiert, kann jedoch jederzeit wiederhergestellt werden.

Registerkarte E-Mail-Adressen

Auf dieser Registerkarte können Sie die E-Mail-Adressen des Benutzers einsehen und konfigurieren.

Standardmäßig werden durch den Recipient Update Service die E-Mail-Adressen verteilt, die in den Empfängerrichtlinien definiert wurden. Sie können auf dieser Registerkarte jederzeit weitere E-Mail-Adressen definieren. Es kann jedoch für jeden E-Mail-Adressen-Typ nur eine primäre Adresse existieren, die als Absender für den Benutzer konfiguriert ist. Sie können diese primäre E-Mail-Adresse festlegen. Als letzte Option, können Sie noch definieren, dass dieser Benutzer nicht durch den Recipient Update Service verwaltet wird. Der Benutzer erhält dann keine E-Mail-Adressen durch eine Empfängerrichtlinie, sondern ausschließlich die Adressen zugeteilt, die Sie festlegen.

Registerkarte Exchange Erweitert

Auf dieser Registerkarte legen Sie allgemeine Einstellungen des Postfaches fest, die nicht auf den anderen Registerkarten verwaltet wurden. Hier werden auch die Zugriffsrechte eines einzelnen Postfachs gesteuert. Die Registerkarte EXCHANGE ERWEITERT wird nur bei Aktivierung der *Erweiterten Funktionen* angezeigt.

Postfach-aktivierte Benutzer   Kapitel 10

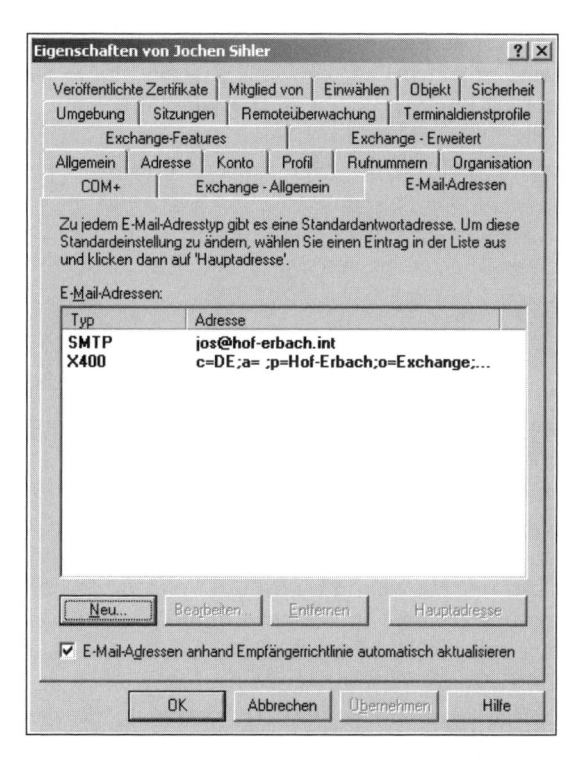

Abbildung 10.11:
Registerkarte
E-MAIL-ADRESSEN

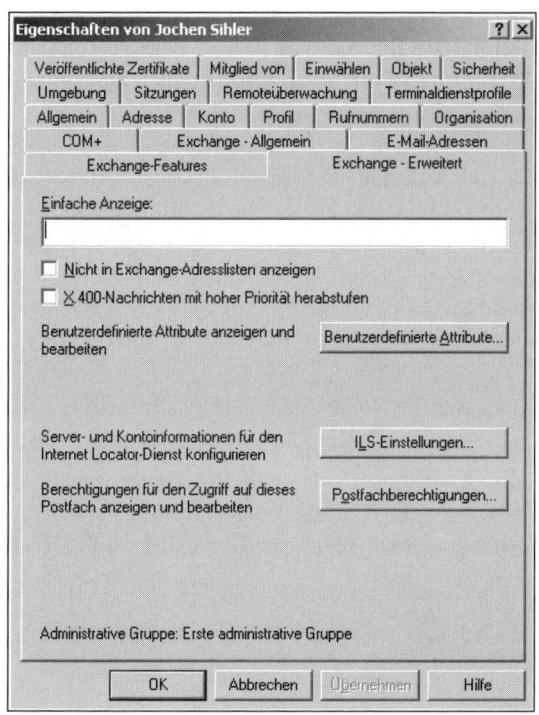

Abbildung 10.12:
Registerkarte
EXCHANGE ERWEITERT

Kapitel 10   Benutzerverwaltung

Im Feld *Einfache Anzeige* können Sie festlegen, wie das Postfach angezeigt werden soll, wenn nicht alle Zeichen des Benutzernamens unterstützt werden, zum Beispiel beim Verwendung eines fernöstlichen Zeichensatzes. Diese Option wird oft verwendet, wenn innerhalb einer Exchange-Organisation mehrere Sprachversionen im Einsatz sind. Sie können zudem einstellen, dass der Benutzer im Exchange Adressbuch ausgeblendet wird. Ausgeblendete Benutzer können dann nur über die Eingabe der E-Mail-Adresse erreicht werden, da sie nicht mehr über das Adressbuch erreichbar sind.

Des Weiteren können Sie mit der Option *X.400-Nachrichten mit höher Priorität herabstufen* festlegen, dass E-Mails mit hoher Priorität auf die Priorität normal zurückgestuft werden.

INFO

X.400 wird zum Zustellen von Nachrichten nur dann verwendet, wenn Ihr Exchange 2003 Server in eine Exchange 5.5-Organisation installiert wurde. Der interne Nachrichtenfluss in einer nativen Exchange 2003-Umgebung wird mit Hilfe des SMTP-Protokolls durchgeführt, während Nachrichten in einer Exchange 5.5-Organisation mit dem Message Transfer Agent (MTA) über das X.400-Protokoll zugestellt werden. Eine native Exchange 2003-Organisation kann sowohl Exchange 2003 als auch Exchange 2000 Server enthalten, allerdings keine Exchange 5.5 Server.

In den *Benutzerdefinierten Attributen* können Sie spezielle Eigenschaften definieren, die Sie sonst auf keiner Registerkarte vorfinden. Mit diesen Attributen können Sie zum Beispiel für einige Benutzer eine eigene Empfängerrichtlinie definieren.

Die Schaltfläche ILS-EINSTELLUNGEN dient zur Konfiguration des Internet Locator Services. Dieser wird zum Beispiel für NetMeeting verwendet. Diese Einstellungen haben allerdings nur einen informalen Nutzen. Sie können keine ILS-Server-Einstellungen oder -Verbindungen konfigurieren. Andere Benutzer können hingegen den ILS-Server und -Namen des Benutzers in der entsprechenden Anwendung abfragen.

Postfachberechtigungen (Mailbox Rights)

Diese Schaltfläche ist wohl die wichtigste Option auf dieser Registerkarte. Mit Hilfe dieser Schaltfläche können Sie Benutzern direkt Zugriff auf das Postfach des Benutzers gestatten. Standardmäßig hat nur der Benutzer Zugriff, dessen Benutzerobjekt diesem Postfach zugewiesen ist.

Im Gegensatz zu Exchange 5.5 haben Administratoren in Exchange 2000 und in Exchange 2003 ohne Eingriffe in die Rechteverwaltung keinen lesenden Zugriff mehr auf die einzelnen Postfächer der Benutzer.

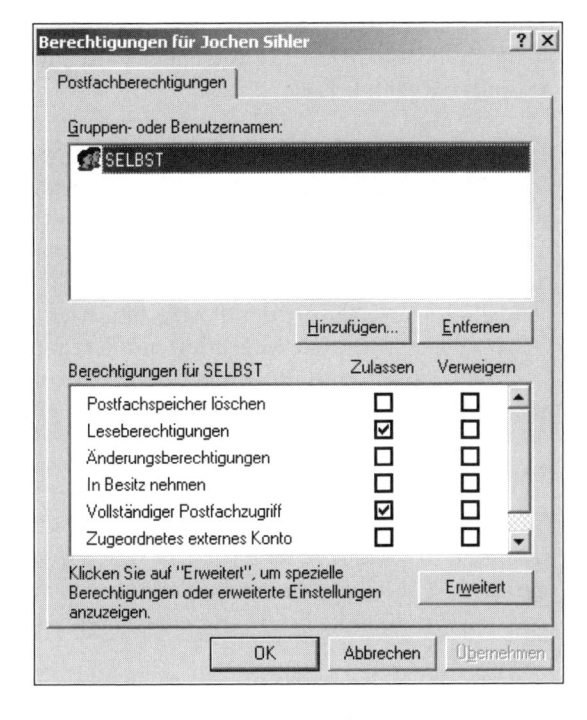

Abbildung 10.13: Postfachberechtigungen eines Benutzers auf der Registerkarte EXCHANGE ERWEITERT (ADVANCED)

Zunächst finden Sie in den Postfachberechtigungen nur die Gruppe *SELBST (self)* vor. Damit bezeichnet Exchange das Benutzerobjekt, das diesem Postfach zugeordnet ist. Andere Benutzer haben standardmäßig keinerlei Zugriff auf das Postfach. Sie können zusätzliche Benutzer oder Gruppen eintragen, die Zugriff auf das Postfach haben sollen. Dabei können Sie verschiedene Berechtigungen zuweisen oder verweigern.

Postfachspeicher löschen. Mit dieser Berechtigung darf das komplette Postfach mit Inhalt auf dem Server gelöscht werden.

Leseberechtigungen. Mit diesem Recht können Benutzer den Inhalt des Postfaches zu lesen.

Änderungsberechtigungen. Mit dieser Berechtigung dürfen Benutzer E-Mails in diesem Postfach lesen, bearbeiten oder löschen.

In Besitz nehmen. Benutzer mit diesem Recht dürfen das Postfach übernehmen und alle Berechtigungen zurücksetzen.

Vollständiger Postfachzugriff. Mit dieser Berechtigung dürfen Benutzer E-Mails in diesem Postfach lesen, bearbeiten und löschen. Außerdem dürfen diese Benutzer anderen Benutzern Berechtigungen für dieses Postfach erteilen oder verweigern. Zusätzlich dürfen Benutzer mit diesem Recht im Auftrag dieses Postfachs E-Mails versenden. In der E-Mail werden dann das Postfach in dessen Auftrag versendet wird sowie der sendende Benutzer als Absender aufgeführt.

Zugeordnetes externes Konto. Auch mit dieser Berechtigung dürfen Benutzer E-Mails im Auftrag des Postfaches senden. Der Unterschied zu der Variante des vollständigen Postfachzugriffes liegt darin, dass der E-Mail beim zugeordneten externen Konto nicht der Name des sendenden Benutzers hinzugefügt wird. Eine E-Mail, die mit diesem Recht verschickt wird, sieht tatsächlich so aus, als ob der Postfachbesitzer diese geschrieben hat. Diese Option wird oft bei der Migration von Exchange 5.5 verwendet. Hier kann einem Postfach zum Beispiel noch das NT-Konto des Benutzers in der migrierten Domäne zugewiesen werden.

Registerkarte Exchange-Features

Diese Registerkarte wurde komplett umgestellt. Unter Exchange 2000 wurden noch der Zugriff für das Instant Messaging und für den Chat-Dienst verwaltet. Da beide Funktionalitäten nicht mehr in Exchange 2003 enthalten sind, hat diese Registerkarte eine andere Funktion erhalten.

Sie können auf dieser Registerkarte die Berechtigung aktivieren, ob Benutzer auf verschiedene Funktionalitäten wie IMAP, POP3 oder Wireless Services zugreifen dürfen oder nicht. Ihnen stehen dazu zwei Bereiche auf dieser Registerkarte zur Verfügung:

Wireless Services

Dieser Bereich ist neu in Exchange 2003. Unter Exchange 2000 wurden Benutzer mit drahtlosen Geräten noch mit Hilfe des Zusatzproduktes *Mobile Information Server* angebunden. Die Funktionalitäten dieses Servers wurden in Exchange 2003 integriert. Der Mobile Information Server muss ab Exchange 2003 nicht mehr zusätzlich erworben und lizenziert werden. Sie können verschiedene drahtlose Erweiterungen in Exchange 2003 für einzelne Benutzer aktivieren oder deaktivieren. Standardmäßig sind alle Features aktiviert.

Outlook Mobile Access (Wireless Browse). Diese Option ermöglicht Benutzern mit drahtlosen WAP-Geräten auf Ihr Postfach zuzugreifen. Die Verbindung wird dabei über Outlook Mobile Access (OMA) gesteuert.

Benutzerinitiierte Synchronisierung (User initiated Synchronization). Diese Funktionalität ermöglicht es Benutzern von Pocket-PCs, sich mit Ihrem

Postfach zu synchronisieren. Dabei wird kein Zugriff über eine Dockingstation benötigt, es reicht eine IP-Adresse oder eine Bluetooth-Verbindung aus.

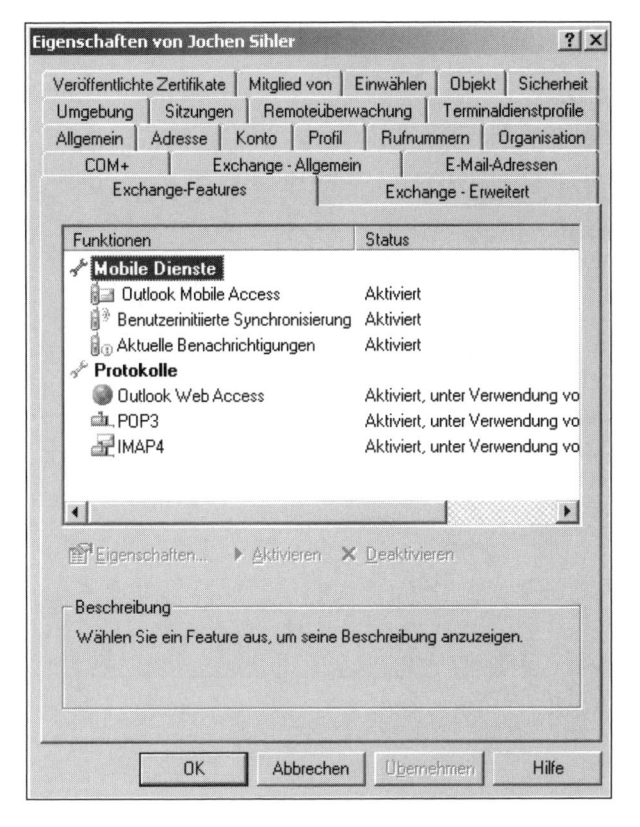

Abbildung 10.14:
Registerkarte
EXCHANGE FEATURES

Aktuelle Benachrichtigungen (Always Up-do-date) Notifications. Auch diese Funktionalität war ursprünglich Bestandteil des Mobile Information Servers. Mit dieser Funktion werden bestimmte E-Mails nach Regeln, die jeder Benutzer für sich definieren kann, automatisch von Exchange an Smartphones weitergeschickt. Dabei handelt es sich um eine Push-Funktion, das heißt, der Benutzer muss keinen Synchronisationsvorgang starten, sondern erhält automatisch von Exchange die entsprechenden E-Mails an sein Smartphone.

Protokolle

Auch dieser Bereich ist neu, auch wenn die Funktionalität bereits in Exchange 2000 auf der Registerkarte EXCHANGE ERWEITERT zu finden war. Hier steuern Sie den Zugriff der Benutzer mittels Outlook Web Access, IMAP oder POP3. Sie können einem Benutzer mit einem Klick den Zugriff auf sein Postfach mit Outlook Web Access untersagen. Standardmäßig ist jedoch jeder Benutzer berechtigt mit Outlook Web Access auf sein Postfach zuzugreifen.

Kapitel 10   Benutzerverwaltung

Außerdem können Sie in diesem Bereich POP3 und IMAP für Benutzer aktivieren, deaktivieren und konfigurieren. Markieren Sie dazu das jeweilige Protokoll und klicken Sie auf die Schaltfläche *Eigenschaften (Properties)*. Sie können für beide Protokolle unterschiedliche Einstellungen vornehmen.

POP3

Neben der Aktivierung oder Deaktivierung von POP3 können Sie verschiedene Einstellungen abändern.

Abbildung 10.15: POP3-Einstellungen eines Benutzers auf der Registerkarte EXCHANGE FEATURES

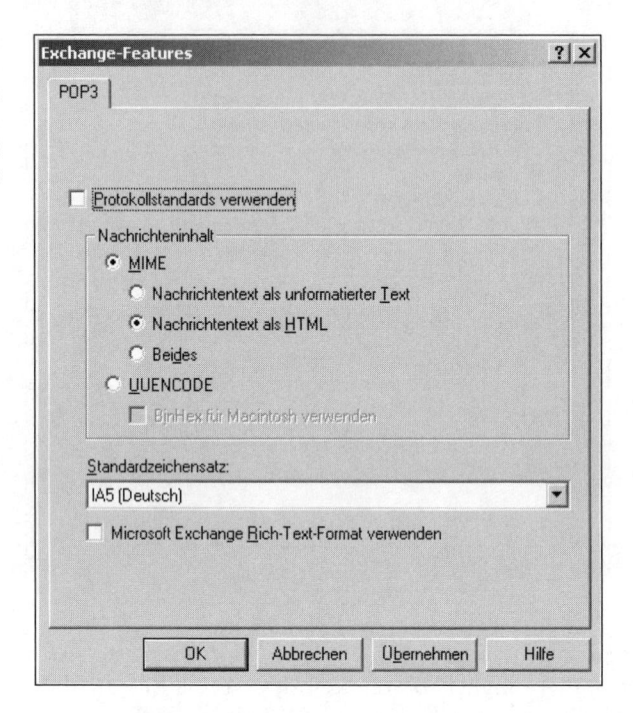

Sie können entweder die Standardeinstellungen für die gesamte Organisation verwenden oder für einzelne Benutzer verschiedene Einstellungen konfigurieren.

MIME. Hier legen Sie fest, mit welchem Standard dieser Benutzer E-Mails empfangen darf.

Nachrichten als unformatierter Text. Wenn Sie diese Option aktivieren, werden alle E-Mails, die dieser Benutzer über POP3 empfängt, neu formatiert. Dabei werden alle Formatierungen wie »kursiv« oder »fett« und alle sonstigen Änderungen zurückgesetzt. E-Mails in diesem Format bestehen ausschließlich aus ASCII-Text. Dadurch wird natürlich die Größe einer E-Mail sowie die Zeit, die die Daten zur Übertragung benötigen, erheblich verkleinert. Außerdem können E-Mails in ASCII-Text von allen E-Mail-Clients gelesen werden.

Nachrichtentext als HTML. Diese Option gestattet Benutzern formatierte E-Mails mit Grafiken direkt zu lesen. HTML-E-Mails sehen zwar schöner aus, haben allerdings den Nachteil, dass Sie ein weit größeres Datenvolumen benötigen und die Übertragungszeit deutlich höher ist. Nicht alle E-Mail-Clients verstehen HTML-E-Mails. HTML-E-Mails sind zudem oft unbeliebt, da durch Sie leicht Viren-Code ins Netzwerk geschmuggelt werden kann, der durch den Internet Explorer ausgeführt wird.

Beides. Wenn Sie diese Option aktivieren, bleibt es dem Benutzer und dessen Client-Software überlassen, in welchem Format er die E-Mails lesen will.

UUENCODE. UUENCODE ist eine ältere Codierungsmethode für E-Mail-Anhänge. Die Abkürzung steht für »Unix to Unix Encode«. Mit Hilfe der UU-Codierung lassen sich binäre Dateien, zum Beispiel Grafiken, in 7 Bit-ASCII-Format umwandeln. Damit lassen sich auch Bilder und Multimedia-Dateien über das Internet verschicken. Diese Option ist für E-Mails gedacht, die an Adressaten verschickt werden, deren Clients keine MIME-Protokolle unterstützten. Diese Einstellung wird äußerst selten verwendet, kann im Unix- oder Macintosh-Bereich aber durchaus Sinn machen.

BinHex für Macintosh verwenden. Mit dieser Option werden alle E-Mails in ein für Macintosh lesbares Format umwandeln. Nach der Umwandlung sind die E-Mails nur noch für Macintosh-Rechner lesbar.

Exchange Rich Text-Format verwenden. Wenn Sie diese Option aktivieren, werden E-Mails für diesen Benutzers nach RTF-Format umgewandelt. Mit dieser Option erhalten alle Adressaten E-Mails, die die Nachricht in diesem Format in einer Information im Anhang mitführen und automatisch mit der richtigen Software anzeigen können. Dieser Anhang wird dann unterdrückt. Allen Clients die dieses Format nicht unterstützen, wird dagegen der Anhang angezeigt.

Standardzeichensatz. Mit dieser Option können Sie für ältere E-Mail-Programme den zu verwendenden Zeichensatz festlegen. Ankommende Texte werden in diesen Zeichensatz umkodiert.

IMAP

Auch für das IMAP-Protokoll können Sie verschiedene Optionen aktivieren oder deaktivieren. Im Gegensatz zum POP3-Protokoll verbleiben Nachrichten, die mit Hilfe des IMAP-Protokolls abgerufen werden, auf dem Server. Außerdem unterstützt IMAP einige Features, die in POP3 nicht vorhanden sind, wie zum Beispiel Unterteilung von Nachrichten in verschiedene Ordnern oder Zugriff auf öffentliche Ordner, Identifizierung von E-Mails anhand der Kopfzeilen, Downloaden von E-Mails als Text ohne Anhang,

Kapitel 10 Benutzerverwaltung

Löschen von E-Mails bereits auf dem Server ohne vorherigen Download. Ein weiterer Vorteil ergibt sich im Zusammenspiel mit MIME (Multipart Internet Mail Extensions). Mit MIME lassen sich E-Mail-Anhänge exakt hinsichtlich des Typs und der Größe unterscheiden. Somit ist es in Kombination mit IMAP möglich, vor dem Download der Mail bereits zu entscheiden, ob der Anhang überhaupt mit geladen werden soll. Somit werden alle Daten und E-Mails auf dem Server belassen und können während der Übertragung nicht mitgeschnitten oder abgehört werden.

Die Protokoll-Einstellungsmöglichkeiten sind dabei identisch mit dem POP3-Dialog. Ihnen stehen allerdings zwei weitere Optionen zur Verfügung, die bereits standardmäßig aktiviert sind. Diese Einstellungen können auch direkt im virtuellen Standard-Server für IMAP konfiguriert werden.

Alle Öffentlichen Ordner einbeziehen, wenn Ordnerliste angefordert wird. Wenn diese Option aktiviert bleibt, werden alle öffentlichen Ordner angezeigt, wenn ein Benutzer mit Hilfe von IMAP Zugriff auf die öffentlichen Ordner nehmen will. Wenn diese Option nicht aktiviert ist, werden nur die Ordner im Postfach des Benutzers angezeigt. Manche IMAP-Klienten haben allerdings Schwierigkeiten mit dieser Option. Sollten sich bei Ihnen Schwierigkeiten beim Anzeigen von öffentlichen Ordnern ergeben, können Sie diese Option wieder deaktivieren.

Abbildung 10.16:
IMAP-Einstellungen eines Benutzers auf der Registerkarte EXCHANGE FEATURES

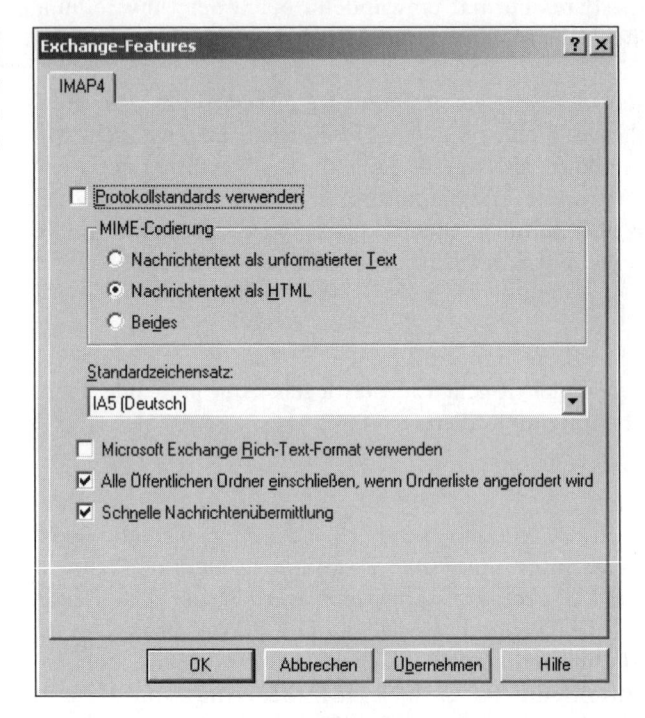

Schnelle Nachrichtenübermittlung aktivieren. Auch diese Option ist bereits standardmäßig aktiv. Es wird beim Zugriff eines IMAP-Klienten auf den Server nicht die korrekte Nachrichtengröße an den Client übermittelt, sondern nur eine geschätzte. Dadurch erhöht sich die Abrufgeschwindigkeit der Clients. Zudem unterstützen manche IMAP-Clients diese Option nicht fehlerfrei. Sie sollten diese dann deaktivieren.

10.2 Exchange-Aufgaben bei Benutzern

Sie müssen nicht zwingend bereits bei der Erstellung eines Benutzers dessen Exchange-Eigenschaften festlegen oder ein Postfach erstellen. Sie können für alle Benutzer solche Aufgaben nachträglich durchführen. Dafür stellt Ihnen Microsoft den Menüpunkt *Exchange-Aufgaben (Exchange Tasks)* zur Verfügung. Hinter diesem Menüpunkt verbergen sich mehrere Assistenten, die für verschiedene Aufgaben zuständig sind.

Um die Exchange-Aufgaben zu öffnen, müssen Sie den Benutzer, dessen Eigenschaften Sie bearbeiten wollen, mit der rechten Maustaste anklicken und den Menüpunkt *Exchange-Aufgaben (Exchange Tasks)* auswählen. Sie können auch mehrere Benutzer gleichzeitig markieren. Allerdings lassen sich nicht alle Exchange-Aufgaben für mehrere Benutzer gleichzeitig durchführen. Sie können aber zum Beispiel mehrere Benutzer gleichzeitig auf einen anderen Exchange Server verschieben, auch wenn die Quellpostfächer auf unterschiedlichen Servern liegen. Wenn Sie die Exchange-Aufgaben für einen oder mehrere Benutzer gestartet haben, erscheinen die verschiedenen Aufgaben, die Sie durchführen können. Wenn für den Benutzer noch kein Postfach erstellt wurde, erscheint die Aufgabe *Postfach erstellen*, aber nicht die Aufgabe *Postfach verschieben*. Das gilt natürlich auch umgekehrt. Wenn Sie jedoch mehrere Benutzer gleichzeitig markieren, erscheinen immer alle Exchange-Aufgaben, auch wenn nicht alle gleichzeitig durchgeführt werden können. Es kann durchaus sein, dass sich unter den verschiedenen markierten Benutzern bereits Postfach-aktivierte Benutzer befinden, dennoch erscheint die Exchange-Aufgabe *Postfach erstellen*. Ihnen stehen folgende Aufgaben zur Verfügung:

Postfach erstellen (Create Mailbox)

Mit dieser Exchange-Aufgabe können Sie Benutzer, für die noch kein Exchange-Postfach erstellt wurde, Postfach-aktivieren. Nach dem Starten des Assistenten stehen Ihnen dieselben Auswahlmöglichkeiten zur Verfügung, wie bereits beim Erstellen eines neuen Benutzers. Sie können auswählen, auf welchem Exchange Server und in welchem Postfachspeicher das Postfach des Benutzers erstellt werden soll. Außerdem legen Sie den Alias des Benutzers fest. Wenn Sie Ihre Auswahl getroffen haben, wird das Postfach erstellt und Sie erhalten eine Erfolgsmeldung durch den Assistenten.

Kapitel 10   Benutzerverwaltung

Im Exchange System Manager wird ein neu erstelltes Postfach aber erst dann angezeigt, wenn es über einen Inhalt verfügt, das heißt, bereits Nachrichten an den Benutzer übermittelt wurden. Wenn Sie nach der Erstellung eines neuen Postfaches überprüfen wollen, ob das Postfach korrekt erstellt wurde, müssen Sie zunächst eine E-Mail an das Postfach senden.

Postfach verschieben (Move Mailbox)

Mit diesem Befehl können Sie einen oder mehrere Benutzer auf einen anderen Exchange Server oder in einen anderen Postfachspeicher verschieben. Es ist dabei nicht notwendig, dass sich alle Postfächer im selben Quellspeicher befinden. Bei diesem Vorgang wird das Postfach zunächst auf den Zielserver kopiert und danach mit dem Quellpostfach verglichen. Erst dann wird das Quellpostfach gelöscht. Es besteht bei diesem Vorgang zu keiner Zeit irgendeine Gefahr des Datenverlustes, da bis zum Schluss das Quellpostfach vorhanden ist. Auch wenn Sie den Verschiebevorgang abbrechen, gehen keine Daten verloren. Während des Verschiebevorgangs können Benutzer, deren Postfach verschoben wird, natürlich nicht mit diesem arbeiten, andere Benutzer sind von diesem Vorgang jedoch nicht betroffen. Wenn der Benutzer nach dem Verschiebevorgang sein Outlook wieder startet, verbindet sich Outlook mit seinem alten Server und erhält die Information, dass das Postfach umgezogen ist.

Abbildung 10.17:
Exchange-Aufgaben bei der Benutzersteuerung

Outlook trägt dann automatisch den neuen Server in seine Einstellungen ein. Sie müssen lediglich dafür Sorgen, dass der Quell-Exchange Server zur Verfügung steht, wenn verschobene Benutzer ihr Outlook starten. Nach der ersten Verbindungsaufnahme mit dem neuen Exchange Server wird auf den alten Server nicht mehr zugegriffen.

Exchange-Aufgaben bei Benutzern   Kapitel 10

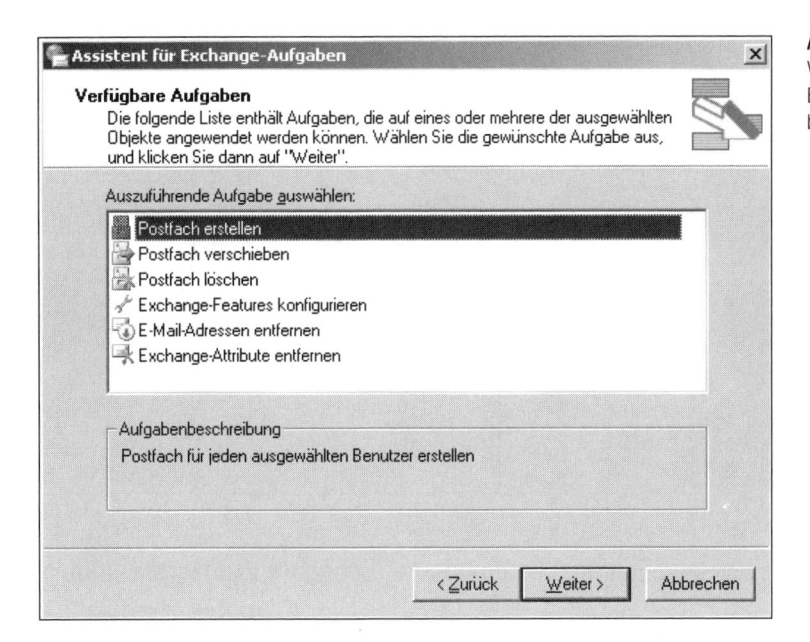

Abbildung 10.18:
Verschiedene Exchange-Aufgaben für Benutzer

Postfächer mit dem Exchange System Manager verschieben

Eine weitere neue Funktionalität in Exchange 2003 besteht in der Möglichkeit Postfächer mit den Exchange-Aufgaben auch innerhalb des Exchange System Managers zu verschieben. Sie können dazu im ESM das jeweilige Postfach mit der rechten Maustaste anklicken, die Exchange-Aufgaben für dieses Postfach aufrufen und dann das Postfach in einen anderen Postfachspeicher oder auf einen anderen Exchange Server innerhalb der Organisation verschieben.

Mit den Exchange-Aufgaben im ESM können Sie zudem Postfächer direkt in der Exchange-Verwaltung löschen.

Postfach löschen (Delete mailbox)

Mit diesem Vorgang wird das Postfach des Benutzers von seinem Benutzerobjekt getrennt und zur Löschung markiert. Sie können jedoch das Postfach innerhalb eines bestimmten Zeitraums (standardmäßig 30 Tage) wieder mit dem Benutzer (oder einem anderen Benutzer) verbinden und damit wiederherstellen. Nach diesem Zeitraum wird das Postfach endgültig vom Server gelöscht. Sie können diesen Zeitraum in den Eigenschaften des Postfachspeichers auf der Registerkarte GRENZWERTE (LIMITS) definieren. Wie ein solches Postfach wiederhergestellt werden kann, erfahren Sie im Kapitel 15 Datensicherung.

Abbildung 10.19:
Exchange-Aufgaben im Exchange System Manager

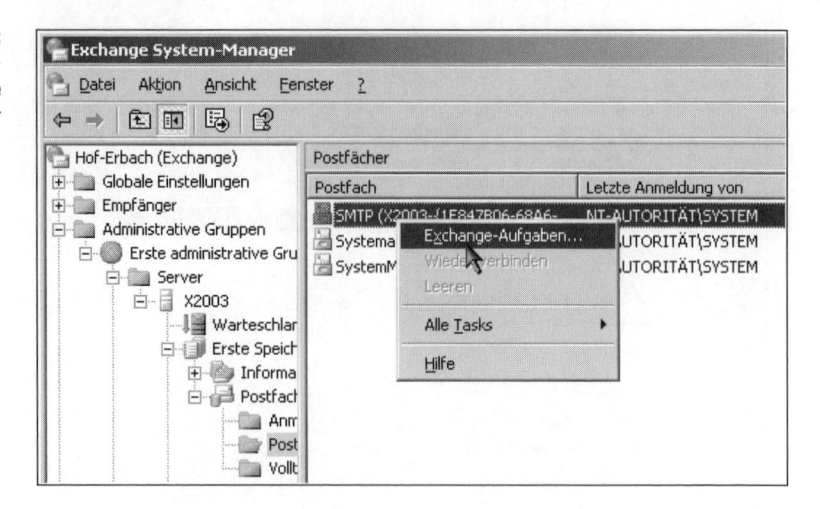

Exchange Features konfigurieren (Configure Exchange Features)

Mit diesem Assistenten können Sie exakt die gleichen Einstellungen vornehmen, die auch auf der Registerkarte EXCHANGE-FEATURES in den Eigenschaften eines Benutzers eingestellt werden. Sie können zum Beispiel Outlook Web Access, POP3 oder IMAP für Benutzer sperren oder konfigurieren und den drahtlosen Zugang zum Exchange-Postfach konfigurieren. Ob Sie die Einstellungen mit dem Assistenten oder direkt auf der Registerkarte vornehmen, bleibt Ihnen überlassen, es gibt keinen Unterschied in der Konfiguration.

E-Mail-Adressen einrichten (Establish e-mail addresses)

Diese Option steht Ihnen ausschließlich zur Verfügung, wenn Sie einen Benutzer markieren, der noch über kein Postfach verfügt. Sie können diese Aufgabe nur nach der Erstellung eines neuen Benutzers durchführen, nicht bereist während der Erstellung. Mit dieser Option können Sie eine weitere Variante von Benutzer-Empfängern in Exchange 2003 generieren, die E-Mail-aktivierten Benutzer. E-Mail-aktivierte Benutzer verfügen im Gegensatz zu Postfach-aktivierten Benutzern über kein Postfach in der Exchange-Organisation. Sie können bei der E-Mail-Aktivierung eines Benutzers eine beliebige E-Mail-Adresse, meistens SMTP, erstellen. Dadurch ist das Benutzerkonto zwar per E-Mail erreichbar, allerdings nicht über den Exchange Server der Organisation, sondern über eine eigene E-Mail-Adresse, die zum Beispiel auf einem externen Server liegen kann. Die E-Mail-Adressen werden in den Benutzereigenschaften des Anwenders gespeichert, so dass der Benutzer ab sofort per E-Mail erreichbar ist. E-Mail-aktivierte Benutzer können E-Mails über diese Organisation empfangen, jedoch keine versenden. Dies ist ausschließlich über den externen E-Mail-Server des Benutzers möglich.

Exchange-Aufgaben bei Benutzern

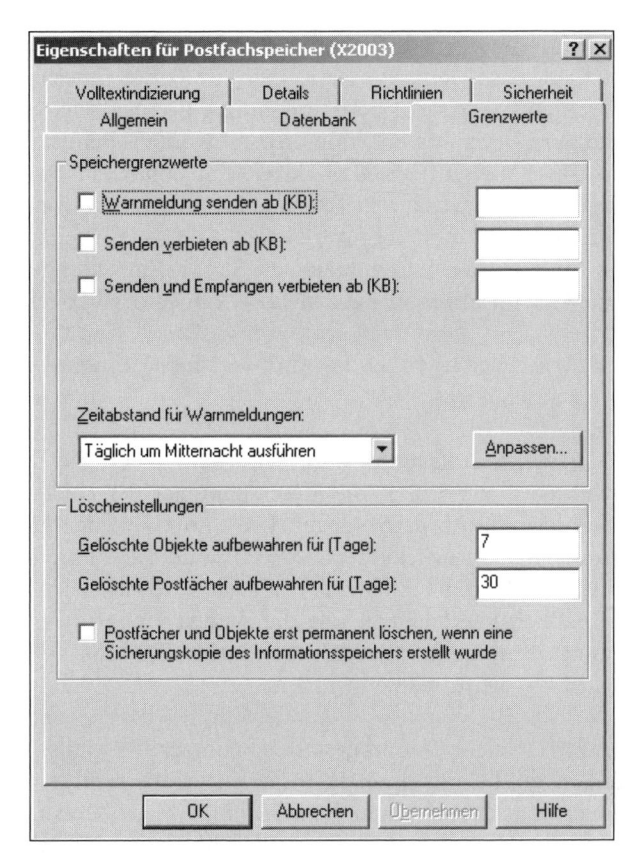

Abbildung 10.20:
Einstellen des Zeitraums bis ein gelöschtes Postfach vom Server gelöscht wird

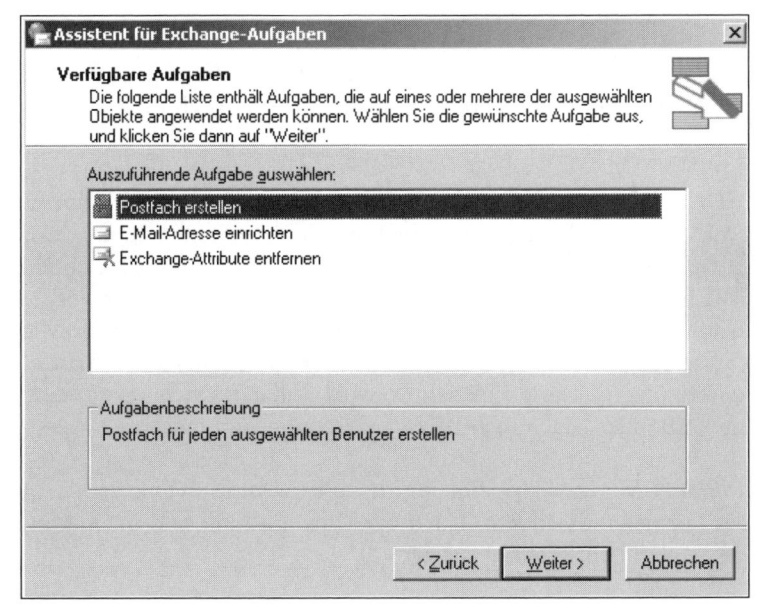

Abbildung 10.21:
Exchange-Aufgaben beim Markieren eines Benutzers ohne Postfach

E-Mail-aktivierte Benutzer sind ähnlich wie Kontakte, aber mit dem Unterschied, dass Kontakte nicht über ein Konto innerhalb des Active Directory verfügen. E-Mail-aktivierte Benutzer können wie Kontakte von allen Empfängern Ihrer Organisation erreicht werden. Bei der Definition einer E-Mail-Adresse für einen E-Mail-aktivierten Benutzer können Sie unter Exchange 2003 im Gegensatz zu Exchange 2000 weitere Einstellungen festlegen. Sie können auf der Registerkarte ERWEITERT beim Erstellen eines neuen E-Mail-aktivierten Benutzers die SMTP-Einstellungen überschreiben, die für die Organisation oder die SMTP-Connectoren erstellt wurden.

MIME. Hier legen Sie fest, mit welchem Standard dieser Benutzer E-Mails versenden darf.

Nachrichten als unformatierter Text. Wenn Sie diese Option aktivieren, werden alle E-Mails, die dieser Benutzer verschickt, neu formatiert. Dabei werden alle Formatierungen wie »kursiv« oder »fett« und alle sonstigen Änderungen zurückgesetzt. E-Mails in diesem Format werden ausschließlich als ASCII-Text verschickt. Dadurch wird natürlich die Größe einer E-Mail erheblich verkleinert sowie die Zeit verringert, die die Daten zur Übertragung benötigen. Außerdem können E-Mails in ASCII-Text von allen E-Mail-Clients gelesen werden.

HTML. Diese Option gestattet Benutzern E-Mails zu formatieren und Grafiken direkt einzubinden. HTML-E-Mails sehen zwar schöner aus, haben allerdings den Nachteil, dass Sie ein weit größeres Datenvolumen benötigen und die Übertragungszeit deutlich höher ist. Nicht alle E-Mail-Clients verstehen HTML-E-Mails.

Beides. Wenn Sie diese Option aktivieren, bleibt es dem Benutzer und dessen Client-Software überlassen, in welchem Format die E-Mails geschrieben und verschickt werden.

UUENCODE. UUENCODE ist ein Codierungsprogramm für E-Mail-Anhänge. Die Abkürzung steht für »Unix to Unix Encode«. Mit Hilfe der UU-Codierung lassen sich binäre Dateien, zum Beispiel Grafiken, in 7 Bit-ASCII-Format verwenden. Damit lassen sich auch Bilder und Multimedia-Dateien über das Internet verschicken. Diese Option ist für E-Mails gedacht, die an Adressaten verschickt werden, deren Clients keine MIME-Protokolle unterstützten. Diese Einstellung wird äußerst selten verwendet, kann aber im Unix oder Macintosh-Bereich durchaus Sinn machen.

BinHex. Mit dieser Option werden alle E-Mails in ein für Macintosh lesbares Format umwandeln. Nach der Umwandlung sind die E-Mails nur noch für Macintosh-Rechner lesbar.

E-Mail-Adressen entfernen (Delete e-mail addresses)

Mit dieser Option können Sie bei einem E-Mail-aktivierte Benutzer die E-Mail-Fuktinalität deaktivieren. Der Benutzer kann dann zwar weiterhin auf die Ressourcen innerhalb des Active Directory zugreifen, ist jedoch nicht mehr per E-Mail erreichbar.

Exchange Attribute entfernen (Remove Exchange Attributes)

Diese Option sollten Sie sehr sorgfältig behandeln. Sie wird nur angezeigt, wenn die *Erweiterten Funktionen* im SnapIn *Active Directory-Benutzer und –Computer* aktiviert wurden. Wenn Sie die Exchange-Attribute eines Benutzers entfernen, werden alle Exchange-spezifischen Erweiterungen des Benutzers gelöscht. Diese Einstellung wird hauptsächlich bei Problemen während einer Migration bei Fehlern innerhalb des Active Directory Connectors (ADC) verwendet. Sie können zum Beispiel mit dieser Option Postfächer wieder mit Benutzern neu verbinden. Beim Entfernen der Exchange-Attribute eines Benutzers wird das Postfach zwar getrennt und als gelöscht markiert, kann aber, wie bei der Option *Postfach löschen*, jederzeit wieder neu verbunden werden.

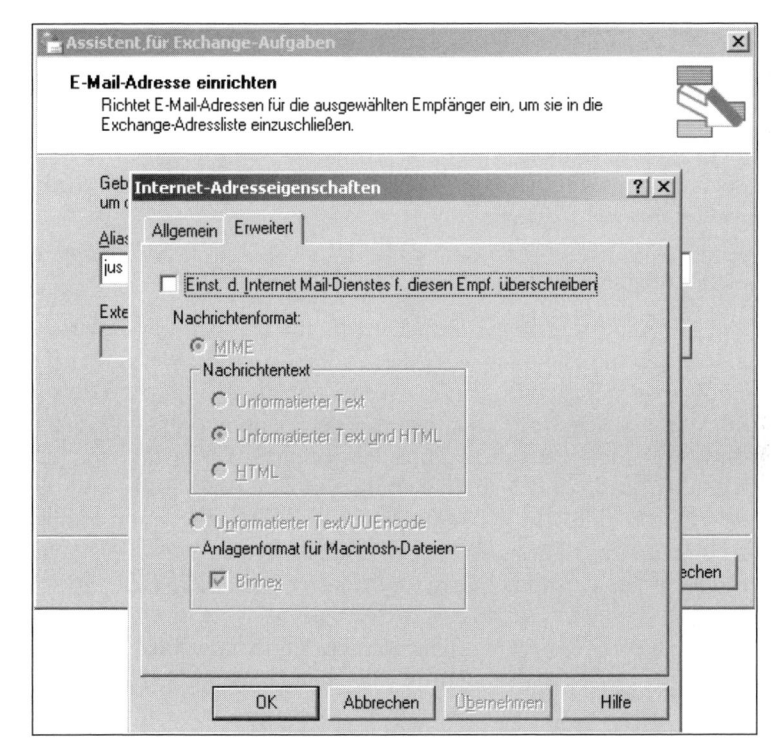

Abbildung 10.22:
Einstellungen der SMTP-Adresse eines E-Mail-aktivierten Benutzers

Anpassen des Anzeigenamens

Eine weniger beliebte Eigenschaft des Anzeigenamens einer Windows 2000- oder Windows 2003-Domäne ist die Formatierung nach *Vorname Nachname*, zum Beispiel *Jochen Sibler*. Exchange zeigt in seinen Adressbüchern den Namen immer an, wie er im Feld Anzeigename eines Benutzers definiert wurde. Bei einer größeren Anzahl Benutzer ist diese Ansicht wenig vorteilhaft, da Ihre Benutzer die Namen Ihrer Empfänger nur sehr schwer im Adressbuch finden. Es ist daher besser, wenn Sie Ihr Active Directory abändern können, so dass Benutzer nach der Sortierung *Nachname, Vorname* angezeigt werden. Da diese Option sehr oft benötigt wird, gehe ich auf den folgenden Seiten auf diese Konfiguration ein.

Die Konfiguration untergliedert sich in zwei Schritte. Im ersten Schritt gehen wir die Konfiguration durch und zeigen, wie neu angelegte Benutzer nach der Formatierung Nachname, Vorname angezeigt werden. Im zweiten Schritt können Sie bereits angelegte Benutzer bearbeiten. Bei beiden Schritten werden Manipulationen direkt im Active Directory vorgenommen. Sie sollten sehr vorsichtig arbeiten! Führen Sie vor einer solchen Manipulation zunächst eine Datensicherung Ihres Active Directory durch. Sie sollten auf alle Fälle solche Konfigurationen zunächst in einer Testumgebung durchgehen, diese dann dokumentieren und dann erst in der Produktivumgebung einsetzen. Sinnvoll ist es, derartige Änderungen des Active Directory gleich zu Beginn der Installation durchzuführen, da zum einen das Abändern von neu angelegten Benutzern einfacher ist, zum anderen ein eventueller Ausfall nicht so sehr ins Gewicht fällt. Ich habe zwar mit einer solchen Änderung noch keine negativen Auswirkungen ausgelöst, gehe aber dennoch immer wieder mit viel Vorsicht vor.

Änderung des Anzeigenamens für neue Benutzer

Um die Änderung des Anzeigenamens für Benutzer zu ändern, die Sie neu anlegen, benötigen Sie wieder das Tool *ADSI-Edit*, welches zu den Support-Tools von Microsoft gehört. Wenn Sie diese Support-Tools noch nicht installiert haben, finden Sie diese im Verzeichnis *\support\tools* auf der Windows-CD. Sie sollten diese Tools auf jedem Server installieren, da Sie für die Administration und Fehlerbehebung von Windows 2003 und auch in Windows 2000 eine sehr große Rolle spielen. Nach der Installation können Sie *ADSI-Edit* mit START/AUSFÜHREN *adsiedit.msc* starten. Nach dem Start erscheint zunächst das Navigationsfenster von *ADSI-Edit*.

Wenn Sie *ADSI-Edit* starten, werden Sie standardmäßig bereits mit dem Active Directory verbunden. In manchen Umgebungen kann es jedoch passieren, dass Sie entweder gar nicht oder aber mit einer falschen Domäne innerhalb Ihres Active Directory verbunden werden. Überprüfen Sie daher nach dem Start von *ADSI-Edit*, ob Sie richtig verbunden worden sind. Klicken Sie dazu mit der rechten Maustaste auf das *ADSI-Edit*-Symbol im

Exchange-Aufgaben bei Benutzern   Kapitel 10

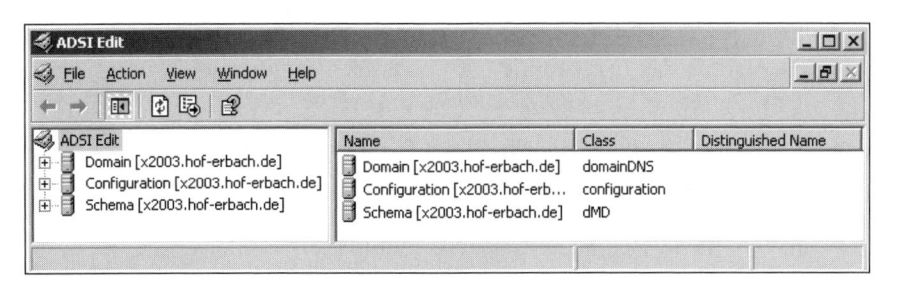

Abbildung 10.23:
Startfenster von *ADSI-Edit*

rechten Fenster des SnapIns und wählen Sie aus dem Menü CONNECT TO aus. Überprüfen Sie im nachfolgenden Fenster, ob Sie zur richtigen Domäne verbunden worden sind und korrigieren Sie die Verbindung, wenn Sie zu einer anderen Domäne oder einen anderen Domänen-Controller eine Verbindung aufbauen wollen.

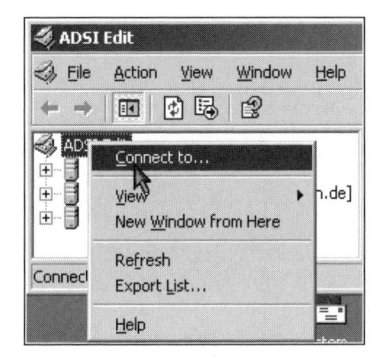

Abbildung 10.24:
Neue Verbindung in *ADSI-Edit*

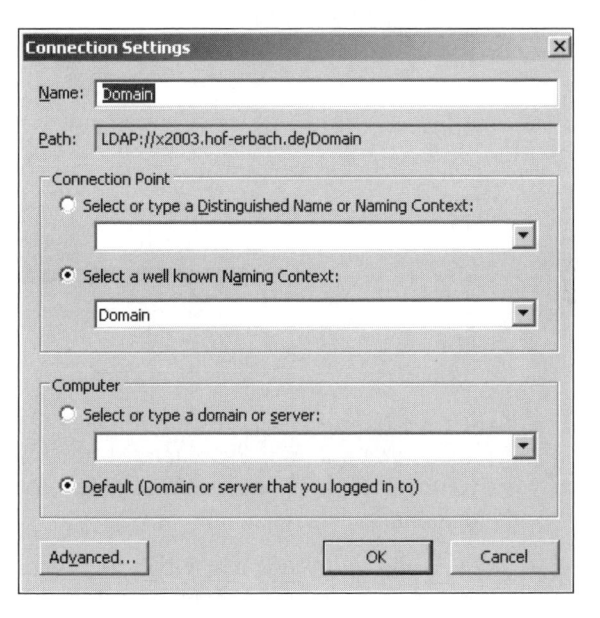

Abbildung 10.25:
Verbindungseinstellungen in *ADSI-Edit*

{ KOMPENDIUM } Exchange Server 2003 und Outlook   279

Kapitel 10 Benutzerverwaltung

➤ Wenn Sie sichergestellt haben, dass Sie richtig verbunden worden sind, können Sie das Fenster mit OK verlassen. Navigieren Sie zum Container *Configuration/Configuration/DisplaySpecifiers*.

➤ Navigieren Sie dann unterhalb des Containers DisplaySpecifiers weiter zum Container *CN=407*, wenn Sie einen deutschen Windows Server und Exchange Server installiert haben. Wenn Sie englische Versionen nutzen, navigieren Sie bitte zum Container *CN=409*.

Abbildung 10.26:
Änderung des Anzeigenamens in *ADSI-Edit*

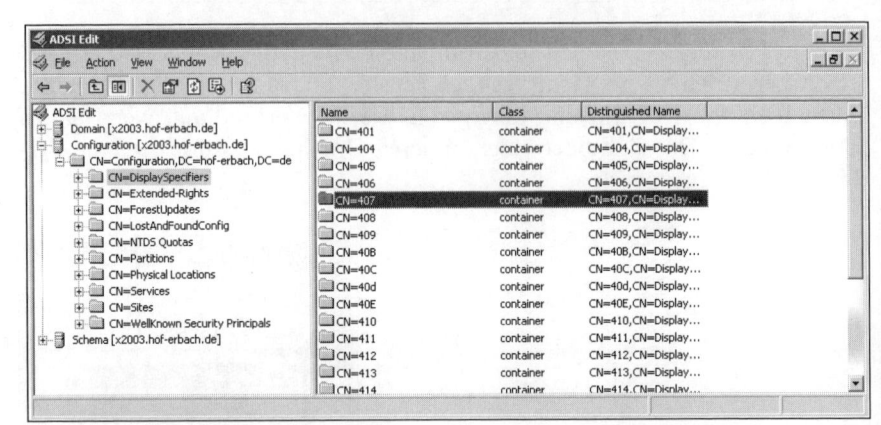

Abbildung 10.27:
Eigenschaften des Objekts *user-Display*

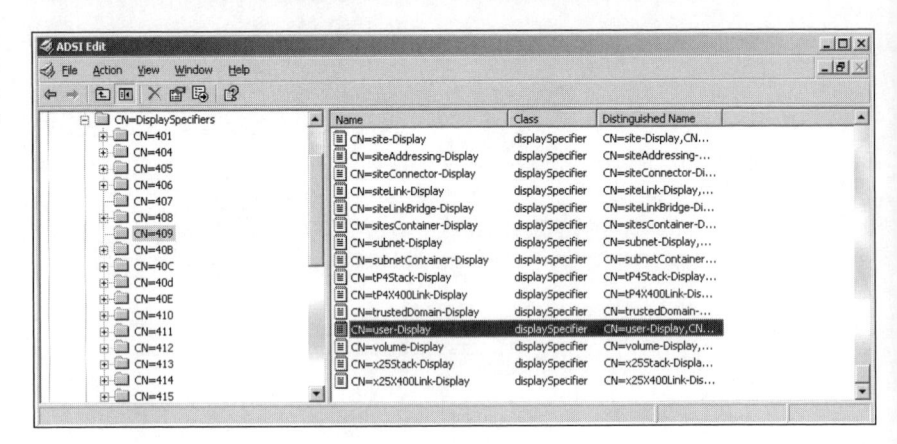

➤ Markieren Sie dann auf der rechten Seite des Fensters den Menüpunkt *CN=user-display* und rufen Sie dessen Eigenschaften auf.

➤ Rufen Sie dann innerhalb des Objektes *CN=user-Display* das Objekt *CreateDialog* auf. Wie Sie sehen, ist noch kein Wert gesetzt. Windows verwendet zum Erstellen des Anzeigenamens seinen Standard Vorname Nachname.

➤ Tragen Sie als Wert des Objektes *CreateDialog* die Zeichenfolge %<sn>,%<givenName> ein. Achten Sie auf die Schreibweise. Sie können alle Fenster mit OK schließen.

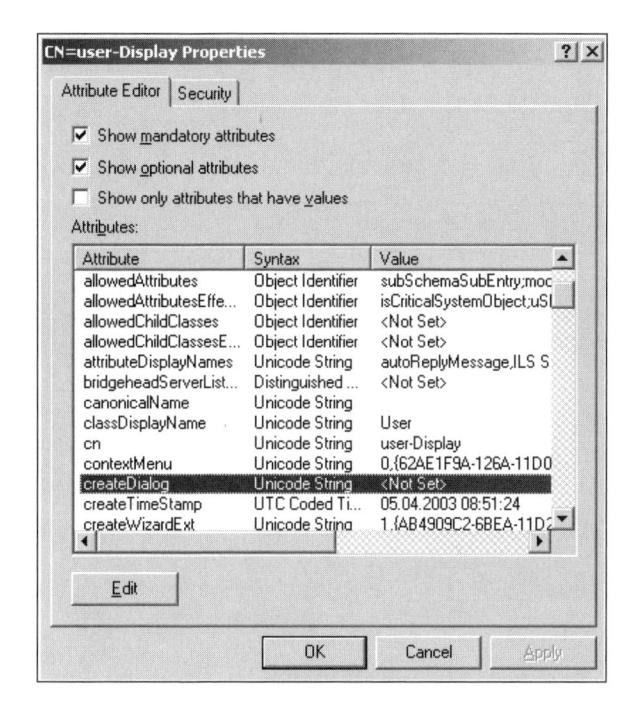

Abbildung 10.28:
Eigenschaften des Objekts CN=user-Display

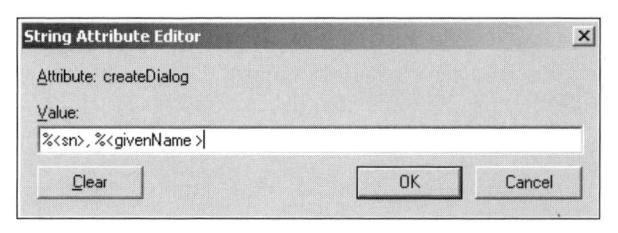

Abbildung 10.29:
Eintragen eines neuen Wertes zum Erstellen eines neuen Benutzers

Nach dieser Modifikation können Sie einen neuen Benutzer anlegen. Wie Sie sehen, werden neue Benutzer nach der neuen Formatierung Nachname, Vorname angelegt. Diese Modifikation des Active Directory bewirkt allerdings nur das Ändern des Anzeigenamens von Benutzern, die neu angelegt werden. Bereits angelegt Benutzer werden mit dieser Änderung nicht angepasst. Auch Benutzer, die Sie importieren, werden nicht abgeändert. Wenn Sie bereits angelegte Benutzer bearbeiten wollen, müssen Sie mit einem Skript vorgehen.

Änderung des Anzeigenamens für bereits angelegte Benutzer

Ein Skript zum Ändern des Anzeigenamens für bereits angelegt Benutzer könnte beispielsweise so aussehen:

```
Dim OU
ParseCommandLine()
wscript.echo OU
wscript.echo
```

```
wscript.echo "Ändern des Anzeige-Namens der Benutzer in OU " & OU
Set oOU = GetObject("LDAP://" & OU)
oOU.Filter = Array("user")
For each usr in OU
    if instr(usr.SamAccountName, "$") = 0 then
        vLast = usr.get("Sn")
        vFirst = usr.get("GivenName")
        vFullname = vLast + ", " + vFirst
         usr.put "displayName", vFullName
        usr.setinfo
        wscript.echo usr.displayName
    end if
Next
Sub ParseCommandLine()
    Dim vArgs
    set vArgs = WScript.Arguments
    if vArgs.Count <> 1 then
        DisplayUsage()
    Else
        OU = vArgs(0)
    End if
End Sub
Sub DisplayUsage()
    WScript.Echo
    WScript.Echo "Meldung:   cscript.exe " & WScript.ScriptName & " <Ziel-OU>"
    WScript.Echo "Beispiel: cscript " & WScript.ScriptName & " " & chr(34) & _
"OU=Meine OU,DC=Meine Domäne,DC=de" & chr(34)
    WScript.Quit(0)
End Sub
```

Sie finden dieses Skript ebenfalls auf der Buch-CD.

10.3   InetOrgPerson

Die *InetOrgPerson* ist wie die später beschriebene *Abfragebasierte-Verteilergruppe (Query-based Distribution Group)* ein neues Empfängerobjekt in Exchange 2003. Während die *Abfragebasierte-Verteilergruppe* eine neue Art der Verteilergruppe ist, repräsentiert die *InetOrgPerson* ein weiteres Benutzerobjekt. *InetOrgPerson* ist dabei kein neues Objekt von Microsoft, sondern wurde bereits seit längerem in anderen LDAP-Verzeichnissen eingeführt. Zum Verzeichnisdienst LDAP gibt es zum Beispiel auch Implementationen für Linux-Distributionen. Mit der Einführung der *InetOrgPerson* wird die Migration anderer LDAP-Dienste zum Active Directory ebenfalls deutlich vereinfacht. Die *InetOrgPerson* legt als Standardcontainer einen Minimaldatensatz für jeden Benutzer fest: Name, E-Mail-Adresse, Telefonnummer und Sprache gehören dazu. Im Moment ist der Active Directory-Standardbenutzer ein Windows 2000 User. Mit *InetOrgPerson* wird das

Betriebssystem stärker vom Verzeichnisdienst entkoppelt und wird kompatibler zu anderen LDAP-Diensten, wie zum Beispiel Lotus Notes.

Sie können InetOrgPerson-Benutzerobjekte ausschließlich in einem Windows 2003 Active Directory anlegen. Diese Objekte können ausschließlich unter Exchange 2003 E-Mail- oder Postfach-aktiviert werden. Die Organisation muss sich dazu im native Mode befinden, da der mixed Mode keine InetOrgPerson unterstützt.

Anlegen einer neuen InetOrgPerson

Das Anlegen einer neuen *InetOrgPerson* läuft analog zum Anlegen eines neuen Benutzers ab. Sie müssen jedoch im Menü NEU beim Anlegen eines neuen Objektes das Objekt *InetOrgPerson* auswählen. Sie können dieses Benutzerobjekt Postfach-aktivieren oder E-Mail-aktivieren. Die beiden Benutzerobjekte unterscheiden sich nicht voneinander. Der einzige Unterschied ist die bereits beschriebene Kompatibilität mit anderen Verzeichnisdiensten. Auch die Verwaltung und die Registerkarten unterscheiden sich nicht voneinander. Benutzer und *InetOrgPerson*-Benutzer unterscheiden sich lediglich in der Objektklasse voneinander. Wenn Sie ausschließlich mit dem Active Directory arbeiten und keine Verbindung mit anderen Verzeichnisdiensten aufbauen wollen, werden Sie die *InetOrgPerson* nicht benötigen.

10.4 Kontakte

Kontakte sind ebenfalls Empfänger in Exchange 2003 und haben keine E-Mail-Adresse innerhalb der Organisation. Kontakte stehen den Empfängern Ihrer Organisation zur Verfügung und verweisen auf eine externe E-Mail-Adresse. Sie sind daher den E-Mail-aktivierten Benutzern ähnlich, unterscheiden sich jedoch dadurch, dass sie kein Benutzerkonto im Active Directory haben und nur als Verweis zu einer externen E-Mail-Adresse dienen.

Um einen neuen Kontakt zu erstellen, gehen Sie genauso vor wie bei der Erstellung eines neuen Benutzers. Klicken Sie auf die Organisationseinheit, in der Sie den Kontakt erstellen wollen, wählen Sie NEU und dann KONTAKT. Es erscheinen daraufhin einige Fenster, in denen Sie die genauen Daten des Kontaktes pflegen können. Im Gegensatz zu den privaten Kontakten, die Benutzer innerhalb Ihres Outlooks erstellen können, stehen die systemseitig erstellten Kontakte allen Benutzern des Active Directory zur Verfügung.

Kontakte spielen in Exchange eine große Rolle. Viele Optionen, zum Beispiel die Weiterleitung einzelner E-Mails oder ganzer Postfächer, sind oft nur zu Objekten innerhalb des Adressbuches möglich.

Kapitel 10   Benutzerverwaltung

Abbildung 10.30: Anlegen einer neuen *InetOrgPerson*

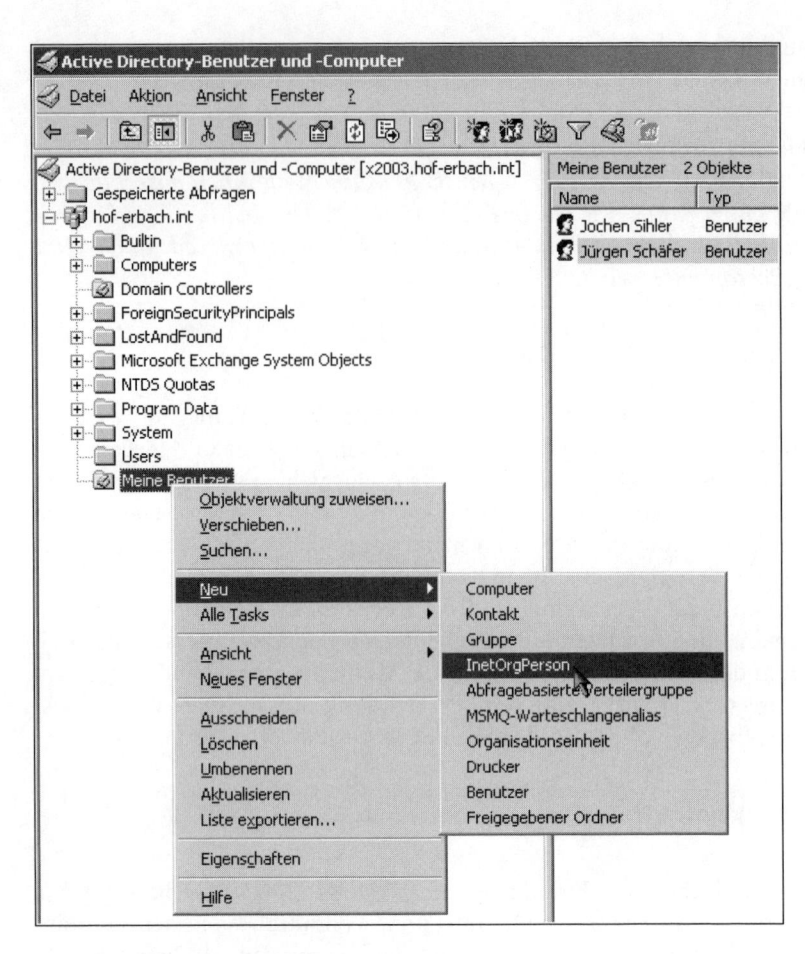

Abbildung 10.31: Erstellen eines neuen Kontaktes

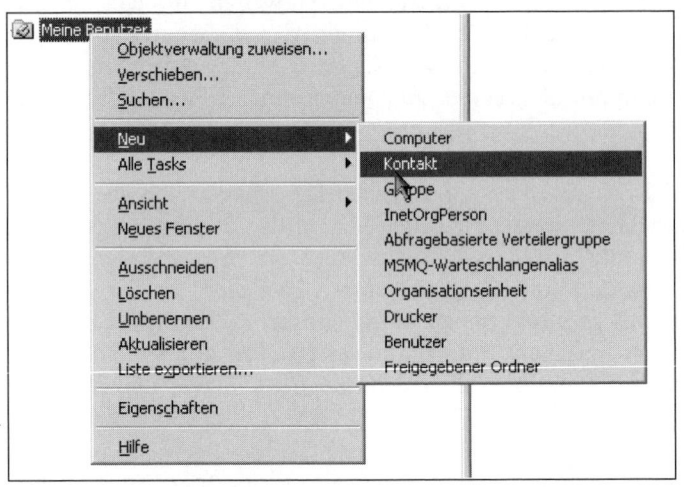

Verteilerlisten und Gruppen — Kapitel 10

Da Kontakte im Adressbuch der Benutzer angezeigt werden, können an verschiedenen Stellen Weiterleitungen und Regeln auch für öffentliche Ordner definiert werden, die zu Kontakten verweisen. Durch das Anlegen eines Kontaktes vermeiden Sie außerdem Schreibfehler innerhalb der Adresse neuer E-Mails. Dies ist insbesondere interessant, wenn eine größere Personengruppe in Ihrem Active Directory Zugriff auf die Kontaktdaten benötigt. Auch bei der Konfiguration einer SMTP-Adresse für einen neuen Kontakt können Sie erweiterte Einstellungen treffen. Diese sind identisch mit den Einstellungen eines E-Mail-aktivierten Benutzers.

Da Kontakte auch Exchange-Empfänger sind, können Sie nach der Erstellung die Eigenschaften des Kontaktes bearbeiten. Die Einstellungen sind zwar nicht so umfangreich wie die von Benutzerobjekten, Sie können jedoch einige Konfigurationen vornehmen, die analog zu den Einstellungen der Empfänger sind.

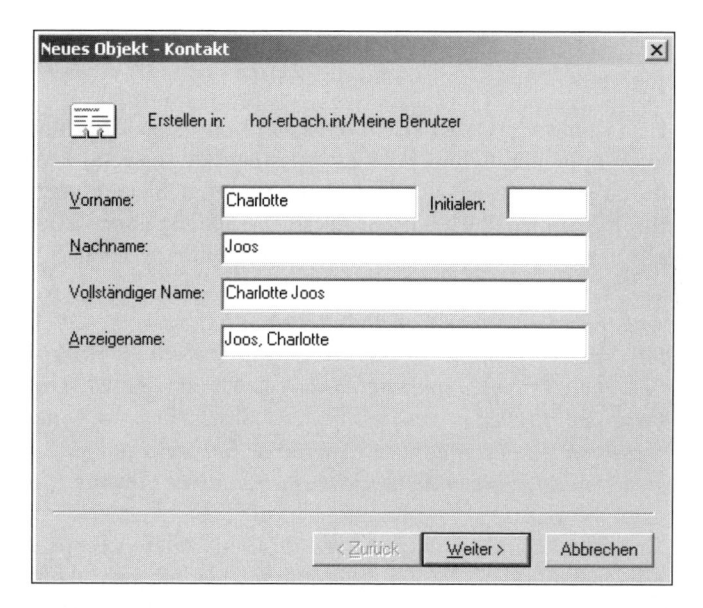

Abbildung 10.32: Erstellen eines neuen Kontaktes

10.5 Verteilerlisten und Gruppen

Der Begriff *Verteilerlisten* hat eigentlich unter Exchange 2003 keine Bedeutung mehr. Da Exchange 2003 kein eigenes Verzeichnis mehr hat, sondern das Active Directory von Windows 2003 oder Windows 2000 nutzt, gibt es in Exchange keine eigenen Verteilerlisten mehr. Exchange nutzt die Gruppen des Active Directory. Windows unterscheidet dabei zwischen E-Mail-aktivierten Sicherheitsgruppen und Verteilergruppen. Im E-Mail-Empfang unterscheiden sich beide Gruppen nicht.

Kapitel 10 Benutzerverwaltung

Abbildung 10.33:
Konfiguration einer
E-Mail-Adresse
eines Kontaktes

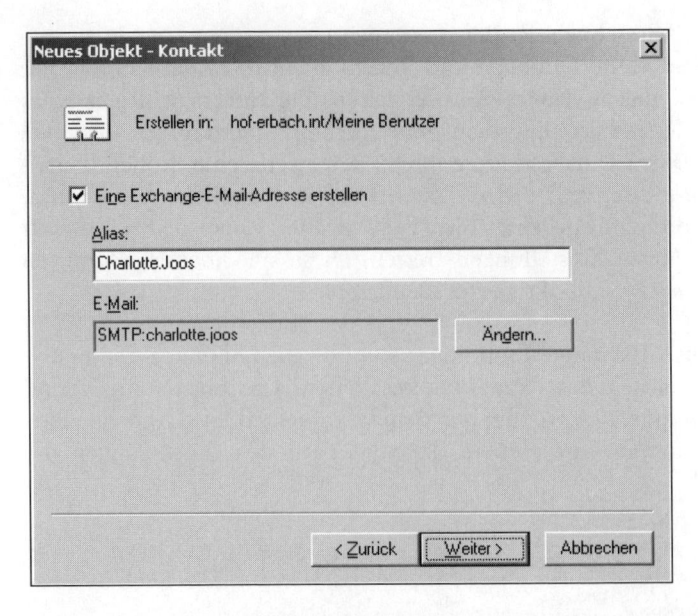

E-Mail-aktivierte Sicherheitsgruppen können jedoch außer als Verteilerliste, auch zum Definieren von Zugriffsrechten verwendet werden. Sie können durch das Anlegen von E-Mail-aktivierten Sicherheitsgruppen die Anzahl Ihrer Gruppen stark einschränken. Verteilergruppen können, wie der Name schon sagt, nur als Verteilergruppe verwendet werden.

Außer diesen beiden Gruppen wurden in Exchange 2003 die Abfragebasierten Verteilergruppen (Query-based-Distribution Group) eingeführt. Diese Gruppen fragen dynamisch mit LDAP das Active Directory ab, um die Gruppenmitglieder zu bestimmen. Sie können mit den abfragebasierten Gruppen die Mitgliedschaft einzelner Benutzer anhand derer Eigenschaften steuern und müssen diese nicht statisch einer Gruppe zuordnen.

Gruppen können im Gegensatz zu allen anderen Empfängern andere Empfängerobjekte beinhalten. Sie unterscheiden sich dadurch bezüglich des E-Mail-Verkehrs nicht grundlegend von Verteilerlisten in Exchange 5.5. Gruppen sind Container, die alle anderen Empfängerobjekte enthalten können, Postfach-aktivierte oder E-Mail-aktivierte Benutzer, öffentliche Ordner, Kontakte oder andere Gruppen. Eine E-Mail, die an eine Gruppe geschickt wird, stellt Exchange allen Mitgliedern dieser Gruppe zu.

Erstellen einer neuen Gruppe

Um eine neue Gruppe zu erstellen, gehen Sie genauso vor, wie beim Erstellen eines neuen Benutzers oder eines neuen Kontaktes. Navigieren Sie zu der Organisationseinheit, in der Sie diese Gruppe erstellen wollen, wählen Sie NEU und dann GRUPPE. Im nächsten Fenster können Sie die Bezeichnung und

Verteilerlisten und Gruppen   Kapitel 10

die Art der Gruppe definieren. Dabei können Sie den Geltungsbereich der Gruppe definieren (lokal, global oder universal) und die Art (Sicherheits- oder Verteilergruppe). Sie sollten sich beim Einsatz mit dem Geltungsbereich von Gruppen unter Windows 2000 oder Windows 2003 auseinandersetzen. Die Definition von Gruppen für Exchange 2003 und Windows unterscheiden sich dabei nicht.

Wenn Sie eine neue Gruppe anlegen, wird diese im Adressbuch alphabetisch zwischen den anderen Empfängerobjekten angeordnet. Bei einer hohen Anzahl von Gruppen ist es sinnvoll, diese zusammengefasst anzuzeigen. In der Praxis hat sich für mich bewährt, einen Punkt ».« vor die Gruppe zu stellen und so zum Beispiel die Bezeichnung der Gruppe »Lager« als ».Lager« darzustellen. Der Punkt fällt nicht weiter auf und es werden alle Gruppen direkt hintereinander dargestellt.

:-)
TIPP

Alle Funktionalitäten der verschiedenen Gruppen stehen Ihnen erst zur Verfügung, wenn sich Ihre Active Directory-Domäne im nativen Zustand befindet.

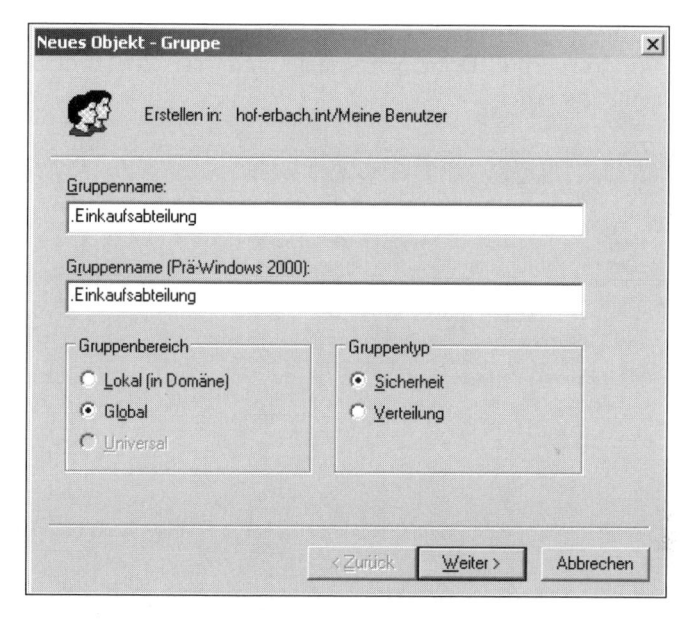

Abbildung 10.34:
Konfiguration einer neuen Gruppe

Wie Sie den Modus Ihrer Active Directory Domäne umstellen, hängt von Ihrer Windows-Version ab. Unter Windows 2000 erledigen Sie das in den Eigenschaften Ihrer Domäne, unter Windows 2003, indem Sie mit der rechten Maustaste auf die Domäne klicken und aus dem Menü die Option zum Einstellen des Modus auswählen. Ihnen stehen drei verschiedene Geltungsbereiche und Gruppen zur Auswahl.

(KOMPENDIUM) Exchange Server 2003 und Outlook

Lokale Domäne (Domain Local)

Eine lokale Gruppe kann Mitglieder aus allen Domänen innerhalb des Active Directory enthalten, sie kann aber nur innerhalb einer Domäne eingesetzt werden, um Berechtigungen zu verteilen oder E-Mails zu versenden. Wie der Name schon sagt, hat diese Gruppe nur innerhalb der Domäne Gültigkeit, in der sie erstellt wurde.

Globale Gruppe

Globale Gruppen können nur Mitglieder aus der Domäne enthalten, in der Sie erstellt wurden, haben jedoch innerhalb des kompletten Active Directory Gültigkeit.

Universale Gruppen

Universale Gruppen sind die »Super«-Gruppen in Windows 2000 und Windows 2003. Sie können Mitglieder aus allen Domänen innerhalb des Active Directory enthalten und haben innerhalb des kompletten Active Directory Gültigkeit. Universale Gruppen können nur in nativen Windows 2000- oder Windows 2003-Domänen erstellt und verwaltet, jedoch in jeder Domäne genutzt werden.

Abbildung 10.35: Erstellen einer neuen Verteilergruppe

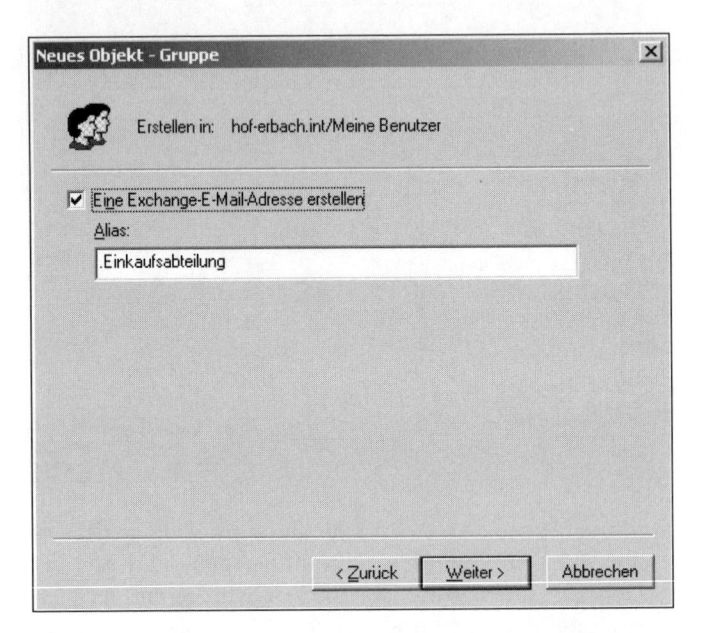

Universale Gruppen und deren Mitglieder sind jedoch Bestandteile des globalen Katalogs. Wenn Sie viele universale Gruppen anlegen, vergrößern diese den globalen Katalog und damit die Datenmenge der Replikation. Sie sollten beim Anlegen von globalen Gruppen mit Bedacht vorgehen.

In diesem Fenster legen Sie zudem fest, um welchen Gruppentyp es sich handelt. Sie können zwischen Sicherheits- und Verteilergruppen unterscheiden. Beide können uneingeschränkt als Verteilerliste verwendet werden. Zusätzlich können Sie jedoch die Sicherheitsgruppe noch zum Zuweisen von Berechtigungen verwenden, wie alle anderen Gruppen auch. Das Weiterverteilen von E-Mails ist sozusagen ein Zusatznutzen dieser Gruppe. Im nächsten Fenster können Sie festlegen, ob dieser Gruppe eine E-Mail-Adresse zugewiesen werden soll. Hier können Sie auch festlegen, welcher administrativen Gruppe diese Verteilerliste zugeordnet werden soll. Diese Option ist neu in Exchange 2003.

Nach dem Anlegen der Gruppe wird dieser durch den Recipient Update Service eine E-Mail-Adresse zugeteilt. Dazu verwendet Exchange 2003 den Alias, den Sie bei der Erstellung der Gruppe eingegeben haben. Schickt jemand an diese Verteilerliste eine E-Mail, auch über das Internet, wird diese an alle Mitglieder dieser Gruppe weitergeschickt. Änderungen in dieser Gruppe können jedoch lediglich von Administratoren der zugewiesenen administrativen Gruppe vorgenommen werden. Nach dem Erstellen der Gruppe können Sie in deren Eigenschaften wie bei den Benutzern noch weitere Einstellungen definieren.

Verwalten einer Gruppe

Die Eigenschaften einer Gruppe rufen Sie wieder mit Doppelklick auf. Wie bei den Benutzern stehen Ihnen wieder einige Registerkarten zur Verfügung, auf denen Sie die Einstellungen der neuen Gruppe auf Ihre Bedürfnisse anpassen können.

Registerkarte Allgemein

Auf dieser Karte können Sie Einstellungen bezüglich des Gruppentyps und des Geltungsbereiches vornehmen, zudem können Sie die Bezeichnung der Gruppe ändern.

Hier können Sie auch eine Beschreibung der Gruppe vornehmen, wenn die Aufgabe nicht eindeutig aus dem Namen hervorgeht. Im Feld E-Mail wird die E-Mail-Adresse angezeigt, die der Gruppe durch den Recipient Update Service zugewiesen wurden. Sie sollten keine Änderung vornehmen, dieses Feld dient nicht Konfigurationszwecken, sondern lediglich der Ansicht. Wenn nach dem Erstellen einer Gruppe eine E-Mail-Adresse angezeigt wird, hat der Recipient Update Service die Gruppe erfolgreich an Exchange angebunden.

Kapitel 10 Benutzerverwaltung

Abbildung 10.36:
Registerkarte
ALLGEMEIN (GENERAL)
einer Gruppe

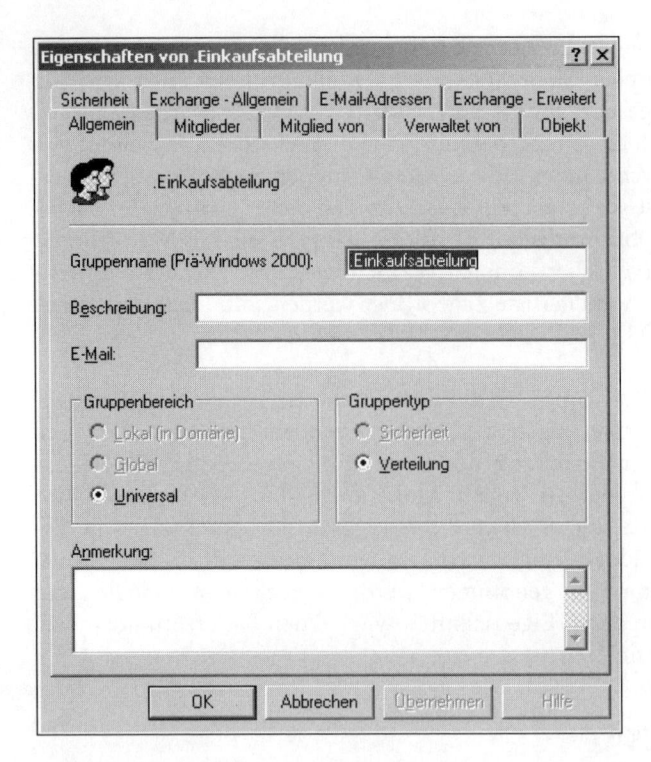

Registerkarten Mitglieder/Mitglied von

Auf diesen beiden Registerkarten sehen Sie, welche Objekte Mitglied dieser Gruppe sind und in welchen anderen Gruppen diese Gruppe Mitglied ist. Hier können Sie auch die Gruppenmitgliedschaften ändern.

Registerkarte Verwaltet von (Managed by)

Auf dieser Registerkarte können Sie einen Benutzer oder eine Gruppe bestimmen, die in Ihrem Auftrag die Mitglieder dieser Gruppe verwalten darf. Diese Benutzer dürfen Mitglieder aus dieser Gruppe entfernen oder aufnehmen.

Registerkarte Exchange Allgemein (General)

Auf dieser Registerkarte nehmen Sie Einstellungen vor, die allgemeine Exchange-Optionen betreffen. Zudem können Sie den Alias steuern. Zusätzlich können Sie noch den Anzeigenamen der Gruppe bearbeiten. Dieser Name wird im Adressbuch der Benutzer angezeigt. Hier können Sie ebenfalls einstellen, wie groß Nachrichten sein dürfen, die an diese Gruppe geschickt werden.

Verteilerlisten und Gruppen   Kapitel 10

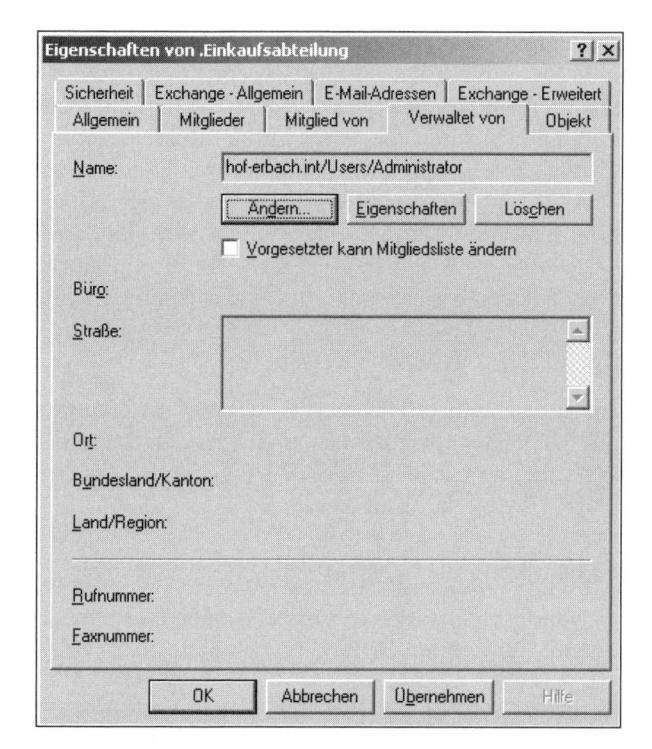

Abbildung 10.37:
Registerkarte
VERWALTET VON
einer Gruppe

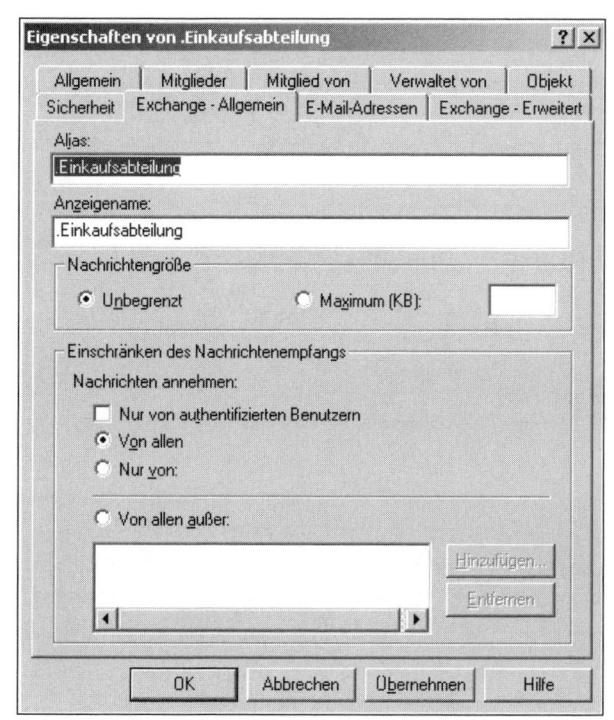

Abbildung 10.38:
Registerkarte
EXCHANGE ALLGEMEIN
(GENERAL)
einer Gruppe

Außerdem steuern Sie auf dieser Registerkarte, von welchen Benutzern E-Mails an diese Verteilerliste geschickt werden dürfen. Standardmäßig dürfen alle Benutzer, intern und extern, Nachrichten an Gruppen versenden. Sie können aktivieren, dass nur authentifizierte Benutzer E-Mails an die Mitglieder dieser Gruppe versenden dürfen. Insbesondere bei Gruppen mit sehr vielen Mitgliedern sollten Sie sehr restriktiv mit den Sendeberechtigungen umgehen, um unnötige Massenmails zu verhindern. Für Gruppen, die keine bestimmte Funktion erfüllen (etwa Vertrieb), gibt es eigentlich kaum einen Grund, warum diese anonyme Nachrichten empfangen sollten.

Registerkarte E-Mail-Adressen

Auf dieser Registerkarte stehen wie bei den Benutzern alle E-Mail-Adressen, die dieser Gruppe zugewiesen wurden. Sie können für eine Verteilergruppe auch mehrere E-Mail-Adressen definieren, wobei immer nur eine die primäre Adresse der Gruppe sein kann.

Registerkarte Exchange Erweitert

Auf dieser Registerkarte können Sie Feineinstellungen bezüglich des E-Mail-Flusses durch diese Gruppe vornehmen.

Abbildung 10.39: Registerkarte EXCHANGE ERWEITERT (ADVANCED) einer Gruppe

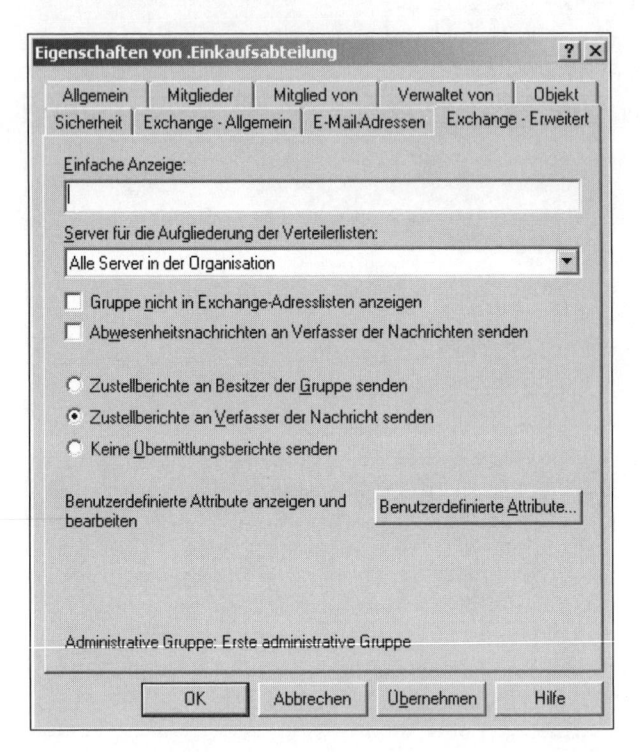

Verteilerlisten und Gruppen — Kapitel 10

Auf dieser Registerkarte können Sie einige wichtige Einstellungen vornehmen:

- *Einfacher Anzeigename (Simple display name).* Hier können Sie eine Bezeichnung der Gruppe eingeben, die bei Benutzern im Adressbuch angezeigt wird, die mit einer anderen Sprachversion arbeiten und vielleicht nicht alle Zeichen anzeigen oder lesen können. Diese Eingabe ist identisch mit den Eingaben bei den Benutzern.

- *Server für die Aufgliederung der Verteilerlisten (Expansion Server).* Wenn Sie eine E-Mail an eine Gruppe versenden, deren Mitglieder ihre Postfächer über mehrere Exchange Server innerhalb Ihrer Organisation verteilt haben, muss der Message Transfer Agent (MTA) des sendenden Servers jeweils für jedes Mitglied der Gruppe den entsprechenden Homeserver des Benutzers auflösen. Bei einer großen Anzahl an Gruppenmitgliedern, vielen Gruppen und zahlreichen E-Mails, die über Gruppen verschickt werden, kann es aus Performancegründen sinnvoll sein, einen Exchange Server zu konfigurieren, der vielleicht sonst keine allzu großen Aufgaben hat. Dadurch werden Server mit vielen Postfächern deutlich entlastet.

- *Gruppe nicht in Exchange-Adresslisten anzeigen (Hide group from Exchange address lists).* Wenn Sie diese Option aktivieren, wird die Gruppe nicht in den Adressbüchern angezeigt, kann jedoch über ihre SMTP-Adresse erreicht werden.

- *Abwesenheitsnachrichten an Verfasser der Nachrichten senden (Send out-of-office messages to originator).* Wenn diese Option aktiviert ist, werden Abwesenheitsnachrichten an Absender der Nachrichten geschickt, die über diese Gruppe verschickt wurden. Standardmäßig ist diese Option nicht aktiviert. Wenn Mitglieder dieser Gruppe in Ihrem Outlook den Abwesenheitsassistenten aktiviert haben, werden keine Abwesenheitsnachrichten an Absender verschickt, die eine E-Mail über diese Gruppe verschickt haben.

  Diese Option sollten Sie mit extremer Vorsicht behandeln, da zum einen Firmeninterna unbeabsichtigt nach außen gesendet werden können, zum anderen bei sehr großen Gruppen die Anzahl der Rückläufer extrem sein kann, denken Sie beispielsweise an einen Kantinenwirt, der den wöchentlichen Speiseplan an einen Standortverteiler mit 1.000 Mitarbeiterpostfächern sendet.

- *Zustellberichte an Besitzer der Gruppe senden (Send delivery reports to group owners).* Wenn eine an die Gruppe geschickte E-Mail aus irgendwelchen Gründen nicht an alle Mitglieder zugestellt werden kann, erhält der Besitzer dieser Gruppe eine Benachrichtigung. Der Besitzer der Gruppe ist der Benutzer, den Sie auf der Registerkarte VERWALTET VON eintragen. Diese Option ist nicht standardmäßig aktiviert.

Kapitel 10   Benutzerverwaltung

➡ *Zustellberichte an Verfasser der Nachricht senden (Send delivery reports to message originators).* Wenn Sie diese Option aktivieren, erhalten Absender, die E-Mails an diese Gruppe schicken, einen Nichtzustellbarkeitsbericht (NDR), wenn nicht alle Mitglieder erreicht werden können. Diese Option ist standardmäßig aktiviert.

➡ *Keine Zustellbarkeitsberichte senden (Do not send delivery reports).* Diese Option ist neu in Exchange 2003. Wenn Sie diese Option aktivieren, werden keinerlei NDR verschickt.

Exchange-Aufgaben bei Gruppen

Wie bereits bei den Benutzern stehen Ihnen auch für Gruppen diverse Exchange-Aufgaben zur Verfügung. Sie können das Fenster für die Exchange-Aufgaben öffnen, indem Sie auf die jeweilige Gruppe mit der rechten Maustaste klicken und aus dem Menü die EXCHANGE-AUFGABEN auswählen. So können Sie für Gruppen, für die noch keine E-Mail-Adresse generiert wurde, eine E-Mail-Adresse generieren lassen. Bei Gruppen, die bereits über eine E-Mail-Adresse verfügen, kann diese wieder entfernt werden.

Außerdem können Sie mit den Exchange-Aufgaben die Option *Mitgliedschaft verbergen (Hide membership)* aktivieren. Wenn Sie diese Option aktivieren, können Benutzer aus dem Adressbuch nicht mehr die Mitglieder der Gruppe auslesen. Nach der Aktivierung können zudem die Sicherheitseinstellungen der Gruppe auf der Registerkarte SICHERHEIT nicht mehr verändert werden.

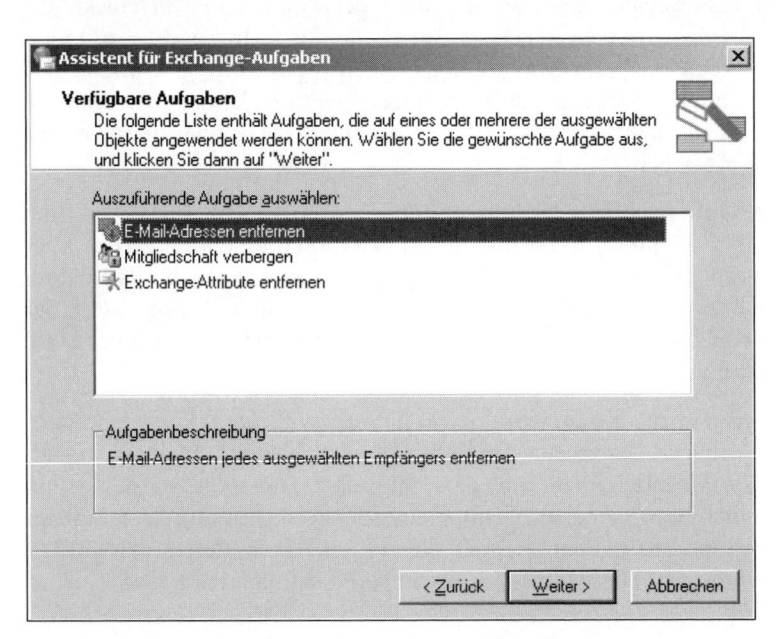

Abbildung 10.40:
Exchange-Aufgaben einer Gruppe

Abfragebasierte Verteilergruppen

Wie bereits weiter oben beschrieben, handelt es sich bei den *Abfragebasierten Verteilergruppen (Query-based Distribution Groups)* um ein neues Gruppenobjekt in Exchange 2003.

Definition abfragebasierter Verteilergruppen

Eine abfragebasierte Verteilergruppe bietet exakt dieselbe Funktionalität wie eine normale Verteilergruppe. Sie kann nur als E-Mail-Verteiler und nicht als Sicherheitsprinzipal verwendet werden. Die Mitglieder der abfragebasierten Verteilergruppe werden bei jedem E-Mail-Sendevorgang neu definiert. Das heißt, Sie sparen mit der Generierung dieser Verteilergruppen deutlich administrative Aufgaben ein, da Sie nicht ständig statische Mitgliedergruppen definieren müssen. Auf der anderen Seite belasten diese Gruppen die Performance Ihrer Exchange Server, da bei jedem Sendevorgang LDAP-Abfragen durchgeführt werden müssen. Beachten Sie diesen Gesichtspunkt bei der Planung Ihrer Serverhardware. Die aktuellen Mitglieder einer abfragebasierten Verteilergruppe können nicht im Adressbuch überprüft werden, da sich diese ständig dynamisch ändern.

Abfragebasierte Verteilergruppen mit Windows 2000 und Exchange 2000

Abfragebasierte Verteilergruppen arbeiten zuverlässig in reinen Exchange 2003-Organisationen. Sie können diese Gruppen auch zusammen mit Exchange 2000 Servern verwenden, die in derselben Organisation installiert sind. Dazu muss aber auf allen Exchange 2000 Servern das Servicepack 3 für Exchange 2000 installiert sein. Vorausgesetzt wird dabei allerdings ein Windows 2003 Active Directory mit Windows 2003 Global Catalog Servern. Es besteht die Möglichkeit, die Registry von Exchange 2000 Servern zu bearbeiten, wenn in Ihrem Active Directory kein Windows 2003 Global Catalog zur Verfügung steht. Meine Empfehlung lautet aber die abfragebasierten Verteilergruppen ausschließlich in einer nativen Exchange 2003-Organisation in einem Windows 2003 Active Directory zu verwenden. Dadurch ist sichergestellt, dass diese Gruppen zuverlässig arbeiten und E-Mails, die an diese Gruppe versendet werden, auch zugestellt werden.

Anpassen von Exchange 2000 Servern für die Arbeit mit abfragebasierten Verteilergruppen

Wenn Sie jedoch die Funktionalität von abfragebasierten Gruppen verwenden wollen und in Ihrem Active Directory noch Windows 2000 Global Catalog Server verwendet werden, müssen Sie in jedem Fall die Registry der entsprechenden Exchange 2000 Server bearbeiten. Vor dem Bearbeiten der Registry sollten Sie allerdings eine Datensicherung des Exchange Servers durchführen, da solche Manipulationen der Registry schon oft mit einem Totalausfall geendet haben. Vor dem Bearbeiten der Registry sollten Sie auch sicherstellen, dass auf allen Exchange 2000 Servern das Servicepack 3 für

Kapitel 10 Benutzerverwaltung

Windows 2000 und das Servicepack 3 für Exchange 2000 installiert wurden. Ansonsten werden die abfragebasierten Verteilergruppen auch nach Bearbeitung der Registry nicht arbeiten. Sie sollten auch überprüfen, ob auf Ihren Domänen-Controllern und Global Catalog Servern das Servicepack 3 für Windows 2000 installiert ist. Wenn Sie alle Überprüfungen durchgeführt haben und Ihre Server im Bedarfsfall auf den aktuellsten Servicepack-Stand gebracht haben, können Sie die Registry auf allen Exchange 2000 Servern Ihrer Organisation bearbeiten. Gehen Sie dabei folgendermaßen vor:

1. Starten Sie *Regedit*.
2. Navigieren Sie zum Schlüssel `HKLM\System\CurrentControlSet\Services\SMTPSVC\Parameters`.
3. Erstellen Sie in diesem Schlüssel einen neuen DWORD-Wert mit der Bezeichnung `DynamicDLPPageSize`.
4. Weisen Sie diesem neuen DWORD-Wert den Wert 31 dezimal zu.

Starten Sie am besten nach der Modifizierung der Registry Ihren Server durch, damit der Wert übernommen wird.

Senden einer E-Mail zu einer abfragebasierten Verteilergruppe

Der Sendevorgang über eine abfragebasierte Verteilergruppe läuft etwas anders ab, als der Vorgang beim Senden zu einer normalen Gruppe, deren Mitglieder statisch festgelegt wurden:

1. Beim Versenden wird die E-Mail zunächst in die Warteschlange des Exchange Servers gestellt.
2. Der Categorizer stellt fest, dass es sich um eine abfragebasierte Verteilergruppe handelt. Der Categorizer regelt in Exchange 2003 den Nachrichtenfluss. Er stellt fest, ob es sich bei einer E-Mail um eine Zustellung innerhalb der Organisation handelt, oder ob die E-Mail über einen Connector nach extern verschickt werden muss. Außerdem ist er für die Auflösung der Empfängernamen zuständig.
3. Der Categorizer baut als Nächstes eine LDAP-Verbindung zum Global Catalog auf. Dabei wird der Global Catalog Server verwendet, den Sie für den jeweiligen Exchange Server festgelegt haben. Wenn Sie allerdings, wie weiter oben beschrieben, einen dedizierten Server zum Auflösen der Verteilergruppen definiert haben, wird die E-Mail an diesen Server weitergeschickt. Wenn Sie eine E-Mail über eine Gruppe versenden, deren Mitglieder über mehrere Exchange Server innerhalb Ihrer Organisation verteilt sind, muss der Message Transfer Agent (MTA) des sendenden Servers jeweils für jedes Mitglied der Gruppe den entsprechenden Homeserver des Benutzers auflösen. Im Kapitel *Exchange-Optimierung für abfragebasierte Verteilergruppen* finden Sie Hinweise, wie Ihr System optimiert werden kann.

Verteilerlisten und Gruppen   Kapitel 10

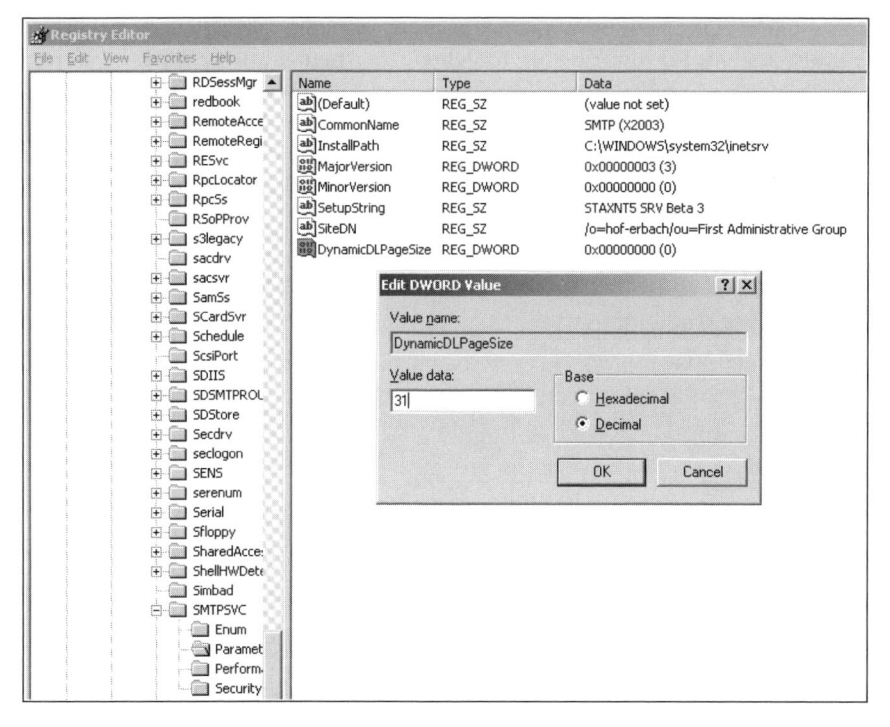

Abbildung 10.41:
Modifizieren der Registry auf Exchange 2000 Servern für die Unterstützung von abfragebasierten Verteilergruppen

4. Der Global Catalog Server führt die Abfrage der Gruppe durch und gibt das Ergebnis an den Categorizer zurück.

5. Dieser baut die Adressliste auf und schickt die E-Mail an die entsprechenden Mitglieder der Gruppe weiter.

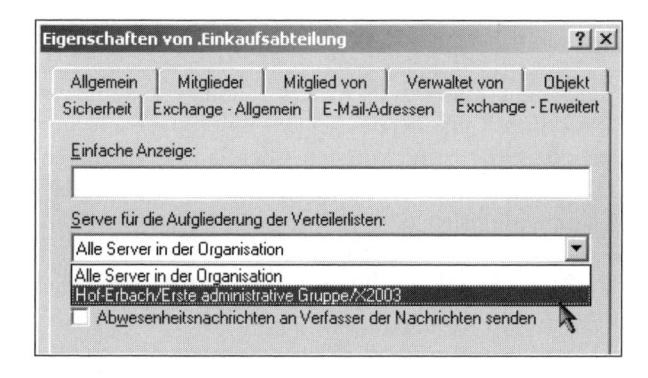

Abbildung 10.42:
Dedizierter Server zum Auflösen einer Verteilerliste

Erstellen einer neuen abfragebasierten Verteilergruppe

Abfragebasierte Verteilergruppen können nur auf Servern oder Workstations erstellt werden, auf denen der Exchange 2003 System Manager installiert wurde. Die Installation des System Managers von Exchange Server 2003 erweitert die Funktionalität des SnapIns *Active Directory-Benutzer*

Kapitel 10 Benutzerverwaltung

und -Computer. Eine neue abfragebasierte Verteilergruppe wird mit diesem SnapIn erstellt. Starten Sie zum Erstellen einer neuen abfragebasierte Verteilergruppe das SnapIn *Active Directory-Benutzer und -Computer* und navigieren Sie zu der Organisationseinheit, in der Sie diese Gruppe erstellen wollen. Klicken Sie mit der rechten Maustaste auf diese Organisationseinheit, wählen Sie NEU und dann *abfragebasierte Verteilergruppe (Query-based Distribution Group)*.

Erstellen einer einfachen abfragebasierten Verteilergruppe

Nach der Erstellung müssen Sie zunächst eine Bezeichnung und einen Alias für diese neue Gruppe definieren. Nach der Eingabe der Bezeichnung und des Alias gelangen Sie mit WEITER zur Definition des Filters für diese Gruppe.

Abbildung 10.43: Erstellen einer neuen abfragebasierten Verteilergruppe

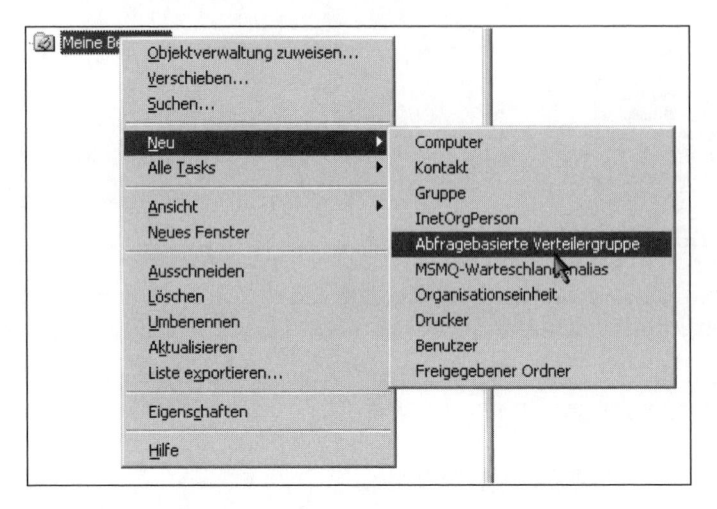

Sie können anhand des Filters beliebige dynamische Verteilergruppen anlegen. Ähnlich wie bereits bei den Empfängerrichtlinien können Sie auf vorgefertigte Filter zurückgreifen oder eigene Abfragen erstellen. Fachkundige LDAP-Administratoren können auch eine selbstdefinierte Abfrage für diese Gruppe hinterlegen.

Nach der Erstellung dieser Gruppe können Sie diese nachträglich bearbeiten.

Erstellen einer kombinierten abfragebasierten Verteilergruppe

Sie können abfragebasierte Verteilergruppen entweder einzeln oder kombiniert untereinander erstellen. So können Sie zum Beispiel eine Gruppe definieren, die alle Mitarbeiter der Niederlassung Berlin beinhaltet und eine Gruppe, die alle Mitarbeiter der EDV-Abteilung beinhaltet.

Verteilerlisten und Gruppen   Kapitel 10

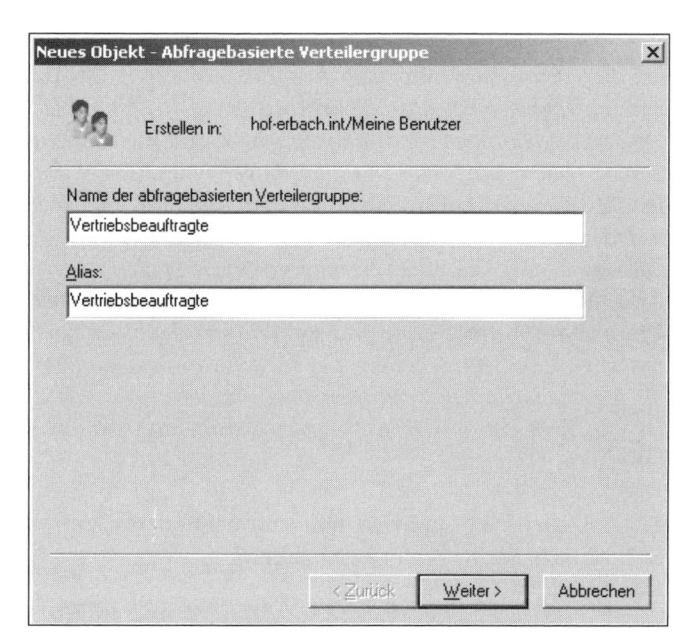

Abbildung 10.44:
Festlegen der Bezeichnung und des Alias einer neuen abfragebasierten Verteilergruppe

Abbildung 10.45:
Definition eines Filters

Wenn Sie eine neue abfragebasierte Verteilergruppe erstellen, können Sie diese mit anderen Gruppen kombinieren. Dabei ist es nicht egal, ob es sich bei diesen Gruppen wiederum um abfragebasierte Gruppen oder um statische Gruppen handelt. Exchange verbindet allerdings diese Gruppen immer mit dem *UND*-Operator.

Kapitel 10   Benutzerverwaltung

> *Wenn Sie zum Beispiel eine Gruppe erstellen, die alle Mitarbeiter in Berlin beinhaltet und eine mit allen Mitarbeitern der EDV-Abteilung, können Sie eine abfragebasierte Verteilergruppe erstellen, die diese beiden kombiniert. Diese Liste umfasst dann allerdings nur die Benutzer, die in beiden Gruppen vertreten sind, das heißt zum Beispiel alle EDV-Mitarbeiter in Berlin. In manchen Fällen kann es jedoch auch sinnvoll sein, kombinierte Gruppen mit dem ODER-Operator zu verbinden. Das würde in unserem Beispiel bedeuten, dass Sie eine Verteilergruppe erstellen, die die beiden Gruppen »alle Mitglieder in Berlin« und »alle EDV-Mitarbeiter« kombiniert. Der Unterschied besteht darin, dass bei dieser Gruppe alle Mitarbeiter in Berlin mit allen EDV-Mitarbeitern der Organisation zusammengefasst werden, da als Mitgliedschaft nur definiert wird, in der einen oder der anderen Gruppe zu sein. Um eine Oder-Abfrage zu definieren, müssen Sie folgendermaßen vorgehen:*

1. Erstellen Sie zunächst eine abfragebasierte Verteilergruppe, die alle Mitarbeiter in Berlin beinhaltet.
2. Erstellen Sie danach eine abfragebasierte Gruppe für die EDV-Mitarbeiter.
3. Erstellen Sie eine statische Verteilergruppe oder eine abfragebasierte Verteilergruppe, die diese beiden Gruppen beinhaltet.

Verwalten einer abfragebasierten Verteilergruppe

Nachdem Sie eine abfragebasierte Verteilergruppe erstellt haben, können sie deren Eigenschaften jederzeit bearbeiten und die Abfrage, die Sie hinterlegt haben, überprüfen. Rufen Sie dazu die Eigenschaften dieser Gruppe auf. Wie bei allen anderen Objekten stehen Ihnen verschiedene Registerkarten zur Verfügung, die Sie zur Verwaltung der Gruppe verwenden können. Ich gehe lediglich auf die Registerkarten ein, die sich von den anderen Objekten unterscheiden. Die restlichen Registerkarten haben bei den abfragebasierten Verteilergruppen, dieselbe Bedeutung wie bei den weiter vorne besprochenen »normalen« Verteilergruppen.

Registerkarte Allgemein

Auf dieser Registerkarte können Sie eine Beschreibung für diese Gruppe hinterlegen, sowie den Filter der Gruppe nachträglich anpassen. Hier sehen Sie auch den vom Recipient Update Service zugeteilten Alias der Gruppe. Alle Mitglieder dieser dynamischen Verteilergruppe sind per E-Mail über die definierte E-Mail-Adresse erreichbar.

Verteilerlisten und Gruppen | Kapitel 10

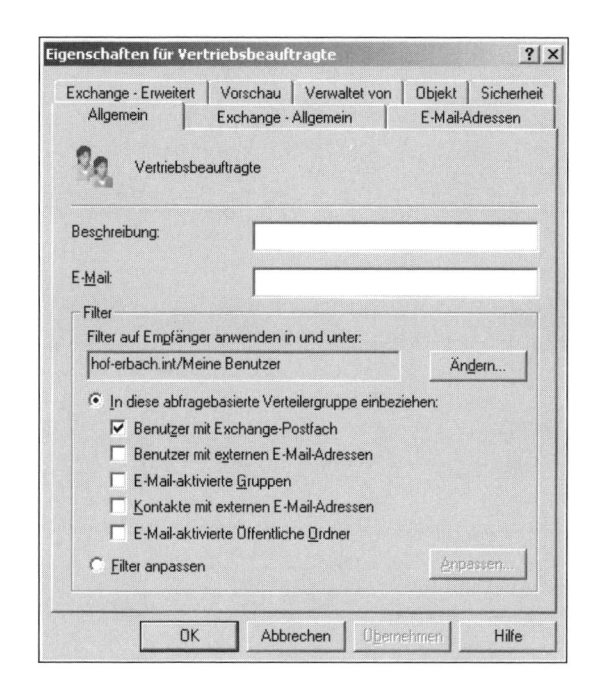

Abbildung 10.46:
Registerkarte ALLGEMEIN (GENERAL) einer abfragebasierten Verteilergruppe

Registerkarte Vorschau (Preview)

Auf der Registerkarte VORSCHAU sehen Sie zum einen eine aktuelle Vorschau der Verteilergruppe, zum anderen sehen Sie die genaue LDAP-Abfrage, die für diese Gruppe durchgeführt wird, wenn eine E-Mail an sie zugestellt wird. Mit dieser Vorschau können Sie auch feststellen, wie lange diese Abfrage dauert, bis ein Ergebnis zurückgegeben wird. Den hier dargestellten LDAP-Ausdruck können Sie aus dem Dialog kopieren und als Vorlage für eigene Filter verwenden.

Exchange 2003 führt für jede E-Mail, die an eine abfragebasierte Verteilergruppe zugestellt wird, eine neue Abfrage an den globalen Katalog durch. Je nach Komplexität der Abfrage und Größe Ihrer Organisation kann eine solche Abfrage unterschiedlich lange dauern.

Exchange Optimierung für abfragebasierte Verteilergruppen

Bei einer hohen Anzahl von abfragebasierten Verteilergruppen oder bei vielen Benutzern kann es sinnvoll sein, Ihr Exchange-System für die Arbeit mit abfragebasierten Gruppen zu optimieren.

Kapitel 10 Benutzerverwaltung

Abbildung 10.47:
Registerkarte VORSCHAU einer abfragebasierten Verteilergruppe

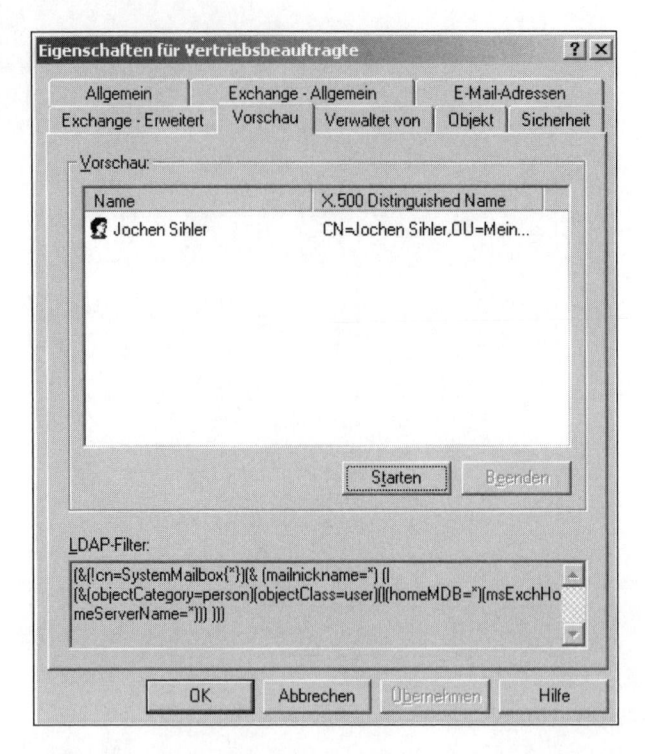

Definieren eines dedizierten Servers zum Auflösen von Verteilergruppen

Wenn Sie eine E-Mail über eine Gruppe versenden, deren Mitglieder über mehrere Exchange Server innerhalb Ihrer Organisation verteilt sind, muss der Message Transfer Agent (MTA) des sendenden Servers jeweils für jedes Mitglied der Gruppe den entsprechenden Homeserver des Benutzers auflösen. Bei einer großen Anzahl an Gruppenmitgliedern, vielen Gruppen und zahlreichen E-Mails, die über Gruppen verschickt werden, kann es aus Performancegründen sinnvoll sein, einen dedizierten Exchange Server zu konfigurieren, der vielleicht sonst keine allzu großen Aufgaben hat. Dadurch werden Server mit vielen Postfächern deutlich entlastet.

Abbildung 10.48:
Definieren eines dedizierten Servers zum Auflösen von Verteilergruppen

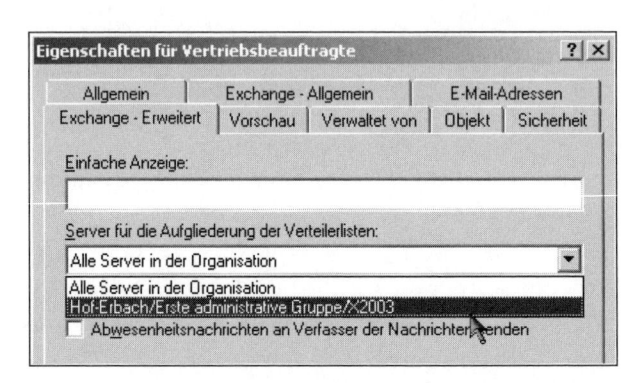

Sie können für jede Verteilergruppe einen Server definieren, der zum Auflösen der einzelnen Gruppenmitglieder verwendet wird. Wirklich lohnenswert ist dies allerdings nur bei entsprechend großen Gruppen mit vielen Mitgliedern.

Indizieren des Active Directory

Eine weitere Möglichkeit zur Optimierung ist die Indizierung der Attribute im Active Directory, die Sie zum Aufbau der abfragebasierten Verteilergruppen verwenden. Um die Indizierung für einzelne Attribute des Active Directory zu aktivieren, benötigen Sie das SnapIn *Active Directory Schema*. Dieses SnapIn wird standardmäßig nicht in der Verwaltungskonsole angezeigt. Sie müssen daher für das SnapIn eine eigene Management-Konsole erstellen oder es in eine vorhandene Konsole integrieren. Gehen Sie dabei vor, wie bei allen anderen SnapIn, die Sie einer Konsole hinzufügen.

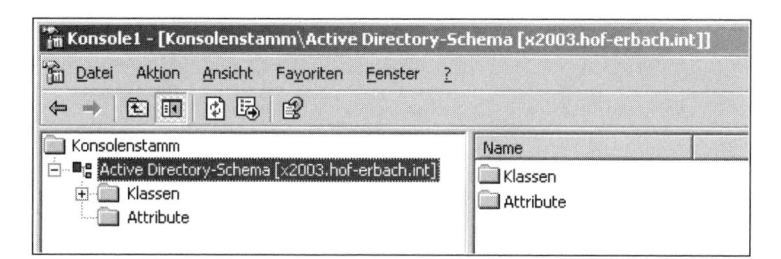

Abbildung 10.49:
Hinzufügen des SnapIns *Active Directory Schema* einer Management-Konsole

Sollte das SnapIn in der Auswahl nicht zur Verfügung stehen, müssen Sie zuvor noch das Adminpak für Windows 2003 installieren. Sie finden dieses Adminpak unter *windows\system32\adminpak.msi* auf Ihrem Windows 2003 Server. Nach der Installation steht Ihnen das SnapIn *Active Directory Schema* bei der Auswahl der SnapIns in einer Management-Konsole zur Verfügung, nicht jedoch in der Programmgruppe für die Verwaltung. Sie müssen bei der Arbeit mit dem SnapIn sehr sorgfältig vorgehen, da Sie direkt in die Active Directory-Datenbank eingreifen. Bei einem Fehler bei der Arbeit mit dem SnapIn besteht die Gefahr, dass Sie Ihr Active Directory dauerhaft beschädigen. Nachdem Sie das SnapIn hinzugefügt haben, können Sie Ihr Active Directory-Schema aufrufen.

Rufen Sie die Eigenschaften der einzelnen Attribute auf, die Sie für Ihre LDAP-Abfragen verwenden und aktivieren Sie den Haken bei der Option *Index this attribute in the Active Directory*. Dadurch werden die Werte der Benutzer für dieses Attribut indiziert und können viel schneller durch Abfragen aller Art aufgerufen werden. Durch diese Indizierung können Sie die Abfragen Ihrer Verteilergruppe deutlich beschleunigen.

Abbildung 10.50:
Indizieren einzelner Attribute des Active Directory

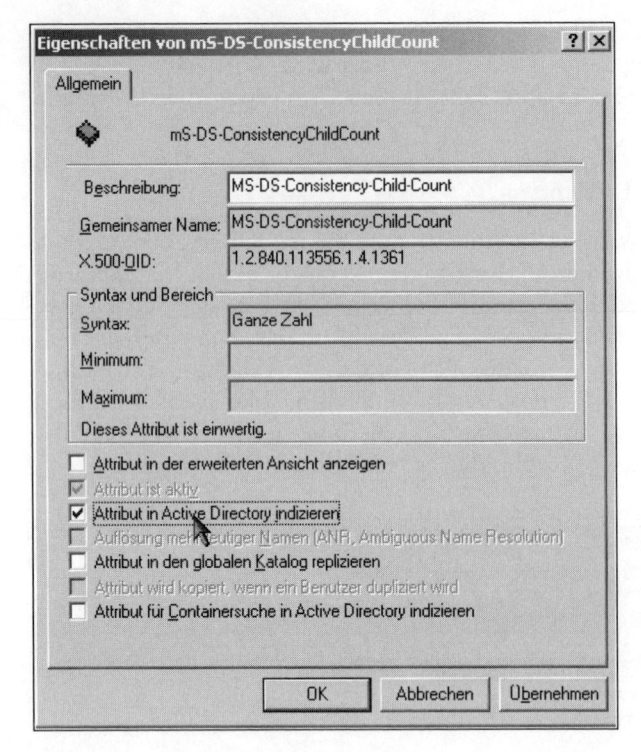

10.6 Adresslisten

Wenn Ihre Benutzer E-Mails an andere Benutzer innerhalb der Organisation oder auch nach Extern verschicken, werden Sie die E-Mail-Adresse der Empfänger normalerweise nicht manuell eingeben, sondern die Namen aus den Adresslisten auswählen. Adresslisten sind unter Exchange 2003 im Prinzip statische Abfragen auf das Active Directory mit bestimmten Werten für Benutzer. Die verschiedenen Adresslisten können von den Benutzern in Outlook angezeigt werden. Sie verwalten die Adresslisten im Exchange System Manager unterhalb des Menüpunktes EMPFÄNGER.

Standardadresslisten

Nach der Installation von Exchange 2003 stehen Ihnen standardmäßig bereits fünf Adresslisten zur Verfügung, die von Exchange selbstständig gepflegt werden. Sie müssen keine Konfigurationen durchführen, wenn Sie einen neuen Benutzer, einen neuen öffentlichen Ordner, einen Kontakt oder eine neue Verteilerliste anlegen. Der Recipient Update Service nimmt den oder die neuen Benutzer automatisch in die entsprechenden Adresslisten mit auf.

Adresslisten

Abbildung 10.51:
Alle Standaradresslisten in Exchange 2003

```
Alle Adresslisten
    Alle Benutzer
    Alle Gruppen
    Alle Kontakte
    Öffentliche Ordner
Alle Globalen Adresslisten
    Globale Standardadressliste
```

Zu den bereits systemseitig erstellen Adresslisten können Sie jederzeit neue hinzufügen. Meistens verwenden die Benutzer die *Globale Standardadressliste*, da diese alle E-Mail-Empfänger der Organisation enthält. Sie können jederzeit überprüfen, welche Benutzer Mitglied einer Adressliste sind, indem Sie deren Eigenschaften aufrufen. Auf der Registerkarte ALLGEMEIN sehen Sie zunächst, mit welcher LDAP-Abfrage die Adressliste gefüllt wird. Mit der Schaltfläche VORSCHAU können Sie sich anzeigen lassen, welche Benutzer diese Adressliste enthält. Benutzer können Mitglied mehrerer Adresslisten sein.

Benutzerdefinierte Adresslisten

Um eine neue Adressliste zu erstellen, klicken Sie mit der rechten Maustaste auf das Menü ALLE ADRESSLISTEN. Wenn Sie eine neue benutzerdefinierte globale Adressliste erstellen wollen, klicken mit der rechten Maustaste auf ALLE GLOBALEN ADRESSLISTEN. Im nächsten Fenster legen Sie zunächst den Namen der neuen Adressliste fest. Dieser Name wird den Benutzern in Outlook angezeigt. Legen Sie einen Namen fest, der es den Benutzern leicht macht, festzustellen, welche Empfänger in dieser Adressliste enthalten sind.

Ebenfalls in diesem Fenster legen Sie mit einem Filter fest, welche Benutzer in dieser Adressliste aufgenommen werden. Nachdem Sie den Filter definiert haben, werden die Benutzer in die Adressliste mit aufgenommen, auf die dieser Filter zutrifft. Auch diese Funktion übernimmt wieder der Recipient Update Service. Je nach Serverbelastung kann dieser Vorgang etwas Zeit in Anspruch nehmen.

Offline-Adresslisten

Zusätzlich zu den Standard- und benutzerdefinierten Adresslisten können Sie Offline-Adresslisten erstellen und verwalten. Diese Offline-Adresslisten können von Benutzern in Outlook heruntergeladen werden und stehen, wie der Name bereits vermuten lässt, offline zur Verfügung. Dadurch erhalten Benutzer, die nicht ständig Verbindung zum Netzwerk haben (beispielsweise mobile Nutzer mit einem Notebook), die Möglichkeit E-Mails zu schreiben und dabei das Adressbuch Ihrer Exchange-Organisation zu verwenden. Wenn sich ein Benutzer mit Outlook wieder mit dem Netzwerk verbindet, wird die E-Mail automatisch aus dem Postausgang verschickt.

Kapitel 10   Benutzerverwaltung

Abbildung 10.52:
Eigenschaften einer Adressliste

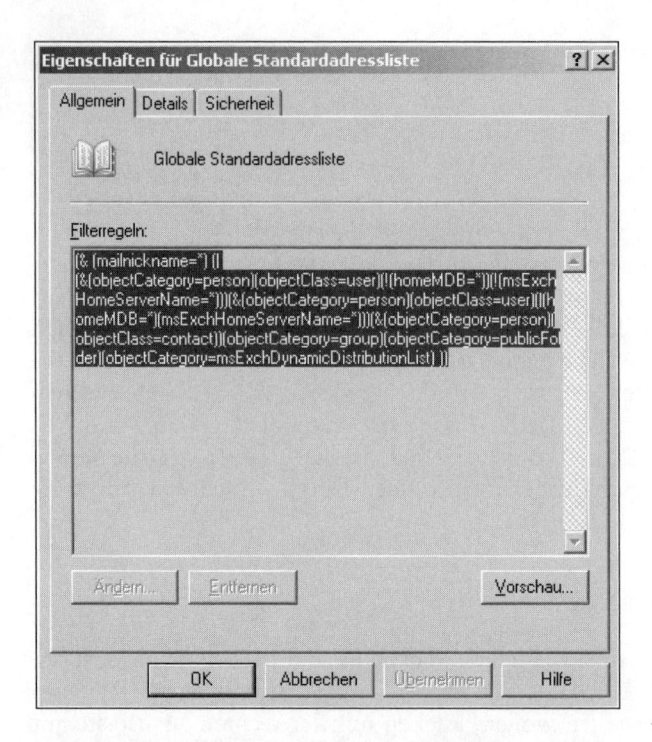

Nach der Installation von Exchange 2003 steht Ihnen bereits eine Offline-Adressliste zur Verfügung. Wie bei den Standardadresslisten können Sie jederzeit weitere und neue Adresslisten erzeugen, die Benutzer herunterladen können. Jedem Informationsspeicher auf Ihren Exchange Servern wird eine Offline-Adressliste angeboten, die Benutzer herunterladen können. Benutzer können jederzeit weitere Offline-Adresslisten herunterladen, die Standard-Offline-Adressliste eines Postfachspeichers wird lediglich zuerst zum Download angeboten. Sie konfigurieren die Standard-Offline-Adressliste eines Postfachspeichers in dessen Eigenschaften auf der Registerkarte ALLGEMEIN.

Die erste standardmäßig erstellte Offline-Adressliste wird aus dem globalen Adressbuch aufgebaut.

Neue Offline-Adresslisten

Um weitere Offline-Adresslisten zu erstellen, klicken Sie mit der rechten Maustaste auf den Menüpunkt OFFLINE-ADRESSLISTEN. Im Gegensatz zu den benutzerdefinierten Adresslisten müssen Sie für neue Offline-Adresslisten keine Filterregel definieren, mit der diese erstellt werden.

Adresslisten Kapitel 10

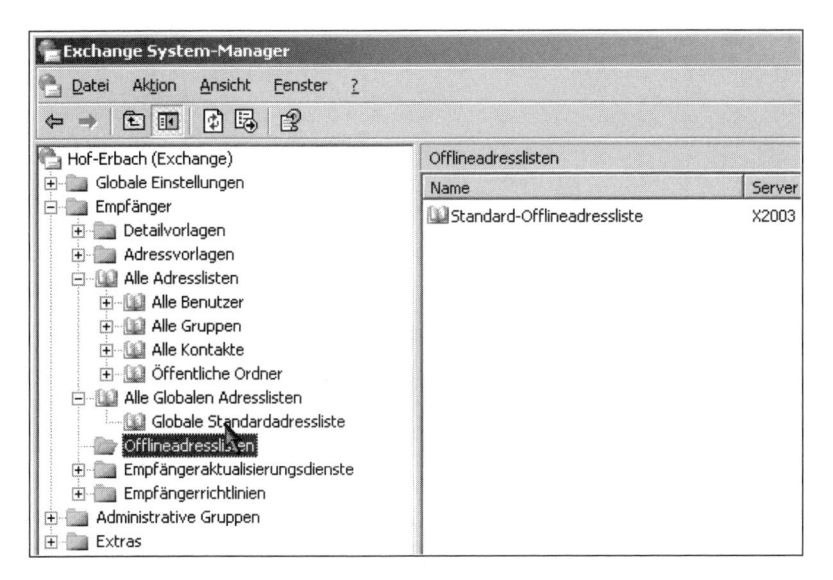

Abbildung 10.53:
Offline-Adresslisten in Exchange 2003

Beim Erstellen einer neuen Offline-Adressliste müssen Sie lediglich festlegen, aus welchen Adresslisten diese neue Offline-Adressliste aufgebaut werden soll. Bevor Sie jedoch auswählen, welche Adresslisten zur Erstellung der Offline-Adressliste verwendet werden, müssen Sie festlegen, auf welchen Exchange Servern diese Offline-Adressliste gespeichert wird. Wenn Benutzer sich eine Offline-Adressliste heruntergeladen haben, werden Sie mit dem nächsten Server verbunden, der zur Verfügung steht. Es ist nicht zwingend notwendig, dass Sie eine Offline-Adressliste auf jedem Exchange Server Ihrer Organisation speichern lassen. Es ist jedoch sinnvoll, zumindest auf einem Exchange Server jeder Routinggruppe diese Offline-Adressliste zu speichern, sofern in den jeweiligen Routinggruppen einige Benutzer Bedarf an Offline-Adresslisten haben.

11 Diagnose und Überwachung

Neben der Einrichtung und Konfiguration eines Exchange Servers gehören die Überwachung und die Diagnose eventueller Fehlermeldungen zu den regelmäßigen Aufgaben eines Exchange-Administrators. Exchange ist im Hinblick auf den Zugriff auf das Active Directory und seiner Datenbank ein sehr empfindliches System. Wenn Sie Ihre Exchange Server regelmäßig überwachen und auch kleineren Fehlern auf den Grund gehen, werden diese dagegen deutlich länger und stabiler laufen. Zu diesen Aufgaben gehören das regelmäßige Beobachten der Ereignisanzeigen, die Diagnose-Tools, die Microsoft mit Exchange 2003 bereits ausliefert, die Überwachung einzelner Dienste und das Nachrichtentracking, mit dessen Hilfe Sie den Nachrichtenfluss Ihrer Organisation ständig im Auge behalten und Fehler sofort erkennen können. Auch der Systemmonitor ist ein Bereich, der in diesem Kapitel besonders erläutert wird. Im Folgenden werden diese drei Bereiche und ihre einzelnen Möglichkeiten erläutert. Wenn Sie diese Tätigkeiten regelmäßig durchführen, können Sie schon fast sicher sein, dass Ihre Exchange Server dauerhaft und stabil laufen werden.

11.1 Ereignisanzeigen und Fernwartung

Exchange 2003 ist schon wie sein Vorgänger Exchange 2000 deutlich »gesprächiger« als die Vorversionen Exchange 4 – 5.5. Schon standardmäßig schreibt ein Exchange 2003 Server zahlreiche Erfolgs-, Warn- und Fehlermeldungen in das Anwendungsprotokoll des Servers. In den anderen Ereignisanzeigen werden vorwiegend Einträge von Windows vorgenommen. Sie sollten aber dennoch auch diese Einträge ständig beobachten. Die Arbeit mit den Ereignisanzeigen ist eine der wichtigsten Tätigkeiten eines Exchange-Administrators. Sie können hier schon frühzeitig Fehler erkennen und beheben, die im Laufe der Zeit immer schwerwiegender werden würden. Das geht los bei fehlerhaften E-Mail-Zustellungen, Problemen des Recipient Update Services sowie Fehlern und Inkonsistenzen in der Datenbank. Beobachten Sie regelmäßig diese Ereignisanzeigen. Es ist normal, dass bei der regelmäßigen Pflege Ihres Servers neben den Erfolgsmeldungen auch Warn- und Fehlermeldungen mitgeschrieben werden, Sie sollten jedoch jede Fehlermeldung genau analysieren und beobachten.

Bedeutung der Ereignisanzeigen

Zunächst gehen wir die Bedeutung und den Inhalt der einzelnen Ereignisanzeigen durch, bevor wir zur Fehlererkennung und zur Fehlerbehebung übergehen.

Anwendungsprotokoll

Das Anwendungsprotokoll gehört auf Exchange Servern zu den wichtigsten Anzeigen, die Sie überwachen sollten. Exchange schreibt alle Meldungen seiner Arbeit in dieses Protokoll. Dabei werden sowohl Erfolgsmeldungen als auch Warn- und Fehlermeldungen protokolliert. In diesem Protokoll werden auch die Meldungen aller Applikationen und Tools gespeichert, die bei der Arbeit mit Exchange 2003 zusammenarbeiten. Zu diesen Tools gehören zum Beispiel der Active Directory Connector oder Ihr Virenscanner und Ihre Datensicherung.

Sicherheitsprotokoll

In diesem Protokoll werden die An- und Abmeldeaktivitäten an einem Server festgehalten. Abhängig von den Überwachungseinstellungen, die Sie in Ihren Gruppenrichtlinien für Server aktiviert haben, werden hier mehr oder weniger Einträge geschrieben. Anhand des Protokolls können Sie zudem schnell erfolgreiche, aber auch erfolglose Anmeldungsversuche an Postfächer auf dem Server erkennen. Eine Vielzahl von schnell aufeinander folgenden Fehlversuchen kann auf einen Bruce Force-Angriff auf Ihre Benutzernamen und Kennwörter hindeuten.

Systemprotokoll

Auch dieses Protokoll sollten Sie nicht nur auf Exchange Servern regelmäßig beobachten. In dieses Protokoll werden von Windows alle Meldungen geschrieben, die systemseitig erfolgt sind. Auch hier können Sie recht frühzeitig Fehler und sogar Festplattendefekte erkennen. In das Systemprotokoll wird bei Windows 2003 und Windows 2000 ein Vielfaches an Fehlermeldungen geschrieben, als von Windows NT. Viele dieser Meldungen können vernachlässigt werden, während andere, auch wenn Sie harmlos aussehen, auf zukünftige oder sogar aktuelle Probleme hinweisen.

Diese drei Ereignisanzeigen finden Sie auf allen Exchange Servern, aber auch auf anderen Mitgliedsservern und Workstations ab Windows NT. Wenn Sie Exchange 2003 auf einem Domänen-Controller installiert haben, finden Sie in der Ereignisanzeige weitere Protokolle, die Sie regelmäßig beobachten sollten. Diese Protokolle werden auf allen Domänen-Controllern erstellt und sollten, wie die Ereignisanzeigen der Exchange Server, überwacht werden. Durch die Integration des Exchange-Verzeichnisses in das Active Directory spielt die stabile Lauffähigkeit von Domänen-Controllern eine noch größere Rolle als bereits bei Exchange 5.5.

Ereignisanzeigen und Fernwartung   Kapitel 11

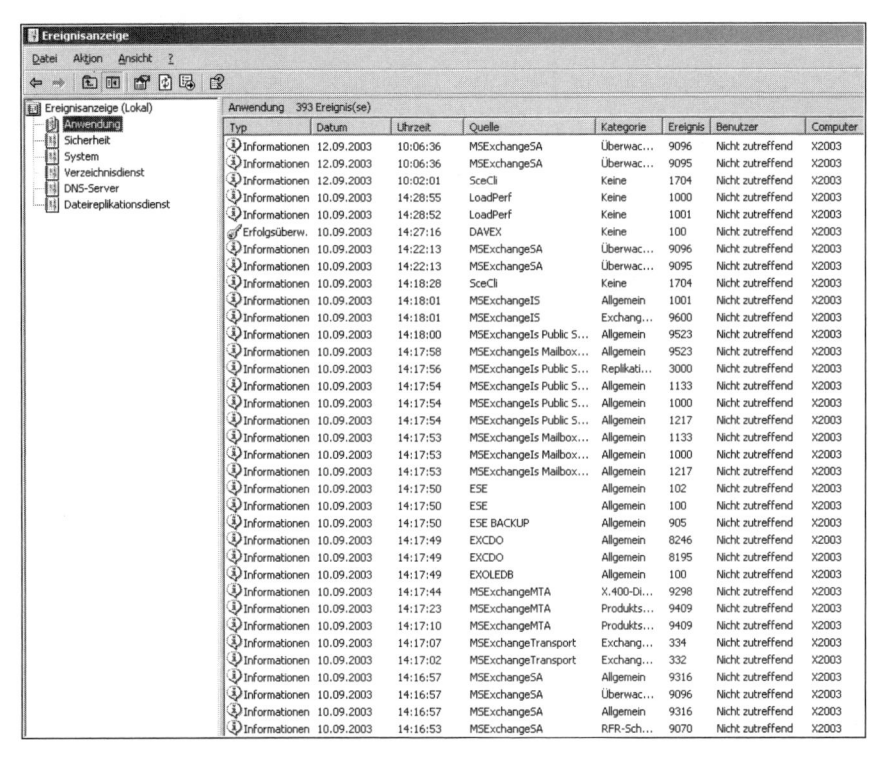

Abbildung 11.1:
Anwendungsprotokoll nach dem erfolgreichen Start eines Exchange Servers

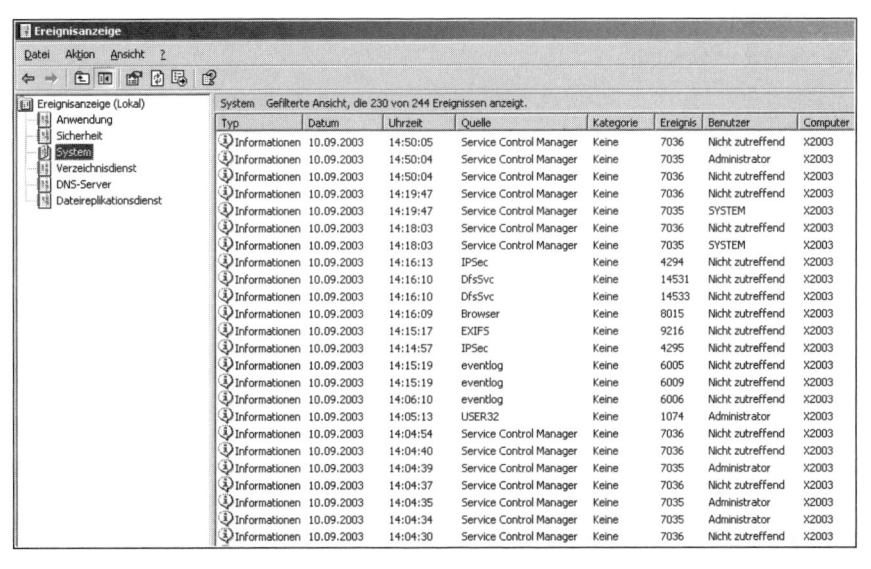

Abbildung 11.2:
Systemprotokoll eines Exchange Servers

Wenn Ihre Active Directory-Domäne Probleme bereitet, werden sich diese noch schneller auf Exchange auswirken als bisher.

Verzeichnisdienst (Directory Service)

Hier speichert ein Active Directory-Domänen-Controller alle Meldungen des Active Directory. Hauptsächlich werden hier Meldungen bezüglich der Replikation mit anderen Domänen-Controllern gesammelt. Fehlermeldungen in diesem Protokoll sollten immer sehr ernst genommen und sofort untersucht werden. Hier werden auch der Start und die Erfolgsmeldungen der Active Directory-Datenbank, die Online-Defragmentation und sonstige Meldungen bezüglich des Active Directory festgehalten.

DNS-Server

In diesem Protokoll werden alle Meldungen des DNS-Servers geschrieben. Da DNS eine tragende Rolle für das Active Directory spielt, werden diese Meldungen in ein eigenes Protokoll geschrieben. Auch diese Ereignisanzeige sollten Sie regelmäßig beobachten. Hier werden vor allem der erfolgreiche oder erfolglose Start des DNS-Dienstes oder fehlerhafte DNS-Auflösungsversuche festgehalten. Auch Zonentransfers von und zu anderen DNS-Servern werden in diesem Protokoll festgehalten.

Dateireplikationsdienst

In diesem Protokoll speichert Windows alle Meldungen des Dateireplikationsdienstes (FRS). Hauptsächlich wird dieser Dienst zur Replikation der Netlogon- und Sysvol-Verzeichnisse verwendet. Dieses Protokoll hat zwar sicherlich keine so hohe Bedeutung wie die anderen, sollte aber dennoch dauerhaft überwacht werden.

Vorbereitungen

Damit Sie vernünftig mit den Ereignisanzeigen arbeiten können, sollten Sie zunächst einige Vorbereitungen treffen und Einstellungen an den Ereignisanzeigen vornehmen. Diese Einstellungen sind mehr als Feintuning und sollten generell für alle Exchange Server oder besser überhaupt für alle Server Ihrer Windows-Gesamtstruktur eingestellt werden.

Terminal-Dienste und Fernwartung

Eine der ersten Arbeiten auf einem Exchange Server besteht in der Aktivierung der Terminal-Dienste unter Windows 2003 beziehungsweise in der Installation der Terminal-Dienste unter Windows 2000. So können Sie schnell die Ereignisanzeigen überwachen und sich mit den Terminal-Diensten mit Ihrem Exchange Server verbinden. Die Arbeit mit den Terminal-Diensten ist zudem um einiges schneller und effizienter in der Administration als andere Fernwartungstools, wie Dameware oder VNC. Sie müssen allerdings beachten, dass bei Terminal-Sitzungen keine Fehlermeldungen erscheinen, die auf der Konsole vor dem Server erscheinen würden. Diese können Sie allerdings im Anwendungsprotokoll nachverfolgen. Aus Sicherheitsgründen sollten Sie es vermeiden, täglich mit dem Account zu arbeiten, mit dem Sie den Server installiert haben. Jeder Administrator in einer Gruppe von Administratoren sollte seinen eigenen Account haben, mit dem er seine Arbeit verrichtet, und am besten ist dies nicht der Account, mit dem er im Netz surft oder Mails liest. Sie können sich unter Windows 2000 beziehungsweise Windows 2003 mit drei Benutzern gleichzeitig auf einem Server anmelden, eine Anmeldung an der Konsole und zwei über den Terminaldienst. Wenn Sie sich an der Konsole als Admin angemeldet und den Bildschirme gesperrt haben, können sich zwei weitere Administratoren mit den Terminal-Diensten verbinden. Sie müssen diese Art der Verbindung nicht besonders lizenzieren. Terminal-Server-CALs werden nur benötigt, wenn Sie die Terminal-Server-Dienste unter Windows 2000 oder Windows 2003 im Applikationsmodus installieren, die Remote-Verwaltung ist davon befreit.

Installieren Sie immer die Terminal-Dienste unter Windows 2000 mit, und denken Sie daran, den passenden Client auf Ihren Arbeitsplatzrechnern zu installieren. Auf die etwas veränderte Arbeit mit den Terminal-Diensten unter Windows 2003 gehe ich weiter unten ein.

Es schadet daher nicht, wenn Sie zusätzlich zu den Terminal-Diensten eine andere Fernwartungssoftware, wie zum Beispiel VNC installieren. Sie haben jederzeit die Möglichkeit, mit zwei Varianten Verbindung zu dem Server aufzunehmen. Eine weitere sehr gute Fernwartungsmöglichkeit ist die Software Dameware. Diese Software ist darüber hinaus eine gute Variante zur Überwachung Ihrer Server ohne Verbindung mit den Terminal-Diensten aufnehmen zu müssen. Mit Dameware können Sie den Status von Diensten sowie die Ereignisanzeigen überwachen. Der Client für Dameware ist darüber hinaus sehr klein und kein »Monster« wie PC Anywhere. Ein weiterer Vorteil besteht darin, dass Sie den Client nicht vor der Remote-Verwaltung installieren müssen, sondern diesen mit der Serversoftware auf den Remote Client pushen und starten können. Nach der Fernwartung können Sie diesen wieder deinstallieren lassen. Auch die Lizenzierung ist sehr attraktiv, da Sie keine Clients lizenzieren müssen, wie bei PC Anywhere, sondern nur viele Administratoren die Software installiert haben. Schauen Sie sich Dameware einfach mal im Internet unter http://www.dameware.de an. Ich verwende zur Remote-Verwaltung fast ausschließlich Dameware und die Terminal-Dienste und nur sehr selten VNC. PC Anywhere verwende ich auf Grund des Preises und der Größe und Komplexität des Clients überhaupt nicht mehr.

Terminal-Dienste unter Windows 2003

Unter Windows 2000 konnten Sie bei der Installation der Terminal-Dienste auswählen, mit welchem Modus diese installiert werden sollten. Sie können die Installation der Terminal-Dienste unter Windows 2000 jederzeit über

Kapitel 11 Diagnose und Überwachung

die SYSTEMSTEUERUNG/SOFTWARE/WINDOWS-KOMPONENTEN nachholen. Der Server muss nach der Installation zur Aktivierung der Terminal-Dienste neu gestartet werden. Ohne diesen Neustart können Sie keine Verbindung mit dem Server aufnehmen.

NEU

Die Remote-Verwaltung unter Windows 2003 wurde dagegen verändert. Die Terminal-Dienste werden unter Windows 2003 immer im Applikationsmodus installiert. Wenn Sie die Remote-Verwaltung aktivieren wollen, müssen Sie wie bei Windows XP vorgehen.

Abbildung 11.3:
Aktivierung der Terminal-Dienste unter Windows 2003

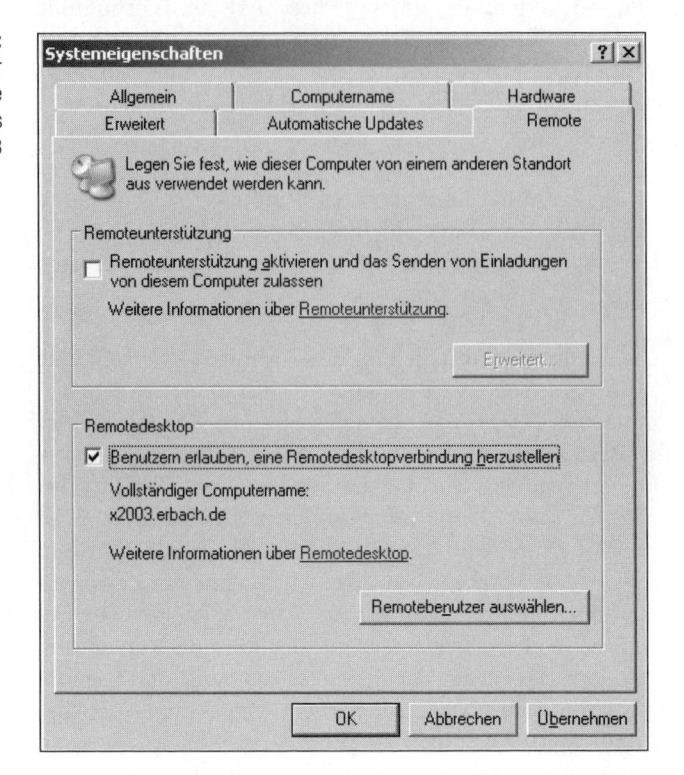

Rufen Sie zunächst die Eigenschaften des Arbeitsplatzes auf und wechseln zur Registerkarte REMOTE. Setzen Sie danach den Haken bei BENUTZERN ERLAUBEN, EINE REMOTEDESKTOPVERBINDUNG HERZUSTELLEN (ALLOW USERS TO CONNECT REMOTELY TO THIS COMPUTER). Wenn Sie diesen Haken setzen, dürfen Benutzer sich mit dem Desktop verbinden. Dabei erlaubt Windows 2003 ausschließlich den Benutzern, die sich in der lokalen Administratoren-Gruppe des Servers befinden den Zugriff. Da der Exchange Server Mitglied einer Domäne ist, befinden sich in dieser Gruppe auch die Domänen-Administratoren der Domäne, allerdings keine weiteren Benutzer. Um weiteren Benutzern Zugriff zu gestatten, müssen diese entweder in die lokale Administratoren-Gruppe aufgenommen werden oder die Erlaubnis erhalten sich zu verbinden. Auch diese Einstellung können Sie auf dieser Registerkarte vornehmen. Sie müssen den Server zur Aktivierung dieser Dienste im Gegensatz zu Windows 2000 nicht neu starten.

Client für Terminal-Dienste unter Windows 2000 und Windows 2003

Als Nächstes stellt sich die Frage, welchen Client Sie zur Verbindungsaufnahme mit den Terminal-Diensten verwenden. Für Windows Server 2003 und Windows 2000 Server befindet sich der Client auf der Festplatte des Servers im Verzeichnis system32\clients\tsclient. Sie können diesen Client auf allen Systemen ab Windows 95 installieren, um Verbindung mit dem Server aufzunehmen. In Windows 2003 und Windows XP wird dagegen der Client für die Terminal-Dienste bereits mitgeliefert und mitinstalliert. Sie finden diesen Client unter START/PROGRAMME/ZUBEHÖR/KOMMUNIKATION/REMOTE-DESKTOPVERBINDUNG. Der Client von Windows XP hat gegenüber dem Client von Windows 2000 einige Vorteile. So bietet er die Möglichkeit die Terminal-Server-Sitzung im Vollbild durchzuführen, unterstützt mehr Farben und Optionen, ist viel schneller und muss vor allem nicht erst installiert werden.

Sie können den Terminal-Server-Client von Windows XP und Windows 2003 auch unter Windows 2000 ohne Probleme einsetzen. Ein sehr großer Vorteil besteht darin, dass Sie diesen nicht installieren, sondern lediglich die beiden Dateien mstsc.exe und mstscax.dll von einem Windows XP oder Windows 2003 Server auf Ihren Rechner kopieren müssen. Wenn Sie eine Verknüpfung auf die exe-Datei legen oder diese doppelt anklicken, können Sie mit dem Client wie unter Windows XP oder Windows 2003 arbeiten.

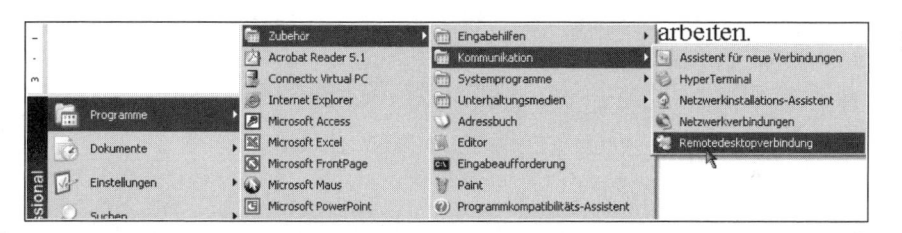

Abbildung 11.4:
Terminal-Client unter Windows XP

Ich arbeite immer eher mit dem Exchange System Manager oder anderen Tools auf den Servern, als auf einer Arbeitsstation. Sie können sicher sein, dass Änderungen sofort durchgeführt werden. Die Arbeit mit den Terminal-Diensten ist außerdem mittlerweile so schnell wie die Arbeit lokal. So können Sie sich die Installation von Systemverwaltungstools auf Administrator-Rechnern sparen und trotzdem Ihre Aufgaben schnell erfüllen.

Ereignisanzeigen

Nachdem Sie sichergestellt haben, dass Sie Verbindung zu Ihren Servern aufbauen können, sollten Sie auch noch die Einstellungen der Ereignisanzei-

Kapitel 11 Diagnose und Überwachung

gen überprüfen. Sie können hier für jeden einzelnen Exchange Server, Domänen-Controller oder anderen Server Einstellungen bezüglich der Größe und Arbeit der Ereignisanzeigen einstellen, oder zentral mit Gruppenrichtlinien arbeiten.

Desktop-Verknüpfung

Zunächst sollten Sie auf allen Servern eine Desktop-Verknüpfung der Ereignisanzeige anlegen, damit Sie immer schnell einen Blick darauf werfen können, ohne sich ständig durch das Startmenü hangeln zu müssen.

> **:-) TIPP**
>
> *Ich starte die Ereignisanzeige oft über Start/ausführen/eventvwr. Dieser Weg ist oft schneller, wenn keine Desktop-Verknüpfung der Ereignisanzeige erstellt wurde.*

Vergrößerung der Ereignisanzeigen

Standardmäßig sind die Ereignisanzeigen nicht für eine vernünftige Administration ausgelegt. Sie können die Eigenschaften der einzelnen Protokolle der Ereignisanzeigen aufrufen, wenn Sie mit der rechten Maustaste auf das Protokoll klicken und die Eigenschaften aufrufen.

Abbildung 11.5: Standardeinstellungen der Ereignisanzeige

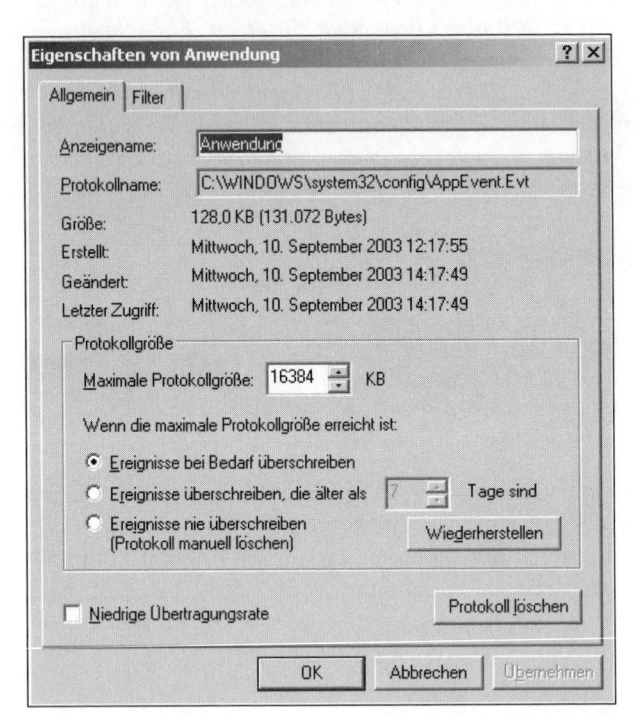

Sie sollten hier zunächst die Größe aller Ereignisanzeigen auf mindestens 4 MB oder höher setzen sowie die Option EREIGNISSE NACH BEDARF ÜBERSCHREIBEN aktivieren. Dadurch ist sichergestellt, dass Meldungen über einen längeren Zeitraum aufbewahrt werden und dennoch im Bedarfsfall überschrieben werden können. Der Festplattenbedarf hält sich ebenfalls in Grenzen, da in heutigen Zeiten mehrere MB für Ereignisanzeigen kaum mehr ins Gewicht fallen.

Diese Einstellungen müssen Sie jedoch für jedes Protokoll und für jeden Server vornehmen. Bei einer größeren Anzahl an Servern kann es durchaus sinnvoll sein, diese Einstellungen mit einer Gruppenrichtlinie zu steuern. Dadurch ist sichergestellt, dass alle Server dieselben Einstellungen bekommen und neue Server sofort angepasst werden. In den Gruppenrichtlinien ändern Sie zum Beispiel auch die Einstellungen bezüglich der Überwachung Ihrer Server und des Sicherheitsprotokolls.

Gruppenrichtlinien für Ereignisanzeigen

Sie können die Gruppenrichtlinie für die einzelnen Ereignisanzeigen entweder auf eine definierte Organisationseinheit anwenden oder auf die gesamte Domäne und somit auch für Ihre Arbeitsstationen. Die Einstellungen nehmen Sie mit dem Tool Sicherheitsrichtlinien für Domänen beziehungsweise Sicherheitsrichtlinien für Domänen-Controller vor.

Einstellungen der Ereignisanzeigen

Wenn Sie die definierte Gruppenrichtlinie bearbeiten, finden Sie die Einstellungen für die Ereignisanzeigen und deren Größe unter COMPUTERKONFIGURATION/WINDOWS-EINSTELLUNGEN/SICHERHEITSEINSTELLUNGEN/EREIGNISPROTOKOLL. Wie Sie in der Abbildung sehen, können Sie hier alle Einstellungen treffen, die Sie auch lokal einstellen können, mit dem Unterschied, dass diese Richtlinien auf alle Rechner innerhalb der Organisationseinheit oder Domäne angewendet werden.

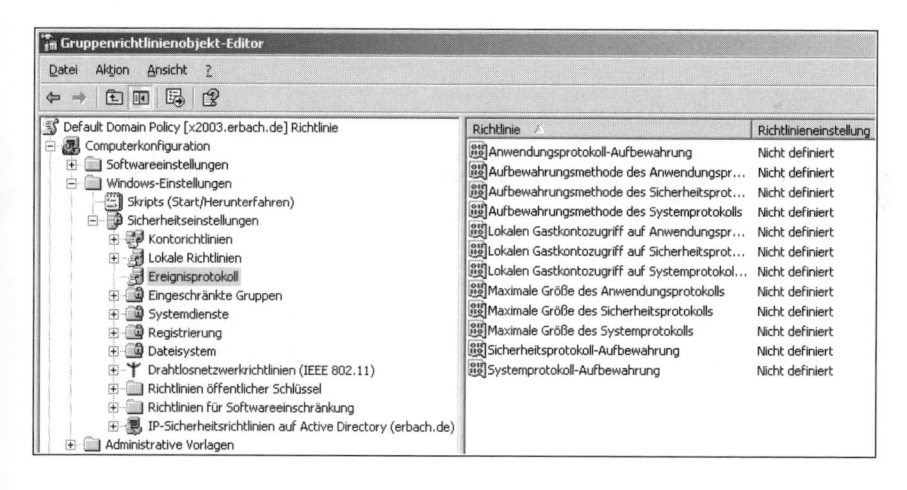

Abbildung 11.6:
Gruppenrichtlinie für Ereignisanzeige

Kapitel 11 Diagnose und Überwachung

Sie können neue Gruppenrichtlinien erstellen oder eine vorhandene bearbeiten, wenn Sie die Eigenschaften der Domäne oder der Organisationseinheit im SnapIn *Active Directory-Benutzer und -Computer* aufrufen und auf die Registerkarte GRUPPENRICHTLINIE wechseln. Für die Domäne wird bereits standardmäßig eine erste Richtlinie erstellt, für neue Organisationseinheiten, müssen Sie diese zunächst erstellen. Sie können allerdings nicht für die bereits vom System angelegten Organisationseinheiten wie Benutzer oder Computer Gruppenrichtlinien erstellen. Wenn Sie solche Richtlinien lediglich auf einzelne Server anwenden wollen, müssen Sie die Server zunächst in eine neu erstellte Organisationseinheit verschieben, zum Beispiel mit der Bezeichnung »Server«.

Abbildung 11.7: Standardmäßig erstellte Gruppenrichtlinie für eine Windows 2003-Domäne

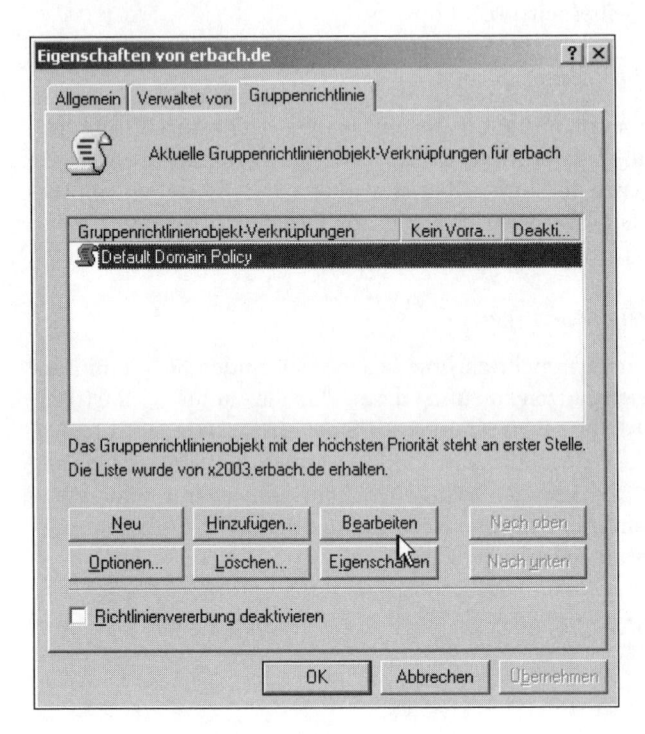

Um eine Gruppenrichtlinie zu bearbeiten, müssen Sie auf die Schaltfläche BEARBEITEN (EDIT) klicken.

Aktivierung der Überwachung

Auch die Überwachung Ihrer Server und die Protokollierung im Sicherheitsprotokoll der Ereignisanzeige steuern Sie innerhalb der Gruppenrichtlinie. Sie finden diese Einstellungen unter COMPUTERKONFIGURATION/WINDOWS-EINSTELLUNGEN/SICHERHEITSEINSTELLUNGEN/LOKALE RICHTLINIEN/ÜBERWACHUNGSRICHTLINIE. Hier können Sie ebenfalls verschiedene Einstellungen bezüglich der Überwachung vornehmen.

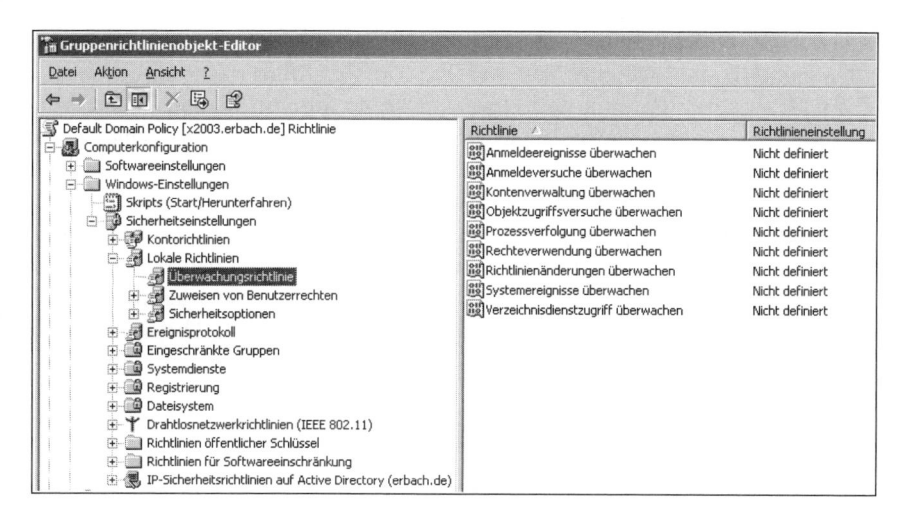

Abbildung 11.8:
Eigenschaften des Sicherheitsprotokolls innerhalb der Gruppenrichtlinien

Nach der Konfiguration Ihrer Server und der Definition der Gruppenrichtlinien haben Sie die wichtigsten Vorbereitungen durchgeführt, die zur Überwachung eines Exchange Servers gehören.

Optimale Fehlersuche

Oberster Grundsatz bei der Fehlersuche und –behebung ist ein planvolles und strukturiertes Vorgehen. Im Laufe der Jahre habe ich mir einen gewissen Ablauf angewöhnt, mit dem ich Fehler auf Exchange Servern aufspüre, Ihre Ursachen recherchiere und die Fehler behebe. Auf den folgenden Seiten erfahren Sie, wie Sie bei der Fehlersuche Schritt für Schritt vorgehen können. Ich denke dieser Weg ist sicherlich nicht der einzige Weg Fehler zu finden und zu beheben. Ich konnte allerdings durch diese Arbeitsweise schon hunderte Fehler auf den verschiedensten Systemen ausmerzen. Auch und gerade bei der Fehlersuche werden Sie viel über Exchange lernen, da Sie oft in Dialogen mit Einstellmöglichkeiten arbeiten müssen, die bei der täglichen Arbeit nicht oft verwendet werden. Zudem werden Sie über die interne Arbeitsweise Ihrer Exchange Server nach und nach immer mehr lernen und ein Verständnis dafür entwickeln, um bei späteren Fehlern vielleicht schneller zur Findung einer Lösung zu gelangen.

Arbeitsweise

Arbeiten Sie bei der Arbeit mit Exchange und der Fehlersuche im Internet mit englischen Begriffen. Sie werden nur äußerst selten eine deutsche Hilfe, ein deutsches Whitepaper oder einen deutschen Knowledgebase-Eintrag finden. Auch aus diesem Grund verwende ich in diesem Buch viele englische Begriffe. Es gibt zwar immer mehr deutsche Hilfen, aber mit den englischen Artikeln kommen Sie häufig weiter. Ein wichtiges, wenn nicht sogar unersetzliches Hilfsmittel bei der Suche nach Fehlern ist das Internet.

Wenn es Ihre Sicherheitseinstellungen zulassen, schadet es nicht, wenn auf allen Servern ein aktueller Internet Explorer installiert ist, natürlich mit allen verfügbaren Patches und Hotfixes. Wenn Sie von diesem Server Verbindung ins Internet aufbauen können, besteht oft schon die Möglichkeit den Fehler am Server zu beheben. Eine der Optionen der Ereignisanzeige ist die Online-Übersetzung einer Fehlermeldung, die mir und anderen schon oft hilfreich war. Leider gibt es nicht für alle Fehlermeldungen entsprechende Online-Hilfen von Microsoft, aber vielleicht haben Sie Glück bei der einen oder anderen Meldung. Wie bereits erwähnt, ist das Internet bei der Fehlersuche innerhalb der Ereignisanzeigen ein unerlässliches Hilfsmittel. Ich arbeite mit folgenden Internetseiten:

- support.microsoft.com (Microsoft Knowledgebase mit Informationen und Downloads)
- msnews.microsoft.com (News-Server Microsoft)
- www.microsoft.com/technet (Microsoft Technet)
- www.google.de (Suchmaschine für Webseiten) und groups.google.com (Suchmaschine für News-Beiträge)

Mit Hilfe dieser Seiten sollten Sie eigentlich alle Probleme finden und auch lösen können. Die Chance, dass Sie einen Fehler finden, den nicht schon andere vor Ihnen hatten und ihn gelöst haben, ist denkbar gering. Natürlich gibt es viele weitere Internetseiten, die Sie zur Fehlersuche verwenden können, meistens reichen die aufgeführten Seiten jedoch aus.

Fehleridentifizierung und -zusammenstellung

Zunächst sollten Sie während Ihrer Recherche alle Fehlermeldungen notieren oder in die Zwischenablage kopieren, um sie später in eine Textdatei einzufügen. Wie bereits weiter oben besprochen, besteht die Möglichkeit, den einen oder anderen Fehler aus der Ereignisanzeige übersetzen zu lassen. Wie Sie bei der Fehlersuche vorgehen, ist schlussendlich nicht vorgeschrieben. Viele Administratoren gehen die Ereignisanzeigen durch und kopieren den Inhalt aller Fehlermeldungen in eine Textdatei, um später die einzelnen Fehlermeldungen im Internet zu recherchieren. Andere gehen Fehlermeldung um Fehlermeldung durch und recherchieren diese. Diese Variante ist sinnvoll, wenn nicht viele Fehlermeldungen zu recherchieren sind. Ich gehe meistens nach dieser Variante vor. Bei der Suche nach Hilfe ist die Fehlerbeschreibung »es geht nicht« denkbar ungeeignet.

Wenn eine Fehlermeldung in der Ereignisanzeige erscheint, sollten Sie zunächst überprüfen, ob diese Fehlermeldung regelmäßig, vielleicht sogar nach einer bestimmten Aktion des Servers, wie Datensicherung oder Virensuche, stattfindet. Viele Fehler lassen sich bereits schon dadurch beheben, wenn Sie erkennen, dass sie nach bestimmten Aktionen oder einer bestimmten Regelmäßigkeit auftreten.

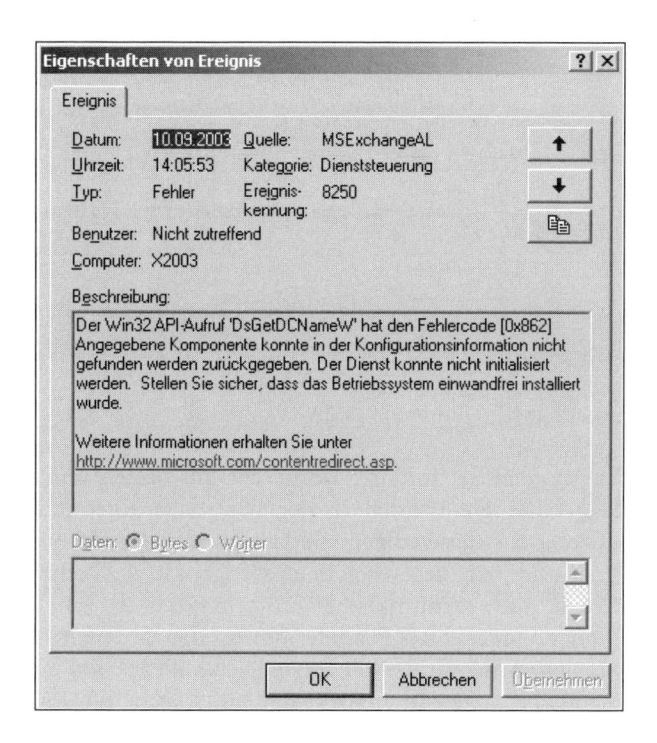

Abbildung 11.9:
Exchange-Fehlermeldung im Anwendungsprotokoll eines Exchange Servers

Eine weitere wichtige Information ist sicherlich der Text der Fehlermeldung. Microsoft hat hier einiges verändert, so dass Fehlermeldungen oft nicht nur den Fehler enthalten, sondern auch bereits einen Lösungsvorschlag von Microsoft. Natürlich können Sie nicht sicher sein, dass die in der Fehlermeldung beschrieben Lösung auch die richtige ist, aber lesen Sie diese auf alle Fälle sorgfältig durch und überlegen Sie, ob diese Lösung für Sie eventuell die richtige ist.

Sollte Ihnen bis dahin keine Lösung des Problems eingefallen sein, sollten Sie als Nächstes die Microsoft Knowledgebase bemühen. Die Knowledgebase bietet für alle Produkte Microsofts hunderttausende Artikel, in denen Sie Ihren Fehler und die dazugehörige Lösung suchen sollten.

Fehlersuche in der Knowledgebase

Der erste Blick bei einer Fehlersuche sollte immer in die Knowledgebase gehen. Um eine Exchange-Fehlermeldung in der Knowledgebase zu recherchieren, sollten Sie zunächst in den Optionen Exchange 2003 auswählen und nach der Fehler-ID des Eintrags in der Ereignisanzeige suchen. Die Microsoft Knowledgebase finden Sie im Internet unter http://support.microsoft.com.

Kapitel 11   Diagnose und Überwachung

Abbildung 11.10:
Microsoft
Knowledgebase

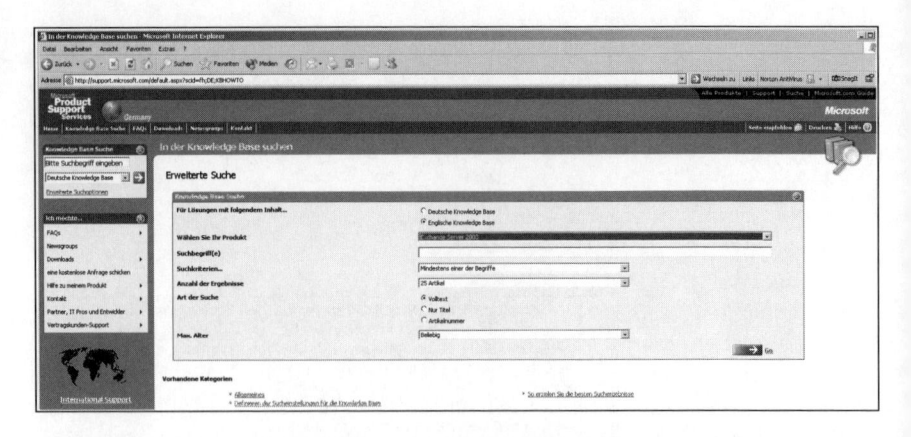

Verwenden Sie für Ihre Recherche am besten immer die englische Knowledgebase. Sie werden in der deutschen Knowledgebase nur selten eine Lösung für das Problem finden. Es schadet sicherlich nicht, wenn Sie als Erstes in der deutschen Knowledgebase suchen, vielleicht haben Sie ja Glück, auch wenn mir dies nur selten passiert ist. Wählen Sie zum Suchen immer zunächst das Produkt aus, für das Sie einen Fehler suchen. Sollten Sie bei der Suche mit dem Produkt Exchange 2003 keine Lösung finden, sollten Sie als Nächstes unter Exchange 2000 suchen. Da sich Exchange 2003 und Exchange 2000 sehr ähnlich sind, besteht eine große Chance, dass Sie dadurch vielleicht auf die Lösung stoßen. Wenn Sie mit der Suche nach der Event-ID keine entsprechende Lösung finden, vielleicht sogar zu viele Antworten, sollten Sie in Ihrer Suche noch die Quelle der Fehlermeldung mit einbeziehen. Sollte auch das nicht helfen, sollten Sie zusätzlich noch einen Bestandteil der Fehlermeldung mit in die Suche integrieren. Verwenden Sie Begriffe die spezifisch für diese Fehlermeldung sind. Wenn Sie nach dieser Arbeitsweise vorgehen, sollten Sie nach und nach verschiedene Einträge erhalten, die Ihnen bei der Lösung des Problems hilfreich sind.

Lesen Sie sich die einzelnen Artikel genau durch. Oft wird innerhalb einiger Artikel auf weitere Artikel verwiesen. Gehen Sie am besten entsprechend der vorgeschlagenen Lösungswege vor. Beachten Sie aber Warnungen innerhalb der Artikel, die sich auf das Bearbeiten der Registry oder der Arbeit mit ADSI-Edit beziehen. Die einzelnen Artikel der Knowledgebase sind sehr technisch gehalten und beziehen sich oft auf Manipulationen der Registry oder Abänderung verschiedener Einstellungen Ihrer Exchange-Konfiguration. Oft treffen auch einzelne Artikel nicht genau die Lösung, helfen Ihnen aber mit der Zeit noch an deren Schaltern oder Einstellungen zu drehen. Oft helfen auch Artikel weiter die zwar vermeintlich einem anderen Problem zugeordnet sind, aber dennoch auch für Ihr Problem hilfreich sind. Wenn In einem Artikel beispielsweise von einer fehlerhaften DNS-Server-Einstellung geschrieben wird, kann es hilfreich sein, alle Punkt der Namensauflösung und alle anderen Einstellungen zu überprüfen, die selbst nur am Rande mit DNS zu tun haben.

Fehlersuche in anderen Quellen und Newsgroups

Sollten Sie in der Knowledgebase keinen passenden Artikel finden, müssen Sie Ihre Suche im Internet weiter ausdehnen, um eine Lösung zu finden. Ich verwende hierzu meistens Google. Geben Sie hier entweder einen Satz aus der Fehlermeldung ein oder gehen Sie nach demselben Schema vor, wie bereits bei der Suche in der Knowledgebase. Eine große Hilfe kann zudem eine Beschreibung des Fehlers und Ihrer Exchange-Konfiguration in einer Microsoft Newsgroup sein. Wenn Sie ohnehin noch weiter und länger nach einem Fehler suchen, schadet es nicht, wenn Sie zuvor in der Exchange Newsgroup eine Beschreibung Ihres Fehlers eingeben. Den News-Server von Microsoft finden Sie unter msnews.microsoft.com. Hier finden Sie auch deutsche Newsgroups zum Thema Exchange. In der Newsgroup sollten Sie aber zunächst den Fehler im Archiv der Newsgroup suchen (groups.google.com), bevor Sie eine Fehlerbeschreibung machen. Suchen Sie hier in den Betreffzeilen oder im Nachrichtenfenster nach Ihrem Fehler. Geben Sie allerdings keine all zu spezifischen Suchbegriffe ein, sondern halten Sie den Begriff so breit gefasst wie möglich. Wenn Sie auch hier auf die Schnelle keine Antwort zu Ihrem Problem erhalten, stellen Sie in der Newsgroup eine Frage.

Wichtig ist hier, dass Sie den Fehler detailliert beschreiben und dazu am besten den Text in die Nachricht kopieren. Auch Ihre Exchange-Organisation sollten Sie so detailliert wie möglich beschreiben, um unnötige Rückfragen zu vermeiden. Beachten Sie bei der Fragestellung in den Newsgroups die Netiquette. Bleiben Sie höflich, sachlich und bedanken Sie sich, wenn Ihnen jemand helfen will oder geholfen hat. Sie finden in den Newsgroups zahlreiche Hilfen, zum Beispiel auch von MVPs (Most Valuable Professionals). Diese MVPs werden von Microsoft für zahlreiche Artikel in den Newsgroups und für die Unterstützung von Benutzern ausgezeichnet. Dieser Titel wird von Microsoft verliehen und kann nicht per Zertifizierung erreicht werden.

11.2 Diagnose

Microsoft stellt zur Diagnose von Fehlern noch weitere Hilfsmittel zur Verfügung. Sie können die einzelnen Serverdienste des Exchange Servers auf eine detaillierte Protokollierung stellen. Sie können für zahlreiche Dienste die Protokollierung in mehreren Stufen erhöhen. Exchange schreibt noch mehr Hinweise und Meldungen in die Ereignisanzeige. Auch aus diesem Grund sollten Sie die Größe der einzelnen Protokolle in der Ereignisanzeige erhöhen. Wenn Sie die Protokollierung der einzelnen Serverdienste erhöhen, werden deutlich mehr Ereignisse protokolliert. Alle Meldungen, die hier erzeugt werden, erscheinen in der Ereignisanzeige. Exchange legt für die Diagnoseprotokollierung keine zusätzlichen Dateien an. Erhöhen Sie die Protokolleinstellungen in Exchange nur, wenn Sie aktuell einen Fehler suchen und dann auch nur für den Dienst, der Ihnen Probleme bereitet. Eine

Kapitel 11 Diagnose und Überwachung

höhere Protokollierungsstufe belastet den Exchange Server, der mehr Meldungen in die Ereignisanzeige schreiben muss. Wenn Sie den aktuellen Fehler gefunden haben, sollten Sie nicht vergessen, die Protokollierungsstufe wieder niedrig zu setzen.

Die Konfiguration der Diagnoseprotokollierung finden Sie in den Eigenschaften für den entsprechenden Exchange Server auf der Registerkarte DIAGNOSEPROTOKOLL. Um hier Einstellungen vorzunehmen oder die Diagnose für einzelne Bereiche zu erhöhen, starten Sie den Exchange System Manager, navigieren zum Exchange Server, dessen Protokollierung Sie erhöhen wollen, und rufen Sie dessen Eigenschaften auf. Wechseln Sie dann zur Registerkarte DIAGNOSTIKPROTOKOLL. Auf dieser Registerkarte legen Sie alle Einstellungen fest, die Sie bezüglich der Diagnoseprotokollierung brauchen. Dabei wird zwischen den verschiedenen Server-Diensten und deren Kategorien unterschieden. Jeder Server-Dienst hat mehrere Kategorien, für die Sie einzeln die Protokollierung in verschiedenen Stufen anpassen können. Auf den nachfolgenden Seiten gehe ich auf diese einzelnen Dienste, Kategorien, Stufen und deren Bedeutung ein. Wenn Sie mit der Recherche im Internet und der Knowledgebase nicht weiterkommen, haben Sie eine große Chance mit Hilfe der Diagnoseprotokollierung eine Lösung des Problems zu finden, da eventuell Meldungen in die Ereignisanzeige geschrieben werden, die standardmäßig nicht protokolliert werden.

Abbildung 11.11:
Registerkarte DIAGNOSEPROTOKOLLIERUNG in den Eigenschaften eines Exchange Servers

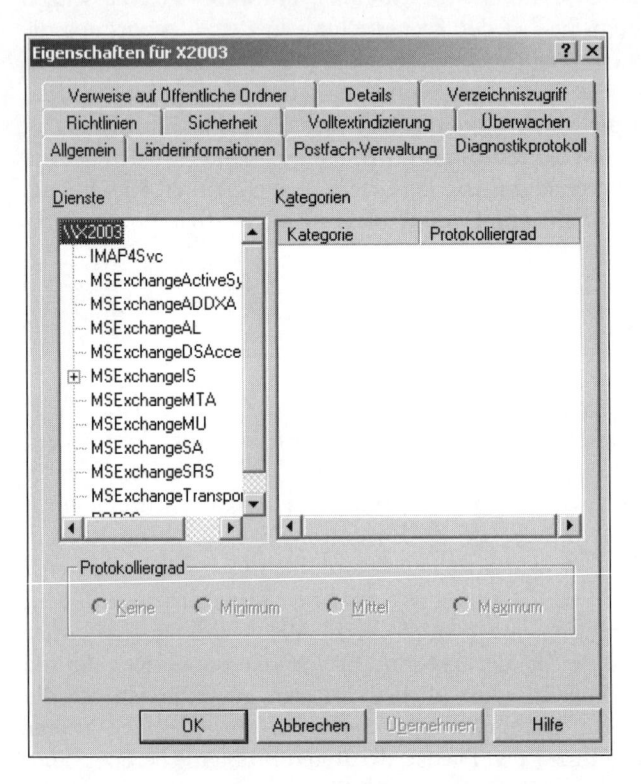

Dienste der Diagnoseprotokollierung

Exchange stellt Ihnen zur Erhöhung der Protokollierung 14 verschiedene Dienste zur Verfügung. Auf den nachfolgenden Seiten gehe ich diese Dienste und deren Bedeutung der Reihe nach durch.

IMAP4Svc

Dieser Dienst dient zur Überwachung der Benutzerzugriffe mit dem IMAP-Protokoll. Sie können für den IMAP-Dienst 6 verschiedene Kategorien wählen.

Verbindungen (Connections)

Mit Hilfe dieser Kategorie werden ebenfalls alle Ereignisse protokolliert, die Benutzer bei der Verbindung mit Hilfe des IMAP-Protokolls verursachen.

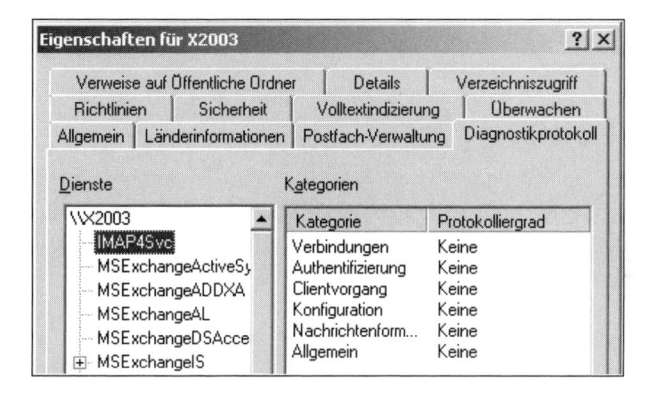

Abbildung 11.12:
Diagnose des IMAP-Protokolls

Authentifizierung (Authentification)

Nach dem erfolgreichen Verbindungsaufbau zum virtuellen IMAP-Server dieses Exchange Servers müssen sich Benutzer authentifizieren, um Zugang zu Ihrem Postfach zu erhalten. Alle Ereignisse der Authentifizierung werden ebenfalls mit Hilfe dieser Kategorie protokolliert. Hier können Sie die Diagnose für erfolgreiche, aber auch erfolglose Verbindungen protokollieren. Wenn viele Verbindungen zum IMAP-Server aufgebaut werden und viele erfolglose Authentifizierungen protokolliert werden, deutet dies eventuell auf Verbindungsprobleme des IMAP-Servers mit den Domänen-Controllern oder den globalen Katalogen hin. Der Server kann zwar Verbindungen aufbauen, die Benutzer dann aber nicht authentifizieren.

Clientvorgang (Client Action)

Mit dieser Kategorie werden ebenfalls alle Aktionen protokolliert, die ein Benutzer nach einer erfolgreichen Authentifizierung auslöst. Hier sehen Sie schnell, ob Benutzer bei der Arbeit mit dem IMAP-Server Schwierigkeiten haben. Clientvorgänge sind das Übermitteln oder das Lesen von E-Mails über diesen Server und das Herunterladen von öffentlichen Ordnern und Nachrichten, wenn diese nicht auf dem Server gelesen werden. Wenn sich Ihre Benutzer zwar verbinden und authentifizieren können, jedoch Schwierigkeiten beim Lesen oder Schreiben von E-Mails haben, können Sie mit Hilfe dieser Kategorie die Protokollierung erhöhen.

Konfiguration (Configuration)

Mit dieser Kategorie können Sie Schwierigkeiten bezüglich der Konfiguration des virtuellen IMAP-Servers auf Ihrem Exchange Server feststellen.

Nachrichtenformatierung (Content Engine)

Diese Kategorie ist für das Umformatieren der Nachrichten und der E-Mail-Anhänge zuständig. Durch Aktivierung dieser Kategorie können Sie zum Beispiel das automatische Umwandeln von Nachrichten ebenfalls protokollieren lassen. Diese automatische Formatierung kann zum Beispiel in den Benutzereigenschaften in den Einstellungen für das IMAP-Protokoll vorgenommen werden.

Allgemein (General)

Diese Kategorie dient zur Protokollierung von Optionen, die in keine der anderen Kategorien passen. Wenn Sie die Protokollierung aktivieren, sollten Sie die allgemeine Kategorie immer mitwählen, da hier eine Vielzahl weiterer Optionen protokolliert wird.

MSExchangeActiveSyncNotify

Mit dieser Kategorie können Sie die Synchronisierung von Clients mit Outlook Mobile Access (OMA) überwachen. Dies betrifft allerdings nur Geräte, die mit Hilfe eines mobilen Gerätes Zugriff auf Ihr Postfach nehmen beziehungsweise Nachrichten durch Exchange automatisch auf Ihr Gerät geschickt bekommen.

MSExchangeADDXA

Dieser Diagnose Dienst ist neu in Exchange 2003 und konnte in Exchange 2000 noch nicht überwacht werden.

Sie können mit diesem Dienst 5 Kategorien des Exchange Active Directory-DXA-Connectors überwachen lassen. Bisher konnten Sie diesen Connector zwar mit dem Systemmonitor überwachen lassen, Sie konnten aber keine Diagnoseprotokollierung durchführen. Die Bezeichnung *DXA* steht für *Directory Exchange Agent*. Der DXA dient unter anderem dem Datenaustausch zwischen Exchange und Windows oder anderen Verzeichnissen.

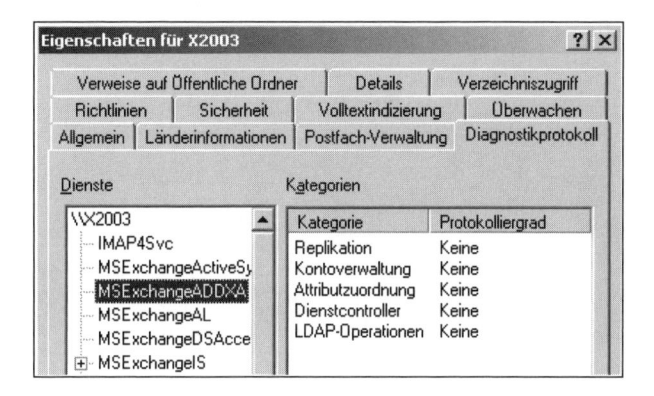

Abbildung 11.13:
Überwachung des Dienstes MSExchangeADDXA

MSExchangeAL

Dieser Dienst dient dem Aufbau der Adresslisten. Einer der wichtigsten Bestandteile dieses Dienstes ist der Recipient Update Service. Wenn Sie Fehlermeldungen in Ihren Ereignisanzeigen finden, die den Recipient Update Service betreffen, haben diese immer die Quelle MSExchangeAL. Wenn Sie Probleme mit dem Recipient Update Service oder beim sonstigen Aufbau der Adresslisten vermuten, sollten Sie diesen Dienst überwachen lassen. Auch hier stehen Ihnen wieder 5 Kategorien zur Verfügung, um die Diagnose anzupassen.

LDAP Operationen

Diese Kategorie steuert die Diagnose der LDAP-Operationen, die Abfragen und den Verbindungsaufbau von Exchange zu einem Windows Domänen-Controller. Wenn Sie einen fehlerhaften Zugriff des Recipient Update Service auf das Active Directory vermuten, sollten Sie diese Kategorie überwachen lassen.

Dienststeuerung (Service Control)

Diese Kategorie ist für die Überwachung der einzelnen Dienste des MSExchangeAL zuständig. Einer der wichtigsten Dienste ist sicherlich der Recipient Update Service.

Attributzuordnung (Attribute Mapping)

Diese Kategorie überwacht Änderung von Exchange Attributen, die über den Dienst durchgeführt werden. Vor allem während der Migration von Exchange 5.5 zu Exchange 2003 werden die einzelnen Attribute der Exchange-Empfänger verändert. Eines der wichtigsten Attribute eines Exchange-Empfängers ist die E-Mail-Adresse, die durch den Recipient Update Service festgelegt wird. Wenn an verschiedene Empfänger keine E-Mail-Adresse verteilt werden kann, könnte diese Kategorie unter Umständen bei der Diagnose helfen.

Kapitel 11 Diagnose und Überwachung

Abbildung 11.14:
Diagnose des Dienstes zum Erstellen und Verwalten der Adresslisten

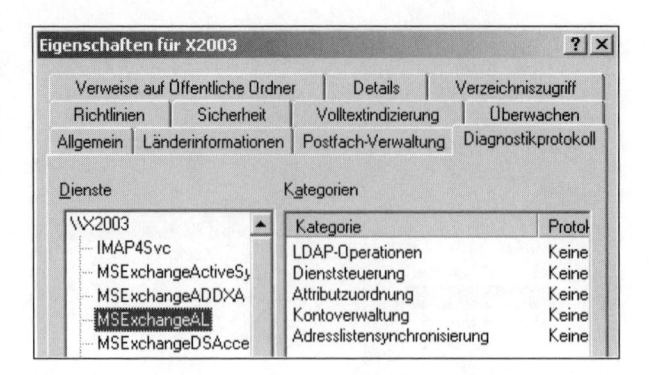

Kontoverwaltung (Account Management)

Diese Kategorie ist für die Überwachung der Benutzerkonten und der Veränderung durch den MSExchangeAL zuständig.

Adresslistensynchronisierung (Address List Synchronization)

Diese Kategorie steuert die Synchronisation der einzelnen Adressbücher. Hier können Sie zum Beispiel Fehler beim Synchronisieren der Offline-Adressbücher überwachen lassen.

MSExchangeDSAccess

Dieser Dienst kann mit Hilfe von 5 Kategorien überwacht werden.

Abbildung 11.15:
Überwachung des Active Directory-Zugriffs von Exchange 2003

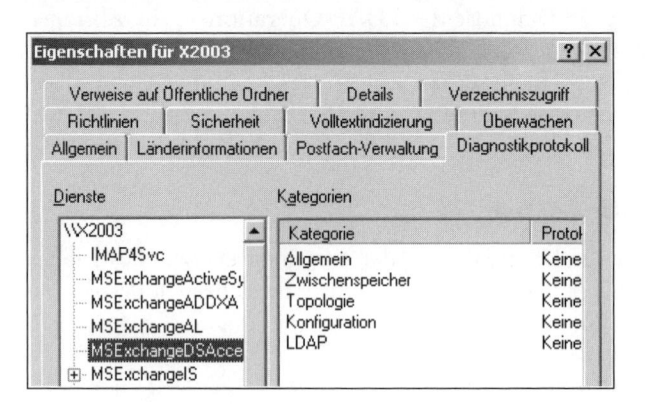

Mit *MSExcangeDSAccess* können Sie die Zugriffe des Exchange Servers auf das Active Directory überwachen. Sie können für jeden Exchange Server festlegen, welche Domänen-Controller er für seine Aufgaben anfragen soll. Wie Sie den Active Directory-Zugriff steuern können, erfahren Sie im letzten Kapitel des Praxisteils. Wenn ein Exchange Server keinen Zugriff mehr auf die Domänen-Controller hat, die Sie für ihn konfiguriert haben, wird der Informationsspeicherdienst sowie der Dienst für den Message Transfer Agent (MTA) beendet. Exchange 2003 benötigt für seine Arbeit Zugriff auf mindestens

Diagnose | Kapitel 11

einen Domänen-Controller und einen globalen Katalog innerhalb desselben Windows-Standortes. Durch die Integration des Exchange-Verzeichnisses in das Active Directory ist der Zugriff von Exchange 2003 auf die Domänen-Controller Vorraussetzung. Ihnen stehen verschiedene Kategorien zur Verfügung. Sollten Sie Probleme beim Zugriff eines Exchange Servers auf das Active Directory feststellen, sollten Sie alle Kategorien überwachen lassen. Hier macht eine detaillierte Unterscheidung der Überwachung keinen Sinn, da alle Kategorien wichtig für die Arbeit von Exchange sind.

MSExchangeIS – System

Der *MSExchangeIS* ist für die Überwachung des Informationsspeichers, der Datenbank von Exchange zuständig. Der Dienst wird in drei weitere Bereiche untergliedert. Der Bereich *System* dient der Diagnose des kompletten Informationsspeichers und der Überwachung der allgemeinen Bereiche dieses Dienstes. Der Bereich *Öffentliche Ordner* dient zur Überwachung des Informationsspeichers für öffentliche Ordner und der Bereich *Postfach* dient der Überwachung des Postfachspeichers.

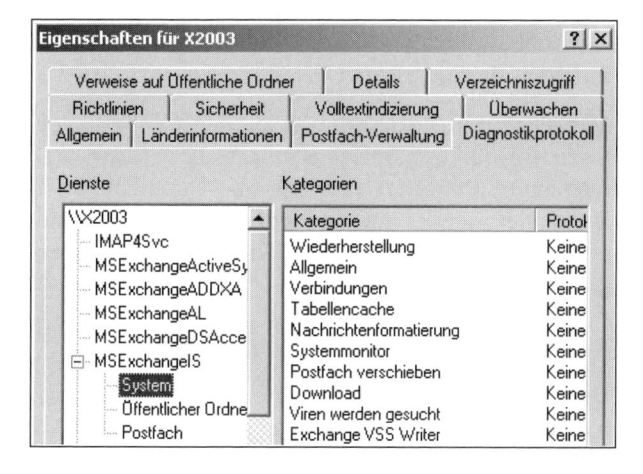

Abbildung 11.16: Kategorien der Exchange 2003-Informationsspeicherdiagnose

In der Systemdiagnose des Informationsspeichers von Exchange 2003 wurden zwei neue Kategorien integriert, die bisher noch nicht überwacht werden konnten. Neu in der Überwachung ist der *Exchange VSS Writer* und die Kategorie *Exchange-Sicherung wiederherstellen* (*Backup Restore*). Ihnen stehen 12 verschiedene Kategorien für den MSExchangeIS-Dienst zur Verfügung.

Wiederherstellung (Recovery)

Diese Kategorie sollten Sie aktivieren, wenn Sie einen Wiederherstellungsvorgang auf einem Exchange Server durchführen. Abhängig von der Überwachungsstufe werden ebenfalls über die Standardeinstellung hinaus Ereignisse protokolliert. Die Ereignisse dieser Kategorie werden erzeugt, wenn der Informationsspeicher nach dem Start und der Wiederherstellung seine Transaktionsprotokolle einliest.

Allgemein (General)

In dieser Kategorie werden alle Ereignisse zusammengefasst, die allgemeine Einstellungen des Informationsspeichers betreffen. Wenn Sie den Informationsspeicher überwachen, sollten Sie diese Kategorie immer mitaktivieren, da auch Ereignisse protokolliert werden, die nicht den anderen Kategorien zugeordnet sind.

Verbindungen (Connections)

Mit dieser Kategorie können Sie die einzelnen Verbindungen Ihrer MAPI-Clients überwachen lassen. Benutzer, die mit Outlook arbeiten, verbinden sich mit MAPI mit dem Informationsspeicher. Oft kommt es hierbei zu Problemen, wenn zum Beispiel das MAPI-Protokoll keine stabile Verbindung zum Informationsspeicher aufbauen kann. Hier werden sowohl erfolgreiche als auch erfolglose Verbindungsversuche überwacht.

Tabellen-Cache (Table Cache)

Mit dieser Kategorie können Sie den Cache für den Datenbankzugriff auf Ihren Informationsspeicher überwachen lassen. Die ESE-Datenbank von Exchange 2003 setzt sich wie alle Datenbanken aus Tabellen zusammen. Damit der Zugriff auf die Tabellen schnell wie möglich durchgeführt werden kann, werden Bereiche die oft abgefragt werden, in den Tabellen-Cache geschrieben.

Nachrichtenformatierung (Content Engine)

Diese Kategorie ist für die automatische Formatierung von E-Mails innerhalb der Informationsspeicher zuständig. Sie können in verschiedenen Registerkarten in den Eigenschaften der Organisation oder der jeweiligen Informationsspeicher Nachrichten umformatieren lassen. Wenn hierbei Probleme auftreten, können Sie diese durch die Aktivierung dieser Kategorie leichter ausmachen.

Systemmonitor (Performance Monitor)

Exchange bringt eigene Erweiterungen für den Windows-Systemmonitor mit. Diese Erweiterungen können als Überwachungsobjekte im Systemmonitor hinzugefügt werden. Viele dieser Erweiterungen beziehen sich auf den Informationsspeicher. Wenn Sie hier Probleme erwarten oder die einzelnen Überwachungsvorgänge diagnostizieren wollen, können Sie diese Kategorie aktivieren.

Postfach verschieben (Move Mailbox)

Sie können unter Exchange 2003 wie bereits bei den Vorgängern Postfächer zwischen verschiedenen Postfachspeichern oder verschiedenen Exchange Servern verschieben. Damit das Postfach verschoben werden kann, baut das SnapIn *Active Directory-Benutzer und –Computer* mit MAPI Verbindung zum Quell- und zum Ziel-Server auf. Oft treten hierbei Probleme auf. Sie können solche Vorgänge detaillierter mit dieser Kategorie überwachen lassen. Wenn Sie Probleme beim Verschieben haben oder das Verschieben von Postfächern aus anderen Gründen überwachen wollen, sollten Sie auch die Kategorie *Verbindungen* aktivieren.

Download

Mit dieser Kategorie wird das Herunterladen von E-Mails und anderen Daten vom Informationsspeicher zu einem Client überwacht. Dies betrifft zum Beispiel Offline Clients, bei denen das Postfach in eine PST-Datei, die vom Klienten in Outlook angelegt wurde, kopiert wird.

Viren werden gesucht (Virus Scanning)

Diese Kategorie wurde nachträglich in Exchange 2000 integriert und ist in Exchange 2003 standardmäßig enthalten. Mit dieser Kategorie können ebenfalls alle Ereignisse, die durch den neuen Virenscan-Standard VS-API ausgelöst werden, protokolliert werden. Durch diese Kategorie können Sie Virenscanner und deren Zugriff auf den Informationsspeicher überwachen lassen. Dies war vorher nicht möglich.

Exchange VSS Writer

Diese Kategorie wurde neu in Exchange 2003 aufgenommen. Sie können mit Exchange 2003 in Verbindung mit Windows 2003 so genannte Snapshots (Momentaufnahmen) der Datenbank durchführen lassen. Diese Form der Datensicherung kommt aus dem SAN-Bereich und ermöglicht die Sicherung von großen Datenmengen in wenigen Sekunden. Microsoft hat dazu in Windows 2003 und in Exchange 2003 den Volume Shadow Service (VSS) integriert. Sie können allerdings keine Snapshots von Exchange 2003 mit dem eigenen Datensicherungsprogramm von Windows 2003 durchführen, sondern benötigen die Software eines Drittherstellers. Wenn Sie Ereignisse überwachen wollen, die durch die Sicherung mit VSS ausgelöst werden, können Sie mit Hilfe dieser Kategorie verschiedene Stufen der Diagnoseprotokollierung aktivieren.

Kapitel 11   Diagnose und Überwachung

Exchange-Sicherung wiederherstellen (Backup Restore)

NEU

Auch diese Kategorie wurde neu in Exchange 2003 integriert. Sie können mit Hilfe dieser Kategorie alle Ereignisse protokollieren lassen, die durch die Datensicherung und Wiederherstellung ausgelöst werden. Diese Kategorie arbeitet dabei mit der Kategorie Wiederherstellung zusammen, die allerdings nur Widerherstellungsvorgänge überwacht und keine Datensicherung. Wenn Sie Datensicherung oder Wiederherstellung überwachen wollen, sollten Sie die drei Kategorien Wiederherstellung, Exchange VSS Writer und Exchange-Sicherung wiederherstellen aktivieren.

MSExchchangeIS – öffentliche Ordner

Dieser Dienst ist für die Überwachung der Zugriffe und Abläufe der Informationsspeicher für öffentliche Ordner zuständig. Mit Hilfe der hier integrierten Kategorien können Sie zum Beispiel schnell Replikationskonflikte oder Fehler beim Zugriff auf öffentliche Ordner diagnostizieren lassen.

Abbildung 11.17:
Diagnose des Informationsspeichers für öffentliche Ordner

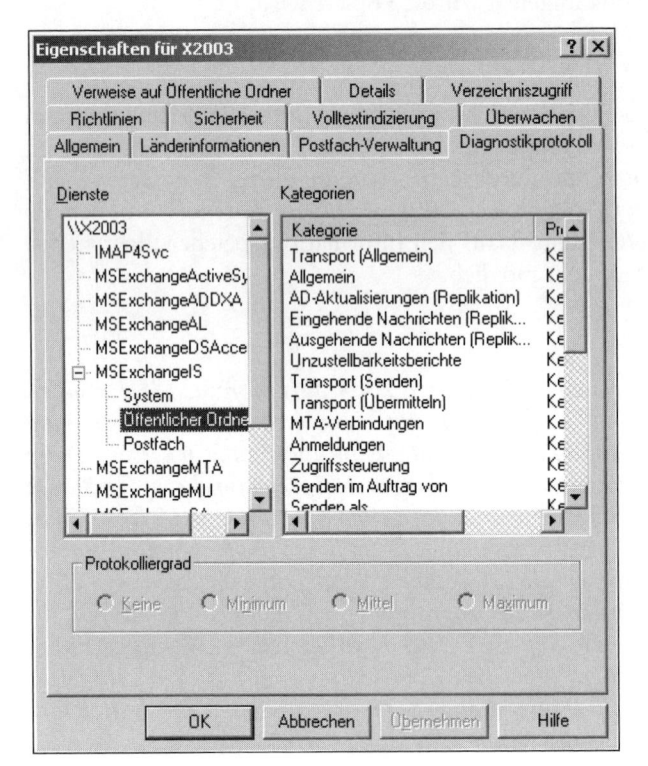

Transport (Allgemein)

Diese Kategorie überwacht den Datenfluss zwischen den verschiedenen Informationsspeichern der öffentlichen Ordner auf Ihren Exchange Servern. Dieser Datenfluss besteht aus replizierten Nachrichten der öffentlichen Ordner und allgemeinen Datenaustausch. Hier werden sowohl empfangene als auch gesendete E-Mails überwacht.

Allgemein

Diese Kategorie umfasst wie bei allen Diensten die Ereignisse, die bei der allgemeinen Arbeit mit den Informationsspeichern ausgelöst werden und nicht zu den anderen Kategorien passen. Diese Kategorie sollten Sie bei der Aktivierung anderer Kategorien immer mitaktivieren, da dadurch eventuell Hinweise in den Ereignisanzeigen auftreten können, die sonst nicht auftauchen würden.

AD-Aktualisierungen (Replikation) (Replication AD Updates)

Mit dieser Kategorie können Sie alle Updates protokollieren lassen, die durch den Informationsspeicher in das Active Directory geschrieben werden. Hiermit sind Konfigurationsänderungen der Replikationseinstellungen gemeint. Das können Änderungen sein, Hinzufügen von neuen Replikationen oder Löschen vorhandener Replikationen.

Eingehende Nachrichten (Replikation) (Replication Incoming Messages)

Die Replikation von öffentlichen Ordnern wird mit Hilfe von E-Mails zwischen den einzelnen Informationsspeicher durchgeführt. Mit dieser Kategorie können Sie alle Ereignisse protokollieren lassen, die beim Eintreffen von Replikationsnachrichten ausgelöst werden. Eingehende Nachrichten sind replizierte Daten von öffentlichen Ordnern, die auf diesen Server kopiert werden sollen. Wenn Sie Probleme bei der Replikation der öffentlichen Ordner haben, sollten Sie diese Kategorie mitüberwachen lassen.

Ausgehende Nachrichten (Replikation) (Replication Outgoing Messages)

Diese Kategorie ist das Gegenstück zu den eingehenden Replikationsnachrichten. Sie überwacht alle Nachrichten, die von diesem Server zu anderen Servern geschickt werden. Bei Problemen mit der Replikation sollten Sie diese Kategorie ebenfalls überwachen lassen. Sie können in Verbindung mit Problemen eingehender Nachrichten feststellen, wo das Problem der replizierten Ordner liegt.

Unzustellbarkeitsberichte (Non-delivery Reports)

Fehler in der Replikation von öffentlichen Ordnern äußern sich oft in Nichtzustellbarkeitsberichten (NDR). Wenn Sie Probleme bei der Replikation von öffentlichen Ordnern haben, sollten Sie diese Kategorie ebenfalls protokollieren lassen. Dadurch lassen sich leichter Replikationskonflikte zwischen den öffentlichen Ordnern lösen. NDRs werden ausgelöst, wenn Exchange eine Replikationsnachricht nicht an einen öffentlichen Ordner zustellen kann.

Transport (senden)

Mit dieser Kategorie können Sie genau protokollieren, welche Ereignisse beim Senden von Daten von diesem Server aus ausgelöst werden. Daten sind E-Mails oder Nachrichten innerhalb der öffentlichen Ordner, aber auch Kalendereinträge und Termine.

Transport (Übermitteln)

Diese Kategorie ist für die Überwachung der Zustellung von Nachrichten in einen öffentlichen Ordner auf dem Exchange Server zuständig.

MTA-Verbindungen

Mit dieser Kategorie können Sie Message Transfer Agent (MTA)-Verbindungen zu diesem Informationsspeicher überwachen lassen. Der MTA übermittelt Nachrichten mit Hilfe des X.400-Protokolls. Dieses Protokoll wird eingesetzt, wenn Sie Replikationen mit Exchange 5.5 Servern durchführen. Zwischen Exchange 2003 und Exchange 2000 Servern werden Nachrichten mit dem SMTP-Protokoll übermittelt. Oft bereiten die MTA-Verbindungen Schwierigkeiten, da das X.400-Protokoll komplexer aufgebaut ist und genau genommen auch bereits veraltet ist.

Anmeldungen (Logons)

Diese Kategorie überwacht die Anmeldungen an öffentliche Ordner auf diesem Exchange Server. Bevor Exchange-Benutzern Zugriff auf bestimmte öffentliche Ordner gestattet wird, muss sich der Benutzer authentifizieren. Sie können allerdings auch die Zugriffe auf einige öffentliche Ordner mit einer anonymen Anmeldung gestatten, dies wird allerdings eher die Ausnahme sein. Mit dieser Kategorie können Sie Schwierigkeiten bei der Anmeldung an Exchange und die öffentlichen Ordner überwachen lassen. Durch diese Diagnose kann zudem festgestellt werden, wann Benutzer sich an bestimmte öffentliche Ordner angemeldet haben.

Zugriffsteuerung (Access Control)

Mit dieser Kategorie können Sie die Zugriffskontrolle auf die öffentlichen Ordner dieses Servers überwachen lassen. Dadurch können Sie feststellen, welche Rechte Benutzern erteilt oder entzogen wurden und auf welche Ressourcen von den authentifizierten Benutzern zugegriffen wurde.

Senden im Auftrag von (Send On Behalf Of)

Diese Kategorie überwacht die einzelnen Sendevorgänge von Benutzern, die im Auftrag eines öffentlichen Ordners E-Mails senden dürfen. Wenn ein Benutzer im Auftrag eines öffentlichen Ordners eine E-Mail schreibt, erscheinen als Adressat der E-Mail der öffentliche Ordner und der Benutzer der die E-Mail im Auftrag des öffentlichen Ordners verschickt hat. Durch die Aktivierung dieser Kategorie können Sie alle E-Mails, die im Auftrag der öffentlichen Ordner auf diesem Server gesendet wurden, überwachen lassen.

Senden als (Send As)

Im Gegensatz zu der Option *Senden im Auftrag von* erscheint beim *Senden als* nur der öffentliche Ordner, in dessen Auftrag eine E-Mail verschickt wurde. Der Benutzer, der die E-Mail verschickt hat, erscheint bei dieser Option nicht als Absender. Sie können mit dieser Kategorie alle E-Mails überwachen lassen, die verschiedene Benutzer als öffentliche Ordner von diesem Server verschickt haben.

Regeln (Rules)

Mit dieser Kategorie können Sie alle Aktionen überwachen lassen, die von Posteingangsregeln eines öffentlichen Ordners ausgelöst werden. Benutzer mit den entsprechenden Rechten, dürfen für öffentliche Ordner in Outlook Regeln definieren, die den E-Mail-Fluss zu diesem öffentlichen Ordner regeln. Von Fall zu Fall kann es hierbei sinnvoll sein, das Durchführen von Aktionen, die durch diese Regeln ausgelöst werden, zu überwachen.

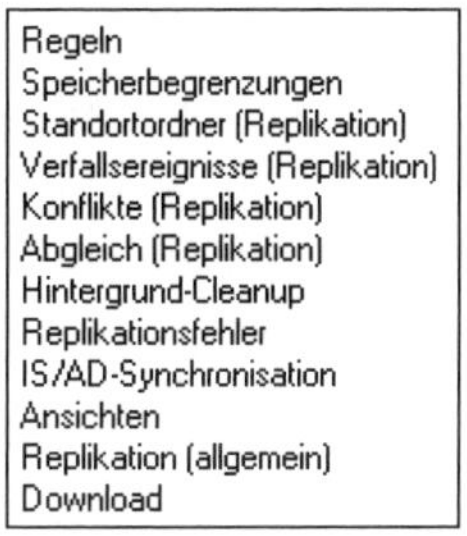

```
Regeln
Speicherbegrenzungen
Standortordner (Replikation)
Verfallsereignisse (Replikation)
Konflikte (Replikation)
Abgleich (Replikation)
Hintergrund-Cleanup
Replikationsfehler
IS/AD-Synchronisation
Ansichten
Replikation (allgemein)
Download
```

Abbildung 11.18: Weitere Kategorien zur Überwachung des Informationsspeichers für öffentliche Ordner

Speicherbegrenzungen (Storage Limits)

Mit Hilfe dieser Kategorie können Sie die Ereignisse protokollieren lassen, die beim Überschreiten der Speicherbegrenzungen, die Sie für öffentliche Ordner oder einen Informationsspeicher festgelegt haben, ausgelöst werden.

Standortordner (Replikation) (Replication Site Folders)

Diese Kategorie ist für Ereignisse zuständig, die beim Replizieren von Standortordnern ausgelöst werden. Solche Ordner sind zum Beispiel die frei/gebucht-Zeiten oder die Offline-Adressbücher. Da bei der Replikation dieser Standortordner oft Schwierigkeiten auftreten, ist diese Kategorie bei der Überwachung besonders wichtig.

> **TIPP**
> *Bei einer Neuinstallation oder der Migration von Exchange 5.5 sollten Sie diese Kategorie ständig mit überwachen lassen, um bereits frühzeitig Probleme bei der Replikation dieser Ordner zu erkennen und zu beheben. Wenn Sie den Quell-Server aus der Organisation entfernen oder herunterfahren, bevor die frei/gebucht-Zeiten repliziert wurden, können Benutzer bei Besprechungsanfragen nicht die gebuchten Zeiten der anderen Mitarbeiter einsehen.*

Verfallsereignisse (Replikation) (Replication Expiry)

Diese Kategorie überwacht das Löschen von Objekten in den öffentlichen Ordnern, die nach der von Ihnen definierten Verfallszeit gelöscht werden.

Konflikte (Replikation) (Replication Conflicts)

Diese Kategorie ist für die Protokollierung von Konflikten zuständig, die bei der Replikation öffentlicher Ordner auftreten. Wenn Sie Probleme mit der Replikation öffentlicher Ordner haben, sollten Sie diese Kategorie mit den anderen genannten aktivieren. Wenn mehrere Ordner versuchen dieselben Objekte gleichzeitig zu replizieren, wird ein Replikationskonflikt ausgelöst und ein Ereignis in die Ereignisanzeige geschrieben.

Abgleich (Replikation) (Replication Backfill)

Diese Kategorie überwacht den Abgleich der öffentlichen Ordner, der während der Replikation stattfindet. Diese Ereignisse werden ausgelöst, wenn ein Exchange Server vermisste Updates von Replikationsmeldungen anfordert oder empfängt.

Hintergrund-Cleanup (Background Cleanup)

Mit dieser Kategorie wird das Löschen von Nachrichten, Anhängen und Unterordner eines öffentlichen Ordners im Hintergrund überwacht.

IS/AD Synchronisation

Diese Kategorie überwacht die Synchronisation des Informationsspeichers für öffentliche Ordner mit dem Active Directory.

Ansichten (Views)

Mit dieser Option können Sie ebenfalls das Caching der einzelnen Ansichten der öffentlichen Ordner für Benutzer protokollieren lassen.

Replikation (Allgemein) (General)

Diese Kategorie umfasst die Ereignisse der Replikation, die keiner anderen Kategorie zugeordnet werden können.

Diagnose Kapitel 11

Download

Mit dieser Kategorie können Sie das Herunterladen von Nachrichten oder ganzen öffentlichen Ordner in persönliche PST-Dateien der Benutzer protokollieren.

```
Download
Lokale Replikation
```

Abbildung 11.19: Weitere Kategorien der Überwachung des Informationsspeichers für öffentliche Ordner

Lokale Replikation

Mit dieser Kategorie können Sie Replikationen überwachen, die lokal innerhalb einer Routinggruppe durchgeführt werden.

MSExchangeIS – Postfach

Dieser Dienst ist für die Überwachung des Postfachspeichers zuständig. Die Diagnose erfolgt analog zu den öffentlichen Ordnern, hier werden im Folgenden nur die Unterschiede aufgezeigt.

```
Transport (Allgemein)
Allgemein
Transport (Senden)
Transport (Übermitteln)
Gatewaytransfer (eingehend)
Gatewaytransfer (ausgehend)
MTA-Verbindungen
Anmeldungen
Zugriffssteuerung
Senden im Auftrag von
Senden als
Regeln
```

Abbildung 11.20: Kategorien der Überwachung des Postfachspeichers

Transport (Allgemein) (General)

Wie bei den öffentlichen Ordner werden hier alle Ereignisse protokolliert, die beim Versenden von E-Mails ausgelöst werden und die keiner anderen Kategorie zugeordnet werden können.

Allgemein (General)

Diese Kategorie umfasst alle Ereignisse, die keiner anderen Kategorie zugeordnet werden können.

Transport (Senden) (Transport Sending)

Diese Kategorie ist für die Überwachung von Sendevorgängen zuständig.

Transport (Übermitteln) (Transport Delivering)

Mit dieser Kategorie überwachen Sie das Zustellen vom Nachtrichten an ein Postfach. Der Absender dieser Nachricht muss dabei nicht zwingend in einem Postfachspeicher auf diesem Exchange Server liegen, sondern kann auch auf einem anderen Exchange Server sein.

Gatewaytransfer (eingehend) (Transfer Into Gateway)

Diese Kategorie überwacht den Empfang und das Zustellen von E-Mails an Postfächer, die über ein E-Mail-Gateway verschickt wurden. Mit dieser Kategorie können Sie das Zustellen von E-Mails überwachen lassen, die von außerhalb über ein Gateway zugestellt werden.

Gatewaytransfer (ausgehend) (Transfer Out Of Gateway)

Diese Kategorie ist das Gegenstück zum Gatewaytransfer (ausgehend). Hier werden Ereignisse protokolliert, die beim Versenden zu einem Gateway aus einem Postfach ausgelöst werden.

Die anderen Kategorien sind identisch mit den Einstellungen der Kategorien auf den öffentlichen Ordnern.

MSExchangeMTA

Dieser Dienst dient zur Protokollierung des Message Transfer Agents (MTA). Dieser Dienst nutzt das X.400-Protokoll zum Zustellen von E-Mails. Der MTA war noch unter Exchange 5.5 der Dienst mit dem E-Mails zwischen Exchange Servern derselben Organisation verschickt wurden. Exchange 2000 und Exchange 2003 verwenden hierfür das SMTP-Protokoll. Wenn Sie jedoch zum Beispiel während einer Migration einen Exchange 2003 Server in eine Exchange 5.5-Organisation installieren, werden E-Mails von Exchange 2003 zu Exchange 5.5 mit Hilfe des Message Transfer Agents und des X.400-Protokolls zugestellt. Bei einer solchen Umgebung spielt die Überwachung des MTA eine besondere Rolle.

X.400-Dienst

Wie bereits erwähnt, nutzt der MTA das X.400-Protokoll für das Zustellen von E-Mails. Mit dieser Kategorie können Sie zudem Ereignisse protokollieren lassen, die durch X.400 erstellt wurden. Damit können Sie das Zustellen von E-Mails über das X.400-Protokoll überwachen lassen.

Ressource

Mit dieser Kategorie werden zudem alle Ereignisse protokolliert, die beim Zugriff auf Ressourcen des MTA erzeugt werden.

Diagnose

Kapitel 11

```
X.400-Dienst
Ressource
Sicherheit
Schnittstelle
Produktsupport
MTA-Administration
Konfiguration
Verzeichniszugriff
Betriebssystem
Interne Verarbeitung
Interoperabilität
ADPU
```

Abbildung 11.21:
Überwachung des Message Transfer Agents

Sicherheit (Security)

Hiermit werden alle Verletzungen von Sicherheitseinstellungen protokolliert.

Schnittstelle (Interface))

Diese Kategorie überwacht die Verbindung von einzelnen Message Transfer Agents auf verschiedenen Exchange Servern. Hiermit wird auch die Verbindung dieser verschiedenen MTAs mit Remote Procedure Calls (RPC) überwacht.

Produktsupport (Field Engineering)

Diese Kategorie dient dem Debugging von internen Abläufen des MTA.

MTA-Administration

Hier werden Ereignisse erzeugt, wenn mit dem Exchange System Manager auf die Warteschlangen oder die Routing-Informationen des Message Transfer Agents zugegriffen wird. Auch andere administrative Ereignisse werden protokolliert.

Konfiguration

Diese Kategorie ist für die Überwachung von Konfigurationsänderungen des MTA zuständig und für Fehler, die in den Konfigurationsdateien auftreten können.

Verzeichniszugriff (Directory Access)

Diese Kategorie überwacht die Active Directory-Zugriffe des Message Transfer Agents.

Betriebssystem (Operating Systems)

Mit dieser Kategorie können Zugriffe des MTAs auf Betriebssystemfunktionen diagnostiziert werden. Solche Zugriffe sind zum Beispiel das Arbeiten mit dem Dateisystem oder das Erstellen von Threads.

Interne Verarbeitung (Internal Processing)

Diese Kategorie sollten Sie aktivieren, wenn Sie schwerwiegende Probleme des MTA befürchten. Hier werden Ereignisse protokolliert, die den Quellcode des MTA überwachen. Werden hier Fehler protokolliert, liegt ein schweres Problem des MTA vor.

Interoperabilität

Mit dieser Kategorie werden die binären Inhalte der einzelnen Protokollnachrichten überwacht.

ADPU

Diese Abkürzung steht für *Application Protocol Data Unit*. Mit dieser Kategorie kann der Inhalt der E-Mails überprüft werden, die über diesen MTA empfangen oder versendet werden. Diese Kategorie dient der Überwachung des Nachrichtenflusses zwischen dem lokalen und dem Remote-MTA. Mit Hilfe dieser Kategorie und der Kategorie X.400-Service können Sie Probleme des MTA und des X.400-Protokolls auf binärer Ebene finden.

MSExchangeMU

Dieser Dienst hat lediglich eine Kategorie. Der MSExchangeMU dient der Überwachung der IIS-Metabase mit dem Active Directory. Exchange arbeitet hauptsächlich mit der IIS-Metabase, die in regelmäßigen Abständen mit dem Active Directory abgeglichen wird. Wenn hierbei Fehler auftreten, können Sie diese mit diesem Dienst ausfindig machen.

MSExchangeSA

Dieser Dienst dient der Überwachung einiger Punkte, die durch die Systemaufsicht zur Verfügung gestellt werden. Hier hat Microsoft 2 neue Kategorien hinzugefügt, so dass zur Überwachung 6 Kategorien verwendet werden können. Diese neuen Kategorien sind die *RPC-Aufrufe (RPC Calls)* sowie die *Proxy-Erstellung (Proxy Generation)*. Die Systemaufsicht ist der wichtigste Dienst in Exchange 2003, da alle anderen Exchange-Dienste von diesem abhängig sind. Wenn die Systemaufsicht nicht startet, starten auch alle anderen Dienste nicht mehr. Sie können die Arbeitsweise der Systemaufsicht mit den Kategorien dieses Dienstes überwachen und feststellen, welche Probleme die Systemaufsicht hat.

Postfachverwaltung (Mailbox Management)

Mit dieser Kategorie können Sie Verwaltungsvorgänge der Postfächer überwachen lassen.

Diagnose   Kapitel 11

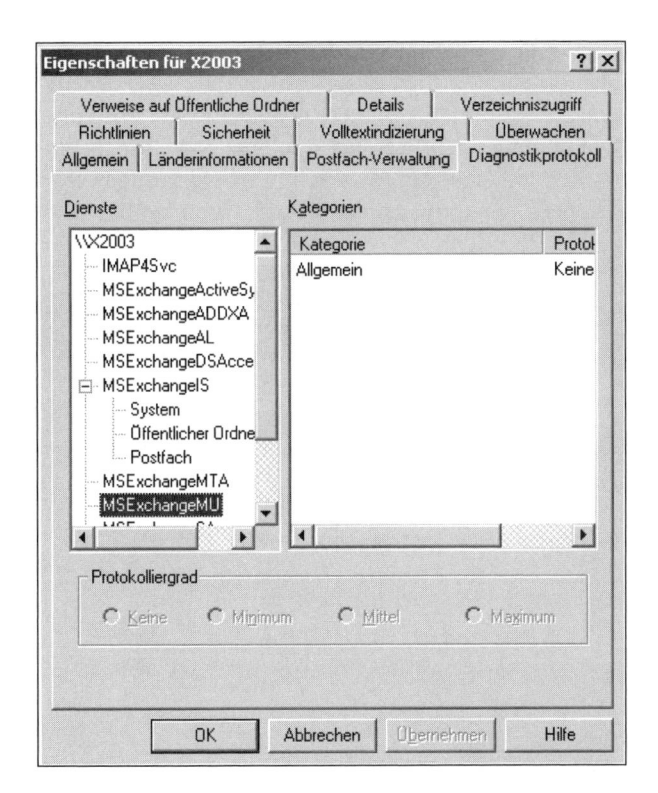

Abbildung 11.22:
Überwachen der Zusammenarbeit der IIS-Metabase mit dem Active Directory

Abbildung 11.23:
Überwachung der Exchange Systemaufsicht

NSPI Proxy

Diese Abkürzung steht für *Named Service Provider Interface*. Der NSPI-Proxy ist wichtiger Bestandteil des MAPI-Zugriffs auf die Adressbücher und die Integration von Exchange in das Active Directory. Sie können bei Problemen des NSPI-Proxys eventuell davon ausgehen, dass Verbindungsprobleme zu Domänen-Controllern oder dem globalen Katalog vorhanden sind.

RFR-Schnittstelle (RFR-Interface)

Das *Referal Interface (RFRI)* stellt die Verbindung der Outlook Clients mit dem Active Directory her. Wenn das RFR-Interface nicht stabil funktioniert, können Benutzer unter Umständen in Outlook keine E-Mails versenden oder nicht auf das Adressbuch zugreifen. Probleme des RFR-Interface können Sie mit dieser Kategorie leichter beheben. Das RFR-Interface greift über den *NSPI-Proxy* auf den globalen Katalog zu. Wenn in dieser Kette ein Problem auftritt, können Benutzer in Outlook keine

(KOMPENDIUM) Exchange Server 2003 und Outlook   341

Kapitel 11   Diagnose und Überwachung

Verbindung mehr ins Active Directory aufbauen. Oft hilft bei solchen Problemen ein Neustart des globalen Katalogs, der auf der Registerkarte VERZEICHNISZUGRIFF (DIRECTORY ACCESS) konfiguriert ist. Wenn Sie einen Domänen-Controller zum globalen Katalog promoten, sollten Sie diesen immer zunächst durchstarten, damit der mit Hilfe des NSPI-Proxys MAPI-Clients Zugriff auf Exchange gewähren kann.

Abbildung 11.24: Registerkarte VERZEICHNISZUGRIFF (DIRECTORY ACCESS) in den Eigenschaften eines Exchange Servers

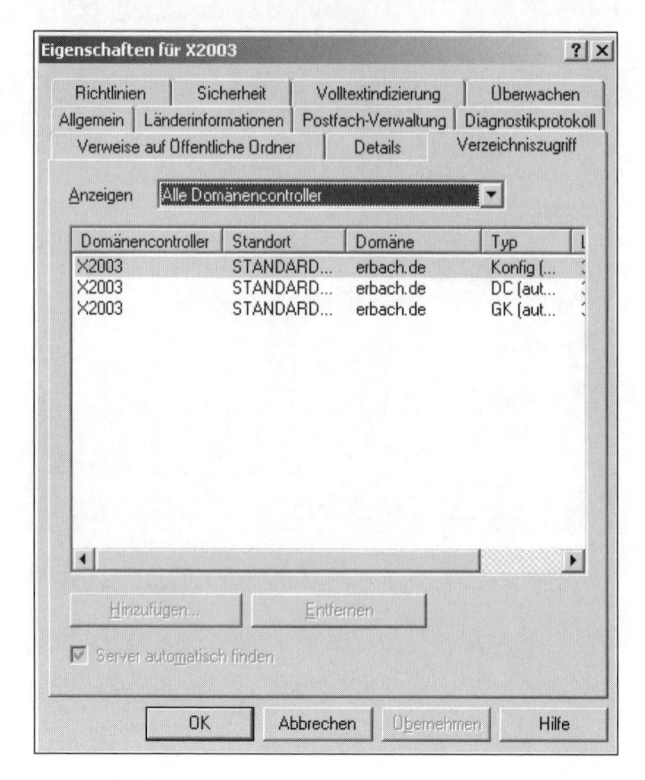

OAL-Generator

Der Offline Address List (OAL)-Generator ist für die Erstellung der Offline-Adressbücher zuständig, die Ihre Benutzer herunterladen können. Sie können mit dieser Kategorie diesen Generator überwachen lassen.

Proxy-Erstellung (Proxy Generation)

Diese Kategorie ist neu in Exchange 2003. Einer der wichtigsten Dienste der Systemaufsicht ist der Recipient Update Service. Diese ist unter anderem dafür zuständig E-Mail-Adressen an Ihre Empfänger zu verteilen und diese an Exchange 2003 anzubinden. Wenn Probleme bezüglich der Erstellung von E-Mail-Adressen vorliegen, sollten Sie außer der Aktivierung der Kategorien des MSExchangeAL diese Kategorie des Dienstes MSExchangeSA überwachen lassen.

Diagnose

RPC-Aufrufe (RPC-Calls)

Auch diese Kategorie ist neu in Exchange 2003. Exchange baut Verbindung zu anderen Exchange Servern mit Hilfe von Remote Procedure Calls (RPC) auf. Liegt ein Verbindungsproblem mit RCP vor, können Sie mit dieser Kategorie diese Fehler finden und beheben.

NEU

MSExchangeSRS

Während der Migration von Exchange 5.5 zu Exchange 2003 beziehungsweise wenn Sie einen Exchange 2003-Server in eine Exchange 5.5-Organisation installiert haben, spielt der *Site Replication Service (SRS)* oder Standortreplikationsdienst eine sehr wichtige Rolle. Der SRS emuliert dabei auf einem Exchange 2003 Server einen Exchange 5.5 Server, mit dem wiederum die Exchange 5.5 Server der Organisation Verbindung zu Exchange 2003 aufnehmen können. Im Kapitel 19 *Migration und Koexistenz* wird auf den SRS näher eingegangen. Er ist das Bindeglied zwischen Exchange 2003, Exchange 2000 und Exchange 5.5 in einer Organisation. Wenn dieser Dienst fehlerhaft oder überhaupt nicht arbeitet, können die verschiedenen Exchange Server nicht mehr miteinander kommunizieren. In einer reinen Exchange 2003-Umgebung oder bei Exchange 2000 Servern hat der SRS keine weitere Bedeutung. Für die Überwachung des SRS stehen Ihnen 13 Kategorien zur Verfügung:

Konsistenzüberprüfung (Knowledge Consistency Checker)

Diese Kategorie dient der Überwachung des Knowledge Consistency Checker (KCC). Der KCC ist Bestandteil von Exchange 5.5.

```
Konsistenzprüfung (KCC)
Sicherheit
ExDS-Schnittstelle
Replikation
Garbagecollection
Interne Konfiguration
Verzeichniszugriff
Interne Verarbeitung
LDAP-Schnittstelle
Initialisierung/Beendigung
Dienststeuerung
Field Engineering
```

Abbildung 11.25: Überwachung des Standortreplikationsdienstes

Eine weitere Komponente des SRS ist der *Site Consistency Checker (SCC)*. Dieser verleiht dem KCC notwendige Erweiterungen, damit er mit Exchange 2003 zusammenarbeiten kann. Die Aufgabe des KCC ist die Überprüfung der Exchange-Organisation nach neu erstellten Standorten oder Exchange Servern. Ein Exchange Server führt diese Überprüfung einmal am Tag durch. Der SCC ist zusätzlich noch für die Zuordnung der Exchange 5.5-Standorte zu administrativen Gruppen von Exchange 2003 zuständig. Der SCC erstellt und deaktiviert außerdem die Verbindungsvereinbarungen (Connection Agreements, CAs) des Active Directory Connectors bei Konfigurationsänderungen.

Sicherheit

Mit dieser Kategorie können Sie alle sicherheitsrelevanten Einstellungen des SRS wie Zugriffsrechte oder Berechtigungsveränderungen protokollieren lassen.

ExDS-Schnittstelle

Mit dieser Kategorie können Sie die Zusammenarbeit des SRS mit dem Active Directory überwachen lassen.

Replikation

Hier werden alle Ereignisse zusammengefasst, die bei der Replikation innerhalb des SRS entstehen. Bei der Replikation werden Daten zwischen dem SRS des Exchange 2000 Servers und den Exchange 5.5 Servern ausgetauscht.

Garbage Collection

Wenn der SRS während der Replikation nicht alle Daten einwandfrei zuordnen kann, können mit dieser Kategorie solche Ereignisse festgehalten werden.

Interne Konfiguration

Diese Kategorie überwacht alle Änderungen der Konfiguration des SRS.

Verzeichniszugriff

Der SRS greift für den Datenaustausch ständig auf das Active Directory zu. Mit dieser Kategorie können Sie ebenfalls diese Active Directory-Zugriffe protokollieren lassen.

Interne Verarbeitung

Mit dieser Kategorie können Sie ebenfalls die interne Datenverarbeitung des SRS protokollieren lassen.

LDAP-Schnittstelle

Mit dieser Kategorie können Sie alle Zugriff auf die LDAP-Schnittstelle des Servers überwachen lassen. Windows 2000 und auch Exchange 5.5 kommunizieren mit Hilfe des LDAP-Protokolls.

Diagnose

Initialisierung/Beendigung

Wenn der Dienst nach einer Konfigurationsänderung oder aus anderen Gründen initialisiert wird und seine interne Konfiguration neu einliest, können Sie mit dieser Kategorie entsprechende Ereignisse protokollieren lassen. Diese Kategorie ist auch für die Überwachung der geplanten oder ungeplanten Beendigung des SRS zuständig. Wenn der SRS-Dienst beenden ist, sehen Exchange 2000 Server keine Exchange 5.5 Server mehr und umgekehrt.

Dienstesteuerung

Wenn Sie in der Dienstesteuerung den SRS-Dienst beenden oder neu starten, werden bei Aktivierung dieser Kategorie ebenfalls entsprechende Ereignisse protokolliert.

Field Engineering

Diese Kategorie dient dem Debugging von internen Abläufen des SRS.

Standortkonsistenzprüfung (Site Consistency Checker)

Eine weitere Komponente des SRS ist der Site Consistency Checker (SCC). Dieser erweitert den KCC um notwendige Erweiterungen, damit er mit Exchange 2003 zusammenarbeiten kann. Die Aufgabe des KCC ist die Überprüfung der Exchange-Organisation nach neu erstellten Standorten oder Exchange Servern. Ein Exchange Server führt diese Überprüfung einmal am Tag durch. Der SCC ist darüber hinaus für die Zuordnung der Exchange 5.5-Standorte zu administrativen Gruppen von Exchange 2003 zuständig. Der SCC erstellt und deaktiviert außerdem die Verbindungsvereinbarungen (Connection Agreements, CAs) des Active Directory Connectors bei Konfigurationsänderungen.

MSExchangeTransport

Mit diesem Dienst können Sie den Exchange Server bezüglich des E-Mail-Transportes mit SMTP überwachen lassen. Auch für diesen Dienst stehen Ihnen wieder einige Kategorien zur Verfügung. Da die Überwachung des E-Mail-Transports eine wichtige Funktion ist, hat Microsoft auch hier einige neue Kategorien hinzugefügt.

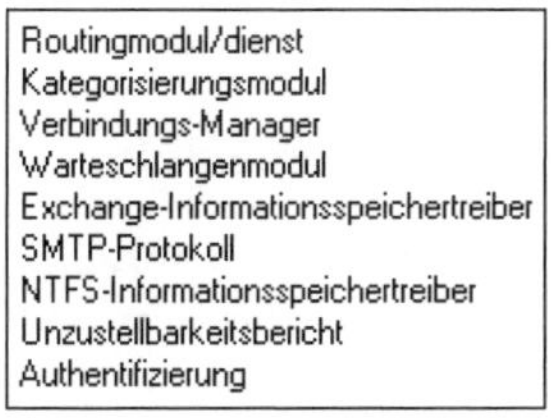

```
Routingmodul/dienst
Kategorisierungsmodul
Verbindungs-Manager
Warteschlangenmodul
Exchange-Informationsspeichertreiber
SMTP-Protokoll
NTFS-Informationsspeichertreiber
Unzustellbarkeitsbericht
Authentifizierung
```

Abbildung 11.26:
Überwachung des Exchange Mail-Transports

Routingmodul/Dienst

Diese Kategorie dient zur Überwachung des Routingmoduls des Exchange Servers. Dieses Modul überprüft in regelmäßigen Abständen die Verbindungen des Exchange Servers und dessen Connectoren. Weiter hinten in diesem Buch gehe ich näher auf diesen Dienst ein. Wenn Sie Probleme beim Versenden von E-Mails haben und Ihre Warteschlangen nicht abgebaut werden, liegt eventuell eine Störung des Routingmoduls vor.

Kategorisierungsmodul (Categorizer)

Der Categorizer ist für die Zuordnung der Nachricht nach Server zuständig. Wenn eine E-Mail geschrieben wird, überprüft der Categorizer des Exchange Servers zunächst, ob die Nachricht lokal zugestellt oder auf einen Exchange Server innerhalb der Organisation zugestellt werden kann oder ob Sie mit einem Connector nach außerhalb verschickt werden muss. Es ist schon vorgekommen, dass dieser Categorizer fehlerhaft gearbeitet hat. In einem solchen Fall kann der Exchange Server nicht mehr zwischen internen und externen E-Mails unterscheiden und die Zustellung der E-Mail schlägt fehl. Mit dieser Kategorie können Sie die Schritte des Categorizers überwachen lassen.

Verbindungsmanager (Connection Manager)

Diese Kategorie überwacht RAS-Verbindungen, die Sie zum Versenden von E-Mails über einen Connector erstellen lassen können. Oft arbeiten solche Verbindungen fehlerhaft oder nicht stabil.

Warteschlangenmodul (Queuing Engine)

Mit dieser Kategorie können Sie die Funktion der Warteschlangen überwachen lassen. Das Warteschlangenmodul arbeitet mit dem Categorizer zusammen und stellt die E-Mails in die entsprechende Warteschlange.

Exchange-Informationsspeichertreiber (Exchange Store Driver)

Mit diesem Treiber greifen die einzelnen Exchange-Dienste auf die Datenbank von Exchange 2003 zu. Wenn eine Nachricht kategorisiert wurde, wird sie erst in eine Warteschlange und aus der Warteschlange in den Informationsspeicher des Exchange Servers gestellt, auf dem das Postfach des Empfängers liegt.

SMTP-Protokoll

Mit dieser Kategorie können Sie die einzelnen Abläufe des SMTP-Protokolls überwachen lassen. SMTP ist das Standardprotokoll in Exchange 2003 und Exchange 2000.

NTFS-Informationsspeichertreiber

Wenn eine Nachricht mit SMTP auf einem Exchange 2003 Server eintrifft, wird diese zunächst auf die Festplatte des Servers geschrieben. Dieser Vorgang mit dem NTFS-Informationsspeichertreiber durchgeführt. Mit dieser Kategorie können Sie die Funktionsweise dieses Treibers überwachen lassen.

Unzustellbarkeitsbericht (NDR)

Diese Kategorie wurde neu in Exchange 2003 eingeführt. Mit der Kategorie *Unzustellbarkeitsbericht (NDR, Non-delivery Report)* können Sie die Zustellung und Generierung von NDRs überwachen lassen. Ein NDR wird durch den Exchange Server erzeugt, wenn eine an ihn gesendete Nachricht nicht übermittelt werden kann.

Authentifizierung

Auch diese Kategorie wurde neu in Exchange 2003 eingebunden. Sie können mit der Kategorie *Authentifizierung* alle Vorgänge protokollieren lassen, für die eine Authentifizierung am SMTP-Connector oder am virtuellen SMTP-Server durchgeführt werden muss. Eine solche Authentifizierung kann zum Beispiel notwendig sein, wenn bestimmte Benutzer sich zum Versenden am SMTP-Connector authentifizieren müssen. Die Authentifizierung durch den SMTP-Connector wurde bereits im Kapitel 6 Connectoren besprochen.

OMA Push Categorizer

Der *OMA Push Categorizer* dient zur Überwachung von Outlook Mobile Access (OMA). Benutzer können Regeln definieren, welche E-Mails aus Ihrem Posteingang an Ihre WAP-Handys übermittelt (gepusht) werden sollen. Der OMA Push Categorizer ist für die Festlegung verantwortlich, welche E-Mails gepusht werden sollen. Mit dieser Kategorie können Sie überwachen lassen, ob die Zustellung mittels Push-Replikation für drahtlose Geräte funktioniert.

POP3Svc

Dieser Dienst dient der Überwachung von Benutzerzugriffen mit dem POP3-Protokoll. Er arbeitet ähnlich wie der bereits besprochene *IMAP4Svc*, die einzelnen Dienste können dort nachgeschlagen werden.

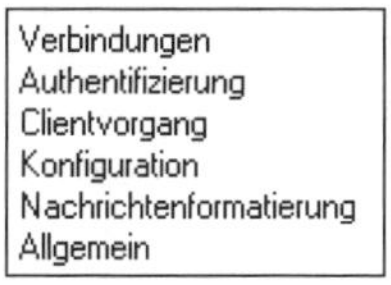

```
Verbindungen
Authentifizierung
Clientvorgang
Konfiguration
Nachrichtenformatierung
Allgemein
```

Abbildung 11.27: Überwachung von POP3 in Exchange 2003

Verbindungen (Connections)

Mit Hilfe dieser Kategorie werden ebenfalls alle Ereignisse protokolliert, die Benutzer bei der Verbindung mit Hilfe des POP3-Protokolls verursachen. Diese Kategorie steht ausschließlich für die Diagnose erfolgreicher oder erfolgloser Verbindungsaufbauten.

Authentifizierung (Authentification)

Nach dem erfolgreichen Verbindungsaufbau zum virtuellen POP3-Server dieses Exchange Servers müssen sich Benutzer authentifizieren, um Zugang zu Ihrem Postfach zu erhalten. Alle Ereignisse der Authentifizierung werden mit Hilfe dieser Kategorie ebenfalls protokolliert. Hier können Sie zudem die Diagnose für erfolgreiche, aber auch erfolglose Verbindungen protokollieren. Wenn viele Verbindungen zum POP3-Server aufgebaut und zudem viele erfolglose Authentifizierungen protokolliert werden, deutet dies eventuell auf Verbindungsprobleme des POP3-Servers mit den Domänen-Controllern oder den globalen Katalogen hin. Der Server kann zwar Verbindungen aufbauen, die Benutzer dann aber nicht authentifizieren.

Clientvorgang (Client Action)

Mit dieser Kategorie werden ebenfalls alle Aktionen protokolliert, die ein Benutzer nach einer erfolgreichen Authentifizierung auslöst. Hier sehen Sie schnell, ob Benutzer bei der Arbeit mit dem POP3-Server Schwierigkeiten haben. Client-Vorgänge sind das Übermitteln oder das Lesen von E-Mails über diesen Server und das Herunterladen von öffentlichen Ordnern und Nachrichten, wenn diese nicht auf dem Server gelesen werden. Wenn sich Ihre Benutzer zwar verbinden und authentifizieren können, jedoch Schwierigkeiten beim Lesen oder Schreiben von E-Mails haben, können Sie mit Hilfe dieser Kategorie die Protokollierung erhöhen.

Konfiguration (Configuration)

Mit dieser Kategorie können Sie Schwierigkeiten bezüglich der Konfiguration des virtuellen POP3-Servers auf Ihrem Exchange Server feststellen.

Nachrichtenformatierung (Content Engine)

Diese Kategorie ist für das Umformatieren der Nachrichten und der E-Mail-Anhänge zuständig. Durch Aktivierung dieser Kategorie können Sie zum Beispiel ebenfalls das automatische Umwandeln von Nachrichten protokollieren lassen. Diese automatische Formatierung kann zum Beispiel in den Benutzereigenschaften in den Einstellungen für das POP3-Protokoll vorgenommen werden.

Diagnose

Allgemein (General)

Diese Kategorie dient zur Protokollierung von Optionen, die in keine der anderen Kategorien passen. Wenn Sie die Protokollierung aktivieren, sollten Sie die allgemeine Kategorie immer mitwählen, da hier eine Vielzahl weiterer Optionen ebenfalls protokolliert wird.

Protokolliergrad (Logging level)

Sie können für jede Kategorie, die Sie diagnostizieren lassen, einen unterschiedlichen Protokolliergrad einstellen. Abhängig von diesem Protokolliergrad werden mehr oder weniger Ereignisse in das Ereignisprotokoll geschrieben.

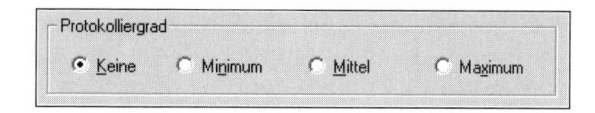

Abbildung 11.28: Verschiedene Protokolliergrade (Logging levels) der einzelnen Kategorien

Keine

Dieser Protokolliergrad ist standardmäßig für alle Kategorien aktiviert. Mit dieser Einstellungen werden alle Fehlermeldungen der einzelnen Kategorien in die Ereignisanzeige geschrieben, allerdings keine weitergehenden Informationen. Dieser Protokolliergrad bedeutet die geringste Belastung des Servers.

Minimum

Bei diesem Protokolliergrad werden zusätzlich zu allen Fehlermeldungen auch die Warnmeldungen der einzelnen Dienste und Kategorien protokolliert.

Mittel

Wenn Sie für eine Kategorie diesen Protokolliergrad aktivieren, werden außer Fehler- und Warnmeldungen auch alle Informationsmeldungen in die Ereignisanzeige geschrieben. Abhängig von der Kategorie steigt die Anzahl der Ereignisse mit diesem Protokolliergrad steil an, da die Exchange-Dienste zahlreiche Funktionen erfüllen.

Maximum

Dieser Protokolliergrad ist der umfangreichste. Wenn Sie ihn aktivieren, werden alle Fehlermeldungen, alle Warnmeldungen und alle Informationen aller Funktionsabläufe protokolliert. Diesen Protokolliergrad sollten Sie nur kurzzeitig und nur für wenige Kategorien aktivieren. Bei der hohen Anzahl an Ereignissen können bei Aktivierung von Maximum wichtige Fehlermeldungen übersehen werden und dann können Sie mit dem Informationsfluss nichts mehr anfangen. Aktivieren Sie Maximum nur, wenn Sie bereits die vorhergehenden Protokolliergrade getestet haben und keine Meldung erhalten haben, die Ihnen bei der Problemsuche hilft. Die Protokollierung belastet den Server mehr oder weniger, abhängig vom Protokolliergrad.

11.3 Überwachung eines Exchange Servers

Die Diagnose einzelner Dienste dient hauptsächlich dem gezielten Lösen von Problemen und Fehlermeldungen, die auf Ihren Exchange Servern auftreten können. Microsoft ermöglicht nicht nur die Diagnostizierung solcher Fehler, sondern bietet Ihnen auch die Möglichkeit Exchange-Ressourcen, vor allem die Systemdienste, überwachen zu lassen. Sie können diese Überwachung so konfigurieren, dass Ihnen automatisch eine E-Mail zugestellt wird, wenn ein Problem mit einer definierten Ressource, zum Beispiel eines Dienstes, auftritt. Sie sollten diese Überwachung auf alle Fälle aktivieren, da Sie dadurch die Möglichkeit erhalten bei auftauchenden Problemen zu agieren, anstatt zu reagieren. Diese Überwachung wird, genauso wie die Diagnose, in den Eigenschaften jedes Exchange Servers konfiguriert. Rufen Sie dazu die Eigenschaften des Exchange Servers im Exchange System Manager auf und wechseln Sie zur Registerkarte ÜBERWACHEN (MONITORING).

Die Konfiguration unterteilt sich dabei in zwei Aufgaben. Zunächst müssen Sie die eigentliche Überwachung aktivieren. Danach müssen Sie die Benachrichtigung oder die Aktionen konfigurieren, die von der Überwachung ausgelöst werden sollen. Die Konfiguration der Benachrichtigungen findet an einer anderen Stelle statt. Dazu kommen wir weiter hinten in diesem Kapitel. Auf dieser Registerkarte können Sie die Überwachung eines Servers bei Bedarf ganz deaktivieren.

Konfiguration der Überwachung

Standardüberwachung

Exchange aktiviert nach der Installation standardmäßig bereits eine Überwachung der wichtigsten Dienste, allerdings keine Benachrichtigung. Sie können zwar im Exchange System Manager erkennen, dass auf einem Server ein Fehler vorliegt, erhalten aber keine Benachrichtigung und es wird keine Aktion durchgeführt. Exchange überwacht dabei folgende Dienste:

Überwachung eines Exchange Servers Kapitel 11

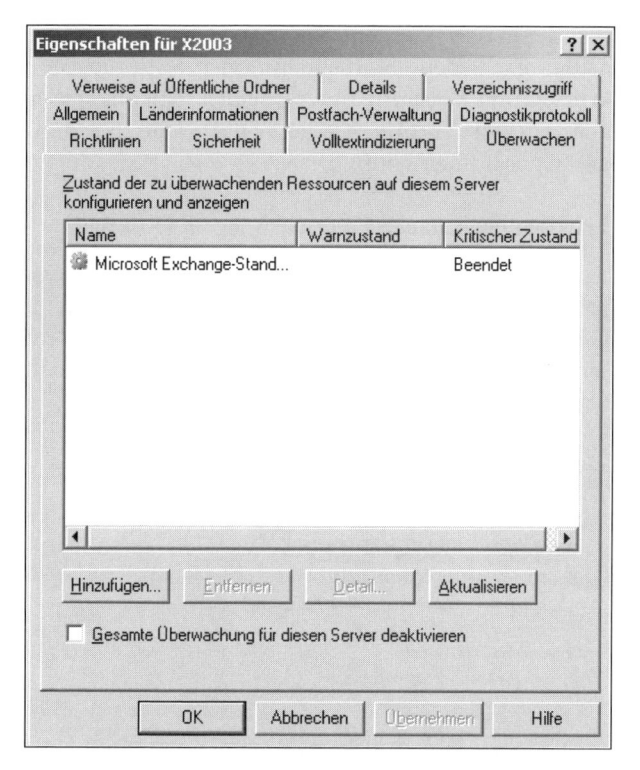

Abbildung 11.29: Überwachen eines Exchange Servers

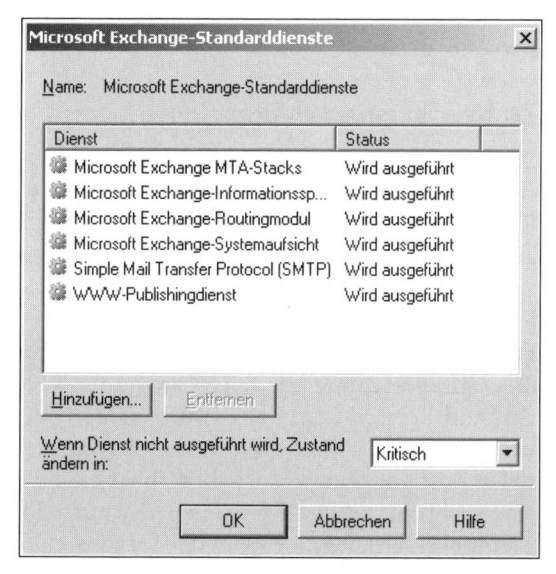

Abbildung 11.30: Standardmäßig überwachte Exchange-Dienste

Sie finden diese Einstellung, wenn Sie auf der Registerkarte ÜBERWACHEN die Standardüberwachung markieren und dann auf die Schaltfläche DETAILS klicken. Sie sollten diese Standardüberwachung nicht verändern, sondern der Ordnung halber ein eigene Überwachung definieren, die Sie nach Belieben verändern können. Wie Sie sehen, können Sie für die Überwachung auch verschiedene Statusdefinitionen festlegen. Sie können dabei zwischen kritisch und Warnung unterscheiden. Abhängig vom gewählten Status werden dann die Aktionen oder Benachrichtigungen ausgelöst, die wir weiter unten zusammen konfigurieren.

Erstellen einer neuen Überwachungs-Ressource

Auf der Registerkarte können Sie beliebig viele Ressourcen aus unterschiedlichen Quellen zur Überwachung erstellen. Eine solche Ressource ist die Gruppierung von Exchange-Ressourcen, die Sie gleichzeitig überwachen lassen. Wenn Sie eine neue Ressource erstellen wollen, müssen Sie auf die Schaltfläche HINZUFÜGEN klicken.

Abbildung 11.31:
Hinzufügen
von Exchange-
Ressourcen zur
Überwachung

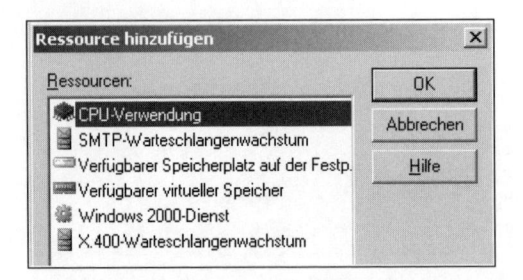

Sie können verschiedene Ressourcen auswählen, die Sie überwachen lassen können. Ich gehe auf den nachfolgenden Seiten detailliert auf jede dieser Ressourcen ein.

Verfügbarer virtueller Speicher

Wenn Sie diese Ressource auswählen, können Sie den freien virtuellen Speicher überwachen lassen, der Exchange zur Verfügung steht. Wenn Ihr Exchange Server keinen freien virtuellen Speicher mehr lokalisieren kann, geht die Performance in den Keller und der Server stellt den Betrieb ein.

Sie können die Überwachung des virtuellen Arbeitsspeichers im nächsten Fenster konfigurieren. Legen Sie in diesem Fenster fest, ab wie viel Prozent diese Überwachung in den Warnstatus wechseln soll und ab wann der Zustand kritisch ist. Hier definieren Sie zudem den Zeitraum, in dem der konfigurierte Zustand bestehen muss, bevor eine Warnung oder ein kritischer Zustand gemeldet wird. Wählen Sie für den virtuellen Arbeitsspeicher eine nicht zu geringe Messdauer. Es nützt Ihnen nichts, wenn Sie ständig Meldungen erhalten, obwohl der Server vielleicht nur in Spitzen weniger als den definierten Prozentsatz an Arbeitsspeicher zur Verfügung hat.

Abbildung 11.32:
Konfiguration der Überwachung des virtuellen Arbeitsspeichers von Exchange 2003

Der Zeitraum von 10 Minuten ist ausreichend bevor eine Statusänderung durchgeführt wird. Benachrichtigungen oder sonstige Aktionen sollten normalerweise nur ausgelöst werden, wenn ein kritischer Zustand erreicht wird. Der Warnzustand wird ausschließlich im Exchange System Manager angezeigt. Stellen Sie diese Werte so ein, dass nicht zu viele E-Mails vom Server verschickt werden, da Sie sonst auf Dauer diese Warnungen nicht mehr Ernst nehmen und im Bedarfsfall dann vielleicht sogar die eine oder andere ignorieren. Im unteren Feld wird der aktuell verwendete, freie virtuelle Arbeitsspeicher angezeigt. Dieser Wert wird allerdings erst angezeigt, wenn Sie die Überwachung mit OK aktivieren und dann diese Überwachung wieder öffnen.

Abbildung 11.33:
Anzeige des aktuellen freien virtuellen Arbeitsspeichers

Auch anhand des aktuell vorhandenen Speichers können Sie die Grenzen für die Statusänderungen festlegen. Der Zeitraum sollte allerdings nicht unter 10 Minuten liegen.

CPU-Verwendung

Sie können mit der Exchange-Überwachung auch die CPU-Verwendung überwachen lassen, damit ein Exchange Server performant und stabil arbeitet. Zwar können Sie den Computer bei einer festgestellten Überlastung nicht einfach schneller machen, aber die Überschreitungen können Ihnen Hinweise geben, ob Sie Dienste verlagern oder vielleicht einen neuen, schnelleren Server anschaffen sollten.

Kapitel 11   Diagnose und Überwachung

Abbildung 11.34:
Überwachung der CPU-Verwendung

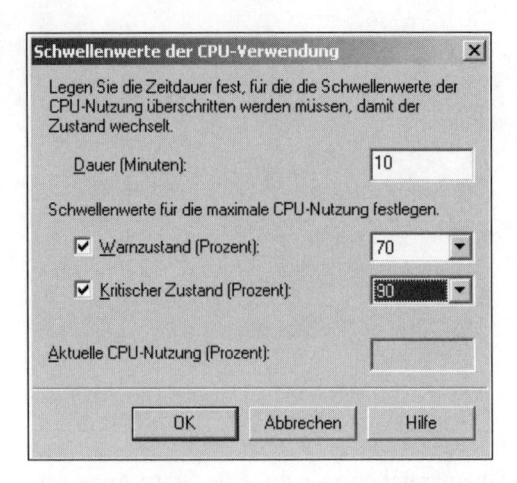

Definieren Sie auch hier einen angemessenen Überwachungszeitraum, während dessen die CPU-Verwendung dauerhaft den definierten Wert erreichen darf. Auch den Warnstatus und den kritischen Status sollten Sie nicht zu niedrig ansetzen. Ich denke auch hier reicht eine Messdauer von 10 Minuten aus. Welchen Warnzustand Sie definieren, bleibt Ihnen überlassen. Den aktuellen Schwellenwert (threshold) sehen Sie auch hier erst, wenn Sie die Überwachung mit OK aktivieren und das Fenster wieder öffnen.

Verfügbarer Speicherplatz auf der Festplatte

Mit dieser Ressource können Sie den freien Speicherplatz jeder Partition Ihres Exchange Servers überwachen lassen. Sie können allerdings hier nur eine Partition auswählen. Wenn Sie mehrere Partitionen überwachen lassen wollen, müssen Sie für jede dieser Partitionen eine eigene Überwachungs-Ressource definieren. Dadurch können Sie für jede Partition getrennte Definitionen der Statusänderungen festlegen. Die Überwachung des Speicherplatzes eines Exchange Servers ist eine wichtige Aufgabe in Exchange 2003, da der Plattenverbrauch durch den E-Mail-Verkehr der Benutzer, die Transaktionsprotokolldateien und andere Faktoren ständig ansteigt. Nach der Installation steht natürlich immer genug Plattenplatz zur Verfügung. Allerdings denken die wenigsten Administratoren nach Monaten oder vielleicht sogar bereits nach Wochen daran, den freien Plattenplatz auf dem Exchange Server zu überwachen.

Es wäre mehr als ärgerlich, wenn eines Tages der Exchange Server seine Funktionalität einstellt, da kein Plattenplatz mehr vorhanden ist. Bis Sie dann genug Festplattenplatz freigeschaufelt oder die Postfächer auf einen anderen Server umgezogen und die Datenbank offline defragmentiert haben, damit der Platz auch freigegeben wird, gehen einige Stunden verloren. Mit der automatischen Überwachung sind Sie auf der sicheren Seite. Legen Sie hier Schwellenwerte fest, die Ihnen noch einige Wochen Zeitfrist lassen, um neuen Platz zu schaffen oder Daten zu löschen.

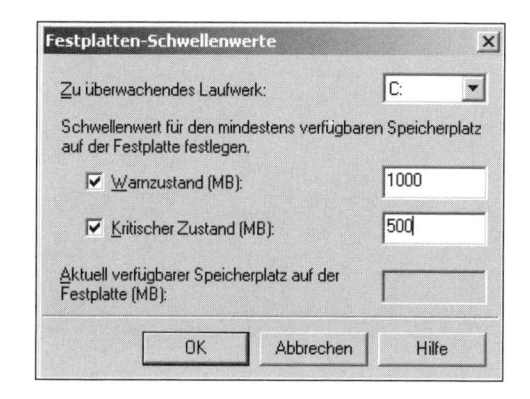

Abbildung 11.35:
Überwachen des freien Plattenplatzes Ihres Exchange Servers

SMTP- /X.400-Warteschlangenwachstum

Diese Ressourcen sollten Sie ebenfalls überwachen lassen. Sie können hier festlegen, in welchem Zeitraum die Warteschlangen anwachsen dürfen. Wenn Sie definieren, dass die Warteschlangen 10 Minuten wachsen dürfen, um in den Warnzustand zu wechseln beziehungsweise 30 Minuten, um in den kritischen Zustand zu wechseln, dürfen dann nach 10 Minuten beziehungsweise 30 Minuten nicht mehr E-Mails in den Warteschlangen vorhanden sein, als zu Beginn der Messung. Selbst wenn nur eine E-Mail in der Warteschlange ist und diese nach 10 Minuten immer noch nicht verschickt wurde, wechselt die Ressource ihren Status. Sie können mit dem SMTP- oder dem X.400-Warteschlangenwachstum den E-Mail-Fluss Ihres Exchange Servers überwachen lassen. Sie sollten den Zeitraum hier so definieren, dass das Wachstum zu Ihrem Exchange Server passt. Je nach Größe Ihrer Organisation kann es vorkommen, dass die Warteschlangen anwachsen, obwohl E-Mails verschickt werden. Sie sollten auch hier den Wert nicht zu niedrig ansetzen.

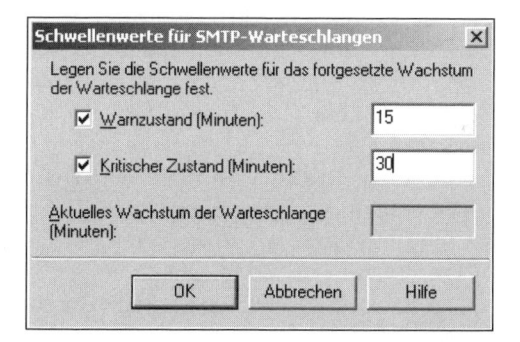

Abbildung 11.36:
Überwachen des SMTP-Warteschlangenwachstums

Wenn Sie eine native Exchange 2003-Organisation verwalten, die auch Exchange 2000 Server enthalten darf, müssen Sie das X.400-Warteschlangenwachstum nicht überwachen lassen, es sei denn, Sie haben zwischen Routinggruppen X.400-Connectoren erstellt.

Kapitel 11   Diagnose und Überwachung

Abbildung 11.37:
Überwachen des X.400-Warteschlangenwachstums

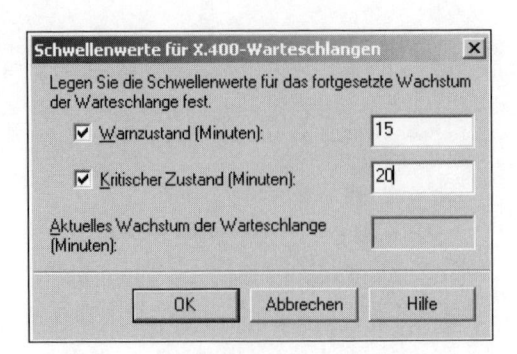

Exchange 2003 und Exchange 2000 verwenden zum Versenden von E-Mails zwischen Servern und nach extern ausschließlich das SMTP-Protokoll. Wenn Sie Exchange 2003 in einer gemischten Umgebung mit Exchange 5.5 Servern installiert haben, werden die Nachricht zu Exchange 5.5 Servern mit dem X.400-Protokoll und dem Message Transfer Agent (MTA) zugestellt.

Windows 2000-Dienst

Außer den Exchange-Ressourcen können Sie mit Hilfe der Ressource Windows 2000-Dienst, jeden beliebigen Dienst überwachen lassen, der für Ihren Exchange Server oder eine andere Funktion eine wichtige Bedeutung hat. So können Sie beispielsweise auch den Virenscanner oder die Datensicherung überwachen lassen. Sie können im nachfolgenden Fenster alle Dienste auswählen, die auf dem System installiert sind.

Überprüfen des Server-Status

Sie können nach der Konfiguration des Servers den Status aller Server und aller Connectoren anzeigen lassen. So erhalten Sie einen schnellen Überblick über Ihre Exchange Server und Connectoren und erkennen sofort, ob ein Server oder ein Connector Probleme hat. Um den Status dieser Objekte anzuzeigen, starten Sie den Exchange System Manager und navigieren zum Menüpunkt ÜBERWACHUNG UND STATUS, der sich unterhalb des Menüs EXTRAS befindet. Auf der rechten Seite werden ihnen alle überwachten Server und Connectoren sowie deren Status angezeigt. Wenn ein Server einen Warnzustand erreicht, erscheint ein gelbes Dreieck mit Ausrufezeichen, bei einem kritischen Zustand erscheint ein roter Kreis mit einem weißen Kreuz.

Allerdings kann es eine Weile dauern, bis eine Statusänderung in diesem Menü angezeigt wird. Dies ist abhängig von der Größe Ihrer Organisation, der Anzahl Ihrer Server und Routinggruppen sowie der Bandbreite zwischen den einzelnen Routinggruppen. Sie können zudem mit Doppelklick auf jedes Objekt in die Überwachung des einzelnen Servers wechseln und erkennen, welche Ressource den Fehler auslöst.

Überwachung eines Exchange ServersKapitel 11

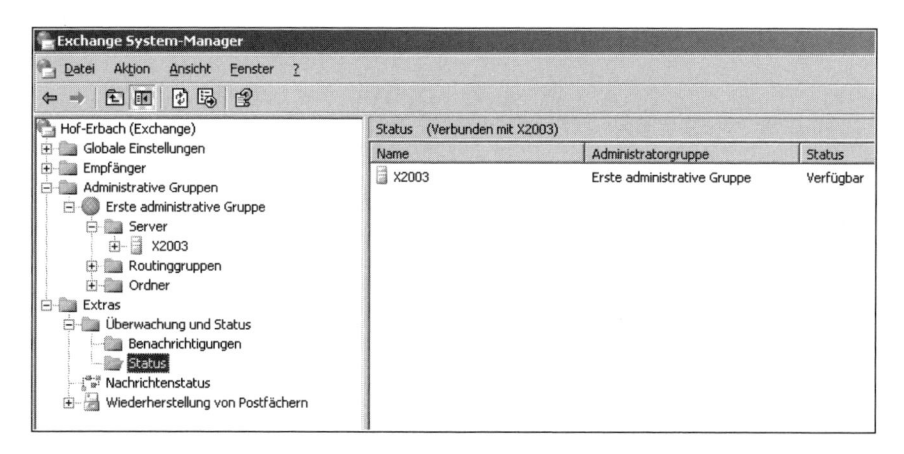

Abbildung 11.38:
Überprüfen des Status von Exchange Servern und Connectoren

Wenn Sie zahlreiche Server überwachen müssen, erhalten Sie einen schnellen Überblick über den aktuellen Status der einzelnen Server.

Abbildung 11.39:
Kritischer Zustand eines Exchange Servers

Konfiguration von Benachrichtigungen

Nachdem Sie die einzelnen Überwachungen aktiviert haben, können Sie Benachrichtigungen definieren, die automatisch ausgelöst werden, wenn ein Server einen bestimmten Status erreicht. Exchange unterscheidet zwischen Benachrichtigungen, die von Exchange ausgelöst und verschickt werden und Skripten, die Sie erstellen können und gestartet werden. Die Konfiguration erfolgt dabei über das Menü BENACHRICHTIGUNGEN (NOTIFICATIONS). Um eine neue Benachrichtigung zu erstellen, klicken Sie mit der rechten Maustaste auf das Menü BENACHRICHTIGUNGEN, wählen NEU und dann die Art der Benachrichtigung, die Sie erstellen wollen.

E-Mail-Benachrichtigung

Erstellen einer neuen E-Mail-Benachrichtigung

Die E-Mail-Benachrichtigung wird am häufigsten verwendet. Wenn Sie diese Benachrichtigung auswählen, erscheint ein Fenster mit dessen Hilfe Sie diese Benachrichtigung konfigurieren können. Ihnen stehen einige Felder zur Verfügung, mit deren Hilfe Sie die Benachrichtigung konfigurieren können.

Abbildung 11.40:
Erstellen einer neuen Benachrichtigung

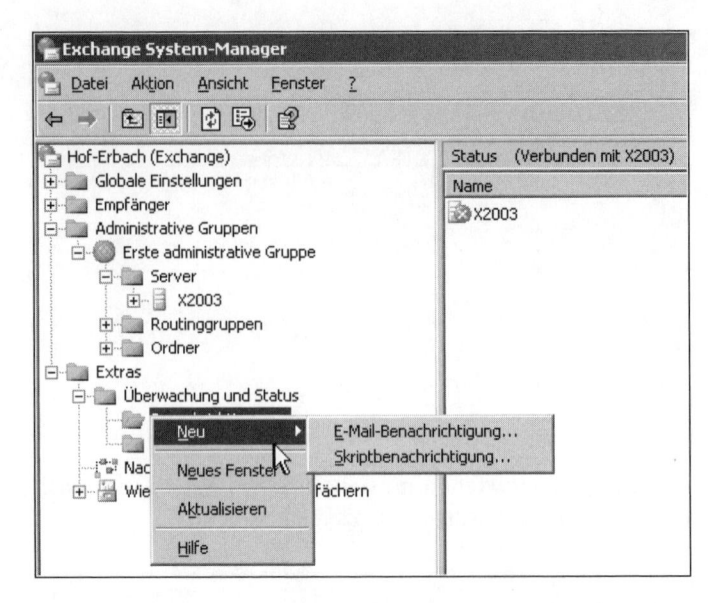

Überwachender Server (Monitoring Server)

Hier legen Sie einen Exchange Server fest, der für die Überwachung dieses Exchange Servers zuständig ist. Wenn Sie nur einen Exchange Server in Ihrer Organisation installiert haben, können Sie hier natürlich nur diesen auswählen. Sie sollten, wenn möglich, immer einen anderen als den lokalen Server auswählen. Wenn ein Server sich selbst überwacht und Probleme beim Abarbeiten der SMTP-Warteschlange hat oder andere Probleme, die den E-Mail-Fluss beeinträchtigen, kann keine Warnung verschickt werden. Es ist immer sinnvoll, dass Exchange Server sich gegenseitig überwachen.

Zu überwachende Server und Connectoren (Servers and Connectors to monitor)

Mit diesem Menü legen Sie fest, welche Objekte durch den Exchange Server überwacht werden sollen, den Sie oben festgelegt haben. Sie können hier zwischen mehreren Möglichkeiten auswählen. Das nachfolgende Bild zeigt diese Auswahlmöglichkeiten.

Als Nächstes können Sie noch auswählen, bei welchem Status die Benachrichtigung aktiviert werden soll. Im unteren Bereich des Fensters legen Sie fest, wohin diese Benachrichtigung geschickt werden soll. Hier bietet es sich an, einen öffentlichen Ordner zu erstellen und Nachrichten in diesen öffentlichen Ordner zu senden. Zusätzlich können Sie zudem eine Meldung an einen externen Dienstleiter schicken lassen, der beispielsweise die empfangene Nachricht an einen Funkempfänger oder als SMS weiterleitet.

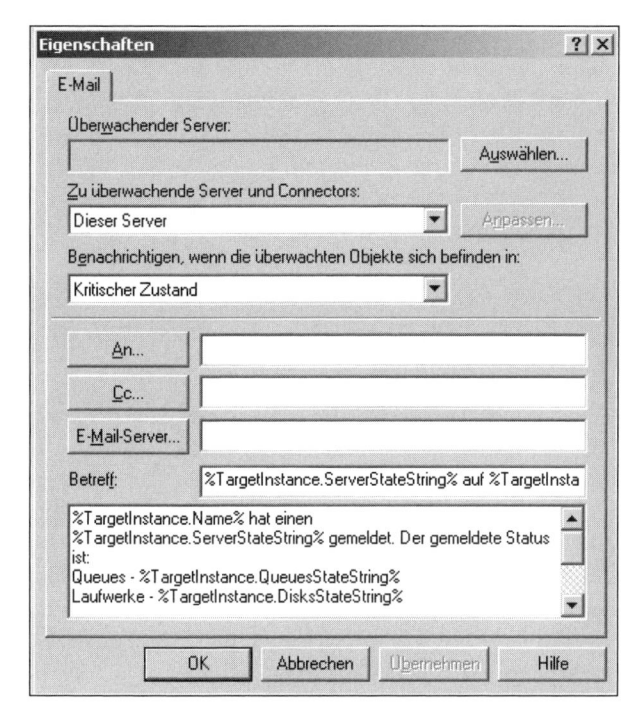

Abbildung 11.41:
Konfiguration einer E-Mail-Benachrichtigung

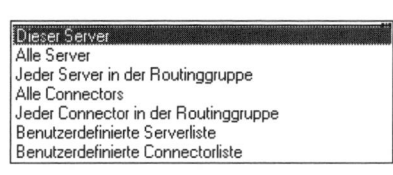

Abbildung 11.42:
Auswahlmöglichkeit der verschiedenen Objekte, deren Status überwacht werden soll

Im Feld BETREFF oder im Nachrichtenfeld sollten Sie keine Änderungen vornehmen, wenn Sie sich nicht genau mit der *Windows Management Instrumentation (WMI)*-Sprache auskennen. Die Angaben in diesen Feldern sind standardmäßig bereits ausreichend.

Verwalten und Fehlerbehebung der E-Mail-Benachrichtigung

Sie können zwar in den Adressfeldern der E-Mail-Benachrichtigung E-Mail-Adressen eintragen, die außerhalb Ihrer Organisation liegen, diese werden aber nicht funktionieren. Exchange prüft vor dem Versenden einer E-Mail-Benachrichtigung zunächst, ob alle Adressaten aufgelöst werden können. Wenn nur ein Benutzer nicht aufgelöst werden kann, wird die E-Mail-Benachrichtigung nicht abgeschickt. Es kann sinnvoll sein, bereits bei der Konfiguration Ihrer Überwachung einen niedrigen Schwellenwert einzutragen und zu testen, ob die E-Mail-Benachrichtigung funktioniert.

Kapitel 11   Diagnose und Überwachung

> **INFO**
>
> *Exchange protokolliert das Versenden von E-Mail-Benachrichtigungen in einem eigenen Protokoll. Sie finden dieses Protokoll im Verzeichnis* System32\Wbem\Logs. *Die Log-Datei hat die Bezeichnung* Wbemess.log. *Hier finden Sie alle Fehler und Probleme, die beim Versenden von E-Mail-Benachrichtigungen aufgetreten sind.*

Ein häufiger Fehler innerhalb dieser Log-Datei ist

```
SMTP command "VRFY user name@domain name.com" returned 550.
```

Wenn dieser Fehler auftritt, liegt häufig eine fehlerhafte Konfiguration des virtuellen SMTP-Servers vor. Damit ein Exchange Server E-Mail-Benachrichtigungen versenden darf, muss auf dem virtuellen Exchange Server des Servers, der diese E-Mails zustellen soll, Relaying für den Exchange Server aktiviert sein, der die E-Mail verschickt. Um die Konfiguration zu überprüfen, starten Sie den Exchange System Manger und navigieren zu dem virtuellen SMTP-Server des Exchange Servers, der die E-Mail zustellen soll. Der virtuelle SMTP-Server befindet sich im Exchange System Manager im Menü *Administrative Gruppen/Bezeichnung Ihrer Administrativen Gruppe/Server/Bezeichnung Ihres Exchange Servers/Protokolle/SMTP /Default SMTP Virtual Server Name des SMTP-Servers*.

Abbildung 11.43:
Virtueller SMTP-Server eines Exchange Servers

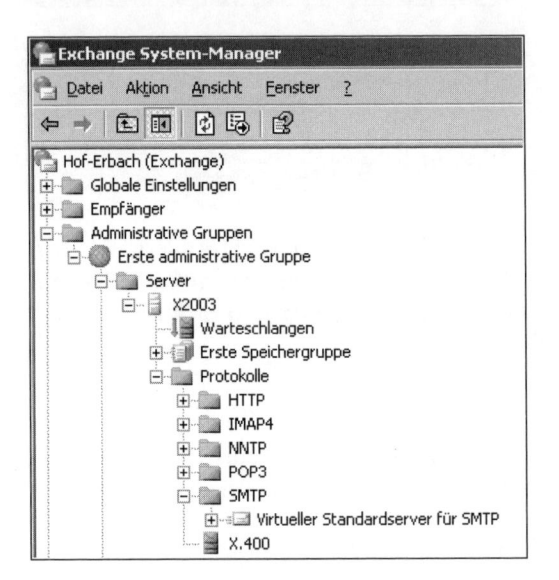

Rufen Sie dessen Eigenschaften auf und wechseln Sie zur Registerkarte ZUGRIFF (ACCESS). Auf dieser Registerkarte klicken Sie im Bereich RELAY-EINSCHRÄNKUNGEN auf die Schaltfläche RELAY. Im folgenden Fenster tragen Sie den Exchange Server ein, der auf diesen Server zugreifen darf. Sie können hier entweder allen Servern Zugriff gestatten und einzelne ausschließen, oder alle Server ausschließen und einzelne Server eintragen, die diesen

Exchange Server als Relay verwenden dürfen. Bei dieser Einstellung müssen Sie vorsichtig arbeiten, da Sie sonst leicht Ihren Server dem ganzen Internet gegenüber als Relay öffnen können (Open SMTP Relay). Das wird nicht lange unbemerkt bleiben und Sie werden unter Umständen über Ihren Server massenweise SPAM-Nachrichten erhalten.

Bevor Exchange eine E-Mail-Benachrichtigung an Benutzer verschickt, die in der E-Mail-Benachrichtigung konfiguriert sind, wird mit Hilfe des SMTP-Befehles vrfy überprüft, ob der Server, der die E-Mail-Benachrichtigung verschicken will, den Empfänger auflösen kann. Wenn der Benutzer kein Empfänger der Organisation ist und der Exchange Server dessen Adresse nicht auflösen kann, wird die Fehlermeldung

```
SMTP command "VRFY user name@domain name.com" returned 550
```

erzeugt.

Wenn Sie Probleme beim Aktivieren von E-Mail-Benachrichtigungen haben, erzeugen Sie zunächst eine Skript-Benachrichtigung. Dies kann eine normale Batch-Datei sein, die zu Testzwecken nur die aktuelle Systemzeit in eine Textdatei schreibt. Verwenden Sie hierzu den Befehl

```
net time > c:\test.txt.
```

Exchange schreibt beim Erreichen des definierten Status lediglich die Systemzeit in die Datei *c:\test.txt*. So können Sie überprüfen, ob Benachrichtigungen generell funktionieren.

Beide Benachrichtigungsarten, E-Mail-Benachrichtigung und Skript-Benachrichtigung, benötigen den Systemdienst *Windows Management Instrumentation*. Überprüfen Sie, ob dieser Dienst vorhanden und gestartet ist. Ohne diesen Dienst werden keine Benachrichtigungen durchgeführt.

Skript-Benachrichtigung

Skript-Benachrichtigungen führen im Gegensatz zu E-Mail-Benachrichtigungen nicht unbedingt einen Sendevorgang für eine E-Mail aus, sondern starten beim Eintreten eines definierten Status ein Skript, welches Sie definieren können. Es kann sich dabei um eine Batch-Datei oder ein VBS-Skript handeln. Sie können dabei auch aus einem Skript mit Kommandozeilen-Programmen wie *Blat* eine E-Mail versenden lassen.

Blat ist ein beliebtes Programm zum Versenden von E-Mails aus den Kommandozeilen, um zum Beispiel Protokolle von Sicherungsskripten zu übermitteln. Auf der beiliegenden CD finden Sie das Freeware-Programm Blat, welches recht einfach zu bedienen ist und mir schon oft eine wertvolle Hilfe war.

Kapitel 11 Diagnose und Überwachung

Abbildung 11.44:
Registerkarte
ZUGRIFF (ACCESS)
eines virtuellen
SMTP-Servers

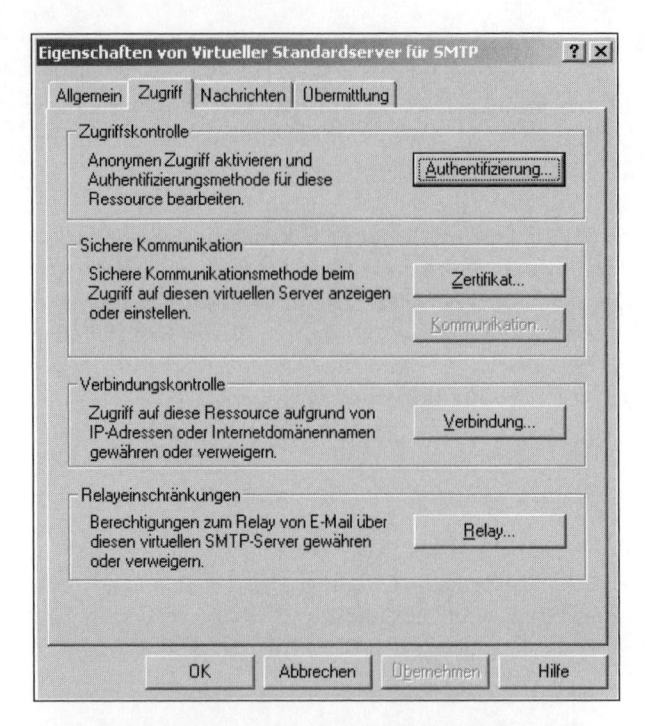

Abbildung 11.45:
Aktivierung von
Relay für bestimmte
Server

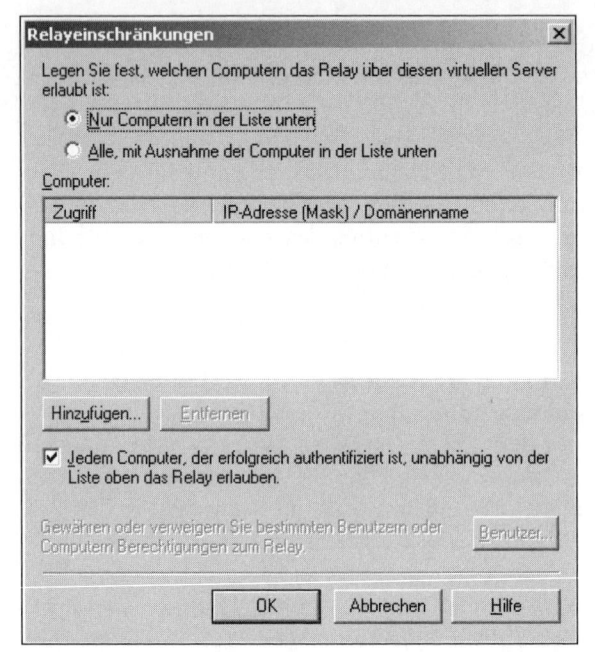

Dieser Vorgang hat allerdings nichts mit einer E-Mail-Benachrichtigung zu tun.

Erstellen einer neuen Skript-Benachrichtigung

Wenn Sie eine neue Skript-Benachrichtigung erstellt haben, erscheint auch hier ein Fenster, auf dem Sie die folgenden Einstellungen anpassen können.

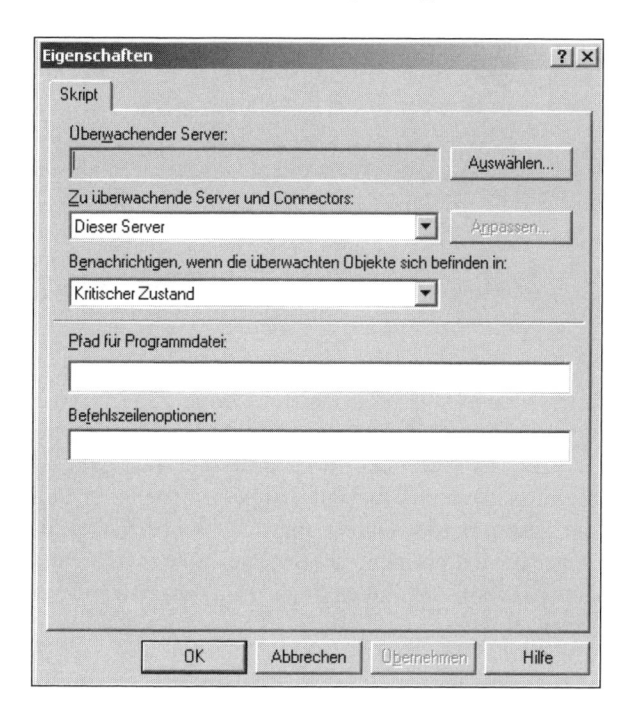

Abbildung 11.46:
Erstellen einer neuen Skript-Benachrichtigung

Die Einstellungen, die Sie hier vornehmen, sind analog zur Konfiguration einer E-Mail-Benachrichtigung. Im unteren Bereich des Fensters legen Sie allerdings keine Adressaten für eine E-Mail fest, sondern tragen den Pfad zur Skript-Datei ein, die ausgeführt werden soll. Zusätzlich können Sie noch Kommandozeilen-Optionen mitgeben, diese werden aber ohnehin normalerweise in einer Batch-Datei festgelegt.

11.4 Systemmonitor

Eine weitere Möglichkeit zur Überwachung Ihre Exchange Server besteht im Systemmonitor, der zum Lieferumfang von Windows 2000 und Windows 2003 gehört. Exchange 2003 erweitert während der Installation den Systemmonitor um Exchange-spezifische Komponenten, mit denen Sie die einzelnen Serverdienste von Exchange 2003 überwachen können. Sie können mit dem Systemmonitor allerdings nicht nur Ihre Exchange Server überwachen lassen, sondern jeden Windows 2000 oder Windows 2003 Server. Durch die installierten Exchange-Erweiterungen bietet es sich natürlich an, auch Exchange Server und die einzelnen Exchange-Komponenten zu überwachen.

Kapitel 11   Diagnose und Überwachung

Um den Systemmonitor zu starten, können Sie diesen entweder mit dessen Verknüpfung LEISTUNG aus der Programmgruppe *Verwaltung* starten oder das SnapIn mit *Start/Ausführen* starten. Geben Sie im Feld *Ausführen* perfmon.msc ein.

Abbildung 11.47:
Starten des Systemmonitors in Windows 2003

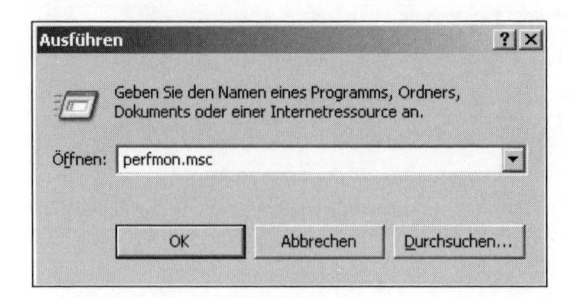

Nach dem Start erscheint zunächst ein Fenster mit zahlreichen Schaltflächen und Menüs. Sie können für jeden Überwachungsvorgang verschiedene Optionen und Kategorien auswählen, die überwacht werden sollen. Das Fenster des Systemmonitors unterteilt sich dabei in eine linke Seite, auf der Sie die einzelnen Konfigurationen vornehmen und die rechten Seite, in der die gesammelten Daten angezeigt werden. Damit überhaupt Daten angezeigt werden können, müssen Sie diese Daten zunächst sammeln. Ihnen stehen dazu auf der linken Seite des Fensters zwei verschiedene Möglichkeiten zur Verfügung.

Das Menü des Systemmonitors im linken Fenster unterteilt sich in zwei verschiedene Optionen.

Abbildung 11.48:
Starten des Systemmonitors mit Start/Ausführen

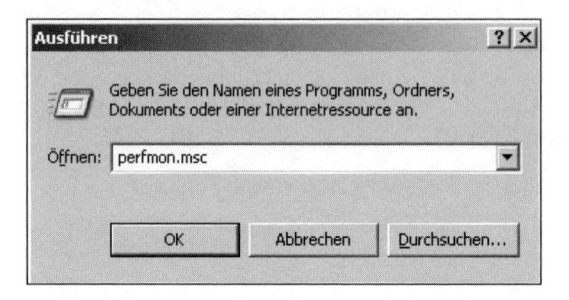

Sie können mit dem Menü SYSTEMMONITOR verschiedene Kategorien überwachen lassen und diese sofort in Echtzeit auf der rechten Seite anzeigen lassen. Mit dem Menü LEISTUNGSPROTOKOLLE UND WARNUNGEN (PERFORMANCE LOGS AND ALERTS) können Sie über einen definierten Zeitraum Daten sammeln und diese später anzeigen lassen.

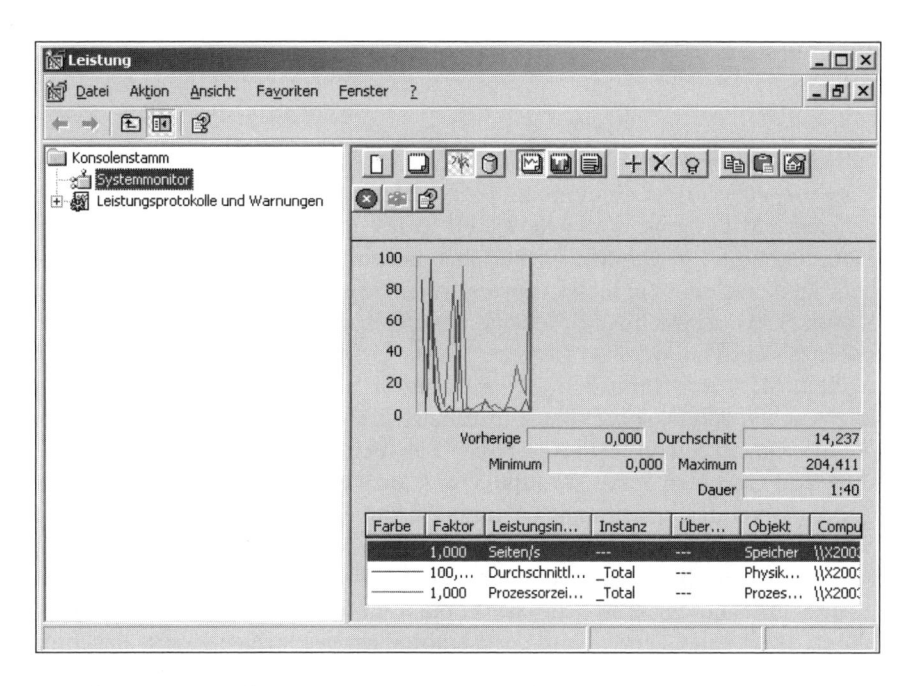

Abbildung 11.49:
Startfenster des Systemmonitors

Mit dieser Option können Sie einen Server für einige Zeit überwachen lassen und dann genau feststellen, wann Spitzen auftreten oder der Server nicht ausgelastet ist. Dadurch können Sie einzelne Aufgaben wie Datensicherung, Online-Wartung, Virenscannen, etc. zu Zeiten durchführen lassen, in denen der Server wenig oder gar nicht ausgelastet ist. Die Option Systemmonitor können Sie zum Beispiel verwenden, wenn Sie sofort über die Auslastung oder die Leistung einzelner Kategorien informiert werden wollen.

Echtzeitüberwachung

Wenn Sie den Systemmonitor starten, befindet er sich zunächst im Echtzeitstatus, das heißt, er ist zum Messen von Daten bereit, die über diesen Server laufen. Standardmäßig werden nach dem Starten bereits drei Kategorien überwacht:

- Prozessorlast
- Auslastung des Arbeitsspeichers
- Auslastung des lokalen Datenträgers

Sie können diesen drei Kategorien weitere hinzufügen, oder diese drei löschen und neu definieren. Sie steuern die Arbeit des Systemmonitors hauptsächlich mit dessen Symbolleiste.

Kapitel 11 Diagnose und Überwachung

Abbildung 11.50:
Symbolleiste des Systemmonitors

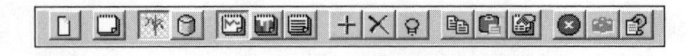

Mit dem ersten Symbol ex-11-10021 können Sie ein neue Sammlung von *Zählern (Counter)* definieren. Es werden alle vorhandenen Counter gelöscht. Mit der Schaltfläche ex-11-10022 können Sie neue Kategorien hinzufügen und in Echtzeit überwachen lassen. Wenn Sie diese Schaltfläche betätigen erscheint ein neues Fenster, in dem Sie bestimmen können, welche Kategorien überwacht und, welche Optionen dabei berücksichtigt werden sollen sowie von welchen Servern Sie diese Kategorie überwachen lassen wollen. Sie können mit dem Systemmonitor nicht nur den lokalen Server überwachen lassen, sondern alle installierten Kategorien anderer Server, auf die Sie Zugriff haben. Dadurch haben Sie auch die Möglichkeit die Auslastung von einzelnen Server-Komponenten auf verschiedenen Servern miteinander zu vergleichen. Zunächst legen Sie in diesem Fenster fest, welchen Server Sie mit dieser Kategorie überwachen wollen. Sie können bei der Arbeit mit dem Systemmonitor auch die Überwachung der einzelnen Kategorien miteinander mischen. Sie können in einem Fenster verschiedene Daten des lokalen Servers und der Remote-Server anzeigen lassen. Beachten Sie aber, dass die Überwachung von einzelnen Serverdiensten den überwachenden und den überwachten Server belastet. Gehen Sie hier mit Vorsicht vor.

Abbildung 11.51:
Konfiguration der Überwachung

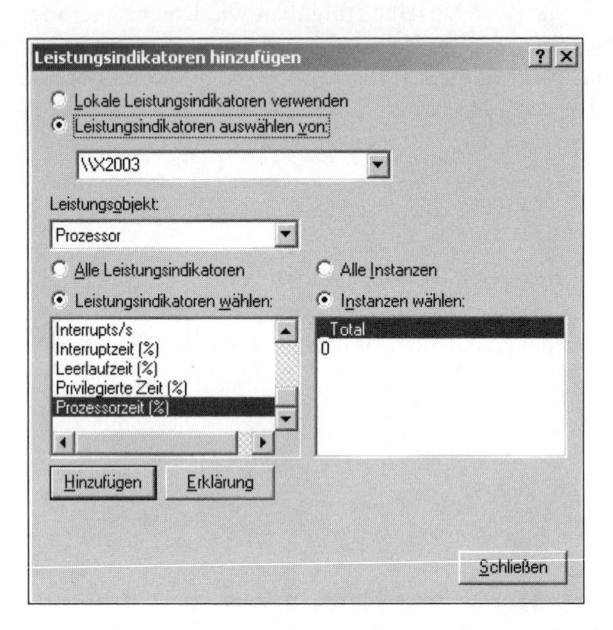

Im Feld LEISTUNGSOBJEKT (PERFORMANCE OBJEKT) können Sie auswählen, welches Objekt Sie überwachen wollen. Wie bereits erwähnt, sind hier bereits einige Objekte vorhanden und Exchange 2003 fügt diesen Objekten während der Installation noch weitere hinzu.

Systemmonitor   Kapitel 11

Exchange 2003-Datenobjekte des Systemmonitors

Während der Installation von Exchange 2003 werden dem Systemmonitor zahlreiche Exchange-spezifische Objekte hinzugefügt. Exchange 2003 führt für die Überwachung noch die Objekte MSExchangeDSAccess Domain und MSExchange-DSAccess Domain ein, mit dem Sie Active Directory-Zugriffe eines Exchange Servers messen lassen können. Das Objekt MSExchange-DSAccess Kontexte ist dagegen weggefallen. Außerdem wurde in Exchange 2003 das Datenobjekt SMTP Routing integriert.

INFO

Sie werden selten alle diese Objekte für die Überwachung Ihres Exchange Servers verwenden. Sie sollten sich dennoch mit den einzelnen Objekten und deren Möglichkeiten vertraut machen. Wenn Sie ein Objekt für die Überwachung ausgewählt haben, können Sie für die Überwachung dieses Objektes detaillierte Unterteilungen vornehmen. Dazu unterteilt der Systemmonitor die Überwachung seiner Objekte noch in einzelne Instanzen. Instanzen verhalten sich wie die einzelnen Kategorien der Überwachungsdienste bei der Diagnose (weiter vorne in diesem Kapitel). Nicht alle Objekte unterteilen sich noch in weitere Instanzen, vereinzelte Objekte bieten oft nur eine Instanz zur Überwachung an. Zusätzlich werden alle Datenobjekte in *Leistungsindikatoren (Counter)* unterteilt. Sie können für die Überwachung der Exchange Server zwischen den Datenobjekten und deren Instanzen und Leistungsindikatoren unterscheiden.

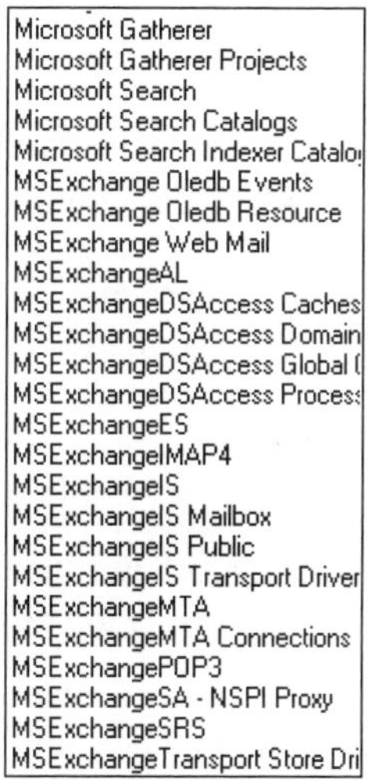

```
Microsoft Gatherer
Microsoft Gatherer Projects
Microsoft Search
Microsoft Search Catalogs
Microsoft Search Indexer Catalo
MSExchange Oledb Events
MSExchange Oledb Resource
MSExchange Web Mail
MSExchangeAL
MSExchangeDSAccess Caches
MSExchangeDSAccess Domain
MSExchangeDSAccess Global (
MSExchangeDSAccess Process
MSExchangeES
MSExchangeIMAP4
MSExchangeIS
MSExchangeIS Mailbox
MSExchangeIS Public
MSExchangeIS Transport Driver
MSExchangeMTA
MSExchangeMTA Connections
MSExchangePOP3
MSExchangeSA - NSPI Proxy
MSExchangeSRS
MSExchangeTransport Store Dri
```

Abbildung 11.52:
Neue Exchange Datenobjekte auf einem Exchange Server

Microsoft Gatherer

Dieses Datenobjekt dient zur Überwachung der Volltextindizierung. Sie können mit dem Microsoft Gatherer-Objekt die Indizierung der einzelnen Dokumente und den Inhalt von Nachrichten in den Postfächern oder öffentlichen Ordnern überwachen lassen. Sie können sich für jeden der eingebundenen Leistungsindikatoren mit der Schaltfläche ERKLÄRUNG dessen Bedeutung anzeigen lassen.

- *Gefilterte Dokumente (Documents filtered)*. Mit diesem Leistungsindikator können Sie alle gefilterten Transaktionen seit dem Systemstart anzeigen lassen.

- *Leistungsebene (Performance Level)*. Mit diesem Leistungsindikator können Sie die verfügbaren Systemressourcen anzeigen lassen, die dem Indexdienst zur Verfügung gestellt werden.

- *System E/A-Verkehrsrate (System IO Traffic Rate)*. Mit diesem Indikator können Sie sich die Verkehrsrate in KB/s des indizierten Datenträgers anzeigen lassen.

- *Grund für Backoff*. Dieser Indikator gibt an, warum der Indexdienst deaktiviert wurde. Dies kann zum Beispiel geschehen, weil der Traffic zu hoch ist oder aber an der Wiederherstellung oder am Benutzereingriff liegen. Vielleicht ist auch kein Speicherplatz frei oder es leigen andere interne Gründe vor. Wenn der Indexdienst in den Status Backoff wechselt, wird keine Indizierung mehr durchgeführt. Ein solcher Vorgang wird in der Ereignisanzeige festgehalten.

Microsoft Gatherer Projects

Mit diesem Datenobjekt können Sie die Indizierung der einzelnen Dokumente und die detaillierten Abläufe während dieser Indizierung festhalten. Auch hier bietet es sich an, aus den verschiedenen Leistungsindikatoren einige wenige »herauszupicken«.

- *Dokumente in der Warteschlange (Waiting Documents)*. Dieser Leistungsindikator zeigt die Anzahl der Dokumente an, die indiziert werden sollen und auf die Verarbeitung warten. Wenn die Anzahl dieser Dokumente abnimmt, nähert sich die Indizierung dem Abschluss und geht in den Leerlauf über.

- *URLs in Verlauf*. Mit diesem Leistungsindikator können Sie die Gesamtgröße der indizierten Dokumente anzeigen lassen.

- *Kennzeichen: Gatherer angehalten (Gatherer Paused Flag)*. Dieser Indikator zeigt an, wann die Indizierung angehalten wurde.

- *Erfolgsrate*. Zeigt die Anzahl der Dokumente an, die pro Sekunde indiziert werden.

- *Fehlerrate*. Zeigt die Anzahl der Dokumente pro Sekunde an, deren Indizierung nicht durchgeführt werden konnte.

Microsoft Search

Microsoft Search ist der Systemdienst, mit dem die Indizierung durchgeführt wird. Der *Microsoft Gatherer*, mit dessen Hilfe Dokumente indiziert werden, ist nur eine Teilmenge des *Microsoft Search*, der für die komplette Erstellung eines Volltextindexes zuständig ist. Wenn Sie die Indizierung überwachen lassen wollen, sollten Sie daher auch dieses Datenobjekt und einige Leistungsindikatoren überwachen lassen:

- *Aktive Threads*. Zeigt die Gesamtzahl der Threads an, die zurzeit gleichzeitig an der Indizierung arbeiten.
- *Erfolgreiche Abfragen*. Anzahl der erfolgreichen Abfragen der einzelnen Suchvorgänge
- *Fehlgeschlagene Abfragen (Failed Queries)*. Zeigt die Anzahl der fehlgeschlagenen Abfragen an.
- *Ergebnisse (Results)*. Gesamtzahl aller Ergebnisse, die an die Benutzer bei der Durchführung der erweiterten Suche in Outlook zurückgegeben wurden.
- *Abfragen*. Die Gesamtzahl aller Abfragen, die an diesen Servern von Benutzern gesendet wurden. Mit diesem Leistungsindikator können Sie die Indizierung der einzelnen Exchange Server Ihrer Organisation vergleichen und wie die jeweiligen Indizes von den Benutzern ausgenutzt werden. Sie können dadurch Ihre Benutzer optimaler auf verschiedene Exchange Server verteilen. Poweruser verwenden die erweiterte Suche in Outlook häufiger als normale Benutzer und sollten daher auf verschiedene Exchange Server verteilt werden.

Microsoft Search Catalogs

Die Leistungsindikatoren dieses Datenobjektes messen hauptsächlich die Abfragen, die auf die einzelnen Indizes des Servers von den Benutzern durchgeführt werden. Kataloge sind die Hauptindizes der Volltextindizierung. Jedem Informationsspeicher kann ein eigener Katalog zugeordnet werden.

- *Abfragen*. Die Gesamtzahl der Abfragen, die an diesen Katalog gesendet wurden.
- *Erfolgreiche Abfragen*. Gesamtzahl der Abfragen an den Katalog, die erfolgreich durchgeführt wurden.
- *Fehlgeschlagene Abfragen*. Dieser Leistungsindikator zeigt die Gesamtzahl der fehlgeschlagenen Abfragen an. Hier können Sie einen guten Vergleich der Abfragen auf den verschiedenen Servern messen lassen, die erfolgreich und erfolglos waren.

➡ *Ergebnisse.* Die Gesamtzahl aller erfolgreichen Ergebnisse, die von diesem Katalog durchgeführt wurden und an die Benutzer zurückgemeldet worden sind.

➡ *Kataloggröße (MB).* Zeigt die Gesamtgröße des Kataloges in MB an.

Microsoft Search Indexer Catalogs

Dieses Datenobjekt ist für die Überwachung des Indexkataloges zuständig.

➡ *Zusammenführungsvorgang (Merge Progress).* Dieser Leistungsindikator zeigt an, wie viel Prozent einer Indexzusammenführung bereits abgeschlossen sind.

MSExchange OleDB Events

Dieses Datenobjekt dient zur Überwachung des OleDB-Zugriffes und den OleDB-Verbindungen, die von Exchange 2003-*Event sinks* ausgelöst beziehungsweise verwendet werden. *Event sinks* sind Ereignisse, die ausgelöst werden, wenn bestimmte Ereignisse innerhalb eines Exchange Servers auftreten. Diese Ereignisse können ganz alltägliche Aktionen, wie das Eintreffen einer E-Mail sein. Wenn eine E-Mail an einem Exchange Server eintrifft, wird ein solches *Event sink* ausgelöst. Mit Hilfe solcher *Event sinks* wird zum Beispiel der Exchange-Virenscanner aktiviert, der diese neue Nachricht dann scannt. Dieses Datenobjekt kann zum Beispiel verwendet werden, wenn Sie mit den Wireless Services arbeiten und Push-Benachrichtigungen Ihrer Benutzer nicht funktionieren. Empfänger können mit Exchange 2003 bestimmte Regeln definieren, mit deren Hilfe E-Mails automatisch an drahtlose Geräte geschickt werden. Mit diesen Regeln können zum Beispiel E-Mails mit großen Anhängen ausgefiltert werden.

MSExchange OleDB Resource

Auch dieses Objekt dient zur Überwachung der einzelnen *Event sinks*, um zum Beispiel Push-Benachrichtigungen überwachen zu lassen. Mit dem Datenobjekt *MSExchange OleDB Resource* können Sie die einzelnen Transaktionen überwachen lassen, die Exchange ausführt.

MSExchange Web Mail

Mit diesem Datenobjekt können Sie zum Beispiel die einzelnen Vorgänge überwachen lassen, die beim Benutzerzugriff mit Outlook Web Access stattfinden. Sie können hier zwischen verschiedenen Instanzen wählen. Benutzer, die mit dem Internet Explorer 5 und höher arbeiten, haben mehr Möglichkeit, als Benutzer die mit weniger aktuellen Versionen arbeiten. Ein wichtiger Leistungsindikator ist:

➡ *Nachrichtensendungen (gesamt).* Dieser Wert gibt die Gesamtzahl aller Nachrichten wieder, die über Outlook Web Access versendet wurden.

MSExchangeAL

Mit diesem Datenobjekt können Sie die Arbeit des Adresslistengenerators überwachen lassen. Der wichtigste MSExchangeAL-Dienst ist sicherlich der Recipient Update Service, den Sie mit diesem Objekt gut überwachen können.

MSExchange DSAccess-Caches

Mit diesem Objekt können Sie den Active Directory Cache des Exchange Servers überwachen lassen. Hier werden alle Objekte gespeichert, die Exchange 2003 ständig im Active Directory abfragt. Dieses Datenobjekt wird häufig bei der Performance-Messung von Exchange 2003 verwendet.

MSExchange DSAccess-Domain

Dieses Datenobjekt ist neu in Exchange 2003. Sie können mit MSExchange DSAccess-Domain den Active Directory-Zugriff von Exchange 2003 auf einzelne Objekte der Windows-Domäne überwachen lassen. Vor allem den Zugriff mit LDAP auf die einzelnen Domänen-Controller können Sie hier überwachen.

MSExchange DSAccess Global Catalog

Auch dieses Datenobjekt ist neu in Exchange 2003. Sie können mit diesem Objekt die Zugriffe des Exchange 2003 Servers auf den globalen Katalog überwachen lassen. Die Zugriffszeiten auf Domänen-Controller und globale Kataloge spielen für Exchange 2003 eine noch zentralere Rolle als noch unter Exchange 2000.

MSExchange DSAccess-Processes

Mit diesem Datenobjekt können Sie die einzelnen Prozesse überwachen lassen, die mit LDAP auf die Domänen-Controller zugreifen. Dadurch können Sie alle Active Directory-Verbindungen eines Exchange 2003 Servers überwachen lassen.

MSExchangeES

Dieses Datenobjekt dient zur Überwachung des *Exchange Event Services*. Dieser Dienst ist hauptsächlich für die Kompatibilität zu Exchange 5.5-Ereignissen verantwortlich. Wenn Sie keine Migration durchführen, aber eine native Exchange 2003-Organisation haben, spielt dieser Dienst eine untergeordnete Rolle.

MSExchangeIMAP4

Mit diesem Datenobjekt können Sie den Zugriff Ihrer Benutzer mit dem IMAP4-Protokoll überwachen lassen. Vor allem bei einer hohen Anzahl an Benutzern, die gleichzeitig mit dem Server arbeiten, kann die Überwachung der Performance eine wichtige Rolle spielen. Die Überwachung des IMAP-Zugriffs der Benutzer wird hauptsächlich mit Hilfe der nachfolgenden Leistungsindikatoren durchgeführt.

- *Gesamte Verbindungen.* Dieser Indikator gibt die Gesamtzahl der Benutzer an, die mit dem Exchange Server mit IMAP4 Verbindung aufgenommen haben. Diese Verbindungen bedeuten allerdings noch nicht, dass der Benutzer erfolgreich mit seinem Postfach verbunden worden ist, sondern zählen nur die erfolgreichen Verbindungen zum IMAP4-Port des Servers.

- *Aktuelle Verbindungen.* Dieser Leistungsindikator zeigt an, wie viele Benutzer zum Zeitpunkt der Messung mit dem Exchange Server über IMAP4 verbunden sind.

- *LIST-Gesamtwert.* Mit diesem IMAP-Befehl wird auf die Ordner zugegriffen, die in den einzelnen Benutzerpostfächern liegen. LIST wird verwendet, wenn das Postfach des Benutzers auf demselben Exchange Server liegt, mit dem er verbunden wurde.

- *RLIST-Gesamtwert.* Dieser Befehl wird verwendet, wenn das Benutzerpostfach auf einem anderen Exchange Server liegt, als der mit dem der Benutzer verbunden ist. Eine solche Situation tritt hauptsächlich dann ein, wenn Sie mit Frontend-/Backend-Servern arbeiten.

- *COPY-Gesamtwert.* Mit diesem Indikator werden die einzelnen Kopiervorgänge von Benutzern zwischen Ihren Ordnern gemessen. Je höher der Wert ansteigt, umso stärker ist der Server belastet.

- *Logout-Gesamtwert.* Dieser Wert gibt die erfolgreichen Benutzertrennungen wieder.

MSExchangeIS

Dieses Datenobjekt sowie dessen folgende IS-Objekte dienen der Überwachung des Informationsspeichers, der Datenbank Ihres Exchange Servers. Sie können mit diesem Datenobjekt die Anzahl der verbundenen Benutzer sowie die RPC-Zugriff auf den Informationsspeicher messen lassen. Benutzer, die mit Outlook arbeiten, greifen mit dem MAPI-Protokoll auf den Informationsspeicher zu. Das MSExchangeIS-Datenobjekt dient der Überwachung der allgemeinen Arbeit des Informationsspeicher eines Exchange Servers und unterscheidet dabei nicht zwischen den einzelnen Informationsspeichern auf einem Server. Eine wichtige Rolle bei der Überwachung des Informationsspeichers spielt der Leistungsindikator

➥ *Anzahl Benutzer.* Dieser Wert gibt die Anzahl der Benutzer wieder, die zum Zeitpunkt der Messung mit dem Informationsspeicher über das MAPI-Protokoll verbunden sind.

MSExchangeIS Mailbox

Mit diesem Datenobjekt können Sie die aktiven Benutzer abhängig von den einzelnen Informationsspeichern überwachen lassen. Hier überwachen Sie auch die Anmeldeversuche von Benutzern, an den einzelnen Informationsspeichern oder den E-Mail-Nachrichtenfluss von und zu den einzelnen Benutzern.

➥ *Größe der Sendewarteschlange/Größe der Empfangswarteschlange.* Mit diesem Leistungsindikator können Sie die Anzahl der E-Mails anzeigen lassen, die sich derzeit in den Warteschlangen dieses Informationsspeichers befindet.

MSExchangeIS Public

Dieses Datenobjekt dient der Überwachung der einzelnen Informationsspeicher für öffentliche Ordner auf einem Exchange Server. Sie können hier in etwa die gleichen Objekte überwachen, wie innerhalb des Postfachspeichers.

MSExchangeIS Transport Driver

Hiermit können Sie alle Aktionen überwachen lassen, die beim Versenden von E-Mails stattfinden. Sie können die Arbeit des Message Transfer Agents (MTA), des X.400-Protokoll, des SMTP-Protokolls und das Schreiben in den Informationsspeicher mit dem MAPI-Protokoll mit Outlook in allen Versionen messen lassen.

MSExchangeMTA

Dieses Datenobjekt dient der Überwachung des Message Transfer Agents (MTA). Der MTA arbeitet mit dem X.400-Protokoll. Dieses Protokoll wird hauptsächlich dann eingesetzt, wenn Ihre Exchange 2003 Server in derselben Organisation installiert sind wie Exchange 5.5 Server. In einer nativen Exchange 2003-Organisation, in der auch Exchange 2000 Server installiert sind, findet das X.400-Protokoll keinen Einsatz mehr.

➥ *Nachrichten/s.* Dieser Indikator misst die Anzahl der Nachrichten, die über den MTA des Servers verschickt werden.

➥ *Länge der Arbeitswarteschlange.* Mit diesem Wert können Sie die Größe der Warteschlange des X.400-Protokolls auf diesem Exchange Server feststellen. Die Größe der Warteschlange sollte wie bei der SMTP-Warteschlange nicht ständig anwachsen, sondern eher gegen Null tendieren.

MSExchangeMTA-Verbindungen

Dieses Datenobjekt dient der Überwachung der Warteschlange und des X.400-Connectors sowie allen Nachrichten, die über diesen Connector versendet wurden.

- *Länge der Warteschlange.* Mit diesem Indikator können Sie bei Problemen mit den Warteschlangen genau definieren, welche der MTA-Verbindungen Verbindungsprobleme hat oder besonders ausgelastet ist.

MSExchangePOP3

Dieses Datenobjekt dient zur Überwachung der Benutzerzugriffe mit dem POP3-Protokoll. Mit Hilfe dieses Datenobjektes können Sie Probleme bei der Verbindung oder der Performance der Benutzer überwachen lassen. Ein Zugriff mit Pop3 auf ein Benutzerpostfach läuft immer gleich ab:

1. Ein Benutzer verbindet sich mit dem Server.
2. Nach der erfolgreichen Verbindung findet die Authentifizierung statt.
3. Nach der erfolgreichen Verbindung kann der Benutzer die E-Mails seines Postfachs abrufen.
4. Wenn alle E-Mails abgerufen wurden, wird der Benutzer wieder getrennt.

Mit Hilfe dieses Datenobjektes und der einzelnen Leistungsindikatoren können Sie die Verbindungen Ihrer Benutzer genau überwachen. Wählen Sie für die Überwachung Ihres Exchange Servers mit POP3 am besten Zeiten, an denen möglichst viele Benutzer angemeldet sind, damit auch repräsentative Daten gemessen werden können. Bei der Überwachung des POP3-Zuganges werden hauptsächlich folgende Leistungsindikatoren verwendet:

- *Gesamte Verbindungen.* Dieser Indikator gibt die Gesamtzahl der Benutzer an, die mit dem Exchange Server mit POP3 Verbindung aufgenommen haben. Diese Verbindungen bedeuten allerdings noch nicht, dass der Benutzer erfolgreich mit seinem Postfach verbunden worden ist, sondern es wird lediglich die erfolgreiche Verbindung zum POP3-Port des Servers gemessen.

- *Aktuelle Verbindungen.* Dieser Leistungsindikator zeigt an, wie viele Benutzer zum Zeitpunkt der Messung mit dem Exchange Server über POP3 verbunden sind.

- *AUTH-Gesamtwert.* Dieser Indikator gibt an, wie viele Benutzer nach der erfolgreichen Verbindung erfolgreich am virtuellen POP3-Server authentifiziert wurden. Der Wert sollte möglich nahe am Wert der gesamten Verbindungen liegen. Ist der Wert deutlich niedriger, haben

Benutzer offensichtlich Authentifizierungsprobleme oder ein Angreifer hat versucht sich auf den POP3-Server zu verbinden.

- *AUTH-Fehler*. Dieser Wert gibt die erfolglosen Anmeldeversuche der Benutzer wieder. Wenn dieser Wert sehr hoch ist, liegt eventuell ein Verbindungsproblem zwischen dem POP3-Server und dem Domänen-Controller vor, der die Authentifizierung von Benutzern durchführt.

- *RETR-Gesamtwert*. Dieser Wert misst die Anzahl der zu den Benutzern übertragenen Nachrichten.

- *DELE-Gesamtwert*. Dieser Indikator misst die von den Benutzern gelöschten Nachrichten.

- *QUIT-Gesamtwert*. Dieser Wert gibt die erfolgreichen Benutzertrennungen wieder.

MSExchangeSA – NSPI-Proxy

Diese Abkürzung steht für *Named Service Provider Interface*. Der NSPI-Proxy ist wichtiger Bestandteil des MAPI-Zugriffes auf die Adressbücher und die Integration von Exchange in das Active Directory. Sie können bei Problemen des NSPI-Proxys eventuell davon ausgehen, dass Verbindungsprobleme zu Domänen-Controllern oder zum globalen Katalog vorhanden sind. Mit diesem Datenobjekt können Sie die Arbeit des NSPI überwachen lassen.

MSExchangeSRS

Dieser Dienst wird bei der Migration von Exchange 5.5 zu Exchange 2003 benötigt. Der SRS emuliert auf einem Exchange 2003 Server einen Exchange 5.5 Server, damit die verschiedenen Exchange-Versionen zusammen in einer Organisation laufen. Mit diesem Datenobjekt können Sie die Arbeit des Dienstes überwachen lassen. Der SRS spielt ausschließlich während der Migration und der Koexistenz mit Exchange 5.5 eine Rolle. Um während der Migration einen Überblick über die Performance und die Arbeitsweise des SRS zu gewinnen, werden hauptsächlich die beiden folgenden Leistungsindikatoren verwendet.

- *Replikationsaktualisierungen/s*. Mit diesem Objekt können Sie feststellen, wann und wie viele Daten durch den SRS aktualisiert werden. Wenn der Server durch den SRS ausgelastet ist, steigt die Anzahl der Replikationsaktualisierungen/s stark an.

- *Verbleibende Replikationsaktualisierung*. Dieser Wert sollte ständig gegen Null tendieren, da hier die verbleibenden Replikationen angezeigt werden. Wenn der SRS fehlerfrei arbeitet, werden ständig alle notwenigen Replikationsmaßnahmen abgearbeitet.

Kapitel 11 Diagnose und Überwachung

MSExchange Transport Store Driver

Mit diesem Treiber greifen die einzelnen Exchange-Dienste auf die Datenbank von Exchange 2003 zu. Wenn eine Nachricht kategorisiert wurde, wird Sie in eine Warteschlange gestellt und aus der Warteschlange in den Informationsspeicher des Exchange Servers gestellt, auf dem das Postfach des Empfängers liegt. Dieser Treiber spielt eine wichtige Rolle in Exchange 2003.

Abbildung 11.53:
Weitere neue Datenobjekte zur Überwachung des SMTP-Verkehrs auf einem Exchange 2003 Server

```
SMTP NTFS Store Driver
SMTP Routing
SMTP Server
```

Außer den beschriebenen MSExchange-Datenobjekten werden dem Systemmonitor bei der Installation von Exchange 2003 weitere Datenobjekte hinzugefügt. Diese Objekte dienen der Überwachung des SMTP-Verkehrs auf einem Exchange 2003 Server. SMTP ist das Standardprotokoll, welches beim Versand zwischen Exchange 2003 Servern einer Organisation oder nach extern verwendet wird. Eine Überwachung dieser Funktionalität gehört daher auch zu den Aufgaben eines Exchange-Administrators.

SMTP-NTFS Informationsspeichertreiber

Bevor Nachrichten vom Exchange Server zugestellt werden, werden Sie zunächst auf den Datenträger geschrieben und dort nach und nach in die SMTP-Warteschlange übertragen. Sie können diese Vorgänge mit diesem Datenobjekt und dessen einzelnen Leistungsindikatoren genauer messen lassen. Dieses Datenobjekt wird allerdings nur in Ausnahmefällen zum Messen eines Exchange Servers verwendet.

SMTP-Routing

NEU

Dieses Objekt ist neu in Exchange 2003. Sie können mit dem Datenobjekt SMTP-Routing die dynamische Erstellung und Verwaltung des internen Exchange 2003 Routings überwachen lassen. Ich gehe weiter hinten im Buch näher auf die Theorie des Nachrichtenflusses innerhalb der Exchange-Organisation ein. Bisher gab es kein Datenobjekt, mit dem die Erstellung, der Status oder die Auslastung der internen Routen überwacht werden konnten.

SMTP-Server

Dieses Datenobjekt wird für die Überwachung eines Exchange Servers und dessen SMTP-Verkehrs am meisten verwendet. Sie können innerhalb dieses Datenobjekts zahlreiche Leistungsindikatoren auswählen, die den E-Mail-Verkehr des virtuellen SMTP-Servers überwachen.

- *Gesamtzahl empfangener Nachrichten.* Dieser Indikator misst die Anzahl aller Nachrichten, die diesem Server seit dem Starten des SMTP-Dienstes zugestellt wurden.

- *Aktuell eingehende Verbindungen.* Dieser Wert zeigt alle Serververbindungen an, die zum Zeitpunkt aufgebaut sind.

- *Messages retrieved/s.* Mit diesem Indikator können Sie die Nutzung Ihrer Verteilerlisten, vor allem mit einer großen Anzahl an Mitgliedern, überwachen lassen.

- *Gesamtzahl gesendeter Nachrichten.* Dieser Indikator ist das Gegenstück zu *Gesamtzahl empfangener Nachrichten*. Hier werden alle Nachrichten gezählt, die von diesem Server aus gesendet wurden.

- *Länge der Categorizer-Warteschlange.* Der Categorizer ist für die Unterscheidung zuständig, ob Nachrichten intern verschickt werden oder nach extern über einen erstellten Connector zugestellt werden müssen. Wenn die Anzahl der E-Mails in der Categorizer-Warteschlange stark ansteigt, werden zurzeit entweder zahlreiche E-Mails verschickt oder der Categorizer arbeitet fehlerhaft und kann nicht feststellen, wohin er Nachrichten versenden soll.

- *Länge der Remote-Warteschlange.* Dieser Wert zeigt alle Nachrichten an, die durch den Categorizer erfolgreich für die interne oder externe Zustellung markiert wurden.

- *Badmail-Nachrichten.* Badmails sind Nachrichten, die Exchange nicht eindeutig zuordnen kann. Oft haben diese Nachrichten eine falsche oder fehlende Adressierung.

System-Datenobjekte des Servers

Die auf den vorhergehenden Seiten beschrieben Datenobjekte dienen der Überwachung Ihrer Exchange 2003-Komponenten und werden bei der Installation von Exchange 2003 auf einem Server den Standardobjekten des Systemmonitors hinzugefügt. Um Ihren Exchange Server zu überwachen, sollten Sie jedoch auf einige der wichtigen Standardkomponenten zurückgreifen, die jeder Windows 2003 Server bereits zur Verfügung stellt. Wenn Sie den Systemmonitor starten, werden unter Windows 2003 bereits automatisch die wichtigsten Datenobjekte geladen und sofort gemessen, ohne dass Sie eine Konfiguration vornehmen müssen. Wenn Sie Windows 2000 einsetzen, müssen Sie diese Datenobjekte manuell starten lassen.

Wenn Sie den Systemmonitor starten, befindet er sich zunächst im Echtzeitstatus, das heißt, er ist zum Messen von Daten bereit, die über diesen Server laufen. Standardmäßig werden nach dem Starten bereits drei Kategorien überwacht:

Kapitel 11   Diagnose und Überwachung

> Prozessorlast
>
> Auslastung des Arbeitsspeichers
>
> Auslastung des lokalen Datenträgers

Sie können diesen drei Kategorien weitere hinzufügen oder diese drei löschen und neu definieren. Für die Überwachung eines Exchange Servers spielen zudem hauptsächlich die Objekte Prozessor, Arbeitsspeicher, Datenträger und Netzwerk eine Rolle. Sie können entweder einzelne Leistungsindikatoren manuell dem Echtzeitmonitor hinzufügen oder einen neuen Monitor, mit den Anzeigen die Sie benötigen, erstellen. Ich gehe auf den folgenden Seiten auf die wichtigsten Datenobjekte und deren Leistungsindikatoren ein. Sie fügen diese genauso hinzu, wie bereits die Datenobjekte, die Exchange 2003 betreffen.

Arbeitsspeicher und Auslagerungsdatei

Der Arbeitsspeicher ist auf einem Exchange 2003 Server eine der wichtigsten Ressourcen. Unter Exchange 5.5 konnten Sie noch bestimmen, wie viel Arbeitsspeicher einem Exchange Server zur Verfügung gestellt wird. In Exchange 2000 und Exchange 2003 arbeitet Exchange mit einer eigenen Optimierung. Ich gehe auf diese Optimierung weiter hinten im Buch ein. Nur soviel:

INFO

Exchange 2003 verwaltet seinen Arbeitsspeicherverbrauch selbstständig. Es ist nicht mehr möglich, die Arbeitsspeichernutzung vorzugeben. Dieser Vorgang wurde unter Exchange 5.5 noch mit der Leistungsoptimierung durchgeführt. Diese Leistungsoptimierung wird unter Exchange 2003 nicht mehr benötigt und gehört nicht mehr zum Programmpaket von Exchange.

Wenn ein Exchange Server Leistungsprobleme hat, liegt es meistens daran, dass zu wenig Arbeitsspeicher zur Verfügung steht. Ein Exchange Server sollte mindestens über 512 MB Arbeitsspeicher verfügen, besser sind bei ausgelasteten Servern 1-2 GB oder mehr. Wann eine Maschine ausgelastet ist, lässt sich schwer an Benutzerzahlen festmachen. So können zum Beispiel 100 Poweruser einen Exchange Server mehr fordern, als 500 normale Benutzer, die nur selten E-Mails schreiben und keine Features wie Volltextindizierung oder Besprechungsanfragen verwenden. Für die Überwachung des Arbeitsspeichers stehen Ihnen auch hier zahlreiche verschiedene Leistungsindikatoren zur Verfügung. Hauptsächlich benötigen Sie für die Überwachung drei Leistungsindikatoren:

> *Seiten/s.* Auch dieser Leistungsindikator wird nach dem Start des Systemmonitors automatisch gestartet. Er ist gleichzeitig zudem der wichtigste Leistungsindikator zur Überwachung des Arbeitsspeichers eines

Servers. Der Wert misst die Geschwindigkeit, in der einzelne Speicherseiten von der Festplatte in den Arbeitsspeicher geschrieben werden und umgekehrt.

- *Verfügbare Bytes.* Mit diesem Leistungsindikator können Sie den freien Arbeitsspeicher messen.

Zusätzlich können Sie das Datenobjekt Auslagerungsdatei überwachen lassen. In diesem Datenobjekt können Sie den Leistungsindikator *Belegung (%)* messen lassen. Der Wert gibt an, wie viel der Auslagerungsdatei bereits belegt ist. Der Wert sollte nicht zu hoch liegen.

Prozessor

Für die Überwachung der Prozessorleistung stellt Windows ein eigenes Datenobjekt zur Verfügung. Die Prozessorlast ist ein wichtiger Punkt auf einem Exchange Server. Exchange arbeitet zwar hauptsächlich auf der Festplatte, allerdings werden von einigen Exchange-Diensten der oder die Prozessoren bereits belastet. Auch das Betriebssystem oder andere installierte Serverdienste können den Prozessor belasten. Sie sollten sicherstellen, dass Exchange immer genügend Prozessorleistung zur Verfügung gestellt wird. Kurze Spitzen haben zwar keine all zu großen negativen Auswirkungen, aber eine ständig hohe Prozessorlast deutet auf ein Problem hin. Neben den Datenobjekten und deren Leistungsindikatoren können Sie bei einem Prozessor auch verschiedenen Instanzen überwachen lassen. Für jeden Prozessor auf einem Exchange Server steht Ihnen eine Instanz zur Verfügung. Sie können die Prozessorlast von allen Prozessoren überwachen lassen oder von jedem Prozessor getrennt. Wenn in Ihrem Server nur ein Prozessor eingebaut ist, steht Ihnen nur eine Instanz zur Verfügung. Wenn Sie den Systemmonitor starten, wird der wichtigste Leistungsindikator bereits automatisch gestartet.

Dieser Leistungsindikator ist die *Prozessorzeit*. Der Wert *Prozessorzeit* gibt an, wie lange ein Thread zur Abarbeitung seiner Befehle benötigt. Je geringer diese Zeit ist, desto weniger ist der Prozessor ausgelastet. Darüber hinaus können Sie das Datenobjekt *System* und dessen Leistungsindikator *Prozessor-Warteschlangenlänge* überwachen lassen. Auf jedem Server gibt es lediglich eine Prozessorwarteschlange, egal wie viele Prozessoren eingebaut sind. Der Wert dieser Warteschlange sollte so niedrig wie möglich sein, damit den einzelnen Server-Prozessen genügend Ressourcen zur Verfügung gestellt werden.

Datenträger

Ein weiteres wichtiges Objekt für die Performance-Messung ist der Zugriff auf die Datenträger. Exchange arbeitet viel auf den Datenträgern, da alle Vorgänge eines Exchange Servers in die Transaktionsprotokolldateien geschrieben werden und von dort in die Datenbank.

Kapitel 11 Diagnose und Überwachung

Abbildung 11.54:
Überwachung des Prozessors auf einem Server

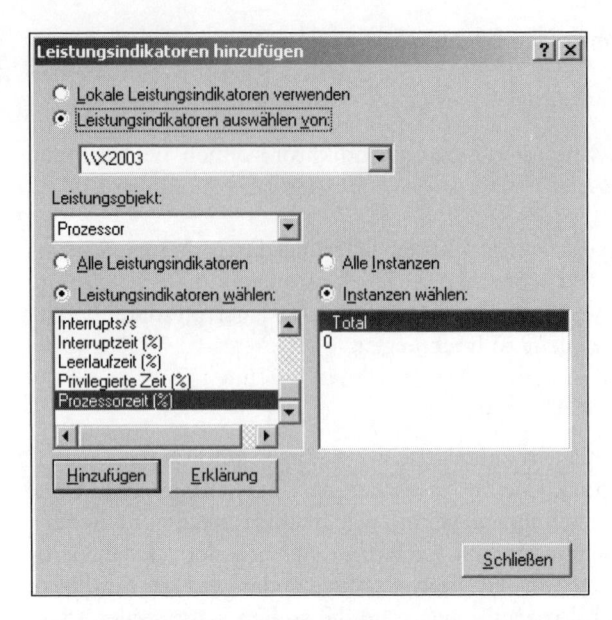

Ein performanter und stabiler Zugriff auf die Datenträger sind bei Exchange 2003 maßgeblich für die Server-Performance. Besonders wichtig sind vier Leistungsindikatoren, die Sie aktivieren können.

- *Mittlere Übertragungen/s*. Dieser Wert misst die Dauer, in der Daten auf den Datenträger geschrieben oder vom Datenträger gelesen werden.

- *Durchschnittliche Warteschlangenlänge des Datenträgers*. Dieser Indikator wird ebenfalls beim Starten des Systemmonitors automatisch geladen. Er gibt die Anfragen an die Warteschlange des Datenträgers wieder.

- *Bytes/s*. Mit diesem Wert messen Sie den Durchsatz des Datenträgers in Sekunden.

- *Übertragungen/s*. Mit diesem Wert können Sie die Schreiboperationen pro Sekunde überwachen lassen.

Netzwerk

Natürlich ist die stabile Verbindung zum Netzwerk bei einem Exchange Server genauso wichtig wie die anderen Systemdienste. Eine Überwachung der Systemleistung Ihrer Netzwerkkarten kann daher schon frühzeitig eventuelle Schwachstellen oder Performance-Probleme aufdecken. Für die Überwachung der Netzwerkschnittstelle stehen Ihnen verschiedene Datenobjekte mit unterschiedlichen Leistungsindikatoren zur Verfügung. Um einen schnellen Überblick zu erhalten, sollten Sie zumindest die nachfolgenden regelmäßig überwachen lassen.

Datenobjekt Netzwerkschnittstelle, Redirector und TCP

Wichtig sind insbesondere die Indikatoren, die fehlerhafte Datenübertragungen signalisieren. Um besonders belastete Server zu identifizieren, können Sie die Menge des Datentransfers beobachten.

Ausgehende Pakete, verworfen. Dieser Indikator zeigt die Netzwerkpakete an, die von der Karte nicht verwertet werden konnten. Dieser Wert sollte nicht sehr hoch liegen.

Gesamtanzahl Bytes/s. Dieser Wert misst alle erfolgreich verarbeiteten Pakete und deren Größe. Sie können hier schnell erkennen, welche Server stärker oder weniger ausgelastet sind.

Datenobjekt TCP

Erneut übertragene Segmente/s. Mit diesem Indikator messen Sie die Anzahl der Pakete, die wiederholt zugestellt werden mussten, da sie von der Netzwerkkarte nicht verarbeitet werden konnten. Ein hoher Wert zeigt an, dass die Netzwerkkarte Ihres Servers entweder stark überlastet oder defekt ist.

Datenobjekt Redirector

Netzwerkfehler/s. Dieser Wert gibt alle Netzwerkfehler der überwachten Netzwerkkarte aus. Er sollte so niedrig wie möglich sein. Optimal ist hier Null, da eine stabile Netzwerkverbindung keinerlei Fehler bei der Übertragung melden sollte.

Überwachung innerhalb eines Zeitraums

Neben der beschriebenen Möglichkeit der Echtzeitüberwachung haben Sie ebenfalls die Möglichkeit eine Überwachung der verschiedenen Datenobjekte innerhalb eines Zeitraums durchzuführen. Die Echtzeitüberwachung macht eher Sinn, wenn Sie zum Zeitpunkt der Messung sofort einen Überblick über die Performance-Leistung Ihres Exchange Servers erhalten wollen. Wenn Sie eine durchschnittliche Performance-Leistung messen wollen, sollten Sie jedoch eher einen Zeitpunkt auswählen, an dem Sie verschiedene Indikatoren messen lassen können.

Konfiguration einer neuen Messung

Um eine solche Messung innerhalb eines definierten Zeitraums durchzuführen, klicken Sie mit der rechten Maustaste unterhalb des Menüs LEISTUNGSPROTOKOLLE UND WARNUNGEN (PERFORMANCE LOGS AND ALERTS) auf den Menüpunkt LEISTUNGSINDIKATORENPROTOKOLLE (COUNTER LOGS). Wählen Sie aus dem folgenden Menü die Einstellung NEUE PROTOKOLLEINSTELLUNGEN aus. Nach der Auswahl erscheint ein Fenster mit mehreren Registerkarten, auf denen Sie die Überwachung konfigurieren können.

Kapitel 11   Diagnose und Überwachung

Abbildung 11.55:
Überwachung eines Exchange Servers innerhalb eines definierten Zeitraums

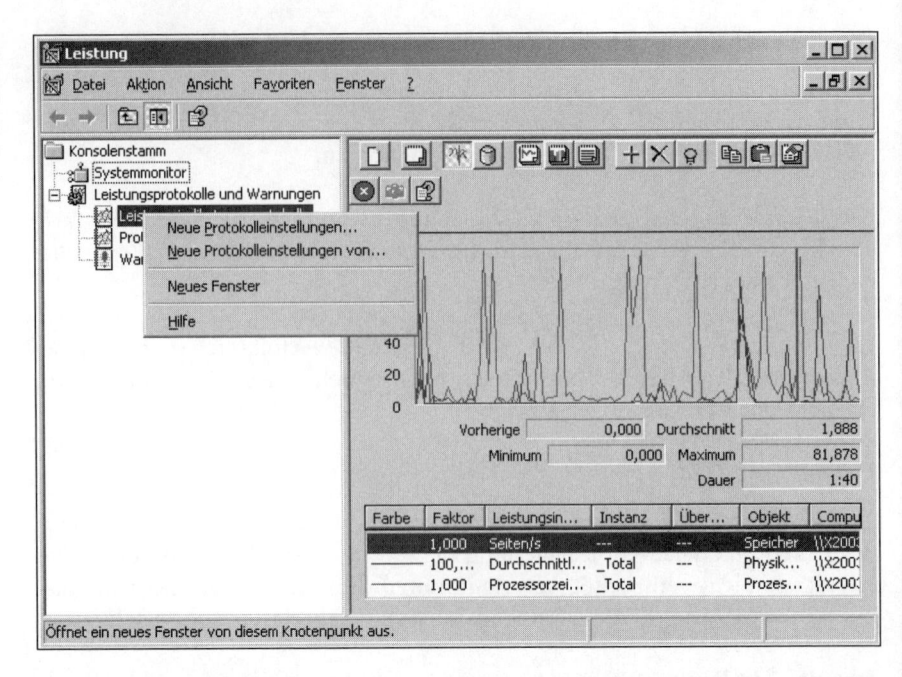

Bevor jedoch das Fenster zur Konfiguration dieser Überwachung erscheint, müssen Sie zunächst einen Namen für die Messung eingeben. Wählen Sie einen Namen, aus dem hervorgeht, was gemessen wird und in etwa über welchen Zeitraum die Messung durchgeführt wird. Nachdem Sie den Namen eingegeben und bestätigt haben, können Sie mit der Konfiguration dieser Überwachung fortfahren. Beachten Sie jedoch, dass die Überwachung eines Exchange Servers mit dem Systemmonitor, abhängig von der Anzahl der überwachten Datenobjekte und Leistungsindikatoren, die Performance eines Exchange Servers stark belasten kann. Gehen Sie mit Vorsicht daran und belasten Sie einen Exchange Server, der vielleicht ohnehin schon Performance-Probleme hat, die Sie beheben wollen, nicht noch zusätzlich. Im Fenster zur Überwachung innerhalb eines definierten Zeitraums stehen Ihnen drei Registerkarten zur Verfügung, mit deren Hilfe Sie die Konfiguration durchführen.

Registerkarte Allgemein (General)

Der Systemmonitor speichert die Ergebnisse seiner Messungen in Protokolldateien. Sie sehen im Feld AKTUELLER PROTOKOLLDATEINAME den Speicherort und die Bezeichnung dieser Protokolldatei.

Im nächsten Bereich sehen Sie alle ausgewählten Leistungsindikatoren, die für diese Messung verwendet werden. Sie können mit der Schaltfläche INDIKATOREN HINZUFÜGEN neue Indikatoren auswählen, die der Liste hinzugefügt werden.

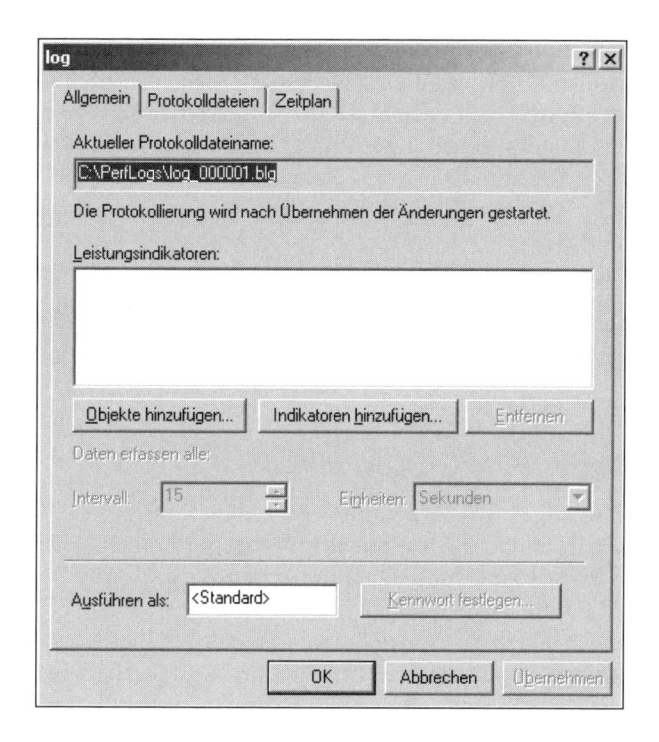

Abbildung 11.56:
Konfiguration der Überwachung über einen definierten Zeitraum mit dem Systemmonitor

Unter Windows 2003 haben Sie zudem die Möglichkeit alle Leistungsindikatoren eines Datenobjektes auf einmal hinzuzufügen. Dazu verwenden Sie die Schaltfläche OBJEKTE HINZUFÜGEN.

Mit DATEN ERFASSEN ALLE: (SAMPLE DATE EVERY:) können Sie das Intervall festlegen, welches für die Messung verwendet wird. Sie können definieren, dass die Messdaten nicht für jede Sekunde, sondern beispielsweise nur alle 20 Sekunden erfasst werden sollen. Dies ist sinnvoll, wenn Sie die Überwachung innerhalb eines größeren Zeitraums durchführen lassen wollen. Je geringer Sie das Intervall auswählen, je mehr Daten werden gemessen und in die Protokolldateien geschrieben. Bei sehr intensiven Messungen kann die Größe der Protokolldatei sehr schnell anwachsen und vielleicht sogar den Datenträger überlaufen lassen.

Eine weitere Neuerung in Windows 2003 besteht in der Möglichkeit einen anderen Benutzer zu wählen, mit dem diese Messung durchgeführt wird. Unter Windows 2000 wird die Messung mit dem Benutzerkonto durchgeführt, mit dem sie konfiguriert wurde.

Registerkarte Protokolldateien (Log Files)

Auf dieser Registerkarte legen Sie die einzelnen Optionen für die Protokolldateien fest, die erstellt werden sollen. Auch hier wurden einige Änderungen in Windows 2003 eingebaut. Das Fenster sieht unter Windows 2000 ähn-

Kapitel 11   Diagnose und Überwachung

lich aus, allerdings fehlen einige Optionen. Eine der wichtigsten Änderungen unter Windows 2003 besteht darin, dass Sie die Messungen einzelner Protokolle in einen SQL-Server schreiben lassen können, unter Windows 2000 steht Ihnen diese Auswahl nicht zur Verfügung.

Konfigurieren Sie auf diesem Fenster, wie Ihre Protokolldatei aussehen soll und wie groß sie werden darf. Sie können in den meisten Fälle die Standardeinstellungen belassen. Wählen Sie zudem einen Pfad und einen Datenträger aus, auf dem Sie genügend Platz haben. Wenn Sie Ihre Messungen in eine SQL-Server-Datenbank schreiben lassen wollen, müssen Sie vorher eine DSN konfigurieren und die Verbindung in den ODBC-Einstellungen Ihres Servers testen.

Registerkarte Zeitplan (Schedule)

Nachdem Sie Ihre Protokolldateien konfiguriert haben, müssen Sie den Zeitpunkt der Messung definieren. Sie können auf der Registerkarte einen Startzeitpunkt und einen Endzeitpunkt festlegen. Wahlweise können Sie die Messung auch manuell starten oder beenden. Es bietet sich allerdings an, einen Zeitpunkt zu definieren. Wenn Sie die Messung manuell starten und vergessen zu beenden, wird der Server dauerhaft belastet und schreibt ständig neue Protokolldateien, die zusätzlich den Plattenplatz Ihres Datenträgers belasten.

Abbildung 11.57:
Konfiguration der Protokolldateien für die Überwachung

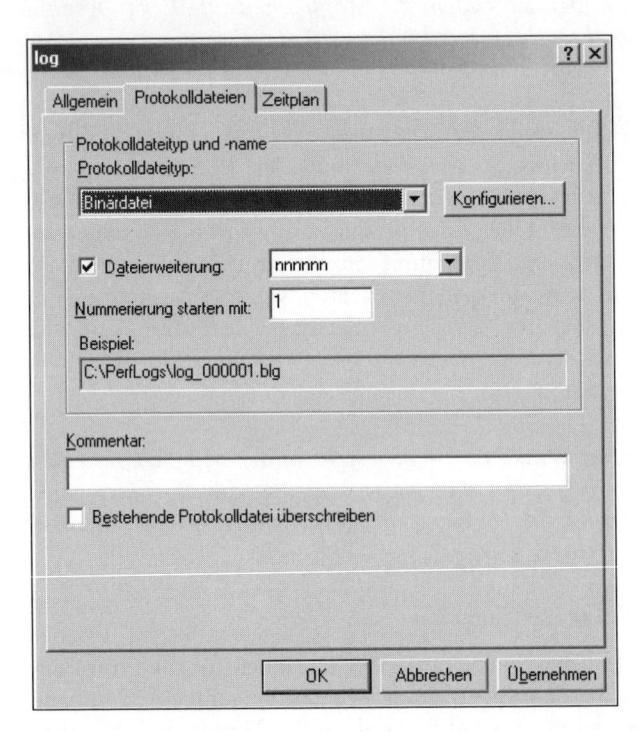

Systemmonitor Kapitel 11

Auf der Registerkarte ZEITPLANUNG (SCHEDULE) können Sie darüber hinaus festlegen, dass nach dem Beenden der Messung noch ein Befehl ausgeführt wird. Sie können hier zum Beispiel ein *net send* definieren oder das Verschicken einer E-Mail mit Hilfe eines Kommandozeilen-Tools wie zum Beispiel *Blat* einstellen.

Nach der Eingabe Ihrer Daten können Sie das Fenster schließen und die Konfiguration der Überwachung beenden. Nach der Erstellung wird dieses Leistungsdatenprotokoll im Fenster des Systemmonitors angezeigt.

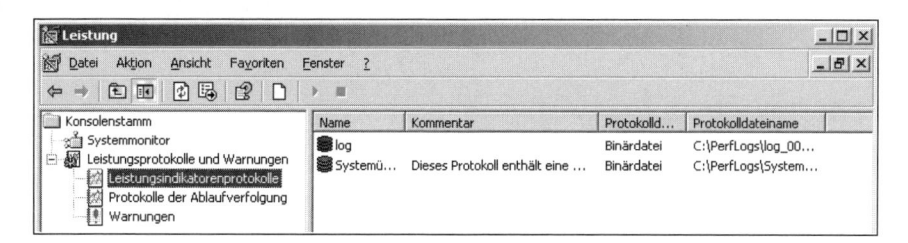

Abbildung 11.58:
Erstelltes Leistungsindikatorprotokoll (Counter Log)

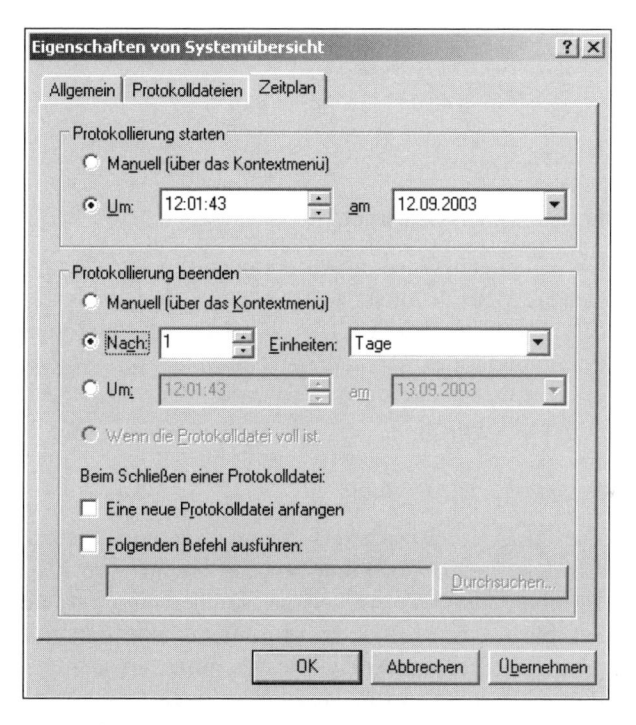

Abbildung 11.59:
Registerkarte ZEITPLAN (SCHEDULE) bei der Konfiguration des Systemmonitors

Auslesen der Daten einer Messung

Nach dem die erstellte Messung beendet ist, können Sie die Protokolldatei im konfigurierten Verzeichnis öffnen. Standardmäßig wird eine Protokolldatei erstellt, die Sie mit dem Systemmonitor betrachten können. Wenn Sie

[KOMPENDIUM] Exchange Server 2003 und Outlook 385

eine TXT- oder CSV-Datei erstellt haben, können Sie diese mit einem beliebigen Texteditor oder einer Tabellenkalkulation öffnen und betrachten.

Warnungen

Weiter können Sie mit dem Systemmonitor auch Aktionen durchführen lassen, wenn bestimmte Bedingungen bei der Messung erfüllt worden sind. Sie können mit den Warnungen ähnlich wie bei der Diagnoseprotokollierung Benachrichtigungen an die Administratoren versenden, wenn Probleme auf einem Server auftreten. Für die Konfiguration dieser Warnungen verwenden Sie im Systemmonitor den Menüpunkt WARNUNGEN (ALERTS).

Abbildung 11.60:
Erstellen von Warnungen mit dem Systemmonitor

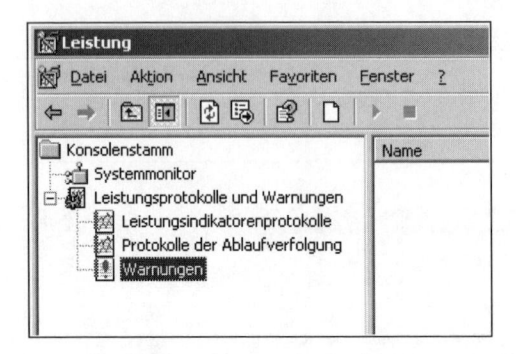

Erstellen einer Warnung

Um eine neue Warnung zu erstellen, klicken Sie mit der rechten Maustaste auf das Menü WARNUNGEN (ALERTS) und wählen NEUE WARNEINSTELLUNGEN (NEW ALERT SETTINGS) aus. Auch hier müssen Sie zunächst eine Bezeichnung des Alarms eingeben. Nach der Eingabe des Namens erscheint ein Fenster mit mehreren Registerkarten, auf denen Sie diesen Alarm konfigurieren können.

Registerkarte Allgemein

Auf dieser Registerkarte können Sie zunächst einen Kommentar festlegen, mit dem Sie die Warnung genauer beschreiben können. Als Nächstes legen Sie einen oder mehrere Leistungsindikatoren fest, die überwacht werden sollen. Bis hier ist die Konfiguration einer Warnung noch ähnlich zu der Konfiguration einer normalen Überwachung. Danach müssen Sie noch für jeden konfigurierten Leistungsindikator einen Grenzwert eintragen, ab dem eine Warnung ausgelöst werden soll. Auch das Intervall in dem die Messung für den Alarm durchgeführt werden soll, legen Sie auf dieser Registerkarte fest.

Wenn Sie alle Leistungsindikatoren, die Sie überwachen lassen wollen und deren Grenzwerte festgelegt haben, können Sie noch ein Benutzerkonto auswählen, welches für die Messung verwendet werden soll. Wenn Sie hier kein

Systemmonitor　　　　　　　　　　　　　　　　　　　　　　　　　Kapitel 11

Konto eintragen, wird automatisch das Konto verwendet, mit dem diese Warnung erstellt wurde. Wenn Sie die Konfiguration auf dieser Registerkarte abgeschlossen haben, können Sie auf der Registerkarte AKTION fortfahren.

Registerkarte Aktion

Auf dieser Registerkarte legen Sie die Aktion fest, die beim Überschreiten der definierten Grenzwerte ausgelöst werden soll. Sie können hier verschiedene Aktionen durchführen lassen. Im Gegensatz zu der Überwachung der Dienste innerhalb des Exchange System Managers können Sie hier jedoch keine E-Mails versenden lassen, zumindest nicht standardmäßig.

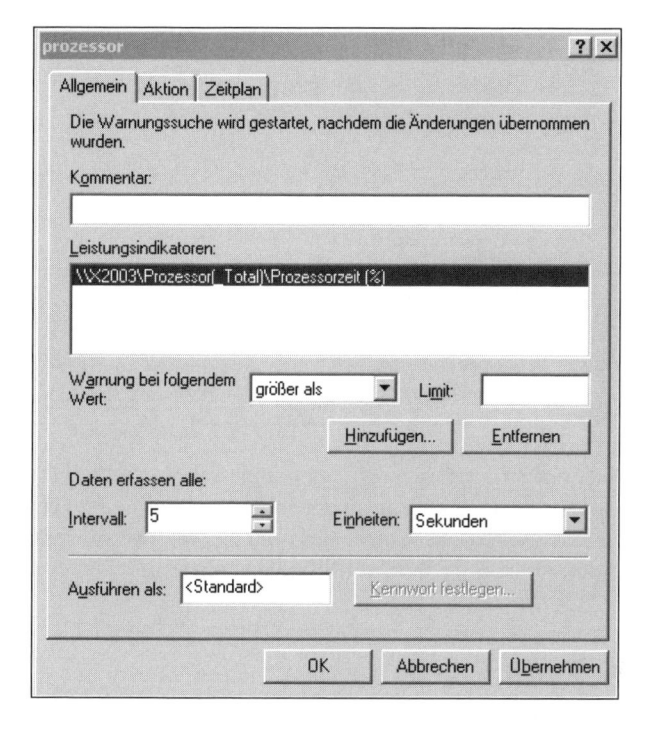

Abbildung 11.61: Registerkarte ALLGEMEIN einer Warnung

Sie können verschiedene Aktionen durchführen lassen.

- Eintrag im Applikationsprotokoll der Ereignisanzeige
- Durchführen eines *NET SEND*
- Starten eines vorher erstellten Leistungsindikatorprotokolls (Counter Logs)
- Ausführen eines bestimmten Programms. Hier können Sie zum Beispiel eine Batch-Datei erstellen, die mit Hilfe von *Blat* eine E-Mail an Administratoren oder öffentliche Ordner verschickt.

Kapitel 11   Diagnose und Überwachung

Nachdem Sie die gewünschte Aktion konfiguriert haben, können Sie auf der Registerkarte ZEITPLAN (SCHEDULE) den Zeitraum definieren, zu dem die Warnung aktiv ist.

Abbildung 11.62:
Registerkarte VORGANG (ACTION) einer neuen Warnung des Systemmonitors

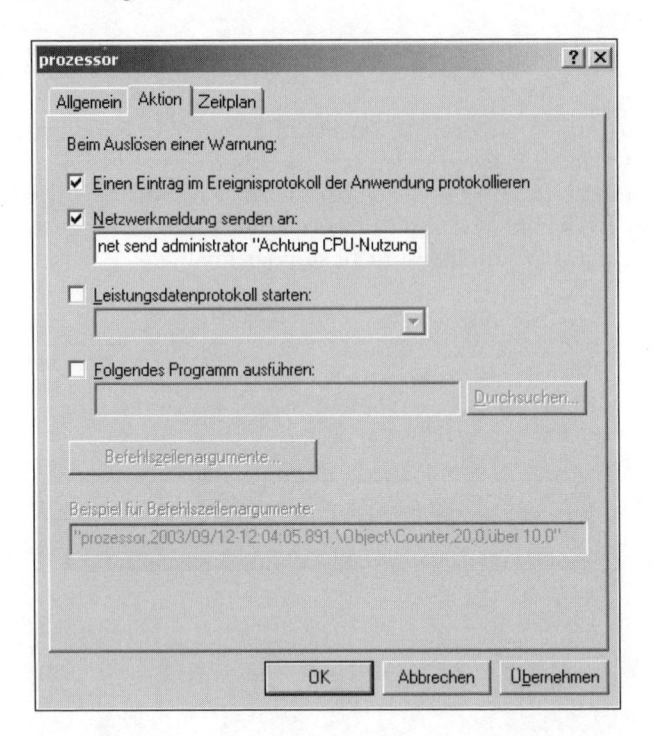

Über die Warnung können Sie beispielsweise bei Erreichen einer bestimmten Warnschwelle automatisch eine sehr detaillierte Protokollierung starten lassen. Dies hat zur Folge, dass der Server bis zum Auftreten der Grenzwerte keine unnötigen Protokolldateien schreibt.

12 Queues und Message Tracking

Ein weiterer wichtiger Bereich auch für die Überwachung eines Exchange Servers ist die Verwaltung der Warteschlangen und des Nachrichten-Trackings.

12.1 Warteschlangen (Queues)

Zu den regelmäßigen Tätigkeiten eines Exchange Administrators gehört die Überwachung der Warteschlangen seines Servers. Alle ein- und ausgehenden E-Mails werden in die einzelnen Warteschlangen gestellt, bevor Sie zugestellt werden. Sie können mit Hilfe der Warteschlangen sehr schnell feststellen, ob Probleme beim Versenden von E-Mails auftreten oder nicht. Mit Hilfe der Warteschlangen können Sie zudem den E-Mail-Verkehr eines Exchange Servers nach außerhalb, auf andere Exchange Server oder ins Internet stoppen, ohne die Benutzer zu beeinträchtigen. Da die Verwaltung und Überwachen der Warteschlangen einer der wichtigsten Bereiche in Exchange 2003 ist, wurde die Verwaltung im Vergleich zu Exchange 2000 stark verändert und erweitert.

Neue Ansicht der Warteschlangen

Der erste Punkt, der ins Auge fällt, ist der veränderte Standort der Warteschlangen in im Exchange 2003 System Manager. Unter Exchange 2000 waren die Warteschlangen unter jedem Protokoll in dessen virtuellen Server untergeordnet. Es war sehr mühselig, die einzelnen Warteschlangen ständig im Auge zu behalten. Im Exchange 2003 System Manager werden alle Warteschlangen direkt unter dem Serverobjekt angezeigt. Durch diese Neuanordnung können Administratoren die Warteschlangen Ihrer Server in Exchange 2003 deutlich schneller überprüfen.

Eine weitere Neuerung ist die Anzeige der Warteschlangen im Exchange 2003 System Manager.

Kapitel 12   Queues und Message Tracking

Abbildung 12.1:
Neue Ansicht der Warteschlangen in Exchange 2003

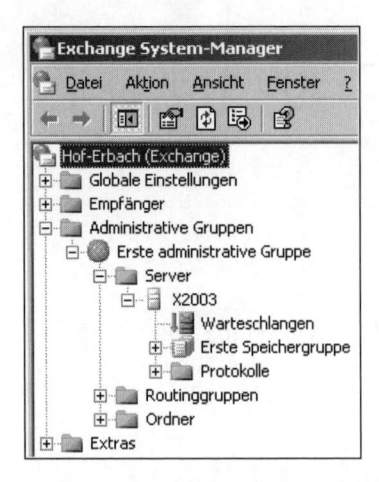

Abbildung 12.2:
Anzeige der Warteschlangen in Exchange 2003

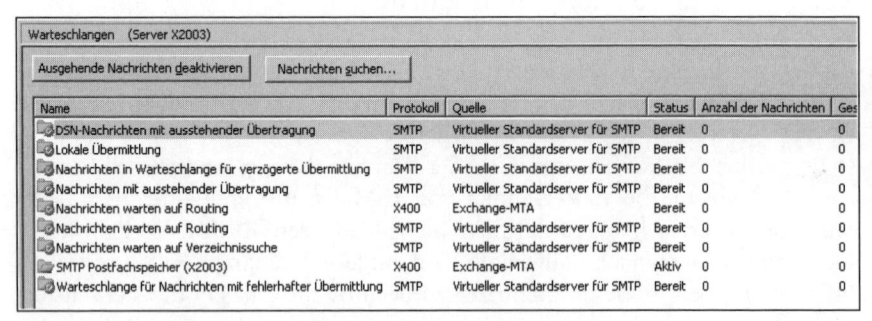

Wenn Sie auf den Menüpunkt WARTESCHLANGEN (QUEUES) im Exchange 2003 System Manager klicken, werden im rechten Fenster alle Warteschlangen des Servers angezeigt und nicht wie bisher nur die Warteschlangen des ausgewählten virtuellen Servers. Sie erhalten schnell und unabhängig vom Protokoll einen Überblick über alle ausgehenden Verbindungen eines Exchange Servers.

Über die Schaltfläche EINSTELLUNGEN (SETTINGS) können Sie die Wiederholrate einstellen, in der die Ansicht aktualisiert wird. Es stehen Ihnen dazu verschiedene vorgegebene Intervalle zur Verfügung.

Abbildung 12.3:
Refreshrate der Warteschlangen im Exchange 2003 System Manager

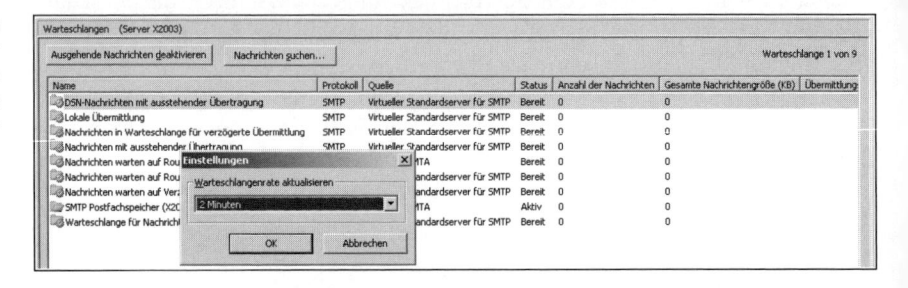

Warteschlangen (Queues) — Kapitel 12

Wenn es zu einer Warteschlange weitere Informationen gibt, werden diese im Bereich WEITERE WARTESCHLANGENINFORMATIONEN (ADDITIONAL QUEUE INFORMATION) angezeigt, wenn diese Warteschlange markiert wird.

Das Nachrichten-Tracking, das Auffinden von Nachrichten, die über Ihre Exchange Server verschickt wurden, ist in die Verwaltung der Warteschlangen mit integriert worden.

Deaktivierung des SMTP-Nachrichtenflusses

Deaktivierung aller SMTP-Warteschlangen

Sie können in der Verwaltung der Warteschlangen im Exchange 2003 System Manager mit der Schaltfläche AUSGEHENDE NACHRICHTEN DEAKTIVIEREN *(*DISABLE OUTBOUND MAIL*) den SMTP Nachrichtenfluss des Exchange Servers nach außerhalb sofort unterbrechen. Nachrichten, die von Benutzern ausgetauscht werden, die sich auf diesem Exchange Server befinden, werden weiterhin zugestellt. Alle E-Mails nach extern sind allerdings sofort deaktiviert. Diese Option kann hilfreich sein, wenn Sie einen Virenangriff vermuten oder ein großer externer Mailversand akut gestoppt werden muss.*

Ihre Benutzer bemerken davon nichts, da die Nachrichten in Outlook weiter verschickt werden können und dann in den Warteschlangen gespeichert werden. Von dieser Deaktivierung werden nur die SMTP-Warteschlangen angesprochen, die MTA-Verbindungen werden durch diese Deaktivierung nicht beeinflusst.

Deaktivierung einer SMTP-Warteschlange

Wenn Sie nur den E-Mail-Nachrichtenfluss einer einzelnen SMTP-Warteschlange deaktivieren wollen, können Sie diese über ihr Kontentmenue »*fixieren*«.

Abbildung 12.4: Einfrieren einer Warteschlange

Kapitel 12   Queues und Message Tracking

Wenn Sie eine Warteschlange fixiert haben, erhält diese den Status »Fixiert« und wird entsprechend markiert. Sie können die Warteschlange jederzeit wieder aktivieren. Eine fixierte Warteschlange nimmt weiterhin E-Mails entgegen, stellt allerdings keine mehr zu.

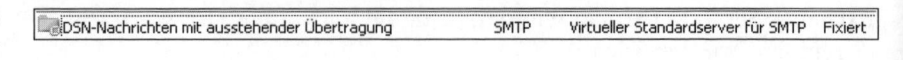

Abbildung 12.5: Fixierte Warteschlange

DSN-Nachrichten mit ausstehender Übertragung	SMTP	Virtueller Standardserver für SMTP	Fixiert

Nachrichten finden

NEU

Sie können mit der Warteschlangenverwaltung auch detaillierter nach Nachrichten in den Warteschlangen suchen. Dabei können Sie verschiedene Kriterien eingeben, um Nachrichten innerhalb der Warteschlangen zu finden. Generell hat dieses Suchen der Nachrichten nichts mit dem Nachrichten-Tracking zu tun, da diese Suche nur die aktuell in den Warteschlangen befindlichen Nachrichten umfasst.

Um Nachrichten innerhalb der Warteschlangen zu finden, verwenden Sie die Schaltfläche NACHRICHTEN SUCHEN (FIND MESSAGES) in der Verwaltung der Warteschlangen. Wenn Sie diese Schaltfläche betätigen, erscheint ein Dialog, in dem Sie die Suche detaillierter definieren können.

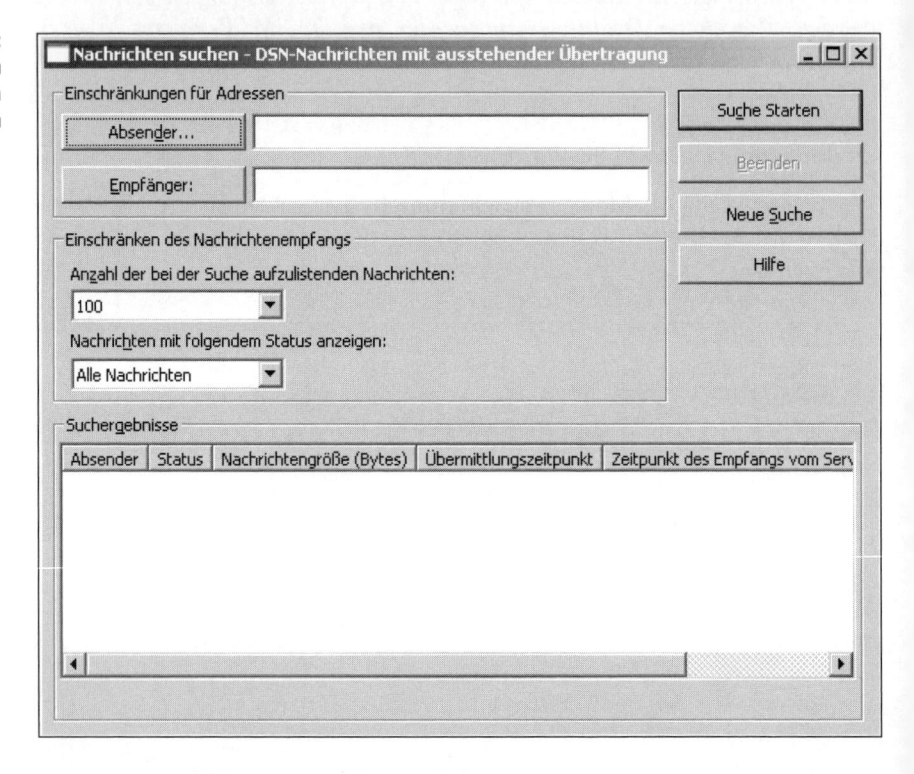

Abbildung 12.6: Nachrichten in den Warteschlangen suchen

Sie können verschiedene Kriterien auswählen:

- *Absender (Sender)*. Hier können Sie einen bestimmten Absender wählen, dessen E-Mails Sie anzeigen lassen wollen.
- *Empfänger (Recipient)*. Mit diesem Feld können Sie einen bestimmten Empfänger definieren, dessen E-Mails aus den Warteschlangen angezeigt werden sollen. Sie können diese beiden Felder ebenfalls kombinieren.

Im Bereich EINSCHRÄNKEN DES NACHRICHTENEMPFANGS (MESSAGE RESTRICTIONS) können Sie weitere Angaben machen.

- Im Feld ANZAHL DER BEI DER SUCHE AUFZULISTENDEN NACHRICHTEN (NUMBER OF MESSAGES TO BE LISTED IN SEARCH) können Sie festlegen, wie viele Nachrichten angezeigt werden sollen.
- NACHRICHTEN MIT FOLGENDEM STATUS ANZEIGEN (SHOW MESSAGES WHOSE STATE IS). Hier können Sie auswählen, welche Nachrichten angezeigt werden sollen, die sich in einem unterschiedlichen Status befinden. Sie können hier fixierte und nicht fixierte Nachrichten anzeigen lassen. Dieser Status hat allerdings nichts mit dem Status der Warteschlangen zu tun, sondern bezieht sich rein auf den Status der Nachrichten. Sie können auch einzelne Nachrichten, unabhängig von einer Warteschlange, fixieren lassen. Wenn eine Warteschlange fixiert wird, werden die darin enthaltenen Nachrichten nicht fixierte. Diese werden zwar nicht aus der Warteschlange versendet, haben jedoch trotzdem nicht den Status »fixiert«.

Neue Warteschlangen in Exchange 2003

Im Exchange System Manager werden auch Nachrichten angezeigt, die in Exchange 2000 noch nicht vorhanden waren, oder ausgeblendet wurden.

DSN-Nachrichten mit ausstehender Übertragung (DSN messages pending submission)

Diese Warteschlange enthält Statusmeldungen der Zustellberichte von E-Mails (Delivery Status Notifications, DSN). Kurz gesagt, enthalten diese Warteschlangen die NDR (non-delivery Reports), die durch Exchange zugestellt werden.

Wenn Nachrichten in dieser Warteschlange feststecken und nicht zugestellt werden können, liegt ein Problem des Informationsspeichers vor, eventuell ist der Dienst nicht gestartet. Solche Probleme werden auch im Applikationsprotokoll der Ereignisanzeige festgehalten. Sie können in dieser Warteschlange nicht die Option DELETE ALL MESSAGES auswählen.

Warteschlange für Nachrichten mit fehlerhafter Übermittlung (Failed message retry queue)

Diese Warteschlange enthält E-Mails, die von Exchange nicht zugestellt werden können, die jedoch noch nicht von Exchange als nicht zustellbar deklariert sind, sondern dessen Zustellung noch einmal versucht wird. Auch aus dieser Warteschlange können Sie keine Nachrichten löschen.

Wenn Nachrichten in dieser Warteschlange nicht abgearbeitet werden, liegt oft ein Problem des SMTP-Protokolls oder der Namensauflösung vor. Überprüfen Sie bei Eintragungen im Applikationsprotokoll diese Punkte auf Fehler.

Nachrichten in Warteschlange für verzögerte Übermittlung (Messages queued for deferred delivery)

In dieser Warteschlange werden E-Mails gesammelt, die in Outlook für eine spätere Zustellung konfiguriert wurden. Die Nachrichten bleiben solange in dieser Warteschlange, bis der definierte Zeitpunkt der Zustellung erreicht ist.

Status von Warteschlangen

Warteschlangen können jeweils einen unterschiedlichen Status annehmen. Da der Status einer Warteschlange für den E-Mail-Fluss eines Exchange Servers nicht unbeträchtlich ist, werden diese verschiedenen Zustände als Kennzeichen für die jeweiligen Warteschlangen angezeigt.

Fehlerfreier Status einer Warteschlange

Wenn sich der Status einer Warteschlange im »normalen« Zustand befindet und Nachrichten aus dieser Warteschlange ohne Probleme zugestellt werden können, wird diese als aktiv gekennzeichnet.

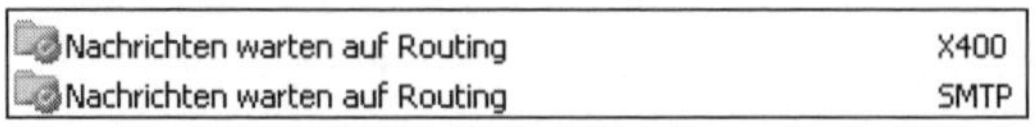

Abbildung 12.7:
Aktiver und fehlerfreier Status einer Warteschlange

Nachrichten warten auf Routing	X400
Nachrichten warten auf Routing	SMTP

Wenn E-Mails aus dieser Warteschlange fehlerfrei zugestellt werden konnten und sich keine E-Mails mehr in dieser Warteschlange befinden, wird diese als fehlerfrei gekennzeichnet.

Unklarer Zustand

Wenn E-Mails aus einer Warteschlange nicht sofort zugestellt werden können oder der Status noch nicht ganz definiert ist, erscheint als Symbol für die Warteschlange keine Kennzeichnung. In einem solchen Fall müssen Sie nicht unbedingt von einem Fehler ausgehen, es besteht jedoch die Möglichkeit, dass E-Mails aus dieser Warteschlage nicht zugestellt werden können.

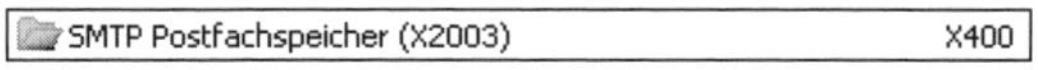

Abbildung 12.8:
Nicht feststellbarer Status einer Warteschlange

Wenn Nachrichten in der Warteschlange zurzeit zugestellt werden oder eine Verbindung hergestellt wurde, wird die Warteschlange ohne besondere Kennzeichnung angezeigt. Überprüfen Sie in einem solchen Fall, ob sich Nachrichten in der Warteschlange befinden und die Anzahl der Nachrichten stetig abgebaut wird. Ist dies der Fall, liegt wahrscheinlich kein Problem vor. Behalten Sie die Warteschlange allerdings im Auge, bis diese als fehlerfrei gekennzeichnet wird.

Fehlerstatus

Wenn E-Mails aus einer Warteschlange nicht zugestellt werden können, erhält diese nach einiger Zeit den Status »Fehler«. Entgegen der sonstigen Kennzeichnung von Microsoft ist die Ansicht dieses Status im Exchange System Manager etwas verwirrend, da er Blau hervorgehoben wird.

Wenn sich eine Warteschlange in diesem Zustand befindet, kann eine Nachricht nicht zugestellt werden. Exchange versucht jederzeit diese E-Mails dennoch zuzustellen, da eventuell nur ein temporäres Verbindungsproblem vorliegt. Wenn sich eine Warteschlange in diesem Status befindet, sollten Sie jedoch in jedem Fall überprüfen, welches Problem vorliegt. Wenn Nachrichten nicht zugestellt werden, liegt eventuell ein Problem mit der Namensauflösung vor. Unter Umständen liegt aber auch ein Problem des virtuellen SMTP-Servers des Remote Exchange Servers vor, wenn eine Nachricht innerhalb einer Organisation nicht zugestellt werden kann. Versuchen Sie in einem solchen Fall zunächst mit *nslookup* oder *ping*, ob der Remote Server erreicht werden kann.

Zunächst sollten Sie testen, ob das Problem nur temporär ist und die Warteschlange erneut zur Verbindung »zwingen«. Klicken Sie dazu mit der rechten Maustaste auf diese Warteschlange und wählen Sie aus dem Menü VERBINDUNG ERZWINGEN (FORCE CONNECTION).

Wenn die Verbindung aufgebaut werden kann, ist das Problem behoben. Behalten Sie diese Warteschlange jedoch weiterhin im Auge. Wenn ein Problem einer einzelnen oder auch mehreren Nachrichten vorliegt, können Sie diese aus den Warteschlangen entfernen. Suchen Sie dazu, wie soeben beschrieben, die entsprechenden Nachrichten in dieser Warteschlange.

Kapitel 12 Queues und Message Tracking

Abbildung 12.9:
Erzwingen einer Verbindung

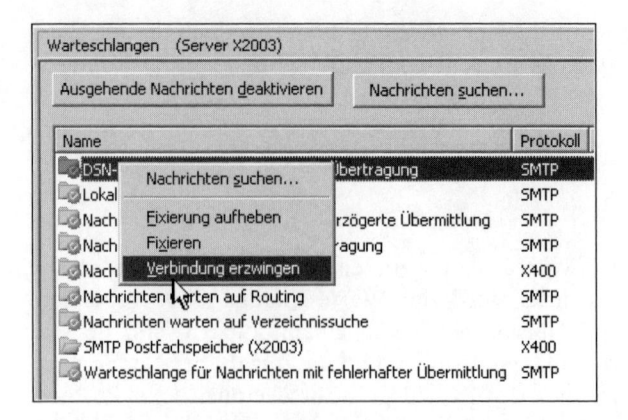

Abbildung 12.10:
Gefundene Nachrichten in einer Warteschlange

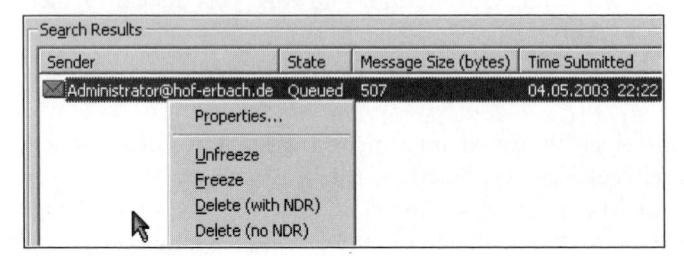

Sie können sich von den gefundenen Nachrichten die wichtigsten Informationen anzeigen lassen.

Abbildung 12.11:
Informationen einer E-Mail innerhalb einer Warteschlange

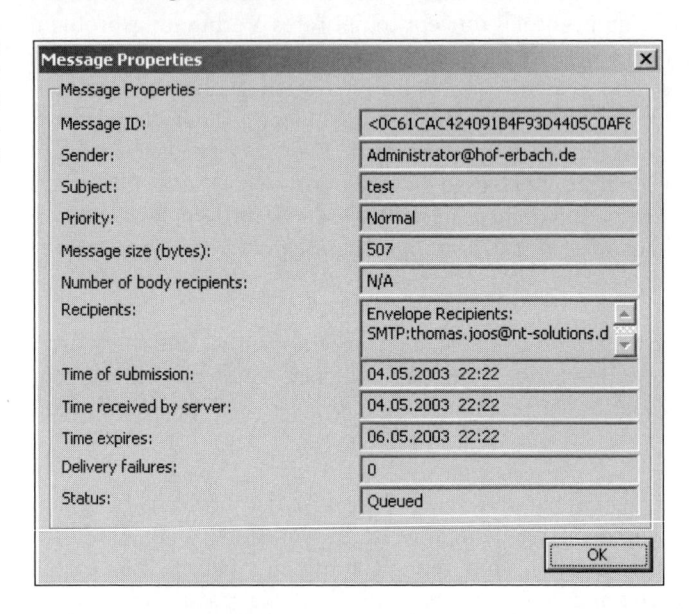

Sie können entscheiden, ob Sie einzelne oder alle Nachrichten löschen und Benutzern einen NDR zustellen lassen wollen oder nicht.

Wenn Sie eine Nachricht ohne NDR (Non-delivery Report) löschen wollen, erhält der Sender keine Benachrichtigung, dass eine E-Mail gelöscht wurde. Wenn sich wichtige Informationen in der E-Mail befinden, sind diese nach dem Löschen verloren. Sie sollten daher nur in Ausnahmefällen E-Mails aus den Warteschlangen ohne NDR löschen.

12.2 Nachrichten-Tracking

Das Nachrichten-Tracking gehört zu den wichtigsten Werkzeugen bei der Diagnose und Überwachung Ihrer Exchange-Organisation. Sie können sich mit Hilfe des Nachrichten-Trackings die zugestellten E-Mails und deren Informationen anzeigen lassen. Damit Sie das Nachrichten-Tracking nutzen können, müssen Sie zunächst für jeden Exchange Server in Ihrer Organisation das Nachrichten-Tracking aktivieren. Das Nachrichten-Tracking wurde in Exchange 2003 ebenfalls überarbeitet und stark verbessert.

Aktivierung des Nachrichten-Trackings

Um das Nachrichten-Tracking eines Exchange Servers zu aktivieren, müssen Sie zunächst die Eigenschaften des Exchange Server aufrufen. Auf der Registerkarte ALLGEMEIN können Sie dann das Nachrichten-Tracking aktivieren. Sie finden dort drei verschiedene Optionen zur Konfiguration:

- *Nachrichtenbetreff protokollieren und anzeigen.* Wenn Sie diesen Haken setzen, werden in den Protokolldateien neben den Sendedaten der E-Mails auch der Betreff protokolliert. Um einen guten Überblick über den Nachrichtenfluss bei der Nachrichtenverfolgung zu erhalten, bietet es sich an, diese Option zu aktivieren.

- *Nachrichten-Tracking aktivieren.* Mit dieser Option aktivieren Sie das Nachrichten-Tracking. Ohne die Aktivierung des Nachrichten-Trackings können keine Nachrichten weiterverfolgt werden.

- *Protokolldateien entfernen.* Hier legen Sie fest, wie lange die Protokolldateien aufbewahrt werden sollen. Die Protokolldateien belegen Platz auf den Datenträgern. Beachten Sie, wie lange die Protokolldateien aufbewahrt werden sollen. Sie können allerdings nur Nachrichten innerhalb dieses Zeitraums nachverfolgen. Wenn Sie die Protokolle nach 30 Tagen löschen lassen, können Sie keine Nachrichten weiterverfolgen, die vor diesen 30 Tagen verschickt wurden.

Das Message Tracking Center wird durch den Systemdienst Microsoft Exchange Verwaltung (Microsoft Exchange Management) gesteuert. Wenn dieser Dienst nicht gestartet ist, können Sie keine Nachrichten weiterverfolgen, auch wenn Sie das Nachrichten-Tracking auf dem entsprechenden Exchange Server aktiviert haben.

Abbildung 12.12:
Aktivierung des Nachrichten-Tracking eines Exchange Servers

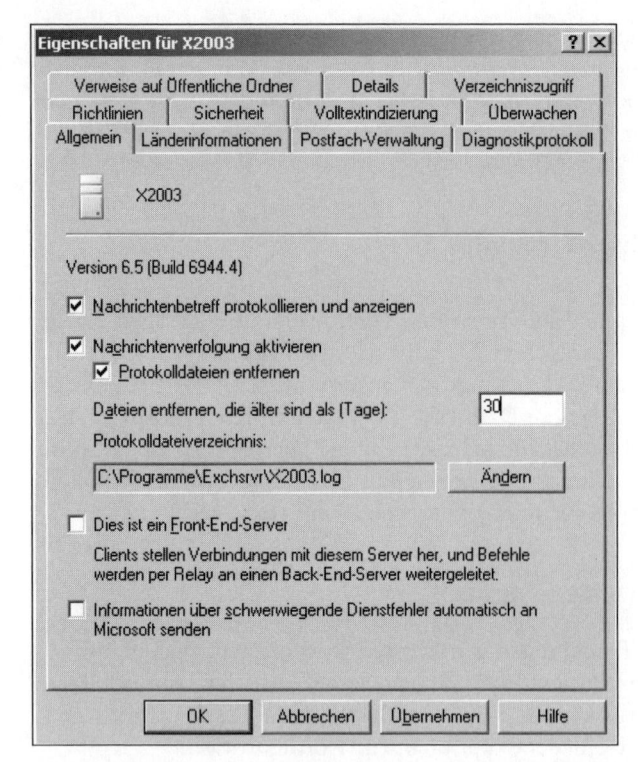

Verwaltung des Nachrichten-Trackings

Um Nachrichten nachzuverfolgen, verwenden Sie das Menü NACHRICHTENSTATUS (MESSAGE TRACKING CENTER). Dieses Menü befindet sich unterhalb des Menüs EXTRAS im Exchange System Manager.

Protokolldateien der Nachrichtenverfolgung

Wenn Sie das Nachrichten-Tracking aktivieren, wird im Exchange-Systemverzeichnis im Unterverzeichnis `SERVERNAME.log` auf dem Datenträger eine Protokolldatei erzeugt. Das Verzeichnis der Protokolldateien wird von Exchange 2003 bei der Installation freigegeben, so dass Sie auch von anderen Servern auf diese Protokolle zugreifen können. In diesem Verzeichnis wird für jeden Tag eine Protokolldatei nach im Format `YYYYMMDD.log` angelegt, für den 12. Oktober 2003 zum Beispiel die Protokolldatei `20031012.log`.

Verschieben der Protokolldateien

Unter Exchange 2003 können Sie mit dem Exchange System Manager den Speicherort dieser Protokolldateien ändern. Unter Exchange 2000 mussten Sie hier noch externe Tools verwenden. Wenn Sie die Protokolldateien auf einen anderen Datenträger verschieben wollen, gehen Sie folgendermaßen vor:

Rufen Sie die Eigenschaften des Exchange Servers auf, dessen Protokolldateien Sie auf einen anderen Datenträger verschieben wollen. Wechseln Sie dann in den Eigenschaften auf die Registerkarte ALLGEMEIN.

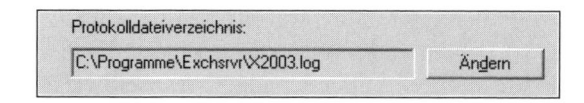

Abbildung 12.13:
Verschieben der Protokolldateien für das Nachrichten-Tracking

Sie können mit Hilfe der Schaltfläche ÄNDERN den Speicherort der Protokolldateien ändern.

Verwenden des Nachrichten-Trackings

Wenn Sie eine Nachricht weiterverfolgen wollen, starten Sie den NACHRICHTENTSTATUS unterhalb des Menüs *Extras* im Exchange System Manager. Sie können im rechten Fenster des System Managers die gesuchten Nachrichten nach verschiedenen Kriterien einkreisen. Sie müssen mindestens ein Kriterium eingeben. Sie können hier die verschiedenen Kriterien auch kombinieren. Bei Servern mit hohem E-Mail-Fluss bietet es sich an, die Suchkriterien so eng wie möglich zu wählen. Wenn Sie alle gewünschten Kriterien eingegeben haben, können Sie die Nachrichten suchen lassen. Es werden alle Nachrichten als Ergebnis zurückgegeben, die Ihren Kriterien entsprechen und innerhalb des Aufbewahrungszeitraums der Protokolldateien liegen.

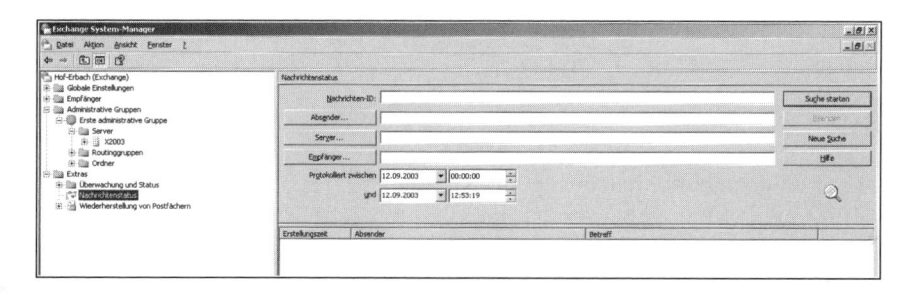

Abbildung 12.14:
Nachrichten-Tracking im Exchange System Manager

Wenn Sie eine Nachricht gefunden haben, können Sie zunächst entscheiden, ob Sie den E-Mail-Fluss dieser Nachricht weiterverfolgen wollen oder deren Eigenschaften betrachten wollen. Wenn Sie die Eigenschaften der Nachricht aufrufen, erhalten Sie Informationen über Absender und Empfänger der Nachricht. Zusätzlich bekommen Sie alle maßgeblichen Informationen der E-Mail wie Sendedatum, Server, Größe der Nachricht, Priorität und Verschlüsselung angezeigt. Außerdem erfahren Sie die interne ID der Nachricht, mit deren Hilfe Sie im Message Tracking Center jederzeit speziell nach dieser Nachricht suchen können. Diese *Nachrichten-ID* (*Message-ID*) wird auch beim Transport der Nachricht zu anderen Mailsystemen nicht verändert und kann somit dort auch zur Suche nach der Nachricht verwendet werden.

Kapitel 12   Queues und Message Tracking

Wenn Sie die Eigenschaften der Nachricht durchgegangen sind, aber nicht alle Informationen erhalten haben, die Sie benötigen, können Sie den Weg der E-Mail-Nachricht durch Ihre Exchange-Organisation nachverfolgen. Verwenden Sie dazu die Schaltfläche NACHRICHTENSTATUS. Exchange überprüft den gesamten Nachrichtenfluss dieser E-Mail sowie den Status der Nachrichten und zeigt das Ergebnis an. Exchange 2003 arbeitet hier wesentlich detaillierter als Exchange 2000 und zeigt auch Nachrichten und deren Status in den verschiedenen Stufen des Kategorisierungsmoduls (Categorizer) an. Diese Informationen können sehr hilfreich sein, wenn Sie interne Probleme auf Ihrem Exchange Server vermuten. Sie können mit Hilfe der Nachverfolgung schnell feststellen, welche Server-Komponente die Probleme verursachen.

Abbildung 12.15:
Gefundene Nachricht im Message Tracking Center

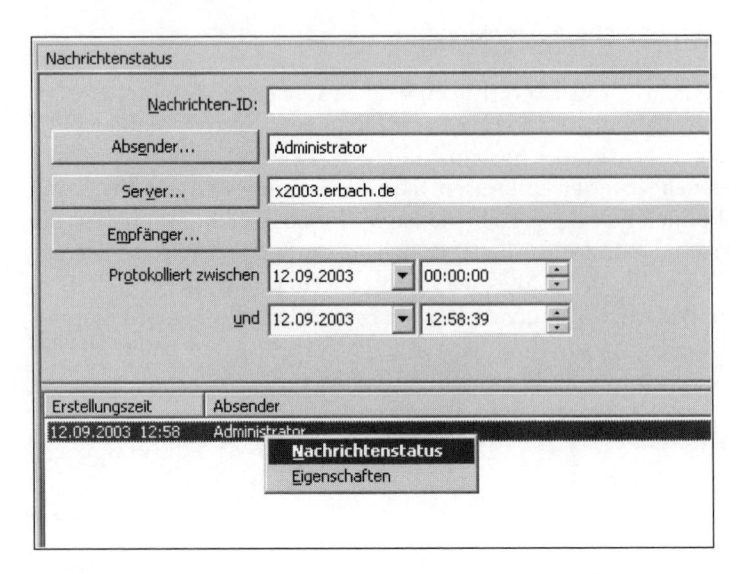

Durch die Nachrichtenverfolgung können Sie leicht feststellen, wo eine bestimmte E-Mail verblieben ist und ob Sie zugestellt wurde oder nicht.

Überprüfung der öffentlichen Ordner Replikation

Sie können mit dem Message Tracking Center zudem die Replikation der öffentlichen Ordner überwachen und eventuelle Fehler zwischen den Servern beheben. Die Replikation der öffentlichen Ordner zwischen den verschiedenen Exchange Servern wird mit Hilfe von E-Mails durchgeführt. Wenn eine Replikation fehlerhaft arbeitet, werden zwischen den Servern, wie bei den normalen Benutzern auch, Non-delivery Reports (NDR) verschickt. Sie können diese Replikationsnachrichten weiterverfolgen. Der Benutzer, den Sie dabei weiterverfolgen, hat in etwa die Bezeichnung *PubIS@IhreDomäne.de*. Suchen Sie nach Nachrichten dieses Benutzers, wenn Sie die Replikationsnachrichten der öffentlichen Ordner Ihrer Organisation überprüfen wollen.

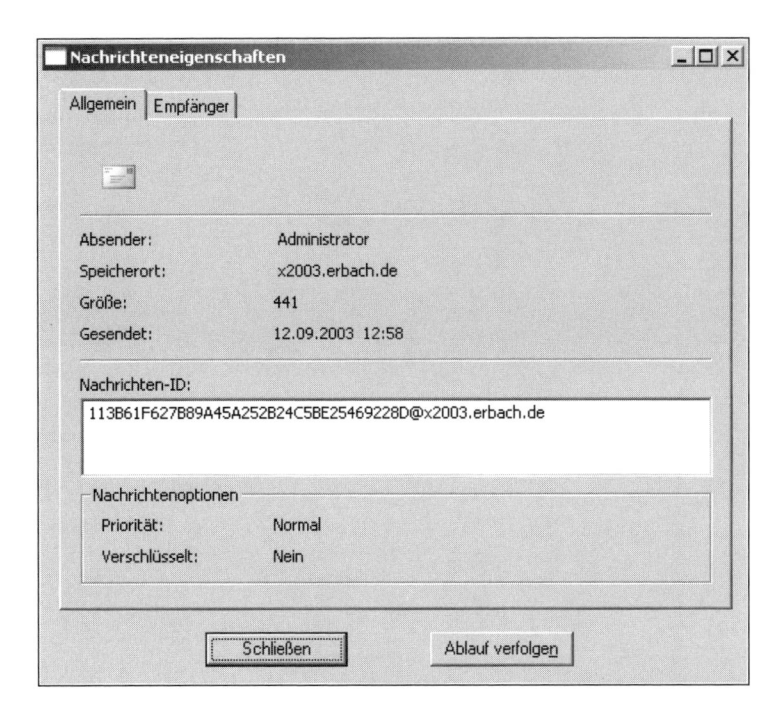

Abbildung 12.16:
Eigenschaften einer E-Mail im Message Tracking Center

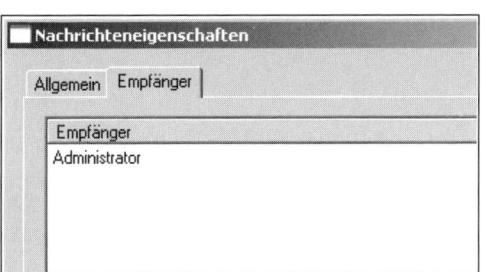

Abbildung 12.17:
Empfänger einer Nachricht im Message Tracking Center

Beachten Sie jedoch, dass auch die Nachrichtenverfolgung Ihre Exchange Server mehr oder weniger belastet. Bei der heutigen Serverhardware sollten Sie jedoch auf jeden Fall die Nachrichtenverfolgung aktivieren und die Protokolldateien einen angemessenen Zeitraum aufbewahren lassen. Dadurch können Sie bei auftretenden Problemen des E-Mail-Flusses schneller reagieren und genau erkennen, welche Server-Komponente oder welcher Server Schwierigkeiten beim Versenden von E-Mails hat. Standardmäßig ist das Nachrichten-Tracking deaktiviert und muss zunächst für jeden Server einzeln oder mit Hilfe einer Richtlinie aktiviert werden.

13 Outlook Web Access

Outlook Web Access wurde in Exchange 2003 im Vergleich zu seinem Vorgänger Exchange 2000 nochmals stark verbessert. Outlook Web Access 2003 sieht Outlook noch ähnlicher und unterstützt einige neue Features, wie S/MIME und Rechtschreibkorrektur. Auch die Kompatibilität mit anderen Webbrowsern als dem Internet Explorer 5 wurde verbessert. Microsoft arbeitet hier mit zwei verschiedenen Outlook Web Access-Versionen, wobei nur die Version ab dem Internet Explorer 5 alle Funktionen unterstützt. Standardmäßig ist Outlook Web Access auf allen Exchange 2003 Servern sofort aktiviert. Sie müssen diese Komponenten nicht wie bei Exchange 5.5 getrennt installieren. Outlook Web Access wird standardmäßig installiert und steht sofort zur Verfügung.

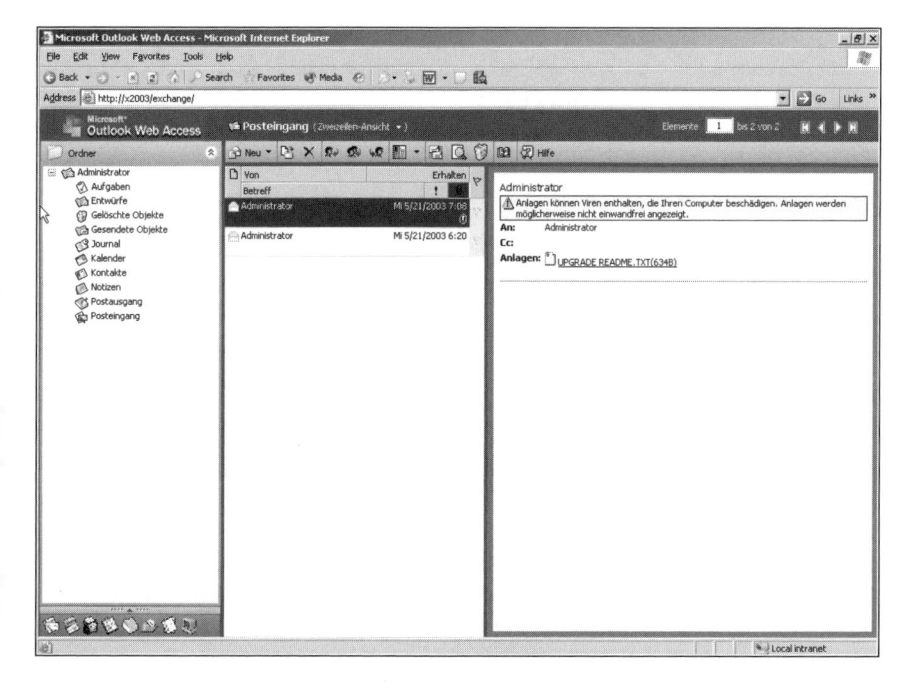

Abbildung 13.1:
Neues Outlook Web Access unter Exchange 2003

Sie können die Oberfläche von Outlook Web Access an Ihre eigenen Bedürfnisse anpassen. Dazu ist allerdings etwas Programmierarbeit notwendig. Auf der Buch-CD finden Sie ein Whitepaper, das sich mit der Programmierung der Outlook Web Access-Oberfläche auseinandersetzt. Die Programmierung mit Outlook ist kein Thema dieses Buches, dieses Whitepaper sollte Ihnen aber ein bisschen weiterhelfen. Entwickelt wurde dieses Whitepaper für Exchange 2000, trotzdem lassen sich die meisten Bereiche übernehmen.

13.1 Entwicklung von Outlook Web Access

Outlook Web Access gibt es bereits seit Exchange 4.0. Über die verschiedenen Versionen hinweg hat sich Outlook Web Access bis hin zu Exchange 2003 ständig weiterentwickelt. Microsoft hat bei diesem Feature viel Wert auf Performance und Sicherheit gelegt, was sich in der Entwicklung seit Exchange 4.0 deutlich bemerkbar gemacht hat.

Outlook Web Access-Geschichte

Exchange 4.0

Unter Exchange 4.0 war es lediglich möglich, mit dem Webbrowser auf die öffentlichen Ordner von Exchange zuzugreifen. Die Benutzer konnten noch nicht auf Ihr Postfach zugreifen.

Exchange 5.0 und 5.5

Seit Exchange 5.0 und 5.5 können Benutzer erstmalig auch auf Ihr Postfach mit Outlook Web Access zugreifen, auch wenn die Funktionen stark eingeschränkt sind. Outlook Web Access muss nachträglich installiert werden und basiert unter Exchange 5.5 noch verstärkt auf ASP-Seiten. Der Zugriff erfolgt dabei durch MAPI-Aufrufe und direkten Zugriff auf den Informationsspeicher, wie bei Outlook. Wenn ein Benutzer Outlook Web Access unter Exchange 5.5 aufgerufen hat, wird die Abfrage vom IIS des Servers in einen MAPI-Befehl umgewandelt und zum Informationsspeicher geschickt. Der IIS wandelt die E-Mail dann wieder in HTML um und zeigt diese dann dem Client an. Die hauptsächliche Arbeit bei diesem Zugriff wird nicht von Exchange, sondern vom IIS geleistet. Durch diese Arbeitsweise steigt die Last des Servers stark an, je mehr Benutzer mit Outlook Web Access arbeiten. Outlook Web Access ist daher nicht wirklich geeignet, um vielen Benutzern gleichzeitig Zugriff auf Ihre Postfächer zu ermöglichen. Es ist in der Funktionsweise sehr eingeschränkt und nicht sicher.

Exchange 2000

Für Exchange 2000 hat Microsoft Outlook Web Access quasi komplett neu entwickelt. Während der Installation von Exchange 2000 wird Outlook Web Access standardmäßig gleich mitinstalliert und steht sofort zur Verfügung. Die Benutzeroberfläche wurde stark an Outlook angepasst und die Funktionen wurden stark erweitert. Der Zugriff auf Outlook Web Access in Exchange 2000 und Exchange 2003 basiert auf WebDAV. WebDAV besteht aus einem Satz von HTTP-Erweiterungen, welche zur Steuerung des Zugriffs auf HTML-Seiten verwendet werden können. Das HTTP-Protokoll wird um einige spezielle Funktionen erweitert. Zusätzlich zu WebDAV hat Microsoft in Exchange 2000 und 2003 noch dynamisches HTML (DHTML) und XML integriert. Um diese Features nutzen zu können, benötigt der Client allerdings Internet Explorer ab Version 5. ASP wurde komplett aus Outlook Web Access entfernt und gegen die beiden DLL-Dateien davex.dll auf Backend-Servern und exprox.dll auf Front-End-Servern ersetzt. Seit Exchange 2000 haben Administratoren die Möglichkeit den Zugriff auf Outlook Web Access mit Frontend-Servern zu ermöglichen. Diese Frontend-Server hosten dabei keine Postfächer, sondern dienen lediglich dem Zugriff der Benutzer auf Ihr Postfach. Unternehmen können zum Beispiel einen Frontend-Server in die DMZ stellen, während die Backend-Server mit den Postfächern im sicheren Hausnetz stehen. Mehr zu Frontend- und Backend-Servern erfahren Sie weiter hinten.

Exchange 2003

In Exchange 2003 wurde Outlook Web Access noch weiter verbessert. Die Sicherheit und die Performance wurden weiter erhöht. Auch die Kompatibilität mit anderen Browsern als dem Internet Explorer wurde erhöht. In Exchange 2003 stehen Benutzern zwei verschiedene Versionen von Outlook Web Access zur Verfügung, die Basisversion und die Premium (Rich-Experience)-Version.

Um die erweiterte Rich-Experienced-Version des Outlook Web Access 2003 zu verwenden, müssen Sie mit einem Internet Explorer ab Version 5 auf den Server zugreifen, ältere Versionen des Internet Explorers und andere Browser wie Netscape, Mozilla oder Opera können lediglich mit der Outlook Web Access-Standardversion arbeiten. Da die Standardversion deutlich weniger Features unterstützt, sind die Ladezeiten etwas schneller als bei der Premium-Version.

Beide Versionen von Outlook Web Access sind für eine Auflösung von 800 x 600 Pixel optimiert.

Einige Features werden lediglich von der erweiterten Premium-Version von Outlook Web Access mit dem Internet Explorer 5 und höher unterstützt:

- Nach dem Ausloggen vom Outlook Web Access Server werden aus dem Internet Explorer automatisch alle Cookies mit Benutzerdaten gelöscht.
- Die Menüleiste ist deutlich optimiert und farblich besser hervorgehoben.
- Benutzerdefinierte Fenstergrößen werden gespeichert, bei der Standardversion werden neue Fenster (das heißt alle E-Mails, die Sie öffnen) mit 500 x 700 Pixel geöffnet.
- Die Ansicht des E-Mail-Absenders in neuen E-Mails wird in Outlook Web Access genauso dargestellt wie in Outlook 2003. Der Empfänger steht in der ersten und das Betreff in der zweiten Zeile.
- Wie bei Outlook 2003 steht Ihnen auch in Outlook Web Access ein Vorschaufenster auf der rechten Seite zur Verfügung. In diesem Fenster können Sie auch Anhänge öffnen.
- Nachrichten können als gelesen und ungelesen markiert werden.
- Sie können Nachrichten zur Nachverfolgung kennzeichnen.
- Für Nachrichten stehen zudem Kontextmenüs zur Verfügung.
- Tastatur-Shortcuts werden unterstützt.
- Der Datenverkehr wurde optimiert.
- Das Benutzerinterface wurde verbessert.
- Benachrichtigungsfenster für Kalender und Erinnerungen werden unterstützt.
- Die Ansicht der öffentlichen Ordner wurde verbessert.
- Die Schaltfläche zum Ausloggen wurde an anderer Stelle untergebracht.
- E-Mail-Verschlüsselung wird unterstützt.
- Sie können Regeln für E-Mails definieren, wie in Outlook.
- Verbesserte Unterstützung für Verwaltung von Besprechungsanfragen.

13.2 Anmeldesicherheit

Da Outlook Web Access fast ausschließlich für die Zugriffe von außerhalb des Firmennetzwerkes verwendet wird, muss auf die Sicherheit für die Arbeit mit Outlook Web Access viel Wert gelegt werden.

Anmeldung mit SSL und Zertifikaten

Sie können die Outlook Web Access-Anmeldung anpassen, so dass alle Benutzerinformationen in einem Cookie gespeichert werden. Ab dem Internet Explorer 5 wird dieses Cookie beim Schließen des Internet Explorers gelöscht. Außerdem wird dieses Cookie nach 20 Minuten automatisch gelöscht, auch wenn der Internet Explorer noch geöffnet ist.

Neue Anmeldeseite aktivieren

Die Anmeldeseite wurde komplett überarbeitet. Standardmäßig erfolgt die Authentifizierung an Outlook Web Access jedoch noch über die alte Outlook-Anmeldeseite. Wenn Sie die neuen Features aktivieren wollen, müssen Sie zunächst die neue Anmeldeseite aktivieren. Gehen Sie dabei folgendermaßen vor:

1. Starten Sie den Exchange System Manager.
2. Navigieren Sie zu der administrativen Gruppe und dem Server, auf dem Sie die neue Anmeldung aktivieren wollen.
3. Öffnen Sie den Menüpunkt Protokolle und dann das HTTP-Protokoll.
4. Öffnen Sie die Eigenschaften des virtuellen HTTP-Servers.
5. Aktivieren Sie die Option *Formularbasierte Authentifizierung verwenden (Enable Forms based Authentification for Outlook Web Access)*.

Damit Sie die neue Anmeldeseite nutzen können, müssen Sie für Ihre Webseite noch SSL konfigurieren. Dazu müssen Sie entweder bereits über ein Zertifikat verfügen, welches Sie dem Exchange Server zuweisen können, oder ein Zertifikat anfordern. Sie können öffentliche Zertifikate kaufen oder ein privates Zertifikat aus einer Windows-Zertifizierungsstelle anfordern. Sie können die neue Anmeldeseite erst nutzen, wenn Sie für die Exchange-Webseite SSL konfiguriert haben. Nach der Abänderung können Sie nur noch mit SSL auf Outlook Web Access zugreifen. Verwenden Sie dazu die URL

https://SERVERNAME/Exchange

Ich gehe auf den nachfolgenden Seiten kurz auf die Installation und Konfiguration einer eigenen Zeritifizierungsstelle ein. Die Zertifikatdienste werden bereits bei Windows 2000 und Windows 2003 mit ausgeliefert. Bevor Sie die neue Anmeldeseite verwenden können, müssen Sie eine solche Zertifizierungsstelle einrichten.

Kapitel 13   Outlook Web Access

Abbildung 13.2:
Meldung nach Aktivierung der neuen Anmeldeseite

> Exchange-System-Manager
>
> Bei formularbasierter Authentifizierung müssen die Clients eine SSL-Verbindung verwenden. Wenn die SSL-Verschlüsselung nicht über eine andere Quelle erfolgt, gehen Sie folgendermaßen vor:
> - Konfigurieren Sie SSL
> - Starten Sie den IIS-Dienst neu

Windows 2003 Zertifizierungsstelle einrichten

Diese Zertifizierungsstelle können Sie mit den Zertifikatdiensten erstellen. Die Zertifikatdienste gehören zum Lieferumfang von Windows 2000 und Windows 2003. Um eine solche Zertifizierungsstelle zu definieren, gehen Sie folgendermaßen vor:

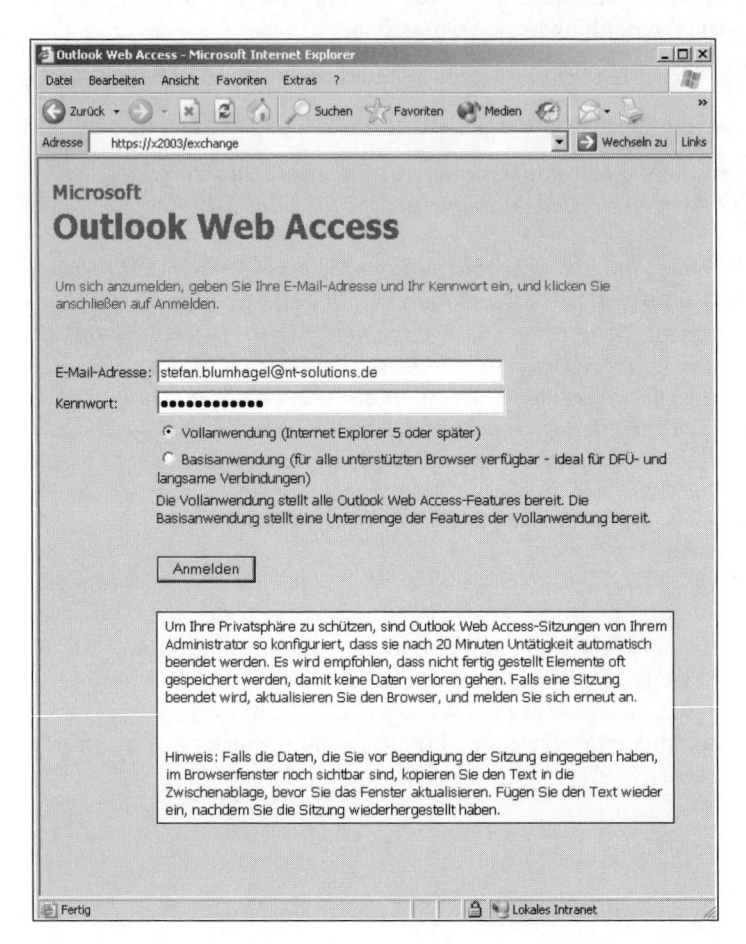

Installation Zertifikatdienste

Zunächst müssen Sie die Zertifikatdienste installieren. Diese können Sie einfach über die SYSTEMSTEUERUNG durch das Applet SOFTWARE als Windows-Komponente hinzufügen. Sie benötigen dazu die Windows-Installations-CD.

Abbildung 13.3:
Neue Anmeldeseite von Outlook Web Access 2003

408   [KOMPENDIUM]   Exchange Server 2003 und Outlook

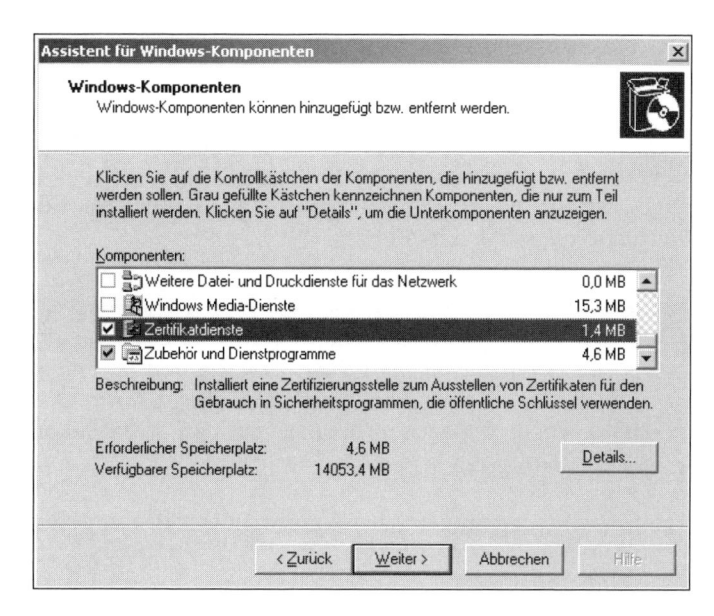

Abbildung 13.4:
Installation der Windows-Zertifikatdienste

Wenn Sie die Installation der Zertifikatdienste auswählen, erscheint eine Meldung, die Sie darauf hinweist, dass Sie den Namen des Rechners nicht mehr abändern können. Auch die Mitgliedschaft für die Domäne können Sie nicht mehr ändern. Wenn es sich bei dem Server um einen Standalone-Server handelt, dürfen Sie den Server keiner Domäne mehr hinzufügen. Wenn der Server Bestandteil einer Domäne ist, dürfen Sie ihn nicht mehr aus dieser Domäne entfernen.

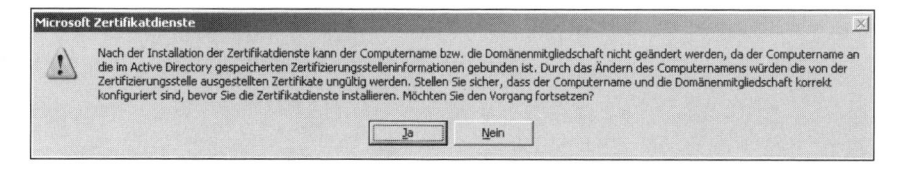

Abbildung 13.5:
Warnmeldung bei der Installation der Zertifikatdienste

Ich gehe in diesem Kapitel nicht näher auf die einzelnen Theorien von SSL und Zertifikaten ein. Nachdem Sie die Meldung bestätigt haben, werden die Zertifikatdienste installiert.

Sie werden dann als Nächstes gefragt, welche Art der Zertifizierungsstelle Sie erstellen wollen. Der geläufigere Ausdruck für *Zertifizierungsstelle* ist, wie oft, die englische Bezeichnung *Certificate Authority (CA)*.

Im nächsten Fenster müssen Sie festlegen, wie weit diese CA, die Sie erstellen, Gültigkeit hat. Wählen Sie hier die Variante *Stammzertifizierungsstelle des Unternehmens (Enterprise Root CA)*. Mit dieser Einstellung werden die Zertifikate in das Active Directory integriert. Wenn Sie die CA-Variante festgelegt haben, müssen Sie noch einen Namen wählen. Am besten verwenden Sie hier den Namen Ihrer Firma, damit Zertifikate immer eindeutig zugewiesen werden können. Im selben Fenster, in dem Sie den Namen Ihrer Zertifizierungsstelle festlegen, definieren Sie auch, wie lange die ausgestellten Zertifikate gültig bleiben. Welchen Zeitraum Sie einstellen, bleibt Ihnen überlassen, standardmäßig wird der Server auf 5 Jahre Gültigkeit definiert. Wenn Sie alle diese Daten eingegeben haben, können Sie die Installation der Zertifizierungsstelle abschließen.

Die Installationsroutine zur Installation der Zertifikatdienste beendet die IIS-Dienste. Sie sollten die Installation nicht unbedingt zu Zeiten durchführen, wenn Benutzer auf dem Server mit IIS oder Exchange arbeiten. Nach der Installation werden diese Dienste wieder gestartet. Sie müssen nach der Installation den Server nicht neu starten. Die Zertifizierungsdienste stehen sofort zur Verfügung.

Abbildung 13.6: Auswahl der Variante einer Zertifizierungsstelle (CA)

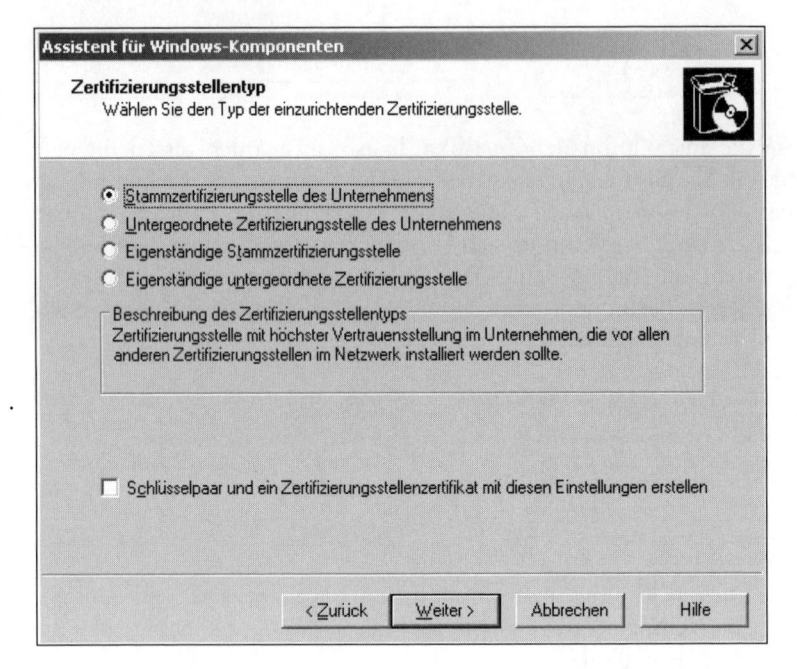

Nach der Installation können Sie die erfolgreiche Installation der Zertifikatdienste in zwei unterschiedlichen Bereichen überprüfen.

Webseite der Zertifikatdienste

Die Windows-Zertifikatdienste erweitern den lokalen IIS um ein weiteres Web, mit dessen Hilfe Zertifikate ausgestellt werden. Dieses Web erreichen Sie über die URL:

```
http://SERVERNAME/Certsrv
```

Anmeldesicherheit

Kapitel 13

Nach der Eingabe dieser URL sollte sich die Webseite der Zertifikatdienste ohne Fehler öffnen lassen.

Abbildung 13.7:
Festlegen des Namens und der Gültigkeit der Zertifikate

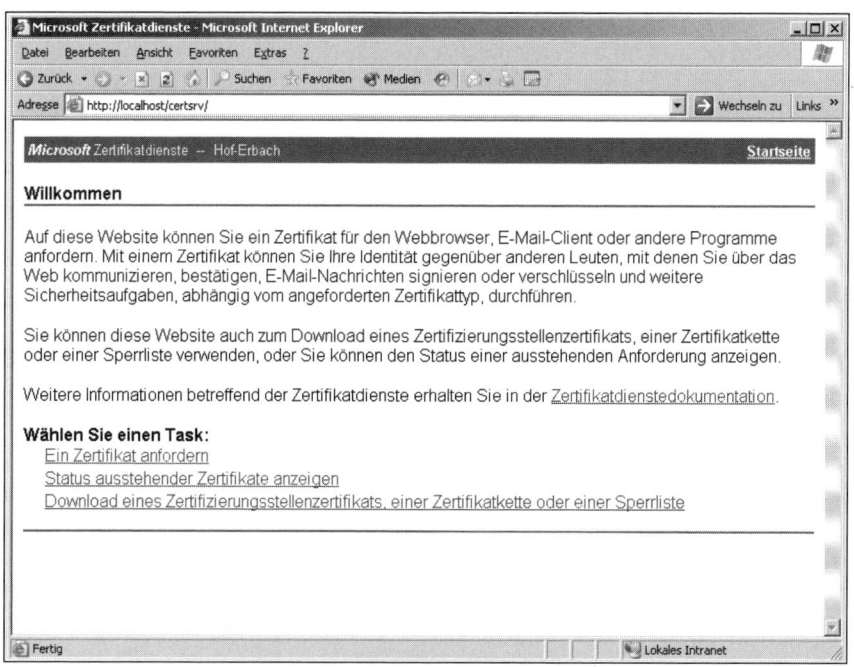

Abbildung 13.8:
Webseite der Zertifikatdienste

[KOMPENDIUM] Exchange Server 2003 und Outlook

MMC-SnapIn der Zertifikatdienste

Zusätzlich wird noch ein SnapIn installiert, mit dem Sie die Zertifikatdienste verwalten können und ausgestellte Zertifikate angezeigt werden. Wenn sich dieses SnapIn ebenfalls fehlerfrei öffnen lässt und die CA als aktive gekennzeichnet ist, können Sie davon ausgehen, dass die Installation erfolgreich war. Nachdem Sie sichergestellt haben, dass die Zertifizierungsstelle erfolgreich eingerichtet ist, müssen Sie als Nächstes dem Server, der für Outlook Web Access zuständig ist, ein geeignetes Zertifikat zuweisen. Dieses Zertifikat wird später der Webseite zugewiesen.

Abbildung 13.9:
SnapIn der
Zertifikatdienste

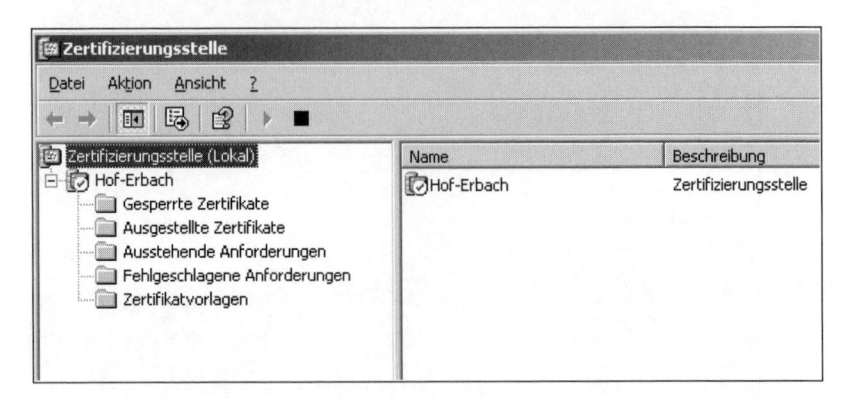

Anfordern eines Zertifikats für den Outlook Web Access Server

Um einem Server ein Zertifikat zuzuordnen, rufen Sie zunächst von diesem Server aus die Webseite der Zertifikatdienste mit folgender URL auf:

```
http://SERVERNAME/Certsrv
```

Der Server baut nach Abfrage von Benutzername und Kennwort eine Verbindung zu den Zertifikatdiensten auf.

Sie müssen auch dem Server, auf dem Sie die Zertifikatdienste installiert haben, ein Zertifikat zuordnen, wenn dieser die neue Anmeldeseite zur Verfügung stellen soll.

Wählen Sie als Nächstes *Ein Zertifikat anfordern (Request a certificate)* aus, um ein Zertifikat vom Zertifikatserver anzufordern. Auf der nächsten Seite wählen Sie aus, welches Zertifikat Sie anfordern wollen. Wählen Sie hier *erweiterte Zertifikatanforderung (advanced certifcate request)* aus. Wenn Sie die Auswahl getroffen haben, welche Art von Zertifikat Sie anfordern wollen, erscheint im nächsten Fenster eine Abfrage, welche Aktion Sie mit dem Zertifikat durchführen wollen.

Anmeldesicherheit　　　　　　　　　　　　　　　　　　　　　　　　　　Kapitel 13

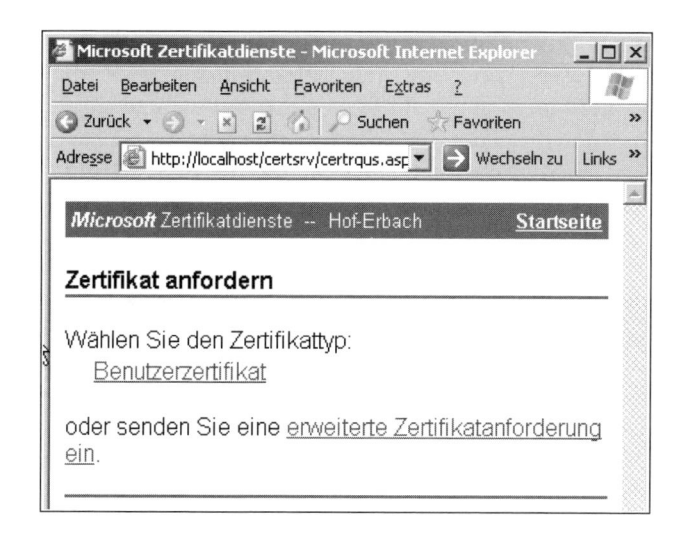

Abbildung 13.10: Anfordern eines neuen Zertifikats

Wählen Sie hier *Eine Anforderung an diese Zertifikatstelle erstellen und anfordern (Create and submit a request to this CA)*, da Sie direkt an diese Zertifizierungsstelle eine Anforderung stellen wollen.

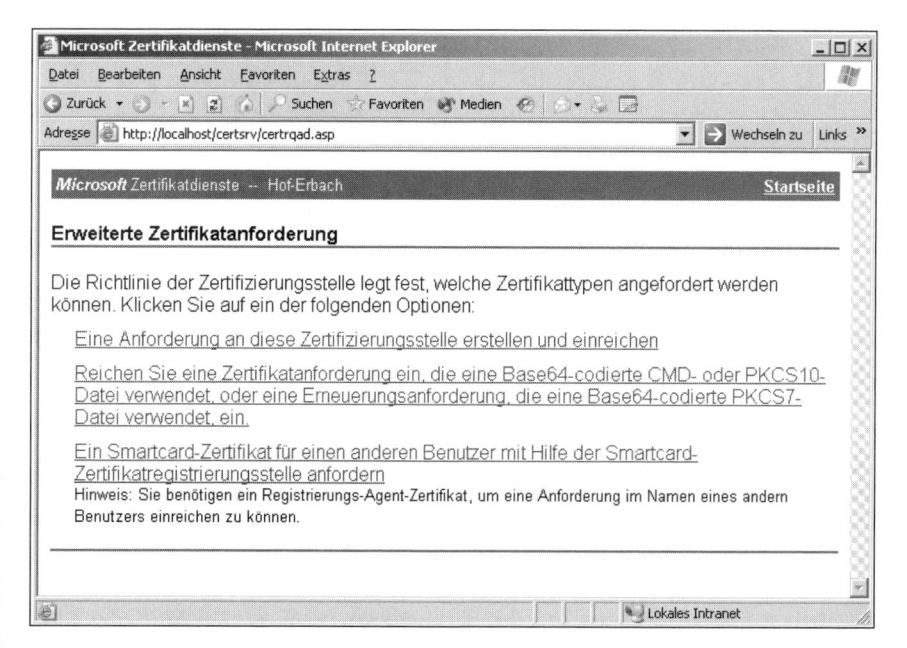

Abbildung 13.11: Anfordern und Ausstellen eines neuen Zertifikats

Auf der nächsten Seite geben Sie die Daten ein, die zur Ausstellung des Zertifikats benötigt werden. Zunächst müssen Sie auswählen, welches Zertifikat Sie anfordern wollen. Wählen Sie hier *Webserver* aus, da es sich bei Outlook Web Access um eine Erweiterung des lokalen IIS handelt. Ansonsten können Sie alle Einstellungen belassen, wie Sie sind. Je nach Anordnung können Sie hier zudem die Verschlüsselungsstufe anpassen. Es würde allerdings den Rahmen des Kapitels und des Buches sprengen, genauer auf einzelne Zertifikate und deren Verschlüsselung einzugehen. Ich werde aber weiter hinten in diesem Buch näher auf die Exchange 2003-Sicherheit eingehen und auch die Zertifikatdienste noch etwas detaillierter besprechen. Für die Aktivierung von SSL soll das in diesem Kapitel vermittelte Wissen jedoch ausreichen.

Wenn Sie alle Eingaben nach Ihren Vorstellungen durchgeführt haben, können Sie das Zertifikat von diesem Zertifikatserver mit Submit anfordern. Nachdem das Zertifikat erfolgreich angefordert wurde, können Sie es auf dem Server installieren lassen. Es erscheint noch ein- bis zweimal eine Warnmeldung von Windows 2003, die Sie darüber informiert, dass Sie nur Zertifikate von Webseiten anfordern sollen, denen Sie vertrauen, damit kein Missbrauch stattfinden kann.

Nach diesem Prozess ist das Zertifikat erfolgreich auf Ihrem Server installiert. Als Nächstes muss dieses Zertifikat zudem dem Webserver und der Exchange-Webseite zugewiesen und die SSL-Unterstützung des IIS aktiviert werden.

Zuweisen eines Zertifikats

Um der Standard-Webseite des IIS ein Zertifikat zuzuweisen und SSL zu verwenden, müssen Sie mit dem SnapIn zur Verwaltung des IIS arbeiten. Starten Sie dazu den Internetinformationsdienste-Manager aus dem Menü Verwaltung. Nach dem Start erweitern Sie das Menü und rufen Sie die Eigenschaften der Standard-Webseite auf. Hier können Sie dem Webserver ein Zertifikat zuordnen.

Um der Standard-Webseite ein Zertifikat zuzuordnen, wechseln Sie auf die Registerkarte VERZEICHNISSICHERHEIT (DIRECTORY SECURITY). Hier können Sie dem Server mit der Schaltfläche SERVER ZERTIFIKAT ein Zertifikat zuweisen.

Wählen Sie im nächsten Dialog die Option VORHANDENES ZERTIFIKAT HINZUFÜGEN aus. Im vorherigen Schritt bei der Erzeugung des Zertifikats hatten wir das Zertifikat bereits auf den Server installiert, nun wird dieses installierte Zertifikat der Standard-Webseite zugewiesen.

Nachdem Sie das Zertifikat zugewiesen haben, müssen Sie noch den Port für das SSL-Protokoll festlegen. Standardmäßig wird bei SSL der Port 443 verwendet. Sie sollten diesen Port nur in Ausnahmefällen ändern. Wenn das Zertifikat ausgestellt ist, können Sie das ausgestellte Zertifikat und dessen Daten mit der Schaltfläche ZERTIFIKAT ANZEIGEN betrachten.

Anmeldesicherheit

Abbildung 13.12:
Daten eines neuen Zertifikat

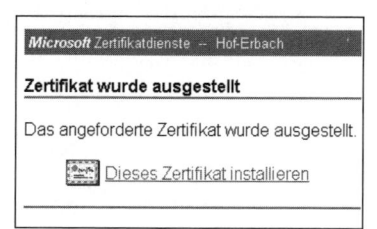

Abbildung 13.13:
Ausgestelltes Zertifikat

Kapitel 13   Outlook Web Access

Abbildung 13.14:
Installiertes Zertifikat

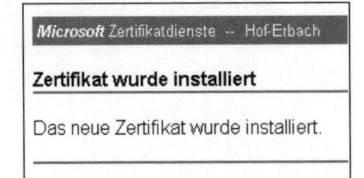

Abbildung 13.15:
Warnmeldung beim Ausstellen und Aktivieren eines Zertifikats

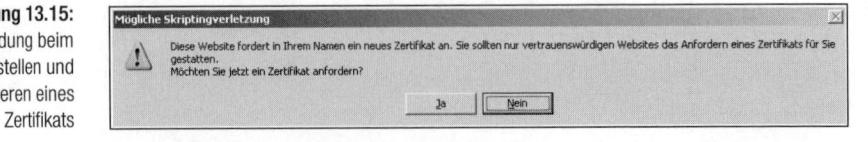

Abbildung 13.16:
SnapIn zur Verwaltung der IIS-Dienste

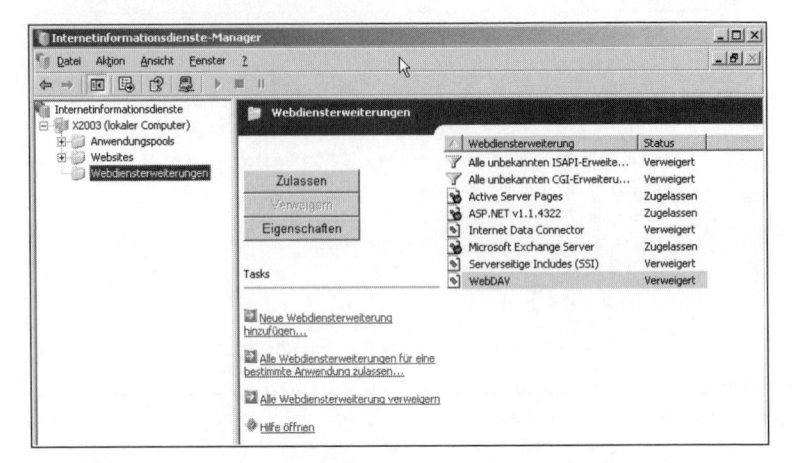

Abbildung 13.17:
Eigenschaften der Standard-Webseite des IIS

Anmeldesicherheit

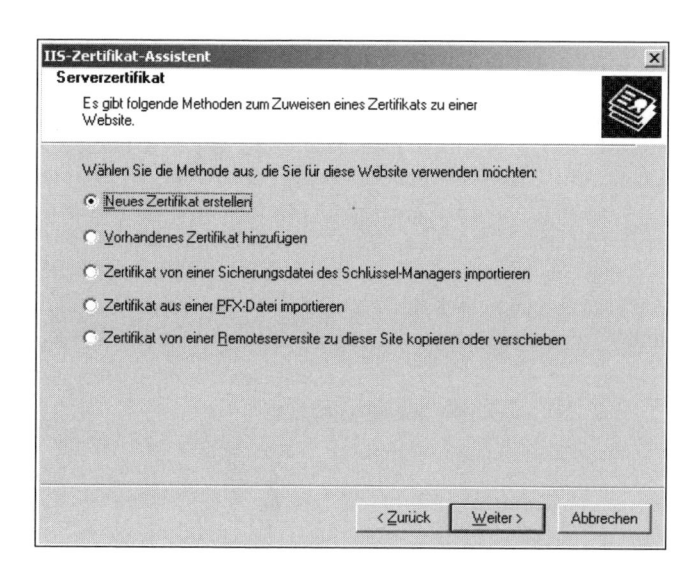

Abbildung 13.18:
Zuweisen eines neuen Zertifikats

Wenn Sie das Zertifikat der Standard-Webseite zugewiesen haben, können Sie für die Exchange-Webseite SSL aktivieren. Erst nach der Aktivierung von SSL für die Exchange-Erweiterungen können Sie die neue Anmeldeseite von Exchange 2003 verwenden.

Aktivieren von SSL für Outlook Web Access

Um SSL für die Webseite von Outlook Web Access zu aktivieren, navigieren Sie im SnapIn für die Verwaltung des IIS zum Ordner Exchange unterhalb der Standard-Webseite. Rufen Sie die Eigenschaften dieses Webs auf. Hier können Sie SSL aktivieren. Alle anderen Verzeichnisse des lokalen IIS werden nicht von dieser Konfiguration beeinflusst.

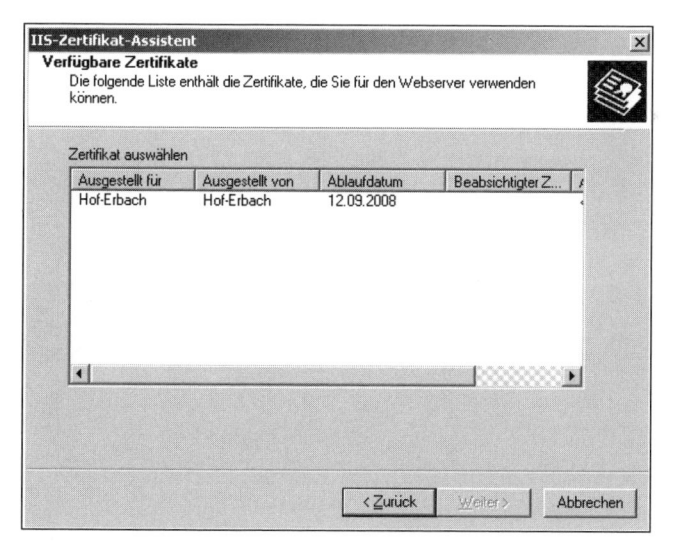

Abbildung 13.19:
Auswahl des installierten Zertifikats

Kapitel 13   Outlook Web Access

Gehen Sie dann auf die Registerkarte VERZEICHNISSICHERHEIT. Im Bereich SICHERE KOMMUNIKATION haben Sie für die Standard-Webseite das Zertifikat dieses Webservers aktiviert und konfiguriert. Wenn Sie auf die Schalfläche BEARBEITEN klicken, gelangen Sie in den Dialog zur Konfiguration der Kommunikationssicherheit dieses Webs. Hier aktivieren Sie die beiden Optionen SICHEREN KANAL VORAUSSETZEN (REQUIRE SECURE CHANNEL) und 128 BIT-VERSCHLÜSSELUNG ERFORDERLICH. Mit diesen Einstellungen können Sie sicher sein Ihren Exchange 2003 Server bezüglich Outlook Web Access abgesichert zu haben, so dass die Kommunikation zwischen Server und Client nicht abgehört werden kann.

Abbildung 13.20: Auswahl des SSL-Ports

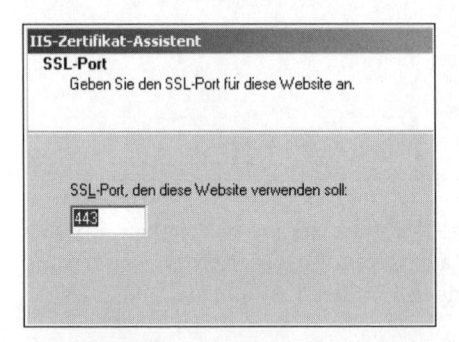

Abbildung 13.21: Ausgestelltes Zertifikat

Anmeldesicherheit   Kapitel 13

Ab hier können Sie nicht mehr über das HTTP-Protokoll auf Outlook Web Access zugreifen, sondern nur noch mit HTTPS. Um Ihr Postfach mit Outlook Web Access zu öffnen, müssen die Benutzer die URL

```
https://SERVERNAME/Exchange
```

verwenden. Wenn Benutzer mit dieser URL Verbindung zum Exchange Server aufbauen, wird zuerst ein Zertifikat übertragen. Benutzer erhalten hierzu eine Meldung, die Sie zunächst bestätigen müssen. Wenn ein Benutzer noch versucht mit HTTP Verbindung zu Outlook Web Access aufzubauen, erhält er eine Fehlermeldung, in der er darauf hingewiesen wird, dass diese Webseite nur mit SSL zu erreichen ist. Mit dem Abschluss dieser Konfiguration haben Sie die Sicherheitsoptionen von Outlook Web Access unter Exchange 2003 aktiviert. Die Arbeit mit den neuen Sicherheitsoptionen von Outlook Web Access unter Exchange 2003 ist gegenüber Exchange 2000 deutlich verbessert worden.

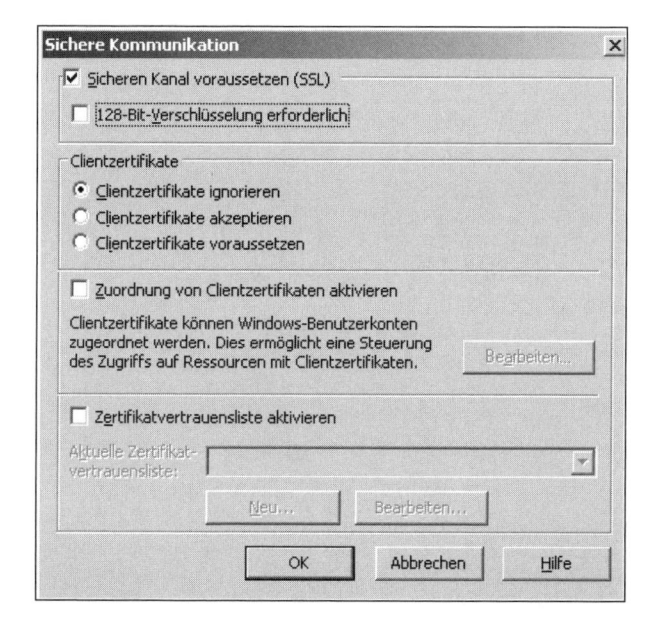

Abbildung 13.22: Konfiguration von SSL für Outlook Web Access

Bearbeiten der Anmeldesicherheit

Nach der Konfiguration des SSL-Zugriffs müssen Sie noch eine weitere Änderung bei der Anmeldesicherheit durchführen. Wechseln Sie dazu auf der Registerkarte VERZEICHNISSICHERHEIT (DIRECTORY SECURITY) und betätigen die Schaltfläche BEARBEITEN im Bereich AUTHENTIFIZIERUNG UND ZUGRIFFSTEUERUNG (AUTHENTIFICATION AND ACCESS CONTROL).

Kapitel 13   Outlook Web Access

Abbildung 13.23:
Änderung des Anmeldeverhaltens

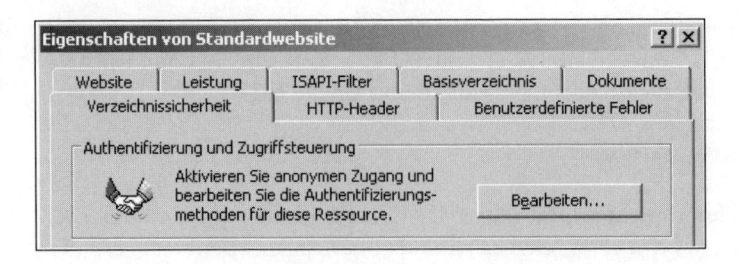

Im folgenden Fenster konfigurieren Sie die Anmeldesicherheit Ihrer Benutzer. Achten Sie darauf, dass die Anmeldeart *Standardauthentifizierung (Basic Authentification)* aktiviert ist. Damit die Authentifizierung mit SSL funktioniert, muss diese aktiviert sein.

Abbildung 13.24:
Aktivierung der Standardauthentifierzung

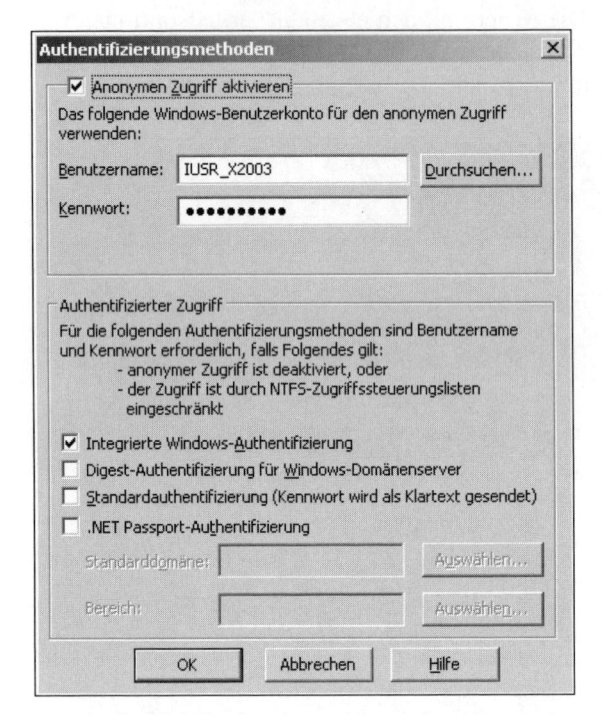

Es erscheint eine Warnmeldung, dass die Anmeldedaten bei der Basic Authentification im Klartext übermittelt werden. Diese Einschränkung gilt jedoch nicht für die SSL-Verschlüsselung. Alle Daten, die bei einer SSL-Verbindung übermittelt werden, sind verschlüsselt. Sie können auf dieser Seite die integrierte Windows-Authentifizierung deaktivieren. Diese wird normalerweise über das Internet ohnehin nicht verwendet. Sie sollten auch intern die SSL-Verbindungen verwenden und die Basic Authentification aktivieren.

Weitere Sicherheitsmechanismen

Wenn Sie die bereits beschriebene neue Anmeldeseite aktivieren, wird die Authentifizierung über ein Cookie abgewickelt, welches beim Beenden des Internet Explorers automatisch gelöscht wird. Allerdings wird dieses Feature erst ab dem Internet Explorer 5 und höher unterstützt. Das Cookie wird außerdem automatisch nach 20 Minuten gelöscht. Wenn sich ein Benutzer an einem öffentlichen Computer mit Outlook Web Access verbindet und sich nicht abmeldet, wenn er den Rechner verlässt, wird nach 20 Minuten ohnehin das Cookie gelöscht. Dadurch wird zwar die Sicherheit enorm erhöht, allerdings besteht dennoch die Möglichkeit, dass unautorisierte Personen unerlaubt Zugriff auf das Postfach erhalten.

Cookie-Timeout verändern

Deshalb können Sie den Timeout des Cookies an Ihre Bedürfnisse anpassen. Um diesen Wert zu verändern, müssen Sie direkt in die Registry des Rechners eingreifen. Gehen Sie dabei folgendermaßen vor:

1. Rufen Sie auf dem Exchange Server, der Outlook Web Access zur Verfügung steht, *regedit* auf.

2. Navigieren Sie zum Schlüssel *HKLM\System\CurrentControlSet\Services\MSExchangeWeb\OWA*.

3. Erstellen Sie einen neuen DWORD-Wert mit der Bezeichnung *KeyInterval*.

4. Geben Sie diesem neuen DWORD-Wert einen dezimalen Wert zwischen 1 und 1.440. Dieser Wert steht für die Minuten, in der das Cookie Gültigkeit hat.

Nach der Modifikation dieses Registry-Schlüssels ist der Timeout sofort angepasst. Beachten Sie aber, dass dieses Feature erst ab dem Internet Explorer Version 5 unterstützt wird.

Sicherheit der Anmeldedaten und Löschen des Caches beim Logoff

Ab dem Internet Explorer 6 SP1 wird der Cache der Anmeldedaten beim Abmelden von Outlook Web Access gelöscht, auch wenn der Browser nicht geschlossen wird. Da der Internet Explorer mittlerweile fast überall eingesetzt wird, sollten Sie Ihren Benutzern diesen Ablauf beim Abmelden nahe legen, um die Sicherheit weiter zu erhöhen.

Kapitel 13   Outlook Web Access

Abbildung 13.25:
Abmelden von Outlook Web Access unter Exchange 2003

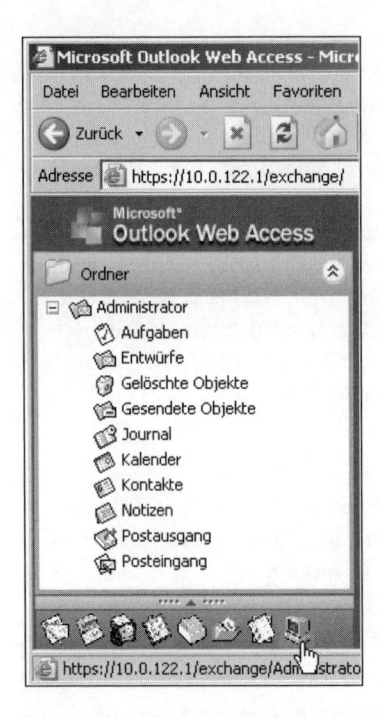

13.3 Arbeiten mit Outlook Web Access

Wenn Sie das erste Mal mit Outlook Web Access von Exchange 2003 arbeiten, fällt Ihnen sofort das veränderte Benutzer-Interface auf. Während Outlook Web Access unter Exchange 2000 zwar ähnlich wie Outlook XP war, ist das neue Benutzer-Interface an Outlook 2003 angelehnt. Zusätzlich wurde die Oberfläche noch weiter an Outlook angepasst, so dass das Arbeiten mit Outlook Web Access sehr ähnlich zu der Arbeit mit Outlook 2003 ist.

Neues Benutzer-Interface

Durch das angepasste neue Benutzer-Interface ist das Arbeiten mit Outlook Web Access noch effizienter als unter Exchange 2003. Die Farben sind in Blau gehalten und angenehm und nicht zu aufdringlich. Auch solche Faktoren spielen für Benutzer eine große Rolle. Der Seitenaufbau wurde wieder beschleunigt. Auch die Schaltflächen sind besser angeordnet und können von Benutzern schneller gefunden und einfacher verwendet werden.

Arbeiten mit Outlook Web Access Kapitel 13

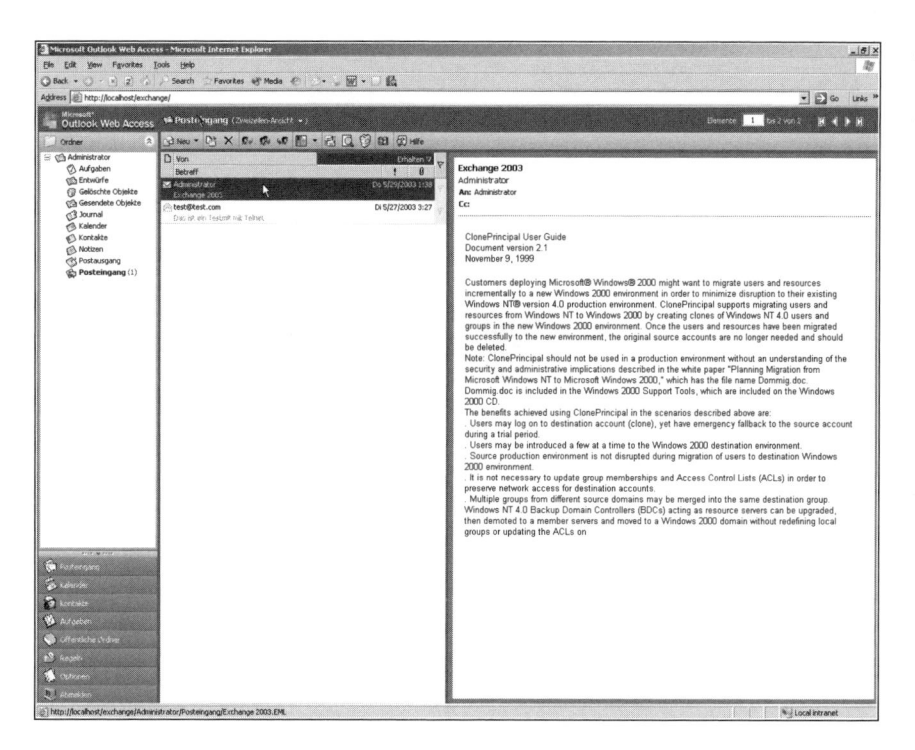

Abbildung 13.26:
Neues Benutzer-Interface in Outlook Web Access 2003

Vorschaufenster

Eine der wichtigsten Verbesserungen ist, wie bei Outlook 2003 auch, das neue Vorschaufenster, welches rechts angeordnet ist. Auf diese Weise können Benutzer schnell E-Mails auch im Vorschaufenster lesen, was in den Vorgängerversionen, in denen das Vorschaufenster unten angeordnet war, vor allem bei langen E-Mails nur sehr schwer möglich war. Wenn Sie sich erstmal an dieses Feature gewöhnt haben, möchten Sie überhaupt nicht mehr darauf verzichten. Durch diese neue Anordnung erhalten Benutzer mehr Informationen auf dem Bildschirm und die Arbeit wird durch weniger Scroll-Vorgänge deutlich beschleunigt.

Benutzer, die mit der Premium-Version von Outlook Web Access arbeiten, können das Vorschaufenster nach unten verschieben oder bei Bedarf ganz ausblenden. Dazu können Sie einfach die entsprechende Schaltfläche für das Vorschaufenster in der Titelzeile verwenden.

Neue Auflistung von E-Mails im Posteingang

Eine weitere Neuerung in Outlook 2003, die auch in Outlook Web Access 2003 übernommen wurde, ist die Anzeige der eingehenden E-Mails. Diese werden in zwei Zeilen unterteilt. In der ersten Zeile erscheint der Absender, während in der zweiten Zeile der Betreff der E-Mail erscheint.

Kapitel 13   Outlook Web Access

Abbildung 13.27:
Steuerung des Vorschaufensters

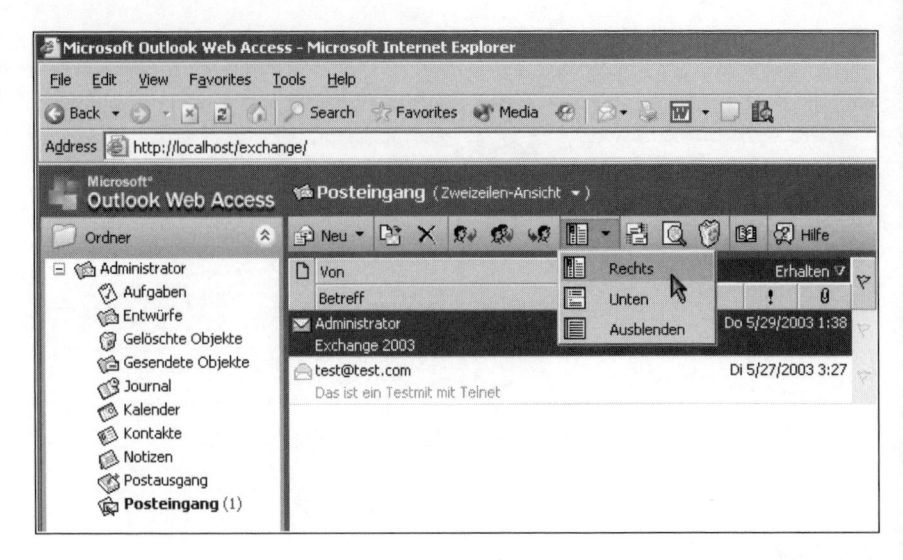

Durch dieses Feature wird die Übersichtlichkeit des Posteingangs deutlich erhöht, da mehr Informationen angezeigt werden, ohne den Text abzuschneiden. In dieser neuen Auflistung wird zudem angezeigt, wann die E-Mail dem Postfach des Benutzers zugestellt wurde und ob die E-Mail Anlagen enthält.

Abbildung 13.28:
Neue Auflistung der E-Mails im Posteingang

Jeder Benutzer kann diese Ansicht an seine Bedürfnisse anpassen und in Outlook Web Access in der Menüleiste entsprechend abändern.

Kennzeichen für E-Mails

Ein weiteres neues Feature in Outlook Web Access 2003 dient dazu Nachrichten zur Nachverfolgung zu kennzeichnen, dies war bisher nur unter Outlook möglich.

Arbeiten mit Outlook Web Access Kapitel 13

Wenn Sie mit der rechten Maustaste auf eine E-Mail im Posteingang klicken, erscheint das Fenster, mit dessen Hilfe Sie Nachrichten in 6 verschiedenen Farben zur Nachverfolgung kennzeichnen können. Auch dieses Feature wird nur von der Premium-Version unterstützt.

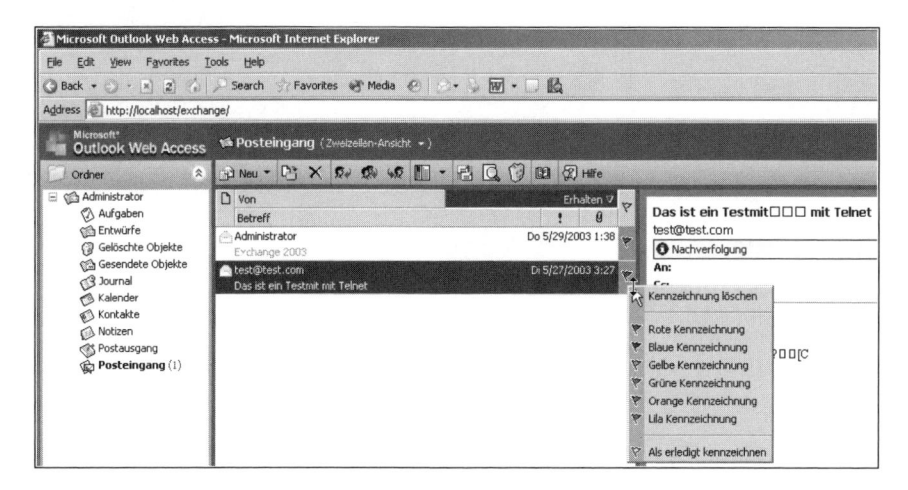

Abbildung 13.29:
Nachverfolgung von E-Mails

Diese Kennzeichen haben allerdings ansonsten keine Funktionalität, sondern dienen lediglich der Visualisierung von verschiedenen E-Mails zur späteren Bearbeitung.

Kontextmenüs

Wie Sie bereits bei der Kennzeichnung von E-Mail bemerkt haben, werden in Outlook Web Access 2003 auch Kontextmenüs unterstützt, die Sie mit der rechten Maustaste aufrufen können. Dies war bisher nicht möglich.

NEU

Sie können für verschiedene Objekte in Outlook Web Access Kontextmenüs aufrufen, mit deren Hilfe Sie Befehle und Konfigurationen vornehmen können. Dieses Feature wird nur in der Premium-Version unterstützt.

Anzeige einer bestimmten Anzahl von Nachrichten

Im neuen Outlook Web Access können Sie die Anzahl der E-Mails festlegen, die auf einer Seite maximal angezeigt werden. Dadurch können Benutzer mit zahlreichen E-Mails im Posteingang oder die mit einer schmalbandigen RAS- oder VPN-Verbindung mit Outlook Web Access verbunden sind, die Geschwindigkeit deutlich steigern. Standardmäßig werden 25 Nachrichten angezeigt. Dies ist ein guter Kompromiss zwischen Geschwindigkeit und Übersichtlichkeit. Sie können die Anzahl der Elemente in den Optionen von Outlook Web Access einstellen.

Kapitel 13   Outlook Web Access

Abbildung 13.30:
Unterstützung von Kontextmenüs in Outlook Web Access

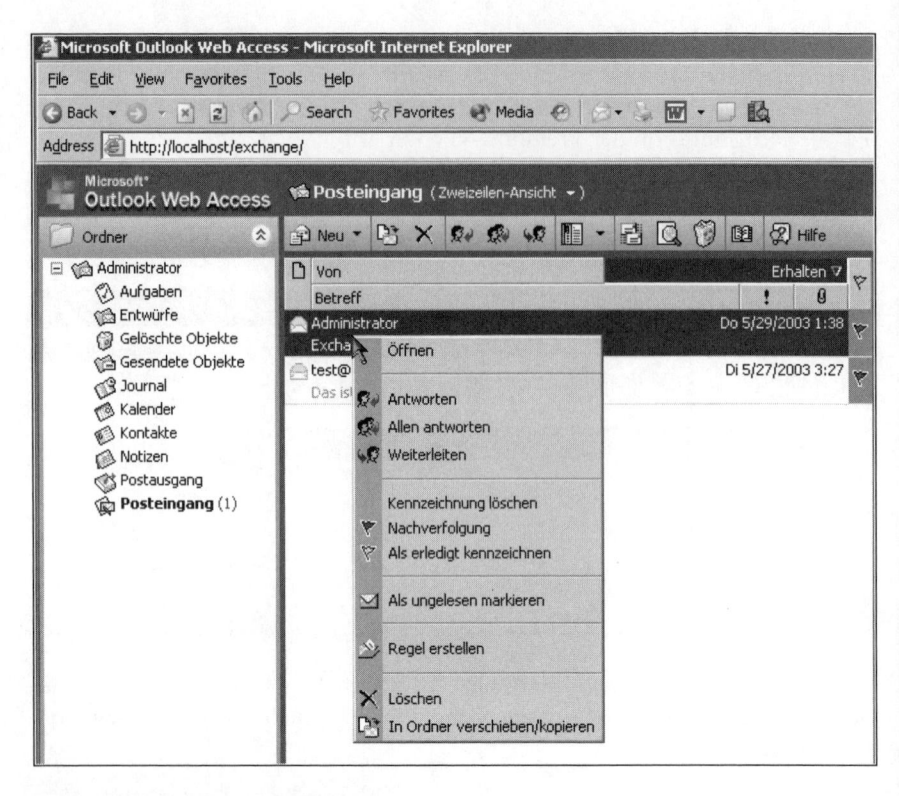

Abbildung 13.31:
Anzahl der Elemente pro Seite

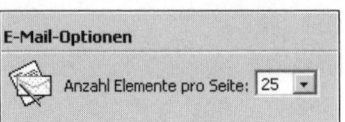

Um die Optionen von Outlook Web Access zu öffnen, klicken Sie auf die Schaltfläche OPTIONEN.

Verbesserte Aktualisierung der Ansicht

Um die Geschwindigkeit von Outlook Web Access weiter zu steigern, hat Microsoft auch die automatische Aktualisierung der Ansicht in Outlook Web Access angepasst. Unter Exchange 2000 wurde die Ansicht nach dem Löschen einer Nachricht automatisch aktualisiert. Wenn auf der Seite 25 Elemente angezeigt wurden, hat Exchange diese Objekte neu aufgebaut, was natürlich auch Geschwindigkeitseinbußen bedeutet. Unter Outlook Web Access in Exchange 2003 wird das gelöschte Objekt zwar von der Liste gelöscht, alle anderen Objekte werden hingegen nicht neu aufgebaut. Durch diese neue Aktualisierung wird die Arbeit mit Outlook Web Access 2003 deutlich flüssiger. Zusätzlich wird dadurch auch die Netzwerklast verringert, da weniger Informationen über das Netzwerk gesendet werden müssen.

Arbeiten mit Outlook Web Access   Kapitel 13

Die komplette Ansicht eines Fensters in Outlook Web Access 2003 wird erst aktualisiert, wenn mehr als 20 % der Nachrichten gelöscht wurden, die ein Benutzer in den Optionen maximal anzeigen lässt. Dieser Schwellenwert richtet sich allerdings nicht nach der tatsächlichen Anzahl der Nachrichten, die sich im Posteingang befinden, sondern nach der Anzahl, die in den Optionen konfiguriert wurden. Ist in den Optionen definiert, dass auf einer Seite maximal 100 Elemente angezeigt werden sollen, wird die Ansicht nach 21 gelöschten Nachrichten aktualisiert, auch wenn sich nur 22 Nachrichten im Posteingang befinden.

Standardmäßig werden auf einer Seite 25 Elemente angezeigt. Wenn 6 Nachrichten gelöscht wurden, wird die Ansicht neu aktualisiert.

Auch dieses Feature wird nur von der Premium-Version von Outlook Web Access unterstützt.

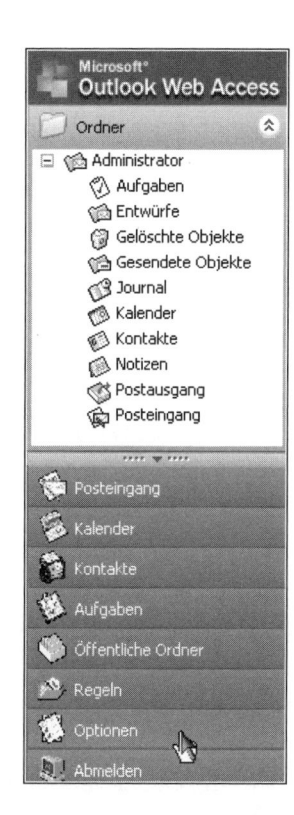

Abbildung 13.32: Schaltfläche OPTIONEN in Outlook Web Access

Abspeichern von Suchabfragen

Eine weitere Neuerung in der Premium-Version von Outlook Web Access 2003 besteht darin, dass Sie die Suchabfragen, die Sie durchgeführt haben, abspeichern können. Dadurch stehen Ihnen erweiterte Suchabfragen mehrmals zur Verfügung und müssen nicht jedes Mal aufwändig neu erstellt werden. Diese Abfragen werden in einem eigenen Ordner im Posteingang gespeichert (Search Folder).

> **TIPP**: Sie können den Ordner Search Folder allerdings nicht mit Outlook Web Access erstellen. Um diesen Ordner zu erstellen, müssen Sie mit Outlook 2003 auf einen Exchange 2003 Server zugreifen, erst dann steht der Ordner auch unter Outlook Web Access zur Verfügung.

Benachrichtigungen

Benachrichtigungen werden auch von Outlook Web Access unterstützt. Wenn eine neue Nachricht in Ihrem Posteingang eintrifft oder ein Kalendereintrag aktuell wird, erscheint in Outlook Web Access, wie unter Outlook, eine Benachrichtigung. Dieses Feature wird nur von der Premium-Version unterstützt.

Damit Benachrichtigungen angezeigt werden, müssen diese zuerst in den Optionen eines Benutzers in Outlook Web Access aktiviert werden. Die Erinnerungen sind standardmäßig bereits aktiviert. Benutzer können diese individuell für sich deaktivieren und wieder aktivieren. Dazu muss wieder die Schaltfläche OPTIONEN verwendet werden.

Abbildung 13.33: Konfiguration von Erinnerungen in Outlook Web Access

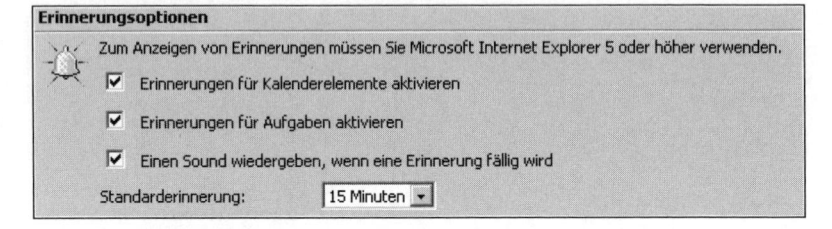

Verbesserte Ansicht der öffentlichen Ordner

Die Arbeit und Ansicht mit den öffentlichen Ordnern wurden ebenfalls verbessert. Wenn Benutzer unter Outlook Web Access 2003 die öffentlichen Ordner aufrufen, werden diese in einem eigenen Browser-Fenster geöffnet. Benutzer können leicht mit Ihrem Posteingang und den öffentlichen Ordnern gleichzeitig arbeiten und einfacher hin und her wechseln. Auch diese Funktion wird wieder nur von der Premium-Version unterstützt.

Tastaturkürzel/Shortcuts

Outlook Web Access unter Exchange 2003 unterstützt Tastaturkürzel. Benutzer können zahlreiche Funktionen in Outlook Web Access mit Tastaturkürzeln ausführen, was oft eine starke Erleichterung bedeutet.

Arbeiten mit Outlook Web Access

Am Anfang ist es oft schwierig, sich an die einzelnen Tastaturkürzel zu gewöhnen. Je länger aber ein Benutzer mit diesen Kürzel arbeitet, umso schneller kann er mit Outlook Web Access arbeiten. Im Folgenden finden Sie die wichtigsten Shortcuts aufgelistet, welche die Arbeit mit Outlook Web Access deutlich erleichtern. Sicherlich gibt es zahlreiche weitere Kürzel, die aber in den seltensten Fällen regelmäßig verwendet werden. Es ist sicherlich nicht sinnvoll, alle Kürzel zu jeder Zeit zu verwenden, auf viele kann aber nach einiger Zeit fast nicht mehr verzichtet werden. Die Arbeit mit Tastaturkürzeln macht dabei nicht nur in Outlook Web Access Sinn, sondern kann auch für die Arbeit mit Outlook eine wertvolle Hilfe sein.

Befehl	Tastenkombination
Neue E-Mail schreiben	Strg + N
Markierte Nachricht als gelesen markieren	Strg + Q
Markierte Nachricht als ungelesen markieren	Strg + U
Dem Absender der markierten Nachrichten antworten, aber nicht allen Empfängern	Strg + R
Markierte Nachricht weiterleiten	Strg + Shift + F
Dem Absender der markierten Nachricht **und** allen Empfängern antworten	Strg + Shift + R
Nächste Nachricht in der Liste ansehen	Strg + ->
Vorherige Nachricht in der Liste ansehen	Strg + <-
E-Mail, die geschrieben wird, im Ordner ENTWÜRFE abspeichern	Strg + S
E-Mail abschicken	Strg + Enter oder Alt + S
Rechtschreibprüfung	F7
Überprüfung des Empfängers, wenn der Name händisch eingegeben wurde	Strg + K oder Alt + K (S/MIME)
Neue Verteilerliste in Kontakten erstellen	Strg + Shift + L
Ansicht aktualisieren	F5

Tabelle 13.1: Tastenkürzel für OWA

Unterstützung von Regeln

NEU

Eine weitere, sehr wertvolle Neuerung in Outlook Web Access 2003 ist die Unterstützung von Regeln für den Posteingang. Unter Exchange 2000 wurden die Regeln lediglich in Outlook, aber nicht in Outlook Web Access unterstützt. Um in Outlook Web Access mit Regeln arbeiten zu können, müssen Sie auch hier die Premium-Version ab dem Internet Explorer 5 verwenden.

Dabei werden unter Outlook Web Access die gleichen Regeln und Features wie unter Outlook 2003 unterstützt.

!! STOP

Sie können allerdings mit Outlook Web Access keine Regeln bearbeiten, die mit Outlook erstellt wurden und deren Funktionen in Outlook Web Access nicht unterstützt werden. Diese Regeln werden zwar auf E-Mails angewendet, die Sie mit Outlook Web Access lesen, Sie können die zugrunde liegenden Regeln allerdings nicht bearbeiten. Sie können mit dem Regeleditor von Outlook Web Access aber neue Regeln erstellen oder die Regeln bearbeiten, die der Regeleditor beherrscht. Die Bearbeitung von komplexen Regeln, die mit Outlook erstellt wurden, kann nicht durchgeführt werden, da der Regeleditor in Outlook Web Access eine stark vereinfachte Variante des Editors von Outlook ist.

Eine weitere Einschränkung betrifft E-Mail-Regeln, die in Outlook deaktiviert wurden. Diese Regeln können von Outlook Web Access nicht gelesen werden. Wenn Sie mit Outlook Web Access Regeln bearbeiten oder erstellen wollen, müssen zuvor alle deaktivierten Regeln gelöscht werden.

INFO

Wenn Sie eine Regel mit Outlook Web Access erstellen, werden Sie beim nächsten Starten von Outlook gefragt, ob Sie die Client-Regeln oder die Server-Regeln behalten wollen. Da Outlook Web Access nur Server-Regeln erstellt, sollten Sie diese auch auswählen.

Um eine neue Regel zu erstellen, verwenden Sie die Schaltfläche REGELN in Outlook Web Access. Nach dem Betätigen der Schaltfläche können Sie im Internet Explorer neue Regeln erstellen und vorhandene Regeln bearbeiten. Sie können alternativ auch beim Lesen einer E-Mail die Schaltfläche REGELN ERSTELLEN verwenden. In diesem Fall werden die Daten des Absenders und des Betreffs sofort automatisch in die Regel übernommen. Diese Funktion ist der Funktion *Organisieren* in Outlook ähnlich. Mit welcher Variante Sie oder Ihre Benutzer arbeiten, hängt von den persönlichen Vorlieben ab, Exchange hält Ihnen alle Möglichkeiten offen.

Das Erstellen von Regeln in Outlook Web Access läuft ähnlich ab, wie das Erstellen von Regeln in Outlook. Es stehen lediglich weniger Filter zur Verfügung, nach denen Sie die einzelnen E-Mails filtern lassen können.

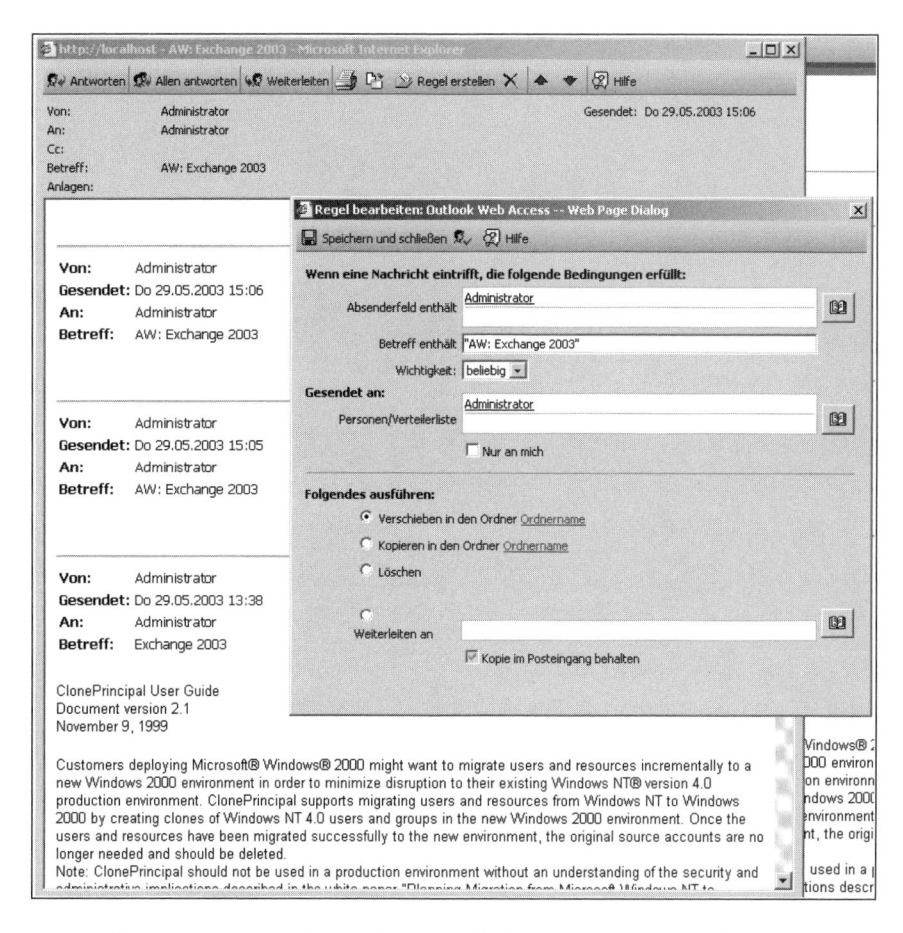

Abbildung 13.34:
Erstellen einer neuen Regel innerhalb einer E-Mail

Wenn Ihnen im einen oder anderen Fall der passende Filter für die Erstellung einer Regel fehlt, können Sie diese Regel ohne Probleme in Outlook erstellen. Sie können zwar später unter Outlook Web Access diese Regel nicht mehr verändern, sie wird allerdings auf alle E-Mails angewendet, unabhängig ob Sie mit Outlook oder Outlook Web Access arbeiten.

Rechtschreibprüfung

Eine weitere Neuerung, vor allem für Poweruser, ist die Integration der Rechtschreibprüfung in Outlook Web Access. Die Rechtschreibprüfung ist dabei eine reine Serverfunktion, die auf dem Exchange 2003 Server durchgeführt wird. Es muss keine Software und kein ActiveX-Element auf den Client heruntergeladen werden. Die Rechtschreibprüfung steht allen Benutzern zur Verfügung, die mit Outlook Web Access arbeiten und das jederzeit. Die wichtigsten Sprachen stehen dabei schon standardmäßig zur Verfügung: Englisch, Deutsch, Französisch, Italienisch, Spanisch und Koreanisch.

Kapitel 13   Outlook Web Access

Abbildung 13.35:
Assistent zum Erstellen einer neuen Regel in Outlook Web Access

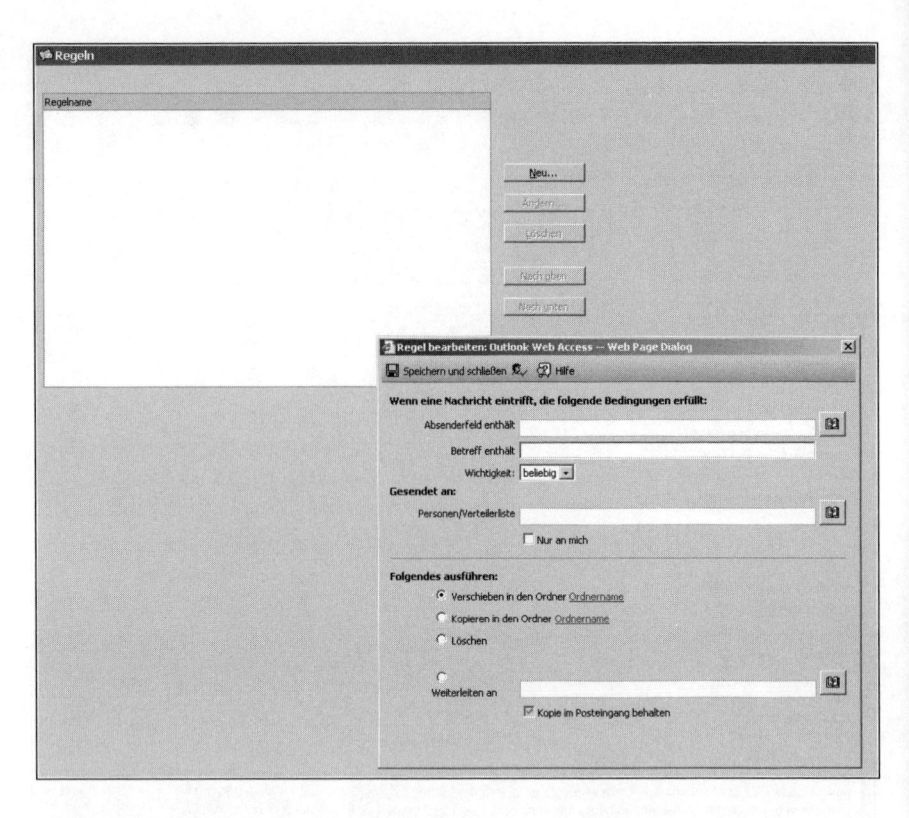

Wenn ein Benutzer das erste Mal die Rechtschreibprüfung aufruft, wird er gefragt, welche Sprache er verwenden will. Diese Sprache kann jederzeit in den Optionen von Outlook Web Access mit Hilfe der Schaltfläche OPTIONEN *geändert werden.*

Abbildung 13.36:
Konfiguration der Rechtschreibprüfung

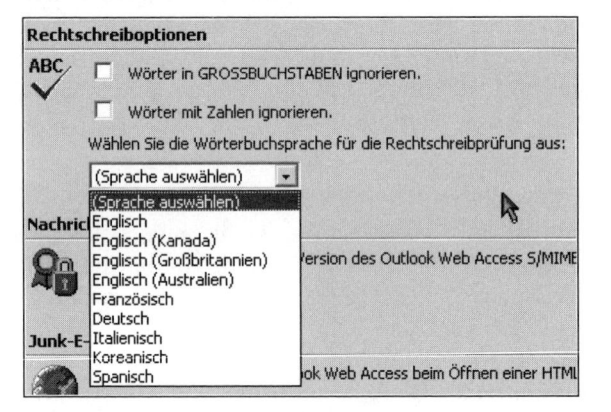

Wenn die Rechtschreibprüfung einen Fehler findet, können Sie diesen entweder verbessern lassen oder ignorieren. Sie haben keine Möglichkeit neue Wörter in das Wörterbuch zu integrieren. Da die Rechtschreibprüfung serverbasiert ist, dürfen Benutzer zwar auf das Server-Wörterbuch zugreifen, es jedoch nicht verändern. Ansonsten funktioniert die Rechtschreibprüfung ähnlich wie unter Word oder anderen Programmen mit Rechtschreibprüfung und kann von Benutzern ohne Schulung bedient werden. Die Rechtschreibprüfung kann nicht wie bei Word eingestellt werden, wo bereits bei der Eingabe von Wörtern in Echtzeit eine Überprüfung stattfindet. Jede Rechtschreibprüfung für jede E-Mail muss manuell gestartet werden. Wenn Sie E-Mails in unterschiedlichen Sprachen schreiben, können Sie diese Sprache jederzeit ändern. Die Änderung wird sofort aktiv. Beim nächsten Starten der Rechtschreibprüfung wird dann die eingestellte Sprache verwendet. Diese Funktion ist vor allem für Benutzer interessant, die in einem internationalen Unternehmen tätig sind und ständig E-Mails in verschiedenen Sprachen schreiben müssen.

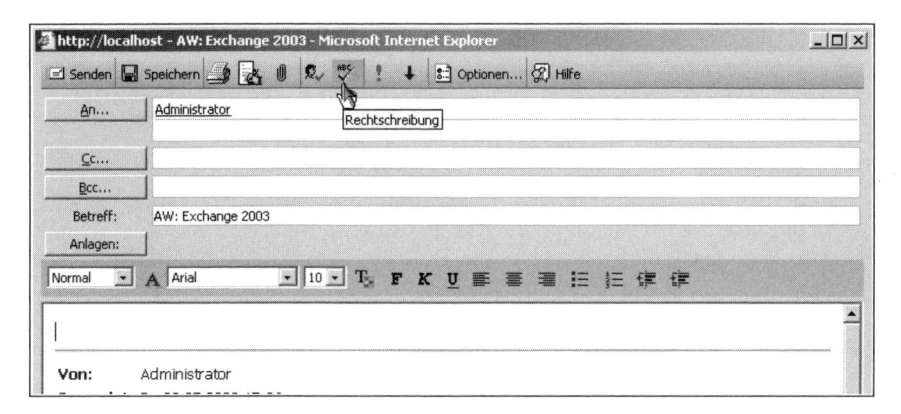

Abbildung 13.37: Aufrufen der Rechtschreibprüfung

Aufgaben

Die Unterstützung von Aufgaben ist eine neue Funktion in Exchange 2003. In Exchange 2000 und Exchange 5.5 wurden Aufgaben nur in Outlook unterstützt, nicht in Outlook Web Access. Da Aufgaben in Unternehmen eine immer wichtigere Rolle spielen, wurden diese auch in Outlook Web Access integriert. In Exchange 2000 wurden Aufgaben lediglich als E-Mails dargestellt und konnten nicht bearbeitet werden. Zudem konnten keine neuen Aufgaben erstellt werden, dies ist jetzt unter Exchange 2003 möglich.

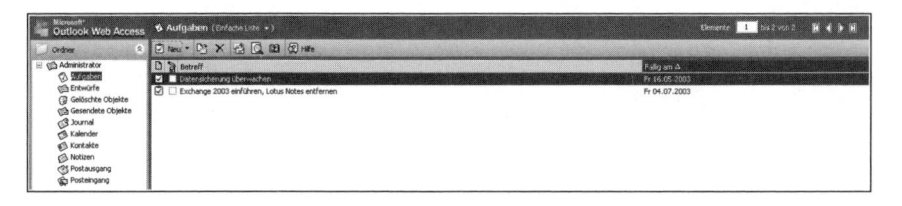

Abbildung 13.38: Aufgaben in Outlook Web Access 2003

Kapitel 13   Outlook Web Access

> **INFO**
>
> *Sie können mit Outlook Web Access keine Aufgaben delegieren. Dieses Feature wird weiterhin nur in Outlook unterstützt. Ansonsten stehen alle Funktionalitäten der Aufgaben in Outlook und in Outlook Web Access zur Verfügung.*

Signaturen

In Outlook Web Access können Benutzer auch persönliche Signaturen erstellen, die ihren E-Mails automatisch angehängt werden. Bisher war das nur unter Outlook möglich. Um eine neue Signatur zu erstellen oder bereits erstellte Signaturen einzublenden, müssen Sie wieder in die Optionen in Outlook Web Access gehen.

Abbildung 13.39:
Aktivieren der Signatur

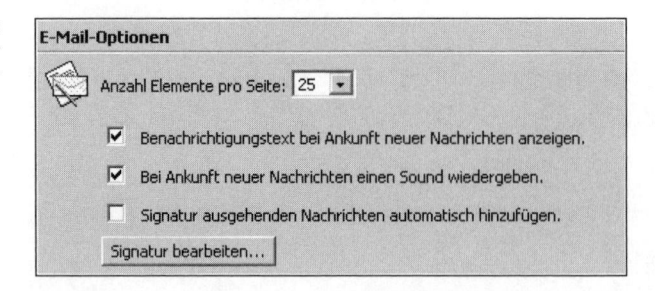

Abbildung 13.40:
Erstellen einer neuen Signatur

In den E-Mail-Optionen können Sie dann eine Signatur bearbeiten oder ausgehenden E-Mails eine erstellte Signatur anhängen.

Benutzerinformationen

Eine weitere Neuerung in Outlook Web Access besteht in der Möglichkeit Daten von Benutzern aus der globalen Adressliste zu lesen, wenn Sie die Berechtigung dazu haben. Dies war unter Exchange 2000 noch nicht möglich.

Außerdem können Sie bei neuen E-Mails Empfänger, die Sie von der Empfangsliste der E-Mail löschen wollen, einfach entfernen, ohne den komplizierten Weg über ein weiteres Fenster gehen zu müssen.

Eine weitere Neuerung besteht in der Möglichkeit direkt aus den Absendeinformationen von E-Mails einen neuen Kontakt zu erstellen. Sie müssen dazu lediglich eine E-Mail öffnen und mit der rechten Maustaste die Eigenschaften des Absenders oder eines Empfängers öffnen. Im folgenden Fenster

Arbeiten mit Outlook Web Access

können Sie die E-Mail-Adresse dieses Benutzers in Ihre Kontakte integrieren, ohne wie bisher die E-Mail-Adresse manuell aufnehmen zu müssen.

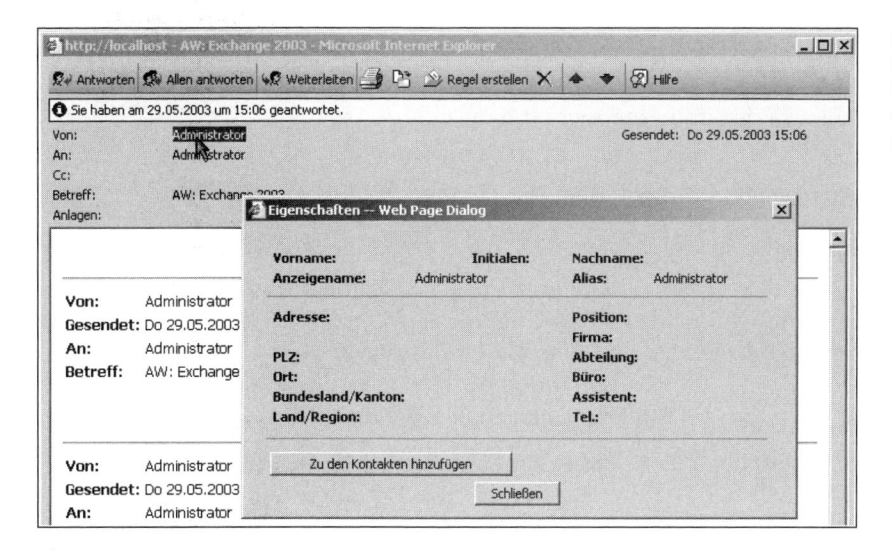

Abbildung 13.41:
Erstellen eines neuen Kontaktes in Outlook Web Access 2003

Standardschriftart

Outlook Web Access verwendet seine eigene Standardschriftart, in der E-Mails, die ein Benutzer schreibt, formatiert werden. Diese Schriftart ist bei Outlook Web Access Arial 10pt. Diese Standardschriftart hat nichts mit der Schriftart des Browsers zu tun. Benutzer können individuell diese Standardschriftart ändern. Dazu stehen wieder jedem Benutzer die Optionen in Outlook Web Access zur Verfügung.

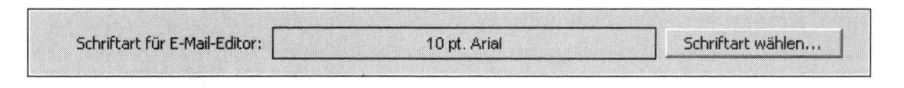

Abbildung 13.42:
Konfiguration der Standardschriftart in Outlook Web Access

Fenstergrößen

In Outlook Web Access bei Exchange 2000 wurden alle neuen Fenster mit der Größe 500 x 700 Pixel geöffnet. Selbst wenn ein Benutzer diese Größe angepasst hat, wurden neu Fenster in dieser Größe geöffnet.

Wenn ein Benutzer während einer Outlook Web Access-Sitzung mit Exchange 2003 die Fenstergröße ändert, mit der er seine E-Mail liest, Termine oder Aufgaben bearbeitet, wird diese Größe für alle weiteren Fenster dieser Sitzung gespeichert. Diese Daten gehen allerdings beim Abmelden wieder verloren. Bei der nächsten Sitzung werden die Fenster daher wieder in der Standardgröße geöffnet. Diese Funktion steht allerdings wieder nur in der Premium-Version zur Verfügung.

Besprechungsanfragen

Outlook Web Access bietet zudem einige Neuerungen bezüglich Besprechungsanfragen. Sie können zum Beispiel Erinnerungen für Besprechungen auch unter Outlook Web Access konfigurieren und sich rechtzeitig vor einer Besprechung erinnern lassen. Auch die Weiterleitung oder das Antworten einer Besprechungsanfrage ist möglich.

Sicherheit in Outlook Web Access

Bezüglich der Sicherheitseinstellungen hat Microsoft bei Exchange 2003 gegenüber seinen Vorgängern ebenfalls deutlich nachgelegt. In der neuen Version wurde S/MIME in Outlook Web Access integriert und das Blockieren von Anhängen und Junk-E-Mail hinzugefügt.

Blockieren von Anhängen und Junk-E-Mails

In Outlook Web Access wurden diverse Verbesserungen bezüglich des Umgangs mit Dateianhängen und Junk-E-Mails integriert. Benutzer können zum einen HTML-Inhalte von E-Mails blockieren lassen, um Trojaner oder sonstigen schädlichen HTML-Code zu blockieren. Diese Einstellungen lassen sich wieder für jeden einzelnen Benutzer einstellen. Jeder Benutzer kann in den Optionen diese Einstellung für sich vornehmen.

Abbildung 13.43: Datenschutz in Outlook Web Access

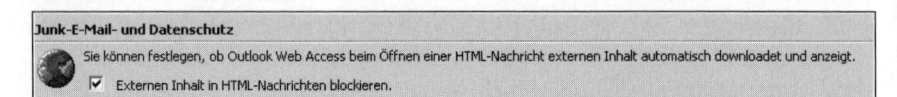

Administratoren können darüber hinaus für alle Benutzer das Versenden oder Empfangen von Dateianhängen untersagen. Dies kann vor allem bei Benutzern, die von öffentlichen Terminals aus Zugriff auf Ihr Postfach nehmen, sinnvoll sein. Stellen Sie sich nur mal Ihre aktuellen Umsatzzahlen oder eine sonstiges wichtige Excel-Tabelle auf einem Rechner in einem Internetcafé vor. Diese Einstellung lässt sich soweit anpassen, dass Sie nur den Zugriff auf Anhänge verbieten, wenn über das Internet auf das Postfach zugegriffen wird. Wenn ein Benutzer sich mit RAS oder einem VPN einwählt, kann er ohne Probleme Anhänge öffnen. Außerdem können Sie nur einige Dateianhänge blockieren, die Viren enthalten können. Benutzer erhalten in jeder E-Mail eine Information wenn ein Inhalt geblockt wurde. Versuchen Benutzer geblockte Dateianhänge zu verschicken, erhalten Sie beim Hochladen der Datei eine Meldung.

STEP

Damit Dateianhänge über Outlook Web Access blockiert werden, müssen Sie in der Registry Ihres Exchange Servers Änderungen vornehmen. Gehen Sie dabei folgendermaßen vor:

1. Starten Sie regedit.
2. Navigieren Sie zum Schlüssel *HKLM\System\CurrentControlSet \Services\MSExchangeWeb\OWA*.
3. Erstellen Sie hier einen neuen DWORD-Wert mit der Bezeichnung *DisableAttachments*.
4. Weisen Sie diesem neuen DWORD-Wert den dezimalen Wert »1« zu. Mit diesem Wert werden alle Anhänge gesperrt.
5. Wenn Sie den Wert »2« zuweisen, werden Anhänge nur auf Frontend-Servern gesperrt (mehr zu Frontend-Servern weiter hinten in diesem Kapitel). Der Wert »0« oder die Lösung des Wertes erlauben wieder alle Anhänge auf diesem Server.

S/MIME-Unterstützung in Outlook Web Access

Mit S/MIME (Secure Multipurpose Internet Mail Extensions) können Benutzer E-Mails digital signieren und verschlüsseln. Derzeit gibt es zwei verbreitete Verschlüsselungsmechanismen S/MIME und PGP (Pretty Good Privacy). PGP ist zwar derzeit etwas mehr verbreitet, S/MIME wird allerdings von zahlreichen größeren Firmen unterstützt. Da Microsoft S/MIME in viele seine Produkte integriert, ist es wahrscheinlich, dass sich dieser Standard etablieren wird. S/MIME ist wesentlich neuer als PGP und verwendet eine hybride Verschlüsselungstechnologie, schnelle symmetrische Verschlüsselung der eigentlichen Nachricht mit einem Sitzungsschlüssel und eine anschließende asymmetrische Verschlüsselung des Sitzungsschlüssels mit dem öffentlichen Schlüssel des Nachrichtenempfängers. Dazu arbeitet S/MIME mit Zertifikaten. Damit Sie mit S/MIME in Exchange 2003 arbeiten können, sollten Sie sich mit Verschlüsselung im Allgemeinen auseinandersetzen und die Abläufe verstehen.

Wenn ein Zertifikat zur Verschlüsselung benötigt wird, läuft die Überprüfung dieses Zertifikates direkt zwischen dem Exchange 2003 Server und dem Windows Domänen-Controller. Dadurch wird der Netzwerkverkehr zwischen dem Zertifikatsserver und dem Outlook Web Access-Client deutlich reduziert. Wenn eine S/MIME-Nachricht in Outlook Web Access geöffnet werden soll, ruft der Exchange 2003 Server vom Active Directory das öffentliche Zertifikat ab und verifiziert es.

Private Schlüssel in Outlook Web Access

Zu keiner Zeit wird der private Schlüssel eines Benutzers während der Ver- oder Entschlüsselung über das Internet geschickt. Die Kommunikation läuft ausschließlich über den Exchange 2003 Server im internen Firmennetz. Die Verwaltung des privaten Schlüssels wird dazu direkt vom Betriebssystem durchgeführt.

Kapitel 13   Outlook Web Access

Abbildung 13.44:
S/MIME in Outlook Web Access 2003

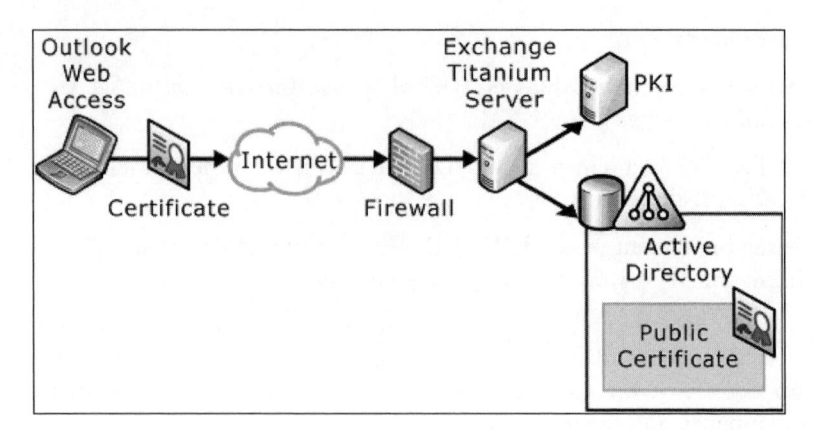

Signaturen

Digitale Unterschriften haben einen ähnlichen Stellenwert wie die Unterschriften auf Papier. Sie identifizieren zuverlässig den Verfasser des Dokumentes. Eine Signatur kann nur mit dem persönlichen Schlüssel des Absenders erstellt werden. Wenn eine E-Mail mit Outlook Web Access und S/MIME signiert werden soll, wird Sie zunächst in den MIME-Standard konvertiert (Multipurpose Internet Mail Extensions). MIME ist ein Protokoll, welches ursprünglich dazu gedacht war, per E-Mail verschickte Files anhand ihrer Dateinnamen-Erweiterung zu erkennen und vor dem Versenden mit einem Headers zu kennzeichnen. Dadurch kann diese Nachricht beim Empfänger mit der richtigen Software geöffnet werden. Nach der Konvertierung der E-Mail zu MIME wird mit Hilfe des privaten Schlüssels des Absenders ein Algorithmus zum Erzeugen der Signatur erstellt. Nach der Signierung wird die E-Mail an die Empfänger verschickt und erhält als Anhang den öffentlichen Schlüssel des Absenders, damit die Empfänger die Signatur verifizieren können.

Verschlüsselung

Wenn ein Benutzer eine Nachricht verschlüsselt versenden will, wird Sie mit dem öffentlichen Schlüssel des Empfängers verschlüsselt. Der Empfänger kann mit seinem privaten Schlüssel die verschlüsselte Nachricht wieder entschlüsseln. Dadurch ist sichergestellt, dass nur der definierte Empfänger die E-Mail lesen kann.

Öffentliche Schlüssel in Outlook Web Access

Wenn eine Nachricht von einem Benutzer verschlüsselt werden soll, sucht Outlook Web Access zunächst im Active Directory nach dem öffentlichen Schlüssel des Empfängers. Wird der Schlüssel dort nicht gefunden, sucht Exchange diesen Schlüssel im Postfach des Benutzers auf dem Exchange 2003 Server.

Konfiguration von Outlook Web Access für S/MIME

Damit Sie alle Funktionalitäten von Outlook Web Access in Exchange 2003 nutzen können, sollten Sie ein Active Directory mit Windows 2003 aufbauen. Dieser Aufbau wurde bereits im Kapitel zum Aufbau einer Testumgebung besprochen. Weiter sollten Sie eine Zertifizierungsstelle innerhalb des Active Directory einrichten. Wie das funktioniert, wurde bereits weiter vorne in diesem Kapitel besprochen. Um S/MIME für Outlook Web Access zu konfigurieren, müssen Sie zudem die folgenden Schritte durchführen.

Benutzerzertifikat installieren

Wenn Sie Ihre Zertifizierungsstelle (Certificate Authority, CA) konfiguriert haben, können Ihre Benutzer Zertifikate anfordern. Dazu können Benutzer mit Ihrem lokalen Internet Explorer Verbindung zum Zertifikatsserver herstellen. Bei der Installation der CA von Windows wurde der IIS des Domänen-Controllers, auf dem Sie die CA installiert haben, um ein zusätzliches Verzeichnis erweitert. Mit Hilfe dieser Web-Schnittstelle können Benutzer Zertifikate anfordern. Die Web-Schnittstelle der Windows-CA erreichen Sie mit der URL

```
http://SERVERNAME/certsrv
```

Benutzer können auf dieser Webseite auswählen, ob Sie ein neues Zertifikat anfordern wollen oder den Status einer vorangegangen Abfrage ermitteln. Im Normalfall fragen Benutzer ein neues Zertifikat an und erhalten dieses Zertifikat sofort ausgestellt. Damit Benutzer ein Zertifikat auf Ihrem Rechner installieren können, müssen sie folgendermaßen vorgehen:

Anfordern eines neuen Zertifikates

- Verbindungsaufbau zur Webseite der Zertifizierungsstelle mit `http://SERVERNAME/certsrv`.
- Wählen Sie EIN ZERTIFIKAT ANFORDERN (REQUEST A CERTIFICATE).
- Fordern Sie ein BENUTZERZERTIFIKAT (USER CERTIFICATE) an.
- NACH DER EINGABE DER NOTWENDIGEN INFORMATIONEN KANN DAS ZERTIFIKAT SOFORT AUF DEM RECHNER INSTALLIERT WERDEN.
- Bestätigen Sie alle Meldungen, die Sie erhalten, damit das Zertifikat auf dem Rechner installiert wird.

Nach der erfolgreichen Installation des Zertifikates können Sie von dem Rechner, auf dem Sie das Zertifikat installiert haben, mit S/MIME arbeiten. Sie können das installierte Zertifikat im Internet Explorer unter EXTRAS/INTERNETOPTIONEN/INHALTE/ZERTIFIKATE überprüfen. Es muss auf jedem Rechner, von dem ein Benutzer mit S/MIME arbeiten will, ein solches Zertifikat installiert werden.

Kapitel 13   Outlook Web Access

Abbildung 13.45:
Anfordern eines
neuen Zertifikates

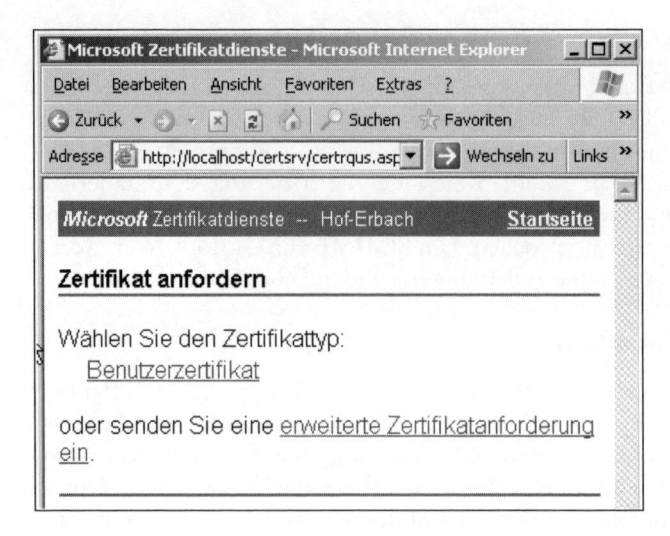

Exportieren und Importieren eines Zertifikates

Damit Benutzer von mehreren Rechnern aus mit S/MIME arbeiten können, muss entweder auf jedem Rechner ein neues Zertifikat installiert und angefordert werden oder ein installiertes Zertifikat exportiert und auf dem Zielrechner wieder importiert werden.

Exportieren eines Zertifikates

Um ein installiertes Zertifikat zu exportieren, müssen Sie auf dem Quellrechner folgende Schritte ausführen:

1. Zunächst müssen Sie eine neue MMC öffnen und das SnapIn Zertifikate (Certificate) hinzufügen. Bei der Auswahl des SnapIns werden Sie gefragt, welche Zertifikate Sie verwalten wollen. Wählen Sie hier EIGENES BENUTZERKONTO aus.

2. Nachdem Sie das SnapIn der Konsole hinzugefügt haben, können Sie die Benutzerzertifikate verwalten. Wählen Sie im SnapIn das Menü EIGENE ZERTIFIKATE aus. In diesem Menü sehen Sie alle ausgestellten Zertifikate dieses Benutzers

Abbildung 13.46:
Verwalten von
Benutzer
Zertifikaten

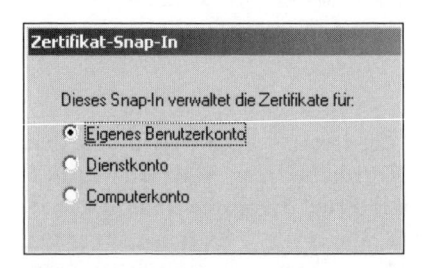

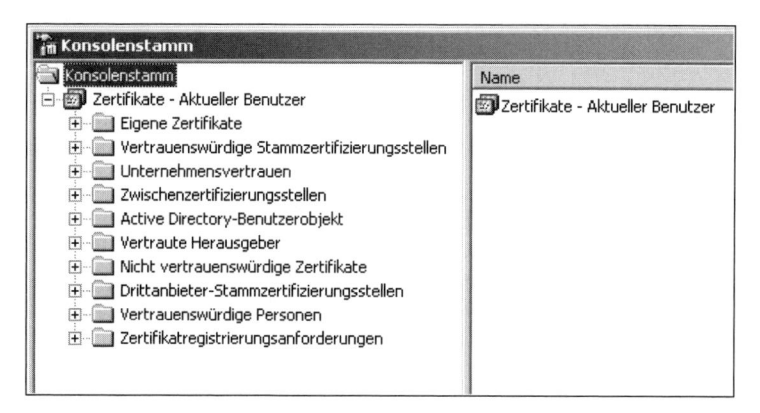

Abbildung 13.47:
Persönliche Zertifikate eines Benutzers

3. Um das Zertifikat zu exportieren, klicken Sie mit der rechten Maustaste auf das Zertifikat, wählen ALLE TASKS und dann EXPORTIEREN aus. Es erscheint ein Assistent, der Sie beim Exportieren dieses Zertifikates unterstützt.

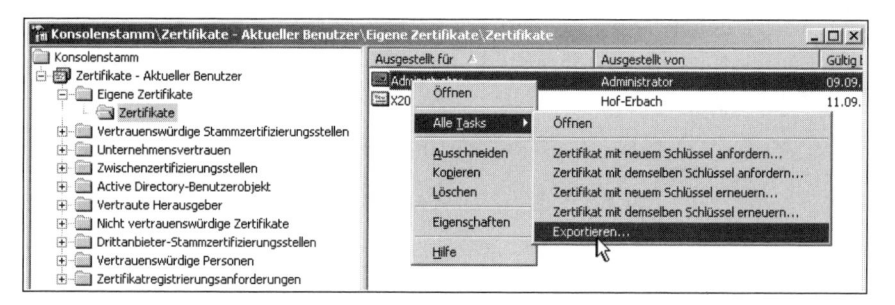

Abbildung 13.48:
Exportieren eines Zertifikates

4. Aktivieren Sie die Option, dass der private Schlüssel exportiert wird und lassen Sie auf den folgenden Seiten die Einstellungen auf Standard. Wenn Sie wollen, können Sie die exportierte Datei mit einem Kennwort schützen. Ein Import dieser Datei ist dann nur möglich, wenn das Kennwort eingegeben ist. Wenn Sie alle notwendigen Eingaben vorgenommen haben, können Sie das Zertifikate als PFX-Datei speichern. Diese Datei benötigen Sie später, um das Zertifikat wieder zu importieren.

Importieren eines Zertifikates

Um das exportierte Zertifikat wieder zu importieren, müssen Sie es entweder über das Netzwerk auf den Zielrechner kopieren, oder auf der Diskette oder dem USB-Stick transportieren. Klicken Sie auf dem Zielrechner mit der rechten Maustaste auf die Datei und lassen Sie das Zertifikat installieren. Wenn Sie beim Export ein Kennwort definiert haben, müssen Sie dieses Kennwort eingeben. Nach dem erfolgreichen Import ist das Zertifikat erfolgreich auf dem Zielcomputer installiert.

Kapitel 13 Outlook Web Access

Installieren der S/MIME-Erweiterung

Damit Sie S/MIME auf einem Rechner in Outlook Web Access verwenden können, müssen Sie die S/MIME-Erweiterung auf jedem Rechner installieren, auf dem Sie mit Outlook Web Access arbeiten.

!! STOP

Die S/MIME-Erweiterung von Outlook Web Access in Exchange 2003 kann nur auf Rechnern installiert werden, auf denen Windows 2000 oder besser Windows XP mit dem Internet Explorer 6 oder höher installiert ist. Der Internet Explorer 5 oder eine ältere Version von Windows wird nicht unterstützt.

STEP

Um die S/MIME-Erweiterung zu installieren, gehen Sie folgendermaßen vor:

1. Verbinden Sie sich auf einem Rechner mit Windows 2000 oder XP und Internet Explorer 6 mit Outlook Web Access.
2. Wenn Sie sich verbunden haben, gehen Sie in die Optionen.
3. Im Bereich E-MAIL-SICHERHEIT können Sie die S/MIME-Erweiterung herunterladen und installieren. Bestätigen Sie alle Sicherheitsmeldungen mit JA.

Abbildung 13.49:
Installieren der S/MIME-Erweiterung in Outlook Web Access

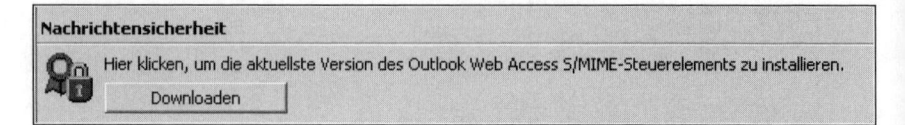

Nach der erfolgreichen Installation der S/MIME-Erweiterung stehen Ihnen die Funktionen für S/MIME zur Verfügung. Sie können die Erweiterung jederzeit neu installieren. Dazu gehen Sie genauso vor, wie bei der ersten Installation. Wenn die S/MIME-Erweiterung installiert ist, müssen Sie die Signierung beziehungsweise die Verschlüsselung einzelner E-Mails erst im entsprechenden Feld aktivieren.

Abbildung 13.50:
Installierte S/MIME-Funktionen

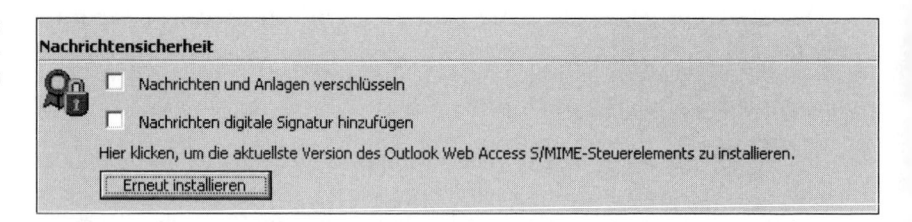

Wenn Sie die Optionen aktivieren, können Benutzer beim Schreiben neuer E-Mails Signaturen hinzufügen oder die E-Mails verschlüsseln. Dazu sind zwei zusätzliche Schaltflächen beim Schreiben neuer Nachrichten integriert worden.

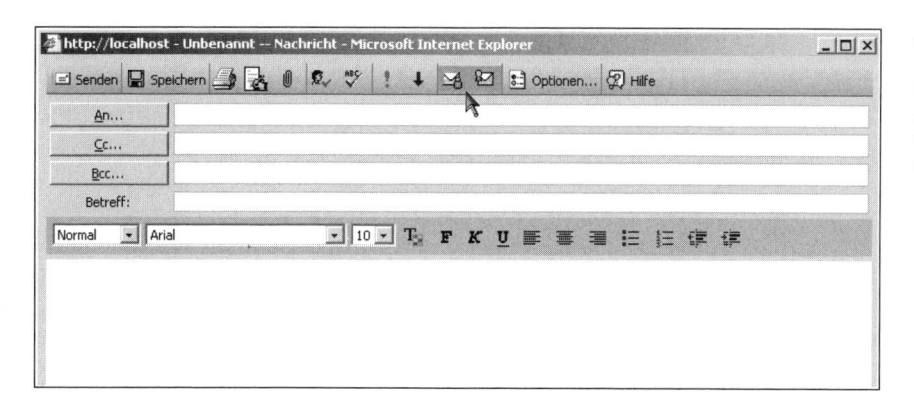

Abbildung 13.51:
Neue Schaltflächen nach der Installation der S/MIME-Erweiterung in Outlook Web Access

13.4 Administration

Da Outlook Web Access wie alle anderen Komponenten von Exchange 2003 zahlreiche Möglichkeiten, aber auch Fehlerquellen bietet, muss ein Exchange-Administrator jederzeit einen Überblick über das System haben. Im Kapitel 11 *Diagnose und Überwachung* bin ich bereits auf die Diagnose und die Überwachung von Outlook Web Access-Zugriffen eingegangen.

Benutzerverwaltung

Die Verwaltung Ihrer Benutzer ist wohl die aufwändigste Aufgabe bei der Administration von Outlook Web Access.

Deaktivieren von Outlook Web Access für einzelne Benutzer

In vielen Firmen ist es nicht sinnvoll oder erwünscht, dass alle Mitarbeiter über das Internet mit Outlook Web Access Verbindung zu Ihrem Postfach aufbauen können. Wenn für einen Benutzer ein Postfach angelegt wird, hat er allerdings das Recht mit Outlook Web Access auf das Postfach zuzugreifen. Sie müssen einzelnen Benutzern dieses Recht entziehen, wenn Sie den Zugriff einschränken wollen.

Da Outlook Web Access ein Feature ist, welches hauptsächlich Ihre Benutzer betrifft, deaktivieren Sie die Zugriffsmöglichkeiten im SnapIn *Active Directory-Benutzer und –Computer*. Um einem Benutzer den Zugriff mit Outlook Web Access zu untersagen, rufen Sie diesen im SnapIn auf und wechseln zur Registerkarte EXCHANGE-FEATURES. Hier können Sie den Outlook Web Access-Zugriff des Benutzers deaktivieren.

Auf dieser Registerkarte steuern Sie darüber hinaus noch den Zugriff über POP3 oder IMAP. Der Wireless-Zugriff wird ebenfalls auf dieser Registerkarte gesteuert.

Aktivieren von Outlook Web Access für ausgewählte Benutzer

Wie bereits erwähnt, wird Outlook Web Access für alle Benutzer aktiviert. Wenn Sie einigen Benutzern den Zugriff auf Ihr Postfach mit Outlook Web Access untersagen wollen, ist der oben beschriebene Weg der sinnvollste. Wenn Sie aber den umgekehrten Weg gehen müssen oder wollen, können Sie entweder mit einem Skript für alle Benutzer Outlook Web Access deaktivieren und dann wieder aktivieren oder einen Trick anwenden. Damit Benutzer mit Outlook Web Access mit einem Server Verbindung aufnehmen können, muss ihnen in ihren Eigenschaften eine SMTP-Adresse zugewiesen werden, die der Adresse des virtuellen Servers entspricht (siehe weiter hinten in diesem Kapitel).

Um wenigen Benutzern Zugriff auf Outlook Web Access zu ermöglichen, erstellen Sie einfach eine neue Empfängerrichtlinie mit einer bestimmten SMTP-Adresse und weisen diese Adresse den Benutzern zu, denen Sie Zugriff mit Outlook Web Access gestatten wollen. Wenn diese SMTP-Adresse nicht die Hauptadresse des Benutzers ist, hat die Konfiguration dieser Adresse keinerlei Auswirkungen auf den Benutzer. Sie können hier zum Beispiel die Adresse @*owa.domain.local* verwenden. Erstellen Sie danach einen neuen virtuellen Exchange Server auf einem Frontend-Server oder dem Backend-Server und weisen diesem Server die Adresse @*owa.domain.local* zu.

Durch diese Konfiguration können sich nur die Benutzer anmelden, denen eine solche SMTP-Adresse durch die Richtlinie und den Recipient Update Service zugeteilt wurde. Im Absender der Benutzer erscheint immer die Hauptadresse, die Sie in den Eigenschaften des Benutzerobjektes im SnapIn *Active Directory-Benutzer und -Computer* konfigurieren können.

Probleme bei der Authentifizierung der Benutzer

Unter Umständen können sich einige Benutzer nicht mit Outlook Web Access verbinden. Wenn diese Benutzer sich anmelden wollen, wird im Internet Explorer des Benutzers die Startseite von Outlook Web Access nicht angezeigt, sondern die Meldung:

```
The page cannot be found. The page you are looking for might have been
   removed, had its name changed or is temporarily unavailable
HTTP 404 Error - File not found
```

Die Benutzer können auf ihr Postfach mit Outlook ohne Probleme zugreifen sowie die öffentlichen Ordner mit der URL http://SERVERNAME/public aufrufen.

Wenn ein solcher Fehler auftritt, wurde den Benutzern in Ihren Eigenschaften eine andere SMTP-Adresse zugewiesen, die sich von der Standardempfängerrichtlinie unterscheidet. Um diesen Fehler zu beheben, können Sie den Benutzern in den Eigenschaften manuell eine weitere SMTP-Adresse zuweisen, die mit der Standardempfängerrichtlinie übereinstimmt. Wenn der Fehler bei vielen Benutzern auftritt, sollten Sie diesen Benutzern mit einer Richtlinie dieselbe E-Mail-Adresse zuweisen lassen, die in der Standardrichtlinie definiert ist. Es muss sich hier nicht um die Hauptadresse handeln, sondern Sie können hier auch eine sekundäre SMTP-Adresse konfigurieren.

Eine weitere Möglichkeit besteht in der Änderung der Konfiguration des virtuellen Servers, der die Outlook Web Access-Zugriffe annimmt. Ändern Sie dessen SMTP-Domäne so um, dass Sie mit den Benutzerpostfächern übereinstimmt. Sie können auf dem Server auch ein weiteres virtuelles Verzeichnis anlegen, wenn es sich bei der Domäne um eine Child-Domäne handelt.

Beispiel:

Die Benutzer auf dem Server haben die E-Mail-Adresse nach dem Format *ernst.joos@de.hof-erbach.com*. In der Standardempfängerrichtlinie sind die E-Mail-Adressen allerdings nach dem Format *@hof-erbach.com* konfiguriert. Wenn Sie auf dem Server ein neues virtuelles Verzeichnis *de* erstellen, können Benutzer mit der URL

```
http://SERVERNAME/de/Benutzername
```

Verbindung mit Ihrem Postfach aufnehmen.

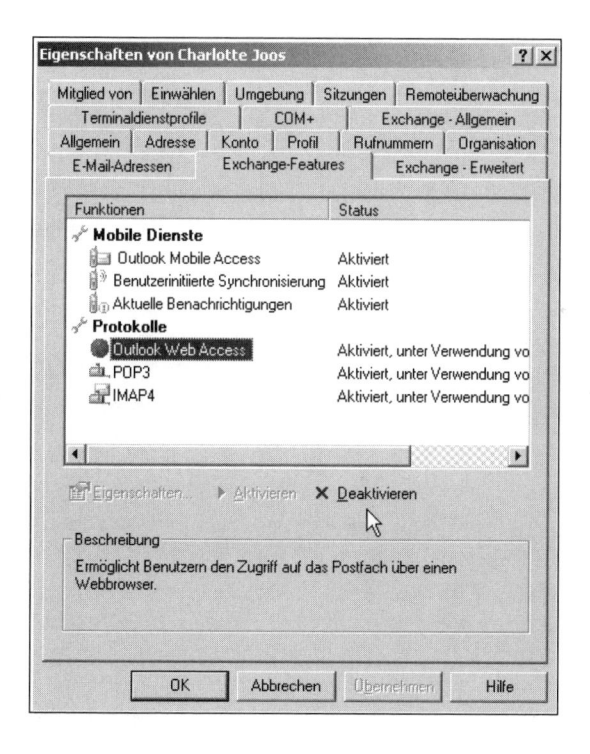

Abbildung 13.52:
Deaktivieren von Outlook Web Access für einen Benutzer

Virtuelle HTTP-Server

Der Zugriff auf Outlook Web Access erfolgt mit Hilfe des virtuellen HTTP-Servers. Dieser virtuelle HTTP-Server wird bei der Installation von Exchange 2003 automatisch mitinstalliert und steht sofort zur Verfügung. Dieser erste virtuelle HTTP-Server kann zwar im Exchange System Manager angesehen werden, seine Einstellungen können jedoch nur in der IIS-Verwaltung geändert werden. Der Server ist Bestandteil der Standard-Webseite des Servers. Sie können im Exchange System Manager lediglich die weiter vorne beschriebene neue Anmeldeseite aktivieren. Sie finden die virtuellen Server beziehungsweise den bei der Installation erstellten virtuellen Exchange Server unterhalb des HTTP-Protokolls im Menü des Servers im Exchange System Manager.

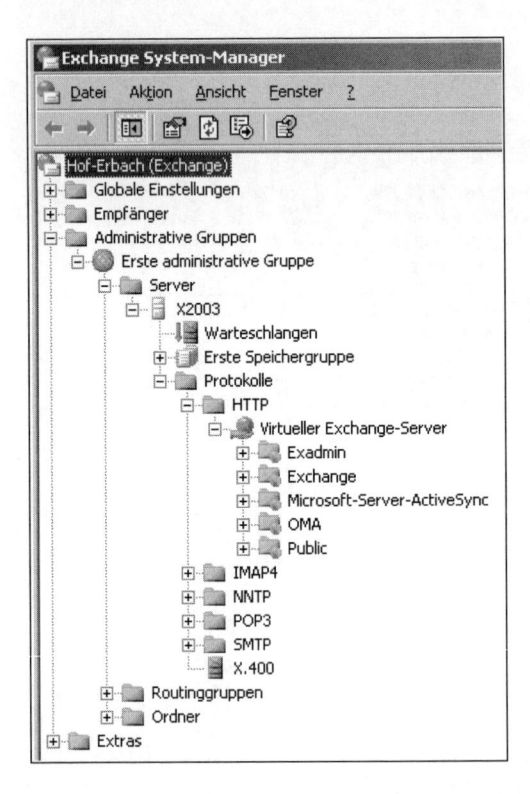

Sie können bei Bedarf weitere virtuelle HTTP-Server erstellen. Sie benötigen allerdings für jeden virtuellen HTTP-Server eine eigene IP-Adresse, die ihm zugewiesen werden kann. Weitere virtuelle HTTP-Server werden im Exchange System Manager erstellt und sind daher Bestandteil von Exchange 2003. Diese virtuellen Server und deren Einstellungen können nur im Exchange System Manager verwaltet werden, nicht in der IIS-Verwaltung.

Abbildung 13.53:
Virtuelle HTTP-Server im Exchange System Manager

Administration

Erstellen eines neuen virtuellen HTTP-Servers

Wenn Sie einen neuen virtuellen HTTP-Server erstellen wollen, klicken Sie mit der rechten Maustaste auf das HTTP-Protokoll, wählen NEU und dann VIRTUELLER HTTP-SERVER. Nach dem Erstellen stehen Ihnen zwei Registerkarten zur Verfügung, mit deren Hilfe Sie den virtuellen Server konfigurieren können.

Registerkarte Allgemein (General)

Auf dieser Registerkarte legen Sie den Namen des virtuellen Servers sowie die zugewiesene IP-Adresse fest. Hier wird auch die Anzahl der maximalen Verbindungen und deren Timeout konfiguriert, die zu diesem virtuellen Server aufgebaut werden können. Die wichtigste Konfigurationsmöglichkeit ist die Definition der E-Mail-Domäne, auf die mit diesem virtuellen Server zugegriffen werden kann.

Nur Benutzer, die eine E-Mail-Adresse innerhalb der hier definierten Domäne haben, dürfen sich an diesem virtuellen Server anmelden.

Außerdem legen Sie hier fest, ob die Startseite dieses virtuellen Servers ebenfalls die neuen Funktionen von Outlook Web Access in Exchange 2003 unterstützen soll.

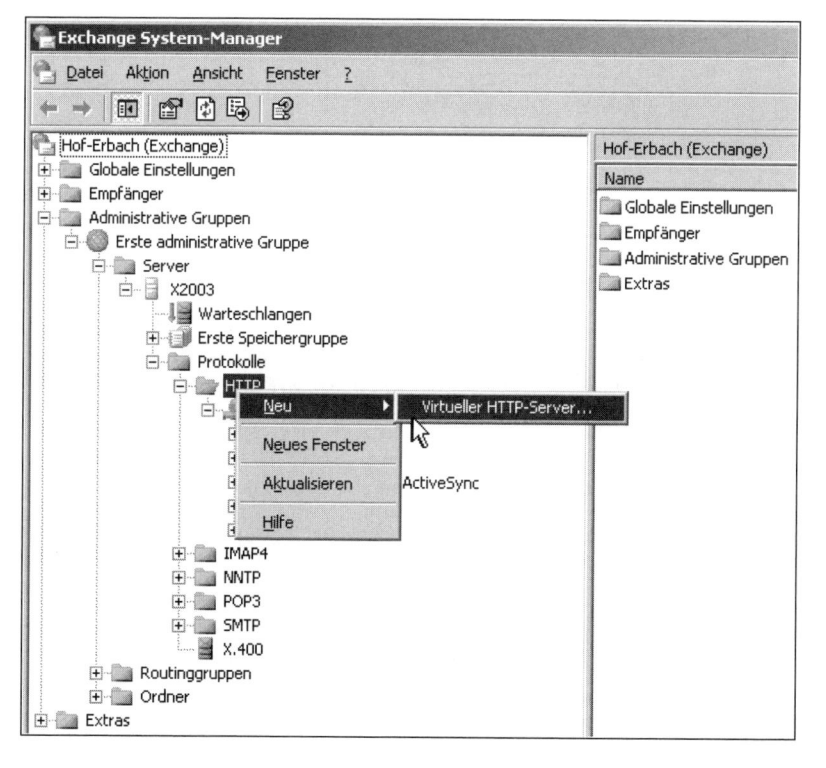

Abbildung 13.54:
Neuer virtueller HTTP-Server

Kapitel 13   Outlook Web Access

An einem virtuellen Server dürfen sich nur Benutzer verbinden, die eine E-Mail-Adresse in der Domäne haben, die dieser virtuelle Server verwaltet. Der erste virtuelle Server wird bei der Installation von Exchange 2003 installiert und mit der ersten E-Mail-Domäne der Organisation verbunden. Diese Einstellung kann nicht verändert werden.

Abbildung 13.55:
Registerkarte
ALLGEMEIN eines
neuen virtuellen
HTTP-Servers

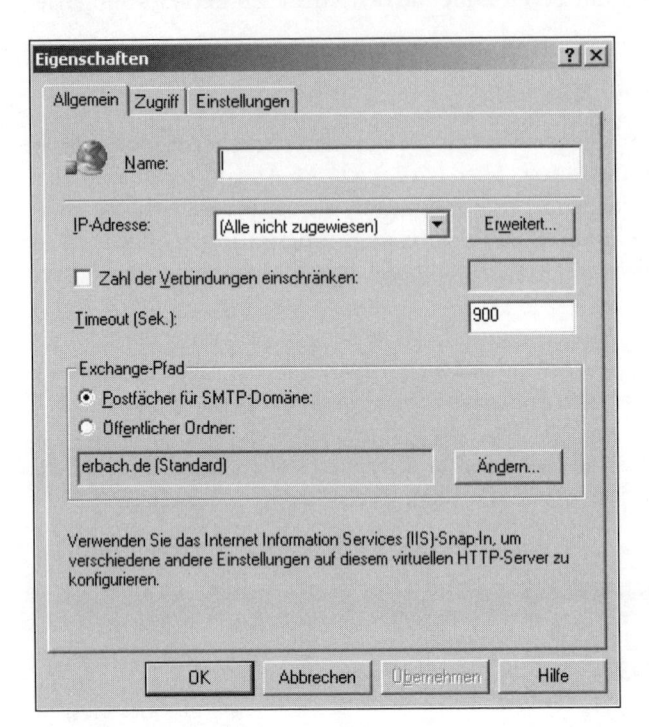

[INFO] Wenn Sie die E-Mail Domäne abändern wollen und auf die Schaltfläche MODIFY klicken, werden Ihnen alle SMTP-Domänen angezeigt, die Sie in den Empfängerrichtlinien definiert haben. Sie müssen zuerst eine passende Empfängerrichtlinie festlegen, bevor Sie einen virtuellen Server zu einer SMTP-Domäne erstellen können. Wenn Sie mehrere Empfängerrichtlinien erstellt haben, werden Ihnen hier eventuell doppelte SMTP-Adressen angezeigt, dies hat aber keinerlei Auswirkungen auf die Konfiguration des virtuellen Servers.

Registerkarte Zugriff

Auf dieser Registerkarte konfigurieren Sie den Zugriff auf den virtuellen Server.

Alle Einstellungen, die Sie auf dieser Registerkarte vornehmen, überschreiben die Einstellungen für Sicherheit, die in der IIS-Verwaltung vorgenommen wurden. Diese Einstellungen überschreiben jedoch nicht die Berechtigungen, die für die einzelnen Benutzerobjekte oder Postfächer konfiguriert wurden.

Administration   Kapitel 13

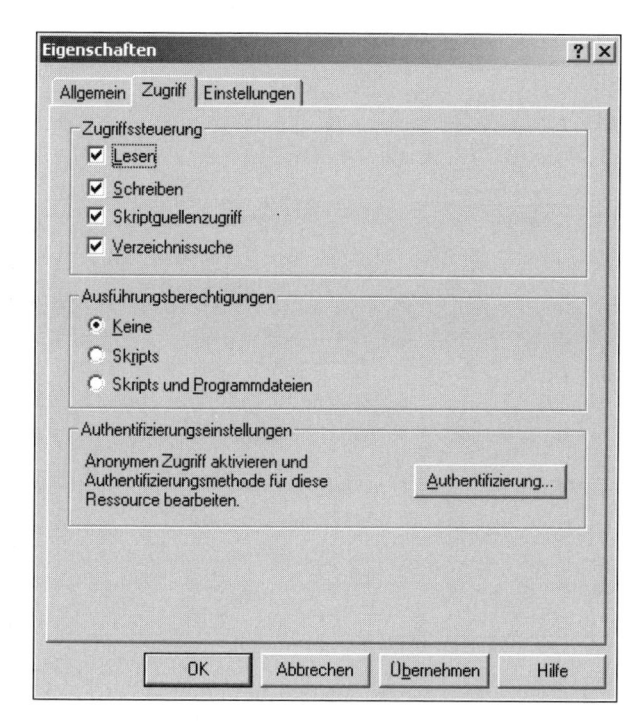

Abbildung 13.56:
Registerkarte ZUGRIFF eines neuen virtuellen HTTP-Servers

Alle Einstellungen, die Sie hier vornehmen, betreffen alle Benutzer, die auf diesen Server zugreifen dürfen. Hier steuern Sie auch die Berechtigung für alle Benutzer zum Ausführen von Skripten. Wenn Benutzer auf ihre Postfächer zugreifen oder den Inhalt öffentlicher Ordner lesen wollen, sind vielleicht im einen oder anderen Fall ASP-Seiten oder sonstiger Code hinterlegt. Wenn Sie hier die Ausführung dieses Codes verhindern, können Benutzer unter Umständen einige Inhalte nicht lesen.

Damit Skripte ausgeführt werden können, muss der Zugriff auf Skript-Code ebenfalls aktiviert sein.

INFO

Mit Hilfe der Schaltfläche AUTHENTIFIZIERUNG können Sie das Anmeldeverhalten dieses virtuellen Servers steuern.

Ihnen stehen in Exchange 2003 vier verschiedene Authentifizierungsmethoden zur Verfügung. Standardmäßig sind bereits die *Basic Authentification* und die *integrierte Authentification* aktiviert. Bei der Basic Authentification werden Benutzername und Passwort im Klartext über das Netzwerk verschickt. Diese Einstellung ist sehr unsicher, da ohne Probleme der Netzwerkverkehr des Servers überwacht werden kann und Benutzernamen mit Kennwort leicht herauszubekommen sind. Diese Authentifizierung sollte daher mit SSL verwendet werden. Wenn Sie mit SSL arbeiten, besteht keine Gefahr, wenn Sie die Basic Authentification verwenden, da mit SSL ohnehin der gesamte Datenverkehr verschlüsselt wird.

[KOMPENDIUM] Exchange Server 2003 und Outlook

Abbildung 13.57:
Authentifizierungsmethoden eines virtuellen HTTP-Servers

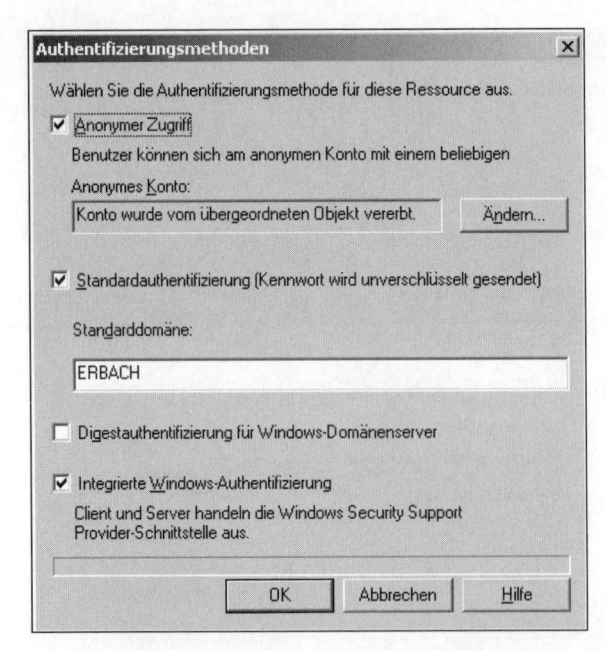

Die integrierte Windows Authentifizierung ist die sicherste, wenn Sie im internen Netz durchgeführt wird. Bei dieser Authentifizierung wird zu keinem Zeitpunkt der Benutzername oder das Kennwort über das Netzwerk verschickt, hier wird mit Kerberos und Sitzungsschlüsseln gearbeitet.

Für manche virtuellen Server kann die anonyme Authentifizierung Sinn machen. Sie können zum Beispiel Benutzern außerhalb der Organisation Zugriff auf öffentliche Ordner gewähren, deren Inhalt weniger geheim ist. Auf dieser Registerkarte können Sie auch gleich den Benutzernamen und das Kennwort festlegen, mit dem sich anonyme Benutzer anmelden dürfen.

Digest Authentification

Eine Neuerung in der Authentifizierung ist die Möglichkeit der Digest Authentification. Sie funktioniert im Grunde genommen wie die Basic Authentification, der Datenverkehr wird allerdings mit einem Hashwert verschlüsselt, der den MD5-Standard verwendet. WebDAV unterstützt diese Authentifizierung, daher wurde die Digest Authentification in Exchange 2003 integriert. Es ist nicht möglich, aus dem Hashwert den Benutzernamen oder das Kennwort des Benutzers zu ermitteln.

Auf dem Client muss keine zusätzliche Software installiert werden. Damit Sie diese Authentifizierung verwenden können, müssen Sie folgende Voraussetzungen schaffen:

➡ Die Benutzer müssen mit dem Internet Explorer 5 oder 6 arbeiten.

➡ Das Benutzerkonto und der Exchange Server müssen derselben Gesamtstruktur oder mindestens einer vertrauten Domäne angehören.

➡ Die Benutzer müssen ein Konto in einer Active Directory-Domäne haben, NT 4 wird nicht unterstützt.

Wenn Sie den virtuellen Server erstellt haben, müssen Sie die virtuellen Verzeichnisse für die Postfächer (exchange) oder die öffentlichen Ordner (public) erstellen. Ohne das Erstellen dieser virtuellen Verzeichnisse können die Benutzer nur mit der URL http://NAME DES VIRTUELLEN SERVERS auf Ihr Postfach zugreifen. Wenn Sie mehrere virtuelle Server erstellen, sollten Sie darauf achten die Konfiguration zu vereinheitlichen.

Virtuelle Verzeichnisse

Unterhalb eines virtuellen Servers können Sie virtuelle Verzeichnisse erstellen. Durch dieses Feature können Sie für einen virtuellen Server mehrere virtuelle Verzeichnisse erstellen, mit deren Hilfe Benutzer verschiedener E-Mail-Domänen mit Hilfe desselben virtuellen Servers auf Ihre Postfächer zugreifen können.

Wenn Ihr virtueller Server zu Beispiel mail.test.com heißt, können Sie virtuelle Verzeichnisse für *germany* und *usa* erstellen. Dadurch können deutsche Benutzer über die URL http://mail.test.com/germany auf Ihre Postfächer zugreifen und amerikanische über die URL http://mail.test.com/usa.

Überlegen Sie sich gut, welchen Namen Sie für ein virtuelles Verzeichnis wählen, da Benutzer in Ihrem Browser diesen Namen eingeben müssen, um auf ihr Postfach zuzugreifen.

Verwenden Sie am besten keine Sonderzeichen im Namen, um Benutzer nicht zu verwirren und sie dazu zu verleiten, eine Fehlkonfiguration des IIS durchzuführen.

Um ein neues virtuelles Verzeichnis zu erstellen, klicken Sie mit der rechten Maustaste auf den virtuellen Server unter dem Sie dieses Verzeichnis erstellen wollen, wählen Sie NEU und dann VIRTUELLES VERZEICHNIS.

Im nächsten Fenster können Sie dieses virtuelle Verzeichnis konfigurieren. Wie bereits beim virtuellen Server stehen Ihnen hier zwei Registerkarten zur Verfügung. Die Registerkarte ZUGRIFF (ACCESS) wird wie beim virtuellen Server konfiguriert, die Registerkarte ALLGEMEIN (GENERAL) unterscheidet sich allerdings geringfügig.

Kapitel 13   Outlook Web Access

Abbildung 13.58:
Erstellen eines neuen virtuellen Verzeichnisses

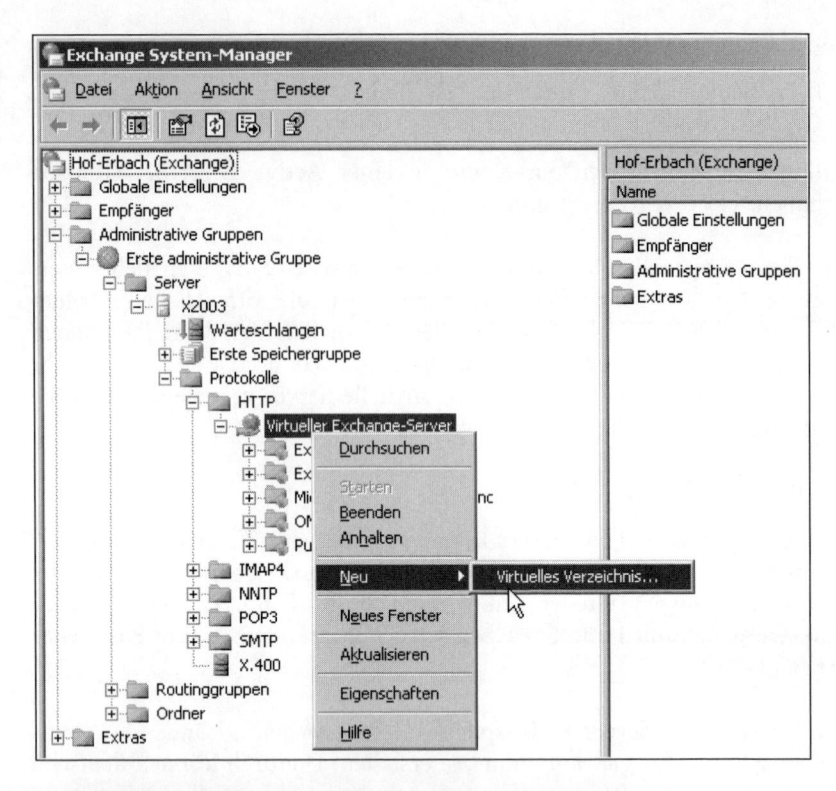

Abbildung 13.59:
Registerkarte ALLGEMEIN eines neuen virtuellen Verzeichnisses

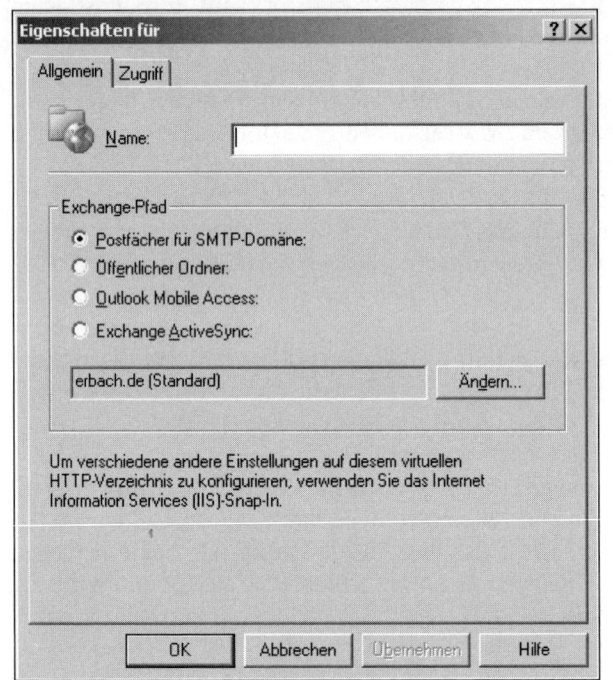

Administration

Die Einstellungen für Postfächer und öffentliche Ordner, die durch dieses virtuelle Verzeichnis erreicht werden sollen, sind weitgehend identisch. Neu in Exchange 2003 sind die beiden Menüpunkte OUTLOOK MOBILE ACCESS (BROWSE) und EXCHANGE ACTIVE SYNC. Diese beiden Menüs dienen der Konfiguration drahtloser Geräte. Diese Wireless Services werden im nächsten Kapitel besprochen.

Deaktivieren eines virtuellen Servers

Sie können jederzeit einen virtuellen Server deaktivieren. Dies kann Sinn machen, wenn Sie zum Beispiel Wartungsarbeiten an Ihrem Exchange Server vornehmen müssen und das Verbinden von Benutzern untersagen wollen. Um einen virtuellen Server zu deaktivieren, müssen Sie ihn im Exchange System Manager mit der rechten Maustaste anklicken und aus dem Menü BEENDEN auswählen. Anstatt ihn ganz zu beenden, können Sie den Server mit dem Menü ANHALTEN pausieren lassen. Der Effekt ist der gleiche wie bei einem angehaltenen Windows-System-Dienst. Beim Starten eines angehaltenen Servers werden jedoch keine Konfigurationsänderungen geladen.

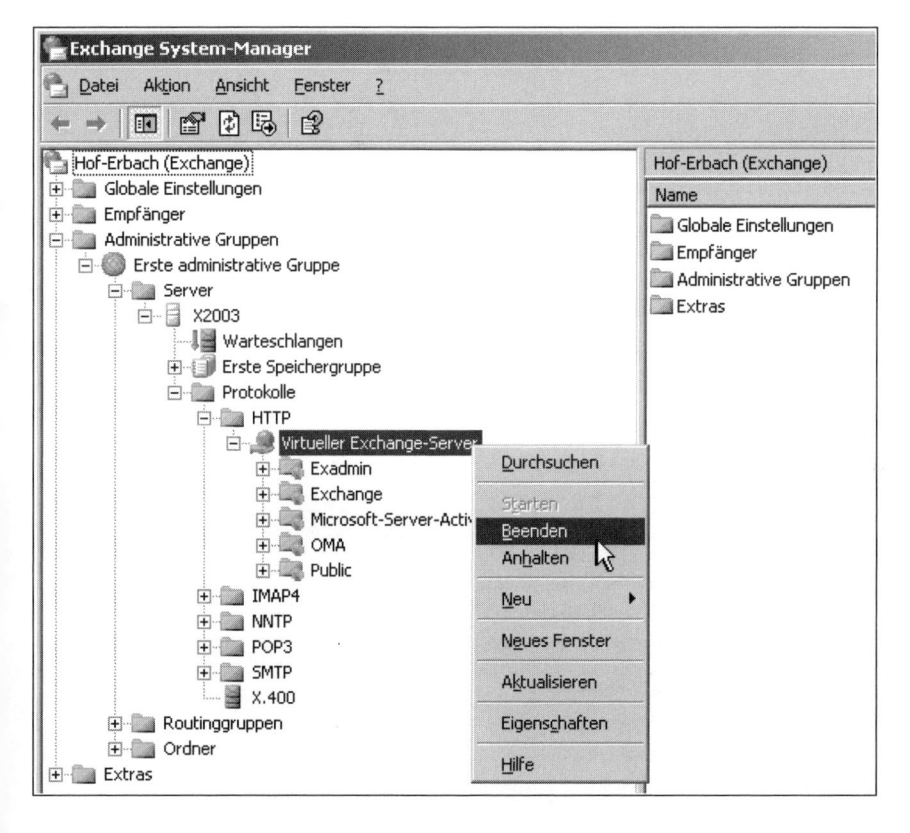

Abbildung 13.60: Deaktivieren eines virtuellen Exchange Servers

Kapitel 13 Outlook Web Access

Vereinfachen der URL

Es kann durchaus sinnvoll sein, die Zugriffs-URL zu Outlook Web Access zu vereinfachen, beispielsweise zu der URL http://mail.domain.de Dadurch können Benutzer einfach und schnell auf Ihr Postfach zugreifen, ohne sich komplizierte Adressen merken zu müssen. Vor allem für den Zugriff über das Internet können Sie für Ihre Benutzer eine große Erleichterung erzielen. Um die OWA-URL zu vereinfachen, konfigurieren Sie eine Umleitung der Standard-Webseite. Diese Konfiguration nehmen Sie in der Verwaltung des IIS vor. Die Standard-Webseite ist Bestandteil des IIS, nicht von Exchange, daher werden die Änderungen auch im SnapIn zur Verwaltung des IIS vorgenommen nicht im Exchange System Manager.

Abbildung 13.61:
SnapIn zur Verwaltung des IIS

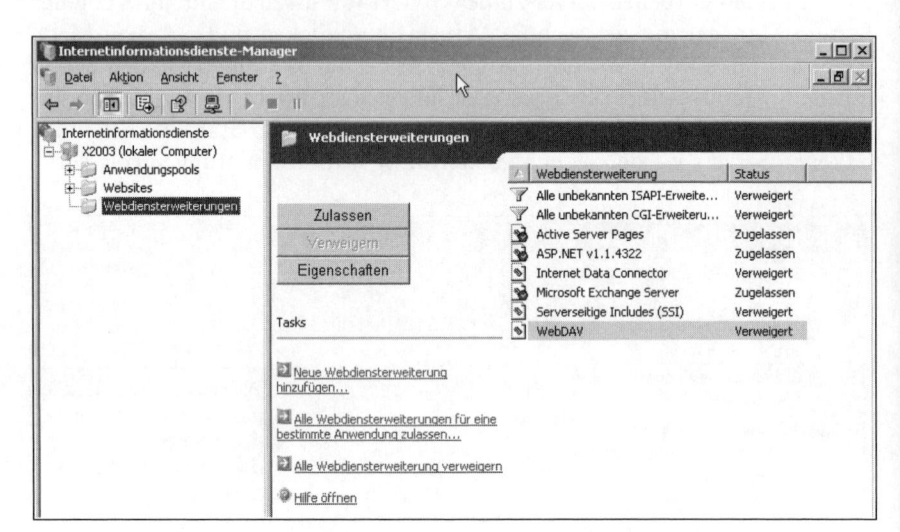

Rufen Sie in diesem SnapIn die Eigenschaften der Standard-Webseite auf.

Abbildung 13.62:
Umleitung einer URL

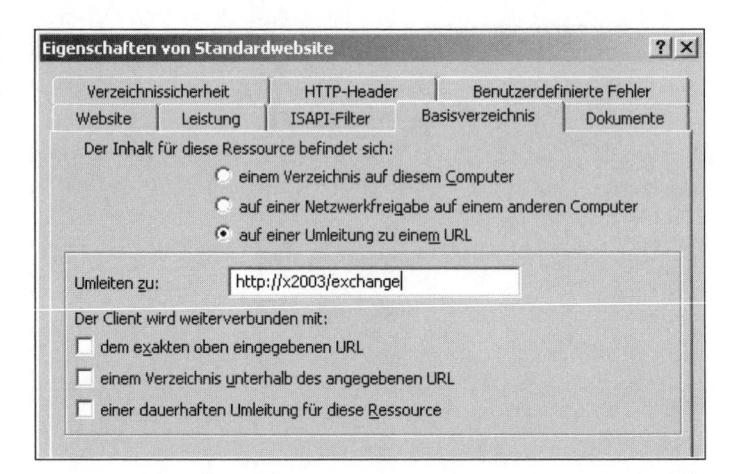

454   { KOMPENDIUM } Exchange Server 2003 und Outlook

Auf der Registerkarte BASISVERZEICHNIS (HOME DIRECTORY) wählen Sie die Option UMLEITUNG ZU EINER URL (REDIRECTION TO A URL). Geben Sie anschließend im Eingabefeld *http://mail.domain.de/exchange* ein. Wenn Sie mit dem Internet Explorer Verbindung mit dem Server eingeben, werden Sie automatisch zum Web */exchange* umgeleitet. Wenn Sie auf diesem Server mit Outlook Web Access arbeiten wollen, müssen Sie nur die URL `http://mail.domain.de` eingeben. Um auch den Server-Namen zu ändern, können Sie zum Beispiel einen weiteren Namenseintrag in Ihrem DNS-Server erstellen, zum Beispiel mit der Bezeichnung *mail*.

Wenn Sie eine automatische Umleitung auf SSL durchführen wollen, geben Sie als Umleitungsadresse

`https://mail.domain.de/exchange`

an. Wenn Benutzer Verbindung zu diesem Server über HTTP aufbauen, werden Sie automatisch zu der SSL-Seite umgeleitet.

Diese Funktion steht allerdings nur zur Verfügung, wenn der Server, mit dem Sie sich verbinden, auch die Authentifizierung durchführt.

13.5 Frontend-/Backend-Architektur

Die Frontend-/Backend-Architektur wurde bereits in Exchange 2000 eingeführt. Dieses Feature ist Bestandteil des Exchange 2003 Enterprise Servers.

In einer Frontend-/Backend-Architektur kann ein Exchange 2003-Standard-Server nur Backend-Server sein. Die Frontend-Funktionalität ist nur Bestandteil des Exchange 2003-Enterprise-Servers. Sie können ohne Probleme die beiden verschiedenen Exchange 2003-Servertypen parallel in einer Organisation betreiben.

Sie können mit der Frontend-/Backend-Architektur Server mit Postfächern und öffentlichen Ordnern von den Servern trennen, auf die Benutzer direkt zugreifen. Wenn Sie einen Server als Frontend-Server konfigurieren, können Benutzer mit Outlook Web Access, POP3 oder IMAP auf diesen Server zugreifen. Beim Zugriff stellt der Server fest, auf welchem Backend-Server sich das Postfach des Benutzers befindet und verbindet den Benutzer dann mit seinem Postfach. Dabei besteht die Möglichkeit einen oder zwei Frontend-Server einzusetzen und prinzipiell unendlich viele Backend-Server.

Funktionsweise und Vorteile

Durch die mögliche Aufteilung der Server-Funktionalitäten in Exchange 2003 erhalten Unternehmen einige Vorteile, vor allem hinsichtlich der

Sicherheit und Performance beim Zugriff von Benutzern außerhalb des Netzwerkes über das Internet, per VPN oder RAS.

Funktionsweise

Wie bereits weiter oben beschrieben, unterteilt die Frontend-/Backend-Architektur Ihre Exchange Server in verschiedene Server-Rollen. Die Frontend-Server dienen dem Zugriff auf Ihre Benutzer. Wenn ein Benutzer Verbindung zu seinem Postfach aufbauen will, kann er sich nur mit einem Frontend-Server verbinden. Der Frontend-Server dient als Proxy-Server für Benutzerpostfächer.

> !! STOP
>
> *Sie können allerdings nicht mit Outlook auf Frontend-Server zugreifen. Frontend-Server unterstützen nur die Protokolle HTTP (Outlook Web Access), POP3 oder IMAP4.*

Outlook greift dagegen direkt mit dem MAPI-Protokoll auf den Informationsspeicher zu. MAPI wird von Frontend-Servern nicht unterstützt. Es besteht allerdings die Möglichkeit, eine Hintertür auf Frontend-Server zu öffnen, damit MAPI-Clients auch über Frontend-Server zugreifen können. Diese Konfiguration wird allerdings aus Sicherheitsgründen nicht empfohlen.

Wenn sich ein Benutzer mit einem Frontend-Server verbindet, läuft folgender Ablauf ab:

- Ein Benutzer meldet sich an einem Frontend-Server an.
- Als Nächstes überprüft der Frontend-Server mit LDAP auf einen Domänen-Controller, auf welchem Backend-Server sich das Postfach des Benutzers befindet.
- Als Nächstes wird der Benutzer auf den Backend-Server verbunden, der die Anmeldedaten des Benutzers überprüft.
- Nach der erfolgreichen Anmeldung kann der Benutzer auf sein Postfach zugreifen, wobei keine Kommunikation zwischen Benutzer und Backend-Server stattfindet, sondern nur zwischen Benutzer und Frontend-Server und von Frontend-Server zu Backend-Server.

> INFO
>
> *Die Bezeichnung Backend-Server trifft auf alle Exchange Server zu, die standardmäßig konfiguriert sind. Es gibt keine Einstellungen, die Sie treffen müssen, um einen Server als Backend-Server zu konfigurieren. Lediglich die Konfiguration von Frontend-Servern erfordert spezielle Maßnahmen und Konfigurationen.*

Vorteile

Die Vorteile einer Frontend-/Backend-Architektur erschließen sich eigentlich nur für Firmen, die mehrere Exchange Server einsetzen und Benutzern den Zugang auf Ihr Postfach mit Outlook Web Access, POP3 oder IMAP ermöglichen wollen. Sollten diese Faktoren bei Ihnen zutreffen, verfügen Sie zahlreiche Vorteile, die Sie mit dieser Architektur für sich nutzbar machen können:

Einheitlicher Namensraum und Skalierbarkeit

Ein sehr großer Vorteil bei Unternehmen, die zahlreiche Exchange Server einsetzen, besteht in dem einheitliche Namensraum, den Frontend-Server bieten. Sie können einen Frontend-Server konfigurieren, der einen eindeutigen Namen hat, den Sie sogar im Internet veröffentlichen können, zum Beispiel http://webmail.hof-erbach.com. Benutzer, die auf Ihr Postfach über das Internet zugreifen wollen, müssen sich nicht den komplizierten Server-Namen Ihres Postfachservers merken, sondern können über eine einfache URL oder einen festgelegten Server-Namen wie pop.hof-erbach.com oder imap.erbach.com auf ihr Postfach zugreifen. Selbst wenn Sie dutzende Backend-Server mit zahlreichen Postfächern haben, können Benutzer über diesen einzelnen Frontend-Server auf ihr Postfach zugreifen. Wenn Ihre Organisation wächst und immer mehr Backend-Server hinzukommen, können trotzdem alle Benutzer weiterhin über diesen einzelnen Frontend-Server auf Ihr Postfach zugreifen und zwar innerhalb der kompletten Gesamtstruktur. Diese Architektur ist sehr einfach skalierbar.

Sicherheit

Ein weiterer Vorteil liegt in der möglichen Absicherung Ihrer Server. Sie können zum Beispiel Ihre Frontend-Server so konfigurieren, dass Sie den Zugriff ausschließlich mit SSL gestatten. Dadurch wird der Datenverkehr zwischen Client und Server gesichert, aber die Backend-Server werden nicht in ihrer Performance belastet. Benutzer, die im Netzwerk direkt mit Outlook und MAPI auf Ihr Postfach zugreifen, werden durch die Verbindungen von Benutzern über Remote-Zugriff nicht beeinträchtigt.

Zusätzlich können Sie den Frontend-Server in Ihrer DMZ direkt hinter der Firewall positionieren, da er keinerlei Daten bereithält, sondern lediglich als Proxy für die externen Benutzer dient. Dadurch werden Backend-Server im sicheren Hausnetz vom Internet abgeschottet und Sie schaffen eine zusätzliche Sicherheitsstufe.

IMAP-Zugriff auf öffentliche Ordner

Benutzer, die sich mit IMAP-Clients wie zum Beispiel Outlook Express, auf ihr Postfach verbinden, haben beim Zugriff auf den Frontend-Server Zugriff auf alle öffentlichen Ordner der Hierarchie unabhängig von deren Speicherort und Anzahl der Replikate. Viele IMAP-Clients haben beim direkten Zugriff auf einen Postfach-Server Probleme auf öffentliche Ordner zuzugreifen, die auf einem anderen Server liegen.

Server-Komponenten

Damit die Frontend-/Backend-Architektur einwandfrei funktioniert, benötigt Exchange 2003 einige Komponenten, die reibungslos funktionieren müssen, damit Benutzer über Frontend-Server auf Ihren Postfachserver zugreifen können. Andere, nicht benötigte Komponenten werden deaktiviert.

> **INFO** *Ein Frontend-Server kann keine Benutzerpostfächer enthalten.*

IIS

Die Internet Information Services (IIS) spielen für Exchange 2003 eine sehr wichtige und tragende Rolle. Durch die aktuelle Version IIS 6.0, die mit Windows 2003 ausgeliefert wird, erreicht die Web-Komponente der Windows Server einen weiteren Evolutionsfortschritt. Beim Zugriff auf den Frontend-Server spielen die Internet Information Services daher ebenfalls eine sehr wichtige Rolle. Andere Dienste wiederum, wie zum Beispiel der Recipient Update Service, spielen keine Rolle und werden daher auf Frontend-Server deaktiviert.

> **INFO** *Der IIS arbeitet zum Speichern seiner Daten hauptsächlich mit seiner Metabase, während Exchange 2003 direkt mit dem Active Directory zusammenarbeitet. Da Exchange- und IIS-Dienste sehr eng miteinander zusammenarbeiten müssen, ist es sehr wichtig, dass sich die IIS-Metabase ständig mit dem Active Directory abgleicht. Dieser Abgleich wird durch die Exchange-Systemaufsicht gesteuert, die in regelmäßigen Abständen die IIS-Metabase mit dem Active Directory abgleicht. Die Systemaufsicht verwendet dazu den Dienst MSExchangeMU, dessen Ereignisse Sie im Anwendungsprotokoll der Ereignisanzeige nachverfolgen können.*

DSAccess

Die DSAccess-Komponente in Exchange 2003 steuert den Zugriff von Exchange auf das Active Directory und speichert Informationen in seinem Cache zwischen, damit Daten nicht ständig frisch abgefragt werden müssen. Dieser Dienst ist auch dafür zuständig, von welchem Domänen-Controller die Informationen abgefragt werden, die ein lokaler Exchange Server benötigt. Er verwendet dazu die Konfigurationen, die in den Windows-Standorten konfiguriert sind und berücksichtigt die Unterteilung in verschiedene Sites. Um auf Domänen-Controller zuzugreifen, verwendet das Exchange 2003-DSAccess LDAP und zum Steuern der Authentifizierung RPC.

Systemaufsicht (System Attendant)

Die Systemaufsicht ist der wichtigste Exchange-Dienst, da dieser Dienst den Start und das Beenden aller anderen Dienste überwacht und steuert. Die Systemaufsicht in Exchange 2003 ist nicht mehr von der RPC-Kommunikation mit Domänen-Controllern abhängig. Diese Abhängigkeit wurde bereits seit dem Exchange 2000 Servicepack 2 abgeschafft. Einige Dienste der Systemaufsicht benötigen allerdings RPC-Zugriff, um auf andere Server zuzugreifen. Diese Dienste werden automatisch deaktiviert, wenn ein Server zu einem Frontend-Server umgewandelt wird. Dazu gehören folgende Dienste.

DSProxy

Dieser Dienst verbindet MAPI-Clients mit dem globalen Katalog zum Zugriff auf die globale Adressliste. Außerdem verbindet DSProxy ältere Outlook-Versionen mit dem Active Directory. Dieser Dienst hängt direkt von RPC ab und wird daher auf Frontend-Servern deaktiviert. Durch diese Deaktivierung kann die Systemaufsicht nicht mehr feststellen, auf welchem Exchange Server das Postfach des Benutzers liegt, was wiederum für MAPI-Clients unerlässlich ist. Aus diesem Grund unterstützen Frontend-Server keine MAPI-Clients. Es besteht allerdings die Möglichkeit, eine Hintertür auf Frontend-Server zu öffnen, damit MAPI-Clients auch über Frontend-Server zugreifen können. Diese Konfiguration wird allerdings aus Sicherheitsgründen nicht empfohlen. Ich werde weiter hinten im Kapitel bei der Konfiguration von Frontend-Servern, diesen Weg näher erläutern.

Recipient Update Service

Der Recipient Update Service wird auf Frontend-Servern deaktiviert. Überprüfen Sie daher im Exchange System Manager in Ihren verschiedenen Recipient Update Services, welche Exchange Server eingetragen sind. Wenn ein Exchange Server zum Frontend-Server konfiguriert wird, deaktiviert Exchange lediglich lokal den Recipient Update Service, verändert aber nicht Ihre Konfiguration. Diesen Schritt müssen Sie durchführen.

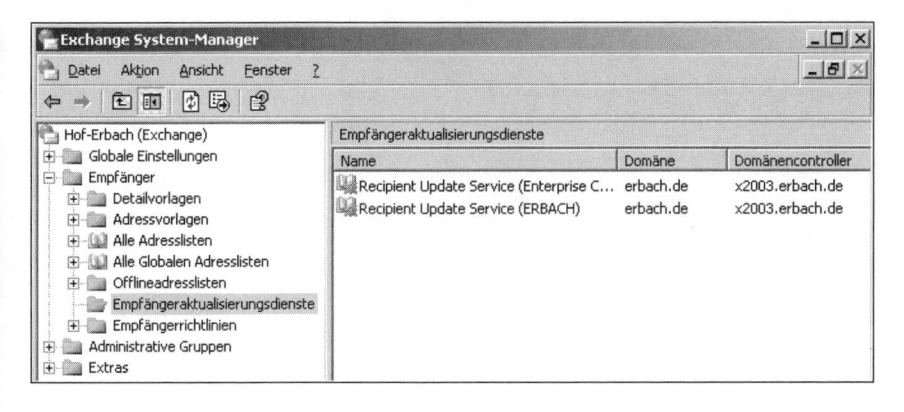

Abbildung 13.63:
Recipient Update Service im Exchange System Manager

Offline-Adressbuch-Generator

Der Generator zum Erstellen von Offline-Adressbüchern ist auf Frontend-Servern ebenfalls deaktiviert. Auf Frontend-Servern können daher keine Offline-Adressbücher generiert werden.

Exchange-Systemgruppen

Die Exchange-Systemaufsicht überprüft in regelmäßigen Abständen, ob ein Exchange Server noch Mitglied der Domänengruppe *Exchange Domain Servers* ist. Nach der Konfiguration zu einem Frontend-Server wird diese Überprüfung nicht mehr durchgeführt. Wenn der Exchange Server aus dieser Gruppe entfernt wird, kann die Systemaufsicht ihn nicht mehr automatisch wieder aufnehmen.

Postfachverwaltung

Ein weiterer deaktivierter Dienst ist die *Postfachverwaltung*. Da ein Frontend-Server keine Postfächer enthält, ist dieser Dienst nicht mehr notwendig. Auf Backend-Servern führt dieser Dienst die Hintergrundbereinigung der Postfächer durch und überprüft in regelmäßigen Abständen, ob für jedes Postfach noch ein Benutzerobjekt im Active Directory vorhanden ist.

Frei/gebucht-Zeiten

Auch die frei/gebucht-Zeiten werden auf Frontend-Servern nicht mehr aktualisiert, da keine Benutzerpostfächer mehr vorhanden sind.

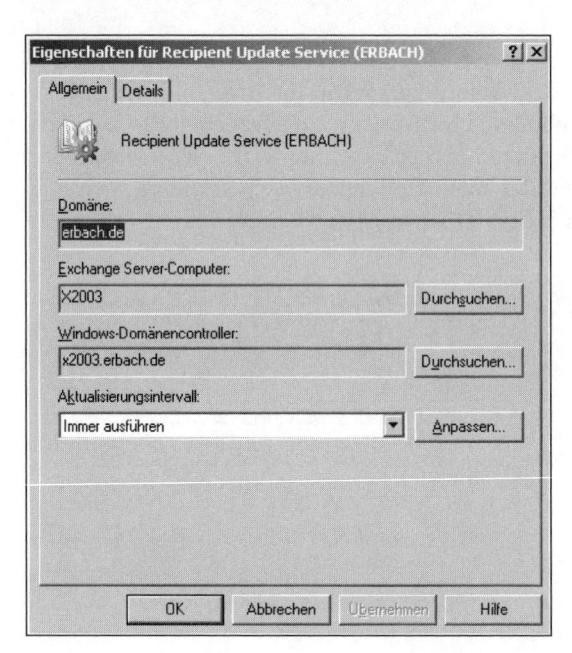

Abbildung 13.64:
Konfigurierter Exchange Server zum Zugriff für den Recipient Update Service

POP3 und IMAP

Gedacht sind Frontend-Server für den Zugriff von HTTP(Outlook Web Access)-, POP3- und IMAP-Clients. Wenn sich Benutzer mit einem Frontend-Server verbinden, wird Ihnen zu keiner Zeit ihr Postfachserver angezeigt, sondern immer nur der Name des Frontend-Servers. Wenn Sie Benutzer zwischen Backend-Servern verschieben, müssen auf den Clients keine Konfiguration vorgenommen werden, da der Zugriff weiterhin über den Frontend-Server abgewickelt wird. Wenn sich Benutzer mit POP3 oder IMAP mit einem Frontend-Server verbinden, werden sie nicht durch den Frontend-Server authentifiziert, sondern direkt zu Ihrem Backend-Server durchgereicht, der die Authentifizierung durchführt. Dies ist ein maßgeblicher Unterschied zur Authentifizierung bei Outlook Web Access. Hier authentifiziert der Frontend-Server ebenfalls Benutzer.

Damit Benutzer auf einem Frontend-Server mit POP3 oder IMAP arbeiten können, muss der Frontend-Server RPC-Verbindung zu seinem Domänen-Controller aufbauen können. Sie können den Domänen-Controller auf der Registerkarte VERZEICHNISZUGRIFF *festlegen. Standardmäßig trägt Exchange bereits automatisch die gefundenen Domänen-Controller ein. Aus Sicherheitsgründen ist es sinnvoll, einen Domänen-Controller vorzugeben und RPC-Verkehr nur zu diesem Domänen-Controller zu gestatten.*

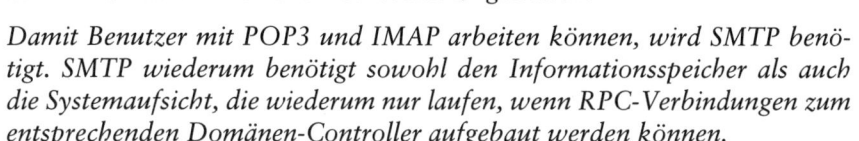

Damit Benutzer mit POP3 und IMAP arbeiten können, wird SMTP benötigt. SMTP wiederum benötigt sowohl den Informationsspeicher als auch die Systemaufsicht, die wiederum nur laufen, wenn RPC-Verbindungen zum entsprechenden Domänen-Controller aufgebaut werden können.

Anmeldung an einem Frontend-Server mit POP3 oder IMAP4

Wenn sich ein POP3- oder IMAP-Client mit einem Frontend-Server verbindet, überprüft dieser mit LDAP, auf welchem Backend-Server sich das Postfach des Benutzers befindet und gibt die Authentifizierungsdaten an diesen Server weiter. Der Backend-Server authentifiziert den Benutzer, gibt das Ergebnis an den Frontend-Server weiter, der dann das Ergebnis wieder an den Benutzer übermittelt. Dieses Verfahren wird für alle POP3- oder IMAP-Befehle angewendet. Für den Zugriff mit Outlook Web Access wird auf dem Frontend-Server kein SMTP benötigt, während der lesende Zugriff mit POP3 oder IMAP zum Senden SMTP voraussetzt.

Authentifizierung

Standardmäßig werden bei der Authentifizierung mit POP3 oder IMAP die Benutzernamen und Kennwörter in Klartext über das Netzwerk verschickt. Da diese Zugriffe hauptsächlich über das Internet abgewickelt werden, sollten Sie für diese beiden Protokolle SSL konfigurieren.

IMAP und öffentliche Ordner

Die meisten IMAP-Clients unterstützen lediglich den Zugriff auf öffentliche Ordner auf dem Postfach-Server des Benutzers. Auf öffentliche Ordner, die auf anderen Exchange Servern liegen, kann nicht zugegriffen werden. Wenn sich Benutzer mit Ihrem IMAP-Client auf einen Frontend-Server verbinden, kann dagegen auf alle öffentlichen Ordner, die innerhalb der Exchange-Organisation liegen, zugegriffen werden.

SMTP für POP3 und IMAP

POP3 und IMAP sind Protokolle, die nur zum Empfangen von E-Mails verwendet werden können. Damit Benutzer, die sich mit POP3 oder IMAP mit einem Frontend-Server verbinden, auch E-Mails verschicken können, muss SMTP auf dem Frontend-Server zur Verfügung stehen.

> **INFO** *Damit SMTP auf einem Frontend-Server aktiv bleibt, muss auf dem Server ein Postfachspeicher bereitgestellt sein. Dieser Server muss kein Postfach enthalten, er muss allerdings in jedem Fall bereitgestellt (gemountet) sein.*

Outlook Web Access

Der Zugriff per Outlook Web Access erfolgt mit dem HTTP-Protokoll. Wenn ein Benutzer Verbindung mit einem Frontend-Server aufnimmt, überprüft der Frontend-Server mit LDAP, auf welchem Backend-Server sich das Postfach des Benutzers befindet. Während der Authentifizierung und dem Zugriff auf das Postfach ändert sich beim Benutzer die URL nicht. Im Internet Explorer steht zu jeder Zeit lediglich die URL des Frontend-Servers. Der Name des Backend-Servers erscheint nicht im Internet Explorer oder innerhalb von Outlook Web Access.

> **INFO** *Für die Kommunikation zwischen Frontend- und Backend-Server wird der TCP-Port 80 verwendet. Auch wenn der Benutzer mit SSL (Port 443) Verbindung mit dem Frontend-Server aufnimmt, wird der Verkehr zum Backend-Server über den Port 80 HTTP durchgeführt. Zwischen Frontend- und Backend-Servern wird kein SSL unterstützt.*

Öffentliche Ordner mit Outlook Web Access

Wenn Sie mehrere öffentliche Ordner-Strukturen anlegen, müssen Sie für jede neue Struktur ein eigenes virtuelles Verzeichnis anlegen, damit Benutzer mit Outlook Web Access auf die neuen öffentlichen Ordner-Strukturen zugreifen können. Während der Installation von Exchange 2003 wird bereits das virtuelle Verzeichnis *public* angelegt, mit dem Sie Verbindung zur ersten öffentlichen Ordner-Struktur aufbauen können. Sie können mit der URL http://SERVERNAME/public Verbindung mit den öffentlichen Ordnern dieser Struktur aufbauen. Wenn Sie zusätzliche öffentliche Ordner-Strukturen erstellen und Benutzer auf diese Strukturen mit Outlook Web Access zugreifen sollen, müssen Sie auf jedem Frontend-Server und allen Backend-Servern, die diese öffentliche Ordner-Struktur hosten sollen, identische Verzeichnisse erstellen. Auch in Outlook Web Access werden Benutzer zunächst mit dem Informationsspeicher für öffentliche Ordner verbunden, der in den Eigenschaften des Postfachspeichers festgelegt ist. Diese Informationsspeicher kann entweder auf demselben Server liegen, was häufig verwendet wird, oder auf einem dedizierten öffentlichen-Ordner-Server. In Outlook und Outlook Web Access werden Benutzer zunächst mit diesem Informationsspeicher verbunden.

Authentifizierung mit HTTP

In Outlook Web Access mit Frontend- und Backend-Servern gibt es zwei verschiedene Varianten der Authentifizierung. Entweder werden Benutzer durch den Frontend-Server und dem Backend-Server oder nur durch den Backend-Server authentifiziert. Der Backend-Server authentifiziert einen Benutzer, auch wenn der Benutzer bereits durch den Frontend-Server authentifiziert wurde. Es bietet sich aus Sicherheitsgründen an, beide Server für die Authentifizierung zu konfigurieren, vor allem wenn sich der Frontend-Server im Internet befindet.

Authentifizierung auf Frontend- und Backend-Server

Die sicherste Methode zur Authentifizierung an Outlook Web Access ist die Authentifizierung am Frontend- und am Backend-Server. Die Authentifizierung am Frontend-Server läuft dabei immer mit der HTTP Basic Authentification, da dies die einzige Authentifizierung ist, die ein Frontend-Server beherrscht. Backend-Server unterstützen außerdem noch die integrierte Authentifizierung. Wenn die Authentifizierungsdaten vom Frontend-Server angefordert werden, erscheint beim Benutzer ein Anmeldefenster im Browser. Die Daten, die der Benutzer in diesem Fenster eingibt, werden dann vom Frontend-Server an den Backend-Server weitergegeben, so dass keine erneute Authentifizierung stattfinden muss. Beide Server überprüfen dann diese Daten und gewähren dem Benutzer Zugriff auf sein Postfach.

Damit der Frontend-Server einen Benutzer authentifizieren kann, muss er mit RPC Verbindung zu einem Domänen-Controller aufbauen. Wenn in der Firewall für die DMZ der RPC-Zugriff für den Frontend-Server gesperrt ist, können Sie die Authentifizierung am Frontend-Server nicht verwenden, sondern müssen mit der Pass Through-Authentifizierung arbeiten, die allerdings wesentlich unsicherer ist. RPC wird zwar nicht mehr von Exchange zum Verbindungsaufbau ins Active Directory verwendet, allerdings wird die Authentifizierung am Frontend-Server durch den IIS durchgeführt, der RPC zur Authentifizierung an einem Domänen-Controller voraussetzt.

Sie können die Authentifizierung am Frontend-Server so konfigurieren, dass der Benutzer keine Domäne angeben muss. Standardmäßig müssen sich Benutzer am Frontend-Server mit der Syntax *Domäne\Benutzername* anmelden. Wie Sie diese Konfiguration vornehmen, erfahren Sie weiter hinten in diesem Kapitel. Wahlweise können Sie auch die Authentifizierung per *UPN* konfigurieren. Damit können sich Benutzer mit Ihrer E-Mail-Adresse am Frontend-Server anmelden. Auch dieser Konfigurationsschritt wird weiter hinten in diesem Kapitel behandelt.

Pass Through Authenticfiation

Bei der *Pass Through Authentification* ist der Zugriff auf den Frontend-Server für anonyme Benutzer gestattet. Der Zugriff auf den Frontend-Server wird nicht authentifiziert. Das heißt zwar nicht, dass Ihre Backend-Server ungesichert sind, da diese den Zugriff erst gestatten, wenn sich der Benutzer authentifiziert hat, allerdings ist durch diese Authentifizierung der Frontend-Server und das Postfach weniger geschützt, als bei der Authentifizierung durch Frontend- und Backend-Server.

Wenn sich der Benutzer an einem Pass Through Frontend-Server anmeldet, wird dessen Anfrage direkt an den Backend-Server weitergeleitet, der eine Authentifizierung anfordert. Der Datenverkehr wird dabei immer über den Frontend-Server geroutet, der ansonsten keine Funktion bezüglich der Authentifizierung hat.

Da durch die Pass Through-Authentifizierung jeder Benutzerzugriff ungefiltert zu den Backend-Servern durchgestellt wird, sollten Sie diese Authentifizierung nur verwenden, wenn RPC zwischen Frontend-Server und Domänen-Controller nicht möglich ist. Damit sich Benutzer per Pass Through am Exchange Server anmelden können, müssen Sie die ganze URL mit Ihrem Benutzernamen eingeben, damit Sie korrekt authentifiziert werden.

http://SERVERNAME/exchange/user

Bei dieser Authentifizierung vervollständigt der Server die Anmeldung mit der E-Mail-Domäne des Benutzers und authentifiziert ihn anschließend. Sollte der Benutzername nicht funktionieren, sollten Sie es erneut mit dem Alias probieren, der diesem Benutzer zugeordnet ist.

Planung

Ein wichtiger Bereich beim Einsatz einer Frontend-/Backend-Architektur ist die effiziente Planung. Beim Einsatz von Frontend-Servern öffnen Sie Ihr Netzwerk weiter ins Internet, als in anderen Bereichen der Webveröffentlichungen. Bei der Planung sollten Sie hier besonders sorgfältig und vorsichtig vorgehen.

Server-Konfiguration

Eine Faustregel besagt, dass Sie für 4 Backend-Server einen Frontend-Server benötigen. Diese Zahl lässt sich allerdings nicht verallgemeinern. Es kommt darauf an, wie stark bei Ihnen Outlook Web Access, POP3 und IMAP verwendet werden. Im ersten Schritt bietet es sich an, erstmal einen Server zu verwenden und sich dann zu überlegen, ob es sinnvoll ist, weitere Frontend-Server zu integrieren. Das Hinzufügen weiterer Frontend-Server ist ohne Probleme möglich. Nach meiner Erfahrung bietet es sich bei größeren Firmen an, mindestens zwei Frontend-Server einzusetzen, einen Server verwenden Sie dann als Zugriffspunkt für Outlook Web Access, da Sie den Zugriff auf diesen Server sehr restriktiv gestalten können. Den anderen Server können Sie als Zugang für POP3 und IMAP verwenden. Da diese beiden Diensten RPC, den Informationsspeicher und die Systemaufsicht benötigen, können Sie diesen Server zwar absichern, allerdings weniger stark als einen »reinen« Outlook Web Access Server.

Da Frontend-Server keine Daten vorhalten müssen, müssen Sie hier keine allzu großen und sicheren Geräte verwenden. Gespiegelte Platten oder IDE reichen aus.

Load Balancing

Je nach Größe Ihrer Organisation kann es sinnvoll sein, das Load Balancing des Windows 2003 Servers zu verwenden. Wahlweise können Sie auch mit *DNS Round-Robin* arbeiten oder einen Cluster einsetzen. Bei Round-Robin erhalten Sie allerdings nur eine Lastverteilung und keine Ausfallsicherheit.

Firewall

Wenn Sie einen Frontend-Server ins Internet veröffentlichen, sollten Sie auf alle Fälle eine Firewall einsetzen. Falls noch nicht vorhanden, bietet es sich an, einen MS ISA-Server anzuschaffen. Dieses Produkt ist kostengünstig und sehr sicher. Im Enterprise-Umfeld bietet sich natürlich eine dedizierte Firewall an, zum Beispiel eine Checkpoint Firewall auf Nokia-Basis.

Absicherung der Kommunikation

Gut planen sollten Sie auch die Absicherung der Kommunikation zwischen Client und Frontend-Server und von Frontend-Server zu Backend-Server sowie die Verbindung zum Domänen-Controller. Vor allem die Anzahl der geöffneten Ports müssen gut überlegt sein. Zwischen Client und Frontend-Server sollten Sie wieder auf SSL setzen und keine normale HTTP-Verbindung zulassen. Den Datenverkehr zwischen Frontend- und Backend-Server müssen Sie nicht mit SSL absichern, da zwischen diesen Servern SSL nicht unterstützt wird und auch nicht notwendig ist.

!! STOP

Beachten Sie, dass der Lizenzierungsdienst auf dem Frontend-Server läuft. In vielen Firmen wird dieser Dienst oft angehalten, da er bei fehlerhafter Lizenzierung zahlreiche Fehlermeldungen meldet. Wenn dieser Dienst nicht läuft, lässt der Frontend-Server nur wenige SSL-Verbindungen zu und verweigert dann die Anmeldung neuer Benutzer.

Der Datenverkehr von HTTP, POP3 und IMAP wird nicht verschlüsselt. Es bietet sich an, neben SSL auch IPSec zur Absicherung des Datenverkehrs zu verwenden.

Update von Exchange 2000 Frontend-Servern

Wenn Sie von Exchange 2000 zu Exchange 2003 migrieren, müssen Sie alle Frontend-Server einer administrativen Gruppe zunächst auf Exchange 2003 updaten, bevor Sie die Backend-Server migrieren. Exchange 2003 Frontend-Server sind mit Exchange 2000 Backend-Servern kompatibel. Ihre Benutzer werden beim Zugriff auf Ihre Postfächer keine Probleme bekommen.

:-) TIPP

Für das Update eines Exchange 2000 Frontend-Servers zu Exchange 2003 müssen Sie sicherstellen, dass die Dienste NNTP, SMTP, World Wide Web und IIS Admin aktiviert sind. Sie müssen diese Dienste nicht starten, dürfen Sie während des Updates aber auch nicht deaktivieren, da sonst das Setup abbricht. Nach dem Update auf Exchange 2003 können Sie diese Dienste wieder deaktivieren.

Konfiguration von Frontend-Servern

Nachdem Sie sich mit den Theorien und Planungsschritten eines Frontend-Servers beschäftigt haben, können Sie mit der Konfiguration und Absicherung des Servers beginnen.

INFO

Wenn Sie nur einen Exchange Server in der Organisation haben, wie zum Beispiel in unserer Testumgebung, können Sie diesen Server nicht zum Frontend-Server konfigurieren. Installieren Sie sich zu Testzwecken am besten einen zweiten Exchange Server als Mitgliedsserver Ihrer Testumgebung.

Wenn Sie einen Exchange Server zum Frontend-Server machen wollen, muss sich dieser in derselben Organisation wie die Backend-Server befinden.

Konfiguration eines Exchange Servers als Frontend-Server

Um einen Frontend-Server zu konfigurieren, installieren Sie am besten einen weiteren Exchange Server in Ihrer Organisation. Die Installation eines Frontend-Servers läuft dabei vollkommen identisch ab, wie die normale Installation eines Exchange Servers. Nach der Fertigstellung der Installation müssen Sie zunächst diesem Server mitteilen, dass er ab sofort Frontend-Server ist.

Frontend-/Backend-Architektur

Navigieren Sie dazu im Exchange System Manager zur administrativen Gruppe und dann zu dem jeweiligen Server und rufen dessen Eigenschaften auf.

Auf der Registerkarte ALLGEMEIN müssen Sie den Haken bei DIES IST EIN FRONT-END-SERVER setzen. Nachdem Sie den Haken gesetzt haben, starten Sie den Server durch.

Verwalten mehrerer E-Mail-Domänen mit einem Frontend-Server

Wenn Sie eine einfache Umgebung haben, werden Sie nur eine E-Mail-Domäne verwalten müssen, bei größeren Firmen oder zumindest bei Firmen, die mehrere E-Mail-Domänen hosten müssen, haben Sie nach der Konfiguration des Frontend-Servers noch einiges zu tun: Für jede E-Mail-Domäne muss entweder ein eigener virtueller Server oder ein eigenes virtuelles Verzeichnis angelegt werden. Jeder dieser Server beziehungsweise jedes Verzeichnis dient dann zur Anmeldung von Benutzern innerhalb einer E-Mail-Domäne (nicht verwechseln mit Windows-Domäne).

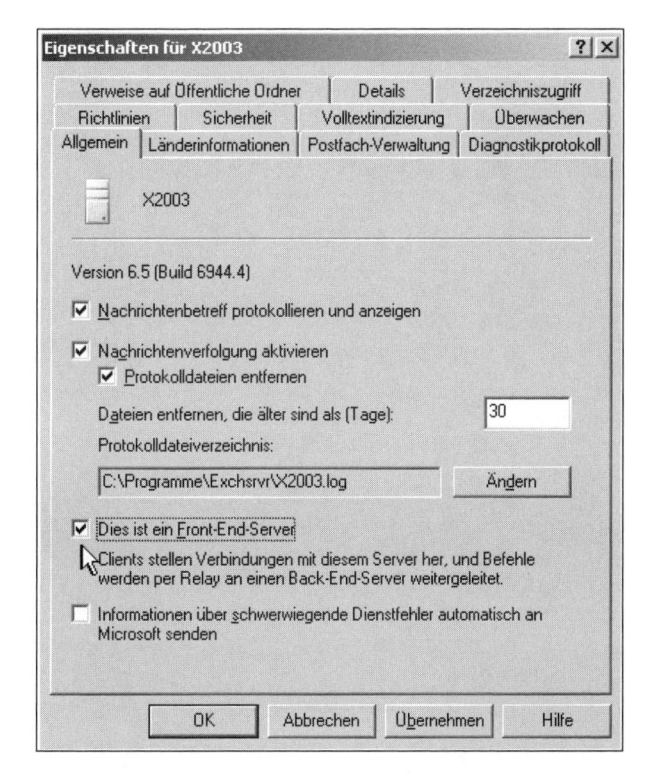

Abbildung 13.65:
Konfigurieren eines Frontend-Servers

Konfigurieren eines Frontend-Servers für eine Windows-Domäne

Wenn Sie eiseinen Frontend-Server konfigurieren, an dem sich nur Benutzer einer Windows-Domäne anmelden sollen, können Sie diesen so konfigurieren, dass Benutzer ihre Windows-Domäne nicht angeben müssen, sondern dass diese Domäne bereits vorgegeben ist. Gehen Sie dazu folgendermaßen vor:

1. Starten Sie den Exchange System Manager. Wenn Sie nur einen ersten virtuellen Server haben, der standardmäßig erstellt wird, nehmen Sie die folgenden Einstellungen in der Verwaltung des IIS vor.

2. Navigieren Sie zum virtuellen Server und dann zum virtuellen Verzeichnis der E-Mail-Domänen, die Sie angelegt haben. Sie müssen diese Schritte für alle virtuellen Server und virtuellen Verzeichnisse wiederholen.

3. Rufen Sie die Eigenschaften auf und wechseln Sie zur Registerkarte ZUGRIFF. Klicken Sie dann auf die Schaltfläche AUTHENTIFIZIERUNG.

4. Markieren Sie die Schaltfläche STANDARDAUTHENTIFIZIERUNG (BASIC AUTHENTIFICATION) und geben Sie im Feld die Domäne an, in der sich Ihre Benutzer befinden.

Abbildung 13.66:
Konfiguration einer Standarddomäne zur Anmeldung der Benutzer

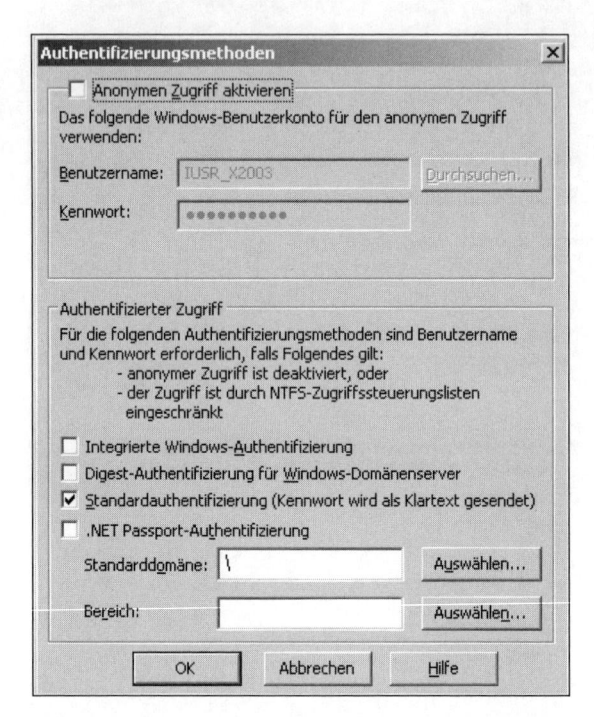

Nach dieser Konfiguration können sich Benutzer mit Ihrem Benutzernamen und Kennwort anmelden, ohne eine Domäne angeben zu müssen.

Diese Konfiguration betrifft wieder die IIS-Metabase und das Active Directory. Beachten Sie, dass zumindest kurzzeitig die Exchange Systemaufsicht läuft, damit diese über den internen Dienst MSExchangeMU die Metabase mit dem Active Directory replizieren kann.

:-) TIPP

Absichern des Frontend-Servers

Nachdem Sie Ihren Frontend-Server nach Ihren Vorstellungen konfiguriert haben, sollten Sie diesen vor allem bei einer Veröffentlichung ins Internet gut absichern. Ihnen stehen hier verschiedene Möglichkeiten zur Verfügung, die Sie am besten alle berücksichtigen sollten. Gehen Sie am besten Schritt für Schritt vor.

Absichern des IIS – Lockdown Wizard

Nach der Konfiguration des Servers sollten Sie diesen vor der Veröffentlichung ins Internet zunächst absichern.

Windows 2000 Server und Advanced Server

Bei Windows 2000 sollten Sie als Nächstes mit dem *IIS Lockdown Wizard* den IIS 5.0 soweit absichern, dass nur Exchange Outlook Web Access unterstützt wird und alle anderen IIS-Funktionalitäten gelockt werden. Sie finden den IIS Lockdown Wizard bei Microsoft unter folgendem Link:

www.microsoft.com/windows2000/downloads/recommended/iislockdown/default.asp

Verwenden Sie den IIS Lockdown Wizard allerdings nur auf Windows 2000-Maschinen, bei Windows 2003 wird dieser Wizard nicht mehr benötigt.

Nach dem Herunterladen können Sie auf dem Frontend-Server den Wizard mit Doppelklick auf die Datei *iislockd.exe* starten. Der Wizard wird sofort ausgeführt und muss nicht erst installiert werden. Nach dem Start des Wizards werden Sie mit dem Startbildschirm begrüßt und müssen im nächsten Fenster die Lizenzbedingungen akzeptieren. Im nächsten Fenster können Sie den Dienst auswählen, für den der IIS optimiert werden soll. Alle anderen Funktionalitäten werden deaktiviert und weiter abgesichert.

Wählen Sie in diesem Fenster die Option EXCHANGE 2000 OUTLOOK WEB ACCESS aus und gehen Sie mit WEITER zur nächsten Seite des Assistenten.

Im nächsten Fenster können Sie die Installation eines URL-Scanners auswählen. Mit diesem Scanner werden alle URLs, mit denen auf den Frontend-Server zugegriffen wird, vorher gescannt, um Trojaner oder Angriffe auszuschließen.

Kapitel 13 Outlook Web Access

Abbildung 13.67:
Absicherung des Frontend-Servers mit dem IIS Lockdown Wizard

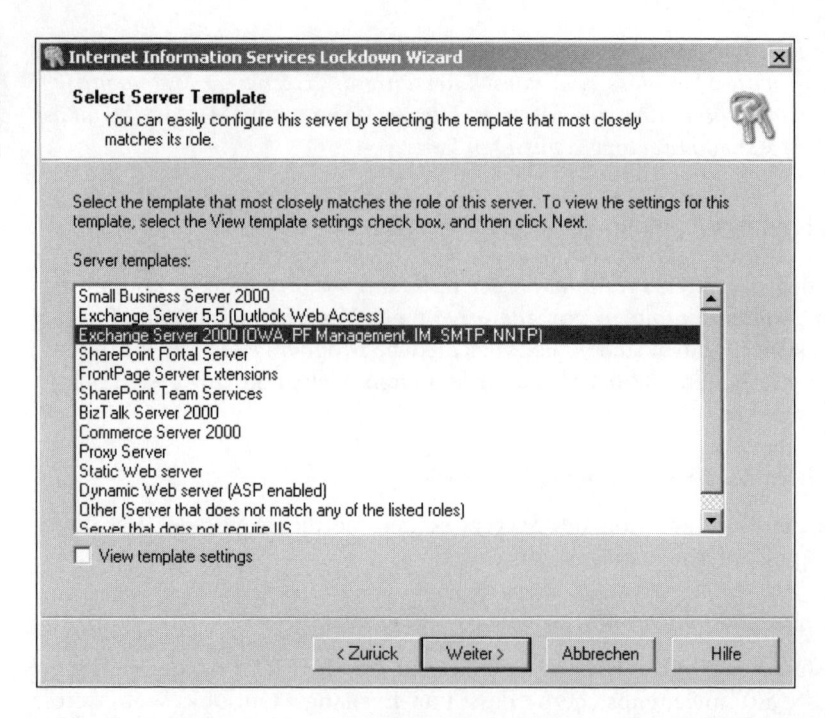

Mit diesem URL-Scanner werden auch alle Anhänge von E-Mails, auf die Benutzer zugreifen, gescannt und verbotene Anhänge nicht geöffnet. Nach der Installation des URL-Scanners müssen Sie diesen noch konfigurieren. Zu dieser Konfiguration kommen wir später in diesem Kapitel. Nach der Bestätigung der Installation beginnt der IIS Lockdown Wizard mit der Durchführung seiner Aufgaben. Wenn Sie den Wizard durchführen, sollten Sie darauf achten, dass keine Benutzer produktiv mit dem Server arbeiten, da einige Dienste während der Absicherung beendet und neu gestartet werden. Nach einigen Minuten hat der Wizard seine Arbeit beendet und gibt im Fenster aus, welche Maßnahmen durchgeführt worden sind. Wenn Sie dieses Fenster bestätigen, können Sie den Wizard beenden.

> **INFO**
>
> *Wenn Sie den IIS Lockdown Wizard ein weiteres Mal auf dem Server aufrufen, können Sie alle Einstellungen wieder rückgängig machen. Dies kann sinnvoll sein, wenn Sie feststellen, dass einige Funktionalitäten des Servers nicht mehr funktionieren, aber benötigt werden. Mit der Deinstallation werden alle Änderungen rückgängig gemacht und können jederzeit wiederholt werden.*

Nach der Durchführung ist der IIS dieses Servers ein gutes Stück besser abgesichert und es wird kaum jemand schaffen, diesen Server über das Internet zu hacken. Sie sollten den *IIS Lockdown Wizard* nicht nur auf Frontend-Servern installieren, sondern auf allen Servern in Ihrem Netzwerk auf denen Windows 2000 und der IIS installiert sind.

Frontend-/Backend-Architektur

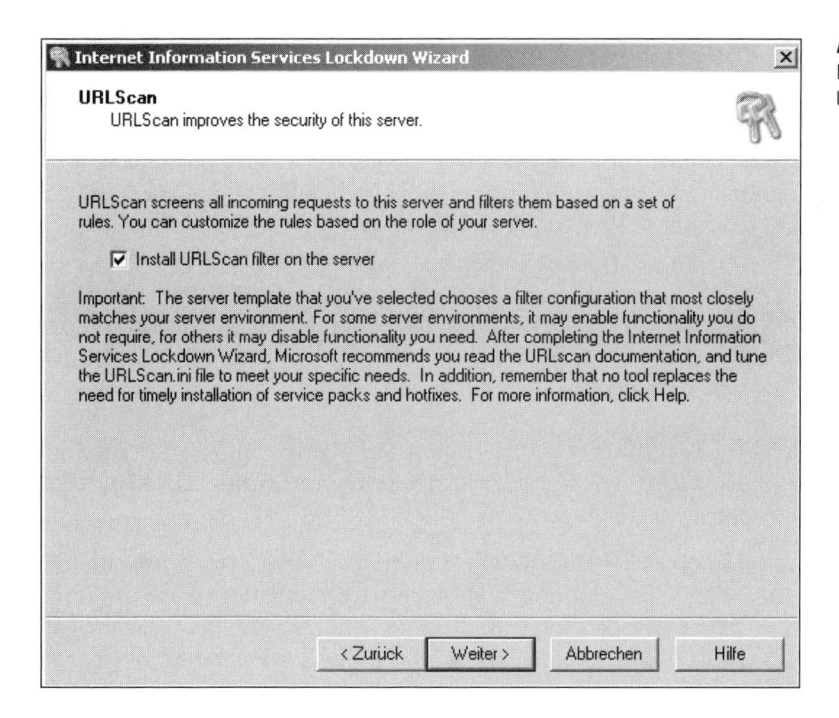

Abbildung 13.68:
Installation des URL-Scanners

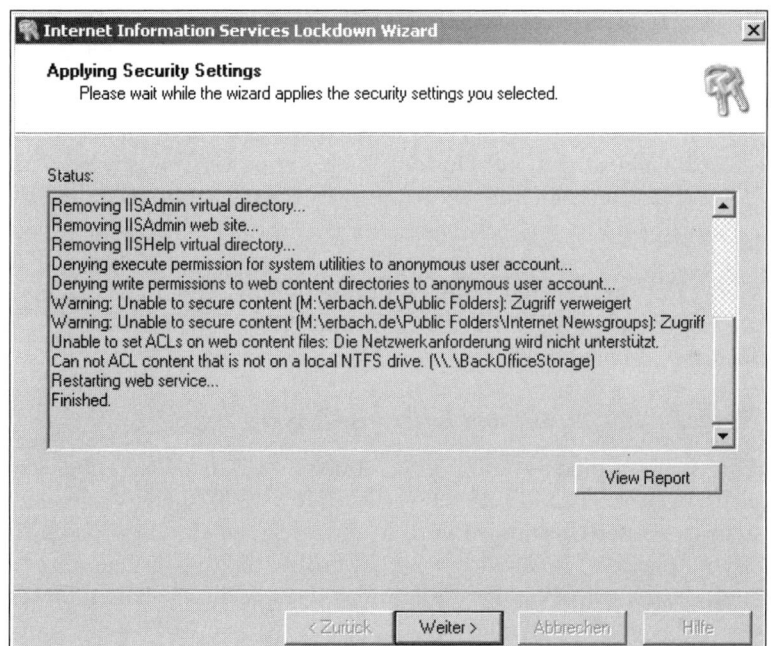

Abbildung 13.69:
Starten des IIS Lockdown Wizards

Konfiguration URL-Scanner

Nach der Durchführung des IIS Lockdown Wizards müssen Sie noch den URL-Scanner an Ihre Bedürfnisse anpassen. Standardmäßig sichert der URL-Scanner Ihr Outlook Web Access etwas zu gründlich ab, so dass Benutzer auf einige Anhänge nicht zugreifen können. Die Konfiguration des URL-Scanners läuft über die Datei urlscan.ini. Sie finden diese Datei im Pfad system32\inetsrv\urlscan.

Öffnen Sie zur Konfiguration des URL-Scanners die Datei urlscan.ini. *Diese Datei untergliedert sich in verschiedene Bereiche. Überprüfen Sie, ob folgende Einträge vorgenommen wurden:*

1. Im Bereich [OPTIONS] sollten Sie überprüfen, ob die Option ALLOW DOT IN PATH=1 gesetzt ist. Diese Option ermöglicht Benutzern Zugriff auf Dateianhänge.

2. Im Bereich [ALLOWVERBS] sollten Sie überprüfen, ob alle benötigten Befehle für Outlook Web Access freigeschaltet sind. Für Outlook Web Access werden folgende Befehle benötigt: *get, post, search, poll, propfind, bmove, bcopy, subscribe, move, proppatch, bproppatch, delete, bdelete, mkcol.*

3. Im Bereich [ALLOWEXTENSIONS] weiter unten in der Datei sollten Sie das Semikolon vor »*.htr« entfernen. Diese Dateiendung wird zum Ändern des Passwortes verwendet.

4. Im Bereich [DENYURLSEQUENCES] werden URLs geblockt, die Benutzer beim Zugriff auf Outlook Web Access verwenden. Jede E-Mail, die Zeichen enthält, die hier aufgezählt werden, können Benutzer nicht mehr öffnen.

Wenn Benutzer Probleme mit Outlook Web Access haben, können Sie in der Log-Datei im selben Verzeichnis überprüfen, welche Aktionen der URL-Scanner durchgeführt hat.

Windows 2003 Server und Enterprise Server

Auf einem Windows 2003 Server müssen Sie den IIS Lockdown Wizard nicht ausführen, da der IIS 6.0 von Windows 2003 bereits sehr sicher eingestellt ist. Unter Umständen wird Microsoft noch eine Version des IIS Lockdown Wizards für Windows 2003 veröffentlichen, welche an den IIS 6.0 angepasst wird, bekannt ist allerdings dazu nichts. Behalten Sie am besten die URL zum Wizard im Auge.

Anpassen von lokalen Benutzerkonten

Da es sich bei Ihrem Frontend-Server höchstwahrscheinlich um einen Member-Server Ihrer Domäne handelt, gibt es auf dem Server lokale Benutzer, die Sie anpassen sollten. Grundsätzlich sollten Sie alle lokalen Konten auf dem Frontend-Server deaktivieren, die Sie nicht benötigen und Kennwörter vergeben, die nicht einfach zu knacken sind. Notieren Sie sich diese Kennwörter auf einem Zettel und legen Sie diesen Ihrer Dokumentation des Frontend-Servers bei.

Die wichtigsten Schritte sind das Umbenennen des lokalen Administrators und das Löschen der Beschreibung für den Administrator (viele Hacker-Programme suchen nach der Beschreibung und nicht nach dem Kontennamen, der oft verändert wird, die Beschreibung hingegen nicht). Legen Sie auch für den Administrator ein komplexes Kennwort fest, welches weder leicht zu raten noch durch einen Angriff herauszufinden ist.

Deaktivieren von NetBios über TCP/IP

Um potentiellen Angreifern das Browsen über das Netzwerk zu erschweren, sollten Sie auf allen Frontend-Servern mit WINS-Einstellung NetBios über TCP/IP deaktivieren.

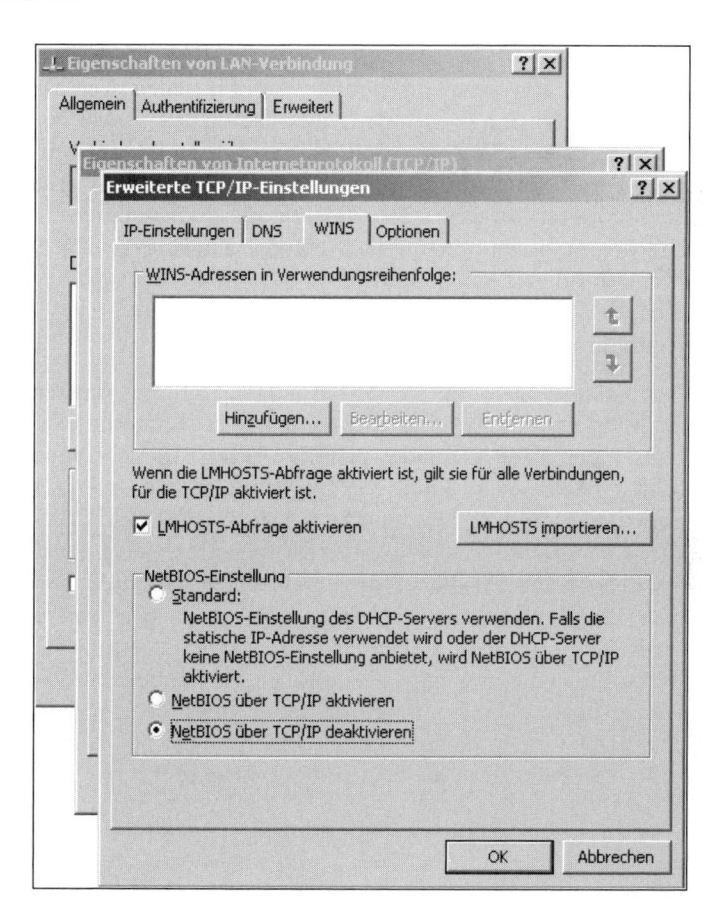

Abbildung 13.70:
Deaktivieren von NetBIOS über TCP/IP

Sie finden diese Einstellung in den Eigenschaften Ihrer Netzwerk-Verbindung bei TCP/IP auf der Registerkarte WINS.

Konfiguration des Verzeichniszugriffs

Standardmäßig trägt sich ein Exchange Server einen beliebigen Domänen-Controller ein, mit dem der Server zusammenarbeitet. Wenn Sie mehrere Domänen-Controller installiert haben, kann es durchaus sein, dass sich der Exchange Server alle Domänen-Controller einträgt. Weiter hinten im Kapitel besprechen wir die einzelnen Firewall-Ports, die vom Internet und ins interne Netz geöffnet werden müssen, damit Benutzer mit Outlook Web Access arbeiten können. Aus Sicherheitsgründen ist es sicherlich sinnvoll, den Frontend-Server so zu konfigurieren, dass er nur auf einen bestimmten Domänen-Controller zugreift. Dadurch können Sie den Authentifizierungsverkehr, der vom Internet zum Domänen-Controller durchgeht, besser steuern und beobachten. Um den Verzeichniszugriff eines Exchange Servers zu konfigurieren, müssen Sie im Exchange System Manager die Eigenschaften des Frontend-Servers aufrufen und zur Registerkarte VERZEICHNISZUGRIFF wechseln.

Auf dieser Registerkarte können Sie für jeden Verzeichniszugriff einen manuellen Eintrag vornehmen, der nur noch auf einen Domänen-Controller zeigt. Entfernen Sie den Haken für die automatische Konfiguration des Servers. Die Warnmeldung, die beim Entfernen des Hakens erscheint, können Sie ignorieren. Beachten Sie, dass Sie diese Einstellung für alle Verzeichniszugriffe eintragen. Die verschiedenen Zugriffe finden Sie im Pulldown-Menü auf dieser Registerkarte.

Konfiguration der Firewall

Nach den vorgenommenen Sicherheitsmaßnahmen müssen Sie Ihre Firewall ins Internet und die Firewall von der DMZ ins interne Netzwerk konfigurieren. In der Tabelle auf der nächsten Seite habe ich Ihnen die Ports aufgeführt, die Sie vom Internet zum Frontend-Server erlauben müssen, und natürlich auch vom Frontend-Server zu den Backend-Servern.

Sie müssen die SSL-Ports für die einzelnen Verbindungen zwischen Frontend- und Backend-Servern nicht öffnen, da der Datenverkehr zwischen Frontend- und Backend-Servern kein SSL unterstützt. Zusätzlich zu den Ports, die von den E-Mail-Protokollen verwenden werden, sollten Sie noch Ports öffnen, die die Authentifizierung durch den Frontend-Server ermöglichen. Das Öffnen dieser Ports ist wesentlich sicherer. Die Authentifizierung sollten Sie nur durch die Backend-Server durchführen lassen.

Frontend-/Backend-Architektur

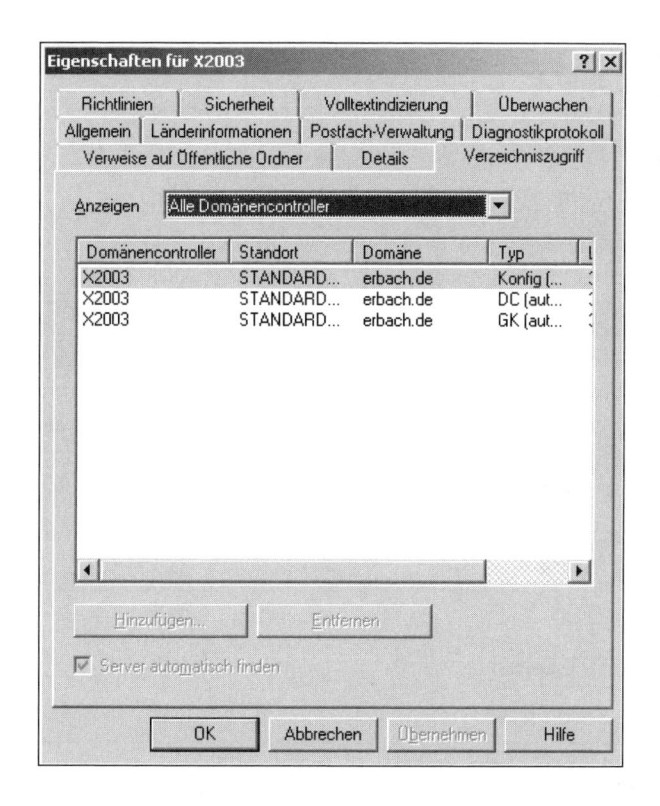

Abbildung 13.71:
Konfiguration des Verzeichniszugriffs eines Frontend-Servers

Protokoll	TCP-Port
POP3	110 (995 für SSL)
IMAP4	143 (993 für SSL)
SMTP	25
NNTP	119 (563 für SSL)
HTTP (Outlook Web Access)	80 (443 für SSL)

Tabelle 13.2:
TCP/IP-Ports für Outlook Web Access und klassische Clients

Sie müssen natürlich nur diese Ports freischalten, die auch verwendet werden. Aus diesem Grund ist es sinnvoll mindestens zwei Frontend-Server zu konfigurieren, wobei der eine für Outlook Web Access und der andere für POP3 und IMAP zuständig ist.

Diese Ports werden nur von den Clients geöffnet, Frontend-Server initiieren niemals eine Verbindung, sondern antworten nur auf Anforderungen.

Tabelle 13.3:
TCP/IP-Ports zwischen Frontend-Server und Domänen-Controller

Protokoll	TCP-Port
LDAP	TCP 389 UDP 389
Abfrage an den globalen Katalog	3268
Kerberos	TCP 88 UDP 88

Unter Umständen werden Sie noch weitere Ports öffnen müssen, die zur Authentifizierung zwischen Frontend-Server und Domänen-Controller benötigt werden. Zur Konfiguration der Namensauflösung sollten Sie mit der hosts- oder lmhosts-Datei arbeiten. Wenn Sie DNS ins interne Netzwerk freischalten wollen, benötigen Sie TCP und UDP Port 53.

Tabelle 13.4:
Weitere TCP/IP-Ports zwischen Frontend-Server und Domänen-Controller

Protokoll	TCP-Port
RPC	135
RPC-Dienst	1024.....
Netlogon	445

> **:-) TIPP**
>
> *Gehen Sie beim Schließen Ihrer Ports immer sehr methodisch vor. Öffnen Sie alle Ports, die Sie verwenden, und schließen Sie die restlichen. Überprüfen Sie nach jeder Änderung, ob Sie sich noch mit Outlook Web Access verbinden können. Gute Firewalls, wie die Checkpoint Firewall-1, zeigen den blockierten Verkehr an. Öffnen Sie die Ports zu den Servern, die der Frontend-Server benötigt und zu denen er eine Verbindung aufbauen will. Wenn Sie alle notwendigen Ports offen haben, sollten Sie diese genau dokumentieren, um die Konfiguration später wieder nachvollziehen zu können. Die restlichen Ports bleiben geschlossen. Dadurch erreichen Sie methodisch eine sichere und stabile Verbindung zwischen Frontend-Server und den Backend-Servern.*

Deaktivieren und Beenden nicht notwendiger Dienste

Ein wichtiger Sicherheits- und Performance-Schritt besteht immer im Deaktivieren von nicht benötigten Diensten. Auf einem Frontend-Server können Sie hier einige Dienste beenden, die das System belasten. Durch das Deaktivieren dieser Dienste erreichen Sie eine weitere Sicherheitsstufe.

Je nach Konfiguration Ihres Servers können Sie noch weitere Dienste beenden. Andere Dienste, die ich hier aufgeführt habe, sind bei Ihnen eventuell nicht vorhanden:

Frontend-/Backend-Architektur   Kapitel 13

Computer Browser, DCHP Client, IPSec (spart RAM und nutzt kein Mensch), *Nachrichtendienst, Runas, Removeable Storage, Logical Disk Manager, Windows Installer, Alerter, TaskPlaner* (sofern Sie keine zeitgesteuerten Aufgaben verwenden), *Remote Registry, Print Spooler, FTP-Server*.

Wenn Sie einen Frontend-Server ausschließlich für Outlook Web Access verwenden, können Sie alle Exchange-Dienste, den SMTP- und den NNTP-Dienst beenden. Wenn Sie auf einem Frontend-Server auch POP3 und IMAP zur Verfügung stellen wollen, können Sie diese Dienste nicht beenden.

Postfachspeicher und Speichergruppen entfernen

Wenn auf einem Server ausschließlich mit Outlook Web Access gearbeitet wird, können Sie darüber hinaus alle Speichergruppen und Postfachspeicher auf diesem Server löschen. Dies erhöht weiter die Sicherheit.

Wenn Sie auf einem Server jedoch POP3 oder IMAP zur Verfügung stellen wollen, muss auf dem Server ein Postfachspeicher in einer Speichergruppe vorhanden sein. Ohne einen Postfachspeicher läuft der SMTP-Dienst nicht und ohne SMTP können Benutzer mit POP3 und IMAP keine E-Mails versenden. Diese beiden Protokolle dienen lediglich zum Empfangen von E-Mails, während SMTP zum Versenden dient.

Optimieren der Registry

Zusätzlich können Sie noch die Registry Ihres Frontend-Servers bezüglich Performance und Sicherheit erhöhen. Ein Frontend-Server überprüft in regelmäßigen Abständen, ob der eingetragene Domänen-Controller noch antwortet. Wenn Sie in der internen Firewall zwischen DMS und internem Netz ICMP deaktiviert haben, wird Ping nicht mehr funktionieren. Dann denkt der Frontend-Server, dass sein Domänen-Controller nicht mehr zur Verfügung steht und schreibt ein Ereignis in das Anwendungsprotokoll der Ereignisanzeige. Sie sollten diesen Registry Key auf jedem Frontend-Server setzen.

```
Hklm\System\ccs\services\MSExchangeDSAccess
DWORD LdapKeepAliveSecs Wert 0
```

Der DSAccess-Dienst greift regelmäßig auf den Domänen-Controller zu, um seine Zeit zu stellen und andere Dinge abzufragen. Wenn der Server in der DMZ steht, sollten Sie diese Funktionalität mit folgendem Registry Key deaktivieren.

```
Hklm\System\ccs\services\MSExchangeDSAccess
DWORD DisableNetlogonCheck Wert 1
```

Konfiguration von SSL

Ein sehr wichtiger Sicherheitsaspekt ist die Konfiguration von SSL für die einzelnen Serverdienste. Sie können SSL für POP3 und IMAP und natürlich auch für HTTP konfigurieren.

SSL für POP3, IMAP und SMTP

Wenn Sie für diese Protokolle SSL aktivieren wollen, müssen Sie zunächst dem Server mit den Zertifikatdiensten oder einem Dritthersteller-Zertifikat ein solches zuordnen. Im nächsten Schritt müssen Sie dann jedem Protokoll, für das Sie SSL aktivieren wollen, ein solches Zertifikat zuweisen. Um den oben genannten Protokollen ein Zertifikat zuzuweisen, starten Sie den Exchange System Manager und navigieren Sie zum virtuellen Server des Protokolls. Rufen Sie dessen Eigenschaften auf.

Abbildung 13.72:
Virtueller POP3-Server

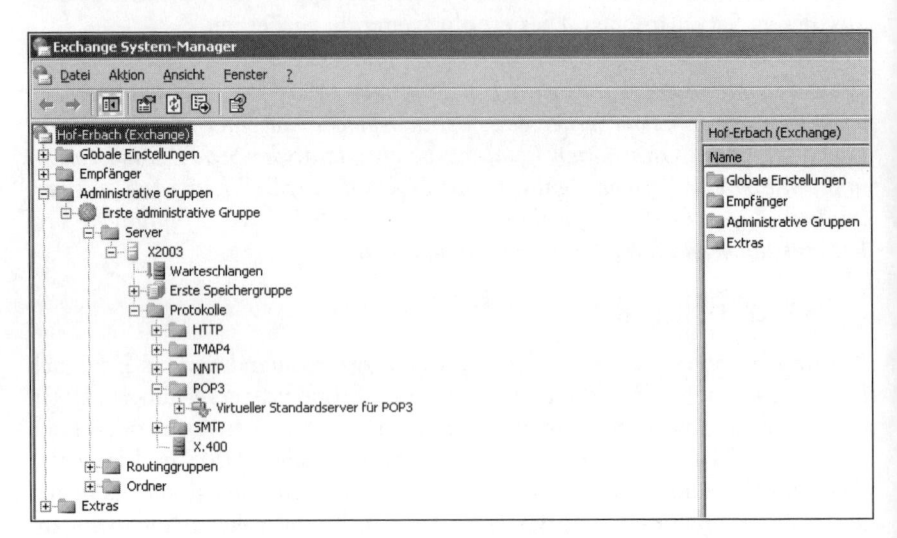

In den Eigenschaften des virtuellen Servers, für den Sie SSL konfigurieren wollen, wechseln Sie zur Registerkarte ZUGRIFF. Auf dieser Registerkarte müssen Sie diesem virtuellen Server zunächst ein Zertifikat zuweisen. Diesen Schritt führen Sie mit der Schaltfläche ZERTIFIKAT aus. Im nachfolgenden Fenster legen Sie das Zertifikat für diesen virtuellen Server fest, dieser Vorgang ist identisch zum Zuordnen eines Zertifikates für den HTTPS-Zugriff.

Nach der Zuweisung eines Zertifikates können Sie für diesen Server SSL aktivieren. Benutzer können nur noch mit SSL eine Verbindung zum POP3-Server aufbauen. Um SSL für einen Server zu aktivieren, klicken Sie auf derselben Registerkarte auf die Schaltfläche AUTHENTIFIZIERUNG.

Im nachfolgenden Fenster können Sie mit der Option SSL/TSL VERSCHLÜSSELUNG ERFORDERLICH SSL für diesen virtuellen Server aktivieren.

Frontend-/Backend-Architektur Kapitel 13

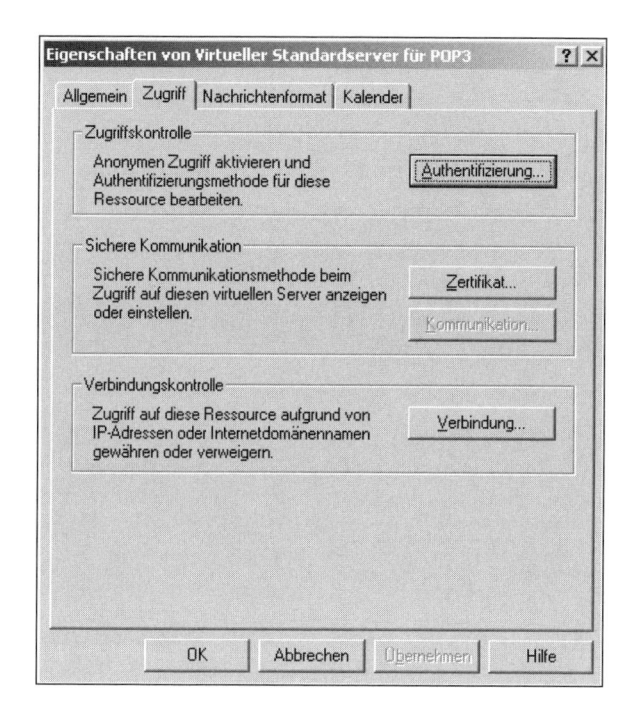

Abbildung 13.73:
Registerkarte Zugriff des virtuellen POP3-Servers

SSL für Outlook Web Access

Um SSL für den Outlook Web Access Zugriff zu ermöglichen, müssen Sie ähnlich vorgehen, wie bei der Konfiguration von SSL für POP3 und IMAP. Der Zugriff über Outlook Web Access wird bekanntermaßen mit HTTP durchgeführt. Sie müssen daher diesem virtuellen Server ein Zertifikat ausstellen und anschließend wieder SSL aktivieren. Der erste virtuelle HTTP-Server auf einem Exchange Server wird bereits bei der Installation von Exchange 2003 erstellt. Diesen Server können Sie jedoch nicht im Exchange System Manager verwalten, sondern nur in der Verwaltung des IIS. Erst die virtuellen HTTP-Server, die nach der Installation zusätzlich erstellt werden, können mit dem Exchange System Manager verwaltet werden.

Um SSL für Outlook Web Access zu aktivieren, rufen Sie das SnapIn zur Verwaltung des IIS auf. Rufen Sie als Nächstes die Eigenschaften der Default Web Site auf. Wechseln Sie auf die Registerkarte VERZEICHNIS-SICHERHEIT. Hier können Sie, ähnlich wie bereits beim virtuellen POP3-Server, dem Server ein Zertifikat zuweisen.

Nachdem Sie dem Server ein Zertifikat zugewiesen haben, können Sie im Bereich SECURE COMMUNICATIONS auf derselben Registerkarte mit der Schaltfläche EDIT, SSL für diesen Server aktivieren. Benutzer können nur noch mit SSL Verbindung zu diesem Server aufbauen. Die Konfiguration läuft dabei genauso ab, wie die bereits weiter vorne beschriebene Aktivierung der neuen Exchange 2003 Outlook Web Access-Anmeldeseite.

Kapitel 13   Outlook Web Access

Abbildung 13.74:
Aktivieren von SSL
für einen virtuellen
POP3-Server

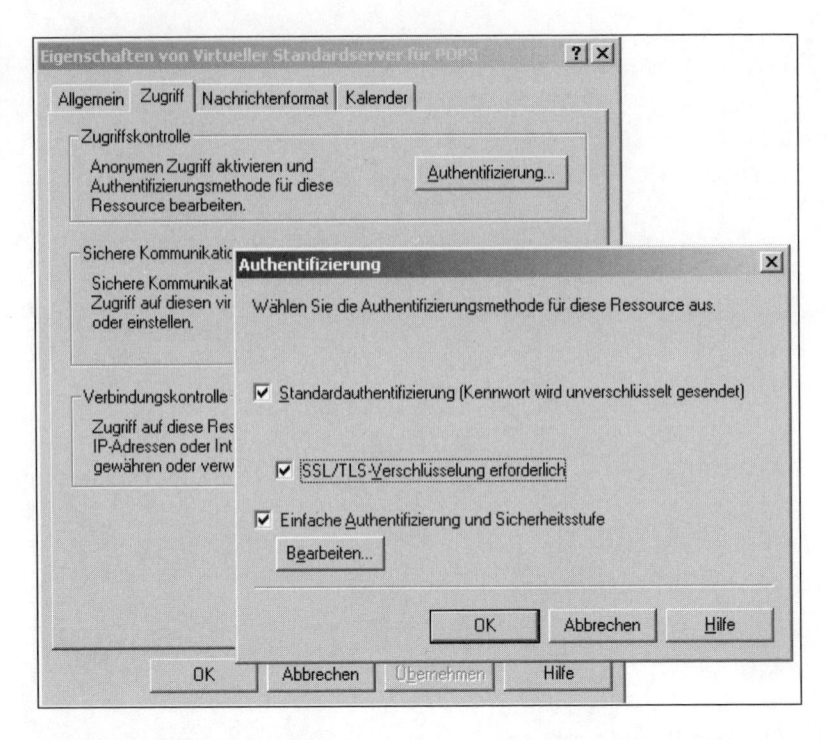

Konfiguration von SMTP

Wenn Sie Ihren Benutzern nur Outlook Web Access zur Verfügung stellen, benötigen Sie auf einem Frontend-Server kein SMTP mehr, sofern nicht der Frontend-Server gleichzeitig der Eingangsserver für den externen Mailverkehr ist. Nur beim Zugriff mit POP3 oder IMAP wird SMTP und ein vorhandener (leerer) Postfachspeicher benötigt. Wenn Sie SMTP auf Ihrem Frontend-Server aktivieren und diesen im Internet veröffentlichen, kann sich prinzipiell jeder mit dem Server per SMTP verbinden. Im Gegensatz zu Exchange 5.5 wurde in Exchange 2000 und Exchange 2003 viel Wert auf Sicherheit gelegt. Es ist daher ohne Konfigurationsänderung nicht möglich, dass unauthentifizierte Benutzer E-Mails an Domänen schicken können, die nicht durch diese Organisation und den Frontend-Server verwaltet werden.

Die Möglichkeit E-Mails über einen E-Mail-Server von extern an andere Domänen zu verschicken, wird Relaying genannt. Relaying wird oft von Spammern verwendet, die schlecht konfigurierte E-Mail-Server dazu verwenden, ihre Spam-E-Mails zu verschicken und dabei Ihre Spuren zu verwischen. In Exchange 2000 und Exchange 2003 muss diese Option explizit erst erlaubt werden. Standardmäßig dürfen nur authentifizierte Benutzer E-Mails von extern über einen Exchange Server verschicken, die wiederum nach extern adressiert sind. Anonyme Benutzer dürfen über den Frontend-Server keine E-Mails schreiben. Wenn Sie für einzelne IP-Adressen Relaying aktivieren wollen, können Sie diesen Bereich im Exchange System Manager konfigurieren. Dies benötigen Sie beispielsweise, wenn in Ihrem Firmennetz andere Mailserver stehen, die keine direkte Verbindung zum Internet haben und auch nichts mit Adressen ihrer Organisation zu tun haben. Navigieren Sie dazu zum virtuellen SMTP-Server des Frontend-Servers und rufen Sie dessen Eigenschaften auf.

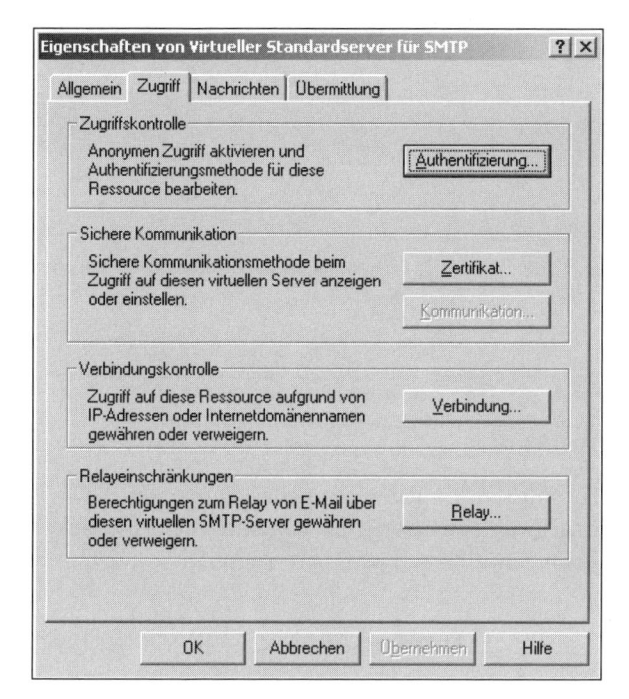

Abbildung 13.75: Registerkarte ZUGRIFF der Eigenschaften eines virtuellen SMTP-Servers

Wechseln Sie zur Registerkarte ZUGRIFF mit der Schaltfläche RELAY. Dort können Sie den Zugriff per Relaying konfigurieren.

Gehen Sie bei der Erteilung von Relay-Berechtigungen sehr vorsichtig vor. Falsch konfigurierte SMTP-Server landen schneller auf schwarzen Listen (Black-Lists) als Administratoren glauben und können dort nur sehr schwer wieder entfernt werden. Viele Firmen arbeiten mit den schwarzen Listen und nehmen keine E-Mails von Servern und teilweise auch nicht von Domänen an, die darauf aufgeführt sind.

Konfiguration der Backend-Server

Grundsätzlich ist jeder installierte Exchange Server ein Backend-Server, es sind dazu keine besonderen Konfigurationsschritte möglich. Wenn Sie jedoch Frontend-Server einsetzen und mehrere E-Mail-Domänen verwalten, müssen Sie auch bei Backend-Servern einiges beachten. Backend-Server können prinzipiell auch direkt von Benutzern per Outlook (MAPI) oder Outlook Web Access verwendet werden.

Abbildung 13.76:
Relay-Einstellungen eines Exchange Servers

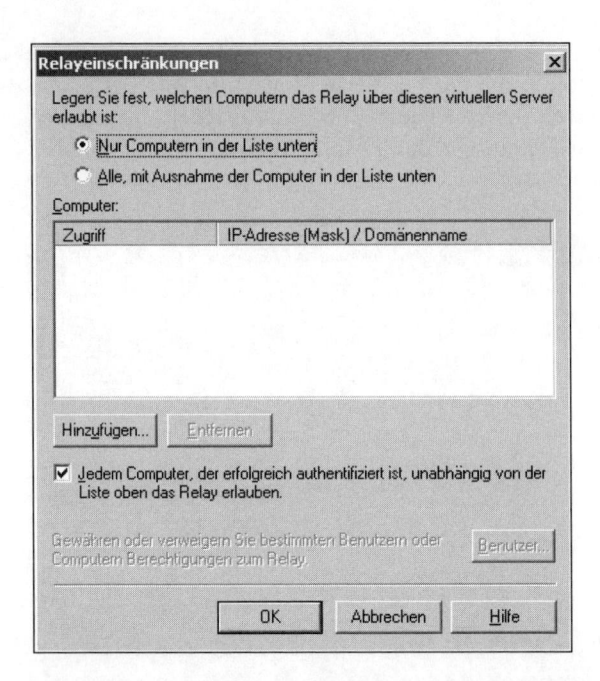

Sie müssen für jeden virtuellen Server und jedes virtuelles Verzeichnis auf dem Frontend-Server ein Pendant auf dem Backend-Server erstellen, damit Benutzer auf ihre Postfächer zugreifen können.

13.6 Troubleshooting Outlook Web Access

Bei der Arbeit mit Outlook Web Access werden Sie wahrscheinlich auf die eine oder andere Fehlerquelle stossen. Oft liegen bei Verbindungsproblemen mit Outlook Web Access andere Faktoren vor als Firewall, Leitung, lokaler Rechner des Benutzers, Internetverbindung, etc. Egal was schuld ist, wenn Benutzer sich nicht mehr über das Internet verbinden können, werden meistens die Administratoren benachrichtigt, die sich um das Problem kümmern sollen. Bei der Fehlersuche in Outlook Web Access sollten Sie ähnlich vorgehen, wie bei der Fehlersuche in anderen Bereichen in Exchange. Schauen Sie regelmäßig in die Ereignisanzeige und erhöhen Sie gegebenenfalls die Diagnose für Outlook Web Access.

> **TIPP**
> *Ändern Sie immer nur eine Konfiguration auf einmal, wenn Sie einen Fehler suchen, damit Sie nachvollziehen können, was schlussendlich das Problem war. Bei Exchange 2003 sowie im Active Directory von Windows 2003 werden Konfigurationsänderungen zwar um ein Vielfaches schneller repliziert als noch bei Exchange 2000 und Windows 2000, manche Einstellungen dauern aber immer noch ein wenig. Ändern Sie Schritt für Schritt und machen Sie Ihre Änderungen wieder rückgängig, wenn sie nichts gebracht haben.*

Anmeldeprobleme

Wenn es mit Outlook Web Access Probleme gibt, dann in den meisten Fällen beim Verbindungsaufbau zum Outlook Web Access Server. Oft geben Benutzer zum Beispiel eine falsche URL an oder verschreiben sich beim Benutzernamen. Damit Benutzer Verbindung zum Outlook Web Access-Server aufbauen können, müssen Sie nur die URL http://SERVERNAME/exchange eingeben. Wenn Sie mit SSL arbeiten lautet die URL https://SERVERNAME/exchange.

Nach der Eingabe dieser URL erscheint das Anmeldefenster des IIS, in dem der Benutzer seinen Benutzernamen mit Kennwort und eventuell noch die Domäne eingeben kann, falls Sie diese Eingabe nicht bereits vorgegeben haben. Wenn Sie Anmeldefehler bei Outlook Web Access untersuchen, verwenden Sie am besten immer die ganze URL des Postfachs, um den Verbindungsaufbau zu testen: http://SERVERNAME/exchange/Benutzername.

Wenn Sie die komplette URL eingeben, muss der Exchange Server nicht erst ein Active Directory Lookup nach dem Benutzernamen durchführen, sondern gleich beim globalen Katalog nach dem Postfachserver des Benutzers fragen und diesen gleich verbinden.

Einfache Anmeldefehler

Auch wenn es sich ein bisschen einfach anhört, die meisten Anmeldeprobleme liegen an einem Tippfehler bei Benutzernamen und Kennwort, oft auch weil CapsLock (Feststelltaste) eingeschaltet ist.

Wenn Verbindungsprobleme vorliegen, sollten Sie zunächst überprüfen, ob alle Benutzer Probleme haben oder nur ein Teil, idealerweise nur ein einzelner Benutzer. Verwenden Sie bei allgemeinen Problemen immer einen Testbenutzer, der nicht in der Administratorengruppe ist. Oft liegen Anmeldeprobleme auch an Berechtigungen, die natürlich bei Administratoren nicht auftreten. Wenn nur ein Benutzer Probleme hat, überprüfen Sie zunächst dessen Eigenschaften im Active Directory und vergleichen diese mit Benutzern, die ähnliche Einstellungen haben. Testen Sie die Verbindung auch auf einem anderen Rechner, da viele Probleme oft nur an einem falsch konfigurierten Browser liegen.

Probleme beim Erkennen von Benutzernamen

Wenn sich ein Benutzer nicht authentifizieren kann, geben Sie dessen Anmeldedaten nach dem Format *Domäne\Benutzername* ein. Oft kann der Exchange Server nur das Benutzerkonto im Active Directory nicht finden. Schalten Sie zu Testzwecken die integrierte Authentifizierung aus und verwenden Sie übergangsweise nur die Basic Authentification. Da bei dieser Authentifizierung Benutzernamen und Kennwort im Klartext über das Netz verschickt werden, sind hier Probleme schneller behoben. Sie sollten diese Authentifizierung aber nur zu Testzwecken oder zusammen mit SSL verwenden, da Sie bei der Basic Authentification ein großes Sicherheitsloch schaffen. Wenn sich Benutzer über das Internet mit Outlook Web Access verbinden, sollten Sie immer die Basic Authentification in Verbindung mit SSL verwenden. Diese Authentifizierung ist einfach, stabil und sicher.

Fehler bei integrierter Authentifizierung

Wenn Sie die integrierte Authentifizierung verwenden und Benutzer sich nicht mit Outlook Web Access verbinden können, kann auch eine asynchrone Zeiteinstellung zwischen Client und Server Schuld sein. Die integrierte Authentifizierung arbeitet mit Kerberos und Sitzungstickets. Diese werden ungültig, wenn die Ihren zwischen Client und Server mehr als 5 Minuten auseinander laufen. Prüfen Sie diese Einstellung zunächst.

Standardmäßig laufen die Uhren in einem Windows 2000 Active Directory immer synchron. Der Windows-Zeitdienst (w32time) synchronisiert seine Zeit mit dem PDC-Master der ersten Domäne, die im Forest installiert wurde. Dies gilt für alle Workstations, Member-Server und Domänen-Controller.

Wenn dieser Fehler bei Ihnen nicht auftritt, kann der Frontend-Server eventuell keine Verbindung zu einem Domänen-Controller aufbauen, da er in einer DMZ steht und die Firewall den Verkehr blockiert. In einem solchen Fall sollten Sie kurzzeitig alle Ports für den Server ins interne Netz öffnen und überprüfen, ob der Fehler behoben ist. Schließen Sie dann die Ports wieder nach und nach, bis der Fehler wieder auftritt.

Überprüfen Sie ob das Subnet Ihrer DMZ im SnapIn *Active Directory Standorte und Dienste* angelegt wurde und einem Standort zugewiesen ist. Wenn sich ein Server keine Verbindung ins interne Netzwerk aufbauen kann, liegt oft solch ein Fehler vor. Sie können auf dem Server mit

```
nltest /dsgetsite
```

überprüfen, ob der Exchange Server Verbindung zu seinem konfigurierten Standort hat.

HTTP-Fehler

Ein weiterer, sehr häufiger Fehler besteht darin, dass Outlook Web Access sich nicht öffnen lässt, sondern bereits Fehlermeldungen im Internet Explorer erscheinen, bevor Benutzer sich authentifizieren können. Überprüfen Sie in einem solchen Fall, ob alle virtuellen Server mit der richtigen E-Mail-Domäne verknüpft sind und korrekt eingestellt sind. Virtuelle Server auf

Frontend-Servern und Backend-Servern müssen identisch sein, Benutzer dürfen sich ansonsten nicht anmelden. Diese Fehler treten auch oft auch, wenn Benutzer versuchen sich mit HTTP anstatt HTTPS anzumelden, obwohl Sie Outlook Web Access mit SSL konfiguriert haben.

Oft treten auch fehlerhafte Outlook Web Access-Seiten auf, wenn Sie den URL-Scanner des IIS Lockdown Wizards nicht richtig konfiguriert haben, oder einige Anhänge ausgefiltert werden. Überprüfen Sie in einem solchen Fall die Datei system32\inetsrv\urlscan\urlscan.ini nach falschen oder unpassenden Einträgen.

Falsche Anzeige des OWA-Oberfläche

ActiveX-Elemente

Wenn Benutzer Anzeigefehler in Ihrem Internet Explorer erhalten, liegt oft ein Fehler in der Konfiguration des Internet Explorers vor. Outlook Web Access benötigt zum Anzeigen ActiveX-Elemente. Wenn diese im Internet Explorer deaktiviert sind, wird die Oberfläche in Outlook Web Access nur teilweise oder fehlerhaft angezeigt. Diese Einstellung können Sie in den Sicherheitseinstellungen des Internet Explorers unter EXTRAS/INTERNET-OPTIONEN vornehmen. Am besten weisen Sie ihre Benutzer an, die Adresse des OWA-Servers in die Zone der vertrauenswürdigen Sites aufnehmen.

Berechtigungen auf NTFS-Ebene

Wenn ActiveX-Elemente im Internet Explorer angezeigt werden, aber die Seiten trotzdem fehlerhaft angezeigt werden, liegt eventuell ein Problem in den Berechtigungen des Verzeichnisses *exchsrvr\exchweb* vor. Überprüfen Sie, ob sowohl authentifizierte Benutzer als auch das anonyme Konto Leserechte auf dieses Verzeichnis und alle Unterverzeichnisse haben.

Es gibt eine Vielzahl weiterer Möglichkeiten, warum Outlook Web Access nicht korrekt funktioniert. Um solche Fehler frühzeitig zu verhindern, sollten Sie alle Einstellungen des IIS entweder auf Standard lassen oder Änderungen dokumentieren. Wenn Anmeldeprobleme vorliegen, schauen Sie sich dieses Kapitel an und gehen Sie die Konfigurationshinweise noch einmal Schritt für Schritt durch, um falsche Einstellungen zu vermeiden.

14 Wireless Services

Die Wireless Services (mobile Dienste), das heißt der Zugang mit drahtlosen Geräten, ist eine neue Funktionalität in Exchange 2003. Diese Dienste waren unter Exchange 2000 noch in einem eigenen Serverprodukt, dem Mobile Information Server integriert. Der Mobile Information Server musste gesondert lizenziert und auf einer getrennten Maschine installiert werden. Da der Zugang mit drahtlosen Geräten, WAP-Handys und Pocket-PCs immer mehr zunimmt, hat Microsoft auf diese Entwicklung reagiert und die Unterstützung dieser Geräte in Exchange 2003 integriert.

Mit den Wireless Services können Pocket-PCs eine Synchronisation mit Ihrem Postfach über das Netzwerk ausführen, ohne an eine Dockingstation angeschlossen zu sein. Diese Synchronisation kann auch über das Internet mit VPN oder Server-Veröffentlichungen durchgeführt werden. Außerdem können Benutzer mit WAP 2.0-fähigen Geräten direkt auf Ihr Postfach zugreifen. Microsoft hat dazu in den Wireless Services das Outlook Mobile Access (OMA) integriert. Eine weitere Möglichkeit besteht im Senden von Nachrichten an mobile Geräte und das Ausfiltern von großen Nachrichten, wenn diese mit GPRS oder UMTS übertragen werden. Alle diese Funktionen erweitern die Möglichkeit des Exchange Servers stark und sind für viele Firmen Gründe für die Migration zu Exchange 2003.

Standardmäßig ist nach der Installation von Exchange 2003 der drahtlose Zugang für alle Benutzer aktiviert. Sie müssen keine Konfigurationsänderungen oder zusätzlichen Installationen vornehmen. Natürlich müssen Sie die Wireless Services an Ihre Bedürfnisse und Ihre Unternehmensrichtlinien anpassen, aber standardmäßig stehen diese sofort nach der Installation zur Verfügung.

14.1 Features

Die drahtlosen Synchronisationsmöglichkeiten erlauben es Benutzern, sich mit Ihrem Postfach zu synchronisieren, ohne dauerhaft mit dem Netzwerk verbunden zu sein. Die Synchronisation unterscheidet sich in zwei Features, die Benutzern zur Verfügung stehen.

Always-Up-To-Date Benachrichtigungen

Dieses Feature ist hauptsächlich für zukünftige Geräte ausgelegt und die modernste Erweiterung in Exchange 2003. Mit Always-Up-To-Date Benachrichtigungen wird das Postfach des Benutzers auf dem Exchange 2003 Server ständig mit seinem mobilen Gerät synchronisiert. Im Klartext heißt das, wenn eine E-Mail in das Postfach des Benutzers gestellt wird, informiert Exchange den Benutzer sofort, damit er sich mit seinem Postfach synchronisieren kann.

Benutzerdefinierte Synchronisation

Wie eingangs bereits beschrieben, können sich Benutzer jederzeit mit Ihrem Postfach synchronisieren. Zusätzlich können Benutzer auswählen, über welchen Weg und welchen Provider ihr Postfach synchronisiert werden soll. Benutzer sind dabei nicht auf einen Carrier angewiesen, sondern können diesen selbstständig wählen und konfigurieren.

Outlook Mobile Access

Mit Outlook Mobile Access können Benutzer mit WAP-fähigen Geräten, das heißt Handys oder Pocket-PCs, direkt per Remote auf Ihr Postfach, den Kalender und die Aufgaben zugreifen. Auch der Zugang mit iMode wird unterstützt. Diese Funktion steht nach der Installation wie Outlook Web Access ebenfalls standardmäßig auf jedem Exchange 2003 Server zur Verfügung und kann an Ihre Bedürfnisse angepasst werden. Standardmäßig ist das Browsen von Benutzerpostfächern mit Outlook Web Access jedoch deaktiviert, kann aber leicht und schnell aktiviert werden.

14.2 Aktivierung der Wireless Services

Die Konfiguration der Wireless Services nehmen Sie im Exchange System-Manager vor. Wenn Sie den Exchange System-Manager starten, steht Ihnen in den globalen Einstellungen das Menü zur Konfiguration dieser Dienste zur Verfügung.

Abbildung 14.1:
Mobile Dienste im Exchange System Manager

Um die mobilen Dienste weiter zu konfigurieren, rufen Sie mit der rechten Maustaste die Eigenschaften auf. Es öffnet sich ein Fenster, in dem Sie die Konfiguration vornehmen sowie die mobilen Dienste aktivieren oder deaktivieren können.

Standardmäßig ist die Synchronisation der Benutzerpostfächer aktiviert, Outlook Mobile Access ist hingegen deaktiviert. Das Outlook Mobile Access (OMA) wird für den Zugriff per WAP auf das Postfach der Benutzer verwendet. Ihnen stehen auf der Registerkarte 5 Möglichkeiten zur Verfügung, um den drahtlosen Zugang der Benutzer zu konfigurieren.

- BENUTZERINITIIERTE SYNCHRONISATION AKTIVIEREN. Wenn Sie diese Option aktivieren, dürfen sich Benutzer über das Netzwerk mit ActiveServerSync mit Ihrem Exchange-Postfach synchronisieren. Diese Option ist bereits aktiviert.

- AKTUALISIERUNGSBENACHRICHTIGUNGEN AKTIVIEREN (Always-Up-To-Date Notifications). Wenn Sie diese Option aktivieren, werden konfigurierte Benutzer automatisch von Exchange benachrichtigt, wenn eine Änderung im Postfach vorliegt und das Postfach synchronisiert werden kann. Dadurch ist sichergestellt, dass Benutzer sofort in Kenntnis gesetzt werden, wenn Änderungen im Postfach vorliegen. Diese Option ist bereits aktiviert.

- BENACHRICHTIGUNGEN AN VON BENUTZER ANGEGEBENE SMTP-ADRESSEN AKTIVIEREN. Auch diese Option ist standardmäßig aktiviert. Diese Option ermöglicht es Benutzern, den Carrier eigenständig festzulegen, mit dem Benachrichtigungen über Änderungen in seinem Postfach verschickt werden.

- OUTLOOK MOBILE ACCESS AKTIVIEREN. Wenn Sie diese Option aktivieren, dürfen Benutzer mit WAP-Handys oder Pocket-PCs direkt auf Ihr Postfach zugreifen. Das Postfach wird von Outlook Mobile Access (OMA) in ein WAP-fähiges Format umgewandelt, damit die Ansicht ermöglicht wird. Standardmäßig ist diese Option nicht aktiviert.

- NICHT UNTERSTÜTZTE GERÄTE AKTIVIEREN. Auch diese Option ist standardmäßig nicht aktiviert. Wenn Sie die Option aktivieren, können auch Benutzer von älteren WAP 1.0-Handys auf Ihr Postfach zugreifen. Da diese Geräte aber standardmäßig nicht unterstützt werden, kann nicht vorhergesagt werden, ob Benutzer fehlerfrei mit OMA arbeiten können.

Abbildung 14.2:
Konfiguration der mobilen Dienste

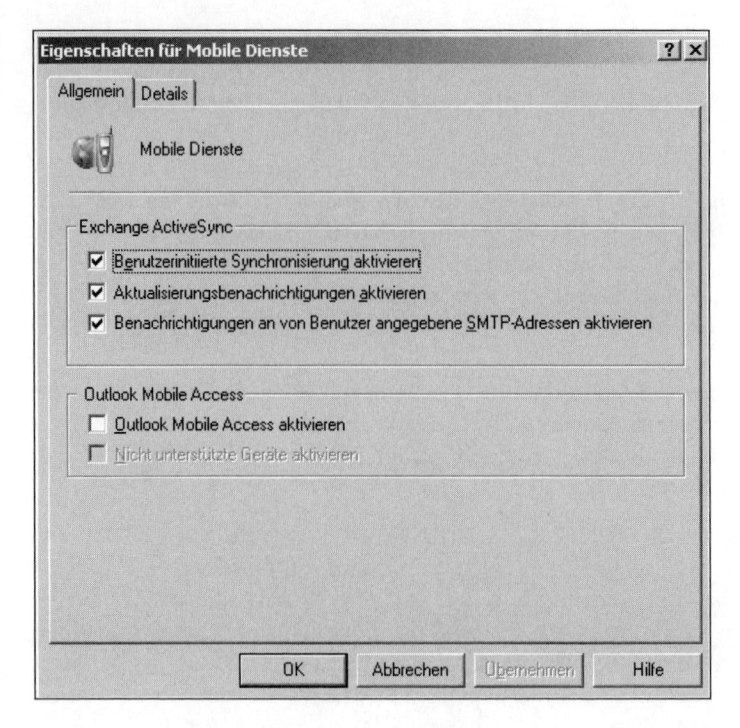

14.3 Konfiguration von OMA

Damit Ihre Benutzer mit Outlook Mobile Access arbeiten können, müssen Sie zunächst, wie weiter oben bereits beschrieben, Outlook Mobile Access für die Organisation aktivieren.

Während der Installation von Exchange 2003 legt das Setup ein virtuelles Verzeichnis OMA in der Standard-Website des IIS an, welches Sie genauso konfigurieren können, wie die Outlook Web Access-Komponenten. Sie können Berechtigungen vergeben und zusätzliche virtuelle Server konfigurieren. Die Konfiguration und Verwaltung von Outlook Mobile Access läuft dabei absolut identisch mit der Konfiguration von Outlook Web Access ab. Standardmäßig müssen Sie, außer der Aktivierung von Outlook Mobile Access, keine weiteren Einstellungen vornehmen. Dies gilt auch für Outlook Mobile Access. Wenn Sie jedoch mehrere E-Mail-Domänen verwalten müssen und Benutzern aus unterschiedlichen E-Mail-Domänen den Zugang ermöglichen wollen, müssen Sie, wie bei Outlook Web Access, mehrere virtuelle Server konfigurieren.

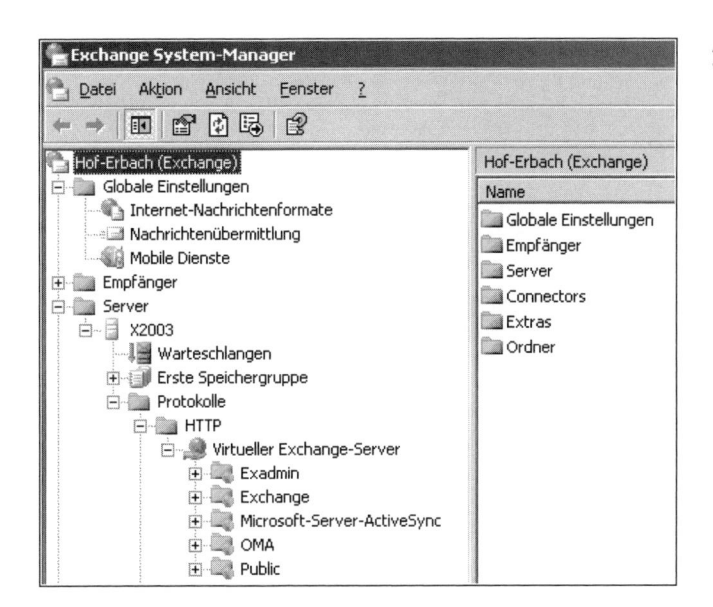

Abbildung 14.3:
Virtuelle Verzeichnisse für die mobilen Dienste

14.4 Benutzerverwaltung

Sie können die einzelnen mobilen Dienste für bestimmte Benutzer deaktivieren oder aktivieren. Standardmäßig sind alle Dienste für alle Benutzer bereits aktiviert. Wenn Sie bestimmten Benutzern den Zugriff auf Ihr Postfach mit Outlook Mobile Access verweigern wollen, müssen Sie das einzeln für alle Benutzer durchführen.

Zugriffsteuerung für die Benutzer

Diese Konfiguration wird im SnapIn *Active Directory-Benutzer und -Computer* durchgeführt. Rufen Sie dazu den Benutzer im SnapIn auf und wechseln Sie zur Registerkarte EXCHANGE-FEATURES. Hier können Sie jetzt für jeden Benutzer die einzelnen Dienste deaktivieren oder aktivieren.

Einstellungen auf dem Pocket-PC

Damit Benutzer sich mit Ihrem Postfach auf dem Exchange-Server synchronisieren können, müssen diese noch ein paar Einstellungen auf Ihrem Pocket-PC vornehmen. Damit sich ein Benutzer synchronisieren kann, muss dessen Pocket-PC mit dem Netzwerk verbunden sein, zum Beispiel mit einem Wireless LAN.

Kapitel 14   Wireless Services

Abbildung 14.4:
Verwalten von
Benutzerrechten

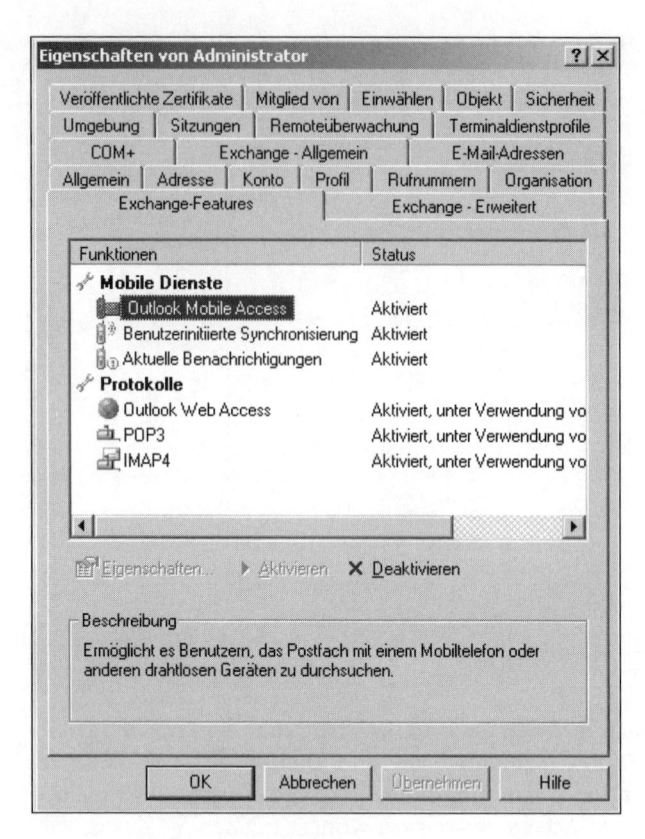

[Screenshot: Eigenschaften von Administrator – Registerkarte Exchange-Features mit aktivierten Mobilen Diensten (Outlook Mobile Access, Benutzerinitiierte Synchronisierung, Aktuelle Benachrichtigungen) und Protokollen (Outlook Web Access, POP3, IMAP4)]

Konfiguration für ActiveSync

STEP

Wenn diese Voraussetzung erfüllt ist, kann der Benutzer auf seinem Pocket-PC die Synchronisation mit dem Server konfigurieren. Dabei müssen folgende Einstellungen vorgenommen werden:

1. Öffnen Sie mit START/ACTIVESYNC zunächst das Konfigurationsprogramm für ActiveSync auf dem Pocket-PC.

2. Öffnen Sie im Konfigurationsmenü in den Einstellungen die Registerkarte SERVER.

3. Tragen Sie als Server die IP-Adresse oder den Namen des Servers ein. Wenn Sie den Namen des Servers eintragen, sollten Sie zunächst die Namensauflösung auf dem Gerät überprüfen.

4. Konfigurieren Sie in diesem Menü auch den Benutzernamen, das Kennwort und Ihre Domäne, damit diese Daten bei der Synchronisation gleich mit übertragen werden.

Konfiguration für Outlook Mobile Access

Damit ein Benutzer auf sein Postfach mit seinem mobilen Gerät zugreifen kann, müssen Sie Verbindung zur URL http://SERVERNAME/OMA oder bei SSL https://SERVERNAME/OMA aufbauen. Sie können SSL für OMA analog zur Konfiguration von SSL durchführen, die einzelnen Schritte und Einstellungen in den virtuellen Verzeichnissen sind identisch. Nach der Verbindungseingabe erscheint ein Fenster zur Authentifizierung. Die Benutzer müssen sich mit der Syntax *Domäne\Benutzername* anmelden. Die Eingabe des Benutzernamens ohne die Domäne ist nicht möglich.

Wenn Sie Outlook Mobile Access für einen Benutzer noch nicht aktiviert oder die oben beschriebene globale Einstellung zur Aktivierung von Outlook Mobile Access noch nicht durchgeführt haben, erscheint im Browser des Pocket-PCs die entsprechende Meldung, die dem Benutzer mitteilt, dass sein Postfach noch nicht für Outlook Mobile Access aktiviert wurde.

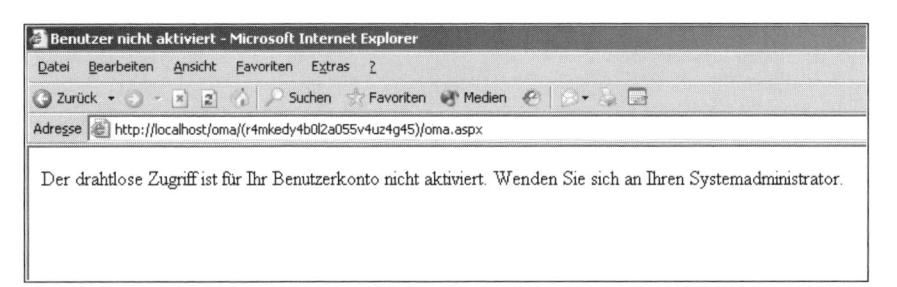

Abbildung 14.5:
Meldung bei deaktiviertem Outlook Mobile Access

Wenn sich ein Benutzer mit einem nicht unterstützten Gerät an Outlook Mobile Access anmeldet, erhält er in seinem Browser ebenfalls eine Meldung.

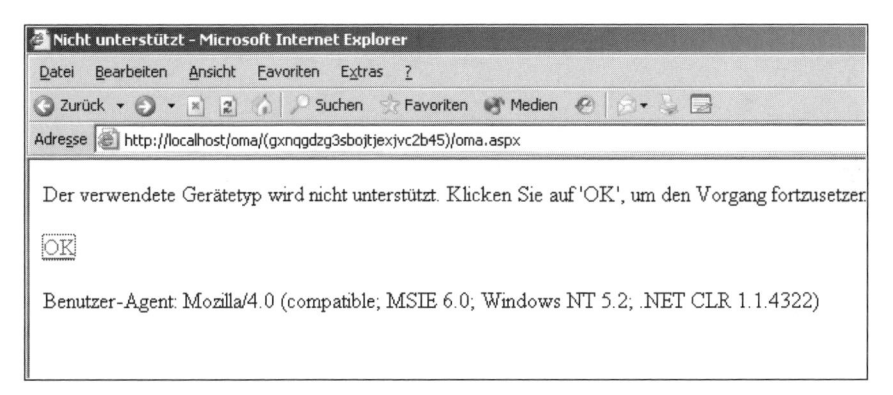

Abbildung 14.6:
Anmeldung mit einem nicht unterstützten Gerät

15 Datensicherung

Die Datensicherung eines Exchange Servers gehört sicherlich zu den wichtigsten Aufgaben eines Exchange-Administrators. Da die Kommunikation mit Hilfe von E-Mails in Unternehmen eine immer größere Rolle spielt, verlassen sich Ihre Benutzer immer mehr auf das System. Bei Ausfall eines Servers oder einer Exchange-Datenbank sollten Sie rechtzeitig einen Plan ausarbeiten sowie testen, was bei einer Wiederherstellung zu tun ist. Auch das Zurücksichern einzelner E-Mails wird von vielen Benutzern inzwischen vorausgesetzt. Bei der Sicherung eines Exchange Servers müssen Sie immer Murphy's Gesetz beachten: »Was schief gehen kann, geht schief« und zwar zum ungünstigsten Zeitpunkt. Seien Sie bei der Sicherung Ihres Exchange Servers auf der Hut. Viele Firmen sichern Ihre Exchange Daten nur des schlechten Gewissens Willen, testen aber nie eine Rücksicherung. Wenn die Datensicherung dann irgendwann benötigt wird, weiß kein Mensch, was genau zu tun ist und ob die Rücksicherung überhaupt funktioniert.

Es gibt zwei verschiedene Varianten der Datensicherung, die Online-Sicherung und die Offline-Sicherung. Da Exchange auf eine ESE-Datenbank aufbaut, die ständig Online ist, werden zur Sicherung der Datenbank spezielle Exchange Agents benötigt. Sie sollten bei der Planung Ihrer Sicherung immer die Online-Sicherung bevorzugen, da diese die wirklich professionelle Sicherungsmethode eines Exchange Servers ist.

Sie benötigen zur Online-Sicherung Ihrer Exchange-Datenbank nicht unter allen Umständen ein Tool eines Drittherstellers.

Bei der Installation von Exchange wird das Windows-Datensicherungs-Programm NTBACKUP erweitert, damit es online die Exchange-Datenbanken sichern kann. Seit Windows 2000 ist das Datensicherungsprogramm gut zu gebrauchen. Vor allem in einer Übergangszeit sollten Sie zumindest mit diesem Programm Ihre Exchange-Datenbank sichern.

Die Datensicherung in Exchange 2003 wurde im Vergleich zu Exchange 2000 noch weiter verbessert. Es stehen Ihnen zum Beispiel neue Hilfsmittel wie der Volume Shadow Service (VSS), Exchdump, das Mailbox Recovery Center und die Recovery-Speichergruppen zur Verfügung, um nur einige Verbesserungen zu nennen. Auf den nachfolgenden Seiten werde ich detaillierter auf diese und andere Punkt der Datensicherung und Wiederherstellung eingehen.

TIPP

Achten Sie darauf, dass auf Ihrem Exchange Server immer genügend freier Plattenplatz zur Verfügung steht. Idealerweise ist auf den Datenträger noch einmal soviel Platz, wie Exchange bereits für seine Datenbanken benötigt. Dadurch steht Ihnen genügend Spielraum zum Kopieren von Daten, der Datensicherung und anderen Tools wie eseutil zum Wiederherstellen Ihrer Datenbanken zur Verfügung.

15.1 Transaktionsprotokolldateien

Exchange 2003 arbeitet wie auch die Vorversionen mit *Transaktionsprotokolldateien*. Alle Aktionen, die Ihre Benutzer durchführen und damit Änderungen in der Datenbank vornehmen, E-Mails schreiben, Termine planen, öffentliche Ordner erstellen, usw. müssen von Exchange gespeichert werden. Damit dieser Speichervorgang jederzeit konsistent und performant ist, arbeitet Exchange ähnlich wie der SQL-Server. Jede Änderung und jede Aktion wird zunächst in eine Datei geschrieben. Von dieser Datei arbeitet Exchange dann Änderung für Änderung ab und speichert Sie in seiner Datenbank. Diese Dateien sind für den Betrieb eines Exchange Servers sowie zur Datensicherung unerlässlich. Diese Dateien werden Transaktionsprotokolle genannt. Jede Transaktionsprotokolldatei hat eine Größe von 5 MB. Sobald eine Datei von Exchange voll geschrieben wurde, wird eine neue Transaktionsprotokolldatei angelegt. Dieser Vorgang geschieht automatisch. Informationsspeicher, die in derselben Speichergruppe angeordnet sind, verwenden jeweils dieselben Transaktionsprotokolle. Werden diese beschädigt, vor allem wenn die darin enthaltenen Änderungen noch nicht in der Datenbank gespeichert sind, werden alle Informationsspeicher dieser Speichergruppe beeinträchtigt beziehungsweise beschädigt. Auch den Speicherort der Transaktionsprotokolldateien können Sie ändern. Sie können diese Dateien entweder im selben Verzeichnis oder im selben Datenträger der Datenbank aufbewahren oder einen getrennten Datenträger wählen. Microsoft empfiehlt auch die Transaktionsprotokolldateien auf einem getrennten Festplattensystem zu speichern. Dies hat ebenfalls Stabilitäts- und Performance-Gründe. Durch die Arbeit mit Transaktionsprotokolldateien werden die Performance und die Stabilität von Exchange deutlich erhöht. Auch die Vorgänger von Exchange 2003 haben bereits mit diesen Protokollen gearbeitet.

STOP

Löschen Sie keinesfalls Transaktionsprotokolle mit der Hand. Wenn Sie eine Online-Sicherung Ihrer Datenbank mit einem Exchange-tauglichen Datensicherungsprogramm durchführen, werden diese Dateien gesichert und danach automatisch durch das Sicherungsprogramm gelöscht, es ist kein manuelles Eingreifen notwendig. Selbst wenn Ihnen die Datenbankdateien (»*.edb« und »*.stm«) verloren gehen, können Ihre Exchange-Daten sehr einfach mit den Transaktionsprotokollen wiederhergestellt werden.

Transaktionsprotokolldateien

Kapitel 15

> *Sie sollten von Beginn an Ihren Exchange Server online sichern. Versäumen Sie das, besteht die Möglichkeit, dass die Partition, in der die Transaktionsprotokolldateien gespeichert sind, überläuft. Wenn Exchange keine neuen Transaktionsprotokolldateien anlegen kann, da kein Plattenplatz mehr vorhanden ist, stellt der Server seine Funktion ein und kein Benutzer kann sich mehr mit dem System verbinden. Exchange legt aus diesem Grund zwei Reserve-Transaktionsprotokolle, res1.log und res2.log an, wenn diese jedoch ebenfalls voll geschrieben sind, steht Ihr Exchange Server still.*

:-) TIPP

Checkpoint-Datei und Soft-Recovery

Checkpoint-Datei

Exchange speichert in einer speziellen Datei, der Checkpoint-Datei, welche Transaktionsprotokolle bereits in die Datenbank geschrieben wurden. Diese Datei liegt im Verzeichnis, welches Sie in den Eigenschaften der Speichergruppe unter SYSTEMPFAD eingetragen haben. Standardmäßig liegt die Checkpoint-Datei im selben Verzeichnis wie die Transaktionsprotokolle. Die Checkpoint-Datei hat die Syntax *E0n.chk*. Bei jedem Beenden oder Starten des Exchange Servers überprüft Exchange anhand der Checkpoint-Datei, welche Transaktionsprotokolle noch nicht in die Datenbank geschrieben wurden und schreibt die restlichen Transaktionsprotokolle in die Datenbank. Das Herunterfahren eines Exchange Servers kann etwas dauern, wenn viele Transaktionsprotokolle zu verarbeiten sind. Wenn ein Exchange Server beim Herunterfahren und dem Schreiben in die Datenbank unterbrochen wird, führt er diesen Vorgang beim Starten durch. Wenn Sie die Checkpoint-Datei löschen, werden alle Transaktionsprotokolle, die dem Exchange Server zur Verfügung stehen, erneut in die Datenbank geschrieben. Das Thema Checkpoint-Datei wird genauer im Kapitel 7 *Speicherarchitektur* behandelt.

Soft-Recovery

Prinzipiell können Sie mit einer leeren Datenbank und einem vollständigen Satz Transaktionsprotokolle Ihre Datenbank wieder vollkommen herstellen. Dieser Vorgang wird *Soft-Recovery* genannt, der Exchange Server führt diese Aufgabe vollkommen selbstständig, ohne Eingreifen eines Administrators durch.

Wenn Exchange beginnt Transaktionsprotokolle während eines Soft-Recovery in die Exchange-Datenbank zu schreiben, wird folgendes Ereignis in das Anwendungsprotokoll geschrieben.

```
Event Type: Information
Event Source: ESE
Event Category:
```

[KOMPENDIUM] Exchange Server 2003 und Outlook

Kapitel 15   Datensicherung

```
Event ID: 301
Date: 10/17/2003
Time: 5:52:11 AM
User: N/A
Computer: server_name
Description:
Information Store (1728) The database engine has begun replaying logfile
   H:\Apps\Exchange\MDBDATA\E0014553.log.
For more information, click http://www.microsoft.com/contentredirect.asp.
```

Diese Meldung weist lediglich darauf hin, dass der Exchange Server erkannt hat, dass die Datenbank nicht komplett ist und er Transaktionsprotokolle in die Datenbank schreiben will. Wenn die Überprüfung der Datenbank und deren GUID im Active Directory erfolgreich ist, wird mit dem Soft-Recovery begonnen, was mit folgender Meldung im Anwendungsprotokoll angezeigt wird.

```
Event Type: Information
Event Source: ESE
Event Category:
Event ID: 204
Date: 10/17/2003
Time: 5:49:01 AM
User: N/A
Computer: server_name

Description:
Information Store (1728) The database engine is restoring from backup.
   Restore will begin replaying logfiles in folder
   H:\Apps\Exchange\TempLog\SG1\ and continue rolling forward logfiles in
   folder H:\Apps\Exchange\TempLog\SG1\.
```

Nachdem alle Transaktionsprotokolle in die Datenbank geschrieben wurden, wird eine letzte Meldung im Anwendungsprotokoll erzeugt, die darauf hinweist, dass das Soft-Recovery abgeschlossen ist.

```
Event Type: Information
Event Source: ESE98
Event Category:
Event ID: 205
Date: 10/17/2001
Time: 5:52:10 AM
User: N/A
Computer: server_name

Description:

Information Store (1728) The database engine has stopped restoring.
```

Umlaufprotokollierung

Unter Exchange 5.5 wurden die Transaktionsprotokolldateien immer wieder im Kreis überschrieben und daher nur einige wenige angelegt. Diese Umlaufprotokollierung konnte zwar deaktiviert werden, was allerdings nur die wenigsten Administratoren getan haben. In Exchange 2000 und Exchange 2003 ist diese Umlaufprotokollierung nicht aktiv, kann aber für jede Speichergruppe gesondert aktiviert werden.

> *Wenn Sie die Umlaufprotokollierung deaktivieren, legt Exchange immer neue Transaktionsprotokolle an. Dadurch wird zwar mehr Plattenplatz benötigt, der Vorteil besteht jedoch darin, dass die Daten, die in diesen Transaktionsprotokolldateien stehen, fast nicht verloren gehen können.* Exchange kann seine Datenbank automatisch aus diesen Transaktionsprotokolldateien wiederherstellen, ohne dass Sie dazu eingreifen müssen. Dies hat den Vorteil, dass Ihnen Exchange im Wiederherstellungsfall die ganze Arbeit abnehmen kann, aber eben nur, wenn alle notwendigen Transaktionsprotokolldateien zur Verfügung stehen. Exchange speichert in der *chk-Datei im Verzeichnis Ihrer Transaktionsprotokolldateien, welche Dateien bereits in die Datenbank geschrieben wurden. Wird diese Datei gelöscht, überprüft Exchange beim Herunterfahren oder beim Starten der Dienste jede Transaktionsprotokolldatei nach und schreibt noch nicht gespeicherte Daten in die Datenbank. Dieser Startvorgang des Servers kann mehr oder weniger lange dauern, wenn Transaktionsdateien geschrieben werden müssen. Daher dauert das Herunterfahren eines Exchange Servers in einigen Fällen etwas länger. Wird Exchange beim Herunterfahren beim Speichern der Daten aus den Transaktionsdateien unterbrochen, wenn zum Beispiel der Server einfach ausgeschaltet wird, überprüft Exchange beim Starten der Dienste diese Vorgänge und schreibt noch nicht geschriebene Transaktionsprotokolldateien in die Datenbank.

15.2 Sicherungsarten

Um Ihre Exchange-Daten zu sichern, stehen Ihnen drei verschiedene Varianten zur Verfügung, die Online-Sicherung, die Offline-Sicherung und neu in Exchange 2003, die Schatten-Kopie-Sicherung (Shadow Copy Backup).

Online-Sicherung

Die Online-Sicherung ist eigentlich der einzige richtige und professionelle Weg der Datensicherung. Dabei werden die Exchange-Daten durch das Datensicherungsprogramm gesichert, während die Exchange-Dienste laufen und die Datenbank wird als gesichert markiert. Diese Online-Sicherung kann zwar auch vom Windows-Datensicherungsprogramm durchgeführt werden, Sie sollten dieses Programm allerdings nur in Ausnahmefällen oder übergangsweise verwenden. Auf Dauer sollten Sie nur Profi-Tools, wie zum Beispiel Veritas Backup Exec für kleinere Firmen oder Veritas Net Backup für größere Systeme, verwenden. Veritas ist im Bereich Datensicherung bei Windows 2000, Windows 2003 und Exchange der Marktführer.

Bei Backup Exec oder Net Backup machen Sie im Bereich Datensicherung genauso wenig falsch, wie bei Sybari Antigen im Bereich Virenschutz.

Ablauf einer Online-Sicherung

Während einer Online-Sicherung liest das Sicherungsprogramm jede einzelne Datenbanktabelle Stück für Stück aus. Dabei werden immer 4 KB große Fragmente gesichert.

Da während der Online-Sicherung die Exchange-Dienste laufen, können unter Umständen Benutzer auf Ihre Postfächer zugreifen. Dies ist allerdings nicht empfohlen. Die Datensicherung sollten Sie immer nachts durchführen. Da aber auch Änderungen in der Datenbank stattfinden können, wenn kein Benutzer angemeldet ist, muss ein weiterer Mechanismus der Datensicherung diese Daten erfassen, wenn die Tabellen von der Sicherung bereits auf Band geschrieben wurden. Exchange schreibt solche Änderungen in so genannte Patch-Dateien auf den Datenträger.

Wenn alle Tabellen gesichert wurden, werden zum Schluss die Patch-Dateien mitgesichert, damit wirklich alle Änderungen in der Datensicherung berücksichtigt wurden.

Zum Abschluss sichert das Datensicherungsprogramm zudem die Transaktionsprotokolle und löscht diese anschließend. Die Dateien werden nicht durch Exchange gelöscht und sollten auch unter keinen Umständen manuell gelöscht werden.

Verschiedene Varianten der Online-Sicherung

Wenn Sie die Datensicherung konfigurieren, stellen Ihnen die Datensicherungsprogramme generell, aber auch für Exchange verschiedene Varianten zur Verfügung, mit denen Sie diese Daten sichern können. Um eine vernünftige Sicherungsstrategie zu erarbeiten, sollten Sie sich mit diesen Varianten auseinandersetzen. Auch das Windows-Datensicherungsprogramm beherrscht diese verschiedenen Varianten.

Vollständige Sicherung oder Normale Sicherung

Die vollständige und normale Sicherung ist die geläufigste Art der Sicherung und wird am meisten verwendete. Sie dauert sehr lange, da alle ausgewählten Daten gesichert werden.

Sicherungsarten | Kapitel 15

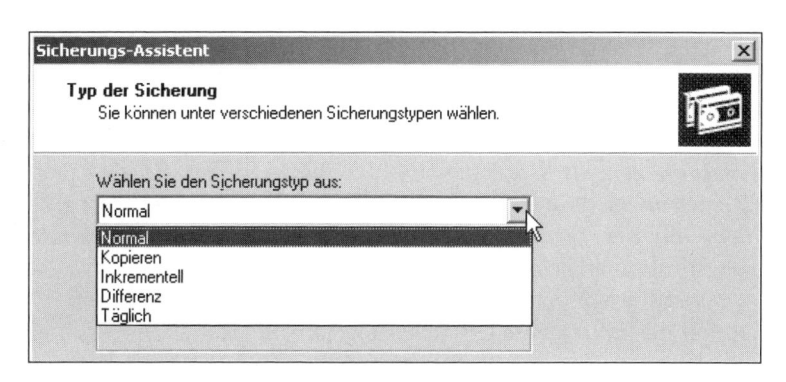

Abbildung 15.1:
Verschiedene Sicherungsvarianten

Da durch diese Sicherung alle Daten des Systems in einem Sicherungssatz vorliegen, kann eine Wiederherstellung aus diesem Sicherungssatz sehr schnell erfolgen. Die vollständige oder normale Sicherung benötigt zudem den meisten Platz auf dem Sicherungsmedium, da alle Daten gesichert werden. Alle gesicherten Daten werden als gesichert markiert, so dass auf diese Sicherung aufbauende Datensicherungstypen wie differentiell oder inkrementell unterstützt werden.

Die normale oder vollständige Exchange-Datensicherung sichert alle Datenbanken und Transaktionsprotokolldateien online. Die Transaktionsprotokolldateien werden nach der Sicherung gelöscht. Diese Sicherung ist dazu geeignet einen Exchange Server zu sichern und Plattenplatz wieder freizugeben ohne einen Datenverlust zu riskieren.

Kopie-Sicherung

Kopie-Sicherungen sind vollständige oder normale Sicherungen, bei denen gesicherte Dateien nicht als gesichert markiert werden. Eine Kopie-Sicherung löscht zudem keine Transaktionsprotokolle.

Die Kopie-Sicherung sollte aus diesen Gründen nicht in eine Datensicherungsstrategie integriert werden, sondern nur zum temporären Sichern von Daten dienen, wenn an einem Server Wartungsarbeiten oder Optimierungen durchgeführt werden. Dadurch werden die Sicherungsstrategien mit inkrementeller oder differentieller Sicherung nicht beeinflusst. Da gesicherte Dateien nicht als gesichert markiert werden, kann auf die Kopie-Sicherung keine inkrementelle oder differentielle Sicherung aufbauen. Da die Transaktionsprotokolldateien nicht gelöscht werden, wird auf dem Exchange Server durch die Kopie-Sicherung auch kein Plattenplatz freigegeben.

Inkrementelle Sicherung

Inkrementelle Sicherungen dienen zum Aufbau einer Datensicherungsstrategie. Damit Sie mit inkrementellen Sicherungen ein vernünftiges Datensicherungskonzept aufbauen können, müssen Sie einen Kompromiss zwischen

[KOMPENDIUM] Exchange Server 2003 und Outlook 501

Platzverbrauch durch die Datensicherung, Geschwindigkeit und optimale Wiederherstellung eingehen. Inkrementelle Sicherungen sollten nur zusammen mit vollständigen/normalen Sicherungen verwendet werden.

> **INFO**
>
> *Die inkrementelle Sicherung eines Exchange Servers sichert keine Exchange-Datenbanken, sondern nur die Transaktionsprotokolldateien. Nach der Sicherung der Transaktionsprotokolldateien werden diese durch das Sicherungsprogramm gelöscht.*

Da bei der inkrementellen Sicherung nur die Transaktionsprotokolldateien gesichert werden, sind die Dauer und der Plattenverbrauch dieser Sicherung sehr niedrig. Da dadurch aber auch die Exchange-Daten auf verschiedene Sicherungssätze verteilt sind, dauert eine eventuell notwendige Rücksicherung viel länger als bei der normalen Sicherung. Die Wiederherstellung mit der inkrementellen Sicherung dauert am längsten, da außer der letzten vollständigen Sicherung, alle inkrementellen Sicherungen wiederhergestellt werden müssen.

In vielen Firmen werden inkrementelle Sicherungen mit der normalen Sicherung kombiniert. In regelmäßigen Abständen, zum Beispiel einmal pro Woche oder Monat, werden die Exchange-Datenbanken vollständig mit der normalen Sicherung gesichert. Im Zeitraum zwischen diesen vollständigen Sicherungen werden die Datenbanken dann inkrementell gesichert. Dies ist ein guter Kompromiss zwischen Dauer und Platzverbrauch der Datensicherung und einer schnellen Wiederherstellung der Daten. Um mit einer solchen Strategie eine Wiederherstellung durchzuführen, muss zunächst die letzte vollständige Sicherung und danach müssen die einzelnen inkrementellen Sicherungen wiederhergestellt werden.

> **STOP**
>
> *Wenn Sie für eine Speichergruppe die Umlaufprotokollierung aktivieren, können Sie diese nicht mehr inkrementell sichern. Bei der Umlaufprotokollierung wird immer derselbe Satz Transaktionsprotokolle verwendet. Dadurch steigt der Plattenverbrauch zwar nicht an, die Datensicherung ist jedoch deutlich eingeschränkt.*
>
> *Da bei der inkrementellen Sicherung die Transaktionsprotokolle gelöscht werden, da nur diese gesichert werden, kann diese bei aktivierter Umlaufprotokollierung natürlich nicht verwendet werden.*

Differentielle Sicherung

> **INFO**
>
> *Bei der differentiellen Sicherung Ihres Exchange Servers werden, wie bei der inkrementellen Sicherung, keine Datenbanken gesichert, sondern nur die Transaktionsprotokolldateien. Im Gegensatz zu der inkrementellen Sicherung werden die Transaktionsprotokolle nach der Sicherung nicht gelöscht.*

Auch die differentielle Sicherung wird erst sinnvoll, wenn Ihre Exchange Server in regelmäßigen Abständen vollständig mit der normalen Sicherung gesichert werden. Sie können beispielsweise wöchentlich Ihre Datenbanken vollständig mit der normalen Sicherung sichern und an den Wochentagen differentiell. Dadurch werden einmal in der Woche die Transaktionsprotokolle gelöscht und unter der Woche geht die Sicherung sehr schnell, da lediglich die Transaktionsprotokolle gesichert werden. Der Plattenverbrauch von Exchange steigt zwar unter der Woche an, wird dann aber am Wochenende während der normalen Sicherung wieder freigegeben.

Mit der differentiellen Sicherung lässt sich eine Wiederherstellung viel schneller durchführen als mit der inkrementellen Sicherung, da nur der letzte vollständige Sicherungssatz sowie der letzte differentielle Sicherungssatz zurückgespielt werden müssen.

Da die differentielle Sicherung auf die Transaktionsprotokolle aufbaut, kann diese Sicherungsmethode nicht verwendet werden, wenn Sie für eine Speichergruppe die Umlaufprotokollierung aktiviert haben.

Tägliche Sicherung

Die *Tägliche Sicherung* sichert alle Daten, die sich am Tag der Sicherung geändert haben. Die Daten werden nicht als gesichert markiert, die Transaktionsprotokolldateien werden nicht gelöscht. Sie sollten diese Sicherung nur in Ausnahmefällen verwenden. In Exchange 2003 hat diese Sicherungsvariante genau die gleichen Funktionen wie die Kopie-Sicherung.

Sicherung mit der Windows 2003-Datensicherung

Sie können auch mit dem Windows-Datensicherungsprogramm eine Datensicherung für Ihren Exchange Server durchführen, Sie benötigen nicht zwingend die Software eines Drittherstellers, obwohl diese meistens deutlich schneller und komfortabler zu bedienen ist.

Mit der Windows 2003-Datensicherung können Sie allerdings keine speziellen Features wie das Rücksichern einzelner E-Mails oder Postfachspeicher durchführen (Brick-Level-Backup), sondern nur ganze Speichergruppen wiederherstellen. Das Programm ist im Vergleich zu Profi-Programmen deutlich eingeschränkt.

Wenn Sie die Exchange-Datenbank auf einem anderen Server als dem Exchange Server sichern wollen, müssen Sie auf dem Remote Server die Exchange 2003-Systemverwaltungstools installieren.

Kapitel 15   Datensicherung

Konfiguration der Windows-Datensicherung

Um Ihren Exchange Server mit dem Windows-Datensicherungsprogramm zu sichern, gehen Sie folgendermaßen vor:

Abbildung 15.2:
Datensicherung von Windows

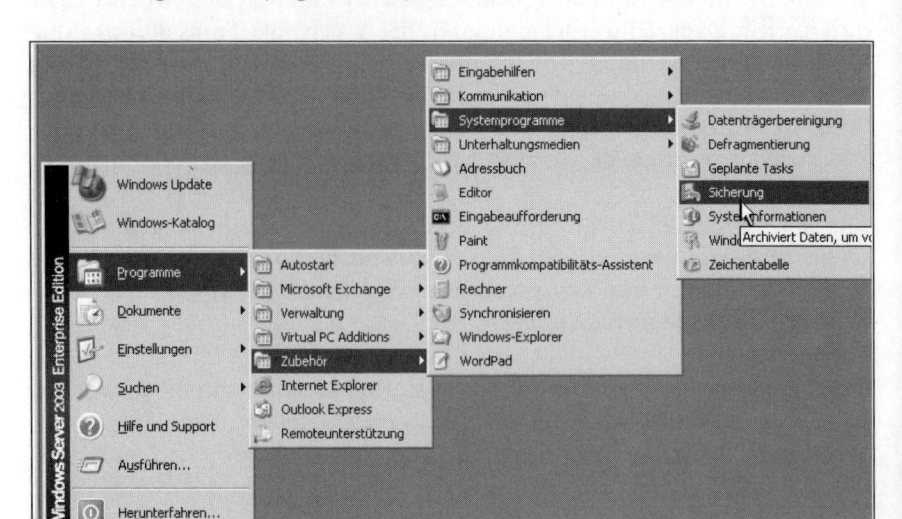

1. Starten Sie über START/PROGRAMME/ZUBEHÖR/SYSTEMPROGRAMME/ SICHERUNG das Datensicherungsprogramm *NTBACKUP*.

2. Es erscheint der Assistent, mit dessen Hilfe Sie die Datensicherung konfigurieren können. Wählen Sie im Dialog die Option DATEIEN UND EINSTELLUNGEN SICHERN aus. Wenn Sie eine Wiederherstellung durchführen wollen, wählen Sie entsprechend DATEIEN UND EINSTELLUNGEN WIEDERHERSTELLEN aus.

In den nächsten Fenstern konfigurieren Sie die Datensicherung der verschiedenen Exchange-Datenbanken. Sie können mehrere dieser Sicherungsaufträge planen und zu verschiedenen Zeitpunkten durchführen lassen. Sie können mit dem Sicherungsprogramm die Daten in eine Datei sichern lassen oder ein angeschlossenes Bandgerät verwenden. Wenn Sie die Exchange-Daten in eine Datei sichern lassen, sollten Sie darauf achten, diese Daten in eine Partition zu sichern, die entweder durch RAID 5 oder zumindest RAID 1 abgesichert ist. Beachten Sie auch, dass die Datensicherungsdatei von Exchange einiges an Plattenverbrauch bedeutet. Auf der Partition, in der Sie die Sicherung ablegen, sollte genügend Plattenplatz zur Verfügung stehen. Das Sicherungsprogramm ist eine abgespeckte Version von *Veritas Backup Exec* und sehr stabil. Die Performance und Stabilität lässt sich mit der Version in NT 4 nicht vergleichen, das Programm ist absolut tauglich für die Datensicherung in kleineren Firmen und eignet sich übergangsweise ebenfalls für größere Unternehmen.

Sicherungsarten   Kapitel 15

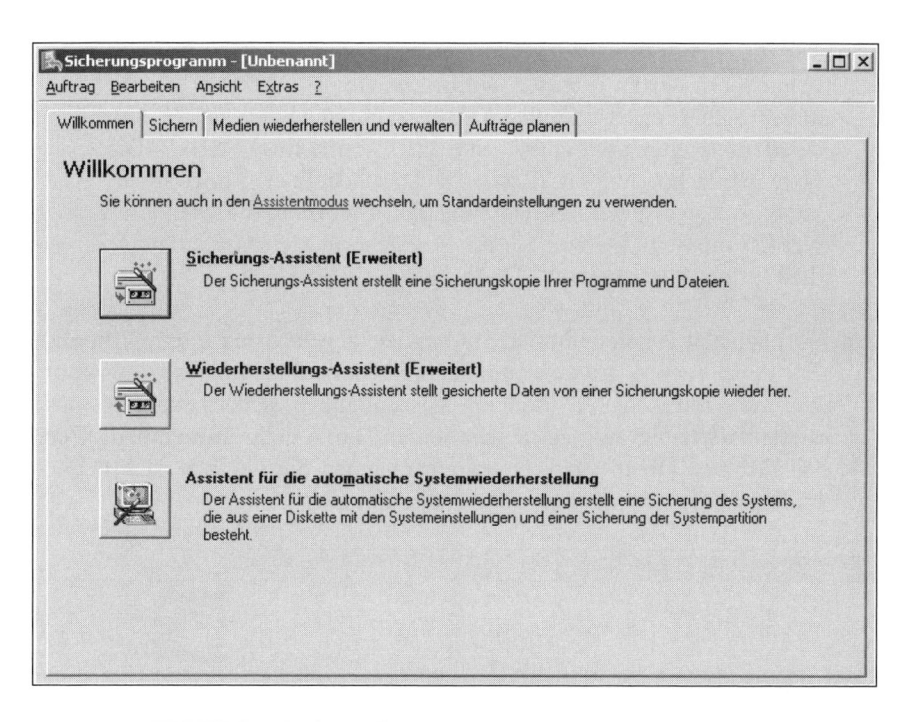

Abbildung 15.3:
Startfenster der Windows 2003-Datensicherung

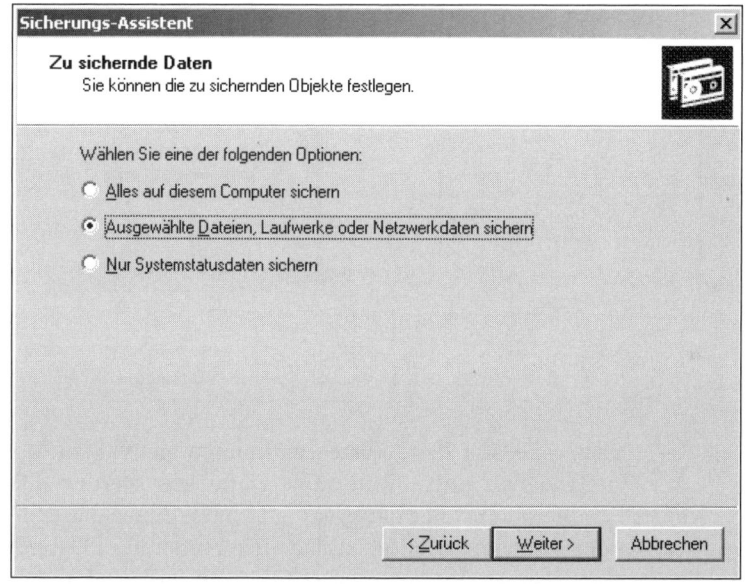

Abbildung 15.4:
Auswahl der Dateien, die gesichert werden sollen

➥ Wenn Sie den Sicherungsassistenten gestartet haben, können Sie im nächsten Fenster auswählen, welche Datei Sie sichern wollen. Sie werden in den seltensten Fällen alle Dateien auf einem Server sichern wollen. Die Option NUR SYSTEMSTATUSDATEN SICHERN sollten Sie auf einem Domänen-Controllern auswählen, da diese Option die Registry

Kapitel 15 Datensicherung

und die wichtigsten Systemdateien des Rechners sichert. Auf Domänen-Controllern wird mit dieser Option das Active Directory gesichert. Mit dieser Sicherung des Active Directory können Sie später bei Bedarf Wiederherstellungsvorgänge starten, wenn Ihre Active Directory-Datenbank korrupt ist (was ich eigentlich bisher noch nicht erlebt habe), oder versehentlich Daten gelöscht wurden, die wiederhergestellt werden müssen. Wählen Sie für die Sicherung eines Exchange Servers die Option AUSGEWÄHLTE DATEIEN SICHERN.

➤ Im nächsten Fenster können Sie explizit den Informationsspeicher des Exchange Servers auswählen. Wenn Sie einen Sicherungsauftrag konfigurieren, mit dem Sie Exchange-Datenbanken sichern, sollten Sie in diesen Sicherungsauftrag keine anderen Daten mehr aufnehmen. Wenn Sie mehrere Daten sichern wollen, erstellen Sie der Übersichtlichkeit halber besser auch mehrere Sicherungsaufträge.

Abbildung 15.5:
Auswahl des Exchange-Informationsspeichers

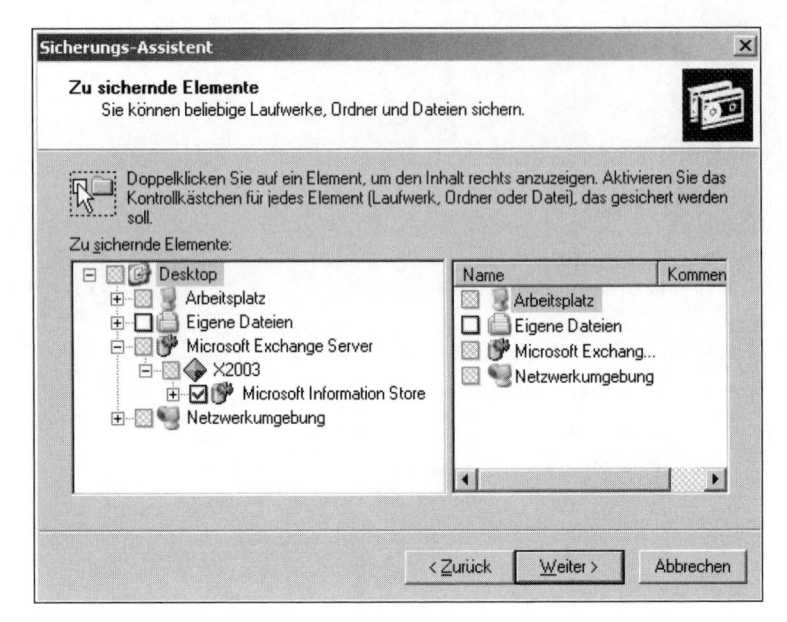

➤ Im nächsten Fenster des Assistenten können Sie wählen, ob die Daten auf ein Bandgerät oder in eine Datei gesichert werden. Die Auswahl eines Bandgerätes erfolgt natürlich nur, wenn dieses mit dem Computer verbunden und eingeschaltet ist. Da viele Firmen Ihre Daten übergangsweise zunächst in eine Datei sichern lassen wollen, habe ich auch im Beispiel diese Option gewählt. Die Sicherung auf Band läuft allerdings weitgehend analog ab. Erstellen Sie am besten ein eigenes Verzeichnis für die Sicherung auf einer geeigneten Partition. Wählen Sie als Sicherungsdatei einen Namen, der schnell erkennen lässt, um welche Daten es sich handelt.

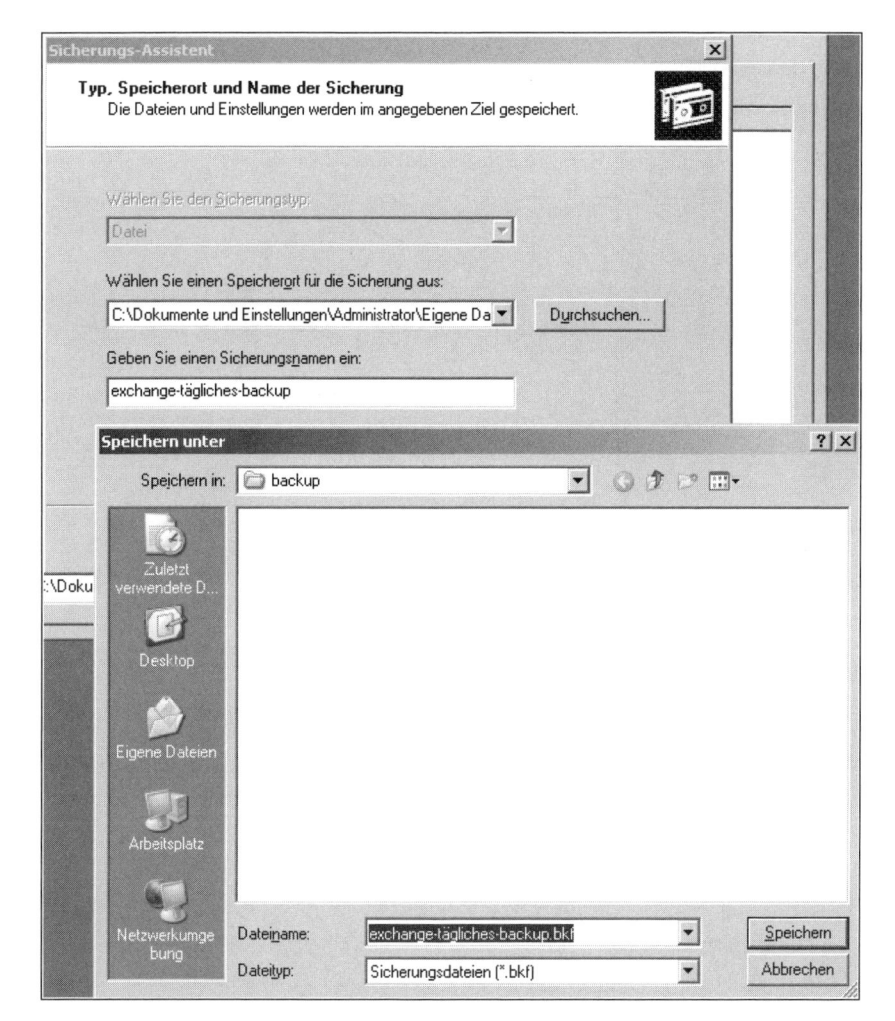

Abbildung 15.6:
Abspeichern der Datensicherung in eine Datei

- Im nächsten Fenster erscheint eine Zusammenfassung der von Ihnen konfigurierten Daten. Klicken Sie allerdings nicht vorschnell auf FERTIG STELLEN, da noch einige Angaben gemacht werden sollen. Klicken Sie deshalb auf die Schaltfläche ERWEITERT.

- Im nächsten Fenster wählen Sie den Sicherungstyp aus, mit dem Sie Ihre Exchange-Datenbank sichern wollen. Sie können mehrere Sicherungsjobs erstellen und eine Sicherungsstrategie entwerfen. Was diese einzelnen Sicherungstypen genau bedeuten, wurde bereits weiter vorne in diesem Kapitel besprochen. Wenn Ihre Exchange-Datenbank nicht zu groß ist und Sie genügend Plattenplatz haben, können Sie zum Beispiel für jeden Tag der Woche einen eigenen Sicherungsjob erstellen und als Sicherungstyp *Normal* auswählen. Dadurch ist sichergestellt, dass in jeder Datensicherung alle Daten enthalten sind und diese notfalls schnell wiederhergestellt werden können.

Kapitel 15 Datensicherung

Abbildung 15.7:
Abschlussfenster des Sicherungsassistenten

[Screenshot: Sicherungs-Assistent – Fertigstellen des Assistenten]

Folgende Sicherungseinstellungen wurden festgelegt:

- Beschreibung: Satz am 06.06.2003 um 12:33 erstellt
- Inhalt: Nur bestimmte Dateien, Ordner oder Laufwerke sichern
- Pfad: Datei
- Medium: C:\...ckup\exchange-tägliches-backup.bkf
- Zeitpunkt: Jetzt

Überprüfung aus, Keine Hardwarekomprimierung verwenden, An Datenträger anhängen, Normale Sicherung.

Klicken Sie auf "Fertig stellen", um die Sicherung zu starten.

Klicken Sie auf "Erweitert", um zusätzliche Sicherungsoptionen festzulegen.

Abbildung 15.8:
Auswahl des Sicherungstyps

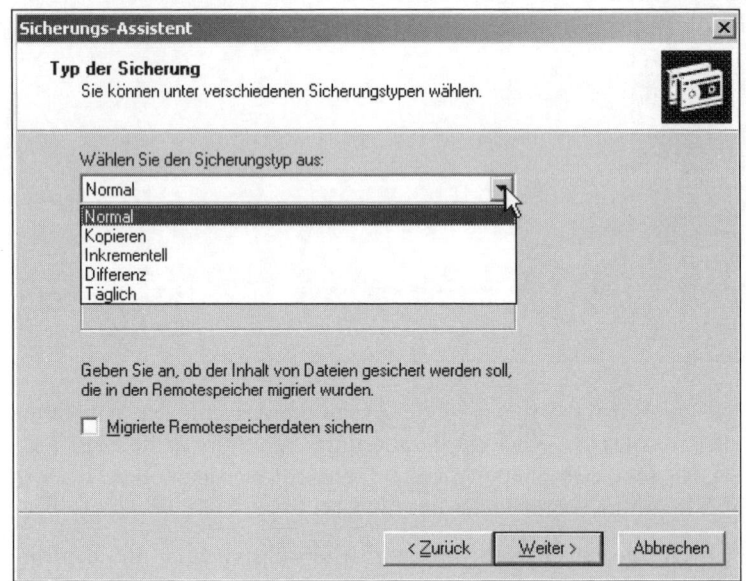

[Screenshot: Sicherungs-Assistent – Typ der Sicherung]

Sie können unter verschiedenen Sicherungstypen wählen.

Wählen Sie den Sicherungstyp aus:
- Normal
- Kopieren
- Inkrementell
- Differenz
- Täglich

Geben Sie an, ob der Inhalt von Dateien gesichert werden soll, die in den Remotespeicher migriert wurden.

☐ Migrierte Remotespeicherdaten sichern

➥ Nach der Auswahl des Sicherungstyps können Sie im nächsten Fenster die Option zur Überprüfung der gesicherten Daten aktivieren. Wenn diese Option aktiviert ist, überprüft die Datensicherung, ob wirklich alle Daten gesichert wurden. Es wird allerdings nicht die Konsistenz der Exchange-Datenbanken überprüft, sondern lediglich die Größe der Datenbanken verglichen.

Sicherungsarten Kapitel 15

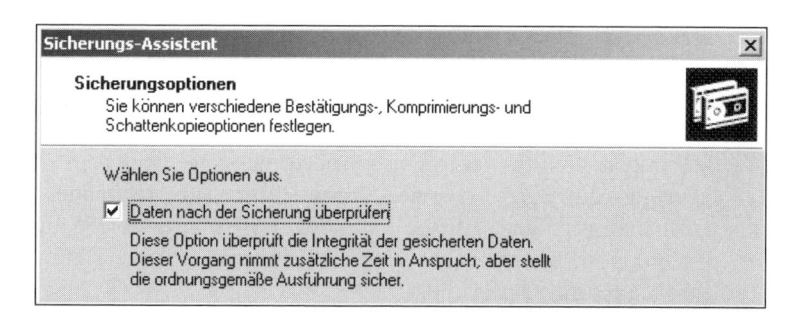

Abbildung 15.9: Überprüfung der gesicherten Daten

➡ Wenn Sie diese Option gewählt haben, können Sie zur nächsten Seite des Assistenten wechseln.

➡ Hier können Sie festlegen, ob die gesicherten Daten immer weiter hintereinander gehängt werden oder jeder Sicherungssatz eines Auftrags den vorherigen überschreibt. Wählen Sie die Option aus, mit der Sie Ihre Daten sichern wollen und gehen zur nächsten Seite des Assistenten. Wenn Sie jedes Mal die Sicherungsdatei überschreiben lassen möchten, ist es sinnvoll, dass Sie nach Abschluss der Sicherung dafür Sorge tragen, dass die erstellte Sicherungsdatei umbenannt wird, so dass sie mindestens zwei Generationen des Backups zur Verfügung haben.

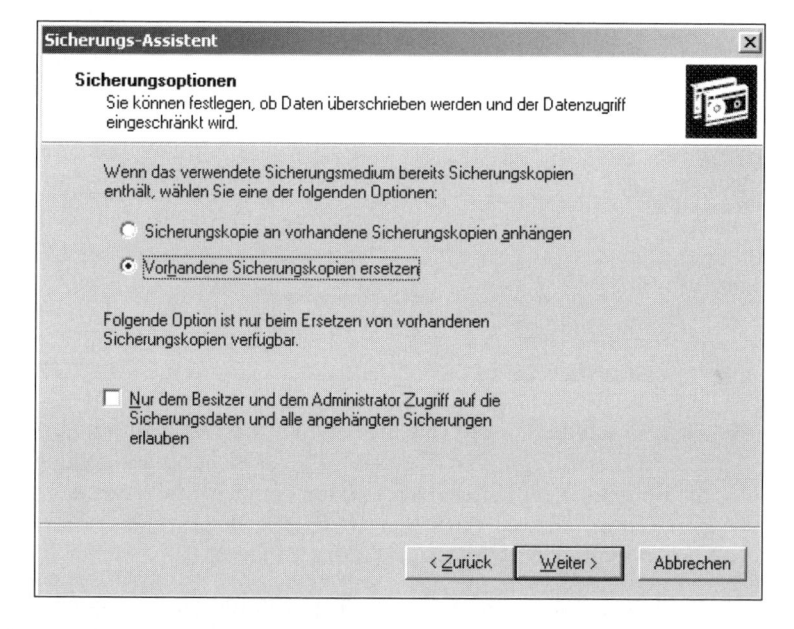

Abbildung 15.10: Konfigurieren weiterer Sicherungsoptionen

➡ Auf der nächsten und letzten Seite des Assistenten müssen Sie festlegen, zu welchem Zeitpunkt die Sicherung durchgeführt werden soll. Nach der Auswahl des Zeitpunktes müssen Sie noch den Benutzernamen festlegen, mit dessen Hilfe die Datensicherung durchgeführt werden soll. Achten Sie beim Festlegen des Sicherungszeitraums darauf, dass zu dieser Zeit möglichst keine Benutzer mit Exchange arbeiten, kein Index erstellt wird oder die Online-Wartungsarbeiten der Datenbank stattfinden. Überprüfen Sie, ob keine anderen geplanten Aufträge Aufgaben auf dem Exchange Server durchführen, die eine Datensicherung beeinträchtigen könnten. Der konfigurierte Benutzer, mit dem die Datensicherung durchgeführt wird, muss über entsprechende Rechte in Exchange verfügen. Am besten wählen Sie den Benutzer aus, mit dem Exchange installiert wurde. Nach der Eingabe dieser Daten haben Sie Ihre Sicherung konfiguriert.

Abbildung 15.11:
Festlegen des Sicherungszeitpunktes

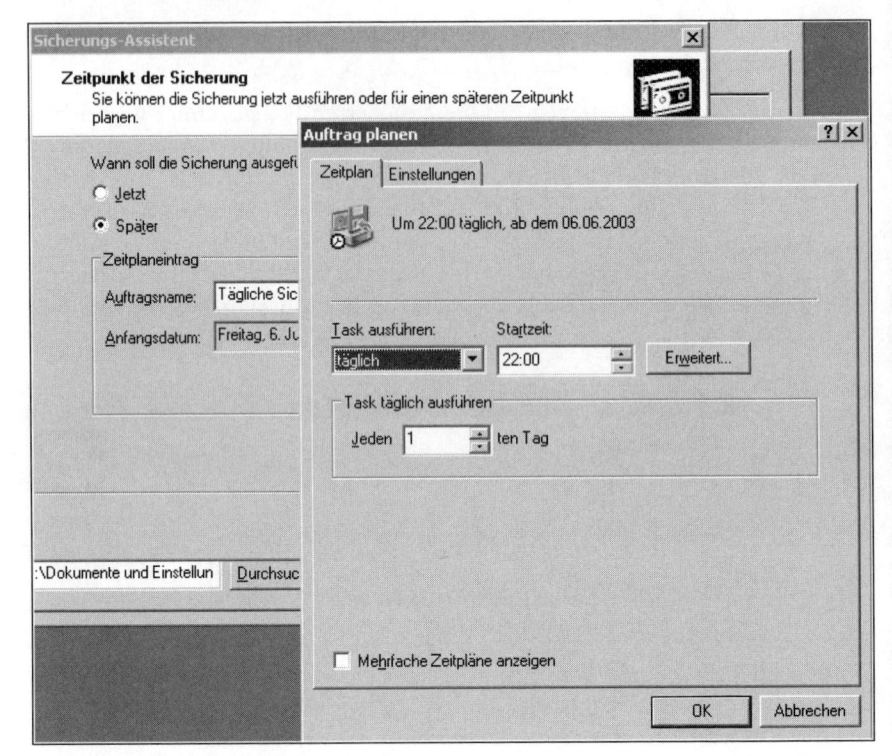

➥ Zum Abschluss könnten Sie die Aufgabe in den *geplanten Tasks* überprüfen. In diesen *geplanten Tasks* wird jeder Sicherungsauftrag gespeichert. Sie finden die geplanten Tasks an der gleichen Stelle wie das Sicherungsprogramm, START/PROGRAMME/ZUBEHÖR/SYSTEMPROGRAMME oder unter SYSTEMSTEUERUNG/GEPLANTE TASKS.

➥ Nach dem Start werden Ihnen alle geplanten Tasks angezeigt. Auch der von Ihnen erstellte Task zur Sicherung der Exchange-Datenbank wird angezeigt. Sie können an dieser Stelle die Eingaben bearbeiten, die Sie im Assistenten gemacht haben.

➥ Um zu testen, ob der Sicherungsjob für Exchange einwandfrei funktioniert, können Sie diesen mit der rechten Maustaste anklicken und

AUSFÜHREN wählen. Die Datensicherung wird ausgeführt, als ob der Task automatisch gestartet wäre. Achten Sie aber auch darauf, dass Benutzer nicht unbedingt mit dem System arbeiten. Wenn die Sicherung abgeschlossen ist, sollten im entsprechenden Verzeichnis die Datei mit den Daten gespeichert und die Transaktionsprotokolle je nach Sicherungstyp gelöscht sein.

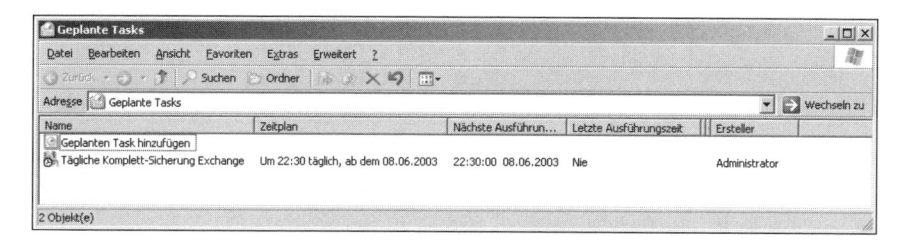

Abbildung 15.12: Erstellter Sicherungsjob

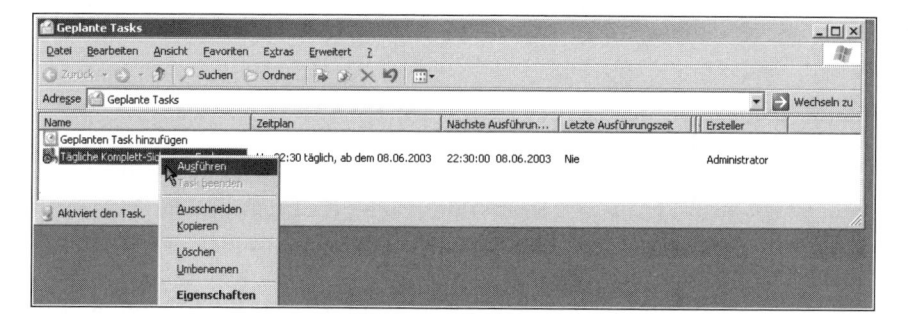

Abbildung 15.13: Ausführen des Sicherungsjobs

Überprüfen der Datensicherung im Exchange System Manager

Eine weitere Neuerung in Exchange 2003 besteht in der Möglichkeit den Zeitpunkt der letzten Datensicherung im Exchange System Manager zu überprüfen.

NEU

Wenn ein Postfachspeicher gesichert wurde, erhält er durch das Datensicherungsprogramm einen Zeitstempel. Diesen Zeitstempel können Sie im Exchange System Manager in den Eigenschaften des jeweiligen Postfachspeichers im Register DATENBANK einsehen.

Sie können sowohl den Zeitpunkt der letzten Komplettsicherung als auch den Zeitpunkt der letzten inkrementellen Sicherung ersehen. Zudem können Sie im Fenster *Geplante Tasks* in der Spalte LETZTES ERGEBNIS den Statuscode ablesen. Dieser lautet in einem ordnungsgemäß durchgelaufenen Vorgang immer 0x0. Sie können im Menü unter EXTRAS im Punkt PROTOKOLL ANZEIGEN sämtliche Meldungen des Zeitplanungsdienstes einsehen.

Kapitel 15 Datensicherung

Abbildung 15.14:
Überprüfen des Zeitpunkts der letzten Datensicherung im Exchange System Manager

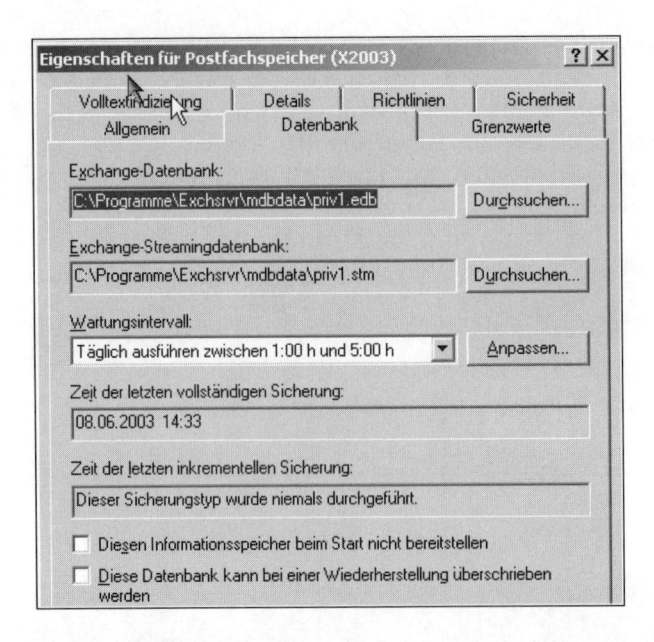

Offline-Sicherung

Die Offline-Sicherung ist im Gegensatz zur Online-Sicherung kein ganzes Sicherungssystem, bei dem Transaktionsprotokolle gelöscht und Dateien als gesichert markiert werden. Eine Offline-Sicherung bedeutet das komplette manuelle Kopieren des Exchange-Verzeichnisses in ein anderes Verzeichnis oder auf Band. Damit die Exchange-Datenbank kopiert werden kann, müssen Sie alle Exchange-Dienste beenden. Nach dem Beenden der Dienste können Sie die Exchange-Daten kopieren und danach die Dienste wieder starten. Sie sollten diesen Vorgang wirklich nur in Ausnahmefällen verwenden, keinesfalls aber in Ihre Sicherungsstrategie einbauen. In manchen Fällen, zum Beispiel beim Durchführen von Optimierungsarbeiten, Hardware-Änderungen am Server oder Fehlerbehebungen kann eine Offline-Sicherung dennoch sinnvoll sein.

Vorbereitung für eine Offline-Sicherung

Bevor Sie eine Offline-Sicherung durchführen, sollten Sie einige Vorbereitungen treffen.

Umlaufprotokollierung

Überprüfen Sie, ob für die Speichergruppe die Umlaufprotokollierung aktiviert wurde. Dies spielt zwar für die Offline-Sicherung direkt keine Rolle, wenn Sie aber eine Speichergruppe sichern, die für die Umlaufprotokollierung aktiviert wurde, können Sie später keine Transaktionsprotokolle in das Offline-Backup einspielen. Dieses Feature ist nur möglich, wenn die

Umlaufprotokollierung deaktiviert ist. Standardmäßig ist bei Exchange 2000 und Exchange 2003 die Umlaufprotokollierung immer deaktiviert, sie kann aber jederzeit für einzelne Speichergruppen aktiviert werden. Die Konfiguration für die Umlaufprotokollierung finden Sie in den Eigenschaften der Speichergruppe im Exchange System Manager.

Pfade der Datenbank

Als Nächstes sollten Sie überprüfen, auf welchem Datenträger und in welchem Pfad die einzelnen Datenbanken liegen. Auch der Speicherort der Transaktionsprotokolle und der CHK-Datei ist wichtig. Diese Informationen erhalten Sie, wie die Umlaufprotokollierung, in den Eigenschaften der Speichergruppe.

Um später die Transaktionsprotokolle in ein Offline-Backup einzuspielen, müssen die beiden Dateien der Datenbank, die EDB- und die STM-Datei, in dasselbe Verzeichnis zurückgespielt werden, aus dem sie gesichert wurden.

Wenn Sie den Pfad der Datenbank nach einem Offline-Backup ändern, müssen Sie zum Einspielen der Transaktionsprotokolle in die Datenbankdateien den Pfad wieder auf den ursprünglichen Standort zurückverlegen. Sie können in einem solchen Fall dann nur die Transaktionsprotokolle zurückspielen, die vor dem Ändern des Datenbankpfades erstellt wurden.

Die Transaktionsprotokolle können hingegen in einem beliebigen Pfad zurückgespielt werden. Dies liegt daran, dass die Transaktionsprotokolle zwar den Pfad zu den Datenbankdateien beinhalten, die Datenbankdateien den Pfad zu den Transaktionsprotokollen jedoch nicht kennen.

Sie sollten sich ebenfalls den Pfad zur *e00x.chk*-Datei merken. In dieser Datei speichert Exchange ab, welche Transaktionsprotokolle bereits in die Datenbank geschrieben wurden. Wenn Sie nach einem Offline-Backup die Transaktionsprotokolle in die Datenbank spielen wollen, müssen Sie diese Datei eventuell löschen. Wenn die CHK-Datei fehlt, schreibt Exchange alle vorhandenen Transaktionsprotokolle in die Datenbank, auch die bereits geschriebenen.

Bereitstellung des Postfachspeichers aufheben

Um einen Postfachspeicher oder Informationsspeicher für öffentliche Ordner zu sichern, müssen Sie zunächst dessen Bereitstellung aufheben. Sie müssen nicht die Bereitstellung aller Datenbanken einer Speichergruppe aufheben oder gar den Informationsspeicherdienst beenden.

Kapitel 15   Datensicherung

Abbildung 15.15:
Eigenschaften einer Speichergruppe

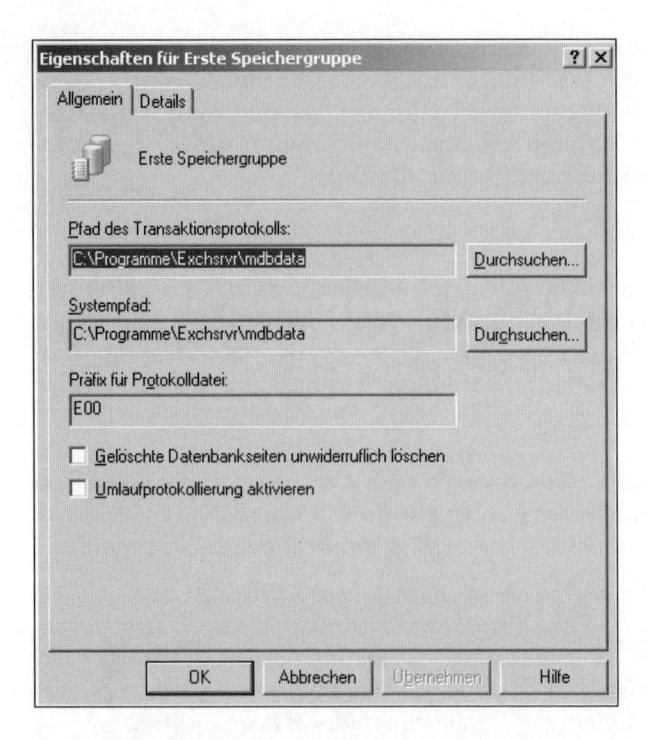

Datenbankdateien überprüfen

Als Nächstes sollten Sie die beiden Datenbankdateien, EDB und STM, auf Konsistenz überprüfen. Dazu verwenden Sie das Tool *Eseutil* im *Exchange\bin*-Verzeichnis auf Ihrem Server.

Zunächst sollten Sie die Signaturen der beiden Datenbankdateien vergleichen. Die Signaturen müssen identisch sein.

```
Eseutil /mh <Pfad zur Datenbankdatei> | find /i "DB Signature"
```

Diesen Befehl müssen Sie für beide Datenbankdateien eingeben und in etwa folgendes Ergebnis erhalten:

```
C:\Programme\Exchsrvr\bin>eseutil /mh c:\programme\exchsrvr\mdbdata\priv1.edb
   |find /i      "DB Signature"
DB Signature: Create time:06/04/2003 14:26:57 Rand:3162884 Computer:

C:\Programme\Exchsrvr\bin>eseutil /mh c:\programme\exchsrvr\mdbdata\priv1.stm
|find /i       "DB Signature"
DB Signature: Create time:06/04/2003 14:26:57 Rand:3162884 Computer:
```

Nach der Überprüfung der Datenbanksignatur können Sie mit *eseutil* die Datenbank noch auf Konsistenz überprüfen. Auch dazu müssen Sie den Befehl wieder auf beide Datenbankdateien anwenden.

Sicherungsarten   Kapitel 15

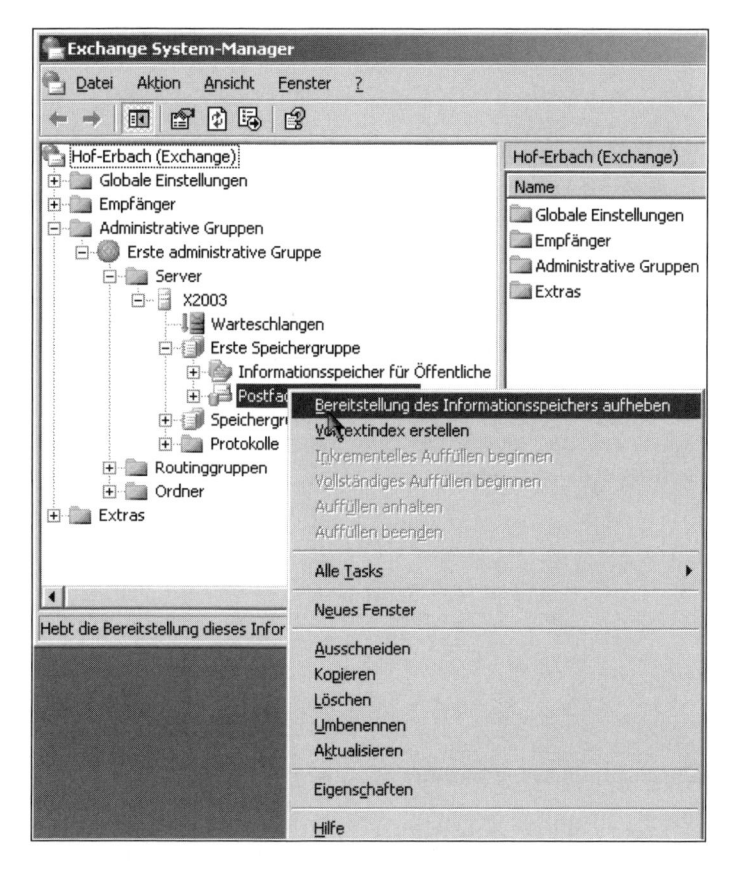

Abbildung 15.16:
Bereitstellung eines Informationsspeichers aufheben

```
Eseutil /mh <Pfad zur Datenbankdatei> | find /i "consistent"
```

Nach der Eingabe des Befehles sollte auf dem Bildschirm die Meldung ausgegeben werden, dass beide Datenbankdateien konsistent sind. Diese Werte müssen wieder identisch sein. Der Zeitpunkt der Konsistenz muss nicht identisch sein.

Wenn die Datenbank einen inkonsistenten Wert hat oder die Meldung ausgegeben wird, dass die Datenbank inkonsistent ist, wurde sie wahrscheinlich von Exchange nicht sauber heruntergefahren. In einem solchen Fall sollten Sie die Datenbank wieder bereitstellen und die Bereitstellung nochmals aufheben. Dann sollte die Datenbank allerdings konsistent sein. Wenn nicht, haben Sie wahrscheinlich ein größeres Problem mit Ihrer Datenbank.

INFO

```
C:\Programme\Exchsrvr\bin>eseutil /mh c:\programme\exchsrvr\mdbdata\priv1.edb
|find /i "consistent"
Last Consistent: (0x2,133,5B)    06/11/2003 13:53:59
```

[KOMPENDIUM] Exchange Server 2003 und Outlook   515

Kapitel 15   Datensicherung

```
C:\Programme\Exchsrvr\bin>eseutil /mh c:\programme\exchsrvr\mdbdata\priv1.stm
 |find /i "consistent"
Last Consistent: (0x2,133,5B)  00/00/1900 00:00:00
```

Als Letztes sollten Sie noch überprüfen, ob die Datenbank bei der Aufhebung der Bereitstellung sauber heruntergefahren wurde. Auch dazu verwenden Sie wieder *eseutil*, diesmal mit folgender Syntax:

```
Eseutil /mh <Pfad zur Datenbankdatei> | find /i "shutdown"
```

Nach der Eingabe des Befehls sollte die Meldung ausgegeben werden, dass beide Datenbankdateien sauber heruntergefahren sind. Wenn bei Ihnen die Meldung erscheint, dass eine oder beide Dateien nicht sauber heruntergefahren sind, sollten Sie die Datenbank wieder bereitstellen und die Bereitstellung wieder aufheben.

```
C:\Programme\Exchsrvr\bin>eseutil /mh c:\programme\exchsrvr\mdbdata\priv1.edb
  |find /i "shutdown"
        State: Clean Shutdown

C:\Programme\Exchsrvr\bin>eseutil /mh c:\programme\exchsrvr\mdbdata\priv1.stm
 |find /i "shutdown"
        State: Clean Shutdown
```

Durchführen einer Offline-Sicherung

Nach den notwendigen Vorarbeiten können Sie die beiden Datenbankdateien in ein Backup-Verzeichnis kopieren. Da alle Transaktionsprotokolle in die Datenbank geschrieben wurden und diese konsistent ist, müssen Sie nur noch die EDB- und die STM-Datei sichern. Sichern Sie auch die restlichen Transaktionsprotokolle zur Sicherheit mit. Vor allem die *e00.chk*-Datei wird für eine Wiederherstellung benötigt.

Nachdem Sie die beiden Dateien gesichert haben, können Sie den Postfachspeicher oder Informationsspeicher für öffentliche Ordner wieder bereitstellen.

Volume Shadow Service (VSS)

Eine Neuerung in Windows 2003 ist der Volume Shadow Service (VSS). Mit dieser neuen Sicherungstechnik lassen sich ganze Datenträger in wenigen Minuten sichern und wiederherstellen. Die Sicherung Ihrer normalen Dateien mit VSS wird mit dem Windows 2003-Datensicherungsprogramm bereits unterstützt. Ein großer Vorteil von VSS liegt in der Geschwindigkeit, mit der die Datensicherung durchgeführt werden kann und die geringe Performance, die benötigt wird. Eine VSS-Sicherung ist ein Snapshot von bestimmten Daten zu einem genauen Zeitpunkt. Diese Sicherung ist immer konsistent.

Exchange 2003 unterstützt die neue Sicherungstechnik VSS von Windows 2003. Sie können jedoch mit der VSS-Erweiterung des Windows 2003-Datensicherungsprogrammes nur normale Dateien sichern, nicht aber die Exchange-Datenbanken. Um die Exchange-Datenbanken mit VSS zu sichern, benötigen Sie das Tool eines Drittherstellers zum Beispiel Backup Exec 9.0 von Veritas.

Sie können Ihre Exchange 2003-Datenbanken mit einem Drittherstellerprogramm mit VSS sichern. Es werden nur die Sicherungsvorgänge Normal und Kopie unterstützt. Mit VSS können keine differentiellen oder inkrementellen Sicherungen angelegt werden.

Sicherung von speziellen Diensten

Außer der Exchange-Datenbank können und sollten Sie zudem wichtige Dienste sichern. Zu diesen Diensten gehören zum Beispiel der *Standortreplikationsdienst* oder die IIS Metabase.

Der Standortreplikationsdienst (SRS) dient zur Verbindung von Exchange 2003 Servern mit Exchange 5.5 Servern in einer Exchange 5.5-Organisation. Zu den Funktionalitäten dieses Dienstes kommen wir später im Kapitel 19 *Migration und Koexistenz* in diesem Buch. Die IIS Metabase enthält wichtige Informationen zur Konfiguration des IIS eines Servers. Da Exchange 2003 große Teile seiner Konfiguration in der IIS Metabase abspeichert, sollten Sie diese in regelmäßigen Abständen sichern.

Standortreplikationsdienst (SRS)

Der SRS wird für die Koexistenz und die Migration von Exchange 5.5 zu Exchange 2003 benötigt und nur wenn Sie Exchange 2003 in eine Exchange 5.5-Organisation installieren. Bei einer reinen Exchange 2003-Organisation, auch mit Exchange 2000 Servern, wird der SRS nicht verwendet. Der SRS emuliert auf einem Exchange 2003 Server für die Exchange 5.5 Server in der Organisation einen Exchange 5.5 Server, damit die verschiedenen Serverversionen Informationen untereinander austauschen können. Dieser Dienst ist bei einer Koexistenz mit Exchange 5.5 ein sehr wichtiger Dienst, der nicht ausfallen darf.

Sicherung des SRS

Die Sicherung des SRS verhält sich recht einfach. Wenn auf einem Server ein SRS erstellt wurde, erkennt das Datensicherungsprogramm automatisch dessen Datenbank und bietet diese zur Online-Sicherung an. Lassen Sie diese Datenbank auf alle Fälle auf dem SRS-Server mit Ihrer Datensicherung mitsichern.

Kapitel 15 Datensicherung

Abbildung 15.17:
Sicherung des SRS mit der Online-Sicherung

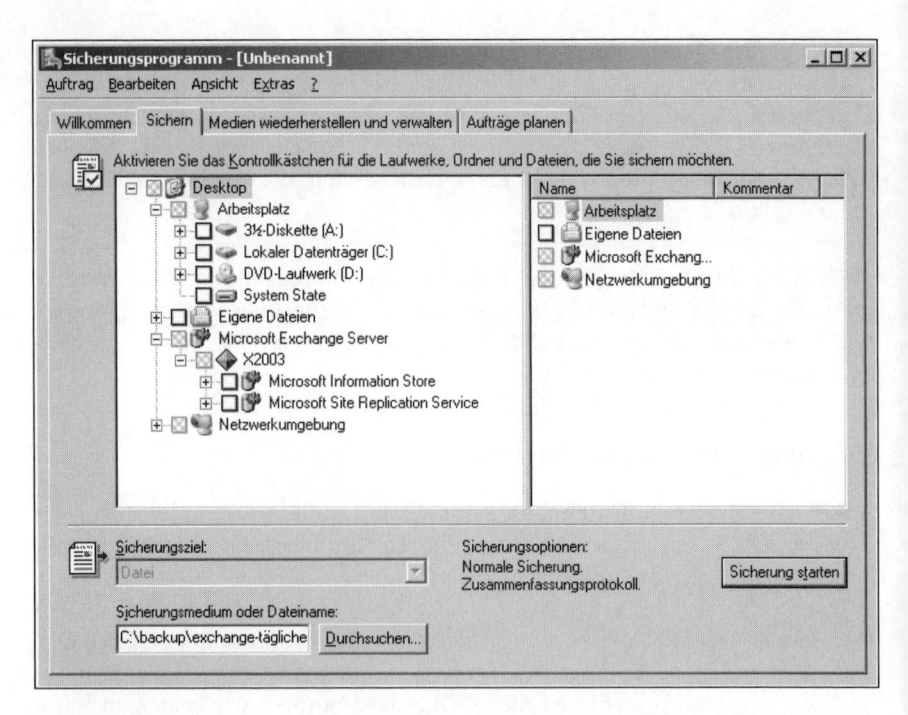

Darüber hinaus müssen weder Dienste beendet noch besondere Konfigurationen vorgenommen werden.

Offline-Sicherung des SRS

Sie können auch für den SRS eine Offline-Sicherung durchführen. Beenden Sie dazu den Systemdienst *Microsoft Exchange-Standortreplikationsdienst* und kopieren Sie das Verzeichnis *SRSDATA* aus Ihrem Exchange-Verzeichnis. Dieses Verzeichnis enthält alle Daten des SRS.

IIS Metabase

Wie bereits erwähnt, enthält die IIS Metabase wichtige Konfigurationen und Informationen des IIS und von Exchange 2003. Die Exchange Systemaufsicht repliziert in regelmäßigen Abständen Informationen von der Metabase in das Active Directory, allerdings nicht alle. Es ist daher sehr wichtig diese Metabase in regelmäßigen Abständen zu sichern. Wenn Ihnen Informationen des IIS auf dem Exchange Server verloren gehen oder die Metabase beschädigt wird, kann dies auch einen Absturz Ihres Exchange Servers und eine notwendige Neuinstallation nach sich ziehen.

Sicherung der Metabase

Die Sicherung der Metabase ist kein komplizierter Vorgang, kann aber nicht ohne weiteres mit einem automatischen Task durchgeführt werden, sondern muss durch den Administrator manuell gestartet werden. Die

Sicherung des IIS können Sie nur im SnapIn zur Verwaltung des IIS durchführen. Klicken Sie dazu mit der rechten Maustaste auf Ihren Server im SnapIn.

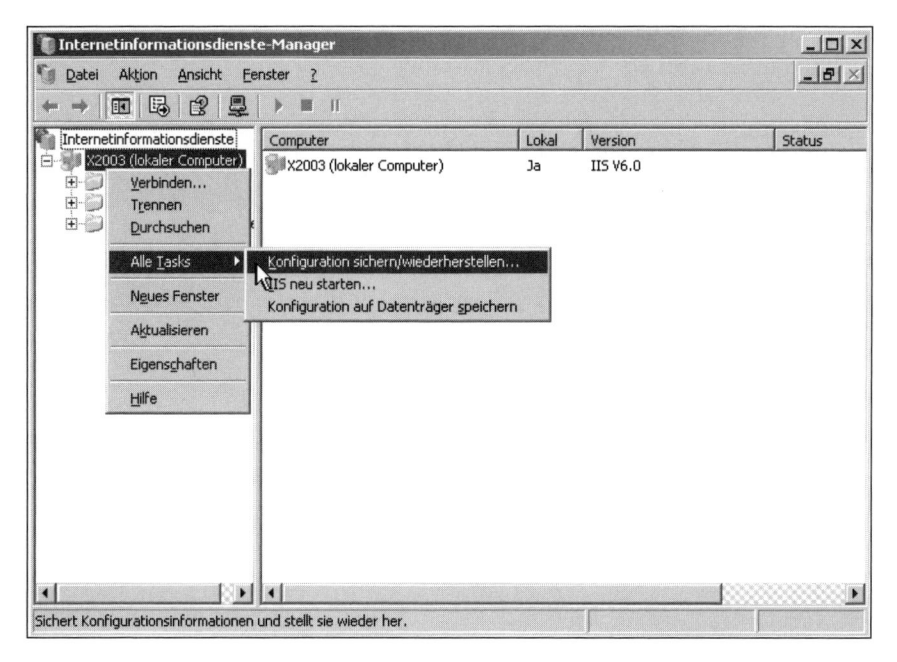

Abbildung 15.18:
Sicherung der IIS Metabase

Wählen Sie aus dem Menü ALLE TASKS aus. Zur Sicherung des IIS stehen Ihnen zwei verschiedene Optionen zur Verfügung.

Konfiguration sichern/wiederherstellen

Wenn Sie diese Option wählen, werden Sie feststellen, dass der IIS automatisch regelmäßig Sicherungen seiner Metabase durchführt. Sie können an dieser Stelle jederzeit manuell weitere Sicherungen durchführen und mit Kennwort versehen.

Konfiguration auf Datenträger speichern

Mit dieser Option können Sie Sicherungen nach einer Konfigurationsänderung durchführen und gleich auf einen Datenträger auslagern. Diese Option steht jedoch nur zur Verfügung, wenn eine Konfigurationsänderung durchgeführt worden ist.

15.3 Wiederherstellung

Die Wiederherstellung wichtiger Daten baut auf eine stabile Sicherungsstrategie auf. Diese Strategie bestimmt, ob Sie überhaupt Daten zurücksichern können, welche Daten das sind und wie lange diese Sicherung dauert und wie lange Sie auf frühere Datenbestände zurückgreifen können. Zu einer guten Datensicherungsstrategie gehören zudem Tests, um eine eventuelle Wiederherstellung zu testen. Im Idealfall sollten diese Tests in regelmäßigen Abständen stattfinden, damit jederzeit gewährleistet ist, dass die Sicherungsstrategie funktioniert, keine Lücken aufweist und die Dauer der Wiederherstellung akzeptabel ist.

Wiederherstellung einzelner Postfächer

Die Wiederherstellung einzelner Postfächer kann notwendig werden, wenn Sie versehentlich einen Benutzer mit Postfach gelöscht haben. Dieser Fall wird relativ selten vorkommen. In vielen Unternehmen werden jedoch ausscheidende Mitarbeiter und ihre Postfächer gelöscht, obwohl die Daten der Postfächer eventuell noch benötigt werden.

Absicherung gegen das Löschen von Postfächern

In Exchange 2000 und Exchange 2003 sind die Postfächer von Benutzern mit dem Benutzerobjekt im Active Directory verbunden. Wird das Konto des Benutzers aus dem Active Directory gelöscht, wird auch das entsprechende Postfach des Benutzers aus der Exchange-Datenbank gelöscht. Damit durch diese enge Verbindung von Postfach und Benutzer nicht versehentlich Daten gelöscht werden, hat Exchange einen eingebauten Mechanismus, der Postfächer vor einem Löschvorgang schützt.

Wenn ein Benutzer mit Postfach gelöscht wird, bewahrt Exchange das Postfach des Benutzers standardmäßig weitere 30 Tage auf, bevor es endgültig aus dem System gelöscht wird. In diesem Zeitraum kann das Postfach jederzeit wieder mit einem neuen Benutzer verbunden werden. Der Benutzer, mit dem das Postfach verbunden wird, darf allerdings über kein Postfach verfügen, da in Exchange 2003 jedem Postfach genau ein Benutzer und jedem Benutzer genau ein Postfach zugeordnet werden kann.

Sie können den Zeitraum eigenständig definieren, in dem Postfächer nach dem Löschen des zugeordneten Benutzers aufbewahrt werden sollen, diese Einstellung wurde im Kapitel 7 *Speicherarchitektur* besprochen.

Wiederherstellung von Postfächern/Mailbox Recovery Center

Das neue Tool *Wiederherstellung von Postfächern* oder englisch *Mailbox Recovery Center* ist ein weiteres Beispiel für die oft sehr ungeschickte Übersetzung ins Deutsche. Ich verwende daher in diesem Kapitel durchgehend den englischen Begriff.

Wiederherstellung Kapitel 15

Das Mailbox Recovery Center ist ein neues Tool in Exchange 2003. Sie können mit diesem Tool gelöschte Postfächer in Ihren Postfachspeichern schnell finden und wiederherstellen. Unter Exchange 2000 war dieser Vorgang bei vielen Postfachspeichern noch eine sehr undankbare Aufgabe. Das Mailbox Recovery Center ist eine der Neuerungen in der Datensicherung von Exchange 2003, die oft schon ein Update von Exchange 2000 und vor allem von Exchange 5.5 rechtfertigen würden.

NEU

Mit dem Mailbox Recovery Center können Sie mehrere Postfächer gleichzeitig wieder verbinden oder in eine Datei exportieren. Die Wiederherstellung von Postfächern finden Sie im Exchange System Manager unter dem Menü EXTRAS (TOOLS).

Abbildung 15.19:
Neues Tool in Exchange 2003 zur Wiederherstellung von Postfächern

Sie können mit dem Mailbox Recovery Center Postfächer auf allen Exchange Servern Ihrer Organisation wiederherstellen.

Verbinden von Postfachspeichern mit dem Mailbox Recovery Center

Bevor Sie jedoch Postfächer wiederherstellen können, müssen Sie im Mailbox Recovery Center erst die Postfachspeicher mit dem Tool verbinden, in dem Postfächer wiederhergestellt werden können. Klicken Sie dazu mit der rechten Maustaste auf die WIEDERHERSTELLUNG VON POSTFACHSPEICHERN und wählen Sie aus dem Menü POSTFACHSPEICHER HINZUFÜGEN aus.

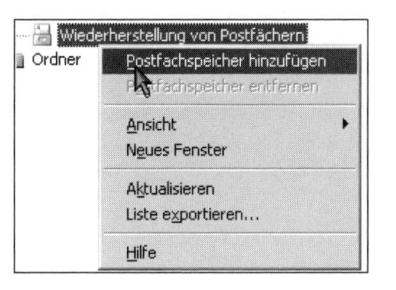

Abbildung 15.20:
Hinzufügen von Postfachspeicher zum Mailbox Recovery Center

Kapitel 15   Datensicherung

Im nachfolgenden Fenster können Sie die Suchoptionen des Postfachspeichers genauer eingeben, den Sie hinzufügen wollen. Klicken Sie im Suchfenster auf die Schaltfläche ERWEITERT. Im nächsten Fenster können Sie genauere Eingaben machen, um die entsprechenden Postfachspeicher zu finden. In den meisten Umgebungen müssen Sie jedoch keinerlei Eingaben machen. Klicken Sie einfach auf die Schaltfläche SUCHEN. Im Ergebnisfenster werden alle Postfachspeicher auf allen Exchange Servern angezeigt. Wählen Sie dann den oder die Postfachspeicher aus, die Sie mit dem Mailbox Recovery Center verwalten wollen. Nach dem Hinzufügen der Postfachspeicher untersucht das Mailbox Recovery Center alle gewählten Postfachspeicher nach gelöschten Postfächer und zeigt diese im Suchfenster an.

Wenn Sie versehentlich einen Benutzer gelöscht haben und Sie wissen, in welchem Postfachspeicher dessen Postfach gespeichert war, reicht es natürlich aus, wenn Sie nur diesen Postfachspeicher zur Untersuchung auswählen. Da im Suchfenster alle gelöschten Postfächer auf einmal angezeigt werden, haben Sie schnell einen Überblick über alle gelöschten Postfächer und können sofort Maßnahmen zur Wiederherstellung ergreifen. Sie müssen für jeden neuen Suchvorgang die Postfachspeicher wieder neu hinzufügen, die durchsucht werden sollen. Sie können die gewählten Optionen nicht speichern.

Abbildung 15.21:
Suchfenster im Mailbox Recovery Center zum Hinzufügen von Postfachspeichern

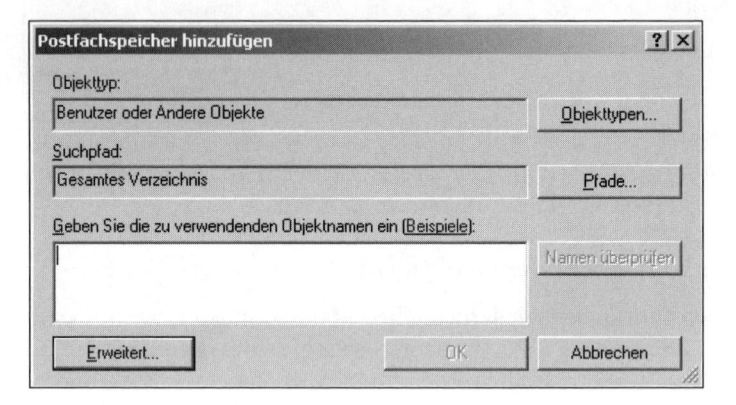

Wiederherstellen der gelöschten Postfächer

Nachdem Sie gelöschte Postfächer in den ausgewählten Postfachspeichern gefunden haben, können Sie diese auf verschiedenen Wegen wiederherstellen. Markieren Sie dazu die gewünschten Postfächer und klicken Sie mit der rechten Maustaste auf die gewählten Postfächer.

Wiederherstellung | Kapitel 15

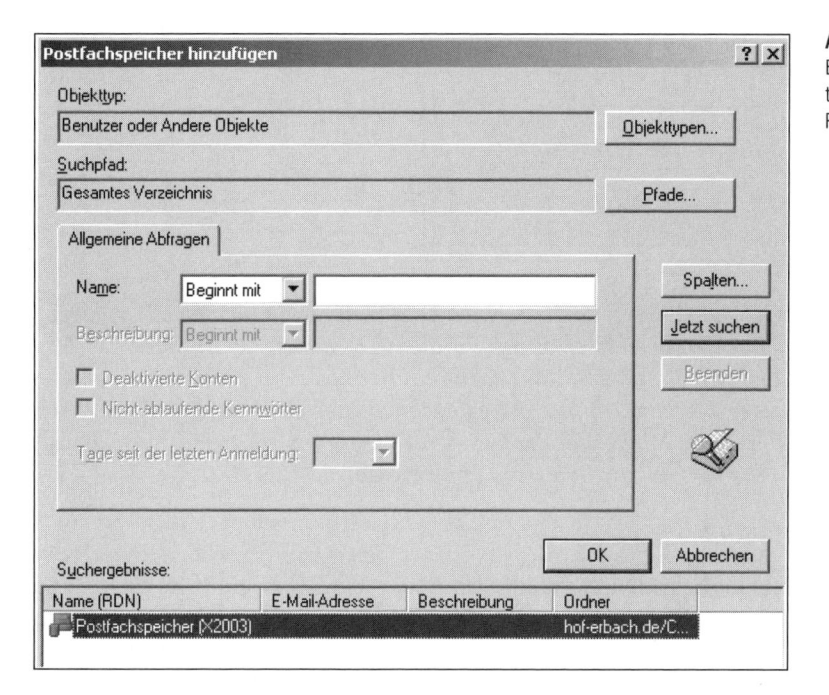

Abbildung 15.22:
Erweiterte Suchoptionen im Mailbox Recovery Center

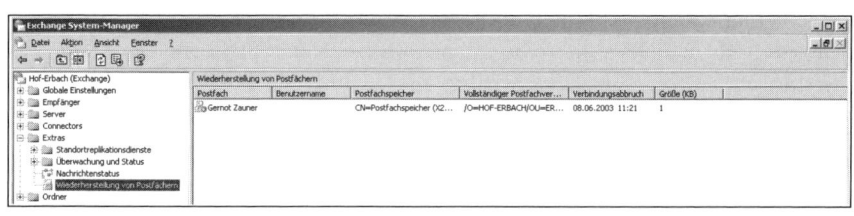

Abbildung 15.23:
Gelöschte Postfächer in den ausgewählten Postfachspeichern

Übereinstimmung suchen

Mit Hilfe der Option ÜBEREINSTIMMUNG SUCHEN überprüft das Mailbox Recovery Center zunächst, ob ein Benutzer im Active Directory mit diesem Postfach verbunden war oder namentlich dazu passt. Trifft dies zu, wird ein Konflikt gemeldet. An dieser Stelle können Sie keine weiteren Einstellungen vornehmen. Sie sollten vor jedem Wiederherstellungsvorgang eines Postfachs das Active Directory nach Konflikten untersuchen. Wenn kein Konflikt auftritt, ist soweit alles in Ordnung und Sie können mit der Wiederherstellung fortfahren. Tritt ein Konflikt auf, wird die normalerweise ausgegraute Option KONFLIKTE LÖSEN aktiviert. Wenn beim Suchen von Übereinstimmungen ein Konflikt auftritt, sollten Sie als Nächstes immer die Option KONFLIKTE LÖSEN wählen, um alle Probleme mit dem Postfach zu beheben, bevor es neu verbunden wird.

Kapitel 15 Datensicherung

Abbildung 15.24:
Optionen zur Wiederherstellung von Postfächern

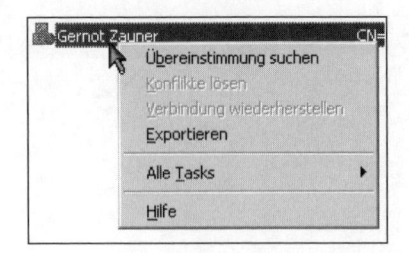

Konflikte lösen

Oft wird kurz nach dem Löschen eines Benutzers ein solcher Konflikt gefunden, weil noch nicht auf allen Domänen-Controllern das Löschen des Benutzers repliziert wurde. Bis ein Benutzer auf allen Domänen-Controllern einer Gesamtstruktur als gelöscht angezeigt wird, kann einige Zeit vergehen. Dies hängt von der Größe der Gesamtstruktur, der Anzahl der Domänen-Controller sowie der Standorte ab.

Konflikte lösen

Wenn beim Durchsuchen des Active Directory ein Konflikt gefunden wird, können Sie mit der zweiten Option KONFLIKTE LÖSEN überprüfen, welche Probleme das Mailbox Recovery Center gefunden hat. Wenn es sich bei dem Konflikt um den weiter vorne beschriebenen Effekt handelt, dass das zugeordnete Benutzerobjekt noch nicht vollständig aus dem Active Directory gelöscht wurde, sollten Sie noch etwas warten, bis Sie mit dem Vorgang fortfahren, es sei denn, Sie wollen die Daten des Postfachs exportieren. Wenn Sie die Option KONFLIKTE LÖSEN wählen, können Sie das Active Directory nach dem Benutzer durchsuchen, den Sie mit diesem Postfach verbinden wollen. Wählen Sie ihn aus und bestätigen Sie Ihre Eingabe, der Konflikt sollte damit behoben sein. Das Postfach wird für die neue Verbindung vorbereitet, aber noch nicht mit dem Benutzer verbunden.

Nachdem die Konflikte des Postfachs gelöst sind, können Sie mit den nächsten Optionen das Postfach neu verbinden oder die Daten exportieren.

Verbindung wiederherstellen

Auch diese Option ist normalerweise nach dem Start des Mailbox Recovery Centers ausgegraut. Wenn Sie die gelöschten Postfächer nach Konflikten untersucht und diese gelöst haben, wird die Option VERBINDUNG WIEDERHERSTELLEN aktiviert. Wenn Sie diese auswählen, wird das Postfach mit dem Benutzer verbunden, den Sie mit der Option KONFLIKTE LÖSEN ausgewählt haben.

Wenn die Option ÜBEREINSTIMMUNG SUCHEN keinen Konflikt meldet, sondern das Postfach gleich dem passenden Benutzerobjekt zuweisen kann, können Sie die Option VERBINDUNG WIEDERHERSTELLEN wählen, ohne vorher einen Konflikt zu lösen (denn es liegt keiner vor).

Wiederherstellung — Kapitel 15

Abbildung 15.25: Konflikt beim Suchen von Übereinstimmungen im Mailbox Recovery Center

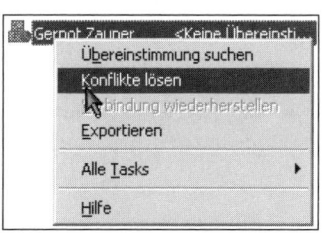

Abbildung 15.26: Konflikte mit dem Mailbox Recovery Center lösen

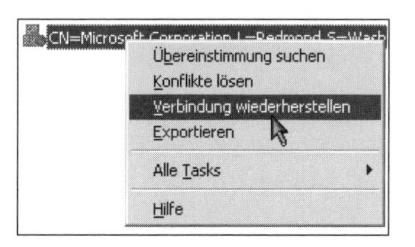

Abbildung 15.27: Wiederverbinden eines Postfachs mit dem Mailbox Recovery Center

Exportieren

Diese Option ist standardmäßig immer aktiviert. Wenn Sie den Inhalt des Postfachs lediglich exportieren und das Postfach keinem neuen Benutzer zuordnen wollen, sollten Sie diese Option wählen. Mit dieser Option wird jedoch nicht der Inhalt des Postfachs gespeichert, sondern lediglich dessen Informationen. Wählen Sie zum Exportieren der Postfachinformationen mit der rechten Maustaste die Option EXPORTIEREN aus.

Abbildung 15.28:
Exportieren von Postfachinformationen mit dem Mailbox Recovery Center

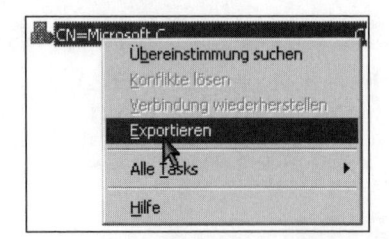

Nach dem Start des Assistenten müssen Sie zunächst die Active Directory-Attribute auswählen, die beim Exportieren berücksichtigt werden sollen. Sie können später mit Hilfe der erstellten Export-Datei Benutzer wieder in das Active Directory importieren. Die Attribute, die Sie exportieren können, sind:

- *userAccountControl*. Dieses Attribut beschreibt, ob es sich um ein aktiviertes oder deaktiviertes Konto handelt, ob das Kennwort ablaufen darf oder nicht, usw.
- *msExchUserAccountControl*. Dieses Attribut steuert die Anmeldung eines Benutzers an sein Exchange-Postfach. Dieses Attribut wird durch den Recipient Update Service zugeteilt und verbindet ein Benutzerkonto mit seinem entsprechenden Postfach.
- *displayName*. Dieses Attribut gibt den Anzeigename des Benutzers im globalen Adressbuch wieder.
- *objectClass*. Dieses Attribut beschreibt, um welches Active Directory-Objekt es sich handelt.
- *SAMAccountName*. Das ist der Benutzername des Objekts, der Alias in unserem Beispiel.

Nach der Auswahl der zu exportierenden Attribute müssen Sie im nächsten Fenster festlegen, welchem Container im Active Directory das Benutzerobjekt zugewiesen werden soll und welches dem Postfach zugeordnet ist.

Im letzten Fenster legen Sie dann den Speicherort und die Optionen fest, die in der Datei gespeichert werden sollen. Nach Abschluss des Assistenten wurde im entsprechenden Ordner eine LDF-Datei erstellt, die alle Informationen enthält, die Sie exportiert haben.

LDF-Dateien sind spezielle Dateien, die Active Directory-Daten enthalten. Sie können mit verschiedenen Tools zur Bearbeitung des Active Directory LDF-Dateien in das Active Directory importieren und exportieren. Das *Mailbox Recovery Center* kann Informationen aus dem Active Directory exportieren.

Wiederherstellung Kapitel 15

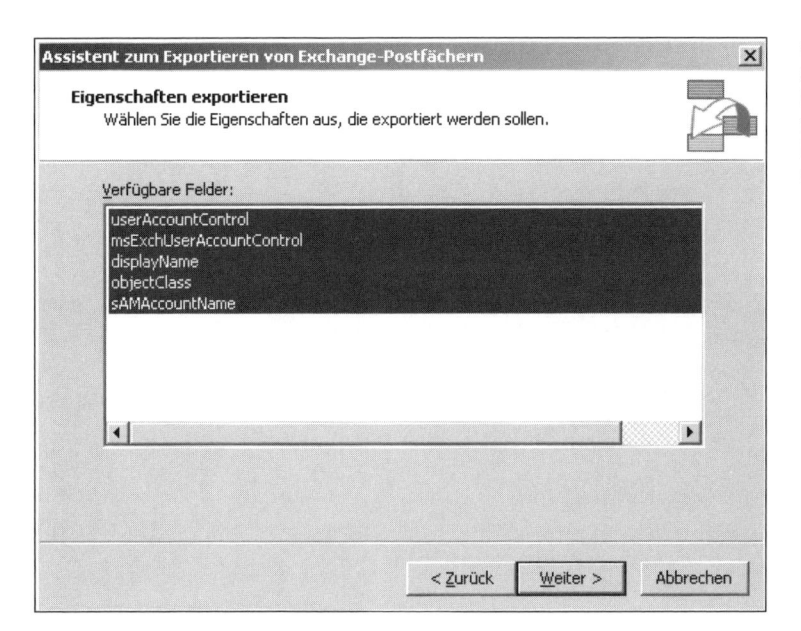

Abbildung 15.29: Ausgewählte Attribute zum Exportieren mit dem Mailbox Recovery Center

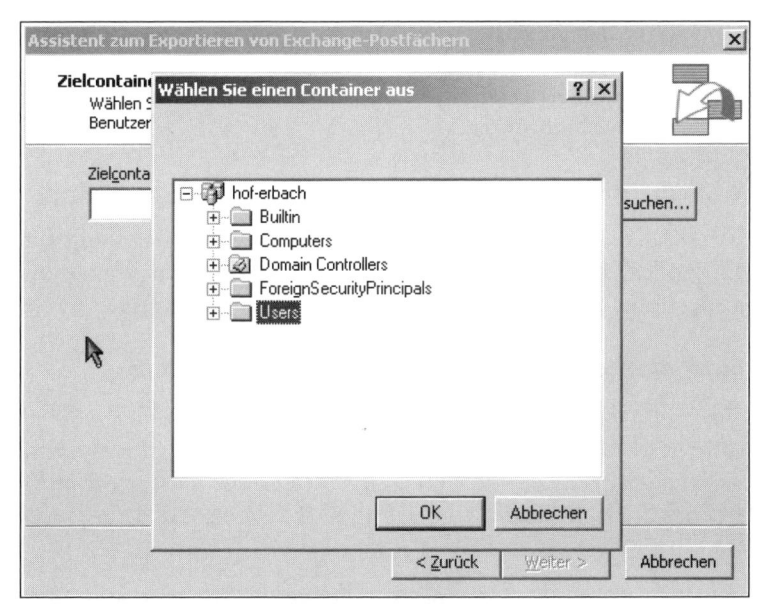

Abbildung 15.30: Auswahl des Ziel-Containers

Um Daten, die mit dem Mailbox Recovery Center exportiert wurden, wieder zu importieren, benötigen Sie entsprechende Tools, wie zum Beispiel *LDIFDE*, welches zum Lieferumfang von Windows 2000 und Windows 2003 gehört. Wenn Sie das Tool aufrufen, erhalten Sie eine Hilfe zu allen möglichen Optionen. Das Tool kann LDF-Dateien lesen, exportieren und wieder importieren. Um solche komplexen Importvorgänge im Active Directory vorzunehmen, sollten Sie genau wissen, was Sie tun.

Kapitel 15 Datensicherung

Abbildung 15.31:
Auswahl des Speicherortes der Exportdatei

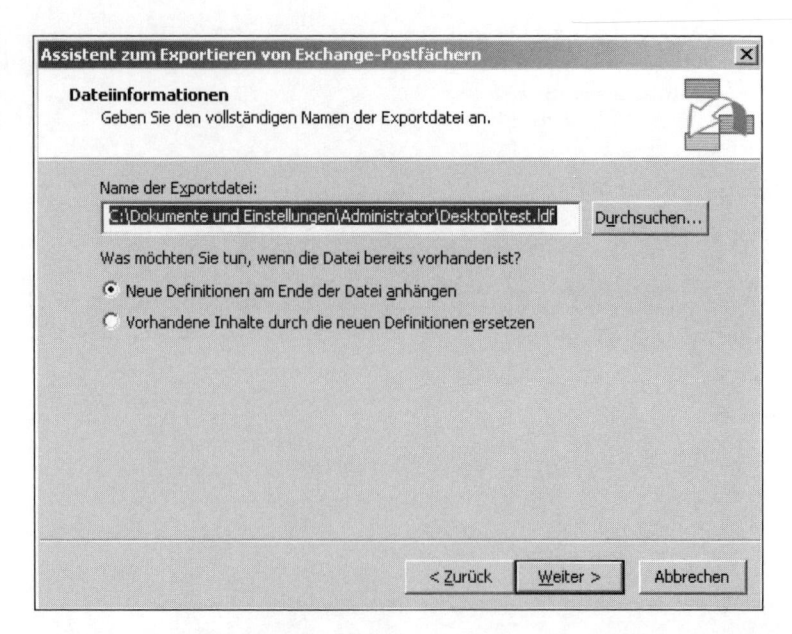

[Screenshot: Assistent zum Exportieren von Exchange-Postfächern – Dateiinformationen. Name der Exportdatei: C:\Dokumente und Einstellungen\Administrator\Desktop\test.ldf]

Da Sie mit den Import-Tools direkt im Active Directory arbeiten, können Sie die Datenbank schnell zerstören. Prüfen Sie entsprechende Schritte zunächst in einer Testumgebung, bevor Sie in Ihrer Produktivumgebung Änderungen durchführen.

Wiederherstellung aus einer Online-Sicherung

Wenn Sie Postfächer mit der Windows 2003-Datensicherung wiederherstellen wollen, müssen Sie einen etwas komplizierteren Weg wählen, als mit professioneller Software wie *Backup Exec* möglich wäre.

Installation eines neuen Servers zur Wiederherstellung

Um die Daten eines Postfachs wiederherzustellen, müssen Sie zunächst die gesicherte Exchange-Datenbank auf einem Testrechner wiederherstellen und das Postfach daraus extrahieren. Zunächst müssen Sie auf einem Testrechner ein Active Directory mit einer Exchange 2003-Organisation erstellen.

Folgende Komponenten müssen dabei nicht heißen, wie in der Produktivumgebung:

- Die Windows 2003-Domäne und Gesamtstruktur darf einen anderen Namen haben.

- Die Bezeichnung des Servers muss nicht mit dem Originalnamen übereinstimmen.

Folgende Komponenten müssen mit der originalen Organisation und Umgebung identisch sein:

- *Bezeichnung der Exchange-Organisation*
- *Bezeichnung der administrativen Gruppen*
- *Bezeichnung der Speichergruppen*
- *Bezeichnung der Postfachspeicher*
- *Die Laufwerkszuordnungen müssen mit dem Quell-Server identisch sein.*

Vorbereiten des Wiederherstellungs-Servers

Wenn Sie eine Testumgebung nach den oben genannten Maßstäben erstellt haben, gehen Sie zur Wiederherstellung aus einer Datensicherung folgendermaßen vor:

1. Heben Sie zunächst die Bereitstellung des Postfachspeichers auf, damit dieser durch die Wiederherstellung überschrieben werden kann. Diese Bereitstellung können Sie aufheben, wenn Sie im Exchange System Manager mit der rechten Maustaste auf den Postfachspeicher klicken und aus dem Menü die Option BEREITSTELLUNG DES INFORMATIONSSPEICHERS AUFHEBEN wählen.

2. Nach der Aufhebung der Bereitstellung rufen Sie die Eigenschaften des Postfachspeichers auf, wechseln zur Registerkarte DATENBANK und aktivieren die Option DIESE DATENBANK KANN BEI EINER WIEDERHERSTELLUNG ÜBERSCHRIEBEN WERDEN.

3. Erst dann ist dieser Informationsspeicher bereit für eine Wiederherstellung. Wenn Sie die Option BEREITSTELLUNG DES INFORMATIONSSPEICHERS AUFHEBEN aktivieren, weiß Exchange, dass diese Datenbank überschrieben werden soll.

Löschen Sie allerdings keinesfalls die Datenbank auf dem Wiederherstellungs-Server. Die Option BEREITSTELLUNG DES INFORMATIONSSPEICHERS AUFHEBEN *wird nur von Exchange angenommen, wenn die Datenbank, die überschrieben werden soll, auch vorhanden ist.*

Wiederherstellen der Datenbank

Stellen Sie mit der Datensicherung Ihren letzten Sicherungssatz wieder her. Verwenden Sie dabei den Wiederherstellungs-Assistenten des Windows-Datensicherungsprogramms, wenn Sie die Daten mit diesem Programm gesichert haben.

Kapitel 15 Datensicherung

Abbildung 15.32:
Aufhebung der Bereitstellung eines Informationsspeichers zur Wiederherstellung

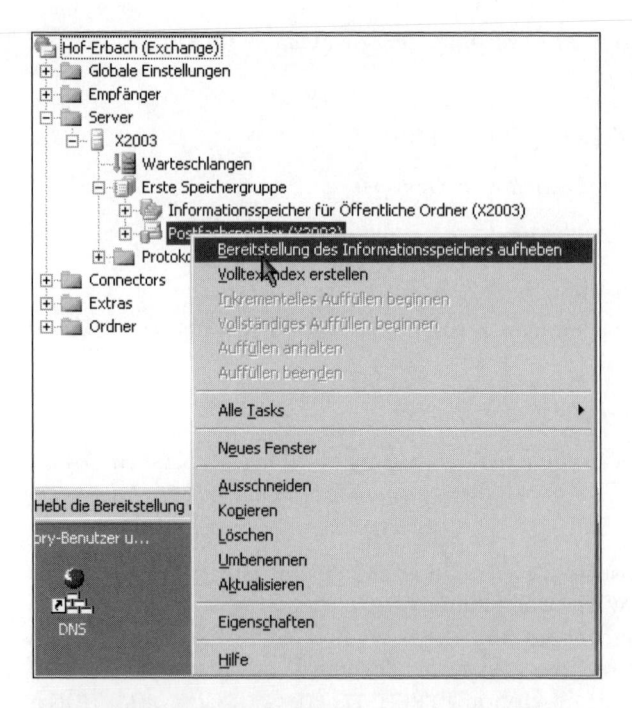

Abbildung 15.33:
Überschreiben einer Datenbank zur Wiederherstellung

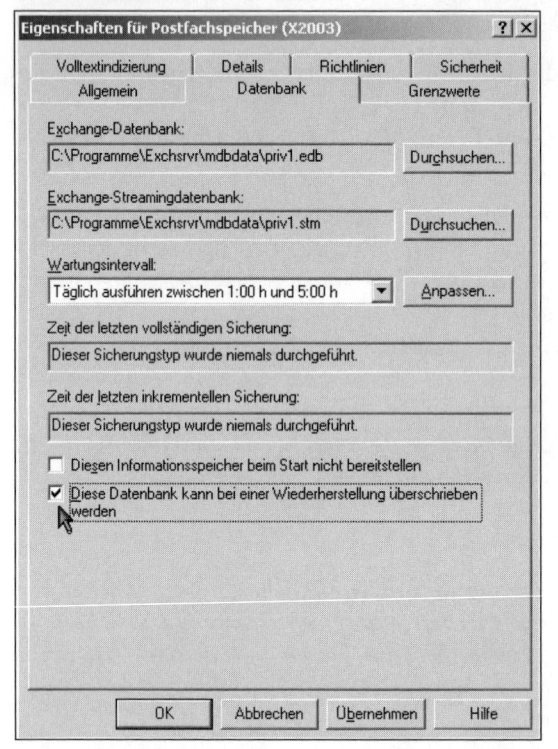

Wiederherstellung

Aktivieren Sie bei der Wiederherstellung der Datenbank im Datensicherungsprogramm immer die Option, dass es sich um den letzten Sicherungssatz handelt. Ohne diese Option ist die Wiederherstellung nicht erfolgreich. Sollte in Ihrem Datensicherungsprogramm diese Option nicht zur Verfügung stehen, oder sollten Sie vergessen haben, diese zu aktivieren, können Sie nach der Wiederherstellung der Datenbank mit dem Tool *eseutil* die Wiederherstellung nachträglich beeinflussen.

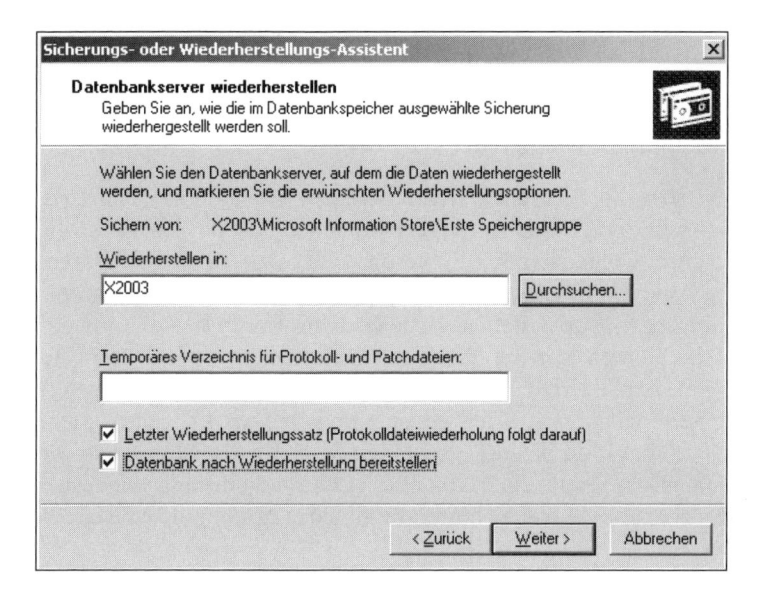

Abbildung 15.34: Option Letzter Wiederherstellungssatz in der Windows 2003-Datensicherung

Hard-Recovery/Letzter Wiederherstellungssatz

Die Aktivierung der Option *Letzter Wiederherstellungssatz* dient zum nachträglichen Abarbeiten der Transaktionsprotokolle durch den Exchange Server. Dieser Vorgang wird Hard-Recovery genannt. Jedes Exchange-taugliche Datensicherungsprogramm erstellt zur Wiederherstellung einer Exchange-Datenbank die Datei *restore.env*. Um ein solches Hard-Recovery nachträglich auszuführen, geben Sie in der Befehlszeile den Befehl

```
Eseutil /cc <Pfad zur Datei restore.env>
```

ein. Für jeden Wiederherstellungsvorgang wird eine eigene *restore.env* angelegt, die Sie mit dem oben genannten Befehl anpassen können.

Übernahme der Daten auf den Produktiv-Server

1. Nach der erfolgreichen Wiederherstellung der Datenbank können Sie das Postfach, welches Sie wiederherstellen wollen, mit einem neuen Benutzer verbinden. Gehen Sie dabei vor, wie weiter oben im Unterkapitel Mailbox Recovery Center beschrieben. Sie können sich dann mit

Outlook mit dem Postfach verbinden und die Daten in eine *PST-Datei* exportieren. Diese PST-Datei können Sie danach in ein neues Postfach auf dem Ziel-Server wieder mit Outlook importieren. Dieser Weg hört sich zwar etwas umständlich an, er funktioniert aber.

2. Ein etwas einfacherer Weg ist der *Exchange Mailbox Merge Wizard* (exmerge). Mit Hilfe dieses Tools können Sie ein Postfach direkt aus der Exchange-Datenbank in eine PST-Datei extrahieren. Dieses Tool ist Bestandteil von Exchange 2003. Rufen Sie das Tool mit *exmerge.exe* aus der Kommandozeile auf.

Wiederherstellung einer Datenbank

Sie können mit der Datensicherung auch einen kompletten Informationsspeicher wiederherstellen. Da bei einem solchen Vorgang ohnehin alle Postfächer wiederhergestellt werden, die sich in dieser Datenbank befindet, müssen Sie dazu weder einen neuen Server installieren noch eine Recovery Storage Group erstellen (siehe nächstes Kapitel). Sie können eine Datenbank sehr einfach mit der Windows-Datensicherung auf dem Quell-Server wiederherstellen. Die Vorgänge sind dabei analog zur Wiederherstellung auf einem dedizierten Wiederherstellungs-Server, mit dem Unterschied, dass die Datenbank direkt auf dem Quell-Server wiederhergestellt wird. Sie können eine Datenbank auch aus einer Offline-Sicherung wiederherstellen. Dieser Vorgang wird weiter hinten in diesem Kapitel näher besprochen.

Bei der Wiederherstellung einer Datenbank aus einer Online-Sicherung werden einige Vorgänge der Reihe nach abgearbeitet. Einige davon müssen Sie als Administrator erledigen, andere werden automatisch bei der Datensicherung durchgeführt:

Aufgaben des Administrators

- Aufheben der Bereitstellung des Informationsspeichers, der wiederhergestellt werden soll. Dieser Vorgang muss durch den Administrator im Exchange System Manager durchgeführt werden.

- Aktivieren der Option DIESE DATENBANK KANN BEI EINER WIEDERHERSTELLUNG ÜBERSCHRIEBEN WERDEN. Diese Einstellung nehmen Sie ebenfalls im Exchange System Manager in den Eigenschaften eines Informationsspeichers auf der Registerkarte DATENBANK vor.

- Starten der Wiederherstellung. Aktivierung der Option *Letzter Sicherungssatz* im Datensicherungsprogramm durch den Administrator.

Wiederherstellung Kapitel 15

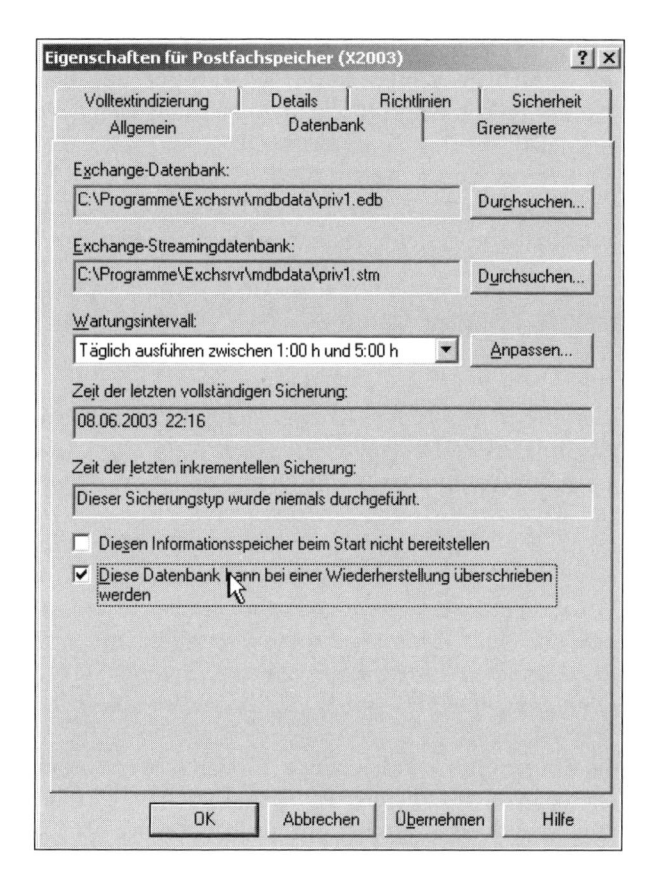

Abbildung 15.35: Konfiguration eines Informationsspeichers zur Wiederherstellung

Nach diesen Aufgaben beginnt das Datensicherungsprogramm mit seiner Arbeit und führt selbstständig folgende Schritte durch:

Aufgaben des Datensicherungsprogramms

Das Datensicherungsprogramm ersetzt die vorhandenen Datenbankdateien (EDB- und STM-Datei) mit den Dateien der Sicherung. Jeder Informationsspeicher verfügt im Active Directory über eine GUID. Das Datensicherungsprogramm findet den Informationsspeicher mit Hilfe der GUID im Active Directory. Als Nächstes werden die Transaktionsprotokolle und Patch-Dateien in ein temporäres Verzeichnis zurückgesichert. Die Datei *restore.env* für alle durchzuführenden Wiederherstellungsvorgänge wird automatisch erstellt. Wenn Sie mehrere Wiederherstellungsvorgänge gleichzeitig ausführen, wird für jede eine eigene *restore.env* erstellt.

Die Transaktionsprotokolle werden nacheinander auf Vollständigkeit und Zugehörigkeit zur Speichergruppe geprüft. Dann werden die Patch-Dateien in den Arbeitsspeicher geschrieben. Es wird eine temporäre Speichergruppe angelegt, die zur Zurücksicherung genutzt wird. Die Transaktionsprotokolle werden mit der angelegten temporären Speichergruppe verbunden.

Auch die Patch-Dateien werden in die Speichergruppe integriert. Als Nächstes werden die temporäre Speichergruppe und das temporäre Verzeichnis der Transaktionsprotokolle und der Patch-Dateien gelöscht.

Als Letztes wird automatisch der Haken bei der Option DIESE DATENBANK KANN BEI EINER WIEDERHERSTELLUNG ÜBERSCHRIEBEN WERDEN entfernt. Die wiederhergestellte Datenbank steht wieder zur Verfügung.

Recovery Storage Group

Die Recovery Storage Group ist eine Neuerung in Exchange 2003. Sie konnten zwar mit dem Exchange 2000 Enterprise Server vier Speichergruppen anlegen und zusätzlich eine fünfte, die zur Wiederherstellung von Daten gedacht war, allerdings war dieser Wiederherstellungsvorgang im Vergleich zur Wiederherstellungs-Speichergruppe (Recovery Storage Group) stark eingeschränkt. Diese Speichergruppe erhöht die Flexibilität von Administratoren bei der Wiederherstellung von Postfächern stark. Die Recovery Storage Group kann weder zum Anlegen von Benutzerpostfächern verwendet werden noch mit Antiviren-Programmen gescannt werden und sie steht auch nicht anderen Programmen zur Verfügung. Die Recovery Storage Group kann ausschließlich zum Wiederherstellen von Daten verwendet werden.

Sie können mit der Exchange 2003 Recovery Storage Group Postfachspeicher von allen Exchange 2003 und Exchange 2000 Servern (ab SP3) innerhalb derselben administrativen Gruppe wiederherstellen. Sie können sogar mehrere Postfachspeicher gleichzeitig wiederherstellen, allerdings nur, wenn sich diese in derselben Speichergruppe befinden. Nach dem Wiederherstellen von Postfachspeichern in der Recovery Storage Group können Sie diese wieder mit *Exmerge* extrahieren.

Bei den Vorgängerversionen von Exchange 2003 war es noch nicht möglich, ein Postfach auf einem produktiven Server zurückzusichern, denn dazu war immer der Aufbau einer Wiederherstellungsumgebung notwendig. Exchange 2003 sichert zwar den Verlust eines Postfachs standardmäßig ab und bewahrt gelöschte Objekte, wie zum Beispiel Postfächer einige Zeit auf, um diese schnell und effizient wiederherzustellen, in manchen Fällen müssen Sie aber eventuell Postfächer oder E-Mails zurücksichern, die weiter in der Vergangenheit liegen. Für diesen Zweck ist die neue Recovery Storage Group das ideale neue Hilfsmittel in Exchange 2003. Mit der *Recovery Storage Group* können nur Postfächer wiederhergestellt werden, keine öffentlichen Ordner.

Auf den nachfolgenden Seiten beschreibe ich ausführlich, wie die Wiederherstellung eines Postfachspeichers mit Hilfe einer Recovery Storage Group durchgeführt wird. Sie können diese Abläufe ebenfalls mit Ihrer Testumgebung durchspielen, ohne Ihre Exchange-Datenbank zu gefährden.

Wiederherstellung

Anlegen einer Recovery Storage Group

Bevor Sie eine Recovery Storage Group auf einem Exchange 2003 Server verwenden können, müssen Sie diese zunächst anlegen. Die Abläufe beim Anlegen einer Recovery Storage Group sind dabei identisch mit dem Anlegen einer normalen Speichergruppe.

Starten Sie zunächst den Exchange System Manager und navigieren Sie zu der administrativen Gruppe, in der Sie die Recovery Storage Group anlegen wollen. Klicken Sie mit der rechten Maustaste auf den Server, auf dem Sie die Recovery Storage Group erstellen wollen, wählen Sie NEU und dann SPEICHERGRUPPE FÜR DIE WIEDERHERSTELLUNG.

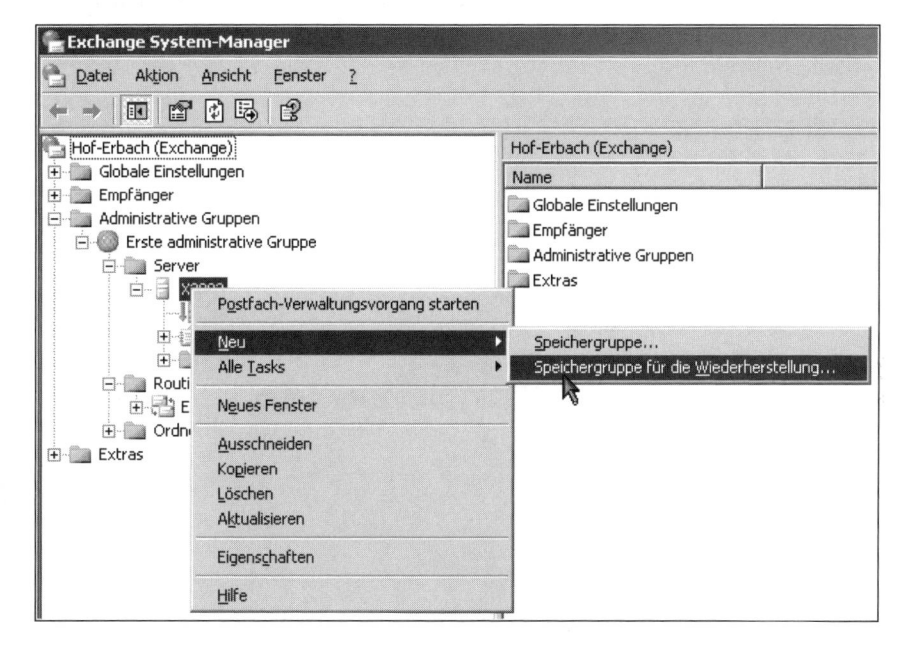

Abbildung 15.36: Erstellen einer Speichergruppe für die Wiederherstellung

Sie können auf jedem Server jeweils eine SPEICHERGRUPPE FÜR DIE WIEDERHERSTELLUNG ERSTELLEN. Bei der Erstellung der Speichergruppe müssen Sie nur den Speicherort für deren Datenbankdateien und Transaktionsprotokolle festlegen. Nach der erfolgreichen Erstellung der Speichergruppe steht diese für die Wiederherstellung zur Verfügung.

Die neu erstellte Recovery Storage Group benötigt zwar keinen Plattenplatz, beachten Sie aber, dass in dem angegebenen Verzeichnis der Postfachspeicher zurückgesichert wird, den Sie wiederherstellen wollen. Die Recovery Storage Group benötigt soviel Speicherplatz wie die Postfachspeicher, die zurückgesichert werden sollen.

Kapitel 15 Datensicherung

Abbildung 15.37:
Neu erstellte Speichergruppe für die Wiederherstellung

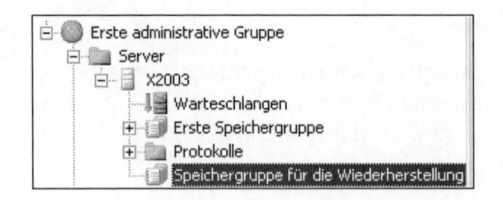

Vorbereitung für die Wiederherstellung

Für jeden Postfachspeicher, den Sie zurücksichern wollen, müssen Sie in der Recovery Storage Group einen Wiederherstellungs-Postfachspeicher erstellen. Klicken Sie zur Erstellung eines Wiederherstellungs-Postfachspeichers mit der rechten Maustaste auf die Speichergruppe für die Wiederherstellung und wählen Sie aus dem Menü WIEDERHERZUSTELLENDE DATENBANK HINZUFÜGEN aus.

Abbildung 15.38:
Wiederherstellungsdatenbank erstellen

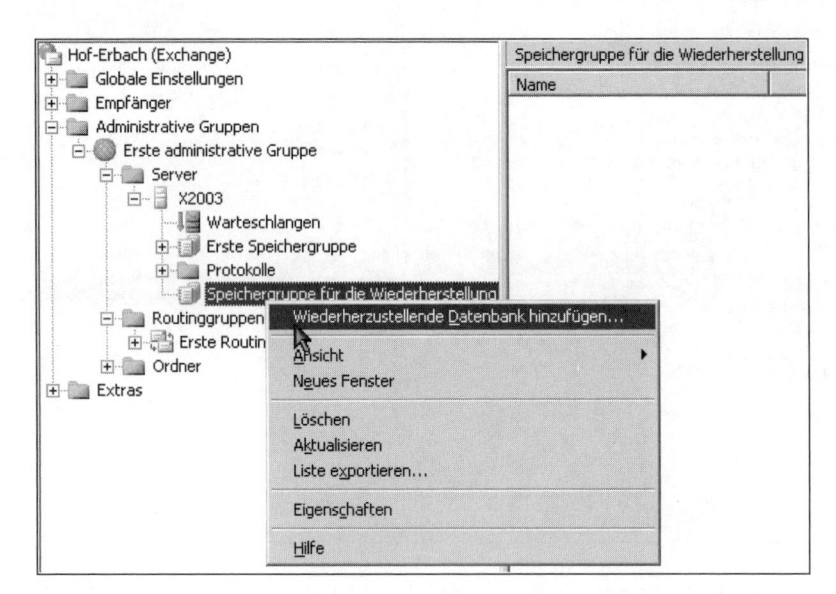

Ihnen werden alle Postfachspeicher in der administrativen Gruppe angezeigt, in der Sie die Speichergruppe für die Wiederherstellung erstellt haben. In den meisten Fällen reichen die Standardeinstellungen aus, Sie müssen die Einstellungen nicht unbedingt ändern. Sie können natürlich jederzeit den Namen des Wiederherstellungs-Postfachspeichers verändern. Wenn Sie mehrere Postfachspeicher hinzufügen wollen, gehen Sie wie bei dem zuerst erstellten vor.

Nach der Erstellung des Postfachspeichers wird dieser angezeigt, ist allerdings nicht bereitgestellt. Sie müssen den Postfachspeicher für die Wiederherstellung nicht bereitstellen.

Wiederherstellung Kapitel 15

Wiederherstellen einer Datenbank

Nach den notwendigen Vorbereitungen können Sie eine Datenbank in der Recovery Storage Group wiederherstellen.

Wenn Sie auf einem Exchange 2003 Server eine Recovery Storage Group erstellen, werden alle Datenbanken, die Sie auf diesem Server wiederherstellen in der Recovery Storage Group wiederhergestellt. Das Backup-Programm findet diese Speichergruppe automatisch, Sie müssen keine besonderen Eingaben vornehmen.

Überschreiben der Recovery Storage Group

Sie können die Recovery Storage Group so konfigurieren, dass Sie überschrieben wird. Das bedeutet, dass Online-Wiederherstellungsvorgänge in die originale Datenbank zurückgeschrieben werden. Um die Recovery Storage Group für die Online-Wiederherstellung quasi zu deaktivieren, müssen Sie in der Registry einen neuen Wert erstellen. Gehen Sie dabei folgendermaßen vor:

Tragen Sie im Registry-Schlüssel `HKLM\System\Current ControlSet\MSExchangeIS\ParametersSystem` einen neuen DWORT-Wert `RECOVERY SG Override` ein und weisen Sie diesem den Wert »1« zu.

Nach dem Erstellen dieses Wertes können Sie Postfachspeicher in Ihre originale Datenbank zurücksichern, auch wenn auf dem Server eine Recovery Storage Group erstellt wurde.

Wiederherstellen einer Datenbank

Die Wiederherstellung Ihres Postfachspeichers in einer Recovery Storage Group läuft analog zum Wiederherstellen in der originalen Datenbank ab, Sie müssen nichts Besonderes beachten. Wenn Sie das Windows 2003-Datensicherungsprogramm verwenden, starten Sie dazu den Wiederherstellungsassistenten.

Wenn bei der Wiederherstellung ein Fehler auftritt, kann es sein, dass die Recovery Storage Group nicht erkannt wird. Das kann daran liegen, dass der Server nach dem Anlegen der Recovery Storage Group noch nicht neu gestartet wurde. Das ist zwar nicht notwendig, in manchen Umgebungen kann das jedoch das Problem lösen.

Exchange Mailbox Merge Program (Exmerge)

Dieses Utility war bisher Bestandteil des *Exchange Resource Kits* und wird in der neuen Version mit Exchange 2003 ausgeliefert. Nach dem Wiederherstellen einer Datenbank in der Recovery Storage Group sind die darin enthaltenen Postfächer nicht zugeordnet. Sie können diese Postfächer mit *exmerge* jedoch sehr leicht exportieren und im richtigen Postfachspeicher wieder importieren.

Wiederherstellung einer Offline-Sicherung

Um eine Exchange-Datenbank mit einer Offline-Sicherung wiederherzustellen, stehen Ihnen zwei verschiedene Möglichkeiten zur Verfügung. Wenn die aktuellen Transaktionsprotokolle verfügbar sind, können diese Protokolle in die Offline-Sicherung eingespielt und diese dadurch auf den aktuellsten Stand gebracht werden. Diese Sicherung wird »*roll forward*« genannt.

Wenn Ihr Server ausgefallen ist und keine Transaktionsprotokolle zur Verfügung stehen, müssen Sie die Offline-Sicherung ohne Transaktionsprotokolle zurückspielen. Alle weiteren Daten nach dieser Sicherung sind unwiederbringlich verloren. Diese Wiederherstellung wird »*Point in time*« genannt.

Point in time-Wiederherstellung aus einer Offline-Sicherung

Wenn zur Wiederherstellung der Offline-Sicherung keine aktuellen Transaktionsprotokolle zur Verfügung stehen, müssen Sie diese Art der Wiederherstellung wählen.

Vorbereitung für die Wiederherstellung

Auch wenn diese Art der Wiederherstellung die einfachste Ihrer Art ist, müssen einige Vorbereitung getroffen werden, um sicherzustellen, dass die Wiederherstellung der Datenbank oder der ganzen Speichergruppe erfolgreich ist.

Um eine *Point in time-Wiederherstellung* durchzuführen, müssen Sie zunächst die Bereitstellung für alle Datenbanken der Speichergruppe aufheben. Für die Wiederherstellung müssen Sie auf die CHK-Datei der Transaktionsprotokolle zurückgreifen. Alle Datenbanken einer Speichergruppe verwenden denselben Satz Transaktionsprotokolle und daher auch dieselbe CHK-Datei.

Wenn Sie nur eine einzelne Datenbank wiederherstellen wollen, müssen Sie überprüfen, ob die anderen Datenbanken der Speichergruppe konsistent sind. Verwenden Sie dazu wieder *eseutil* mit den entsprechenden Schaltern.

Als Nächstes sollten Sie die Checkpoint-Datei der Speichergruppe überprüfen. Diese Datei befindet sich in dem Verzeichnis, welches Sie in den Eigenschaften der Speichergruppe als SYSTEMPFAD dieser Speichergruppe angegeben haben. Damit Sie auf diese Checkpoint-Datei zugreifen können, müssen alle Datenbanken dieser Speichergruppe deaktiviert sein. Wenn eine Datenbank noch aktiv ist, greift diese auf die Checkpoint-Datei zu.

Um die Checkpoint-Datei zu überprüfen, verwenden Sie *eseutil*. Geben Sie in der Befehlszeile einfach folgende Befehle ein:

```
Eseutil /mk E00.chk |find /i "Checkpoint"
Eseutil /mk E00.log |find /i "1generation"
```

In der Ausgabe der beiden Befehle können Sie vergleichen, ob die beiden Dateien übereinstimmen. Trifft dies zu, kann die CHK-Datei der Datenbank zugeordnet werden.

```
C:\Programme\Exchsrvr\bin>Eseutil /mk c:\programme\exchsrvr\mdbdata\E00.chk
   |find /i "Checkpoint"
Checkpoint file: c:\programme\exchsrvr\mdbdata\E00.chk
LastFullBackupCheckpoint: (0x0,0,0)
Checkpoint: (0x2,2B,48)
C:\Programme\Exchsrvr\bin>Eseutil /ml c:\programme\exchsrvr\mdbdata\E00.log
 |find /i "1generation"
1Generation: 2 (0x2)
```

Durchführung der Wiederherstellung

Als Nächstes können Sie die EDB- und die STM-Datei der Datenbank wiederherstellen. Kopieren Sie die beiden Dateien in den zugeordneten Pfad auf dem Datenträger. Überprüfen Sie, ob die beiden Dateien konsistent sind. Verwenden Sie das Tool *eseutil*. Sollte sich im Pfad bereits eine EDB- und STM-Datei befinden, kopieren Sie diese vorher heraus. Auch wenn die Datenbank defekt ist, lässt sie sich eventuell wiederherstellen. Wenn Sie die Datenbanken kopiert haben, können Sie diese im Exchange System Manager bereitstellen.

Roll forward-Wiederherstellung einer Offline-Sicherung

Wenn eine Datenbank oder Speichergruppe defekt ist, Sie aber alle Transaktionsprotokolle seit der letzten Offline-Sicherung zur Verfügung haben, können Sie eine *Roll forward-Wiederherstellung* durchführen.

Für eine Roll forward-Wiederherstellung aus einer Offline-Sicherung werden alle Transaktionsprotokolle benötigt, die nach dem Offline-Backup erstellt wurden, auch die Datei E0N.LOG. Diese Datei enthält alle Transaktionen, die aktuell von der Speichergruppe verwendet wurden und noch nicht in einem Transaktionsprotokoll gespeichert worden sind. Wenn die Transaktionsprotokolle nicht vollständig vorhanden sind, wird bei der Wiederherstellung ein 1216-Fehler in der Ereignisanzeige erzeugt, der Sie darauf hinweist, dass Daten verloren gehen.

Kapitel 15 **Datensicherung**

Die Checkpoint-Datei der Speichergruppe kann gelöscht werden, da diese falsche Informationen dazu enthält, welche Transaktionsprotokolle bereits in die Datenbank geschrieben wurden. Die aktuelle Checkpoint-Datei enthält nur die Informationen, welche Transaktionsprotokolle in die Datenbank geschrieben wurden, die durch die Wiederherstellung überschrieben wird. Da wir eine Datenbank aus einer Offline-Sicherung wiederherstellen wollen, müssen alle Transaktionsprotokolle erneut in die Datenbank geschrieben werden und zwar in die wiederhergestellte Datenbank aus der Offline-Sicherung.

Bereitstellung der Datenbank aufheben

Heben Sie im Exchange System Manager die Bereitstellung der Datenbank auf, die Sie wiederherstellen wollen. Heben Sie auch die Bereitstellung aller anderen Datenbanken dieser Speichergruppe auf. Während der Wiederherstellung aus einer Offline-Sicherung dürfen in einer Speichergruppe keine Datenbanken bereitgestellt und keine Benutzer verbunden sein.

Überprüfen der Datenbanken auf Konsistenz

Als Nächstes sollten Sie wieder mit *eseutil* alle Datenbankdateien auf Konsistenz überprüfen. Die genaue Vorgehensweise entnehmen Sie bitte dem Kapitel 7 *Speicherarchitektur*. Es ist durchaus sinnvoll zu überprüfen, ob die Datenbankdateien bei der Aufhebung der Bereitstellung sauber heruntergefahren wurden. Führen Sie diese Überprüfungen sowohl für die Datenbankdateien aus, die Sie wiederherstellen wollen, als auch für die Datenbankdateien, die nicht wiederhergestellt werden sollen, sondern später wieder unverändert bereitgestellt werden.

Konsistenzprüfung

Verwenden Sie zum Überprüfen der Konsistenz folgenden *eseutil*-Befehl:

```
Eseutil /mh <Pfad zur Datenbankdatei> | find /i „consistent"
```

Nach der Eingabe des Befehls sollte auf dem Bildschirm die Meldung ausgegeben werden, dass beide Datenbankdateien konsistent sind. Die Werte müssen identisch sein. Der Zeitpunkt der Konsistenz muss nicht identisch sein.

Wenn die Datenbank einen inkonsistenten Wert hat oder die Meldung ausgegeben wird, dass die Datenbank inkonsistent ist, wurde sie wahrscheinlich von Exchange nicht sauber heruntergefahren. In einem solchen Fall sollten Sie die Datenbank wieder bereitstellen und die Bereitstellung nochmals aufheben. Dann sollte die Datenbank allerdings konsistent sein. Wenn nicht, haben Sie wahrscheinlich ein größeres Problem mit Ihrer Datenbank.

Wiederherstellung

```
C:\Programme\Exchsrvr\bin>eseutil /mh c:\programme\exchsrvr\mdbdata\priv1.edb
|find /i "consistent"
Last Consistent: (0x2cc7,133,5B)   06/11/2003 13:53:59

C:\Programme\Exchsrvr\bin>eseutil /mh c:\programme\exchsrvr\mdbdata\priv1.stm
|find /i "consistent"
Last Consistent: (0x2cc7,133,5B)   00/00/1900 00:00:00
```

Das erste benötigte Transaktionsprotokoll zur Wiederherstellung ist in unserem Beispiel *E00002CC8*.

Überprüfen des Datenbank-Shutdowns

Als Letztes sollten Sie noch überprüfen, ob die Datenbank bei der Aufhebung der Bereitstellung richtig heruntergefahren wurde. Auch dazu verwenden Sie wieder *eseutil*, diesmal mit folgender Syntax:

```
Eseutil /mh <Pfad zur Datenbankdatei> | find /i „shutdown"
```

Nach der Eingabe des Befehles sollte die Meldung ausgegeben werden, dass beide Datenbankdateien sauber heruntergefahren sind. Wenn bei Ihnen die Meldung erscheint, dass eine oder beide Dateien nicht sauber heruntergefahren sind, sollten Sie die Datenbank wieder bereitstellen und die Bereitstellung wieder aufheben.

```
C:\Programme\Exchsrvr\bin>eseutil /mh c:\programme\exchsrvr\mdbdata\priv1.edb
   |find /i "shutdown"
         State: Clean Shutdown

C:\Programme\Exchsrvr\bin>eseutil /mh c:\programme\exchsrvr\mdbdata\priv1.stm
|find /i "shutdown"
         State: Clean Shutdown
```

Sichern von Transaktionsprotokollen

Wenn Sie zu einem späteren Zeitpunkt die offline gesicherte Datenbank wieder auf einen aktuellen Stand bringen wollen, müssen Sie die aktuellen Transaktionsprotokolle in die Datenbank einspielen. Sichern Sie dazu zum Zeitpunkt, an dem Sie diese Datenbank wiederherstellen wollen, alle Transaktionsprotokolle in ein beliebiges Backup-Verzeichnis.

Um eine Datenbank zu aktualisieren, ist der Stand der Offline-Sicherung vollkommen egal. Es ist allerdings sehr wichtig, dass Sie alle Transaktionsprotokolle seit dieser Offline-Sicherung zur Verfügung lückenlos stellen können.

Überprüfen des Datenbankpfades

Sie können eine vollständige *Roll forward-Wiederherstellung* nur dann ausführen, wenn sich nach dem Erstellen der Offline-Sicherung die Datenbank immer noch am selben Speicherort befindet und nicht verschoben wurden. Wenn Sie die Datenbank nach dem Erstellen einer Offline-Sicherung verschoben haben, können Sie lediglich die Transaktionsprotokolle wiederherstellen, die vor dem Verschieben erstellt wurden. Die Transaktionsprotokolle enthalten unter anderem den Pfad zur Datenbank. Dieser Pfad wurde auch in die Datenbankdateien EDB- und STM-Datei geschrieben. Diese Dateien müssen daher an ihrem ursprünglichen Ort wiederhergestellt werden.

Kopieren der Transaktionsprotokolle

Überprüfen Sie, ob im Pfad der Transaktionsprotokolle alle Protokolle seit der Offline-Sicherung enthalten sind. Ist dies nicht der Fall, kopieren Sie alle Transaktionsprotokolle aus der Datensicherung in den Pfad.

Überprüfen der Transaktionsprotokolle

Im nächsten Schritt sollten Sie überprüfen, ob die Transaktionsprotokolle zusammenhängend und lückenlos vorhanden sind.

Dazu können Sie wieder *eseutil* verwenden. Überprüfen Sie mit *eseutil* das erste aktive Transaktionsprotokoll mit der Bezeichnung *E0n.log*. Mit diesem Befehl werden alle vorhandenen Transaktionsprotokolle nacheinander abgefragt.

```
eseutil /ml E0n > Datei.txt
d:\mdbdata>eseutil /ml E00 > log.txt
d:\mdbdata>type log.txt
Microsoft(R) Exchange Server(TM) Database Utilities
Version 6.0
Copyright (C) Microsoft Corporation 1991-2000.  All Rights Reserved.

Initiating FILE DUMP mode...
Verifying log files...
     Base name: e00
     Log file: D:\exchsrvr\mdbdata\save1\E0000001.log
     Log file: D:\exchsrvr\mdbdata\save1\E0000002.log
[...]
     Log file: D:\exchsrvr\mdbdata\save1\E000000A.log
     Log file: D:\exchsrvr\mdbdata\save1\E000000B.log
     Log file: D:\exchsrvr\mdbdata\save1\E00.log

No damaged log files were found.

Operation completed successfully in 3.305 seconds.
```

Wiederherstellung Kapitel 15

Anpassen der Transaktionsprotokolle

Nach dieser Überprüfung können Sie sicher sein, dass alle Transaktionsprotokolle konsistent sind und der Signatur des ersten Transaktionsprotokolls entsprechen. Löschen Sie Transaktionsprotokolle, die als fehlerhaft markiert sind. Diese können ohnehin nicht gekennzeichnet werden.

Das erste Transaktionsprotokoll, welches verwendet wird, sollte die Bezeichnung nach der Syntax *E0n.log* haben. Sollte das erste Transaktionsprotokoll nicht diese Bezeichnung haben, benennen Sie es dahingehend um.

Falls noch nicht geschehen, löschen Sie die Checkpoint-Datei (*E0n.chk*)

Durchführen des Restore

Kopieren Sie die Offline-Sicherung in das entsprechende Verzeichnis und stellen Sie alle Informationsspeicher wieder bereit. Wenn Sie den Informationsspeicherdienst beendet haben, starten Sie ihn wieder. Es werden alle Transaktionsprotokolle in die Datenbanken geschrieben. Dieser Vorgang kann je nach Größe der Datenbank und Anzahl der Protokolle entsprechend dauern.

Nach diesen Punkten sollte Ihr Informationsspeicher wieder erfolgreich zur Verfügung stehen.

Probleme beim Offline-Backup

Wenn Sie ein Offline-Backup auf einem getrennten Wiederherstellungs-Server wiederherstellen wollen und nicht auf dem Produktiv-Server, kann es vorkommen, dass bei einem *Roll forward* keine Transaktionsprotokolle in die Offline-Datenbank eingelesen werden.

Fehlender Zugriff auf das Active Directory

Dieses Problem kann auftreten, wenn Sie einen dedizierten Wiederherstellungs-Server installiert haben und dieser Server kein Zugriff auf das Active Directory hat. Während des Wiederherstellungsvorgangs überprüft Exchange während eines Soft-Recovery und dem selbstständigen Schreiben von Transaktionsprotokollen in die Datenbank in regelmäßigen Abständen die GUID der Datenbank im Active Directory. Wenn Exchange während der Wiederherstellung keinen Zugriff auf das Active Directory hat, geht es davon aus, dass die Transaktionsprotokolle nicht zu der Datenbank gehören und schreibt diese dann nicht in den Informationsspeicher.

Um dieses Problem zu lösen, installieren Sie am besten eine Kopie des produktiven Active Directory auf das der Wiederherstellungs-Server Zugriff hat. Sollte Ihnen dieser Weg zu umständlich oder nicht möglich sein, steht Ihnen eine weitere Variante zur Verfügung.

Kapitel 15 Datensicherung

Wiederherstellung ohne Active Directory

Wenn Sie einen dedizierten Recovery Server installiert haben und alle Transaktionsprotokolle mit Hilfe eines Soft-Recoverys in die Datenbank schreiben wollen, können Sie folgendermaßen vorgehen:

➡ Stellen Sie zunächst die aktuellste Online-Sicherung auf dem Server wieder her, die Ihnen zur Verfügung steht.

STEP

*Wählen Sie bei der Einstellung der Online-Wiederherstellung **nicht** die Option* LETZTER SICHERUNGSSATZ *aus. Dadurch haben Sie die Möglichkeit manuell in den Wiederherstellungsvorgang einzugreifen.*

1. Kopieren Sie alle Transaktionsprotokolle in das temporäre Wiederherstellungsverzeichnis, das Sie bei der Konfiguration Ihres Datensicherungsprogramms ausgewählt haben. Stellen Sie sicher, dass alle Transaktionsprotokolle lückenlos vorhanden sind.

2. Wechseln Sie in die Kommandozeile und starten Sie den Wiederherstellungsvorgang manuell mit `eseutil /cc`.

3. Nachdem *eseutil* die erforderlichen Vorgänge durchgeführt hat, können Sie die wiederhergestellte Datenbank bereitstellen.

Informationsspeicher kann nach Offline-Backup nicht bereitgestellt werden

In manchen Fällen kann es vorkommen, dass Sie nach der Wiederherstellung einer Offline-Sicherung den wiederhergestellten Informationsspeicher nicht bereitstellen können. Dies kann passieren, wenn der wiederhergestellte Informationsspeicher nicht durch den Wiederherstellungsvorgang überschrieben werden darf. Dazu muss die Option DIESE DATENBANK DARF BEI EINER WIEDERHERSTELLUNG ÜBERSCHRIEBEN WERDEN auf der Registerkarte DATENBANK in den Eigenschaften des jeweiligen Informationsspeichers gesetzt werden. Nachdem die Wiederherstellung abgeschlossen ist, wird dieser Haken durch das Datensicherungsprogramm wieder entfernt.

Wiederherstellen eines Exchange Servers

In manchen Fällen, zum Beispiel bei einem Hardwareausfall, kann es notwendig sein, einen kompletten Exchange Server wiederherzustellen. Hierzu müssen Sie einige besonderen Punkte beachten. Gehen Sie bei einem solchen Fall sehr strukturiert und vorsichtig vor, da Sie sonst mehr Daten verlieren, als notwendig.

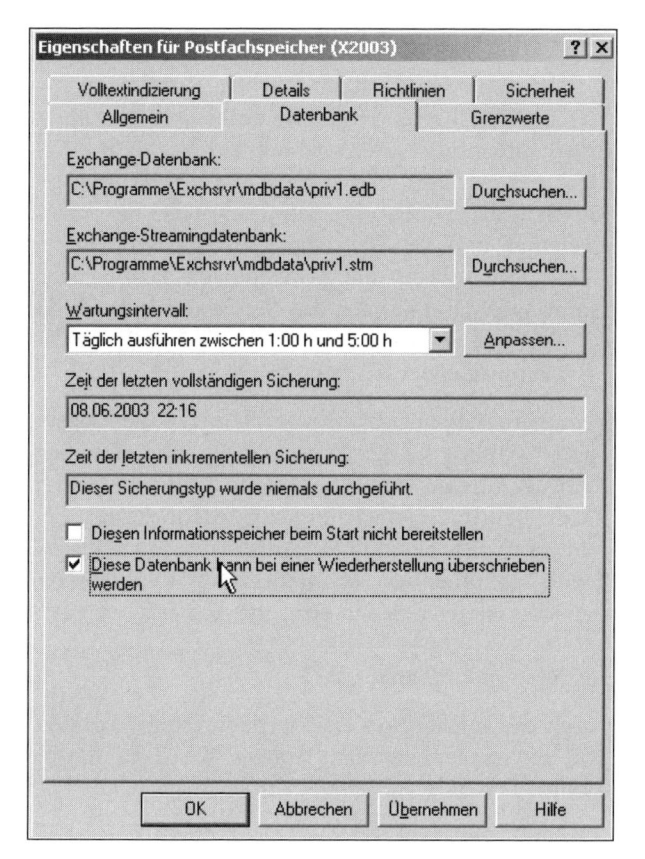

Abbildung 15.39:
Registerkarte
DATENBANK eines
Informations-
speichers

Überprüfen der Situation

Nach einem solchen Vorfall sollten Sie zunächst Ruhe bewahren. Überprüfen Sie genau, wo Sie stehen:

- Welche Daten des Exchange Servers sind mit welchem Stand wo gesichert?
- Gibt es Offline-Backups und wenn ja von wann?
- Können die Festplatten des Servers gerettet werden, oder handelt es sich um einen Totalausfall?
- Haben Sie ausreichend Ersatz-Hardware vorrätig, um den Server wiederherzustellen?
- Wie groß ist die Datenbank auf der Datensicherung? Danach richtet sich die Dauer der Wiederherstellung.

Kapitel 15　Datensicherung

Vorbereitungen

Zunächst müssen Sie sich natürlich lauffähige Hardware beschaffen, auf der Sie Ihren Exchange Server wiederherstellen können. Wenn Ihnen eine Offline-Sicherung der Datenbanken zur Verfügung steht oder besser noch, eine Online-Sicherung, sollten Sie diese überprüfen und bereithalten. Besorgen Sie sich die Datenträger und aktuelle Servicepacks für Betriebssystem, Exchange und die Drittsteller-Software, die auf dem Server installiert waren. Sie sollten alle notwendigen Datenträger zur Verfügung haben, damit Sie nach und nach den Server wiederherstellen können.

Installation Betriebssystem

Installieren Sie auf dem Ersatz-Server beziehungsweise auf dem reparierten Server Windows 2003 mit allen Updates. Der Server sollte möglichst dieselbe IP-Adresse, denselben Namen und dieselbe Struktur der Datenträger haben und auch sonst möglichst identisch mit dem ursprünglichen Server sein. Hier hilft es natürlich ungemein, wenn diese Informationen möglichst genau dokumentiert wurden. Integrieren Sie nach der Installation des Betriebssystems den Server in Ihr Active Directory.

Installation Exchange 2003

Nach der Installation des Betriebssystems können Sie mit der Installation von Exchange beginnen. Starten Sie dazu das Setup-Programm aus der Kommandozeile mit dem Schalter

```
Setup /disasterrecovery
```

Wenn Sie das Exchange Setup mit diesem Schalter starten, zieht sich das Setup möglichst viele Daten aus dem Active Directory, die den ursprünglichen Server betreffen. Exchange 2003 speichert seine Konfiguration normalerweise in der Metabase des lokalen IIS. In regelmäßigen Abständen werden die wichtigsten Daten durch die Systemaufsicht in das Active Directory repliziert, allerdings nicht alle. Das Disaster Recovery Setup versucht anhand der zur Verfügung stehenden Optionen den Server gut wiederherzustellen wie möglich. Die Pfade der Datenbank werden auf alle Fälle übernommen. Es ist daher sehr wichtig, dass der neue Server dieselbe Plattenkonfiguration besitzt wie der ursprüngliche Server.

Installieren Sie die gleichen Komponenten wie bereits bei der ursprünglichen Installation. Überprüfen Sie nach der Installation die Funktionsfähigkeit des Servers.

Wiederherstellung der aktuellen Daten

Nach der erfolgreichen Installation von Exchange müssen Sie die Daten aktualisieren. Dazu benötigen Sie Ihre Datensicherung, wie bereits weiter vorne in diesem Kapitel besprochen.

Gehen Sie bei der Wiederherstellung der Daten vor, wie weiter vorne im Kapitel bereits besprochen.

Wiederherstellen des SRS und der Metabase

Weiter vorne in diesem Kapitel wurde bereits erklärt, wie Sie den SRS und die Metabase sichern können. Auf den nächsten Seiten wollen wir uns damit beschäftigen, wie Sie diese beiden Dienste aus einer Datensicherung wiederherstellen können.

Wiederherstellen des SRS

Die Sicherung des SRS verhält sich relativ einfach, wie Sie bereits weiter vorne erfahren haben. Da es sich bei diesem Dienst um eine sehr sensible Komponente des Exchange Servers handelt, ist dessen Wiederherstellung etwas kritischer zu sehen.

In der SRS-Datenbank werden keine Daten von Benutzern, wie E-Mails, Termine oder Aufgaben gespeichert. Die SRS enthält Informationen zur Konfiguration der Exchange 2000 und Exchange 2003 Server. Bei einer fehlerhaften oder veralteten Rücksicherung der SRS-Datenbank besteht hingegen die Gefahr, dass die einzelnen Konfigurationsoptionen der Exchange Server nicht mehr konsistent sind und fehlerhaft arbeiten. Dadurch ist die Kommunikation zwischen den Benutzern auf den verschiedenen Exchange Servern stark beeinträchtigt. Die Wiederherstellung der SRS-Datenbanken kann in verschiedenen Qualitätsstufen erfolgen.

Wiederherstellen einer zuverlässigen Sicherung des SRS

Eine zuverlässige Sicherung des IIS ist eine Sicherung, die online angefertigt wurde, und von der Sie wissen, dass Sie aktuell ist, das heißt, dass keine Änderungen in der Konfiguration der Exchange-Organisation nach der Sicherung durchgeführt wurden.

Um den SRS wiederherzustellen, muss der Dienst gestartet sein, darf aber nicht auf seine Datenbank zugreifen.

Modus des SRS-Dienstes ändern

Damit Sie den SRS-Dienst wiederherstellen können, müssen Sie dessen Option auf »*halbausführend*« setzen. Nur in diesem Modus kann der SRS wiederhergestellt werden. Um dieses Modus für den SRS zu konfigurieren, gehen Sie folgendermaßen vor:

Kapitel 15   Datensicherung

- Der SRS wird durch den Dienst *Microsoft Exchange-Standortreplikationsdienst* gesteuert. Beenden Sie diesen Dienst über die Systemsteuerung.
- Verschieben Sie danach alle Dateien des Ordners SRSDATA in ein temporäres Backup-Verzeichnis. Der Ordner darf keinerlei Dateien mehr enthalten.
- Starten Sie den Windows Systemdienst *Microsoft Exchange-Standortreplikationsdienst* erneut.

Der SRS befindet sich im halbausführenden Modus und kann wiederhergestellt werden. Sie finden die Meldung über diesen Modus auch im Anwendungsprotokoll Ihrer Ereignisanzeige auf dem Exchange Server.

```
Ereignistyp:            Warnung
Ereignisquelle:         MSExchangeSRS
Ereigniskategorie:      Interne Verarbeitung
Ereigniskennung:        1400
Datum:                  13.06.2003
Zeit:                   14:47:59
Benutzer:               Nicht zutreffend
Computer:               X2003
Beschreibung:
Der Microsoft Exchange-Standortreplikationsdienst konnte seine Exchange-
Datenbank (EDB) nicht initialisieren und gab den Fehler 1 zurück. Der
Standortreplikationsdienst wird in einem halbausführenden Status warten,
damit die Datenbank von einer Sicherungskopie wiederhergestellt werden und
der SRS sie bereitstellen kann.
```

Wiederherstellung der Sicherung

Stellen Sie als Nächstes die Datenbank des SRS aus der Datensicherung im originalen Verzeichnis wieder her. Aktivieren Sie, wie bei der Wiederherstellung eines Informationsspeichers, die Option *letzter Sicherungssatz*.

Nacharbeiten

Wenn Sie einen Exchange 2003 Server in eine Exchange 5.5-Organisation installieren, benötigt dieser Server den Benutzernamen und das Kennwort des Benutzers, mit dem die Exchange 5.5 Server in der Organisation installiert wurden. Diesen Benutzernamen und dessen Kennwort finden Sie in den Eigenschaften der administrativen Gruppen Ihrer Exchange-Organisation.

Tragen Sie bei der administrativen Gruppe des Servers, auf dem Sie den SRS wiederhergestellt haben, dieses Kennwort erneut ein. Ohne diese erneute Eintragung wird der SRS-Dienst nicht sauber funktionieren. Starten Sie danach erneut den Systemdienst *Microsoft Exchange-Standortreplikationsdienst*.

Sie können den SRS jederzeit auch aus einer Offline-Sicherung wiederherstellen. Wie Sie eine Offline-Sicherung durchführen, wurde weiter vorne in diesem Kapitel bereits besprochen.

Wiederherstellen der IIS Metabase

Wie weiter vorne in diesem Kapitel erklärt, sollten Sie die IIS-Metabase in regelmäßigen Abständen sichern. Im selben Menü zur Sicherung der Metabase können Sie diese aus den einzelnen Sicherungen wiederherstellen.

Wenn die IIS Metabase beschädigt wird, werden die Dienste des IIS beendet und können nicht mehr gestartet werden. Sollte auch eine Wiederherstellung der Daten keine Besserung bewirken, müssen Sie die IIS-Dienste des Servers deinstallieren und gleich darauf neu installieren. Sofort danach sollten Sie für Exchange ein *setup /disasterrecovery* ausführen, damit wenigstens ein Teil der Daten aus dem Active Directory wieder in die Metabase übernommen wird. Nach dieser Wiederherstellung sollten Sie alle Einstellungen aller virtuellen Server und der IIS-Dienste durchführen.

15.4 Exchdump

Exchdump ist ein neues Kommandozeilen-Tool, mit dem Sie die Konfiguration Ihres Exchange Servers dokumentieren können.

Mit *Exchdump* werden Informationen der Exchange-Konfiguration aus dem Active Directory, der IIS Metabase, der Registry des Exchange Servers und aus den lokalen Server-Einstellungen in einer Datei abgespeichert. Durch dieses neue Tool haben Sie die Möglichkeit Ihre Einstellungen schnell und effizient zu sichern. Dies kann bei der Wiederherstellung eines Servers oder der Neuinstallation von weiteren Servern sehr nützlich sein.

Sie können mit *Exchdump* entweder die komplette Konfiguration Ihres Servers sichern oder nur einzelne Bereiche, wie zum Beispiel SMTP oder RPC. Wenn Sie mit *Exchdump* einen Auszug der Exchange-Konfiguration erstellen, werden zwei verschiedene Dateien erzeugt. Die erste erzeugte Datei ist eine HTML-Datei. In dieser Datei wird eine Zusammenfassung aller Informationen angezeigt, die mit einem HTML-Menü leicht zu überschauen sind. Diese HTML-Datei kann zum Beispiel leicht in ein Firmenintranet gestellt werden und Administratoren haben notwendige Informationen sofort im Blick. Zusätzlich wird eine Textdatei erstellt, die alle Informationen enthält die mit *Exchdump* ausgelesen wurden.

Exchdump ist ein reines Kommandozeilen-Tool und hat keine grafische Oberfläche. Sie finden es im *bin*-Verzeichnis innerhalb Ihres Exchange-Systemverzeichnisses. Um einen Dump Ihrer Exchange-Konfiguration zu erstellen, stehen Ihnen verschiedene Schalter zur Verfügung. Rufen Sie *Exchdump* zunächst mit folgender Syntax auf, damit Ihnen alle Informationen und Möglichkeiten angezeigt werden: exchdump /?.

16 Berechtigungen und Sicherheit

Mit Exchange 2003 können Sie auf einzelne Objekte innerhalb Ihrer Exchange-Organisation mit Berechtigungen und Vererbung arbeiten. Exchange arbeitet dazu mit dem Windows 2003-Sicherheitsmodell. Sie können Berechtigungen erteilen, verweigern und vererben. In diesem Kapitel gehe ich näher auf die beiden Installationsschritte *forestprep* und *domainprep* ein. Diese Schritte werden entweder während der Installation von Exchange 2003 automatisch durchgeführt oder müssen zuvor manuell eingegeben werden.

16.1 Allgemeines

Standardmäßig erhält nur der Benutzer, mit dem Exchange installiert wurde beziehungsweise der *forestprep* durchgeführt hat, volle Rechte auf die Exchange-Organisation. Wenn Sie mehreren Benutzern oder einer ganzen Windows-Gruppe Berechtigungen zuweisen wollen, können Sie das mit dem Exchange System Manager durchführen.

Berechtigungen im Exchange System Manager

In Exchange 2003 benötigt der Benutzer, der den ersten Exchange 2003 Server in einer Domäne installiert, volle Berechtigungen auf Organisationsebene. Zusätzliche Installationen von Exchange Servern benötigen in Exchange 2003 lediglich volle Rechte auf die jeweilige administrative Gruppe.

INFO

Standardmäßig wird für einige Bereiche im Exchange System Manager die Registerkarte SICHERHEIT *ausgeblendet. Sie können diese Registerkarte jederzeit über einen Registry-Wert anzeigen lassen. Dieser Wert muss allerdings für jeden Benutzer und auf jedem Server erzeugt werden, dem die Registerkarte* SICHERHEIT *angezeigt werden soll.*

TIPP

Damit die Registerkarte angezeigt wird, erstellen Sie einen neuen DWORD-Wert ShowSecurityPage *im Schlüssel*

HKEY_CURRENT_USER\Software\Microsoft\Exchange\EXAdmin

Weisen Sie diesem neuen DWORD-Wert den Wert hexadezimal »1« zu. Die Registerkarte wird sofort angezeigt, es ist kein Neustart des Servers oder des Exchange System Managers notwendig.

Struktur der Exchange-Berechtigungen

Die oberste Hierarchie der Berechtigungen wird oft auf der Registerkarte SICHERHEIT in den Eigenschaften der Organisation vermutet. Wenn Sie die Eigenschaften Ihrer Organisation jedoch aufrufen und auf diese Registerkarte wechseln, werden Sie feststellen, dass diese Berechtigungen bereits vererbt sind. Es handelt sich augenscheinlich hier nicht um die oberste Ebene, die Organisation kann daher nicht die oberste Hierarchie der Exchange-Organisation sein. Sie müssen zum Verändern von Berechtigungen noch eine Stufe höher gehen.

16.2 Neue Berechtigungen in Exchange 2003

Damit ein Benutzer unter Exchange 2000 einen Exchange Server installieren konnte, musste er über volle Rechte auf Organisationsebene (Enterprise-Admin) verfügen. In Exchange 2003 muss nur der erste Exchange Server einer Domäne mit einem Benutzer installiert werden, der auf Organisationsebene volle Rechte hat. Zusätzliche Exchange Server können bei Exchange 2003 die Domänen-Admins einer Domäne eigenständig installieren. Diese benötigen dazu jedoch für Ihre administrative Gruppe volle Exchange-Rechte. Durch diese Änderung ist die Delegation von Berechtigungen in Exchange weiter verbessert und effizienter gestaltet worden.

Für einige Aktionen innerhalb der Exchange-Organisation sind unter Exchange 2003 weiterhin volle Exchange Administrator-Rechte auf Organisationsebene notwendig:

- Installation des ersten Exchange Servers der Organisation
- Installation des ersten Exchange Servers innerhalb einer Domäne
- Installation von Exchange Servern mit Standortreplikationsdienst
- Installation des ersten Connectors für Lotus Notes oder Novell Groupwise

16.3 Forestprep und Domainprep

Bevor Exchange 2003 in einem Active Directory installiert werden kann, muss das Schema dieses Active Directory für Exchange 2003 vorbereitet werden. Diese Vorbereitung wird von *forestprep* durchgeführt. Nach der

Vorbereitung des Schemas muss jede Domäne innerhalb dieses Active Directory für Exchange 2003 vorbereitet werden. Für diesen Schritt ist *domainprep* vorgesehen.

Forestprep

Bevor Sie einen Exchange 2003 Server in einem Active Directory installieren können, muss dieses Active Directory um zahlreiche Klassen und Attribute erweitert werden. Einige dieser Attribute sind zum Beispiel die Exchange-Eigenschaften Ihrer Benutzer. Wenn Sie lediglich eine kleine Organisation mit einem Exchange Server und einer Domäne planen, müssen Sie *forestprep* nicht unbedingt manuell starten. Während des Setups von Exchange 2003 wird dieser Schritt auf Wunsch automatisch durchgeführt. Wenn Sie jedoch mehrere Domänen in mehreren Standorten installiert haben, sollten Sie *forestprep* vor der Installation eines Exchange Servers durchführen. Da die Schemaerweiterungen erst noch auf alle Domänen-Controller repliziert werden müssen, kann dieser Vorgang etwas länger dauern. In einer Domäne, bei der den Domänen-Controllern diese Erweiterungen noch nicht repliziert wurde, kann kein Exchange 2003 Server installiert werden, bis die Replikation erfolgreich durchgeführt wurde.

Durchführen von Forestprep

Um das Active Directory zu erweitern, müssen Sie die Berechtigung eines Schema-Administrators und eines Organisations-Administrators haben. Wenn Sie mehrere Domänen installiert haben und Exchange 2003 in der Root-Domäne installieren wollen, müssen Sie darüber hinaus in dieser Domäne in der Gruppe Domänen-Admins sein.

Die Erweiterung des Schemas muss für jedes Active Directory nur einmal ausgeführt werden und zwar in der Domäne die den Schema-Master beinhaltet. Am besten führen Sie setup /forestprep auf dem Schema-Master des Active Directory aus, auch wenn dieser kein Exchange Server werden soll. Da während forestprep ausschließlich das Schema erweitert wird, ist dies durchaus sinnvoll.

Sie können durch forestprep die Gruppe der Administratoren stark einschränken, die Berechtigungen auf Enterprise-Ebene oder zum Abändern des Schemas erhalten. Administratoren der einzelnen administrativen Gruppen können jederzeit zusätzliche Exchange Server innerhalb Ihrer Gruppe erstellen und diese verwalten, ohne dass Organisations-Administratoren oder Schema-Administratoren eingreifen müssen.

Die Durchführung von forestprep ist eigentlich recht einfach. Sie müssen lediglich das Setup-Programm von Exchange 2003 mit dem Schalter /forestprep **aufrufen**

Kapitel 16   Berechtigungen und Sicherheit

Setup /forestprep

Achten Sie darauf, dass Sie sich nicht verschreiben, da ansonsten die Standardinstallation beginnt und nicht die Schemaerweiterung. Wenn das Exchange Setup das Schema des Active Directory erweitert hat, wird das Setup-Programm wieder beendet. An dieser Stelle sollten Sie jetzt je nach Größe Ihres Active Directory bis zu einem Tag warten, bevor Sie mit der Installation fortfahren. Auch wenn während der Durchführung der Schemaerweiterung nach dem Exchange-Installationsverzeichnis gefragt wird, werden keinerlei Daten auf die Festplatte kopiert, sondern lediglich das Schema des Active Directory erweitert. Achten Sie insbesondere auf mögliche Fehlermeldungen im Eventlog.

Schema-Master

Der Schema-Master eines Active Directory ist der Domänen-Controller, der die Veränderungen des Schemas dieses Active Directory verwaltet. Wenn dieser Domänen-Controller ausfällt, kann das Schema nicht erweitert werden und Exchange 2003 aus diesem Grund nicht installiert werden. Um den Schema-Master zu finden, erstellen Sie eine neue Management-Konsole und fügen das SnapIn *Active Directory Schema* hinzu.

!! STOP

Um versehentliche Veränderungen des SnapIns Active Directory Schema zu verhindern, wird nach der Installation von Windows 2000 oder Windows 2003 dieses SnapIn nicht angezeigt. Sie können dieses SnapIn keiner MMC hinzufügen, bevor Sie die Ansicht nicht aktivieren. Um das SnapIn anzuzeigen, geben Sie unter Start/Ausführen den Befehl

regsvr32 schmmgmt.dll

ein. Nach der Eingabe wird die Registrierung dieser DLL von Windows bestätigt und bei der nächsten Erstellung einer MMC steht das SnapIn Active Directory Schema zur Verfügung.

Nachdem Sie das SnapIn hinzugefügt haben, klicken Sie den Menüpunkt *Active Directory Schema* mit der rechten Maustaste an und wählen BETRIEBSMASTER aus. Im nächsten Fenster wird Ihnen dann der aktuelle Schema-Master mit seiner Verfügbarkeit angezeigt.

Domainprep

Der nächste wichtige Schalter des Setup-Programms zum Durchführen einer Installation heißt *setup /domainprep*. Im Gegensatz zu *forestprep* muss *domainprep* für jede Domäne des Active Directory, welche Exchange Server oder Exchange-Empfänger enthält, einzeln durchgeführt werden.

Forestprep und Domainprep Kapitel 16

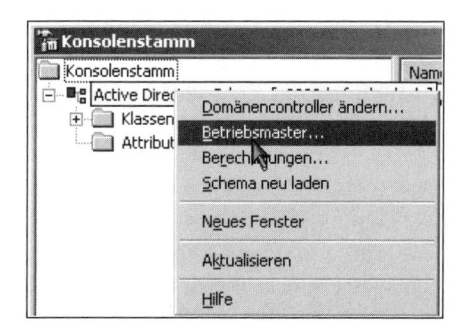

Abbildung 16.1:
Anzeigen des Schema-Master eines Active Directory

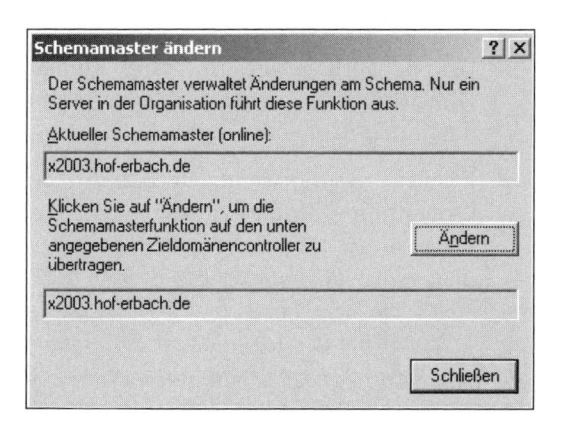

Abbildung 16.2:
Aktiver Schema-Master eines Active Directory

Genau wie *forestprep* wird *domainprep* bei der Installation von Exchange 2003 automatisch durchgeführt, was bei kleineren Organisationen ausreicht. Bei größeren Organisationen sollten Sie *setup /domainprep* jedoch für jede Domäne durchführen, die Exchange Server oder Exchange-Empfänger enthält.

Um setup /domainprep in einer Domäne durchführen zu können, muss der ausführende Benutzer Mitglied der Gruppe Domänen-Admins sein. Es reicht nicht aus, wenn ein Benutzer Mitglied der Gruppe Organisations-Admin ist. Setup /domainprep kann nur in Domänen ausgeführt werden, deren Domänen-Controller bereits die Replikation der Schemaerweiterung mit setup /forestprep mitbekommen haben.

Wenn Sie in einer Domäne keine Exchange Server installieren, diese Domäne aber später Empfänger enthalten soll, müssen Sie auch in dieser Domäne setup /domainprep durchführen. Die Benutzer dieser Domäne können ansonsten nicht an die Exchange Server angebunden werden. Nach der Durchführung von setup /domainprep muss für diese Domäne zudem manuell im Exchange System Manager ein Recipient Update Service erstellt werden. Dieser Vorgang wird nicht automatisch durchgeführt.

Kapitel 16   Berechtigungen und Sicherheit

Bei der Durchführung von *setup /domainprep* werden durch das Setup-Programm einige Änderungen in der Domäne durchgeführt, die später zur Anbindung der Benutzer oder der Installation eines Exchange Servers benötigt werden:

➤ Anlegen der Sicherheitsgruppe *Exchange Domain Servers* im Container USERS. In dieser Gruppe werden alle Exchange Server dieser Domäne aufgenommen. Diese Gruppe darf keinesfalls aus dem Container USERS verschoben werden, da ansonsten der Recipient Update Service die Benutzer dieser Domäne nicht mehr an Exchange anbindet.

➤ Anlegen der Sicherheitsgruppe *Exchange Enterprise Servers*. Diese Gruppe enthält alle Exchange Domain Server-Gruppen des Active Directory. Die Aufnahme dieser Gruppen erfolgt ständig dynamisch durch den Recipient Update Service.

➤ Erteilen von notwendigen Berechtigungen innerhalb der Exchange-Organisation für diese beiden neuen Gruppen.

NEU

In Exchange 2000 haben Sie bei der Durchführung von setup /forestprep festgelegt, wie der Name der Organisation lautet. In Exchange 2003 wird dieser Schritt bei der Installation des ersten Exchange 2003 Servers durchgeführt. Wenn Sie eine neue Exchange-Organisation erstellen und setup /forestprep mit dem Exchange 2003 Setup-Programm durchführen, muss der erste Exchange Server der Organisation ein Exchange 2003 Server sein.

!! STOP

Der Benutzer, mit dem Sie setup /forestprep durchführen, erhält volle Berechtigungen für die Organisation. Sie sollten später für die Installation oder Modifikation eines Exchange Servers in der Root-Domäne am besten ebenfalls diesen Benutzer verwenden. Für die Installation von Exchange 2003 sollten Sie am besten einen eigenen Benutzer im Active Directory anlegen, mit dem Exchange-Aufgaben durchgeführt werden. Bei mehreren Exchange Servern sollten Sie dies in jeder Domäne vornehmen. Um weiteren Benutzer volle Rechte auf die Exchange-Organisation oder einzelne administrativen Gruppen zu erteilen, müssen Sie jedoch nicht nochmals setup /forstprep durchführen, sondern können die Rechte delegieren. Zu der Delegation von Berechtigungen kommen wir später in diesem Kapitel.

Im Gegensatz zu Exchange 5.5 starten die Exchange 2000- und Exchange 2003-Dienste nicht mit dem Benutzer, der die Installation durchgeführt hat, sondern mit dem lokalen Systemkonto. Dennoch benötigt der installierende Benutzer entsprechende Rechte im Active Directory und auf Exchange-Ebene.

16.4 Verwalten von Berechtigungen

Wie in anderen Teilen von Windows 2000 und Windows 2003 stehen Ihnen verschiedene Arten von Berechtigungsstufen zur Verfügung, die Standardberechtigungen und die erweiterten Berechtigungen. Meistens reichen zum Verwalten von Berechtigungen die Standardberechtigungen bereits aus. In manchen Fällen werden allerdings auch die erweiterten Berechtigungen benötigt. Folgende Rechte sind Bestandteil der Standardberechtigungen:

- *Vollzugriff*. Der Benutzer hat vollständigen Zugriff auf das entsprechende Objekt. Er kann neue Objekte erstellen oder vorhandene löschen und bearbeiten, sowie Berechtigungen an andere Benutzer erteilen oder diese verweigern. Die Rechte des Benutzers sind nicht eingeschränkt.

- *Lesen*. Mit diesem Recht an einem Objekt dürfen Benutzer das entsprechende Objekt oder den Container im Exchange System Manager oder einem anderen Verwaltungsprogramm anzeigen. Wenn Sie einem Benutzer für untergeordnete Objekte weitere Rechte wie *Schreiben* oder *Vollzugriff* erteilen wollen, muss er natürlich auf das übergeordnete Objekt mindestens lesend zugreifen können, damit die untergeordneten Objekte angezeigt werden.

- *Schreiben*. Bestehende Objekte dürfen bearbeitet werden und neue Objekte hinzugefügt werden. Das Löschen ist nicht erlaubt, der Benutzer darf ausschließlich schreibend zugreifen. Das Recht auf ein Objekt zu schreiben, bedeutet jedoch nicht, dass ein Benutzer dieses Objekt auch lesen darf. Sie sollten Benutzern hier ebenfalls das Recht zum Lesen erteilen.

- *Ausführen*. Mit diesem Recht darf innerhalb des Containers ein Programm oder eine Konfiguration ausgeführt werden.

- *Löschen*. Mit diesem Recht dürfen Benutzer Objekte innerhalb des Containers löschen.

- *Leseberechtigung*. Mit dieser Berechtigung dürfen nicht die Objekte des Containers gelesen werden, wie beim Recht *Lesen*, sondern nur die Sicherheitseinstellungen.

- *Änderungsberechtigung*. Mit diesem Recht darf ein Benutzer anderen Benutzern Berechtigungen für dieses Objekt erteilen und entziehen.

- *In Besitz nehmen*. Der Besitz des Objektes darf übernommen werden.

- *Untergeordnete Objekte erstellen*. Objekte, die in der Hierarchie direkt unterhalb des Objektes stehen, dürfen hinzugefügt werden.

- *Untergeordnete Objekte löschen*. Objekte, die in der Hierarchie unterhalb des Objektes stehen, dürfen gelöscht werden.

Kapitel 16   Berechtigungen und Sicherheit

- *Inhalt auflisten.* Der Inhalt des Containerobjekts darf angezeigt, die Eigenschaften dürfen aber nicht gelesen werden.

- *Selbst hinzufügen oder entfernen.* Mit diesem Recht dürfen Benutzer Ihr eigenes Benutzerobjekt in den Berechtigungen verwalten und anderen Objekten hinzufügen und wieder entfernen.

- *Eigenschaften lesen.* Die Eigenschaften eines Objektes dürfen eingesehen aber nicht verändert werden.

- *Eigenschaften schreiben.* Eigenschaften dürfen verändert werden.

- *Objekt auflisten.* Objekte innerhalb eines Containers können eingesehen werden.

Jedes Exchange-Objekt hat außer diesen Standardberechtigungen weitere spezielle Berechtigungen, die zur Verwaltung der Sicherheit dienen. Diese Berechtigungen sind recht vielfältig.

!!
STOP

Die beiden wichtigsten Berechtigungen sind reveive as *und* send as.

Mit dem Recht receive as darf ein Benutzer ein anderes Postfach einsehen und dessen Inhalt auflisten und daher alle E-Mails lesen.

Das Recht send as ermöglicht einem Benutzer im Namen eines anderen Benutzers E-Mails zu schreiben. Im Absendefeld der E-Mail wird lediglich der Benutzer angezeigt, in dessen Auftrag die E-Mail verschickt wurde.

Zusammen ergeben receive as und send as Vollzugriff auf ein Objekt, gehen Sie mit diesen beiden Berechtigungen sehr sorgfältig um.

Wenn Sie Berechtigungen auf ein Objekt erteilen, wird diese Berechtigung auf alle untergeordneten Objekte weitervererbt. Sie erkennen vererbte Berechtigungen an den ausgegrauten Kästchen.

16.5 Delegation von Berechtigungen

Sie müssen zum Erteilen und Verwalten von Berechtigungen nicht unbedingt manuell für einzelne Container Rechte setzen, sondern können den Assistenten zur Delegation von Berechtigungen verwenden. Sie können Berechtigungen auf Ebene der Organisation und auf Ebene von einzelnen administrativen Gruppen delegieren. Um anderen Benutzern Rechte für die Organisation oder die administrative Gruppe zu erteilen oder wieder zu entziehen, klicken Sie mit der rechten Maustaste auf den Namen der Organisation oder der administrativen Gruppe und wählen aus dem Menü OBJEKTVERWALTUNG ZUWEISEN aus. Es startet als Nächstes der Assistent, der Ihnen bei der Delegation von Berechtigungen hilft. Wenn Sie das Startfenster mit WEITER bestätigen, werden Ihnen alle Benutzer angezeigt, die bereits über Rechte in der Organisation oder der administrativen Gruppe verfügen.

Delegation von Berechtigungen Kapitel 16

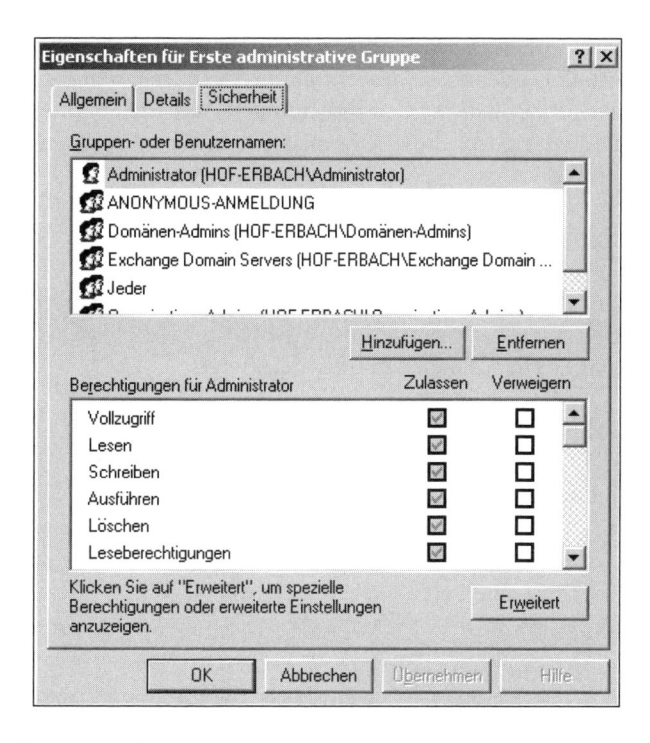

Abbildung 16.3:
Vererbte Berechtigungen einer administrativen Gruppe

Die Berechtigungsstufen in Exchange 2000 und Exchange 2003 sind vollkommen kompatibel. Wenn Sie Benutzern Rechte unter Exchange 2000 delegiert haben, sind diese uneingeschränkt unter Exchange 2003 weiter gültig.

INFO

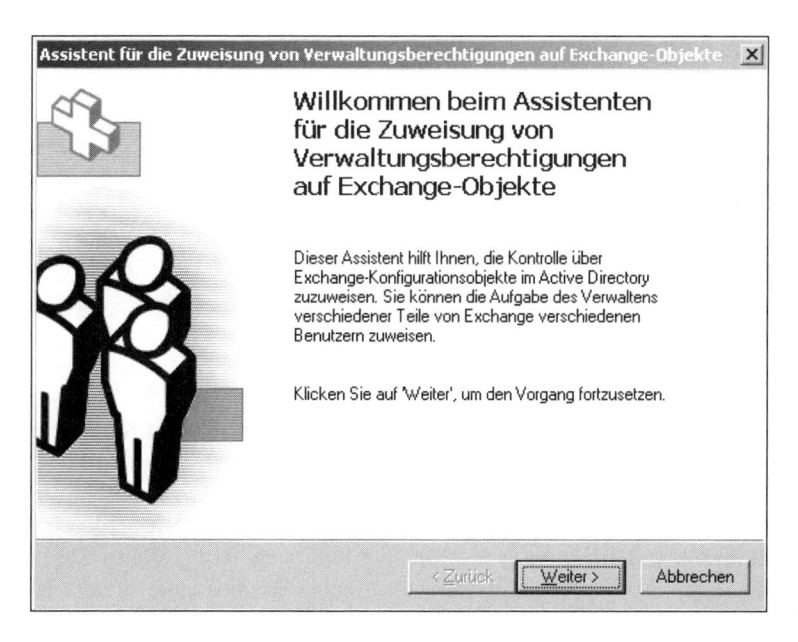

Abbildung 16.4:
Assistent zur Delegation von Berechtigungen in Exchange 2003

Kapitel 16   Berechtigungen und Sicherheit

Sie können mit Hilfe dieses Fensters zusätzlichen Benutzern Berechtigungen erteilen oder diese Berechtigungen wieder entziehen. Wenn Sie neue Benutzer hinzufügen, stehen Ihnen drei verschiedene Stufen zur Verfügung, die Sie Benutzern für diese Organisation oder administrativen Gruppe zuweisen können.

EXCHANGE ADMINISTRATOR

Ein Benutzer mit diesem Recht hat uneingeschränkten Zugriff auf die Organisation oder die administrative Gruppe. Er darf jedoch keine Berechtigungen erteilen, entziehen oder delegieren.

EXCHANGE ADMINISTRATOR – VOLLSTÄNDIG

Benutzer mit dieser Berechtigungsstufe haben dieselben Rechte wie der EXCHANGE ADMINISTRATOR, dürfen allerdings zusätzlich noch Berechtigungen für andere Benutzer erteilen oder delegieren.

Abbildung 16.5:
Bereits berechtige Benutzer der Organisation oder administrativen Gruppe

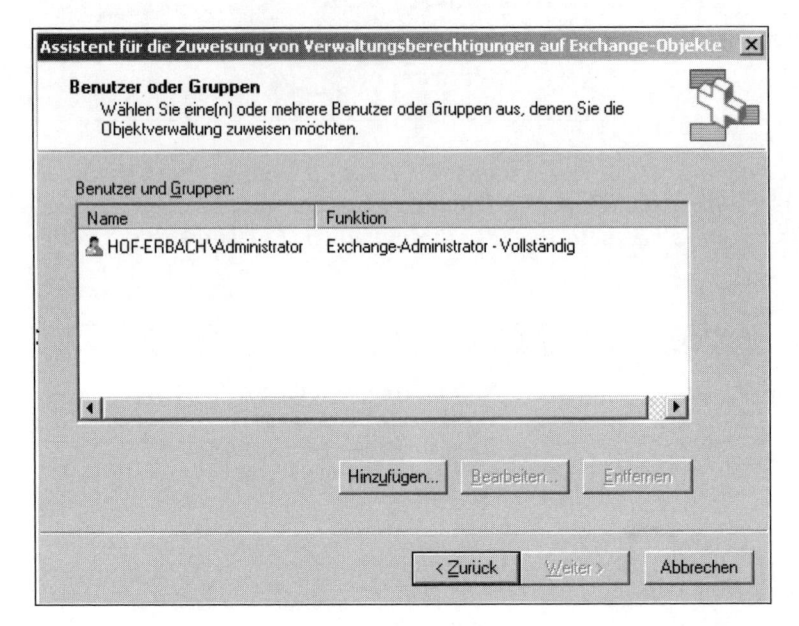

EXCHANGE ADMINISTRATOR – NUR ANSICHT

Benutzer mit diesem Recht dürfen im Exchange System Manager ausschließlich lesend auf Objekte zugreifen, Sie dürfen keinerlei Veränderungen vornehmen. Sie können Benutzern mit diesem Recht natürlich jederzeit auf einzelnen Containern zusätzliche Rechte einräumen, für alle anderen Container behalten diese weiterhin das Recht zu lesen. Wenn Sie bestimmten Benutzern weitergehende Berechtigungen für untergeordnete Objekte erteilen wollen, zum Beispiel zur Verwaltung von Postfachspeichern, müssen Sie diesen für übergeordnete Objekte das Recht zum Lesen erteilen, da diese sonst die untergeordneten Objekte nicht sehen können.

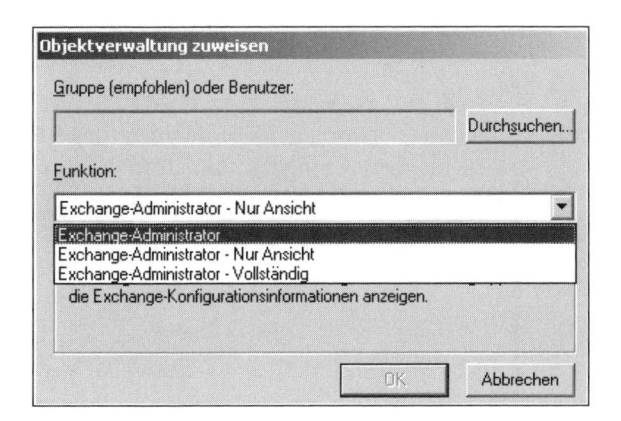

Abbildung 16.6:
Verschiedene Berechtigungsstufen

Mit diesem Recht können Sie zum Beispiel Administratoren verschiedener administrativer Gruppen das Recht geben, die Einstellungen der anderen administrativen Gruppen zu lesen, aber nicht zu verändern.

16.6 Berechtigungen für bestimmte Aufgaben

Damit Benutzer bestimmte Exchange-Aufgaben durchführen können, benötigen Sie gewisse Rechte für die einzelnen Objekte.

Erstellen und Löschen von Benutzerpostfächern

Damit ein Benutzer neue Benutzer anlegen, für diese ein Postfach erstellen oder wieder löschen kann, muss er in der jeweiligen administrativen Gruppe oder der ganzen Organisation das Recht eines EXCHANGE ADMINISTRATORS – NUR LESEN haben.

Zusätzlich benötigt er noch für die Organisationseinheit oder die gesamte Domäne die Rechte zum Erstellen und Verwalten von Active Directory-Objekten. Diese Berechtigung erteilen Sie jedoch nicht im Exchange System Manager, sondern ausschließlich über das SnapIn *Active Directory-Benutzer und -Computer*.

Verschieben von Postfächern auf Exchange 5.5 zu Exchange 2003

Damit Benutzer während der Migration von Exchange 5.5 zu Exchange 2003 andere Benutzer und deren Postfächer verschieben können, benötigen sie drei Rechte:

Kapitel 16   Berechtigungen und Sicherheit

- Auf dem Exchange 5.5 Server benötigen die Benutzer das Recht ADMIN, MIT RECHT, BERECHTIGUNGEN ZU VERÄNDERN.

- Im SnapIn *Active Directory-Benutzer und -Computer* sollten diese Benutzer in die Gruppe der *Konten-Operatoren* mit aufgenommen werden.

- In Exchange benötigen diese Benutzer das Recht EXCHANGE ADMINISTRATOR für die jeweilige administrative Gruppe oder die ganze Organisation.

17 Installation

In diesem Kapitel werde ich näher auf die Installation von Exchange 2003 eingehen. Ich habe bereits im Kapitel 4 im Rahmen der *Installation einer Testumgebung* sehr detailliert die Installation von Exchange 2003 besprochen. Bevor Sie sich also mit diesem Kapitel befassen, sollten Sie sich ausführlich mit dem Kapitel 4 beschäftigen. Im Kapitel 16 *Berechtigungen und Sicherheit* habe ich die wichtigen Setup-Schalter *forestprep* und *domainprep* besprochen, lesen Sie also zuvor auch diese beiden Punkte genau durch, denn dieses Kapitel baut auf die beiden anderen auf.

17.1 Vorbereitungen

Bevor Sie mit der Installation von Exchange 2003 beginnen, sollten Sie zunächst einige Vorbereitungen treffen. Vor allem die Planung sollte abgeschlossen und ein Projektplan vorhanden sein, anhand dessen Sie die Installation durchführen.

Installation Betriebssystem

Installieren Sie zunächst Windows 2003 auf den Server und alle verfügbaren Patches. Überprüfen Sie, ob alle Geräte installiert sind und konfigurieren Sie die Netzwerkkarte und den Namen des Rechners. Im Kapitel 4 *Installation einer Testumgebung* bin ich näher auf die einzelnen Überprüfungsmöglichkeiten für das Active Directory eingegangen. Stellen Sie sicher, dass der Server korrekt installiert und in der Domäne integriert ist. Gehen Sie vor, wie im Kapitel für die Testumgebung beschrieben. Legen Sie auch die Partitionen so fest, wie Sie es geplant haben und richten Sie diese ein. Vergewissern Sie sich, dass der Server sauber installiert, in die Domäne integriert und nach Namen aufgelöst werden kann. Verwenden Sie dazu die im Kapitel 4 besprochenen Tools.

Vorbereitungen für Exchange

Forestprep/Domainprep

Wenn Sie das Betriebssystem installiert haben, sollten Sie auf dem Schema-Master das Exchange Setup mit dem Schalter */forestprep* durchführen, das heißt *setup /forestprep*. Nach einiger Zeit sollten die Schema-Änderungen auf alle Domänen-Controller repliziert worden sein. Dies ist abhängig von der Größe Ihres Active Directory und der Anzahl der Domänen-Controller und Standorte. Nach der Durchführung von *forestprep* müssen Sie als Nächstes für jede Domäne, die Exchange Server oder Exchange-Empfänger beinhaltet, *setup /domainprep* durchführen. Die nähere Bedeutung dieser beiden Schalter erfahren Sie im Kapitel 16 *Berechtigungen und Sicherheit*.

Administrative Gruppen und Routinggruppen

Nach der Durchführung von *forestprep* und *domainprep* können Sie mit der Installation beginnen. Sie sollten allerdings bereits vorher genau planen, welche administrativen Gruppen und welche Routinggruppen Sie erstellen wollen. Am besten installieren Sie auf einem Server die Exchange-Systemverwaltungstools. Diese lassen sich bereits installieren, auch wenn noch kein Exchange 2003 Server in der Organisation erstellt wurde. Nach der Installation der System-Verwaltungstools können Sie mit dem Exchange System Manager die administrativen Gruppen erstellen, die Sie benötigen. Wenn Sie das Exchange Setup starten, werden Sie gefragt, in welcher administrativen Gruppe Sie diesen Server installieren wollen.

Exchange Server können nicht zwischen verschiedenen administrativen Gruppen verschoben werden. Während der Installation eines Exchange 2003 Servers wird bereits festgelegt, in welcher administrativen Gruppe der Server installiert wird. Erstellen Sie deshalb vor der Installation des ersten Exchange Servers bereits alle administrativen Gruppen, die Sie benötigen.

Wenn Ihre Exchange-Organisation in den nativen Modus versetzt wird, das heißt, nur noch Exchange 2003 oder Exchange 2000 Server in der Organisation installiert sind, können Sie Exchange Server zwischen Routinggruppen verschieben, aber nicht zwischen administrativen Gruppen, dies ist mit keinem Modus möglich.

17.2 Exchange 2003 Setup – Neuerungen

Die Installation von Exchange 2003 wurde im Vergleich zu seinem Vorgänger verbessert. Es wurde einige neue Features in die Installationsroutine integriert, die Administratoren bei der Installation unterstützen sollen.

➤ Es wurden einige Tools für die Migration von Exchange 5.5 zu Exchange 2003 integriert. Auf diese Tools werde ich im Kapitel 19 *Migration und Koexistenz* genauer eingehen. Die Zusammenarbeit des Setups mit dem Active Directory Connector wurde ebenfalls verbessert.

➤ Während der Installation von Exchange 2003 wird nicht mehr der Schema-Master kontaktiert, dies ist nur noch für die Schemaerweite-

- Während der Installation von Exchange 2003 ist zwingend ein Kontakt zu einem Domänen-Controller der Domäne notwendig, in die der Server installiert ist. Das Setup-Programm von Exchange 2003 bietet jetzt einen Schalter (/ChooseDC), mit dem Sie festlegen können, welcher Domänen-Controller verwendet wird. So können Sie mehrere Exchange Server schnell hintereinander installieren, da alle Active Directory-Änderungen auf einem Domänen-Controller liegen und keine Zeit bis zur Replikation verloren geht.

- Wie ich bereits im Kapitel 16 *Berechtigungen und Sicherheit* näher erläutert habe, legen Sie nicht mehr, wie bei Exchange 2000 während der Durchführung von *Forestprep* fest, wie der Name der Organisation lautet oder ob einer bestehenden Exchange 5.5-Organisation beigetreten werden soll, sondern erst bei der Installation des Exchange Servers.

- Wenn Sie die Systemgruppen *Exchange Domain Servers* und *Exchange Enterprise Servers* aus der Organisationseinheit *Users* verschoben oder gelöscht haben, bricht das Exchange 2003 Setup mit einem Fehler ab.

- Wenn Sie in einer Exchange 2000-Organisation einen neuen Exchange 2000 Server installiert hatten, wurden alle Berechtigungen, die Sie verändert hatten, auf *Standard* zurückgesetzt. Unter Exchange 2003 bleiben nachträglich angepasste Berechtigungen erhalten.

- Die Exchange-Dienste für den Zugriff von drahtlosen Geräten werden bei der Standardinstallation bereits mitinstalliert.

- Der IIS 6 wurde im Gegensatz zu seinen Vorgängern deutlich abgesichert. So sind viele Möglichkeiten, die unter Windows 2000 mit dem IIS 5 noch standardmäßig funktioniert haben, unter Windows 2003 im IIS 6 nicht mehr ohne weiteres möglich. Damit der IIS 6 reibungslos mit Exchange 2003 zusammenarbeitet, passt das Setup-Programm die entsprechenden Komponenten des IIS an.

17.3 Installation von Exchange 2003

Wenn Sie alle Vorbereitungen getroffen haben, können Sie mit der Installation von Exchange 2003 beginnen. Bis hierhin können Sie alle Schritte der *Installation einer Testumgebung* in Kapitel 4 und Kapitel 16 *Berechtigungen und Sicherheit* durchführen. Legen Sie die Exchange 2003-CD in das Laufwerk und beginnen Sie mit der Installation. Wählen Sie alle Komponenten aus, die Sie benötigen. In den meisten Fällen reicht die Standardinstallation aus. Nach der Installation können Sie die installierten Exchange-Systemordner überprüfen, wie im Kapitel 4 *Installation einer Testumgebung* bereits beschrieben.

Exchange-Komponentenauswahl

Wenn Sie bei der Auswahl der Komponenten sind, können Sie zwischen drei verschiedenen Varianten wählen, um die Installation durchzuführen.

Abbildung 17.1:
Auswahl der Installationsmöglichkeiten

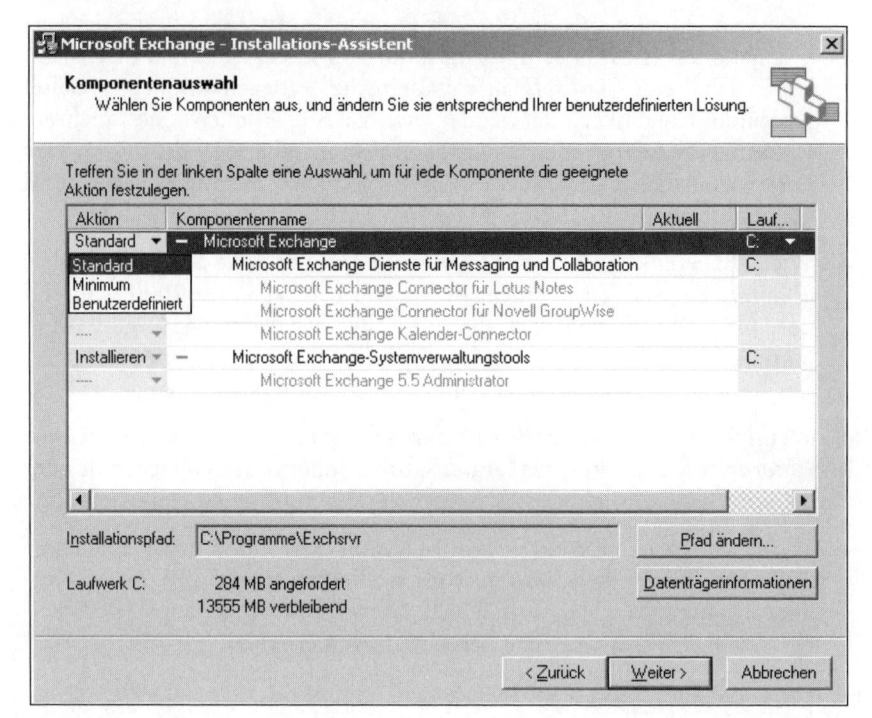

Installationsvariante Standard

Diese Variante wird standardmäßig ausgewählt. Mit STANDARD werden alle benötigten Optionen sowie die Systemverwaltungstools installiert. Die Unterstützung für drahtlose Geräte und Outlook Web Access wird bei der Standardinstallation ebenfalls mitinstalliert. Diese beiden Features werden grundsätzlich immer mitinstalliert und können nicht von der Installation ausgeschlossen werden. Diese Option reicht für die meisten Firmen aus und muss nur selten abgeändert werden.

Bei der Standardinstallation wird auch das Windows-Datensicherungsprogramm erweitert, damit die Exchange-Datenbanken online gesichert werden können.

Installationsvariante Minimum

Wenn Sie diese Variante auswählen, werden alle Komponenten installiert, genau wie bei STANDARD auch. Die Systemverwaltungstools werden dagegen nicht mitinstalliert. Dadurch wird auch das Windows-Datensicherungsprogramm nicht erweitert, da diese Erweiterung von den Systemverwaltungstools durchgeführt wird. Diese Variante wird in den wenigsten Fällen verwendet, da die Systemverwaltungstools nicht so viel Platz brauchen. Wenn Sie die Variante MINIMUM wählen, können auf diesem Exchange Server weder die Organisation noch die administrative Gruppe, in die der Server installiert wurde, administriert werden.

Installationsvariante Benutzerdefiniert

Diese Variante wählen Sie aus, wenn Sie auf einem Server oder einer Workstation zum Beispiel nur die Systemverwaltungstools installieren wollen. Mit diesen Tools können Sie die Exchange-Organisation verwalten, ohne dass auf dem Server oder PC die ganze Exchange-Funktionalität installiert wurde. Durch die Installation der Systemverwaltungstools haben Sie darüber hinaus die Möglichkeit, auf dem Server einen Remote Exchange Server online zu sichern. Auch wenn auf einem Server nur die Systemverwaltungstools installiert werden, wird das Windows-Datensicherungsprogramm um die Exchange Features erweitert.

Bei der Option BENUTZERDEFINIERT können Sie darüber hinaus noch die Connectoren für Lotus Notes, Novell GroupWise und Exchange-Kalender installieren. Diese Connectoren werden bei der Standardinstallation nicht mitinstalliert, sondern können lediglich bei der Option BENUTZERDEFINIERT ausgewählt werden.

Connector für Lotus Notes

Mit diesem Connector können Sie Lotus Notes mit Exchange verbinden, damit E-Mails zwischen diesen beiden System ausgetauscht werden können. Der Connector unterstützt allerdings nur den Mailfluss zwischen Exchange und Notes, es findet keine Verzeichnissynchronisation statt.

Connector für Novell GroupWise

Novell GroupWise ist neben Exchange und Lotus Notes das dritte, weit verbreitete und Groupware-orientierte Mail-System. Mit dem Connector für Novell GroupWise können Sie den E-Mail-Fluss wie beim Lotus Notes Connector zwischen den beiden Systemen konfigurieren. Auch hier findet keine Verzeichnissynchronisation zwischen der Novell NDS und dem Active Directory statt.

17.4 Schalter des Setup-Programms

Sie können das Setup-Programm von Exchange 2003 mit verschiedenen Schaltern aufrufen. Diese Schalter unterteilen sich in drei Bereiche. Der erste Bereich dient der Vorbereitung für die eigentliche Installation, der zweite Bereich zur Konfiguration der aktuellen Installation und der dritte dient zur Konfiguration einer unbeaufsichtigten Installation.

Schalter für die Vorbereitung der Installation

Damit Exchange in einem Active Directory installiert werden kann, muss das Schema und die Domäne zunächst für die Installation vorbereitet werden. Exchange stellt dazu die beiden Schalter

- /forestprep
- /domainprep

zur Verfügung. Die genaue Bedeutung und Durchführung dieser Schalter wird im Kapitel 16 *Berechtigungen und Sicherheit* näher erläutert.

Schalter für die Konfiguration der Installation

Wenn Sie die Domäne und das Active Directory auf Exchange 2003 vorbereitet haben, können Sie mit der Installation beginnen. Ihnen stehen einige Schalter zur Verfügung, die Sie bei der Installation von Exchange 2003 unterstützen.

- Setup /chooseDC SERVERNAME. Mit diesem Schalter können Sie festlegen, dass Exchange 2003 während der Installation nur Verbindung zu diesem Domänen-Controller aufbauen soll. Dadurch haben Sie die Möglichkeit, den Schema-Master auszuwählen und so die Installation durchführen zu können, ohne auf die langwierige Replikation des Active Directory warten zu müssen. Zudem wird so die Installation von mehreren Exchange Servern hintereinander beschleunigt.

- Setup /disasterrecovery. Mit diesem Schalter können Sie einen Exchange Server wiederherstellen, dessen Konfiguration verloren gegangen ist, aber wiederhergestellt werden muss. Wenn Sie diesen Schalter auswählen, überprüft das Setup-Programm im Active Directory die replizierten Daten des Servers und stellt diese, soweit möglich, wieder her. Mehr zu diesem Schalter erfahren Sie im Kapitel 15 *Datensicherung*.

- Setup /Password KENNWORT. Mit diesem Schalter können Sie ein Kennwort hinterlegen, damit automatisch die Installation fortgeführt wird, wenn der Server durchgestartet werden muss. Der Benutzer wird dazu automatisch angemeldet.

- Setup /NoEventLog. Während der Installation werden einige Einträge in das Anwendungsprotokoll der Ereignisanzeige vorgenommen. Mit diesem Schalter können Sie diese Funktion deaktivieren. Es werden keinerlei Einträge in die Ereignisanzeige geschrieben.

- Setup /NoErrorLog. Wenn Sie diesen Schalter aktivieren, werden alle Informationen und Warnungen in das Anwendungsprotokoll geschrieben, allerdings keine Fehlermeldungen.

Schalter des Setup-Programms   Kapitel 17

➤ Setup /All. Wenn Sie diese Option aktivieren, werden alle verfügbaren Komponenten von Exchange 2003 installiert. Diese Option hat die gleiche Funktionalität wie BENUTZERDEFINIERT, wenn Sie alle Komponenten auswählen.

➤ Setup /?. Mit diesem Schalter können Sie sich alle unterstützten Schalter des Setup-Programms anzeigen und kurz erläutern lassen.

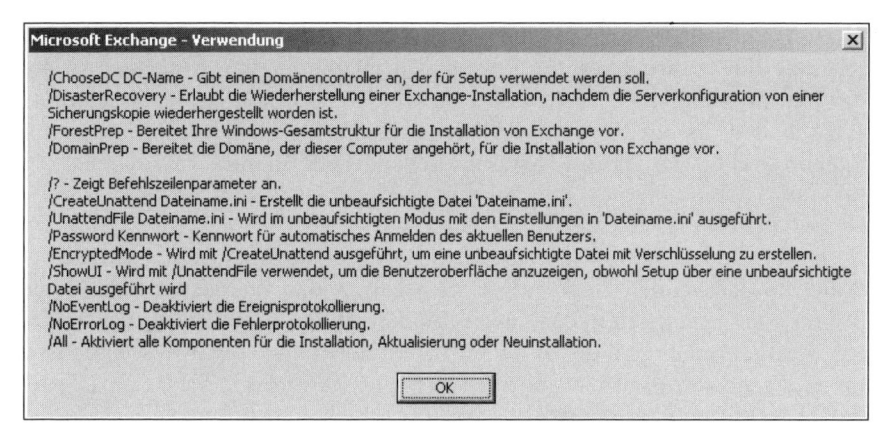

Abbildung 17.2:
Alle Schalter des Exchange 2003 Setup-Programms

Unbeaufsichtigte Installation

Den dritte Bereich stellen die Schalter, die zur Konfiguration einer unbeaufsichtigten Installation dienen. Mit einer unbeaufsichtigten Installation können Sie sicherstellen, dass mehrere Exchange Server gleich installiert werden, auch wenn verschiedene Administratoren diese Server installieren. Zusätzlich ersparen Sie sich Benutzereingriffe und können sicherstellen, dass das Setup-Programm weitgehend ohne Eingriffe durchläuft.

Einschränkungen der unbeaufsichtigten Installation

Die unbeaufsichtigte Installation hat allerdings auch einige Einschränkungen, die Sie berücksichtigen sollten.

➤ Es ist nicht möglich *domainprep* oder *forestprep* mit einer unbeaufsichtigten Installation durchzuführen. Diese beiden Schalter müssen immer manuell durchgeführt werden.

➤ Auch die Installation eines Clusters (siehe Kapitel 18 *Cluster*) kann nicht mit der unbeaufsichtigten Installation durchgeführt werden.

➤ Die Migration von Exchange 5.5 zu Exchange 2003 kann nicht mit einer unbeaufsichtigten Installation stattfinden.

➤ Der erste Exchange Server der Organisation muss beaufsichtigt installiert werden.

Damit Sie Exchange Server unbeaufsichtigt installieren können, müssen Sie Schritt für Schritt vorgehen und die einzelnen Schalter des Setup-Programms zur Konfiguration einer unbeaufsichtigten Installation verwenden.

Erstellen einer Parameterdatei

Damit überhaupt eine unbeaufsichtigte Installation eines Exchange 2003 Servers durchgeführt werden kann, müssen Sie mit einer beaufsichtigten Installation eine so genannte *Parameterdatei* erstellen. Diese Parameterdatei zeichnet Ihre Schritte auf und lässt sich später in eine unbeaufsichtigte Installation integrieren. Um eine Parameterdatei aufzurufen, verwenden Sie den Schalter */CreateUnattend*. Rufen Sie bei einer normalen Installation von Exchange 2003 das Setup-Programm folgendermaßen auf:

```
Setup /CreateUnattend unattend.ini
```

Welchen Dateinamen Sie verwenden, beleibt Ihnen überlassen, der Name unattend.ini bietet sich allerdings an. Hinter diesen Befehl können Sie weitere Schalter anhängen, die Ihre Parameterdatei an Ihre Bedürfnisse anpasst. Ihnen stehen dazu zwei weitere Schalter zur Verfügung, die beide in eine Befehlszeile integriert werden können:

- /EncryptedMode. Wenn Sie diesen Schalter anhängen, wird die Parameterdatei verschlüsselt und kann nicht mehr mit einem Texteditor gelesen werden. Dadurch wird der Inhalt geheim gehalten, so dass unbefugte Personen die einzelnen Installationsschritte nicht nachvollziehen können.

- /ShowUI. Wenn Sie eine unbeaufsichtigte Installation durchführen, werden keine Fortschrittsbalken oder sonstige Ansichten der Installation auf dem Bildschirm angezeigt. Wenn Sie zusätzlich diesen Schalter zum Erstellen der Parameterdatei verwenden, werden alle Anzeigen des Setup-Programms angezeigt, die Benutzer können aber nicht in das Programm eingreifen.

Installation mit Parameterdatei

Nachdem Sie eine Parameterdatei erstellt haben, können Sie eine unbeaufsichtigte Installation mit dieser Datei durchführen. Dazu müssen Sie das Setup-Programm mit dem folgenden Schalter aufrufen:

```
Setup /UnattendFile untattend.ini
```

Das Installationsprogramm verwendet dann die in dieser Datei hinterlegten Optionen für die Installation.

17.5 Probleme während des Setups

Während der Installation von Exchange 2003 kann eine Vielzahl von Problemen auftreten. Die meisten möglichen Fehler überprüft das Setup-Programm bereits während des Starts, damit die Installation reibungslos abläuft. In manchen Fällen kann es jedoch durchaus vorkommen, dass die Installation mitten im Kopiervorgang abbricht. Aus diesem Grund ist es sehr wichtig, möglichst alle Probleme und Fehler eines Servers schon vor der Installation von Exchange 2003 zu erkennen und zu beheben. In Kapitel 4 *Installation einer Testumgebung* sind die Möglichkeiten zur Überprüfung detailliert aufgeführt.

Exchange legt während der Installation im Root-Verzeichnis der Festplatte die Datei Exchange Server Setup Progress.log *an. In dieser Datei werden alle Schritte des Setup-Programms festgehalten. Wenn während der Installation von Exchange 2003 ein Fehler auftritt, hilft Ihnen diese Datei vielleicht bei der Fehlersuche einen Schritt weiter, da Sie genau erkennen, bei welchem Schritt des Setup-Programms die Installationsroutine unterbrochen wurde.*

Wenn Sie mehrmals Exchange 2003 auf einem Server installieren, werden die Fortschritte des Setup-Programms immer wieder hintereinander geschrieben, die Datei wird deshalb sehr schnell sehr groß und unübersichtlich. Wenn Sie auf einem Server Exchange 2003 neu installieren wollen, sollten Sie die Datei zuvor löschen.

Berechtigungsprobleme

Häufig treten bei der Installation von Exchange Berechtigungsprobleme auf. Achten Sie darauf, dass Sie Exchange mit dem Benutzer installieren, mit dem Sie ebenfalls das Schema mit *forestprep* vorbereitet haben. Wenn bereits eine Fehlermeldung bei der Erweiterung des Schemas auftritt, sollten Sie darauf achten, dass sich der Benutzer, mit dem Sie das Schema erweitern, in der Gruppe *Organisations-Admins* und *Schema-Admins* befindet. Der Benutzer, mit dem Sie mit *domainprep* die Domäne vorbereiten, muss in der Gruppe *Domänen-Admins* sein.

Der Benutzer, der Exchange auf einem Server installiert, muss sich ebenfalls in der lokalen Administratorengruppe des Rechners befinden. In dieser Gruppe befindet sich bei der Aufnahme in die Domäne die Gruppe *Domänen-Admins*. Wenn der Benutzer in dieser Gruppe ist, darf er Exchange auf diesem Server installieren.

Probleme mit Replikation oder Namensauflösung

Weitere, sehr häufige Probleme treten bei der Replikation der verschiedenen Domänen-Controller nach *forestprep* und *domainprep* sowie bei der Namensauflösung auf. Sie sollten nach der Vorbereitung der Domäne und des Active Directory einige Zeit warten, bis Sie mit der Installation von Exchange beginnen. Wahlweise können Sie auch mit dem Setup-Schalter `/chooseDC` arbeiten, der weiter vorne in diesem Kapitel besprochen wurde. Wenn nach einiger Zeit die Installation immer noch nicht durchgeführt werden kann, sollten Sie Ihre Domänen-Controller auf Replikationsprobleme untersuchen. Achten Sie hierbei zudem darauf, dass ihre DNS-Server die Auflösung der Namen richtig durchführen.

Testen Sie unbedingt vor der Installation den Server mit den Tools aus Kapitel 4 *Installation einer Testumgebung* durch. Wichtig ist auch, dass der Server weiß, welchem Windows-Standort er zugeordnet ist. Wenn eine fehlerhafte Subnetzzuordnung konfiguriert wurde, kann Exchange nicht installiert werden.

Reste einer vorherigen Installation

Wenn Sie Exchange 2003 auf einem Server installieren, auf dem bereits eine vorherige Installation von Exchange 2003 installiert war, kann es sein, dass die Installationsroutine mit einem Fehler abbricht, weil noch Dateien vorhanden sind, die nicht durch eine Deinstallation gelöscht wurden. Entfernen Sie diese Dateien manuell und starten Sie die Installationsroutine neu.

Fehlermeldungen beim Installieren

Unter Umständen erhalten Sie während der Installation eine Fehlermeldung, die Sie auf ein Sicherheitsloch der Domäne hinweist. Diese Meldung können Sie getrost ignorieren, sie hat keinerlei negative Auswirkungen auf die Installation. Diese Meldung wird erzeugt, wenn Sie bei der Installation Ihres Active Directory nicht den reinen Windows 2000- beziehungsweise Windows 2003-Modus aktiviert haben, sondern auch die Unterstützung von Prä-Windows 2000- oder Windows 2003-Berechtigungen. In einem solchen Fall wurden der Windows-Gruppe PRÄ WINDOWS 2000 KOMPATIBLER ZUGRIFF Mitglieder hinzugefügt. Exchange deutet es als Sicherheitslücke, wenn diese Gruppe Mitglieder enthält. Sie können diese Meldung deshalb ohne Probleme beseitigen. Wenn Sie wollen, können Sie die Mitglieder aus dieser Gruppe zu einem späteren Zeitpunkt entfernen.

17.6 Entfernen von Exchange 2003

Ein Exchange 2003 Server ist ein sehr komplexes Produkt. Sie können nicht von der Installationsroutine erwarten, dass Exchange vollständig aus der Organisation, dem Server oder dem Active Directory gelöscht wird. Dazu ist Exchange 2003 viel zu sehr mit dem Active Directory verbunden. Dennoch müssen Sie vielleicht auf dem einen oder anderen Server eine Exchange-Installation löschen oder neu installieren.

Entfernen mit dem Setup-Programm

Die sauberste Möglichkeit Exchange von einem Server zu entfernen, erfolgt mit Hilfe des Setup-Programms. Rufen Sie die Installationsroutine dazu ganz normal auf und wählen Sie aus dem Menü ENTFERNEN aus. Das Setup-Programm entfernt jetzt im optimalen Fall Exchange von diesem Server und der Organisation. So zumindest der Idealfall. Damit Sie diesen Schritt ausführen können, müssen Sie jedoch zuvor einige Vorbereitungen treffen.

Vorbereitungen für die Deinstallation

Bevor Sie Exchange 2003 von einem Server deinstallieren, müssen Sie einige Vorbereitungen treffen, die Ihnen das Setup-Programm nicht abnehmen kann.

1. Verschieben Sie die Postfächer aller Benutzer auf andere Exchange Server.
2. Entfernen Sie alle Replikate der öffentlichen Ordner vom Exchange Server.
3. Replizieren Sie alle Systemordner auf andere Server beziehungsweise entfernen Sie den Server aus der Replikationsliste.
4. Vergewissern Sie sich, dass der Server keinem Connector als Bridgehead-Server dient.
5. Vergewissern Sie sich, dass der Server nicht der Routinggruppen-Master ist.
6. Vergewissern Sie sich, dass der Server nicht durch den Recipient Update Service verwendet wird.
7. Vergewissern Sie sich, dass der Server nicht für die Überwachung und Benachrichtigungen im Exchange System verwendet wird.
8. Überprüfen Sie, ob auf dem Server keine Offline-Adressbücher gespeichert sind oder er für das Auflösen von Verteilerlisten verwendet wird.
9. Vergewissern Sie sich, dass auf dem Server der SRS-Dienst installiert ist. Dann installieren Sie diesen Dienst zunächst auf einen anderen Server.

10. Überprüfen Sie, ob der Server vom Active Directory Connector oder anderen Drittersteller-Connectoren (Fax) verwendet wird.

11. Überprüfen Sie, ob sich alle Benutzer mindestens einmal mit Ihrem Postfach verbunden haben, damit in Outlook der neue Postfach-Server des Benutzers eingetragen wurde.

12. Stellen Sie sicher, dass die Postfachspeicher des Servers vollkommen leer sind.

Löschen der Postfachspeicher und Speichergruppen

Wenn Sie diese Vorbereitungen durchgeführt haben, sollten Sie im Idealfall den Server einige Tage herunterfahren, um festzustellen, ob vielleicht doch irgendetwas vergessen wurde oder der Server weitere Auswirkungen hat.

Als Nächstes sollten Sie zunächst die Postfachspeicher des Servers löschen. Dies ist erst dann möglich, wenn keine Postfächer in diesem Speicher liegen. Nach dem Löschen der Postfachspeicher, sollten Sie als Nächstes die Speichergruppen löschen. Auch diese lassen sich erst löschen, wenn keine Postfachspeicher mehr enthalten sind.

Deinstallation mit dem Setup-Programm

Nach diesen Vorbereitungen können Sie jetzt mit dem Setup-Programm Exchange von diesem Server und aus der Organisation löschen. Wenn die Deinstallation abgeschlossen ist, müssen Sie das Exchange-Verzeichnis noch manuell von der Festplatte löschen, da die Datenbankdateien nicht automatisch gelöscht werden. An dieser Stelle ist die Deinstallation abgeschlossen.

Löschen des Servers ohne Deinstallation

In manchen Fällen kann es vorkommen, dass Sie den Exchange Server nicht mit der Deinstallationsroutine aus der Organisation entfernen können. In einem solchen Fall müssen Sie Exchange manuell entfernen. Gehen Sie bei dem Entfernen von Exchange ohne das Setup-Programm aber dennoch alle Überprüfungen durch, wie weiter vorne beschrieben. Fahren Sie auch dann den Server einfach herunter oder beenden alle Exchange-Dienste.

Löschen aus der Organisation

Wenn Sie alle Überprüfungen vorgenommen haben, können Sie den Server aus der administrativen Gruppe und damit aus der Exchange-Organisation entfernen. Starten Sie dazu den Exchange System Manager und navigieren Sie zur administrativen Gruppe, in der Sie den Server entfernen wollen. Klicken Sie den Server mit der rechten Maustaste an und wählen Sie LÖSCHEN. Bevor Sie jedoch einen Server aus der Organisation löschen können, müssen Sie auch hier sicherstellen, dass alle Postfächer verschoben sind. Sie müssen

Entfernen von Exchange 2003 — Kapitel 17

ebenfalls die Postfachspeicher und die Speichergruppen von diesem Server löschen. Nachdem Sie den Server gelöscht haben, sollte dieser nach einiger Zeit nicht mehr im Exchange System Manager angezeigt werden. In vielen Fällen bleibt der Server jedoch im Exchange System Manager stehen. Dies hat zwar nicht unbedingt negative Auswirkungen auf den E-Mail-Fluss, ist allerdings unschön. In einem solchen Fall sollten Sie drastischere Maßnahmen ergreifen und den Server mit *ADSI-Edit* aus dem Active Directory entfernen.

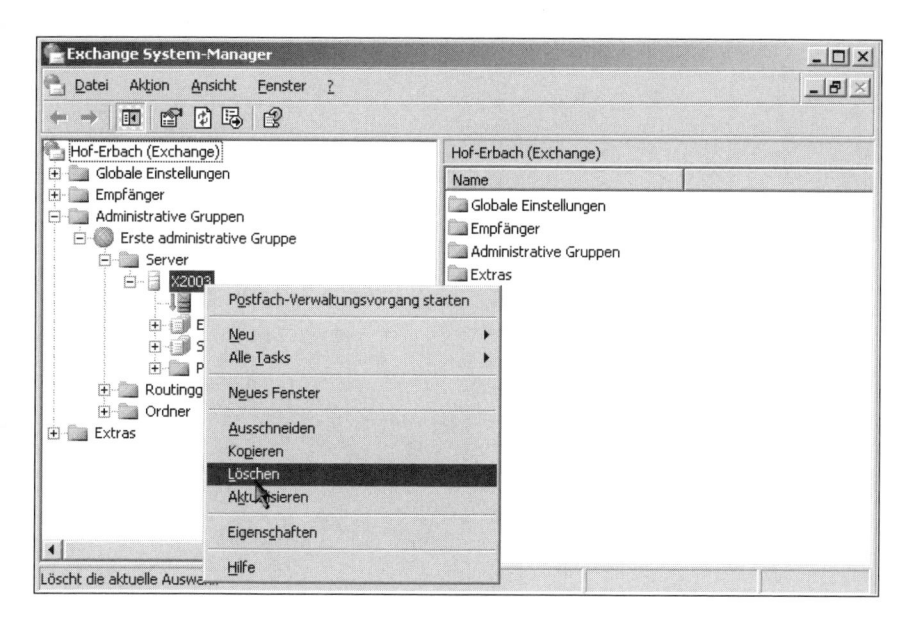

Abbildung 17.3: Löschen eines Servers aus der Exchange-Organisation

Um einen Server mit ADSI-Edit aus der Organisation zu löschen, müssen Sie zunächst ADSI-Edit mit `Start/Ausführen/adsiedit.msc` starten.

Navigieren Sie dann zum Menüpunkt:

CONFIGURATION/CONFIGURATION/SERVICES/MICROSOFT EXCHANGE/ BEZEICHNUNG IHRER ORGANISATION/ADMINISTRATIVE GROUPS/BEZEICHNUNG DER ADMINISTRATIVEN GRUPPE/SERVERS.

An dieser Stelle können Sie den Server aus der Organisation löschen. Danach ist er nicht mehr im Exchange System Manager zu sehen.

Gehen Sie beim Löschen eines Exchange Servers direkt im Active Directory sehr vorsichtig vor. Sie können mit ADSI-Edit leicht Ihr ganzes Active Directory beschädigen. Diese Schritte sollten nur von erfahrenen Administratoren in Ausnahmefällen durchgeführt werden.

18 Cluster

Ein Cluster ist eine Gruppe unabhängiger Computer, die jeweils die gleichen Anwendungen ausführen und beim Zugriff durch einen Client als ein einziges System dargestellt werden. Die Computer sind physikalisch durch Kabel und Clustersoftware miteinander verbunden. Durch das Vorhandensein dieser Verbindungen können im Cluster Probleme für den zugreifenden Client transparent behoben werden, zum Beispiel durch die Umverteilung von Aufgaben bei Ausfall eines Knotens auf einen anderen (Failover in Server Clustern) oder eine Verteilung aller zu bearbeitenden Aufgaben über einen Lastenausgleich in Netzwerklastenausgleich(Network Load Balancing, NLB)-Clustern. Durch diese Trennung unterscheiden sich Cluster-Systeme grundlegend von Multi-Prozessorsystemen, bei denen sich mehrere Prozessoren eine gemeinsamen Computerperipherie teilen.

Netzwerklastenausgleich (NLB) ist eine Clustertechnologie, die von Microsoft als Teil von Windows 2000 Advanced und Datacenter Server angeboten wird. NLB steht auch unter Windows Server 2003 in der Enterprise und der Datacenter Edition zur Verfügung. NLB benutzt einen verteilten Algorithmus für den Lastenausgleich von IP-Datenverkehr über mehrere Hosts. Das führt zu einer besseren Skalierbarkeit und Verfügbarkeit unternehmenskritischer, IP-basierter Dienste. Beispiele hierfür sind Web-Dienste, Virtual Privat Networks, Terminal-Dienste, Proxy-Dienste und viele andere mehr. NLB kann Ausfälle von Servern automatisch erkennen und den Datenverkehr an andere Hosts umleiten, dadurch wird eine Hochverfügbarkeit des NLB-Clusters erreicht.

Viele Firmen setzen für die Arbeit mit Exchange einen Cluster ein. Dies geschieht vor allem aus dem Grund, dass mittlerweile auch das E-Mail-System eines Unternehmens nicht ausfallen darf und so ausfallsicher wie möglich sein soll. Bei einem Server laufen mehrere Knoten zusammen wie ein Rechner. Dies hat den Vorteil, dass bei Ausfall eines Servers die Funktionalitäten des Clusters nicht beeinträchtigt werden, da die anderen Server dessen Dienste auffangen. Allerdings ist die Konfiguration eines Clusters alles andere als einfach. Mit einem Cluster ergibt sich der Nachteil, dass viele Konfigurationen, die bei einem Standalone-Server möglich sind, auf einem Cluster nur sehr schwer durchzuführen sind. Da auch der Cluster-Dienst eine Windows-Komponente ist, haben Sie bei einem Cluster zusätzlich einen weiteren Dienst zu verwalten, der dazu noch ungeheuer komplex ist.

Kapitel 18   Cluster

Bevor Sie einen Cluster produktiv in Betrieb nehmen, sollten Sie sich ausführlich mit dessen Konfiguration befassen.

Unter Exchange 2000 hat Microsoft noch einen aktive/aktive-Cluster empfohlen, da diese Konfiguration aber nicht sehr populär war, ist Microsoft bei Exchange 2003 wieder umgeschwenkt und empfiehlt active/passive-Clustering mit Exchange 2003. Das heißt im Klartext, dass bei einem Exchange 2003 Cluster ein Server (Knoten) online die Exchange-Dienste zur Verfügung stellt und der zweite Knoten nur als Standby dient, wenn der Hauptknoten ausfallen sollte. Um einen Exchange 2003 Cluster aufzubauen, benötigen Sie Windows 2003 Enterprise Server als Betriebssystem und Exchange 2003 Enterprise Server als Exchange-Version. Die beiden Standard-Server dieser Produkte unterstützen kein Clustering.

18.1 Einführung und Vorteile

Microsoft hat in Exchange 2003 bezüglich des Clustering einige Änderungen eingebaut. Die meisten Funktionalitäten eines Clusters unter Exchange 2003 sind mit Exchange 2000 identisch. Wenn Sie bereits einen Exchange 2000 Cluster mit einem Windows 2000 Advanced Server verwalten, werden Sie mit Exchange 2003 und Windows 2003 Enterprise Server keine Schwierigkeiten haben. Wenn Sie beabsichtigen einen Cluster mit Exchange 2003 aufzubauen, sollten Sie Windows 2003 einsetzen, um alle Features verwenden zu können.

Abbildung 18.1:
Clustering in Windows 2003

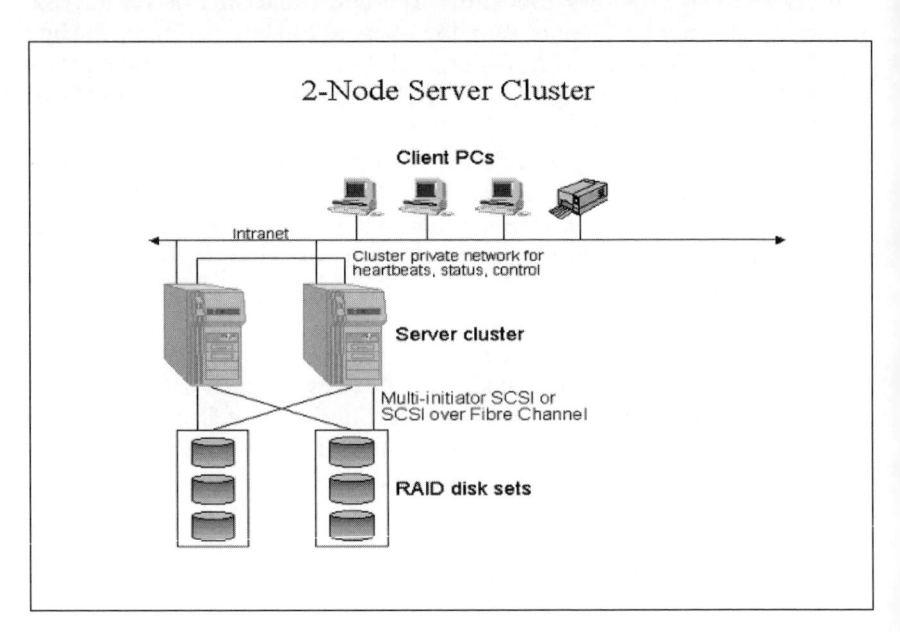

Cluster mit Windows 2003

Windows 2003 unterstützt bis zu 8 Knoten gleichzeitig in einem aktive/passive-Cluster. Unter Windows 2000 Advanced Server wurden dagegen nur 2 Knoten unterstützt. Die Ausfallsicherheit wurde deutlich erhöht. Der Cluster-Dienst wird bei Windows 2003 bereits bei der Installation mitinstalliert, er muss nur noch konfiguriert werden.

Wenn Sie beabsichtigen einen Cluster einzusetzen, sollten Sie sich zuvor bei Microsoft oder Ihrem Lieferanten vergewissern, dass die Hardware in der Microsoft Hardware Compatibility List (HCL) für Cluster aufgeführt ist. Wenn Sie Hardware einsetzen, die nicht auf der HCL für Cluster steht, erhalten Sie keinerlei Support von Microsoft und eine stabile Funktion kann nicht garantiert werden.

Test-Cluster und Quorum

Bei Windows 2003 können Sie mit einem normalen Rechner einen Test-Cluster aufbauen, mit dem Sie die Funktionsweise einer Software auf einem Cluster emulieren können. Bei einem Test-Cluster wird das so genannte Quorum lokal abgespeichert. Das Quorum enthält alle Daten eines Clusters. Ohne dieses Quorum ist ein Cluster nicht mehr lauffähig. Bei Windows 2003 kann das Quorum auf einem lokalen Rechner wiederhergestellt werden, damit der Cluster übergangsweise weiterlaufen kann.

Integration eines Clusters in das Active Directory

Ein Cluster unter Windows 2003 wird in das Active Directory integriert. Bei der Erstellung eines Clusters werden die virtuellen Server als Computer-Objekt in das Active Directory aufgenommen und können von Benutzern wie ein normaler Server angesprochen werden. Dadurch werden zwar keine Gruppenrichtlinien für die virtuellen Server unterstützt. Benutzer können aber mit Kerberos und Sitzungsschlüsseln deutlich sicherer arbeiten. Diese Form der Authentifizierung erlaubt es Benutzern, sich gegenüber einem Server ohne ein Kennwort zu authentifizieren. An Stelle eines Kennworts weisen Sie sich über ein Ticket aus, das Ihnen den Zugriff auf den Server erlaubt. Dies steht im Gegensatz zur NTLM-Authentifizierung, wie sie für den Cluster-Dienst unter Windows 2000 genutzt wird, der einen über das Passwort des Benutzers gebildeten Hashwert über das Netzwerk sendet. Auch wenn der Cluster-Dienst von Windows 2003 in das Active Directory integriert ist, findet keine Erweiterung des Schemas statt.

Verbessertes Failover

Wenn ein Knoten unter Windows 2000 als Besitzer des Quorums alle Netzwerkschnittstellen, das heißt sowohl die öffentlichen als auch den Heartbeat, verliert, würde er trotzdem die Kontrolle über den Cluster behalten, auch wenn die anderen Knoten weder mit ihm kommunizieren könnten noch funktionierende öffentliche Schnittstellen hätten. Unter Windows 2003 wird nun der Status der öffentlichen Schnittstellen berücksichtigt, bevor über die Kontrolle des Clusters entschieden wird.

Geht die Netzwerkverbindung verloren, wird beim Einsatz des Cluster-Dienstes der TCP/IP-Stack nicht aus dem Speicher entfernt, wie es unter Windows 2000 standardmäßig eingestellt ist. Es besteht damit nicht mehr die Notwendigkeit, den Registry-Schlüssel *DisableDHCPMediaSense* zu setzen.

Durch das Entfernen des TCP/IP-Stack aus dem Speicher bei Windows 2000 Clustern wurden alle Ressourcen, die von bestimmten IP-Adressen abhingen, offline genommen. Durch das standardmäßige Deaktivieren der Medienerkennung wird die Netzwerkrolle beibehalten und alle Ressourcen, die von IP-Adressen abhängig sind, bleiben online.

Multicast-Heartbeats sind zwischen Knoten eines Server Clusters erlaubt. Multicast-Heartbeats sind automatisch ausgewählt, wenn der Cluster groß genug ist und die Netzwerkinfrastruktur Multicast zwischen den Cluster-Knoten unterstützen kann. Auch wenn die Multicast-Parameter manuell gesteuert werden können, muss zur Konfiguration dieser Funktion kein Eingriff durch den Administrator erfolgen. Wenn eine Multicast-Kommunikation aus irgendeinem Grund fehlschlägt, wird die interne Kommunikation auf Unicast zurückgesetzt. Die gesamte interne Kommunikation ist signiert und sicher. Die Vorteile sind verminderter Netzwerkverkehr. Durch den Einsatz von Multicast wird die Menge des Netzwerkverkehrs innerhalb eines Cluster-Subnetzes reduziert. Das kann bei Clustern vorteilhaft sein, die mehr als zwei Knoten umfassen, oder bei geografisch verteilten Clustern.

Verbessertes Backup eines Windows 2003 Clusters

Sie können die Konfiguration eines lokalen Knotens oder die Konfiguration aller Knoten im Cluster wiederherstellen. Die Wiederherstellung eines Knotens ist auch als Teil der automatischen Systemwiederherstellung (Automated System Recovery, ASR) möglich. Das Windows 2003-Datensicherungsprogramm wurde so erweitert, dass es eine nahtlose Backup-Sicherung der lokalen Cluster-Datenbank ermöglicht. Außerdem kann es die Konfiguration lokal oder für alle Knoten eines Clusters wiederherstellen. ASR kann in vielen Fällen einen Cluster vollständig wiederherstellen.

- Beschädigte oder fehlende Systemdateien
- Vollständige Neuinstallation des Betriebssystems wegen eines Hardware-Fehlers
- Eine beschädigte Cluster-Datenbank
- Veränderte Festplattensignaturen (auch für gemeinsame Datenträger)

Diagnose eines Clusters

Im Resource Kit von Windows Server 2003 steht ein neues Diagnoseprogramm, *ClusDiag*, zur Verfügung. Dieses Tool bietet folgende Möglichkeiten:

- Auslesen und Vergleichen der Cluster-Protokolle aller Knoten. Damit lässt sich eine Fehlerbehebung im Cluster-Umfeld zielgerichteter durchführen.

- Durchführung von Belastungstests auf Ihren Servern, Speichermedien und auf der Cluster-Infrastruktur. *Clusdiag* eignet sich dadurch als Testprogramm für einen Cluster vor dessen produktivem Einsatz.

Neues Sicherheitsmodell für Cluster

Microsoft hat auch einige Änderungen bezüglich der Berechtigungen in Exchange 2003 optimiert. Da ein Cluster auf die virtuellen Exchange Server aufbaut, ist er direkt von den Änderungen in Exchange abhängig, vor allem auch bezüglich des Betriebsmodus der Exchange-Organisation. Folgende Berechtigungen werden benötigt, wenn Sie Exchange 2003 auf einem Cluster installieren wollen:

- Damit Exchange 2003 auf einem Windows 2003 Cluster installiert werden kann, muss der Benutzer in der lokalen Administratorengruppe beider Knoten Mitglied sein. Dadurch wird der Benutzer automatisch zum Cluster-Administrator.

- Um den ersten virtuellen Exchange Server einer Organisation zu installieren, benötigt der Benutzer die Rechte eines vollen Exchange-Administrators auf Organisationsebene.

- Um weitere virtuelle Exchange Server in dieser administrativen Gruppe zu installieren, benötigen Benutzer lediglich volle Exchange-Administratorrechte auf die jeweilige administrative Gruppe.

- Die wichtigste Neuerung in Exchange 2003 Clustering ist, dass der Windows Cluster Service nicht mehr volle Exchange-Administratorrechte zur Installation und zum Betrieb benötigt.

18.2 Update eines Exchange 2000 Clusters

Um einen Exchange 2000 Cluster auf Exchange 2003 upzudaten, gehen Sie am besten mit folgenden Schritten vor:

1. Verschieben Sie beide virtuellen Server auf den Knoten 2 des Clusters.

2. Überprüfen Sie, ob auf dem Knoten 1 Exchange 2000 mit Servicepack 3 installiert ist. Wenn nicht, installieren Sie auf Knoten 1 zunächst Exchange 2000 Servicepack 3.

3. Installieren Sie Exchange 2003 über Exchange 2000 und starten Sie den Server durch.
4. Setzen Sie den ersten virtuellen Exchange Server mit dem Cluster Administrator offline.
5. Verschieben Sie den virtuellen Server auf den aktualisierten Knoten 1.
6. Klicken Sie im Cluster-Administrator mit der rechten Maustaste auf die Ressource der Exchange-Systemaufsicht und wählen Sie die Option VIRTUELLE SERVER AKTUALISIEREN.
7. Setzen Sie den virtuellen Exchange Server auf Knoten 1 online.
8. Setzen Sie den zweiten virtuellen Exchange Server offline.
9. Verschieben Sie diesen Server auf den Knoten 1.
10. Aktualisieren Sie auch diesen Knoten.
11. Installieren Sie Exchange 2003 auf dem Knoten 2.

18.3 Neuinstallation eines Clusters

Auf den nächsten Seiten bespreche ich detailliert die Neuinstallation von Exchange 2003 auf einem Windows 2003 Cluster. Gehen Sie bei der Installation sehr sorgfältig und Schritt für Schritt vor.

Vorbereitungen

Bevor Sie einen Windows 2003 Cluster installieren können, müssen Sie einige Vorbereitungen treffen.

Hardware

Dazu gehört zunächst die Beschaffung von passender Hardware für Ihren Cluster. Diese Hardware sollte, wie bereits erwähnt, Bestandteil der HCL für Cluster sein. Das System sollte mindestens folgende Komponenten beinhalten:

- Jeder der Knoten benötigt einen eigenen Controller für die Datenträger des Betriebssystems, am besten mit RAID 1 zur Absicherung der lokalen Server-Einstellungen.
- Jeder Knoten benötigt einen Cluster-fähigen Adapter, der an den gemeinsamen Datenträger angeschlossen ist, auf den alle Knoten zugreifen können.
- Sie benötigen für alle Knoten des Clusters einen gemeinsamen Datenträger, ein SAN oder einen SCSI-Festplattenturm, an den beide Knoten

angeschlossen werden können sowie passende Kabel für den Anschluss. Es muss jeder Knoten an diesen gemeinsamen Datenträger angeschlossen werden.

- In jedem Knoten sollten zwei Netzwerkkarten eingebaut werden. Eine Karte dient zur Kommunikation der Knoten untereinander, die zweite dient zur Kommunikation mit den Benutzern. Idealerweise sollten die Knoten noch eine dritte Netzwerkkarte haben, die für die Kommunikation der Knoten untereinander und der Kommunikation der Benutzer zur Ausfallsicherheit dient. So ist sichergestellt, dass der Cluster auch dann weiter funktioniert, wenn eine Netzwerkkarte ausfällt. Die Netzwerkkarten auf allen Knoten sollten identisch sein.

Software

Zusätzlich zu der Hardware benötigen Sie noch die passende Software für den Aufbau des Clusters

- Windows Server 2003 Enterprise Edition
- Exchange Server 2003 Enterprise

Netzwerk und Namensplanung

Außer diesen Vorbereitungen müssen Sie einige Einstellungen in Ihrem Netzwerk und dem Active Directory vornehmen. Sie benötigen zum Beispiel 5 Server-Namen für den Cluster und mindestens 7 IP-Adressen in 2 Subnets.

- Legen Sie zunächst einen Namen für den Cluster als Ganzes fest. Dieser Name erhält kein Computerkonto, wird aber für die Administration des Clusters verwendet. Sie sollten einen Namen wählen, aus dem schnell deutlich wird, um was es sich handelt, zum Beispiel *EXCLUSTER*.

- Jeder physikalische Knoten des Clusters erhält ein Computerkonto in derselben Domäne. Daher benötigt jeder physikalische Knoten einen entsprechenden Rechnernamen, zum Beispiel *CN1* und *CN2*.

- Des Weiteren benötigen die beiden virtuellen Exchange Server, die auf dem Cluster laufen, ebenfalls einen Namen. Diese virtuellen Server erhalten kein Computerkonto, sind im Exchange System Manager aber unter dem Namen zu finden, den Sie bei der Installation auswählen. Aus dem Namen sollte schnell ersichtlich sein, dass es sich um virtuelle Exchange Server handelt. Außerdem sollte der Name nicht zu lang sein, da Benutzer mit Outlook oder Outlook Web Access mit diesem Namen auf Ihr Postfach zugreifen. Wählen Sie zum Beispiel *EXV1* und *EXV2*.

- Sie benötigen für den Cluster mindestens 7 IP-Adressen. Jeder Knoten benötigt je eine IP-Adresse, das heißt, der Cluster als Ganzes erhält eine IP-Adresse, jeder virtuelle Exchange Server für die Kommunikation mit den Benutzern und die Netzwerkarten für die private Kommunikation des Cluster erhalten je eine in einem getrennten Subnetz (wichtig!).

➡ Legen Sie für die Konfiguration des Clusters und von Exchange am besten ein neues Benutzerkonto in der Domäne an. Für die Installation des Clusters muss dieses Konto in der Gruppe der Domänen-Admin sein.

Gemeinsamer Datenträger

Der gemeinsame Datenträger ist später das Herz des Clusters, da auf ihm sowohl die Daten aller Benutzer, als auch die Konfiguration des Clusters im Quorum gespeichert ist. Alle gemeinsamen Datenträger müssen an alle Knoten angeschlossen sein und müssen auch von ihnen erreicht werden können.

Installation der Cluster-Knoten

Ich gehe auf den folgenden Seiten von der Installation eines Clusters mit zwei Knoten aus. Wenn Sie mehrere Knoten installieren wollen, verhalten sich die Schritte für weitere Knoten exakt zu den Schritten des zweiten Knotens.

Betriebssystem

Installieren Sie zunächst auf den beiden Knoten Windows 2003 Enterprise Edition und konfigurieren diese zudem für die Fernwartung, damit Sie remote auf den Server zugreifen können. Bei der Installation des Betriebssystems müssen Sie keine Besonderheiten beachten. Bei der Standardinstallation wird der Cluster-Dienst sofort mitinstalliert. Dieser muss nicht, wie bei Windows 2000 Advanced Server, nachträglich ausgewählt werden.

Konfiguration Netzwerk

Nachdem Sie das Betriebssystem auf dem Server installiert haben, können Sie die IP-Einstellungen für die beiden Knoten vornehmen. Eine Netzwerkkarte dient dabei der Kommunikation der Server mit den Benutzern und sollte deshalb von den Arbeitsstationen und den Servern in Ihrem Netzwerk erreichbar sein, die andere Netzwerkkarte dient nur zur Kommunikation der Knoten untereinander. Cluster-Knoten unterhalten sich über diese private Schnittstelle und stellen fest, ob der jeweils andere Knoten noch online ist. Diese Überprüfung wird im Allgemeinen als *Heartbeat* bezeichnet. Benennen Sie nach der Konfiguration der Netzwerkkarte die Verbindungen um, so dass sofort ersichtlich ist, um welche es sich handelt. Ich verwende dazu oft die beiden Bezeichnungen *private* und *public*. Sie sollten für die beiden Karten zudem die Option aktivieren, dass die Verbindung in der Taskleiste angezeigt wird. Dadurch haben Sie bei der Administration des Clusters immer schnell einen Überblick.

Neuinstallation eines Clusters — Kapitel 18

Wenn Sie auf beiden Knoten die Netzwerkkarten konfiguriert haben, sollten Sie die Verbindung zwischen den Knoten und die Verbindung zwischen den Knoten und Ihrem Firmennetzwerk testen.

Konfiguration gemeinsamer Datenträger

Als Nächstes sollten Sie die Partitionen des gemeinsamen Datenträgers auf allen Knoten nacheinander einrichten. Wählen Sie identische Laufwerksbuchstaben auf allen Knoten. Legen Sie auch den Quorum-Datenträger an. Das Quorum ist sozusagen das Herz Ihres Clusters, da alle Informationen bezüglich des Clusters dort gespeichert sind. Das Quorum ist nicht sehr groß, Sie sollten ihm dennoch ca. 500 MB Platz gewähren. Legen Sie dazu einen eigenen Datenträger an und formatieren Sie diesen mit NTFS. Überprüfen Sie, ob Sie auf allen Knoten Dateien auf den gemeinsamen Datenträger kopieren können und ob auf das Quorum zugegriffen werden kann.

Konfiguration des Cluster-Dienstes

Im Gegensatz zu Windows 2000 Advanced Server ist bei Windows 2003 Enterprise der Cluster-Dienst standardmäßig bereits installiert. Auch das SnapIn zur Verwaltung des Clusters ist bereits installiert. Um einen neuen Cluster zu erstellen, rufen Sie die CLUSTER-VERWALTUNG in der Programmgruppe VERWALTUNG auf.

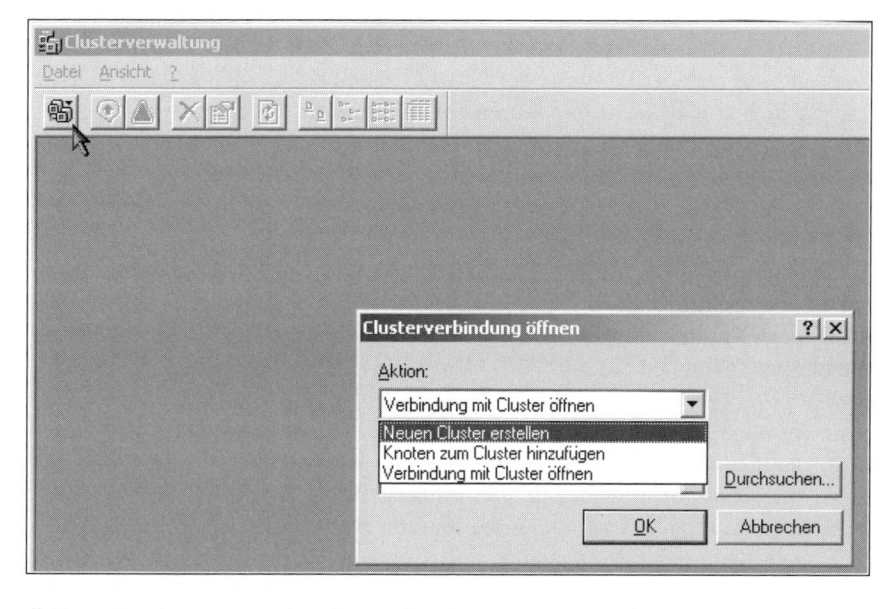

Abbildung 18.2:
Starten der Cluster-Verwaltung

Öffnen Sie das Fenster für die Verbindung zu einem Cluster und wählen Sie aus dem Menü NEUEN CLUSTER ERSTELLEN aus. Es öffnet sich das Startfenster des Assistenten zur Erstellung eines neuen Clusters.

Abbildung 18.3:
Assistent zur Erstellung eines neues Clusters

[Screenshot: Assistent zum Erstellen eines neuen Serverclusters – Willkommen]

Mit diesem Assistenten kann ein neuer Servercluster erstellt werden. Unter Verwendung dieses Assistenten bestimmen Sie den Computer, der der erste Knoten im Cluster sein wird. Nachdem Sie den Assistenten abgeschlossen haben, können Sie weitere Knoten unter Verwendung der Clusterverwaltung hinzufügen.

Sie benötigen die folgenden Informationen:
- Die Domäne des Clusters
- Ein in der Domäne eindeutiger Clustername
- Der Name des ersten Computers, der dem Cluster hinzugefügt wird
- Eine statische IP-Adresse
- Anmeldeinformationen eines Benutzerkontos in der Domäne für das Clusterdienstkonto

Klicken Sie auf "Weiter", um den Vorgang fortzusetzen.

Wenn Sie den Assistenten starten, sollten Ihnen bereits alle Informationen vorliegen, die zur Konfiguration eines Clusters notwendig sind. Mit WEITER kommen Sie auf die erste Seite des Assistenten. Auf dieser Seite müssen Sie festlegen, in welcher Domäne der Cluster installiert werden soll und wie der NetBIOS-Name des Clusters lauten soll. Tragen Sie den Namen des Clusters in das entsprechende Feld ein. Der Name des Clusters dient später hauptsächlich zur Verwaltung des Servers.

Benutzer greifen in Outlook oder Outlook Web Access nicht mit dem Namen des Clusters auf Ihr Postfach zu, sondern mit der Bezeichnung der virtuellen Exchange Server. Diese virtuellen Exchange Server werden später in diesem Kapitel besprochen. Wenn Sie den Namen des Clusters eingegeben haben, gelangen Sie mit WEITER auf die nächste Seite des Assistenten.

Auf der nächsten Seite des Assistenten legen Sie den Namen des Computers fest, der den ersten Knoten des Clusters bildet. Mit diesem, ersten Knoten wird die Konfiguration des Servers durchgeführt. Auch auf diesen Namen greifen Benutzer nicht zu. Der erste Knoten ist, wie alle weiteren, ein physikalischer Rechner, der auch über ein Computerkonto verfügen muss. Der virtuelle Name des Clusters, den Sie auf der vorherigen Seite des Assistenten eingegeben haben, ist ebenfalls nur ein virtueller Name. Der physikalische Name des ersten Knotens ist identisch mit dessen Netzwerknamen. Legen Sie bereits vor dem Start es Assistenten den Namen des Knotens fest, damit dieser später als Teil des Cluster erkennbar ist.

Neuinstallation eines Clusters Kapitel 18

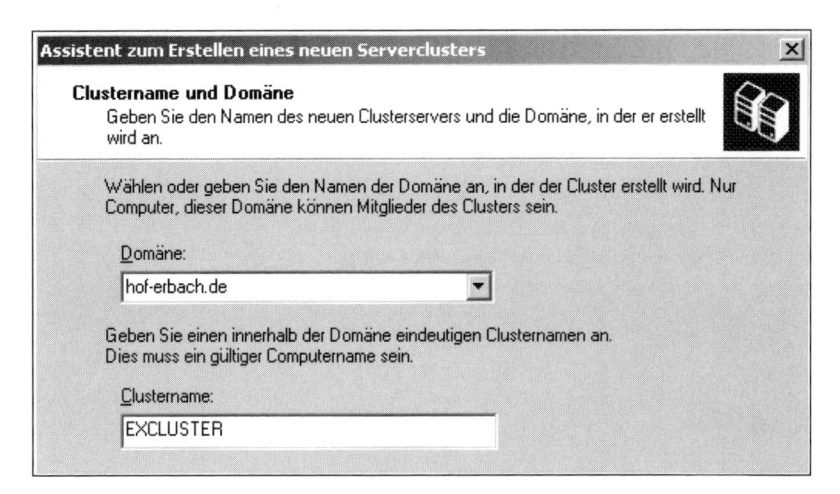

Abbildung 18.4:
Eingabe des Cluster-Namens

Abbildung 18.5:
Festlegen des Namens des ersten Knotens

Wenn Sie das entsprechende Computerkonto ausgewählt haben, gelangen Sie mit WEITER auf die nächste Seite des Assistenten.

Auf der nächsten Seite des Assistenten wird überprüft, ob alle Voraussetzungen für das Erstellen eines Clusters getroffen wurden. Wenn die Überprüfung abgeschlossen ist, erhalten Sie eine detaillierte Anzeige über den Status des Clusters und können eventuell Nachbesserungen durchführen. Mit Hilfe der Schaltfläche PROTOKOLL ANZEIGEN können Sie die einzelnen Schritte genau überprüfen, die durchgeführt worden sind. Nach der Überprüfung sollte vor allen Optionen des Clusters ein Haken stehen. Wenn Sie einen Test-Cluster installieren, werden Sie wahrscheinlich nicht alle Bedingungen erfüllen können, dies ist nicht weiter schlimm. In einer produktiven Umgebung sollten alle Bedingungen geprüft und als Cluster-tauglich gekennzeichnet sein. Nach dieser Überprüfung können Sie mit der Konfiguration des Clusters fortfahren.

Mit der Schaltfläche DETAILS können Sie die einzelnen Aktionen des Assistenten zur Fehlerbehebung oder Dokumentation genauer nachverfolgen.

Kapitel 18   Cluster

Abbildung 18.6:
Überprüfung der Cluster-Konfiguration

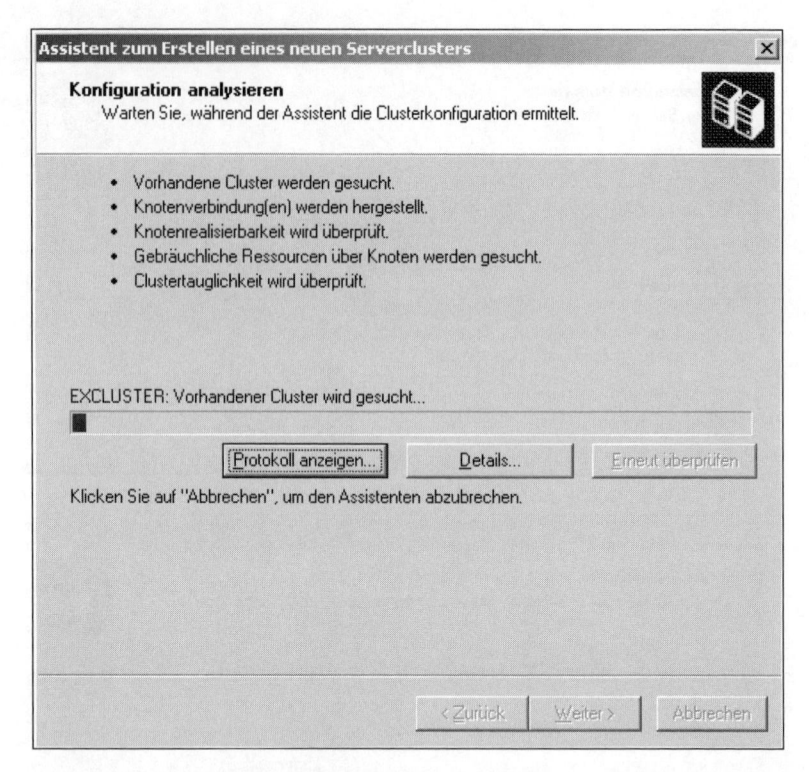

Die Schaltfläche ERNEUT ÜBERPRÜFEN bewirkt, dass alle Bedingungen nochmals überprüft werden. Sie können Nacharbeiten an der Konfiguration des Servers vornehmen und müssen den Assistenten dazu nicht neu starten.

Nach der erfolgreichen Überprüfung können Sie wieder mit der Schaltfläche WEITER auf die nächste Seite des Assistenten wechseln. Auf dieser Seite geben Sie die IP-Adresse an, unter der der Cluster erreichbar ist.

Die IP-Adresse ist an den virtuellen Namen des Clusters gebunden und sollte aufgelöst werden. Benutzer bauen mit dieser IP-Adresse keine Verbindung zu diesem Cluster auf. Auch dieser Schritt dient zur Verwaltung des Clusters. Geben Sie eine IP-Adresse an, die zum Netzwerk Ihrer Firma gehört.

!! STOP

Sie dürfen nicht die IP-Adresse des Cluster-Knotens eingeben oder eine bereits vergebene. Die IP-Adresse des Clusters muss, wie alle anderen IP-Adressen in einem Netzwerk, einzigartig sein.

Wenn Sie die IP-Adresse eingegeben haben, gelangen Sie mit WEITER auf die nächste Seite des Assistenten. Auf dieser Seite müssen Sie den Benutzernamen und das Kennwort des Benutzers eintragen, mit dem der Cluster erstellt werden soll. Das Konto muss in der Gruppe Domänen-Admin stehen, damit es über genügend Rechte verfügt.

Neuinstallation eines Clusters   Kapitel 18

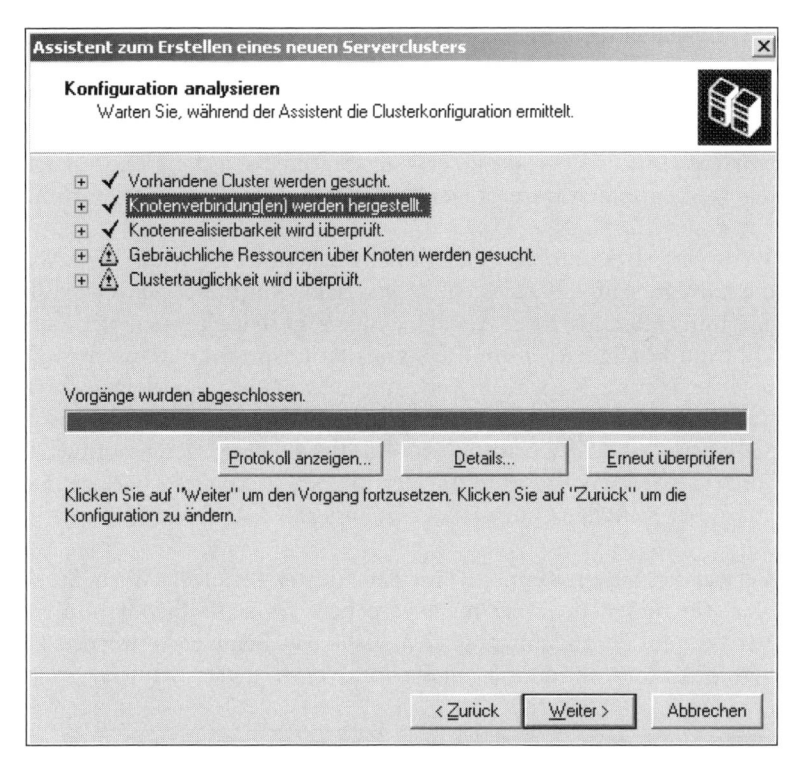

Abbildung 18.7:
Abgeschlossene Cluster-Konfiguration

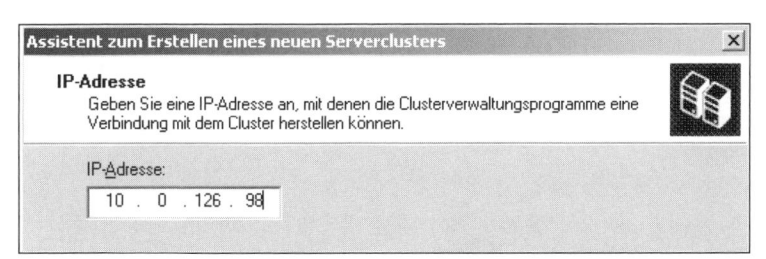

Abbildung 18.8:
IP-Adresse des Clusters

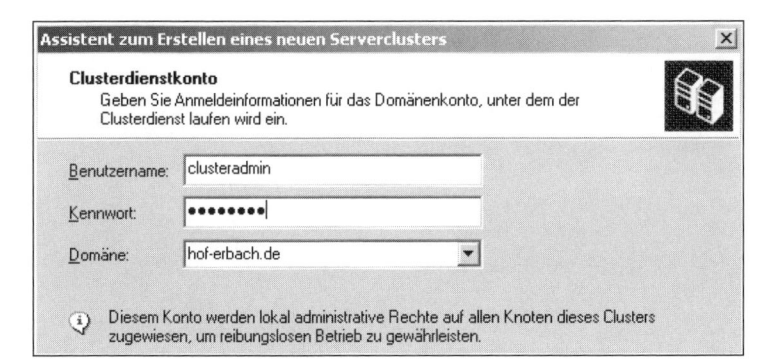

Abbildung 18.9:
Konfiguration des Cluster-Kontos

Kapitel 18   Cluster

Wenn Sie das Konto ausgewählt haben, können Sie wieder mit WEITER auf die nächste Seite des Assistenten wechseln. Auf dieser Seite wird Ihnen eine Zusammenfassung Ihrer Angaben angezeigt. Hier können Sie nochmals das Quorum konfigurieren und das Installationsprotokoll einsehen. Der Assistent zur Cluster-Verwaltung erkennt automatisch die kleinste Partition auf dem gemeinsamen Datenträger und konfiguriert diese als Quorum.

Wenn Sie das Konto ausgewählt haben, können Sie wieder mit WEITER auf die nächste Seite des Assistenten wechseln. Auf dieser Seite wird Ihnen eine Zusammenfassung Ihrer Angaben angezeigt. Hier können Sie nochmals das Quorum konfigurieren und das Installationsprotokoll einsehen. Der Assistent zur Cluster-Verwaltung erkennt automatisch die kleinste Partition auf dem gemeinsamen Datenträger und konfiguriert diese als Quorum. Wenn Sie einen Test-Cluster aufbauen und dieser keinen gemeinsamen Datenträger hat, wird das Quorum auf der lokalen Festplatte abgelegt. Sie können auf dieser Seite das Quorum jedoch ändern.

Verwenden Sie ein Kennwort für den Cluster-Benutzer. Wenn Sie das Kennwort für diesen Benutzer nicht vergeben, kann die Installation abbrechen. Verwenden Sie zudem möglichst nicht das Benutzerkonto des Domänenadministrators, sondern legen Sie vorab einen neuen Benutzer an.

Abbildung 18.10:
Abschluss des Assistenten zur Erstellung eines Clusters

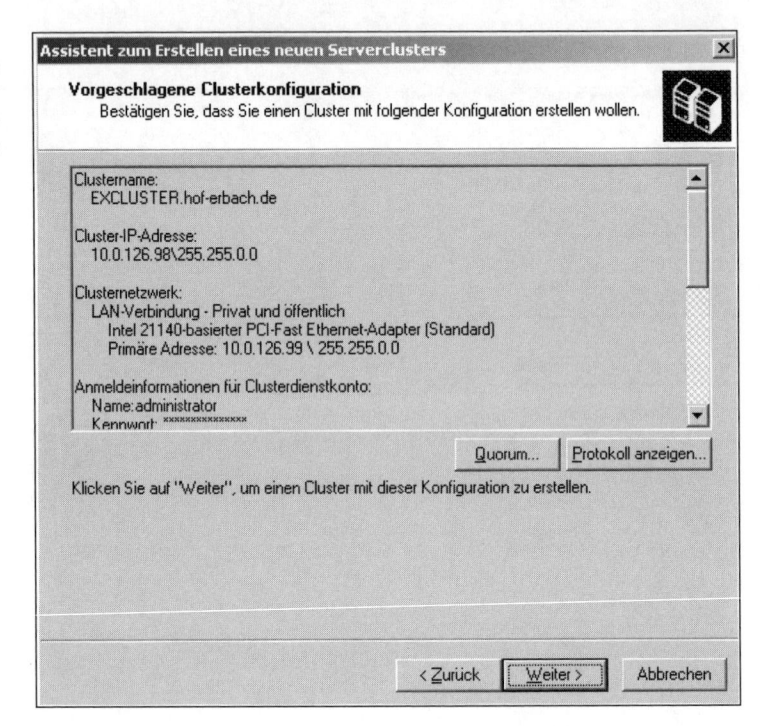

Neuinstallation eines Clusters

Wenn Sie das Fenster mit der Zusammenfassung mit WEITER bestätigen, werden vom Assistenten nochmals alle Bedingungen für den Aufbau des Clusters überprüft. Wenn die Bedingungen erfüllt werden, wird der Cluster erstellt. Dies kann je nach Geschwindigkeit Ihres Rechners bis zu einer halben Stunde dauern. Wenn der Assistent den Cluster erstellt hat, erhalten Sie eine Zusammenfassung, die Sie über die einzelnen Schritte informiert. Nach der erfolgreichen Erstellung des Clusters können Sie den Assistenten beenden und in der Cluster-Verwaltung die Funktionsfähigkeit des Clusters überprüfen.

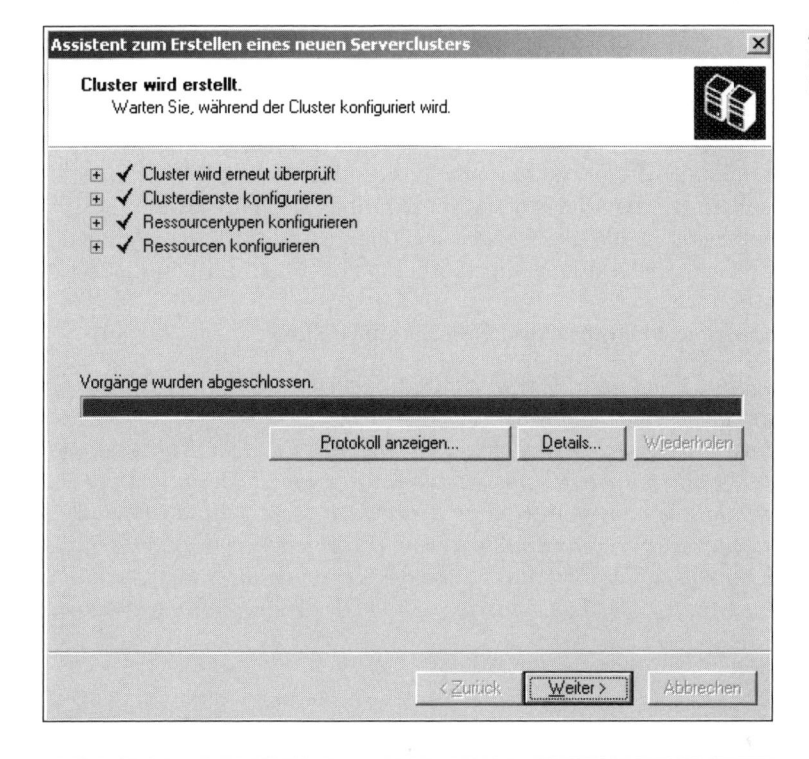

Abbildung 18.11: Erfolgreich installierter Cluster

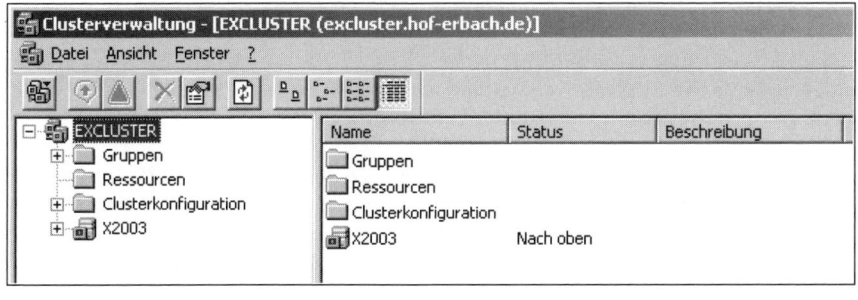

Abbildung 18.12: Überprüfung des Clusters in der Cluster-Verwaltung

Die Cluster-Verwaltung sollte keine Fehler melden. Nach dem Abschluss können Sie die einzelnen Menüpunkte das Clusters überprüfen. Der Cluster ist bereits funktionsfähig und weitere Knoten können diesem Cluster mit dem Assistenten ohne Probleme hinzugefügt werden. Es würde den Rahmen dieses Buches sprengen, weiter auf die Cluster-Verwaltung einzugehen, hierzu sei auf weitergehende Literatur zu Windows 2003 verwiesen. Sie können sich aber anhand einer Testumgebung ohne Probleme einen solchen Cluster mit zunächst einem Knoten aufbauen und in der Cluster-Verwaltung die einzelnen Menüs durchgehen.

Vorbereitungen für die Installation

Nach der Erstellung des Clusters können Sie Exchange 2003 auf dem physikalischen Knoten installieren. Bei der Durchführung des Setups erkennt Exchange 2003 automatisch, dass es auf einem Cluster installiert werden soll und passt die Installationsroutine automatisch an. Bevor Sie jedoch Exchange 2003 im Cluster installieren, müssen Sie noch eine Ressource anlegen, die von Exchange 2003 auf einem Cluster benötigt wird.

Distributed Transaction Coordinator (DTC)

Damit Exchange 2003 in einem Cluster installiert werden kann, müssen Sie zunächst eine neue Ressource erstellen. Diese Ressource hat den Typ Distributed Transaction Coordinator. Damit Sie dem Cluster diese Ressource hinzufügen können, müssen alle Knoten im Cluster mit Windows 2003 Server laufen. Diese Ressource dient dazu, dass Exchange-Komponenten auf virtuellen Servern zwischen den verschiedenen Knoten arbeiten können. Ohne den DTC kann Exchange ausschließlich auf den lokalen Server zugreifen. Um dem Cluster eine DTC-Ressource hinzuzufügen, gehen Sie folgendermaßen vor:

1. Öffnen Sie die CLUSTER-VERWALTUNG und verbinden Sie sich mit Ihrem Cluster.

2. Klicken Sie mit der rechten Maustaste auf den Menüpunkt RESSOURCEN, wählen Sie NEU und dann RESSOURCE. Es öffnet sich ein Fenster, in dem Sie auswählen können, welche Ressource hinzugefügt werden soll.

3. Mit Hilfe dieses Fensters legen Sie fest, wie die Ressource in Ihrem Cluster heißen soll und welcher Cluster-Gruppe sie zugeordnet ist. Geben Sie einen beliebigen Namen für die Ressource ein und wählen Sie als Typ *Distributed Transaction Coordinator*. Da wir nur eine Clustergruppe konfiguriert haben, können Sie die Ressource der vorgeschlagenen Gruppe zuordnen. Wenn Sie Ihre Eingaben gemacht haben, gelangen Sie mit WEITER auf die nächste Seite des Assistenten.

Neuinstallation eines Clusters | Kapitel 18

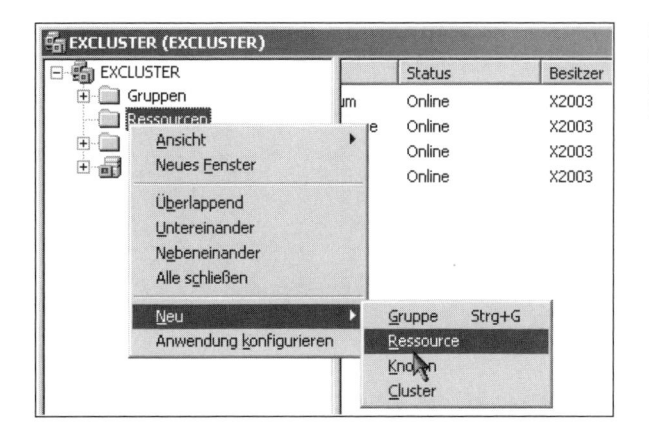

Abbildung 18.13:
Hinzufügen einer neuen Cluster-Ressource

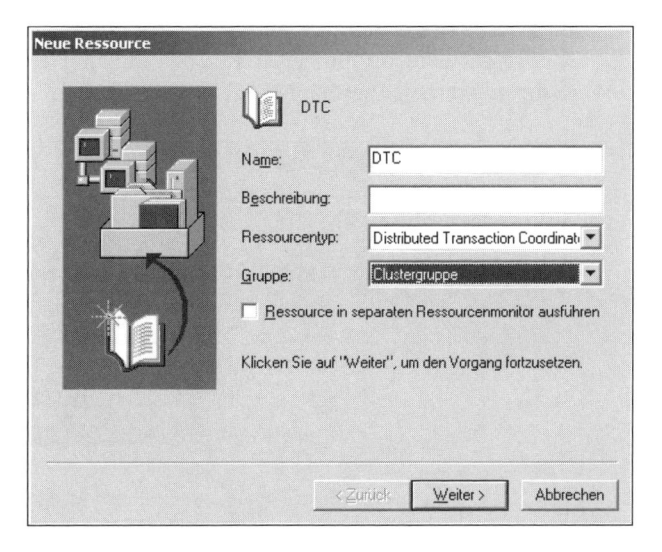

Abbildung 18.14:
Hinzufügen eines neuen Distributed Transaction Coordinators

4. Auf der nächsten Seite des Assistenten legen Sie fest, welchem Knoten des Clusters die Ressource zugeordnet ist. Sie sollten alle Cluster-Knoten auswählen. Dadurch ist sichergestellt, dass bei einem Ausfall des Clusters alle verfügbaren Knoten die *Distributed Transaction Coordinator*-Ressource verwalten dürfen. Wenn ein Cluster-Knoten die Verwaltung des Clusters übernimmt, wird er Besitzer dieser Ressourcen.

5. Auf der nächsten Seite des Assistenten legen Sie fest, von welchen anderen Ressourcen diese Ressource abhängig ist. Das bedeutet, dass diese Ressource bei einem Failover erst verschoben und online geschaltet wird, wenn die Ressourcen, von der diese Ressource abhängt, bereits verschoben sind und online geschalten wurden. Wählen Sie ruhig alle bereits angelegten Ressourcen aus. Wie Sie sehen, sind die IP-Adresse, der Name und das Quorum des Clusters ebenfalls eine Ressource, die offline und online geschaltet und auf andere Knoten des Clusters verschoben werden kann.

Kapitel 18   Cluster

Abbildung 18.15:
Mögliche Besitzer der neuen Ressource

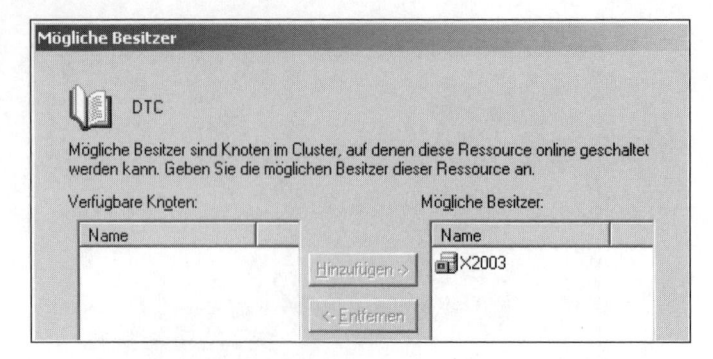

6. Wenn Sie die Abhängigkeiten der DTC-Ressource definiert haben, können Sie die neue Ressource mit der Schaltfläche FERTIG STELLEN erstellen lassen. Die Ressource wird erstellt, der Cluster-Gruppe zugeordnet, aber noch nicht online geschaltet. Damit die Ressource zur Verfügung steht, müssen Sie diese zunächst online schalten.

Abbildung 18.16:
Abhängigkeiten einer Ressource

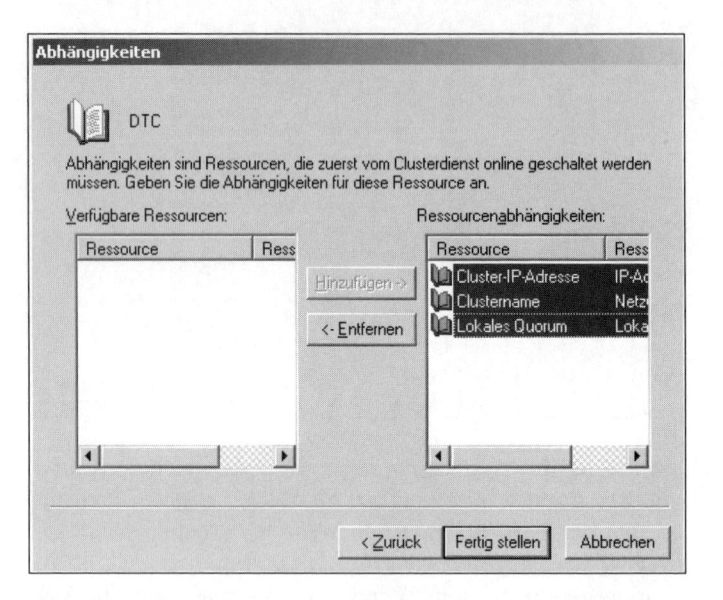

Abbildung 18.17:
Neu erstellte Cluster-Ressource

Name	Status	Besitzer	Gruppe
Lokales Quorum	Online	X2003	Clustergruppe
Cluster-IP-Adresse	Online	X2003	Clustergruppe
Clustername	Online	X2003	Clustergruppe
DTC	Offline	X2003	Clustergruppe

7. Damit die Ressource online geschaltet wird, klicken Sie diese mit der rechten Maustaste an und wählen Sie aus dem Menü ONLINE SCHALTEN aus. Nach einigen Sekunden wird die Ressource aktiviert und steht zur Verfügung. Wenn die DTC-Ressource fehlerfrei online geschaltet wurde, können Sie mit der Installation von Exchange 2003 auf diesem

Cluster beginnen. In einem Cluster darf es jeweils immer nur eine DTC-Ressource geben. Wenn Sie weitere Ressourcen vom Typ DTC erstellen wollen, erscheint eine Fehlermeldung, die Sie darauf hinweist, dass im Cluster bereits eine solche Ressource installiert wurde. Weitere Ressourcen sind für die Installation von Exchange 2003 auf einem Cluster nicht notwendig.

Abbildung 18.18: Eine Ressource online schalten

Abbildung 18.19: Aktive Ressourcen mit dem Status »Online«

Installation von Exchange 2003

Melden Sie sich zur Installation von Exchange 2003 mit dem Benutzer an, mit dem Sie bereits *forestprep* durchgeführt haben. Nachdem Sie den Cluster erstellt und konfiguriert haben, können Sie mit der Installation von Exchange 2003 beginnen. Dazu können Sie auf dem Cluster das Setup-Programm genauso wie bei einer normalen Installation starten. Wählen Sie die Komponenten aus, wie Sie diese installieren wollen. Nach der Auswahl beginnt das Setup-Programm mit der Installation. Bis hierhin ist die Installation auf einem Cluster mit der Installation auf einem normalen Server identisch.

Wählen Sie als Installationsverzeichnis für Exchange 2003 auf allen Knoten das exakt gleiche Verzeichnis auf derselben Partition. Diese Partition sollte mit der Systempartition des Clusters übereinstimmen. Sie dürfen Exchange 2003 nicht auf dem gemeinsamen Datenträger installieren, sondern auf die lokalen Datenträger der Knoten. Nach der Installation werden die Datenbanken auf die gemeinsamen Datenträger verschoben, während die Systemverzeichnisse, wie das Betriebssystem auch, auf dem lokalen Rechner liegen.

:-) TIPP

Nach Abschluss der Installation können Sie den Exchange System Manager starten. Sie werden sehen, dass noch keinerlei Server der Exchange-Organisation hinzugefügt wurden.

Die Installationsroutine hat lediglich die notwendigen Systemdateien und weitere Cluster-Ressourcen auf Ihrem Server installiert. Damit der Cluster in die Exchange-Organisation integriert wird, müssen Sie zunächst aus diesen Ressourcen virtuelle Server erstellen. Diese virtuellen Server werden dann einem Cluster-Knoten zugeordnet, können jedoch jederzeit auf den anderen Knoten verschoben werden. Ein virtueller Exchange Server ist von der Hardware seines Knotens vollkommen unabhängig. Es wurde darüber hinaus kein Recipient Update Service erstellt, da die Organisation noch keinerlei Exchange Server enthält.

Wenn Sie Exchange auf dem ersten Knoten installiert haben, sollten Sie auf allen anderen Knoten des Clusters ebenfalls Exchange installieren und zwar mit den gleichen Optionen und auf derselben Partition. Bevor Sie mit der Konfiguration fortfahren, sollten Sie auf allen beteiligten Knoten Exchange 2003 installieren.

Virtuelle Exchange Server

Die richtige Installation der Exchange Server auf dem Cluster in Ihre neue Exchange-Organisation erfolgt bei der Erstellung der virtuellen Server. Für jeden virtuellen Server, den Sie installieren, sollten Sie einen physikalischen Knoten zur Verfügung haben. Außerdem benötigen Sie für jeden virtuellen Server einen passenden Namen, mit dem sich Benutzer verbinden und der im Exchange System Manager erscheint sowie eine eigene IP-Adresse.

Ein virtueller Exchange 2003 Server auf einem Cluster ist eine Gruppe von Ressourcen, die in Abhängigkeit zueinander stehen. Wenn Sie die Cluster-Verwaltung öffnen, sehen Sie, dass bei der Erstellung des Clusters bereits eine Gruppe erstellt wurde, die *Clustergruppe*. Diese Gruppe enthält alle Ressourcen, die diesen Cluster definieren, Name, IP-Adresse, Datenträger und Quorum.

Erstellen eines virtuellen Exchange Servers

Um einen virtuellen Exchange Server zu erstellen, müssen Sie zunächst eine neue Gruppe erstellen, die den Namen des virtuellen Exchange Servers erhält. Um eine neue Gruppe zu erstellen, klicken Sie in der CLUSTER-VERWALTUNG mit der rechten Maustaste auf das Menü GRUPPEN, wählen NEU und dann GRUPPE. Geben Sie dieser Gruppe den Namen des virtuellen Exchange Servers.

Neuinstallation eines Clusters

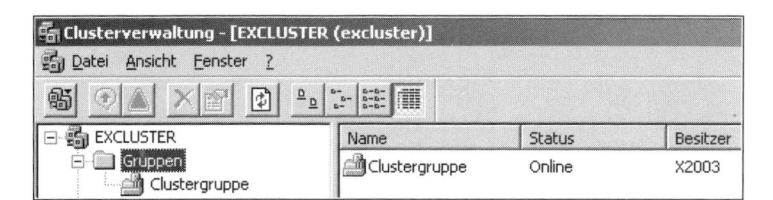

Abbildung 18.20:
Cluster-Gruppe des Clusters

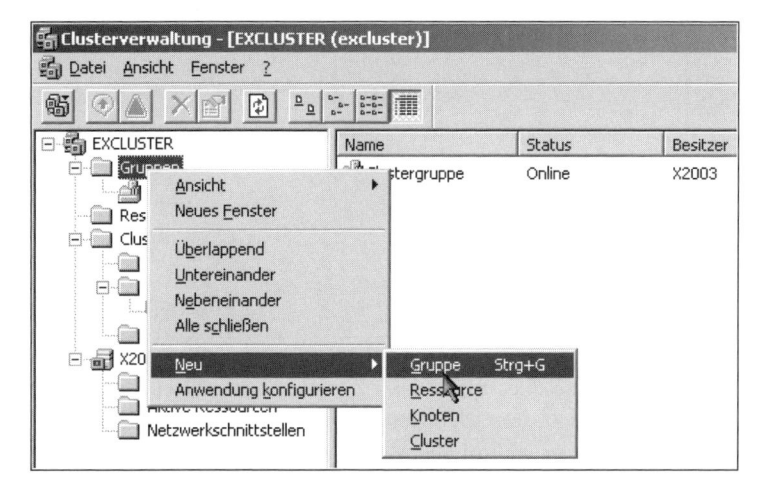

Abbildung 18.21:
Erstellen einer neuen Gruppe

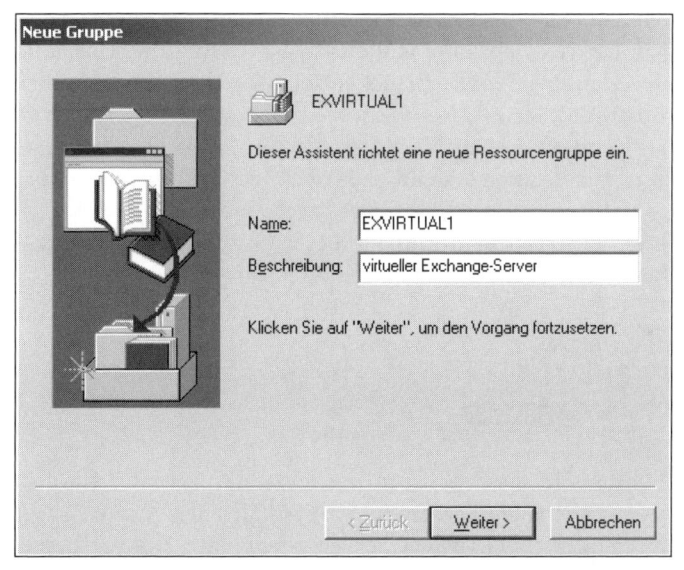

Abbildung 18.22:
Erstellen einer neuen Cluster-Gruppe für einen virtuellen Exchange Server

Auf der nächsten Seite des Assistenten müssen Sie einen bevorzugten Besitzer für diese Gruppe definieren. An dieser Stelle wählen Sie den physikalischen Knoten aus, dem dieser virtuelle Server standardmäßig zugeordnet werden soll.

Abbildung 18.23:
Zuweisen der neuen Gruppe zu einem bevorzugten Besitzer

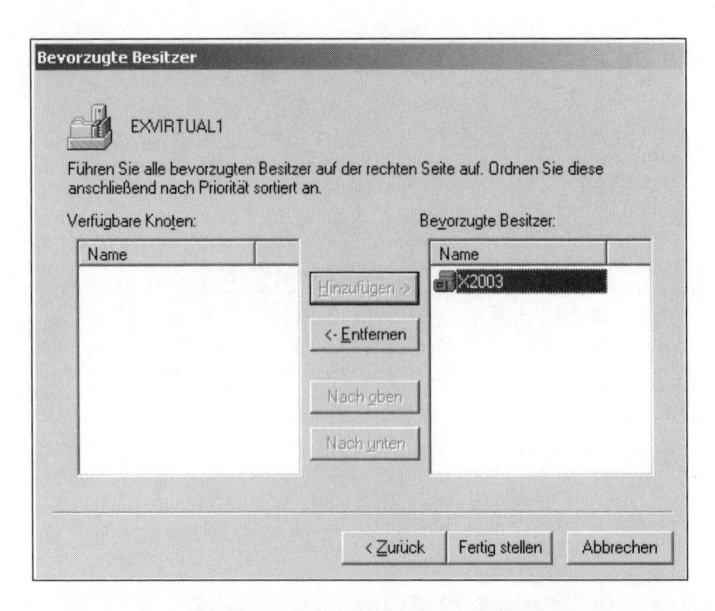

Sie können den Cluster so konfigurieren, dass er bei einem Ausfall die Gruppe einem anderen Knoten zugeordnet und diese Gruppe wieder automatisch zurückverschoben wird, wenn der bevorzugte Besitzer wieder online ist. Auf diese Weise stellen Sie sicher, dass kein physikalischer Cluster-Knoten von zu vielen virtuellen Servern überlastet wird, nur weil ein Knoten vielleicht kurz mal durchgestartet wurde. Das automatische Failover und anschließende Zurückverschieben hat bereits unter Windows 2000 Advanced Server gut funktioniert und sollte daher auch bei Windows 2003 verwendet werden. Nachdem Sie den bevorzugten Besitzer gewählt haben, wird die Gruppe erstellt, aber noch nicht online geschaltet.

Im nächsten Schritt müssen dieser Gruppe Ressourcen zugewiesen werden, bevor die Gruppe online geschaltet wird.

Abbildung 18.24:
Neue Gruppe für den virtuellen Exchange Server

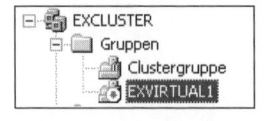

Führen Sie diese Schritte nacheinander für alle Knoten aus. Weisen Sie jedem virtuellen Server einen physikalischen Knoten zu. Auch wenn Sie für die einzelnen virtuellen Server bevorzugte Knoten definieren, können die virtuellen Exchange Server auf allen Knoten online geschaltet werden. Wie bereits erwähnt, sind die virtuellen Server von der physikalischen Hardware der einzelnen Knoten unabhängig. Sobald ein Knoten durch einen Ausfall offline geschaltet wird, verschiebt die Cluster-Verwaltung die Ressourcen, die diesem Knoten zugewiesen sind, auf einen anderen Knoten. Benutzer bemerken diesen Ausfall (fast) nicht.

Konfiguration der notwendigen Systemressourcen

Nachdem Sie die Container für die virtuellen Server erstellt haben, müssen diese mit den notwendigen Ressourcen gefüllt werden. Ein virtueller Exchange Server besteht aus verschiedenen Ressourcen, die dem Container zugeordnet sind. Sie müssen auf allen Knoten jedem virtuellen Server diese Ressourcen zuweisen. Um in einer Gruppe eine neue Ressource zu erstellen, klicken Sie mit der rechten Maustaste auf die Gruppe, wählen NEU und dann RESSOURCE.

Die Erstellung der verschiedenen Ressourcen für den virtuellen Server laufen weitgehend identisch ab. Sie müssen zunächst, wie oben beschrieben, eine neue Ressource erstellen, einen Namen für die Ressource festlegen und den Ressourcentyp definieren. Die Erstellung einer Ressource habe ich bereits weiter vorne bei der Erstellung des *Distributed Transaction Coordinators* besprochen. Auf den folgenden Seiten werde ich noch auf die Erstellung weiterer Ressourcen eingehen, die für den virtuellen Exchange Server benötigt werden.

Ressource für die IP-Adresse

Die erste Ressource, die Sie erstellen, hat den Ressourcentyp IP-ADRESSE. Weisen Sie jedem virtuellen Server eine eigene IP-Adresse zu, unter der der virtuelle Server angesprochen wird. Da die IP-Adresse die erste Ressource des Clusters ist, müssen Sie diese nicht in Abhängigkeit mit anderen Ressourcen stellen. Alle weiteren Ressourcen sollten Sie jedoch in Abhängigkeit mit den jeweils vorangegangenen Ressourcen setzen. Wenn Sie die virtuelle IP-Adresse des virtuellen Exchange Servers erstellen, müssen Sie zudem die Netzwerkverbindung festlegen, auf die zugegriffen wird. Wählen Sie die Netzwerkverbindung aus, die mit dem Firmennetz verbunden ist.

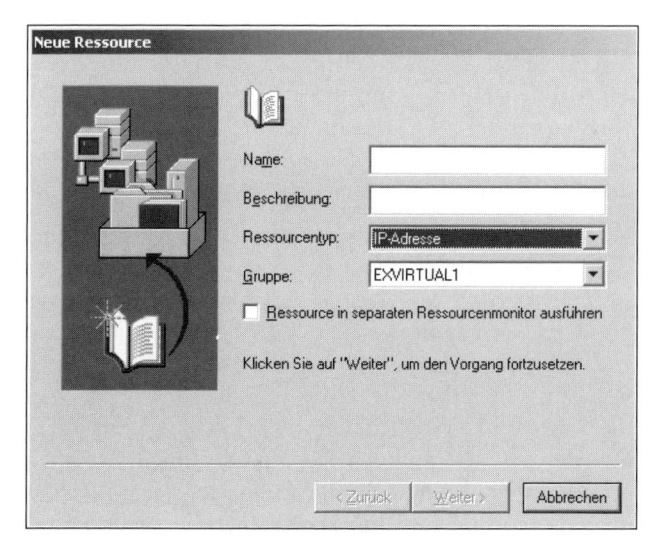

Abbildung 18.25:
Erstellen einer neuen Ressource

Netzwerkname

Nachdem Sie die virtuelle IP-Adresse des Servers erstellt haben, erstellen Sie eine neue Ressource mit dem Typ *Netzwerkname*. Tragen Sie für die Ressource den Namen des virtuellen Servers ein. Alle Ressourcen, die Sie erstellen, sollten als mögliche Besitzer natürlich alle physikalischen Knoten im Cluster haben. Setzen Sie den Netzwerknamen in Abhängigkeit mit der IP-Adresse. Der Name der Gruppe und der virtuelle Netzwerkname müssen nicht zwingend übereinstimmen, der Übersichtlichkeit halber bietet es sich jedoch an, zumindest einen ähnlichen Namen zu wählen. Ausschlaggebend für den Namen, mit dem Benutzer auf den Server zugreifen, ist nicht die Bezeichnung der Gruppe, sondern die Ressource *Netzwerkname*. Aktivieren Sie die Kerberos-Authentifizierung für diese Ressource und lassen Sie die Ressource im DNS registrieren.

Physikalischer Datenträger

Als Nächstes müssen Sie eine neue Ressource des Typs *Physikalischer Datenträger* erstellen. Sie müssen jedem virtuellen Server einen eigenen physikalischen Datenträger zuordnen. Dieser Datenträger darf keine weitere Partition eines physikalischen Datenträgers sein, der bereits verwendet wird, sondern muss ein unabhängiger physikalischer Datenträger sein. Die Cluster-Verwaltung hat die einzelnen physikalischen Datenträger bereits erkannt. Um einem virtuellen Server einen physikalischen Datenträger zuzuordnen, ziehen Sie ihn in der Cluster-Verwaltung auf die Gruppe des virtuellen Servers. Die Cluster-Verwaltung erkennt nur die physikalischen Festplatten, die an einem eigenen Bus angeschlossen sind. Weder die Systemplatte noch die Partitionen werden erkannt. Sollten die physikalischen Datenträger nicht erkannt werden, erstellen Sie einfach eine neue Ressource des Typs *physikalischer Datenträger*.

Nachdem Sie den virtuellen Servern je einen physikalischen Datenträger zugeordnet haben, können Sie den Server online schalten. Gehen Sie dazu vor wie bei der DTC-Ressource.

Erstellen der Exchange-Ressourcen

Nachdem Sie einen virtuellen Server erstellt haben, können Sie die Exchange-Ressourcen erstellen, die vom Server benötigt werden. Diese Ressourcen werden der Cluster-Verwaltung bei der Installation von Exchange 2003 zur Verfügung gestellt. Um dem virtuellen Server die Exchange-Ressourcen zuzuordnen, müssen Sie zunächst die Exchange-Systemaufsicht-Ressource erstellen. Gehen Sie bei der Ressource wie bei den anderen vor, die Sie bereits erstellt haben. Die Exchange-Systemaufsicht-Ressource fügt automatisch alle anderen Ressourcen hinzu. Nachdem Sie die Ressourcen erstellt haben, können Sie alle online schalten. Nach einigen Sekunden sollte der Knoten und der ihm zugeordnete virtuelle Server als online angezeigt werden. Gehen Sie bei den anderen Knoten genauso vor.

Testen der Einstellungen

Nachdem Sie auf allen Knoten alle virtuellen Server online geschaltet haben, können Sie das Failover des Clusters testen. Verschieben Sie die einzelnen virtuellen Server auf die anderen Knoten, schalten Sie Knoten einfach aus, ziehen Sie das Stromkabel und so weiter. Testen Sie ruhig alles, was an einem Cluster schief gehen kann, damit Sie einen Überblick erhalten, wie schnell das Failover stattfindet.

Der MTA-Dienst wird nur auf dem ersten Knoten des Clusters installiert, alle anderen Dienste sollten auf den anderen Knoten vorhanden sein und funktionieren.

19 Migration und Koexistenz

Die Migration und die Koexistenz zwischen Exchange 5.5, Exchange 2000 und Exchange 2003 sind ein komplexes Thema mit vielen Fallstricken und Fehlermöglichkeiten. Bevor Sie sich an die Migration Ihrer Exchange 5.5-Organisation machen oder einen Exchange 2003 Server in dieser Organisation integrieren, sollten Sie sich bereits recht ausführlich mit Exchange 2003 in einer Testumgebung auseinandergesetzt haben. Die Vorgänge, die bei der Migration eine Rolle spielen und die in diesem Kapitel besprochen werden, sollten Sie zuvor an einer Testumgebung nachspielen. Beachten Sie aber, dass Sie keine Testumgebung konfigurieren können, welche mit Ihrer Produktivumgebung identisch ist. Es werden immer Unterschiede bestehen, die in der produktiven Umgebung vielleicht zu Problemen führen können.

Die Migration von Exchange 2003 ist sicherlich kein unmögliches Unterfangen, aber sicherlich gefährlicher und komplexer als eine reine Neuinstallation. Je größer Ihre Organisation ist und je mehr Standorte Sie haben, umso größer ist die Wahrscheinlichkeit, dass Sie über einen längeren Zeitraum hinweg mehrere Exchange-Versionen parallel administrieren werden müssen. Diese verschiedenen Exchange-Versionen müssen über diesen Zeitraum hinweg stabil und performant miteinander kommunizieren und Daten austauschen können. Dies ist vor allem zwischen Exchange 5.5 und Exchange 2000 oder Exchange 2003 schwieriger, da Exchange 5.5 noch ein eigenes Verzeichnis zur Verwaltung der Empfänger hat, während Exchange 2000 und Exchange 2003 auf das Active Directory aufbauen. Auch Software von Drittherstellern, wie Fax, Antivirus oder Datensicherung muss mit Exchange 2000/2003 kompatibel sein und im Rahmen der Migration upgedatet werden. Das Update von Exchange 2000 zu Exchange 2003 ist hingegen nicht ganz so kompliziert. Aber auch hier müssen Sie auf einige Punkte achten.

19.1 Exchange 2003 und Exchange 2000

Exchange 2000 Server können ohne Probleme zusammen mit Exchange 2003 Servern in einer Organisation betrieben werden. Sie können zudem den nativen Modus aktivieren, wenn die Organisation Exchange 2000 und Exchange 2003 Server enthält.

Vorbereitung für ein Update zu Exchange 2003

Auch wenn sich Exchange 2003 und Exchange 2000 sehr ähnlich sind und ohne weiteres zusammen in einer nativen Exchange 2000/2003-Organisation laufen können, müssen Sie einiges beachten.

Frontend-Server

Bevor Sie Ihre Backend-Server auf Exchange 2003 updaten können, müssen Sie alle Exchange 2000 Frontend-Server updaten. Wenn Sie einen Backend-Server auf Exchange 2003 updaten, wird während der Konfiguration des Setup-Programms überprüft, ob alle Frontend-Server bereits aktualisiert wurden. Sind in der Exchange-Organisation noch Exchange 2000 Frontend-Server vorhanden, können Sie keine anderen Server auf Exchange 2003 updaten.

Sie können ohne Sorge Ihre Frontend-Server auf Exchange 2003 updaten, da die Frontend-Komponente von Exchange 2003 vollkommen kompatibel zu Exchange 2000 Backend-Severn ist.

Active Directory Connector

Wenn in Ihrer Exchange-Organisation noch der Active Directory Connector installiert ist, müssen Sie diesen Connector zunächst mit der Version updaten, die mit Exchange 2003 ausgeliefert wird. Auch dieser Punkt wird durch das Setup-Programm abgeprüft.

Forestprep und Domainprep

Exchange 2003 erweitert das Active Directory-Schema um weitere Einträge, als bereits in Exchange 2000 durchgeführt wurden. Wenn Sie Exchange 2003 in einer Exchange 2000-Organisation installieren wollen, müssen Sie nochmals *forestprep* durchführen. Gehen Sie dabei vor, wie bereits im Kapitel 16 *Berechtigungen und Sicherheit* besprochen. Auch *domainprep* müssen Sie nochmals durchführen.

Im Gegensatz zu der Neuinstallation von Exchange 2003 in einem Active Directory müssen Sie forestprep und domainprep getrennt vom Setup- Programm durchführen. Wenn Sie Exchange neu in einem Active Directory installieren, führt das Setup-Programm automatisch forestprep und domainprep aus, wenn das Schema noch nicht für Exchange 2003 vorbereitet wurde. Wenn ein Active Directory bereits mit Exchange 2000 erweitert wurde, bricht die Installationsroutine ab, wenn Sie nicht zuvor manuell forestprep und domainprep durchgeführt haben. Bei der Durchführung von domainprep werden Sie nochmals darauf hingewiesen, dass die Gruppe PRÄ WINDOWS 2000 KOMPATIBLER ZUGRIFF *Mitglieder enthält. Sie können diese Meldung ignorieren. Mehr dazu finden Sie im Kapitel 17 Installation.*

In Exchange 2000 musste bereits während der Durchführung von forestprep festgelegt werden, ob Exchange 2003 in einer eigenen Organisation installiert wird und wie deren Bezeichnung ist, oder ob einer bestehenden Exchange 5.5-Organisation beigetreten werden soll. In Exchange 2003 wird bei der Durchführung von forestprep nur das Active Directory-Schema erweitert. Der Beitritt zu einer Organisation oder das Erstellen einer neuen Organisation wird während der Installation des ersten Exchange 2003 Servers in einem Active Directory festgelegt.

Vorbereitungen für ein InPlace-Update

Wenn Sie ein *InPlace-Update* eines Exchange 2000 Servers durchführen wollen, müssen Sie zunächst darauf achten, dass alle installierten Exchange-Komponenten kompatibel mit Exchange 2003 sind. Einige Features in Exchange 2000 sind kein Bestandteil mehr von Exchange 2003, während Komponenten wie der drahtlose Zugang in Exchange 2003 integriert wurden.

Ein InPlace-Update ist nur von Exchange 2000 zu Exchange 2003 möglich. Um Exchange 5.5 auf Exchange 2003 upzudaten, müssen Sie einen neuen Exchange 2003 Server in die Exchange-Organisation integrieren. Ein InPlace-Update von Exchange 5.5 zu Exchange 2000 ist möglich.

Mobile Information Server

Wenn Sie auf einem Exchange 2000 Server Komponenten des Mobile Information Servers installiert haben, zum Beispiel die *Eventsinks*, müssen Sie diese vor dem InPlace-Update vom Server entfernen.

Unter Exchange 2000 wurden Benutzer von drahtlosen Geräten mit dem Mobile Information Server an die Exchange-Organisation angebunden. Der Mobile Information Server ist ein eigenständiges Produkt, welches zusätzlich zu Exchange 2000 erworben werden musste. In Exchange 2003 sind die Komponenten für den drahtlosen Zugang bereits integriert, der Mobile Information Server wird nicht mehr benötigt.

Instant Messaging, Chat und Schlüsselverwaltung

Weder Instant Messaging, Chat oder die Schlüsselverwaltung noch der MS-Mail-Connector oder der CCMail-Connector werden in Exchange 2003 unterstützt. Diese Komponenten müssen Sie vor dem Update auf Exchange 2003 entfernen. Wenn Sie diese Komponenten benötigen, sollten Sie einen oder mehrere Exchange 2000 Server in der Organisation behalten.

Durchführen eines InPlace-Updates

> **!! STOP**
> Wenn Sie ein InPlace-Update eines Exchange 2000 Servers durchführen wollen, müssen Sie zunächst auf Exchange 2003 updaten, bevor Sie das Betriebssystem auf Windows 2003 updaten. Exchange 2003 unterstützt Windows 2000, während Exchange 2000 unter Windows 2003 nicht lauffähig ist.

Nachdem Sie alle Vorbereitungen getroffen haben, können Sie den Exchange 2000 Server auf Exchange 2003 updaten. Legen Sie dazu die Exchange 2003-CD in das Laufwerk ein und starten Sie das Setup-Programm. Bevor Sie die Installationsroutine aufrufen, sollten Sie sich vergewissern, dass das Schema mit *forestprep* und die Domäne mit *domainprep* bereits auf Exchange 2003 vorbereitet wurden. Wenn Sie diese Erweiterungen noch nicht durchgeführt haben, bricht die Installationsroutine mit einem entsprechenden Fehler ab. Die restlichen benötigten Komponenten, wie das .Net-Framework, installiert das Exchange 2003 Setup automatisch. Wenn Sie die Installationsroutine aufrufen, erkennt das Programm, dass Exchange 2000 bereits installiert ist und schlägt die Setup-Option AKTUALISIEREN vor.

Abbildung 19.1:
InPlace-Update eines Exchange 2000 Servers

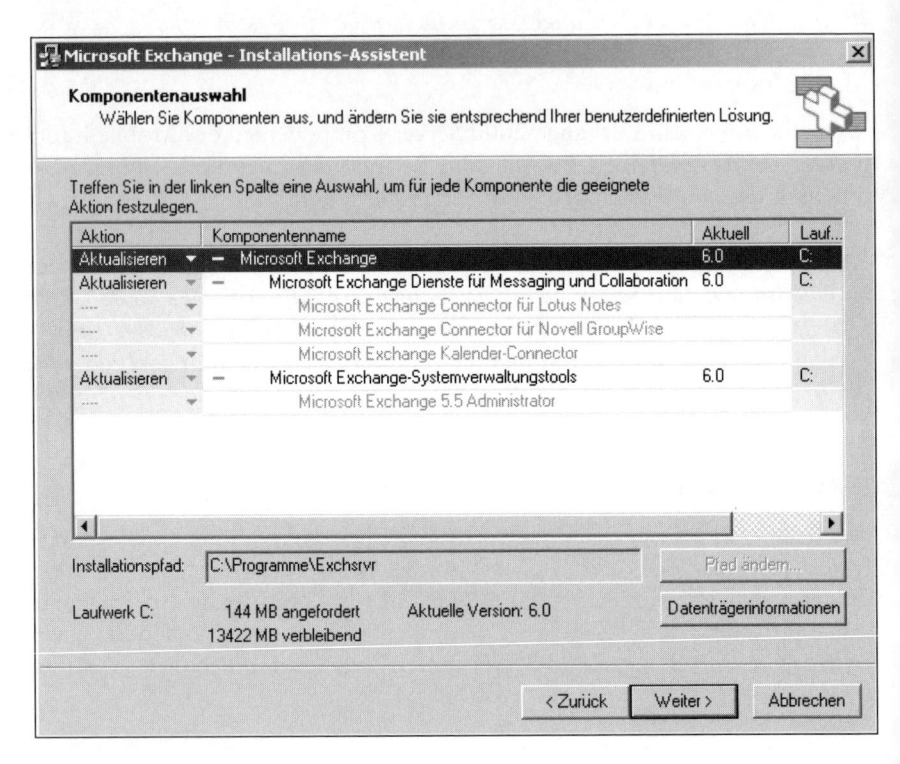

Wenn während der Installation Hinweise erscheinen, dass ältere Dateien überschrieben werden sollen, sollten Sie diese mit JA bestätigen. Wählen Sie keinesfalls NEIN aus, da Sie ansonsten verschiedene Dateistände in Exchange 2000 und Exchange 2003 erhalten. Ansonsten müssen Sie während der Installation keine Angaben mehr vornehmen. Die Installationsroutine läuft genauso durch, wie bei der Installation auf einem neuen Server. Nach Abschluss der Installation sollten Sie den Server neu starten, auch wenn das Setup-Programm das nicht verlangt.

Überprüfen Sie nach dem Update alle Server-Einstellungen und Richtlinien auf Vollständigkeit. Auch ein Blick in die Ereignisanzeige ist ratsam. Sollte alles in Ordnung sein, ist Ihr System auf Exchange 2003 umgestellt. Sie müssen dazu keine Maßnahmen auf den Rechnern der Clients vornehmen.

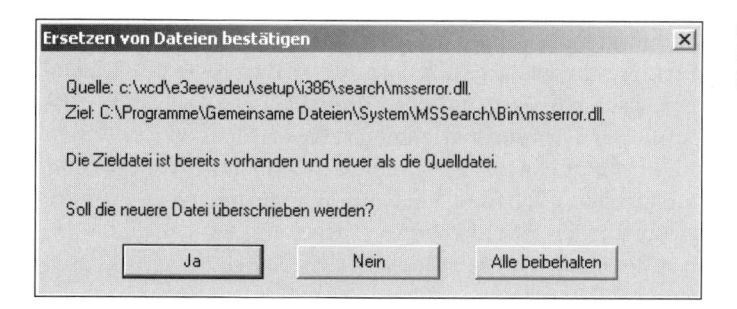

Abbildung 19.2:
Überschreiben älterer Dateien

19.2 Exchange 2003 und Exchange 5.5

Die Migration von Exchange 5.5 zu Exchange 2003 ist kein ganz einfaches Thema, wie ich bereits zu Beginn des Kapitels angemerkt habe. Zunächst sollten Sie wissen, dass Sie für einen Exchange 5.5 Server kein InPlace-Update durchführen können, das ist nur mit Exchange 2000 möglich. Exchange 5.5 kann allerdings ohne Probleme mit einem InPlace-Update auf Exchange 2000 upgedatet werden. Ich möchte Ihnen aber davon abraten von Exchange 5.5 ein InPlace-Update auf Exchange 2000 und dann ein InPlace-Update auf Exchange 2003 durchzuführen. Ich denke dieser Weg wäre der falsche, weil Sie eine Vielzahl an Fehlern begehen können.

Wenn Sie eine Exchange 5.5-Organisation auf Exchange 2003 updaten wollen, müssen Sie einen neuen Server mit Exchange 2003 in die Exchange-Organisation installieren. Diese Art der Migration ist wohl die verbreitetste, da Firmen mit mehreren Exchange 5.5 Servern keine andere Wahl für die Migration haben. Für diese Migration müssen Sie jedoch eine gute Planung und eine sorgfältige Umsetzung durchführen, da das alte Exchange-5.5-Verzeichnis mit dem neuen Windows Active Directory verbunden wird. Auf den nachfolgenden Seiten beschreibe ich detailliert, wie Sie für eine solche Migration am besten vorgehen. Mit diesem Leitfaden habe ich bisher schon dutzende Migrationen von Exchange 5.5 zu Exchange 2000 und schon einige größere zu Exchange 2003 durchgeführt. Die Migration von Exchange 5.5 zu Exchange 2000 verhält sich ganz ähnlich zur Migration zu Exchange 2003.

Active Directory vorbereiten

Exchange 2003 baut bekanntermaßen auf Active Directory auf. Bevor Sie eine Migration von Exchange 5.5 zu Exchange 2003 durchführen können, müssen Sie eine stabile Active Directory-Struktur aufbauen, mit der Ihre Benutzer arbeiten. Exchange 2003 unterstützt zwar Windows 2000 sowie Windows 2000 Active Directory, es empfiehlt sich aber dennoch, Exchange 2003 nur auf Windows 2003 Server auszuführen und ein Windows 2003 Active Directory aufzubauen. Für die Migration zu Exchange 2003 ist die Stabilität der Domänen-Controller, des globalen Katalogs und natürlich des Servers sehr wichtig, auf dem später Exchange 2003 installiert werden soll. Überprüfen Sie anhand der Möglichkeiten, die bereits im Kapitel 4 *Installation einer Testumgebung* aufgezeigt wurden, ob das Active Directory sauber funktioniert, bevor Sie Exchange 2003 mit in die Exchange-Organisation integrieren. Exchange 5.5 kann ohne Probleme in ein Active Directory integriert werden. Da Exchange 5.5 sein eigenes Verzeichnis für die Verwaltung der Benutzer hat, behandelt der Exchange Server das Active Directory wie eine NT-Domäne.

Namensauflösung

Ein sehr wichtiger Punkt ist die Namensauflösung zwischen den Domänen-Controllern, den Exchange 5.5 Servern und den neuen Exchange 2003 Servern untereinander. Für eine stabile und performante Verbindung ist eine saubere Namensauflösung zwischen diesen Servern absolut unverzichtbar. Wenn Sie parallel eine Migration von einer Windows NT-Domäne zu Windows 2003 durchführen, sollten Sie zudem in der neuen Windows 2003-Domäne die WINS-Server der alten NT-Domäne verwenden. Unter Windows 2003 wird normalerweise kein WINS mehr verwendet, sondern ausschließlich DNS-Namensauflösung. Sie müssen keine WINS-Server in der Windows 2003-Domäne installieren oder eine Replikation einrichten, sondern lediglich die IP-Adressen der WINS-Server der NT-Domäne in die Netzwerkeinstellungen eintragen. Nach der Migration können Sie diese Adressen wieder löschen. Umgekehrt sollten Sie nach Möglichkeit die Windows 2003 DNS-Server auf den Windows NT-Maschinen eintragen. Sie können sogar das DNS-Suffix der Windows 2003-Domäne für die NT-Domäne und deren Rechner verwenden, da im Normalfall ohnehin unter NT nur WINS verwendet wird. Wenn Sie unter NT bereits DNS eingesetzt haben, sollten Sie sicherstellen, dass die DNS-Server sich untereinander austauschen können. Überprüfen Sie mit *nslookup* die Namensauslösung zwischen allen beteiligten Servern und beseitigen Sie alle Fehler der Auflösung, bevor Sie fortfahren. Sie erhalten dadurch eine stabile Grundlage für die späteren Einstellungen.

Servicepacks

Bevor Sie mit weiteren Schritten fortfahren, sollten Sie alle beteiligten Server auf die neuesten Servicepacks updaten. Auf Ihren Exchange Servern sollten Sie das Exchange 5.5 Servicepack 4 installieren, wobei die Migration zu Exchange 2000 respektive Exchange 2003 bereits mit Servicepack 3 möglich ist. Auch auf den Windows 2003-Domänen-Controllern und den Servern, die später mit Exchange 2003 laufen, sollten Sie alle aktuellen Sicherheitspatches installieren. Nach der Installation von Exchange 2003 sollten Sie diesbezüglich sehr vorsichtig umgehen, da schon manches Servicepack eine komplette Domäne lahm gelegt hat. Warten Sie nach dem Update auf die neuen Servicepacks einige Tage, damit Sie sicher sein können, dass alle Funktionen weiterhin ohne Probleme arbeiten. Bevor Sie die Servicepacks installieren, sollten Sie natürlich eine Datensicherung aller Server durchführen. Wenn Sie Exchange auf einem Windows NT4 Server installiert haben, sollten Sie auch das Betriebssystem auf das aktuellste Servicepack 6a updaten.

Nach der Installation von Exchange 2003 sollten Sie vor der Installation von neuen Servicepacks zunächst im Internet recherchieren, ob die Installation Probleme bereitet. Oft liegen solche Probleme nicht an Microsoft, sondern an fehlerhaften Konfigurationen der Standorte, des Active Directory oder des globalen Katalogs. Lesen Sie vor der Installation auf jeden Fall kurz die *Release Notes* des Servicepacks durch. Microsoft baut in Exchange Servicepacks oft neue Funktionen oder Konfigurationsänderungen ein, die bestimmte Voraussetzungen haben. Diese stehen immer in den *Release Notes*. So wissen Sie bereits vorher, ob einige Punkte Probleme bereiten oder nicht. Generell sollten Sie natürlich immer alle Servicepacks installieren, allerdings nicht zu voreilig.

Namensänderung der Organisation

Viele Firmen nutzen die Migration von Exchange 5.5 zu Exchange 2000 oder Exchange 2003 zur Änderung des Organisationsnamens. Später ist diese Änderung nur sehr schwer bis gar nicht mehr möglich. Überlegen Sie sorgfältig, wie der Name Ihrer Organisation in Exchange 2003 lauten soll. Standardmäßig wird bei der Migration der Organisationsname Ihrer Exchange 5.5-Organisation übernommen. Diesen Vorgang können Sie jedoch beeinflussen.

Kapitel 19   Migration und Koexistenz

Ändern des Organisationsnamens

Um für Exchange 2003 den Organisationsnamen zu ändern, müssen Sie unter Exchange 5.5 Änderungen durchführen. Diese Änderungen beeinflussen in keiner Weise die Stabilität Ihrer Exchange 5.5 Server. Der Organisationsname unter Exchange 5.5 bleibt bei dieser Konfiguration vollkommen unverändert. Sie können diese Konfiguration ohne Sorge durchführen. Wichtig ist nur, dass Sie diese Änderungen durchführen, bevor Sie einen Exchange 2003 Server in die Exchange 5.5-Organisation übernehmen. Später ist diese Änderung zwar noch möglich, hat aber keine Auswirkungen mehr.

Abbildung 19.3:
Ändern des Organisationsnamens

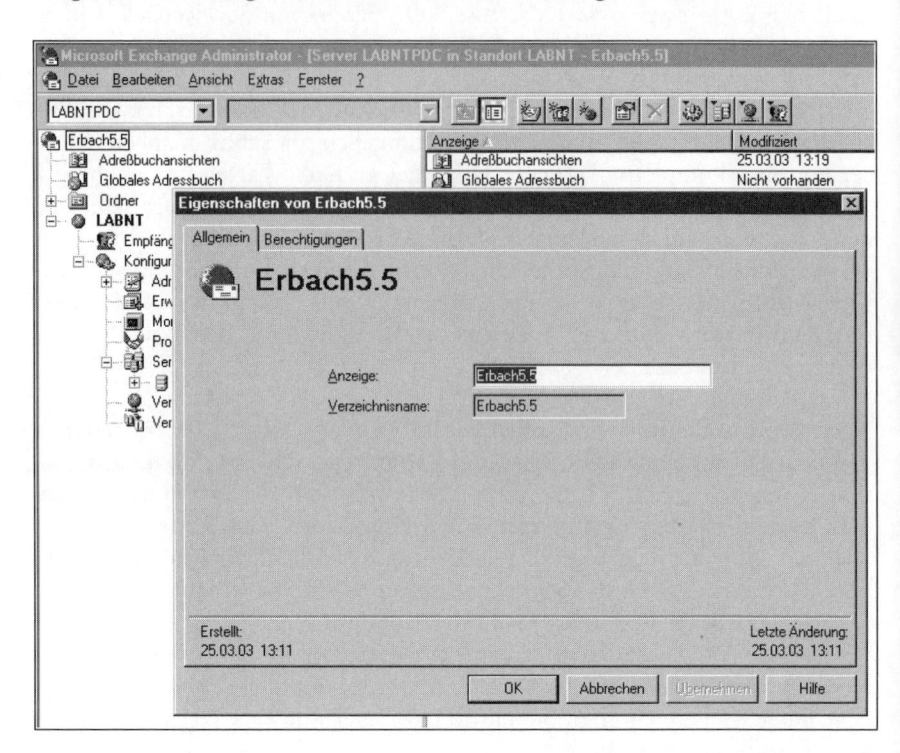

Um den Organisationsnamen zu ändern, rufen Sie auf dem Exchange 5.5 Server den *Exchange System Administrator* auf. Markieren Sie dann die Bezeichnung Ihrer Organisation und rufen Sie DATEI/EIGENSCHAFTEN auf. An dieser Stelle können Sie zum einen die Berechtigungen auf Organisationsebene vergeben und zum anderen den Anzeigenamen der Organisation ändern. Tragen Sie im Feld ANZEIGE den Namen der Organisation ein, der später unter Exchange 2003 als neuer Organisationsname übernommen werden soll. Diese Änderung hat keinerlei größere Auswirkungen, sondern bewirkt unter Exchange 5.5 lediglich im *Exchange System Administrator* und allen Verwaltungs-Programmen, die den Organisationsnamen abfragen, die Anzeige des neuen Namens. Der neue Name der Organisation wird bei diesem Vorgang jedoch nicht abgeändert, sondern bleibt vollkommen identisch. Unter Exchange 2003 wird später der neue Name als Organisationsname übernommen. Nach dem Entfernen des letzten Exchange 5.5 Servers aus der Organisation und dem Umstellen auf den *nativen Modus* erscheint der alte Organisationsname nicht mehr. Nach der Abänderung des Anzeigenamens wird die Änderung sofort aktiv.

Wenn Sie eine Exchange 5.5-Organisation mit mehreren Standorten haben, kann es unter Umständen sein, dass der neue Anzeigename nicht in alle Standorte repliziert wird. Verbinden Sie sich in diesem Fall mit einem Exchange Server in den jeweiligen Standorten und führen Sie dort dieselbe Änderung durch. Mehr können und müssen Sie an dieser Stelle nicht tun. Viele Firmen müssen und wollen Ihren Namen nicht abändern, aber oft kann es sinnvoll sein, wenn die Firma zum Beispiel eine Namensänderung durchgeführt hat oder eine Bezeichnung in Exchange 5.5 gewählt wurde, die nicht mehr zeitgemäß ist, wie im Beispiel auf der nächsten Seite.

Vertrauensstellungen

Bevor Sie fortfahren, sollten Sie eine bidirektionale Vertrauensstellung zwischen Ihrer Windows NT-Quelldomäne und der neuen Windows 2003 Active Directory-Domäne konfigurieren. Wenn die Vertrauensstellung eingerichtet ist, sollten Sie die Administratoren-Gruppe der Domäne in der jeweiligen anderen Domäne als Administratoren mit aufnehmen. Eine stabile Vertrauensstellung zwischen den Domänen ist für eine stabile Migration unumgänglich.

Probleme beim Einrichten der Vertrauensstellung

In manchen Fällen kann es zu Problemen beim Einrichten der Vertrauensstellungen kommen. Daran sind oft fehlerhafte Namensauflösungen, abgesicherte Router zwischen verschiedenen Subnets oder Fehler auf den WINS-Servern verantwortlich. Sie können zwar von einem Server den jeweils anderen Server auch mit Namen anpingen. Wenn Sie die Vertrauensstellung einrichten wollen, erscheint dennoch die Meldung, dass der Domänen-Controller der Domäne nicht gefunden werden kann.

Wenn Sie keine Vertrauensstellung zwischen zwei Domänen-Controllern der verschiedenen Domänen einrichten können, sollten Sie auf beiden Servern eine *LMHOST*-Datei anlegen und bearbeiten. Diese Datei finden Sie im Verzeichnis

```
system32\drivers\etc
```

Achten Sie darauf, dass Sie sich die Dateiendungen anzeigen lassen, da in diesem Verzeichnis eine *lmhosts.sam* liegt, wobei die Endung »*.sam« eventuell unterdrückt wird. Damit die Namensauflösung funktioniert, muss die Datei *LMHOSTS* ohne irgendeine Endung benannt werden. In diese Datei sollten Sie die Auflösung der Domänen einbauen, damit der WINS-Server für diese Auflösung übergangen wird. Diese Datei muss zunächst keinen Inhalt enthalten. Schreiben Sie folgende Zeilen in die LMHOSTS-Datei, ändern Sie dabei die Werte auf Ihre Konfiguration ab.

```
10.0.0.1 PDCNAME  #pre #dom:Domäne
10.0.0.1 "Domäne         \0x1b" #pre
```

Die Namen, die Sie eintragen, sind *case-sensitive*, achten Sie auf Groß- und Kleinschreibung. Die IP-Adresse muss mit der Adresse Ihres PDCs übereinstimmen.

Zwischen den Anführungszeichen in der zweiten Zeile müssen zwingend 20 Zeichen stehen, sonst funktioniert die Auflösung nicht. Gleich nach dem ersten Anführungszeichen muss der NetBios-Name der Windows-Domäne stehen, zu der die Vertrauensstellung aufgebaut werden soll. Der NetBios-Name darf per Definition nur 15 Zeichen lang sein. Wenn der Name der Domäne, die aufgelöst werden soll, kürzer ist, müssen Sie den Namen mit Leerzeichen bis auf 15 Zeichen auffüllen. Sofort nach dem 15. Zeichen muss die Zeichenfolge 0x1b stehen und dann gleich das Abschluss-Anführungszeichen. Der Backslash muss zwingend auf Position 16 stehen. Nachdem Sie diese Änderungen vorgenommen haben, müssen Sie den Server entweder neu starten oder die NetBios-Cache mit

Nbtstat –R

neu laden lassen. Das Laden des Caches sollte Ihnen auch mit einer entsprechenden Meldung angezeigt werden. Mit dem Befehl

nbtstat –c

können Sie sich den Cache anzeigen lassen. Bei der Anzeige des Caches muss zwingend die Anzeige der Domäne als Typ *1B* erfolgen, dann ist alles korrekt. Wenn die Domäne nicht angezeigt wird, sollten Sie den Server neu starten oder Ihre Eingaben überprüfen.

Wenn Sie die Vertrauensstellung neu einrichten, sollte kein Fehler mehr erscheinen. Sie können die LMHOSTS-Datei auch für alle Windows NT4-Rechner verwenden, die Probleme haben einen Windows 2000-DC zu finden.

Berechtigungen unter Exchange 5.5

Ein weiterer wichtiger Schritt ist die Anpassung Ihrer Berechtigungsstruktur unter Exchange 5.5. Wenn Sie später Exchange 2003 in die Active Directory-Struktur integrieren, sollten Sie nicht den Standard-Administrator wählen, sondern einen neuen Benutzer mit entsprechenden Rechten versehen. Kopieren Sie dazu am besten den *Administrator* in einen neuen Benutzer, der Mitglied in den Gruppen Domänen-, Schema-, und Organisations-Admins sein muss. Unter Exchange 2003 starten die Exchange-Dienste zwar nicht mehr mit dem Installationsbenutzer, sondern mit dem lokalen Systemkonto, der Benutzer erhält aber wie zuvor einige Rechte sowohl zum Verwalten der Organisation als auch der Server.

Als Nächstes sollten Sie dem Benutzer, mit dem Sie Exchange 2003 im Active Directory installieren wollen, in Exchange 5.5 entsprechende Rechte gewähren. Rufen Sie dazu wieder den *Exchange System Administrator* auf. Die Berechtigungsstruktur unter Exchange 5.5 hat noch keine komplette Vererbung. Sie müssen daher dem Installationsbenutzer von Exchange 2003 die Berechtigungen auf Organisationsebene, Standortebene und auf den Konfigurations-Container gewähren. Rufen Sie die Eigenschaften der Organisation auf, wechseln Sie zur Registerkarte BERECHTIGUNGEN und fügen Sie den Installationsbenutzer aus dem Active Directory den Administratoren hinzu. Gewähren Sie dem Administrator das Recht ADMIN DES DIENSTKONTOS.

Wiederholen Sie diese Schritte für die Standorte, denen ein Exchange 2003 Server hinzugefügt werden soll sowie für den Konfigurations-Container. Allen anderen Komponenten werden die Berechtigungen vererbt.

Exchange 2003 Server

Wenn Sie diese Schritte durchgeführt haben, können Sie den Server, auf dem später Exchange 2003 installiert werden soll, vorbereiten. Installieren Sie zunächst auf diesem Server das Betriebssystem und nehmen Sie diesen Server dann in das Active Directory mit auf. Überprüfen Sie wieder Namensauflösung und stabile Funktionsweise des Servers, zum Beispiel mit *netdiag* aus den Support-Tools von Windows 2003. Installieren Sie auch auf diesem Server alle verfügbaren Windows-Patches und lassen Sie ihn einige Tage in der Domäne laufen, damit Sie sicher sind, dass der Server stabil und performant läuft. Ich verwende den ersten Exchange 2003 Server in einem neuen Active Directory oft als Domänen-Controller und globalen Katalog zu Konfigurationszwecken. Wie Sie diesen Server konfigurieren, bleibt dabei Ihre Sache. Wenn Sie nur wenige Exchange Server in Ihrer Organisation planen, müssen Sie natürlich nicht zwingend den ersten Server als zusätzlichen Domänen-Controller und globalen Katalog konfigurieren.

Konfigurieren Sie den Server so, wie er später produktiv in der Umgebung laufen soll. Installieren Sie hier aber noch nicht Exchange 2003, da wir noch nicht soweit sind.

Abbildung 19.4:
Konfiguration der Exchange 5.5-Berechtigungen

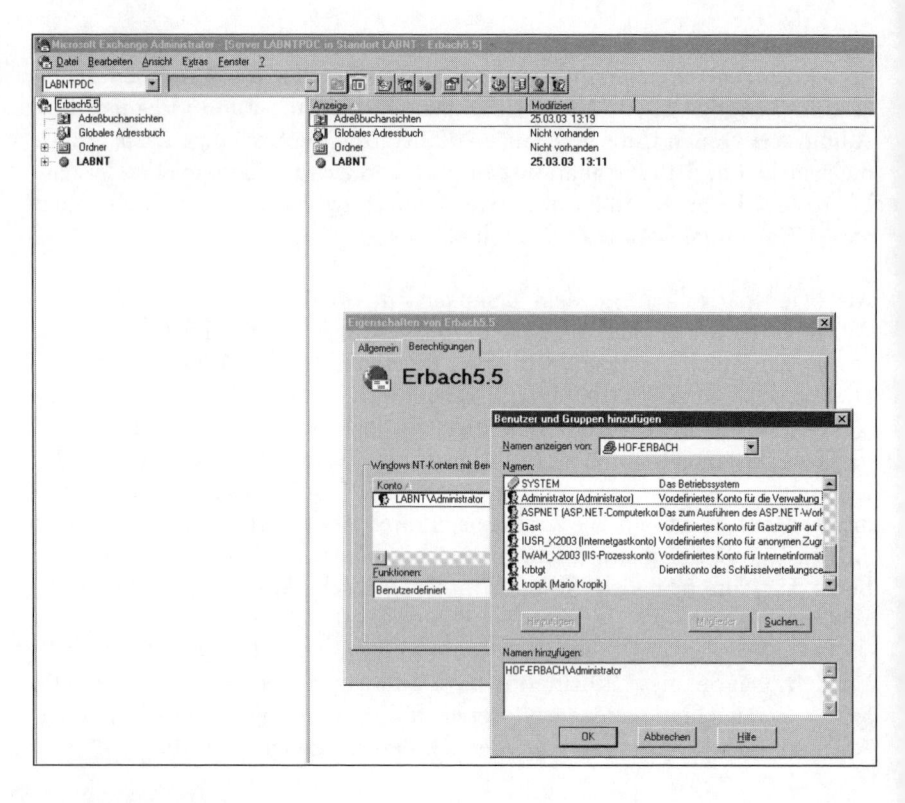

Verbindungstests

Nach der erfolgreichen Installation des Servers, der später mit Exchange 2003 laufen soll, müssen Sie zunächst sorgfältig die stabile Verbindung zwischen den Domänen-Controllern der Windows NT-Domäne und vor allem mit den Exchange 5.5 Servern testen. Gehen Sie dabei vor, wie bereits zuvor beschrieben. Wenn Sie sicher sind, dass die Verbindung zwischen den Servern stabil und performant zur Verfügung steht, testen Sie als Nächstes die RPC-Verbindung zwischen dem Exchange 2003 Server und den Servern mit Exchange 5.5.

RPC-Ping

Microsoft stellt zum Testen von RPC-Verbindungen zwischen Servern das spezielle Tool *RPC-Ping* bereit. RPC-Ping befindet sich auf der Exchange 2003-CD oder kann aus dem Internet heruntergeladen werden. Dieses Tool ist zwar schon etwas älter, testet aber verlässlich die RPC-Verbindung zwischen zwei Servern. Für die Migration von Exchange 5.5 zu Exchange 2003 ist dieses Tool ein wichtiges Werkzeug, welches schnell, zuverlässig und ohne Installationsaufwand die RPC-Verbindung testet. Das Tool besteht eigentlich aus nur zwei Dateien, die ohne Installation aufgerufen werden können. Die erste Datei, *rpings.exe*, ist die Server-Komponente, die zweite Datei, *rpingc.exe*, ist der dazugehörige Client.

Testen der Verbindung zwischen zwei Servern

Um die RPC-Verbindung zwischen beiden Servern zu testen, gehen Sie folgendermaßen vor:

Kopieren Sie zunächst die beiden Dateien in ein Verzeichnis auf beiden Servern. Nachdem Sie die Dateien kopiert haben, rufen Sie auf beiden Servern die Server-Komponente mit *rpings.exe* auf. Es öffnet sich ein DOS-Fenster, welches den Start des Servers meldet.

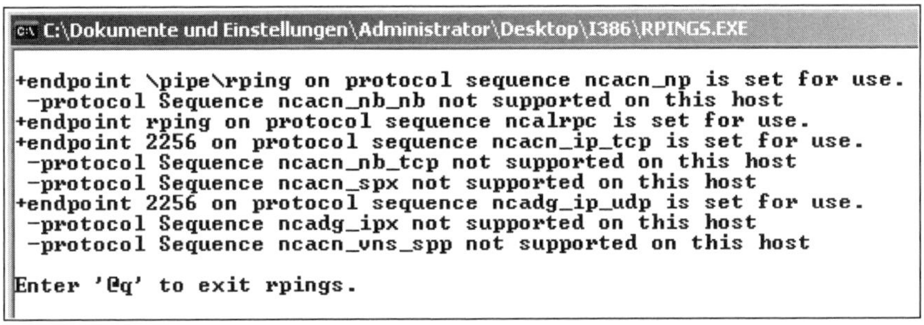

```
C:\Dokumente und Einstellungen\Administrator\Desktop\I386\RPINGS.EXE
+endpoint \pipe\rping on protocol sequence ncacn_np is set for use.
 -protocol Sequence ncacn_nb_nb not supported on this host
+endpoint rping on protocol sequence ncalrpc is set for use.
+endpoint 2256 on protocol sequence ncacn_ip_tcp is set for use.
 -protocol Sequence ncacn_nb_tcp not supported on this host
 -protocol Sequence ncacn_spx not supported on this host
+endpoint 2256 on protocol sequence ncadg_ip_udp is set for use.
 -protocol Sequence ncadg_ipx not supported on this host
 -protocol Sequence ncacn_vns_spp not supported on this host
Enter '@q' to exit rpings.
```

Abbildung 19.5:
Start von *rpings.exe* auf einem Server

Nachdem die Server-Komponente auf beiden Servern gestartet ist, können Sie mit *rpingc.exe*, der Client-Komponente, auf beiden Servern die Verbindung zum jeweils anderen Server testen. Rufen Sie dazu den Client auf beiden Servern auf. Im Gegensatz zur Server-Komponente hat der Client eine grafische Benutzeroberfläche. Tragen Sie im Startfenster des Clients im Feld EXCHANGE SERVER den NetBios-Namen des jeweiligen Partners ein, der angepingt werden soll. Wählen Sie im Feld PROTOCOL SEQUENCE *TCP/IP* aus. Belassen Sie die Einstellung beim Feld ENDPOINT auf *RPING*. Tragen Sie im Feld NUMBER OF PINGS die Anzahl der Pings ein, die durchgeführt werden sollen, typischerweise 4 Pings. Lassen Sie im Feld MODE die Einstellung auf PING ONLY und aktivieren Sie den Haken RUN WITH SECURITY, damit die Authentifizierung ebenfalls überprüft wird. Mit START können Sie den Ping-Vorgang starten. Es sollte Ihnen ein positives Ergebnis angezeigt werden, wie in der unteren Abbildung.

Führen Sie diesen Vorgang auf beiden Servern aus, damit Sie sicher sein können, dass die RPC-Verbindung stabil und performant zur Verfügung steht.

Abbildung 19.6:
Erfolgreiche RPC-Verbindung mit RPC-Ping

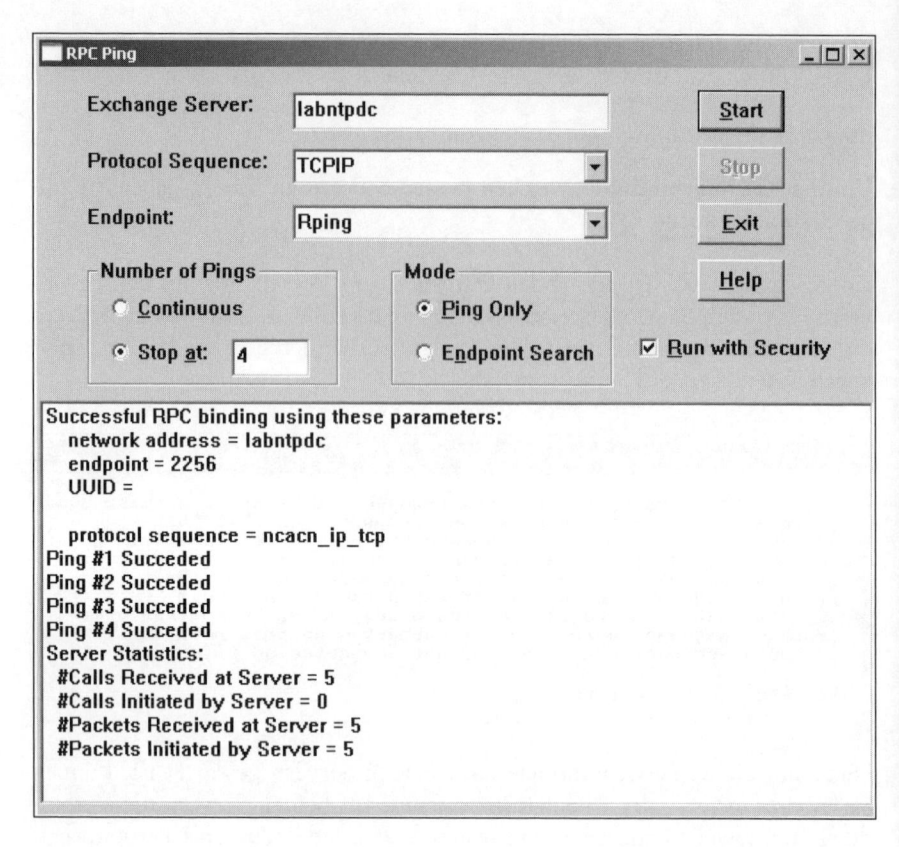

```
Successful RPC binding using these parameters:
 network address = labntpdc
 endpoint = 2256
 UUID =

 protocol sequence = ncacn_ip_tcp
Ping #1 Succeded
Ping #2 Succeded
Ping #3 Succeded
Ping #4 Succeded
Server Statistics:
 #Calls Received at Server = 5
 #Calls Initiated by Server = 0
 #Packets Received at Server = 5
 #Packets Initiated by Server = 5
```

Konsistenzprüfung

Im nächsten Schritt sollten Sie die Exchange 5.5-Organisation auf Inkonsistenzen überprüfen. Das hört sich komplizierter und schwieriger an, als es ist. Vor allem geht es um die Bereinigung von öffentlichen Ordner-Berechtigungen und um das Löschen von so genannten Zombie-Einträgen, darunter werden Berechtigungen für Benutzer verstanden, die nicht mehr vorhanden sind. Bevor Sie Exchange 2003 in der Organisation installieren oder die Replikation von öffentlichen Ordnern aktivieren, sollten Sie diese Zombie-Einträge entfernen.

Entfernen von Zombie-Einträgen

Um diese Einträge zu entfernen, verwenden Sie den Exchange System Administrator eines Exchange 5.5 Servers. Rufen Sie diesen auf und navigieren Sie zu den Exchange 5.5 Servern, auf denen Sie die Bereinigung durchführen wollen. Rufen Sie die Eigenschaften jedes einzelnen Exchange 5.5 Servers mit DATEI/EIGENSCHAFTEN auf und wechseln Sie zur Registerkarte WEITERE OPTIONEN.

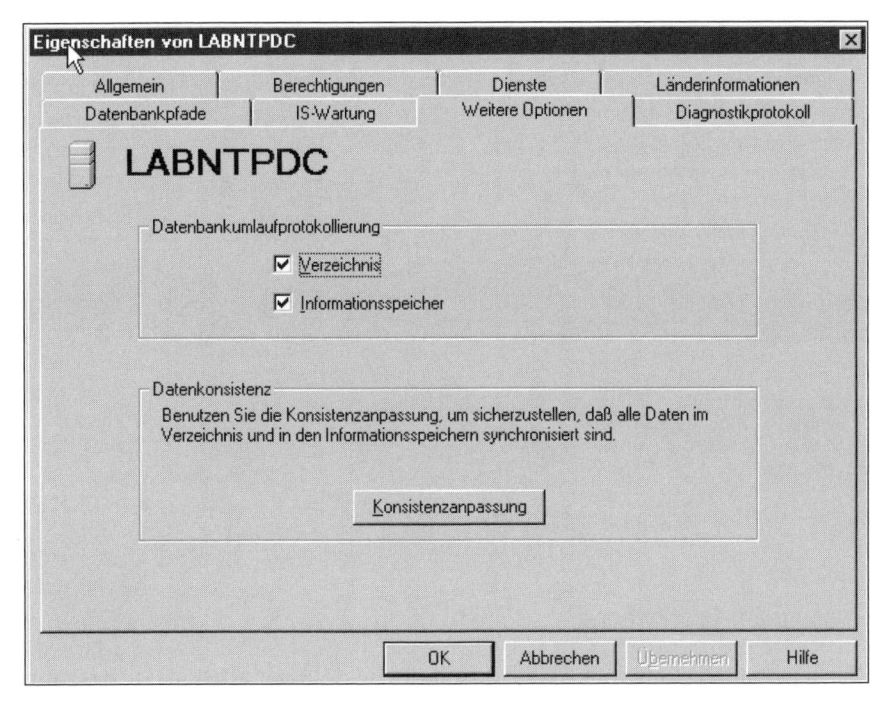

Abbildung 19.7:
Registerkarte
WEITERE OPTIONEN
eines Exchange 5.5
Servers

Auf dieser Registerkarte können Sie die in den Kapiteln 7 Speicherarchitektur und 15 Datensicherung beschriebene Umlaufprotokollierung für Exchange 5.5 Server deaktivieren. Unter Exchange 5.5 ist die Umlaufprotokollierung standardmäßig aktiviert, unter Exchange 2000 und Exchange 2003 ist sie standardmäßig deaktiviert.

:-)
TIPP

Wenn Sie auf der Registerkarte angekommen sind, können Sie diese Zombie-Einträge mit der Schaltfläche KONSISTENZANPASSUNG entfernen. Es öffnet sich ein weiteres Fenster, in dem Sie diese Einstellungen vornehmen können.

Aktivieren Sie die beiden Schaltflächen für UNBEKANNTE WINDOWS NT-KONTEN VON POSTFACHBERECHTIGUNGEN ENTFERNEN sowie UNBEKANNTE NT-KONTEN VON ÖFFENTLICHEN ORDNER-BERECHTIGUNGEN ENTFERNEN. Setzen Sie die Einstellung bei FILTER auf ALLE INKONSISTENZEN. Abhängig von der Anzahl der Postfächer, der öffentlichen Ordner und natürlich der Inkonsistenzen kann dieser Vorgang etwas dauern. Sie sollten daher die Bereinigung der Inkonsistenzen außerhalb der Geschäftszeiten durchführen. Nach Abschluss und vor dem Start der Bereinigung wird nochmals ein Fenster angezeigt.

Abbildung 19.8:
Beseitigen von Inkonsistenzen aus Exchange 5.5

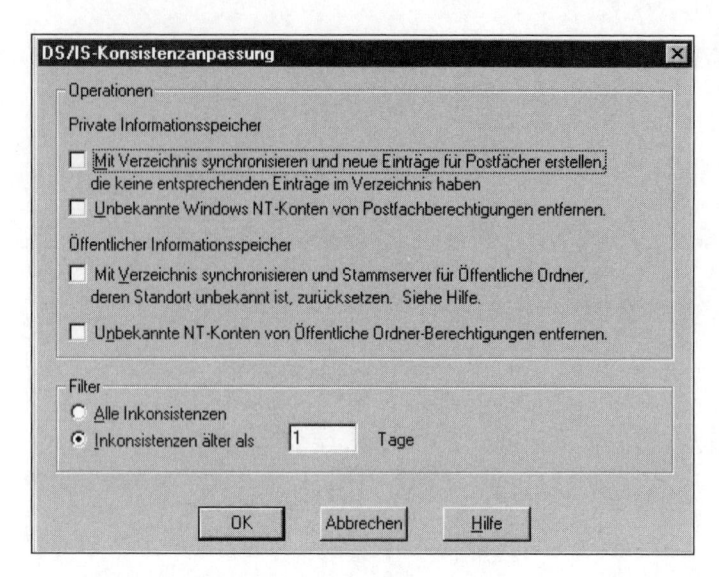

Ressourcen-Postfächer

Ein wichtiges Thema in Exchange sind die Ressourcen-Postfächer. Ressourcen stellen dabei keine Benutzer dar, sondern alltägliche Objekte in einem Unternehmen die mit Exchange-Postfächern verwaltet werden, um zum Beispiel den Verleih oder die Nutzung zu verwalten. Ressourcen sind zum Beispiel Firmenfahrzeuge, Beamer, Besprechungsräume und so weiter. Unter Exchange 5.5 haben viele Firmen Ressourcen-Postfächer eingeführt, der Ressource aber kein eigenes NT-Konto zugeordnet, sondern einen normalen NT-Benutzer, der vielleicht sogar über ein eigenes Postfach verfügt. Diese Konfiguration ist unter Exchange 2003 allerdings sehr problematisch. Jedem Postfach unter Exchange 2003 muss im Active Directory ein eigener Benutzer zugeordnet sein und jeder Benutzer darf in einer Exchange-Organisation nur über ein Postfach verfügen. Bevor Sie mit der Migration fortfahren können, müssen Sie diese Problematik für sich lösen. Wenn Sie keine Ressourcen-Postfächer einsetzen oder bereits allen Ressourcen-Postfächern ein eigenes Konto zugeordnet haben, müssen Sie nichts beachten und können mit der Migration fortfahren.

ntdsatrb

Microsoft stellt zur Identifikation von Ressourcen-Pochfächern ein eigenes Tool, *ntdsatrb*, zur Verfügung. Sie können dieses Tool aus dem Internet herunterladen. Dieses Tool überprüft einen Exchange 5.5 Server auf Ressourcen-Postfächer, denen ein Benutzerkonto zugeordnet ist, welche Ressource bereits über ein eigenes Postfach verfügt und markiert dieses Ressourcen-Postfach. Mit dieser Markierung wiederum erkennt später der Active Directory Connector, dass es sich um ein Ressourcen-Postfach handelt, und legt für das Postfach automatisch einen neuen Benutzer im Active Directory an, verbindet das Postfach mit diesem Benutzer und erteilt dem Benutzer, der dem Postfach unter Exchange 5.5 zugeordnet war, Zugriff auf die Ressource. Der Benutzer muss in Outlook nur noch als zusätzliches Postfach die Ressource öffnen und kann wie bisher auf das Postfach zugreifen. Unter Exchange 2003 hat Microsoft dieses Tool daher bereits in den Active Directory Connector integriert. Sie müssen es nicht mehr wie bisher herunterladen oder installieren, können aber auch den oben genannten Weg wählen. Die Funktionsweise ist identisch. Unter Exchange 2000 war *ntdsatrb* ein eigenständiges Tool und noch nicht in den Active Directory Connector integriert.

Active Directory Connector

Der Active Directory Connector (ADC) spielt bei der Migration von Exchange 5.5 zu Exchange 2003 eine entscheidende Rolle. Beim ADC handelt es sich um das wichtigste Tool während der Migration. Der ADC in Exchange 2003 wurde von Microsoft komplett überarbeitet und verbessert. Setzen Sie bei der Migration von Exchange 5.5 zu Exchange 2003 am besten den Active Directory Connector der Exchange 2003-CD ein. Sie finden den ADC im Verzeichnis ADC auf der CD.

Bevor Sie einen weiteren Vorgang für die Migration durchführen können, müssen Sie den ADC installieren. Für die Installation des ersten ADC in einem Active Directory benötigen Sie die Rechte eines Schema-Administrators und eines Domänen-Administrators der Domäne, in der Sie den ADC installieren. Für die Installation weiterer ADCs werden nur noch die Domänen-Administratorrechte der jeweiligen Domäne benötigt. Sie müssen bei der Migration zu Exchange 2003 den ADC vor der Installation des Exchange 2003 Servers oder von *forestprep* installieren.

Installation des Active Directory Connectors

Vergewissern Sie sich vor der Installation, dass Sie über die beschriebenen Rechte verfügen. Wenn der Server, auf dem Sie später Exchange 2003 installieren wollen, kein Domänen-Controller und globaler Katalog ist, müssen Sie den ADC auf dem Domänen-Controller Ihrer Domäne installieren, der die Funktion *global Catalog* hat. Das muss nicht zwingend der Exchange 2003 Server sein, dies wäre aber optimal. Sie sollten allerdings nicht den ADC auf dem Exchange 2003 Server installieren, wenn der diese Funktion nicht hat. Wenn Sie das Setup-Programm des ADC starten, führt Sie ein Installationsassistent durch die Installation. Sie können auswählen, ob Sie einen Active Directory Connector oder nur das dazugehörige Verwaltungsprogramm, das MMC-SnapIn, installieren wollen. Wählen Sie bei der ersten Installation beide Komponenten aus.

Kapitel 19 Migration und Koexistenz

Abbildung 19.9:
Installation des Active Directory Connectors

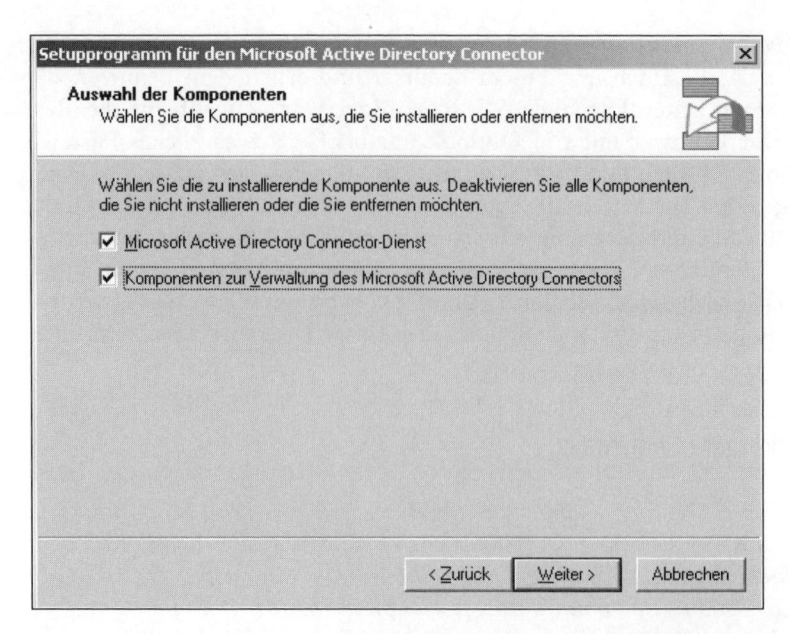

Während der Installation werden Sie zudem nach dem Kennwort des Exchange Administrators gefragt. Tragen Sie das richtige Kennwort ein. Nach einigen Minuten ist die Installation des ADC abgeschlossen und Sie können den Active Directory Connector über die Programmgruppe MICROSOFT EXCHANGE starten.

Abbildung 19.10:
Starten des Active Directory Connectors

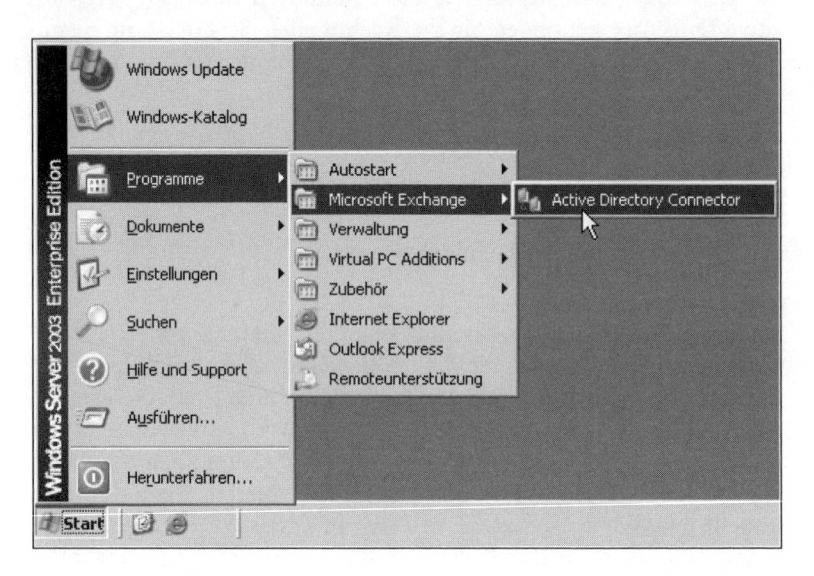

Nach dem Start wird zunächst ein neues Fenster angezeigt, in dem Sie den Connector konfigurieren können.

Exchange 2003 und Exchange 5.5 — Kapitel 19

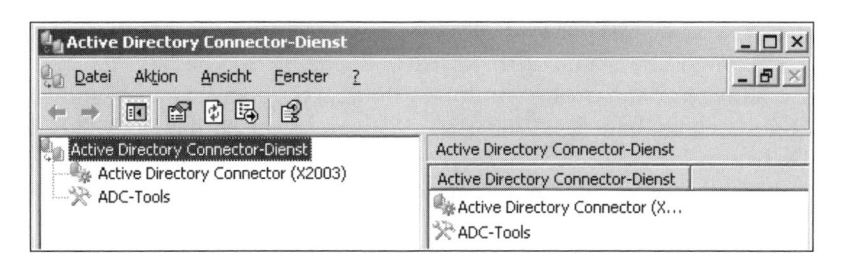

Abbildung 19.11:
Startfenster des Active Directory Connectors

Neu in Exchange 2003 sind die ADC-Tools, mit deren Hilfe Sie vor der Installation von Exchange 2003 notwendige Konfigurationen und Überprüfungen, wie die Ressourcen-Postfächer, durchführen können. Mit Hilfe dieser Tools können Sie den Active Directory Connector an Ihre Bedürfnisse anpassen. Ein wichtiger Bereich, der später besprochen wird, sind die Verbindungsvereinbarungen (Connection Agreements, CA) des Active Directory Connectors.

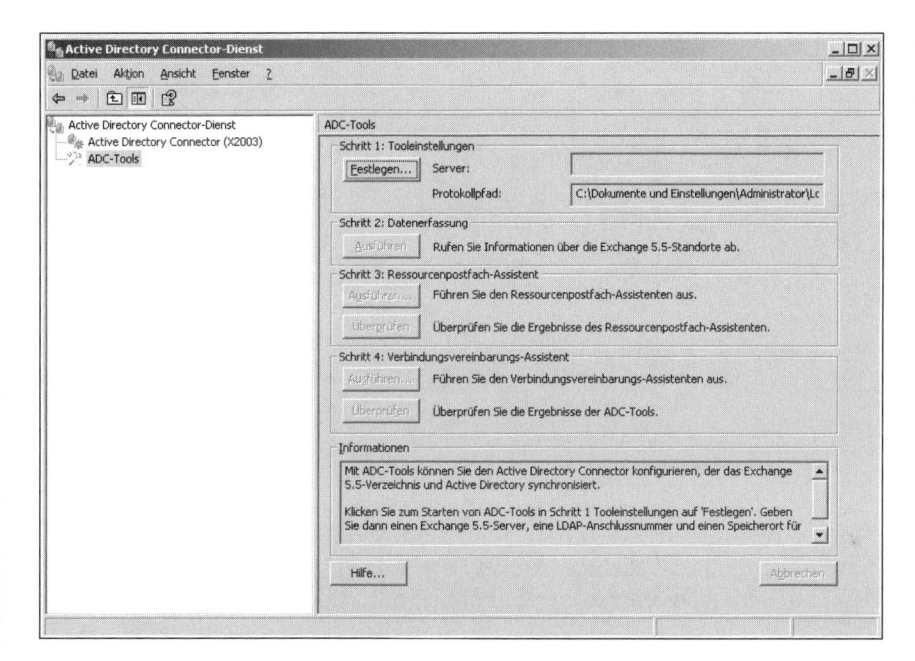

Abbildung 19.12:
Neue Tools des Active Directory Connectors

ADC-Tools

Die Konfiguration des ADC hat Microsoft in vier Schritte unterteilt.

Schritt 1: Tool-Einstellungen

Im ersten Schritt müssen Sie zunächst eintragen, mit welchem Exchange 5.5 Server der Connector Verbindung aufbauen soll. Dazu verwenden Sie die Schaltfläche FESTLEGEN. Tragen Sie im nächsten Fenster den NetBios-Namen eines Exchange Servers ein, der am selben Standort steht. Standardmäßig wird bereits der Port 389 für den LDAP-Zugriff festgelegt. Der ADC greift mit Hilfe von LDAP auf den Exchange 5.5 Server zu. Wenn Sie Exchange 5.5 auf einem Windows 2000 Server oder einem Windows 2000 DC installiert haben, ist der Port 389 bereits durch die Active Directory-Dienste belegt, da auch diese über LDAP und dem Port 389 miteinander kommunizieren. Ändern Sie in einem solchen Fall den LDAP-Port in Exchange 5.5 ab.

Abändern des Exchange 5.5-LDAP-Ports

Starten Sie zum Abändern des LDAP-Ports wieder den Exchange 5.5 System Administrator und navigieren Sie zu dem Exchange Server, dessen Port Sie ändern wollen. Markieren Sie das Menü PROTOKOLLE des Exchange Servers und rufen Sie die Eigenschaften des LDAP (VERZEICHNIS) PARAMETERS auf.

Abbildung 19.13: Konfiguration der ADC-Tools, Schritt 1

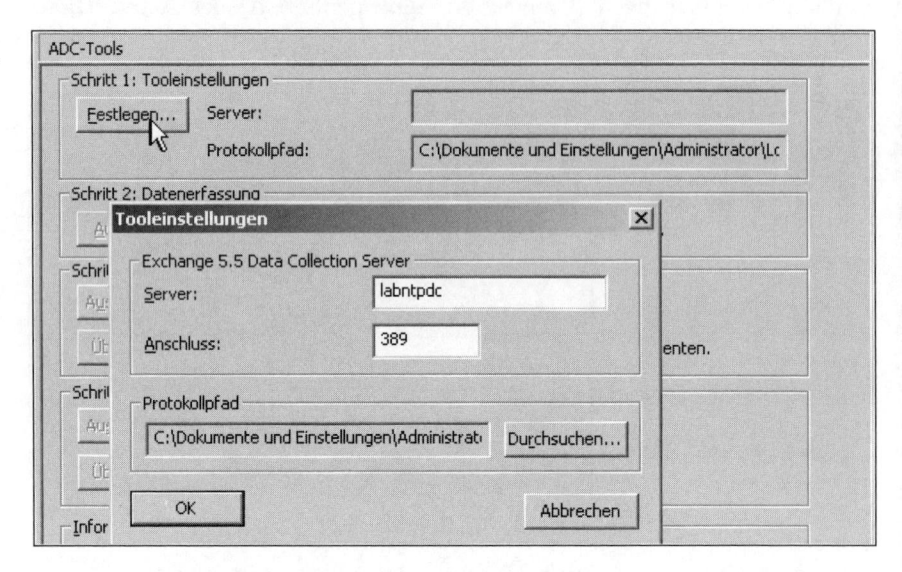

Auf der Registerkarte ALLGEMEIN im Feld ANSCHLUSSNUMMER können Sie den Port auf einen beliebigen freien Port anpassen. Diesen Port müssen Sie dann auch im ADC eintragen. Sie können mit Hilfe von

```
Netstat -an
```

auf dem Server überprüfen, welche Ports noch nicht verwendet werden.

Standardmäßig ist der Haken bei der Option STANDORTSTANDARDS FÜR ALLE OPTIONEN VERWENDEN aktiviert. Das heißt, dass die Änderung des LDAP-Ports alle Exchange Server dieses Standortes betrifft. Wenn Sie den Haken entfernen, wird die Änderung lediglich für den markierten Server durchgeführt. Nach der Änderung des Ports müssen Sie den MS EXCHANGE VERZEICHNISDIENST neu starten. Wenn Sie den Port für alle Exchange 5.5

Server dieses Standortes ändern wollen, müssen Sie im Exchange System Administrator zum Standort und dann zum Konfigurations-Container navigieren. Dort finden Sie auf der rechten Seite das Menü PROTOKOLLE und mit Doppelklick auf PROTOKOLLE das LDAP-PROTOKOLL. Wenn Sie den Port ändern, wird der LDAP-Anschlussport für alle Exchange 5.5 Server des Standortes geändert, die in Ihren Protokolleinstellungen die Option STANDORTSTANDARDS FÜR ALLE OPTIONEN VERWENDEN aktiviert haben.

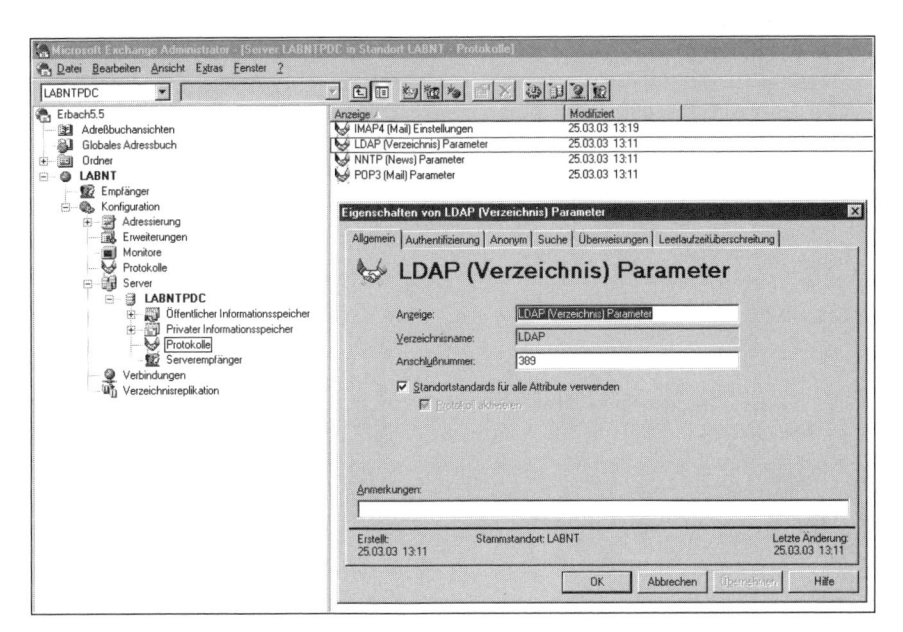

Abbildung 19.14:
Änderung des LDAP-Ports eines Exchange 5.5 Servers

Mit diesen Einstellungen können Sie lediglich den LDAP-Port verändern, nicht den SSL-Port für LDAP. Dieser ist in Exchange 5.5 auf dem Port 636 fixiert.

Schritt 2: Datenerfassung

Nachdem Sie den Exchange 5.5 Server festgelegt haben, mit dem sich der ADC verbinden kann, können Sie mit Schritt 2 fortfahren. Bevor Sie Schritt 1 nicht durchgeführt haben, sind alle anderen Schaltflächen ohnehin ausgegraut. Wenn Sie auf die Schaltfläche AUSFÜHREN klicken, liest der ADC die notwendigen Einstellungen aus der Exchange 5.5-Konfiguration aus. Beachten Sie aber, dass er dazu die notwendigen Berechtigungen wie weiter oben beschrieben in der Exchange 5.5-Organisation und auf dem Exchange 5.5 Server haben muss. Der ADC beginnt dann mit dem Auslesen der notwendigen Informationen. Im Feld Informationen werden Ihnen daraufhin alle Informationen angezeigt, die der ADC aus Exchange 5.5 erhalten hat.

Kapitel 19 Migration und Koexistenz

```
Führen Sie zu Beginn das Datenerfassungstool in Schritt 2 aus.
Durchlauf 1 von 4: Ressourcenpostfachüberprüfung (verarbeitete Objekte: 1233)
Ressourcenpostfachüberprüfung abgeschlossen. Keine Ressourcenpostfächer ohne
Kennzeichnung gefunden.

Durchlauf 2 von 4: Active Directory Connector-Objektreplikationsprüfung
(verarbeitete Objekte: 1237)
Warnung: Das Datenerfassungstool hat Objekte gefunden, die nicht aus dem
Exchange 5.5-Verzeichnis in Active Directory repliziert wurden. Führen Sie
den Verbindungsvereinbarungs-Assistenten in Schritt 4 aus, um dieses Problem
zu beheben.
Durchlauf 3 von 4: Active Directory-Objektreplikationsscan (verarbeitete
Objekte: 0)
Active Directory-Objektreplikationsscan abgeschlossen. Keine nicht
replizierten Objekte gefunden.
Durchlauf 4 von 4: Überprüfung auf nicht gekennzeichnete Active Directory-
Ressourcenpostfächer (verarbeitete Objekte: 0)
Überprüfung auf nicht gekennzeichnete Active Directory-Ressourcenpostfächer
abgeschlossen. Keine Probleme gefunden.
Schritt 2 wurde abgeschlossen. Sie müssen nicht den Ressourcenpostfach-
Assistenten in Schritt 3 ausführen. Möglicherweise müssen Sie jedoch den
Verbindungsvereinbarungs-Assistenten in Schritt 4 ausführen, um die
empfohlenen Verbindungsvereinbarungen anzeigen und erstellen zu können.
Die Datenerfassung wurde beendet.
```

Bei Ihnen sollten die Meldungen des ADC ähnlich zum beschriebenen Beispiel sein.

Schritt 3: Ressourcen-Postfach-Assistent

Dieser Assistent ist die Neuerung des bereits beschriebenen *ntdsatrb*-Tools. Mit der Schaltfläche AUSFÜHREN startet der Assistent und führt Sie durch die Problematik der Ressourcen-Postfächer, wie bereits weiter vorne beschrieben. Nach dem Start des Assistenten können Sie mit WEITER zur nächsten Seite des Assistenten wechseln. Der Assistent beginnt mit dem Auslesen aller Postfächer, die nicht einem Benutzer zugeordnet werden können und zeigt diese an. Der Assistent erkennt normalerweise, welches Postfach das Hauptpostfach des Benutzers ist und welches Postfach die zugeordnete Ressource darstellt. Wenn es sich bei Ihnen nur um einige weniger Ressourcen-Postfächer handelt, können Sie Konfigurationen in diesem Fenster für alle gefundenen Postfächer durchführen lassen. Wenn der Assistent ein Postfach vielleicht doch falsch zugeordnet hat, können Sie die Zuordnung einzeln Abändern. Bei einer großen Anzahl an Ressourcen-Postfächern sollten Sie die Konfigurationen allerdings nicht einzelnen durchführen, sondern in eine CSV-Datei exportieren lassen.

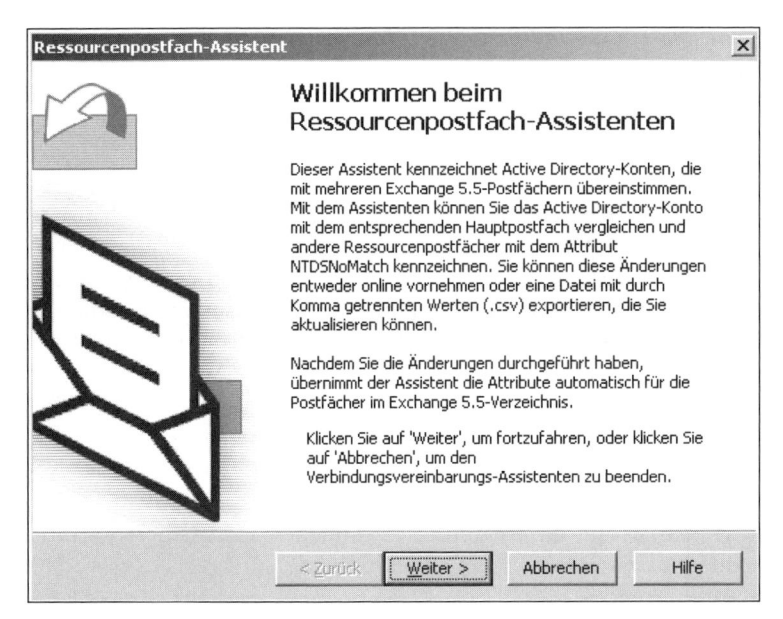

Abbildung 19.15:
Startfenster des Ressourcen-Postfach-Assistenten

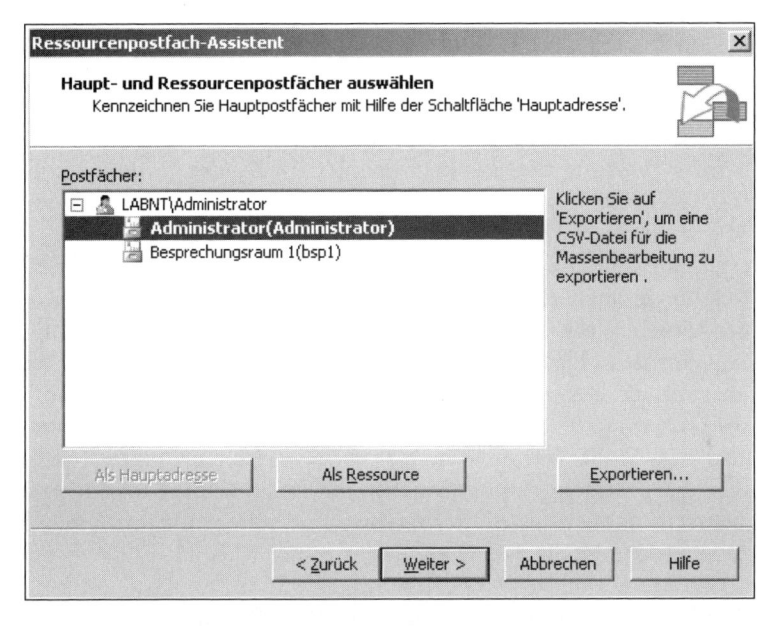

Abbildung 19.16:
Ressourcen-Postfächer

Wenn Sie auf die Schaltfläche EXPORTIEREN klicken, können Sie alle gefundenen Ressourcen in eine CSV-Datei exportieren. Überprüfen Sie vor dem Export, ob alle Postfächer korrekt zugeordnet wurden. Neben der Möglichkeit des Exports können Sie die Postfächer auf Exchange 5.5 mit dem Assistenten konfigurieren lassen, dies ist allerdings nur für einige wenige ratsam. Sie haben zum Definieren von Ressourcen-Postfächer zwei Möglichkeiten.

Konfiguration von Ressourcen-Postfächer

Wenn es sich nur um einige wenige Ressourcen-Postfächer handelt, können Sie mit dem Assistenten die Änderung in Exchange 5.5 durchführen lassen, klicken Sie dazu einfach auf die Schaltfläche WEITER.

Auf der nächsten Seite des Assistenten müssen Sie zunächst mit der Schaltfläche ANMELDEINFORMATIONEN den Exchange 5.5 Server, zu dem Sie Verbindung aufbauen wollen sowie die Anmeldedaten eintragen. Verwenden Sie das Konto, mit dem Sie Exchange 2003 installieren wollen und für das Sie bereits, wie weiter vorne beschrieben, entsprechende Rechte für die Exchange 5.5-Organisation eingerichtet haben. Wenn Sie die Anmeldeinformationen eingetragen haben, überprüft der Assistent, ob Sie mit diesen Informationen an den Exchange 5.5 Server angemeldet werden können und bestätigt die erfolgreiche Authentifizierung. Mit Hilfe der Schaltfläche ANMELDEINFORMATIONEN LÖSCHEN können Sie die Authentifizierung wiederholen. Wenn die Ressourcen-Postfächer über mehrere Standorte verteilt sind, müssen Sie für jeden Standort eine entsprechende Authentifizierung durchführen.

Nachdem Sie sichergestellt haben, dass Sie alle Anmeldeinformationen richtig eingegeben haben, beginnt der Assistent mit der Bearbeitung der Exchange 5.5-Eigenschaften der entsprechenden Postfächer. Im Prinzip ist diese Bearbeitung recht einfach. Jedem Ressourcen-Postfach, dass gefunden wurde, wird in den benutzerdefinierten Eigenschaften ein neuer Wert, *NTDSNoMatch*, zugeordnet. Wenn der ADC dieses Postfach später für die Migration überprüft, erkennt der Connector, dass es sich um ein Ressourcen-Postfach handelt und legt, wie weiter vorne bereits beschrieben, für die Ressource einen eigenen, neuen Benutzer im Active Directory an. Sie können diesen Wert auf der Registerkarte BENUTZERDEFINIERTE EIGENSCHAFTEN in den Eigenschaften des Postfachs im Exchange Administrator überprüfen. Der ADC erkennt nur Ressourcen-Postfächer mit dem Wert *NTDSNoMatch* im 10. benutzerdefinierten Attribut. Wenn der Wert gelöscht ist oder gar nicht gesetzt wurde, wird das Postfach als »normales« Benutzerpostfach erkannt. Machen Sie Stichproben. Sie können diesen Wert jederzeit manuell setzen, der Assistent des ADC hilft Ihnen lediglich und ist zudem nicht die einzige Methode.

Wie bereits beschrieben, können Sie ohne Probleme auch die alte Version dieses Assistenten verwenden, da *ntdsatrb* auch nichts anderes gemacht hat.

Wie Sie sehen, erscheinen viele Aufgaben von Assistenten in Exchange 2003 einfacher als die Aufgabe, die Sie durchführen, aber oft eben auch komplizierter. Wenn der Assistent alle Ressourcen-Postfächer gekennzeichnet hat, erscheint ein Abschlussfenster, aus dem Sie entnehmen können, welche Veränderungen durchgeführt wurden.

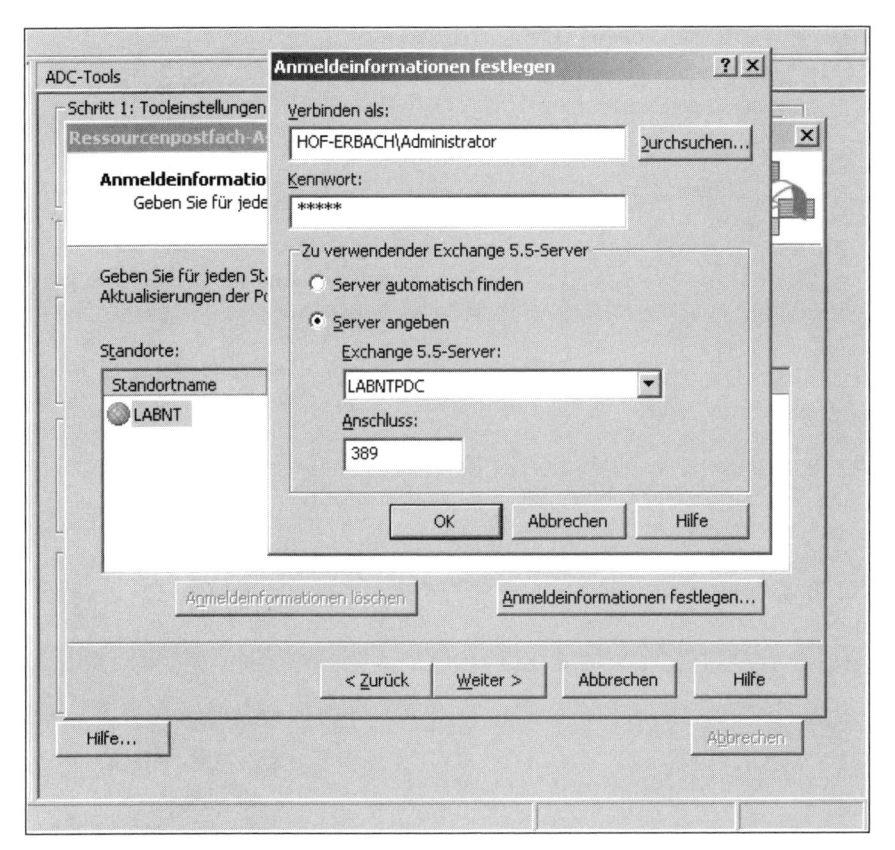

Abbildung 19.17:
Anmelden am Exchange 5.5 Server für die Konfiguration der Ressourcen-Postfächer

Weitere Maßnahmen sind an dieser Stelle nicht notwendig. Bei einer großen Anzahl von Ressourcen-Postfächer erscheint dieser Weg allerdings etwas kompliziert und umständlich. Wenn in Ihrer Organisation viele Ressourcen-Postfächer vorhanden sind, sollten Sie den Weg über eine exportierte CSV-Datei wählen.

Export in eine CSV-Datei

Wenn Sie die Daten in eine CSV-Datei exportieren lassen, werden keinerlei Änderungen an den Ressourcen-Postfächern durchgeführt, sondern es wird lediglich die CSV-Datei für jeden Standort erstellt. Diese Datei können Sie beliebig mit Excel öffnen und bearbeiten. Um Ressourcen-Postfächer mit Hilfe dieser Möglichkeit zu konfigurieren, müssen Sie die CSV-Datei auf den Exchange-5.5 Server importieren. Danach starten Sie den Exchange Administrator und rufen über EXTRAS/VERZEICHNISIMPORT das entsprechende Fenster zur Konfiguration des Imports auf.

Kapitel 19 Migration und Koexistenz

Abbildung 19.18: Überprüfte Anmeldeinformationen

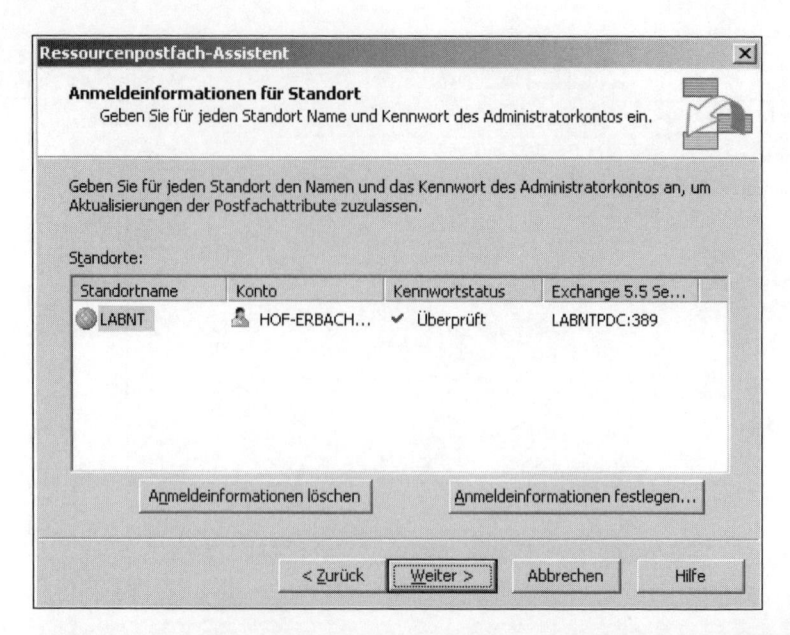

Abbildung 19.19: Benutzerdefinierte Eigenschaft NTDS-NoMatch

Wenn Sie das Konfigurationsfenster des Verzeichnisimportes starten, können Sie zunächst alle Einstellungen auf den eingestellten Optionen belassen. Wählen Sie die Windows NT-Domäne und den Exchange Server aus, auf dem Sie einen Verzeichnisimport durchführen wollen.

Exchange 2003 und Exchange 5.5 | Kapitel 19

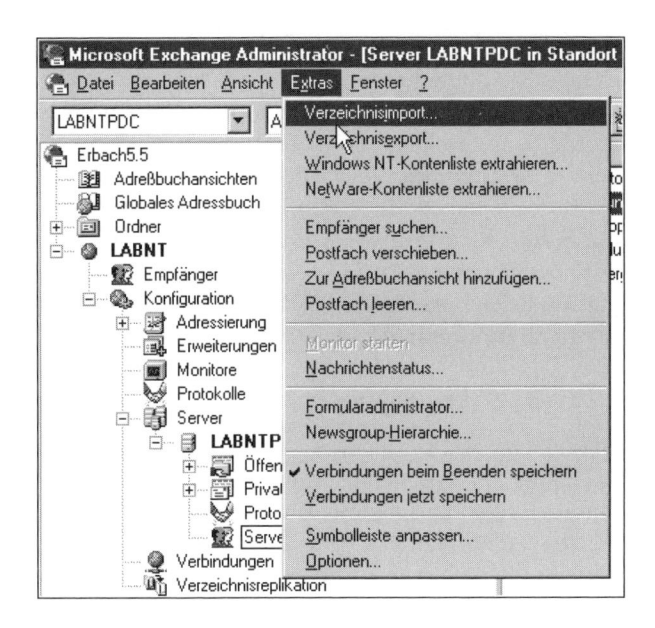

Abbildung 19.20:
Import einer CSV-Datei in das Exchange 5.5-Verzeichnis

Mit Hilfe der Schaltfläche IMPORTDATEI können Sie die CSV-Datei auswählen, in der die Ressourcen-Postfächer konfiguriert sind. Alle anderen Einstellungen können Sie belassen. Wenn Sie alles nach Ihren Wünschen eingestellt haben, können Sie die Datei importieren lassen. Auch bei einer großen Anzahl von Ressourcen-Postfächer wird bei einem Import der Exchange Server nicht sehr belastet, deshalb können Sie den Import ohne Probleme auch zu den normalen Geschäftszeiten durchführen lassen.

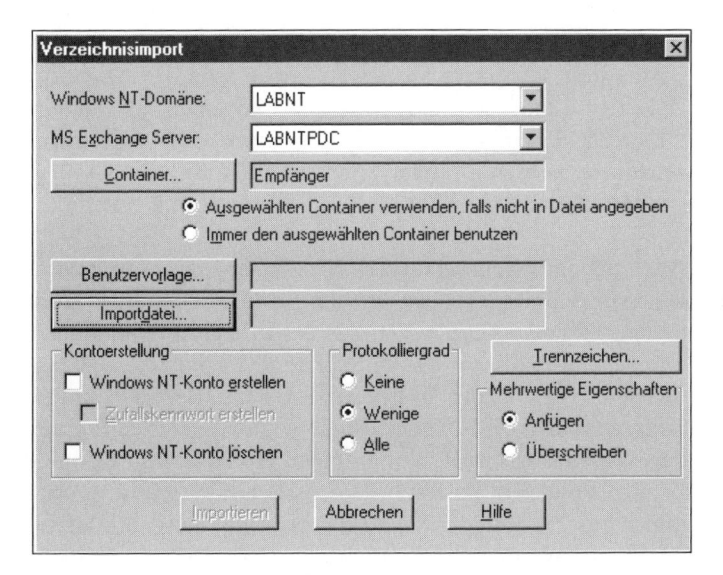

Abbildung 19.21:
Konfiguration des Verzeichnisimportes

Kapitel 19 Migration und Koexistenz

Wenn der Import der CSV-Datei abgeschlossen ist, erhalten Sie eine entsprechende Meldung durch den Exchange Administrator. In der Ereignisanzeige können Sie überprüfen, ob der komplette Import korrekt durchgeführt wurde. Das Ergebnis dieses Imports sollte dasselbe sein, wie bereits zuvor bei der Konfiguration der Ressourcen-Postfächer durch den Assistenten. An dieser Stelle haben Sie Schritt 3 ebenfalls korrekt abgeschlossen und können mit Schritt 4 fortfahren. Mit der Schaltfläche ÜBERPRÜFEN des 3. Schrittes können Sie nochmals die korrekte Durchführung des Assistenten zur Konfiguration der Ressourcen-Postfächer überprüfen lassen. Nach der Überprüfung fahren Sie mit Schritt 4 fort.

Schritt 4: Verbindungsvereinbarungs-Assistent

Dieser Schritt ist für die Migration sicherlich der bedeutendste. Hier wird das Exchange 5.5-Verzeichnis mit dem Active Directory durch so genannte Verbindungsvereinbarungen (Connection Agreements, CAs) verbunden. Gehen Sie äußerst sorgfältig vor, da die Konfiguration beide Verzeichnisse betrifft. Bei einer fehlerhaften Konfiguration können Sie schnell allen Benutzern den Zugriff auf Ihr Postfach nehmen. Eine solche fehlerhafte Konfiguration ist ärgerlich und nur sehr umständlich und langwierig wiederherzustellen.

Abbildung 19.22:
Einrichten von neuen Verbindungsvereinbarungen

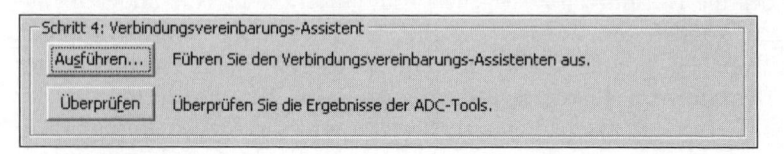

Mit der Schaltfläche AUSFÜHREN starten Sie den Assistenten zur Erstellung von neuen Verbindungsvereinbarungen. Diese CAs stellen den wichtigsten Bestandteil des Active Directory Connectors dar. Die CAs verbinden jeden einzelnen Empfänger-Container in Exchange 5.5 mit einer ausgewählten Organisationseinheit im Active Directory und umgekehrt. Die beiden Verzeichnisse werden miteinander verbunden. Sie müssen für jeden Empfänger-Container eine eigene Verbindungsvereinbarung erstellen.

Nach dem Startfenster müssen Sie zunächst eine Organisationseinheit in der Domäne wählen, in der Sie den Active Directory Connector installiert haben. Der ADC legt mit dieser CA in diesem Container neue Benutzer an und verbindet diese mit dem Exchange 5.5-Postfach. Wenn Sie bereits zuvor die Benutzer von der Windows NT-Domäne zur Windows 2000-Domäne migriert haben und dabei die SID des Benutzers mitkopiert haben, erkennt der ADC das mit Hilfe des globalen Katalogs und verbindet den migrierten Benutzer mit dem Postfach. Legen Sie am besten für jeden Empfänger-Container aus Exchange 5.5 eine entsprechende OU im Active Directory an. In dieser OU werden später auch alle Verteilerlisten aus Exchange 5.5 übernommen.

Exchange 2003 und Exchange 5.5 Kapitel 19

Abbildung 19.23: Startfenster des Assistenten zur Erstellung von Verbindungsvereinbarungen

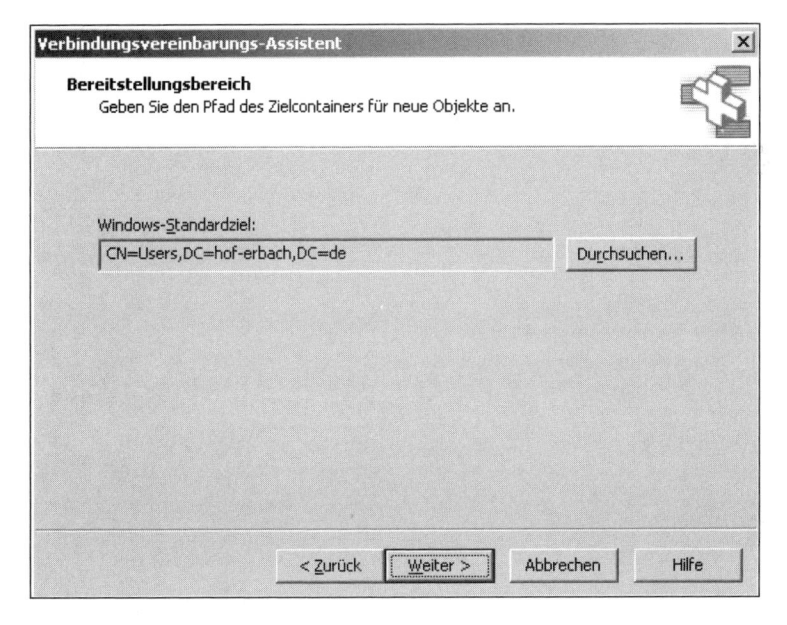

Abbildung 19.24: Auswahl der Organisationseinheit im Active Directory

Auf der nächsten Seite des Assistenten legen Sie fest, ob die Verbindungsvereinbarung unidirektional oder bidirektional sein soll. Standardmäßig aktiviert der ADC eine bidirektionale Verbindung zwischen den beiden Verzeichnissen. Bei dieser Verbindung werden Postfächer aus Exchange 5.5 an Windows-Benutzer angebunden beziehungsweise neue Benutzer für diese Postfächer angelegt. Zusätzlich werden Postfächer gelöschter Benutzer im Active Directory in Exchange 5.5 gelöscht. Außerdem werden Informationen für Adresslisten und öffentliche Ordner zwischen Exchange 5.5 und

Kapitel 19 Migration und Koexistenz

Exchange 2003 ausgetauscht. Dadurch können Benutzer, deren Postfächer auf den verschiedenen Server-Versionen liegen, ohne Probleme miteinander kommunizieren. Sie sollten nur in Ausnahmefällen unidirektionale Verbindungen konfigurieren. Unidirektionale Verbindungen können in beide Richtungen definiert werden, von Exchange 5.5 ins Active Directory und umgekehrt. Auf der nächsten Seite des Assistenten müssen Sie für jeden Exchange 5.5-Standort Anmeldeinformationen konfigurieren, mit denen diese CA die Daten austauscht.

Abbildung 19.25:
Definition des Verbindungstyps

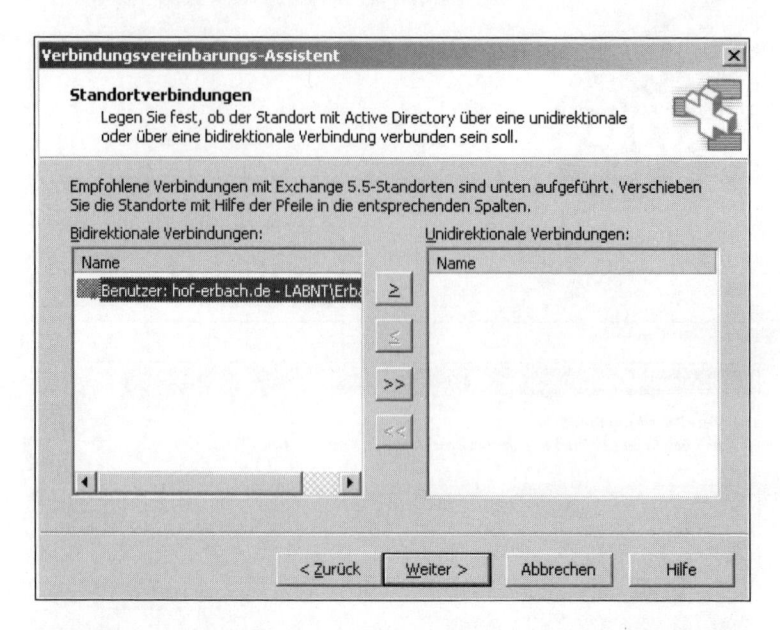

Abbildung 19.26:
Anmeldeinformationen für einzelne Standorte

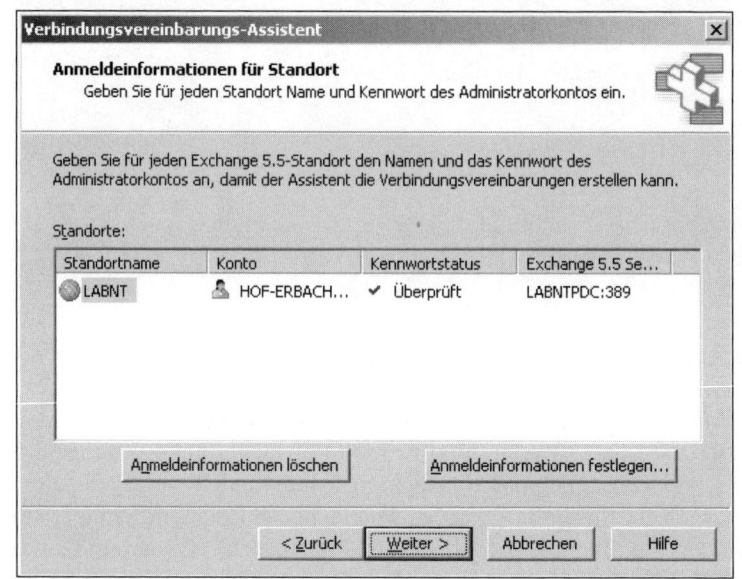

Auf der nächsten Seite des Assistenten müssen Sie die Anmeldeinformationen für die Windows-Domäne eingeben, die mit Exchange 5.5 verbunden werden soll. Auf der dann folgenden Seite legen Sie fest, welche Container mit dem Active Directory verbunden werden sollen. Der Assistent schlägt automatisch alle Empfänger-Container und die öffentlichen Ordner vor.

Die Verbindungsvereinbarung für die öffentlichen Ordner wird getrennt von der Verbindungsvereinbarung für die Empfänger angelegt. Mit dieser CA werden keine Inhalte von öffentlichen Ordnern repliziert, sondern nur die Konfigurationen.

Nachdem Sie alle Eingaben vorgenommen haben, schließt der Assistent die Erstellung dieser CAs ab und legt sie an. Wenn Sie im Menü für die Verwaltung des Active Directory Connectors auf der linken Seite den Connector markieren, werden auf der rechten Seite die entsprechenden CAs angezeigt. Wenn diese noch nicht angezeigt werden, beenden Sie das SnapIn und öffnen es noch einmal, dann sollten die CAs angezeigt werden.

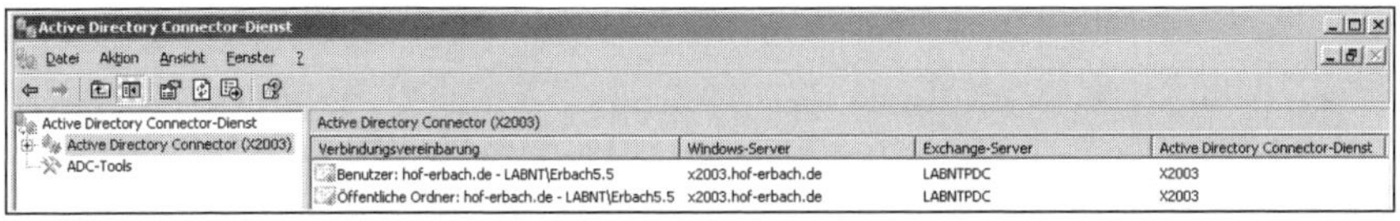

Abbildung 19.27: Erstellte Verbindungsvereinbarungen

Wenn Sie alle notwendigen Verbindungsvereinbarungen erstellt haben, beginnt der Active Directory Connector mit der Replikation der Daten zwischen dem Exchange 5.5-Verzeichnis und dem Active Directory.

Verwalten des Active Directory Connectors

Wenn alle Verbindungsvereinbarungen richtig eingestellt wurden, müssen Sie eigentlich keine großen Verwaltungsvorgänge des Active Directory Connectors durchführen. Die verschiedenen Möglichkeiten zur Verwaltung des Connectors dienen hauptsächlich der Fehlersuche und Fehlerbehebung. Auch aus diesen Gründen sollten Sie sich vorher rechtzeitig in einer Testumgebung ausführlich mit dem Connector auseinandersetzen. Der Active Directory Connector schreibt, wie alle Dienste von Exchange 2003, seine Informationen in das Anwendungsprotokoll. Sie erkennen die ADC-Meldungen an der Quelle *MSADC*.

Systemdienst des Active Directory Connectors

Der Active Directory Connector wird mit dem Systemdienst MICROSOFT ACTIVE DIRECTORY CONNECTOR gesteuert. Dieser Dienst muss gestartet sein, damit der Active Directory Connector Daten zwischen den Verzeichnissen austauschen kann. Wenn Sie den Dienst beenden, werden keine Daten mehr zwischen den Verzeichnissen ausgetauscht.

Kapitel 19 Migration und Koexistenz

Verwaltungs-SnapIn des Active Directory Connectors

Der Active Directory Connector wird nicht aus dem Exchange System Manager verwaltet, sondern ausschließlich mit seinem eigenen SnapIn, welches bei der Installation angelegt wird. Sie können dieses SnapIn, wie alle anderen, in einer eigenen Management-Konsole (MMC) integrieren, oder wie weiter vorne im Kapitel beschrieben aus der Programmgruppe starten. Das Fenster des SnapIns unterteilt sich in zwei Hälften. Auf der linken Seite finden Sie die Hierarchie der Verwaltung, auf der rechten Seite werden detaillierte Informationen zu den einzelnen Menüs der linken Seite aufgeführt. Die Verwaltung untergliedert sich in zwei Ebenen. Bei der ersten Installation des Active Directory Connectors wird das Schema des Active Directory erweitert und mit den Attributen des Connectors ergänzt. Diese Erweiterung hat nichts mit *forestprep* zu tun, sondern läuft komplett separat ab. Für alle weiteren Installationen werden nur noch die Rechte eines Domänen-Administrators benötigt, da das Schema nur bei der ersten Installation in der Gesamtstruktur erweitert wird.

Abbildung 19.28:
Verwaltungshierarchie des ADC

Wenn Sie das SnapIn starten, erkennen Sie sofort die Hierarchie der Verwaltung. In jedem SnapIn zur Verwaltung des ADC werden alle Active Directory Connectors angezeigt, die im kompletten Active Directory in allen Domänen installiert sind. Diese Connectoren sind grundsätzlich gleichgestellt.

Steuerung der Attribute

Die oberste Ebene der Verwaltung ist der ACTIVE DIRECTORY-DIENST. Wenn Sie dessen Eigenschaften aufrufen, stehen Ihnen die beiden Registerkarten VON EXCHANGE und VON WINDOWS zur Verfügung. Auf diesen beiden Registerkarten legen Sie fest, welche Attribute von Windows zu Exchange und umgekehrt repliziert werden sollen. Im Normalfall müssen Sie keine Einstellungen ändern, in manchen Umgebungen kann es aber durchaus sinnvoll sein, das eine oder andere Attribut nicht zu replizieren. Sie sollten sich allerdings genau überlegen, was Sie tun, wenn Sie einzelne Attribute der Replikation zwischen den Verzeichnissen deaktivieren. Die vorgenommenen Einstellungen gelten für alle Active Directory Connectors in allen Domänen Ihres Active Directory. Standardmäßig sind alle Attribute für die Replikation zwischen den Verzeichnissen aktiviert und sollten auch aktiviert bleiben.

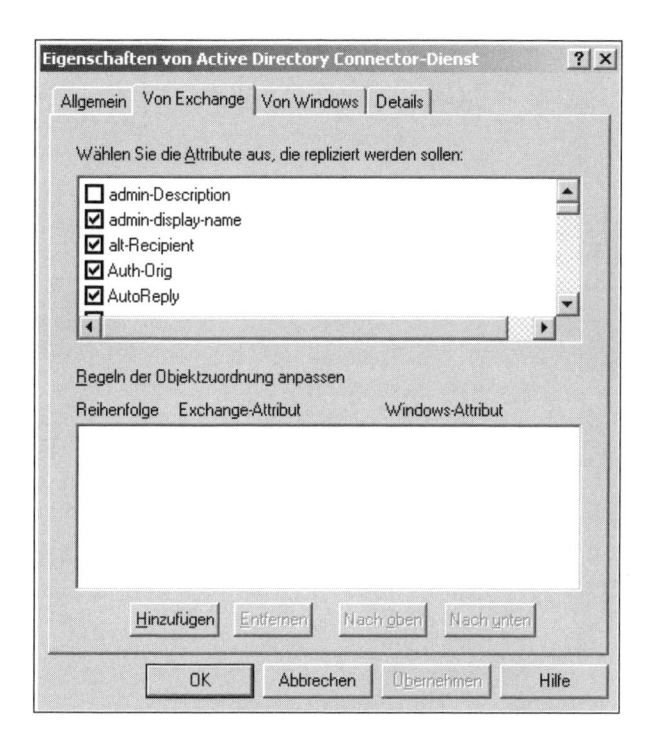

Abbildung 19.29: Auswahl der Attribute, die repliziert werden sollen

Diagnoseprotokollierung des Active Directory Connectors

Die zweite Ebene der Verwaltung betrifft die einzelnen Active Directory Connectors Ihres Active Directory. Aus Ausfallgründen kann es durchaus sinnvoll sein, in einer Domäne mehrere solcher Connectoren zu erstellen, da bei Ausfall eines Servers die Connectoren auf den anderen Servern dessen Aufgaben übernehmen können. Wenn Sie mit der rechten Maustaste auf einen Connector im SnapIn klicken, können Sie die Eigenschaften aufrufen oder, wie weiter vorne beschrieben, neue Verbindungsvereinbarungen manuell, ohne den Assistenten erstellen. In den Eigenschaften eines Connectors können Sie keine großen Konfigurationsänderungen vornehmen, da diese auf der Ebene der Verbindungsvereinbarungen erfolgen. Sie können allerdings mit Hilfe der Registerkarte DIAGNOSEPROTOKOLL die Anzahl der Ereignisse im Anwendungsprotokoll des Servers erhöhen. Dies kann vor allem bei der Fehlersuche enorm hilfreich sein.

Ähnlich zur Diagnose eines Exchange 2003 Servers, wie bereits im Kapitel 11 *Diagnose und Überwachung* beschrieben, können Sie mit Hilfe dieser Registerkarte verschiedene Optionen des Active Directory Connectors in verschiedenen Stufen überwachen lassen. Standardmäßig stehen die einzelnen Kategorien auf KEINE, das heißt aber nicht, dass keine Überwachung stattfindet, sondern lediglich nur wichtige System- und Fehlermeldungen in das Ereignisprotokoll geschrieben werden. Bei der Fehlersuche können Sie die einzelnen Kategorien mit verschiedenen Stufen überwachen lassen.

Kapitel 19 Migration und Koexistenz

Abbildung 19.30:
Diagnoseprotokollierung des ADC

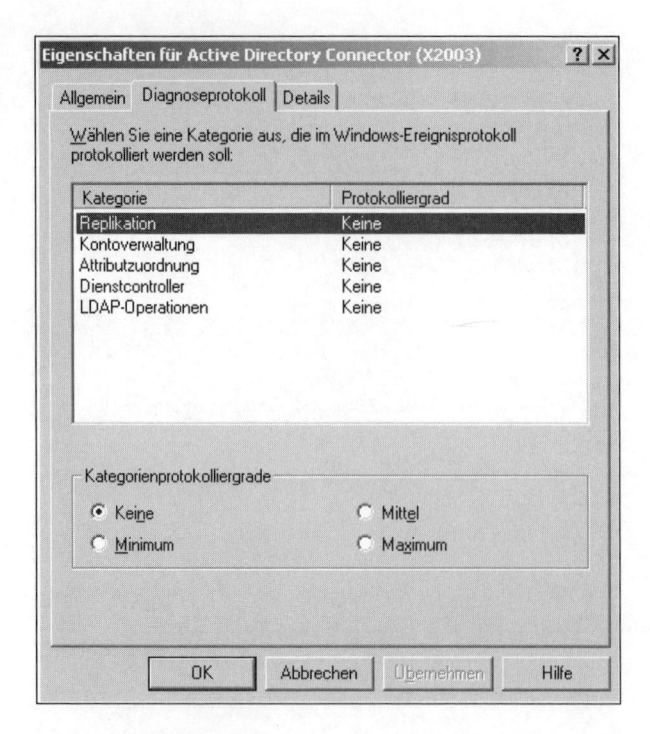

Diagnosekategorien

Ihnen stehen 5 Kategorien zur Verfügung, mit deren Hilfe Sie die Arbeit des Active Directory Connectors überwachen können.

- REPLIKATION. Mit Hilfe dieser Kategorie können Sie alle Vorgänge überwachen lassen, die während der Replikation von Benutzerobjekten durchgeführt werden.

- KONTOVERWALTUNG. Mit dieser Kategorie werden alle Vorgänge überwacht, die durch das Anlegen oder Löschen von Benutzern im Active Directory ausgelöst werden. Wenn der ADC für ein Exchange 5.5-Postfach keinen entsprechenden Benutzer im Active Directory finden, legt er in der OU, die Sie in der entsprechenden CA definiert haben, ein neues Benutzerkonto an. Findet der ADC ein Benutzerkonto, wird das Exchange 5.5-Postfach mit dem entsprechenden Benutzer verbunden. Es ist dabei nicht notwendig, dass der Benutzer in der OU liegt, die Sie in der CA definiert haben, da der ADC-Benutzer mit Hilfe des globalen Katalogs sucht. Wenn das Postfach mit dem Benutzer verbunden ist, können Sie die Verbindung im Konto des Benutzers ersehen. Dies sieht es aus, als ob das Postfach auf einem Exchange 2003 Server liegt. Benutzer können auf ein Exchange 5.5-Postfach auch zugreifen, wenn es nicht im Active Directory verbunden ist, da im Verzeichnis von Exchange 5.5 nur ein NT-Konto hinterlegt werden muss. Dieses Konto kann ein NT-Konto, aber auch ein Konto in einer Windows 2003-

Domäne sein. In einem solchen Fall wird das Postfach aber nicht im Benutzerkonto angezeigt, da es für das Active Directory nicht existiert.

- ATTRIBUTZUORDNUNG. Diese Kategorie überwacht die Zuordnung der einzelnen Attribute zwischen den Postfächern auf Exchange 5.5 und den Benutzern im Active Directory. Die Attribute, die durch den ADC repliziert werden, wurden weiter vorne bereits besprochen.
- DIENSTCONTROLLER. Diese Kategorie überwacht Ereignisse, die beim Starten oder Beenden des Systemdienstes generiert worden sind.
- LDAP-OPERATIONEN. Der Zugriff auf das Exchange 5.5-Verzeichnis und das Active Directory wird mit Hilfe des LDAP-Protokolls durchgeführt. Mit dieser Kategorie können Sie Ereignisse überwachen lassen, die bei solchen Vorgängen auftreten, zum Beispiel Zugriffsprobleme auf das Exchange 5.5-Verzeichnis oder das Active Directory.

Wenn Sie die Diagnose des Active Directory Connectors erhöhen, sollten Sie auf alle Fälle die Größe des Ereignisprotokolls erhöhen, wie weiter vorne besprochen.

Protokolliergrade

Für jede Kategorie können Sie getrennt den Protokolliergrad festlegen.

- *None/Keine,* Dieser Protokolliergrad ist standardmäßig für alle Kategorien aktiviert. Mit dieser Einstellung werden alle Fehlermeldungen der einzelnen Kategorien in die Ereignisanzeige geschrieben, allerdings keine weitergehenden Informationen. Dieser Protokolliergrad bedeutet die geringste Belastung des Servers.
- *Minimum,* Bei diesem Protokolliergrad werden zusätzlich zu allen Fehlermeldungen auch die Warnmeldungen der einzelnen Dienste und Kategorien mitprotokolliert.
- *Mittel (Medium),* Wenn Sie diesen Protokolliergrad für eine Kategorie aktivieren, werden außer Fehler- und Warnmeldungen auch alle Informationsmeldungen in die Ereignisanzeige geschrieben. Abhängig von der Kategorie steigt die Anzahl der Ereignisse mit diesem Protokolliergrad steil an, da die Exchange-Dienste zahlreiche Funktionen erfüllen.
- *Maximum,* Dieser Protokolliergrad ist der umfangreichste. Wenn Sie ihn aktivieren, werden alle Fehlermeldungen, alle Warnmeldungen und alle Informationen aller Funktionsabläufe mitprotokolliert. Diesen Protokolliergrad sollten Sie nur kurzzeitig und nur für wenige Kategorien aktivieren. Bei einer hohen Anzahl an Ereignissen können bei Aktivierung von Maximum wichtige Fehlermeldungen übersehen werden und Sie können mit dem Informationsfluss nichts mehr anfangen. Aktivieren Sie Maximum nur, wenn Sie bereits die vorhergehenden Protokol-

liergrade getestet haben und keine Meldung erhalten haben, die Ihnen bei der Problemsuche hilft. Die Protokollierung belastet den Server mehr oder weniger, abhängig vom Protokolliergrad.

Verwalten von Verbindungsvereinbarungen

Sie können mit dem SnapIn zur Verwaltung des Active Directory Connectors auch ohne den Assistenten der ADC-Tools die erstellten Verbindungsvereinbarungen verwalten oder neue erstellen. Die bereits erstellen Verbindungsvereinbarungen erscheinen im rechten Fenster des SnapIns für den jeweiligen Connector.

Abbildung 19.31:
Verbindungsvereinbarungen

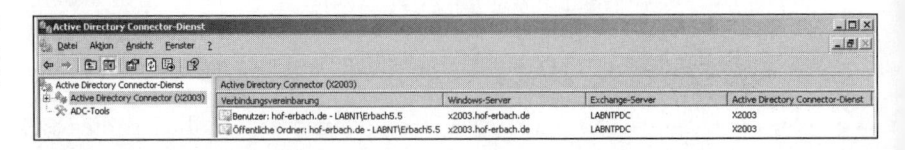

Wenn Sie eine neue Verbindungsvereinbarung erstellen wollen, klicken Sie mit der rechten Maustaste auf den Connector, wählen Sie NEU und dann, welche Verbindungsvereinbarung Sie erstellen wollen.

Abbildung 19.32:
Erstellen einer neuen Verbindungsvereinbarung

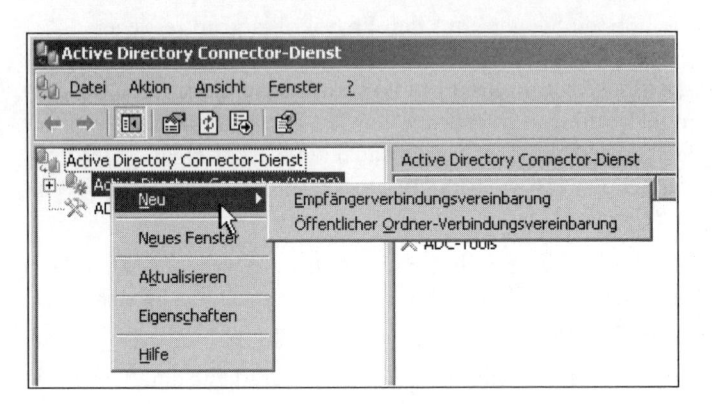

Es stehen Ihnen zwei verschiedene Verbindungsvereinbarungen zur Verfügung.

Empfängerverbindungsvereinbarung

Die Empfängerverbindungsvereinbarung dient zur Übernahme von Benutzern, Kontakten und Verteilerlisten. Wenn Sie eine Verbindungsvereinbarung manuell erstellen, stehen Ihnen anstelle des Assistenten mehrere Registerkarten zur Verfügung, mit deren Hilfe Sie die Verbindungsvereinbarung konfigurieren können.

Registerkarte Allgemein

Auf dieser Registerkarte legen Sie zunächst den Namen für diese Verbindungsvereinbarung fest. Wählen Sie einen Namen, der später auch schnell ersichtlich macht, welche Daten mit dieser Verbindungsvereinbarung repliziert werden.

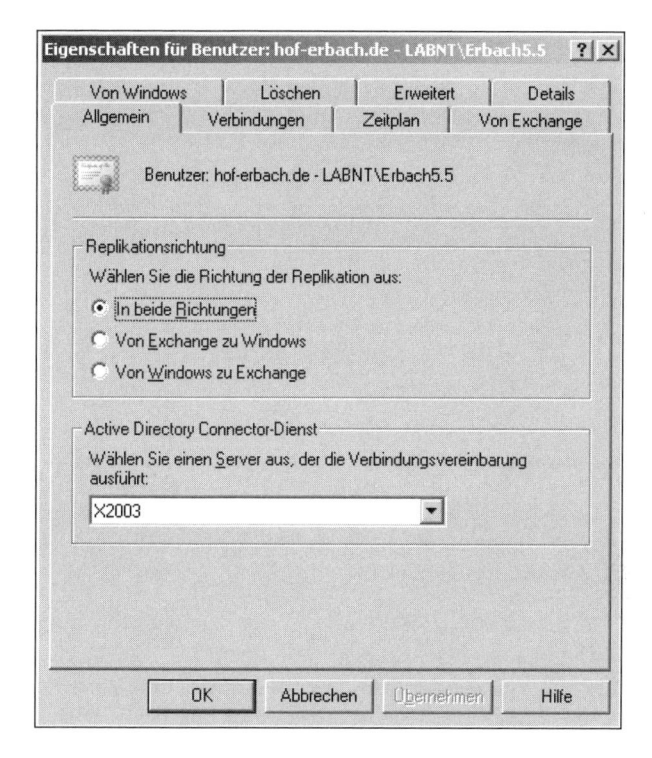

Abbildung 19.33:
Registerkarte ALLGEMEIN einer CA

Auf dieser Registerkarte legen Sie zusätzlich fest, in welche Richtung diese Verbindungsvereinbarung replizieren und auf welchem Server die CA erstellt werden soll.

Registerkarte Verbindungen

Auf dieser Registerkarte legen Sie die Anmeldeinformationen zum Exchange 5.5 Server und zum Domänen-Controller fest. Hier wird auch festgelegt, zu welchem Domänen-Controller und mit welchem Exchange 5.5 Server diese CA Verbindung aufbauen soll. Sie können die Art der Authentifizierung auswählen, mit der die CA sich am Active Directory authentifizieren soll. Belassen Sie die Einstellung auf KERBEROS, damit die Sitzungsschlüssel zur Authentifizierung verwendet werden.

Auf dieser Registerkarte legen Sie auch den Anschluss-Port fest, mit dem eine Verbindung zu diesem Exchange Server aufgebaut werden soll.

Kapitel 19 Migration und Koexistenz

Abbildung 19.34:
Registerkarte
VERBINDUNGEN einer
neuen CA

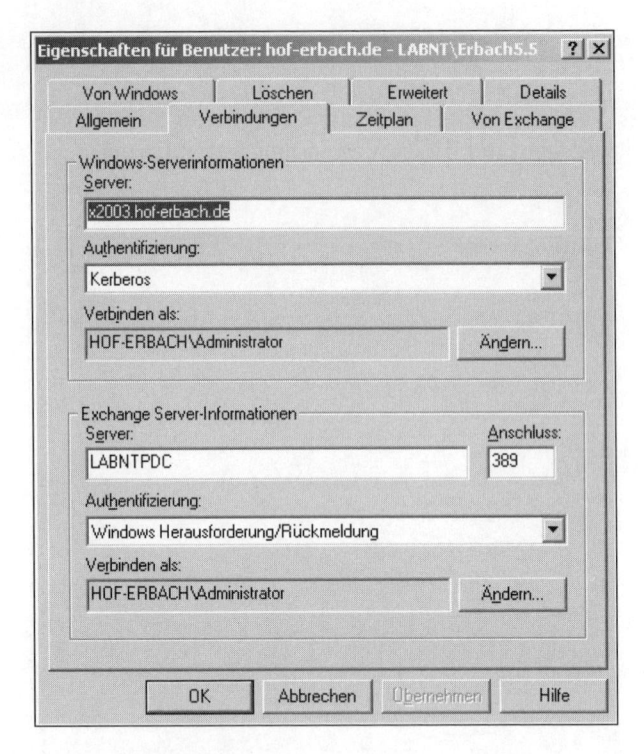

Registerkarte Zeitplan

Auf dieser Registerkarte legen Sie fest, in welchem Zeitraum diese CA die Replikation durchführen soll. Beachten Sie, dass der Replikationsverkehr bei einer großen Anzahl von Benutzern und Postfächern eine WAN-Leitung schnell überlasten kann. Definieren Sie bei Replikationen über eine WAN-Leitung am besten einen eigenen Zeitplan, der die Informationen über Nacht repliziert. Standardmäßig ist eine CA ständig aktiviert, was im internen LAN kein Problem ist.

Wenn Sie die Option BEI AUSFÜHRUNG DER VERBINDUNGSVEREINBARUNG DAS GESAMTE VERZEICHNIS REPLIZIEREN aktivieren, wird bei der Fertigstellung der CA der Inhalt des Containers im Exchange 5.5-Verzeichnis mit dem Active Directory komplett repliziert. Standardmäßig wird eine neu erstellte CA ohnehin komplett repliziert. Bei späteren Vorgängen werden dann nur noch die Änderungen repliziert.

Durch die Aktivierung dieser Option können Sie jederzeit den kompletten Inhalt erneut abgleichen lassen, um zum Beispiel fehlerhafte Informationen zu beheben. Nach dem Bestätigen mit OK führt die CA die Replikation aus und entfernt den Haken automatisch wieder.

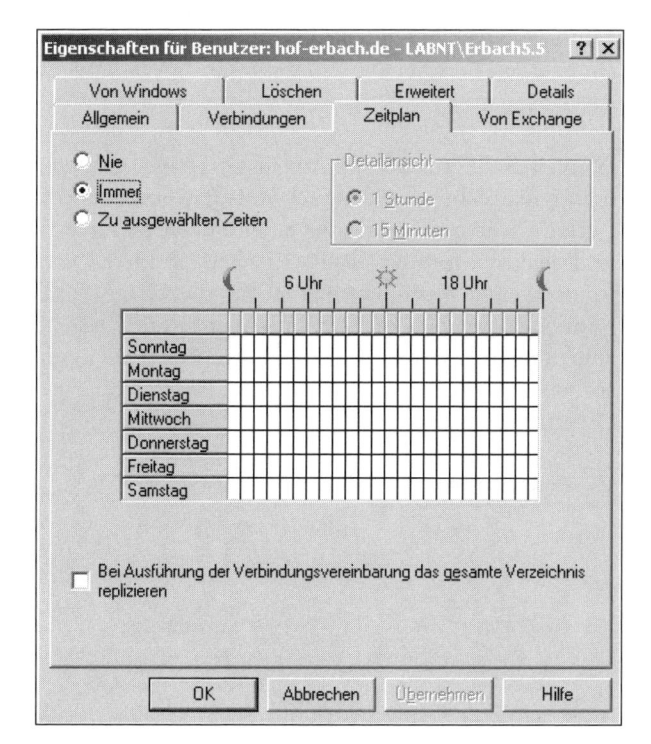

Abbildung 19.35:
Registerkarte ZEITPLAN einer neuen CA

Registerkarte Von Exchange

Mit dieser Registerkarte stellen Sie ein, welche Empfänger-Container aus dem Exchange 5.5 Server in welche Organisationseinheit (OU) des Active Directory repliziert werden.

Sie können dabei nur OUs der Domäne auswählen, die durch den definierten Domänen-Controller verwaltet wird.

Bei der Replikation überprüft der Active Directory Connector, ob der Benutzer, der bei einem Exchange 5.5-Postfach als *primäres NT-Konto* definiert ist, im globalen Katalog zu finden ist. Dies ist nur der Fall, wenn Sie die Benutzer mit einem Tool von der Windows NT-Domäne zum Active Directory repliziert haben, dass die SID mitkopiert.

Ein möglicher Vorschlag wäre das Active Directory Migration Tool (ADMT). Dieses Tool gehört zum kostenlosen Lieferumfang von Windows 2003 und ist sehr mächtig, da es fast alle Daten von Benutzern sowie die Sicherheitsgruppen einer NT-Domäne übernehmen kann. Mit Windows 2000 wurde die ADMT-Version 1.0 mitgeliefert. Diese hat allerdings weit weniger Funktionsumfang und besitzt eine geringere Stabilität als die Version 2.0, die mit Windows 2003 ausgeliefert wird. Verwenden Sie für die

Kapitel 19   Migration und Koexistenz

Migration von NT zu Windows 2000 ADMT 2.0. Das ADMT 2.0 unterstützt zum Beispiel die Übernahme der Benutzerpasswörter aus NT zum Active Directory.

Wenn kein Benutzer im Active Directory gefunden werden kann, der zu dem entsprechenden Postfach auf dem Exchange 5.5 Server passt, legt der Active Directory Connector einen neuen Benutzer in der definierten OU an und deaktiviert dieses Konto. Im Bereich OBJEKTE einer CA können Sie festlegen, welche Benutzerobjekte mit dieser CA repliziert werden sollen. Sie können für jedes Benutzerobjekt getrennte CAs erstellen. Dies ist zum Beispiel sinnvoll, wenn Sie deaktivierte Benutzer in einer anderen OU anlegen sollen, als die benutzerdefinierten Empfänger, die als Kontakt im Active Directory angelegt werden.

Abbildung 19.36:
Registerkarte
VON EXCHANGE
einer neuen CA

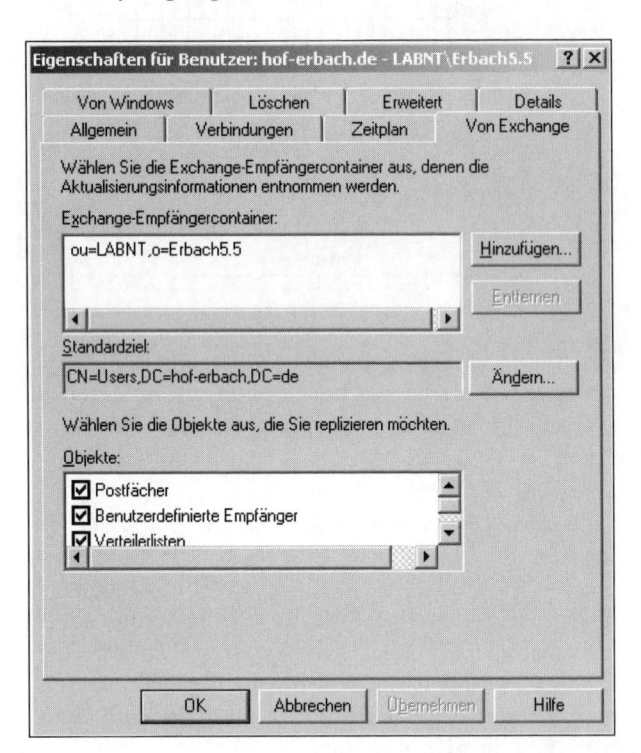

!! STOP

Exchange 5.5-Verteilerlisten werden als universelle Gruppen ins Active Directory übernommen. Diese Art von Gruppen können nur in Domänen angelegt werden, die sich im native Mode befinden, die ausschließlich Windows 2000- oder Windows 2003-DCs enthält. Standardmäßig ist eine installierte Domäne immer im mixed mode. Dieser Modus unterstützt zudem Windows NT 4 BDCs, allerdings keine universellen Gruppen. Universelle Gruppen können zwar auch in Domänen angezeigt werden, die sich im mixed Mode befinden, aber nicht darin erstellt werden. Wenn Sie Verteilerlisten von Exchange 5.5 zu Exchange 2003 übernehmen wollen, müssen

Sie sicherstellen, dass sich die Domäne, in die die Gruppen repliziert werden, im native Mode befindet. Sollte das bei Ihnen nicht möglich sein, sollten Sie für die Übernahme der Verteilerlisten eine temporäre Child-Domäne anlegen, die Sie in den native Mode versetzen. Child-Domänen können ohne weiteres im native Mode laufen, während die zugehörige Root-Domäne im mixed Mode läuft.

Registerkarte Von Windows

Mit dieser Registerkarte legen Sie fest, welche Objekte vom Active Directory in das Exchange-Verzeichnis repliziert werden sollen. Im Grunde läuft die Konfiguration dieser Registerkarte genau so ab, wie die der Registerkarte VON EXCHANGE. Zusätzlich stehen Ihnen auf dieser Registerkarte zwei weitere Optionen zur Verfügung.

- GESICHERTE ACTIVE DIRECTORY-OBJEKTE IN DAS EXCHANGE-VERZEICHNIS REPLIZIEREN. Diese Option ist standardmäßig aktiviert. Gesicherte Active Directory-Objekte sind Objekte, in deren Sicherheitseinstellungen bestimmten Benutzern der Zugriff explizit verweigert wird. Wenn diese Option nicht aktiviert wird, werden solche Objekte nicht repliziert.

- OBJEKTE AM SPEICHERORT ERSTELLEN, DER DURCH EXCHANGE 5.5 DN FESTGELEGT IST. Diese Option dient in erster Linie der Festlegung zur Verweisung des Exchange 5.5 distinguished Names bei öffentlichen Ordnern und ist bei der Verbindungsvereinbarung für öffentliche Ordner fest aktiviert, kann aber auch für Empfänger-CAs verwendet werden. Ein Exchange 5.5-DN kann zum Beispiel folgendermaßen aussehen: *o=Organisationsname/ou=Standort /cn=Empfänger /cn=Admin*.

Registerkarte Löschen

Auf dieser Registerkarte legen Sie fest, wie mit gelöschten Objekten bei der Replikation verfahren werden soll. Sie können getrennt einstellen, ob gelöschte Objekte eines Verzeichnisses im replizierten Verzeichnis ebenfalls gelöscht oder in einer Datei abgespeichert werden sollen. Wenn Sie die gelöschten Objekte eines Verzeichnisses in einer Datei abspeichern, können Sie diese Objekte später manuell oder mit einer Stapelverarbeitungsdatei löschen lassen. Standardmäßig werden alle Objekte, die in einem Verzeichnis gelöscht werden, ebenfalls im replizierten Verzeichnis gelöscht. Sie sollten diese Einstellung nur in Ausnahmefällen abändern.

Registerkarte Erweitert

Auf dieser Registerkarte stehen Ihnen spezielle weitere Einstellungen zur Verfügung, um die CA an Ihre Bedürfnisse anzupassen. Normalerweise müssen Sie auf dieser Registerkarte nur selten, wenn überhaupt, etwas abändern.

Kapitel 19 Migration und Koexistenz

Abbildung 19.37:
Registerkarte
VON WINDOWS
einer neuen CA

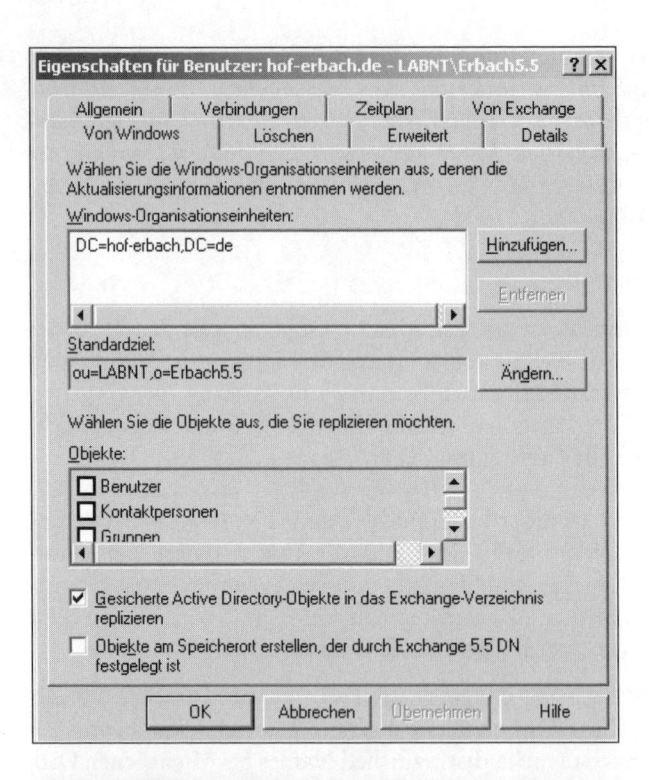

Abbildung 19.38:
Registerkarte
LÖSCHEN
einer neuen CA

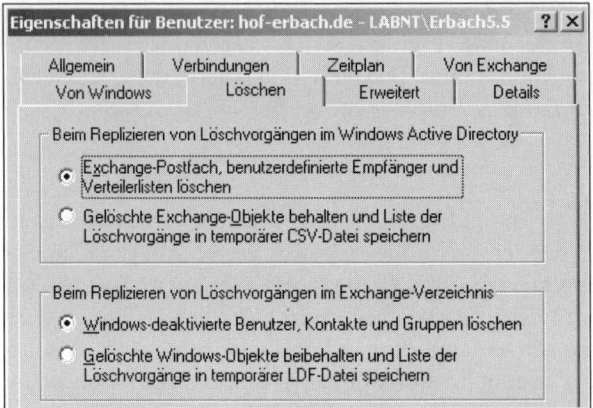

➔ EINTRÄGE PRO SEITE FÜR WINDOWS SERVER/EXCHANGE SERVER. Diese Einstellung steht standardmäßig auf dem Wert 20. Mit dieser Einstellung können Sie mehrere Objekte für die Replikation gruppieren. Wenn mehr Objekte gruppiert werden, gibt es zwar weniger Replikationsverbindungen, allerdings steigt der Speicherverbrauch der einzelnen Replikationen stark an. Normalerweise müssen Sie diesen Wert nicht anpassen. Sie können diesen Wert natürlich auch niedriger ansetzen, um den Speicherbedarf der Replikation zu verringern. Wenn Sie den Wert »0« eintragen, findet keine Replikation statt.

➤ DIES IST EINE PRIMÄRE VERBINDUNGSVEREINBARUNG FÜR DIE VERBUNDENE EXCHANGE-ORGANISATION/WINDOWS-DOMÄNE. Eine primäre Verbindungsvereinbarung erstellt neue Objekte im replizierten Verzeichnis und verändert Attribute bereits erstellter Objekte. Diese Option ist standardmäßig aktiviert. Wenn diese Option nicht aktiviert ist, erstellt diese Verbindungsvereinbarung keine neuen Objekte, sondern bearbeitet lediglich bereits vorhandene. Für jeden Container darf es immer nur eine primäre Verbindungsvereinbarung geben, aber mehrere sekundäre, um einem Ausfall vorzubeugen. Sie können jederzeit eine sekundäre Verbindung mit dieser Option zu einer primären Verbindung umkonfigurieren.

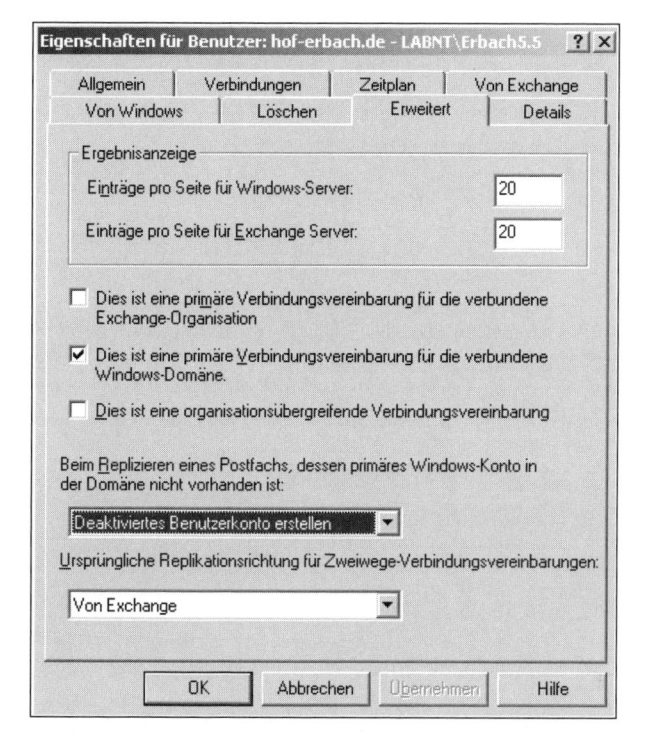

Abbildung 19.39: Registerkarte ERWEITERT einer neuen CA

➤ DIES IST EINE ORGANISATIONSÜBERGREIFENDE VERBINDUNGSVEREINBARUNG. Wenn Sie diese Option aktivieren, können Sie Objekte zwischen verschiedenen Exchange-Organisationen replizieren, wenn zum Beispiel der Exchange 5.5 Server einer Windows NT-Domäne einer Organisation und Exchange 2003 einer anderen Windows 2003-Domäne angehört.

➤ BEIM REPLIZIEREN EINES POSTFACHS, DESSEN PRIMÄRES WINDOWS-KONTO IN DER DOMÄNE NICHT VORHANDEN IST. Hier können Sie einstellen, was genau passieren soll, wenn der ADC beim Replizieren der Postfachinformationen keinen Benutzer mit einer passenden SID im

Kapitel 19 Migration und Koexistenz

Active Directory findet. Standardmäßig wird ein deaktiviertes Benutzerkonto erstellt. Sie können aber auch ein aktiviertes Konto oder einen Windows-Kontakt erstellen lassen.

➥ URSPRÜNGLICHE REPLIKATIONSRICHTUNG FÜR ZWEIWEGE-VERBINDUNGSVEREINBARUNGEN. Hier können Sie einstellen, welches Verzeichnis zunächst repliziert wird, von dem die Replikation dann startet. Normalerweise wird zunächst von Exchange 5.5 ins Active Directory repliziert. Dadurch ist sichergestellt, dass die Exchange-Postfächer und deren Benutzer ins Active Directory repliziert werden.

Abbildung 19.40:
Registerkarte
ERWEITERT einer
neuen CA

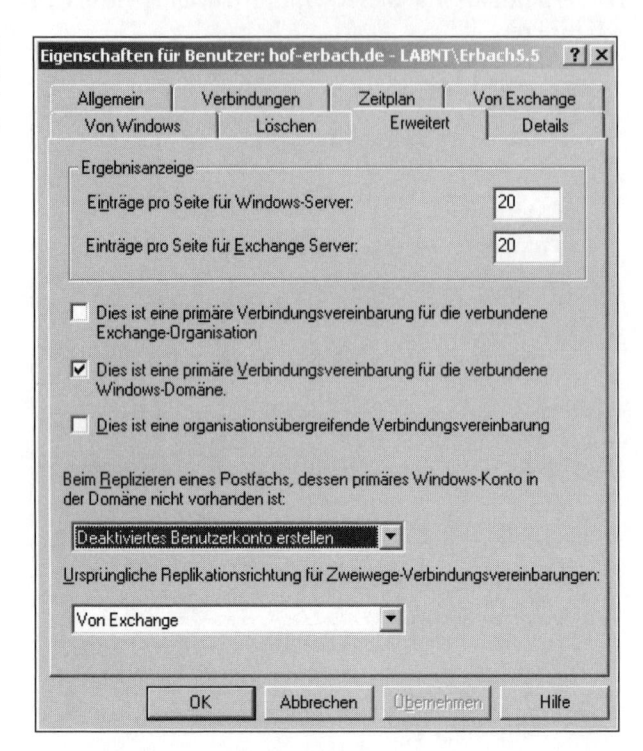

Verbindungsvereinbarung für öffentliche Ordner

Neben der Empfängerverbindungsvereinbarung können Sie noch eine Verbindungsvereinbarung für öffentliche Ordner erstellen. Mit dieser CA werden Informationen und Konfigurationseinstellungen der öffentlichen Ordner auf das jeweilig andere Verzeichnis repliziert. Dadurch haben Benutzer auf Exchange 2003 Servern die Möglichkeit die öffentlichen Ordner in Exchange 5.5 zu nutzen und umgekehrt.

Bei der Replikation der öffentlichen Ordner-Informationen in das Active Directory werden ebenfalls die Zugriffsrechte der öffentlichen Ordner repliziert. Wenn zum Beispiel in Exchange 5.5 der öffentliche Ordner »Vertrieb« nur von Mitarbeitern der Verteilerliste »Vertrieb« bearbeitet werden darf, wird auf dem öffentlichen Ordner in Exchange 2003 für die übernommene universelle Verteilergruppe »Vertrieb« die Berechtigung zum Bearbeiten angelegt. Damit die Rechte für öffentliche Ordner im Active Directory gesetzt werden können, müssen natürlich die entsprechenden Verteilerlisten bereits in das Active Directory repliziert worden sein.

:-) TIPP

Bevor Sie eine Verbindungsvereinbarung für öffentliche Ordner einrichten, sollten Sie zuvor bereits einige Stunden, besser Tage eine Empfängerverbindungsvereinbarung konfiguriert haben und sicherstellen, dass alle Benutzer und Verteilerlisten von Exchange 5.5 in das Active Directory übernommen wurden.

Die Erstellung und Konfiguration einer Verbindungsvereinbarung für öffentliche Ordner läuft weitgehend identisch ab. Allerdings sind einige Optionen, die in der Empfängerverbindungsvereinbarung zur Verfügung stehen, in der Empfängerverbindungsvereinbarung für öffentliche Ordner nicht vorhanden. Die Verbindungsvereinbarung für öffentliche Ordner repliziert die Namen der öffentlichen Ordner und deren Berechtigungen von Exchange 5.5 in das Active Directory, aber nicht deren Inhalte.

Wenn Sie die Inhalte der öffentlichen Ordner zwischen den verschiedenen Servern einrichten wollen, müssen Sie diese Schritte im jeweiligen Administrationsprogramm durchführen, für Exchange 5.5 im EXCHANGE ADMINISTRATOR *und für Exchange 2003 im* EXCHANGE SYSTEM MANAGER.

:-) TIPP

Config CA – Konfigurationsverbindungsvereinbarung

Nach der Installation des ersten Exchange 2003 Servers in der Exchange 5.5-Organisation wird automatisch ein *Config CA* erstellt. Diese CA sollten Sie in keinem Fall bearbeiten, da diese nur durch Exchange 2003 verwaltet wird. Mit dieser CA werden Konfigurationsoptionen und Informationen über die einzelnen Exchange Server, die Connectoren und Standorte zwischen den verschiedenen Server-Versionen repliziert. Sie können eine *Config CA* nicht manuell erstellen.

Wenn Sie die Config CA jedoch versehentlich löschen, haben Sie noch eine Möglichkeit diese wieder herzustellen. Die Config CA wird bei der Installation von Exchange 2003 in einer Exchange 5.5-Organisation erstellt. Wenn Sie den ersten Exchange 2003 Server in einer Exchange 5.5-Organisation installieren, wird auf dem Server automatisch der Standortreplikationsdienst erstellt. Mehr zu diesem Dienst erfahren Sie auf den nächsten Seiten dieses Kapitels. Der Standortreplikationsdienst (SRS) dient zur Verbindung der Exchange 5.5 Server mit Exchange 2003. Dazu emuliert der SRS auf

:-) TIPP

Kapitel 19   Migration und Koexistenz

dem ersten installierten Exchange 2003 Server ein Exchange 5.5-Verzeichnis, mit dessen Hilfe die verschiedenen Server-Versionen Informationen replizieren können. Wenn Sie versehentlich eine Config CA löschen, sollten Sie auch den SRS auf dem Server löschen und einen neuen erstellen. Bei der Erstellung des neuen SRS wird die Config CA neu angelegt.

Installieren von Exchange 2003 in eine Exchange 5.5-Organisation

Nachdem Sie alle Vorbereitungen getroffen haben, können Sie den ersten Exchange 2003 Server in die bestehende Exchange 5.5-Organisation installieren.

Durchführung der Installation

Um die Installation durchzuführen, rufen Sie das Exchange 2003 Setup-Programm von der CD auf, wie bei der Installation auf einem neuen Server. Bei der Installation des ersten Exchange 2003 Servers in einem Active Directory erkennt die Installationsroutine automatisch, dass noch kein Server installiert wurde und bittet Sie um die Eingabe, ob eine neue Exchange-Organisation erstellt oder einer bestehenden Exchange 5.5-Organisation beigetreten werden soll. Dieser Schritt war in Exchange 2000 noch Bestandteil von *forestprep*.

Abbildung 19.41:
Installation des ersten Exchange 2003 Servers in einem Active Directory

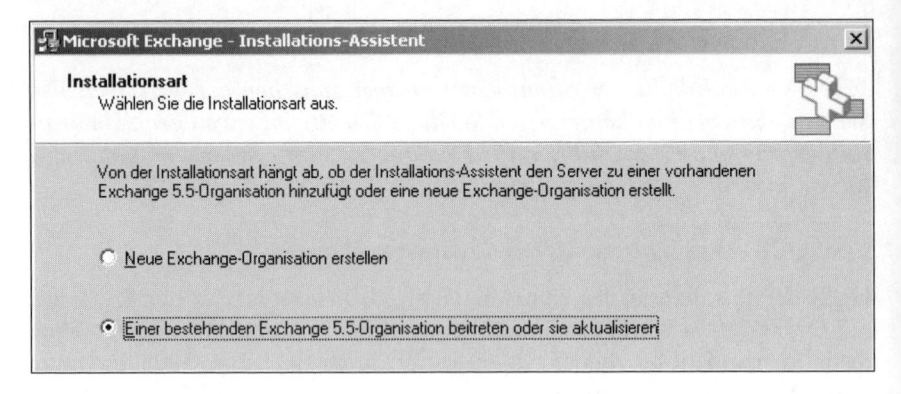

Nachdem Sie ausgewählt haben, dass Sie einer bestehenden Organisation beitreten wollen, müssen Sie einen Exchange 5.5 Server angeben, mit dem sich die Installationsroutine verbinden kann.

Am besten wählen Sie denselben Server aus, mit dem Sie bereits zuvor die Verbindungstests durchgeführt haben. Als Nächstes prüft die Installationsroutine, ob eine Verbindung zu dem Exchange 5.5 Server aufgebaut werden kann und ob genügend Berechtigungen zur Installation vorhanden sind. Wenn Sie alle Vorbedingungen durchgeführt haben, die weiter vorne in diesem Kapitel beschrieben wurden, sollten Sie keine Probleme bekommen.

Exchange 2003 und Exchange 5.5 Kapitel 19

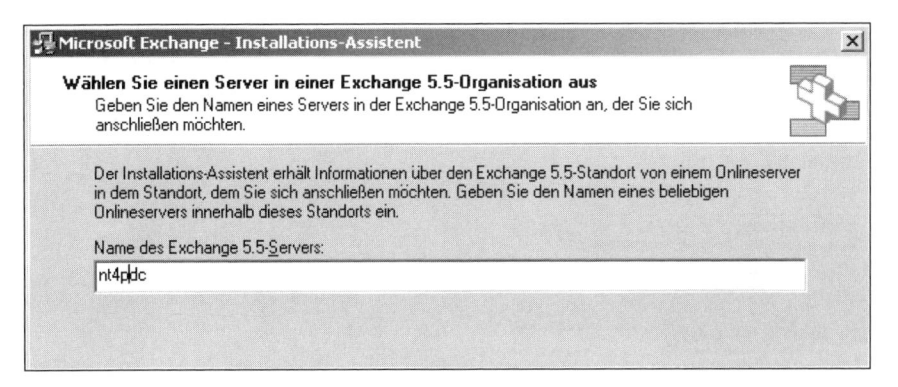

Abbildung 19.42:
Auswahl eines Exchange 5.5 Servers

Wenn die Vorraussetzungen für die Installation des Exchange 2003 Server erfüllt sind, werden Sie als Nächstes nach dem Kennwort des Installationsbenutzers gefragt, mit dem der Exchange 5.5 Server installiert wurde.

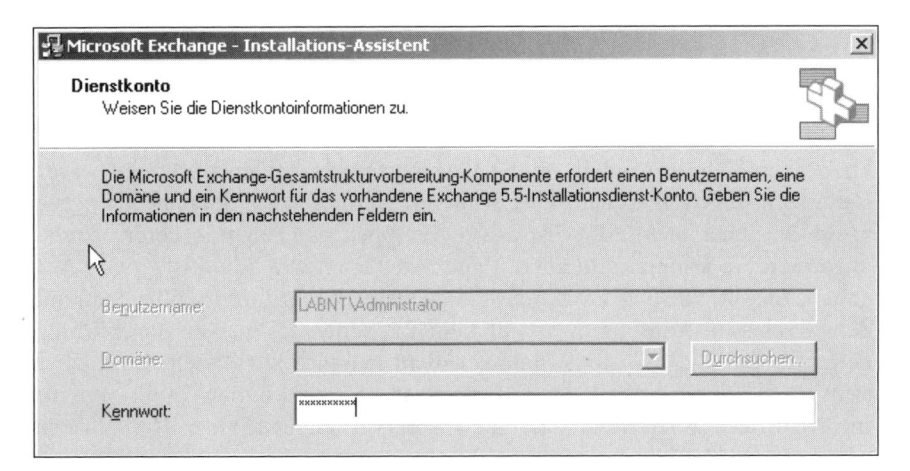

Abbildung 19.43:
Kennworteingabe des Exchange 5.5-Administrators

Wenn Sie das Kennwort richtig eingetragen haben, beginnt die Installation von Exchange 2003. Wenn die Installation abgeschlossen ist, müssen Sie keine weiteren Maßnahmen durchführen, sondern können mit der Überprüfung der Installation fortfahren.

Überprüfung der Installation

Nach der erfolgreichen Installation sollten Sie zunächst überprüfen, ob der Exchange 2003 Server korrekt in die Exchange 5.5-Organisation eingebunden worden ist.

Exchange 2003 System Manager

Der erste Blick nach der Installation sollte immer in den Exchange System Manager gehen, das gilt natürlich auch für die Installation eines Exchange 2003 Servers in eine Exchange 5.5-Organisation. Rufen Sie nach der Instal-

Kapitel 19   Migration und Koexistenz

lation des Servers den Exchange System Manager auf dem Exchange 2003 Server auf. Die Ansicht sieht zunächst vollkommen identisch zur Installation in einer eigenen Organisation aus. Wie Sie sehen, wurden alle Exchange 5.5-Standorte als administrative Gruppen im Exchange System Manager angelegt.

Abbildung 19.44:
Ansicht von Exchange 5.5-Standorten und Server im Exchange 2003 System Manager

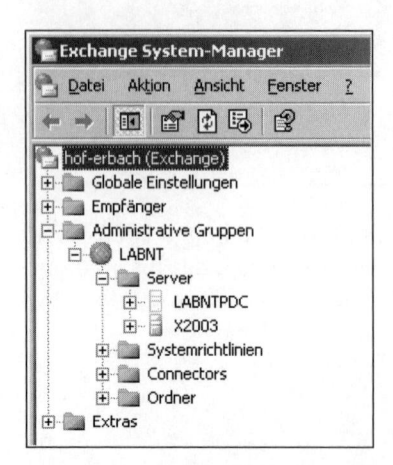

Hier sehen Sie sehr schnell, ob die Verbindung der beiden Exchange Server-Versionen funktioniert hat. Des Weiteren werden alle Exchange 5.5 Server in den verschiedenen administrativen Gruppen mit einem anderen Symbol angezeigt. Sie können und sollten auch weiterhin alle administrativen Aufgaben, die Sie auf den Exchange 5.5 Servern durchführen wollen, nur mit dem Exchange Administrator auf dem Exchange 5.5 Server durchführen, der Exchange 2003 System Manager dient lediglich zur Anzeige und Übersicht der Informationen Ihrer Organisation. Sie können ohne weiteres Informationen über die Exchange 5.5 Server im Exchange 2003 System Manager abrufen.

Active Directory-Benutzer und -Computer

Bereits bei der Inbetriebnahme des Active Directory Connectors wurden alle Benutzer im Active Directory mit Ihrem Postfach auf dem Exchange 5.5 Server verbunden. Nach der Installation des ersten Exchange 2003 Servers können Sie die Postfächer von Benutzern zwischen den verschiedenen Exchange Servern verschieben. Das SnapIn *Active Directory-Benutzer und -Computer* unterscheidet dabei nicht zwischen Exchange 5.5 und Exchange 2003 Servern. Verschieben Sie am besten einen Testbenutzer zwischen Exchange 5.5 und Exchange 2003. Wenn auch dieser Vorgang problemlos funktioniert, ist eine weitere Hürde der Migration genommen.

Adressbuch der Benutzer

Der nächste Blick sollte in die Adressbücher der Benutzer gehen, die auf dem Exchange 2003 Server ein Postfach haben und die noch auf dem

Exchange 5.5 Server liegen. Bei allen Benutzern sollten im Outlook-Adressbuch alle Benutzer des globalen Adressbuches angezeigt werden. Schreiben Sie testweise E-Mails zwischen Benutzern auf verschiedenen Servern. Wenn diese E-Mails zugestellt werden, können Sie sicher sein, dass auch der E-Mail-Fluss zwischen den beiden Server-Versionen problemlos funktioniert.

Exchange 5.5-Administrator

Als Nächstes sollten Sie im Exchange 5.5-Administrator überprüfen, ob der neue Exchange 2003 Server in die Organisation mit aufgenommen wurde. Im Gegensatz zum Exchange 2003 System Manager werden Exchange 2003 Server im Exchange 5.5-Administrator mit demselben Symbol angezeigt, wie Exchange 5.5 Server.

Sie sollten keine Konfigurationsänderungen im Exchange 5.5-Administrator für die Exchange 2003 Server durchführen. Wenn die Exchange 2003 Server im Exchange 5.5-Administrator angezeigt werden, können Sie davon ausgehen, dass der Exchange 2003 Server richtig in die Exchange 5.5-Organisation integriert wurde. Damit Exchange 2003 Server überhaupt im Exchange 5.5-Administrator angezeigt werden, muss der Standortreplikationsdienst auf dem ersten installierten Exchange 2003 Server oder einem neu installierten Server laufen. Wenn die Exchange Server in beiden Administrationsprogrammen korrekt angezeigt werden und in den Ereignisanzeigen keine Fehlermeldungen stehen, können Sie zunächst davon ausgehen, dass die Integration von Exchange 2003 in die Exchange 5.5-Organisation problemlos funktioniert hat.

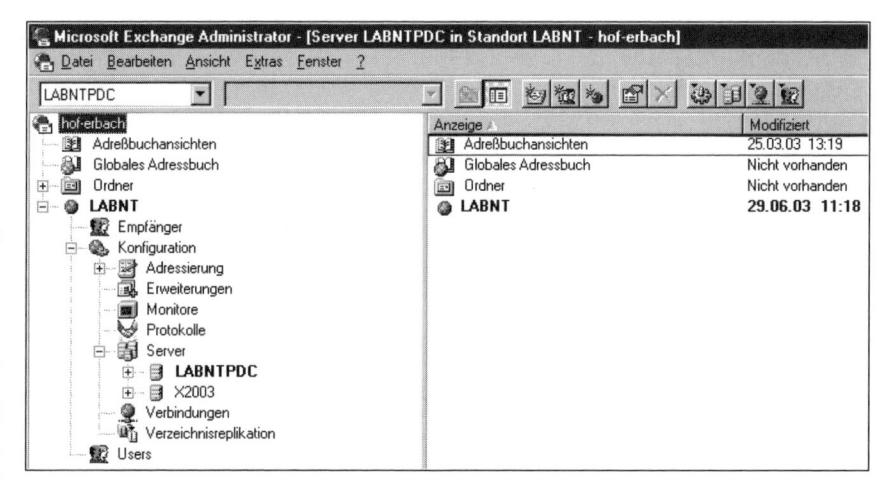

Abbildung 19.45:
Exchange 2003 Server im Exchange 5.5-Administrator

Kapitel 19 Migration und Koexistenz

> :-) TIPP
>
> Sie können die verschiedenen Exchange Server-Versionen eines Standortes überprüfen, wenn Sie im Exchange 5.5-Administrator auf den Menüpunkt SERVER im jeweiligen Standort klicken.
>
> Exchange 2000 Server werden dort mit der internen Versionsnummer 6.0 und Exchange 2003 Server mit 6.5 angezeigt.

Abbildung 19.46:
Verschiedene Exchange-Versionen im Exchange 5.5-Administrator

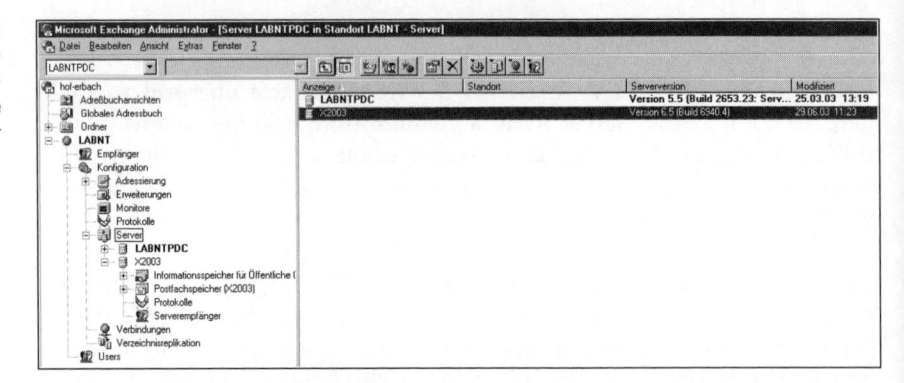

Standortreplikationsdienst (SRS)

Der Standortreplikationsdienst (Site Replication Service, SRS) dient zur Verbindung von Exchange 5.5 mit den Exchange 2003 oder Exchange 2000 Servern. Der SRS wird automatisch auf allen Exchange 2003 Servern installiert, aber nur auf dem ersten installierten Server in einer Exchange 5.5-Organisation aktiviert. Der SRS ist ein so genanntes Schattenverzeichnis von Exchange 5.5. Er stellt allen Exchange 5.5 Servern Informationen aus der Exchange 2003-Konfiguration zur Verfügung. Fällt dieser Dienst aus, ist die Verbindung zwischen den beiden Server-Versionen dauerhaft unterbrochen.

Konfiguration des Standortreplikationsdienstes

Sie finden den SRS im Exchange System Manager im Menü EXTRAS.

Sie können keine Konfigurationsänderungen auf dem SRS durchführen, dies ist auch nicht notwendig. An dieser Stelle können Sie jederzeit einen SRS löschen oder einen neuen erstellen.

> !! STOP
>
> Der SRS ist allerdings nicht clusterfähig. Der erste installierte Exchange 2003 Server in einer Exchange 5.5-Organisation darf nicht in einem Cluster installiert sein, sondern muss ein Standalone-Rechner sein.

Exchange 2003 und Exchange 5.5 | Kapitel 19

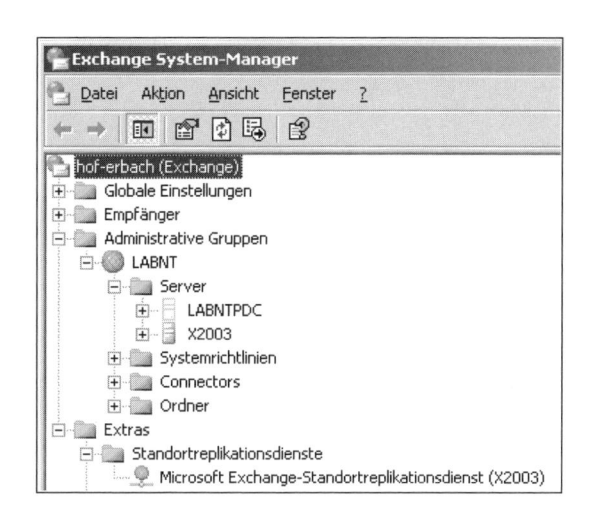

Abbildung 19.47: Standortreplikationsdienst auf einem Exchange 2003 Server

Exchange 2003 administrative Gruppen versus Exchange 5.5-Standorte

Unter Exchange 5.5 wurden administrative und physikalische Trennungen in Standorte untergliedert. Jeder Standort ist physikalisch von den anderen Standorten getrennt und hat eigene Administratoren zur Verwaltung. Unter Exchange 2003 beziehungsweise auch schon in Exchange 2000 hat Microsoft diese Trennung verbessert. Es wurden die administrativen Gruppen zur Trennung der administrativen Tätigkeiten eingeführt sowie zur Trennung der physikalischen Standorte die Routinggruppen. Dadurch ist es problemlos möglich, dass verschiedene Exchange Server in verschiedenen Routinggruppen installiert sind, aber derselben administrativen Gruppe zugeordnet sind und umgekehrt.

Damit die verschiedenen Exchange-Versionen Daten austauschen und die Benutzer Connectoren der verschiedenen Exchange-Versionen nutzen können, repliziert der SRS auch die Informationen von Connectoren zwischen den Exchange Servern. Es ist ohne Probleme möglich, dass Benutzer auf Exchange 2003 Servern den Internet Mail-Dienst auf dem Exchange 5.5 Server nutzen können und umgekehrt. Die Connectoren auf den Exchange 5.5 Servern werden im Exchange System Manager angezeigt und natürlich auch umgekehrt.

Bei der Installation von Exchange 2003 in eine Exchange 5.5-Organisation werden die Exchange 5.5-Standorte als administrative Gruppen sowie die Connectoren, über die SRS repliziert, angezeigt. Damit Exchange 2003 Server eine stabile Verbindung zu den jeweiligen Standorten aufbauen können, ist in den Eigenschaften jeder administrativen Gruppe der Benutzername und das Kennwort des Benutzers eingetragen, mit dem Exchange 5.5 im Standort installiert wurde und das Sie bereits bei der Installation eingegeben haben.

Abbildung 19.48:
Ansicht der Exchange 5.5-Connectoren im Exchange 2003 System Manager

Abbildung 19.49:
Eigenschaften einer administrativen Gruppe und eines Exchange 5.5-Standortes

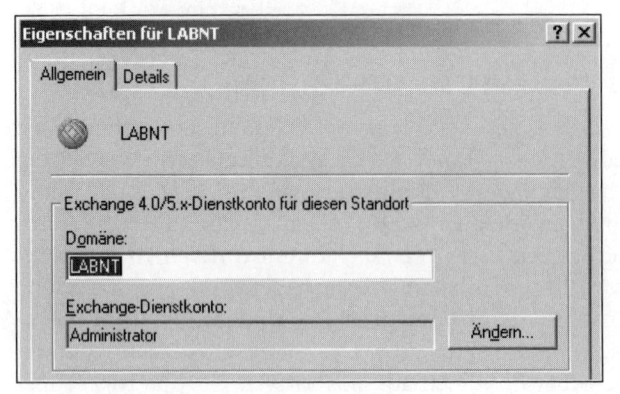

> **TIPP** *In Ausnahmefällen kann die Verbindung zwischen der administrativen Gruppe und dem Standort verloren gehen. Geben Sie in einem solchen Fall den Benutzername und das Kennwort neu ein. Nach dem Neustart von Exchange 2003, der allerdings nicht zwingend notwendig ist, sollte die Verbindung wieder stabil aufgebaut werden.*

In diesem Menü können Sie ebenfalls einen neuen SRS erstellen. Dies sollten Sie allerdings ausschließlich dann tun, wenn der vorherige verloren gegangen ist.

Entfernen von Exchange 5.5

Nachdem Sie Exchange 2003 erfolgreich in der Exchange 5.5-Organisation installiert haben, können Sie mit der Übernahme der Daten von Exchange 5.5 zu Exchange 2003 beginnen und danach den Exchange 5.5 Server aus der Organisation entfernen.

Übernahme der Daten

Benutzerpostfächer

Der wichtigste Schritt ist sicherlich das Verschieben aller Benutzerpostfächer von Exchange 5.5 auf Ihre Exchange 2003 Server. Verwenden Sie dazu, wie bereits im Kapitel 10 *Benutzerverwaltung* beschrieben, die Exchange-Aufgaben des SnapIns *Active Directory-Benutzer und -Computer*.

Öffentliche Ordner

Parallel oder danach sollten Sie im Exchange 5.5-Administrator für die öffentlichen Ordner Replikate auf den Exchange 2003 Servern einrichten. Wenn Sie sichergestellt haben, dass alle öffentlichen Ordner auf die Exchange 2003 Server repliziert wurden, sollten Sie im Exchange System Manager die Replikate auf den Exchange 5.5 Server entfernen.

Systemordner

Auch die Systemordner, das heißt das Offline-Adressbuch und die frei/gebucht-Zeiten, sollten zunächst auf die Exchange 2003 Server repliziert und danach auf den Exchange 5.5 Servern wieder entfernt werden. Da es sich bei den Systemordnern um öffentliche Ordner handelt, sollten Sie genauso vorgehen, wie bei der Replikation der öffentlichen Ordner.

Anlegen neuer Connectoren

Erstellen Sie in Exchange 2003 alle notwendigen Connectoren, zum Beispiel für den Versand ins Internet oder zu anderen E-Mail-Systemen. Die Connectoren werden nach einiger Zeit auch in Exchange 5.5 zur Verfügung stehen. Löschen Sie die alten Connectoren nicht auf Exchange 5.5, sondern setzen zunächst deren Kosten hoch. Dann ist sichergestellt, dass die neuen Connectoren allen Benutzern, selbst denen, die noch auf Exchange 5.5 ein Postfach haben, zur Verfügung stehen, während die alten jederzeit wieder aktiviert werden können.

Herunterfahren des Exchange 5.5 Servers

Wenn Sie alle Daten übernommen haben, sollten Sie vor dem Löschen des Exchange 5.5 Servers zunächst den Rechner herunterfahren und abwarten, ob irgendwelche Probleme auftreten. Häufige Probleme in einem solchen Umfeld sind die frei/gebucht-Zeiten, die eventuell nicht sauber repliziert wurden. Überprüfen Sie anhand der Fehlerbeschreibung im Kapitel 9 *Öffentliche Ordner*, ob die Replikation vielleicht aus Fehlergründen nicht durchgeführt werden kann.

Kapitel 19   Migration und Koexistenz

> **:-) TIPP**
>
> *Wenn Sie die Postfächer Ihrer Benutzer auf einen anderen Exchange Server verschieben, steht in den Outlook-Einstellungen immer noch der alte Exchange Server. Wenn der Benutzer Outlook das nächste Mal startet, wird er mit seinem alten Exchange Server verbunden. Outlook erkennt, dass das Benutzerpostfach verschoben wurde und erhält vom Exchange 5.5 Server die Information, auf welchem Server das Postfach liegt. Dieser Server wird in Outlook eingetragen und die Verbindung geprüft. Beim nächsten Start von Outlook wird die Verbindung zum neuen Server aufgebaut und der alte Server nicht mehr abgefragt.*
>
> *Wenn ein Benutzer Outlook startet und der alte Exchange Server nicht mehr zur Verfügung steht, erscheint in Outlook eine Fehlermeldung, dass das Postfach nicht mehr gefunden werden kann. In einem solchen Fall muss in Outlook manuell die Einstellung auf den neuen Server gelegt werden. Achten Sie darauf, dass am besten alle Benutzer einmal Outlook geöffnet haben und Ihr Postfach öffnen können, bevor Sie den Server herunterfahren.*

Entfernen des letzten Exchange 5.5 Servers

Als Nächstes können Sie mit Hilfe des Exchange 5.5 Setup-Programms Exchange 5.5 vom Server entfernen und damit den Server aus der Organisation löschen. Sollte die Deinstallation nicht erfolgreich sein, können Sie den Server auch mit Hilfe des Exchange 5.5 Administrators aus der Organisation entfernen.

> **:-) TIPP**
>
> *Damit Sie den Server mit dem Exchange Administrator entfernen können, müssen Sie sich mit einem anderen Exchange 5.5 Server verbinden. Wenn kein anderer Exchange 5.5 Server zur Verfügung steht, können Sie sich mit dem Exchange 5.5 Administrator auch mit dem Exchange 2003 Server verbinden, auf dem der SRS installiert ist.*

In einigen Umgebungen wird der Server im Exchange System Manager auch nach der erfolgreichen Entfernung angezeigt. In einem solchen Fall können Sie mit *ADSI-Edit* den Server aus der Exchange-Organisation löschen. Entfernen Sie den Server in folgendem Container:

```
Configuration Container
CN=Configuration, DC=Domänen-Name,DC=com
CN=Services
CN=Microsoft Exchange
CN= Organisations-Name
CN=Administrative Groups
CN= Administrative Gruppe
CN=Servers
```

Außerdem sollten Sie die Connectoren aus dem Active Directory in folgendem Container löschen:

```
Configuration Container
CN=Configuration, DC=Domänen-Name,DC=com
CN=Services
CN=Microsoft Exchange
CN= Organisations-Name
CN=Administrative Groups
CN= Administrative Gruppe
CN=Routing Groups
CN=First Routing Groups
CN=Connections
```

Entfernen Sie aber noch nicht die *Config CA*, diese wird für die Replikation noch benötigt.

Betriebsmodus

Nach der Installation von Exchange 2003 befindet sich eine Organisation zunächst im *mixed Mode*. In diesem Modus können Exchange 5.5 Server Mitglied der Organisation sein. Wenn die Organisation auf den *native Mode* umgestellt wird, darf die Organisation ausschließlich Exchange 2003 und Exchange 2000 Server beinhalten.

Der Funktionsumfang von Exchange 2003 ist im *mixed Mode* gegenüber dem *native Mode* eingeschränkt und abwärtskompatibel zu Exchange 5.5.

Mixed Mode

Im *mixed Mode* werden Exchange 5.5-Standorte zu administrativen Gruppen konvertiert. Routinggruppen können im *mixed Mode* nur Server aus einer administrativen Gruppe enthalten. Exchange Server können nicht zwischen verschiedenen Routinggruppen verschoben werden. Standardmäßig werden E-Mails in einer *mixed Mode*-Organisation mit dem X.400-Protokoll verschickt, nicht mit Hilfe von SMTP.

Native Mode

Wenn Sie eine Exchange-Organisation in den *native Mode* umstellen, darf diese Organisation keine Exchange 5.5 Server mehr enthalten. Routinggruppen können Exchange Server aus mehreren administrativen Gruppen enthalten. Exchange Server können zwischen verschiedenen Routinggruppen verschoben werden. SMTP wird als Standardprotokoll definiert, X.400 wird nicht mehr verwendet, um E-Mails zwischen verschiedenen Exchange Servern zu versenden.

Kapitel 19   Migration und Koexistenz

> **!! STOP**
>
> *Wenn sich eine Exchange 2003-Organisation im native Mode befindet, können Exchange 2000 und Exchange 2003 Server zwischen verschiedenen Routinggruppen verschoben werden, aber **nicht** zwischen verschiedenen administrativen Gruppen. Sie müssen bereits bei der Installation eines Exchange 2003 Servers festlegen, in welcher administrativen Gruppe dieser Server installiert werden soll.*

Umstellen des Betriebsmodus

STEP

Der Betriebsmodus einer Exchange 2003-Organisation wird im Exchange System Manager angezeigt. Sie finden die Konfiguration des Betriebsmodus in den Eigenschaften der Exchange-Organisation. Hier können Sie auch jederzeit den Betriebsmodus wechseln. Wenn sich in der Exchange-Organisation noch Exchange 5.5 Server befinden, ist die Option zum Ändern des Betriebsmodus ausgegraut. Wenn Sie die Exchange-Organisation in den native Mode versetzen, kann dieser Vorgang nicht mehr rückgängig gemacht werden. Ab diesem Zeitpunkt können keine Exchange 5.5 Server mehr Bestandteil dieser Organisation sein. Um den Betriebsmodus nach der Migration von Exchange 5.5 zu Exchange 2003 umzustellen, sollten Sie folgendermaßen vorgehen:

1. Überprüfen Sie zunächst, ob Sie als Administrator angemeldet sind, der sowohl volle Rechte auf dem Exchange 5.5 Server als auch auf dem Exchange 2003 Server hat.

2. Löschen Sie im Active Directory Connector zunächst alle Verbindungsvereinbarungen mit Ausnahme der *Config CA*.

3. Verbinden Sie sich über den Exchange 5.5 Administrator mit dem Exchange 2003 Server, auf dem der SRS installiert ist. Wenn Sie keinen weiteren Exchange 5.5 Administrator zur Verfügung haben, können Sie diesen jederzeit mit Hilfe des Exchange 2003-Installationsprogramm nachinstallieren.

4. Navigieren Sie zu dem Standort, aus dem Sie den Exchange 5.5 Server entfernen wollen. Öffnen Sie das Menü KONFIGURATION und entfernen Sie unter VERZEICHNISREPLIKATION alle Connectoren für die Verzeichnisreplikation, außer den Eintrag ADNAutoDRC. Führen Sie diesen Vorgang auf allen Exchange 2003 Servern durch, die in Ihrer Organisation einen aktivierten SRS haben.

5. Navigieren Sie als Nächstes zum Menü SERVER und entfernen Sie den Exchange 5.5 Server vom Standort. Der Server darf nicht mehr zur Verfügung stehen, die Exchange-Dienste müssen beendet sein.

6. Nachdem Sie sichergestellt haben, dass alle Connectoren für die Verzeichnisreplikation und alle Exchange 5.5 Server aus der Organisation entfernt wurden, sollten Sie etwas warten, bis die *Config CA* diese Änderung auf alle Exchange 2003 Server repliziert hat.

Exchange 2003 und Exchange 5.5 — Kapitel 19

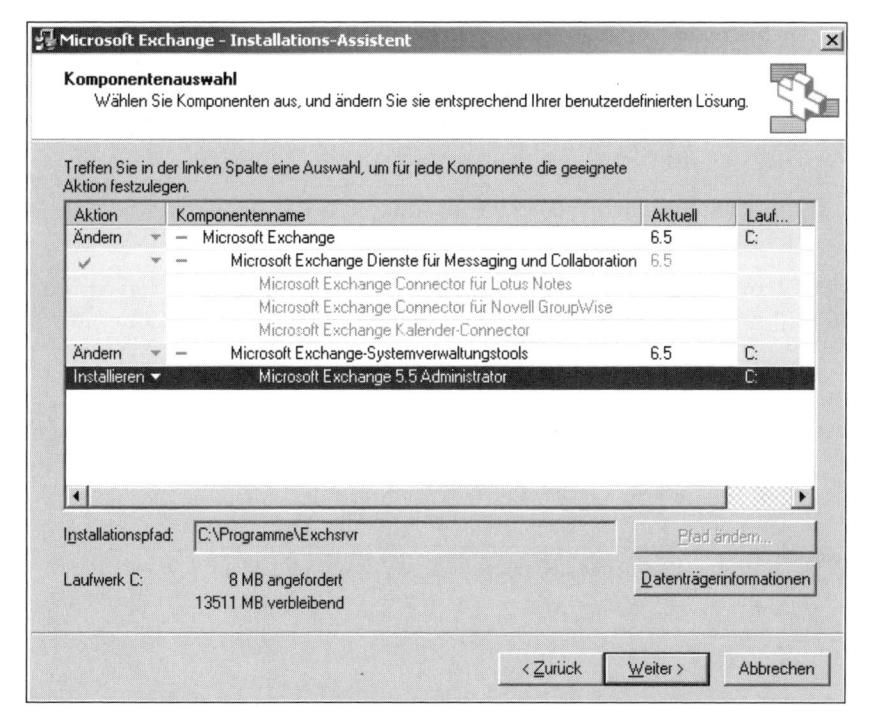

Abbildung 19.50:
Nachträgliche Installation des Exchange 5.5 Administrators auf einem Exchange 2003 Server

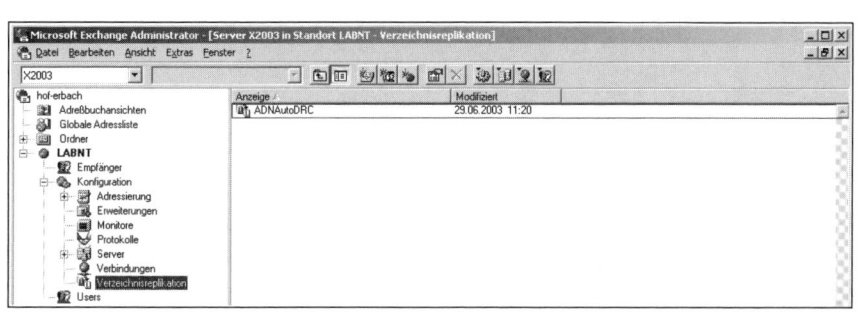

Abbildung 19.51:
Entfernen der Connectoren für die Verzeichnisreplikation

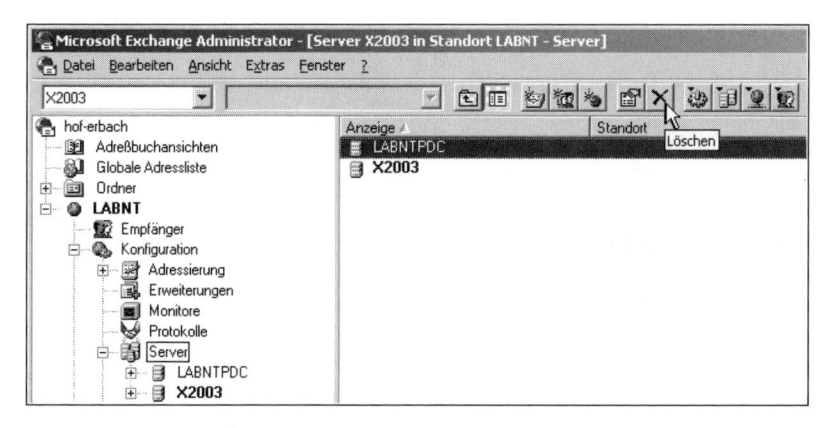

Abbildung 19.52:
Löschen der Exchange 5.5 Server aus der Organisation

7. Öffnen Sie als Nächstes den Exchange 2003 System Manager und überprüfen Sie, ob wirklich alle Exchange 5.5 Server aus den administrativen Gruppen entfernt wurden. Stehen noch einige Server, löschen Sie diese, wie bereits weiter vorne in diesem Kapitel beschrieben, mit *ADSI-Edit*.

8. Löschen Sie alle SRS-Dienste im Menü EXTRAS des Exchange 2003 System Managers.

9. Wenn Sie alle SRS-Dienste aus der Organisation entfernt haben, sollten Sie als Nächstes von allen Servern der Active Directory Connector entfernt werden. Verwenden Sie dazu das Installationsprogramm des Active Directory Connectors

10. Als Letztes können Sie den Betriebsmodus der Exchange-Organisation ändern. Rufen Sie dazu die Eigenschaften der Exchange-Organisation auf und ändern Sie den Betriebsmodus in den *native Mode*.

Abbildung 19.53:
Konfiguration des Exchange-Betriebsmodus

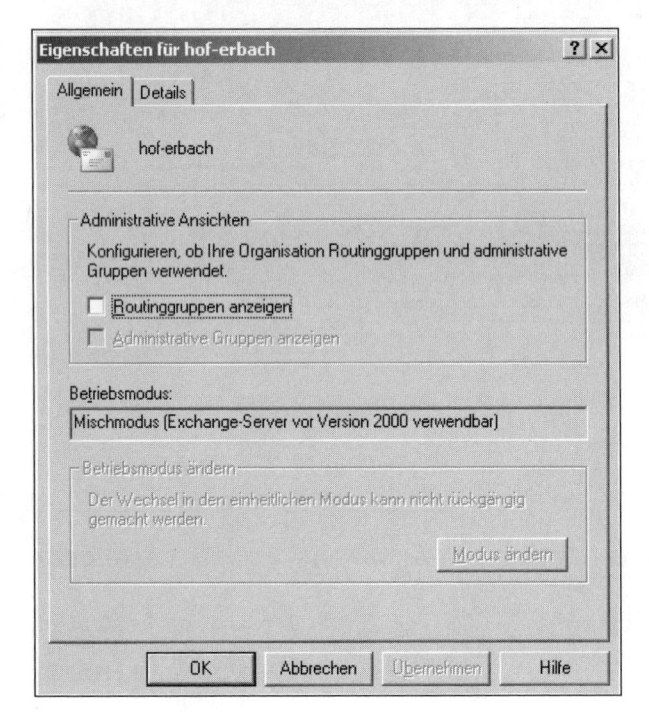

Tools zur Migration

Microsoft stellt mit Exchange 2003 weitere Tools zur Verfügung, mit deren Hilfe Sie Probleme bei der Migration bewältigen können.

Exchange 2003 und Exchange 5.5 Kapitel 19

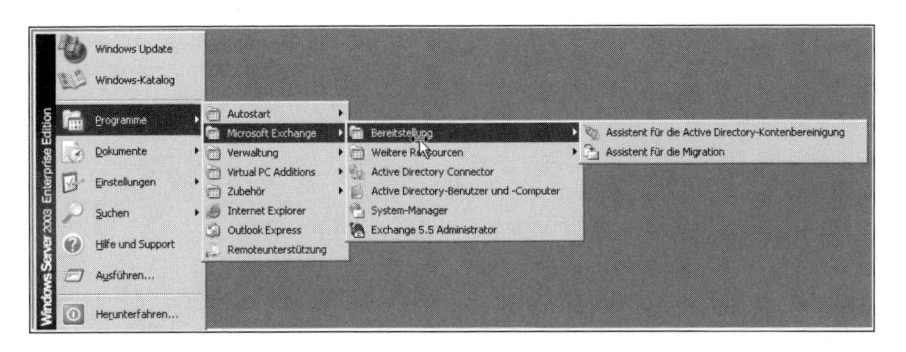

Abbildung 19.54:
Weitere Tools für die Migration zu Exchange 2003

Assistent für die Active Directory-Kontenbereinigung

Der Active Directory Connector verbindet mit den Empfängerverbindungsvereinbarungen die Postfächer auf den Exchange 5.5 Servern mit den entsprechenden Benutzern im Active Directory. Wenn der ADC für ein Exchange 5.5-Postfach keinen Benutzer im Active Directory findet, legt er einen neuen deaktivierten Benutzer an und verbindet das Postfach mit diesem Benutzer. Befindet sich im Active Directory jedoch ein Benutzer, der mit dem Exchange 5.5-Postfach arbeitet, verliert dieser die Verbindung und kann nicht mehr auf sein Postfach zugreifen. Solch ein Problem kann zum Beispiel deshalb auftreten, weil Sie Benutzer nicht mit SID übernommen haben, sondern neu mit dem Exchange 5.5-Postfach angelegt haben. Mit dem Assistenten für die *Active Directory-Kontenvereinbarung (adcclean.exe)* können Sie solche Postfächer bereinigen. Dabei verbindet *adcclean* das Postfach des deaktivierten Benutzers mit dem Benutzer, der mit dem Postfach arbeiten soll und löscht anschließend den deaktivierten Benutzer.

Aktivieren Sie auf keinen Fall einen deaktivierten Benutzer, wenn Sie das Postfach mit Hilfe von adcclean mit einem anderen Benutzer verbinden wollen. Nach der Aktivierung eines solchen Benutzers ist die neue Verbindung des Postfaches mit adcclean nicht mehr möglich.

Wenn Sie *adcclean* neu starten, erscheint das Startfenster des Assistenten. Auf den nächsten Seiten des Assistenten können Sie einzelne oder mehrere Postfächer und Benutzer zusammenführen.

Zunächst legen Sie fest, wo nach Konten gesucht werden soll, die bereinigt werden sollen. Standardmäßig wird das ganze Active Directory untersucht. Wenn Sie bereits wissen, in welcher Organisationseinheit die Benutzerkonten liegen, können Sie einstellen, dass nur diese OU untersucht wird. Normalerweise sollten Sie allerdings das ganze Active Directory untersuchen lassen.

Wenn Sie dieses Fenster mit WEITER bestätigen, beginnt der Assistent die konfigurierten OU oder das ganze Active Directory nach Benutzerkonten zu untersuchen, die zusammengeführt werden sollen. Nach meinen Erfahrun-

Kapitel 19 Migration und Koexistenz

gen werden nur selten alle Konten gefunden, die zusammengeführt werden können. Nachdem der Assistent die Suche abgeschlossen hat, können Sie Konten manuell auswählen, die zusammengeführt werden sollen.

Abbildung 19.55:
Startfenster von *adcclean*

Abbildung 19.56:
Durchsuchen des Active Directory mit *adcclean*

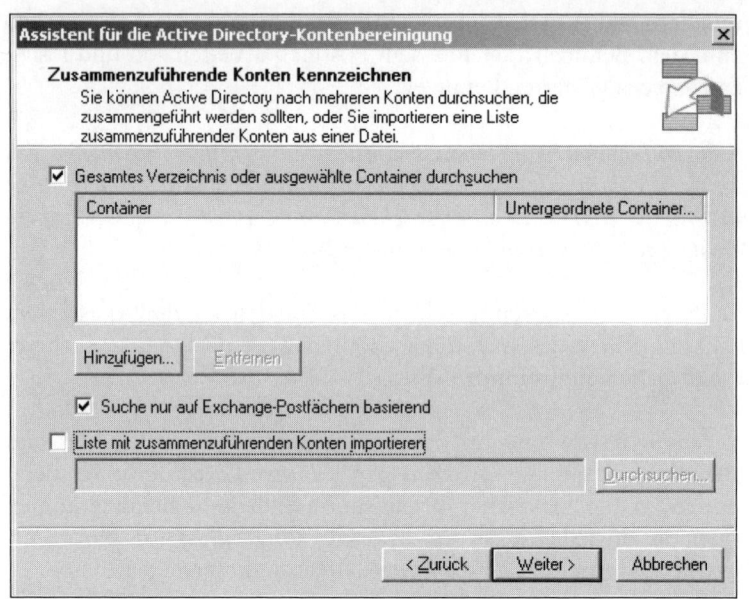

Wählen Sie als Quellkonto das deaktivierte Benutzerkonto aus, dem das Postfach zugeordnet ist. Als Zielkonto müssen Sie das Konto festlegen, das mit dem Postfach verbunden werden soll. Das Konto darf allerdings nicht postfachaktiviert sein, sondern darf über kein Postfach verfügen. Wenn Sie beide Konten ausgewählt haben, beginnt der Assistent mit der Zusammenführung. Nach dieser Aktion verfügt das Zielkonto über das Postfach des Quellkontos, welches nach dieser Aktion gelöscht wird.

Assistent für die Migration

Das nächste Programm, das Sie bei der Migration von Exchange 5.5 oder anderen E-Mail-Systemen zu Exchange 2003 unterstützt, ist der *Assistent für die Migration (mailmig.exe)*. Mit diesem Programm können Sie Postfächer, die auf einem Exchange 5.5 Server liegen und nicht auf einen Exchange 2003 Server verschoben werden können, manuell migrieren.

Wenn Sie den Assistenten starten, erscheint zunächst wieder das Startfenster des Assistenten, der Sie darüber informiert, welche Aktionen Sie durchführen können. Auf den nächsten Seiten müssen Sie festlegen, von welchem E-Mail-System Sie Postfächer auf Exchange 2003 verschieben wollen. Als Nächstes müssen Sie den Exchange Server festlegen, auf den die Postfächer verschoben werden sollen. Wahlweise können Sie die Postfächer dieser Fremdsysteme auch in eine PST-Datei importieren lassen und später in Exchange importieren oder Benutzern mit Outlook zur Verfügung zu stellen. Wenn Sie Postfächer von einem Exchange 5.5 Server auf Exchange 2003 migrieren, müssen die beiden Exchange Server nicht unbedingt in einer Organisation installiert sein. Auf der nächsten Seite müssen Sie eingeben, von welchem Server und mit welchem Benutzerkonto Sie das Postfach exportieren wollen. Auf der letzten Seite legen Sie fest, mit welchem Active Directory-Benutzer das exportierte Postfach verbunden werden soll. Der Benutzer, mit dem Sie das Postfach verbinden, darf wie bei *adcclean* über kein Postfach verfügen.

Nach der erfolgreichen Migration zum Exchange 2003 Server ist der Active Directory-Benutzer mit seinem neuen Postfach verbunden. Die Daten auf dem Quell-Server bleiben bei dieser Aktion erhalten und werden nicht gelöscht.

Mit diesen beiden Tools können Sie alle Aufgaben erledigen, die Sie für die Migration von anderen E-Mail-Systemen oder Exchange 5.5 zu Exchange 2003 neben dem Active Directory Connector benötigen.

Kapitel 19   Migration und Koexistenz

Abbildung 19.57:
Auswahl der Benutzerkonten für die Zusammenführung

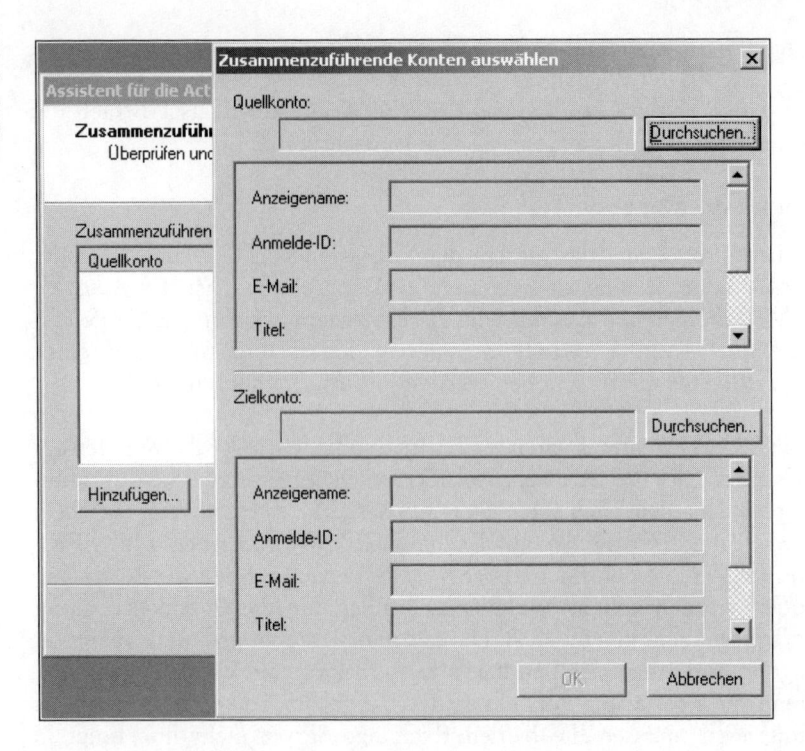

20 Planung

Die Planung ist ein wichtiger Punkt vor der produktiven Einführung von Exchange in Ihrem Unternehmen. Bevor Sie Ihre Exchange Server installieren, sollten Sie zunächst eine detaillierte Planung durchführen und dabei alle Belange Ihres Unternehmens berücksichtigen. Die Einführung von Exchange 2003 ist ebenso komplex wie die Einführung eines neuen Active Directory unter Windows 2003 oder Windows 2000. Dieses Kapitel beschreibt die Planung und Einführung von Exchange 2003 auf der »grünen Wiese«, das heißt den Neuaufbau einer Exchange-Organisation ohne irgendwelche Vorbelastungen. Sie können diese Planungsschritte auf Ihr Unternehmen anpassen.

Auch die eventuell notwendige Verbindung mit anderen E-Mail-Systemen oder die Planung der Internet-Verbindung ist wichtig für eine saubere Implementation von Exchange 2003. Beachten Sie ebenfalls die notwendigen Schulungs- und Einarbeitungsmaßnahmen für Ihre Benutzer und Administratoren.

20.1 Analyse der Anforderungen

Ein erster Schritt für die Planung einer Exchange-Einführung ist sicherlich die Analyse der Anforderungen, die Sie benötigen. Mittlerweile spielt in fast allen Unternehmen, die bereits E-Mail-Systeme einsetzen, Exchange eine sehr große Rolle. Benutzer verwenden das E-Mail-System für Ihre Kommunikation untereinander, mit Partnern, Kunden und Lieferanten. Auch die Groupware-Funktionalitäten, die öffentlichen Ordner, die Besprechungsanfragen und viele weitere Funktionen spielen für die Benutzer eine unersetzliche Rolle. Sie sollten daher bereits früh in der Planungsphase die Belange und Bedürfnisse Ihrer Benutzer berücksichtigen. Nach meiner Erfahrung bietet es sich in vielen Fällen an, zunächst eine Planungsgruppe zu erstellen, der einige Mitarbeiter, am besten aus allen notwendigen Abteilungen zugeteilt werden. Mit dieser Planungsgruppe können Sie alle Bereiche planen, die die Benutzer betreffen. In Einrichtungen mit einem Betriebs- oder Personalrat sollte beziehungsweise muss dieser auch in den Prozess eingebunden werden.

Planungspunkte für Benutzer

Stellen Sie am besten vor einer Besprechung mit der Planungsgruppe eine Liste von Punkten auf, die von Benutzern, deren Vertretern oder der Geschäftsleitung festgelegt und ausdiskutiert werden sollen. Diese Liste sollte alle Punkte enthalten, die Benutzer betreffen und deren Arbeit mit Exchange beeinflussen. Auf den folgenden Seiten gebe ich Ihnen eine Aufstellung zu den Punkten, die ich bisher unter anderem bei Planungen berücksichtigt habe. Diese Liste ist natürlich nicht vollständig. Sie können diese beliebig erweitern und auf Ihre Bedürfnisse anpassen. Die angesprochenen Punkte stellen sicherlich eine wichtige Planungsgrundlage dar.

- Zunächst sollte festgelegt werden, welche Benutzer überhaupt einen E-Mail-Zugang erhalten sollen, eventuell können sich mehrere Mitarbeiter ein Postfach teilen. Dadurch können Sie einige Lizenzkosten und Plattenplatz einsparen.

- Welche Rolle nehmen Außenstandorte ein? Sollen diese in die Firmen-E-Mail-Struktur eingegliedert werden oder extern verbleiben?

- Die eingesetzte Outlook-Version sollte festgelegt werden. Natürlich bietet es sich an, für Exchange 2003 auch Outlook 2003 einzusetzen. Aber auch die Zusammenarbeit mit Outlook 97, 98, 2000 oder XP wird unterstützt.

- Sollen alle Mitarbeiter oder zumindest einige mit Outlook Web Access arbeiten? Gerade Mitarbeiter, die keinen eigenen PC-Arbeitsplatz haben, sind auf diesen Zugang angewiesen.

- Auch die Anzahl, die Bezeichnung und die Mitglieder der Verteilerlisten müssen festgelegt werden. Beim Neuanlegen eines Benutzers muss ein Workflow definiert werden, mit dem festgestellt werden kann, welcher Verteilerliste ein Benutzer zugeteilt wird.

- Ein sehr wichtiger Punkt ist sicherlich die Formatierung der E-Mail-Adresse. Die E-Mail-Adresse sollte zu Ihrer Firma passen, aber auch leicht zu merken und zu schreiben sein, um unnötige Fehlerquellen zu vermeiden. Dieser Bereich wird oft von der Geschäftsführung festgelegt, sollte aber mit den Mitarbeitern und den Administratoren zusammen durchgesprochen werden.

- Von Anfang an sollte festgelegt werden, wie die private Nutzung der E-Mail-Accounts gesteuert wird. Private E-Mails sind oft Schlupflöcher für Viren und Trojaner, kosten Plattenplatz auf dem Datenträger und bei der Sicherung und erhöhen die Anzahl der Spam-E-Mails, da die Mitarbeiter E-Mail-Adressen im Internet publizieren.

- Zu Beginn sollten Sie auch festlegen, ob überhaupt alle Mitarbeiter E-Mails ins Internet schreiben können oder von dort empfangen sollen.

- Ein wichtiger Bereich sind auch Dateianhänge. Sie sollten so früh wie möglich festlegen, welche Dateianhänge überhaupt zugelassen werden und wie groß diese sein dürfen. Findet eine zentralisierte Virenprüfung statt?

- Der Einsatz von öffentlichen Ordnern muss ebenfalls geplant sein. Welche öffentlichen Ordner soll es geben, wer darf neue Ordner erstellen, wer Inhalte in diesen Ordnern veröffentlichen? Was soll in den öffentlichen Ordnern zur Verfügung gestellt werden und wie soll die öffentliche-Ordner-Struktur aussehen? Alle diese Punkte sind wichtige Planungsbereiche bei der Einführung von öffentlichen Ordnern. Sie sollten bereits frühzeitig »Wildwuchs« bei den öffentlichen Ordnern verhindern.

- Gibt es Ressourcen, die verwaltet werden sollen, wie zum Beispiel Firmenfahrzeuge, Beamer, Konferenzräume und so weiter? Wer soll diese Ressourcen verwalten und wie sollen diese angelegt werden?

- Die Größe der Postfächer sowie die Grenzwerte zum Empfangen oder Versenden müssen bereits frühzeitig abgesprochen werden.

- Welche Benutzer sollen sich von außerhalb einwählen dürfen und wie soll der Zugang aussehen (Terminal-Server, VPN, RAS, Outlook Web Access, RPC über HTTP)?

- Outlook-Schulungen für die Benutzer sollten bereits frühzeitig durchgeführt werden. Es sollte zudem festgelegt werden, wer diese Schulungen durchführt, Schulungsunternehmen, Administratoren oder besser Poweruser von intern?

- Wie soll der Zugang über die Wireless Services gelöst werden? Welche Benutzer dürfen sich beispielsweise über Smartphones mit dem Postfach verbinden?

- Auch die Definition des Abwesenheitsassistenten und des Textes muss festgelegt werden. Sollen zum Beispiel auch Mitarbeiter außerhalb der Organisation Informationen über die Abwesenheit eines Benutzers erhalten?

- Wollen Sie mit Signaturen und E-Mail-Verschlüsselung arbeiten?

- Benötigen Sie *unified Messaging*-Dienste, wie zum Beispiel Fax oder SMS über Exchange und wenn ja, welche Anbieter werden bevorzugt?

20.2 Netzwerk-Infrastruktur

Unabhängig von der Planung der Benutzerschnittstellen müssen Sie bereits frühzeitig die Infrastruktur Ihrer Exchange-Organisation planen. Machen Sie sich Gedanken über die geografische Aufteilung Ihrer Firma. In welcher Niederlassung sollen Exchange-Server installiert werden, welche Niederlassungen können mit Terminal-Servern oder über Standleitung an das Postfach angebunden werden? Visualisieren Sie am besten Ihre Netzwerktopologie, falls noch nicht geschehen. Ein wichtiger Punkt sind sicherlich die Leitungskapazitäten zwischen den Standorten und der Zentrale. Sollen direkte Standleitungen, Wählleitungen oder VPN-Tunnel über das Internet zur Verbindung verwendet werden?

Es ist abhängig von den Benutzern und deren Verhalten bei der Arbeit mit Exchange, wie viel Bandbreite Sie in den einzelnen Niederlassungen benötigen. In manchen Fällen gibt es bereits einen Windows-Domänen-Controller vor Ort, der sich für die Installation von Exchange 2003 eignen könnte, dies ist natürlich abhängig von der Anzahl der Benutzer und der Auslastung des Servers.

20.3 Active Directory

Exchange 2003 hängt stark und vom Active Directory ab. Ohne Active Directory gibt es kein Exchange 2003. Sie sollten bereits früh bei der Planung Ihres Active Directory die Einführung von Exchange 2003 einplanen. Vor allem bei der Migration von Windows 2000 zu Windows 2003 muss die Einführung von Exchange 2003 berücksichtigt werden.

Ein Active Directory kann immer nur eine Exchange-Organisation beinhalten und eine Exchange-Organisation kann immer nur Teil eines Active Directory sein. Diese einfache aber wichtige Regel, muss für die Planung von Exchange 2003 berücksichtigt werden.

Sie sollten auch hier eine Visualisierung aller Unterdomänen und aller Domänen-Controller durchführen. An jedem Standort, an dem ein Exchange 2003 Server stehen soll, muss auch ein Windows Active Directory-Domänen-Controller stehen, am besten wäre natürlich ein globaler Katalog.

20.4 Namenskonventionen

Ein sehr wichtiger Punkt sind sicherlich auch die Namenskonventionen für die einzelnen Exchange 2003-Komponenten. Nachträgliche Namensänderungen sind später entweder gar nicht möglich oder mit so viel Arbeit verbunden, dass Sie bereits frühzeitig vermieden werden sollten.

Bezeichnung der Organisation

Der Name Ihrer Organisation ist sicherlich einer der ersten Punkte, der festgelegt werden sollte. Der Name sollte möglichst kurz und leicht zu merken sein. Er wird zwar nicht oft verwendet, wenn Sie ihn aber für eine LDAP-Abfrage oder ein Programm eines Drittherstellers benötigen, sind Sie sicherlich dankbar, wenn der Name nicht zu lang und zu unübersichtlich ist. Darüber hinaus darf der Name der Organisation keins der folgenden Zeichen enthalten:

/ \ [ ] : | < > + = ~ ! @ ; , " ( ) { } ` ' # $ % ^ & * .

Sicherheitshalber sollten Sie auf die Verwendung von Umlauten oder »ß« verzichten. Der Name einer Exchange 2003-Organisation darf maximal 64 Zeichen lang sein. Das nachträgliche Abändern des Organisationsnamens ist ein sehr umständlicher Vorgang, der bereits frühzeitig vermieden werden kann.

Namen der administrativen Gruppen und Routinggruppen

Auch die Bezeichnung der administrativen Gruppen und der Routinggruppen sollte bereits frühzeitig festgelegt werden. Wenn Sie mehrere solcher Gruppen anlegen müssen, sollten Sie sich auch eine Namenskonvention überlegen, anhand derer Sie sofort erkennen, welche Server diese Gruppe enthält beziehungsweise was Ihre Aufgabe ist. Wählen Sie auch hier den Namen so kurz wie möglich. Auch diese Bezeichnung darf maximal 64 Zeichen lang sein, für die Verwendung der Zeichen gelten die oben genannten Regeln.

Aus der Bezeichnung der Routinggruppen sollte leicht ersichtlich sein, welche Standorte miteinander verbunden werden. Bei diesem Punkt müssen Sie die Zusammenarbeit mit anderen E-Mail-Systemen beachten. Eventuell ist es für manche Connectoren notwendig, den Namen einer administrativen Gruppe oder einer Routinggruppe einzugeben. Ein leicht zuordenbarer und einfacher Name kann hier einige Fehler bereits frühzeitig verhindern.

Server-Namen

Die Bezeichnung der Server sollte ebenfalls sehr früh festgelegt werden. Aus der Bezeichnung des Servers sollte schnell ersichtlich sein, welche Aufgaben er beinhaltet und an welchem Standort er steht. Wenn es sich bei dem Server um einen Exchange Server handelt, sollte dies aus dem Namen bereits hervorgehen. Der Name des Servers wird während der Administration ebenfalls häufig von den Benutzern verwendet. Achten Sie auch hier auf einen einfachen, aber aussagekräftigen Namen. Der NetBios-Name des Servers darf maximal 15 Zeichen lang sein. Auch eine Durchnummerierung ist sinnvoll, vor allem, wenn Sie mehrere Exchange Server einsetzen wollen oder müssen. Teilweise erscheint der Name der Rechner in ausgehenden Nachrichten, deshalb sollten Sie aufpassen, welche Wörter innerhalb eines gewählten Namens vorkommen, zum Beispiel ist MSEXCHANGE kein guter Name, da er das Wort SEX enthält.

20.5 Planen der administrativen Gruppen und der Routinggruppen

Neben dem Namen der administrativen Gruppen und der Routinggruppen müssen Sie die Gruppen an sich, deren Standort, Anzahl und Verteilung planen. Generell sollten Sie die Anzahl der administrativen Gruppen und auch der Routinggruppen so klein wie möglich halten, da eine größere Anzahl an Gruppen auch eine Erhöhung des administrativen Aufwands bedeutet. Je weniger Gruppen, umso besser. Wenn Sie natürlich eine entsprechend große Anzahl an Niederlassungen und Administratoren haben, werden Sie mehrere Routinggruppen benötigen.

Routinggruppen

Routinggruppen bedeuten die physikalische, aber nicht die logische Trennung von Exchange Servern.

Zunächst müssen Sie festlegen, wie viele Routinggruppen Sie benötigen. Grundsätzlich sollten Sie für jeden Standort, der mit einer schmalbandigen Leitung angebunden ist und an dem ein Exchange Server stehen soll, eine Routinggruppe anlegen. Die Verbindung der Routinggruppen muss ebenfalls definiert werden. Sie müssen festlegen, mit welchen Connectoren die einzelnen Routinggruppen verbunden werden sollen, welche Exchange Server als Bridgehead Server konfiguriert werden sollen und wie die Verfügbarkeit der Connectoren garantiert werden soll, so dass eine möglichst hohe Ausfallsicherheit besteht.

Sie können jederzeit Exchange Server zwischen verschiedenen Routinggruppen verschieben, allerdings nur, wenn sich die Organisation bereits im *native* Mode befindet. Im *mixed* Mode können Exchange 2003 Server nicht zwischen Routinggruppen verschoben werden.

Administrative Gruppen

Im Gegensatz zu den Routinggruppen dienen administrative Gruppen der logischen Trennung von Exchange Servern. So können an einem physikalischen Standort mehrere administrative Gruppen definiert oder eine administrative Gruppe über mehrere Routinggruppen verteilt sein. Planen Sie frühzeitig die Delegation der Verwaltungsaufgaben Ihrer Exchange-Organisation. Administrative Gruppen sollten Sie nur anlegen, wenn für manche Standorte oder Niederlassungen bereits ausgebildete Administratoren zur Verfügung stehen.

20.6 Server-Planung

Ein weiterer Planungspunkt ist die Verteilung und Anzahl Ihrer Exchange Server. Sie müssen planen, wie viele Exchange Server Sie einsetzen wollen, ob Sie einen Cluster installieren wollen oder lieber einen Standalone-Rechner verwenden wollen. Auch die Funktionsweise einzelner Exchange Server sollte bereits frühzeitig festgelegt werden. Wollen Sie dedizierte Server für Connectoren einrichten, benötigen Sie Frontend-Server und so weiter. Auch die Größe und Verteilung der Datenträger und der Datenbank ist ein sehr wichtiger Punkt. Sie müssen sich überlegen, wie die Daten abgelegt werden sollen, ob Sie ein RAID 1-, 5- oder 10-System einsetzen wollen und wie viel Plattenplatz Sie benötigen werden.

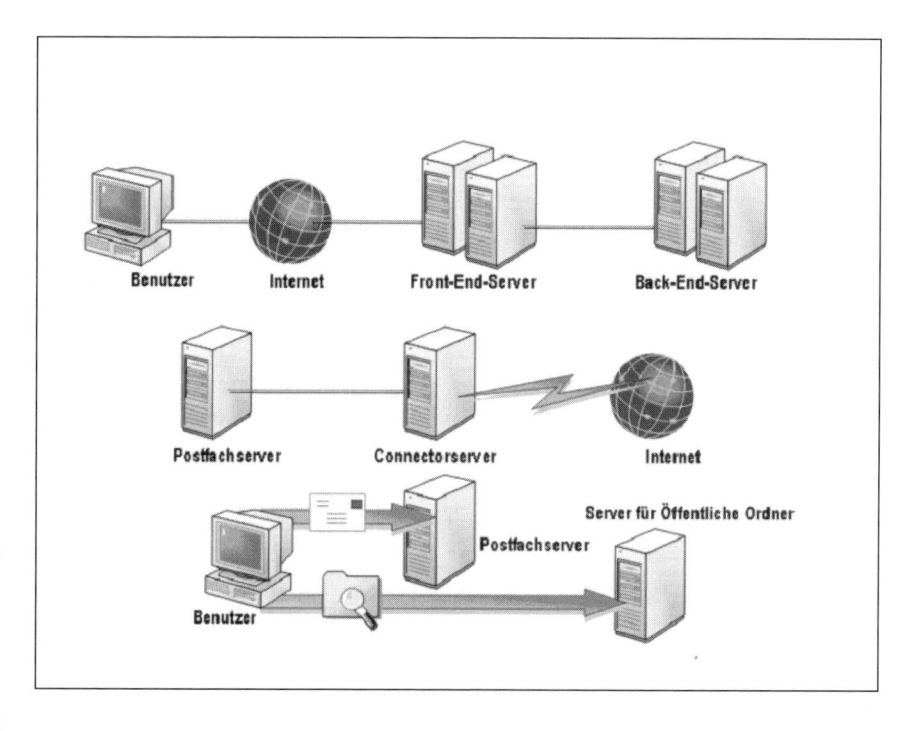

Abbildung 20.1:
Verschiedene Server-Rollen in einer Exchange-Organisation

20.7 Sicherheitsplanung

Ein immer wichtigerer Bereich bei der Einführung von neuen Server-Diensten in einem Netzwerk ist die Sicherheit. Bei der Einführung von Exchange müssen Sie sich genau überlegen, wie Ihre Sicherheitsstrategie aussehen soll, da Sie durch Exchange Ihr internes Netzwerk teilweise nach außen öffnen. Sie müssen sich überlegen, ob Sie Signaturen und E-Mail-Verschlüsselung einführen wollen, welchen Virenscanner Sie verwenden wollen und welche Dateianhänge gesperrt werden sollen und so weiter. Wichtig ist auch der

Zugang für Ihre Benutzer. Wie sollen sich Benutzer einwählen, mit RAS oder VPN. Wollen Sie vielleicht sogar einen Exchange Frontend-Server im Internet veröffentlichen?

Grundsicherung

Ein erster Schritt zur Absicherung Ihrer Exchange-Umgebung ist sicherlich zunächst die Sicherstellung einer Art Grundsicherung für Ihre Exchange Server.

- Ein Exchange Server sollte, wie alle anderen Server auch, in einem abgesperrten und gut gekühlten Raum stehen. Zugang sollten nur bestimmte Personen erhalten. Vermeiden Sie am besten Publikumsverkehr, der zum Beispiel entsteht, wenn die Server im selben Raum wie die Drucker oder sogar im Flur stehen.

- Die Passwörter für die Administratoren sollten nicht leicht zu erraten und nur den Administratoren zugänglich sein. Sofern es vorkommen kann, dass keiner der Administratoren verfügbar ist (Urlaub, Krankheit, Abwesenheit), müssen Sie ein Notfallszenario vorbereiten.

- Sorgen Sie für eine stabile und optimale Datensicherung wie weiter vorne im Buch bereits beschrieben. Testen Sie Ihre Sicherungsstrategie und führen Sie wenigstens ab und zu Wiederherstellungstests durch.

- Installieren Sie so schnell wie möglich die verfügbaren Sicherheitspatches und Servicepacks. Warten Sie nach dem Erscheinen und überprüfen Sie vor der Installation in einschlägigen Newsgroups, ob Probleme bei der Installation auftreten. Lesen Sie vor der Installation auf jeden Fall die Release Notes des Patches oder Servicepacks, um unvorhergesehene Probleme zu vermeiden.

- Veröffentlichen Sie einen Exchange Server niemals im Internet, sondern verwenden Sie bei einer solchen Anforderung immer einen Frontend-Server. Ermöglichen Sie durch die Firewall hindurch nur Zugriff auf die benötigten Ports, wie im Kapitel 13 *Outlook Web Access* bereits beschrieben.

Virenschutz und Spam-Abwehr

Neben der Datensicherung spielt der Virenschutz eines Exchange Servers eine der größten Rollen bei der Sicherheitsstrategie Ihrer Exchange-Organisation. Viren spielen im Internet eine immer wichtigere Rolle und haben schon einige Netzwerke lahm gelegt. Sorgen Sie schon bei der Planung für eine sichere und stabile Antiviren-Lösung für Ihre Exchange-Organisation. Sie sollten an dieser Stelle nicht sparen, da eine schlampige Absicherung eines Exchange Servers im Notfall mehr Geld kostet, als die Einführung

Sicherheitsplanung　　Kapitel 20

eines Virenscanners. Spam-E-Mails belasten Ihr Unternehmen ebenfalls immer mehr, da auf der einen Seite die Benutzer von produktiver Arbeit abgelenkt werden und die Spam-E-Mails auf der anderen Seite die Datenleitung, die Exchange-Datenbank sowie die Datensicherung zumüllen.

Virenschutz

Mittlerweile gibt es eine große Anzahl an Virenscannern. Mein Favorit in diesem Bereich ist *Antigen* von der Firma *Sybari*.

Nicht nur meiner Meinung nach ist dieser Scanner der derzeit beste Scanner für Exchange und Lotus Notes. Weitere Informationen finden Sie unter

http://www.nt-solutions.de

oder

http://www.sybari.com

Antigen vereint die Scan-Engines der meisten Antivirenscanner, ist performant und durch die Zusammenführung mehrerer Engines werden deutlich mehr Viren gefunden, als mit anderen Scannern. Mittlerweile wurde in der aktuellen *Antigen*-Version auch ein Spam-Modul integriert, welches in der heutigen Zeit eine wertvolle Hilfe beim Kampf gegen Spam sein kann. Schauen Sie sich *Antigen* einmal an oder lassen Sie es sich vom Hersteller in einer Internet-Vorführung zeigen.

Bei der Auswahl eines Scanners, unabhängig vom Hersteller, sollten Sie genau überprüfen und vergleichen, welchen Scanner Sie einführen wollen. Sie sollten vor der Einführung einige Punkte beachten und verschiedene Scanner miteinander vergleichen:

- Wie wird der Scanner lizenziert? Die meisten Scanner werden pro Postfach lizenziert, manche auch pro Server. Rechnen Sie sich aus, welche Lizenzierungsmethode für Sie am günstigsten ist. Beachten Sie aber, dass der Preis nicht alles ist.

- Wie lässt sich die Software verwalten? Am besten ist eine Management-Konsole, von der alle Exchange Server der Organisation verwalten werden können. Vor allem in großen Umgebung mit vielen Servern spielt dieser Punkt eine wichtige Rolle.

- Wie oft werden die Virensignaturen veröffentlicht? Mittlerweile ist eine Veröffentlichung auf Wochenbasis nicht mehr zeitgemäß. In der heutigen Zeit sollten Signaturen mindestens einmal am Tag veröffentlicht werden, manche Hersteller aktualisieren Ihre Signaturen sogar mehrmals täglich.

→ Informieren Sie sich in der Fachpresse, in Newsgroups und im Internet über die einzelnen Scanner. Anbieter können viel versprechen, aber ob die Software wirklich etwas taugt, lässt sich leicht und schnell herausfinden.

Achten Sie beim Kauf darauf, ob der Scanner auch einen Dateifilter mitbringt. Viele Viren lassen sich bereits aus dem Netz aussperren, wenn Sie spezielle Dateianhänge standardmäßig blocken. Gute Scanner lassen eine detaillierte Steuerung dieser Filterung zu. Wenn Sie die gefährlichsten Anhänge filtern lassen, werden 80-90% aller Viren Ihr Netz nie erreichen und müssen daher auch nicht gescannt werden. Ich lasse meistens folgende Anhänge ausfiltern:

```
*.vbs, *.exe, *.com, *.bat, *.cmd, *.js, *.scr, *.pif, *.eml
```

Spam-Schutz

Exchange 2003 bringt bezüglich der Spam-Abwehr schon einige Verbesserungen mit, die in Exchange 2000 vermisst wurden. Nach meiner Meinung gehen diese Erweiterungen aber noch nicht weit genug. Sie werden daher um die Integration einer Software eines Drittherstellers nicht umhinkommen. Auch hier hat Sybari mittlerweile in seinen Virenscanner ein Spam-Modul integriert, welches sehr gut funktioniert.

Der erste Schutz gegen Spams besteht sicherlich darin, den Benutzern zu untersagen sich in Newsletter oder sonstigen Informationsdiensten im Internet mit der Firmenadresse zu registrieren. Zu privaten Zwecken sollten Benutzer deshalb auch besser eine private E-Mail-Adresse verwenden. Auch Newsletter können Ihre Datenträger und die Datensicherung belasten, da diese selten von den Benutzern gelöscht werden, sondern oft archiviert und jahrelang im Posteingang vor sich »hingammeln«. Erlauben Sie daher Ihren Benutzer den Zugriff auf Ihr privates Postfach im Internet oder per POP3, bevor die Firmenadresse für private Dinge missbraucht wird.

Alternativ können Sie auch Newsletter von allgemeinem Interesse für die Adresse eines Ordners bestellen und dann die Beiträge in einem öffentlichen Ordner sammeln.

21 Nachrichten-Routing

Der Nachrichtenverkehr wurde in Exchange 2003 gegenüber seinen Vorgängern, vor allem Exchange 5.5, deutlich überarbeitet. Gerade wenn Sie mehrere Exchange Server untereinander verwalten müssen, sollten Sie sich mit dem Nachrichten-Routing in Exchange 2003 auseinandersetzen. In Exchange 5.5 wurde zum Erfassen der Routing-Informationen noch die so genannte GWART (Gateway Address Routing Table) verwendet. Diese Funktionalität wird in Exchange 2003 von den Verbindungsinformationen ersetzt.

21.1 GWART versus Verbindungsinformationen

Der große Nachteil der GWART besteht darin, dass nicht der gesamte Weg einer E-Mail vorausberechnet wird, sondern immer nur der nächste HOP. Dies hat den Nachteil, dass der Exchange 5.5 Server munter E-Mails an seinen Gateway weitersendet, obwohl der nächste Weg oder Exchange Server nicht mehr zur Verfügung steht. In Exchange 2003 berechnen die Verbindungsinformationen den kompletten Weg der E-Mail voraus, um sicherzustellen, dass diese auch zugestellt wird. Die Verbindungsinformationen in jeder Routinggruppe enthalten daher die Informationen über jeden Connector der anderen Routinggruppen und deren Kosten. Exchange 2003 überprüft daher nicht nur, ob eine E-Mail zugestellt werden kann, sondern verwendet dabei auch die Connectoren mit den niedrigsten Kosten, um eine insgesamt billigere Verbindung zu erreichen. Dies war unter Exchange 5.5 noch nicht möglich.

Routinggruppenmaster

In jeder Routinggruppe gibt es einen Routinggruppenmaster. Der Master verwaltet für die Routinggruppe diese Verbindungsinformationen und gibt sie an die Routinggruppenmaster der anderen Routinggruppen weiter. Fällt der Routinggruppenmaster einer Routinggruppe aus, können aus dieser Routinggruppe keine E-Mails mehr zugestellt werden. Sie können die Funktionalität auch jederzeit auf einen anderen Server der Routinggruppe verschieben. Dazu verwenden Sie den Exchange System Manager. Navigieren Sie zur Routinggruppe, deren Master Sie wechseln wollen und klicken Sie mit der rechten Maustaste auf den Exchange 2003 Server, der die Funktionalität übernehmen soll. Aus dem Kontextmenü wählen Sie die Option ALS MASTER FESTLEGEN.

Damit die Informationen über aktive oder inaktive Connectoren jederzeit schnell zur Verfügung stehen, werden diese im RAM gespeichert. Nach dem Neustart eines Exchange Servers müssen diese Informationen deshalb zunächst wieder repliziert werden.

Replikation der Verbindungsinformationen

Die Replikation der Verbindungsinformationen zwischen Exchange Servern derselben Routinggruppe werden über den TCP-Port 691 übertragen. Zwischen den Bridgehead Servern von Routinggruppen wird der SMTP-Port 25 verwendet. Die Übermittlung der Verbindungsinformationen erfolgt dabei mit Hilfe des SMTP-Befehles *X-Link2State*.

Wenn eine Verbindung ausfällt, das heißt, ein Connector in der Exchange-Organisation nicht mehr zur Verfügung steht, wird folgender Vorgang ausgelöst:

1. Der Bridgehead Server einer Routinggruppe informiert seinen Routinggruppenmaster über den Port 691 nach spätestens 5 Minuten über den Ausfall.
2. Der Routinggruppenmaster aktualisiert seine Verbindungstabelle und gibt seinerseits die Informationen an alle Exchange Server der Routinggruppe über den Port 691 weiter.
3. Die Bridgehead Server der Routinggruppe geben diese Informationen an alle Bridgehead Server der anderen Routinggruppen weiter, mit denen sie verbunden sind. Die Informationen werden über den SMTP-Port 25 mit dem SMTP-Befehl *X-Link2State* weitergegeben.
4. In der Remote-Routinggruppe laufen diese Vorgänge dann wieder von vorne ab. So ist sichergestellt, dass in möglichst kurzer Zeit alle Exchange Server der Organisation über den inaktiven Connector informiert sind.

21.2 SMTP, X.400 und MAPI

Exchange 2003 kann über drei Protokolle mit E-Mails versorgt werden. Der verbreitetste Weg ist sicherlich SMTP. In gemischten Umgebungen mit Exchange 5.5 wird zum Versenden von E-Mails zwischen den verschiedenen Server-Versionen X.400, das heißt der Message Transfer Agent verwendet. Als Letztes werden E-Mails zwischen Benutzern auf demselben Exchange Server direkt mit Outlook in den Informationsspeicher geschrieben. Dazu verwendet Outlook das MAPI-Protokoll.

Empfang von Nachrichten

Wenn Nachrichten beim Exchange Server eintreffen, werden in der Kürze folgende Abläufe durchgeführt:

- Wenn eine Nachricht mit SMTP übermittelt wird, stellt Exchange diese Nachricht zunächst in eine Warteschlange auf dem Datenträger, bevor sie zugestellt wird. Die empfangene Nachricht wird zunächst in einen so genannten Umschlag (envelope) gepackt. Wenn die Nachricht vollständig übertragen wurde, wird Sie schließlich mit Hilfe des NTFS-Speichertreibers in die bereits beschriebene Warteschlange gestellt.

- Im nächsten Schritt wird die E-Mail dem Categorizer übergeben. Der Categorizer stellt fest, ob die Nachricht lokal oder remote zugestellt werden soll und überprüft die Verteilerliste, wenn die E-Mail an eine solche geschrieben wurde.

- Danach wird die E-Mail mit dem Routingmodul und den Informationen aus den Verbindungsinformationen zum nächsten HOP zugestellt.

21.3 Nachrichtenfluss

Wenn Nachrichten von Benutzern zugestellt werden sollen, können grundsätzlich verschiedene Varianten zutreffen, die verschiedene Vorgänge auf Ihren Exchange Servern auslösen.

Zustellen von Nachrichten

Nachrichten können innerhalb desselben Servers zugestellt werden, innerhalb einer Routinggruppe oder einer Exchange-Organisation oder schließlich nach extern verschickt werden.

Nachrichtenübermittlung innerhalb eines Exchange Servers

Wenn ein Benutzer eine E-Mail an einen anderen Benutzer auf demselben Server verschickt, erkennt dies der Categorizer und übergibt die Nachricht direkt an den Treiber für den Informationsspeicher. Dieser stellt die Nachricht zu. Weitere Vorgänge müssen nicht durchgeführt werden, die Verbindungsinformationen werden nicht verwendet.

Nachrichtenübermittlung innerhalb einer Routinggruppe

Nachrichten zwischen Exchange Servern einer Routinggruppe werden mit SMTP verschickt. Der Categorizer verwendet zur Bestimmung des Ziel-Servers alle Einstellungen und Richtlinien, die für E-Mails festgelegt wurden. Danach wird die E-Mail in die Warteschlange des Routingmoduls gestellt.

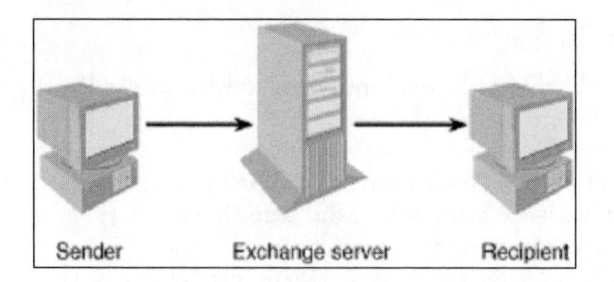

Kapitel 21 Nachrichten-Routing

Abbildung 21.1:
Zustellung von Nachrichten innerhalb eines Servers

Der Ziel-Exchange Server nimmt die E-Mail entgegen und stellt sie nach der Kategorisierung zu.

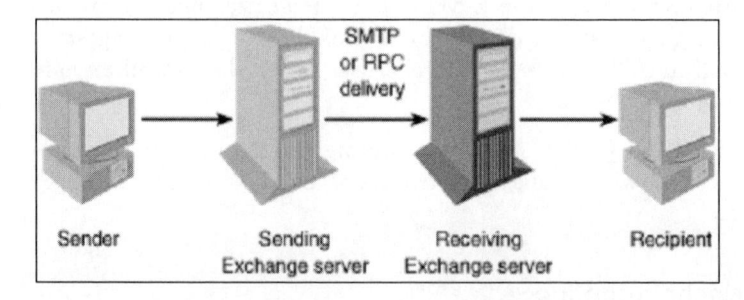

Abbildung 21.2:
Zustellung innerhalb einer Routinggruppe

Nachrichtenübermittlung zwischen Routinggruppen

Wenn eine Nachricht zu einem Exchange Server einer anderen Routinggruppe übermittelt werden muss, verwendet der Exchange Server die Verbindungsinformationen und übermittelt die Nachricht an den Bridgehead Server seiner Routinggruppe, der mit der Remote-Routinggruppe verbunden ist. Der Bridgehead Server leitet die E-Mail dann an den Bridgehead Server der Routinggruppe weiter, die den nächsten HOP darstellt. Die Vorgänge dazwischen sind identisch mit dem Versenden von E-Mails innerhalb einer Routinggruppe.

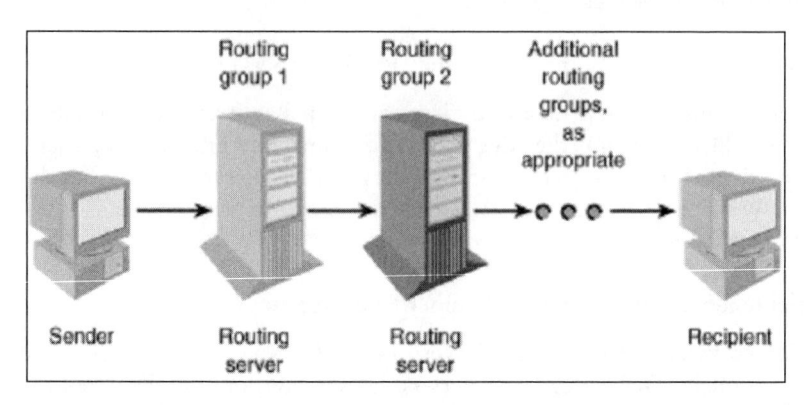

Abbildung 21.3:
Nachrichtenversand zwischen Routinggruppen

Nachrichtenübermittlung nach außerhalb der Organisation

Wenn der Categorizer feststellt, dass eine Nachricht ins Internet oder einem anderen E-Mail-System zugestellt werden soll, wird mit Hilfe der Verbindungsinformationen der kostengünstigste Weg ermittelt und die E-Mail zu dem Bridgehead Server geschickt, der mit dem Internet oder dem anderen E-Mail-System verbunden ist. Sie müssen lediglich einen Connector innerhalb der Organisation einrichten, der von allen Routinggruppen zur Übermittlung von Nachrichten nach außerhalb verwendet werden kann. Es ist also nicht notwendig für jede Routinggruppe einen SMTP-Connector ins Internet zu erstellen.

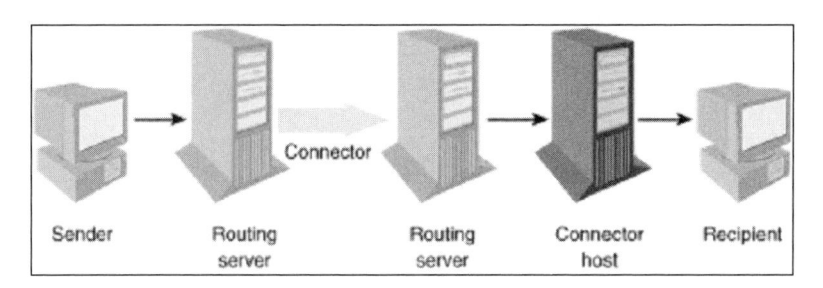

Abbildung 21.4:
Versenden einer Nachricht nach außerhalb

21.4 Virtueller SMTP-Server

Wenn eine E-Mail durch Exchange 2003 nicht zugestellt werden kann, wird ein Nichtzustellbarkeitsbericht (NDR) erstellt und dem Absender der E-Mail übermittelt. Dadurch ist sichergestellt, dass keine Daten verloren gehen können und die Absender einer E-Mail immer sicher sein können, dass die Nachrichten zugestellt werden, wenn Sie keine Fehlermeldung erhalten. Wenn E-Mails zwischen Exchange Servern oder ins Internet nicht zugestellt werden können, können eventuell folgende Punkte als Ursache infrage kommen:

➥ Die Datenleitung zwischen den Routinggruppen ist ausgefallen.

➥ Der Bridgehead Server der Remote-Routinggruppe antwortet nicht auf eine Anforderung von drei Versuchen innerhalb einer Minute.

Sie können die Wiederholungsraten genau definieren, in denen ein Exchange Server versucht eine E-Mail zuzustellen. Diese Einstellungen werden in den Eigenschaften des jeweiligen virtuellen SMTP-Servers im Exchange System Manager eingestellt. Wechseln Sie dazu in den Eigenschaften auf die Registerkarte ÜBERMITTLUNG.

Auf dieser Registerkarte können Sie alle Einstellungen vornehmen, die Sie bezüglich der Erstellung von NDRs benötigen. Standardmäßig sind die Einstellungen schon optimal eingestellt. Sie sollten hier nur Änderungen vornehmen, wenn Sie mit diesen Standardwerten nicht einverstanden sind. Sie können verschiedene Schwellenwerte einstellen. Diese Werte werden für alle E-Mails verwendet, die von diesem Server aus über diesen virtuellen Server versendet werden. Sie sollten allerdings nicht die ausgehenden Sicherheitseinstellungen bearbeiten, wenn Sie zum Beispiel mit Authentifizierung im Internet arbeiten wollen. Viele Provider fordern mittlerweile eine Authentifizierung an, bevor der Mail-Server eine E-Mail von einem Kunden annimmt. Stellen Sie diese Authentifizierung direkt in einem eigenen SMTP-Connector ein, nicht beim virtuellen Standard-Server. Wenn Sie hier Einstellungen vornehmen, werden diese auch für den E-Mail-Versand zu den Exchange Servern Ihrer Organisation verwendet. Dadurch besteht die Gefahr, dass E-Mails zu den anderen Exchange Servern nicht zugestellt werden können. Die einzelnen Einstellmöglichkeiten sind selbsterklärend, ich gehe daher nicht näher auf sie ein.

21.5 Globale Einstellungen

Einige Einstellungen, die den Nachrichtenfluss Ihrer Organisation betreffen, werden in den globalen Einstellungen im Exchange System Manager durchgeführt.

Abbildung 21.5:
Globale Einstellungen einer Exchange-Organisation

Hier nehmen Sie hauptsächlich Einstellungen im Menü zur Nachrichtenübermittlung und zum Internet-Nachrichtenformat vor. Für die Internet-Nachrichtenformate können Sie zusätzlich auf der rechten Seite des Fensters im Exchange System Manager für jede Domäne eigene Einstellungen vornehmen. Rufen Sie die Eigenschaften der Domäne auf, wenn Sie Einstellungen ändern wollen. Standardmäßig sind bereits alle Einstellungen so gewählt, dass der E-Mail-Versand ohne Probleme funktioniert. Viele Einstellungen werden Sie bereits bei der Konfiguration der einzelnen Connectoren oder virtuellen Server gesehen haben. Die Einstellungen, die Sie hier treffen, gelten allerdings für alle Server aller Routinggruppen. Gehen Sie also vorsichtig vor, wenn Sie hier Einstellungen verändern und dokumentieren Sie diese Änderungen.

Globale Einstellungen

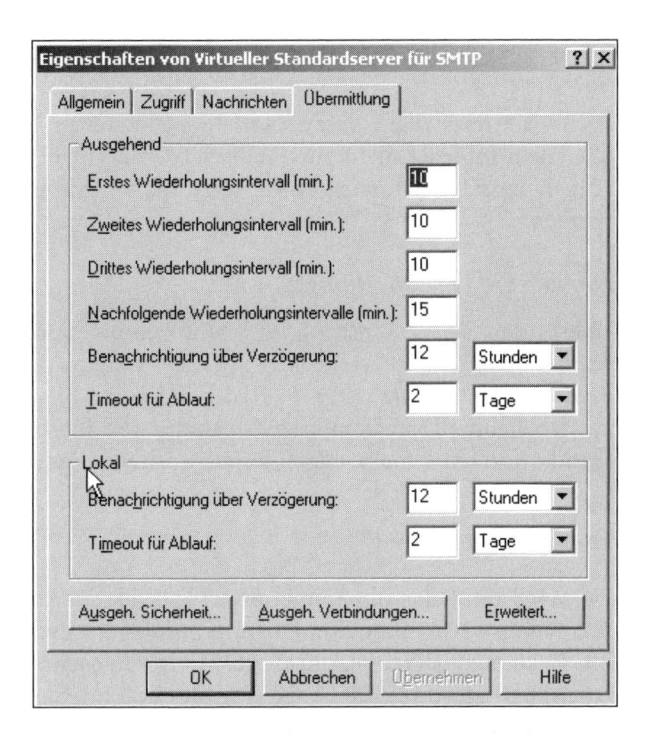

Kapitel 21

Abbildung 21.6:
Standarddomäne der Exchange-Organisation

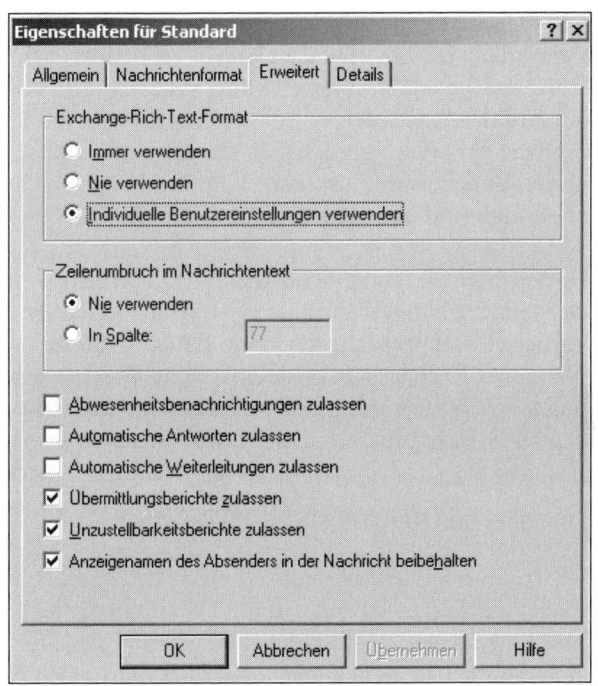

Abbildung 21.7:
Erweiterte Einstellungen der Standarddomäne

{ KOMPENDIUM } Exchange Server 2003 und Outlook

21.6 Fehlerbehebung im Nachrichtenfluss

Wenn Sie feststellen, dass Nachrichten zwischen Ihren Exchange Servern oder dem Internet nicht zugestellt werden können, sollten Sie systematisch vorgehen und genau überprüfen, warum die E-Mails nicht zugestellt werden können.

Globale SMTP-Einstellungen

Überprüfen Sie zunächst, ob im Menü Internet-Nachrichtenformate auf der rechten Seite des Fensters im Exchange System Manager die Standarddomäne mit dem Platzhalter »*« vorhanden ist. Sie können an dieser Stelle zwar beliebige Domänen erstellen und deren Einstellungen bearbeiten, die Standarddomäne muss jedoch immer vorhanden sein.

Empfängerrichtlinien

Der nächste Blick sollte immer in die E-Mail-Adressen Ihrer Benutzer gehen beziehungsweise in die Empfängerrichtlinien im Exchange System Manager. Ein Exchange Server nimmt die E-Mails entgegen und stellt sie den Benutzern innerhalb Ihrer Exchange-Organisation zu. Sie müssen daher nicht für jede Domäne eine eigene Exchange-Organisation aufbauen, sondern können für jede Domäne E-Mails annehmen. Überprüfen Sie in den Empfängerrichtlinien, ob Sie vielleicht einen Tippfehler beim Eingeben der E-Mail-Adressen gemacht haben. Ein Exchange 2003 Server überprüft immer anhand der Empfängerrichtlinien, ob eine E-Mail zu dieser Exchange-Organisation zugestellt werden soll. Domänen, die nicht Bestandteil der Empfängerrichtlinien sind, werden von Exchange nicht als eigene Domänen anerkannt und daher nicht angenommen.

Überprüfen Sie zudem, ob die E-Mail-Adressen an Ihre Benutzer verteilt werden. Exchange kann nur die E-Mails zustellen, für die E-Mail-Adressen vorliegen. Benutzer dürfen keine E-Mail-Adresse erhalten, die dem FQDN-Name des Exchange Servers entspricht. Die E-Mail-Adresse eines Benutzers muss sich immer vom DNS-Name seines Exchange Servers unterscheiden. Die DNS-Domäne darf allerdings übereinstimmen.

Einstellungen der virtuellen SMTP-Server

Überprüfen Sie, ob die Einstellungen des virtuellen SMTP-Servers auf dem Exchange Server korrekt sind. Dieser virtuelle SMTP-Server steuert das Empfangen der Nachrichten auf einem Exchange Server. Überprüfen Sie zum Beispiel in den Einstellungen des virtuellen Standard-Servers, ob die richtige IP-Adresse zugewiesen ist. Am besten legen Sie fest, dass der virtuelle Server auf alle IP-Adressen antwortet, die keinen anderen virtuellen

Standard-Servern zugewiesen wurden. Wenn Sie die IP-Adresse eines Exchange Servers abändern, sollten Sie diese Eigenschaften besonders im Auge behalten.

Überprüfen Sie auch, ob der Zugriff durch die Firewall auf den SMTP-Server funktioniert, falls Sie Probleme mit Mails aus dem Internet haben. Benutzen Sie hierzu den Befehl `telnet server 25` von einem Rechner aus, der nicht in ihrem Firmennetz steht. Hierzu können Sie beispielsweise einen separaten PC verwenden, der lediglich über eine Modemverbindung zu einem Callby-Call-Provider verfügt und sonst keine Verbindung zum Firmennetz hat.

Wenn die Einstellungen der virtuellen Standard-Server in Ordnung sind, sollten Sie als Nächstes die Einstellungen der SMTP-Connectoren genau überprüfen. Die SMTP-Connectoren dienen ausschließlich zum Versand von E-Mails auf einem Exchange Server, nicht zum Empfangen. Für das Empfangen von E-Mails auf einem Exchange Server ist immer der virtuelle Standard-Server zuständig.

Überprüfen von DNS

Überprüfen Sie als Nächstes mit *nslookup*, ob die Namensauflösung vom Quell- zum Ziel-Server sauber funktioniert. Exchange 2003 baut, wie das Active Directory, stark auf DNS auf. Stellen Sie sicher, dass die Namensauflösung in alle Richtungen funktioniert. Testen Sie dies auch von einem externen Rechner aus.

Überprüfen mit Telnet

Wenn die Namensauflösung ebenfalls sauber funktioniert, können Sie mit Telnet SMTP-Befehle setzen und einen Nachrichtenfluss emulieren. Wie das funktioniert, habe ich Ihnen in Kapitel 25 *Anhang* beschrieben. Überprüfen Sie auch mit Hilfe des Nachrichten-Trackings, wo das Problem liegt. Werfen Sie zudem einen Blick in die Ereignisanzeige und erhöhen Sie gegebenenfalls die Diagnoseprotokollierung.

22 E-Mail-Konten in Outlook 2003

Gleichzeitig mit Exchange 2003 wird Outlook 2003 als Client veröffentlicht. Outlook 2003 ist der offizielle Client für Exchange 2003, der alle Features unterstützt. Sie können natürlich weiterhin alle älteren Versionen von Outlook einsetzen, so dass bei einer Einführung von Exchange 2003 zunächst keine Lizenzkosten für neue Client-Software anfallen.

22.1 Neuerungen

Natürlich bringt jede Outlook-Version zahlreiche Neuerungen mit sich, die vor allem die Arbeit erleichtern sollen. Auch in Outlook 2003 wurden von Microsoft zahlreiche Neuerungen eingeführt. Auf den folgenden Seiten gehe ich auf die meiner Meinung nach wichtigsten Verbesserungen ein. Microsoft hat in Outlook 2003 hauptsächlich bezüglich der Bandbreite und Leitungsnutzung Verbesserungen eingebaut.

Verbesserungen bei der Bandbreitennutzung

Wie bereits erwähnt, hat Microsoft vor allem im Bereich der Bandbreitennutzung zahlreiche Verbesserungen eingebaut, die Administratoren, aber auch Benutzern das Leben deutlich erleichtern.

RPC über HTTP

Diese Funktion ist aus meiner Sicht die herausragendste Neuerung in Outlook 2003. Wenn Sie Exchange 2003 auf Windows 2003 einsetzen, besteht die Möglichkeit, sich auf sichere Weise mit Outlook über das Internet zum Server zu verbinden, ohne über Outlook Web Access gehen zu müssen. Diese Funktionalität ist möglich, weil Windows 2003 die Einkapselung von RPC-Zugriffen über das HTTP-Protokoll erlaubt. Dabei muss sich der Client noch nicht mal über ein VPN in das Firmennetzwerk einwählen, sondern kann über das Internet mit Exchange arbeiten. Wenn Sie diese Funktionalität nutzen wollen, müssen Sie jedoch einen Exchange Server im Internet veröffentlichen. Zusammen mit dem ISA-Server können Sie mit dieser Funktionalität Benutzer an Exchange 2003 anbinden, ohne über VPN eingewählt zu sein oder über Citrix zu arbeiten. Wenn Sie mit RPC über HTTP arbeiten, können Benutzer über Outlook auch mit einem Frontend-

Kapitel 22 E-Mail-Konten in Outlook 2003

Server auf Ihr Postfach zugreifen. Normalerweise ist der Zugriff mit MAPI auf das Postfach über den Frontend-Server nicht möglich. Mit dem Umweg über HTTP können Sie jedoch ohne weiteres über Frontend-Server mit Outlook arbeiten. Der Frontend-Server arbeitet dabei als RPC-Proxy und verbindet den Benutzer mit seinem Postfach-Server (Backend-Server).

Abbildung 22.1: RPC-Verbindung über HTTP

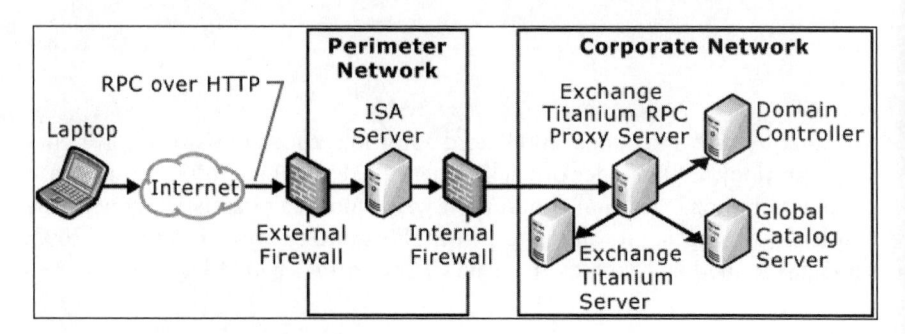

Outlook Cached Mode Protocol

Microsoft hat den Datenverkehr zwischen Exchange 2003 und Outlook 2003 komplett überarbeitet. Eine der Verbesserungen besteht im optimierten Caching. In Outlook werden einige Daten lokal auf dem Rechner gespeichert. Deshalb müssen nicht ständig neue RPC-Verbindungen zum Exchange Server aufgebaut werden, so dass Benutzer performanter arbeiten können. Der Datenfluss zwischen Exchange und Outlook wurde weiter komprimiert. Durch die Kombination von Caching und Datenkomprimierung ist es sogar möglich, dass Benutzer weiter mit Outlook arbeiten können, wenn Netzwerkprobleme auftreten und der Exchange Server nicht mehr erreichbar ist.

Outlook Performance Monitor

In Outlook 2003 ist es zudem möglich den Client mit dem Performance Monitor zu überwachen. Dadurch können Sie leicht Schwachpunkte bei der Arbeit mit Outlook 2003 über schmalbandige Leitungen aufdecken und beheben.

Funktionsneuerungen

Außer den bereits beschrieben Neuerungen bezüglich der Bandbreitennutzung wurden in Outlook weitere Verbesserungen für die Arbeit mit Exchange 2003 integriert.

Kerberos-Authentifizierung

Outlook 2003 unterstützt die Authentifizierung mit Kerberos. Wenn Sie Outlook 2003 zusammen mit Exchange 2003 in einem Windows 2003 Active Directory einsetzen, können Sie mit der Kerberos-Authentifizierung

Neuerungen Kapitel 22

sogar Forest-übergreifend auf Exchange Server mit Outlook zugreifen. Dazu muss lediglich eine Vertrauensstellung zwischen den beiden Forests eingerichtet werden. Bei Exchange 2000 wurde bei der Authentifizierung noch mit der Standard-Authentifizierung gearbeitet, die wesentlich unsicherer war, da Benutzername und Kennwort im Klartext über das Netzwerk geschickt wurden.

Verbesserte Ansicht des Posteingangs

Viele Benutzer werden besonders die verbesserte Ansicht des Posteingangs schätzen. Das Vorschaufenster von E-Mails kann beliebig verschoben werden. Standardmäßig ist das Fenster auf der rechten Seite angeordnet. Dadurch können E-Mails schon im Vorschaufenster gelesen werden, was bei Outlook XP noch nicht ohne weiteres möglich war, da hier das Vorschaufenster unten in Outlook angeordnet war.

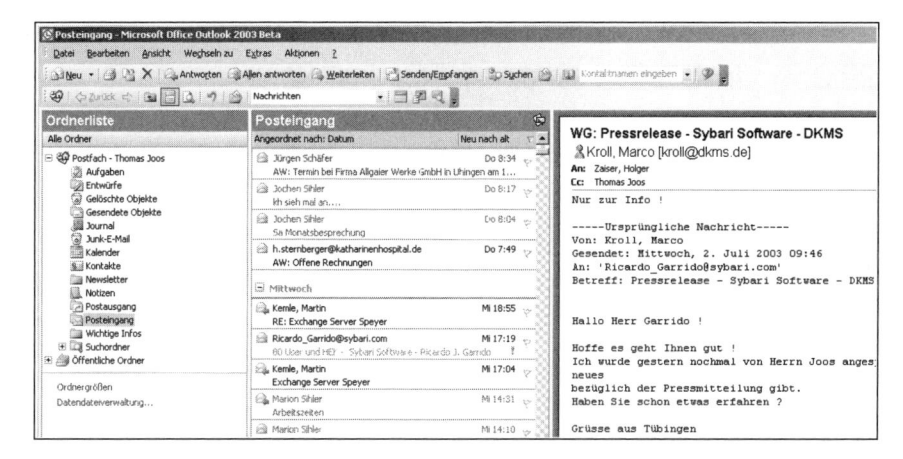

Abbildung 22.2: Neues Vorschaufenster in Outlook 2003

Außerdem werden die E-Mails im Posteingang nach Tagen geordnet. Dadurch können Sie deutlich schneller erkennen, wann E-Mails zugestellt wurden.

Eine weitere Verbesserung ist die Benachrichtigungsoption für neue E-Mails in Outlook 2003. Wenn eine neue E-Mail dem Postfach eines Benutzers zugestellt wird, erscheint im unteren Bereich des Bildschirms ein kleines Fenster, in dem eine kleine Vorschau der E-Mail angezeigt wird. Dieses Fenster blendet langsam ein und nach ein paar Sekunden wieder aus. Durch diese Funktion sehen Sie schnell, ob es sich lohnt, Word oder Excel zu verlassen, um in Outlook zu wechseln. Sie können die E-Mail aus dem Vorschaufenster öffnen. Ich habe mich mittlerweile an diese Funktionalitäten gewöhnt. Da ich berufsbedingt sehr viel mit Outlook arbeiten muss, habe ich bei der Arbeit mit dem neuen Outlook einen deutlichen Geschwindigkeitsvorteil bei der Bearbeitung meiner E-Mails festgestellt.

Abbildung 22.3:
Vorschaufenster in Outlook 2003

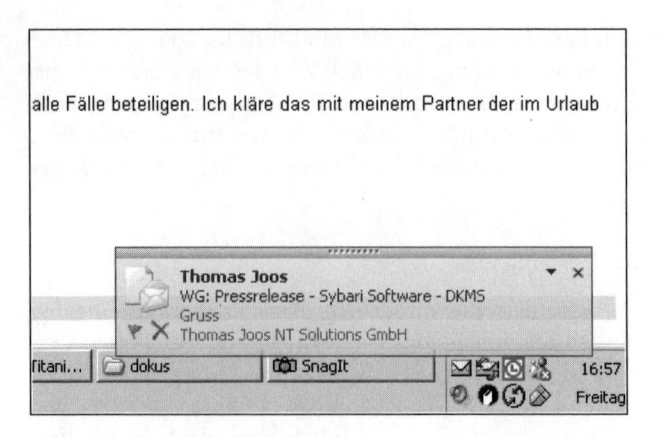

Nachrichten können in Outlook 2003 wesentlich besser zur Nachverfolgung gruppiert werden.

22.2 Installation auf einem Terminal-Server

Die Installation von Outlook 2003 erspare ich Ihnen und mir. Hier gibt es meiner Meinung nach nichts Neues zu entdecken.

> **TIPP**
>
> *Die Installation von Office 2003 sowie Outlook 2003 auf einem Terminal-Server unter Windows 2000 oder Windows 2003 läuft genauso ab, wie die Installation von Office XP. Sie müssen lediglich mit*
>
> ```
> change user /install
> ```
>
> *in den Installationsmodus wechseln, Office 2003 installieren und mit*
>
> ```
> change user /execute
> ```
>
> *wieder in den Ausführungsmodus wechseln. Während der Installation sollte kein Benutzer mit dem Terminal-Server verbunden sein.*

Nach der Installation von Outlook 2003 müssen Sie zunächst ein neues E-Mail-Konto einrichten, um mit Outlook arbeiten zu können. Wenn Sie Outlook 2003 über eine bestehende Version von Outlook XP installieren, werden die Einstellungen weitgehend übernommen und es muss kein Konto mehr eingerichtet werden. Sie können Outlook 2003 für die Arbeit mit einem POP3-Server oder für die Zusammenarbeit mit Exchange verwenden. Auf den nachfolgenden Seiten werde ich darauf eingehen, wie Sie ein Konto in Outlook 2003 für einen Exchange Server einrichten können, ein POP3-Konto zu erstellen soll nicht Bestandteil dieses Buches sein.

E-Mail-Konto
Kapitel 22

Unter Outlook 2000 und früher, mussten Sie vor der Erstellung eines Kontos festlegen, in welchem Bereich Outlook eingesetzt wird. Bei Outlook 2000 konnten Sie diese Einstellung im Menü noch rückgängig machen, unter Outlook 97 musste die Unterstützung von Exchange extra installiert werden. Unter Outlook XP und Outlook 2003 können Sie jederzeit verschiedene Konten einrichten.

22.3 E-Mail-Konto

Bevor Sie ein Konto in Outlook 2003 auf einem Exchange Server einrichten, muss dieses Konto natürlich zunächst angelegt sein und Postfach-aktiviert werden. Der Benutzer muss sich mit seinem Rechner an der Domäne anmelden. Ihm wird dann durch den Recipient Update Service eine E-Mail-Adresse zugeteilt. Danach kann der Benutzer mit Outlook auf sein Postfach zugreifen und E-Mails an andere Benutzer über den Exchange Server verschicken.

Einrichten eines neuen E-Mail-Kontos

Um ein Konto einzurichten, können Sie entweder über das Symbol MAIL in der Systemsteuerung gehen oder das Konto in Outlook einrichten. Die Bedienung ist etwas unterschiedlich, der Effekt derselbe. Um das Konto in Outlook einzurichten, gehen Sie zu EXTRAS und dann zu E-MAIL-KONTEN.

Abbildung 22.4:
Einrichten eines Exchange-Kontos über die Systemsteuerung

Abbildung 22.5:
Einrichten eines Exchange-Kontos in Outlook

Nach dem Start für die Einrichtung des E-Mail-Kontos erscheint ein Assistent, mit dessen Hilfe Sie das Konto auf dem Exchange Server einrichten können.

Kapitel 22 E-Mail-Konten in Outlook 2003

> **!! STOP**
>
> Sie können für jeden Benutzer beziehungsweise für jedes Profil in Outlook nur ein Konto derselben Art einrichten. Sie können in Outlook mit einem Profil keine zwei Exchange-Konten verwalten, Sie können jedoch jederzeit ein Exchange-Konto und mehrere POP3-Konten erstellen.
>
> Wenn Sie mehrere Exchange-Konten verwalten wollen, muss das zweite Konto zusammen mit dem Hauptkonto geöffnet werden. Dazu komme ich weiter hinten in diesem Kapitel.

Als Erstes erscheint das Startfenster des Postfachassistenten. Innerhalb dieses Fensters können Sie festlegen, ob Sie ein neues Konto erstellen oder ein bereits verbundenes bearbeiten wollen. Wählen Sie hier die gewünschte Option und wechseln Sie auf die nächste Seite des Assistenten. Hier müssen Sie festlegen, welche Art von Konto Sie erstellen wollen. Wählen Sie die Option MICROSOFT EXCHANGE SERVER aus.

Mehr können Sie an dieser Stelle nicht konfigurieren. Mit WEITER gelangen Sie zur nächsten Seite des Assistenten.

Abbildung 22.6: Startfenster des Postfachassistenten

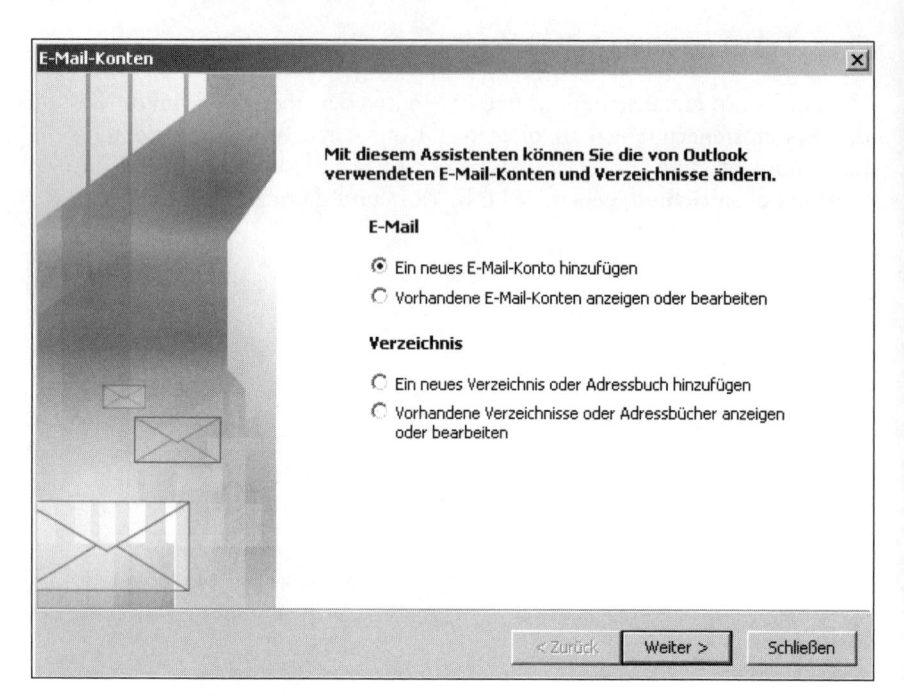

Auf dieser Seite geben Sie den Namen des Exchange Servers und des Benutzers ein, der mit dem Postfach verbunden werden soll. Wenn Sie auf die Schaltfläche NAMEN ÜBERPRÜFEN klicken, überprüft der Assistent, ob für den Benutzer auf dem Exchange Server ein Postfach gefunden werden kann.

E-Mail-Konto

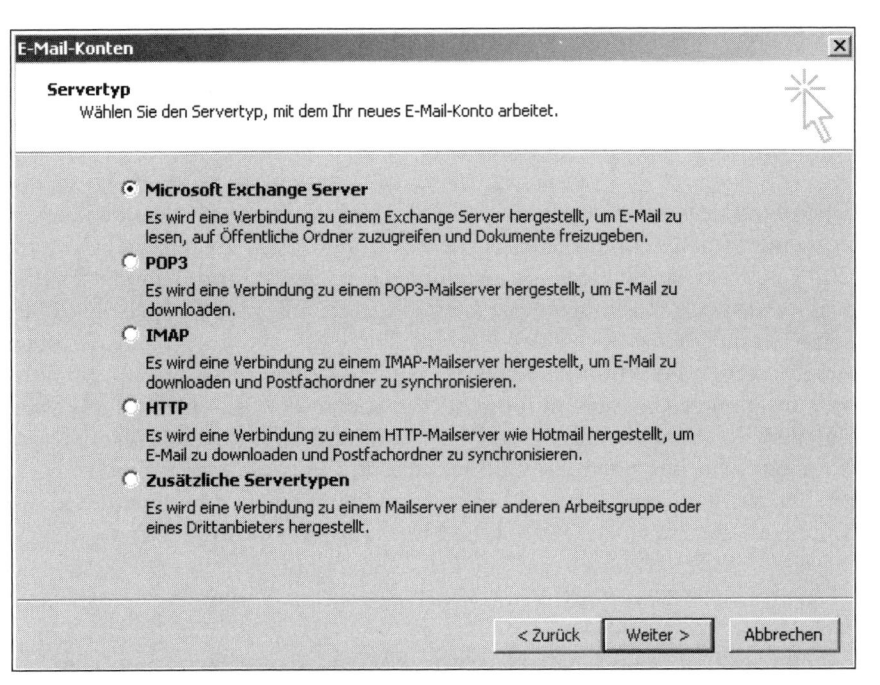

Abbildung 22.7:
Einrichtung eines Exchange-Kontos

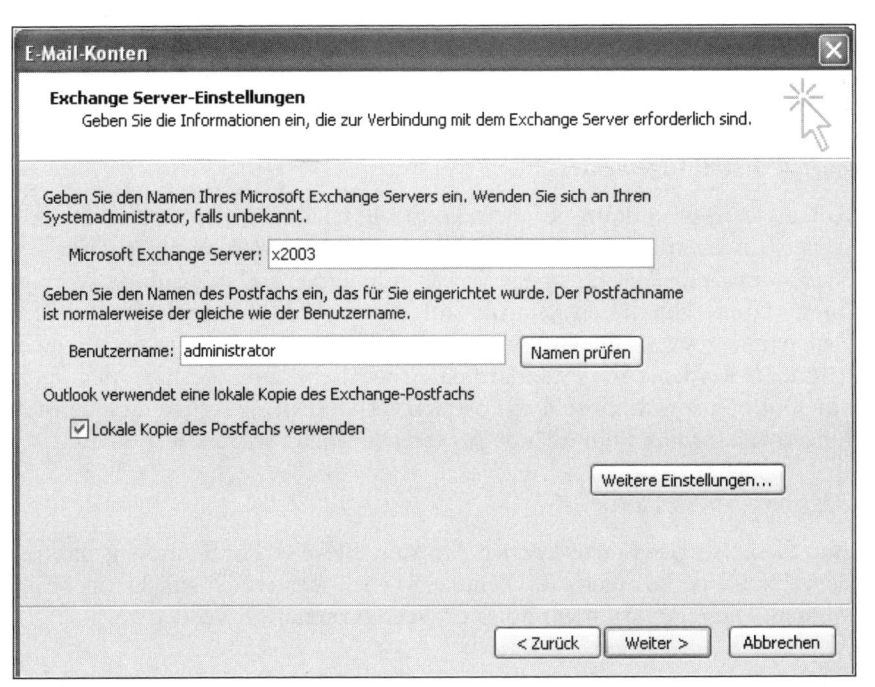

Abbildung 22.8:
Auswahl des Exchange Servers und des Benutzers

Erweiterte Exchange-Einstellungen

Auf dieser Seite stehen Ihnen zwei weitere Optionen zur Verfügung:

LOKALE KOPIE DES POSTFACHS VERWENDEN

Diese Funktion ist neu in Outlook 2003. Hier aktivieren Sie die oben bereits erwähnte Cache-Funktionalität von Outlook 2003. Wenn Sie Outlook 2003 neu auf einem Rechner installieren, ist diese Option standardmäßig bereits aktiviert. Installieren Sie Outlook 2003 über eine bestehende Outlook-Version, müssen Sie das Caching zunächst aktivieren, um die oben beschriebenen Funktionen nutzen zu können. Wenn Sie diese Option aktivieren, arbeitet Outlook hauptsächlich mit dem Postfach in Outlook 2003 auf dem lokalen Rechner. Auch bei einem Ausfall des Exchange Servers kann ein Benutzer noch mit Outlook arbeiten, wenn diese Option aktiviert ist. Da die Benutzer hauptsächlich mit den lokalen Daten arbeiten, wird der Datenverkehr zwischen Outlook und Exchange deutlich reduziert.

WEITERE EINSTELLUNGEN

Wenn Sie diese Schaltfläche betätigen, können Sie erweiterte Einstellungen für das Outlook-Profil dieses Kontos konfigurieren. Sie können diese Einstellungen auch nachträglich jederzeit über diesen Assistenten durchführen, wenn Sie zu Beginn des Assistenten die Option für das Bearbeiten eines Kontos wählen anstelle der Neuerstellung.

Registerkarte Allgemeines

Auf dieser Registerkarte können Sie die Bezeichnung des Kontos ändern. Außerdem legen Sie hier fest, ob Outlook beim Starten automatisch sofort Verbindung mit dem Exchange Server aufnehmen soll oder ob die Verbindung manuell durch den Benutzer aufgebaut wird. Hier legen Sie auch die Zeitspanne fest, wann Outlook meldet, dass der Exchange Server nicht gefunden werden kann. Standardmäßig wird ein Benutzer nach dem Start von Outlook sofort mit seinem Postfach verbunden. Sie sollten diese Einstellungen belassen und nur abändern, wenn Sie genau wissen, was Sie tun.

Registerkarte Erweitert

Auf dieser Registerkarte können Sie zum Beispiel konfigurieren, dass zu dem Exchange-Postfach des Benutzers noch weitere Postfächer geöffnet werden. Diese Funktion wird oft von Sekretärinnen verwendet.

Damit ein Benutzer ein zusätzliches Postfach öffnen kann, muss er natürlich über die entsprechenden Rechte verfügen. Sie können beliebig viele Postfächer angeben, die mit Outlook geöffnet werden sollen.

E-Mail-Konto

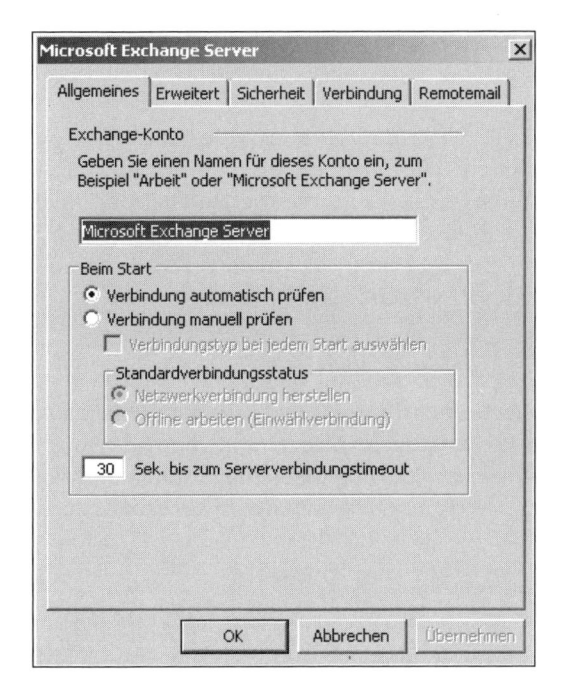

Kapitel 22

Abbildung 22.9:
Registerkarte ALLGEMEINES

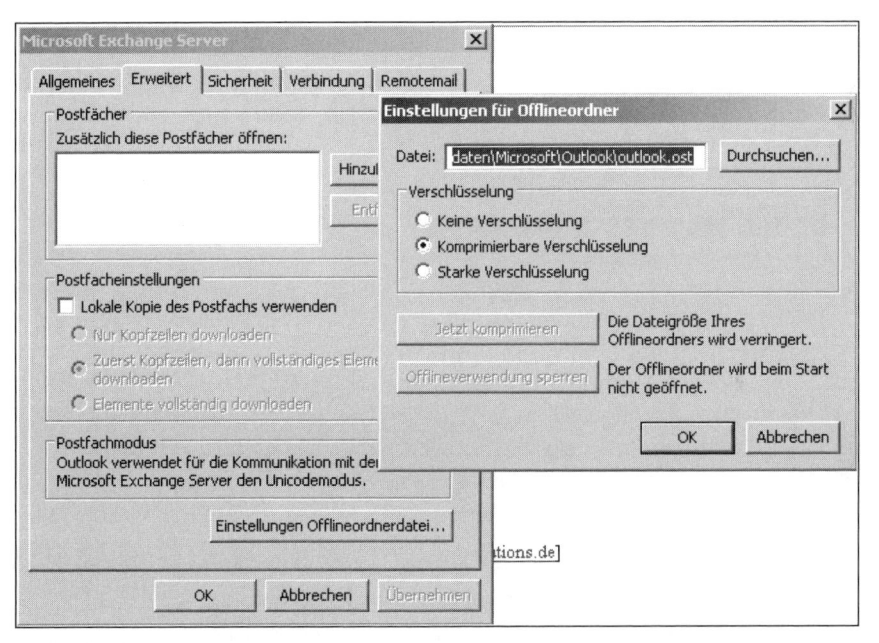

Abbildung 22.10:
Registerkarte ERWEITERT

Eine wesentliche Neuerung ist der Bereich POSTFACHEINSTELLUNGEN. Hier können Sie die Caching-Funktionen von Outlook 2003 konfigurieren. Sie können einstellen, dass nur die Kopfzeilen der E-Mails, sofort die kompletten E-Mails oder hintereinander heruntergeladen werden sollen. Welche Option Sie hier wählen, ist abhängig von der Bandbreite, die Outlook zur

Kapitel 22   E-Mail-Konten in Outlook 2003

Verfügung steht. Wenn Ihre Benutzer im selben Netzwerk arbeiten, in dem auch der Exchange Server steht, müssen Sie keine Änderungen vornehmen.

Eine weitere Option ist die Konfiguration Ihrer Offline-Dateien (OST-Datei). Hier können Sie die Verschlüsselung der Offline-Synchronisierung Ihres Postfachs konfigurieren, allerdings nicht die Synchronisierung an sich. Auch den Speicherort der OST-Datei legen Sie auf dieser Registerkarte fest. In dieser Datei werden alle Daten gespeichert, die Sie für den Offline-Zugriff synchronisieren lassen.

Registerkarte Sicherheit

Diese Registerkarte und ihre Funktionen sind neu in Outlook 2003. In Outlook 2002 und früher fand die Authentifizierung noch mit der Standard-Authentifizierung im Klartext statt. Outlook 2003 unterstützt die Authentifizierung mit dem Windows-Kerberos-Protokoll.

Abbildung 22.11:
Registerkarte SICHERHEIT der erweiterten Exchange-Einstellungen

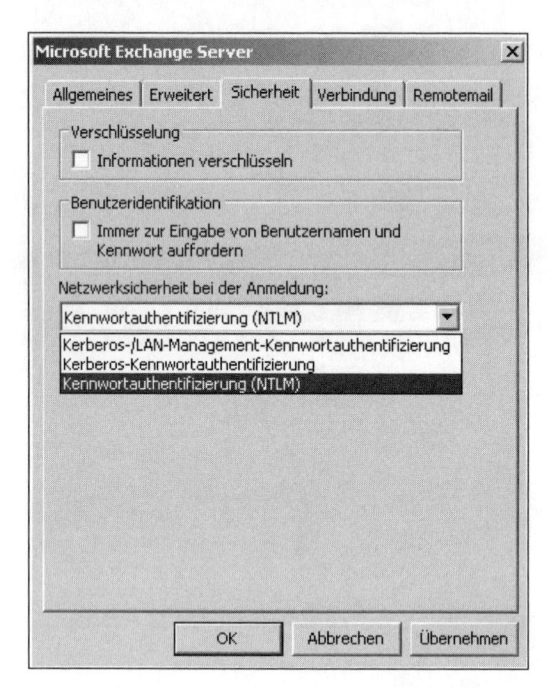

Kerberos (oft auch Zerberus) ist in der griechischen Mythologie der dreiköpfige Wachhund an den Pforten zur Unterwelt (Hades).

Kerberos für offene Netzwerke wurde von Miller und Neuman entwickelt. Das entscheidende Grundprinzip lautet: Jeder glaubt an das Urteil von Kerberos bei der Authentifizierung. Das heißt, jeder vertraut auf einen Dritten, der an der eigentlichen Arbeit unbeteiligt ist. Der wesentliche Bestandteil von Kerberos ist die Datenbank. In ihr sind alle Clients und deren Private

Keys gespeichert. Ein Private Key ist eine große Zahl, die nur dem Client selbst und Kerberos bekannt ist. Ist der Client ein Nutzer, ist der Private Key sein verschlüsseltes Passwort.

Windows 2000 und Windows 2003 bietet Unterstützung für die Authentifizierung mit Kerberos V.5, das am MIT entwickelt wurde, wie im RFC-Dokument 1510 der IETF definiert. Das Kerberos-Protokoll setzt sich aus drei Teilprotokollen zusammen. Das Teilprotokoll, über das das Schlüsselverteilungscenter (Key Distribution Center, KDC) dem Client einen Anmeldesitzungsschlüssel und ein TGT (Ticket Granting Ticket) erteilt, wird als Authentifizierungsdienst (Authentification Service Exchange, AS Exchange) bezeichnet. Das Teilprotokoll, über das das KDC einen Dienstsitzungsschlüssel und ein Ticket für den Dienst erteilt, wird als Ticketdienst (Ticket Granting Service, TGS Exchange) bezeichnet. Das Teilprotokoll, über das der Client das Ticket für den Zugang zu einem Dienst sendet, wird als Client/Server-Dienst (CS Exchange) bezeichnet.

Benutzer A meldet sich auf einer Microsoft Windows 2000 oder XP Professional-Arbeitsstation bei einem Microsoft Windows 2000- oder Windows 2003-Netzwerk an, indem er seinen Benutzernamen und das Kennwort eingibt. Der Kerberos-Client, der auf der Arbeitsstation des Benutzers A ausgeführt wird, konvertiert das Kennwort in einen Verschlüsselungsschlüssel und speichert das Ergebnis in einer Programmvariablen. In einem komplizierten Algorithmus erhält der Benutzer vom Active Directory ein Sitzungsticket, das ihm temporär die Anmeldung am Active Directory erlaubt. Durch diese Vorgänge ist sichergestellt, dass zu keiner Zeit Benutzername und Kennwort über das Netzwerk verschickt werden.

Auf dieser Registerkarte können Sie festlegen, mit welcher Authentifizierung dieser Client arbeitet. Auch die Verschlüsselung können Sie hier aktivieren und wieder deaktivieren. Außerdem können Sie hier festlegen, dass beim Verbinden mit dem Exchange Server nochmals eine Authentifizierung stattfindet, auch wenn der Benutzer bereits an seiner Arbeitsstation angemeldet ist.

Registerkarte Verbindung

Auf dieser Registerkarte legen Sie fest, wie sich Outlook verhalten soll, wenn keine stabile Netzwerkverbindung zum Exchange Server besteht und Sie somit offline arbeiten. Sie können hier einstellen, ob Outlook versuchen soll über ein LAN Verbindung zum Exchange Server aufzubauen oder ob ein Modem oder eine benutzerdefinierte DFÜ-Verbindung verwendet werden soll. Alle diese Einstellungen sind bereits in Outlook 2002 vorhanden.

Kapitel 22   E-Mail-Konten in Outlook 2003

Abbildung 22.12:
Registerkarte VER-
BINDUNG der erwei-
terten Exchange-
Einstellungen

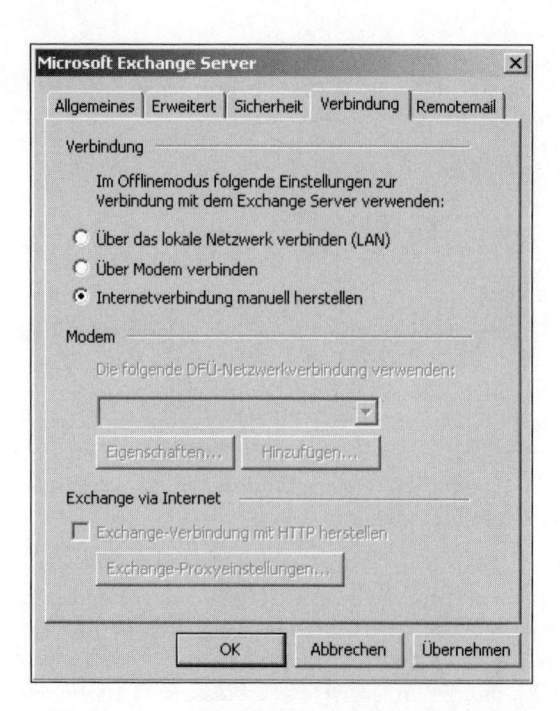

Interessant ist hier der Bereich EXCHANGE VIA INTERNET. *Diese Einstellungen sind neu in Outlook 2003. Hier stellen Sie ein, ob sich Outlook mit RPC über HTTP verbinden soll. Hier legen Sie auch den Exchange-RPC-Proxy fest. Im Normalfall handelt es sich hier um einen veröffentlichten Exchange 2003/Windows 2003 Frontend-Server. RCP über HTTP wird ausschließlich von Exchange 2003 und Windows 2003 unterstützt.*

Registerkarte Remotemail

Hier wird eingestellt, wie sich Outlook verhalten soll, wenn eine Verbindung zum Exchange Server hergestellt wird. Standardmäßig werden sofort alle E-Mails aus dem Postausgang in Outlook zum Exchange Server übertragen. Sie können aber auch detailliert filtern lassen, wann welche Objekte übertragen werden. Normalerweise muss hier nichts verändert werden.

Abbildung 22.13:
Registerkarte
REMOTEMAIL der
erweiterten
Exchange-
Einstellungen

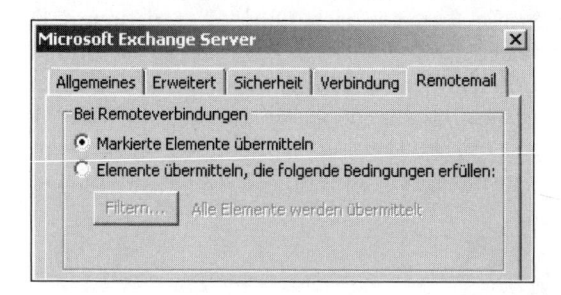

E-Mail-Konto

Wenn Sie die erweiterten Einstellungen nach Ihren Vorstellungen vorgenommen haben, können Sie die Erstellung des E-Mail-Kontos abschließen.

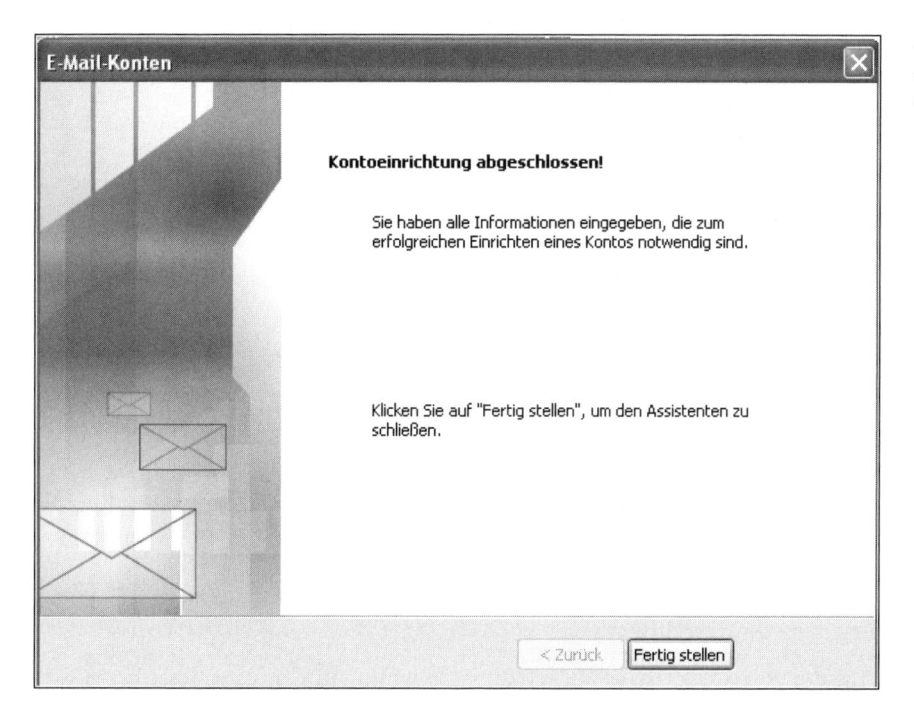

Abbildung 22.14: Abschluss des Assistenten

Der Benutzer kann sich ab sofort über sein Profil mit seinem Postfach auf dem Exchange Server verbinden.

Verwalten des Postfachs in Outlook

Nachdem Sie das Postfach in Outlook verbunden haben, können Sie mit der rechten Maustaste Aktionen durchführen sowie die Eigenschaften des Postfachs bearbeiten. Wenn Sie ein Postfach mit der ERWEITERTEN SUCHE durchsuchen wollen, müssen Sie für den Postfachspeicher, in dem dieses Postfach liegt, die Indizierung aktivieren. Diese Indizierung wurde bereits besprochen.

Allgemeine Eigenschaften

Wenn Sie die Eigenschaften des Postfachs anzeigen, werden Ihnen allgemeine Informationen angezeigt. Mit der Schaltfläche ORDNERGRÖßE können Sie sich die Datenmenge des Postfachs und aller Unterordner anzeigen lassen. Mit der Schaltfläche ERWEITERT gelangen Sie zu denselben Einstellungen zur Bearbeitung der Exchange-Eigenschaften, wie bereits beim Erstellen des Postfachs.

Kapitel 22 E-Mail-Konten in Outlook 2003

Abbildung 22.15:
Eigenschaften eines Postfachs

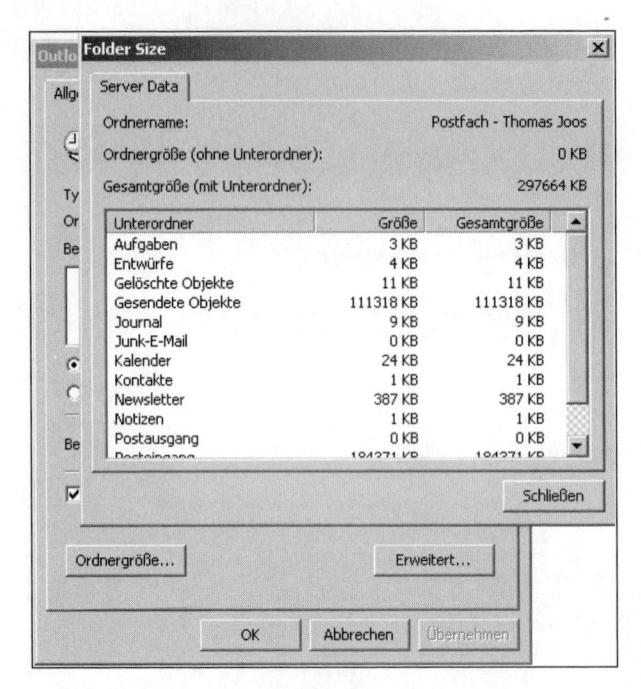

Erteilen von Berechtigungen

Auf der Registerkarte BERECHTIGUNGEN kann ein Benutzer detaillierte Einstellungen zum Verwalten von Berechtigungen für sein Postfach festlegen.

Standardmäßig haben andere Benutzer auf dem Exchange Server keine Berechtigung Ordner im Postfach anderer Benutzer zu öffnen. Diese Berechtigungen müssen dem Benutzer entweder durch den Administrator in den Eigenschaften des Postfachspeichers oder von den Benutzern jeweils für Ihr Postfach vergeben werden. Dabei können Sie alle möglichen Kombinationen von Berechtigungen verwenden. Im oberen Feld sehen Sie, welche Benutzer bereits Berechtigung auf das Postfach haben und welcher Berechtigungsstufe sie zugeordnet sind.

Sie können hier neue Benutzer mit aufnehmen und vorhandene entfernen. Dabei können Sie auf die Standardstufen von Outlook zurückgreifen, um einen schnellen und effizienten Überblick über die einzelnen Berechtigungen der Benutzer zu erhalten. Es gibt in Outlook neun Standard-Berechtigungsstufen die Sie vergeben können.

Keine. Benutzer mit dieser Stufe haben keinerlei Berechtigung für das Postfach. Verwenden Sie diese Stufe für die Standardbenutzer, wenn Sie auf ein Postfach explizite Berechtigungen festlegen wollen. Sie können einzelne Benutzer oder Gruppen aufnehmen und sicherstellen, dass nur diese Berechtigung auf das Postfach haben.

E-Mail-Konto

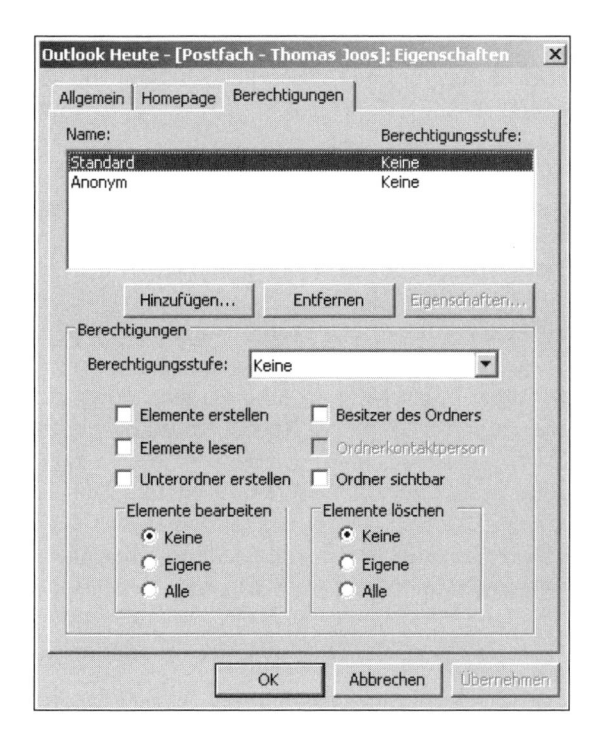

Abbildung 22.16:
Postfachberechtigungen für andere Benutzer

Stufe 1. Mit dieser Berechtigung dürfen Benutzer neue Objekte im Postfach erstellen, aber die Ansicht der bereits vorhandenen Objekte wird nicht erlaubt.

Stufe 2. Diese Stufe liegt zwar in der Hierarchie eine Stufe höher als Stufe 1, berechtigt aber nicht zum Schreiben in das Postfach, sondern lediglich zum Lesen des Inhaltes.

Stufe 3. Die Stufe 3 ist die zusammengefasste Berechtigungsstufe 1 und Stufe 2. Benutzer mit Stufe 3-Berechtigung dürfen Objekte in diesem Postfach erstellen und den Inhalt lesen.

Stufe 4. Mit der Stufe 4 können Benutzer zusätzlich zu Stufe 3 noch die von ihnen erstellten Objekte in diesem Postfach bearbeiten und löschen.

Stufe 5. Diese Stufe beinhaltet die Berechtigung der Stufe 4 und zusätzlich das Recht, untergeordnete Objekte zu bearbeiten und zu löschen. Allerdings nur für untergeordnete Objekte, die von dem jeweilgen Benutzer mit Stufe 5 in das Postfach gestellt wurden.

Stufe 6. Benutzer mit dieser Berechtigung können neue Objekte in das Postfach mit aufnehmen, vorhandene lesen und alle vorhandenen Objekte bearbeiten oder löschen.

Stufe 7. Benutzer der Stufe 7 haben dieselbe Berechtigung wie Benutzer der Stufe 6 und können zusätzlich untergeordnete Ordner in diesem Postfach erstellen.

Stufe 8 (Besitzer). Diese Berechtigungsstufe ist die höchste Stufe, die für ein Postfach erteilt werden kann. Benutzer mit Stufe 8 haben dieselben Rechte wie Benutzer der Stufe 7 und können zusätzlich noch Berechtigungen des Postfachs bearbeiten, erteilen und entziehen.

Sie können Benutzern ebenfalls manuell gewisse Rechte vergeben, ohne die vorgefertigten Berechtigungsstufen zu verwenden. Nehmen Sie dazu den Benutzer in die Liste auf und vergeben Sie ihm die Berechtigungsstufe, welche am nächsten an die Rechte herankommt, die Sie erteilen wollen.

Dazu stellt Outlook noch einige weitere Optionen zur Verfügung:

Objekte erstellen. Gleichbedeutend mit *Stufe 1.* Benutzer können neue Objekte aufnehmen aber vorhandene nicht lesen.

Objekte lesen. Wie *Stufe 2.* Lesen ist erlaubt, Schreiben jedoch nicht.

Untergeordnete Ordner erstellen. Mit dieser Berechtigung können neue Ordner innerhalb des Postfachs erstellt werden.

Besitzer des Ordners. Erteilt dem Benutzer die Berechtigungsstufe 8.

Ordner sichtbar. Benutzern mit dieser Berechtigung wird das Postfach in Ihren Clients, zum Beispiel in Outlook, angezeigt. Dies bedeutet jedoch nicht, dass sie Rechte auf das Postfach haben.

In der Rubrik ELEMENTE BEARBEITEN können Sie angeben, auf welche Elemente der Benutzer zugreifen darf:

Keine. Es können keinerlei Objekte bearbeitet werden.

Eigene. Objekte, die vom Benutzer selbst in das Postfach gestellt wurden, können bearbeitet werden.

Alle. Alle Objekte innerhalb dieses Postfachs können bearbeitet werden.

In der Rubrik OBJEKTE LÖSCHEN können Sie angeben, welche Elemente der Benutzer löschen darf:

Keine. Keine Objekte innerhalb des Postfachs können gelöscht werden.

Eigene. Nur die vom Benutzer selbst erstellten Objekte können gelöscht werden, andere nicht.

Alle. Alle Objekte können von diesem Benutzer gelöscht werden.

Öffnen von Postfächern anderer Benutzer

Wenn Benutzer Berechtigung zum Öffnen von Postfächern oder Unterordnern der Postfächer erhalten haben, können diese in Outlook über das Menü DATEI, ÖFFNEN, ORDNER EINES ANDEREN BENUTZERS auf die Daten anderer Benutzer zugreifen. Es erscheint ein Dialog, in dem ein Benutzer festlegen kann, welches Postfach oder welchen Ordner er öffnen will. Wenn ein Benutzer einen Ordner auswählt, für den er keine Berechtigung hat, erscheint in Outlook die etwas verwirrende Meldung, dass der Ordner nicht gefunden wird. Wenn das Postfach eines anderen Benutzers immer zur Verfügung stehen soll, zum Beispiel für eine Sekretärin, muss dieses mit den erweiterten Einstellungen dauerhaft verbunden werden. Dieser Vorgang wurde bereits weiter vorne in diesem Kapitel besprochen. Durch die temporäre Öffnung kann zum Beispiel anderen Benutzern der Kalender zur Verfügung gestellt werden.

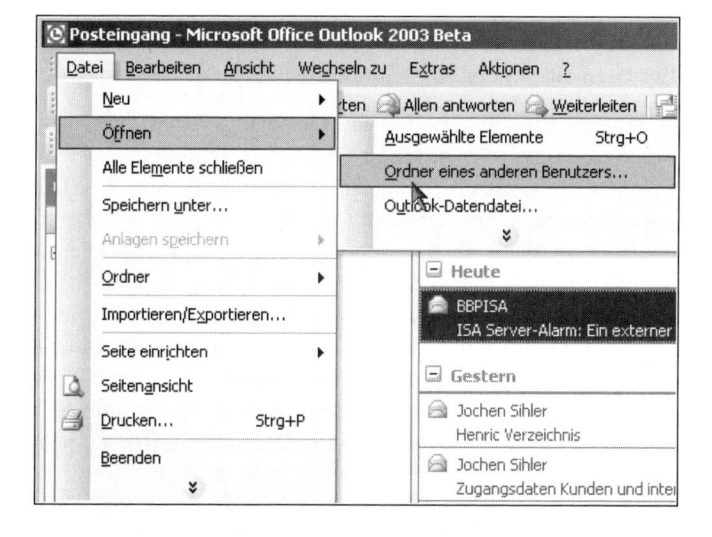

Abbildung 22.17:
Öffnen eines Ordners eines anderen Benutzers

22.4 PST-Dateien und Profile

Über das MAIL-Symbol in der Systemsteuerung legen Sie jedoch nicht nur die Exchange-Verbindung eines Profils fest, sondern können auch mehrere Profile für einen Benutzer anlegen oder persönliche Dateien für einen Benutzer erstellen. Persönliche Ordner (Datendateien, PST-Dateien) sind lokale Dateien, in denen Benutzer Daten, wie im Exchange-Postfach speichern können, diese aber offline zur Verfügung stehen. Im Gegensatz zur Offline-

Synchronisation werden die Daten nicht beim Beenden oder nach Aufforderung synchronisiert, sondern sofort nach Erhalt der Nachricht in die Datendatei übertragen.

Abbildung 22.18:
Weitere Einstellmöglichkeiten in der Systemsteuerung

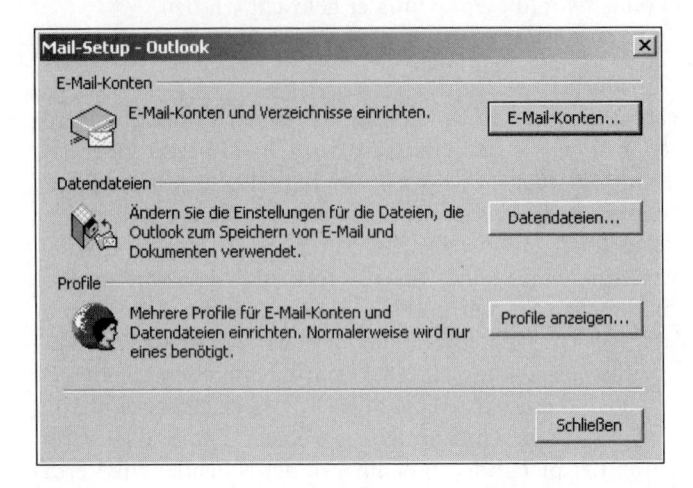

PST-Dateien

Erstellen eines persönlichen Ordners

Wenn Sie auf die Schaltfläche DATENDATEIEN klicken, können Sie für den Benutzer einen persönlichen Ordner beziehungsweise eine PST-Datei erstellen. Sie legen mit Hilfe des Assistenten eine neue PST-Datei an und bestimmen deren Speicherplatz. Außerdem können Sie festlegen, dass die Datei nur geöffnet wird, wenn der Benutzer ein Kennwort festlegt. Wenn Sie hier ein Kennwort eintragen, erscheint beim Öffnen von Outlook eine Kennwortabfrage. Diese Abfrage hat nichts mit Exchange zu tun, sondern bestimmt lediglich das Öffnen der PST-Datei. Auch die Verschlüsselung legen Sie hier fest. Sie können ohne weiteres mehrere solcher PST-Dateien für einen Benutzer erstellen, wobei in den meisten Fällen eine PST-Datei ausreichen wird. Nachdem Sie die Datei erstellt haben, wird der persönliche Ordner in Outlook im Profil des Benutzers angezeigt und kann zum Speichern von Informationen verwendet werden. Sie können PST-Dateien beispielsweise zur Archivierung nutzen, um die Größe des Postfachs auf dem Exchange Server zu verringern.

Verwalten eines persönlichen Ordners

Nach der Erstellung des privaten Ordners und der Anzeige in Outlook können Sie verschiedene Verwaltungsvorgänge durchführen.

PST-Dateien und Profile Kapitel 22

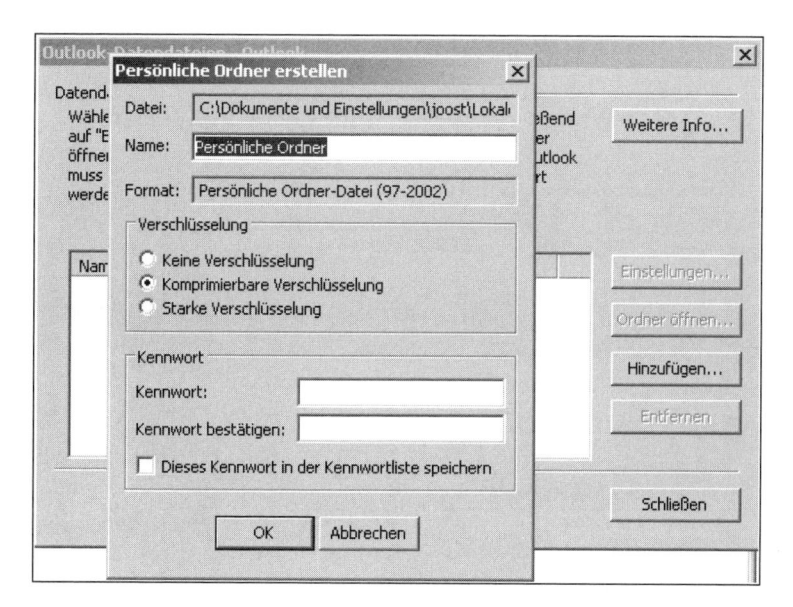

Abbildung 22.19:
Erstellen einer PST-Datei für den Benutzer

Abbildung 22.20:
Anzeige eines persönlichen Ordners in Outlook 2003

Sie können zum Beispiel in den Eigenschaften des Exchange-Kontos einstellen, dass neue E-Mails sofort nach dem Eintreffen im Postfach des Benutzers in dessen persönlichen Ordner übertragen werden. Dadurch steht die E-Mail allerdings nicht mehr auf dem Exchange Server zur Verfügung, sondern nur noch am Rechner des verbundenen Benutzers. Bei der Offline-Synchronisation werden die Daten vom Postfach in die OST-Datei des Benutzers kopiert, beim Übertragen in die PST-Datei dagegen verschoben

Kapitel 22   E-Mail-Konten in Outlook 2003

Abbildung 22.21:
Einstellungen der Nachrichtenübermittlung

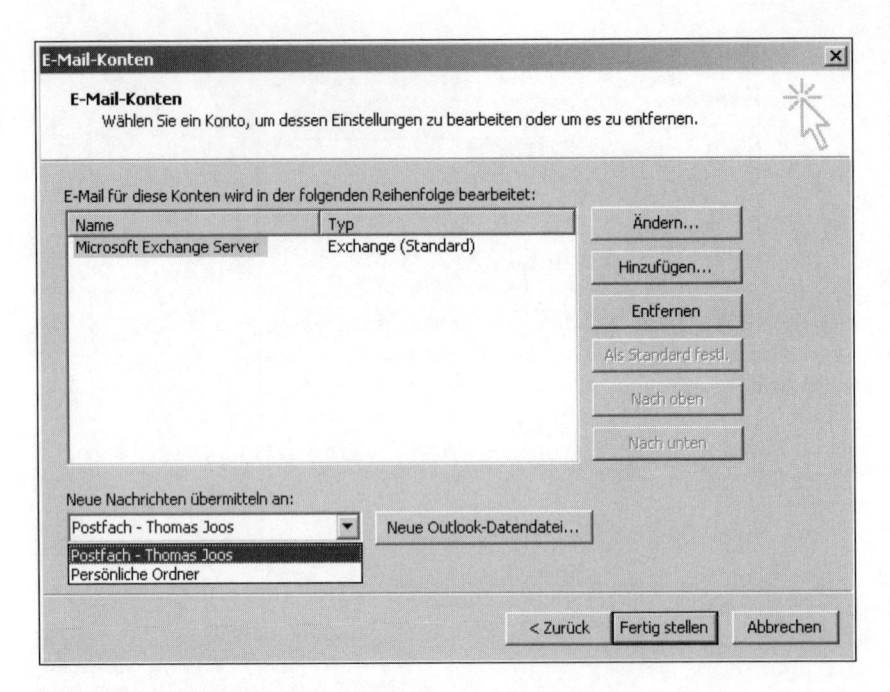

Abbildung 22.22:
Mögliche Aktionen mit einem persönlichen Ordner

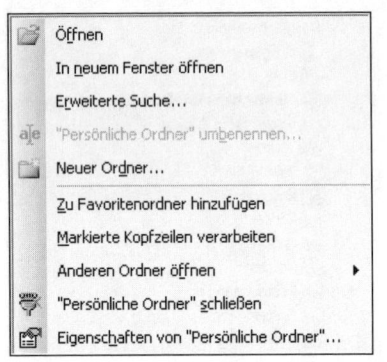

Wenn Sie mit der rechten Maustaste auf das Postfach klicken, können Sie verschiedene Aufgaben durchführen oder die Eigenschaften des persönlichen Ordners verändern. Sie können auch jederzeit wieder über das MAIL-Symbol in der Systemsteuerung den Ordner aus Outlook entfernen oder weitere Ordner hinzufügen.

Schließen eines persönlichen Ordners

Mit Hilfe des Menüs können Sie zum Beispiel das Postfach schließen. Beim nächsten Öffnen von Outlook wird der Order dann nicht mehr mitgeöffnet. Er erscheint auch nicht mehr unter den Datendateien. Beim Schließen des privaten Ordners wird allerdings die Datei nicht physikalisch von der Festplatte gelöscht, sondern steht weiterhin im gespeicherten Ordner zur Verfügung und kann jederzeit wieder verbunden werden.

Eigenschaften eines persönlichen Ordners

Hier rufen Sie die Eigenschaften eines persönlichen Ordners auf. In den Eigenschaften können Sie alle Einstellungen vornehmen, die zur Verwaltung eines persönlichen Ordners notwendig sind. Sie können festlegen, ob, wie im Exchange-Postfach des Benutzers, in Klammern angezeigt werden soll, wie viele Objekte im persönlichen Ordner gespeichert sind. Diese Funktion war in Outlook 2002 noch nicht vorhanden. Mit Hilfe der Schaltfläche ORDNERGRÖßE können Sie jederzeit feststellen, wie viele Daten in diesem persönlichen Ordner und dessen Unterordner vorhanden sind. Zusätzlich können Sie hier festlegen, wie neue Objekte in diesem Ordner erstellt werden. Standardmäßig handelt es sich bei neuen Objekten sicherlich um E-Mails, die auch als solche erstellt werden. Sie können zudem jederzeit Formulare hinterlegen. Diese Funktionalität wird allerdings sehr selten verwendet. Es bietet sich meistens an, die Standardeinstellungen so zu belassen, wie sie sind.

Mit der Schaltfläche ERWEITERT können Sie weitere Anpassungen an der persönlichen Ordner-Datei festlegen.

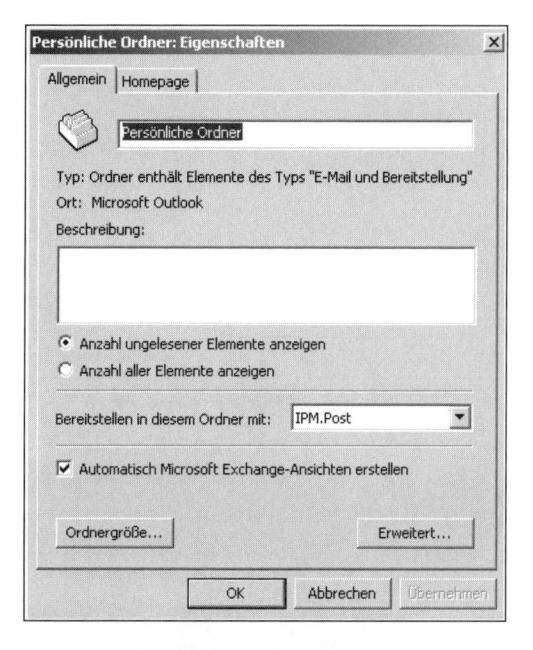

Abbildung 22.23:
Eigenschaften eines persönlichen Ordners

In diesem Fenster können Sie zum Beispiel die Bezeichnung des persönlichen Ordners festlegen, das Zugriffskennwort zum Öffnen des Ordners bestimmen und die Daten komprimieren lassen. Wenn Sie längere Zeit mit einem persönlichen Ordner arbeiten, wird dessen Größe natürlich ständig ansteigen. Eine Komprimierung kann daher auf dem Rechner oder Notebook des Benutzers einiges an Plattenplatz auf dem Datenträger einsparen.

Importieren und Exportieren von Daten

Eine weitere Möglichkeit der Nutzung öffentlicher Ordner besteht im Exportieren von Daten eines Postfachs und dem anschließenden Importieren von Daten in Outlook. Durch diese Funktionalität können Sie jederzeit alle Daten eines Benutzers sichern und auf einem anderen Rechner oder Postfach wiederherstellen. Neben dem Export der Daten in eine PST-Datei können Sie die Daten eines Postfaches in eine Vielzahl anderer Programme und Dateien exportieren. Da der Export in eine PST-Datei oft verwendet wird, beschreibe ich diese Möglichkeit auf den folgenden Seiten detaillierter. Durch den Export in eine PST-Datei und den anschließenden Import in ein Exchange-Postfach können Sie zum Beispiel Benutzer migrieren, für die das Verschieben von Postfächern nicht möglich ist. Um Daten zu importieren oder zu exportieren, gehen Sie in Outlook zum Menü DATEI und dann zu IMPORTIEREN/EXPORTIEREN.

Abbildung 22.24:
Importieren und Exportieren von Daten aus Outlook

Abbildung 22.25:
Exportieren eines Postfachs

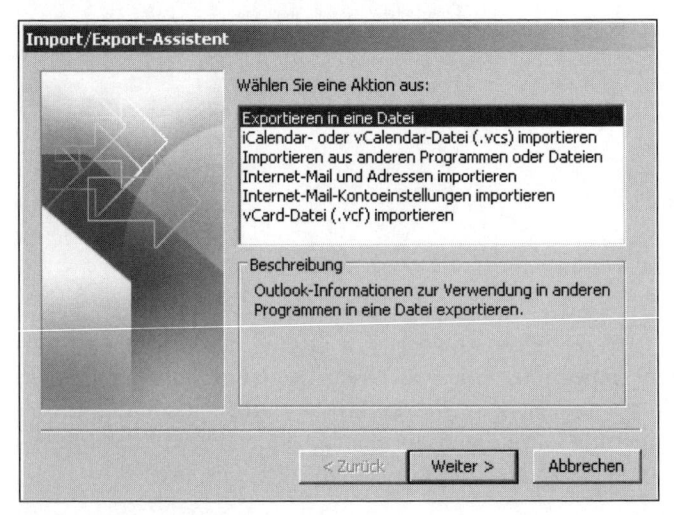

Exportieren eines Postfachs

Um die Daten eines Postfachs zu exportieren, wählen Sie auf der ersten Seite des Assistenten die Option EXPORTIEREN IN EINE DATEI. Auf der nächsten Seite legen Sie fest, in welche Datei das Postfach exportiert werden soll.

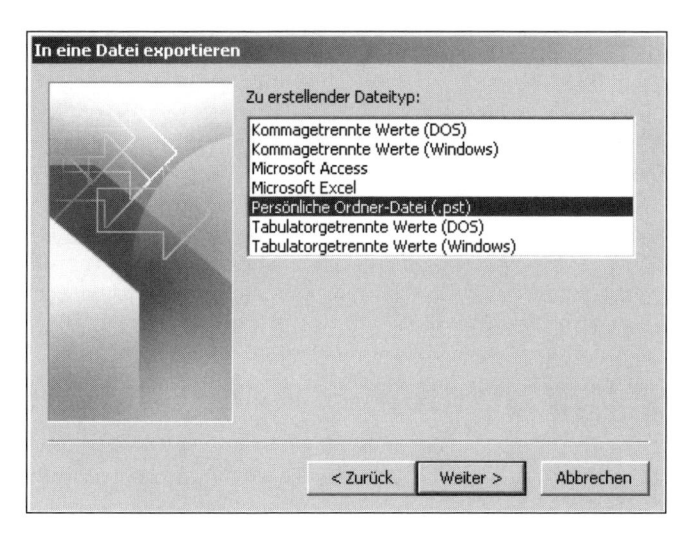

Abbildung 22.26:
Auswahl des Export-Dateityps

Nachdem Sie festgelegt haben, in welchen Dateityp die Daten des Postfachs exportiert werden sollen, müssen Sie auf der nächsten Seite des Assistenten festlegen, welche Daten exportiert werden sollen.

Wenn Sie wollen, dass alle Daten des Postfachs, alle Unterordner und Aufgaben, alle gelöschten Objekte und alle Kalendereinträge und so weiter exportiert werden, müssen Sie den obersten Menüpunkt POSTFACH auswählen und den Haken bei der Option UNTERORDNER EINBEZIEHEN setzen. Wenn Sie diese Option aktivieren, werden alle Ordner und Unterordner des Postfachs in die PST-Datei exportiert und können später wieder importiert werden. Wenn Sie nicht alle Daten exportieren wollen, können Sie mit Hilfe der Schaltfläche FILTER auch detaillierte Filter festlegen. Sie können natürlich diese beiden Einstellungen miteinander kombinieren.

Wenn Sie alle Daten ausgewählt haben, die exportiert werden sollen, gelangen Sie mit WEITER auf die nächste Seite des Assistenten. Hier legen Sie den Speicherort und den Namen der PST-Datei fest, in die alle Daten importiert werden. Außerdem legen Sie hier fest, wie mit Duplikaten verfahren werden soll, wenn bereits Daten in der PST-Datei vorhanden sind.

Standardmäßig steht die Einstellung auf DUPLIKATE DURCH EXPORTIERTE ELEMENTE ERSETZEN. Wenn Sie ein Postfach exportieren und eine neue PST-Datei erstellen, sollten Sie diese Einstellung belassen.

Kapitel 22 — E-Mail-Konten in Outlook 2003

Abbildung 22.27:
Auswahl der Daten, die exportiert werden sollen

Abbildung 22.28:
Festlegen der Export-Datei

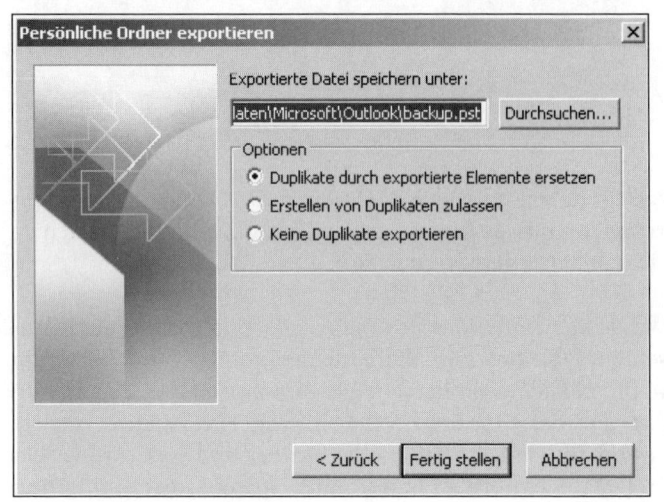

Wenn Sie auf die Schaltfläche FERTIG STELLEN klicken, beginnt der Assistent mit dem Exportieren der Daten. Je nach Größe des Postfachs kann dieser Vorgang wenige Sekunden aber auch mehrere Stunden andauern.

Importieren von Daten aus einer PST-Datei in ein Postfach

Wenn Sie die Daten in eine PST-Datei exportiert haben, können Sie diese jederzeit wieder in ein Postfach importieren. Wählen Sie dazu beim Starten des Assistenten die Option IMPORTIEREN AUS ANDEREN PROGRAMMEN ODER DATEIEN.

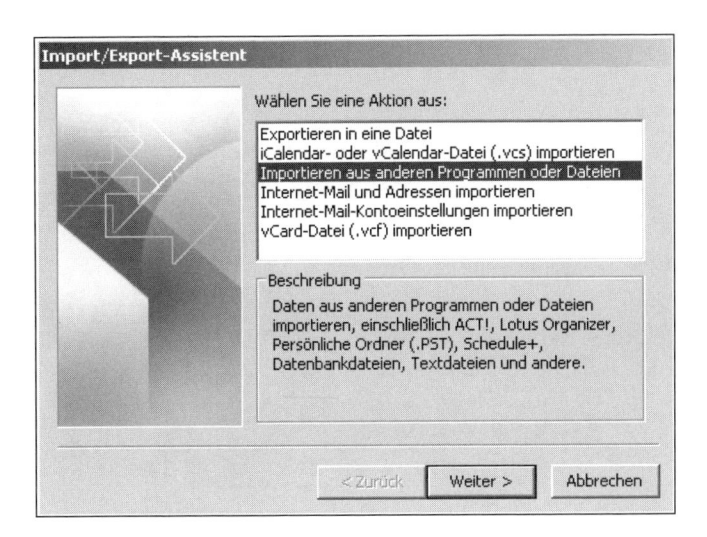

Abbildung 22.29:
Importieren von Daten in ein Postfach

Die restlichen Fenster des Assistenten verhalten sich ähnlich, wie bereits beim Exportieren, nur in die andere Richtung. Wenn Sie Daten aus einem persönlichen Ordner in ein Postfach importieren lassen, wird in Outlook temporär ein persönlicher Ordner angelegt, die Daten aus dem Ordner in das Postfach importiert und danach der persönliche Ordner wieder getrennt. Die importierte Datendatei wird allerdings physikalisch nicht von der Festplatte getrennt.

Profile

Sie können auf einem Rechner verschiedene Profile für einen oder mehrere Benutzer einrichten. Für jedes Profil können Sie eigene Konten und Einstellungen vornehmen. Wenn Sie in der Systemsteuerung auf das Symbol MAIL klicken, können Sie Ihre Profile mit der entsprechenden Schaltfläche bearbeiten.

In diesem Fenster können Sie festlegen, ob Outlook immer mit dem Standardprofil starten soll oder ob dem Benutzer die Möglichkeit erteilt werden soll, sein Startprofil selbst zu bestimmen. Bei jedem Start von Outlook erscheint dann die Abfrage, welches Profil verwendet werden soll. Mit diesen Profilen können Benutzer Ihre Postfächer auf mehreren Exchange Servern gleichzeitig verwalten.

22.5   RPC über HTTP

Eine wesentliche Neuerung bei der Zusammenarbeit von Outlook 2003, Exchange 2003 und Windows 2003 ist die mögliche Anbindung von Outlook 2003 über das HTTP-Protokoll an den Exchange Server.

Kapitel 22   E-Mail-Konten in Outlook 2003

Abbildung 22.30:
Bearbeiten von Profilen

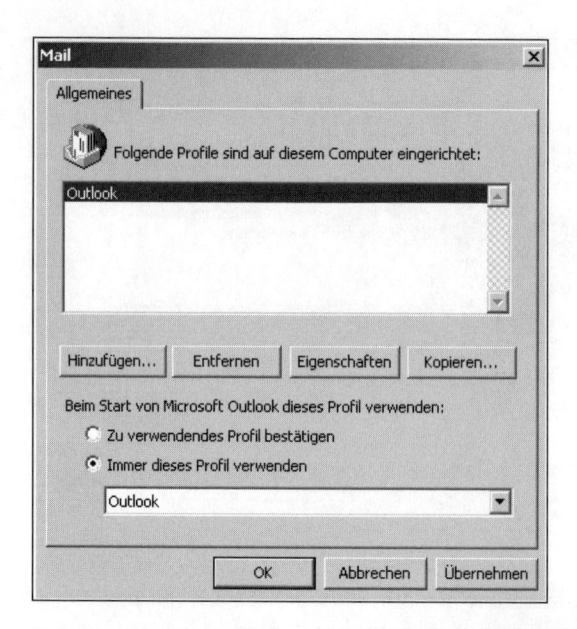

Durch diese Möglichkeit können Remote-Benutzer über das Internet Verbindung mit Ihrem Postfach auf dem Exchange Server aufnehmen. Dies ist sogar möglich, wenn die Benutzer nicht mit VPN eingewählt sind, sondern ein Exchange Server über das Internet veröffentlicht ist.

Voraussetzungen

Die Verbindung von RPC über HTTP kann dabei auch mit einem Frontend-Server aufgebaut werden, der dann als RPC-Proxy eingesetzt wird. Am besten verwenden Sie für die Veröffentlichung eines Frontend-Servers einen Microsoft ISA-Server. Sie können jedoch ohne Probleme andere Firewalls dafür einsetzen. Mit Windows 2003 besteht generell die Möglichkeit alle Dienste, die über RPC laufen, über das HTTP-Protokoll zu verwenden.

Damit Sie diese Funktionalität verwenden können, müssen folgende Server mit Windows 2003 installiert sein. Windows 2000 unterstützt kein RPC über HTTP:

- Alle Exchange 2003 Server, auf denen Postfächer der Benutzer liegen, die mit RPC über HTTP Verbindung aufbauen wollen.

- Alle Frontend-Server, die als RPC-Proxy dienen sollen.

- Alle Domänen-Controller, mit denen die Exchange 2003 Server Verbindung aufbauen. Diese Server werden in den Eigenschaften des Exchange Servers im Exchange System Manager festgelegt.

- Der Domänen-Controller, der den Exchange 2003 Servern als globaler Katalog dient.

RPC über HTTP   Kapitel 22

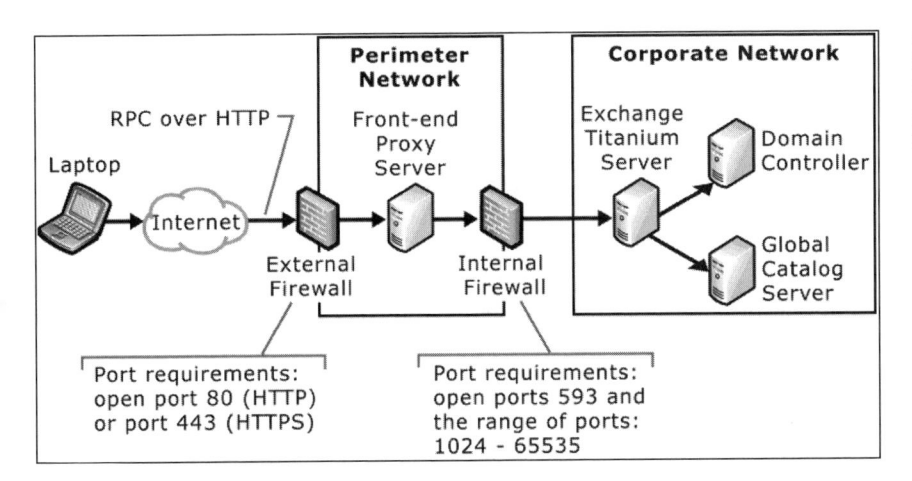

Abbildung 22.31: Notwendige Ports bei einer RPC über eine HTTP-Verbindung

Damit ein Benutzer mit Outlook 2003 Verbindung über das Internet mit seinem Postfach aufbauen kann, muss auf dessen Rechner Windows XP Home Edition oder Professional mit Servicepack 1 installiert sein. Zusätzlich muss noch ein Hotfix installiert werden, welches Sie in der Knowledge Base (http://support.microsoft.com) im Artikel Q331320 herunterladen können.

:-) TIPP

Konfiguration von RPC über HTTP

Damit Ihre Benutzer diese Funktionalität verwenden können, müssen Sie zunächst einige Vorbereitungen treffen. Auf den nachfolgenden Seiten gehe ich diese Vorbereitungen Schritt für Schritt durch.

Konfiguration eines RPC-Proxys

Die wenigsten Administratoren werden so fahrlässig sein und ihren Exchange Server ins Internet veröffentlichen. Sie sollten bei der Veröffentlichung von Exchange 2003 ins Internet immer einen Frontend-Server verwenden. Die Konfiguration eines solchen Frontend-Servers wurde bereits im Kapitel 13 *Outlook Web Access* besprochen. Damit ein Frontend-Server als RPC-Proxy funktioniert, müssen Sie zunächst noch die Unterstützung für RPC über HTTP nachinstallieren. Diese Funktion finden Sie in den Windows-Komponenten bei den Netzwerkdiensten. Installieren Sie zunächst diese Unterstützung auf dem Frontend-Server

Konfiguration des virtuellen RPC-Verzeichnisses im IIS

Nach der Installation der Unterstützung von RPC über HTTP müssen Sie als Nächstes das virtuelle RPC-Verzeichnis /Rpc konfigurieren. Rufen Sie dazu die Verwaltung des IIS auf dem Frontend-Server sowie die Eigenschaften des virtuellen RPC-Verzeichnisses unter der Standard-Webseite auf.

Einstellen der Verzeichnissicherheit

Wechseln Sie als Nächstes auf die Registerkarte VERZEICHNISSICHERHEIT und klicken Sie auf die Schaltfläche BEARBEITEN im Bereich AUTHENTIFIZIERUNG UND ZUGRIFFSTEUERUNG. Entfernen Sie den Haken bei der Option ANONYMEN ZUGRIFF GEWÄHREN und aktivieren Sie die Standard-Authentifizierung. Als Nächstes müssen die Ports dieses RPC-Proxys für die Zusammenarbeit mit Ihrem Exchange 2003 Servern angepasst werden.

Konfiguration notwendiger Ports auf dem RPC-Proxy

Öffnen Sie als Nächstes mit *Regedit* die Registry auf Ihrem Frontend-Server und navigieren Sie zum Schlüssel

HKEY_LOCAL_MACHINE\Software\Microsoft\RPC\RpcProxy

Rufen Sie die Eigenschaften des Werte *ValidPorts* auf.

Abbildung 22.32: Installation der RPC über HTTP-Unterstützung

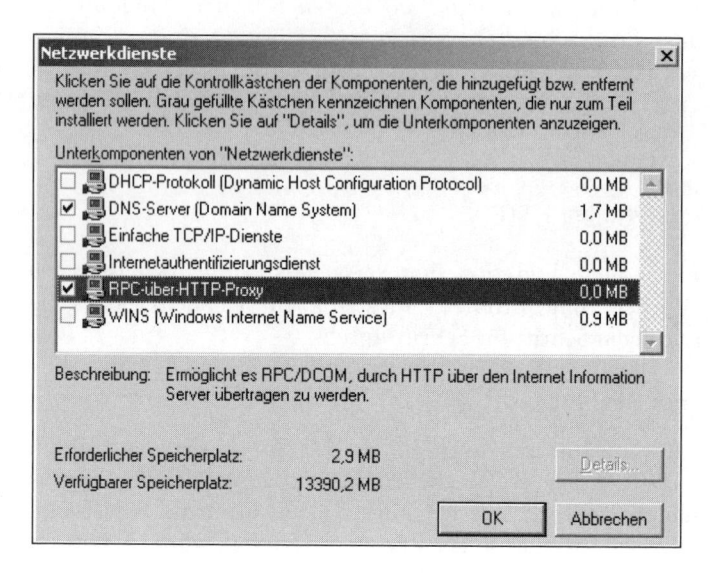

Tragen Sie folgende Werte ein:

```
Exchange-Server;593;Exchange-Server:1024-65536;
Domänen-Controller;593;Domänen-Controller:1024-65536
```

Tragen Sie als Wert für Exchange Server den NetBios-Namen Ihres Exchange Servers und als Domänen-Controller den NetBios-Namen Ihres Domänen-Controllers ein. Dieses Beispiel ist sinnvoll, wenn sich der RPC-Proxy im internen Firmennetzwerk und der ISA-Server in der DMZ befinden.

RPC über HTTP   Kapitel 22

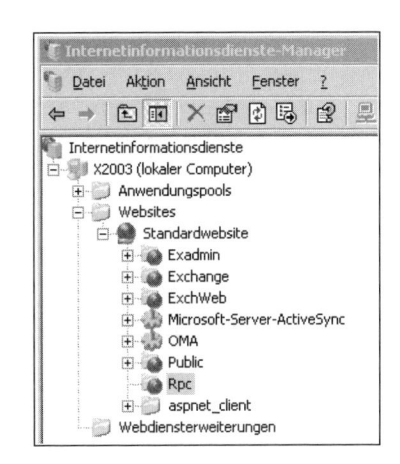

Abbildung 22.33:
Virtuelles RPC-Verzeichnis

Abbildung 22.34:
Ports für RPC über HTTP

Konfiguration von fest definierten Ports auf dem RPC-Proxy

Wenn Ihr RPC-Proxy dagegen ebenfalls in der DMZ steht, sollten Sie nicht alle Ports öffnen, wie im obigen Beispiel gezeigt, sondern spezielle Ports festlegen. Tragen Sie dazu einfach als Wert für *ValidPorts* die Ports ein, mit denen der Exchange Server mit dem Domänen-Controller Verbindung aufbauen kann. Sie können mehrere Domänen-Controller konfigurieren oder einen einzelnen. Sie sollten zudem einen speziellen Wert für den Zugriff auf den globalen Katalog setzen. Sie können natürlich für den Zugriff auf den globalen Katalog denselben Domänen-Controller verwenden.

Sie müssen in diesem Wert wirklich alle Verbindungen und alle Ports eintragen, die beim Zugriff auf das Postfach eines Benutzers verwendet werden. Wenn Sie für manche Server nicht alle notwendigen Ports eintragen, wird eine Verbindung von RPC über HTTP nicht möglich sein.

Konfiguration der Ports auf dem Exchange Server

Damit die Verbindung über spezielle Ports auch zum Backend-Server, das heißt dem Postfach-Server der Benutzer funktioniert, müssen Sie auch dessen Ports fest einstellen. Gehen Sie dazu folgendermaßen vor:

1. Öffnen Sie auf dem Backend-Server mit *Regedit* die Registry und navigieren Sie zum Schlüssel:

   `HKEY_LOCAL_MACHINE\System\CurrentControlSet\Services\MSExchangeSA\Parameters`

   Erstellen Sie einen neuen DWORD-Wert mit der exakten Bezeichnung `RPC/HTTP NSPI Port`.

Geben Sie dem Port einen dezimalen Wert für einen gültigen Port zwischen 1 und 65536. Der Port sollte natürlich noch nicht von einem anderen Server-Dienst verwendet werden. Sie können offene Ports mit dem Befehl netstat -an überprüfen.

2. Nach der Erstellung dieses Wertes müssen Sie einen neuen DWORD-Wert mit der Bezeichnung HTTP Port erstellen. Geben Sie diesem Wert denselben dezimalen Wert, den Sie bereits dem Wert RPC/HTTP NSPI Port zugewiesen haben.

3. Navigieren Sie anschließend zum Schlüssel:

HKEY_LOCAL_MACHINE\System\CurrentControlSet\Services\MSExchangeIS\ParametersSystem

4. Erstellen Sie einen neuen DWORD-Wert mit der exakten Bezeichnung RPC/HTTP Port.

5. Geben Sie dem Port einen dezimalen Wert für einen gültigen Port zwischen 1 und 65536. Der Port sollte natürlich noch nicht von einem anderen Server-Dienst verwendet werden. Geben Sie diesem Port einen anderen Wert als für den RPC/HTTP NSPI Port.

Konfiguration des Domänen-Controller-Ports

Als Nächstes müssen Sie die Ports auf den Domänen-Controller und dem globalen Katalog für die Zusammenarbeit mit RPC über HTTP konfigurieren:

1. Navigieren Sie zum Schlüssel:

HKEY_LOCAL_MACHINE\System\CurrentControlSet\Services\MSENTDS\Parameters

2. Wenn der Schlüssel Parameters nicht vorhanden ist, erstellen Sie ihn. Erstellen Sie innerhalb dieses Schlüssel einen neuen DWORD-Wert mit der Bezeichnung NSPI interface protovol squences und weisen Sie ihm den Wert ncacn_http:PORT zu. Wählen Sie als Port einen weiteren freien Port aus.

Konfiguration eines Outlook-Profils

Nach diesen Einstellungen müssen Sie auf dem Rechner des Benutzers, der sich mit RPC über HTTP verbinden will, ein eigenes Profil für die Verbindung von RPC über HTTP einrichten. Bei der Einrichtung dieses Profils müssen Sie die Authentifizierung mit SSL aktivieren, damit die Standard-Authentifizierung verschlüsselt wird. Gehen Sie bei der Einrichtung des Profils vor, wie bei der normalen Einrichtung eines Outlook-Profils. Wählen Sie bei der Einrichtung der Verbindung die Option EXCHANGE VERBINDUNG MIT HTTP HERSTELLEN aus und tragen Sie die Adresse des Frontend-Servers ein, den Sie als RPC-Proxy konfiguriert haben.

23 Outlook 2003-Optionen

Im Kapitel 22 *E-Mail-Konten in Outlook 2003* haben wir besprochen, wie ein Benutzerkonto eingerichtet und verwaltet wird. In diesem Kapitel wollen wir uns als Nächstes mit den allgemeinen Einstellungen in Outlook beschäftigen. Die Optionen, die in Outlook eingestellt werden, gelten für alle Benutzer und alle Profile sowie für alle Postfächer auf diesem Rechner. Diese globalen Einstellungen in Outlook werden im Menü EXTRAS/ OPTIONEN durchgeführt. Wenn Sie die Optionen starten, stehen Ihnen sieben Registerkarten zur Verfügung, um Outlook für Benutzer auf diesem Rechner anzupassen.

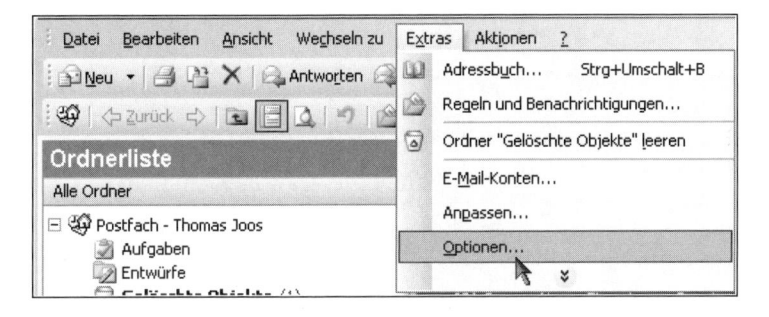

Abbildung 23.1:
Starten der Outlook-Optionen

23.1 Registerkarte Einstellungen

Die erste Registerkarte in den Optionen ist die Registerkarte EINSTELLUNGEN. Hier können Sie verschiedene Optionen aktivieren und bearbeiten, die das allgemeine Arbeiten mit Outlook beeinflussen. Ihnen stehen dazu verschiedene Bereiche zur Verfügung, in denen es weitere Optionen gibt, um Outlook an Ihre Bedürfnisse anzupassen.

E-Mail-Optionen und Spam-E-Mails

In Bereich E-Mail können Sie Einstellungen vornehmen, die den Umgang mit E-Mails in Ihrem Posteingang steuern.

Junk-E-Mail

Die Verwaltung und der Schutz vor Junk-E-Mails, das heißt vor Spam und sonstigem Trash, können Sie jetzt in Outlook 2003 verwalten. Diese Funktion ist neu in Outlook 2003. Mit Hilfe dieser Schaltfläche können Sie gezielt Absender von Spam-E-Mails ausfiltern. Sie können mit Hilfe dieses Fensters den Umgang mit Spam-E-Mails steuern. Diese Mails werden in Outlook in einem besonderen Ordner abgelegt.

Abbildung 23.2:
Registerkarte
EINSTELLUNGEN

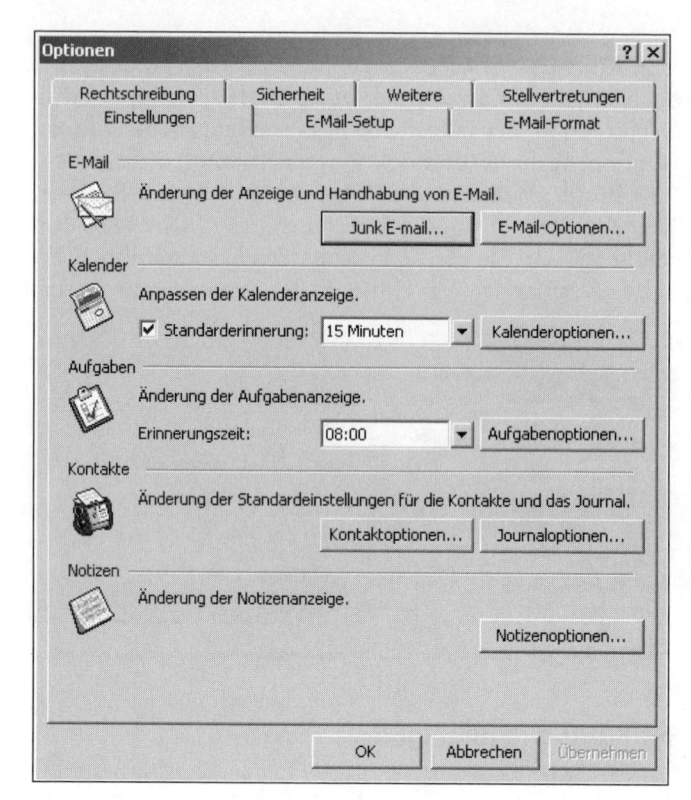

E-Mail-Optionen

Mit Hilfe der Schaltfläche E-MAIL-OPTIONEN können Sie allgemeine Einstellungen vornehmen. Hauptsächlich wird hier der Umgang mit E-Mails, ihre Formatierung und die Speicherung konfiguriert. Hier stellen Sie zum Beispiel ein, wie *Inline*-Kommentare gekennzeichnet werden sollen. Gerade bei Support-Mitarbeitern werden bei langen E-Mails mit vielen Fragen die Antworten direkt an die Fragen angehängt und dem Versender wieder zugeschickt. Damit dieser wiederum leicht erkennen kann, wo die Antworten stehen, kann vor jeder Antwort ein bestimmter Text automatisch eingefügt werden. Diesen Text können Sie hier unter MEINE KOMMENTARE MARKIEREN bestimmen. Außer den Standardoptionen stehen Ihnen hier zwei weitere Schaltflächen zur Verfügung.

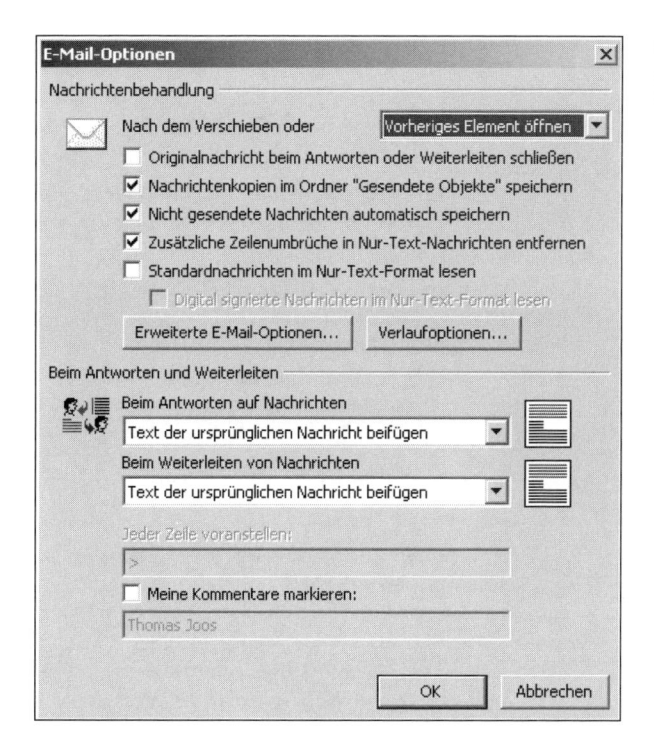

Abbildung 23.3:
Allgemeine E-Mail-Optionen

Erweiterte E-Mail-Optionen

Mit Hilfe der Schaltfläche ERWEITERTE E-MAIL-OPTIONEN gelangen Sie in ein weiteres Fenster, in dem Sie Einstellungen vornehmen können, die den Umgang mit E-Mails betreffen. Hier können Sie einstellen, wie sich Outlook verhalten soll, wenn eine neue E-Mail eintrifft.

Mit Hilfe der Schaltfläche DESKTOP-BENACHRICHTIGUNGSEINSTELLUNGEN können Sie festlegen, wie die Optionen des Vorschaufensters sein sollen, welches beim Empfangen von E-Mails kurz eingeblendet wird. Diese Option können Sie hier auch deaktivieren, wenn Sie den Haken bei der Option DESKTOP-BENACHRICHTIGUNG ANZEIGEN entfernen.

Mit der Option NACHRICHTEN LAUFEN NACH.....TAGEN AB *können Sie festlegen, mit welchem Alter Nachrichten ablaufen. Diese Funktion ist neu in Outlook 2003. Abgelaufene Nachrichten werden in Outlook durchgestrichen.*

Verlaufsoptionen

Mit Hilfe der Schaltfläche VERLAUFSOPTIONEN gelangen Sie zur Steuerung ihrer gesendeten E-Mails und der Überwachung der Empfänger. Bei diesen Einstellungen hat sich im Vergleich zu Outlook 2002 nichts verändert.

Kapitel 23   Outlook 2003-Optionen

Abbildung 23.4:
Erweiterte E-Mail-Optionen

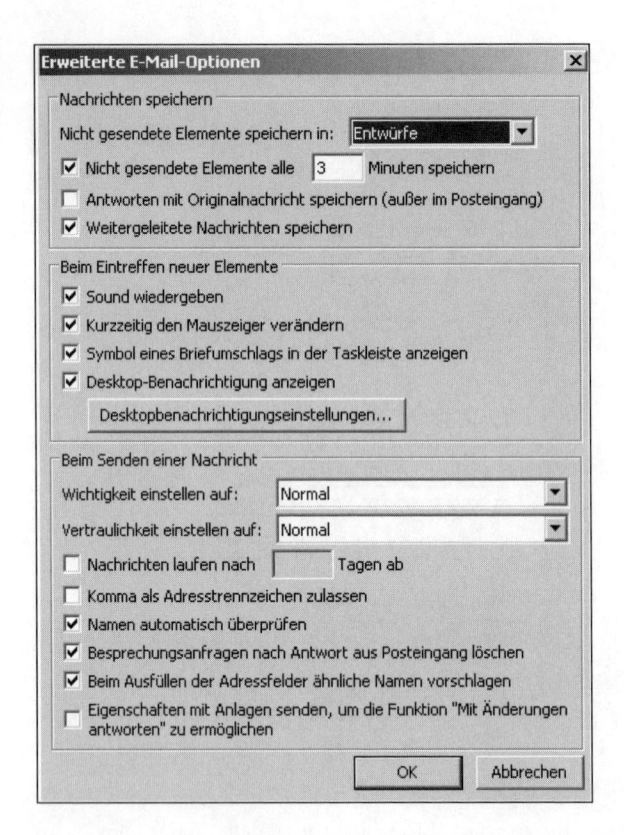

Hier können Sie einstellen, dass grundsätzlich für alle E-Mails, die Sie senden, eine Übermittlungs- oder Lesebestätigung angefordert wird. Dadurch können Sie jederzeit feststellen, ob ein Empfänger eine E-Mail erhalten hat, ob er sie gelesen hat oder ungelesen gelöscht hat. Wenn Benutzer E-Mails allerdings im Vorschaufenster lesen und dann löschen, erhalten Sie auch eine Meldung, dass die E-Mail ungelesen gelöscht wurde. Diese Option erscheint aus meiner Sicht heutzutage nur sehr wenig sinnvoll, da manche Empfänger keine Übermittlungsbestätigungen verschicken können. Die Empfänger können wiederum in ihrem Outlook einstellen, dass solche Bestätigungen gar nicht verschickt werden sollen. Administratoren von Exchange Servern können in den globalen Einstellungen im Exchange System Manager das Versenden von Lesebestätigungen nach außerhalb ganz unterbinden, unabhängig davon, was Benutzer in Outlook einstellen.

In diesem Fenster können Sie auch festlegen, dass Bestätigungs-E-Mails automatisch in einen bestimmten Ordner verschoben werden sollen, damit Ihr Posteingang nicht zu unübersichtlich wird.

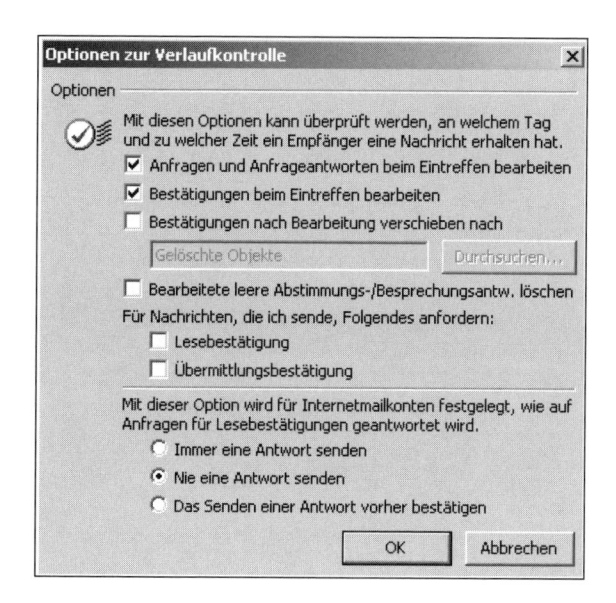

Abbildung 23.5:
Erweiterte Verlaufsoptionen

Kalenderoptionen

Im Bereich KALENDER beziehungsweise mit Hilfe der Schaltfläche KALENDEROPTIONEN können Sie Optionen und Einstellungen bezüglich des Postfachkalenders vornehmen.

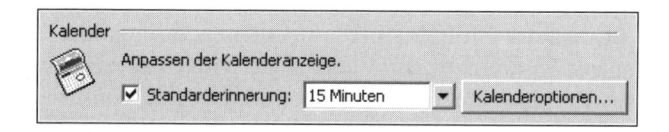

Abbildung 23.6:
Einstellungen der Kalenderoptionen

Allgemeine Kalenderoptionen

Bei der Arbeit mit Exchange und allgemein bei der Arbeit mit Teams ist der Umgang mit dem Kalender ein besonders wichtiger Bereich. Ihnen stehen daher zur Konfiguration Ihres Kalenders zahlreiche Optionen zur Verfügung.

Auf dieser Registerkarte legen Sie fest, wie die Arbeitswoche im Kalender angezeigt werden soll. Wenn Sie die Option WOCHENNUMMERN IM DATUMSNAVIGATOR ANZEIGEN aktivieren, wird in der Anzeige des Kalenders in Ihrem Postfach die Nummerierung der Jahreswoche angezeigt.

In diesem Fenster können Sie für weitere Länder Feiertage hinzufügen oder die Einstellungen für die Kalenderanzeige für Besprechungsanfragen steuern. Zusätzlich zum Hauptfenster stehen Ihnen im unteren Bereich drei weitere Schaltflächen zur Verfügung.

Abbildung 23.7: Kalenderoptionen

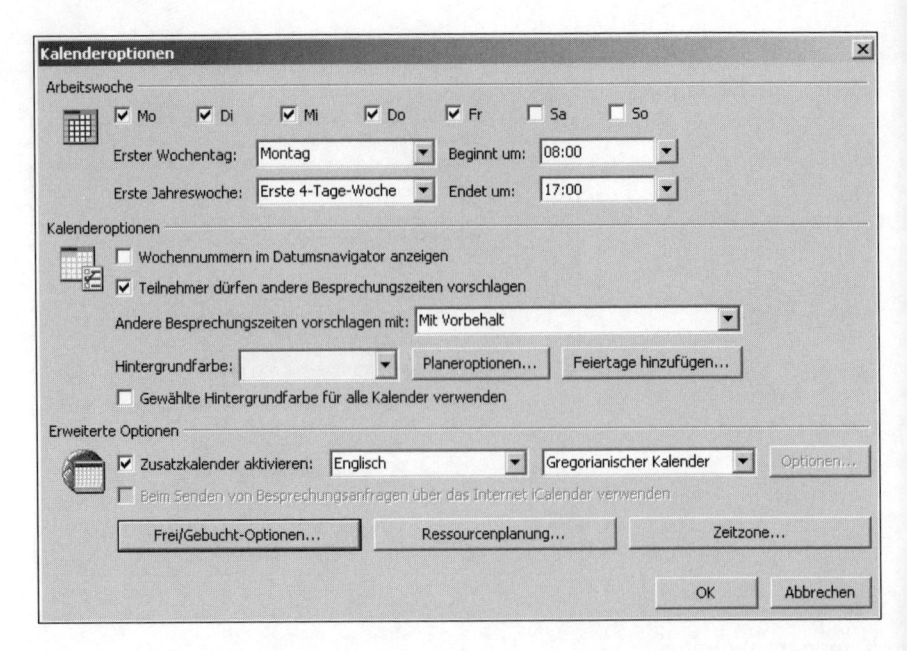

Frei/gebucht-Optionen

Mit dieser Schaltfläche gelangen Sie zur Steuerung der *frei/gebucht-Zeiten*. Standardmäßig werden in den Kalendern Ihrer Benutzer für die Verfügbarkeit nur die nächsten beiden Kalendermonate angezeigt. Alle weiteren Monate werden schraffiert dargestellt. Da viele Mitarbeiter Ihre Termine oft mehrere Monate im Voraus planen, können Sie hier einstellen, wie weit in der Zukunft diese frei/gebucht-Zeiten angezeigt werden sollen. Mit diesen Zeiten können Benutzer bei der Planung von Besprechungen genau feststellen, wann die einzelnen Teilnehmer noch Zeit haben.

Die Option zum Veröffentlichen im Internet-Dienst wird normalerweise nicht benötigt. Diese Informationen werden in Outlook durch die Benutzer, aber nur selten im Internet abgefragt.

Ressourcen-Planung

Mit Hilfe dieser Schaltfläche können Benutzer, die die Ressourcen-Postfächer verwalten, zum Beispiel Sekretärinnen, den Umgang mit Besprechungsanfragen zu den von ihnen verwalteten Ressourcen steuern. Damit Benutzer diese Optionen ändern können, müssen Sie natürlich über die entsprechenden Rechte des Postfachs verfügen. Sie können zum Beispiel Besprechungsanfragen automatisch annehmen, wenn die Ressource zum angefragten Zeitraum verfügbar ist. Diese Besprechung wird dann automatisch in den Kalender der Ressource eingetragen. Zusätzlich zu dieser Option können Sie Besprechungen automatisch ablehnen, wenn die Ressource ausgebucht

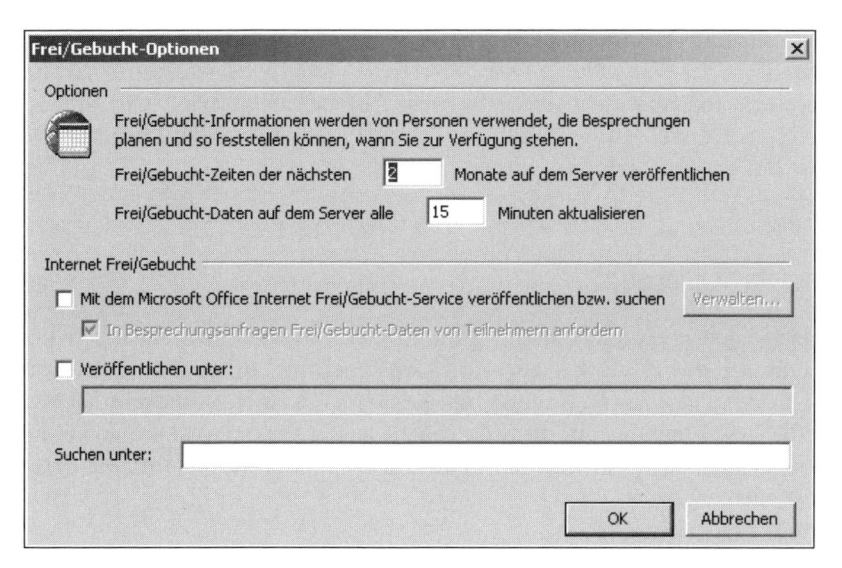

Abbildung 23.8:
Frei/gebucht-Optionen des Outlook-Kalenders

ist, sowie ganze Serien von vorneherein blockieren, damit einzelne Benutzer eine Ressource nicht ganz ausbuchen können.

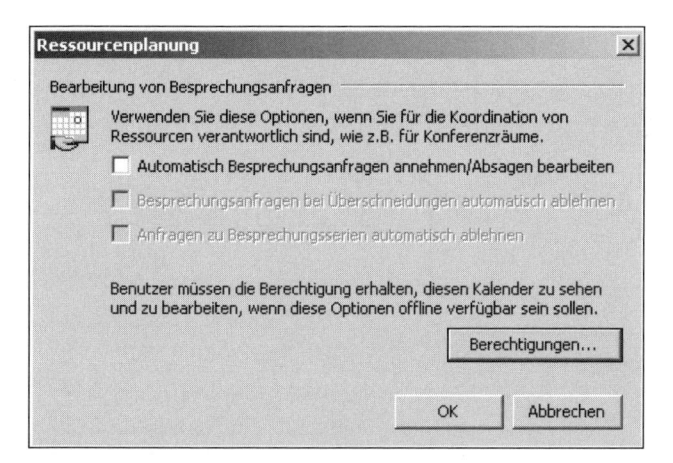

Abbildung 23.9:
Ressourcen-Planung eines Outlook-Kalenderpostfachs

Aufgabenoptionen

Der nächste Bereich auf der Registerkarte EINSTELLUNGEN umfasst die Aufgabenoptionen. Dieser Bereich hat weniger Optionen, als die Steuerung der Kalenderoptionen.

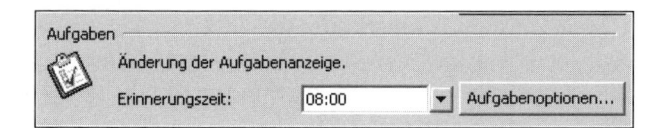

Abbildung 23.10:
Aufgabenoptionen in Outlook

Kapitel 23 Outlook 2003-Optionen

Im Grunde genommen können Sie in den Aufgabenoptionen nur die Darstellung der Aufgaben in Outlook steuern. Die Optionen zum Verwalten der delegierten Aufgaben sind standardmäßig bereits aktiviert und sollten nicht verändert werden. Auf der Hauptseite können Sie die Uhrzeit festlegen, wann Sie Outlook erinnern soll, wenn Aufgaben an einem Tag fällig werden.

Kontaktoptionen

Der nächste Bereich, den Sie auf dieser Registerkarte einstellen können, umfasst die Optionen zur Kontaktesteuerung. Ihnen stehen hierzu zwei Schaltflächen zur Verfügung, die KONTAKTOPTIONEN und die JOURNALOPTIONEN. Wenn Sie auf die Schaltfläche KONTAKTOPTIONEN klicken, können Sie festlegen, in welcher Reihenfolge die Kontakte in Outlook dargestellt werden.

Abbildung 23.11:
Steuerung der Aufgabenoptionen

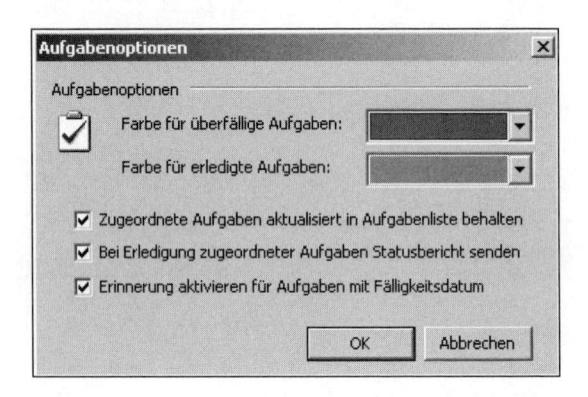

Abbildung 23.12:
Kontaktoptionen auf der Registerkarte EINSTELLUNGEN

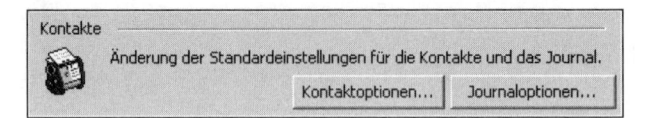

Journaloptionen

Die Schaltfläche JOURNALOPTIONEN dient zur Steuerung des Outlook-Journals. Das Journal ist ein Protokoll für Outlook, in dem Ihre Tätigkeiten mitgeschrieben werden. In diesem Protokoll wird festgehalten, wann E-Mails empfangen oder geschrieben, wann Aufgaben geplant und Termine eingetragen wurden. Dadurch können Sie einen Bericht für Ihre Arbeit mit Outlook erstellen und haben mit Hilfe einer Zeitskala die Möglichkeit genau nachzuverfolgen, wann Sie bestimmte Tätigkeiten in Outlook durchgeführt haben. Das Journal wird in Outlook in einem eigenen Ordner angezeigt.

Registerkarte EINSTELLUNGEN   Kapitel 23

Beim ersten Öffnen des Journalfensters, werden Sie gefragt, ob das Journal automatisch gestartet werden soll.

In den Journaloptionen legen Sie fest, welche Aktivitäten vom Journal mitgezeichnet werden sollen.

Abbildung 23.13: Kontaktoptionen in Outlook

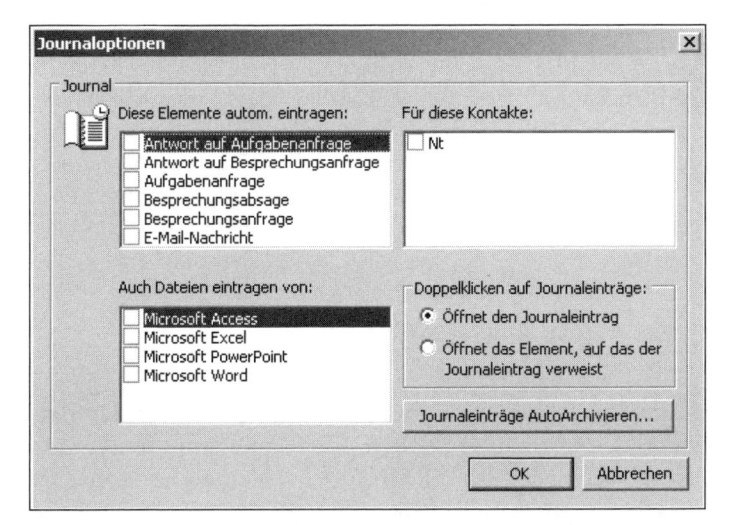

Abbildung 23.14: Journaloptionen in Outlook

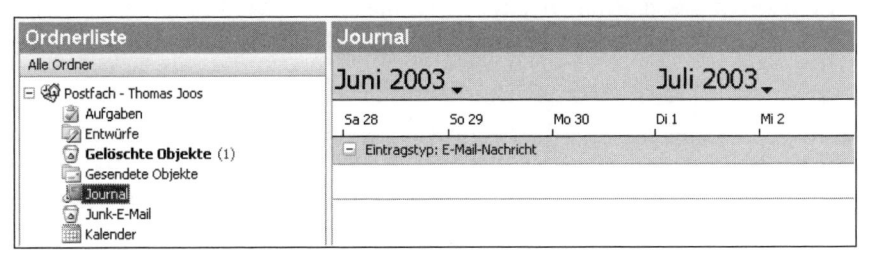

Abbildung 23.15: Journal in Outlook

[KOMPENDIUM] Exchange Server 2003 und Outlook   723

Notizoptionen

Sie können mit Outlook Notizen erstellen, ähnlich den bekannten Post-It-Zetteln, deshalb ist die Standardfarbe der Notizen Gelb.

Abbildung 23.16:
Notizoptionen in Outlook

Mit Hilfe der Notizoptionen können Sie das Aussehen dieser Notizen steuern.

23.2 Registerkarte E-Mail-Setup

Auf dieser Registerkarte können Sie die konfigurierten E-Mail-Konten verwalten. Hier bestimmen Sie auch, wann und wie oft Outlook Daten vom Exchange Server empfangen oder zum Server senden soll. Wenn Sie Outlook mit Hilfe einer DFÜ-Verbindung an den Exchange Server anbinden, können Sie auf dieser Registerkarte Einstellungen vornehmen, wie sich Outlook beim Wählen oder Trennen dieser Verbindung verhalten soll. Außerdem können Sie hier Ihre PST-Dateien steuern, neue anlegen, oder vorhandene Datendateien löschen. Die Optionen zum Senden und Empfangen von E-Mails können auf dieser Registerkarte sehr detailliert gesteuert werden.

23.3 Registerkarte E-Mail-Format

Auf dieser Registerkarte stellen Sie ein, in welchem Format E-Mails, die Sie versenden, formatiert werden. Sie können auf dieser Registerkarte einstellen, ob Ihre E-Mails im Rich-Text-Format, als Text oder als HTML-E-Mail verschickt werden. Bedenken Sie bei Rich-Text, dass nur Outlook von Microsoft dieses Format darstellen kann, andere Mail-Programme (auch Outlook Express) werden stattdessen nur eine reine Textersatzdarstellung anzeigen.

Zusätzlich können Sie festlegen, ob Sie ein Briefpapier verwenden wollen, das heißt, ob der Hintergrund Ihrer E-Mails in bestimmter Weise formatiert werden soll. Ein weiterer wichtiger Bereich auf dieser Seite ist das Festlegen von Signaturen.

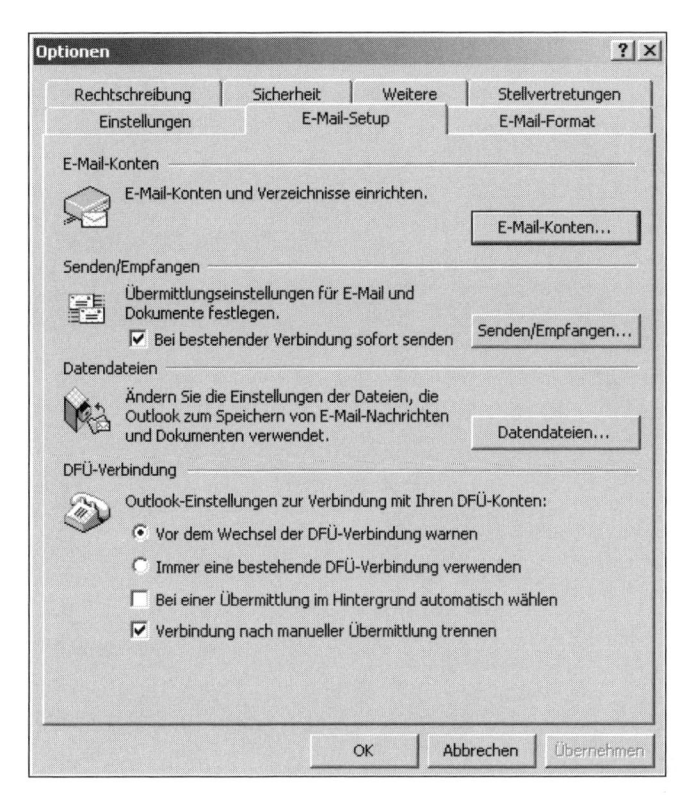

Abbildung 23.17:
Registerkarte
E-MAIL-SETUP

Wenn Sie eine Signatur erstellen, wird dieser Text automatisch jeder E-Mail angehängt, die Sie versenden. Diese Funktionalität wird normalerweise verwendet, wenn in Ihrer Firma bestimmte Informationen wie Telefonnummer oder Internet-Seite automatisch bei jedem Mitarbeiter nach extern mitgeschickt werden sollen.

Auf dieser Registerkarte können Sie diese Signaturen erstellen und verwalten.

23.4 Registerkarte Rechtschreibung

Auf dieser Registerkarte legen Sie fest, wie sich Outlook beim Schreiben von E-Mails verhalten soll. Sie können hier, wie in Microsoft Word auch, Optionen für die Autokorrektur Ihrer Texte konfigurieren. Zusätzlich können Sie Ihr benutzerdefiniertes Wörterbuch einstellen und die Einträge in diesem Wörterbuch bearbeiten. Hier aktivieren Sie auch die Unterstützung für die neue deutsche Rechtschreibkorrektur und wählen die Sprache aus, die zum Überprüfen Ihrer Rechtschreibung verwendet werden soll.

Abbildung 23.18:
Registerkarte
E-Mail-Format

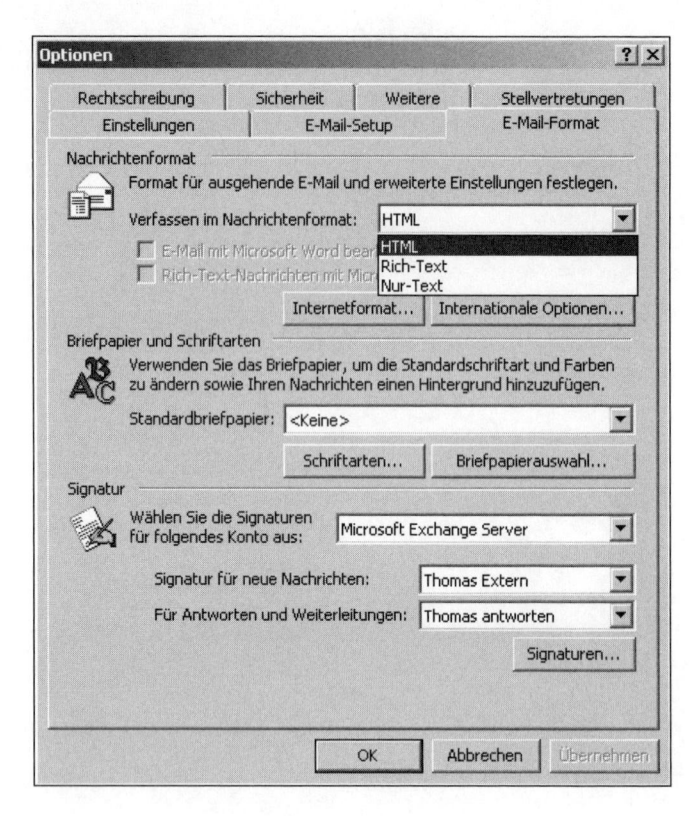

23.5 Registerkarte Sicherheit

Auf dieser Registerkarte legen Sie alle Einstellungen fest, die Sie zum Verschlüsseln von E-Mails benötigen. Auf dieser Registerkarte können Sie zudem weitere Einstellungen für die neue Junk-E-Mail-Verwaltung in Outlook 2003 vornehmen. Hauptsächlich können Sie hier Ihre Zertifikate beziehungsweise Ihre Digitale IDs verwalten. Auf dieser Registerkarte steuern Sie ebenfalls die Verschlüsselung Ihrer E-Mails mit S/MIME. Wenn Sie mit der Verschlüsselung von Windows 2003 arbeiten und digitale Zertifikate in Outlook 2003 verwalten wollen, müssen Sie die Aktionen auf dieser Registerkarte konfigurieren. Auch die digitalen Signaturen werden auf dieser Registerkarte gesteuert. Verwechseln Sie jedoch die digitalen Signaturen nicht mit den Signaturen, die Sie als Text Ihren E-Mails anhängen können. Bei digitalen Signaturen handelt es sich um digitale Schlüssel, die Sie als Absender Ihrer E-Mails ausweisen. Auf dieser Registerkarte fordern Sie auch Ihre Zertifikate von einer CA an und können einzelne Zertifikate importieren oder exportieren.

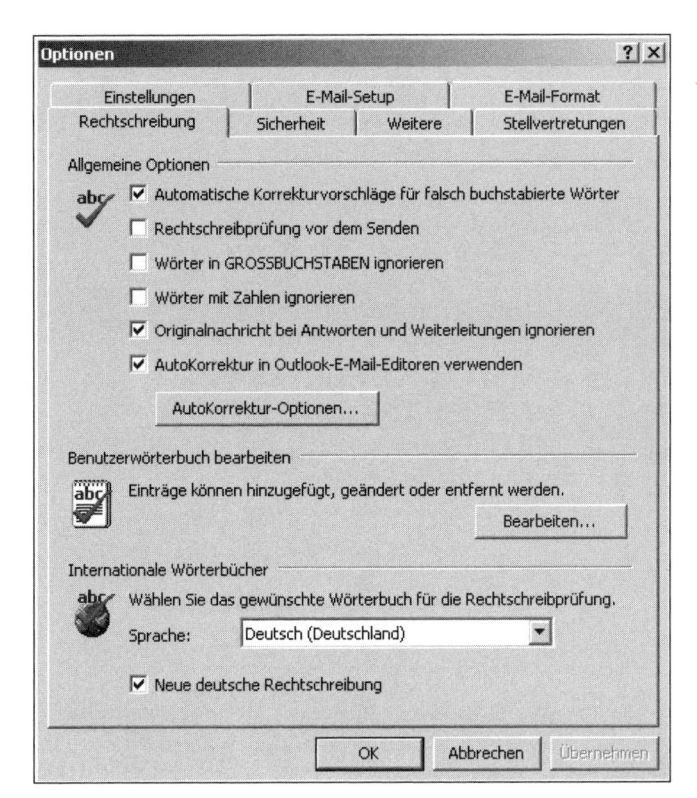

Abbildung 23.19:
Registerkarte
RECHTSCHREIBUNG

23.6 Registerkarte Weitere

Auf dieser Registerkarte legen Sie Optionen fest, die nicht auf eine der anderen Registerkarten passen. Hier steuern Sie zum Beispiel das automatische Löschen der gelöschten Objekte beim Beenden von Outlook, oder dass Outlook als Standard-E-Mail-Programm definiert wird. Auch die Archivierung und die Unterstützung des Messengers werden auf dieser Registerkarte gesteuert. Wenn Sie die Archivierung aktivieren, werden in regelmäßigen Abständen alte Daten Ihres Postfachs in eine PST-Datei gespeichert und im Postfach gelöscht. Die genaue Einstellung können Sie für jeden Ordner in Ihrem Postfach getrennt über dessen Kontextmenü einstellen. Auf dieser Registerkarte befinden sich noch weitere Optionen, die Sie über die einzelnen Schaltflächen erreichen. Ähnlich wie die Registerkarte EINSTELLUNGEN bietet die Registerkarte WEITERE zahlreiche Einstellmöglichkeiten, die recht weit verzweigt sind. Auf der Registerkarte können Sie auch einstellen, wann E-Mails in Outlook als gelesen markiert werden sollen. Diese Einstellungen werden im LESEBEREICH vorgenommen.

Kapitel 23 Outlook 2003-Optionen

Abbildung 23.20:
Registerkarte
SICHERHEIT

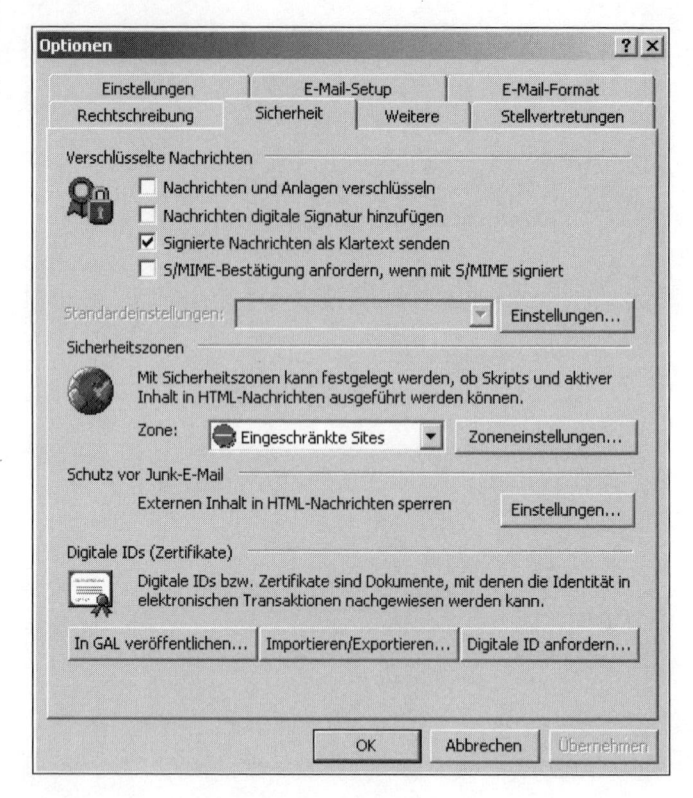

NAVIGATIONSBEREICHSOPTIONEN

Diese Funktion ist neu in Outlook 2003. Der Navigationsbereich ist auf der rechten Seite in Outlook angeordnet. Mit ihm können Sie direkt in die einzelnen Funktionen wechseln. Auf dieser Schaltfläche können Sie die Funktionen und deren Reihenfolge im Navigationsbereich festlegen.

ERWEITERTE OPTIONEN

Mit dieser Schaltfläche gelangen Sie zu Optionen, in denen Sie Outlook und die Ansicht weiter anpassen können. Hier können Sie bestimmen, welcher Ordner aus dem Postfach von Outlook zuerst angezeigt werden soll, wenn Outlook geöffnet wird.

Wenn Sie den Haken bei der Option WARNUNG ANZEIGEN, BEVOR ELEMENTE ENDGÜLTIG GELÖSCHT WERDEN aktivieren, erhalten Sie beim Beenden von Outlook keine Meldung, dass die gelöschten Objekte geleert werden.

Registerkarte WEITERE

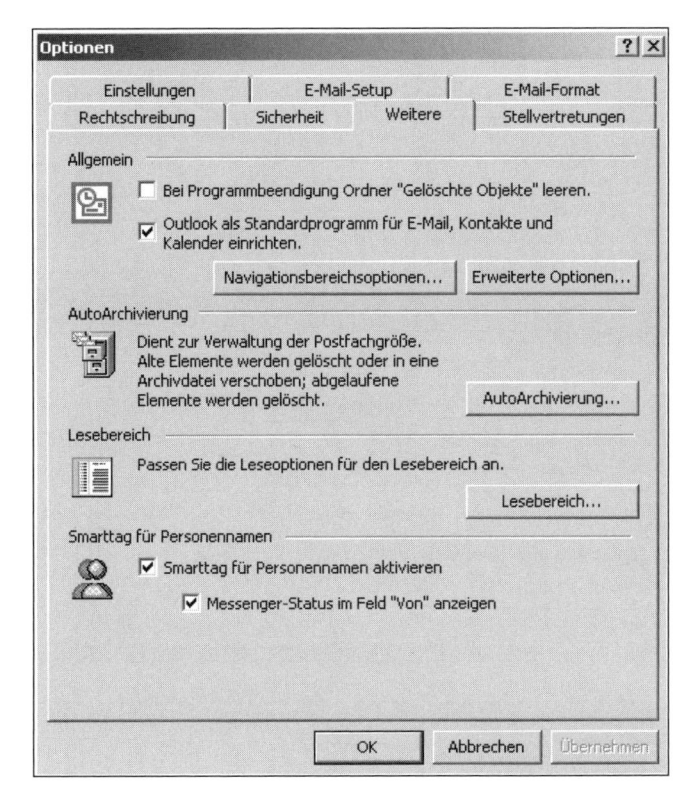

Abbildung 23.21:
Weitere Einstellungen in Outlook 2003

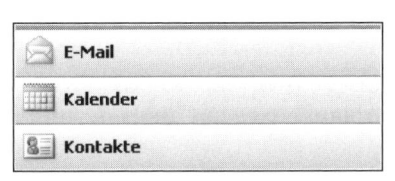

Abbildung 23.22:
Navigationsbereich in Outlook 2003

Mit der Schaltfläche ERINNERUNGSOPTIONEN können Sie steuern, ob bei der Erinnerung an einen Termin ein Fenster angezeigt werden soll und ein Ton abgespielt wird. Hier wird auch der Ton eingestellt, der abgespielt wird. Außerdem verwalten Sie hier die Formulare sowie die Add-Ins von Drittherstellern in Outlook.

Neu ist die Schaltfläche DIENSTOPTIONEN. *Hier steuern Sie die Zusammenarbeit von Outlook mit den Office 2003 Sharepoint Services.*

NEU

Eine weitere Option auf der Registerkarte ist die Autoarchivierung. Mit dieser Funktion können Benutzer automatisch ältere E-Mails in eine PST-Datei verschieben lassen und behalten so den Überblick über die Größe Ihres Postfachs.

Abbildung 23.23:
Erweiterte Optionen

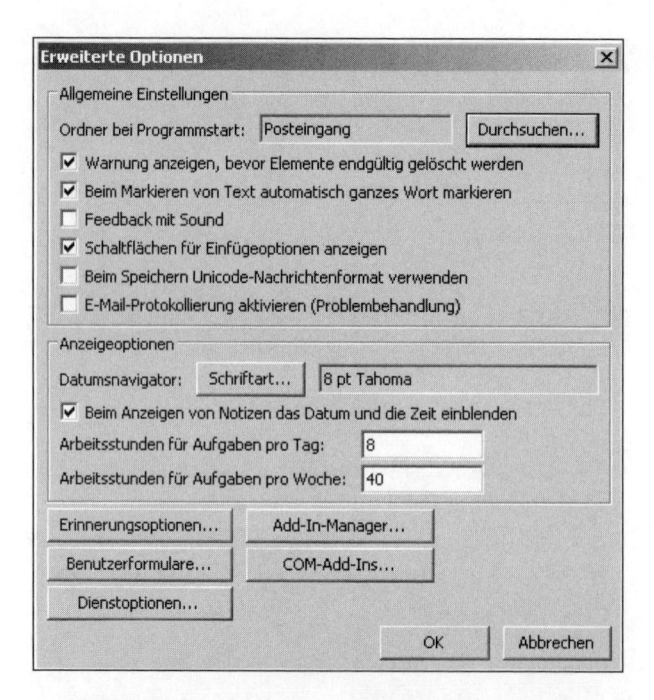

Abbildung 23.24:
Autoarchivierung

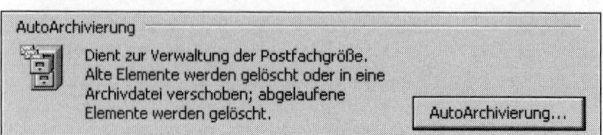

Im Fenster zur Konfiguration der Autoarchivierung können Sie deren Ablauf genau auf die Bedürfnisse Ihrer Benutzer einrichten.

23.7 Registerkarte Stellvertretungen

Auf dieser Registerkarte können Sie einstellen, dass bestimmte Benutzer Zugriff auf das Postfach des Benutzers haben. Stellvertreter dürfen E-Mails im Auftrag des Benutzers senden und auf dessen Ordner im Postfach zugreifen. Sie können mit dem Assistenten verschiedene Berechtigungsstufen für Ordner im Postfach festlegen. Wenn Sie bestimmten Benutzern Stellvertreterrechte auf ein Postfach geben, erhalten diese automatisch eine E-Mail, die sie über die einzelnen Berechtigungen informiert.

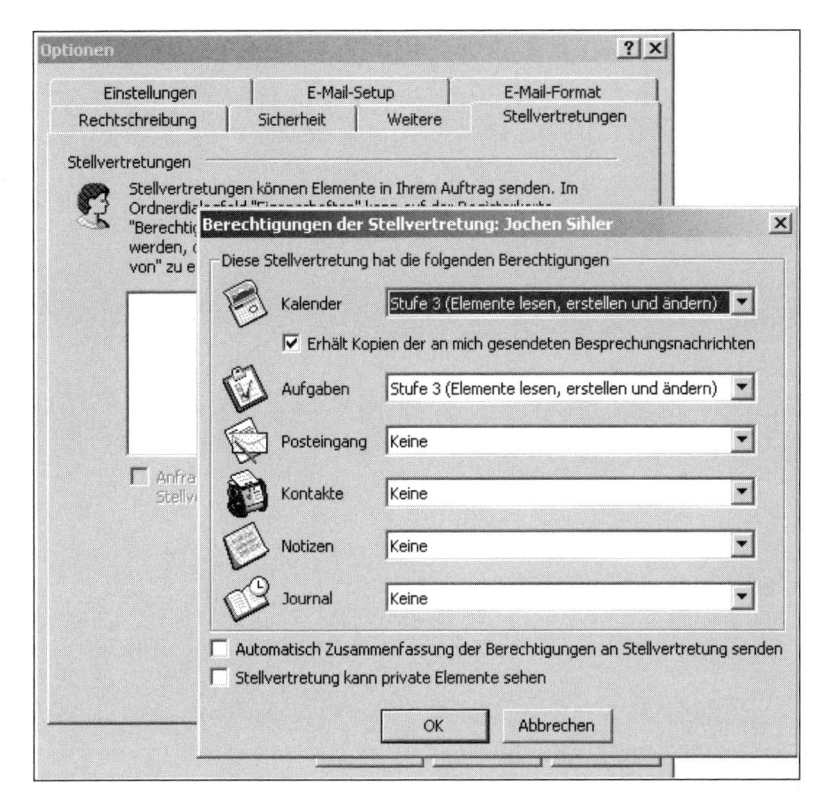

Abbildung 23.25:
Stellvertretungen in Outlook 2003

24 Arbeiten mit Outlook

In diesem Kapitel beschäftigen wir uns jetzt mit der Arbeit mit Outlook. Ich gehe davon aus, dass der Leser bereits mit einer früheren Version von Outlook gearbeitet hat und daher in der Lage ist E-Mails zu versenden. In diesem Kapitel gehe ich daher auf Optionen ein, die nicht zu der alltäglichen Arbeit mit Outlook gehören, aber dennoch eine gewisse Arbeitserleichterung darstellen.

24.1 E-Mail-Optionen

Außer dem normalen und alltäglichen Senden von E-Mails können Sie einige weitere Möglichkeiten in Outlook nutzen.

Vorlagen

Vorlagen kennen Sie bereits aus Word oder anderen Programmen. Wenn Sie zum Beispiel ständig eine E-Mail im selben Stil versenden müssen, zum Beispiel einen wöchentlichen Bericht, können Sie für diesen eine eigene Vorlage erstellen.

Erstellen einer eigenen Vorlage

Um eine eigene Vorlage zu erstellen, gehen Sie vor, wie beim Schreiben einer neuen E-Mail. Schreiben Sie den Text und formatieren Sie ihn, wie Sie in benötigen.

Wenn Sie die E-Mail erstellt haben, wählen Sie statt der Schaltfläche SENDEN das Menü DATEI und dann SPEICHERN UNTER. Wählen Sie als Dateityp OUTLOOK-VORLAGE und speichern Sie den Text ab. Wenn Sie die Nachricht gespeichert haben, können Sie das Fenster wieder schließen. Diese Vorlagen werden standardmäßig im selben Verzeichnis gespeichert wie auch die Vorlagen für Word und andere Office-Applikationen.

Kapitel 24 Arbeiten mit Outlook

Verwenden einer eigenen Vorlage

Wenn Sie eine Vorlage erstellt haben, können Sie diese jederzeit verwenden. Gehen Sie dazu folgendermaßen vor:

1. Wählen Sie DATEI, dann NEU und dann FORMULAR AUSWÄHLEN.
2. Wählen Sie im Menü SUCHEN IN den Eintrag VORLAGEN IM DATEISYSTEM aus.
3. Als Nächstes erscheinen die von Ihnen erstellten Vorlagen. Wählen Sie die gewünschte Vorlage aus, ändern Sie den Text und schicken Sie die Nachricht ab.

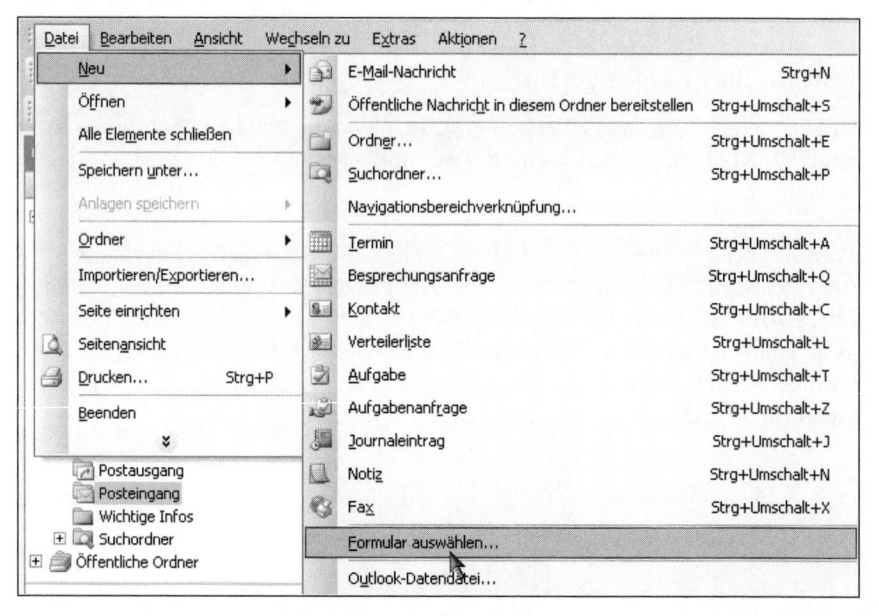

Abbildung 24.1:
Erstellen einer neuen Vorlage in Outlook

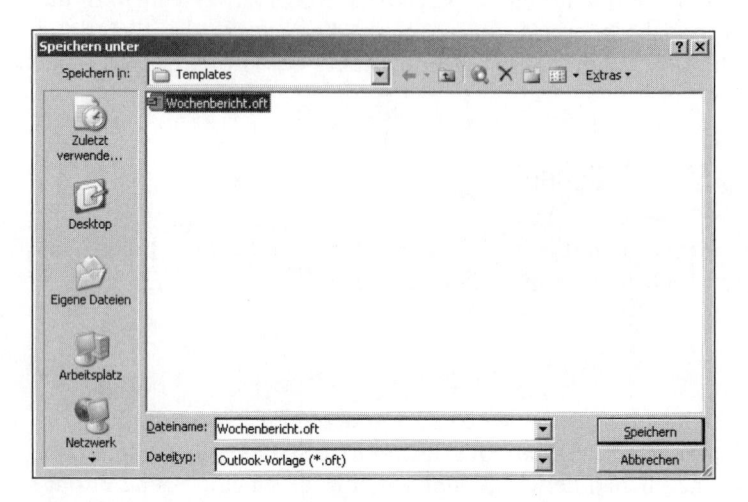

Abbildung 24.2:
Verwenden einer neuen Vorlage

E-Mail-Optionen   Kapitel 24

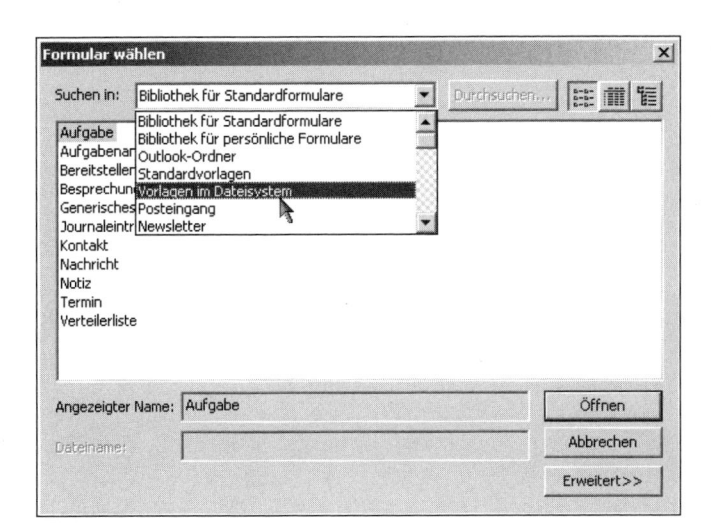

Abbildung 24.3:
Erstellen einer E-Mail mit einer Vorlage

Verwenden von vorgefertigten Vorlagen

Standardmäßig werden mit Outlook 2003 bereits zahlreiche vorgefertigte Vorlagen geliefert. Um eine E-Mail mit diesen Vorlagen zu erstellen, rufen Sie in Outlook das Menü AKTIONEN auf und wählen aus dem Menü NEUE E-MAIL-NACHRICHT MIT und dann WEITERE BRIEFPAPIERE aus.

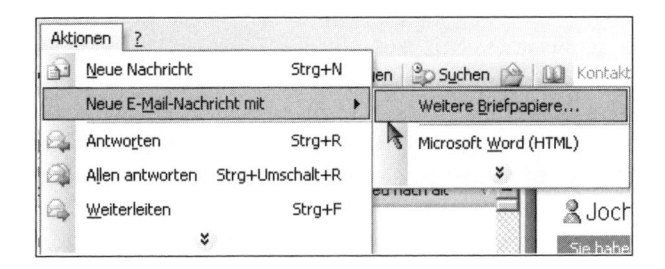

Abbildung 24.4:
Verwenden vorgefertigter Vorlagen

Es öffnet sich ein Fenster, in dem Sie für jede einzelne Vorlage eine Vorschau sehen. Schauen Sie sich die einzelnen Vorlagen an und wählen Sie eine aus. Es öffnet sich ein neues Nachrichtenfenster. Wenn Sie eine E-Mail mit den vorgefertigten Vorlagen öffnen, wird diese immer mit HTML formatiert. Achten Sie darauf, dass der Empfänger HTML unterstützt, ansonsten wird die E-Mail zwar zugestellt, aber nicht in Ihrem Sinn formatiert. Wenn Sie das nächste Mal eine Vorlage auswählen, erscheinen die bereits verwendeten in diesem Menü.

Kapitel 24   Arbeiten mit Outlook

Abbildung 24.5:
Auswahl vorgefertigter Vorlagen

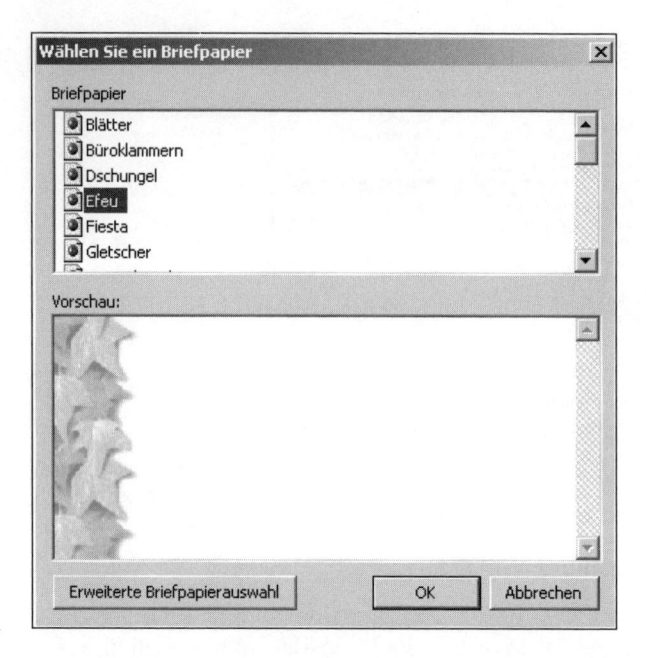

Autosignatur

Viele Benutzer schreiben unter Ihre E-Mails immer die selben Texte, wie zum Beispiel »mit freundlichen Grüßen«, den Namen, die Firmenadresse, Telefonnummern etc. Es bietet sich durchaus an, einen solchen Autotext zu erstellen, abzuspeichern und dadurch jederzeit verwenden zu können, wenn Sie Ihn benötigen. Sie können den Text wie eine Vorlage erstellen und jeder E-Mail anhängen. Dadurch ist sichergestellt, dass alle E-Mails immer dieselben Informationen enthalten, ohne dass Sie diese jedes Mal neu eintippen müssen. Sie können außerdem mehrere solcher Signaturen für alle möglichen Situationen verwenden. In diesen Informationen können Sie sauber strukturiert und formatiert alle Informationen unterbringen, die Sie Ihren Empfängern mitteilen wollen.

Autosignaturen werden in den Optionen in Outlook erstellt. Um eine Signatur zu erstellen, öffnen Sie mit EXTRAS, OPTIONEN die Outlook-Optionen und wechseln zur Registerkarte E-MAIL-FORMAT. Im unteren Bereich finden Sie die Optionen zum Erstellen und Verwalten von Autosignaturen.

Abbildung 24.6:
Signaturen in Outlook 2003

E-Mail-Optionen

In Outlook 2003 können Sie für jedes E-Mail-Konto eigene Signaturen erstellen. In Outlook XP und früher konnten Sie diese Unterscheidung nicht treffen.

NEU

Mit der Schaltfläche SIGNATUREN gelangen Sie in das Menü zur Verwaltung Ihrer Signaturen. Hier können Sie neue Signaturen erstellen, bereits vorhandene bearbeiten oder löschen. Sie können mehrere Signaturen für unterschiedliche Verwendungszwecke erstellen. Zurück auf der Registerkarte E-Mail-Format können Sie die Signatur automatisch einfügen lassen.

Wenn Sie die Signatur nicht automatisch, sondern bei einzelnen E-Mails manuell einfügen lassen wollen, können Sie im Textfenster der E-Mail mit EINFÜGEN und dann SIGNATUR die gewünschte Signatur einfügen.

Kennzeichnung einzelner Nachrichten

Eine weitere wichtige Option bei der Arbeit mit Outlook besteht in der Möglichkeit einzelne E-Mails zu kennzeichnen. Dadurch können Sie zusammenhängende E-Mails beziehungsweise E-Mails, die Sie als wichtig einstufen, verfolgen. Wenn Sie einer E-Mail ein Kennzeichen zuweisen, erhält der Empfänger zusätzliche Informationen, die ihn auf besondere Fakten hinweisen sollen. Gekennzeichnete Nachrichten werden in Outlook außerdem besonders gekennzeichnet, sie erhalten eine rote Flagge am Rand.

Abbildung 24.7:
Gekennzeichnete E-Mail

In Outlook 2003 können E-Mails zusätzlich mit weiteren Flaggen gekennzeichnet werden, um weitere Unterscheidungen treffen zu können. Outlook 2003 setzt noch mehr auf Teamarbeit als die Vorgängerversionen, deshalb wurden die Features in Outlook deutlich erweitert, die für die Arbeit in Teams relevant sind.

In Outlook XP und früher konnten Sie eine E-Mail lediglich kennzeichnen und dieses Kennzeichen wieder löschen. Dadurch war dieses Feature zwar recht nützlich, aber auch eingeschränkt. Diese Einschränkung ist jetzt in Outlook 2003 aufgehoben. Eine E-Mail kann in verschiedenen Farben markiert und dem Kennzeichen können weitere Optionen hinzugefügt werden.

NEU

Kapitel 24 Arbeiten mit Outlook

Abbildung 24.8:
Verwalten von Signaturen

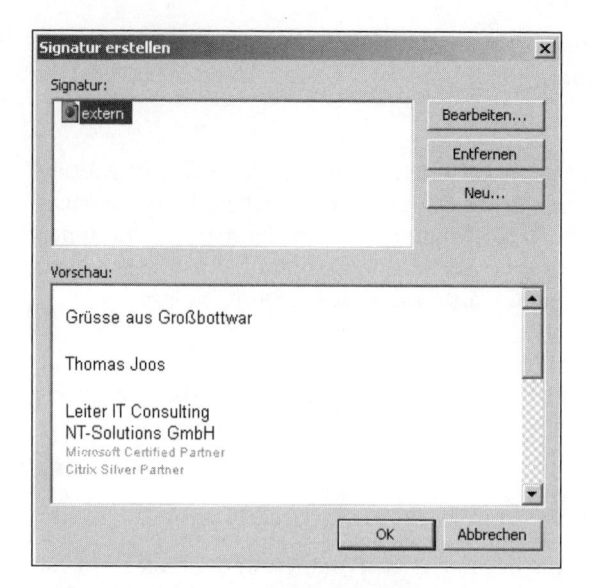

Abbildung 24.9:
Einfügen einer Signatur

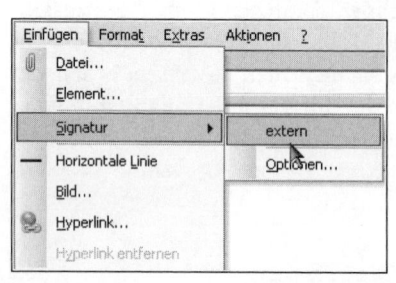

Abbildung 24.10:
Erweiterte Kennzeichnung in Outlook 2003

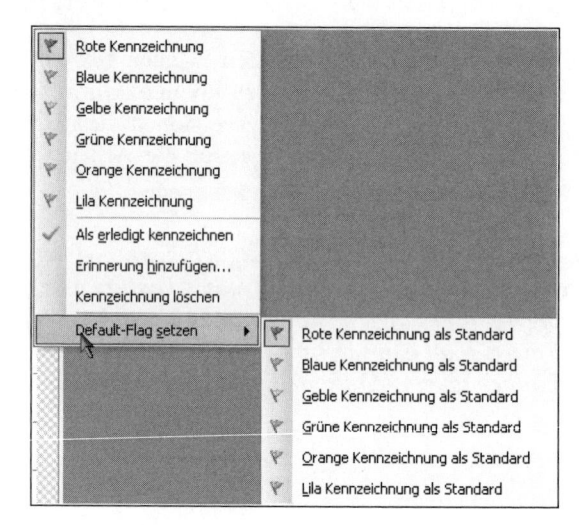

E-Mail-Optionen   Kapitel 24

Im Prinzip dient die Kennzeichnung einer Nachricht dazu, dem Empfänger Informationen zukommen zu lassen, die sich besonders vom Text abheben sollen. Wenn Sie eine Nachricht kennzeichnen wollen, gehen Sie folgendermaßen vor:

1. Schreiben Sie eine neue Nachricht. Bis hierhin müssen Sie nichts beachten. Wählen Sie den Empfänger aus und schreiben Sie die E-Mail wie eine ganz normale E-Mail.
2. Um die Nachricht zu kennzeichnen, wählen Sie entweder die entsprechende Schaltfläche in Outlook oder gehen Sie über das Menü AKTION und dann ZUR NACHVERFOLGUNG.
3. Wählen Sie die gewünschte Kennzeichnung aus. Es öffnet sich als Nächstes ein Dialog-Fenster.
4. Wählen Sie in diesem Fenster die Variante der Kennzeichnung sowie deren Fälligkeitsdatum und Uhrzeit aus. Sie können verschiedene Varianten auswählen.
5. Bestätigen Sie Ihre Eingaben mit OK.
6. Die Nachricht enthält jetzt die entsprechende Kennzeichnung im Kopffeld.

Abbildung 24.11:
Schaltfläche zur Kennzeichnung einer Nachricht

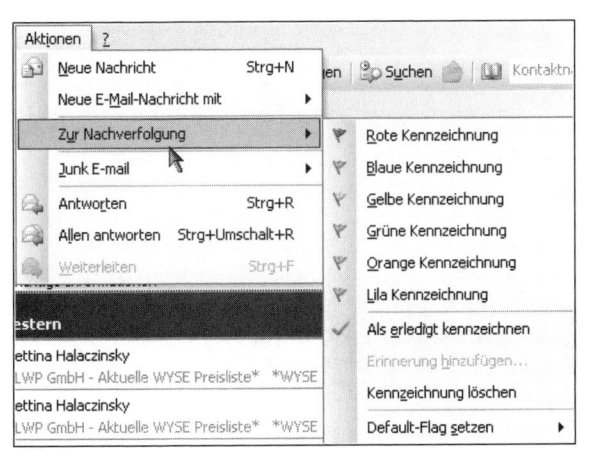

Abbildung 24.12:
Kennzeichnen einer Nachricht mit dem Menü *Aktionen*

7. Sie können jetzt die Nachricht ganz normal versenden.
8. Der Empfänger erhält die Nachricht und weiß sofort, was er mit dieser zu tun hat.
9. Wenn Sie einer Nachricht zur Kennzeichnung ein Datum und eine Uhrzeit mitgeben, wird der Empfänger zur entsprechenden Zeit von Exchange benachrichtigt, wenn die Kennzeichnung nicht gelöscht wurde.

Kapitel 24 Arbeiten mit Outlook

Abbildung 24.13:
Dialogfeld zur Konfiguration des Kennzeichens

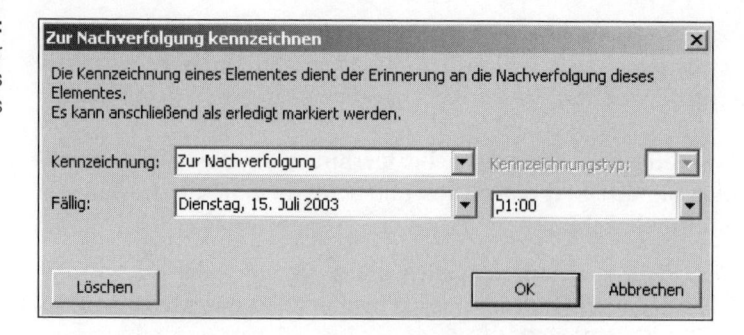

Abbildung 24.14:
Gekennzeichnete Nachricht

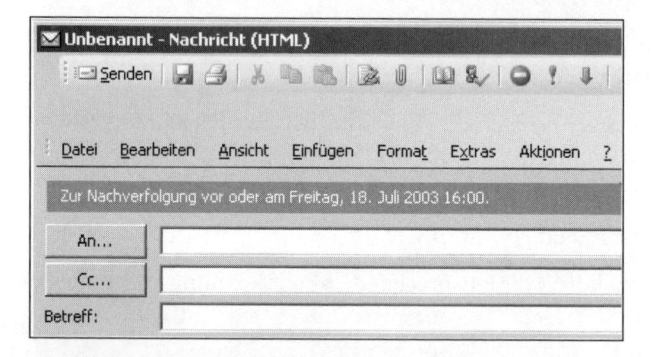

Abbildung 24.15:
Erinnerung bei Fälligkeit einer Nachricht

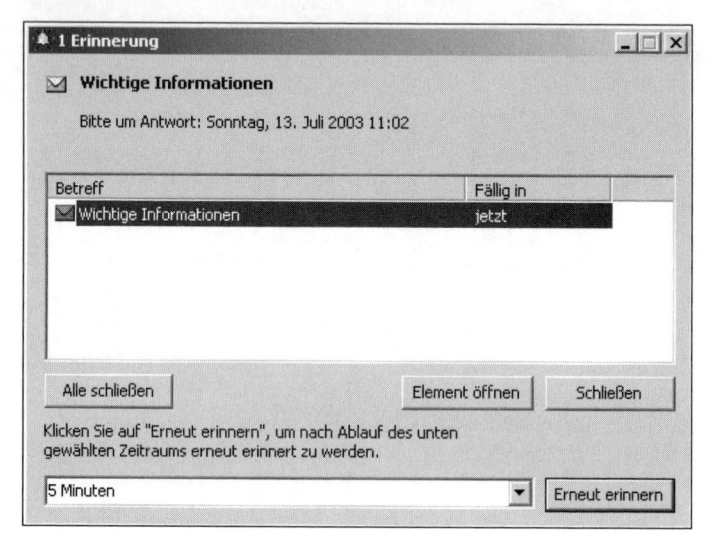

Empfänger können mit der rechten Maustaste die Aufgabe, die in der Nachricht gekennzeichnet ist, als erledigt markieren. Diese Erledigung wird in der Nachricht festgehalten.

Abbildung 24.16:
Kennzeichnung einer erledigten Nachricht

E-Mail-Optionen   Kapitel 24

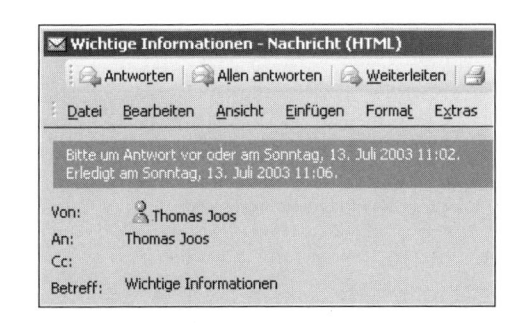

Abbildung 24.17:
Informationen der erledigten Kennzeichnung

Wenn Sie eine Nachricht erhalten, die keine Kennzeichnung erhält, Sie aber dennoch zu einem bestimmten Zeitpunkt daran erinnert werden wollen, können Sie mit demselben Vorgang die Nachricht für sich selbst kennzeichnen.

Optionen einzelner E-Mails

Außer der Kennzeichnung von Nachrichten können Sie Nachrichten auch mit anderen Optionen markieren. Gehen Sie zur Markierung vor, wie beim »normalen« Erstellen einer neuen Nachricht. Bevor Sie diese Nachricht jedoch abschicken, klicken Sie auf die Schaltfläche OPTIONEN.

Abbildung 24.18:
Schaltfläche OPTIONEN einer E-Mail

Es öffnet sich ein neues Fenster, in dem Sie für diese Nachricht verschiedene Optionen konfigurieren können. Die hier eingestellten Optionen haben jedoch nur für diese eine E-Mail Gültigkeit. Für alle weitere Nachricht, denen Sie besondere Optionen hinzufügen wollen, müssen Sie wieder eigene Optionen definieren.

Nachrichteneinstellungen

Im oberen Bereich der Optionen können Sie verschiedene Einstellungen bezüglich der Wichtigkeit und Vertraulichkeit dieser Nachricht festlegen.

Wichtigkeit

Wenn Benutzer E-Mails verschicken, werden diese standardmäßig als *normal* markiert. Die Nachricht erhält keine besondere Formatierung. Sie können die Wichtigkeit nachträglich in zwei Stufen verändern.

➤ *Hoch.* Wenn ein Benutzer einer Nachricht hohe Wichtigkeit zuordnet, erhält diese beim Empfänger im Posteingang ein rotes Ausrufezeichen, das ihn auf die hohe Wichtigkeit der Nachricht hinweist. Ansonsten hat die Formatierung der Wichtigkeit keine weiteren Auswirkungen.

{ KOMPENDIUM } Exchange Server 2003 und Outlook

Kapitel 24   Arbeiten mit Outlook

Abbildung 24.19:
Optionen einer neuen E-Mail in Outlook 2003

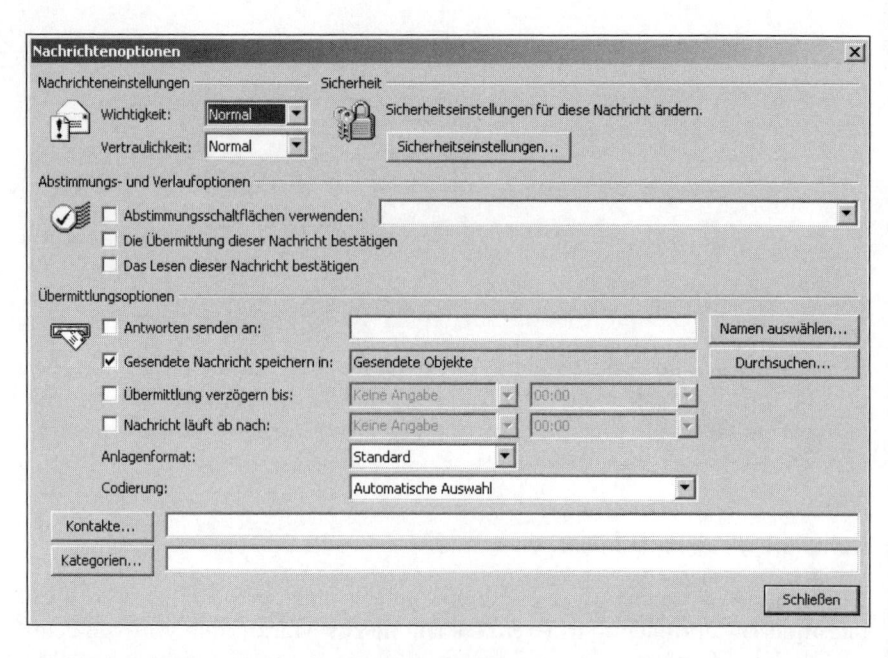

Abbildung 24.20:
Als wichtig formatierte Nachricht im Posteingang

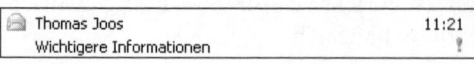

Wenn eine Nachricht als wichtig formatiert werden soll, müssen Sie nicht unbedingt über die E-Mail-Optionen gehen, sondern können auch einfach die Schaltfläche mit dem roten Ausrufezeichen für die hohe Wichtigkeit einer Nachricht anklicken.

Abbildung 24.21:
Schaltfläche für die hohe Wichtigkeit einer Nachricht

➥ *Niedrig*. Die zweite Möglichkeit, die Wichtigkeit einer Nachricht zu beeinflussen, erfolgt mit der Formatierung *niedrig*. Nachrichten die mit dieser Stufe gekennzeichnet werden, erhalten im Posteingang einen blauen Pfeil nach unten. Auch diese Aktion können Sie direkt über die Symbolleiste aktivieren.

Abbildung 24.22:
Niedrige Wichtigkeit einer Nachricht

E-Mail-Optionen　　　　　　　　　　　　　　　　　　　　　　　　Kapitel 24

Vertraulichkeit

Die zweite Möglichkeit eine E-Mail zu formatieren, liegt in deren Vertraulichkeitsstufe. Standardmäßig erhält eine neue Nachricht eine »normale« Vertraulichkeitsstufe. Sie wird nicht besonders formatiert. Benutzer können jedoch im Menü OPTIONEN *drei weitere Vertraulichkeitsstufen definieren:*

1. *Persönlich.* Mit dieser Kennzeichnung wird der Nachrichtenkopf der Nachricht um die Information erweitert, dass es sich bei dieser E-Mail um persönliche Informationen handelt.

Abbildung 24.23: Persönliche Vertraulichkeit einer Nachricht

2. *Privat.* Mit dieser Kennzeichnung wird der Nachrichtenkopf der Nachricht um die Information erweitert, dass es sich bei dieser E-Mail um private Informationen handelt.

3. *Vertraulich.* Mit dieser Kennzeichnung wird der Nachrichtenkopf der Nachricht um die Information erweitert, dass es sich bei dieser E-Mail um vertrauliche Informationen handelt.

Neben diesen Formatierungen hat die Definition einer Nachricht mit einer Vertraulichkeitsstufe keine weiteren Auswirkungen. Sinnvoll ist die Verwendung dieser Kennzeichen beispielsweise bei einem Empfänger, bei dem bekannt ist, dass mehrere Personen (Sekretärin) Zugriff auf sein Postfach haben.

Abstimmungs- und Verlaufsoptionen

Im nächsten Bereich der E-Mail-Optionen können Sie zum einen Schaltflächen in eine E-Mail integrieren und zum anderen deren Übermittlung oder das Lesen bestätigen lassen.

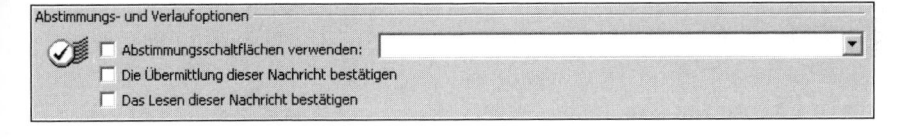

Abbildung 24.24: Abstimmungs- und Verlaufsoptionen einer E-Mail

Abstimmungsschaltflächen

Mit der Option ABSTIMMUNGSSCHALTFLÄCHEN VERWENDEN können Sie einer E-Mail Schaltflächen hinzufügen. Sie können entweder die vorgefertigten Schaltflächen verwenden oder neue erstellen. Sie müssen den Text jeder Schaltfläche mit einem Semikolon »;« trennen. Die Schaltflächen werden in

Kapitel 24 — Arbeiten mit Outlook

der Kopfzeile der E-Mail angezeigt. Damit Benutzer auf Ihre E-Mail antworten können, müssen Sie nur noch auf eine der Schaltflächen klicken. Deren Text wird dann automatisch in die Betreffzeile integriert.

Abbildung 24.25:
Schaltflächen in einer E-Mail

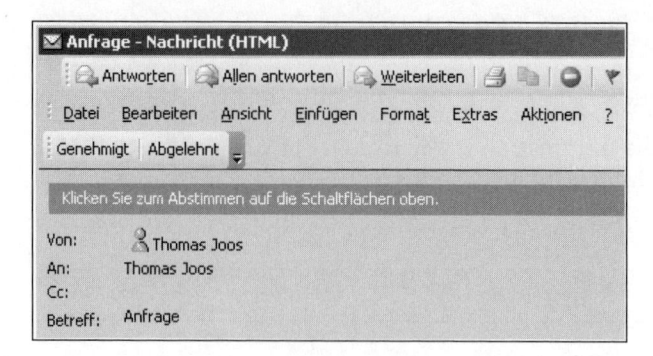

Der Clou dieser Schaltflächen liegt in der anschließenden Auswertung. Wenn die Nachrichten in Ihren Posteingang zurückkommen, können Sie diese öffnen und im Kopffeld die Antworten auswerten lassen. Sie erhalten daraufhin eine Statistik, wie viele Benutzer die eine Antwort oder die andere Antwort verwendet haben. Wenn Sie einer größeren Anzahl Benutzer eine solche E-Mail zukommen lassen, sollten Sie zuvor eine neue Posteingangsregel erstellen, damit alle Antwort E-Mails in einen eigenen Ordner verschoben werden.

Abbildung 24.26:
Auswerten einer Umfrage

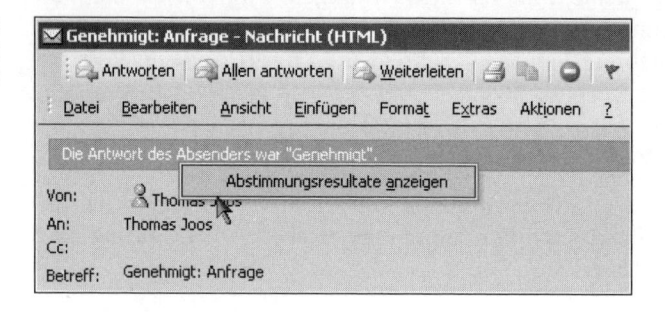

Übermittlungs-/Lesebestätigung

Eine weitere Option in Outlook ist die Nachverfolgung einer Nachricht, deren Übermittlung oder das Lesen.

Abbildung 24.27:
Übermittlungs- und Lesebestätigung einer E-Mail

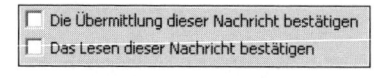

Sie können sich die Übermittlung und das Lesen einer Nachricht bestätigen lassen. Übermittlung bedeutet, dass die E-Mail den Mailserver des Empfängers erreicht hat. Beachten Sie aber, dass diese Bestätigungen nach außerhalb der Organisation oft nicht zugestellt werden, wenn diese Option in den globalen Einstellungen Ihrer Organisation deaktiviert ist und nicht alle E-Mail-Systeme diese Option unterstützen. Außerdem kann der Empfänger wiederum blockieren, dass eine solche Bestätigung verschickt wird beziehungsweise der Exchange Administrator kann der Remote-Organisation in den Exchange-Einstellungen das Versenden untersagen. Die Option können Sie mit einem Einschreiben bei der Post vergleichen, sie hat allerdings nicht denselben rechtlichen und vor allem nicht denselben zuverlässigen Stellenwert.

Abbildung 24.28:
Übermittlungsbestätigung einer Nachricht

Sie können sich auch das Lesen und Löschen einer ungelesenen Nachricht bestätigen lassen. Wenn ein Benutzer jedoch eine E-Mail im Vorschaufenster liest und diese dann löscht, wird sie als *ungelesen gelöscht* markiert, obwohl die Nachricht gelesen und dann erst gelöscht wurde.

Übermittlungsoptionen

In den Übermittlungsoptionen können Sie Einstellungen vornehmen, die die Übertragung der Nachricht zum entsprechenden Benutzer betreffen.

Abbildung 24.29:
Übermittlungsoptionen einer Nachricht

→ Mit der Option ANTWORTEN SENDEN AN: können Sie einstellen, dass die Antworten auf diese E-Mail nicht an Ihr Postfach zugestellt werden, sondern an ein alternatives Postfach.

→ Alle Nachrichten, die Sie senden, werden standardmäßig im Ordner gesendete Objekte abgespeichert. Mit der Option GESENDETE NACHRICHTEN SPEICHERN IN: können Sie einen alternativen Ordner auswählen.

→ Mit der Option ÜBERMITTLUNG VERZÖGERN BIS: können Sie ein Datum und eine Uhrzeit einstellen, wann die Nachricht zugestellt werden soll.

→ Mit der Option NACHRICHT LÄUFT AB: können Sie einstellen, dass eine Nachricht zu einem bestimmten Zeitpunkt abläuft und im Posteingang des Empfängers durchgestrichen wird. Diese Option können Sie zum

Beispiel nutzen, um eine Einladung zu einer Versammlung automatisch nach Ablauf der Versammlung zu löschen. Nichts ist für einen im Urlaub gewesenen Mitarbeiter frustrierender, als nach dem Urlaub zu erfahren, dass er die Freibierfete letzte Woche versäumt hat.

➥ Im ANLAGENFORMAT können Sie einstellen, mit welcher Codierung die Anlagen verschickt werden. Diese Einstellungen werden standardmäßig in den globalen Einstellungen der Exchange-Organisation vorgenommen. Wenn Sie eine einzelne Nachricht an ein Macintosh-System verschicken, können Sie deren Formatierung hier anpassen.

Nachträgliche Aktionen gesendeter E-Mails

Wenn Sie eine Nachricht verschickt haben, wird diese standardmäßig im Ordner GESENDETE OBJEKTE in Ihrem Postfach gespeichert. Wenn Sie in diesem Ordner eine gesendete E-Mail öffnen, können Sie zwei Aufgaben durchführen. Sie können entweder über das Menü AKTIONEN die Nachricht entweder erneut senden oder zurückrufen.

Abbildung 24.30: Optionen gesendeter E-Mails

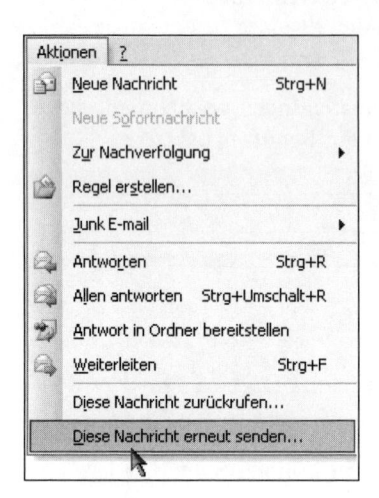

Erneutes Senden einer Nachricht

Mit der Option DIESE NACHRICHT ERNEUT SENDEN öffnen Sie ein neues Nachrichtenfenster, welches den Text der E-Mail enthält. Sie können jetzt den neuen Empfänger oder den originalen Empfänger der E-Mail auswählen und die Nachricht dann »normal« ein weiteres Mal versenden. Diese Nachricht wird im Ordner GESENDETE OBJEKTE als neues Objekt angezeigt.

Zurückrufen einer Nachricht

Die zweite Möglichkeit eine bereits gesendete Nachricht zu bearbeiten, ist das Zurückrufen einer gesendeten Nachricht durch die Option DIESE NACHRICHT ZURÜCKRUFEN. Diese soll im Posteingang des Empfängers gelöscht werden. Mit dieser Option können Sie E-Mails, deren Inhalt Sie doch nicht verschicken wollen, wieder aus dem Posteingang des Benutzers löschen. Beachten Sie jedoch, dass diese Option nur eingeschränkt funktioniert und außerhalb der Organisation höchst wahrscheinlich überhaupt nicht. Wenn eine Nachricht erfolgreich zurückgerufen wurde, erhalten Sie eine entsprechende Benachrichtigung durch den Exchange Server.

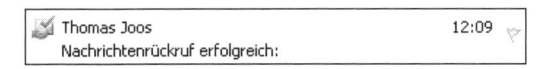

Abbildung 24.31: Zurückgerufene Nachricht

Sie können jedoch nur Nachrichten zurückrufen, die im Posteingang des Benutzers als ungelesen stehen.

24.2 Öffentliche Ordner

Um einen öffentlichen Ordner direkt aus Outlook zu erstellen, klicken Sie mit der rechten Maustaste auf die öffentliche Ordner-Struktur, in der Sie diesen Ordner erstellen wollen und wählen Sie aus dem Menü NEUER ORDNER aus.

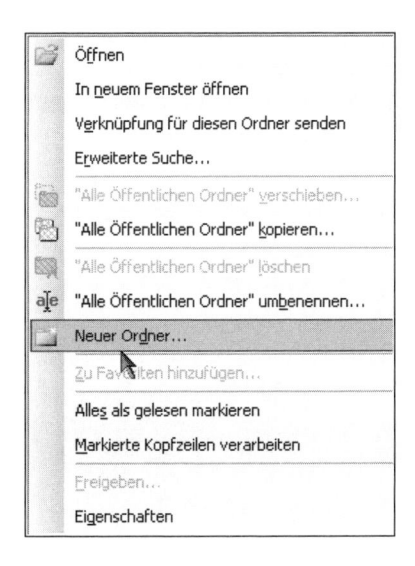

Abbildung 24.32: Erstellen eines neuen öffentlichen Ordners in Outlook

Es öffnet sich ein Fenster, in dem Sie eingeben können, wie die Bezeichnung des öffentlichen Ordners sein soll und welche Art eines öffentlichen Ordners Sie erstellen wollen. Wenn Sie das Fenster mit OK bestätigen, wird der öffentliche Ordner erstellt und kann verwaltet werden.

Kapitel 24　　Arbeiten mit Outlook

Verwalten öffentlicher Ordner aus Outlook

Genauso wie die Erstellung kann auch die Verwaltung von öffentlichen Ordnern im Exchange System Manager und in Outlook alternativ durchgeführt werden. Sie können jedoch im Exchange System Manager fast nur systemseitige Verwaltungen durchführen. Berechtigungen und andere Einstellungen können aber, je nach Berechtigung, auch direkt in Outlook und durch den Benutzer durchgeführt werden, der für den jeweiligen öffentlichen Ordner verantwortlich ist. Die Verwaltung eines öffentlichen Ordners ist in Outlook wesentlich komfortabler gelöst als im Exchange System Manager. In Outlook können jedoch keinerlei Einstellungen bezüglich der Replikation oder der E-Mail-Adressen vorgenommen werden.

Der Ersteller eines öffentlichen Ordners erhält von Exchange automatisch die Berechtigungsstufe BESITZER. Besitzer haben unter anderem das Recht die Berechtigungen für diesen öffentlichen Ordner zu verwalten.

Abbildung 24.33:
Erstellen eines neuen öffentlichen Ordners

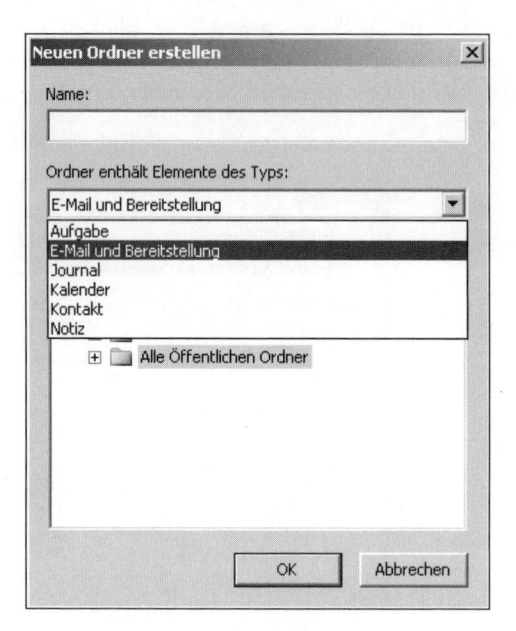

Um einen öffentlichen Ordner in Outlook 2003 zu verwalten, klicken Sie ihn mit der rechten Maustaste an und wählen dessen Eigenschaften. Ihnen stehen zur Verwaltung, ähnlich wie im Exchange System Manager, verschiedene Registerkarten zur Verfügung.

Registerkarte Allgemein

Auf dieser Registerkarte legen Sie den Namen des öffentlichen Ordners fest und können eine Beschreibung des Inhaltes eintragen. Hier wählen Sie auch das Formular aus, mit dem diesem Ordner neue Elemente hinzugefügt wer-

Öffentliche Ordner   Kapitel 24

den können. Die Option AUTOMATISCH MICROSOFT EXCHANGE-ANSICHTEN ERSTELLEN dient der Kompatibilität zu anderen E-Mail-Clients.

Registerkarte Ordnerverwaltung

Auf dieser Registerkarte konfigurieren Sie verschiedene Optionen der Ansicht des Ordners und dessen Verwaltung.

- ERSTE ANSICHT DES ORDNERS. Hier können Sie einstellen, wie der Inhalt des öffentlichen Ordners den Benutzern angezeigt wird. Sie können aus dem Menü verschiedene Sortierungen auswählen. Benutzer können die Einstellung für sich abändern, wenn Ihnen diese Standardsortierreihenfolge nicht zusagt. Die Einstellungen dienen lediglich zur Definition eines Standards.

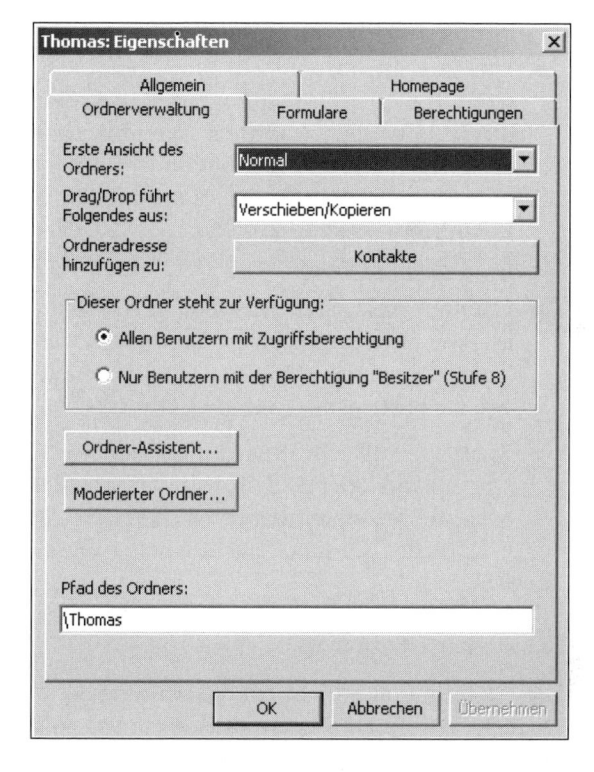

Abbildung 24.34:
Registerkarte ORDNERVERWALTUNG eines neuen öffentlichen Ordners

- DRAG/DROP FÜHRT FOLGENDES AUS. Mit dieser Option können Sie einstellen, wie die Objekte im öffentlichen Ordner formatiert werden sollen. Durch diese Formatierung soll gekennzeichnet werden, wer die Nachricht in diesen öffentlichen Ordner gestellt hat. Ihnen stehen hier zwei verschiedene Möglichkeiten zur Auswahl:

- Verschieben/Kopieren. Mit dieser Option werden die Objekte, zum Beispiel E-Mails, nicht neu formatiert. Zudem werden die Objekte nicht mit dem Benutzer gekennzeichnet, der sie in den öffentlichen Ordner verschoben hat.
- Weiterleiten. Wenn Sie diese Option aktivieren, werden die Objekte, die in diesen öffentlichen Ordner gestellt werden, als weitergeleitete Objekte umformatiert. Dadurch wird im Betreff festgehalten, welcher Benutzer dieses Objekt in den öffentlichen Ordner verschoben hat.

➤ Ordneradresse hinzufügen zu. Hier können Sie diesen öffentlichen Ordner direkt in die Liste der Kontakte im Active Directory einfügen. Wenn Sie auf das Feld klicken, wird dieser öffentliche Ordner Ihren Kontakten in Outlook hinzugefügt und Sie können E-Mails direkt an diesen öffentlichen Ordner senden.

➤ Dieser Ordner steht zur Verfügung. Hier können Sie einstellen, wer auf diesen Ordner zugreifen darf. Wenn Sie Wartungsarbeiten an diesem öffentlichen Ordner durchführen wollen, können Sie zeitweise diese Option aktivieren, um andere Benutzer als den Besitzer daran zu hindern, auf den Ordner zuzugreifen. Wird eine E-Mail an diesen öffentlichen Ordner geschickt, erhält der Benutzer eine automatische Benachrichtigung, dass derzeit nur Besitzer zugreifen dürfen.

➤ Ordner Assistent. Mit diesem Assistenten können Sie Regeln erstellen, wie mit neuen Objekten verfahren werden soll, die in diesen öffentlichen Ordner verschoben werden. Diese Regeln sind ähnlich aufgebaut wie die Posteingangsregeln in Outlook.

➤ Moderierter Ordner. Ein moderierter Ordner verhält sich genauso wie ein moderiertes Forum im Internet. Sie können mit Hilfe dieser Schaltfläche einen Benutzer festlegen, der alle neuen Objekte des öffentlichen Ordners erst absegnen muss, bevor sie hinzugefügt werden.

Registerkarte Formulare

Diese Registerkarte dient zur Verwaltung der Formulare dieses öffentlichen Ordners. Formulare steuern die Eingabemaske und die Optionen, mit denen neue Objekte in diesem öffentlichen Ordner bereitgestellt werden. Hier können Sie sehen, welche Formulare dem Ordner bereits zugewiesen wurden oder noch zugewiesen werden können.

Registerkarte Berechtigungen

Auf der Registerkarte Berechtigungen steuern Sie, welche Benutzer auf den öffentlichen Ordner zugreifen dürfen und mit welchen Berechtigungen Sie mit dem Ordner arbeiten können. Im oberen Bereich sehen Sie, welche

Öffentliche Ordner | Kapitel 24

Benutzer bereits Berechtigung auf den öffentlichen Ordner haben und welcher Berechtigungsstufe sie zugeordnet sind. Sie können neue Benutzer mit aufnehmen und vorhandene entfernen. Sie können hier auch die Berechtigungen der einzelnen Benutzer bearbeiten.

Dabei können Sie auf die Standardstufen von Outlook zurückgreifen und diese speziell an Ihre Bedürfnisse anpassen. Die einzelnen Stufen wurden in Kapitel 22 *E-Mail-Konten in Outlook 2003* eingeführt und erklärt. Im Gegensatz zu den Berechtigungen im Postfach eines Benutzers können Sie bei öffentlichen Ordnern noch Berechtigungen für den Nutzer *Anonym* vergeben. Damit können Sie kontrollieren, ob Emails von außen aus dem Internet in den Ordner geschickt werden dürfen. Dies können Sie beispielsweise für Standardadressen wie info@ oder support@ einsetzen, wenn mehrere Mitarbeiter diese Nachrichten bearbeiten sollen.

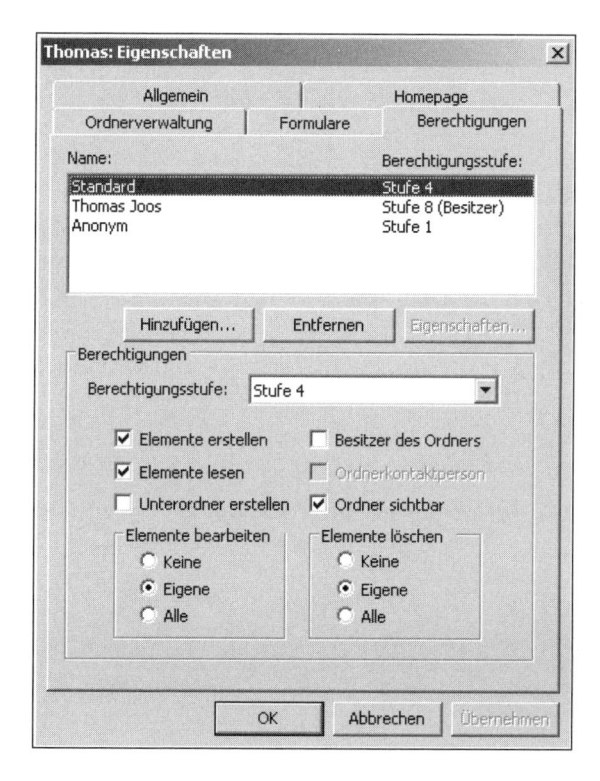

Abbildung 24.35:
Registerkarte BERECHTIGUNGEN eines öffentlichen Ordners

A   Anhang

A.1   Exchange-Geschichte

Exchange ist mittlerweile in der Version Exchange 2000 das wichtigste Server-Produkt von Microsoft. Exchange 2003 wird sicherlich an den Erfolg von Exchange 2000 anknüpfen und diesen weiter ausbauen. Der Exchange Server ist ein direkter Nachfolger des alten Microsoft Mail-Systems. Aus diesem Grund werden bei den verschiedenen Varianten von Exchange auch die Connectoren für Microsoft Mail mitgeliefert.

1996

Die erste Version des Exchange Servers ist im Jahre 1996 erschienen. Die deutsche Telekom vollzieht mit der T-Aktie den größten Börsengang der europäischen Wirtschaftsgeschichte. In den USA wird Präsident Bill Clinton wiedergewählt.

Microsoft hat die Bezeichnung des Exchange Servers gleich auf Version 4.0 gehoben, da damals der Microsoft Mail Server 3.5 das aktuelle Produkt von Microsoft im Bereich E-Mail war. Da Exchange 4.0 eines der ersten E-Mail-Systeme war, welches unter Windows NT lief, wurde es schnell erfolgreich bei zahlreichen Firmen eingesetzt, die bisher die wesentlich komplexeren und teureren Unix-E-Mail-Systeme eingesetzt hatten. Da Exchange 4.0 vergleichsweise preisgünstig war, setzte es sich schnell bei zahlreichen Firmen durch. Die Hardware-Empfehlung war damals noch ein 486er mit 66 MHz oder ein Pentium 90 mit 32 MB RAM. Exchange 4.0 war für Windows NT 3.51 optimiert und daher auch auf Risc-Prozessoren, wie MIPS oder Dec Alpha, lauffähig. Das Standardprotokoll war noch X.400, der Client hieß noch Exchange Client. Mit der Weberweiterung war es erstmalig möglich, mit einem Webbrowser auf die öffentlichen Ordner zuzugreifen, jedoch noch nicht auf das eigene Postfach.

1997

Nach einem Jahr brachte Microsoft dann die Version 5.0 auf den Markt, die zusätzlich noch die Internet-Standards NNTP, SMTP oder POP3 unterstützte. Als Clientsoftware wurde jetzt Outlook angeboten und erstmalig die Abfrage des Postfaches mit HTTP, das heißt Outlook Web Access ermöglicht.

Der Tod von Prinzessin Diana ist das Medienereignis des Jahres 1997. Ein weiteres Ereignis, das die Briten und die Weltpresse beschäftigt, ist die Rückgabe der englischen Kronkolonie Hong Kong an China. Das mit Elchen nicht zu spaßen ist, mussten die Autobauer von Mercedes dieses Jahr lernen: Die A-Klasse kam beim Schleudertest ins Kippen.

1998

Einige Monate später, Anfang 1998, schob Microsoft dann die Version 5.5 nach, die wesentliche Fehler der Version 5.0 behob. Aktuell zu dieser Zeit war Outlook 98. Auch jetzt noch setzten viele Firmen Exchange 5.5 ein, welches erstmalig Clustering unterstützte.

Der Film »Titanic« sprengte alle Rekorde – an den Kassen und bei der Oscar-Verleihung. Der VW Käfer kehrt als »New Beetle« zurück. Verabschieden müssen wir uns von Kommissar Derrick.

1999

Ende 1999, Anfang 2000 kam dann Exchange 2000 auf den Markt. Bei Exchange 2000 hat Microsoft wesentliche Produktverbesserungen integriert. So wurde Outlook Web Access komplett neu entwickelt, aktiv/aktiv-Clustering ermöglicht, sowie die komplette interne Struktur von Exchange verändert. Exchange 2000 baut dabei zwar immer noch auf die bewährte ESE-Technologie auf, trotzdem stellt der Versionssprung auf Exchange 2000 eine große Entwicklung dar. Der größte Vorteil von Exchange 2000 ist die Integration des Exchange-eigenen Verzeichnisses in das Active Directory.

Lange vor dem Jahrtausendwechsel treibt die Angst vor dem Jahr-2000-Computerproblem die Menschen um. Im Sport sorgten unter anderem die Rücktritte der Tennislegenden Boris Becker und Steffi Graf für Schlagzeilen. Lothar Matthäus holt mit 143 Fußball-Länderspielen die Weltbestmarke ein.

2003

Im Herbst 2003 erscheint schließlich die aktuellste Version von Exchange Server 2003. Hier wurde zwar kein Quantensprung wie beim Versionssprung von 5.5 zu 2000 entwickelt, jedoch bietet Exchange 2003 zahlreiche Vorteile gegenüber Exchange 2000. Die Anbindung von drahtlosen Geräten und WAP-Handys wurde integriert, die Sicherheit weiter verbessert sowie Outlook Web Access nochmals verbessert. Zusätzlich wurde die Möglichkeit geschaffen das RPC-Protokoll mit Hilfe von HTTP zu übermitteln, so dass Benutzer jetzt über das Internet mit Exchange 2003 und Outlook arbeiten können, ohne auf Outlook Web Access zuzugreifen.

A.2 SMTP und POP3 für Fortgeschrittene

Wenn Sie einen Exchange Server verwalten, sollten Sie sich etwas mit SMTP auseinandersetzen. Wenn Sie Probleme beim Versenden oder Empfangen von E-Mails vermuten, können Sie mit Telnet hervorragend den Fluss von E-Mails in allen SMTP-E-Mail-Servern verfolgen. Es ist dabei vollkommen unerheblich, ob es sich um einen Exchange Server, einen Linux Server oder eine Blackbox handelt, SMTP bleibt SMTP. Das Versenden einer E-Mail ist schlussendlich nichts anderes, als der Verbindungsaufbau zum Port 25 des E-Mail-Servers. Testen Sie die SMTP-Anleitung auf den folgenden Seiten ruhig aus, Sie können hier kein System verbiegen, sondern emulieren lediglich das Versenden von E-Mails. Sie können zum Beispiel mit Telnet testen, ob ein bestimmter Server überhaupt E-Mails zum Remote-Server, beispielsweise über die Firewall hinweg, senden darf oder nicht, bevor Sie diesen Server in einem SMTP-Connector aktivieren. Wenn Sie erfolgreich einen E-Mail-Versand über SMTP abwickeln, können Sie schon fast sicher sein, dass der E-Mail-Fluss des Servers auch funktioniert.

Die im Folgenden gezeigten Verfahren sehen zwar für den Uneingeweihten aus wie schwarze Magie, sind aber in allen Schritten nach den Vorschriften der jeweiligen Protokolle nachvollziehbar. Die relevanten Vorschriften ergeben sich aus folgenden Dokumenten, die öffentlich im Internet zugänglich sind:

- Request for Comments: 2821: Simple Mail Transfer Protocol
- Request for Comments: 1939: Post Office Protocol – Version 3
- Request for Comments: 2822: Internet Message Format

Sie können diese und viele weitere Dokumente, welche die Funktionsweise des Internets definieren, zum Beispiel unter der Adresse

http://www.rfc-editor.org

einsehen.

A.2.1 SMTP für Fortgeschrittene

Um mit Telnet Verbindung zu einem E-Mail-Server aufzubauen, benötigen Sie irgendein Telnet-Programm. Für die Tests eines E-Mail-Servers reicht im Normalfall der Client aus, der mit Windows ausgeliefert wird. Wechseln Sie deshalb zunächst in die Kommandozeile. Wenn Sie mit Telnet eine Verbindung mit einem SMTP-Server aufbauen, wird Ihre Eingabe auf dem Monitor unter Windows 2000 nicht angezeigt. Dies kann sehr störend sein, da Sie Tippfehler so nicht sehen. Unter Windows XP oder Windows 2003 Ser-

Anhang A Anhang

ver ist das lokale Echo bereits standardmäßig aktiviert, unter Windows 2000 müssen Sie das erst einrichten.

Starten von Telnet

Wenn Sie das lokale Echo auf einem Windows 2000 Client aktivieren wollen, müssen Sie in der Kommandozeile zunächst Telnet aufrufen. Geben Sie dazu einfach telnet ein.

Nach der Eingabe befinden Sie sich im Telnet-Fenster. Hier können Sie jetzt das lokale Echo für dieses Fenster aktivieren. Wenn Sie das Fenster wieder schließen, ist das lokale Echo unter Windows 2000 wieder deaktiviert und muss beim nächsten Mal wieder aktiviert werden. Geben Sie in der Telnet-Zeile set local_echo ein und bestätigen Sie.

Abbildung A.1: Starten des Windows-Telnet-Clients

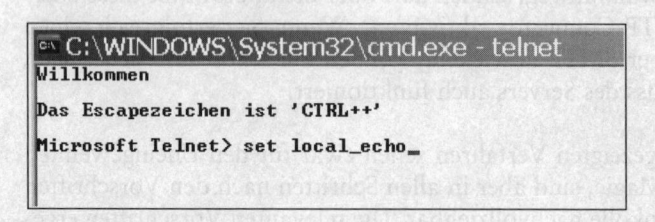

```
C:\WINDOWS\System32\cmd.exe - telnet
Willkommen

Das Escapezeichen ist 'CTRL++'

Microsoft Telnet> set local_echo_
```

> **INFO**
> Die Aktivierung des lokalen Echos muss nur unter Windows 2000 durchgeführt werden, unter Windows XP und Windows 2003 Server ist das lokale Echo bei Telnet bereits aktiviert.

Als Nächstes müssen Sie Verbindung zu dem E-Mail-Server aufbauen, bei dem Sie Verbindungsprobleme vermuten.

Verbindungsaufbau

Wenn Sie mit Windows XP oder Windows 2003 arbeiten, können Sie in der Kommandozeile direkt mit telnet SERVERNAME 25 Verbindung zum gewünschten SMTP-Server aufbauen. Wenn Sie mit Windows 2000 arbeiten und den Telnet-Client gestartet haben, um das lokale Echo zu aktivieren, geben Sie in der Telnet-Oberfläche den Befehl Open SERVERNAME 25 ein. Wenn Sie Ihre Eingabe bestätigen, baut der Client die Verbindung zum gewünschten E-Mail-Server auf.

Abbildung A.2: Verbindungsaufbau zu einem SMTP-Server

```
Telnet dcex2003
220 DCEX2003.hof-erbach.de Microsoft ESMTP MAIL Service, Version: 6.0.3718.0 ready at Mon, 26 May 2003 15:35:45 +0200
```

Um die Verbindung zu trennen, können Sie entweder das DOS-Fenster schließen oder in der Telnet-Oberfläche quit eingeben.

SMTP und POP3 für Fortgeschrittene

Anhang A

Versenden einer E-Mail

Nach dem Verbindungsaufbau können Sie jetzt mit SMTP-Befehlen das Versenden einer E-Mail testen. Dieser Ablauf ist dabei identisch mit dem Versenden von E-Mails zwischen zwei E-Mail-Servern. Nachdem Sie die Verbindung aufgebaut haben, müssen Sie sich zuerst am SMTP-Server authentifizieren. Wenn Sie auf der Suche nach einem Verbindungsproblem sind, haben Sie hier schon die erste Chance auf eine Fehlerbehebung. Wenn Sie zum Beispiel einen Verbindungstest mit einem E-Mail-Server im Internet aufbauen, besteht die Möglichkeit, dass Sie sofort nach dem Verbindungsaufbau wieder getrennt werden. In einem solchen Fall wurde Ihnen vom Administrator des Remote-E-Mail-Servers kein Recht eingeräumt mit dem Server Verbindung aufzunehmen. Sie können deshalb bereits hier mit der Fehlerbehebung ansetzen. Gehen wir mal davon aus, dass die Verbindung erhalten bleibt, Sie also generell das Recht haben, mit dem Remote-Server Verbindung aufzunehmen.

Authentifizierung

Um sich an einem E-Mail-Server zu authentifizieren, können Sie zwischen zwei Befehlen wählen. Der etwas ältere und mittlerweile weniger verbreitere Befehl lautet helo. Oft müssen Sie nach dem helo noch die Bezeichnung des Servers anhängen, von dem Sie die Verbindung aus aufbauen. Wenn Sie die Verbindung von einer Workstation aus aufbauen, müssen Sie deren Namen eingeben, zum Beispiel helo pc-thomas-xp. Der neuere und immer mehr verbreitete Standard ist das Enhanced Helo ehlo. Wenn Sie sich mit diesem Befehl an einem SMTP-Server anmelden, weiß der Remote-Server, dass Sie die erweiterte SMTP-Sprache verwenden wollen und begrüßt Sie nach der Eingabe mit den unterstützten Befehlen. Bei ehlo müssen Sie nur in den seltensten Fällen eine weitere Authentifizierung mit anhängen, es reicht der Befehl ehlo und die Bestätigung.

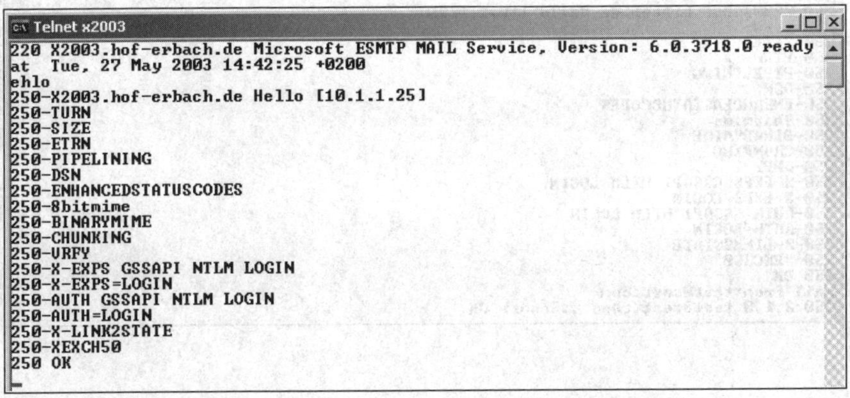

```
220 X2003.hof-erbach.de Microsoft ESMTP MAIL Service, Version: 6.0.3718.0 ready at Tue, 27 May 2003 14:42:25 +0200
ehlo
250-X2003.hof-erbach.de Hello [10.1.1.25]
250-TURN
250-SIZE
250-ETRN
250-PIPELINING
250-DSN
250-ENHANCEDSTATUSCODES
250-8bitmime
250-BINARYMIME
250-CHUNKING
250-VRFY
250-X-EXPS GSSAPI NTLM LOGIN
250-X-EXPS=LOGIN
250-AUTH GSSAPI NTLM LOGIN
250-AUTH=LOGIN
250-X-LINK2STATE
250-XEXCH50
250 OK
```

Abbildung A.3: Authentifizierung mit ehlo an einem SMP-Server

Wenn Sie an dieser Stelle sind und keine Fehlermeldung erscheint, sind Sie erfolgreich am SMTP-Server authentifiziert.

Anhang A   Anhang

Das Versenden einer E-Mail lässt sich grundsätzlich in zwei Teile unterteilen: Das Senden des Envelope (Umschlag) und das Senden des Message-Texts (Nachrichtentext). Der Nachrichtentext besteht selbst aus zwei Teilen, dem Header und dem Body der Nachricht. Die Angaben im Envelope sagen dem SMTP-Server, wohin er eine Nachricht schicken soll, diese Angabe allein ist für die Zustellung zuständig. Die Angabe im Header einer Nachricht hat lediglich dekorativen Charakter. Vergleichen können Sie diese Nachricht mit einem Brief, auf dessen Umschlag eine andere Adresse steht, als im Briefkopf des Briefes selbst. Deshalb ist die Bekämpfung von Spam für einen Client so schwierig, weil der den Umschlag nicht mehr zu sehen bekommt.

Eingabe des Absenders

Als Nächstes müssen Sie dem Remote-Server noch mitteilen, wer der Absender der E-Mail ist. Sie sollten hier eine existierende Adresse verwenden, die Ihnen gehört, da Sie nur so eventuelle Nachrichten, die an diese Adresse zurückgesendet werden, lesen können. Die Verwendung nicht-existenter Domain-Namen ist nicht zu empfehlen, da heutzutage zur Spam-Abwehr solche Adressen oftmals geblockt werden. Um dem Server mitzuteilen, wie der Absender heißt, verwenden Sie den Befehl Mail from:. Nach dem Doppelpunkt geben Sie ohne Leerzeichen den Absender in spitzen Klammern an, zum Beispiel

```
mail from:test@test.com
```

Wenn Sie bei der Eingabe einen Fehler machen und der Remote-Server den Absender nicht bestätigt, geben Sie einfach den Befehl noch einmal ein.

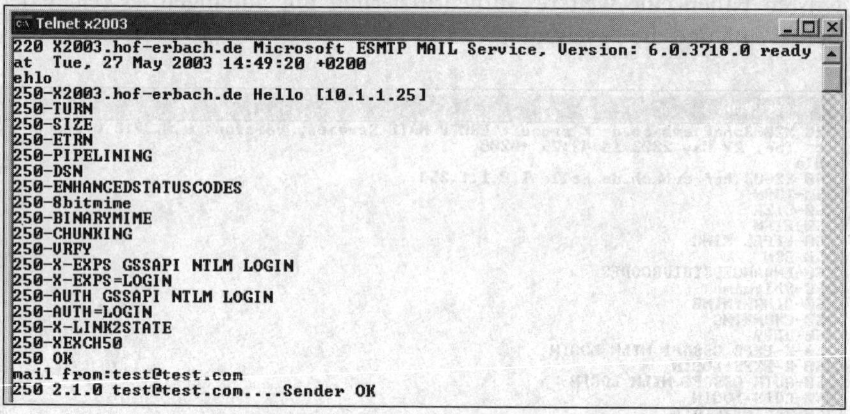

Abbildung A.4:
Bestätigung des Absenders nach der Eingabe des MAIL FROM:-Befehls

```
220 X2003.hof-erbach.de Microsoft ESMTP MAIL Service, Version: 6.0.3718.0 ready at Tue, 27 May 2003 14:49:20 +0200
ehlo
250-X2003.hof-erbach.de Hello [10.1.1.25]
250-TURN
250-SIZE
250-ETRN
250-PIPELINING
250-DSN
250-ENHANCEDSTATUSCODES
250-8bitmime
250-BINARYMIME
250-CHUNKING
250-VRFY
250-X-EXPS GSSAPI NTLM LOGIN
250-X-EXPS=LOGIN
250-AUTH GSSAPI NTLM LOGIN
250-AUTH=LOGIN
250-X-LINK2STATE
250-XEXCH50
250 OK
mail from:test@test.com
250 2.1.0 test@test.com....Sender OK
```

SMTP und POP3 für Fortgeschrittene

Anhang A

Eingabe des Empfängers

Im nächsten Schritt müssen Sie jetzt die Adresse des Empfängers eingeben, der die E-Mail erhalten soll. Hier müssen Sie die E-Mail-Adresse des Benutzers eingeben, nicht den Benutzernamen.

Wenn Sie eine E-Mail einem Benutzer zustellen wollen, der nicht von diesem E-Mail-Server verwaltet wird, da er zu einer anderen Domäne gehört, wird der Vorgang, den Sie hier durchführen, relaying genannt. Das heißt, Sie schicken einem Benutzer mit Hilfe eines anderen E-Mail-Servers eine Nachricht. Da dies von vielen Spammern ausgenutzt wird, ist relaying bei vielen Servern deaktiviert, wenn der Benutzer nicht mit Benutzernamen oder IP-Adresse des Rechners am E-Mail-Server frei geschalten ist. In einem solchen Fall erhalten Sie eine Fehlermeldung, wenn Sie die E-Mail abschicken wollen. Zum Testen sollten Sie deshalb immer zuerst Benutzer verwenden, die durch den Exchange Server verwaltet werden.

INFO

Die Adresse des Empfängers geben Sie mit dem Befehl `rcpt to:` an, gefolgt von der E-Mail-Adresse in spitzen Klammern. Wenn Sie zum Beispiel den Test an der installierten Testumgebung durchführen, geben Sie

rcpt to: <administrator@hof-erbach.de>

ein. Nach der Eingabe wird Ihnen die Verifizierung des Absenders bestätigt.

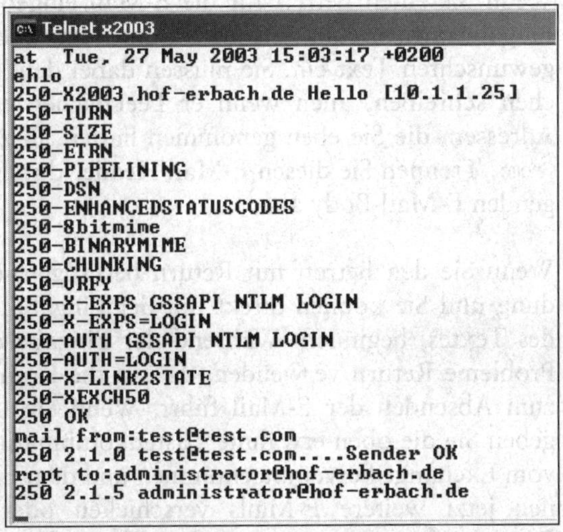

Abbildung A.5:
Eingabe des Empfängers

Eingeben des E-Mail-Textes

Als Nächstes müssen Sie jetzt einen Betreff, den Absender und Empfänger (bilden zusammen den Header) und den Text der E-Mail eingeben. Meistens reicht für schnelle Tests der SMTP-Verbindung die Eingabe des E-Mail-Tex-

Anhang A Anhang

tes aus. Geben Sie den Befehl `data` ein und bestätigen Sie, um zur Eingabe des Betreffs und des E-Mail-Textes zu kommen. Wenn Sie den Befehl eingegeben und bestätigt haben, erscheint eine Meldung des Remote-Servers, der Sie zur Eingabe auffordert. Wenn Sie alle Eingaben für die E-Mail vorgenommen und den Text eingegeben haben, wird die E-Mail mit der Tastenfolge [Enter] [.] [Enter] abgeschickt. Diese Eingabe wird Ihnen auch in der Telnet-Session so angezeigt.

Abbildung A.6:
Eingabe des Data-Befehls

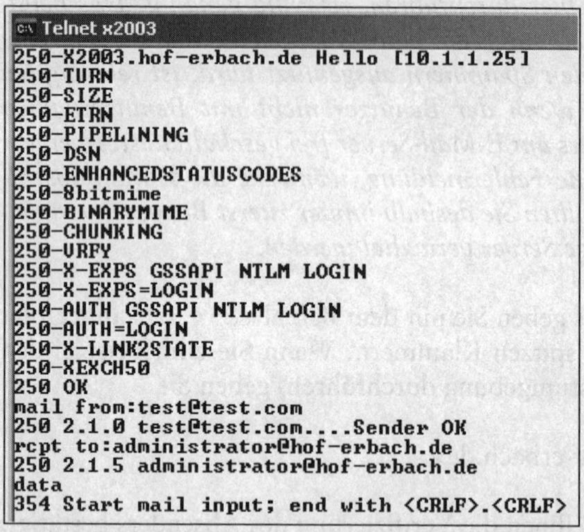

```
250-X2003.hof-erbach.de Hello [10.1.1.25]
250-TURN
250-SIZE
250-ETRN
250-PIPELINING
250-DSN
250-ENHANCEDSTATUSCODES
250-8bitmime
250-BINARYMIME
250-CHUNKING
250-VRFY
250-X-EXPS GSSAPI NTLM LOGIN
250-X-EXPS=LOGIN
250-AUTH GSSAPI NTLM LOGIN
250-AUTH=LOGIN
250-X-LINK2STATE
250-XEXCH50
250 OK
mail from:test@test.com
250 2.1.0 test@test.com....Sender OK
rcpt to:administrator@hof-erbach.de
250 2.1.5 administrator@hof-erbach.de
data
354 Start mail input; end with <CRLF>.<CRLF>
```

Wenn Sie einen Betreff für die E-Mail eingeben wollen, geben Sie an der Eingabeaufforderung Subject: und ein Leerzeichen gefolgt von dem gewünschten Text ein. Sie müssen dabei den Text nicht in Anführungszeichen schreiben, auch wenn er Leerzeichen enthält. Wiederholen Sie die Adressen, die Sie eben genommen hatten, in zwei separate Zeilen To: und From:. Trennen Sie diesen E-Mail-Header durch eine Leerzeile vom nachfolgenden E-Mail-Body ab.

Wenn Sie den Betreff mit Return bestätigen, erscheint keine weitere Meldung und Sie können direkt mit der Eingabe des E-Mail-Bodys, das heißt des Textes, beginnen. Während der Eingabe des Textes können Sie ohne Probleme Return verwenden, da erst die Kombination [Enter] [.] [Enter] zum Absenden der E-Mail führt. Wenn Sie Ihre Eingabe beendet haben, geben Sie die oben erwähnte Tastenkombination ein. Die E-Mail wird jetzt vom Exchange Server angenommen und dem Empfänger zugestellt. Sie können jetzt weitere E-Mails verschicken oder die Verbindung mit dem Remote-Server mit `quit` beenden. Als Nächstes können Sie in Outlook oder Outlook Web Access überprüfen, ob die E-Mail zugestellt wurde. Wenn Sie eine Testnachricht an einen fremden Mail-Server verschicken, sollten Sie im Nachrichten-Body kurz erwähnen, dass Sie gerade einen Test durchführen, das zählt zum *Knigge* unter Administratoren-Kollegen.

SMTP und POP3 für Fortgeschrittene   Anhang A

Genau wie bei diesem Test werden E-Mails zwischen E-Mail-Servern ausgetauscht. Wie Sie sehen, ist SMTP kein allzu komplexes Protokoll und kann leicht durchschaut werden. Grundsätzlich gibt es auch keine all zu großen Authentifizierungsmaßnahmen mit SMTP.

SMTP ist ein reines Push-Protokoll, das heißt, E-Mails, die mit SMTP zugestellt werden, können niemals abgeholt werden, sondern werden immer durch den sendenden Server verschickt.

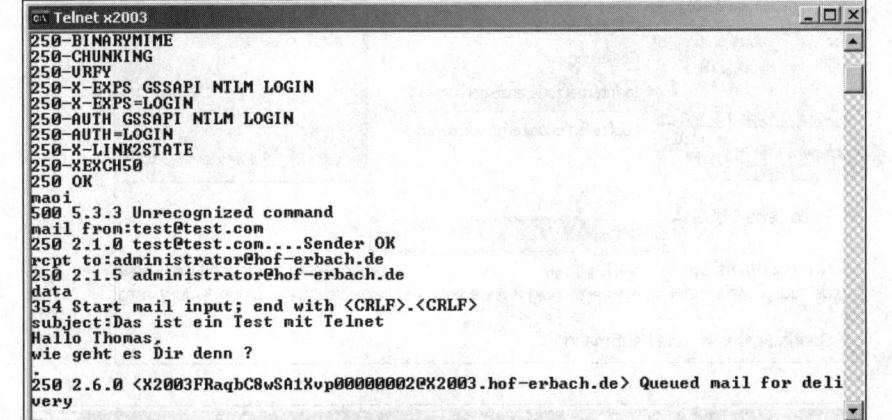

Abbildung A.7:
Erfolgreiches Versenden einer E-Mail

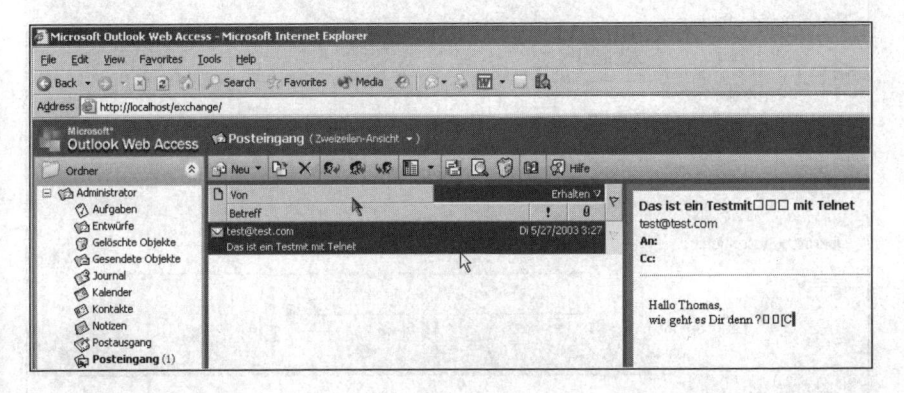

Abbildung A.8:
Überprüfung der zugestellten E-Mail

A.2.2   Ansicht des Headers einer E-Mail

Durch das Versenden einer E-Mail über mehrere E-Mail-Server wird der *Header* der E-Mail ständig erweitert. In diesem Header werden die Informationen der verschiedenen E-Mail-Server angegeben, über die diese E-Mail gelaufen ist. Sie können diesen Header in Outlook anzeigen lassen und so sehr leicht feststellen, über welche E-Mail-Server diese E-Mail verschickt wurde.

Anhang A   Anhang

Um in Outlook den Header einer E-Mail anzusehen, öffnen Sie die E-Mail, gehen zum Menü ANSICHT und öffnen die OPTIONEN der E-Mail. Im folgenden Fenster sehen Sie im Bereich INTERNETKOPFZEILEN den Header der E-Mail.

Abbildung A.9:
Betrachten des E-Mail-Headers in Outlook

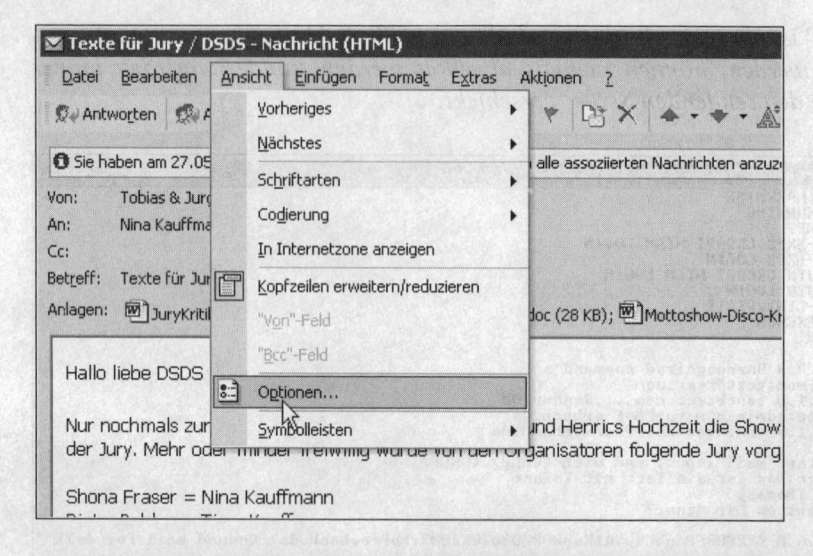

Abbildung A.10:
Optionen einer E-Mail

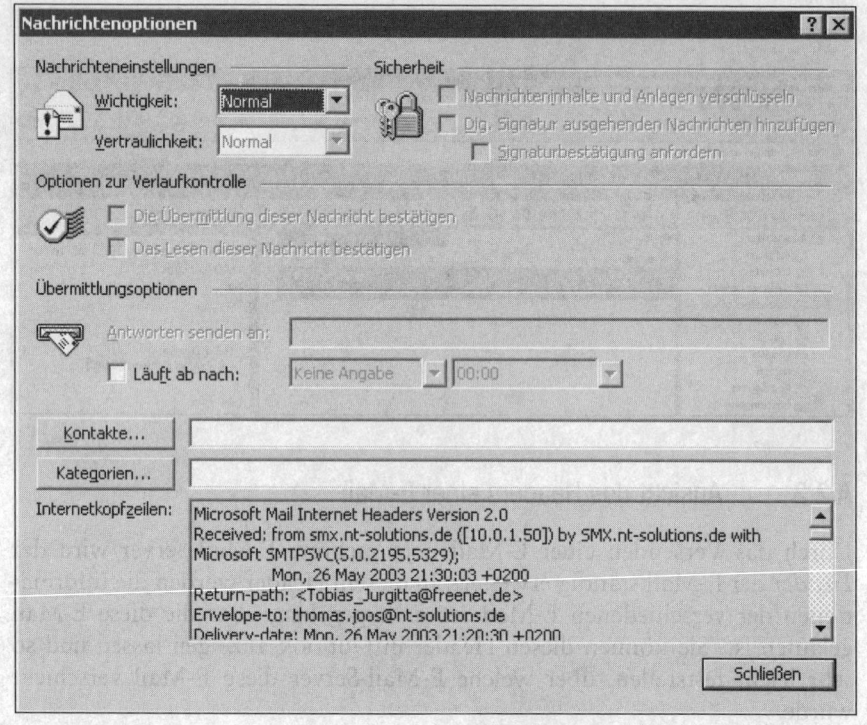

SMTP und POP3 für Fortgeschrittene   Anhang A

A.2.3 POP3 für Fortgeschrittene

Ein weit verbreitetes Protokoll für Internet-E-Mail ist POP3. Dieses Protokoll wird für das Abholen von E-Mails verwendet, während SMTP für das Versenden zuständig ist. Ein Exchange Server stellt die Funktionalitäten eines POP3-Servers standardmäßig bereits zur Verfügung, kann aber nicht mit einem POP3-Connector E-Mails aus dem Internet abholen. Diese Funktion wird nur im Small Business Server (SBS) unterstützt. Wenn Sie E-Mails mit POP3 abholen wollen, müssen Sie auf Tools von Drittherstellern, wie zum Beispiel Pullmail oder Popbeamer, zurückgreifen.

Auf der Buch-CD finden Sie eine Version von Pullmail. Mit diesem Kommandozeilenprogramm können Sie POP3-Postfächer abrufen und per SMTP an einen Exchange Server schicken.

Viele Firmen nutzen für die Einwahl und den Zugriff ins Netzwerk die POP3-Funktionalität des Exchange Servers. Wie bei SMTP können Sie Fehlerbehebungen und Verbindungsprobleme mit POP3 über Telnet finden und vielleicht sogar beheben.

POP3 und Telnet

Um mit einem POP3-Server Verbindung aufzubauen, können Sie mit einem Telnet-Client Verbindung mit dem Port 110 aufbauen.

Verbindungsaufbau

Gehen Sie so vor, wie bereits beim SMTP-Protokoll beschrieben und bauen Sie eine Verbindung zu Ihrem Exchange Server mit Telnet auf den Port 110 auf.

```
telnet SERVER 110
```

```
Telnet x2003
+OK Microsoft Exchange 2000 POP3 server version 6.5.6803.0 (x2003.hof-erbach.de)
ready.
```

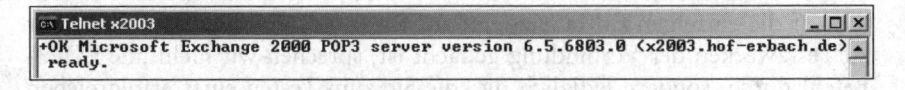

Abbildung A.11:
Verbindungsaufbau zum POP3-Server mit Telnet

Nach dem Verbindungsaufbau erscheint eine Statusmeldung, die Sie darüber informiert, dass Sie mit dem POP3-Server verbunden sind. Sie müssen sich auch hier authentifizieren und einige Befehle eingeben, um mit POP3 eine Verbindung zum Postfach aufbauen zu können.

Authentifizierung

Zunächst müssen Sie dem POP3-Server Ihren Benutzernamen mitteilen. Wenn der Server Ihren Benutzernamen kennt, erscheint eine entsprechende Meldung. Um Ihren Benutzernamen einzugeben, verwenden Sie den Befehl user. Um sich zum Beispiel als Administrator zu authentifizieren, geben Sie

Anhang A   Anhang

```
user administrator
```

ein. Oft reicht die Eingabe des Benutzernamens nicht aus. Verwenden Sie in einem solchen Fall Ihren Alias oder die Syntax

domäne\Benutzernamen\Alias

Viele POP3-Server sind unterschiedlich konfiguriert. Testen Sie hier ruhig so lange, bis Sie angemeldet werden. Den Alias finden Sie, wie den Benutzernamen auch, in den Eigenschaften des Benutzerobjektes im Active Directory. Es gibt vor allem oft dann Authentifizierungsprobleme, wenn der Alias und der Benutzername unterschiedlich sind.

Abbildung A.12:
Erfolgreiche Eingabe des POP3-Benutzernamens

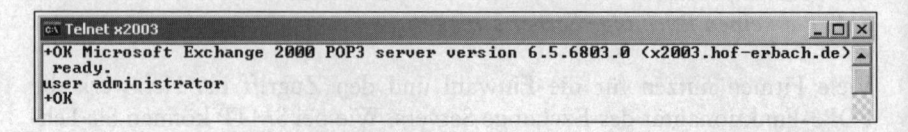

```
Telnet x2003
+OK Microsoft Exchange 2000 POP3 server version 6.5.6803.0 (x2003.hof-erbach.de)
ready.
user administrator
+OK
```

Nachdem der Benutzername erfolgreich erkannt wurde, müssen Sie das dazugehörige Passwort eingeben. Verwenden Sie hierzu den Befehl pass, gefolgt von Ihrem Kennwort. Wenn Sie das Kennwort korrekt eingegeben haben, werden Sie am POP3-Server angemeldet.

Abbildung A.13:
Erfolgreiche Anmeldung am POP3-Postfach

```
Telnet x2003
+OK Microsoft Exchange 2000 POP3 server version 6.5.6803.0 (x2003.hof-erbach.de)
ready.
user administrator
+OK
pass
+OK User successfully logged on.
```

POP3-Befehle

Wenn Sie an Ihrem Postfach angemeldet sind, können Sie mit POP3-Befehlen auf die einzelnen E-Mails zugreifen. Da dieser Verbindungsaufbau nur zu Testzwecken der Verbindung gedacht ist, sprechen wir nicht alle POP3-Befehl durch, sondern lediglich die, die Sie zum Testen einer erfolgreichen POP3-Verbindung benötigen.

Anzeigen der Nachrichten im Postfach mit POP3

Zunächst möchten wir uns die Nachrichten anzeigen lassen, die sich in unserem Postfach befinden. Geben Sie dazu den Befehl list ein. Nach der Eingabe des Befehls listet der Server alle E-Mails auf, die sich im Postfach befinden.

Hier werden die Gesamtgröße aller E-Mails im Postfach sowie die Größe der einzelnen E-Mails aufgelistet. Im Postfach des Administrators befindet sich derzeit lediglich eine E-Mail mit einer Größe von 450 Bytes.

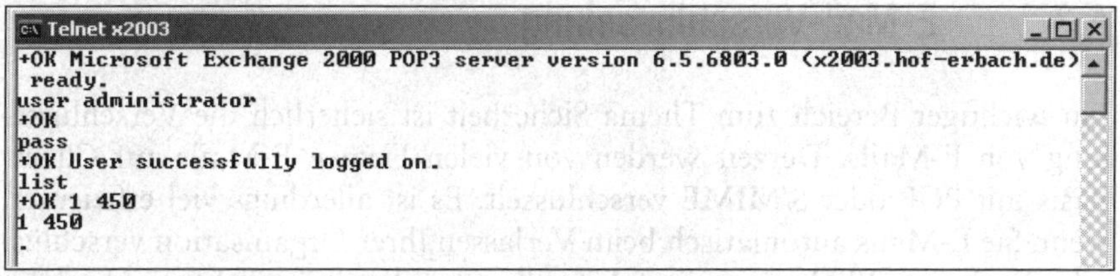

SMTP und POP3 für Fortgeschrittene

```
Telnet x2003
+OK Microsoft Exchange 2000 POP3 server version 6.5.6803.0 (x2003.hof-erbach.de)
 ready.
user administrator
+OK
pass
+OK User successfully logged on.
list
+OK 1 450
1 450
.
```

Abbildung A.14:
Auflisten der E-Mails im Postfach mit POP3

Als Nächstes können Sie Nachrichten aus dem Postfach abrufen und anzeigen lassen. Dazu verwenden Sie den Befehl retr, gefolgt von der Nummer der E-Mail, die Sie lesen wollen. In unserem Beispiel geben Sie also retr 1 ein. Exchange zeigt jetzt diese E-Mail in der Telnet-Session an. Wenn sich in Ihrem Postfach mehrere E-Mails befinden, können Sie diese jeweils nacheinander mit dem Befehl retr ansehen. Wenn das Lesen der E-Mail funktioniert, können Sie einigermaßen sicher sein, dass die POP3-Verbindung zuverlässig funktioniert.

Sie können auch Nachrichten innerhalb dieser Session löschen. Wenn Sie eine gelesene Nachricht nicht löschen, wird diese beim nächsten Auflisten wieder angezeigt. Wenn Sie eine Nachricht löschen wollen, verwenden Sie den Befehl dele gefolgt von der Nummer der Nachricht, in unserem Beispiel wäre das dele 1.

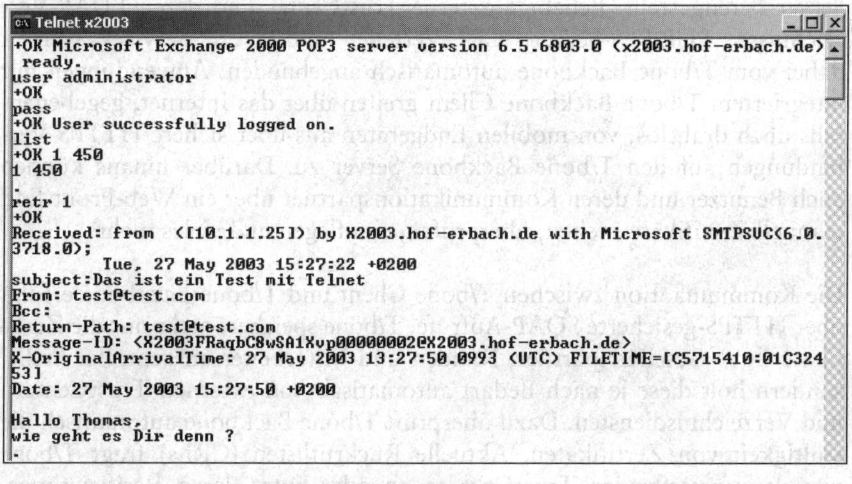

```
Telnet x2003
+OK Microsoft Exchange 2000 POP3 server version 6.5.6803.0 (x2003.hof-erbach.de)
 ready.
user administrator
+OK
pass
+OK User successfully logged on.
list
+OK 1 450
1 450
.
retr 1
+OK
Received: from ([10.1.1.25]) by X2003.hof-erbach.de with Microsoft SMTPSVC(6.0.
3718.0);
         Tue, 27 May 2003 15:27:22 +0200
subject:Das ist ein Test mit Telnet
From: test@test.com
Bcc:
Return-Path: <test@test.com>
Message-ID: <X2003FRaqbC8wSA1Xvp00000002@X2003.hof-erbach.de>
X-OriginalArrivalTime: 27 May 2003 13:27:50.0993 (UTC) FILETIME=[C5715410:01C324
53]
Date: 27 May 2003 15:27:50 +0200

Hallo Thomas,
wie geht es Dir denn ?
.
```

Abbildung A.15:
Lesen einer Nachricht mit POP3 in einer Telnet-Session

Verlassen Sie die Verbindung mit dem Befehl quit, erst dann werden die von Ihnen zum Löschen angegebenen Nachrichten tatsächlich gelöscht und die Verbindungen vom Server beendet.

A.3 E-Mail-Verschlüsselung

Ein wichtiger Bereich zum Thema Sicherheit ist sicherlich die Verschlüsselung von E-Mails. Derzeit werden von vielen Firmen E-Mails auf Client-Basis mit PGP oder S/MIME verschlüsselt. Es ist allerdings viel effizienter, wenn Sie E-Mails automatisch beim Verlassen Ihrer Organisation verschlüsseln. Exchange 2003 unterstützt dieses Feature allerdings nicht standardmäßig. Sie benötigen dazu das Tool eines Drittherstellers. Aus meiner Erfahrung bietet hier die Firma »bone labs« mit Ihrem Produkt T/Bone eine der besten Möglichkeiten in diesem Bereich.

Public Key-Infrastrukturen (PKI) sind die Basis für eine sichere Kommunikation im Internet. Obwohl diese Technologie schon seit Jahren verfügbar und im Einsatz ist, kann von einer flächendeckenden Verbreitung PKI-basierter Sicherheitsfunktionen im eBusiness bislang keine Rede sein. Wesentliche Gründe für diesen Zustand liegen in der enorme Komplexität und den hohen Kosten einer PKI. Um diese Hindernisse zu umgehen, hat »bone labs« den »T/bone Backbone of Trust« entwickelt, eine innovative Lösung zur drastischen Vereinfachung und Kostensenkung der PKI-Nutzung. Komplexe PKI-Funktionen wie Abfrage, Validierung und Verwaltung von Zertifikaten (X.509 & PGP) werden zentral, transparent und weitestgehend automatisiert für Anwender und Applikationen vom T/bone Backbone Server bereitgestellt. Beliebige externe TrustCenter und deren LDAP-Verzeichnisse, PGP-Key-Server, CRL-Verteiler und OCSP-Services werden dabei vom T/bone Backbone automatisch angebunden. Anwendungen mit integriertem T/bone Backbone Client greifen über das Internet, gegebenenfalls auch drahtlos, von mobilen Endgeräten aus über sichere HTTPS-Verbindungen auf den T/bone Backbone Server zu. Darüber hinaus können auch Benutzer und deren Kommunikationspartner über ein Web-Front-End manuell Zertifikate suchen, überprüfen, einpflegen und vieles mehr.

Die Kommunikation zwischen T/bone Client und T/bone Backbone erfolgt über HTTPS-gesicherte SOAP-Aufrufe. T/bone speichert nicht nur die Zertifikate Ihrer Geschäftspartner, Kunden und Mitarbeiter an zentraler Stelle, sondern holt diese je nach Bedarf automatisch von externen TrustCentern und Verzeichnisdiensten. Dazu überprüft T/bone Backbone automatisch die Gültigkeit von Zertifikaten. Aktuelle Rückruflisten (CRLs) fragt T/bone von den ausstellenden TrustCentern ab oder nutzt deren Verifizierungsdienste über OCSP. Beliebigen Anwendungen steht so eine zentrale, leistungsfähige PKI zur Verfügung. Die Vorteile der Zentralisierung von komplexer PKI-Funktionalität auf dem T/bone Backbone liegen auf der Hand:

E-Mail-Verschlüsselung

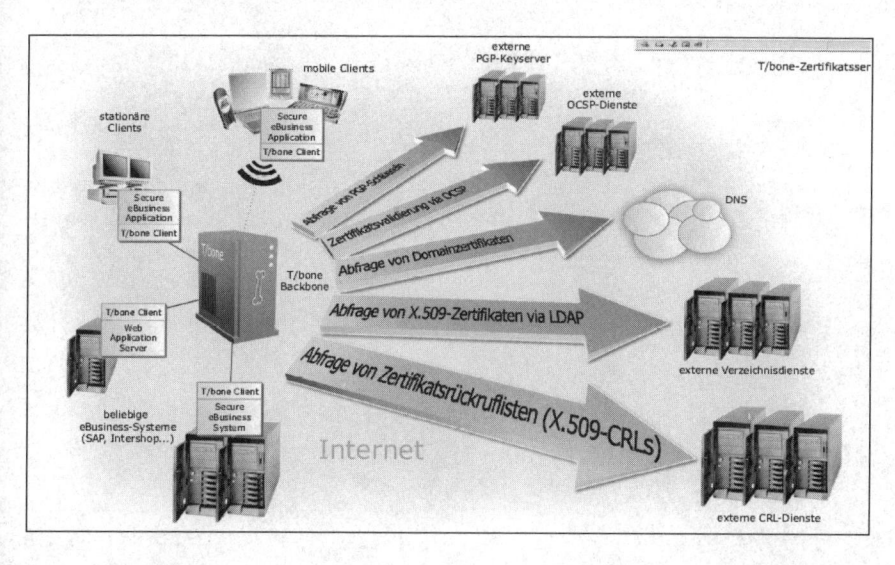

Abbildung A.16: Möglichkeiten von T/bone

- T/bone integriert existierende TrustCenter.

- T/bone selbst ist keine CA, sondern arbeitet mit Zertifikaten und entsprechenden Diensten existierender TrustCenter (z.B. Verisign, SignTrust, TC Hamburg, Thawt etc.) homogen zusammen.

- Der kostenintensive und komplexe Betrieb einer eigenen CA, das Problem der sicheren Verteilung des eigenen CA-Zertifikats an Kommunikationspartner sowie aufwändige Cross-Zertifizierungen werden vermieden.

- Der Zugriff auf T/bone Backbone geschieht generell über sichere HTTPS-Verbindungen. Anwendungen können daher problemlos und sicher über das Internet auf einen T/bone Backbone zugreifen.

- Digitale Signatur und Verschlüsselung werden absolut einfach bedienbar, da auf T/bone basierende Anwendungen den Benutzer nicht mehr mit Zertifikats- und CRL-Management und dem Zugriff auf Verzeichnisdienste konfrontieren.

- Alle Benutzer »sharen« einen gemeinsamen Zertifikatsspeicher. Die Kosten (TCO) für User-Training und Support sowie Installation und Wartung von Anwendungen werden stark gesenkt.

- Management und Administration von T/bone Backbone erfolgt Web-basiert an zentraler Stelle.

B CD-Inhalt

Diesem Buch ist eine CD beigelegt auf der einige wertvolle Tools zusammengestellt sind, die Ihnen bei der Arbeit mit Exchange und Outlook aller Versionen eine wertvolle Hilfe sein können. Außerdem befinden sich auf der CD diverse Whitepapers und Anleitungen für den Umgang mit Exchange.

Bitte beachten Sie bei den einzelnen Tools und Programmen auf der CD die jeweiligen Hinweise und Lizenzbestimmungen im entsprechenden Verzeichnis.

Leider wurden nicht für alle Programme von den Herstellern die entsprechenden Genehmigungen zum Übertragen der Programme auf die CD gegeben, so dass wir zum Teil nur Hinweise zur genauen Download-Seite geben können.

VNC

VNC ist wohl der Klassiker unter den Fernwartungstools. VNC ist Freeware und ermöglicht die Fernsteuerung zahlreicher Betriebssysteme ohne das System stark zu belasten.

BGInfo

Auch BGInfo gehört in die Sammlung jedes Administrators. Das Tool zeigt als Hintergrundbild alle wichtigen Informationen zum Server an. Sie können die Anzeige der Information bearbeiten und formatieren und erkennen so schnell alle wichtigen Informationen des Servers. BGInfo ist von der bekannten Seite

www.sysinternals.com

zu laden, leider wurde es uns nicht gestattet, das Tool auf die CD zu pressen. Auf der Seite finden Sie darüber hinaus weiter wertvolle Tools.

Outlook Express Backup

Dieses Tool hat zwar grundsätzlich nichts mit Exchange zu tun, bietet Administratoren trotzdem eine wertvolle Unterstützung. Sie können mit

Anhang B CD-Inhalt

OE-Backup alle Daten eines Benutzers unter Outlook Express sichern und wiederherstellen. Dies ist mit Windows-System-Tools nicht ohne weiteres möglich.

Outlook Tools

Zusätzlich finden Sie auf der CD zahlreiche weitere Tools für Outlook. Mit diesen Tools können Sie unter anderem die Kennwörter von PST-Dateien zurücksetzen und die Sicherheitseinstellungen von Outlook XP und 2000 zurücksetzen. Ein weiteres Tool kann die Sprache des Posteinganges einfach von englisch nach deutsch und in die andere Richtung umwandeln (OL-Change).

Diese Tools finden Sie in der jeweils aktuellsten Version im Netz unter www.docoutlook.de.

Exchange Recovery und Exchange Server Recovery

Mit dieser Demo-Version von OfficeRecovery (www.officerecovery.com) können Sie Exchange-Datenbanken öffnen und Daten wiederherstellen und aus verwaisten Exchange Offline-Datenbankdateien (.ost)Daten zurücksichern.

Blat 2.1

Mit diesem Freeware-Tool können sie aus der Kommandozeile SMTP-E-Mails versenden. Sehr wertvoll für Datensicherungsskripte etc.

Pullmail

Dieses Tool kann aus der Kommandozeile E-Mails aus einem POP3-Postfach abholen und per SMTP versenden. Damit können Sie zum Beispiel POP3-Accounts mit Exchange abholen lassen, was mit Bordmitteln nicht möglich ist.

Active Ports

Mit diesem Programm können Sie alle geöffneten Ports auf einem Server anzeigen lassen.

Outlook Feiertage

Dieses Tool kann deutsche Feiertage in Outlook importieren. Die Feiertage sind bis 2005 hinterlegt. Auf der CD finden Sie den genauen Link zur Supportseite von Microsoft um das Tools herunter zu laden.

CD-Inhalt

Formular-Konverter

Mit dem Formular-Konverter können Nachrichtenklassen von Einträgen in Outlook umgeändert werden. Auf der CD finden Sie den genauen Link zur Supportseite von Microsoft um das Tools herunter zu laden.

Sybari Antigen

Sybari Antigen ist eine Exchange-Erweiterung mit der Funktionalität eines Virenscanners und Spam-Filters. Auf der CD finden Sie zum einen interaktive Demo der Software sowie eine Downloadmöglichkeit für eine Testversion von Antigen. Die deutsche Website von Sybari erreichen Sie unter http://www.sybari.de.

Stichwortverzeichnis

!
%d 161
%g 161
%i 161
%s 161
* 101
.Net-Framework 606
1018 153
1019 153
1022 153
1216-Fehler 539

A
Abfragebasierte Verteiler-Gruppen 249, 286, 295
Abfragebasierte Verteilerlisten 26
Abfragen 369
Abmeldeaktivitäten 310
Abonnent 238
Abonnentenorganisation 237
Absender 679
Absicherung 520
Abstimmung 743
Abstimmungsschaltflächen 743
Absturz 518
Abwesenheitsassistenten 293, 667
Abwesenheitsnachrichten 293
Account Management 328
ACL 217
Active Directory 47, 84, 98, 469, 506, 564, 608, 668
Active Directory Connector 277, 574, 604, 618, 633
Active Directory Migrations-Tool 641
Active Directory-Benutzer und -Computer 63, 145
Active Directory-Kontenvereinbarung 661
Active Directory-Lookup 483
Active Directory-Schema 303, 554
Active Directory-Standorte und Dienste 56
active/passive 578
ActiveServerSync 78, 489
ActiveSync 24, 492
ActiveX 431
ActiveX-Elemente 485
Adapter 582
ADC 277, 619, 626
adclean.exe 661
ADC-Tools 621
Add-Ins 729
Address 75
Address Space 111
admin ACL 218
Administration 443
Administrative Gruppen 64, 68, 83f., 142, 159, 180, 188, 289, 529, 564, 574, 653, 669
Administrative Rights 217
Administratorrechte 217
Adminpak 250
adminpak.msi 303
ADMT 641
ADNAutoDRC 658
ADPU 340
Adressbuch 67, 650
Adressen 195
Adressliste 67, 170, 175, 304, 327, 631
Adresslistenname 207
Adresslistensynchronisierung 175, 328
Adressraum 101, 111
Adressvorlagen 67
ADSI-Edit 231, 245, 278, 322, 575, 656
adsiedit.msc 229, 278
Ändern des Organisationsnamens 610
Änderungsberechtigung 265, 557
Aktion 735, 739
aktiv/aktiv-Clustering 754
aktive/aktive 578
Aktivierung 314, 488
Aktualisieren 606
Aktualisierungsbenachrichtigungen 489
Aktuelle Benachrichtigungen 267
Alerts 364, 386
Alias 209, 236, 253, 300, 464
All Unassigned 97

Stichwortverzeichnis

Alle Tasks 168
Allgemeines 551
Allowed sizes 103
Always-Up-To-Date 24, 488
Analyse 665
Anfordern 412
Anforderungen 665
Anhang 753
Anlagenformat 746
Anlegen 73, 535
Anmeldefenster 463
Anmeldeinformationen 626, 632
Anmeldeprobleme 483
Anmeldeseite 407f.
Anmelde-Sicherheit 406
Anmeldung 237
Anonym 211, 751
Anonyme Benutzer 33
Anonymer Zugriff 211
Anonymous 240
Anschlussnummer 622
Ansicht 336, 687
Antigen 673
Anwendungsprotokoll 309f.
Anzeige 264
Anzeigenamen 278, 281, 290
Application Pools 33
Application Protocol Data Unit 340
Arbeitswarteschlange 373
Archivierung 727
ASP 33, 404, 449
ASP.NET 60
ASR 580
Assistent für die Migration 663
ATRN 103
Attribute 526, 553
Attribute Editor 230
Attribute Mapping 327
Attributzuordnung 175, 327, 637
Audit Policy 318
Auffüllen 133
Aufgaben 433, 510
Aufgabenoptionen 721
Aufgliederung 293
Ausfallsicherheit 226, 583
Ausführen 557
Ausgehende Internet-E-Mails 92
Auslastung 365
Ausnahmeliste 95
Auswertung 744

AUTH 374
Authentifiziert 260
Authentifizierung 88, 105, 325, 347, 444, 449, 463, 626
Authentifizierungsmethoden 449
Autoarchivierung 729
Autokorrektur 725
Automated System Recovery 580
Autor 215
Autosignatur 736

B

Backend 455
Backend-Server 405, 455
Backoff 368
Backup 580
Backup Exec 500, 528
Backup-Diagnose 329
Badmail-Nachrichten 377
Bandbreite 668, 685
Bandgerät 506
BaseDN 144
Basic Authentication 449
Belegung 379
Benachrichtigungen 357, 428, 488, 573
Benachrichtigungsarten 361
Benachrichtigungsfenster 406
Benachrichtigungsoption 687
Benutzer 116, 249, 638
   Anlegen 73
Benutzerdaten 406
Benutzerdefiniert 567
Benutzerdefinierte Adresslisten 305
Benutzerdefinierte Attributen 264
Benutzerinformationen 434
Benutzerinitiierte Synchronisation 266, 489
Benutzerinterface 406, 422
Benutzer-Lizenzierung 37
Benutzernamen 509
Benutzerobjekt 68
Benutzerpasswörter 642
Benutzerpflege 249
Benutzerpostfächer 561, 655
Benutzerverwaltung 72, 443, 491
Benutzerzertifikat 439
Berechtigung 178, 198, 551, 581, 698, 750
Berechtigungsproblem 176, 571
Berechtigungsstufe 216, 700
Bereitstellen 127
Bereitstellung 123, 152, 513, 529

Stichwortverzeichnis

Bericht 733
Besitzer 216, 219, 700, 748
Besprechungsanfragen 231, 436, 719
Betriebsmodus 657
Betriebssystem 339, 546
Bezeichnung 529
Bezüge auf öffentliche Ordner 88
bidirektional 631
BIN 76
binär 112
Bind 144
BinHex 269
Black-Lists 94, 481
Blat 385
Block 152
Blocken 95
Blockieren 436
Bluescreen 154
Bluetooth 267
Body Part 112
BP-15 112
Brick-Level-Backup 503
Bridgehead 88, 100
Bridgehead-Server 88, 93, 573, 670, 676
Briefpapiere 735
Browse 453
Buffer Overflows 33

C

CA 344f., 409, 439, 621, 726
Cache 25, 205
Cached Mode Protocol 686
Cache-Funktionalität 692
Caching 336, 686
CAL 38
Carrier 488
Categorizer 296, 346, 377, 400, 677
CATUTIL.EXE 129, 134
ccdist.exe 79
CCMail-Connector 605
certifcate request 412
Certificate 439f.
Certificate Authority 409, 439
Certsrv 410, 439
change user 688
Chat 29, 605
Chat-Dienst 266
Checkpoint 465
Checkpoint-Datei 140, 151, 497, 538
Checksumme 152

Child-Domäne 445, 643
chk 140, 151
CHK-Datei 499, 513, 538
chooseDC 568, 572
circual logging 141
Clean Shutdown 146, 516
cleanfreebusy 233
Cleanup 336
Client 38, 685
Client Action 325
Client für Terminal-Dienste 315
Clientsoftware 753
Clientvorgang 325
ClusDiag 581
Cluster 40, 93, 99, 465, 577
   erstellen 585
Cluster-Administrator 581
Clusterdatenbank 580
Cluster-Dienst 585
Clusterfähig 652
Clusterinfrastruktur 581
Clustering 28, 578, 754
Clusterknoten 588
Cluster-Ressource 593
Clustersoftware 577
Clustertechnologie 577
Clusterverwaltung 590
Computerkonto 57, 587
Config-CA 647
CONNDATA 76
Connection 144
Connection Agreements 344f., 621
Connectix 41
Connector 71, 80, 83, 86, 101, 205, 567
Container 526
Content 222
Content Engine 330
Content Restrictions 89, 103, 113
Contributor 215
Controller 582
Cookie 406f.
Cookie-Authentifizierung 24f.
Cookie-Timeout 421
COPY 372
Counter 366
CPU 353
Create Mailbox 271
Create named properties 218
CreateUnattend 570
Cscript 138

{ KOMPENDIUM } Exchange Server 2003 und Outlook   775

Stichwortverzeichnis

CSV-Datei 624

D
data 760
Datacenter-Edition 32, 577
Dateianhänge 671
Dateireplikationsdienst 312
Dateisystem 734
Dateityp 707
Datenbank 116f., 125, 130, 143, 146, 152f., 155, 511
Datenbankdateien 77, 140
Datenbankfehler 154
Datenbankseiten 143, 155
Datenbank-Shutdowns 541
Datendateien 117, 701
Datenerfassung 623
Datenfluss 332
Datenleitung 679
Datenobjekte 376
Datenschutz 436
Datensicherung 27, 123, 142, 154, 273, 295, 495, 507, 510, 566
Datensicherungsprogramm 139, 331, 504
Datensicherungsstrategie 501
Datenträger 519
Datenverkehr 95
Datenverlust 155
Datumsnavigator 719
davex.dll 405
Dcdiag 51
dcpromo 47
Deaktivieren 152, 453
Default Policy 159, 164, 167
Default public Store 205
Default-First-Site-Name 54
deferred delivery 394
Defragmentiert 354
Deinstallation 572ff., 656
Delegation 552, 558
Delegieren 556
Delete e-mail addresses 277
Delete mailbox 273
Deletions 240
delivery 103
Delivery Options 90, 103
delivery reports 293
Delivery Restrictions 89, 103, 111, 210, 259
Desktopbenachrichtigungseinstellungen 717
Detailvorlagen 67
Device 38

Device-CAL 38
Device-Lizenzen 38
DFÜ 107
DFÜ-Verbindung 695, 724
Diagnose 173, 309, 323, 581
Diagnose-Kategorien 636
Diagnoseprotokoll 324, 635
Diagnoseprotokollierung 635
Diagnose-Tools 309
Dienstcontroller 637
Dienstknoten anzeigen 199
Dienststeuerung 175, 327, 345
Differentiell 501, 517
Digest Authentication 450
Digitale IDs 726
Directory Access 339
directory rights 216
Directory Service 312
Direkte Zustellung 95
DirSync Requestor 114
DirSync Server 114
DisableAttachments 437
DisableDHCPMediaSens 580
DisableNetlogonCheck 477
disasterrecovery 546, 568
Dismount 123
displayName 526
DisplaySpecifiers 280
distinguished Names 643
Distributed Transaction Coordinator 592
DLLs 75
DMZ 457, 463, 474, 713
DNS-Auflösungsversuche 312
DNS-Domäne 682
DNS-Server 43f., 95, 312
Dockingstation 487
Domäne 101, 554, 612
Domänen-Admins 553, 555, 571
Domänencontroller 172, 439
domain local 288
Domainprep 59, 79, 178, 551f., 563, 604
Drahtlos 347, 453
Dringend 204
DSAccess 371, 458
DSAccess-Processes 371
DSN 393
DSProxy 459
DTC 592
DTC-Ressoure 594
Duplikate 707

Stichwortverzeichnis

DXA 326
Dynamisch 298
Dynamische Aktualisierung 45

E

E/A-Verkehrsrate 368
e00.chk 516
E0n.chk 497
E0n.log 539
Echtzeit-Überwachung 365
EDB 117
edb 115, 147, 150, 496
Editor 215
EFORMS-Registry 226
EHLO 104
ehlo 757
Eigenschaften, schreiben 558
Eigenschaften lesen 558
Einfache Anzeige 213, 264
Einfacher Anzeigename 293
Einfrieren 69
Eingehende E-Mails 97
Eingehende Verbindungen 91
Einheitlicher Modus 64
Einrichten 689
Einschränkungen 569
Einstellungen 63, 680, 715
   weitergeben 218
Einstieg 63
Einwählen 667
E-Mail-Accounts 666
E-Mail-Adresse 67, 74, 159f., 164, 255
E-Mail-Aktivierte-Benutzer 274
E-Mail-Aktivierung 206, 252
E-Mail-Benachrichtigung 357
E-Mail-Deaktivierung 206
E-Mail-Domänen 98
E-Mail-Fluss 65
E-Mail-Format 724, 736
E-Mail-Konto 689, 724
E-Mail-Optionen 715, 733
E-Mail-Setup 724
E-Mail-Sicherheit 442
E-Mail-Versand 680
E-Mail-Verschlüsselung 766
eml 77
Empfänger 67, 72, 160, 163, 249, 304, 564
Empfängeraktualisierungsdienst 67, 169
Empfänger-Container 630

Empfängerrichtlinie 68, 95, 159, 164f., 167, 253, 448, 682
Empfängerverbindungsvereinbarung 638
Empfang 677
Empfangene Replikationsnachricht 204
Empfangseigenschaften 91
Empfangseinschränkungen 89, 103, 111, 210
Empfangswarteschlange 373
Emuliert 517
EncryptedMode 570
encryption 478
Enterprise 455
Enterprise Root CA 409
Enterprise Server 39, 70
Entfernen 573, 654
Entschlüsselung 437
envelope 677
Ereignisanzeige 44, 309, 315
Ereignisprotokoll 153
Ereignisse 332
Erinnerungen 406, 436
Erinnerungsoptionen 729
Erneut senden 746
Erneut überprüfen 588
Erste administrative Gruppe 68, 84
Erste Routinggruppe 71
Erstellen 561
Ersteller 748
Erstellung 125
Erweiterte Exchange-Einstellungen 692
Erweiterte Funktionen 74, 177, 250
Erweiterte Suche 77, 125, 128, 136, 194
Erweiterung 579
ESE 23, 28, 115
ese.dll 153
ESE-Datenbank 330, 495
ESE-Technologie 754
ESEUTIL 148, 153, 155, 496, 514, 531
ESEUTIL /D 148
ESEUTIL /G 147
ESEUTIL /MH 146
ESEUTIL /MK 152
ESEUTIL /P 157
ESEUTIL.exe 122, 145, 153
ESMTP 104
Establish e-mail addresses 274
ETRN 106
Event sinks 370
Events Root 227
Eventsinks 227, 605

Stichwortverzeichnis

Exchange 2000 603
Exchange 2000 Conferencing Server 39
Exchange 4.0 753
Exchange 5.5 63, 80f., 101, 194, 517, 556, 561, 569, 603, 605, 675
Exchange 5.5-LDAP-Port 622
Exchange 5.5-Organisation 565, 607, 653
Exchange 5.5-Server 645
Exchange Administrator 63, 360
  Nur Ansicht 560
  Vollständig 560
Exchange Administrator-Rechte 552
Exchange Aufgaben 271
Exchange Erweitert 166
Exchange Mailbox Merge Programm 537
Exchange Mailbox Merge Wizard 532
Exchange Management Pack 25
Exchange Server Setup Progress.log 571
Exchange System Manager 39, 116, 135, 197
Exchange Tasks 271
Exchange Verzeichnis 622
Exchange-Ansichten 749
Exchange-Datenbank 495, 508
Exchange-Dienste 233, 574
Exchange-Features 443, 491
Exchange-Geschichte 753
Exchange-Kalender 567
Exchange-Mailbox 24
Exchange-Organisation 80, 138, 169, 198, 529
Exchange-Rechte 552
Exchange-Ressourcen 350, 600
ExchangeServer_Servername 77
Exchange-System-Verzeichnis 75
Exchdump 495, 549
exchmem.dll 153
exchsync 233
ExchsyncSecurityFolder 234
Exchweb 77, 485
Exdeploy 225
ExDS-Schnittstelle 344
Exmerge 155, 532, 534, 537
exosal.dll 153
Expansion Server 293
Exportieren 440, 525, 706, 726
exprox.dll 405
exscfg.exe 235, 240
exssrv.exe 242
Extended-SMTP 104
Extensible Storage Engine 23, 115
extensionAttributes 166

Extern 274
External Connector-Lizenz 39
Externe Adressen 95
Externes Konto 266
Extras 72, 356, 689

F

Failover 579, 593
Fax 574
Fax-Ablage 196
Fax-Adressen 159
Fax-Server 127
Fax-Software 86
Features 487
Fehler 137
Fehlerbehebung 174, 245, 310, 682
Fehlererkennung 310
Fehlermeldungen 572
Fehlerstatus 395
Fehlersuche 319
Fenstergrößen 406, 435
Fernwartung 309
Fernwartungssoftware 313
Festplattensignatur 580
Field Engineering 345
FILE DUMP 146
Filter 707
Find 222
Find Messages 392
Firewall 457, 463, 465, 474, 710
fix-sized font 120
folder ACL 217
folder expiry 217
folder quotas 217
Folder visible 215
Folderlist 237
Force Connection 395
ForeignSecurityPrincipals 54
Forest 48, 84, 250
Forestprep 59, 551f., 563, 565, 595, 604, 619, 648
Forests 48
Format 724
Forms 407
Formular 734, 750
Formularbasierte Authentifizierung 407
Forward Address 211
Forward-Lookupzone 45
FQDN 99, 682
FQDN-Name 55
Fragmente 500

Fragmentierung 147
FREE BUSY 228
Frei/Gebucht 231
Frei/Gebucht-Optionen 720
Frei/Gebucht-Zeiten 228, 240, 460, 655
Freibier 746
Frontend 455
Frontend-Server 186, 405, 455, 604, 686, 696, 710f.
FRS 312
Füllwörter 136
Funktionsweise 455

G

Garbage Collection 344
Gateway 675
Gateway Adress Routing Table 675
Gatewaytransfer 338
Gatherer 367
Gatherer-Protokolle 129
Gather-Logs 129, 137
Gefilterte Dokumente 368
Gelesen 202
Gelesen/ungelesen Information 201
Gelöscht 124, 127, 262
Gelöschte Objekte 169
Geltungsbereich 287
Gemeinsamer Datenträger 582, 584
Generieren 163
Geplante Aufträge 510
Geroutet 101
Gesamtstruktur 48, 84, 171, 457, 528
Geschichte 753
Gesicherte Active Directory-Objekte 643
Global Catalog 295f., 371, 609, 668
Globale Adresslisten 305, 434
Globale Einstellungen 65, 680
Globale Gruppe 288
Globale SMTP-Einstellungen 682
Globale Standardadressliste 305
Globaler Domänenbezeichner 113
Globaler Katalog 288, 342, 713
google 320
Grenzwert 123f., 126, 169, 205
Größe
    empfangene Nachrichten 210
    gesendete Nachrichten 210
Größenbeschränkung 227
group owner 293
Groupware 193

Groupwise 81, 567
Grundsicherung 672
Gruppe 285, 598
Gruppenkontakte 195
Gruppenmitgliedschaft 170
Gruppenrichtlinien 33, 57, 310, 316f., 579
gthr 129, 134
GTHRLOG.VBS 138
GUID 170, 498, 533
guid2obj.exe 170
guidgen.exe 229
GWART 675

H

Halbausführend 547
Hardware Compatibility List 579
Hardwarefehler 580
Hashwert 450, 579
HCL 579
Header 115, 146, 438, 761
Header-Informationen 156
Heartbeat 579, 584
HELO 104
helo 757
Herausgebender Autor 215
Herausgeber 215
Herunterfahren 497, 499, 655
Hide 293
Hierarchie senden 224
Hochverfügbarkeit 577
homeMDBBL 145
HOP 675, 678
Hop 86, 88
Hotfixes 320
HTML 269, 404
HTML-Code 436
HTML-E-Mail 724
HTTP 70, 456
HTTP 404 Error 444
HTTP.SYS 33
HTTP-Erweiterungen 405
HTTP-Fehler 484
HTTP-Protokoll 685
HTTPS 419
HTTP-Server 446
hybride 437

Stichwortverzeichnis

I

IETF 695
IIS 32, 439, 458
IIS 6 565
IIS 6.0 458
IIS Lockdown Wizard 469
IIS Metabase 517
IIS-Admindienst 80
IIS-Dienste 410, 458
iislockd.exe 469
IIS-Metabase 79, 340, 458, 518
IIS-Verwaltung 446
ILS-Einstellungen 264
ILS-Server 264
Im Auftrag 211
    senden 217
    von 260
IMAP 70, 82, 267, 269, 274, 443, 461
IMAP4Svc 325
IMAP-Klienten 270
iMode 488
Import 441
Importdatei 629
Importieren 706, 708, 726
In Besitz nehmen 557
Indizieren 303
Indizierung 128f., 194, 697
inetinfo.exe 33
InetOrgPerson 26, 249, 282
info@firma.de 197
information store 218
Informationsspeicher 28, 80, 109, 115f., 119, 125, 135, 143, 156, 465, 496, 677
    für öffentliche Ordner 115, 179, 204, 232
Informationsspeichertreiber 346, 376
Inhalt 222
    auflisten 558
    senden 224
Inhaltseinschränkungen 89, 103, 113
Initialisierung 345
Inkonsistent 155, 157
Inkrementell 501, 517
Inkrementelles Auffüllen 133
InPlace-Update 605
InPlace-Upgrade 35
Installation 41, 117, 171, 563, 584, 619
    mit Parameterdatei 570
Installationsmodus 688
Installationsprotokoll 590
Installationsroutine 596

Installieren, in Exchange 5.5-Organisation 648
Instant Messaging 29, 266, 605
Integration 579
Integrierte Windows-Authentifizierung 105
Integrity check 147
INTEGRITY mode 147
Interface 220, 339
Internal Processing 340
International 138
Interne Verarbeitung 340
Internet 710
Internet Explorer 406
Internet Explorer 5 24
Internet Locator Services 264
Internet Mail Assistent 71, 91, 97
Internet Mail Wizard.log 92
Internetadressen 95
Internetdomänen 95, 164
Internet-Email senden 94
Internetnachrichtenformat 66, 680
Internetprovider 105
Interoperabilität 340
Interorg Replication Utility 233, 240
IO Traffic Rate 368
IP-Adresse 91, 98
IPSec 466
IS/AD Synchronisation 336
ISA-Server 465, 710
Isinteg 150, 153, 157
Isinteg -s 157
item retention 217

J

Jahreswoche 719
jcb.dll 153
JET 23, 115
Jetzt aktualisieren 173
Jetzt Suchen 167
Joint-Engine-Technologie 23, 115
Journaloptionen 722
Junk-E-Mail 436, 716

K

Kalender 406, 701
Kalenderoptionen 719f.
Kataloge 128
Kategorie 175, 324
Kategorisierungsmodul 346, 400
KCC 343

Stichwortverzeichnis

KDC 695
Keine Verweise auf öffentliche Ordner zulassen 101
Kennzeichen 424, 737
Kennzeichnung 395, 737
Kerberos 450, 476, 579, 639, 694
Kerberos-Authentifizierung 600, 686
Key Distribution Center 695
Klartext 687
Klassen 553
Knoten 580, 582
Knowledebase 319
Knowledge Consistency Checker 343
Knowledgebase 321
Knowledge-Datenbank 197
Kodiak 23
Koexistenz 31, 603
Kommunikation 495
Kompatibilität 81
Komponenten 565
Komponenten-Auswahl 566
Komprimierung 25, 705
Konfiguration 234, 309, 326, 339, 652, 658
   sichern 519
   von RPC über HTTP 711
Konfigurationscontainer 225
Konfigurationsverbindungsvereinbarung 647
Konflikt 219, 336, 523f.
Konsistent 152
Konsistenz 116, 147, 508, 514, 540
Konsistenz-Prüfung 540
Konsistenz-Test 147
Konsistenz-Überprüfung 616
Kontakt 195, 260, 276, 283, 638
Kontaktoptionen 722
Kontaktperson 127
Konten-Operatoren 562
Kontextmenüs 406, 425
Konto 689
Kontoverwaltung 175, 328, 636
Kopie 517
Kopie-Sicherung 501
Korrupt 506
Kosten 120
   des Connectors 87

L

Ländereinstellungen 129
Länderkennung 138
Lastenausgleich 126, 577
LDAP 26, 165, 327, 371, 456, 622

LDAP-Abfrage 166, 175
LdapKeepAliveSecs 477
LDAP-Operationen 175, 637
LDAP-Protokoll 637
LDF-Datei 526
LDIFDE 527
ldp.exe 144
Leistungsebene 368
Leistungsindikatorenprotokolle 381
Leistungsobjekt 366
Leistungsprotokolle 364
Leitungen 85
Leitungskapazitäten 668
Leitungsnutzung 685
Lektor 215
Leseberechtigung 265, 557
Lesebereich 727
Lesebestätigung 718, 744
Lesen 557
Letzter Sicherungssatz 532, 544
Limits 123, 126, 205
LIST 372
Lizenzbedingungen 469
Lizenzierung 37
Lizenzierungsdienst 466
Lizenzierungsmethode 673
LMHOST 611
lmhosts 476
lmhosts.sam 611
Load Balancing 93, 465
Löschen 143, 520, 557, 561, 574, 643
Löschungen 240
Löschvorgang 520
Logdatei, Exchange Server Setup Progress 571
Logfiles 77
Logging level 349
Logische Verteilung 84
Logon 237
Logout 372
Logs 364
Lokale Bridgeheads 100
Lokale Kopie 692
Lotus Notes 81, 552, 567

M

Macintosh 269, 746
Mail aktivieren 206
Mail from 758
Mailbox Recovery Center 27, 72, 495, 520, 526
Mailbox Rights 264

Stichwortverzeichnis

Mailbox Store 115, 119
mailmig.exe 663
Mailroot 77
Managed by 290
MAPI 109, 112, 115, 372, 481, 676
MAPI-Clients 456
MAPI-Protokoll 456
MAPI-Zugriff 341
Markiert 727
Master, festlegen 675
Maximale Tasks 236
Maximum open retries 110
Maximum transfer retries 110
MDBDATA 77
Medienerkennung 580
Member Of 218
Menüleiste 406
Message Tracking 389
Message Tracking Center 398
Message Transfer Agent 80, 107, 293, 296, 328
Message-ID 399
Messages 377
Metabase 340, 469, 518, 547
Microsoft Active Directory Connector 633
Microsoft Exchange Connector für Lotus Notes 81
Microsoft Exchange IMAP4 82
Microsoft Exchange Router für Novell Groupwise 81
Microsoft Exchange-Ereignis 81
Microsoft Exchange-Informationsspeicher 80
Microsoft Exchange-Standortreplikationsdienst 518, 548
Microsoft Exchange-Verbindungscontroller 81
Microsoft Exchange-Verwaltung 80
Microsoft Mail 753
Microsoft Mail Server 3.5 753
Microsoft Operation Manager 25
Microsoft Search 81, 131, 369
Microsoft Search-Dienst 129
Microsoft(R) Exchange Server(TM) Database Utilities 146
Migration 35, 517, 561, 569, 603, 607, 618
Migrieren 466
Migriert 630
MIME 66, 115, 268, 270, 276, 438
Minimum 566
Mitarbeiter 215
Mitglied von 218, 290
Mitglieder 290
Mitgliedschaft 286
Mixed Mode 31, 642, 657

M-Laufwerk 29
MMC 440
Mobile Access 26
Mobile Dienste 66, 487
Mobile Information Server 24, 65, 266, 487, 605
Moderator 194
Moderierter Ordner 750
Möglichkeiten 194
MOM 26
Momentaufnahmen 27
Monitoring 350
Move Mailbox 272, 331
movecat 134
MSADC 633
MSExchange DSAccess-Caches 371
MSExchange OleDB Events 370
MSExchange OleDB Resource 370
MSExchangeADDXA 326
MSExchangeAL 173f., 327, 371
MSExchangeDSAccess 328
MSExchangeDSAccess Domain 367
MSExchangeES 371
MSExchangeIMAP4 372
MSExchangeIS 329, 372
MSExchangeMTA 338, 373
MSExchangeMU 340, 458, 469
MSExchangePOP3 374
MSExchangeSA 176, 340
MSExchangeSRS 343, 375
MSExchangeTransport 345
msExchUserAccountControl 526
MS-Mail-Connector 76, 605
msnews.microsoft.com 320
MTA 89, 107, 293, 328, 334, 339
MTADATA 78
MTA-Dienst 601
MTA-Stacks 80
MTA-Verbindungen 391
multicast 580
Multicast-Heartbeats 580
Murphy's Gesetz 495
MVP 323
MX-Eintrag 92, 100
Mythologie 694

N

Nacharbeiten 548
Nachricht 211, 677
 suchen 392
Nachrichtenbearbeitungskonflikte 219

Stichwortverzeichnis

Nachrichtenbetreff 182, 397
Nachrichteneinstellungen 741
Nachrichtenempfang einschränken 210
Nachrichtenfluss 91, 210, 677
Nachrichtenformatierung 326
Nachrichtengröße 66, 106
Nachrichten-ID 399
Nachrichtenrouting 675
Nachrichtenstatus 72, 398
Nachrichtentracking 183, 309, 397, 683
Nachrichtentypen 89
Nachrichtenübermittlung 66, 271, 677, 704
Nachrichtenverkehr 675
Nachrichtenzustellung 65
Nachverfolgung 406
Name 669
Named Service Provider Interface 341
Namensänderung 609
Namensauflösung 572, 608
Namenskonventionen 668
Namensraum 457
NAS 116
Native Mode 31, 64, 283, 564, 642, 657
Navigationsbereichsoptionen 728
Nbtsta 612
ncacn_http:PORT 714
NDR 110, 245, 259, 333, 396, 679
 Diagnose 347
NDS 567
Net accounts 57
Net Backup 500
NetBios 49, 473
NetBIOS-Name 586, 669, 712
netdiag 613
NetIQ AppManager Suite 26
Netiquette 323
NetMeeting 264
Netstat 622, 714
Netzwerkeinstellungen 608
Netzwerkinfrastruktur 580, 667
Netzwerkkarte 93, 563, 583
Netzwerklast 426
Netzwerklastenausgleich 577
Netzwerkname 600
Netzwerkschnittstellen 579
Netzwerkumgebung 254
Netzwerkverkehr 449
Neue Berechtigungen 552
Neue Funktionen 219
Neuerungen 564, 685

Neuinstallation 580, 582
Newsgroups 171, 323, 672
Newsletter 674
Nicht dringend 204
Nicht vom System stammende Nachrichten 90
Nichtzustellbarkeits-Bericht 259
NLB 577
nltest 55
NNTP 70, 475, 753
NNTP-Dienst 60
NoErrorLog 568
NoEventLog 568
Non delivery Report 110, 245, 333
Non-system messages 103
Normal 517
Normale Sicherung 500
Notes 81
Notfall-Lösungen 153
Notifications 267
Notizoptionen 724
Novell Groupwise 81, 552
Nslookup 53, 608
NSPI 714
NSPI Proxy 341, 375
NTBACKUP 495, 504
NT-Domäne 608
ntds.dit 56
ntdsatrb 618
NTDSNoMatch 626
NTFS 485, 585
NTFS-Informationsspeichertreiber 347
NTFS-Speichertreiber 677
NTLM-Authentifizierung 579

O

OAL-Generator 342
objectClass 526
Objekt
 am Speicherort erstellen 643
 erstellen 700
Objekt auflisten 558
Öffentliche Informationsspeicher 190
Öffentliche Ordner 27, 70, 84, 115f., 135, 179, 193, 329,
 450, 534, 747
 Ansicht in OWA 428
 anzeigen 226
 Struktur 125, 193, 237, 667
Öffentliche Ordner-Hierarchie 224
Öffentlicher Informationsspeicher 125
Öffentlicher Standardinformationsspeicher 120, 205

Stichwortverzeichnis

Öffnen 701
Öffnungsversuche 110
Office 2003 688
Office Real Time Communications Server 29
offline 139, 227
OFFLINE ADDRESS BOOK 227
Offline Address List 342
Offline-Adressbuch 227, 573, 655
   Generator 460
Offline-Adressliste 120, 305
Offline-Backup 155, 513
Offline-Dateien 694
Offline-Defragmentation 145, 147, 155
Offline-Sicherung 155, 495, 499, 512, 516, 532, 538
   des SRS 518
Offline-Synchronisation 702
Offline-Synchronisierung 694
OLE 78
OleDB 370
OMA 24, 78, 266, 347, 487, 493
Online-Datenbankwartung 187
Online-Datensicherung 121, 154
Online-Defragmentation 122, 147
Online-Hilfen 320
Online-Sicherung 124, 262, 495, 499
Online-Wartung 121, 135
Optimierung 131, 301, 501
Ordner 71
   Assistent 750
   gelesen/ungelesen Information 201
   sichtbar 215
Ordneradresse 750
Ordnerbearbeitungskonflikte 219
Ordnergröße 697, 705
Ordnerhierarchie 169
Ordnerkontaktperson 219f.
Ordnerliste 237, 270
Ordnerverwaltung 749
Organisation 92, 159, 171, 256, 574, 668
Organisations-Administrator 553
Organisations-Admins 571
Organisationsebene 551
Organisationseinheit 167, 173, 318, 565
Organisationsübergreifend 645
Organisieren 430
originator 293
OSI-Adresse 110
OSI-Adressierung 108
OST-Datei 694, 703
OU 167, 630

Outbound Security 105
Outlook 125, 136, 138, 194, 205f., 233, 444, 656
Outlook 2000 194
Outlook 2003 194, 685, 692
   Optionen 715
Outlook 98 754
Outlook Express 70
Outlook Mobile Access 24, 78, 266, 487f.
Outlook Performance Monitor 686
Outlook Web Access 23, 77, 120, 186, 222, 274, 403, 462, 667
Outlook XP 194, 687
Outlook-Profil 692, 714
Outlook-Schulungen 667
Outlook-Version 666
out-of-office messages 293
Override 110
OWA 23
OWA-Oberfläche 485
OWAScratchPa 227
Owner 216

P

Parameterdatei 570
ParametersSystem 537
Partitionen 563
Pass-Through Authentifizierung 463
Passwörter 672
Password KENNWORT 568
Patch-Dateien 500, 533
Patches 320, 563, 672
PC Anywhere 313
PDC-Master 484
pending 393
perfmon.msc 364
Performance 117, 126, 456
   Informationsspeicher und Öffentliche Ordner 117
Performance Level 368
Performance Monitor 330
Performance Objekt 366
Performant 138, 203
Permanent 124
Persönlich 743
Persönliche Ordner 702
PFMigrate.wsf 225
PFX 441
PGP 437, 766
Physikalisch 83, 670
Physikalische Knoten 583
Physikalischer Datenträger 600

Pixel 435
Planen 670
Planung 464, 665
Planungspunkte 666
Plattenverbrauch 354, 502
Platzhalter 101, 137
Pocket-PC 24, 249, 491
Point in time 538
Point in time-Wiederherstellung 538
Policytest 79
POP3 70, 82, 92, 257, 268, 274, 443, 461, 753
POP3-Befehle 764
POP3-Server 348, 688
POP3Svc 347
Popbeamer 763
Port 25 97
Ports 465, 713
Posteingang 687
Postfach 24, 96, 116, 520
    erstellen 271
    verschieben 271
Postfachaktiviert 689
Postfach-Aktivierte-Benutzer 252
Postfachberechtigungen 264
Postfachgröße 123
Postfachmanager 169
Postfachmanager-Einstellungen 164, 169
Postfachspeicher 69, 115f., 119, 145, 166, 187, 260, 477, 513, 529
Postfachverwaltung 340
Postfachzugriff 266
Poweruser 667
Prä Windows 2000-kompatibler Zugriff 572
Premium-Version 406
Preview 301
Primäre SMTP-Adresse 95
Primäre Verbindung 645
Primäres NT-Konto 641
Priorität 90, 113, 159, 167, 204
priv1.edb 116
priv1.stm 116
Privat 743
private 584
private keys 695
Private Nutzung 666
Private Schlüssel 437
Probleme 571
Produktiv-Server 531
Profil 690, 697, 701, 709
Programmierung 404

Projektplan 563
propagate settings 218
Protokolldateien 183, 383
Protokolle 70, 107
Protokolliergrad 175, 349, 637
Protokollierung 236, 324
Provider 95, 488
ProxyAddresses 169, 246
Proxy-Erstellung 340, 342
Proxy-Generation 340, 342
Proxy-Server 456
Prozessorlast 365
Prüfsumme 153
PST-Datei 331, 337, 663, 701, 706, 708, 724, 727, 729
PSTOREUTL.EXE 129, 131
pub1.edb 116
pub1.stm 116
public 444, 584
Public Folder 115
public folder referals 88, 101
Public Folder Store 115, 232
Public Store 125
Publisher Organization 236
Publishing Editor 215
Pullmail 763
Push-Replikation 347

Q

Quell-Postfach 272
Querie 369
Query-based Distribution Group 249, 282, 286
Queue 26, 69, 103, 389
queued 394
Queuing Engine 346
quit 765
Quorum 579, 585, 590
quotas 217

R

RAID 504, 582, 671
RAID 5 116
RAM 676
RAS 107, 425, 456, 667
rcpt to 759
receive as 558
Rechte 84, 170
Rechtschreibkorrektur 403, 725
Rechtschreibprüfung 431
Rechtschreibung 725

Stichwortverzeichnis

Recipient Policies 68
Recipient Update Service 67, 129, 169, 171, 195, 206, 212, 245, 253, 289, 300, 327, 459, 555, 573
Recipients 67, 160
Recovery 142
RECOVERY SG Override 537
Recovery Speichergruppe 28, 70, 495
    reserviert 28
Recovery Storage Group 534
Recovery-Server 544
Recovery-Speichergruppe 116
Redirector 381
Referal Interface 341
Regeln 335, 430
Registry 477, 712
regsvr32 554
Relay 94, 102, 361, 481
Relay-einschränkungen 360
Relaying 102, 360, 480, 759
Release Notes 609
Reliable Transfer Service 111
Remote 488
Remote Bridgehead 88
Remote-Benutzer 710
Remoteclients 109
Remotedomäne 105
Remote-Exchange-Server 567
Remotemail 696
Remoteverwaltung 313
Remove Exchange Attributes 277
Repair Count 157
Reparatur 145
replica list 217
Replication 176
Replication Conflicts 336
Replication Expiry 336
Replikat 88, 101, 143, 169, 194, 202
Replikation 27, 90, 126, 179, 194, 202, 209, 223, 288, 333, 572, 636, 640, 676
    zwischen Organisationen 233
Replikationsaktualisierung 375
Replikationsfehler 224
Replikationsintervall 126, 204
Replikationskonflikt 202, 332, 336
Replikationsliste 573
Replikationsnachrichten 126, 179, 204, 245
Replikationsprobleme 572
Replikationsrichtung 646
Replikationsverbindungen 644
Replikationsverhalten 126, 202

Replikationsvorgang 223, 243
Replizieren 469
Request 412, 439
RES 78
res1.log 139, 497
res2.log 139
Reserve-Transaktionsprotokolle 497
Ressource 196, 580, 592
Ressourcenplanung 196, 720
Ressourcenpostfach 618, 626
Ressourcenpostfach-Assistent 624
Restore, Diagnose 329
restore.env 531, 533
Restrictions 89
Results 369
RETR 375
retr 765
Reverse Lookupzone 45
Reviewer 215
RFC-Dokument 1510 695
RFR Interface 341
RFR-Schnittstelle 341
Rich-Text 724
Rich-Text Format 112, 269
Richtlinie 125, 159, 164, 167, 180, 184, 189, 607
    für Postfachspeicher 187
Risc 753
RLIST 372
Roll forward 538, 543
Roll forward-Wiederherstellung 539, 542
Rollback 34
Rolle 215
Root 198
Root-DNS-Servern 92
Round-Robin 465
Route 88
Router 93
Routing 104, 205, 367, 675
Routing-Gruppen 64, 71, 80, 83ff., 120, 188, 194, 203, 205, 228, 253, 337, 564, 669, 675, 677
Routinggruppenconnector 86
Routinggruppen-Master 573, 675
Routinginformationen 80, 339
Routingmodul 80, 346, 677
RPC 372, 458
RPC Calls 340, 343
RPC über HTTP 32, 667, 685, 696, 709
RPC-Aufrufe 340, 343
RPC-Ping 614
RPC-Proxy 686, 696, 710f.

RPC-Verbindung 614, 686
RPC-Zugriff 463
rpingc.exe 615
rpings.exe 615
RTC-Server 29
RTF 112, 269
RTS 111
Rücksichern 503
RUS 67, 73, 169

S

S/MIME 24, 120, 126, 403, 437, 726, 766
S/MIME-Erweiterung 442
SAMAccountName 526
SAN 116, 582
SBS 763
SCC 343
Schalter 564
Schatten-Kopie-Sicherung 499, 516
Schattenverzeichnis 652
Schedule+ FREE BUSY 228
SCHEMA 78
Schema 34, 554, 579
Schema-Administrator 553
Schema-Admins 571
Schemaerweiterungen 553
Schema-Master 553f.
schema-root 228
Schlüssel 438
Schlüsselverteilungscenter 695
Schlüsselverwaltung 605
Schlüsselverwaltungsdienst 30
schmmgmt.dll 554
Schnittstelle 339
Schreiben 557
Schwellenwert 354
SCSI 582
Search Catalogs 369
Secure Communications 479
Security 339
Seiten/s 378
sekundäre Verbindung 645
self 265
send as 217, 558
Send Contents 224
Send Hierarchy 224
Send on Behalf Of 334
Senden 123, 262
    Internet-Email 94
Senden als 217

Sendewarteschlange 373
Server 69
    in einer administrativen Gruppe 69
    Konfiguration 465
    verschieben 658
Server policy 181
Servereinstellungen 607
Serverkomponente 615
Serverkonsolidierung 25
SERVERNAME.log 77, 183, 186, 398
Servernamen 669
Server-Planung 671
Serverrichtlinie 181f., 186
Server-Rollen 456, 671
Server-Status 356
Serverversionen 517
Service Control 327
Servicepack 6a 609
Servicepacks 609, 672
session 235
SETTEMPPATH.VBS 132
SETTMPPATH.VBS 129
setup.exe 61
Sex 669
Shadow Copy backup 499
Shortcuts 428
ShowSecurityPage 551
ShowUI 570
Sicherheit 34, 339, 344, 436, 551, 728
Sicherheitsberechtigungen 173
Sicherheitseinstellungen 320, 680
Sicherheitsgruppen 285
Sicherheitsmaßnahmen 32
Sicherheitsmodell 581
Sicherheitspatches 609
Sicherheitsplanung 671
Sicherheitsprincipal 295
Sicherheitsprotokoll 310
Sicherheitsstrategie 671
Sicherung 28, 501, 517
    wiederherstellen Diagnose 329
Sicherungsarten 499
Sicherungsauftrag 506
Sicherungsjob 511
Sicherungssatz 531
Sicherungstyp 511
Sichtbar 216
SID 646
Signatur 434, 438, 442, 725, 737
Signierung 442

Stichwortverzeichnis

Simple display name 213, 293
Site Consistency Checker 345
Site Folders 335
Site Replication Service (SRS) 343, 652
siteFolderGUID 230
Site-Replication- Service 78
Sitzung 235
Sitzungsschlüssel 437, 579, 639
Sitzungsticket 695
Skalierbarkeit 457
Skript 281, 449
Skriptbasiert 225
Skript-Benachrichtigung 361, 363
Small Business Server 763
Smarthost 95
Smartphone 249, 667
SMTP 70, 86, 91, 159, 676, 753
   Routing 376
   Warteschlangen 391
SMTP-Adresse 285
SMTP-Befehle 683
SMTP-Connector 71, 90, 96, 98, 679
SMTP-Dienst 60
SMTP-Domäne 445
SMTP-Einstellungen 682
SMTP-Nachrichtenfluss 391
SMTP-Protokoll 264
SMTP-Server 92, 94f.
SMTP-Warteschlange 77
SnapIn 163
Snapshot 27, 331, 516
SOAP-Aufrufe 766
Soft-Recovery 497, 543
Software 583
SPAM 94, 102
Spam-Abwehr 672
Spam-E-Mails 95, 666, 715
Spammer 480
Spam-Modul 673
Spams 95
Spam-Schutz 674
Speicher
   Ordner 70
   Postfächer 69
Speicherarchitektur 115
Speichergrenzwerte 123, 260
Speichergruppe 28, 69, 116, 139, 142, 170, 477, 502, 529
   für die Wiederherstellung 535
Speichergruppe für die Wiederherstellung 70

Speicherort 496
Speicherplatz 116
Sperren 95
Sprache 431, 725
Sprachversion 138, 293
SQL-Server 138, 496
SRS 343, 345, 517, 547, 647, 652
SRSDATA 518
srsdata 78
SRS-Datenbank 547
SRS-Dienst 660
SRV-Records 58
SSL 33, 407, 414, 449, 457, 462, 465, 478, 493, 714
   Unterstützung 414
SSL-Port 474, 623
SSL-Verbindung 105
Stack 107
Stammzertifizierungsstelle 409
Standard 566
Standard Server 39, 70
Standard-Adresslisten 304
Standardname des ersten Standorts 54
Standardschriftart 435
Standardüberwachung 350
Standardwebseite 446
Standort 80, 83, 194
Standort-Filter 241
Standortkonsistenzprüfung 345
Standortreplikationsdienst 81, 343, 517, 552, 647, 651f.
Stapel 110
Starten 499
Startprofil 709
Status 218, 223, 313
Stellvertretungen 730
STM 117
stm 115, 147, 150, 496
Storage Groups 69
Storage Limits 123, 260
Store Driver 346
StoreEvents 228
Strategie 502
Streamingmedia 115
StreamLogsDirectory 129
Struktur 117, 552
Subfolders 240
submission 393
submit 413
Subnet 484, 583
Subnetze 98

Stichwortverzeichnis

Subscriber 237f.
Subscriber Organization 237
Suchabfragen 427
Suchassistent 166
Suchen 222
Suchfunktionen 222
Suchkriterium 167
Support 579
support.microsoft.com 320
Support-Ordner 197
Support-Tools 50, 613
Sybari 673
Sybari Antigen 500
Sync 453
Synchronisation 328, 487
Synchronisationsordner 234
Synchronisieren 227
System 329
System Attendant 459
System Configuration 228
System Folders 225
System messages 103
Systemaufsicht 79, 340, 459, 465
Systemdateien 117, 128, 580
Systemkonto 556
Systemmeldungen 90
Systemmonitor 78, 309, 330, 363
Systemordner 225, 655
 anzeigen 225
Systempfad 140, 538
Systemprotokoll 310
Systemressourcen 599
Systemrichtlinie 159, 180, 182, 187, 190
Systemrichtliniencontainer 180
Systemstatusdaten 505
Sysvol 57

T

Tabellencache 330
Table Cache 330
Tägliche Sicherung 503
Tastaturkürzel 428
Tastatur-Shortcuts 406
TCP X.400-Connector 106
TCP/IP 474
TCP/IP-Stack 580
TCP-Port 462
TCP-X.400-Connector 106
Teamarbeit 737
technet 320

Teilnehmer 720
Teilprotokolle 695
Telnet 683, 756
tempdfrg.edb 150
Temporäre Dateien 129
Terminaldienste 312, 577
Terminalserver 667, 688
Terminal-Server-CALs 313
Termine 231
Terminplanung 196
Test-Cluster 587
Testumgebung 41
Textfenster 737
Threads 339, 369
Timeout 111, 447
Titel 236
TLS-Verschlüsselung 105
Tooleinstellungen 621
Tools 521
Top-Level 200
Toplevel-Ordnern 234
TP0 /X.25 107
Tracking 389
Transaktionsprotokolldateien 139, 496, 502
Transaktionsprotokolle 122, 138ff., 142, 151, 330, 500,
 511, 544
Transport 332
Transport Driver 373
Transport-Layer 107
Transportstack 107f.
Tree 144
triggered 103
Troubleshooting 482
TrustCenter 766
TURN 103, 106

U

Übereinstimmung 523
Übermittlung 679, 743
Übermittlungsoptionen 90, 103, 745
Überprüfen 146, 511
Überprüfung 50, 649
Überschreiben 110, 537
Übertragungsvolumen 95
Überwachender Server 358
Überwachung 309, 318, 350, 573
 und Status 72
Überwachungseinstellungen 310
Überwachungsrichtlinie 318
Uhrzeit 90

Stichwortverzeichnis

Umlaufprotokollierung 140, 499, 512
Umschlag 677
Umstellen 658
unattend.ini 570
Unbeaufsichtigte Installation 569
Ungelesen 202
unicast 580
Unidirektional 631
Unified Messaging 667
Universale Gruppen 288
Untergeordnete Objekte, löschen 557
Untergeordnete Objekte erstellen 557
Unterordner 239, 707
Unzustellbarkeitsberichte 333
   Diagnose 347
Update 466, 581
Up-do-date 267
UPN 464
URL 462
urlscan.ini 472
URL-Scanner 470
Ursachen 154
User CAL 37
User Certificate 439
User initiated Synchronisation 266
userAccountControl 526
UUENCODE 269

V

Variablen 161
Varianten 500
Verbesserungen 685
Verbinden mit 225
Verbindung 330, 524, 639
   erzwingen 395
Verbindungsaufbau 756
Verbindungsinformationen 675f.
Verbindungsmanager 346
Verbindungstests 614
Verbindungstyp 632
Verbindungsvereinbarung 621, 630, 633, 638, 646f.
Verbindungsvereinbarungs-Assistent 630
Verbindungsversuche 110
Verbundene Exchange-Organisation 645
Verbundene Routing-Gruppen 102, 114
Vererbung 551
Verfallsereignisse 336
Verfallszeit 127, 169, 217
Veritas 517
Veritas Backup Exec 504

Verknüpfung 137
Verlauf 72
Verlaufsoptionen 717, 743
Verlegerorganisation 236
Veröffentlichen 465, 672
Veröffentlichender Autor 215
Veröffentlichung 469, 710
Verschieben 561
   Server 658
Verschlüsselung 438, 726
Versionen 685
Versionsnummer 186
Verteilergruppe 282
Verteilerliste 26, 210, 285, 630, 638
Vertrauensstellungen 611
Vertraulich 743
Vertraulichkeit 743
Verwalten 130, 206, 557, 697, 748
Verwaltet von 290
Verwaltung 634
   Benutzer 72
Verweigern 200
Verzeichnis 608, 622
Verzeichnisconnector 83
Verzeichnisdienst 312
Verzeichnisrechte 216
Verzeichnisreplikation 658
Verzeichnissicherheit 712
Verzeichnissynchronisation 567
Verzeichniszugriff 80, 339, 344, 474
View 144, 336
Viren 331
Virenscanner 195, 671
Virenschutz 500, 672f.
Virtual PC 41
Virtual Privat Networks 577
Virtuell 91
Virtuelle Exchange-Server 581
Virtuelle HTTP-Server 446
Virtuelle Server 70
   aktualisieren 582
Virtuelle SMTP-Server 91f., 96
Virtueller HTTP-Server 447
Virtueller SMTP-Server 679
Virtueller Speicher 352
Virtueller Standardserver für SMTP 98
visible 216
VMWare 41
Vollständige Sicherung 500
Vollständiges Auffüllen 134

Stichwortverzeichnis

Volltextindex 130, 135
Volltextindizierung 77, 125, 129
Vollzugriff 557
Volume Shadow Copy Service 27
Volume Shadow Service 331, 495
Von Exchange 641
Von Windows 643
Vorbereiten 59, 529
Vorbereitung 41, 312, 546, 563, 582, 604
Vorlage 733
Vorname.Nachname@firma.de 161
Vorschau 301
Vorschaufenster 406, 423, 687, 745
Vorteile 457
VPN 32, 425, 456, 487, 667, 685, 710
vrfy 361
VS-API 25, 331
VSS 27f., 329, 331, 495, 516

W

w32time 484
WAN-Leitung 640
WAP 24, 249, 488
WAP 2.0 24, 487
Warnmeldung 123f., 127, 261
Warnungen 90, 386
Warteschlange 26, 69, 80, 103, 389, 394
   Ansicht 69
Warteschlangenmodul 346
Warteschlangenwachstum 355
Wartung 145
Wartungsarbeiten 121
Web Mail 370
WebDAV 32, 405, 450
Weiterleiten 750
Weiterleitungsadresse 211
Whitepaper 319
Wichtigkeit 741
Wiederherstellen 142, 231, 499, 522, 544
   von Systemordnern 229
Wiederherstellung 115f., 130, 329, 502, 504, 516, 519, 521, 528, 532
   von Postfächern 520
Wiederherstellung von Postfächern 72
Wiederherstellungs-Postfachspeicher 536
Wiederherstellungs-Server 529
Wiederherstellungsvorgang 544
Wiederholte Verbindungsversuche 110
Windows 2003 313
Windows 95 47

Windows Mangement Instrumentation 359
Windows NT 753
Windows NT 4 47
Windows NT 4-Server 609
Windows Volume Shadow Copy Service 33
Windows XP Home Edition 711
Windows-Datensicherungsprogramm 495, 566
Windows-Domäne 468
Windows-Kontakt 646
Windows-Zeitdienst 484
WINS 473
WINS-Server 608
Wireless 443, 453
Wireless Access 24
Wireless Browse 266
Wireless LAN 491
Wireless Services 65f., 266, 370, 487, 667
WMI 359
Wörterbuch 725
Workflow 666
WWW Service Administration and Monitoring component 33
www.nt-solutions.de 673

X

X.25 X.400-Connector. 106
X.400 70, 80, 106, 159, 676, 753
X.400-Adresse 112
X.400-Connector 40, 106
X.400-Dienst 338
X.400-Konformität 113
X.400-Textkörper für Nachrichtentext 113
X.400-Transportstacks 107
X-Link2State 676
XML 33

Y

Yukon 23

Z

Zähler 366
Zeilenumbruch 109
Zeitplan 110, 135, 236, 384, 640
Zeitpunkt, der letzten Sicherung 511
Zertifikat 407, 437, 439f., 726
   anfordern 412
Zertifikatdienste 407, 478
Zertifizierungsstelle 407, 439
Zombie-Einträge 616

Stichwortverzeichnis

Zugelassene Größen 90
Zugriff 173, 194
Zugriffssteuerung 334
Zur Nachverfolgung 739
Zurückrufen 746

Zurücksetzen 229
Zusammenführungsvorgang 370
Zustellberichte 293
Zuweisen 184f., 188, 191

"VON NULL AUF BACKUP IN 10 MINUTEN MIT BACKUP EXEC™ 9"

The storage software company.

FAKT: Neue Untersuchungen von VeriTest (veritest.com) beweisen, dass VERITAS Backup Exec™ in nur 10 Minuten installiert werden kann. Kein Wunder, dass VERITAS mit einem Marktanteil von 56% Weltmarktführer für Datensicherheit unter Windows ist.

veritas.com/de

VERITAS™

Copyright © 2003 VERITAS Software Corp. Alle Rechte vorbehalten. VERITAS und das VERITAS-Logo sind eingetragene Warenzeichen von VERITAS Software. VERITAS Produkte und Dienstleistungen sind eingetragene Warenzeichen oder Warenzeichen von VERITAS Software Corp. Alle anderen Warenzeichen bzw. registrierten Warenzeichen sind Eigentum ihrer jeweiligen Inhaber. Spezifikationen und Produktangebote können sich ohne vorherige Ankündigungen ändern. Irrtümer vorbehalten.

Microsoft CERTIFIED Partner

NT solutions

Konzepte und Lösungen

- Firmenspezifische Datenbanklösungen

- Management- Informationssysteme

- Marketing- management

- Reportingsysteme

- Netzwerkdienst- leistungen

- Internet- und Intranetlösungen

NT Solutions
Nelkenstraße 79
D-71723 Großbottwar
Telefon 0 71 48 / 96 20 - 0
Telefax 0 71 48 / 96 20 - 20

www.nt-solutions.de

... aktuelles Fachwissen rund um die Uhr – zum Probelesen, Downloaden oder auch auf Papier.

www.InformIT.de

InformIT.de, Partner von **Markt+Technik**, ist unsere Antwort auf alle Fragen der IT-Branche.

In Zusammenarbeit mit den Top-Autoren von Markt+Technik, absoluten Spezialisten ihres Fachgebiets, bieten wir Ihnen ständig hochinteressante, brandaktuelle Informationen und kompetente Lösungen zu nahezu allen IT-Themen.

wenn Sie mehr wissen wollen ...   **www.InformIT.de**

Anleitung für mehr Produktivität und erhöhte Sicherheit

Sie sind Netzwerkverantwortlicher? Dann finden Sie in diesem Kompendium die Beschreibung aller Features von Windows Server 2003, die Sie zur Administration und Betreuung Ihres Firmennetzwerks benötigen. Es fördert das Verständnis des Netzwerkbetriebssystems durch tiefgehende technische Hintergrundinformationen und bietet zahlreiche Tipps und Tricks zum Troubleshooting. Auf CD: Netzwerkanalyse- und Sicherheitstools, Programme zur Systemaktualisierung, .NET Framework SDK.

Von Andreas Maslo / Paulette Feller / Armin Simon
ISBN 3-8272-**6429**-4, 934 Seiten, 1 CD
€ 49,95 [D]

Sie suchen ein professionelles Handbuch zu allen wichtigen Programmen oder Sprachen? Das Kompendium ist Einführung, Arbeitsbuch und Nachschlagewerk in einem. Ausführlich und praxisorientiert.
Unter **www.mut.de** finden Sie das Angebot von Markt+Technik.

Markt+Technik